2014年11月9日，中共中央总书记、国家主席、中央军委主席习近平和俄罗斯总统普京共同见证中国电力建设集团有限公司和俄罗斯水电签署系列合作协议

2014年4月27日，中共中央政治局常委、国务院总理李克强乘船考察长江黄金水道

2014年7月，全国政协在北京市召开双周协商座谈会，就南水北调中线水源地水质保护问题座谈交流。中共中央政治局常委、全国政协主席俞正声(左三）主持会议并讲话。全国政协副主席杜青林、罗富和、张庆黎、马培华出席座谈会。国务院南水北调办主任鄂竟平在会上介绍了南水北调中线水源地水质保护有关工作情况

2014年11月，中共中央政治局常委、北京市市委书记郭金龙（前排左二）在南水北调中线一期工程北京段团城湖明渠工程检查通水准备情况

2014年1月23日，国家能源局副局长刘琦一行到柬埔寨甘再水电站进行调研

2014年7月7日，金沙江向家坝水电站最后一台80万kW机组投产发电

2014年7月12日，雅砻江锦屏一级水电站全部投产发电

2014年11月29日，雅砻江锦屏二级水电站1号机组（60万kW）投产发电

2014年12月11日，大渡河安谷水电站首台机组（19万kW）投产发电

2014年9月，金沙江溪洛渡水电站蓄水至正常蓄水位

2014年6月26日，糯扎渡水电站最后一台机组投产发电，云南最大水电站全面建成

2014年11月16日，中国华能集团公司藏木水电站首台机组投产发电

2014年5月1日，嘉陵江亭子口水利枢纽4台机组全部投产发电

托口水电站水库

2014年3月3日，沅水流域托口水电站首台机组（20万kW）投产发电

2014年6月27日，普渡河甲岩水电站首台机组（8万kW）投产发电

2014年8月21日，中国承建的赞比亚卡里巴水电站项目（2×18万kW）交付使用

2014年10月18日，丰满重建工程大坝下游围堰正式合龙，大坝主体进入全面开挖阶段

建设中的长河坝水电站大坝

清远抽水蓄能电站1号机组转子吊装

深圳抽水蓄能电站上水库主坝混凝土浇筑

2014年5月8日，黑龙江省第一座抽水蓄能电站——荒沟抽水蓄能电站工程开工建设

2014年6月8日，西藏拉洛水利枢纽及配套灌区工程正式开工

2014年4月1日，经过国网新源控股有限公司的独立自主整组调试，我国自主研制的首台百兆瓦级抽水蓄能机组静止启动变频器（SFC）在响水洞抽水蓄能电站成功启动

2014年6月，南水北调中线丹江口水库举行增殖放流活动

全国 2014 年装机容量和年发电量

项目	总量	水 电	火 电	核 电	风 电	太阳能发电
装机容量（万 kW）	137018	30486	92363	2008	9657	2486
年发电量（亿 kW · h）	56045	10601	42274	1332	1598	235

注 1. 资料来源于中国电力企业联合会。
2. 总量数中还包括其他能源发电的装机容量、发电量。
3. 风电、太阳能发电为并网的装机容量、发电量。
4. 未含中国台湾、香港、澳门数据。

2014 年装机容量结构图

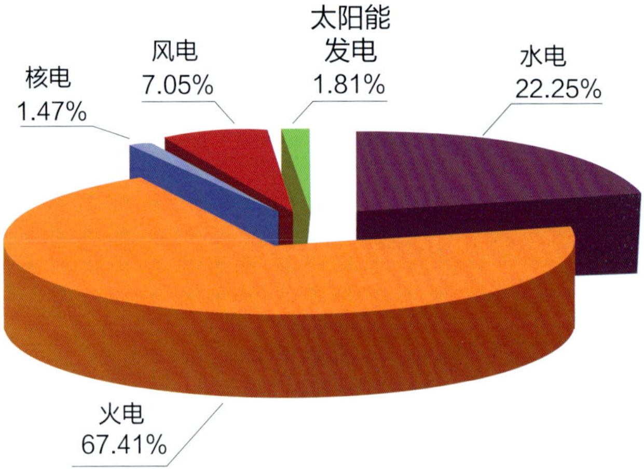

2014 年年发电量结构图

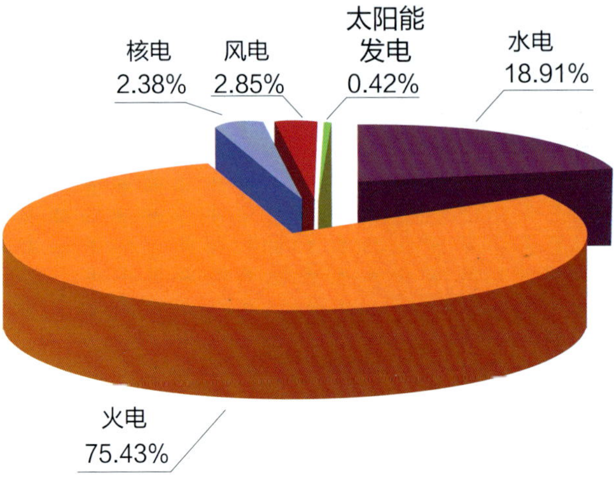

全国历年水电装机容量增长情况表

万 kW

年份	中国大陆	中国台湾	全国合计	新增装机容量	年份	中国大陆	中国台湾	全国合计	新增装机容量
1949	36.0	18.0	54		1982	2295.9	138.7	2435	102.6
1950	36.2	22.1	58	4.3	1983	2416.5	143.1	2560	125.0
1951	37.8	(24.0)	(62)	(3.5)	1984	2560.0	148.0	2708	148.4
1952	38.5	(27.0)	(66)	(3.7)	1985	2641.5	248.9	2890	182.4
1953	53.0	(30.0)	(83)	(17.5)	1986	2754.2	256.4	3011	120.2
1954	60.6	33.0	94	10.6	1987	3019.3	255.8	3275	264.5
1955	69.5	(34.0)	(104)	(9.9)	1988	3269.8	255.8	3526	250.5
1956	91.4	(36.0)	(127)	(23.9)	1989	3458.3	256.2	3715	188.9
1957	101.9	(38.0)	(140)	(12.5)	1990	3604.6	256.2	3861	146.3
1958	121.6	(40.0)	(162)	(21.7)	1991	3788.3	256.2	4045	183.7
1959	162.0	(42.0)	(204)	(42.4)	1992	4068.1	257.7	4326	281.3
1960	194.1	44.8	239	34.9	1993	4489.3	257.7	4747	421.2
1961	233.3	(47.0)	(280)	(41.4)	1994	4906.1	364.8	5271	523.9
1962	237.9	53.8	292	11.4	1995	5218.4	418.3	5637	365.8
1963	243.0	(56.0)	(299)	(7.3)	1996	5557.8	428.8	5987	349.9
1964	268.3	(59.0)	(327)	(28.3)	1997	5972.6	428.8	6401	414.8
1965	302.0	62.8	365	37.5	1998	6506.5	442.2	6949	547.3
1966	363.8	(65.0)	(429)	(64.0)	1999	7297.1	442.2	7739	790.6
1967	383.9	(67.0)	(451)	(22.1)	2000	7935.2	442.2	8377	638.1
1968	438.8	(70.0)	(509)	(57.9)	2001	8300.6	442.2	8743	365.4
1969	505.3	72.2	578	68.7	2002	8607.4	451.1	9059	315.7
1970	623.5	90.1	714	136.1	2003	9489.6	451.1	9941	882.2
1971	780.4	(96.0)	(876)	(162.8)	2004	10524.2	451.0	10975	1034.5
1972	870.0	113.1	983	106.7	2005	11738.8	451.0	12190	1214.6
1973	1029.9	113.2	1143	159.9	2006	13029.2	451.2	13480.4	1290.4
1974	1181.7	136.5	1318	175.2	2007	14823.2	452.0	15275.2	1794.6
1975	1342.8	136.5	1479	161.1	2008	17260.4	454.0	17714.4	2439.2
1976	1465.5	136.5	1602	122.7	2009	19629.0	(454.0)	20083.0	2368.6
1977	1576.5	136.5	1713	111.0	2010	21605.7	(454.0)	22059.7	1976.7
1978	1727.7	139.2	1867	153.9	2011	23298	464	23762	1702
1979	1911.0	139.2	2050	183.3	2012	24947	(464)	25411	1649
1980	2031.8	138.6	2170	120.2	2013	28044	(464)	28508	3097
1981	2193.3	138.7	2332	161.6	2014	30486	(464)	30950	2442

资料来源：2013 年及以前的资料来源于《中国水力发电年鉴》第十八卷；2014 年中国大陆资料来源于中国电力企业联合会；2014 年中国台湾数据沿用上年数据。

注：（ ）内数据表示缺当年资料，用上、下数据插补得出或沿用上年数据。

全国历年水电年发电量增长情况表

亿 kW·h

年份	中国大陆	中国台湾	全国合计	年增率（%）	年份	中国大陆	中国台湾	全国合计	年增率（%）
1949	12.0	6.0	18		1982	744.0	47.8	792	12.6
1950	13.2	9.7	23	27.2	1983	863.6	49.9	913	15.4
1951	14.9	(10.0)	(25)	(8.7)	1984	867.8	44.3	912	−0.2
1952	18.3	(12.0)	(30)	(21.7)	1985	923.7	69.3	993	8.9
1953	25.5	(14.0)	(40)	(30.4)	1986	944.8	74.2	1019	2.6
1954	32.0	15.6	48	20.5	1987	1002.3	71.2	1073	5.3
1955	34.0	(16.6)	(51)	(6.3)	1988	1091.8	61.5	1153	7.4
1956	47.1	(17.0)	(64)	(26.7)	1989	1184.5	66.8	1251	8.5
1957	48.2	(18.0)	(66)	(3.3)	1990	1263.5	81.9	1345	7.5
1958	41.1	(19.0)	(60)	(−9.2)	1991	1248.4	55.1	1303	−3.1
1959	43.6	(20.0)	(64)	(5.8)	1992	1314.7	83.5	1398	7.3
1960	74.1	20.6	95	48.9	1993	1516.0	67.2	1583	13.2
1961	74.1	(21.1)	(95)	(0.5)	1994	1667.9	88.9	1757	11.0
1962	90.4	21.6	112	17.6	1995	1867.7	88.8	1956	11.4
1963	86.9	(23.0)	(110)	(−1.9)	1996	1869.2	90.4	1960	0.2
1964	106.0	(24.0)	(130)	(18.3)	1997	1945.6	95.7	2041	4.2
1965	104.1	24.4	129	−1.2	1998	2043.0	106.1	2149	5.3
1966	126.2	(25.0)	(151)	(17.7)	1999	2129.3	89.4	2219	3.2
1967	131.4	(27.0)	(158)	(4.8)	2000	2431.3	78.5	2510	13.0
1968	115.0	(28.0)	(143)	(−9.7)	2001	2611.1	82.3	2693	7.3
1969	160.1	30.5	191	33.3	2002	2745.7	57.9	2804	4.1
1970	204.6	26.4	231	21.2	2003	2813.3	64.3	2878	2.6
1971	250.6	(30.0)	(281)	(21.5)	2004	3309.9	59.7	3370	17.1
1972	288.2	34.2	322	14.9	2005	3964.0	59.7	4024	19.4
1973	389.0	34.0	423	31.2	2006	4147.7	80.0	4227.7	5.1
1974	414.4	47.1	461	9.1	2007	4714.0	87.0	4801.0	13.6
1975	476.3	52.6	529	14.6	2008	5655.5	77.4	5732.9	19.4
1976	456.4	42.8	499	−5.6	2009	5716.8	(77.4)	5794.2	1.1
1977	476.5	40.2	517	3.5	2010	6867.4	(77.4)	6944.8	19.9
1978	446.3	49.7	496	−4.0	2011	6681	(79)	6760	−2.7
1979	501.2	45.7	547	10.3	2012	8556	(79)	8635	27.7
1980	582.1	29.3	611	11.8	2013	8921	(79)	9000	4.2
1981	655.5	47.9	703	15.1	2014	10601	(79)	10680	18.7

资料来源：2013 年及以前的资料来源于《中国水力发电年鉴》第十八卷；2014 年中国大陆资料来源于中国电力企业联合会；2014 年中国台湾数据沿用上年数据。

注：（ ）内数据表示缺当年资料，用上、下数插补得出或沿用上年数据。

2014

中国水力发电年鉴

李锐

第十九卷

中国水力发电工程学会 主办
中国水力发电年鉴编辑部 编纂

中国电力出版社
二〇一五年·北京

图书在版编目（CIP）数据

中国水力发电年鉴. 第19卷，2014/中国水力发电工程学会编. —北京：中国电力出版社，2016.1
ISBN 978-7-5123-8795-9

Ⅰ.①中… Ⅱ.①中… Ⅲ.①水利电力工业-中国-2014-年鉴
Ⅳ.①F426.61-54

中国版本图书馆CIP数据核字（2015）第320661号

中国电力出版社出版、发行
（北京市东城区北京站西街19号 100005 http://www.cepp.sgcc.com.cn）
北京盛通印刷股份有限公司印刷
各地新华书店经售
*
2016年1月第一版 2016年1月北京第一次印刷
787毫米×1092毫米 16开本 43印张 1406千字 8插页
定价 **350.00** 元

《中国水力发电年鉴》第十九卷

编纂委员会

伍展阳　杨　军　杨　皓　杨　薇　杨立峰
杨竞锐　李　军　李冠成　李浩伟　李朝新
吴方明　吴登高　余小波　余圣刚　邹　君
陆　原　张敏娟　张士勇　张维佳　张喜英
陈广志　陈立秋　陈念水　陈剑锋　欧阳忠
周　全　范吉松　周维娟　郑　慧　郑丽英
郑宗旺　赵英林　赵建达　荆新爱　钟　萍
祝培华　袁　蕊　唐　兰　唐　勇　唐成书
唐奇志　黄　纯　蒋志清　韩　冰　程　平
谭玉斌　潘新备　檀雅华

《中国水力发电年鉴》第十九卷
编辑出版工作人员

主　　　编　吴义航
副　主　编　黄景湖　李　新
技术编辑　张志良　殷利利　宁传新
编　　　务　李　明　雷定演　胡丹蓉　孙　卓
终　　　审　张运东
复　　　审　杨伟国
责任编辑　姜　萍　韩世韬　安小丹　孙建英
美术设计　张俊霞
版式设计　张　娟
责任校对　太兴华
出版印刷　蔺义舟

编 辑 说 明

（一）《中国水力发电年鉴》属专业性行业年鉴，主要面向全国水电行业从事规划、勘测、设计、施工、科研、咨询、建设管理、设备制造、生产运行、院校教育的工程技术人员、师生和各级有关领导与专家。

（二）本卷年鉴的资料时段为2014年，按序排列为第十九卷。框架结构由篇目、栏目、条目三个层次组成，共编列18个篇目、49个栏目、482个条目。每个篇目均以隔页列出，栏目、条目名称分别用通栏、双栏并铺以不同的网底印出，以示醒目。

（三）本卷年鉴的编辑工作，紧密围绕中华民族伟大复兴的中国梦，按照国家“在保护生态的前提下积极发展水电”的方针，力求全面、真实地反映2014年度我国水电行业各方面所取得的成就和技术进步，努力做到“大事不漏、小事不上”，更好地服务于水电行业。

（四）本年鉴实行文责自负，各条目的内容、数据、插图等均由撰稿人核对无误并由单位有关部门审定、核实。

（五）本卷年鉴编辑实行主编负责制。主编负责总体框架结构设计、征询意见、组稿与初审等工作；各篇目的责任编辑负责稿件的征集、修改、编排、整理。

“特载”“水能及风能开发”“国际合作与技术交流”篇目的责任编辑为吴义航；“大中型水电工程”“机电及金属结构”“技术标准”“水电站生产运行”“环境保护与水库移民”“水电工程综合效益”“农村水电及电气化”“机构与学术团体”“统计资料”“大事记”篇目的责任编辑为黄景湖；“科学研究与技术创新”篇目的责任编辑为李新；“工程勘测”“水工设计”“土建施工”“水电建设管理”篇目的责任编辑为张志良。

（六）《中国水力发电年鉴》始终坚持政治的严肃性，资料的准确性，内容的全面性、科学性、实用性和连续性，对历史负责，对后人负责。编辑过程中力求资料翔实、语言规范、文字精练。但由于水平所限，不妥、疏漏甚至错误之处在所难免，敬请广大读者批评指正。

联系地址：北京市海淀区车公庄西路22号A座中国水力发电工程学会《中国水力发电年鉴》编辑部，邮编：100048。

《中国水力发电年鉴》主编

吴义航

2015.11

篇　　目

1. 特载
2. 水能及风能开发
3. 大中型水电工程
4. 工程勘测
5. 水工设计
6. 土建施工
7. 机电及金属结构
8. 科学研究与技术创新
9. 国际合作与技术交流
10. 技术标准
11. 水电建设管理
12. 水电站生产运行
13. 环境保护与水库移民
14. 水电工程综合效益
15. 农村水电及电气化
16. 机构与学术团体
17. 统计资料
18. 大事记

目　　录

1 特　　载

2　水能及风能开发

3　大中型水电工程

4 工程勘测

5 水工设计

6 土建施工

7 机电及金属结构

8 科学研究与技术创新

9 国际合作与技术交流

10 技术标准

11 水电建设管理

12 水电站生产运行

13 环境保护与水库移民

14 水电工程综合效益

15 农村水电及电气化

16 机构与学术团体

17 统计资料

18 大事记

CONTENTS

Chapter 1 Specials

Chapter 2 Hydropower and Wind Power Development

Chapter 3 Large and Medium-sized Hydropower Project

Chapter 4 Project Investigation

Chapter 5 Hydraulic Structure Design

Chapter 6 Civil Engineering Construction

Chapter 7 Electrical-Mechanical and Metal Structure

Chapter 8 Scientific Research and Technological Innovation

Chapter 9 International Cooperation and Technology Exchange

Chapter 10 Technical Norms

Chapter 11 Management of Hydropower Construction

Chapter 12 Production and Operation of Hydropower Stations

Chapter 13 Environment Protection and Resettlement of Reservoir Area Residents

Chapter 14 Hydropower Projects Comprehensive Benefit

Chapter 15 Rural Hydropower and Rural Electrification

Chapter 16 Agencies and Academic Groups

Chapter 17 Statistical Data

Chapter 18 Chronicle of Events

彩色插页目录

中国水力发电年鉴

1

特　载

重 要 文 件

国务院关于改进加强中央财政科研项目和资金管理的若干意见

国务院于2014年3月3日以国发〔2014〕11号文下发关于改进加强中央财政科研项目和资金管理的若干意见，全文如下：

《国家中长期科学和技术发展规划纲要（2006～2020年）》实施以来，我国财政科技投入快速增长，科研项目和资金管理不断改进，为科技事业发展提供了有力支撑。但也存在项目安排分散重复、管理不够科学透明、资金使用效益亟待提高等突出问题，必须切实加以解决。为深入贯彻党的十八大和十八届二中、三中全会精神，落实创新驱动发展战略，促进科技与经济紧密结合，按照《中共中央 国务院关于深化科技体制改革加快国家创新体系建设的意见》（中发〔2012〕6号）的要求，现就改进加强中央财政民口科研项目和资金管理提出如下意见。

一、改进加强科研项目和资金管理的总体要求

（一）总体目标

通过深化改革，加快建立适应科技创新规律、统筹协调、职责清晰、科学规范、公开透明、监管有力的科研项目和资金管理机制，使科研项目和资金配置更加聚焦国家经济社会发展重大需求，基础前沿研究、战略高技术研究、社会公益研究和重大共性关键技术研究显著加强，财政资金使用效益明显提升，科研人员的积极性和创造性充分发挥，科技对经济社会发展的支撑引领作用不断增强，为实施创新驱动发展战略提供有力保障。

（二）基本原则

——坚持遵循规律。把握全球科技和产业变革趋势，立足我国经济社会发展和科技创新实际，遵循科学研究、技术创新和成果转化规律，实行分类管理，提高科研项目和资金管理水平，健全鼓励原始创新、集成创新和引进消化吸收再创新的机制。

——坚持改革创新。推进政府职能转变，发挥好财政科技投入的引导激励作用和市场配置各类创新要素的导向作用。加强管理创新和统筹协调，对科研项目和资金管理各环节进行系统化改革，以改革释放创新活力。

——坚持公正公开。强化科研项目和资金管理信息公开，加强科研诚信建设和信用管理，着力营造以人为本、公平竞争、充分激发科研人员创新热情的良好环境。

——坚持规范高效。明确科研项目、资金管理和执行各方的职责，优化管理流程，建立健全决策、执行、评价相对分开、互相监督的运行机制，提高管理的科学化、规范化、精细化水平。

二、加强科研项目和资金配置的统筹协调

（三）优化整合各类科技计划（专项、基金等）。科技计划（专项、基金等）的设立，应当根据国家战略需求和科技发展需要，按照政府职能转变和中央与地方合理划分事权的要求，明确各自功能定位、目标和时限。建立各类科技计划（专项、基金等）的绩效评估、动态调整和终止机制。优化整合中央各部门管理的科技计划（专项、基金等），对定位不清、重复交叉、实施效果不好的，要通过撤、并、转等方式进行必要调整和优化。项目主管部门要按照各自职责，围绕科技计划（专项、基金等）功能定位，科学组织安排科研项目，提升项目层次和质量，合理控制项目数量。

（四）建立健全统筹协调与决策机制。科技行政主管部门会同有关部门要充分发挥科技工作重大问题会商与沟通机制的作用，按照国民经济和社会发展规划的部署，加强科技发展优先领域、重点任务、重大项目等的统筹协调，形成年度科技计划（专项、基金等）重点工作安排和部门分工，经国家科技体制改革和创新体系建设领导小组审议通过后，分工落实、协同推进。财政部门要加强科技预算安排的统筹，做好各类科技计划（专项、基金等）年度预算方案的综合平衡。涉及国民经济、社会发展和国家安全的重大科技事项，按程序报国务院决策。

（五）建设国家科技管理信息系统。科技行政主管部门、财政部门会同有关部门和地方在现有各类科技计划（专项、基金等）科研项目数据库基础上，按照统一的数据结构、接口标准和信息安全规范，在2014年底前基本建成中央财政科研项目数据库；

2015年底前基本实现与地方科研项目数据资源的互联互通，建成统一的国家科技管理信息系统，并向社会开放服务。

三、实行科研项目分类管理

（六）基础前沿科研项目突出创新导向。基础、前沿类科研项目要立足原始创新，充分尊重专家意见，通过同行评议、公开择优的方式确定研究任务和承担者，激发科研人员的积极性和创造性。引导支持企业增加基础研究投入，与科研院所、高等学校联合开展基础研究，推动基础研究与应用研究的紧密结合。对优秀人才和团队给予持续支持，加大对青年科研人员的支持力度。项目主管部门要减少项目执行中的检查评价，发挥好学术咨询机构、协会、学会的咨询作用，营造“鼓励探索、宽容失败”的实施环境。

（七）公益性科研项目聚焦重大需求。公益性科研项目要重点解决制约公益性行业发展的重大科技问题，强化需求导向和应用导向。行业主管部门应当充分发挥组织协调作用，提高项目的系统性、针对性和实用性，及时协调解决项目实施中存在的问题，保证项目成果服务社会公益事业发展。加强对基础数据、基础标准、种质资源等工作的稳定支持，为科研提供基础性支撑。

（八）市场导向类项目突出企业主体。明晰政府与市场的边界，充分发挥市场对技术研发方向、路线选择、要素价格、各类创新要素配置的导向作用，政府主要通过制定政策、营造环境，引导企业成为技术创新决策、投入、组织和成果转化的主体。对于政府支持企业开展的产业重大共性关键技术研究等公共科技活动，在立项时要加强对企业资质、研发能力的审核，鼓励产学研协同攻关。对于政府引导企业开展的科研项目，主要由企业提出需求、先行投入和组织研发，政府采用“后补助”及间接投入等方式给予支持，形成主要由市场决定技术创新项目和资金分配、评价成果的机制以及企业主导项目组织实施的机制。

（九）重大项目突出国家目标导向。对于事关国家战略需求和长远发展的重大科研项目，应当集中力量办大事，聚焦攻关重点，设定明确的项目目标和关键节点目标，并在任务书中明确考核指标。项目主管部门主要采取定向择优方式遴选优势单位承担项目，鼓励产学研协同创新，加强项目实施全过程的管理和节点目标考核，探索实行项目专员制和监理制；项目承担单位上级主管部门要切实履行在项目推荐、组织实施和验收等环节的相应职责；项目承担单位要强化主体责任，组织有关单位协同创新，保证项目目标的实现。

四、改进科研项目管理流程

（十）改革项目指南制定和发布机制。项目主管部门要结合科技计划（专项、基金等）的特点，针对不同项目类别和要求编制项目指南，市场导向类项目指南要充分体现产业需求。扩大项目指南编制工作的参与范围，项目指南发布前要充分征求科研单位、企业、相关部门、地方、协会、学会等有关方面意见，并建立由各方参与的项目指南论证机制。项目主管部门每年固定时间发布项目指南，并通过多种方式扩大项目指南知晓范围，鼓励符合条件的科研人员申报项目。自指南发布日到项目申报受理截止日，原则上不少于50天，以保证科研人员有充足时间申报项目。

（十一）规范项目立项。项目申请单位应当认真组织项目申报，根据科研工作实际需要选择项目合作单位。项目主管部门要完善公平竞争的项目遴选机制，通过公开择优、定向择优等方式确定项目承担者；要规范立项审查行为，健全立项管理的内部控制制度，对项目申请者及其合作方的资质、科研能力等进行重点审核，加强项目查重，避免一题多报或重复资助，杜绝项目打包和“拉郎配”；要规范评审专家行为，提高项目评审质量，推行网络评审和视频答辩评审，合理安排会议答辩评审，视频与会议答辩评审应当录音录像，评审意见应当及时反馈项目申请者。从受理项目申请到反馈立项结果原则上不超过120个工作日。要明示项目审批流程，使项目申请者能够及时查询立项工作进展，实现立项过程“可申诉、可查询、可追溯”。

（十二）明确项目过程管理职责。项目承担单位负责项目实施的具体管理。项目主管部门要健全服务机制，积极协调解决项目实施中出现的新情况新问题，针对不同科研项目管理特点组织开展巡视检查或抽查，对项目实施不力的要加强督导，对存在违规行为的要责成项目承担单位限期整改，对问题严重的要暂停项目实施。

（十三）加强项目验收和结题审查。项目完成后，项目承担单位应当及时做好总结，编制项目决算，按时提交验收或结题申请，无特殊原因未按时提出验收申请的，按不通过验收处理。项目主管部门应当及时组织开展验收或结题审查，并严把验收和审查质量。根据不同类型项目，可以采取同行评议、第三方评估、用户测评等方式，依据项目任务书组织验收，将项目验收结果纳入国家科技报告。探索开展重大项目决策、实施、成果转化的后评价。

五、改进科研项目资金管理

（十四）规范项目预算编制。项目申请单位应当按规定科学合理、实事求是地编制项目预算，并对仪器设备购置、合作单位资质及拟外拨资金进行重点说明。相关部门要改进预算编制方法，完善预算编制指南和评估评审工作细则，健全预算评估评审的沟通反馈机制。评估评审工作的重点是项目预算的目标相关性、政策相符性、经济合理性，在评估评审中不得简单按比例核减预算。除以定额补助方式资助的项目外，应当依据科研任务实际需要和财力可能核定项目预算，不得在预算申请前先行设定预算控制额度。劳务费预算应当结合当地实际以及相关人员参与项目的全时工作时间等因素合理编制。

（十五）及时拨付项目资金。项目主管部门要合理控制项目和预算评估评审时间，加强项目立项和预算下达的衔接，及时批复项目和预算。相关部门和单位要按照财政国库管理制度相关规定，结合项目实施和资金使用进度，及时合规办理资金支付。实行部门预算批复前项目资金预拨制度，保证科研任务顺利实施。对于有明确目标的重大项目，按照关键节点任务完成情况进行拨款。

（十六）规范直接费用支出管理。科学界定与项目研究直接相关的支出范围，各类科技计划（专项、基金等）的支出科目和标准原则上应保持一致。调整劳务费开支范围，将项目临时聘用人员的社会保险补助纳入劳务费科目中列支。进一步下放预算调整审批权限，同时严格控制会议费、差旅费、国际合作与交流费，项目实施中发生的三项支出之间可以调剂使用，但不得突破三项支出预算总额。

（十七）完善间接费用和管理费用管理。对实行间接费用管理的项目，间接费用的核定与项目承担单位信用等级挂钩，由项目主管部门直接拨付到项目承担单位。间接费用用于补偿项目承担单位为项目实施所发生的间接成本和绩效支出，项目承担单位应当建立健全间接费用的内部管理办法，合规合理使用间接费用，结合一线科研人员实际贡献公开公正安排绩效支出，体现科研人员价值，充分发挥绩效支出的激励作用。项目承担单位不得在核定的间接费用或管理费用以外再以任何名义在项目资金中重复提取、列支相关费用。

（十八）改进项目结转结余资金管理办法。项目在研期间，年度剩余资金可以结转下一年度继续使用。项目完成任务目标并通过验收，且承担单位信用评价好的，项目结余资金按规定在一定期限内由单位统筹安排用于科研活动的直接支出，并将使用情况报项目主管部门；未通过验收和整改后通过验收的项目，或承担单位信用评价差的，结余资金按原渠道收回。

（十九）完善单位预算管理办法。财政部门按照核定收支、定额或者定项补助、超支不补、结转和结余按规定使用的原则，合理安排科研院所和高等学校等事业单位预算。科研院所和高等学校等事业单位要按照国家规定合理安排人员经费和公用经费，保障单位正常运转。

六、加强科研项目和资金监管

（二十）规范科研项目资金使用行为。科研人员和项目承担单位要依法依规使用项目资金，不得擅自调整外拨资金，不得利用虚假票据套取资金，不得通过编造虚假合同、虚构人员名单等方式虚报冒领劳务费和专家咨询费，不得通过虚构测试化验内容、提高测试化验支出标准等方式违规开支测试化验加工费，不得随意调账变动支出、随意修改记账凭证、以表代账应付财务审计和检查。项目承担单位要建立健全科研和财务管理等相结合的内部控制制度，规范项目资金管理，在职责范围内及时审批项目预算调整事项。对于从中央财政以外渠道获得的项目资金，按照国家有关财务会计制度规定以及相关资金提供方的具体要求管理和使用。

（二十一）改进科研项目资金结算方式。科研院所、高等学校等事业单位承担项目所发生的会议费、差旅费、小额材料费和测试化验加工费等，要按规定实行“公务卡”结算；企业承担的项目，上述支出也应当采用非现金方式结算。项目承担单位对设备费、大宗材料费和测试化验加工费、劳务费、专家咨询费等支出，原则上应当通过银行转账方式结算。

（二十二）完善科研信用管理。建立覆盖指南编制、项目申请、评估评审、立项、执行、验收全过程的科研信用记录制度，由项目主管部门委托专业机构对项目承担单位和科研人员、评估评审专家、中介机构等参与主体进行信用评级，并按信用评级实行分类管理。各项目主管部门应共享信用评价信息。建立“黑名单”制度，将严重不良信用记录者记入“黑名单”，阶段性或永久取消其申请中央财政资助项目或参与项目管理的资格。

（二十三）加大对违规行为的惩处力度。建立完善覆盖项目决策、管理、实施主体的逐级考核问责机制。有关部门要加强科研项目和资金监管工作，严肃处理违规行为，按规定采取通报批评、暂停项目拨款、终止项目执行、追回已拨项目资金、取消项目承担者一定期限内项目申报资格等措施，涉及违法的移交司法机关处理，并将有关结果向社会公开。建立责任倒查制度，针对出现的问题倒查项目主管部门相关人员的履职尽责和廉洁自律情况，经查实存在问题的依法依规严肃处理。

七、加强相关制度建设

（二十四）建立健全信息公开制度。除涉密及法律法规另有规定外，项目主管部门应当按规定向社会公开科研项目的立项信息、验收结果和资金安排情况等，接受社会监督。项目承担单位应当在单位内部公开项目立项、主要研究人员、资金使用、大型仪器设备购置以及项目研究成果等情况，接受内部监督。

（二十五）建立国家科技报告制度。科技行政主管部门要会同有关部门制定科技报告的标准和规范，建立国家科技报告共享服务平台，实现国家科技资源持续积累、完整保存和开放共享。对中央财政资金支持的科研项目，项目承担者必须按规定提交科技报告，科技报告提交和共享情况作为对其后续支持的重要依据。

（二十六）改进专家遴选制度。充分发挥专家咨询作用，项目评估评审应当以同行专家为主，吸收海外高水平专家参与，评估评审专家中一线科研人员的比例应当达到75%左右。扩大企业专家参与市场导向类项目评估评审的比重。推动学术咨询机构、协会、学会等更多参与项目评估评审工作。建立专家数据库，实行评估评审专家轮换、调整机制和回避制度。对采用视频或会议方式评审的，公布专家名单，强化专家自律，接受同行质询和社会监督；对采用通信方式评审的，评审前专家名单严格保密，保证评审公正性。

（二十七）完善激发创新创造活力的相关制度和政策。完善科研人员收入分配政策，健全与岗位职责、工作业绩、实际贡献紧密联系的分配激励机制。健全科技人才流动机制，鼓励科研院所、高等学校与企业创新人才双向交流，完善兼职兼薪管理政策。加快推进事业单位科技成果使用、处置和收益管理改革，完善和落实促进科研人员成果转化的收益分配政策。加强知识产权运用和保护，落实激励科技创新的税收政策，推进科技评价和奖励制度改革，制定导向明确、激励约束并重的评价标准，充分调动项目承担单位和科研人员的积极性创造性。

八、明确和落实各方管理责任

（二十八）项目承担单位要强化法人责任。项目承担单位是科研项目实施和资金管理使用的责任主体，要切实履行在项目申请、组织实施、验收和资金使用等方面的管理职责，加强支撑服务条件建设，提高对科研人员的服务水平，建立常态化的自查自纠机制，严肃处理本单位出现的违规行为。科研人员要弘扬科学精神，恪守科研诚信，强化责任意识，严格遵守科研项目和资金管理的各项规定，自觉接受有关方面的监督。

（二十九）有关部门要落实管理和服务责任。科技行政主管部门要会同有关部门根据本意见精神制定科技工作重大问题会商与沟通的工作规则；项目主管部门和财政部门要制定或修订各类科技计划（专项、基金等）管理制度。各有关部门要建立健全本部门内部控制和监管体系，加强对所属单位科研项目和资金管理内部制度的审查；督促指导项目承担单位和科研人员依法合规开展科研活动，做好经常性的政策宣传、培训和科研项目实施中的服务工作。

各地区要参照本意见，制定加强本地财政科研项目和资金管理的办法。

国务院关于全国对口支援三峡库区合作规划（2014～2020年）的批复

国函〔2014〕96号

三峡办：

你办会同有关方面编制的《全国对口支援三峡库区合作规划（2014～2020年）》收悉。现批复如下：

原则同意《全国对口支援三峡库区合作规划（2014～2020年）》，请认真组织实施。

附件：全国对口支援三峡库区合作规划（2014～2020年）

国务院

2014年7月30日

附件：

全国对口支援三峡库区合作规划
（2014～2020年）

在党中央、国务院的正确领导下，在有关省（自治区、直辖市）、部门和单位的共同努力下，三峡库区百万移民搬迁安置任务已如期完成，全国对口支援三峡库区工作进入了新阶段。继续开展全国对口支援三峡库区工作，有利于加快库区移民安稳致富，增强库区经济发展活力，促进库区社会和谐稳定；有利于加强库区生态环境保护，保障三峡水库水资源安全；有利于探索建立新型区域合作关系，对口支援双方携手共促区域协调发展；有利于传承全国一盘棋的优良传统，弘扬社会主义集中力量办大事的优越性。

为做好新时期全国对口支援三峡库区工作，进一步创新对口支援工作机制，加强对口支援合作，制定本规划。

一、三峡库区发展现状和面临形势

自1992年党中央、国务院做出开展全国对口支援三峡库区移民工作的重大决策以来，三峡库区城乡面貌和居民生活水平发生了根本性变化。2012年，三峡库区地区生产总值4986亿元，人均29583元，扣除物价因素，分别比1992年增长了15.9倍和14.7倍。全国对口支援三峡库区工作为库区经济社会发展做出了较大贡献，2008～2012年，为三峡库区引进资金总额1049亿元（其中：社会公益类项目资金23亿元，经济建设类项目资金1026亿元）。库区基础设施和社会事业蓬勃发展，城乡面貌焕然一新，人民生活水平显著提高，百万移民已从搬迁安置转入安稳致富的新阶段。

目前，三峡库区发展面临着难得的机遇。一是随着三峡后续工作开展和集中连片特殊困难地区扶贫政策的实施，国家将进一步加大对三峡库区的支持力度，为库区经济社会发展带来新的机遇；二是全国已进入转变发展方式、加快产业结构调整和转移的关键时期，承接产业转移、培育特色产业，为库区产业发展带来新的机遇；三是全国人力资源供需的变化，为库区发挥人力资源优势、深化与发达地区的劳务合作带来新的机遇。

同时，三峡库区发展也面临着挑战。一是自然生态环境现状与国家对三峡库区主体功能区规划要求还有差距，库区人多地少、环境承载压力大的基础性矛盾没有改变；二是经济社会发展基础与全面建成小康社会的目标还有较大差距，贫困面广、城乡居民收入低、产业发展基础薄弱、公共服务能力低的现状亟待改善。

库区的稳定和发展，既需要当地广大干部群众的自身努力和艰苦奋斗，也需要国家部委及有关地方、单位的继续支持和帮助，要继续按照“优势互补、互惠互利、长期合作、共同发展”的思路，做好对口支援合作工作。

二、总体思路和主要目标

（一）指导思想

以邓小平理论、“三个代表”重要思想和科学发展观为指导，深入贯彻落实党的十八大、十八届二中、三中全会精神和党中央、国务院决策部署，坚持解放思想、与时俱进、求真务实，拓展合作领域，创新合作模式，完善合作机制，以提升库区发展能力为核心，结合三峡后续工作规划实施，在库区特色优势产业发展、移民小区帮扶和农村扶贫开发、基本公共服务能力建设、就业培训和就业服务、生态环境保护和治理等方面迈出新步伐，开创全国对口支援三峡库区合作工作发展新局面。

（二）基本原则

互动发展，合作共赢。充分发挥各自优势，实现对口支援合作从单方受益为主向双方共赢的转变，构建良性互动的发展格局。

与时俱进，开拓创新。抓住区域合作新机遇，开拓工作新思路，探索协作新模式，完善利益共享新机制，增强对口支援合作的平衡性、协调性和可持续性。

保障民生，基层为先。把保障和改善民生作为对口支援合作的重要内容，在资源配置上向移民小区和村组倾斜，提高基层公共服务能力，改善居民基本生活条件，让库区居民直接受惠、长期受益。

政府引导，市场主导。发挥政府引导和扶持作用，构建交流与合作的服务平台，让市场在资源配置中起决定性作用，发挥社会组织和企业在对口支援合作中的主体作用。

（三）主要目标

通过规划实施，努力使库区群众基本生活有保障、劳动就业有着落、脱贫致富有盼头，同心同德建设和谐稳定的新库区；支持每个县（区）至少形成1～2个特色优势产业，明显提升库区生态农业、旅游业、商贸物流业等产业发展水平和竞争力；对口支援双方政府积极组织开展劳务合作，基本消除移民家庭零就业现象；努力使库区自我发展能力显著提高，公共服务和城乡居民生活水平达到或接近全国平均水平，与全国同步建成小康社会，实现经济繁荣、社会和谐、生态良好、人民安居乐业。

（四）规划范围

支援方包括21个省（区、市）、10个大城市，国家有关部门和单位；受援方包括三峡库区19个县（区），即湖北省宜昌市夷陵区、秭归县、兴山县，恩施土家族苗族自治州巴东县；重庆市巫山县、巫溪县、奉节县、云阳县、万州区、开县、忠县、石柱土家族自治县、丰都县、涪陵区、武隆县、长寿区、渝北区、巴南区、江津区。

三、支持引导产业发展

（一）支持发展生态农业（略）

（二）支持发展旅游业（略）

（三）支持发展商贸物流业（略）

（四）搭建制造业合作平台（略）

四、推进移民小区帮扶和农村扶贫开发

（一）实施移民小区帮扶工程（略）

（二）重点支持农村小型基础设施建设（略）

（三）扶持致富带头人创业（略）

（四）广泛动员和鼓励社会力量参与库区农村扶贫开发（略）

五、提高基本公共服务能力

（一）继续支持库区基础教育（略）

（二）支持库区提升职业教育水平（略）

（三）加大对库区医疗卫生支持力度（略）

（四）支持库区科技、文化、体育等领域发展（略）

（五）支持库区加快完善社会保障体系（略）

六、强化就业培训服务

（一）支持库区强化就业培训（略）

（二）支持库区提高就业服务能力（略）

（三）积极开展劳务输出合作（略）

七、加强生态环境保护和治理

（一）支持库区水环境保护（略）

（二）支持三峡生态屏障区建设（略）

（三）探索生态环境保护的合作新模式（略）

八、组织保障和政策支持

（一）加强对口支援三峡库区合作工作的指导与协调（略）

（二）加大国家有关部门和中央企业支援库区合作工作力度（略）

（三）深化支援省（自治区、直辖市）对口支援三峡库区合作工作（略）

（四）强化湖北省、重庆市在对口支援三峡库区合作工作中的作用（略）

（五）强化库区县（区）在受援工作中的作用（略）

库区受援区县与支援省区市对口支援合作结对关系表

库区受援区县	重点结对支援省区市
夷陵区	黑龙江省、上海市、青岛市
秭归县	江苏省、武汉市
兴山县	湖南省、大连市
巴东县	北京市
巫山县	广东省、广州市、深圳市、珠海市
巫溪县	吉林省
奉节县	辽宁省

续表

库区受援区县	重点结对支援省区市
云阳县	江苏省
万州区	上海市、天津市、福建省、南京市、宁波市、厦门市
开县	四川省
忠县	山东省、沈阳市
石柱土家族自治县	云南省、江西省
丰都县	河北省
涪陵区	浙江省
武隆县	江西省、云南省
长寿区	广西壮族自治区
渝北区	安徽省
巴南区	河南省

注 1. 湖北省对口支援本省三峡库区各区县，重庆市对口支援本市三峡库区各区县。

2. 江津区属对口支援范围，未明确重点结对支援省区市。

国务院关于发布政府核准的投资项目目录（2014年本）的通知

国发〔2014〕53号

各省、自治区、直辖市人民政府，国务院各部委、各直属机构：

为进一步深化投资体制改革和行政审批制度改革，加大简政放权力度，切实转变政府投资管理职能，使市场在资源配置中起决定性作用，确立企业投资主体地位，更好发挥政府作用，加强和改进宏观调控，现发布《政府核准的投资项目目录（2014年本）》，并就有关事项通知如下：

一、企业投资建设本目录内的固定资产投资项目，须按照规定报送有关项目核准机关核准。企业投资建设本目录外的项目，实行备案管理。事业单位、社会团体等投资建设的项目，按照本目录执行。

原油、天然气开发项目由具有开采权的企业自行决定，并报国务院行业管理部门备案。具有开采权的相关企业应依据相关法律法规，坚持统筹规划，合理开发利用资源，避免资源无序开采。

二、法律、行政法规和国家制定的发展规划、产业政策、总量控制目标、技术政策、准入标准、用地政策、环保政策、信贷政策等是企业开展项目前期工作的重要依据，是项目核准机关和国土资源、环境保护、城乡规划、行业管理等部门以及金融机构对项目进行审查的依据。环境保护部门应根据项目对环境的影响程度实行分级分类管理，对环境影响大、环境风险高的项目严格环评审批，并强化事中事后监管。

三、对于钢铁、电解铝、水泥、平板玻璃、船舶等产能严重过剩行业的项目，要严格执行《国务院关于化解产能严重过剩矛盾的指导意见》(国发〔2013〕41号)，各地方、各部门不得以其他任何名义、任何方式备案新增产能项目，各相关部门和机构不得办理土地（海域）供应、能评、环评审批和新增授信支持等相关业务，并合力推进化解产能严重过剩矛盾各项工作。

四、项目核准机关要改进完善管理办法，切实提高行政效能，认真履行核准职责，严格按照规定权限、程序和时限等要求进行审查。监管重心要与核准、备案权限同步下移，地方政府要切实履行监管职责。有关部门要密切配合，按照职责分工，相应改进管理办法，依法加强对投资活动的监管。对不符合法律法规规定以及未按规定权限和程序核准或者备案的项目，有关部门不得办理相关手续，金融机构不得提供信贷支持。

五、按照规定由国务院核准的项目，由发展改革委审核后报国务院核准。按照规定报国务院备案的项目，由发展改革委核准后报国务院备案。核报国务院核准的项目、国务院投资主管部门核准的项目，事前须征求国务院行业管理部门的意见。由地方政府核准的项目，省级政府可以根据本地实际情况具体划分地方各级政府的核准权限。由省级政府核准的项目，核准权限不得下放。

六、法律、行政法规和国家有专门规定的，按照有关规定执行。商务主管部门按国家有关规定对外商投资企业的设立和变更、国内企业在境外投资开办企业（金融企业除外）进行审核或备案管理。

七、本目录自发布之日起执行，《政府核准的投资项目目录（2013年本）》即行废止。

国务院
2014年10月31日

政府核准的投资项目目录（2014年本）

一、农业水利

农业：涉及开荒的项目由省级政府核准。

水库：在跨界河流、跨省（自治区、直辖市）河流上建设的项目由国务院投资主管部门核准，其中库容10亿m^3及以上或者涉及移民1万人及以上的项目由国务院核准。其余项目由地方政府核准。

其他水事工程：涉及跨界河流、跨省（自治区、直辖市）水资源配置调整的项目由国务院投资主管部门核准，其余项目由地方政府核准。

二、能源

水电站：在跨界河流、跨省（自治区、直辖市）河流上建设的单站总装机容量50万kW及以上项目由国务院投资主管部门核准，其中单站总装机容量300万kW及以上或者涉及移民1万人及以上的项目由国务院核准。其余项目由地方政府核准。

抽水蓄能电站：由省级政府核准。

火电站：由省级政府核准，其中燃煤火电项目应在国家依据总量控制制定的建设规划内核准。

热电站：由地方政府核准，其中抽凝式燃煤热电项目由省级政府在国家依据总量控制制定的建设规划内核准。

风电站：由地方政府在国家依据总量控制制定的建设规划及年度开发指导规模内核准。

核电站：由国务院核准。

电网工程：跨境、跨省（自治区、直辖市）±500kV及以上直流项目，跨境、跨省（自治区、直辖市）500kV、750kV、1000kV交流项目，由国务院投资主管部门核准，其中±800kV及以上直流项目和1000kV交流项目报国务院备案；其余项目由地方政府核准，其中±800kV及以上直流项目和1000kV交流项目应按照国家制定的规划核准。

煤矿：国家规划矿区内新增年生产能力120万t及以上煤炭开发项目由国务院行业管理部门核准，其中新增年生产能力500万t及以上的项目报国务院备案，国家规划矿区内的其余煤炭开发项目由省级政府核准；其余一般煤炭开发项目由地方政府核准。国家规定禁止新建的煤与瓦斯突出、高瓦斯和中小型煤炭开发项目，不得核准。

煤制燃料：年产超过20亿m^3的煤制天然气项目，年产超过100万t的煤制油项目由国务院投资主管部门核准。

液化石油气接收、存储设施（不含油气田、炼油厂的配套项目）：由省级政府核准。

进口液化天然气接收、储运设施：新建（含异地扩建）项目由国务院行业管理部门核准，其中新建接收储运能力300万t及以上的项目报国务院备案。其余项目由省级政府核准。

输油管网（不含油田集输管网）：跨境、跨省（自治区、直辖市）干线管网项目由国务院投资主管部门核准，其中跨境项目报国务院备案。其余项目由省级政府核准。

输气管网（不含油气田集输管网）：跨境、跨省（自治区、直辖市）干线管网项目由国务院投资主管部门核准，其中跨境项目报国务院备案。其余项目由省级政府核准。

炼油：新建炼油及扩建一次炼油项目由国务院投资主管部门核准，其中列入国务院批准的国家能源发展规划、石化产业规划布局方案的扩建项目由省级政府核准。

变性燃料乙醇：由省级政府核准。

三、交通运输

新建（含增建）铁路：跨省（自治区、直辖市）项目和国家铁路网中的干线项目由国务院投资主管部门核准，国家铁路网中的其余项目由中国铁路总公司自行决定并报国务院投资主管部门备案；其余地方铁路项目由省级政府按照国家批准的规划核准。

公路：国家高速公路网项目由国务院投资主管部门核准，普通国道网项目由省级政府核准；地方高速公路项目由省级政府按照规划核准，其余项目由地方政府核准。

独立公（铁）路桥梁、隧道：跨境、跨 10 万 t 级及以上航道海域、跨大江大河（现状或规划为一级及以上通航段）的项目由国务院投资主管部门核准，其中跨境项目报国务院备案；国家铁路网中的其余项目由中国铁路总公司自行决定并报国务院投资主管部门备案；其余项目由地方政府核准。

煤炭、矿石、油气专用泊位：在沿海（含长江南京及以下）新建年吞吐能力 1000 万 t 及以上项目由国务院投资主管部门核准，其余项目由省级政府核准。

集装箱专用码头：在沿海（含长江南京及以下）建设的年吞吐能力 100 万标准箱及以上项目由国务院投资主管部门核准，其余项目由省级政府核准。

内河航运：跨省（自治区、直辖市）高等级航道的千吨级及以上航电枢纽项目由国务院投资主管部门核准，其余项目由地方政府核准。

民航：新建运输机场项目由国务院核准，新建通用机场项目、扩建军民合用机场项目由省级政府核准。

四、信息产业

电信：国际通信基础设施项目由国务院投资主管部门核准；国内干线传输网（含广播电视网）以及其他涉及信息安全的电信基础设施项目，由国务院行业管理部门核准。

五、原材料

稀土、铁矿、有色矿山开发：稀土矿山开发项目，由国务院行业管理部门核准；其余项目由省级政府核准。

石化：新建乙烯项目由省级政府按照国务院批准的石化产业规划布局方案核准。

化工：年产超过 50 万 t 的煤经甲醇制烯烃项目、年产超过 100 万 t 的煤制甲醇项目，由国务院投资主管部门核准；新建对二甲苯（PX）项目、新建二苯基甲烷二异氰酸酯（MDI）项目由省级政府按照国务院批准的石化产业规划布局方案核准。

稀土：冶炼分离项目由国务院行业管理部门核准，稀土深加工项目由省级政府核准。

黄金：采选矿项目由省级政府核准。

六、机械制造

汽车：按照国务院批准的《汽车产业发展政策》执行。

七、轻工

烟草：卷烟、烟用二醋酸纤维素及丝束项目由国务院行业管理部门核准。

八、高新技术

民用航空航天：干线支线飞机、6t/9 座及以上通用飞机和 3t 及以上直升机制造、民用卫星制造、民用遥感卫星地面站建设项目，由国务院投资主管部门核准；6t/9 座以下通用飞机和 3t 以下直升机制造项目由省级政府核准。

九、城建

城市快速轨道交通项目：由省级政府按照国家批准的规划核准。

城市道路桥梁、隧道：跨 10 万 t 级及以上航道海域、跨大江大河（现状或规划为一级及以上通航段）的项目由国务院投资主管部门核准。

其他城建项目：由地方政府自行确定实行核准或者备案。

十、社会事业

主题公园：特大型项目由国务院核准，大型项目由国务院投资主管部门核准，中小型项目由省级政府核准。

旅游：国家级风景名胜区、国家自然保护区、全国重点文物保护单位区域内总投资 5000 万元及以上旅游开发和资源保护项目，世界自然和文化遗产保护区内总投资3000万元及以上项目，由省级政府核准。

其他社会事业项目：除国务院已明确改为备案管理的项目外，按照隶属关系由国务院行业管理部门、地方政府自行确定实行核准或者备案。

十一、外商投资

《外商投资产业指导目录》中有中方控股（含相对控股）要求的总投资（含增资）10亿美元及以上鼓励类项目，总投资（含增资）1亿美元及以上限制类（不含房地产）项目，由国务院投资主管部门核准，其中总投资（含增资）20亿美元及以上项目报国务院备案。《外商投资产业指导目录》限制类中的房地产项目和总投资（含增资）小于1亿美元的其他限制类项目，由省级政府核准。《外商投资产业指导目录》中有中方控股（含相对控股）要求的总投资（含增资）小于10亿美元的鼓励类项目，由地方政府核准。

前款规定之外的属于本目录第一至十条所列项目，按照本目录第一至十条的规定核准。

十二、境外投资

涉及敏感国家和地区、敏感行业的项目，由国务院投资主管部门核准。

前款规定之外的中央管理企业投资项目和地方企业投资3亿美元及以上项目报国务院投资主管部门备案。

国务院关于取消和下放一批行政审批项目的决定

国发〔2014〕5号

各省、自治区、直辖市人民政府，国务院各部委、各直属机构：

经研究论证，国务院决定，再取消和下放64项行政审批项目和18个子项。另建议取消和下放6项依据有关法律设立的行政审批项目，国务院将依照法定程序提请全国人民代表大会常务委员会修订相关法律规定。

各地区、各部门要抓紧做好取消和下放管理层级行政审批项目的落实和衔接工作，并切实加强事中事后监管。要继续大力推进行政审批制度改革，使简政放权成为持续的改革行动。要健全监督制约机制，加强对行政审批权运行的监督，不断提高政府管理科学化、规范化水平。

附件：国务院决定取消和下放管理层级的行政审批项目目录（64项，另有18个子项）

国务院
2014年1月28日

附件：

国务院决定取消和下放管理层级的行政审批项目目录

序号	项目名称	审批部门	其他共同审批部门	设定依据	处理决定
1～26	（略）				
27	生产建设项目水土保持监测单位资质认定	水利部	无	《中华人民共和国水土保持法》 《生产建设项目水土保持监测资质管理办法》（水利部令2011年第45号）	取消
28～64	（略）				

国务院关于取消和调整一批行政审批项目等事项的决定

国发〔2014〕27号

各省、自治区、直辖市人民政府，国务院各部委、各直属机构：

经研究论证，国务院决定，取消和下放45项行政审批项目，取消11项职业资格许可和认定事项，将31项工商登记前置审批事项改为后置审批。另建议取消和下放7项依据有关法律设立的行政审批事项，将5项依据有关法律设立的工商登记前置审批事项改为后置审批，国务院将依照法定程序提请全国人民代表大会常务委员会修订相关法律规定。《国务院关于取消和下放50项行政审批项目等事项的决定》（国发〔2013〕27号）和《国务院关于取消和下放一批行政审批项目的决定》（国发〔2013〕44号）中提出的涉及修改法律的行政审批项目，有8项国务院已按照法定程序提请全国人民代表大会常务委员会修改了相关法律，现一并予以公布。

国务院

2014年7月22日

附件：

1. 国务院决定取消和下放管理层级的行政审批项目目录（共计53项）

序号	项目名称	审批部门	其他共同审批部门	设定依据	处理决定	备注
1～19	（略）					
20	全国水电农村电气化建设项目年度计划审批	水利部	无	《关于下达农村小水电项目2012年中央预算内投资计划的通知》（发改投资〔2012〕799号）	取消	
21	小水电代燃料生态保护工程年度计划审批	水利部	无	《关于下达农村小水电项目2012年中央预算内投资计划的通知》（发改投资〔2012〕799号）	取消	
22	水土保持生态建设项目年度计划审批	水利部	无	《水土保持工程建设管理办法》（发改投资〔2011〕1703号）	取消	
23	建设项目水资源论证机构资质认定	水利部	无	《国务院对确需保留的行政审批项目设定行政许可的决定》（国务院令第412号）	取消	
24～53	（略）					

2. 国务院决定取消的职业资格许可和认定事项目录（共计11项）

序号	项目名称	审批部门	其他共同审批部门	设定依据	处理决定
1～9	（略）				
10	水利工程质量与安全监督员	水利部	无	《水利工程质量监督管理规定》（水建〔1997〕339号） 《水利工程建设安全生产管理规定》（水利部令2005年第26号）	取消
11	（略）				

3. 国务院决定改为后置审批的工商登记前置审批事项目录（共计31项）（略）

国务院办公厅印发《能源发展战略行动计划(2014～2020年)》

国务院办公厅于2014年6月7日以国办发〔2014〕31号文印发《能源发展战略行动计划（2014～2020年）》。计划全文如下：

能源发展战略行动计划（2014～2020年）

能源是现代化的基础和动力。能源供应和安全事关我国现代化建设全局。新世纪以来，我国能源发展成就显著，供应能力稳步增长，能源结构不断优化，节能减排取得成效，科技进步迈出新步伐，国际合作取得新突破，建成世界最大的能源供应体系，有效保障了经济社会持续发展。

当前，世界政治、经济格局深刻调整，能源供求关系深刻变化。我国能源资源约束日益加剧，生态环境问题突出，调整结构、提高能效和保障能源安全的压力进一步加大，能源发展面临一系列新问题新挑战。同时，我国可再生能源、非常规油气和深海油气资源开发潜力很大，能源科技创新取得新突破，能源国际合作不断深化，能源发展面临着难得的机遇。

从现在到2020年，是我国全面建成小康社会的关键时期，是能源发展转型的重要战略机遇期。为贯彻落实党的十八大精神，推动能源生产和消费革命，打造中国能源升级版，必须加强全局谋划，明确今后一段时期我国能源发展的总体方略和行动纲领，推动能源创新发展、安全发展、科学发展，特制订本行动计划。

一、总体战略

（一）指导思想

高举中国特色社会主义伟大旗帜，以邓小平理论、“三个代表”重要思想、科学发展观为指导，深入贯彻党的十八大和十八届二中、三中全会精神，全面落实党中央、国务院的各项决策部署，以开源、节流、减排为重点，确保能源安全供应，转变能源发展方式，调整优化能源结构，创新能源体制机制，着力提高能源效率，严格控制能源消费过快增长，着力发展清洁能源，推进能源绿色发展，着力推动科技进步，切实提高能源产业核心竞争力，打造中国能源升级版，为实现中华民族伟大复兴的中国梦提供安全可靠的能源保障。

（二）战略方针与目标

坚持“节约、清洁、安全”的战略方针，加快构建清洁、高效、安全、可持续的现代能源体系。重点实施四大战略：

1. 节约优先战略　把节约优先贯穿于经济社会及能源发展的全过程，集约高效开发能源，科学合理使用能源，大力提高能源效率，加快调整和优化经济结构，推进重点领域和关键环节节能，合理控制能源消费总量，以较少的能源消费支撑经济社会较快发展。

到2020年，一次能源消费总量控制在48亿t标准煤左右，煤炭消费总量控制在42亿t左右。

2. 立足国内战略　坚持立足国内，将国内供应作为保障能源安全的主渠道，牢牢掌握能源安全主动权。发挥国内资源、技术、装备和人才优势，加强国内能源资源勘探开发，完善能源替代和储备应急体系，着力增强能源供应能力。加强国际合作，提高优质能源保障水平，加快推进油气战略进口通道建设，在开放格局中维护能源安全。

到2020年，基本形成比较完善的能源安全保障体系。国内一次能源生产总量达到42亿t标准煤，能源自给能力保持在85%左右，石油储采比提高到14～15，能源储备应急体系基本建成。

3. 绿色低碳战略　着力优化能源结构，把发展清洁低碳能源作为调整能源结构的主攻方向。坚持发展非化石能源与化石能源高效清洁利用并举，逐步降低煤炭消费比重，提高天然气消费比重，大幅增加风电、太阳能、地热能等可再生能源和核电消费比重，形成与我国国情相适应、科学合理的能源消费结构，大幅减少能源消费排放，促进生态文明建设。

到2020年，非化石能源占一次能源消费比重达到15%，天然气比重达到10%以上，煤炭消费比重控制在62%以内。

4. 创新驱动战略　深化能源体制改革，加快重点领域和关键环节改革步伐，完善能源科学发展体制机制，充分发挥市场在能源资源配置中的决定性作用。树立科技决定能源未来、科技创造未来能源的理念，坚持追赶与跨越并重，加强能源科技创新体系建设，依托重大工程推进科技自主创新，建设能源科技强国，能源科技总体接近世界先进水平。

到2020年，基本形成统一开放竞争有序的现代能源市场体系。

二、主要任务

（一）增强能源自主保障能力

立足国内，加强能源供应能力建设，不断提高自主控制能源对外依存度的能力。

1. 推进煤炭清洁高效开发利用

按照安全、绿色、集约、高效的原则，加快发展煤炭清洁开发利用技术，不断提高煤炭清洁高效开发利用水平。

清洁高效发展煤电。转变煤炭使用方式，着力提高煤炭集中高效发电比例。提高煤电机组准入标准，新建燃煤发电机组供电煤耗低于300g/(kW·h)标准煤，污染物排放接近燃气机组排放水平。

推进煤电大基地大通道建设。依据区域水资源分布特点和生态环境承载能力，严格煤矿环保和安全准入标准，推广充填、保水等绿色开采技术，重点建设晋北、晋中、晋东、神东、陕北、黄陇、宁东、鲁西、两淮、云贵、冀中、河南、内蒙古东部、新疆等14个亿吨级大型煤炭基地。到2020年，基地产量占全国的95%。采用最先进节能节水环保发电技术，重点建设锡林郭勒、鄂尔多斯、晋北、晋中、晋东、陕北、哈密、准东、宁东等9个千万千瓦级大型煤电基地。发展远距离大容量输电技术，扩大西电东送规模，实施北电南送工程。加强煤炭铁路运输通道建设，重点建设内蒙古西部至华中地区的铁路煤运通道，完善西煤东运通道。到2020年，全国煤炭铁路运输能力达到30亿t。

提高煤炭清洁利用水平。制定和实施煤炭清洁高效利用规划，积极推进煤炭分级分质梯级利用，加大煤炭洗选比重，鼓励煤矸石等低热值煤和劣质煤就地清洁转化利用。建立健全煤炭质量管理体系，加强对煤炭开发、加工转化和使用过程的监督管理。加强进口煤炭质量监管。大幅减少煤炭分散直接燃烧，鼓励农村地区使用洁净煤和型煤。

2. 稳步提高国内石油产量

坚持陆上和海上并重，巩固老油田，开发新油田，突破海上油田，大力支持低品位资源开发，建设大庆、辽河、新疆、塔里木、胜利、长庆、渤海、南海、延长等9个千万吨级大油田。

稳定东部老油田产量。以松辽盆地、渤海湾盆地为重点，深化精细勘探开发，积极发展先进采油技术，努力增储挖潜，提高原油采收率，保持产量基本稳定。

实现西部增储上产。以塔里木盆地、鄂尔多斯盆地、准噶尔盆地、柴达木盆地为重点，加大油气资源勘探开发力度，推广应用先进技术，努力探明更多优质储量，提高石油产量。加大羌塘盆地等新区油气地质调查研究和勘探开发技术攻关力度，拓展新的储量和产量增长区域。

加快海洋石油开发。按照以近养远、远近结合，自主开发与对外合作并举的方针，加强渤海、东海和南海等海域近海油气勘探开发，加强南海深水油气勘探开发形势跟踪分析，积极推进深海对外招标和合作，尽快突破深海采油技术和装备自主制造能力，大力提升海洋油气产量。

大力支持低品位资源开发。开展低品位资源开发示范工程建设，鼓励难动用储量和濒临枯竭油田的开发及市场化转让，支持采用技术服务、工程总承包等方式开发低品位资源。

3. 大力发展天然气

按照陆地与海域并举、常规与非常规并重的原则，加快常规天然气增储上产，尽快突破非常规天然气发展瓶颈，促进天然气储量产量快速增长。

加快常规天然气勘探开发。以四川盆地、鄂尔多斯盆地、塔里木盆地和南海为重点，加强西部低品位、东部深层、海域深水三大领域科技攻关，加大勘探开发力度，力争获得大突破、大发现，努力建设8个年产量百亿立方米级以上的大型天然气生产基地。到2020年，累计新增常规天然气探明地质储量5.5万亿m^3，年产常规天然气1850亿m^3。

重点突破页岩气和煤层气开发。加强页岩气地质调查研究，加快"工厂化""成套化"技术研发和应用，探索形成先进适用的页岩气勘探开发技术模式和商业模式，培育自主创新和装备制造能力。着力提高四川长宁—威远、重庆涪陵、云南昭通、陕西延安等国家级示范区储量和产量规模，同时争取在湘鄂、云贵和苏皖等地区实现突破。到2020年，页岩气产量力争超过300亿m^3。以沁水盆地、鄂尔多斯盆地东缘为重点，加大支持力度，加快煤层气勘探开采步伐。到2020年，煤层气产量力争达到300亿m^3。

积极推进天然气水合物资源勘查与评价。加大天然气水合物勘探开发技术攻关力度，培育具有自主知识产权的核心技术，积极推进试采工程。

4. 积极发展能源替代

坚持煤基替代、生物质替代和交通替代并举的方针，科学发展石油替代。到2020年，形成石油替代能力4000万t以上。

稳妥实施煤制油、煤制气示范工程。按照清洁高效、量水而行、科学布局、突出示范、自主创新的原则，以新疆、内蒙古、陕西、山西等地为重点，稳妥推进煤制油、煤制气技术研发和产业化升级示范工程，掌握核心技术，严格控制能耗、水耗和污染物排放，形成适度规模的煤基燃料替代能力。

积极发展交通燃油替代。加强先进生物质能技术攻关和示范，重点发展新一代非粮燃料乙醇和生物柴油，超前部署微藻制油技术研发和示范。加快发展纯电动汽车、混合动力汽车和船舶、天然气汽车和船舶，扩大交通燃油替代规模。

5. 加强储备应急能力建设

完善能源储备制度，建立国家储备与企业储备相结合、战略储备与生产运行储备并举的储备体系，建立健全国家能源应急保障体系，提高能源安全保障能力。

扩大石油储备规模。建成国家石油储备二期工程，启动三期工程，鼓励民间资本参与储备建设，建立企业义务储备，鼓励发展商业储备。

提高天然气储备能力。加快天然气储气库建设，鼓励发展企业商业储备，支持天然气生产企业参与调峰，提高储气规模和应急调峰能力。

建立煤炭稀缺品种资源储备。鼓励优质、稀缺煤炭资源进口，支持企业在缺煤地区和煤炭集散地建设中转储运设施，完善煤炭应急储备体系。

完善能源应急体系。加强能源安全信息化保障和决策支持能力建设，逐步建立重点能源品种和能源通道应急指挥和综合管理系统，提升预测预警和防范应对水平。

（二）推进能源消费革命

调整优化经济结构，转变能源消费理念，强化工业、交通、建筑节能和需求侧管理，重视生活节能，严格控制能源消费总量过快增长，切实扭转粗放用能方式，不断提高能源使用效率。

1. 严格控制能源消费过快增长

按照差别化原则，结合区域和行业用能特点，严格控制能源消费过快增长，切实转变能源开发和利用方式。

推行“一挂双控”措施。将能源消费与经济增长挂钩，对高耗能产业和产能过剩行业实行能源消费总量控制强约束，其他产业按先进能效标准实行强约束，现有产能能效要限期达标，新增产能必须符合国内先进能效标准。

推行区域差别化能源政策。在能源资源丰富的西部地区，根据水资源和生态环境承载能力，在节水节能环保、技术先进的前提下，合理加大能源开发力度，增强跨区调出能力。合理控制中部地区能源开发强度。大力优化东部地区能源结构，鼓励发展有竞争力的新能源和可再生能源。

控制煤炭消费总量。制定国家煤炭消费总量中长期控制目标，实施煤炭消费减量替代，降低煤炭消费比重。

2. 着力实施能效提升计划

坚持节能优先，以工业、建筑和交通领域为重点，创新发展方式，形成节能型生产和消费模式。

实施煤电升级改造行动计划。实施老旧煤电机组节能减排升级改造工程，现役 60 万 kW（风冷机组除外）及以上机组力争 5 年内供电煤耗降至 300g/(kW·h) 标准煤左右。

实施工业节能行动计划。严格限制高耗能产业和过剩产业扩张，加快淘汰落后产能，实施十大重点节能工程，深入开展万家企业节能低碳行动。实施电机、内燃机、锅炉等重点用能设备能效提升计划，推进工业企业余热余压利用。深入推进工业领域需求侧管理，积极发展高效锅炉和高效电机，推进终端用能产品能效提升和重点用能行业能效水平对标达标。认真开展新建项目环境影响评价和节能评估审查。

实施绿色建筑行动计划。加强建筑用能规划，实施建筑能效提升工程，尽快推行 75% 的居住建筑节能设计标准，加快绿色建筑建设和既有建筑改造，推行公共建筑能耗限额和绿色建筑评级与标识制度，大力推广节能电器和绿色照明，积极推进新能源城市建设。大力发展低碳生态城市和绿色生态城区，到 2020 年，城镇绿色建筑占新建建筑的比例达到 50%。加快推进供热计量改革，新建建筑和经供热计量改造的既有建筑实行供热计量收费。

实行绿色交通行动计划。完善综合交通运输体系规划，加快推进综合交通运输体系建设。积极推进清洁能源汽车和船舶产业化步伐，提高车用燃油经济性标准和环保标准。加快发展轨道交通和水运等资源节约型、环境友好型运输方式，推进主要城市群内城际铁路建设。大力发展城市公共交通，加强城市步行和自行车交通系统建设，提高公共出行和非机动出行比例。

3. 推动城乡用能方式变革

按照城乡发展一体化和新型城镇化的总体要求，坚持集中与分散供能相结合，因地制宜建设城乡供能设施，推进城乡用能方式转变，提高城乡用能水平和效率。

实施新城镇、新能源、新生活行动计划。科学编制城镇规划，优化城镇空间布局，推动信息化、低碳化与城镇化的深度融合，建设低碳智能城镇。制定城镇综合能源规划，大力发展分布式能源，科学发展热电联产，鼓励有条件的地区发展热电冷联供，发展风能、太阳能、生物质能、地热能供暖。

加快农村用能方式变革。抓紧研究制定长效政策措施，推进绿色能源县、乡、村建设，大力发展农村小水电，加强水电新农村电气化县和小水电代燃料生态保护工程建设，因地制宜发展农村可再生能源，推动非商品能源的清洁高效利用，加强农村节能工作。

开展全民节能行动。实施全民节能行动计划，加强宣传教育，普及节能知识，推广节能新技术、新产品，大力提倡绿色生活方式，引导居民科学合理用能，使节约用能成为全社会的自觉行动。

（三）优化能源结构

积极发展天然气、核电、可再生能源等清洁能源，降低煤炭消费比重，推动能源结构持续优化。

1. 降低煤炭消费比重

加快清洁能源供应，控制重点地区、重点领域煤炭消费总量，推进减量替代，压减煤炭消费，到 2020 年，全国煤炭消费比重降至 62% 以内。

削减京津冀鲁、长三角和珠三角等区域煤炭消费总量。加大高耗能产业落后产能淘汰力度，扩大外来电、天然气及非化石能源供应规模，耗煤项目实现煤炭减量替代。到 2020 年，京津冀鲁四省市煤炭消费比 2012 年净削减 1 亿 t，长三角和珠三角地区煤炭消费总量负增长。

控制重点用煤领域煤炭消费。以经济发达地区和大中城市为重点，有序推进重点用煤领域“煤改气”工程，加强余热、余压利用，加快淘汰分散燃煤小锅炉，到 2017 年，基本完成重点地区燃煤锅炉、工业窑炉等天然气替代改造任务。结合城中村、城乡结合部、棚户区改造，扩大城市无煤区范围，逐步由城市建成区扩展到近郊，大幅减少城市煤炭分散使用。

2. 提高天然气消费比重

坚持增加供应与提高能效相结合，加强供气设施建设，扩大天然气进口，有序拓展天然气城镇燃气应用。到2020年，天然气在一次能源消费中的比重提高到10%以上。

实施气化城市民生工程。新增天然气应优先保障居民生活和替代分散燃煤，组织实施城镇居民用能清洁化计划，到2020年，城镇居民基本用上天然气。

稳步发展天然气交通运输。结合国家天然气发展规划布局，制定天然气交通发展中长期规划，加快天然气加气站设施建设，以城市出租车、公交车为重点，积极有序发展液化天然气汽车和压缩天然气汽车，稳妥发展天然气家庭轿车、城际客车、重型卡车和轮船。

适度发展天然气发电。在京津冀鲁、长三角、珠三角等大气污染重点防控区，有序发展天然气调峰电站，结合热负荷需求适度发展燃气—蒸汽联合循环热电联产。

加快天然气管网和储气设施建设。按照西气东输、北气南下、海气登陆的供气格局，加快天然气管道及储气设施建设，形成进口通道、主要生产区和消费区相连接的全国天然气主干管网。到2020年，天然气主干管道里程达到12万km以上。

扩大天然气进口规模。加大液化天然气和管道天然气进口力度。

3. 安全发展核电

在采用国际最高安全标准、确保安全的前提下，适时在东部沿海地区启动新的核电项目建设，研究论证内陆核电建设。坚持引进消化吸收再创新，重点推进AP1000、CAP1400、高温气冷堆、快堆及后处理技术攻关。加快国内自主技术工程验证，重点建设大型先进压水堆、高温气冷堆重大专项示范工程。积极推进核电基础理论研究、核安全技术研究开发设计和工程建设，完善核燃料循环体系。积极推进核电“走出去”。加强核电科普和核安全知识宣传。到2020年，核电装机容量达到5800万kW，在建容量达到3000万kW以上。

4. 大力发展可再生能源

按照输出与就地消纳利用并重、集中式与分布式发展并举的原则，加快发展可再生能源。到2020年，非化石能源占一次能源消费比重达到15%。

积极开发水电。在做好生态环境保护和移民安置的前提下，以西南地区金沙江、雅砻江、大渡河、澜沧江等河流为重点，积极有序推进大型水电基地建设。因地制宜发展中小型电站，开展抽水蓄能电站规划和建设，加强水资源综合利用。到2020年，力争常规水电装机容量达到3.5亿kW左右。

大力发展风电。重点规划建设酒泉、内蒙古西部、内蒙古东部、冀北、吉林、黑龙江、山东、哈密、江苏等9个大型现代风电基地以及配套送出工程。以南方和中东部地区为重点，大力发展分散式风电，稳步发展海上风电。到2020年，风电装机容量达到2亿kW，风电与煤电上网电价相当。

加快发展太阳能发电。有序推进光伏基地建设，同步做好就地消纳利用和集中送出通道建设。加快建设分布式光伏发电应用示范区，稳步实施太阳能热发电示范工程。加强太阳能发电并网服务。鼓励大型公共建筑及公用设施、工业园区等建设屋顶分布式光伏发电。到2020年，光伏装机容量达到1亿kW左右，光伏发电与电网销售电价相当。

积极发展地热能、生物质能和海洋能。坚持统筹兼顾、因地制宜、多元发展的方针，有序开展地热能、海洋能资源普查，制定生物质能和地热能开发利用规划，积极推动地热能、生物质和海洋能清洁高效利用，推广生物质能和地热供热，开展地热发电和海洋能发电示范工程。到2020年，地热能利用规模达到5000万t标准煤。

提高可再生能源利用水平。加强电源与电网统筹规划，科学安排调峰、调频、储能配套能力，切实解决弃风、弃水、弃光问题。

（四）拓展能源国际合作

统筹利用国内国际两种资源、两个市场，坚持投资与贸易并举、陆海通道并举，加快制定利用海外能源资源中长期规划，着力拓展进口通道，着力建设丝绸之路经济带、21世纪海上丝绸之路、孟中印缅经济走廊和中巴经济走廊，积极支持能源技术、装备和工程队伍“走出去”。

加强俄罗斯中亚、中东、非洲、美洲和亚太五大重点能源合作区域建设，深化国际能源双边多边合作，建立区域性能源交易市场。积极参与全球能源治理。加强统筹协调，支持企业“走出去”。

（五）推进能源科技创新

按照创新机制、夯实基础、超前部署、重点跨越的原则，加强科技自主创新，鼓励引进消化吸收再创新，打造能源科技创新升级版，建设能源科技强国。

1. 明确能源科技创新战略方向和重点

抓住能源绿色、低碳、智能发展的战略方向，围绕保障安全、优化结构和节能减排等长期目标，确立非常规油气及深海油气勘探开发、煤炭清洁高效利用、分布式能源、智能电网、新一代核电、先进可再生能源、节能节水、储能、基础材料等9个重点创新领域，明确页岩气、煤层气、页岩油、深海油气、煤炭深加工、高参数节能环保燃煤发电、整体煤气化联合循环发电、燃气轮机、现代电网、先进核电、光伏、太阳能热发电、风电、生物燃料、地热能利用、海洋能发电、天然气水合物、大容量储能、氢能与燃料电池、能源基础材料等20个重点创新方向，相应开展页岩气、煤层气、深水油气开发等重大示范工程。

2. 抓好科技重大专项

加快实施大型油气田及煤层气开发国家科技重大专项。加强大型先进压水堆及高温气冷堆核电站国家科技重大专项。加强技术攻关，力争页岩气、深海油气、天然气水合物、新一代核电等核心技术取得重大突破。

3. 依托重大工程带动自主创新

依托海洋油气和非常规油气勘探开发、煤炭高效清洁利用、先进核电、可再生能源开发、智能电网等重大能源工程，加快科技成果转化，加快能源装备制造创新平台建设，支持先进能源技术装备“走出去”，形成有国际竞争力的能源装备工业体系。

4. 加快能源科技创新体系建设

制定国家能源科技创新及能源装备发展战略。建立以企业为主体、市场为导向、政产学研用相结合的创新体系。鼓励建立多元化的能源科技风险投资基金。加强能源人才队伍建设，鼓励引进高端人才，培育一批能源科技领军人才。

三、保障措施

（一）深化能源体制改革

坚持社会主义市场经济改革方向，使市场在资源配置中起决定性作用和更好发挥政府作用，深化能源体制改革，为建立现代能源体系、保障国家能源安全营造良好的制度环境。

完善现代能源市场体系。建立统一开放、竞争有序的现代能源市场体系。深入推进政企分开，分离自然垄断业务和竞争性业务，放开竞争性领域和环节。实行统一的市场准入制度，在制定负面清单基础上，鼓励和引导各类市场主体依法平等进入负面清单以外的领域，推动能源投资主体多元化。深化国有能源企业改革，完善激励和考核机制，提高企业竞争力。鼓励利用期货市场套期保值，推进原油期货市场建设。

推进能源价格改革。推进石油、天然气、电力等领域价格改革，有序放开竞争性环节价格，天然气井口价格及销售价格、上网电价和销售电价由市场形成，输配电价和油气管输价格由政府定价。

深化重点领域和关键环节改革。重点推进电网、油气管网建设运营体制改革，明确电网和油气管网功能定位，逐步建立公平接入、供需导向、可靠灵活的电力和油气输送网络。加快电力体制改革步伐，推动供求双方直接交易，构建竞争性电力交易市场。

健全能源法律法规。加快推动能源法制定和电力法、煤炭法修订工作。积极推进海洋石油天然气管道保护、核电管理、能源储备等行政法规制定或修订工作。

进一步转变政府职能，健全能源监管体系。加强能源发展战略、规划、政策、标准等制定和实施，加快简政放权，继续取消和下放行政审批事项。强化能源监管，健全监管组织体系和法规体系，创新监管方式，提高监管效能，维护公平公正的市场秩序，为能源产业健康发展创造良好环境。

（二）健全和完善能源政策

完善能源税费政策。加快资源税费改革，积极推进清费立税，逐步扩大资源税从价计征范围。研究调整能源消费税征税环节和税率，将部分高耗能、高污染产品纳入征收范围。完善节能减排税收政策，建立和完善生态补偿机制，加快推进环境保护税立法工作，探索建立绿色税收体系。

完善能源投资和产业政策。在充分发挥市场作用的基础上，扩大地质勘探基金规模，重点支持和引导非常规油气及深海油气资源开发和国际合作，完善政府对基础性、战略性、前沿性科学研究和共性技术研究及重大装备的支持机制。完善调峰调频备用补偿政策，实施可再生能源电力配额制和全额保障性收购政策及配套措施。鼓励银行业金融机构按照风险可控、商业可持续的原则，加大对节能提效、能源资源综合利用和清洁能源项目的支持。研究制定推动绿色信贷发展的激励政策。

完善能源消费政策。实行差别化能源价格政策。加强能源需求侧管理，推行合同能源管理，培育节能服务机构和能源服务公司，实施能源审计制度。健全固定资产投资项目节能评估审查制度，落实能效“领跑者”制度。

（三）做好组织实施

加强组织领导。充分发挥国家能源委员会的领导作用，加强对能源重大战略问题的研究和审议，指导推动本行动计划的实施。能源局要切实履行国家能源委员会办公室职责，组织协调各部门制定实施细则。

细化任务落实。国务院有关部门、各省（自治区、直辖市）和重点能源企业要将贯彻落实本行动计划列入本部门、本地区、本企业的重要议事日程，做好各类规划计划与本行动计划的衔接。国家能源委员会办公室要制定实施方案，分解落实目标任务，明确进度安排和协调机制，精心组织实施。

加强督促检查。国家能源委员会办公室要密切跟踪工作进展，掌握目标任务完成情况，督促各项措施落到实处、见到实效。在实施过程中，要定期组织开展评估检查和考核评价，重大情况及时报告国务院。

国务院办公厅转发科技部《关于加快建立国家科技报告制度的指导意见》

国务院办公厅于2014年8月31日以国办发〔2014〕43号文，转发科技部《关于加快建立国家科技报告制度的指导意见》。意见全文如下：

关于加快建立国家科技报告制度的指导意见

科技部

科技报告是描述科研活动的过程、进展和结果，并按照规定格式编写的科技文献，包括科研活动的过程管理报告和描述科研细节的专题研究报告。建立国家科技报告制度，将科技报告纳入科研管理，有利于加强各类科技计划协调衔接、避免科技项目重复部署，有利于广大科研人员共享科研成果、提高国家科技投入效益，有利于社会公众了解科技进展、促进科技成果转化应用。为深入实施创新驱动发展战略，推动科技成果的完整保存、持续积累、开放共享和转化应用，按照《中共中央 国务院关于深化科技体制改革加快国家创新体系建设的意见》和《国务院关于改进加强中央财政科研项目和资金管理的若干意见》(国发〔2014〕11号）的部署要求，现就加快建立国家科技报告制度提出以下意见。

一、总体要求

（一）指导思想。以服务科技创新为根本目标，以促进科技报告规范产生、持续积累、集中收藏和开放共享为主要任务，充分利用现有机构和渠道，逐步建立健全国家科技报告组织管理机制和开放共享体系，形成统一的国家科技报告制度，为提升我国科技实力、深入实施创新驱动发展战略提供支撑。

（二）基本原则。坚持分步实施，在相关地方和部门先行试点，要求财政性资金资助的科技项目必须呈交科技报告，引导社会资金资助的科研活动自愿呈交科技报告。坚持统一标准，规范科技报告的撰写、积累、收藏和共享。坚持分类管理，在做好涉密科技报告安全管理的同时，把强化开放共享作为工作重点，充分发挥科技报告的作用。坚持分工协作，科技行政主管部门、项目主管机构、项目承担单位各负其责，建立协同创新的工作机制。

（三）主要目标。进一步完善国家科技报告制度的政策、标准和规范，理顺组织管理架构，推进收藏共享服务，到2020年建成全国统一的科技报告呈交、收藏、管理、共享体系，形成科学、规范、高效的科技报告管理模式和运行机制。

二、建立科技报告逐级呈交的组织管理机制

（四）加强国家科技报告工作统筹管理。科技部负责科技报告工作的统筹规划、组织协调和监督检查，牵头拟订国家科技报告制度建设的相关政策，制定科技报告标准和规范，对各地、各有关部门科技报告工作进行业务指导，委托相关专业机构承担国家科技报告日常管理工作，负责全国范围内科技报告的接收、收藏、管理和共享服务，开展国家科技报告服务系统的开发、运行、维护和管理工作。

（五）建立地方和部门科技报告管理机制。各地、各有关部门应将科技报告工作纳入本地、本部门管理的科技计划、专项、基金等科研管理范畴，在科研合同或任务书中明确项目承担单位须呈交科技报告的具体要求，依托现有机构对科技报告进行统一收藏和管理，并定期向科技部报送非涉密和解密的科技报告。对涉及国家安全等不宜公开的科技报告，项目承担单位应提出科技报告密级和保密期限建议，由项目主管机构按照国家有关保密规定进行确认，并负责做好涉密科技报告管理工作。

（六）强化项目承担单位科技报告管理责任。项目承担单位应建立科技报告工作机制，结合项目和工作要求，组织科研人员撰写科技报告，对本单位拟呈交的科技报告进行审核，并及时向项目主管机构呈交科技报告。

（七）明确科研人员撰写和使用科技报告的责任权利。科研人员应增强撰写科技报告的责任意识，将撰写合格的科技报告作为科研工作的重要组成部分，根据科研合同或任务书要求按时保质完成科技报告，并对内容和数据的真实性负责。科研人员在科研工作中享有检索和使用科技报告的权利，应积极借鉴、参考已有科技报告，高起点开展研究工作。

三、推动科技报告的持续积累和开放共享

（八）强化科技报告的完整保存和集中收藏。对目前已验收（结题）的科技项目，有条件的地方和部门应开展科技报告回溯工作。在做好财政性资金资助科技项目科技报告收集的同时，鼓励引导社会资金资助的科研活动通过国家科技报告服务系统向科技部或其委托机构呈交科技报告。科技部及其委托机构应对全国范围内收集的科技报告进行加工整理、集中收藏和统一管理。

（九）建立科技报告共享服务机制。科技部及其委托机构应根据分级分类原则，通过国家科技报告服务系统面向项目主管机构、项目承担单位、科研人员和社会公众提供开放共享服务。鼓励有条件的地方、部门推动本地、本部门科技报告的共享使用。各地、各有关部门要切实做好科技报告共享服务过程中的安全保密管理和知识产权保护工作，保障科研人员和项目承担单位的合法权益。

（十）开展科技报告资源增值服务。科技部和项目主管机构应组织相关单位开展科技报告资源深度开发利用，做好立项查重，避免科技项目重复部署；实时跟踪科技项目的阶段进展、研发产出等情况，服务项目过程管理；对相关领域科技发展态势进行监测，为技术预测和国家关键技术选择提供支撑；梳理国家重大科技进展和成果并向社会公布，推动科技成果形成知识产权和技术标准，促进科技成果转化和产业化。

四、营造科技报告工作良好环境

（十一）加强组织领导。科技部会同相关部门建立会商机制，加强对国家科技报告制度建设重大事项的沟通和协商，不断提升科技报告管理科学化规范化水平。各地、各有关部门要高度重视，精心组织，健全工作机制，加强协调配合，抓好组织落实。

（十二）建立奖惩机制。项目主管机构应将科技报告的呈交和共享使用情况作为对项目负责人和项目承担单位后续滚动支持的重要依据。对未按时按标准要求完成科技报告任务的科技项目，按不通过验收或不予结题处理。对科技报告存在抄袭、数据弄虚作假等学术不端行为的，纳入项目负责人和项目承担单位的科研信用记录并依据相关规定向社会公布。

（十三）加强宣传培训。开展科技报告培训工作，提高科研人员的科技报告撰写能力，提升科技管理部门、科研单位科技报告规范管理水平，增强开放共享服务意识。加大对科技报告工作的宣传力度，在科技界和全社会营造重视科技报告的良好氛围。

国家发展改革委、财政部、水利部关于水土保持补偿费收费标准（试行）的通知

国家发展改革委、财政部、水利部于2014年5月7日以发改价格〔2014〕886号文，印发关于水土保持补偿费收费标准（试行）》的通知，全文如下：

为规范水土保持补偿费收费管理，根据《中华人民共和国水土保持法》《财政部、国家发展改革委、水利部、中国人民银行关于印发〈水土保持补偿费征收使用管理办法〉的通知》（财综〔2014〕8号）等规定，现就水土保持补偿费试行收费标准等有关问题通知如下：

一、制定水土保持补偿费收费标准的基本原则：

（一）预防和治理水土流失，促进水土资源的保护和合理利用；

（二）考虑不同区域水土流失状况和不同行业对生态环境的影响差异；

（三）与国家资源税改革及其他资源补偿类收费政策相衔接；

（四）与经济社会发展阶段相适应，充分考虑相关企业承受能力；

（五）考虑企业生产技术、管理水平、生态环境治理投入等方面的差异；

（六）在自然地理环境相似的地区，对中央和地方企业不得制定歧视性收费标准。

二、水土保持补偿费收费标准按下列规定执行：

（一）对一般性生产建设项目，按照征占用土地面积一次性计征，东部地区每平方米不超过2元（不足$1m^2$的按$1m^2$计，下同），中部地区每平方米不超过2.2元，西部地区每平方米不超过2.5元。

对水利水电工程建设项目，水库淹没区不在水土保持补偿费计征范围之内。

（二）开采矿产资源的，建设期间，按照征占用土地面积一次性计征，具体收费标准按照本条第一款执行。开采期间，石油、天然气以外的矿产资源按照开采量（采掘、采剥总量）计征。石油、天然气根据油、气生产井（不包括水井、勘探井）占地面积按年征收，每口油、气生产井占地面积按不超过$2000m^2$计算；对丛式井每增加一口井，增加计征面积按不超过$400m^2$计算，每平方米每年收费不超过2元。各地在核定具体收费标准时，应充分评估损害程度，对生产技术先进、管理水平较高、生态环境治理投入较大的资源开采企业，在核定收费标准时应按照从低原则制定。

（三）取土、挖砂（河道采砂除外）、采石以及烧制砖、瓦、瓷、石灰的，根据取土、挖砂、采石量，按照每立方米0.5～2元计征（不足$1m^3$的按$1m^3$计）。对缴纳义务人已按前两种方式计征水土保持补偿费的，不再重复计征。

（四）排放废弃土、石、渣的，根据土、石、渣量，按照每立方米0.5～2元计征（不足$1m^3$的按

1m³计）。对缴纳义务人已按前三种方式计征水土保持补偿费的，不再重复计征。

上述各类收费具体标准由各省、自治区、直辖市价格主管部门、财政部门会同水行政主管部门根据本地实际情况制定。

三、县级以上地方水行政主管部门征收水土保持补偿费，应到同级价格主管部门办理收费许可证，并使用省级财政部门统一印制的票据。

四、相关收费单位要在收费场所显著位置和门户网站对水土保持补偿费的收费依据、收费标准、收费主体、收费范围等内容进行公示。

五、收费单位应严格执行批准的收费项目和收费标准，不得自行增设收费项目和提高收费标准，并自觉接受价格、财政、审计和上级水行政主管部门的监督检查。各级价格主管部门应加强对收费单位收费许可证的年度审验。

六、上述规定自本通知印发之日起执行，试行两年。各省、自治区、直辖市根据本通知规定制定具体的水土保持补偿费收费标准，报国家发展改革委、财政部、水利部备案。

国家发展改革委、财政部、水利部关于调整中央直属和跨省水力发电用水水资源费征收标准的通知

国家发展改革委、财政部、水利部于2014年8月26日以发改价格〔2014〕1959号下发关于调整中央直属和跨省水力发电用水水资源费征收标准的通知，全文如下：

为进一步完善和规范水力发电用水水资源费政策，现就中央直属和跨省（自治区、直辖市）水力发电用水水资源费征收标准通知如下：

一、中央直属和跨省水电站水力发电用水水资源费，现行征收标准低于每千瓦时0.5分钱的，自2015年1月1日起调整为每千瓦时0.5分钱；现行征收标准高于每千瓦时0.5分钱的，维持现行征收标准不变，最高不超过每千瓦时0.8分钱。

二、跨省界河水电站水力发电用水水资源费，自2015年1月1日起统一征收标准，征收标准不一致的，按较高一方标准征收。

三、抽水蓄能发电用水暂免征收水资源费。

四、各地要严格落实《水资源费征收使用管理办法》（财综〔2008〕79号）的规定，确保将水资源费专项用于水资源的节约、保护和管理，也可以用于水资源的合理开发，任何单位和个人不得平调、截留或挪作他用。

国家发展改革委关于完善水电上网电价形成机制的通知

国家发展改革委于2014年1月11日以发改价格〔2014〕61号文下发关于完善水电上网电价形成机制的通知，全文如下：

为合理反映水电市场价值，更大程度地发挥市场在资源配置中的作用，促进水电产业健康发展，决定完善水电上网电价形成机制。现就有关事项通知如下：

一、跨省跨区域交易价格由供需双方协商确定。国家明确为跨省、跨区域送电的水电站，其外送电量上网电价按照受电地区落地价扣减输电价格（含线损）确定。其中，跨省（自治区、直辖市）输电价格由国家发展改革委核定，跨区域电网输电价格由国家能源局审核，报国家发展改革委核准；受电地区落地价由送、受电双方按照平等互利原则，参照受电地区省级电网企业平均购电价格协商确定。经协商无法达成一致意见的，由国家发展改革委协调确定。

二、省内上网电价实行标杆电价制度。各省（自治区、直辖市）水电标杆上网电价以本省省级电网企业平均购电价格为基础，统筹考虑电力市场供求变化趋势和水电开发成本制定。水电比重较大的省（自治区、直辖市），可在水电标杆上网电价基础上，根据水电站在电力系统中的作用，实行丰枯分时电价或者分类标杆电价。个别情况特殊的水电站上网电价个别处理。具体由省级价格主管部门提出方案，报国家发展改革委核准。

三、建立水电价格动态调整机制。水电上网电价在一定时期内保持稳定。当电力市场供求、水电开发成本以及国家相关政策发生较大变化时，应适时调整水电上网电价。

四、鼓励通过竞争方式确定水电价格。要创造条件逐步实行由市场竞争形成电价的机制。具备条件的地区，可探索通过招标等竞争方式确定水电项目业主和上网电价。

五、逐步统一流域梯级水电站上网电价。对同一投资主体在同一流域开发的梯级水电站实行统一的省内上网电价；对不同投资主体在同一流域开发的梯级水电站，在完善上下游电站补偿机制基础上，逐步实行统一的省内上网电价。

六、以上规定适用于2014年2月1日以后新投产水电站。对现有水电站上网电价，要进一步规范管理，逐步简化电价分档。

国家发展改革委发布《政府核准投资项目管理办法》

国家发展改革委于 2014 年 5 月 14 日以第 11 号令发布《政府核准投资项目管理办法》，自 2014 年 6 月 14 日起施行。该办法全文如下：

政府核准投资项目管理办法

第一章　总　　则

第一条　为进一步深化投资体制改革，规范政府对企业投资项目的核准行为，实现便利、高效服务和有效管理，根据《中华人民共和国行政许可法》《国务院关于投资体制改革的决定》和国家有关法律法规，制定本办法。

第二条　实行核准制的投资项目范围和项目核准机关的核准权限，由国务院颁布的《政府核准的投资项目目录》（以下简称《核准目录》）确定。

前款所称项目核准机关，是指《核准目录》中规定具有项目核准权限的行政机关。《核准目录》所称国务院投资主管部门是指国家发展和改革委员会；《核准目录》规定由省级政府、地方政府核准的项目，其具体项目核准机关由省级政府确定。

项目核准机关对企业投资项目进行的核准是行政许可事项，实施行政许可所需经费应当由本级财政予以保障。

第三条　企业投资建设实行核准制的项目，应当按照国家有关要求编制项目申请报告，取得依法应当附具的有关文件后，按照规定报送项目核准机关。

第四条　项目核准机关对企业提交的项目申请报告，应当主要从维护经济安全、合理开发利用资源、保护生态环境、优化重大布局、保障公共利益、防止出现垄断等方面依法进行审查，做出是否予以核准的决定，并加强监督管理。

项目的市场前景、经济效益、资金来源、产品技术方案等均由企业自主决策、自担风险，项目核准机关不得干预企业的投资自主权。

第五条　项目核准机关及其工作人员应当严格执行国家有关规定，不得擅自增减核准审查条件，不得超出办理时限。

第六条　除涉及国家秘密、商业秘密或者个人隐私的外，项目核准机关应当依法将核准过程、核准结果予以公开。

第七条　项目核准机关应当建立项目核准管理在线运行系统，实现核准过程和结果的可查询、可监督。

第八条　外商投资项目和境外投资项目的核准办法另行制定，其他各类企业在中国境内投资建设的项目按本办法执行。

第二章　项目申请报告的内容及编制

第九条　项目单位应当向项目核准机关报送项目申请报告（一式 5 份）。项目申请报告应当由项目单位自主选择具备相应资质的工程咨询机构编制，其中由国家发展和改革委员会核准的项目，其项目申请报告应当由具备相应资质的甲级工程咨询机构编制。

第十条　项目申请报告应当主要包括以下内容：

（一）项目单位情况；

（二）拟建项目情况；

（三）资源利用和生态环境影响分析；

（四）经济和社会影响分析。

第十一条　国家发展和改革委员会编制并颁布项目申请报告通用文本、主要行业的项目申请报告示范文本、项目核准文件格式文本。

项目核准机关应当遵循便民、高效原则，制定并公开《服务指南》，列明项目核准的申报材料和所需附件、受理方式、审查条件、办理流程、办理时限等内容，提高工作透明度，为项目单位提供指导和服务。

第十二条　项目单位在报送项目申请报告时，应当根据国家法律法规的规定附送以下文件：

（一）城乡规划行政主管部门出具的选址意见书（仅指以划拨方式提供国有土地使用权的项目）；

（二）国土资源行政主管部门出具的用地预审意见（不涉及新增用地，在已批准的建设用地范围内进行改扩建的项目，可以不进行用地预审）；

（三）环境保护行政主管部门出具的环境影响评价审批文件；

（四）节能审查机关出具的节能审查意见；

（五）根据有关法律法规的规定应当提交的其他文件。

第十三条　项目单位应当对所有申报材料的真实性负责。

第三章　核 准 程 序

第十四条　企业投资建设应当由地方政府核准的项目，应当按照地方政府的有关规定，向相应的项目核准机关报送项目申请报告。

地方企业投资建设应当分别由国家发展和改革委员会、国务院行业管理部门核准的项目，应当由项目所在地省级政府发展改革部门、行业管理部门提出初审意见后，分别向国家发展和改革委员会、国务院行业管理部门报送项目申请报告。属于国家发展和改革委员会核准权限的项目，项目所在地省级政府规定由省级政府行业管理部门初审的，应当由省级政府发展改革部门与其联合报送。

国务院有关部门所属单位、计划单列企业集团、中央管理企业投资建设应当分别由国家发展和改革委员会、国务院行业管理部门核准的项目，直接由国务院有关部门、计划单列企业集团、中央管理企业分别向国家发展和改革委员会、国务院行业管理部门报送项目申请报告，并分别附项目所在地省级政府发展改革部门、行业管理部门的意见。

企业投资建设应当由国务院核准的项目，由国家发展和改革委员会审核后报国务院核准。

第十五条 申报材料不齐全或者不符合有关要求的，项目核准机关应当在收到申报材料后5个工作日内一次告知项目单位补正。

项目核准机关受理或者不予受理申报材料，都应当出具加盖本机关专用印章并注明日期的书面凭证。对于受理的申报材料，书面凭证应注明编号，项目单位可以根据编号在线查询、监督核准过程和结果。

第十六条 项目核准机关在正式受理申报材料后，如有必要，应在4个工作日内按照有关规定委托工程咨询机构进行评估。编制项目申请报告的工程咨询机构不得承担同一项目的评估工作。工程咨询机构与项目单位存在控股、管理关系或者负责人为同一人的，该工程咨询机构不得承担该项目单位的项目评估工作。接受委托的工程咨询机构应当在项目核准机关规定的时间内提出评估报告，并对评估结论承担责任。

评估费用由委托评估的项目核准机关承担，评估机构及其工作人员不得收取项目单位的任何费用。

第十七条 对于涉及有关行业管理部门职能的项目，项目核准机关应当商请有关行业管理部门在7个工作日内出具书面审查意见。有关行业管理部门逾期没有反馈书面审查意见的，视为同意。

第十八条 对于可能会对公众利益构成重大影响的项目，项目核准机关应当采取适当方式征求公众意见。对于特别重大的项目，可以实行专家评议制度。

第十九条 项目核准机关应当在正式受理申报材料后20个工作日内做出是否予以核准的决定，或向上级项目核准机关提出审核意见。20个工作日内不能做出决定的，经本机关负责人批准，可以延长10个工作日，并应当将延长期限的理由告知项目单位。

项目核准机关需要委托评估和进行专家评议的，所需时间不计算在前款规定的期限内。项目核准机关应当将咨询评估和专家评议所需时间书面告知项目单位。

第二十条 对于同意核准的项目，项目核准机关应当出具项目核准文件并依法将核准决定向社会公开；对于不同意核准的项目，项目核准机关应当出具不予核准决定书，说明不予核准的理由。

属于国务院核准权限的项目，由国家发展和改革委员会根据国务院的意见出具项目核准文件或者不予核准决定书。

项目核准机关出具项目核准文件或者不予核准决定书应当抄送同级行业管理、城乡规划、国土资源、环境保护、节能审查等相关部门和下级项目核准、初审机关。

第二十一条 项目核准机关应当强化自我约束，制定并严格遵守内部《工作规则》，明确受理申请、要件审查、委托评估、征求行业审查意见、内部会签、限时办结、信息公开等办事规则，充分利用信息化手段，提高核准工作效率。

第二十二条 项目单位对项目核准机关的核准决定有异议的，可以依法申请行政复议或者提起行政诉讼。

第四章 核准内容及效力

第二十三条 项目核准机关主要根据以下条件对项目进行审查：

（一）符合国家法律法规和宏观调控政策；

（二）符合发展规划、产业政策、技术政策和准入标准；

（三）合理开发并有效利用了资源；

（四）不影响我国国家安全、经济安全和生态安全；

（五）对公众利益，特别是项目建设地的公众利益不产生重大不利影响。

第二十四条 项目单位依据项目核准文件，依法办理规划许可、土地使用、资源利用、安全生产等相关手续。

第二十五条 项目核准文件自印发之日起有效期2年。在有效期内未开工建设的，项目单位应当在有效期届满前的30个工作日之前向原项目核准机关申请延期，原项目核准机关应当在有效期届满前作出是否准予延期的决定。在有效期内未开工建设也未按照规定向原项目核准机关申请延期的，原项目核准文件自动失效。

第二十六条 取得项目核准文件的项目，有下列情形之一的，项目单位应当及时以书面形式向原项目核准机关提出调整申请。原项目核准机关应当根据项目具体情况，出具书面确认意见或者要求其重新办理核准手续。

（一）建设地点发生变更的；

（二）建设规模、建设内容发生较大变化的；

（三）项目变更可能对经济、社会、环境等产生重大不利影响的；

（四）需要对项目核准文件所规定的内容进行调整的其他情形。

第五章 监督管理和法律责任

第二十七条 项目核准机关应当会同行业管理、城乡规划（建设）、国土资源、环境保护、金融监管、安全生产监管等部门，加强对企业投资项目的稽查和监管。

第二十八条 对于未按规定取得规划选址、用地预审、环评审批、节能审查意见的项目，各级项目核准机关不得予以核准。对于未按规定履行核准手续或者未取得项目核准文件的项目，城乡规划（建设）、国土资源、安全生产监管等部门不得办理相关手续，金融机构不得发放贷款。

第二十九条 各级发展改革部门应当会同行业管理、城乡规划（建设）、国土资源、环境保护、金融监管、安全生产监管等部门加快完善信息系统，建立发展规划、产业政策、技术政策、准入标准、诚信记录等信息的横向互通制度，及时通报对违法违规行为的查处情况，实现行政审批和市场监管的信息共享。

第三十条 项目核准机关及其工作人员违反本办法有关规定，有下列情形之一的，由其上级行政机关或者监察机关责令改正；情节严重的，对直接负责的主管人员和其他直接责任人员依法给予行政处分。

（一）超越法定职权予以核准的；

（二）对不符合法定条件的项目予以核准的；

（三）对符合法定条件的项目不予核准的；

（四）擅自增减核准审查条件的；

（五）不在法定期限内做出核准决定的；

（六）不依法履行监管职责或者监督不力，造成严重后果的。

第三十一条 项目核准机关工作人员，在项目核准过程中索取或者收受他人财物或者谋取其他利益，构成犯罪的，依法追究刑事责任；尚不构成犯罪的，依法给予行政处分。

第三十二条 工程咨询评估机构及其人员、参与专家评议的专家，在编制项目申请报告、受项目核准机关委托开展评估或者参与专家评议过程中，不遵守国家法律法规和本办法规定的，依法追究相应责任。

第三十三条 项目单位以隐瞒有关情况或者提供虚假申报材料等不正当手段申请核准的，项目核准机关不予受理或者不予核准；已经取得项目核准文件的，项目核准机关应当依法撤销该项目核准文件，已经开工建设的，依法责令其停止建设。相应的项目核准机关和有关部门应当将其纳入不良信用记录，并依法追究有关责任人的法律责任。

第三十四条 对属于实行核准制的范围但未依法取得项目核准文件而擅自开工建设的项目，以及未按照项目核准文件的要求进行建设的项目，一经发现，相应的项目核准机关和有关部门应当将其纳入不良信用记录，依法责令其停止建设或者限期整改，并依法追究有关责任人的法律责任。

第六章 附 则

第三十五条 具有项目核准权限的省级政府有关部门和国务院行业管理部门，可以按照国家有关法律法规和本办法的规定，制订具体实施办法。

第三十六条 事业单位、社会团体等投资建设《核准目录》规定实行核准制的项目，按照本办法执行。

第三十七条 本办法由国家发展和改革委员会负责解释。

第三十八条 本办法自 2014 年 6 月 14 日起施行。《企业投资项目核准暂行办法》（国家发展和改革委员会第 19 号令）同时废止。

国家发展改革委关于加强和改进发电运行调节管理的指导意见

国家发展改革委于 2014 年 5 月 18 日以发改运行〔2014〕985 号文下发关于加强和改进发电运行调节管理的指导意见，全文如下：

为稳定电力生产供应，保障电力供需平衡，强化电网安全运行，促进节能减排和资源优化配置，根据《电力法》《电网调度管理条例》等有关法律法规的规定和国务院关于行政审批改革的精神，现就加强和改进发电运行调节管理提出以下指导意见。

一、发电运行应坚持的原则

（一）发电运行应坚持“安全第一，预防为主”的方针，促进电网安全稳定运行。

（二）发电运行应坚持连续稳定，服从统一调度，保障电力可靠供应。

（三）发电运行应坚持电力电量平衡，资源优化配置，促进节能减排和大气污染防治。

（四）发电计划安排应坚持市场化改革的方向，逐步缩小计划比例，为市场交易创造条件。

（五）火力发电生产应坚持燃料稳定供应，避免因燃料短缺导致停机或减少发电出力。

（六）建立健全发电运行监督管理制度，并严格执行。

二、统筹电力电量平衡，促进节能减排

（七）年度电力电量平衡方案包括需求预测、供应能力、发电计划、送受电计划及供需平衡分析、保障应对措施等。

（八）国家发展改革委会同国家能源局确定年度电力电量平衡方案编制原则。

（九）各省（自治区、直辖市）政府主管部门负责组织编制本地年度电力电量平衡方案，报国家发展改革委备案，并抄送国家能源局派出机构。

（十）在制定年度电力电量平衡方案时，应积极促进售电侧改革，根据市场需要预留直接交易空间(包括电量及对应的容量)，支持用户开展电力直接交易试点，并将交易电量纳入电力电量平衡。

（十一）年度发电计划在确保电网安全稳定的前提下，全额安排可再生能源上网电量，优先安排水电、核电、热电联产、资源综合利用机组发电（其中水电等清洁能源按照资源条件和历史均值确定发电量，租赁制经营的抽水蓄能电站电量以市场招标方式确定）；在燃煤发电机组中，综合考虑机组参数、脱硫、脱硝、除尘、供热、空冷、中水利用、海水淡化等有关因素，全面推行差别电量政策，确保高效节能环保机组的利用小时数明显高于其他机组。纳入关停规划并按期关停的机组可按规定安排发电量。

（十二）在实行差别电量政策基础上，对严格执行环保排放的燃煤发电机组实行鼓励，燃煤机组排放达到燃气机组标准的，应适当奖励发电量。

（十三）年度发电计划制定后，发电企业可自主协商开展替代发电，需通过电网调度机构校核。具备条件的地区，可跨区跨省进行替代发电。

（十四）各省（自治区、直辖市）政府主管部门应积极推动清洁能源发电机组替代火电机组发电，高效、低排放燃煤机组替代低效、高排放燃煤机组发电。在本地区开展替代发电，应保证供需平衡和供热稳定；跨区跨省开展替代发电，对可能影响大气污染防治目标和节能减排任务实现的，应经相关政府主管部门同意。

（十五）送受电应贯彻国家能源战略规划，充分利用水能、风能、太阳能等清洁能源；优化电网运行方式，加强跨区跨省余缺调剂。

（十六）电力企业应根据年度电力电量平衡方案协商签订购售电合同。

（十七）电网企业应制定保障可再生能源全额上网的并网措施。可再生能源发电企业应满足并网运行的标准和要求，加强资源预测，保障运行平稳。

（十八）每年四季度，年度电力电量平衡方案应根据供需情况变化进行调整。方案调整后，电力企业应签订调整补充协议。

（十九）电力调度机构应合理制定年度运行方式，并报送同级经济运行主管部门及国家能源局派出机构；区域电力调度机构还应将其年度运行方式报送区域内相关省（自治区、直辖市）经济运行主管部门。

三、强化发电运行调节管理，稳定机组出力

（二十）发电企业应加强机组维护管理，提高机组可靠性，满足稳发满发和调峰、备用的需要。在电网安全和供热受到影响时，可再生能源发电企业也应通过购买辅助服务等方式适当参与调峰。

（二十一）电力调度机构应根据电网结构、发电机组技术条件和性能情况，按照保证安全、经济高效和兼顾公平的原则，安排发电机组参与电力系统调峰、调频、调压、备用。

（二十二）电力企业应根据电力设备检修导则和设备健康状况，向电力调度机构提出检修安排申请。电力调度机构在考虑相关因素后，经与申请单位协商，统筹安排年度检修计划，并报送有关省级经济运行主管部门及国家能源局派出机构。

（二十三）发电企业临时检修或变更检修计划，应向电力调度机构提前申请；电力调度机构应视电网运行情况确定是否安排，并及时反馈。电网企业影响发电的临时检修，应提前与发电企业协商，尽量与相关发电设备的检修有效衔接，减少对电力生产供应的影响。对可能导致供应紧张的重大电力设备临时检修安排，电力调度机构应提前报送省（自治区、直辖市）经济运行主管部门。

（二十四）发电企业应保证机组最小技术出力、最大技术出力和调节情况满足电网稳定运行要求，特别是满足电网大负荷运行和调峰需要，并落实调频调压的有关措施，保证电能质量符合国家标准。

（二十五）发电机组实际最大出力超过额定铭牌出力的，必须经电力科研、调度等有关机构按照规程进行运行试验，必要时应通过电网大负荷连续运行试验。经试验合格后的机组最大技术出力，各省（自治区、直辖市）经济运行主管部门应纳入电网的电力电量平衡。

（二十六）各省（自治区、直辖市）经济运行主管部门应设定年度允许非计划停运次数和时间的上限，对非计划停运超过上限的，适当扣减下一年度发电计划；对全年没有发生非计划停运的，适当增加下一年度发电计划。

（二十七）各省（自治区、直辖市）经济运行主

管部门应根据发电机组保证出力、接带负荷和服从调度命令等情况增减下一年度发电计划。

（二十八）国家能源局派出机构及相关政府主管部门应严格组织执行并网运行及安全管理规定。各省（自治区、直辖市）经济运行主管部门应和有关部门加大电网公平公正调度的监督，并加强发电运行等相关矛盾的协调。

四、加强燃料供应监管，保障火电正常生产

（二十九）各地应制定火电厂燃料存储标准和考核规则，完善燃料信息报送制度和燃料会商机制，加强燃料供应的监控和协调，及时发布燃料预警信息。

（三十）火电厂及其上级管理单位应认真履行保障燃料稳定供应的主体责任，加强与燃料生产、运输等方面的衔接，按存储标准要求购储燃料，并按有关规定要求及时、准确报送燃料信息。

（三十一）电力调度机构应准确掌握调度范围内火电厂燃料存储信息，对低于燃料存储标准的，应及时对相关电厂发布电煤预警通知，根据电力供应情况合理调整发电出力，并将有关情况及时报送省（自治区、直辖市）经济运行主管部门。

（三十二）对于火电厂因燃料短缺造成停机或造成机组长时间不能按核定出力发电的，视同非计划停运。

五、优化安排发电组合，提高发电负荷率

（三十三）电力供需形势缓和时，在优先调度可再生能源和清洁能源的基础上，对燃煤机组生产运行进行优化组合，有序调停部分机组，提高发电负荷率，减少资源消耗和污染物排放。

（三十四）燃煤机组优化组合应坚持保障电网安全、保证年度发电量不受影响和公开公平公正的原则。

（三十五）优化燃煤机组发电组合，启动条件为：

1. 根据发用电平衡预计，全网最小运行备用容量大于最高负荷的一定比例时或系统最小运行负备用容量小于最低负备用要求时。具体比例由各省（自治区、直辖市）经济运行主管部门会同国家能源局派出机构组织确定。

2. 根据电力电量平衡预计，后续全网燃煤机组平均发电负荷率较低时。具体数值由各省（自治区、直辖市）经济运行主管部门组织确定，但不应低于70%；水电丰富地区启动条件可适当放宽，后续全网燃煤机组平均发电负荷率不应低于60%。

3. 受电网约束，单一火电厂发电负荷率小于65%时。

（三十六）优化燃煤机组发电组合，需对火电厂后续发电负荷率从高到低排序，原则上排序靠后的电厂优先调停机组。火电厂后续发电负荷率计算方法由省（自治区、直辖市）经济运行主管部门会同电力企业确定。

（三十七）优化燃煤机组发电组合，原则上不得安排全厂停机，尽可能减少单台机组频繁启停。一般情况下，单台机组调停一次不小于7天、不大于45天。

（三十八）电力调度机构应按照规定条件启动优化程序。

六、定期通报运行信息，加强组织管理

（三十九）电网企业应及时公开电力供需形势预测、电网运行方式、网络约束、发电计划完成情况、可再生能源上网情况、燃煤机组发电负荷率等信息，发电企业应及时反映机组运行状况、检修计划变更等信息。电力生产运行应坚持厂网协商一致，服从调度命令。

（四十）年度购售电合同实际执行情况与调整后计划的偏差应控制在2%以内，因发电企业自身原因造成偏差大于规定范围的除外。

对于因非发电企业自身原因造成个别发电企业偏差大于规定范围的，电力调度机构应作出合理解释。对超出规定范围的电量，由省（自治区、直辖市）政府主管部门在制定下一年度发电计划时，予以相应增减。

（四十一）各省（自治区、直辖市）经济运行主管部门应和有关部门定期公布发电运行考核结果，并将考核结果报送国家发展改革委及相关单位。

（四十二）国家发展改革委对发电运行情况适时进行通报，根据情况对严重违反发电运行规定的企业提出批评并责令改正。有关部门按照职责分工对电力企业执行国家相关规定进行监管。

七、有关要求

（四十三）各省（自治区、直辖市）经济运行主管部门会同有关部门根据本意见制定实施细则。

（四十四）本意见下列用语的含义

运行备用容量：指在规定的时间内，可供电网调度、用以平衡用电负荷波动而进行增减的发电容量。

后续发电负荷率：指发电厂在年度内剩余时间的开机状态下，完成计划发电量所要运行的负荷率水平。

国家发展改革委关于海上风电上网电价政策的通知

国家发展改革委于2014年6月5日以发改价格

〔2014〕1216号文下发关于海上风电上网电价政策的通知，全文如下。

为促进海上风电产业健康发展，鼓励优先开发优质资源，经研究，现就海上风电上网电价有关事项通知如下：

一、对非招标的海上风电项目，区分潮间带风电和近海风电两种类型确定上网电价。2017年以前（不含2017年）投运的近海风电项目上网电价为每千瓦时0.85元（含税，下同），潮间带风电项目上网电价为每千瓦时0.75元。

二、鼓励通过特许权招标等市场竞争方式确定海上风电项目开发业主和上网电价。通过特许权招标确定业主的海上风电项目，其上网电价按照中标价格执行，但不得高于以上规定的同类项目上网电价水平。

三、2017年及以后投运的海上风电项目上网电价，我委将根据海上风电技术进步和项目建设成本变化，结合特许权招投标情况研究制定。

国家发展改革委关于完善抽水蓄能电站价格形成机制有关问题的通知

国家发展改革委于2014年7月31日以发改价格〔2014〕1763号文下发关于完善抽水蓄能电站价格形成机制有关问题的通知，全文如下。

为了促进抽水蓄能电站健康发展，充分发挥抽水蓄能电站综合效益，经商国家能源局，决定进一步完善抽水蓄能电站价格形成机制。现就有关问题通知如下：

一、抽水蓄能电站价格机制

电力市场形成前，抽水蓄能电站实行两部制电价。电价按照合理成本加准许收益的原则核定。其中，成本包括建设成本和运行成本；准许收益按无风险收益率（长期国债利率）加1%～3%的风险收益率核定。

（一）两部制电价中，容量电价主要体现抽水蓄能电站提供备用、调频、调相和黑启动等辅助服务价值，按照弥补抽水蓄能电站固定成本及准许收益的原则核定。逐步对新投产抽水蓄能电站实行标杆容量电价。

（二）电量电价主要体现抽水蓄能电站通过抽发电量实现的调峰填谷效益。主要弥补抽水蓄能电站抽发电损耗等变动成本。电价水平按当地燃煤机组标杆上网电价（含脱硫、脱硝、除尘等环保电价，下同）执行。

（三）电网企业向抽水蓄能电站提供的抽水电量，电价按燃煤机组标杆上网电价的75%执行。

二、鼓励通过市场方式确定电价

为推动抽水蓄能电站电价市场化，在具备条件的地区，鼓励采用招标、市场竞价等方式确定抽水蓄能电站项目业主、电量、容量电价、抽水电价和上网电价。

三、抽水蓄能电站费用回收方式

电力市场化前，抽水蓄能电站容量电费和抽发损耗纳入当地省级电网（或区域电网）运行费用统一核算，并作为销售电价调整因素统筹考虑。

四、加强对抽水蓄能电站建设和运行的管理

（一）抽水蓄能电站应根据电力系统需要和站址资源条件统一规划、合理布局、有序建设。未纳入国家抽水蓄能电站选点规划及相关建设规划的项目不得建设。

（二）电网企业、抽水蓄能电站要以整个电力系统安全可靠、经济运行及减少化石燃料消耗为目标，合理安排抽水蓄能电站运行，确保蓄能电站充分发挥功能效用、提高利用效率，缓解电网峰谷运行矛盾。

（三）国家能源局及其派出机构要加强对抽水蓄能电站运行情况的监管与考核。对不能按电网调度要求运行的抽水蓄能电站；以及用电高峰时段发生拉闸限电或系统内发生弃风、弃光等情况而抽水蓄能电站又未能得到充分利用的电网企业，要进行考核，并责令其说明原因，查清责任。情况严重的要通报批评并追究相关方责任。

五、执行范围和执行时间

（一）今后新投产或已投产未核定电价的抽水蓄能电站按本通知规定的电价机制执行；已核定电价的抽水蓄能电站逐步实行两部制上网电价。

（二）上述规定自2014年8月1日起执行。

国家发展改革委发布《电力监控系统安全防护规定》

国家发展改革委于2014年8月1日以第14号令发布《电力监控系统安全防护规定》，自2014年9月1日起施行。该规定全文如下。

电力监控系统安全防护规定

第一章　总　　则

第一条　为了加强电力监控系统的信息安全管理，防范黑客及恶意代码等对电力监控系统的攻击及侵害，保障电力系统的安全稳定运行，根据《电力监管条例》《中华人民共和国计算机信息系统安全保护条例》和国家有关规定，结合电力监控系统的实际情况，制定本规定。

第二条　电力监控系统安全防护工作应当落实国家信息安全等级保护制度，按照国家信息安全等级保护的有关要求，坚持“安全分区、网络专用、横向隔离、纵向认证”的原则，保障电力监控系统的安全。

第三条　本规定所称电力监控系统，是指用于监视和控制电力生产及供应过程的、基于计算机及网络技术的业务系统及智能设备，以及作为基础支撑的通信及数据网络等。

第四条　本规定适用于发电企业、电网企业以及相关规划设计、施工建设、安装调试、研究开发等单位。

第五条　国家能源局及其派出机构依法对电力监控系统安全防护工作进行监督管理。

第二章　技 术 管 理

第六条　发电企业、电网企业内部基于计算机和网络技术的业务系统，应当划分为生产控制大区和管理信息大区。生产控制大区可以分为控制区（安全区Ⅰ）和非控制区（安全区Ⅱ）；管理信息大区内部在不影响生产控制大区安全的前提下，可以根据各企业不同安全要求划分安全区。

根据应用系统实际情况，在满足总体安全要求的前提下，可以简化安全区的设置，但是应当避免形成不同安全区的纵向交叉连接。

第七条　电力调度数据网应当在专用通道上使用独立的网络设备组网，在物理层面上实现与电力企业其他数据网及外部公用数据网的安全隔离。

电力调度数据网划分为逻辑隔离的实时子网和非实时子网，分别连接控制区和非控制区。

第八条　生产控制大区的业务系统在与其终端的纵向连接中使用无线通信网、电力企业其他数据网（非电力调度数据网）或者外部公用数据网的虚拟专用网络方式（VPN）等进行通信的，应当设立安全接入区。

第九条　在生产控制大区与管理信息大区之间必须设置经国家指定部门检测认证的电力专用横向单向安全隔离装置。

生产控制大区内部的安全区之间应当采用具有访问控制功能的设备、防火墙或者相当功能的设施，实现逻辑隔离。安全接入区与生产控制大区中其他部分的连接处必须设置经国家指定部门检测认证的电力专用横向单向安全隔离装置。

第十条　在生产控制大区与广域网的纵向连接处应当设置经过国家指定部门检测认证的电力专用纵向加密认证装置或者加密认证网关及相应设施。

第十一条　安全区边界应当采取必要的安全防护措施，禁止任何穿越生产控制大区和管理信息大区之间边界的通用网络服务。

生产控制大区中的业务系统应当具有高安全性和高可靠性，禁止采用安全风险高的通用网络服务功能。

第十二条　依照电力调度管理体制建立基于公钥技术的分布式电力调度数字证书及安全标签，生产控制大区中的重要业务系统应当采用认证加密机制。

第十三条　电力监控系统在设备选型及配置时，应当禁止选用经国家相关管理部门检测认定并经国家能源局通报存在漏洞和风险的系统及设备；对于已经投入运行的系统及设备，应当按照国家能源局及其派出机构的要求及时进行整改，同时应当加强相关系统及设备的运行管理和安全防护。生产控制大区中除安全接入区外，应当禁止选用具有无线通信功能的设备。

第三章　安 全 管 理

第十四条　电力监控系统安全防护是电力安全生产管理体系的有机组成部分。电力企业应当按照“谁主管谁负责，谁运营谁负责”的原则，建立健全电力监控系统安全防护管理制度，将电力监控系统安全防护工作及其信息报送纳入日常安全生产管理体系，落实分级负责的责任制。

电力调度机构负责直接调度范围内的下一级电力调度机构、变电站、发电厂涉网部分的电力监控系统安全防护的技术监督，发电厂内其他监控系统的安全防护可以由其上级主管单位实施技术监督。

第十五条　电力调度机构、发电厂、变电站等运行单位的电力监控系统安全防护实施方案必须经本企业的上级专业管理部门和信息安全管理部门以及相应电力调度机构的审核，方案实施完成后应当由上述机构验收。

接入电力调度数据网络的设备和应用系统，其接入技术方案和安全防护措施必须经直接负责的电力调度机构同意。

第十六条　建立健全电力监控系统安全防护评估

制度，采取以自评估为主、检查评估为辅的方式，将电力监控系统安全防护评估纳入电力系统安全评价体系。

第十七条 建立健全电力监控系统安全的联合防护和应急机制，制定应急预案。电力调度机构负责统一指挥调度范围内的电力监控系统安全应急处理。当遭受网络攻击，生产控制大区的电力监控系统出现异常或者故障时，应当立即向其上级电力调度机构以及当地国家能源局派出机构报告，并联合采取紧急防护措施，防止事态扩大，同时应当注意保护现场，以便进行调查取证。

第四章 保密管理

第十八条 电力监控系统相关设备及系统的开发单位、供应商应当以合同条款或者保密协议的方式保证其所提供的设备及系统符合本规定的要求，并在设备及系统的全生命周期内对其负责。

电力监控系统专用安全产品的开发单位、使用单位及供应商，应当按国家有关要求做好保密工作，禁止关键技术和设备的扩散。

第十九条 对生产控制大区安全评估的所有评估资料和评估结果，应当按国家有关要求做好保密工作。

第五章 监督管理

第二十条 国家能源局及其派出机构负责制定电力监控系统安全防护相关管理和技术规范，并监督实施。

第二十一条 对于不符合本规定要求的，相关单位应当在规定的期限内整改；逾期未整改的，由国家能源局及其派出机构依据国家有关规定予以处罚。

第二十二条 对于因违反本规定，造成电力监控系统故障的，由其上级单位按相关规程规定进行处理；发生电力设备事故或者造成电力安全事故（事件）的，按国家有关事故（事件）调查规定进行处理。

第六章 附则

第二十三条 本规定下列用语的含义或范围：

（一）电力监控系统具体包括电力数据采集与监控系统、能量管理系统、变电站自动化系统、换流站计算机监控系统、发电厂计算机监控系统、配电自动化系统、微机继电保护和安全自动装置、广域相量测量系统、负荷控制系统、水调自动化系统和水电梯级调度自动化系统、电能量计量系统、实时电力市场的辅助控制系统、电力调度数据网络等。

（二）电力调度数据网络，是指各级电力调度专用广域数据网络、电力生产专用拨号网络等。

（三）控制区，是指由具有实时监控功能、纵向连接使用电力调度数据网的实时子网或者专用通道的各业务系统构成的安全区域。

（四）非控制区，是指在生产控制范围内由在线运行但不直接参与控制、是电力生产过程的必要环节、纵向连接使用电力调度数据网的非实时子网的各业务系统构成的安全区域。

第二十四条 本规定自2014年9月1日起施行。2004年12月20日原国家电力监管委员会发布的《电力二次系统安全防护规定》（国家电力监管委员会令第5号）同时废止。

国家发展改革委关于深圳市开展输配电价改革试点的通知

发改价格〔2014〕2379号

广东省发展改革委，南方电网公司：

为探索建立健全科学合理的输配电价形成机制，推进电力市场化改革，决定在深圳市开展输配电价改革试点。现将《深圳市输配电价改革试点方案》印发你们，并就有关事项通知如下：

一、高度重视输配电价改革试点工作

建立独立的输配电价体系，是推进电力市场化改革的必然要求，是加强对电网企业成本约束和收入监管的有效途径，也是促进电网企业持续健康发展的重要条件。各试点相关单位要充分认识输配电价改革的重大意义，扎实推进试点工作。

二、加强对试点工作的组织领导

开展输配电价改革试点是一项具有开创性的工作，必须加强领导，精心组织。广东省发展改革委、深圳市有关部门及南方电网公司，要按照《深圳市输配电价改革试点方案》确定的试点目标及任务要求，周密部署，精心组织，加强协作，确保试点工作顺利开展。

三、切实做好相关工作

（一）广东省发展改革委应按照试点方案的要求，尽快提交首个监管周期深圳市输配电准许收入及价格水平测算报告。经我委审核后，自2015年1月1日起按照新机制运行。

（二）试点方案实施后，深圳市原有相关电价制度停止执行。广东省及深圳市有关部门要妥善处理好

新旧电价机制衔接问题。

（三）广东省发展改革委应及时总结改革试点经验，分析存在的问题，提出进一步完善输配电价改革方案的意见和建议，为全面推进输配电价改革创造条件。

附：深圳市输配电价改革试点方案

国家发展改革委
2014年10月23日

附件：

深圳市输配电价改革试点方案

为探索建立独立的输配电价形成机制，推进电力市场化改革，根据《国务院办公厅关于印发电价改革方案的通知》（国办发〔2003〕62号）、《国家发展改革委关于印发电价改革实施办法的通知》（发改价格〔2005〕514号）等文件规定，制定本方案。

一、目标和原则

（一）目标

在深圳市建立独立的输配电价体系，完善输配电价监管制度和监管方法，促进电力市场化改革；为其他地区输配电价改革积累经验，实现输配电价监管的科学化、规范化和制度化。

（二）原则

1. 深化改革。输配电价形成机制要与电力体制改革相适应，并促进电力市场化改革。

2. 促进发展。输配电价的制定应按合理成本、合理盈利的原则制定，引导电网合理投资，促进电网健康发展。

3. 强化监管。建立对电网企业成本的约束与激励机制，促进电网企业加强管理、提高效率。

4. 公平负担。输配电价应逐步反映各类用户输配电成本，利用价格信号引导用户合理使用电力资源，促进电力事业和国民经济的协调、健康发展。

5. 积极稳妥。既要立足当前，又要着眼长远；既要大胆创新，又要循序渐进。妥善处理好改革对相关各方的影响，促进改革顺利实施。

二、输配电价核定

（三）核价基础为深圳供电局有限公司的输配电资产和业务。

（四）试点范围为深圳供电局有限公司的共用网络输配电服务价格。

（五）输配电价实行事前监管，按成本加收益的管制方式确定，监管周期为三年。

（六）输配电价监管包括总收入监管与价格结构监管。总收入核定以有效资产为基础。有效资产指电网企业为提供输配电服务所必需的各项资产，不包括应与电网企业分离的辅业、多经及三产资产等。价格结构分电压等级核定，以各电压等级输配电的合理成本为基础。

（七）总收入的核定方法为：准许收入＝准许成本＋准许收益＋税金。其中：

1. 准许成本由折旧费和运行维护费构成。

折旧费是指电网企业按政府价格主管部门核定的输配电固定资产原值和定价折旧率计提的费用。

运行维护费是指维持电网企业正常运行的费用，包括材料费、修理费、职工薪酬和其他费用。

准许成本的核定办法附后。

2. 准许收益等于可计提收益的有效资产乘以加权平均资本收益率。

可计提收益的有效资产是指由电网企业投资形成的、可获取投资收益的有效资产。用户或地方政府无偿移交等非电网企业投资形成的资产，不计提投资收益。具体项目由政府价格主管部门核定。

加权平均资本收益率＝权益资本收益率×（1－资产负债率）＋债务资本收益率×资产负债率

其中：权益资本收益率参照监管周期初始年前3年平均长期国债利率加1～3个百分点的投资机会损失确定；债务资本收益率参照监管周期初始年前3年平均国内商业银行5年期以上贷款利率水平确定；资产负债率参照监管周期初始年前3年电网企业资产负债率的平均值确定。

3. 税金包括企业所得税、城市维护建设税、教育费附加。

（八）输配电价总水平等于输配电总准许收入除以总输配电量。

（九）深圳市输配电价分500kV、220kV、110kV、20kV、10kV、不满1kV六个电压等级制定。电网企业应对各电压等级的资产、费用、供输售电量、线变损率等逐步实行独立核算、独立计量。

各电压等级输配电价＝该电压等级回收的总准许收入÷该级电网总输送电量

该电压等级总准许收入为本电压等级的准许收入和上级电网向本级电网传递的准许收入之和。

（十）在相关条件具备时，输配电价制定可在分电压等级的基础上，进一步考虑负荷特性对输配电成本的影响。

三、平衡账户

（十一）平衡账户。电网企业输配电实际收入与准许收入之间的差额，通过设立平衡账户进行调节。

多出部分进入平衡账户，不足部分由平衡账户弥补。

四、其他事项

（十二）监管周期起始时间。第一个监管周期为2015年1月1日～2017年12月31日。

（十三）核价程序。电网企业须在每一监管周期开始前一年的9月30日前向政府价格主管部门提交申请及相关材料。政府价格主管部门受理后，经输配电成本监审及对预测成本的评估分析，并充分听取各利益相关方的意见后，在次年5月31日前公布本监管周期内电网企业各年的准许收入和输配电价水平。

（十四）调整机制。监管周期内若某个年度电网企业预测新增的固定资产与实际差异不超过20%（含20%）时，则当年准许收入和输配电价在本周期不作调整，其差额在下一个监管周期予以调整。若变动差异超过20%，则调整本监管周期内电网企业的准许收入和输配电价。

（十五）激励和约束机制。电网企业通过加强管理，提高效率，使其运营成本低于准许成本，节约的成本可在企业与用户之间进行分享。在一个监管周期内，如果电网实际成本低于核定的准许成本，则节约部分的50%留给企业，并在下一监管周期核价时予以适当考虑。

政府价格主管部门会同相关电力行业管理部门等制定考核电网企业运营效率和服务质量的奖惩机制。电网企业服务绩效（如创新、普遍服务、提高可靠性等）超过规定目标的，适当给予奖励，反之予以惩罚。同时，制定企业诚信评估机制。对电网企业虚报相关数据，情节严重的，将纳入诚信评估机制考核并扣罚部分准许收益。

（十六）跟踪监测。监管周期内每一个年度结束后，政府价格主管部门要测算该年度电网企业实际输配电成本和收入，并与准许成本和准许收入进行分析比较。政府价格主管部门应会同相关电力行业管理部门持续监测电网企业的资产、成本、收入、服务等相关信息，并与其他政府有关部门、利益相关方和专家组成评估小组进行分析评估。

（十七）电网的责任和义务。电网企业应按照政府价格主管部门的要求提供真实、充分的成本、投资等相关信息及证明材料；在提交监管周期预测电量、投资和成本等资料时，应包含预测的条件、依据、方法及结果等内容；每一个监管年度结束后，应提交预测数据与实际发生数的差异情况及原因分析等材料；应根据实际情况和核定输配电准许成本的需要，逐步改变现有成本费用的核算方式，由现行按成本属性分类的方式改为按经济活动（分生产成本、管理费用和销售费用等）的方式归集成本，并进一步细化到按分电压等级归集成本。

五、配套改革

（十八）建立独立输配电价体系后，积极推进发电侧和销售侧电价市场化。鼓励放开竞争性环节电力价格，把输配电价与发电、售电价在形成机制上分开。参与市场交易的发电企业上网电价由用户或市场化售电主体与发电企业通过自愿协商、市场竞价等方式自主确定，电网企业按照政府核定的输配电价收取过网费。参与电力市场的用户购电价格由市场交易价格、输配电价（含损耗）和政府性基金组成；未参与电力市场的用户，继续执行政府定价。

（十九）输配电价平衡账户盈亏超过当年输配电准许收入的6%时，相应对执行政府定价电力用户的销售电价进行调整，具体由广东省政府价格主管部门负责实施。

（二十）逐步取消深圳市不同电压等级、不同用户类别销售电价之间的交叉补贴。在交叉补贴取消前，电力用户与发电企业直接交易的输配电价标准，应适度包含交叉补贴的成本。

（二十一）结合深圳市情况，推进输配电价按分电压等级逐步过渡到分电压等级、分用户类别制定。

附：深圳市电网输配电准许成本核定办法

深圳市电网输配电准许成本核定办法

一、深圳市电网输配电准许成本核定对象为共用网络准许成本。

二、输配电准许成本在各电压等级之间原则上按照输配电固定资产原值分摊。

三、输配电准许成本包括折旧费和运行维护费。

四、输配电准许成本主要按照电网企业历史成本，未来年度的预测成本，并参考同类型企业先进成本标准等情况综合核定。

五、历史成本指电网企业实际发生的成本，主要以电网企业经审计（审核）的财务数据为基础，按照成本监审结论核定。

（一）折旧费的核定。折旧费是指电网企业按政府价格主管部门核定的输配电固定资产原值和定价折旧率计提的费用。由政府价格主管部门通过成本监审核定。

输配电固定资产，是指经电力行业管理部门认定符合规划的包括线路、变电设备以及其他与输配电业务相关的资产。以下固定资产不纳入输配电准许成本核定范围：未经政府投资主管部门或国有资产管理部门审批建设的输配电资产；从电网企业分离出来的辅业，多经及三产资产。

输配电固定资产原值按规定进行过清产核资的，

按财政或国有资产部门认定的各类固定资产价值确认。

定价折旧率的具体标准：2014年及以前的固定资产按南方电网公司规定的折旧年限的中值核定；2014年以后新增的固定资产，按深圳市电网企业固定资产分类定价折旧年限核定（见表1）。固定资产残值率一般按5%核定。已计提完折旧仍在使用的固定资产不再计算折旧费用。

表1　深圳市电网企业固定资产分类定价折旧年限

序号	资产类别/名称	折旧年限
1	输电线路/110kV	30
2	输电线路/220kV	30
3	输电线路/500kV	30
4	输电线路/800kV	30
5	变电设备/110kV	20
6	变电设备/220kV	20
7	变电设备/500kV	20
8	变电设备/800kV	20
9	配电线路	15
10	配电设备	15
11	发电设备	16
12	用电计量设备	9
13	通信线路及设备	9
14	自动化设备及仪器仪表	7
15	水工机械设备	10
16	检修维护设备	12
17	运输设备	11
18	生产管理用工器具	11
19	非生产用设备及器具	20
20	房屋	30
21	建筑物	20
22	土地	

（二）运行维护费的核定。运行维护费是指维持电网企业正常运行的费用，包括材料费、修理费、职工薪酬和其他费用。运行维护费原则上按照各项费用分别核定。

1. 材料费。材料费是指电网企业从事输配电业务所耗用的消耗性材料、事故备品、低值易耗品及生产用燃料等。

材料费原则上据实核定。

2. 修理费。修理费是指为了维护和保持输配电相关设施正常工作状态所进行的修理活动发生的费用。

修理费原则上据实核定，最高不超过当年固定资产原值的1.5%。

3. 职工薪酬。职工薪酬是指电网企业为获得职工提供的服务而给予各种形式的报酬以及其他相关支出。具体包括：职工工资（奖金、津贴和补贴）；职工福利费；医疗保险费、养老保险费、失业保险费、工伤保险费和生育保险费等社会保险费；住房公积金；工会经费和职工教育经费；因解除与职工的劳动关系给予的补偿及其他与获得职工提供的服务相关的支出。

企业职工人数以南方电网公司下达的深圳供电局有限公司定员标准为依据。

企业职工人均工资水平参考深圳市统计部门公布的当年电力、燃气及水的生产和供应业在岗职工年人均工资水平。

职工基本养老保险、基本医疗保险、失业保险、工伤保险、生育保险等分别按计入定价成本的工资总额和深圳市规定的比例为依据核定。

职工福利费、住房公积金、职工教育经费、工会经费最高不得超过计入定价成本的工资总额的14%、12%、2.5%和2%。

4. 其他费用。其他费用是指电网企业提供正常输配电服务发生的除以上成本因素外的其他合理费用。包括：办公费、水电费、差旅费、劳动保护费、物业管理费、绿化费、业务费、保险费、排污费、待业保险费、劳动保险费、业务招待费、土地使用费、中介费、无形资产摊销等。

其他费用原则上在剔除不合理成本后据实核定，最高不超过当年固定资产原值的2.5%。

（三）下列成本费用不得列入输配电价准许成本：

1. 不符合《中华人民共和国会计法》等有关法律、行政法规和财务会计制度规定的费用；

2. 与输配电业务无关的费用或虽与输配电业务有关、但有专项资金来源予以补偿的费用；

3. 滞纳金、违约金、罚款；超标排污缴纳的排污费；

4. 公益性捐赠、公益广告、公益宣传费用；

5. 因管理不善造成的固定资产盘亏、毁损、闲置和出售的净损失；

6. 过度购置固定资产所增加的支出（折旧、修理费、借款利息等）；

7. 向上级公司或管理部门上交的利润性质的管理费用、代上级公司或管理部门缴纳的各项费用、向出资人支付的利润分成以及对附属单位的补助支出等；

8. 其他不合理支出。

六、预测成本指电网企业在下一监管周期内预计发生的成本，主要根据符合各级电力规划的电网企业投资计划及电网发展情况等确定。

1. 折旧费。根据电网企业计划新增固定资产以及深圳市电网企业固定资产分类定价折旧年限等确定。

2. 运行维护费。根据电网企业计划新增固定资产情况和预测年度前3年平均运行维护费水平，参考同类型电网企业的先进成本标准等确定。

其中：①修理费。按预测年度的新增固定资产原值乘以1.5%确定。②职工薪酬。在历史成本的基础上，参考电力、燃气及水的生产和供应业在岗职工年人均工资水平，以及CPI的增长率等确定。③其他费用。按预测年度的新增固定资产原值乘以2.5%确定。条件成熟后，运行维护费将在分项核定的基础上，参考政府价格主管部门公布的合理运行维护费率水平核定。对于超过合理运行维护费率部分不予列入准许成本。

国家发展改革委关于促进抽水蓄能电站健康有序发展有关问题的意见

国家发展改革委于2014年11月1日以发改能源〔2014〕2482号文，下发关于促进抽水蓄能电站健康有序发展有关问题的意见，全文如下：

抽水蓄能电站运行灵活、反应快速，是电力系统中具有调峰、填谷、调频、调相、备用和黑启动等多种功能的特殊电源，是目前最具经济性的大规模储能设施。为保障电力系统安全稳定经济运行，适应新能源发展需要，促进抽水蓄能电站持续健康有序发展，现提出以下意见：

一、发展意义

我国抽水蓄能电站建设规模持续扩大，设计、施工和机组设备制造水平不断提升，已形成较为完备的规划、设计、建设、运行管理体系，相继建成了广州、十三陵、天荒坪、泰安、西龙池、惠州、仙游等一批具有世界先进水平的抽水蓄能电站。到2013年底，建成抽水蓄能电站2151万kW，为我国电力安全发挥了重要作用。

为保障抽水蓄能电站健康有序发展，电力体制“厂网分开”改革后，国家陆续出台了抽水蓄能电站建设运行管理的有关政策，有效规范和促进了抽水蓄能产业发展。但受认识差异和体制机制等影响，前期规划不完善、建设进度与发展需要不适应、建设管理体制不规范、监督管理体系不完善、运行效益发挥不充分、配套政策不够落实等问题突出，影响了我国抽水蓄能电站的建设进程和健康发展。

随着我国经济社会的发展，电力系统规模不断扩大，用电负荷和峰谷差持续加大，电力用户对供电质量要求不断提高，随机性、间歇性新能源大规模开发，对抽水蓄能电站发展提出了更高要求。统筹规划、建管并重、适度加快抽水蓄能电站发展，对保障我国电力系统安全稳定经济运行、缓解电网调峰矛盾、增加新能源电力消纳、促进清洁能源开发利用和能源结构调整、实现可持续发展意义重大。

二、总体要求

（一）指导思想

以保障电力系统安全稳定经济运行、促进能源结构调整、提高新能源利用率、减少温室气体排放、实现经济社会可持续发展为目标，把发展抽水蓄能电站作为构建安全、稳定、经济、清洁现代能源体系的重要战略举措，促进抽水蓄能产业持续健康有序发展。

（二）基本原则

统筹规划、合理布局。按照区域电网范围，统筹资源与市场、电力发展规划与新能源发展规划、电网运行需要与系统经济性，合理规划抽水蓄能电站站点布置、建设规模、建设时序。

创新技术、优化设计。加大科技投入，加强技术攻关，健全技术标准体系，不断提高抽水蓄能机组设备制造能力和抽水蓄能电站设计、建设、运行管理技术水平。

科学调度、有效监管。强化运行管理和行业监管，有效监督规划执行和政策落实，切实加强市场监管，根据电力系统运行特性和安全要求，科学制定调度规则和考核、监管措施，有效发挥抽水蓄能电站作用。

完善政策、加快发展。结合电力市场化改革，完善和落实建设管理体制和价格机制，不断优化产业发展政策，调动各方发展抽水蓄能电站的积极性，适度加快抽水蓄能电站发展。

（三）发展目标

根据电力发展需要和抽水蓄能产业发展要求，今后十年抽水蓄能电站发展的主要目标是：

电站建设步伐适度加快。把抽水蓄能电站作为优化能源结构、促进新能源开发利用和保护生态环境的重要手段。着力完善火电为主和大规模电力受入地区电网抽水蓄能电站布局，适度加快新能源开发基地所在电网抽水蓄能电站建设，使抽水蓄能电站建设满足电力发展需要。到2025年，全国抽水蓄能电站总装机容量达到约1亿kW，占全国电力总装机容量的比重达到4%左右。

管理体制机制逐步健全。把创新体制机制、完善支持政策、加强监督管理作为促进抽水蓄能电站持续健康发展的基本保障。抽水蓄能电站规划编制和动态调整机制有效建立，规划、设计、管理、运行标准体系基本健全，建设管理体制进一步规范，运行监督、行业监管和价格机制基本完善，辅助服务市场和产业发展政策逐步建立和健全。

科技装备水平明显提升。把科技创新作为促进抽水蓄能产业发展的根本动力。大型地下洞室、高水头输水系统设计和施工等工程技术水平进一步提升，工程建设关键技术取得重大突破。装备制造能力明显加强，500m及以上水头和单机容量40万kW级机组实现自主化，抽水蓄能机组的技术经济性能进一步提升，基本具备国际竞争力。

三、加强规划工作

(1) 深化战略研究。鼓励建设运行单位和科研设计机构开展抽水蓄能电站与风电、光电、核电、煤电等电源的优化配合运行研究，加强用电负荷中心、大规模电能输送和受电端、新能源基地合理配置抽水蓄能机组的研究；支持企业开展符合我国国情的抽水蓄能电站各种创新研究，积极开展抽水蓄能电站辅助服务作用和效益研究，国家适时启动海水抽水蓄能电站研究论证工作。

(2) 做好选点规划。根据抽水蓄能电站特点，国家能源主管部门统一组织开展选点规划工作，统筹考虑区域电网调峰资源、系统需要和站址资源条件，分析研究抽水蓄能电站建设规模和布局，合理确定推荐站点、建设时序和服务范围，将选点规划作为各地抽水蓄能电站规划建设的基本依据。结合电力系统发展需要，对已完成选点规划的地区适时进行滚动调整，对尚未开展选点规划的地区适时启动规划工作。

(3) 明确发展规划。根据抽水蓄能电站发展需要，按照区域统筹协调、发挥地区优势的原则，在选点规划基础上，结合电力规划编制，制定全国和各区域抽水蓄能电站五年及中长期发展规划。依据全国抽水蓄能电站发展规划，各省（自治区、直辖市）将本地区抽水蓄能电站发展规划纳入当地能源发展规划。

(4) 保障规划实施。地方政府要认真做好站点资源的保护工作，做好与国土、城乡建设等相关规划的衔接，制定落实规划的各项措施，保障规划实施。抽水蓄能电站投资建设单位要根据规划制定实施方案，研究确定电站的服务范围以及在电网运行中承担的主要任务和功能定位，积极落实电站的各项建设条件。

四、严格工程管理

(1) 加强前期设计工作。项目建设单位应选择具有相应资质和业绩的设计单位开展勘测设计工作。设计单位要加强工程技术的科研攻关，专题研究涉及工程建设的重大技术问题；合理采用新技术、新工艺、新设备和新材料，处理好技术创新与工程安全质量的关系；优化工程设计，合理控制工程造价，提出科学合理的工程建设方案。切实加强技术管理，坚持技术管理工作的独立公正性，保障技术管理的科学有效性；充分发挥中介机构的咨询指导作用和国家水电行业技术管理单位的审查把关作用，提高前期设计工作质量。

(2) 重视工程建设质量。建设单位应加强项目建设管理，坚持招标投标、建设监理、安全管理制度，强化项目建设管理，严格执行基本建设程序，保证合理设计周期和施工工期；严格招标设计、施工图设计及设计变更管理，保证工程质量和施工安全，确保工程效益。落实建设质量管理和施工安全管理主体责任，建设单位对建设工程质量负总责，对建设工程施工安全负全面管理责任；设计、施工、监理等单位依法对工程建设质量和施工安全负责。进一步强化政府质量监督和安全监管，规范和严格安全鉴定、工程监理和项目验收管理，建立健全考核、评价机制。

(3) 保障机电设备可靠。建设单位应根据抽水蓄能电站建设条件，选择安全可靠、运行灵活、经济合理的机电设备。鼓励机电设备自主化，建设单位应综合考核投标单位的业绩和能力，依法公开公平公正开展机电设备招标工作。设备制造企业应加强制造质量控制体系建设，建立健全内部质检机构，不断改进质量控制措施。监造单位应按照有关法律法规、技术标准和设计文件要求，认真开展设备监造工作。施工单位应严格按照设计文件和技术标准进行机电设备安装，加强质量控制和质量检查。

五、加强运行管理

(1) 研究电站运行方式。电力调度机构和电站运行管理单位应加强对已建抽水蓄能电站运行情况和利用状况的分析，结合区域电力系统实际，认真研究抽水蓄能电站在电力系统中承担的调峰、填谷、调频、调相、备用等任务，以及与新能源电站联合优化运行方案，确定抽水蓄能电站经济合理的运行方式，促进抽水蓄能电站作用有效发挥。

(2) 制定调度运行规程。电力调度机构在国家能源局派出机构的监督指导下，根据《抽水蓄能电站调度运行导则》和设计功能定位，结合各地区电网电源结构和负荷特性等实际情况，会同抽水蓄能电站运行管理单位、主体设计单位，专门制定各抽水蓄能电站运行调度规程，明确各电站的调度原则、管理要求和具体运行指标，按程序报国家能源主管部门备案。电力调度机构和电站要严格按照调度规程进行调度运行。

(3) 加强大坝安全管理。项目建设运行单位应当建立健全大坝运行安全组织体系，完善大坝安全规章制度和操作规程，加强大坝运行维护与管理工作，按照有关要求做好大坝安全注册、定期检查、安全监测、隐患排查治理、除险加固、应急管理、信息化建设及信息报送等工作，确保大坝运行安全。

六、促进技术进步

(1) 健全技术标准体系。标准化管理机构应加强基础研究，认真总结抽水蓄能电站的经验教训，借鉴国外先进经验，及时制定和修订抽水蓄能电站勘测、设计、建设、运行、管理、设备制造等规程规范和技术标准，形成适应抽水蓄能电站持续健康发展的技术标准体系。

(2) 创新工程建设技术。坚持技术创新与工程应用相结合，重点开展大型地下洞室变形和稳定、高水头输水系统关键技术、水库防渗、复杂地形地质条件下筑坝与成库、变速机组等技术攻关，解决工程建设重大技术问题。积极研究和推广应用新技术、新工艺、新设备和新材料，提高工程设计和建设技术水平。合理控制建设周期，降低工程造价，保证工程质量。

(3) 提升设备技术能力。坚持自主创新和引进消化吸收相结合，设备制造企业应超前攻关，依托具体抽水蓄能电站建设，实现500m水头及以上、单机容量40万kW级高水头、大容量机组设计制造的自主化，积极推进励磁、调速器、变频装置等辅机设备国产化，着力提高主辅设备的独立成套设计和制造能力；启动海水抽水蓄能机组设备研究，适时开展试验示范工作。逐步引入竞争机制，放开机组设备市场，不断提升自主化设备的国际竞争力。

七、强化监督管理

(1) 强化规划指导。强化规划对抽水蓄能电站建设的指导作用，遵循规划提出的布局、时序和各项原则、要求。核准和建设抽水蓄能电站，应符合国家制定的选点规划和建设规划。国家能源主管部门定期对规划执行情况进行监督评估，并作为规划滚动、调整、制订的依据。

(2) 监督政策落实。抽水蓄能电站建设运行管理须符合国家法律法规规章、抽水蓄能产业政策、水库移民政策规定、相关建设标准规范和行业管理相关要求。项目核准机关要加强项目政策符合性审核，强化对抽水蓄能电站各项政策贯彻执行情况的监督检查，及时跟踪、检查、反馈，并向有关方面通报有关情况。

(3) 规范行政审批。推进政府项目审批公开和简政放权。项目核准机关要规范和完善抽水蓄能电站项目核准制度，明确项目核准依据、条件、程序、时限等。强化抽水蓄能电站项目行政审批的社会监督和行业监管，健全监督制度，加快建立决策后评估和纠错制度，依法落实项目决策和核准机关行政许可行为的责任追究。加强项目审批的宏观管理，建立必要的约束机制。

(4) 加强市场监管。国家能源局派出机构要加强对抽水蓄能电站运行调度情况的监管，制定考核和监管具体办法，明确运行效果考核指标、标准及监管措施和要求。要建立健全监管信息通报机制，按季度报告并发布各电站运行调度情况和考核监管信息。对蓄能电站调度运行发挥作用不充分、弃风弃水弃光问题突出地区，提出监管意见并依法采取措施。通过健全考核监督制度，加强市场监管，维护市场公平，确保电站效益充分发挥。

八、完善发展政策

(1) 明确建设管理体制。根据抽水蓄能电站功能定位和深化电力体制改革的要求，进一步规范和落实抽水蓄能电站建设管理体制，有序推进抽水蓄能电站市场化改革。抽水蓄能电站目前以电网经营企业全资建设和管理为主，逐步建立引入社会资本的多元市场化投资体制机制。在具备条件的地区，鼓励采用招标、市场竞价等方式确定抽水蓄能电站项目业主，按国家规划和政策要求独立投资建设抽水蓄能电站。

(2) 完善电站运营机制。电网经营企业应按照统筹为电力系统服务和统一核算原则，科学、统一调度运行抽水蓄能电站。针对目前我国电力市场尚不完善的情况，为发挥电站的系统效益和作用，现阶段按照发改价格〔2014〕1763号文要求，实行两部制电价政策。电力市场化前，抽水蓄能电站容量电费和抽发损耗纳入当地省级电网（或区域电网）运行费用统一核算，并作为销售电价调整因素统筹考虑。根据电力市场化改革进程，不断调整完善电价机制，制定电力系统辅助服务政策，最终形成以市场起决定性作用的抽水蓄能电站运营机制。

(3) 研究与新能源协调发展政策。风能和太阳能具有波动性和间歇性特点，在新能源基地配套建设一定规模的抽水蓄能电站，可提高新能源利用率和输电经济性，保证我国节能减排目标的实现，促进能源结构调整。研究建立新能源基地抽水蓄能电站和新能源电源联合运行、电力系统协调发展机制，研究探索新能源基地抽水蓄能电站等各类电源协调配套的投资体制、价格机制等发展政策。

（4）开展体制机制改革试点。按照党的十八届三中全会关于加快完善现代市场体系的要求，积极开展抽水蓄能电站建设运营管理体制机制创新研究和改革试点。综合考虑电网实际情况和地方积极性，选择抽水蓄能电站建设任务重、新能源开发集中或电力系统相对简单的浙江、内蒙古、海南等省份，深入开展抽水蓄能建管体制和运营机制创新改革研究，重点研究探索抽水蓄能电站价值机理和效益实现形式，体现电力系统多方受益的电站价值，落实“谁受益、谁承担”的市场经济规则，并适时开展试点工作。

请各省（自治区、直辖市）发展改革委、能源局，国家能源局各派出机构，各有关电网公司、发电企业，按照上述要求认真做好抽水蓄能电站的各项工作，促进抽水蓄能产业持续健康发展。

国家发展改革委办公厅关于做好国家电力需求侧管理平台建设和应用工作的通知

国家发展改革委办公厅于2014年4月8日以发改办运行〔2014〕734号文下发关于做好国家电力需求侧管理平台建设和应用工作的通知，全文如下：

为贯彻落实国务院关于转变政府职能的部署，充分运用现代信息技术推动电力需求侧管理工作开展，有效发挥电力需求侧管理在保障电力供应、提高电能利用效率、加强经济运行监测分析等方面的积极作用，按照我委工作部署，我们会同有关方面组织开发的国家电力需求侧管理平台（www.dsm.gov.cn，以下简称平台）已取得阶段性成果。为加快建设进程，规范建设标准，提前做好平台应用准备工作，现将有关事项通知如下：

一、充分认识平台的重要作用

国内外实践充分表明，电力需求侧管理是提高电能利用效率，促进电力资源优化配置，保障用电秩序，推动节能减排的重要举措。平台是运用信息化手段促进电力需求侧管理广泛深入开展的重要技术支撑。加快平台推广应用，有利于帮助用户实时、形象了解用电情况，提升管理水平，降低用电成本；有利于帮助电能服务企业拓展市场，持续深入开展电能服务；有利于引导电网企业从传统的能源供应商向现代能源供应服务商转变；有利于创新电力运行调节手段，加强信息引导服务和事中事后监管，强化经济运行监测分析，更好发挥政府的作用。

加快平台推广应用，既是适应信息化发展趋势，更好发挥电力需求侧管理作用的必然要求，也是更好发挥政府作用、提升经济运行调节水平的重要途径。各地经济运行调节部门要切实把握好当前加快平台建设的重要意义和有利时机，加强组织和协调，密切与相关部门和单位的沟通，营造好的环境与条件，促使平台建设顺利进行，并提前做好平台应用的开发与管理工作。

二、科学把握平台总体架构和主要功能

（一）平台的逻辑架构包括主站、子站两个层级。主站主要是实现在全国开展电力需求侧管理工作所需的共性功能，提供权威信息和不存在地方差异的公共服务。各地方政府平台、电网企业平台、电能服务商平台、大用户平台均为子站，统一在主站上展示，主要是满足各相关主体的个性化需求，如地方政府平台主要是提供相应行政区域的信息、与行政区域相关的差异化公共服务。主站和子站之间通过统一的规约实现数据传输和共享。

（二）平台的物理架构为分布式布局。根据功能、数据来源的不同，主站目前由国家电网公司、南方电网公司、江苏省经信委、电力需求侧管理培训办公室等单位和机构分别组织开发、维护，子站由各单位自行开发维护或委托主站运维单位开发维护。为节约资源、实现地方政府平台的可持续发展，每个省（自治区、直辖市）、试点城市可以建设一个物理子站或逻辑子站，不宜建设多个物理子站。电能服务商平台、大用户平台实行市场化运作，由平台所有者自愿选择是否在主站展示。对在主站展示的电能服务商平台和大用户平台，我委予以必要的支持和鼓励。

（三）平台功能主要包括门户和业务两类。门户类主要包括新闻动态、政策法规、标准规范、机构名录等，用于满足各类用户的信息需求。业务类主要包括电网企业实施电力需求侧管理目标责任考核、网络培训、有序用电管理、经济分析、需求响应等内容，用于实施相关业务并进行管理。

三、加快平台体系建设

（一）上半年完成主站开发。请国家电网公司组织所属有关机构尽快实现国家平台基本功能，完成安全评价，加快开发经济分析功能，丰富有序用电、需求响应等功能模块。请南方电网公司尽快实现所属区域相应功能的开发，提供相关数据，设立南方电网子站，并加强对相关省区平台建设的支持。请江苏省经信委组织有关单位加强对在线监测功能的管理和监督，规范数据接入和运用，为电能服务商平台和大用户平台接入主站提供服务。电力需求侧管理培训办公

室负责网络培训功能的实现。争取于6月底前主站投入运行。

（二）今年完成省级子站开发。省级政府子站可以委托省级电网企业代建，委托主站运维单位在主站上建立逻辑子站，或自行组织建设。请各地电力运行主管部门充分考虑开发、运行维护的工作难度，于4月底前确定建设方式，组织开展相应的开发工作，尽量避免重复建设。请国家电网公司、南方电网公司安排部署相应省级电网企业支持配合有关地方政府子站的开发建设。原则上年底完成省级子站的开发，并上线运行。

（三）坚持统一标准。为确保数据、信息的互联互通及管理规范，平台建设应满足《电力需求侧管理平台建设技术规范（试行）》《国家电力需求侧管理平台管理规定（试行，2014）》的相关要求（详见附件1、2）。

四、提前做好平台应用准备工作

（一）强化用电数据的精确采集和安全使用。请国家电网公司、南方电网公司进一步完善用电信息采集系统建设及用电数据的收集、整理和分析，尽快实现用户分类统一编码，确保用电数据及时、准确，创造性开发有关分析模块，向主站、政府子站提供相应的数据，为提高经济运行监测分析水平奠定基础，并注意保证数据安全。各地电力运行主管部门应全力支持，协调相关单位，实现有关数据的收集，并定期向主站报送。

（二）做好在线监测和管理、改造服务。各地经济运行调节部门要通过加强和改进服务，强化宣传培训和动员，大力支持电能服务商的发展，帮助用户实施在线监测，特别是加强对参与用电直接交易、执行差别电价的重点用电企业的引导。着重推进用电诊断，实现用电的“数字化、网络化、可视化”，促进科学用电、节约用电、安全用电，提升企业管理水平和竞争力。

附件：1. 电力需求侧管理平台建设技术规范（试行）（略）

2. 国家电力需求侧管理平台管理规定（试行，2014）（略）

财政部、国家发展改革委、水利部、中国人民银行印发《水土保持补偿费征收使用管理办法》

财政部、国家发展改革委、水利部、中国人民银行于2014年1月29日以财综〔2014〕8号文，印发《水土保持补偿费征收使用管理办法》。该办法全文如下。

水土保持补偿费征收使用管理办法

第一章 总 则

第一条 为了规范水土保持补偿费征收使用管理，促进水土流失防治工作，改善生态环境，根据《中华人民共和国水土保持法》的规定，制定本办法。

第二条 水土保持补偿费是水行政主管部门对损坏水土保持设施和地貌植被、不能恢复原有水土保持功能的生产建设单位和个人征收并专项用于水土流失预防治理的资金。

第三条 水土保持补偿费全额上缴国库，纳入政府性基金预算管理，实行专款专用，年终结余结转下年使用。

第四条 水土保持补偿费征收、缴库、使用和管理应当接受财政、价格、人民银行、审计部门和上级水行政主管部门的监督检查。

第二章 征 收

第五条 在山区、丘陵区、风沙区以及水土保持规划确定的容易发生水土流失的其他区域开办生产建设项目或者从事其他生产建设活动，损坏水土保持设施、地貌植被，不能恢复原有水土保持功能的单位和个人（以下简称缴纳义务人），应当缴纳水土保持补偿费。

前款所称其他生产建设活动包括：

（一）取土、挖砂、采石（不含河道采砂）；

（二）烧制砖、瓦、瓷、石灰；

（三）排放废弃土、石、渣。

第六条 县级以上地方水行政主管部门按照下列规定征收水土保持补偿费。

开办生产建设项目的单位和个人应当缴纳的水土保持补偿费，由县级以上地方水行政主管部门按照水土保持方案审批权限负责征收。其中，由水利部审批水土保持方案的，水土保持补偿费由生产建设项目所在地省（自治区、直辖市）水行政主管部门征收；生产建设项目跨省（自治区、直辖市）的，由生产建设项目涉及区域各相关省（自治区、直辖市）水行政主管部门分别征收。

从事其他生产建设活动的单位和个人应当缴纳的水土保持补偿费，由生产建设活动所在地县级水行政主管部门负责征收。

第七条 水土保持补偿费按照下列方式计征：

（一）开办一般性生产建设项目的，按照征占用土地面积计征。

（二）开采矿产资源的，在建设期间按照征占用土地面积计征；在开采期间，对石油、天然气以外的矿产资源按照开采量计征，对石油、天然气按照油气生产井占地面积每年计征。

（三）取土、挖砂、采石以及烧制砖、瓦、瓷、石灰的，按照取土、挖砂、采石量计征。

（四）排放废弃土、石、渣的，按照排放量计征。对缴纳义务人已按照前三种方式计征水土保持补偿费的，其排放废弃土、石、渣，不再按照排放量重复计征。

第八条 水土保持补偿费的征收标准，由国家发展改革委、财政部会同水利部另行制定。

第九条 开办一般性生产建设项目的，缴纳义务人应当在项目开工前一次性缴纳水土保持补偿费。

开采矿产资源处于建设期的，缴纳义务人应当在建设活动开始前一次性缴纳水土保持补偿费；处于开采期的，缴纳义务人应当按季度缴纳水土保持补偿费。

从事其他生产建设活动的，缴纳水土保持补偿费的时限由县级水行政主管部门确定。

第十条 缴纳义务人应当向负责征收水土保持补偿费的水行政主管部门如实报送征占用土地面积（矿产资源开采量、取土挖砂采石量、弃土弃渣量）等资料。

负责征收水土保持补偿费的水行政主管部门审核确定水土保持补偿费征收额，并向缴纳义务人送达水土保持补偿费缴纳通知单。缴纳通知单应当载明征占用土地面积（矿产资源开采量、取土挖砂采石量、弃土弃渣量）、征收标准、缴纳金额、缴纳时间和地点等事项。

缴纳义务人应当按照缴纳通知单的规定缴纳水土保持补偿费。

第十一条 下列情形免征水土保持补偿费：

（一）建设学校、幼儿园、医院、养老服务设施、孤儿院、福利院等公益性工程项目的；

（二）农民依法利用农村集体土地新建、翻建自用住房的；

（三）按照相关规划开展小型农田水利建设、田间土地整治建设和农村集中供水工程建设的；

（四）建设保障性安居工程、市政生态环境保护基础设施项目的；

（五）建设军事设施的；

（六）按照水土保持规划开展水土流失治理活动的；

（七）法律、行政法规和国务院规定免征水土保持补偿费的其他情形。

第十二条 除本办法规定外，任何单位和个人均不得擅自减免水土保持补偿费，不得改变水土保持补偿费征收对象、范围和标准。

第十三条 县级以上地方水行政主管部门征收水土保持补偿费，应当到指定的价格主管部门申领《收费许可证》，并使用省级财政部门统一印制的票据。

第十四条 县级以上地方水行政主管部门应当对水土保持补偿费的征收依据、征收标准、征收主体、征收程序、法律责任等进行公示。

第三章 缴　　库

第十五条 县级以上地方水行政主管部门征收的水土保持补偿费，按照1∶9的比例分别上缴中央和地方国库。

地方各级政府之间水土保持补偿费的分配比例，由各省（自治区、直辖市）财政部门商水行政主管部门确定。

第十六条 水土保持补偿费实行就地缴库方式。

负责征收水土保持补偿费的水行政主管部门填写“一般缴款书”，随水土保持补偿费缴纳通知单一并送达缴纳义务人，由缴纳义务人持“一般缴款书”在规定时限内到商业银行办理缴款。在填写“一般缴款书”时，预算科目栏填写“1030176水土保持补偿费收入”，预算级次栏填写“中央和地方共享收入”，收款国库栏填写实际收纳款项的国库名称。

第十七条 水土保持补偿费收入在政府收支分类科目中列103类01款76项“水土保持补偿费收入”，作为中央和地方共用收入科目。

第十八条 地方各级水行政主管部门要确保将中央分成的水土保持补偿费收入及时足额上缴中央国库，不得截留、占压、拖延上缴。

财政部驻各省（自治区、直辖市）财政监察专员办事处负责监缴中央分成的水土保持补偿费。

第四章 使用管理

第十九条 水土保持补偿费专项用于水土流失预防和治理，主要用于被损坏水土保持设施和地貌植被恢复治理工程建设。

第二十条 县级以上水行政主管部门应当根据水土保持规划，编制年度水土保持补偿费支出预算，报同级财政部门审核。财政部门应当按照政府性基金预算管理规定审核水土保持补偿费支出预算并批复下达。其中，水土保持补偿费用于固定资产投资项目的，由发展改革部门商同级水行政主管部门纳入固定资产投资计划。

第二十一条 水土保持补偿费的资金支付按照财

政国库管理制度有关规定执行。

第二十二条 水土保持补偿费支出在政府收支分类科目中列 213 类 70 款“水土保持补偿费安排的支出”01 项“综合治理和生态修复”、02 项“预防保护和监督管理”、03 项“其他水土保持补偿费安排的支出”。

第二十三条 各级财政、水行政主管部门应当严格按规定使用水土保持补偿费，确保专款专用，严禁截留、转移、挪用资金和随意调整预算。

第五章 法 律 责 任

第二十四条 单位和个人违反本办法规定，有下列情形之一的，依照《财政违法行为处罚处分条例》和《违反行政事业性收费和罚没收入收支两条线管理规定行政处分暂行规定》等国家有关规定追究法律责任；涉嫌犯罪的，依法移送司法机关处理：

（一）擅自减免水土保持补偿费或者改变水土保持补偿费征收范围、对象和标准的；

（二）隐瞒、坐支应当上缴的水土保持补偿费的；

（三）滞留、截留、挪用应当上缴的水土保持补偿费的；

（四）不按照规定的预算级次、预算科目将水土保持补偿费缴入国库的；

（五）违反规定扩大水土保持补偿费开支范围、提高开支标准的；

（六）其他违反国家财政收入管理规定的行为。

第二十五条 缴纳义务人拒不缴纳、拖延缴纳或者拖欠水土保持补偿费的，依照《中华人民共和国水土保持法》第五十七条规定进行处罚。缴纳义务人对处罚决定不服的，可以依法申请行政复议或者提起行政诉讼。

第二十六条 缴纳义务人缴纳水土保持补偿费，不免除其水土流失防治责任。

第二十七条 水土保持补偿费征收、使用管理有关部门的工作人员违反本办法规定，在水土保持补偿费征收和使用管理工作中徇私舞弊、玩忽职守、滥用职权的，依法给予处分；涉嫌犯罪的，依法移送司法机关。

第六章 附 则

第二十八条 各省（自治区、直辖市）根据本办法制定具体实施办法，并报财政部、国家发展改革委、水利部、中国人民银行备案。

第二十九条 按本办法规定开征水土保持补偿费后，原各地区征收的水土流失防治费、水土保持设施补偿费、水土流失补偿费等涉及水土流失防治和补偿的收费予以取消。

第三十条 本办法由财政部商国家发展改革委、水利部、中国人民银行负责解释。

第三十一条 本办法自 2014 年 5 月 1 日起施行。

财政部、国家税务总局关于大型水电企业增值税政策的通知

财政部、国家税务总局于 2014 年 2 月 12 日以财税〔2014〕10 号文下发关于大型水电企业增值税政策的通知，全文如下：

为支持水电行业发展，统一和规范大型水电企业增值税政策，经国务院批准，现将大型水电企业增值税优惠政策通知如下：

一、装机容量超过 100 万 kW 的水力发电站（含抽水蓄能电站）销售自产电力产品，自 2013 年 1 月 1 日～2015 年 12 月 31 日，对其增值税实际税负超过 8%的部分实行即征即退政策；自 2016 年 1 月 1 日～2017 年 12 月 31 日，对其增值税实际税负超过 12%的部分实行即征即退政策。

二、本通知所称的装机容量，是指单站发电机组额定装机容量的总和。该额定装机容量包括项目核准（审批）机关依权限核准（审批）的水力发电站总装机容量（含分期建设和扩机），以及后续因技术改造升级等原因经批准增加的装机容量。

三、《财政部、国家税务总局关于三峡电站电力产品增值税税收政策问题的通知》（财税〔2002〕24 号）、《财政部、国家税务总局关于葛洲坝电站电力产品增值税政策问题的通知》（财税〔2002〕168 号）、《财政部关于小浪底水利工程电力产品增值税政策问题的通知》（财税〔2006〕2 号）、《国家税务总局关于黄河上游水电开发有限责任公司电力产品增值税税收政策问题的通知》（国税函〔2004〕52 号）自 2014 年 1 月 1 日起废止。

环境保护部、国家能源局关于深化落实水电开发生态环境保护措施的通知

环境保护部、国家能源局于 2014 年 5 月 10 日以环发〔2014〕65 号文下发关于深化落实水电开发生态环境保护措施的通知，全文如下：

为贯彻落实党的十八大及十八届三中全会提出的坚持节约优先、保护优先、自然恢复为主的方针，建立河流水电开发与环境保护统筹协调机制，深化落实水电开发生态环境保护措施，切实做好水电开发环境

保护工作，现就有关要求通知如下：

一、河流水电规划应统筹水电开发与生态环境保护

河流水电规划及环境影响评价应按照“全面规划、综合利用、保护环境、讲求效益、统筹兼顾”的规划原则，以及“生态优先、统筹考虑、适度开发、确保底线”的环境保护要求，协调水电建设与生态环境保护关系，统筹流域环境保护工作。

（一）科学分析确定流域生态环境敏感保护对象。应对流域有关区域生态环境进行全面调查、科学评价，充分研究相关生态环境敏感问题，科学分析保护的必要性、可行性和合理性，确定生态环境敏感保护对象。

（二）合理确定重要敏感生态环境保护范围。应高度重视流域重要生态环境敏感保护对象的保护，避让自然保护区、珍稀物种集中分布地等生态敏感区域，减小流域生物多样性和重要生态功能的损失。优化水电开发和生态保护空间格局，在做好生态保护和移民安置的前提下积极发展水电，水电规划环境影响评价应设立物种栖息地保护专章，统筹干支流、上下游水电开发与重要物种栖息地保护，合理拟订栖息地保护范围。

（三）统筹规划主要生态环境保护措施。应结合流域生态保护要求、河流开发规划、梯级开发时序、开发主体以及生态环境敏感保护对象情况，统筹梯级电站生态调度、过鱼设施、鱼类增殖放流和栖息地保护等工程补偿措施的布局和功能定位。应根据规划河段生态用水需求，初拟相关电站生态流量泄放要求；结合梯级电站特点和鱼类保护需要，初拟过鱼方式；统筹考虑梯级电站的增殖放流，增殖放流应与栖息地保护结合，保障增殖放流效果。依据河流水域生境特点，总体明确各河段放流对象。对涉及生态环境敏感保护对象的梯级，应根据规划开发时序研究提出保护措施。

（四）强化水电规划及规划环评的指导约束作用。水电规划和规划环境影响评价是河流水电开发的依据，各级发展改革委（能源局）在审批流域水电规划时应充分采纳环境保护部门审查的规划环评意见。项目建设时，应与流域规划环境保护措施相协调，已明确作为栖息地保护的河流、区域不得再进行水电开发；建设项目落实环境保护措施应依据规划环评报告及审查意见，确保实现规划的环境保护总体目标。

二、水电项目建设应严格落实生态环境保护措施

应统筹安排各阶段环境保护措施的设计、建设和运行，保证各项环境保护措施设计符合规范要求，及时建设落实并发挥作用，确保安全。

对环评已批复、项目已核准（审批）的水电工程，经回顾性研究或环境影响后评价确定须补设或优化生态流量泄放、水温恢复、过鱼等重要环境保护措施的，应按水电工程设计有关变更管理的要求，履行相关程序后实施。设计变更工作应开展专题研究，必要时进行模型试验，以保障工程安全和稳定运行。

（一）合理确定生态流量，认真落实生态流量泄放措施。应根据电站坝址下游河道水生生态、水环境、景观等生态用水需求，结合水力学、水文学等方法，按生态流量设计技术规范及有关导则规定，编制生态流量泄放方案。方案中应明确电站最小下泄生态流量和下泄生态流量过程。此外，还需确定蓄水期及运行期生态流量泄放设施及保障措施。在国家和地方重点保护、珍稀濒危或开发区域河段特有水生生物栖息地的鱼类产卵季节，经论证确有需要，应进一步加大下泄生态流量；当天然来流量小于规定下泄最小生态流量时，电站下泄生态流量按坝址处天然实际来流量进行下放。电网调度中应参照电站最小下泄生态流量进行生态调度。生态流量泄放应优先考虑专用泄放设施，与主体工程同步开展设计、施工和运行，确保设施安全可靠、运行灵活。

（二）充分论证水库下泄低温水影响，落实下泄低温水减缓措施。对具有多年调节、年调节的水库和水温分层现象明显的季调节性能水库，若坝下河段存在对水温变化敏感的重要生态保护目标时，工程应采取分层取水减缓措施；对具有季调节性能以下的水库，应根据水库水温垂向分布和下游水温变化敏感目标，充分论证下泄水温变化对敏感目标的影响，如存在重大影响，应采取分层取水减缓措施。

（三）科学确定水生生态敏感保护对象，严格落实栖息地保护措施。水电工程应结合栖息地生境本底、替代生境相似度和种群相似度，编制栖息地保护方案，明确栖息地保护目标、具体范围及采取的工程措施，并在水电开发同时落实栖息地保护措施，保护受影响物种的替代生境。项目环评审批前，应配合地方政府相关部门制订栖息地保护规划方案，并请相关地方政府出具承诺性文件。

（四）充分论证过鱼方式，认真落实过鱼措施。水电工程应结合保护鱼类的重要性、受影响程度和过鱼效果等，综合分析论证采取过鱼措施的必要性和过鱼方式。水电工程采取过鱼措施应深入研究有关鱼类生态习性和种群分布，综合考虑地形地质、水文、泥沙、气候以及水工建筑物型式等因素，与栖息地、增殖放流站等鱼类保护措施进行统筹协调，按过鱼设计技术规范要求，经过技术经济、过

鱼效果等综合比较后确定过鱼设施型式。现阶段对水头较低的水电建设项目，原则上应重点研究采取仿自然通道措施；对水头中等的水电建设项目，原则上应重点研究采取鱼道或鱼道与仿自然通道组合方式；对水头较高的水电建设项目，应结合场地条件和枢纽布置特性，研究采取鱼道、升鱼机、集运鱼系统或不同组合方式的过鱼措施。应深入开展过鱼设施的技术方案研究，做好鱼道水工模型试验和鱼类生物学试验，落实过鱼设施建设，保证过鱼设施按设计方案正常运行。加强电站运行期过鱼效果观测，优化过鱼设施的运行管理。

（五）论证鱼类增殖放流目标和规模，落实鱼类增殖放流措施。应根据规划环评初拟确定的增殖放流方案，结合电站开发时序和建设管理体制，依据放流水域生境适宜性和现有栖息空间的环境容量，明确各增殖站选址、放流目标、规模和规格，做好鱼类增殖放流措施设计、建设和运行工作。放流对象和规模应根据逐年放流跟踪监测结果进行调整。为便于管理和明确责任，鱼类增殖放流站选址原则上应在业主管理用地范围内。要根据场地布置条件，合理进行增殖站布局和工艺选择，保证鱼类增殖放流站在工程蓄水前建成并完成运行能力建设。

（六）科学确定陆生生态敏感保护对象，落实陆生生态保护措施。对受项目建设影响的珍稀特有植物或古树名木，通过异地移栽、苗木繁育、种质资源保存等方式进行保护。在生长条件满足情况下，业主管理用地应优先作为重要移栽场地之一。对受阻隔或栖息地淹没影响的珍稀动物，通过修建动物廊道、构建类似生境等方式予以保护。要加强施工期环境管理，优化施工用地范围和施工布局，合理选择渣、料场和其他施工场地，重视表土剥离、堆存和合理利用。要明确提出施工用地范围景观规划和建设要求，大坝、公路、厂房等永久建筑物的设计和建设要与周围景观相协调，施工迹地恢复应根据不同立地条件，提出相应恢复措施和景观建设要求。

三、切实做好移民安置环境保护工作

（一）加强移民安置环境保护建设。应根据当地自然资源、生态环境和社会环境特点，结合城镇化规划和要求，分析移民安置方式环境适宜性。对农村移民集中安置点、城（集）镇、工矿企业以及专项设施的迁建和复建，应按要求开展环境影响评价工作并报有审批权的环境保护行政主管部门审批，开展移民安置环境保护措施设计并报行业技术审查单位审查，落实设施建设。对涉及重大移民安置的环保工程，应开展与主体工程同等深度的方案比选，并开展相关专题研究工作。移民安置环保工作应作为电站竣工环境保护验收的重要内容。

（二）注重电站库底清理环保工作。在水库初期蓄水前，应提出库底清理方案，并按照有关要求做好库底清理环保工作。对工业固体废物、危险废物、废放射源以及固体废物清理后原址被污染的土壤等按有关规定采取处理措施，在专项设计基础上进行无害化处置，防止二次污染。库底清理工作须作为电站下闸蓄水阶段环保检查的重要内容。

四、建立健全生态环境保护措施实施保障机制

（一）建立水电开发与环境保护协调机制。加强部门沟通，协商研究有关水电工程建设和环境保护问题，研究建立环境保护行政主管部门、能源主管部门之间的水电开发与环境保护工作协调机制，在可研阶段对重大事项进行会商。对于特别重要的河流，研究成立流域水电开发环境保护协调领导机构，建立并完善相应的环境保护管理制度，协商水电开发环境保护政策性问题，协调水电规划及项目开发与环境保护的重大问题，商议解决梯级调度与生态调度等重要问题。

（二）建立流域水电开发环境保护管理机制。流域水电开发企业原则上应成立统一的流域环境保护管理机构。对多企业进行水电开发的流域，应由主要水电开发企业牵头，联合其他企业成立流域环境保护管理机构，制定行之有效的环境保护管理制度和办法，组织落实并协调流域环境保护措施和相关规划设计及专题研究任务。

（三）建立河流生态环境保护资金保障机制。水电开发应坚持开发与保护并重，落实“谁开发、谁保护，谁破坏、谁治理”的原则。应强化工程补偿，坚持动植物栖息地保护、生态修复、水温恢复、过鱼设施、鱼类增殖放流、水土保护等工程性补偿措施到位。水电开发主体单位应落实环保设施建设资金、保障需要，并纳入工程概算；应确保运行期间的环保投入，保障工程环保设施的长期有效运行，促进库区生态建设。探索建立流域水电环境保护可持续管理制度，促进水电开发环境保护实施效果。

（四）建立工程技术保障机制。水电工程环境保护措施是工程建设的重要组成部分，各类环境保护措施应遵照相应的技术标准开展设计，确保工程安全和环保措施运行稳定。应逐步完善水电工程环境保护设计规范和技术标准体系，及时修订相关标准。对于与主体工程相关的环境保护措施建筑物应与主体工程同步开展试验研究和设计，考虑工程安全、环保要求、技术经济等多方面因素，综合分析比较确定环境保护措施方案。

积极开展水电工程环境保护关键技术研究。从流域、项目两个层面开展模拟生态水文过程调度、生态流量保障、水温恢复、过鱼设施、珍稀特有鱼类人工驯养繁殖、河流与水库生境修复、栖息地建设等关键技术研究，为水电工程环境保护工作的深入开展提供技术支撑。

五、加强水电开发生态环境保护措施落实的监督管理

（一）加强环境保护措施落实的监督。加强环境保护措施“三同时”监督管理工作，建立动态跟踪管理系统，建设单位应定期向环评审批部门报告工程重要进度节点及环境保护措施落实情况，环评审批部门不定期进行检查或巡视。依据规划环评及项目环评要求，严格按照建设项目管理程序分预可研、可研、招投标和技术施工阶段开展重要环境保护措施设计工作，报行业技术审查单位审查并抄送环评文件审批部门。建设单位应在环境保护措施建设前确定环境监理单位，环境监理单位应将环境保护设施的建设进度、质量和运行情况作为监理工作重点，及时上报建设单位，并与地方环境保护行政主管部门形成联动。环境保护行政主管部门应采用定期检查和不定期巡视等方式对水电建设过程中主要生态环境保护措施的“三同时”落实情况进行检查，发现问题及时要求整改落实，并报上一级主管部门，对情节严重的依法惩处。

（二）加强环境保护措施验收管理。水电建设项目建设过程中应及时开展项目环境保护工作阶段性检查和验收工作，工程总体验收前应及时开展竣工环境保护验收工作，并把环境保护措施的落实情况作为检查和验收重点。其中栖息地保护、生态流量泄放、水温恢复、过鱼设施、鱼类增殖放流等主要环境保护措施的落实情况应作为竣工环境保护验收的重要内容，确保环境保护措施按要求建成并投入运行。环境保护措施落实不到位的应及时进行整改，蓄水后会严重影响环境保护措施实施的工程，必须在整改落实后才能进行蓄水。水电建设项目的主要环境保护工程，应纳入能源主管部门组织的水电工程安全鉴定和验收范围，确保主要环境保护工程的设计、施工及运行安全满足工程要求。

（三）加强环境保护措施运行监督管理。项目开发主体应确保各项环境保护措施的正常运行，并达到项目审批要求的功能和效果。应做好生态环境监测工作，按照环评要求构建生态环境监测体系，长期跟踪观测库区和坝下水温、水文情势变化以及鱼类关键栖息地的生境条件变化，动态开展鱼类增殖放流、过鱼导鱼、生态修复等措施实施效果监测。建立项目环境保护设施运行监测成果报告制度，项目开发主体应每半年编制电站环境保护设施运行简报，总结分析各项设施的运行及效果情况，提出存在的问题和改善运行效果的措施计划。简报应报送环境保护行政主管部门和能源主管部门。环境保护行政主管部门应加强对环境保护设施运行的监督抽查，及时提出整改意见。

（四）适时开展水电开发环境影响回顾性评价和后评价。对水电规划较早，未开展规划环评的主要河流，河流开发主体应编制水电开发环境影响回顾性评价，环境保护行政主管部门会同能源主管部门审查并联合印发审查意见；省级环境保护行政主管部门组织环境影响回顾性评价审查的审查意见应报环境保护部备案。河流水电开发环境影响回顾性评价应将已建电站主要环境影响复核和环境保护措施效果分析作为重要研究内容。水电建设项目运行满 5 年，应按要求开展环境影响后评价工作，重点关注工程运行对环境敏感目标的影响，及时调整补充相应环保措施。

国家能源局关于加强风电项目核准计划管理有关工作的通知

国家能源局于 2014 年 1 月 6 日以国能新能〔2014〕24 号文下发关于加强风电项目核准计划管理有关工作的通知，全文如下：

为规范风电开发建设，根据局长办公会讨论决定，现将加强风电项目核准计划管理有关要求通知如下：

一、自 2014 年 1 月 1 日起，已列入“十二五”第一批风电项目核准计划但未完成核准的项目（详见列表），不再纳入核准计划管理，取消核准资格。如若再启动项目核准建设，申请补贴，需重新申请纳入核准计划。

二、请各省（自治区、直辖市）发展改革委（能源局）加强组织协调，落实项目建设条件，特别是电网接入条件和电力消纳市场，督促项目单位深化前期工作，加快落实第二、三批核准计划项目的各项要求，争取在文件规定期限内完成核准工作。

附：取消纳入“十二五”第一批风电项目核准计划管理的项目列表

附：

取消纳入“十二五”第一批风电项目核准计划管理的项目列表

序号	省（自治区、直辖市）	项目名称	规模（万 kW）	建设单位
1	河北省	中电投张家口张北大囫囵风电场	10.00	中国电力投资集团公司
2	河北省	国华康保水晶脑包风电场	5.00	国华能源投资有限公司
3	河北省	国投张家口康保牧场风电场（扩建）	10.00	国投华靖电力控股股份有限公司
4	河北省	大唐张家口尚义补龙湾风电场	10.00	大唐国际电力股份有限公司
5	河北省	国电张家口尚义大青山风电场	10.00	国电电力发展股份有限公司
6	河北省	华电张家口塞北西山风电场	10.00	华电国际电力股份有限公司
7	内蒙古	北方龙源巴彦淖尔市乌拉特前旗沙德格风电场	5.00	北方龙源风力发电公司
8	辽宁省	大唐连山大兴风电项目	4.80	大唐新能源公司
9	辽宁省	中广核义县高台子风电项目	4.95	中广核风力发电有限公司
10	辽宁省	华能瓦房店赵屯二期风电项目	4.95	华能国际有限公司
11	辽宁省	华能东港合隆风电项目	4.80	华能国际有限公司
12	江苏省	中电国际盐城大丰二期陆上风电场	10.00	中电国际新能源有限公司
13	江苏省	龙源南通启东风电二期	10.00	龙源启东风力发电有限公司
14	江苏省	国电徐州新沂河口风力发电场	4.00	国电连云港风力发电有限公司（筹）
15	浙江省	浙江天洁嘉兴平湖独山港风电场	4.00	浙江天洁新能源有限公司
16	浙江省	国电舟山六横风电场	3.00	国电电力股份有限公司
17	浙江省	浙江蓝海帆高舟山市岱山县长涂岛风电场	4.00	浙江蓝海帆高风力发电公司
18	安徽省	龙源明光嘉山风电项目	5.00	龙源明光风力发电有限公司
19	福建省	中广核福州平潭猫头墘风电场	5.00	中广核风电公司
20	福建省	福建能源泉州惠安赤湖风电场	5.00	福建省能源集团公司
21	福建省	福建能源漳州云霄列屿风电场	4.00	福建省能源集团公司
22	福建省	福建能源泉州惠安青山风电场	4.00	福建省能源集团公司
23	江西省	湖南新华上饶鄱阳韩山风电场	5.00	湖南新华公司
24	江西省	中电投九江庐山长岭风电场扩建工程	2.00	中电投江西分公司
25	山东省	中海油威海初村风电场	4.95	中海油新能源有限公司
26	山东省	华电威海经区风电项目	4.95	华电新能源发展有限公司
27	山东省	华润烟台蓬莱磁山风电场项目	4.95	华润电力（风能）开发有限公司
28	重庆市	华能重庆市巫溪县大官山风电场	5.00	华能集团重庆分公司
29	四川省	国电甘孜藏族自治州丹巴县大渡河流域风电场	5.00	国电大渡河公司
30	青海省	青发投海西蒙古族藏族自治州都兰县田格里风电场	5.00	青海省发展投资有限公司
合计			174.35	

国家能源局印发《2014年能源工作指导意见》

国家能源局于2014年1月20日以国能规划〔2014〕38号文，印发《2014年能源工作指导意见》。该意见全文如下。

2014年能源工作指导意见

一、总体要求

2014年能源工作的指导思想是：全面贯彻党的十八大和十八届二中、三中全会精神，认真落实党中央、国务院各项决策部署，围绕确保国家能源战略安全、转变能源消费方式、优化能源布局结构、创新能源体制机制等四项基本任务，着力转方式、调结构、促改革、强监管、保供给、惠民生，以改革红利激发市场动力活力，打造中国能源“升级版”，为经济社会发展提供坚实的能源保障。

二、主要目标

（一）提高能源效率。2014年，单位GDP能耗0.71t标准煤/万元，比2010年下降12%。

（二）优化能源结构。2014年，非化石能源消费比重提高到10.7%，非化石能源发电装机比重达到32.7%。天然气占一次能源消费比重提高到6.5%，煤炭消费比重降低到65%以下。

（三）增强能源生产能力。2014年，能源生产总量35.4亿t标准煤，同比增长4.3%。其中，煤炭生产38亿t，增长2.7%；原油生产2.08亿t，增长0.5%；天然气生产（不含煤制气）1310亿m^3，增长12%；非化石能源发电1.3万亿kW·h，增长11.8%。

（四）控制能源消费。2014年，能源消费总量38.8亿t标准煤左右，同比增长3.2%；用电量5.72万亿kW·h，同比增长7%；煤炭消费量38亿t，增长1.6%；石油表观消费量5.1亿t，增长1.8%；天然气表观消费量1930亿m^3，增长14.5%。

三、重点任务

（一）转变能源消费方式，控制能源消费过快增长

以提高能源效率为主线，保障合理用能，鼓励节约用能，控制过度用能，限制粗放用能，以尽可能少的能源消费支撑经济社会发展。2014年，单位GDP能耗比2013年下降3.9%左右。

（1）推行“一挂双控”措施。将能源消费与经济增长挂钩，对高耗能产业和过剩产业实行能源消费总量控制强约束，能源消费总量只减不增。对其他产业按平均先进能效标准实行能耗强度约束，现有产能能效限期达标，新增产能必须符合先进能效标准，促进优胜劣汰。

（2）推行区域差别化能源政策。在能源资源丰富的西部地区，根据水资源和生态承载能力，在节能环保、技术先进的条件下，合理增强能源开发力度，加大跨区调出能力。合理控制中部地区能源开发强度。大力优化东部地区能源开发利用结构，严格控制化石能源消费过快增长。

（3）实施控制能源消费总量工作方案。坚持能源消费总量和能耗强度双控考核，指导各地编制和落实具体实施方案，切实控制能源消费总量过快增长。加强监督检查，确保各地区目标落实到位。

（二）认真落实大气污染防治措施，促进能源结构优化

以大气污染防治为契机，加快淘汰能源行业落后产能，着力降低煤炭消费比重，提高天然气和非化石能源比重。2014年，京津冀鲁分别削减原煤消费300万t、200万t、800万t和400万t，合计1700万t；全国淘汰煤炭落后产能3000万t，关停小火电机组200万kW；力争实现煤电脱硫比重接近100%，火电脱硝比重达到70%。

（1）落实大气污染防治行动计划年度重点任务。健全工作协调机制，加强京津冀及其周边地区联防联控，制订出台重点省区能源保障方案，抓好增供外来电力、保障天然气供应、发展核电和可再生能源以及提前供应国五油品等5个方面127个重大项目落地，优化调整能源消费结构和空间布局，促进重点区域空气质量改善。

（2）降低煤炭消费比重。出台并组织实施煤炭减量替代管理办法。研究制订商品煤质量国家标准，发布煤炭质量管理办法。提高煤炭洗选加工比例。完善差别化煤炭进口关税政策，鼓励优质煤炭进口，限制高灰、高硫劣质煤炭进口。转变农村用煤方式，逐步降低分散用煤比例。

（3）严格控制京津冀、长三角、珠三角等区域煤电项目。新建工业项目禁止配套建设自备燃煤电站。除热电联产外，禁止审批新建燃煤发电项目。现有多台燃煤机组装机容量合计达到30万kW以上的，可按照煤炭等量替代的原则改建为大容量机组。

（4）有序实施“煤改气”。在落实气源、签订供气合同的地区，有序推进“煤改气”，避免一哄而上和供需严重失衡。

（5）加快推进油品质量升级。出台成品油质量升级行动计划（2014～2017），大力推进炼油企业升级改造和先进产能布局，确保2015年底前京津冀、长三角、珠三角等区域内重点城市供应国五标准的车用汽、柴油，2017年底前全国供应国五标准的车用汽、柴油。

（6）提高天然气供气保障能力。结合各省市天然气需求情况，制订天然气中长期供应计划。增加常规天然气生产供应，加快开发煤层气、页岩气等非常规天然气，推进煤制气产业科学有序发展。加快推进输气管道、储气设施和LNG接收站项目建设。完善天然气利用政策，加强需求侧管理，制订有序用气方案和应急预案。

（7）加大淘汰落后产能和节能减排工作力度。停止核准新建低于30万t/年的煤矿和低于90万t/年的煤与瓦斯突出矿井。逐步淘汰9万t/年及以下煤矿，加快关闭其中煤与瓦斯突出等灾害隐患严重的煤矿，继续推进煤矿企业兼并重组。完善火电淘汰落后产能和“上大压小”后续政策，更多运用市场手段，促进落后火电机组自然淘汰。科学安排电力行业脱硫、脱硝、除尘改造工程，加大节能减排监管力度，确保相关设施稳定、达标运行。2015年前，完成京津冀、长三角、珠三角区域燃煤电厂污染治理设施建设和改造。

（三）大力发展清洁能源，促进能源绿色发展

坚持集中式与分布式并重、集中送出与就地消纳结合，稳步推进水电、风电、太阳能、生物质能、地热能等可再生能源发展，安全高效发展核电。2014年，新核准水电装机容量2000万kW，新增风电装机容量1800万kW，新增光伏发电装机容量1000万kW（其中分布式占60%），新增核电装机容量864万kW。

（1）积极开发水电。加快推动重点流域规划制订。在做好生态环境保护和移民安置的前提下，加快金沙江、澜沧江、大渡河、雅砻江等大型水电基地建设，抓紧外送输电工程建设。研究制订抽水蓄能发展政策，完善抽水蓄能电站建设运行管理。研究优化流域水电站运行管理，提高水能资源梯级利用效能。推动完善水电环境影响评价标准，探索移民土地补偿费用入股和流域梯级效益补偿机制，研究制定龙头水库征地补偿机制和利益共享机制。

（2）有序发展风电。制订、完善并实施可再生能源电力配额及全额保障性收购等管理办法，逐步降低风电成本，力争2020年前实现与火电平价。下达“十二五”第四批风电项目核准计划。优化风电开发布局，加快中东部和南方地区风能资源开发。修订和完善可再生能源发电工程质量监督管理办法，规范风电开发秩序，保障工程建设质量。有序推进酒泉、蒙西、蒙东、冀北、吉林、黑龙江、山东、哈密、江苏等9个大型风电基地及配套电网工程建设，合理确定风电消纳范围，缓解弃风弃电问题。稳步发展海上风电。

（3）加快发展太阳能发电。落实国务院《关于促进光伏产业健康发展的若干意见》，加强光伏发电并网服务、保障性收购等全过程监管，确保补贴资金及时到位。重点抓好北京海淀区等18个分布式光伏发电应用示范区建设，在大型公用建筑、工商企业、观光农业、居民住宅等领域拓展分布式光伏发电。协调地方政府、电网企业和金融机构做好项目建设、并网接入和金融支持等配套服务。探索形成符合实际的分布式光伏商业模式，逐步降低发电成本，力争2020年光伏发电实现用户侧平价上网。

（4）积极推进生物质能和地热能开发利用。完善有关政策措施，积极推进生物质能和地热能供热示范工程建设，大力推广生物质能和地热能在民用和工业供热中的应用，鼓励生物质热电联产，在资源条件具备的区域优先使用地热能供热。年内新增生物质能民用供热面积800万m^2，新增生物质能工业供热折合100万t标准煤。加快非粮燃料乙醇试点、生物柴油和航空涡轮生物燃料产业化示范。

（5）安全高效发展核电。加强在运核电站安全管理，确保核电站安全运行。加快完成AP1000设计固化、主设备定型，推动AP1000自主化依托工程建设。适时启动核电重点项目审批，稳步推进沿海地区核电建设，做好内陆地区核电厂址保护。加快推进国内自主技术研发和工程验证，重点做好大型先进压水堆和高温气冷堆重大科技专项示范工程建设，加快融合技术的论证，避免多种堆型重复建设。制订核燃料技术发展总体战略规划，保障核电安全高效可持续发展。

（四）加快石油天然气发展，提高安全保障能力

按照常规非常规并重、陆上海上并举的方针，加强油气资源勘探开发，提升油气自给能力。2014年，国内原油产量达到2.1亿t，天然气产量（不含煤制气）达到1310亿m^3，其中页岩气生产量15亿m^3，煤层气（煤矿瓦斯）抽采量180亿m^3。

（1）加大油气资源勘探开发力度。做好深层、近海和深水油气田勘探，以松辽、渤海湾、鄂尔多斯、西北、四川和海上6大油气生产基地为重点，切实提高油气资源探明率和采收率，努力实现增储上产。推动出台差别化的财税政策，鼓励老油田和低品位油气资源开发。

（2）着力突破页岩气等非常规油气和海洋油气资源开发。总结推广中石化涪陵示范区经验，加快页岩

气示范区建设，力争在川渝地区加快勘探开发步伐，在湘鄂、云贵和苏皖等地区取得突破。加快沁水盆地和鄂尔多斯盆地东缘煤层气产业基地建设，积极推进新疆等地区煤层气勘查开发步伐。制订和实施海洋能源发展规划和周边海域油气开发规划。按照“以近养远、远近结合”的发展模式，积极推进南海、东海油气资源开发。

（3）稳妥推进煤制油气产业示范。研究制定政策措施，按照最严格的能效和环保标准，积极稳妥推进煤制气、煤制油产业化示范，鼓励煤炭分质利用，促进自主技术研发应用和装备国产化。

（4）加快油气基础设施建设。加快推动西气东输三线、陕京四线、新疆煤制气外输管道、庆铁三四线等油气管道建设。完善天然气输配管网，大力推动LNG接收站及应急调峰储气设施建设。

（5）积极推进石油和天然气期货贸易。加快上海国际能源交易中心建设，搭建油气现货和期货交易平台。

（五）优化布局，推进煤炭煤电大基地和大通道建设

按照“安全、绿色、集约、高效”的原则，重点建设14个大型煤炭基地、9个大型煤电基地、12条“西电东送”输电通道，优化能源发展空间布局，提高能源资源配置效率。2014年，煤炭基地产量达到34.6亿t，占全国的91.1%。煤电基地开工和启动前期工作规模7000万kW，占全国煤电总装机比重达到8%。

（1）加强大型煤炭基地建设。按照优化结构、扶强限劣，综合施策、挖潜增效，分质利用、抓好示范的方针，推进神东、陕北、蒙东、宁东、新疆、云贵等14个大型煤炭基地建设。加强煤炭矿区总体规划管理，发挥矿区总体规划的引导和约束作用，规范煤炭资源勘查开发秩序，稳步推进大中型现代化煤矿项目前期工作和核准工作；以大型煤炭企业为主体，推进煤炭安全绿色开采，推广煤矿充填开采技术；加快煤矿瓦斯规模化抽采利用矿区和瓦斯治理示范矿井建设，提高瓦斯利用水平；稳步推进煤炭深加工产业升级示范，促进煤炭资源高效清洁转化和综合利用。

（2）加快清洁煤电基地和输电通道建设。出台煤电基地科学开发指导意见，在新疆、内蒙古、山西、宁夏等煤炭资源富集地区，按照最先进的节能节水环保标准，建设大型燃煤电站（群）。推进鄂尔多斯、锡盟、晋北、晋中、晋东、陕北、宁东、哈密、准东等9个以电力外送为主的千万千瓦级现代化大型煤电基地建设。鼓励低热值煤发电。加大西电东送力度，加快推进鄂尔多斯、山西、锡林郭勒盟能源基地向华北、华中、华东地区输电通道建设，规划建设蒙西—天津南、锡盟—山东、锡盟—江苏、宁东—浙江、准东—华东等12条电力外输通道，提高跨省区电力输送能力。

（六）以重大项目为载体，大力推进能源科技创新

坚持自主创新，鼓励引进消化吸收再创新，以能源重大工程为载体，以政府为主导、以企业为主体，建立政、产、学、研、用相结合的自主创新体制机制，推动能源装备国产化，打造能源科技装备“升级版”。

（1）抓好重大技术研究和重大科技专项。充分发挥国家能源研发中心（重点实验室）骨干作用，重点推进非常规油气、深水油气、先进核电、新能源、700℃超超临界燃煤发电、符合燃机排放标准的燃煤发电、煤炭深加工、煤层气（煤矿瓦斯）开发利用、智能电网、分布式能源、大容量储能、高效节能、新材料等重大技术研究。启动并抓好24项国家能源重大应用技术研究及工程示范专项，力争页岩油气、致密油气等非常规油气和深海油气、新一代核能等核心技术取得新突破。

（2）依托重大工程推动关键装备国产化。重点推动页岩气和煤层气勘探开发、海洋油气开发、天然气液化和接收、核电、抽水蓄能等重大装备国产化。推进大型燃气轮机自主研发，加快高温部件研制和验证平台建设。制订出台促进能源装备制造业健康发展的指导意见。加快能源企业及能源装备制造企业自主创新技术平台建设，推进能源装备国产化，提升能源装备自主化水平，形成有国际竞争力的能源装备工业体系，积极支持能源装备企业“走出去”。

（3）加强能源行业标准制订和管理。有序推进重点领域标准制修订。加强行业标准实施宣贯力度。成立海洋深水石油工程等新兴重点领域标准化技术委员会。

（七）深化能源国际合作，拓展我国能源发展空间

以建设丝绸之路经济带和21世纪海上丝绸之路为重大契机，统筹国际国内两个大局、两个市场、两种资源，围绕确保国家能源战略安全核心目标，按照“总体谋划、多元合作、分类施策、掌握主动”的方针，全面落实能源国际合作成果，巩固深化能源国际合作重大关系，推动能源企业“走出去”，增强全球能源治理的话语权和影响力，进一步提升能源国际合作水平。

（八）加快能源民生工程建设，提高能源普遍服务水平

以逐步推进城乡能源基本公共服务均等化为导向，以解决无电地区用电问题为重点，全面推进能源

民生工程建设，满足人民群众日益增长的生产生活用能需要。

（1）加强无电地区电力建设。实施全面解决无电人口用电问题三年行动计划，确保年内全部建成无电地区光伏独立供电工程，基本完成电网延伸工程建设任务，解决120万无电人口的用电问题。

（2）深入推进人民群众用电满意工程。加大城市配网建设和农村电网改造力度，提高配网投资比重。加强电网安全运行和应急管理，提高电网供电可靠率和居民用户受电端电压合格率，促进电网企业提高供电服务水平，确保人民群众放心用电、可靠用电、满意用电。

（3）提高民用天然气供给普及率。加快天然气输配管网和储气设施建设，扩大天然气供应覆盖面，优先保障民生用气，确保居民生活等重点用气需求。2014年，全国用气人口达到2.5亿。

（4）积极推进"新城镇、新能源、新生活"行动。结合新能源示范城市和绿色能源县建设，因地制宜、科学布局城镇天然气热电冷三联供、分布式光伏发电、地热能和生物质能供热，促进城乡用能清洁化，为推进新型城镇化建设、改善人民群众生活质量提供能源保障。

（九）推进体制机制改革，强化能源市场监管

全面贯彻党的十八届三中全会精神，研究拟订全面深化能源领域体制机制改革方案，推进能源领域体制机制创新，为能源科学发展提供保障。

（1）鼓励和引导民间资本进一步扩大能源领域投资。继续清理和修订有关能源领域民间投资的法规文件，建立健全相关配套政策，积极为民间资本进入能源领域创造制度条件。推出一批有利于激发民间投资活力的煤炭深加工、新能源、生物液体燃料等示范项目，积极探索民间资本参与配电网、购售电、油气勘探开采及进出口、天然气管网等业务的有效途径。

（2）进一步深化电力改革。推动尽快出台进一步深化电力体制改革的意见。积极支持在内蒙古、云南等省区开展电力体制改革综合试点。积极推进电能直接交易和售电侧改革。推动探索有利于能效管理和分布式能源发展的灵活电价机制。推进输配电价改革，提出单独核定输配电价的实施方案。

（3）稳步推进石油天然气改革。认真研究油气管网投资体制改革方案，促进油气管网尤其是天然气管网设施公平接入和开放，推动完善油气价格机制，理顺天然气与可替代能源的比价关系。推动油气勘探、开发、进口等环节的市场化改革，建立规范有序、公平合理的市场准入机制。

（4）加快煤炭改革。以清费立税为主线，清理整顿涉煤收费基金，加快推进煤炭资源税从价计征改革。实施煤矿生产能力登记和公告制度，促进煤炭产业平稳运行。推进煤炭市场建设，探索创新煤炭市场监管机制，推动电煤运输市场化改革。

（5）加强能源市场监管。加强能源相关法律法规、规划、政策、标准、项目落实情况监管，确保行业规范有序发展。加强对电网、油气管网等垄断环节监管，确保准入公平、接网公平、交易公平、价格合理、结算及时。加强能源项目核准事后监管。加强电力普遍服务监管，提高用电服务质量。加强监管执法能力和制度建设，切实维护市场秩序。

（6）加强能源安全监管。按照"管行业必须管安全、管业务必须管安全"的要求，健全能源安全监管工作机制，落实能源企业安全生产主体责任。深入开展安全生产大检查，重点做好电网安全、油气管网运行安全、石油储备库安全、核电站并网和应急管理、电力建设施工安全、煤矿建设生产、煤矿瓦斯防治、能源企业网络与信息安全等监管和大检查工作。强化安全生产隐患排查治理和危险源管控，突出抓好重点地区、重点企业和重要部位隐患治理，有效防范和坚决遏制重特大事故发生。

（十）加强能源行业管理，转职能改作风抓大事解难题办实事建机制

转变政府职能，减少行政审批，创新能源管理方式，强化战略、规划、政策、监管与服务，切实提高能源管理效能。

（1）推进能源法制建设。推进《电力法》修订。推动出台海洋石油天然气管道保护条例、核电管理条例、国家石油储备管理条例。完善《可再生能源法》《石油天然气管道保护法》配套办法。研究拟订能源监管条例，健全能源监管规章制度。推进能源执法体系和执法能力建设。

（2）强化战略规划政策引导。出台国家能源战略行动计划等重大能源战略规划，启动能源"十三五"规划前期研究工作，拟定实施能源发展年度计划，加强能源政策研究，完善重大能源产业政策。

（3）创新审批（核准）备案机制。创新能源项目管理方式，更多地通过规划、计划、政策和监管"四位一体"实施项目管理。继续取消和下放行政审批事项，凡是能下放的一律下放到地方，凡是能交给市场的一律交给市场。落实《政府核准的投资项目目录（2013年本）》，对于保留的审批、核准、备案事项，进一步优化行政审批程序，简化项目审批前置条件，建立网上公示和审批制度，加快推进阳光审批、限时办结，提高服务效率和透明度。

（4）做好服务能源大省和能源企业工作。发挥对口服务联系能源资源大省工作机制和对口服务地方能源工作联络员机制的作用，及时了解和合理解决有关

诉求，落实区域差别化能源政策，促进东、中、西部地区经济社会协调、可持续发展。发挥服务能源企业科学发展协调工作机制作用，及时帮助企业把握机遇，应对挑战、化解难题，在市场竞争中做强做大。

（5）加强能源统计监测和预警。加强能源行业统计能力建设，研究制订能源行业统计规范，完善能源统计监测预警机制，启动实施国家能源安全保障信息化工程，加快推进全国能源统计监测信息系统建设，为能源科学发展提供决策支撑。

国家能源局印发《发电机组并网安全性评价管理办法》

国家能源局于 2014 年 2 月 8 日以国能安全〔2014〕62 号文，印发经修订的《发电机组并网安全性评价管理办法》。该办法全文如下。

发电机组并网安全性评价管理办法

第一条　为了加强电力安全监督管理，规范发电机组并网安全性评价（以下简称并网安评）行为，保障发电机组安全可靠并网运行，确保电力系统安全稳定，根据《电力监管条例》《电网运行规则（试行）》等，制定本办法。

第二条　本办法中所称发电机组，是指包括火力发电机组、水力发电机组、核电机组（非核岛部分）、太阳能发电站和风力发电场等在内的所有发电设施。

第三条　本办法适用于由地（市）级及以上电力调度机构调度管理的发电机组的并网安评工作。

地（市）级以下电力调度机构调度管理的发电机组（不包括分布式发电设施）的并网安评工作参照执行。

第四条　新建、改建或扩建发电机组在进入商业运营前应通过并网安评。

已运行发电机组涉及并网安全的主要设备或系统经过改造的，应按本办法进行并网安评。

第五条　并网安评主要内容应包括：

（一）安全生产管理体系及绩效；

（二）电气主接线系统及厂、站用电系统；

（三）发电机组励磁、调速系统；

（四）发电机组自动发电控制、自动电压控制、一次调频功能；

（五）继电保护、安全自动装置，电力通信、直流系统；

（六）二次系统安全防护；

（七）对电网安全、稳定运行有直接影响的电厂其他设备及系统。

并网安评具体评价内容按照国家标准《发电机组并网安全条件及评价》以及其他相关并网安评标准执行。

第六条　并网安评工作的主要程序如下：

（一）国家能源局派出机构（以下简称派出机构）编制辖区内并网安评工作计划；

（二）发电企业开展并网安评自查、自改工作；

（三）发电企业自主选择中介机构开展现场查评工作；

（四）中介机构选派人员进行现场查评并形成并网安评报告；

（五）派出机构组织并网安评报告评审并下达审核意见。

第七条　国家能源局负责全国并网安评监督管理工作，制定完善并网安评有关管理办法和相关标准，指导、监督和检查派出机构并网安评工作，组织中介机构现场查评人员培训。

第八条　派出机构按照属地管理原则，组织辖区内并网安评工作，履行以下监督管理职责：

（一）制定本辖区并网安评实施细则、现场查评标准和中介机构并网安评工作监管办法，明确并网安评报告评审标准、评审程序和评审完成期限；

（二）负责中介机构并网安评工作管理，公布符合工作要求的中介机构名单；

（三）制定本辖区并网安评工作计划；

（四）指导、监督和检查发电企业并网安评工作及相关整改工作；

（五）指导、监督和检查中介机构现场查评工作，协调解决相关问题；

（六）组织并网安评报告评审并下达审核意见；

（七）组织发电企业相关人员并网安评培训。

派出机构在组织非本辖区电力调度机构调度发电机组的并网安评工作时，应邀请相关派出机构参加报告评审等工作。

第九条　发电企业是并网安评工作的责任主体，应按照以下要求开展工作：

（一）执行派出机构制定的并网安评工作计划；

（二）按照并网安评标准开展自查、自评工作；

（三）选择符合要求的中介机构开展并网安评工作；

（四）配合并监督中介机构现场查评工作；

（五）及时整改评价中发现的问题和隐患。

第十条　电力调度机构应积极配合并网安评工作，参加派出机构组织的并网安评活动，执行派出机构并网安评相关决定。

第十一条　中介机构应按照国家有关规定，取得相应的资质，按照“谁评价、谁负责”和“谁签字、谁负责”的原则，独立、公正、客观、真实、准确地开展并网安评工作，对并网安评报告承担相应责任。

中介机构应按照有关并网安评标准对并网安评项目逐一进行查评，不得采取抽项检查的方式进行评价。

第十二条 中介机构应根据发电企业实际情况，选派符合要求的人员开展现场查评工作。现场查评人员原则上不少于五人，且与被查评企业无直接利益关系。现场查评人员应具备以下条件：

（一）具备十年以上在电力调度机构、电网企业、发电企业、电力科研院所或安全评价机构从事相关专业工作的经历；

（二）一般应具有相关专业高级技术职称，并具备从事并网安评的知识和能力；

（三）身体健康，满足现场查评工作要求。

中介机构及其现场查评人员应遵守发电企业现场安全管理规定，并保守企业秘密。

第十三条 任何单位和个人对并网安评中的违法、违规行为，可向国家能源局及其派出机构投诉或者举报。

第十四条 违反本办法规定的，国家能源局及其派出机构依据有关规定予以处理。

第十五条 派出机构应将本辖区并网安评实施细则、现场查评标准和中介机构并网安评工作监管办法等文件报国家能源局备案。

第十六条 本办法自发布之日起施行，原国家电力监管委员会于2007年11月27日发布的《发电机组并网安全性评价管理办法》（电监安全〔2007〕45号）同时废止。

国家能源局关于确定第一批研究咨询基地的通知

国家能源局于2014年2月10日以国能规划〔2014〕63号文下发关于确定第一批研究咨询基地的通知，全文如下：

为提高国家能源决策民主化、科学化水平，国家能源局确定16家单位作为第一批研究咨询基地。现将名单公布如下：

（1）国务院发展研究中心；

（2）中国工程院；

（3）中国能源研究会；

（4）国家信息中心；

（5）国家发展和改革委员会能源研究所；

（6）中国社会科学院法学研究所；

（7）中国社会科学院世界经济与政治研究所；

（8）中国国际工程咨询公司；

（9）电力规划设计总院；

（10）国网能源研究院；

（11）水电水利规划设计总院；

（12）中国石油经济技术研究院；

（13）中国石油勘探开发研究院；

（14）中国石化经济技术研究院；

（15）中国煤炭工业发展研究中心；

（16）中国人民大学国际能源战略研究中心。

研究咨询基地的主要任务是：受国家能源局的委托，开展能源战略、规划、政策、法规、体制改革等方面的研究，提出研究报告和建议。

国家能源局将制订相关管理办法，建立动态管理机制，激励相关研究机构提高咨询质量。国家能源局需委托外部机构承担研究和咨询任务的，原则上从研究咨询基地名单中选取。

国家能源局印发《小型发电企业安全生产标准化达标管理办法》

国家能源局于2014年2月26日以国能安全〔2014〕103号文，印发《小型发电企业安全生产标准化达标管理办法》。该办法全文如下。

小型发电企业安全生产标准化达标管理办法

第一条 为贯彻落实国务院《关于进一步加强企业安全生产工作的通知》（国发〔2010〕23号）和《国务院安委会关于深入开展企业安全生产标准化建设的指导意见》（安委〔2011〕4号）等文件精神，规范小型发电企业安全生产标准化达标工作，制定本办法。

第二条 本办法适用于国家能源局派出机构安全监管范围的小型发电企业安全生产标准化达标工作。

本办法所称小型发电企业主要指通过35kV及以下电压等级接入公共电网的发电企业。

第三条 小型发电企业安全生产标准化达标遵循“企业实施，评审机构评审，监管机构监管”原则。

小型发电企业是安全生产标准化达标责任主体，全面负责本单位安全生产标准化达标创建工作。

评审机构负责现场评审，按照“谁评审，谁负责”“谁签字，谁负责”的原则，对评审意见负责任。

国家能源局派出机构按照属地管理原则，负责小型发电企业安全生产标准化达标的监督管理和指导协调工作。

第四条 小型发电企业安全生产标准化达标应当具备以下基本条件：

（一）已办理电力业务许可手续或豁免办理电力业务许可手续；

（二）评审期内未发生负有责任的电力事故和对社会造成重大不良影响的事件；

（三）有关发电机组按照规定通过并网安全性评价；

（四）无其他违反安全生产法律法规的行为。

第五条 小型发电企业安全生产标准化按照主要内容符合性确定是否达标，其主要内容如下：

（一）建立健全安全生产责任制，主要负责人亲自组织安全生产管理工作，专兼职安全员具体负责做好安全生产管理工作；

（二）及时识别和获取适用的安全生产法律法规和标准规范，并据其制定和落实安全生产检查考核、“两票三制”、反违章管理、隐患排查治理、设备和缺陷管理、消防管理、应急管理等管理制度，以及运行和检修等规程；

（三）保证安全生产费用投入及有效实施；

（四）安全生产风险可控，作业安全措施落实，主要生产设备设施无重大安全隐患；

（五）严格执行调度命令，无违反调度指令等行为；

（六）制定完善必要的应急预案，储备重要应急物资，建立与当地政府的协调机制；

（七）每年开展生产岗位人员安全教育培训，特种作业人员做到持证上岗；

（八）按规定报送安全信息，无迟报、漏报、谎报或者瞒报现象。

第六条 小型发电企业安全生产标准化达标主要程序如下：

（一）企业按照达标内容组织开展自查、自评，形成自查报告；

（二）企业根据自评结果，向国家能源局派出机构提出评审申请；

（三）获准评审的企业委托符合要求的评审机构开展评审；

（四）评审机构组织开展现场评审，形成评审报告，出具评审意见；

（五）国家能源局派出机构根据评审意见，对符合要求的企业予以公告；

（六）对经公告无异议的企业，国家能源局派出机构颁发安全生产标准化达标证书。

第七条 同一河流或相邻河流的小水电企业安全生产标准化达标工作，可由国家能源局派出机构根据实际情况，按照便捷的原则，制订安全生产标准化达标计划，统一开展安全生产标准化达标工作。

第八条 评审机构应当选派经安全生产标准化培训合格的人员进行现场评审。现场评审不得少于3人。

第九条 现场评审人员应当对照基本条件和评审主要内容，认真查阅资料和现场逐条查证。现场查证中发现问题应当及时反馈企业，并提出整改意见和建议。

第十条 小型发电企业应当按照闭环管理要求，积极整改评审中发现的问题和薄弱环节，不断提升安全生产绩效，持续改进安全生产标准化工作。

第十一条 小型发电企业和评审机构在达标工作中存在违规行为的，由国家能源局及其派出机构按照电力安全生产标准化达标评级有关管理办法处理。

第十二条 小型发电企业安全生产标准化达标有效期为五年，有效期届满前三个月内应当按照此办法开展达标工作。

第十三条 小型发电企业如需申请电力安全生产标准化达标评级，按照电力安全生产标准化达标评级有关管理办法和实施细则执行。

第十四条 国家能源局派出机构可以结合辖区内实际情况，制定小型发电企业安全生产标准化达标实施细则和相关标准。

第十五条 本办法自发布之日起施行。

国家能源局印发《新建电源接入电网监管暂行办法》

国家能源局于2014年2月28日以国能监管〔2014〕107号文，印发《新建电源接入电网监管暂行办法》。该办法全文如下。

新建电源接入电网监管暂行办法

第一章 总 则

第一条 为了规范新建（包括扩建、改建，以下统称新建）电源接入电网系统工作，确保新建电源公平无歧视接入电网，根据《电力监管条例》等国家有关法律、法规，制定本办法。

第二条 本办法适用于省级及以上投资主管部门核准（包括“备案”）的新建电源项目（含并网发电机组的水利工程和航电枢纽的水力发电机组）接入电网监管工作。

新建电源接入电网监管包括对新建电源项目接入电网相关工作制度备案、接入电网服务、新建电源项目及配套送出工程（也称“接入系统工程”或“接入电网工程”）同步建设情况和相关信息公开情况的监管。

第三条 国家能源局及其派出机构对新建电源项目接入电网实施监管。

第四条 新建电源项目接入电网监管工作应当依法开展，并遵循公开、公正和效率的原则。

第五条 任何单位和个人对违反本办法的行为有权向国家能源局及其派出机构投诉和举报，国家能源局及其派出机构应当依法处理。

第二章 监 管 内 容

第六条 国家能源局及其派出机构对协商接入电网的新建电源项目的合规性实施监管。

向电网企业协商提出接入电网的新建电源项目，应列入政府能源主管部门批准的电力发展规划或专项规划，取得同意立项意见。

第七条 国家能源局及其派出机构对电网企业关于新建电源项目接入电网工作制度及其备案情况实施监管。

电网企业应建立新建电源项目接入电网工作制度，明确办理接入系统服务的有关工作部门、工作流程、工作时限，以及新建电源项目配套送出工程建设有关工作部门、工作流程。

电网企业制订的新建电源项目接入电网工作制度应报所在地国家能源局派出机构备案。国家电网公司总部直接报国家能源局备案，南方电网公司总部同时报国家能源局备案。

第八条 国家能源局及其派出机构对电网企业向发电企业及其委托的设计单位提供新建电源项目接入系统设计资料情况实施监管。

发电企业须委托有资质、独立的设计单位开展新建电源项目接入系统设计工作。电网企业应按照相关行业标准，根据接入系统设计要求，及时向设计单位提供设计所需的电力系统相关资料，如因故确实不能及时提供的，电网企业应以书面形式告知发电企业，并予以说明。有关资料的获得、使用、保存和转移等环节应符合国家相关信息安全与保密的要求。

第九条 国家能源局及其派出机构对电网企业协商新建电源项目接入电网及出具书面答复情况实施监管。

发电企业完成新建电源项目接入系统设计相关工作后，应书面与电网企业协商接入事宜，并同时提交接入系统设计研究报告。电网企业应按照“公平、公开、高效”的原则，及时组织对新建电源项目接入系统报告进行研究，书面答复发电企业，并抄送所在地国家能源局派出机构。国家电网公司总部出具的接网答复直接抄送国家能源局，南方电网公司总部出具的接网答复同时抄送国家能源局。

电网企业对新建电源项目接入系统设计报告有不同意见的，应以书面形式对接入系统报告存在的问题一次性完整告知。发电企业应根据书面意见补充完善相关设计报告，并及时提交电网企业。

电网企业办理新建电源项目接入电网书面答复业务的期限应当符合下列规定：

自发电企业与电网企业协商提出新建电源项目接入电网之日起，电网企业组织研究并出具书面答复的期限：

（1）国务院核准的新建核电项目不超过40个工作日；

（2）国务院投资主管部门核准的新建燃煤（含低热值煤）、燃气等火电项目不超过40个工作日；主要流域上建设的水电站项目（含水利工程和航电枢纽的水力发电机组）不超过40个工作日；

（3）省投资主管部门核准的新建燃煤背压热电、燃气热电、非主要流域上建设的水电站、风电站等电源项目不超过30个工作日；

（4）新建并网光伏电站项目及分布式光伏发电项目按国家有关规定执行，其他分布式发电项目参照执行。

第十条 国家能源局及其派出机构对已商定的新建电源项目接网设计执行情况实施监管。

电网企业应根据商定意见，抓紧组织开展配套送出工程核准等前期工作。送出工程前期工作所需时间原则上不超过电网企业同电压等级、条件相近的其他电网工程，由各派出机构根据所在地实际情况提出时限要求。

因发电企业或电网企业单方面原因调整接网方案的，应商对方按照有关程序重新确定新的方案，相关费用由提出调整方承担。

第十一条 国家能源局及其派出机构按国家有关规定对新建电源项目配套送出工程投资界面实施监管。

第十二条 国家能源局及其派出机构对电网企业与发电企业签订接网协议书及其执行情况实施监管。

新建电源项目和送出工程均核准后30个工作日内，电网企业与发电企业应签订接网协议，并报送国家能源局及其派出机构备案。接网协议包括但不限于新建电源项目本期规模、开工时间、投产时间，配套送出工程投产时间，产权分界点，电力电量计量点，违约责任及赔偿标准等。其中，新建电源项目和送出工程建设周期原则上参考相关工程建设定额周期有关规定。

电网企业、发电企业应严格执行接网协议，相互配合，确保电源电网同步建成投产。因单方原因造成投产时间迟于接网协议约定时间并给对方造成损失的，违约方应根据约定标准向对方进行经济赔偿。

第十三条 国家能源局及其派出机构对新建电源项目接入电网信息公开情况实施监管。

电网企业和发电企业应对新建电源项目接入电网业务，建立健全信息公开制度和全过程规范管理的信息档案制度，真实、准确、全面记录新建电源项目接入电网的有关信息。

电网企业应通过门户网站公开新建电源接入电网相关工作制度，为发电企业查询新建电源项目接入系统设计报告评审进度提供便利，并每季度向申请接入电网的发电企业通报截止到上季度末的下列信息：

（1）当期发电企业书面协商接入的项目列表（配套送出工程未投产），配套送出工程前期工作进展情况，各项目发电企业书面协商接入时间、电网企业书面答复时间；

（2）该新建电源项目配套电网工程项目概况、计划及工程建设进度；

（3）与该新建电源项目接入电网相关的其他信息。

发电企业应在每季度向电网企业通报截止到上季度末的下列信息：

新建电源项目前期工作进展、建设阶段性进度情况。

第十四条 任何单位在办理新建电源项目接入电网业务时不得对工程项目提出指定设计单位、工程施工单位、设备材料供应单位等不正当要求。

第三章 监管措施

第十五条 国家能源局及其派出机构应根据工作需要定期对新建电源接入电网情况进行监管评价。

第十六条 国家能源局及其派出机构依法履行职责，对新建电源项目接入电网工作情况及投诉举报情况开展检查，可以采取下列措施：

（1）进入电网企业、发电企业以及项目施工现场进行检查；

（2）询问电网企业、发电企业的工作人员，要求其对相关检查事项做出说明；

（3）查阅、复制与检查事项有关的文件及资料，对可能转移、隐匿、损毁的文件及资料予以封存；

（4）对检查中发现的违法违规行为，依法进行处理。

第十七条 发电企业和电网企业对新建电源项目接入电网工作有争议的，按照《电力并网互联争议处理规定》处理。

第十八条 发电企业和电网企业违反本办法规定，国家能源局及其派出机构依据有关法律、行政法规和《电力监管条例》及其有关监管规则依法进行处理。

第十九条 国家能源局及其派出机构可将电力企业违反本办法的行为及其处理情况向社会公布。

第四章 附 则

第二十条 国家能源局派出机构可参照本办法制定相应的实施细则。

第二十一条 省以下政府投资主管部门核准的新建电源项目参照本办法执行。

第二十二条 本办法由国家能源局负责解释。

第二十三条 本办法自2014年4月1日起施行，有效期为3年。

国家能源局印发《供电企业信息公开实施办法》

国家能源局于2014年3月10日以国能监管〔2014〕149号文，印发《供电企业信息公开实施办法》。该办法全文如下。

供电企业信息公开实施办法

第一条 为了提高供电企业工作透明度，充分发挥供电企业信息公开对人民群众生产生活和经济社会活动的服务作用，切实保障广大电力用户的知情权、参与权、监督权，根据《中华人民共和国政府信息公开条例》《电力监管条例》和《电力企业信息披露规定》，制定本办法。

第二条 本办法所称供电企业是指已取得供电类电力业务许可证，依法从事供电业务的企业。

第三条 供电企业信息公开应当遵循真实准确、规范及时、便民利民的原则，并对本企业发布的信息内容负责。

第四条 国务院能源主管部门及其派出机构对供电企业信息公开的情况实施监管。

第五条 供电企业信息公开的内容，分为主动公开的信息和依申请公开的信息。

第六条 供电企业应当依照本办法和国家有关规定，主动公开以下与人民群众利益密切相关的信息：

（一）供电企业基本情况。企业性质、办公地址、营业场所、联系方式、电力业务许可证（供电类）及编号等。如有变化需自发生变化之日起20个工作日内更新。

（二）供电企业办理用电业务的程序及时限。各类用户办理新装、增容与变更用电性质等用电业务的程序、时限要求等。如有变化需自发生变化之日起20个工作日内更新。

（三）供电企业执行的电价和收费标准。供电企业向各类用户计收电费时执行的电价标准以及供电企业向用户提供有偿服务时收费的项目、标准和依据等。如有变化需自发生变化之日起20个工作日内更新。

（四）供电质量和“两率”情况。供电企业执行的供电质量标准以及供电企业电压合格率、供电可靠率情况等。电压合格率和供电可靠率按季度公布，具体公布日期由各单位根据本单位情况确定。

（五）停限电有关信息。因供电设施计划检修需要停限电的，供电企业应当提前7日公告停电区域、停电线路和停电时间；因供电设施临时检修需要停限电的，供电企业应当提前24小时公告停电区域、停电线路和停电时间；其他情况发生停限电，包括供电营业区有序用电方案、限电序位等，供电企业应按国家规定将有关情况及时公布。

（六）供电企业供电服务所执行的法律法规以及供电企业制定的涉及用户利益的有关管理制度和技术标准。如有变化需自发生变化之日起20个工作日内更新。

（七）供电企业供电服务承诺以及投诉电话。如有变化需自发生变化之日起20个工作日内更新。

（八）供电企业应按照《国家能源局关于进一步规范用户受电工程市场的通知》（国能监管〔2013〕408号）要求，公开用户受电工程相关信息。

（九）其他需要主动公开的信息。

第七条 除本办法第六条规定供电企业主动公开的信息外，电力用户还可以根据自身生产、生活、科研等特殊需要，向供电企业申请获取相关信息。

第八条 供电企业应当建立健全信息发布保密审查机制，明确审查的责任和程序，依照《中华人民共和国保守国家秘密法》以及有关规定对拟公开的信息进行保密审查和管理。

第九条 供电企业应当将主动公开的信息，通过企业网站、营业厅、公开栏、电子显示屏、便民资料手册、信息发布会、新闻媒体等多种便于公众知晓的方式公开，同时通过网站链接、开设专栏等方式在国务院能源主管部门派出机构的门户网站进行公开。

第十条 供电企业应当编制并公布信息公开指南和目录，如有变动应及时更新。

信息公开指南应当包括信息的分类、获取方式、信息公开工作机构的名称、办公地址、办公时间、联系电话、传真号码、电子邮箱等内容。

信息公开目录，应当包括信息索引、名称、内容概要、生成日期等内容。

第十一条 电力用户依照本办法第七条规定向供电企业申请获取信息的，应当采用书面形式。书面申请内容应当包括申请人的名称、身份证明及联系方式；申请公开的内容；申请公开内容的用途。

第十二条 供电企业收到信息公开申请，能够当场答复的，应当当场予以答复。不能当场答复的，应当自收到申请之日起15个工作日内予以答复；如需延长答复期限的，应当经供电企业信息公开工作机构负责人同意，并告知申请人，延长答复的期限不得超过15个工作日。如不能公开的，应当说明理由。

第十三条 供电企业依申请提供信息的，除可以收取检索、复制、邮寄等成本费用外，不得收取其他费用。供电企业不得通过其他组织、个人以有偿服务的方式提供信息。

供电企业收取检索、复制、邮寄等成本费用的标准，按照政府主管部门的相关规定执行。

第十四条 国务院能源主管部门及其派出机构采取以下措施对供电企业的信息公开工作进行监督、评议和考核：

（一）供电企业应每年3月5日前编写上一年度信息公开年报，并在其门户网站上发布，同时按要求报国务院能源主管部门派出机构。

（二）国务院能源主管部门派出机构于每年3月31日前，对辖区内所有供电企业上一年度通过企业门户网站主动公开信息情况进行统计、评价、形成年报，予以公布。

（三）国务院能源主管部门及其派出机构将供电企业信息公开工作纳入监管范围，对工作突出的企业和个人予以表彰，并通报当地政府和上级企业。

（四）供电企业未按照本办法公开有关信息或者公开虚假信息的，国务院能源主管部门及其派出机构依法追究其责任。

第十五条 公民、法人或者其他组织认为供电企业不依法履行信息公开义务的，可以拨打电话或发送短信至投诉举报热线12398向国务院能源主管部门及其派出机构投诉。

第十六条 本办法中未尽事项，参照《中华人民共和国政府信息公开条例》执行。

第十七条 本办法自发布之日起施行。

第十八条 自本办法发布之日起，原国家电力监管委员会发布的《供电企业信息公开实施办法》（试行）废止。

国家能源局关于做好 2014 年风电并网消纳工作的通知

国家能源局于 2014 年 3 月 12 日以国能新能〔2014〕136 号文，下发关于做好 2014 年风电并网消纳工作的通知，全文如下：

2013 年，我国风电并网和消纳取得积极成效，严重的弃风限电问题得到有效缓解，全国除河北省张家口地区外，内蒙古、吉林、甘肃酒泉等弃风严重地区的限电比例均有所下降，全国风电平均利用小时数同比增长 180 小时左右，弃风电量同比下降约 50 亿 kW·h。但弃风限电问题并未根本解决，局部地区弃风仍制约着我国风电产业的发展。为促进风电产业持续健康发展，充分发挥风电节能环保和治理大气污染的作用，现将 2013 年度各省（自治区、直辖市）风电年平均利用小时数予以公布，并就做好 2014 年风电并网和消纳工作通知如下：

一、充分认识风电消纳的重要性。作为较成熟的新能源发电技术，经过近年来的快速发展，风电已成为我国第三大电源，在调整能源消费结构、增加清洁能源供应、实现节能减排等方面发挥了重要作用，未来发展潜力很大。各省（自治区、直辖市）、有关部门和企业要充分认识风电消纳的重要性，结合推动能源生产消费革命的要求，把不断提高风电等清洁能源在电力消费中的比重作为产业发展的核心目标，积极创新体制机制，采取有效的技术和政策措施，做好风电消纳，确保风电产业持续健康发展。我局将按照“加强事中和事后监管”的要求，监测各省（自治区、直辖市）风电并网运行和市场消纳情况，及时向社会公布情况，并以此为风电行业宏观管理的依据。弃风限电较严重的地区，在问题解决前原则上不再扩大风电建设规模。

二、着力保障重点地区的风电消纳。目前弃风限电问题仍较严重的河北省张家口、吉林省、内蒙古自治区锡林郭勒盟、呼伦贝尔市和兴安盟等地区，要深入分析和研究弃风的根本性原因，提出针对性的整体解决方案，切实采取有效措施，力争尽快解决弃风限电问题。河北省要继续加快张家口地区与京津唐电网和河北南网的输电通道建设，力争年底前投入运行。内蒙古自治区要在保障风电利用小时数不下降的基础上，重点解决兴安盟和呼伦贝尔市的风电并网运行困难。吉林省要有效深挖调度潜力，妥善处理供暖和发电关系，确保 2014 年度风电利用小时数达到 1800 小时。

三、加强风电基地配套送出通道建设。风能资源丰富地区建设风电基地，是我国风电发展的重要内容。电网企业要根据风电基地建设规划，认真建设风电基地配套送出通道，不断完善网架结构，扩大风能资源配置范围，提高电网消纳风电的能力。2014 年，要根据我局工作部署，重点保障哈密风电基地二期、酒泉风电基地二期第一批项目和增加京津冀地区清洁能源供应而规划建设的张家口风电基地二期、承德风电基地二期以及内蒙古自治区乌兰察布市风电基地、锡林郭勒盟风电基地等项目的配套送出通道的规划和建设，确保上述项目如期、顺利并网运行。

四、大力推动分散风能资源的开发建设。随着低风速风电技术的不断进步，中东部和南方地区的分散风能资源的开发价值也逐渐提高，这些区域市场消纳能力较强，大力开发利用风电将进一步促进我国风电产业持续健康发展。各相关省（自治区、直辖市）要在科学规划的基础上，以本地电网就近消纳为原则，合理确定项目建设规模和时序，不断完善风电开发建设的技术标准，协调项目建设与环境保护、水土保持等的关系，充分发挥风电节能减排和环境保护的重要作用。

五、优化风电并网运行和调度管理。内蒙古自治区等地的运行实践表明，深入挖掘系统调峰潜力，不断提高本地电网消纳风电的能力是促进风电发展的有效措施。风电规模较大的内蒙古、黑龙江、吉林、河北、辽宁、甘肃、宁夏和新疆等地，要进一步优化和创新本地电网的运行管理机制，统筹协调系统内调峰电源配置，协调风电、光伏发电等清洁能源与传统化石能源发电之间的调度次序，深入挖掘系统调峰潜力，确保风电等清洁能源优先上网和全额收购。对国家能源局部署的示范项目，不得采取限制出力等措施。

六、做好风电并网服务。电网企业对已列入核准计划或国家重点规划的风电基地项目，要积极开展接入系统设计和评审工作，原则上应在核准计划下发当年出具所列项目的并网承诺函，避免因电力配套设施建设滞后导致的弃风限电。我局将重点跟踪各批计划的执行情况，对因并网条件不落实而未能在文件有效期内完成核准的风电项目，将及时向全社会公布。

附件：2013 年度各省级电网区域风电利用小时数统计表（略）

国家能源局印发《电网安全风险管控办法（试行）》

国家能源局于 2014 年 3 月 19 日以国能安全〔2014〕

123号文，印发《电网安全风险管控办法（试行）》。该办法全文如下。

电网安全风险管控办法（试行）

第一章　总　　则

第一条　为了有效防范电网大面积停电风险，建立以科学防范为导向，流程管理为手段，全过程闭环监管为支撑的全面覆盖、全程管控、高效协同的电网安全风险管控机制，制定本办法。

第二条　电网企业及其电力调度机构、发电企业、电力用户在电网安全风险管控中负主体责任，国家能源局及其派出机构负责电网安全风险管控工作的监督管理。

第三条　各有关单位应当高度重视电网安全风险管控工作，定期梳理电网安全风险，有针对性地做好风险识别、风险分级、风险监视、风险控制工作，以便及时了解、掌握和化解电网安全风险。

第二章　电网安全风险识别

第四条　电网企业及其电力调度机构负责组织进行风险识别，发电企业、电力用户应当配合电网企业及其电力调度机构做好风险识别工作。风险识别工作在于合理确定风险防控范围。风险识别应明确风险可能导致的后果、查找风险原因、判明故障场景。

第五条　风险可能导致的后果由各级电网企业及其电力调度机构根据电力安全事故（事件）的标准，结合本地电网的实际情况确定，可以选用电网减供负荷、停电用户的比例或对电网稳定运行和电能质量的影响程度等指标。

第六条　风险根据形成原因可以分为内在风险和外在风险。内在风险主要包括电网结构风险、设备风险（含一次设备风险和二次设备风险）；外在风险主要包括人为风险、自然风险、外力破坏风险。部分风险可以由多个原因组合而成。

第七条　故障场景可以参照《电力系统安全稳定导则》规定的三级大扰动，各电力企业可以根据实际情况将第三级大扰动中的多重故障、其他偶然因素进行细化。

第三章　电网安全风险分级

第八条　电网企业及其电力调度机构负责组织进行风险分级。风险分级在于判明风险大小，并为后续监视和控制提供依据。

第九条　风险等级主要根据风险可能导致的后果来进行划分。对于可能导致特别重大或重大电力安全事故的风险，定义为一级风险；对于可能导致较大或一般电力安全事故的风险，定义为二级风险；其他定义为三级风险。

第四章　电网安全风险监视

第十条　电网安全风险监视在于密切跟踪风险的发展变化情况。风险监视工作应当遵循“分区、分级”的原则。

第十一条　对于跨区电网风险，由国家电网公司负责监视，国家能源局负责相关工作的监督指导；对于区域内跨省电网风险，由当地区域电网企业负责监视，国家能源局当地区域派出机构负责相关工作的监督指导；对于省内电网风险，由当地电网企业负责监视，国家能源局当地派出机构负责相关工作的监督指导。

第十二条　对于三级电网安全风险，由相关电网企业自行监视；对于二级以上电网安全风险，相关电网企业应当报告国家能源局当地派出机构；对于一级电网安全风险，国家能源局当地派出机构应当上报国家能源局并抄报当地省（自治区、直辖市）人民政府。

第五章　电网安全风险控制

第十三条　电网安全风险控制在于把电网安全风险可能导致的后果限制在合理范围内。各电力企业负责本企业范围内风险控制措施的落实，国家能源局及其派出机构负责督促指导电力企业的风险控制工作。

第十四条　电网企业应当制定风险控制方案，按照国家有关法规和技术规定、规程等的要求，综合考虑风险控制方法与途径，必要时与发电企业、电力用户等其他风险相关方进行沟通和说明，确保风险控制措施的可行性和可操作性。各风险相关方应当落实各自责任，保证风险控制所需的人力、物力、财力。

第十五条　临时控制电网安全风险的具体措施可以分为降低风险概率、减轻风险后果、提高应急处置能力等方面。降低风险概率的措施包括但不限于专项隐患排查、组织设备特巡、精心挑选作业人员、加强现场安全监督、加强设备技术监督管理。减轻风险后果的措施包括但不限于转移负荷、调整运行方式、合理安排作业时间、采取需求侧管理措施。提高应急处置能力的措施包括但不限于制定现场应急处置方案、开展反事故应急演练、提前告知用户安全风险、提前预警灾害性天气。

第十六条　降低电网安全风险的途径包括但不限于纳入电网规划和建设计划、纳入技改检修项目计划、纳入管理制度和标准、纳入日常生产工作计划、纳入培训教育计划。

第十七条　各电力企业应当对风险控制方案的实施效果进行评估，对下级单位风险控制方案的落实情况进行检查，确保风险控制措施得到有效实施。

第六章　风险管控与其他工作的衔接

第十八条　风险管控应当与电网规划相结合，通过优化电网规划，适当调整规划项目实施次序，增强网架结构，提高系统抵御风险能力。

第十九条　风险管控应当与电网建设相结合，通过严格执行设计方案，强化过程控制，提升建设施工水平，严格竣工验收，确保电网建设工程质量。

第二十条　风险管控应当与生产计划安排相结合，在安排检修计划和夏（冬）高峰、丰（枯）水期、重要保电、配合大型工程建设等特殊时期方式时，应同时考虑风险管控措施。

第二十一条　风险管控应当与物资管理相结合，通过加强设备物资采购管理，加强设备监造工作，提升输变电设备整体技术和质量水平。

第二十二条　风险管控应当与隐患排查治理相结合，通过加强日常安全隐患排查和治理工作，消除影响电力系统安全运行的重大隐患和薄弱环节，减少事故，确保电网安全。

第二十三条　风险管控应当与可靠性管理相结合，通过加强设备全寿命周期管理，分析设备的运行状况、健康水平，落实整改措施，降低电网运行的潜在风险。同时加强设备可靠性统计工作，为风险的识别、分级提供技术支持。

第二十四条　风险管控应当与应急管理相结合，通过完善应急预案体系，建立健全应急联动机制，加强应急演练，形成多元化应急物资储备方式，控制和减少事故造成的损失。

第七章　工作实施和监督管理

第二十五条　各省级以上电网企业应按年度对所辖220kV以上电网开展电网安全风险管控工作，并在此基础上形成本企业年度风险管控报告。报告中应包括以下内容：

（一）全面总结本企业电网安全风险管控工作开展情况；

（二）深入分析所辖电网存在的安全风险；

（三）提出有针对性的风险管控措施和建议。

各省级以上电网企业应当于当年9月30日前将本企业年度风险管控报告报国家能源局或者有关派出机构。

第二十六条　国家能源局各派出机构应当汇总形成本省（区域）年度风险管控报告，于当年10月15日前上报国家能源局。

第二十七条　对于二级以上的电网安全风险，电网企业要将风险控制方案和实施效果评估报告报担负相应风险监视监督指导职责的国家能源局或者有关派出机构。对于发电企业、电力用户等风险相关方未落实风险控制方案的，电网企业要及时报告国家能源局当地派出机构和地方政府有关部门。

第二十八条　国家能源局及其派出机构应当加强对企业上报的电网安全风险的跟踪监视，不定期开展对电网安全风险管控落实情况的监督检查或重点抽查。

第二十九条　对于未按要求报告或未及时采取管控措施而导致电力安全事故或事件的，国家能源局或者有关派出机构将依据有关法律法规对责任单位和责任人从严处理。

第八章　附　　则

第三十条　本办法由国家能源局负责解释。

第三十一条　国家能源局各派出机构及各电力企业可依据本办法制定具体的实施细则。

第三十二条　本办法中所称“以上”均包括本数。

第三十三条　本办法自公布之日起试行。

国家能源局关于加强水电工程建设质量管理的通知

国家能源局于2014年4月2日以国能新能〔2014〕145号文，下发关于加强水电工程建设质量管理的通知，全文如下：

水电工程是重要的基础设施项目，工程建设质量直接关系工程安全和人民生命财产安全。当前，在一些水电工程建设中，不同程度地存在不顾客观条件赶进度和压工期、重大设计变更不规范、工程质量管理不严等问题，给工程安全带来隐患，甚至发生质量事故。为进一步提高水电建设质量，确保工程安全，促进水电建设持续健康发展，现将有关要求通知如下：

一、充分认识工程建设质量的极端重要性

近年来，我国水电工程建设取得了显著成就，相继建成了一批大型、特大型水电工程，对我国的电力供应保障、能源结构调整和经济社会发展做出了积极贡献。经过多年的实践，水电开发企业和相关单位建立健全了质量管理体系，工程建设质量总体良好。但目前水电建设中也存在一些不容忽视的问题，如放任发展，必将严重影响工程建设质量和工程安全。水电

工程建设质量是工程安全的基础和保障，是工程发挥效益的前提，一旦发生重大工程质量安全事故将造成难以估量的生命财产损失，也将影响水电行业的持续健康发展。当前，我国水电建设正向西部高海拔地区转移，水文气象、地震、地质、交通运输等建设条件日趋复杂，不确定因素增加，安全风险加大。百年大计，质量第一，质量是工程之本，各地区、各单位要充分认识水电建设面临的复杂形势和水电工程建设质量的重要性，更加严谨、务实地做好工程建设质量管理各项工作。

二、切实依法履行质量管理职责

建设、设计、施工、监理四方是工程建设的直接实施者，对工程质量起着决定性作用。各单位要充分认清自身的责任，严格遵守国家有关工程建设的法律法规，按照国家发展改革委等七部委联合颁布的《关于加强重大工程安全质量保障措施的通知》（发改投资〔2009〕3183号），以及国家能源局《关于加强水电建设管理的通知》（国能新能〔2011〕156号）、《关于促进水电健康有序发展有关要求的通知》（国能新能〔2013〕155号）等要求，认真履行各自质量管理职责，进一步规范建设过程工程质量管理行为。

（一）进一步落实建设管理责任。建设单位是工程建设管理的主体和质量的总责任方，要严格按照国家基本建设程序组织开展水电工程建设。要依法依规招标选择参建单位；保证合理的勘测设计周期和施工工期；按审定的方案组织开展工程建设，设计变更应经充分论证，并严格履行程序；建立健全工程质量管理体系，按规定组织开展建筑材料、工程质量检测，组织开展施工过程中的质量检验和验收。

（二）强化勘测设计单位技术保障职责。勘测设计成果对工程质量安全具有决定性影响，设计产品缺陷导致的质量问题往往带有整体性和难以处理的特点。勘测设计单位应严格执行规程规范和技术标准，加强资源配置和科研投入，确保质量管理体系的有效运行，加强产品质量过程控制，认真执行设计文件的校审、会审和批准制度；派驻现场的技术力量应满足工程需要，及时发现建设条件变化并进行研究反馈，及时解决建设过程中发现的有关质量问题。设计变更应充分论证，现场设计文件应按质量管理体系文件履行相关审签程序；对创新性成果的运用应进行充分研究论证和技术经济比较。

（三）规范施工质量管理。施工单位应在资质等级许可范围内承接工程，要建立健全并严格执行施工质量管理体系，规范施工过程质量管理。要按招投标文件和合同要求，及时配置施工资源；严格按设计文件和技术标准进行施工；规范对分包、协作队伍的管理，加强对作业人员的培训。认真落实“三检制”，加强质量控制和质量检查，对关键工序、重要部位和隐蔽工程要制定专门的质量保障和监督检查措施。严格质量检验，检验记录应真实、完整。

（四）严格工程建设过程质量监理。监理单位要建立健全并严格执行监理工作质量管理体系，要根据工程特点制定符合实际的工作方案和管理制度，保证现场人员、设备投入，确保对施工的关键部位、关键环节、关键工序监理到位。应按合同规定组织或参加施工质量评定和验收。

三、强化工程质量控制和过程管理

针对当前水电工程建设领域在质量管理体系、招投标管理、原材料采购、从业队伍管理等方面存在的影响工程质量的突出问题，各级管理机构和有关单位应加强工程质量控制和过程管理，强化对影响质量的关键因素和环节的管理。

（一）建立健全多层次的质量管理体系。建立健全行业质量监管、集团和流域开发公司分级重点控制、项目建设单位按体系运行的质量管理体系。水电资源丰富的省（自治区、直辖市）能源主管部门应建立健全水电工程质量监督管理体系，加强本行政区域内水电工程建设质量的管理；各集团、流域开发公司应加强对招投标、物资采购、重大建设方案、重大设计变更的质量控制，以及对项目建设单位的指导和检查；项目建设单位应严格按照质量管理体系组织开展各项建设活动。各级管理机构与参建单位共同形成上下联动、齐抓共管、全方位的质量管理格局。

（二）规范水电建设市场行为。建设单位要严格按照《招标投标法》开展招标工作，工程招标要突出有关质量和安全要求，将建设工程质量与安全标准作为招标文件的强制性要求。评标标准和方法应科学合理，将投标单位的资质、业绩、信誉、能力和资源配置作为重要评判内容，中标价格应体现合理的工程造价，要建立有效控制恶意低价中标行为的招投标管理制度。竞标企业不得进行恶意低价竞标，中标企业应严格按合同规定诚信履责。进一步规范监理招投标行为，严禁以不合理低价竞标，积极探索履职能力与监理费用联动的相关机制。对出现招投标过程中违规和建设过程中不诚信履约行为，质量监督机构和建设单位应及时报告能源主管部门，督促整改，并将相关单位违规行为信息纳入市场信用体系。

（三）加强对原材料采购和质量检测管理。规范工程建筑材料特别是止水、连接件、外加剂等非统供材料的采购管理。应选择具备相应资质和条件、质量信用好的生产厂家，产品出厂质量证明文件应齐全。按规定开展材料的进场验收和质量复检，材料检测单位应当建立健全质量管理体系，采用合格适用的检测设备，完善检测手段，提高检测人员的技术水平和责任心。各单位应规范试验检测工作，加强试件取样、送样、试验全过程控制，并对检测数据、检测报告的真实性和准确性负责。一经发现试验检测过程或成果造假，应由第三方进行重检，并依法追究相关单位和个人责任。

（四）强化重大设计变更管理。工程设计变更应坚持“先论证、后审查（审核）、再实施”的原则，严格履行国家有关重大设计变更管理程序。要坚持工期服从质量、效益服从质量，坚决杜绝可能给工程带来安全风险的提前蓄水、提前发电等抢工期行为和改变建筑物结构型式、擅自增减工程设施行为，防止照搬、套用建设火电或其他电源项目的思路和经验来建设水电工程。任何单位和个人不得随意压缩合同约定工期，严禁管理单位和领导干部不顾客观规律随意干预工期调整。对不按重大设计变更管理程序擅自进行变更的项目，不得进行验收。

（五）加强对一线施工人员的教育培训。施工单位应加强对现场管理技术人员和一线操作人员的培训和教育，尤其要做好新入场非专业人员上岗、转岗前的培训工作，增强一线施工人员的质量安全意识，提高施工和作业技能水平。切实做好对协作队伍施工人员的技术指导和技术交底；加强对协作队伍施工质量的检查和考核，认真落实“三检制”，杜绝“以包代管”。

（六）切实加强监理对施工质量的控制。监理企业应加强自身队伍建设，强化监理人员的质量意识、责任心，提高技术业务水平和现场管控能力。监理人员配置应满足工程现场需要，现场监理应熟悉工程建设情况、掌握现行的规程规范和技术要求；应严格按照监理实施文件开展工作，对重要部位、关键环节、隐蔽工程实施全过程质量管控；建设单位应加强对现场监理人员的从业资格核查和业务考核，及时清退不合格监理人员。监理单位发现质量问题和安全隐患，应书面督促施工单位立即整改，情节严重的，应要求立即停工，并及时向建设单位和工程质量监督部门报告。

（七）着力解决当前施工质量常见问题。要充分重视工程建设中的质量“常见病”“通病”对工程的危害，制定有针对性的防治措施，加大对常见质量问题的整治。针对当前水电建设存在的突出问题，各方要切实加强混凝土浇筑质量管理，重点解决后期养护不到位、大体积混凝土温控措施不落实、过流面平整度差以及混凝土浇筑错台、蜂窝麻面、仓面处理和凿毛随意等常见质量通病；高度重视止水材料的采购、制作、安装及其周边混凝土浇筑，确保止水效果；要着力解决钢筋机械连接件采购管理粗放，现场安装、检查不规范等普遍问题，保证钢筋连接质量。质量“常见病”“通病”的整治情况要作为工程质量评定和推荐评奖、评优的重要考虑因素，对质量“常见病”“通病”反复出现和多发的工程及参建单位，能源主管部门和质量监督机构将不予推荐评奖、评优。

（八）强化对现场施工质量的过程监控。建设单位要逐步建立工程远程监控系统，对工程重要部位、隐蔽工程、关键工序和关键节点实施全过程在线监控，加强对现场施工质量的过程监控。参建各方应建立和落实影像留存制度，工程开工前需制定建设工程质量影像档案管理方案，明确影像留存内容和节点。特别是要对坝基、基础灌浆、防渗墙、重要试验等关键部位、隐蔽工程、关键工序和关键节点的实施及验收过程，以及质量问题和整改落实情况等进行摄录，影像记录应具有可追溯性。质量监督机构要对各工程项目远程监控实施情况进行检查；建设单位应对其他参建单位质量影像留存情况加强日常检查和考核，监督影像档案管理制度的执行。

（九）完善质量监督检查机制。工程参建各方应自觉接受政府质量监督。质量监督机构应建立健全质量监督工作机制，实现监督内容规范化和程序标准化。质量监督工作要深入现场，不断改进和创新工作方法和手段，积极探索例行巡检和随机突击抽检相结合的质量监督工作方式，逐步加大随机突击抽检力度，以真实反映现场的施工质量状况。在现场质量监督过程中，质量监督机构应建立项目质量的动态评价和等级评定制度，对工程质量管理和实体质量各要素进行量化评价，评价结果及时报能源主管部门并以适当方式予以公布。

（十）严格按规定开展工程验收工作。建设单位应明确现场各类工程质量验收职责，各参建单位应按各自职责及时组织验收。对工程关键部位、关键节点和隐蔽工程必须四方联合验收，对基础灌浆工程必须将第三方检测成果作为验收的重要依据。工程安全鉴定和阶段性验收要严格执行《水电工程验收管理办法》《水电工程安全鉴定管理办法》的有关要求。对各参建单位在现场验收和工程阶段验收中造假及隐瞒工程质量隐患的行为，验收主持单位和质量监督机构应责令整改，必要时报告能源主管部门；质量监督机构提出的质量整改要求未整改落实的，验收主持单位不得通过工程验收。

四、完善工程质量考核和监督机制

（一）完善工程建设质量奖惩制度。参建各方应制定工程建设质量的现场考核、奖惩制度。鼓励对质量管理规范和建设质量优良的单位和个人给予精神激励和物质奖励；严格质量违规行为的处罚和责任追究。对重大质量违规行为应及时向有关上级管理机构以及质量监督机构报告，并纳入市场信用档案体系。

（二）建立质量问题行业通报制度。质量监督机构应建立质量信息发布制度，及时分析质量监督过程中发现的质量问题并进行通报；定期对质量监督工作进行总结并向能源主管部门报告，并及时报告重大质量问题和安全隐患。能源主管部门视情定期或不定期对有关质量情况、重大问题和典型案例进行通报。质量监督机构、电力建设集团、流域水电开发企业要逐步建立适应水电建设市场的信用档案体系，并把其作为招标评标、质量监督的重要依据。

（三）强化质量问题责任追究制度。各参建单位工作人员按各自职责对其经手的工程质量负终身责任。对违反国家建设工程质量管理有关规定，或未切实履行相应职责，造成工程重大质量和安全事故的，依法追究相关人员的法律责任。对造成重大事故的建设单位，各级能源主管部门要严肃处理，直至取消开发资格；对负有事故责任的勘测设计、施工、监理和试验检测等单位，有关单位不予推荐各类评优、评奖。各级能源主管部门可视情况向有关主管部门提出降低或取消资质等级的建议。

各有关单位要按照上述要求，加强组织管理，切实提高工程建设质量，不断完善质量管理体系，逐步建立质量保障的长效机制，确保水电工程安全和效益发挥，促进水电健康有序发展。

国家能源局关于明确电力业务许可管理有关事项的通知

国家能源局于 2014 年 4 月 9 日以国能资质〔2014〕151 号文，下发关于明确电力业务许可管理有关事项的通知，全文如下：

为贯彻落实国务院关于简政放权、加强大气污染防治的总体要求，进一步发挥电力业务许可证在规范电力市场秩序等方面的作用，现就电力业务许可证颁发管理有关事项通知如下：

一、简化发电类电力业务许可证申请有关事项

（一）豁免以下发电业务的电力业务许可

1. 经能源主管部门以备案（核准）等方式明确的分布式发电项目；

2. 单站装机容量 1MW（不含）以下的小水电站；

3. 项目装机容量 6MW（不含）以下的太阳能、风能、生物质能、海洋能、地热能等新能源发电项目；

4. 项目装机容量 6MW（不含）以下的余热余压资源综合利用发电项目；

5. 地（市）级及以下调度机构调度的非化石燃料直接燃烧自备电站。

相关企业、单位或个人（以下称项目运营主体）经营上述发电业务不要求取得发电类电力业务许可证。项目运营主体在与电网企业办理并网运营手续时，不再要求提供发电类电力业务许可证或其他证明。

豁免许可的发电项目并网后，电网企业应按要求向国家能源局派出机构（以下简称派出机构）报送豁免发电项目有关情况。

派出机构要做好豁免项目信息报送与其他信息报送工作的统筹，避免企业重复报送，并按要求向国家能源局电力业务资质管理中心报送豁免电力业务许可证的发电项目信息。

派出机构开展豁免实施工作时，要做好与许可工作的衔接，并对发电项目豁免实施情况进行监管，发现未按规定执行的应予以纠正，并依法作出相应处理。

（二）简化部分发电业务的许可申请要求

除按本通知可以豁免许可的情况外，经营以下发电业务的企业，简化发电类电力业务许可证申请要求。

1. 总装机容量 6MW（不含）以下小水电；

2. 太阳能、风能、生物质能、海洋能、地热能等新能源发电；

3. 余热余压资源综合利用发电。

具体简化内容如下：

1. 财务资料方面。成立 2 年以上的，不再要求提供最近 2 年的年度财务报告、财务状况审计报告，企业可提供最近 2 年的财务情况说明；成立不足 2 年的，不再要求企业成立以来的财务报告、验资报告、财务状况审计报告，企业可提供成立以来的财务情况说明。

2. 企业安全负责人、生产运行负责人、技术负责人、财务负责人，允许一人兼任其中两项或多项职务。

二、完善输、供电类电力业务许可证颁发工作

（一）调整供电类电力业务许可证申请条件

根据国务院《关于取消和下放 50 项行政审批等事项的决定》（国发〔2013〕27 号），将供电类电力业务许可证申请条件中“具有经有关主管部门批准的

供电营业区”调整为“具有供电营业区双边达成的划分协议书或意见”。

（二）做好跨国（境）电力交易业务的备案管理

1. 跨国（境）电力交易业务属于输电、供电业务。电力企业从事跨国（境）电力交易业务，应当向派出机构申请备案。派出机构在电力企业取得的电力业务许可证副本上标注其业务情况。

2. 与国（境）外方签订购售电合同的电力企业负责备案申请工作。

3. 电力企业申请跨国（境）电力业务备案，应当提交以下材料：

（1）从事跨国（境）电力业务的基本情况；

（2）有关部门对从事跨国（境）电力业务的批准文件；

（3）与国（境）外方签订的购售电合同、调度协议；

（4）委托国内其他企业参与跨国（境）电力业务活动的，还应当提供委托事项和受委托企业的基本情况，以及委托合同、协议等；

（5）国家能源局及派出机构要求的其他材料。

三、加强电力业务许可管理，促进电力行业大气污染防治

（一）认真落实《国务院关于印发大气污染防治行动计划的通知》（国发〔2013〕37号）要求，派出机构对未按规定安装脱硫、脱硝、除尘等环保设施或环保设施达不到要求的燃煤发电企业，依法不予颁发电力业务许可证。

（二）按照国家能源局统一部署，进一步有序做好小火电机组市场退出工作。根据各地小火电机组关停计划和时间安排，派出机构对到达关停时限的机组要按程序注销其发电类电力业务许可证，不得继续并网运行。

（三）加强对持证燃煤发电企业环保设施运行情况和污染物排放情况的持续性监管。

1. 派出机构要进一步建立和完善与环保部门的沟通协调机制，对已取得电力业务许可证但环保设施未正常投运或污染物排放不达标的发电企业，配合有关部门进行相应处理。

2. 对于列入脱硫、脱硝、除尘改造计划的发电机组，派出机构应在其许可证中标注改造期限，并督促企业在规定期限内完成改造。未按期完成改造的机组，应当通知调度机构调后其在发电序位表上的排序位置。

3. 因环保问题被有关部门责令关停的，派出机构应依法撤销其电力业务许可证，并明确不得继续并网发电。

4. 有关派出机构要重点强化对京津冀、长三角、珠三角等重点区域燃煤电厂环保设施改造和排放的跟踪监管力度，对违反许可制度的企业，严格按规定进行处理。

本通知自发布之日起施行，有效期为5年。本通知下发前有关电力业务许可证管理文件与本通知不一致的，按照本通知执行。电力企业从事跨国（境）电力交易业务的，应当在本通知发布之日起60日内向派出机构提交备案材料。

国家能源局关于加强电力工程质量监督工作的通知

国家能源局于2014年5月10日以国能安全〔2014〕206号文，下发关于加强电力工程质量监督工作的通知，全文如下：

工程质量监督是工程建设质量管理的基本制度，也是政府部门实施行业管理的重要手段。多年来，依照《建设工程质量管理条例》等法律法规，在各级政府主管部门、质监机构和电力企业共同努力下，电力工程质量监督工作成效显著，保障了电力工程建设质量和电力系统安全稳定运行。

随着政府机构改革的深化与推进，为了更好地履行监管职责，国家能源局决定进一步完善电力工程质量监督管理体系，规范监督行为，形成“国家能源局归口管理、派出机构属地监管、质监机构独立监督、电力企业积极支持”的工作机制。为做好工作衔接，现就近期有关工作要求通知如下：

一、明确电力工程质量监督机构职责

电力工程质量监督机构要严格执行国家有关法律法规和规章制度，认真履行职责，依法开展质监工作。当前，原有电力工程质量监督管理体系保持不变，中国电力企业联合会和各省（直辖市、自治区）中心站、华能中心站、核电中心站要继续履行电力工程质量监督总站、中心站职责。各单位要创造条件，保证质监工作正常开展。凡因机构弱化或工作不到位造成质量安全事故的，要依法依规追究相关单位责任。

二、加强电力工程质量监督管理

国家能源局负责全国电力工程质量监督的归口管理，指导质监总站工作。总站受国家能源局委托承担电力工程质量监督技术性、服务性工作，拟订相关规章制度并督促落实，指导各中心站业务工作，负责国家试验示范工程和跨区重大电力工程项目的质量监

督，参与电力工程竣工验收和重大质量事故的调查处理，完成国家能源局交办的其他任务。

国家能源局派出机构负责所辖区域内的电力工程质量监督管理，指导中心站工作。能源监管机构要加强质监计划管理，确保质监工作不缺项、不漏项；要结合实情，适时开展监督检查，协调解决工作中存在的突出问题。质监机构年度与阶段性工作计划、受理的质监工程项目情况以及拟出具的电力工程质监报告均应及时报备能源监管机构。

三、确保电力工程质量监督工作全面覆盖

各单位要严格执行电力工程质量监督管理的规范要求，按照“独立、规范、公正、公开”的原则，依法依规监督电力工程质量。质监机构要强化监督执法，提高服务意识，确保监督范围内申请的电力工程项目质量监督百分之百全覆盖；各电力企业要进一步提高工作自觉性，国家核准的电力工程项目，要同步申请质量监督并主动做好相关配合工作，确保质量监督百分之百全覆盖。质监工作结束后，质监机构要按规定出具质监报告并加盖质监机构印章；未按规定核准的电力工程项目，质监机构不得接受其质监申请。

四、加强电力工程质量监督信息管理

电力工程质量监督实施月报告制度，质监机构要定期向能源监管机构报告当月工程申请受理、工程进度、监督检查、整改落实等情况。总站要加强信息系统建设，尽快实现电力工程质量监督信息管理自动化。自发文之日起，凡国家能源主管部门核准（审批）的电力工程项目，由工程建设单位向总站提出质量监督注册申请；各省（自治区、直辖市）能源主管部门核准（审批）的电力工程项目，由工程建设单位向当地中心站提出质量监督注册申请，并由中心站定期报备总站。

各派出机构要按照本通知精神，结合实际，制定具体方案和措施，指导本地区电力工程质量监督工作顺利开展。各单位对相关工作的意见和建议，请告我局电力安全监管司。

国家能源局印发《电力行业网络与信息安全管理办法》

国家能源局于2014年7月2日以国能安全〔2014〕317号文，印发《电力行业网络与信息安全管理办法》。该办法全文如下。

电力行业网络与信息安全管理办法

第一章 总 则

第一条 为加强电力行业网络与信息安全监督管理，规范电力行业网络与信息安全工作，根据《中华人民共和国计算机信息系统安全保护条例》及国家有关规定，制定本办法。

第二条 电力行业网络与信息安全工作的目标是建立健全网络与信息安全保障体系和工作责任体系，提高网络与信息安全防护能力，保障网络与信息安全，促进信息化工作健康发展。

第三条 电力行业网络与信息安全工作坚持“积极防御、综合防范”的方针，遵循“统一领导、分级负责，统筹规划、突出重点”的原则。

第二章 监督管理职责

第四条 国家能源局是电力行业网络与信息安全主管部门，履行电力行业网络与信息安全监督管理职责。国家能源局派出机构根据国家能源局的授权，负责具体实施本辖区电力企业网络与信息安全监督管理。

第五条 国家能源局依法履行电力行业网络与信息安全监督管理工作职责，主要内容为：

（一）组织落实国家关于基础信息网络和重要信息系统安全保障工作的方针、政策和重大部署，并与电力生产安全监督管理工作相衔接；

（二）组织制定电力行业网络与信息安全的发展战略和总体规划；

（三）组织制定电力行业网络与信息安全等级保护、风险评估、信息通报、应急处置、事件调查与处理、工控设备安全性检测、专业人员管理、容灾备份、安全审计、信任体系建设等方面的政策规定及技术规范，并监督实施；

（四）组织制定电力行业网络与信息安全应急预案，督促、指导电力企业网络与信息安全应急工作，组织或参加信息安全事件的调查与处理；

（五）组织建立电力行业网络与信息安全工作评价与考核机制，督促电力企业落实网络与信息安全责任、保障网络与信息安全经费、开展网络与信息安全工程建设等工作；

（六）组织开展电力行业网络与信息安全信息通报、从业人员技能培训考核等工作；

（七）组织开展电力行业网络与信息安全的技术研发工作；

（八）电力行业网络与信息安全监督管理的其他事项。

第三章 电力企业职责

第六条 电力企业是本单位网络与信息安全的责任主体，负责本单位的网络与信息安全工作。

第七条 电力企业主要负责人是本单位网络与信息安全的第一责任人。电力企业应当建立健全网络与信息安全管理制度体系，成立工作领导机构，明确责任部门，设立专兼职岗位，定义岗位职责，明确人员分工和技能要求，建立健全网络与信息安全责任制。

第八条 电力企业应当按照电力监控系统安全防护规定及国家信息安全等级保护制度的要求，对本单位的网络与信息系统进行安全保护。

第九条 电力企业应当选用符合国家有关规定、满足网络与信息安全要求的信息技术产品和服务，开展信息系统安全建设或改建工作。

第十条 电力企业规划设计信息系统时，应明确系统的安全保护需求，设计合理的总体安全方案，制定安全实施计划，负责信息系统安全建设工程的实施。

第十一条 电力企业应当按照国家有关规定开展电力监控系统安全防护评估和信息安全等级测评工作，未达到要求的应当及时进行整改。

第十二条 电力企业应当按照国家有关规定开展信息安全风险评估工作，建立健全信息安全风险评估的自评估和检查评估制度，完善信息安全风险管理机制。

第十三条 电力企业应当按照网络与信息安全通报制度的规定，建立健全本单位信息通报机制，开展信息安全通报预警工作，及时向国家能源局或其派出机构报告有关情况。

第十四条 电力企业应当按照电力行业网络与信息安全应急预案，制定或修订本单位网络与信息安全应急预案，定期开展应急演练。

第十五条 电力企业发生信息安全事件后，应当及时采取有效措施降低损害程度，防止事态扩大，尽可能保护好现场，按规定做好信息上报工作。

第十六条 电力企业应当按照国家有关规定，建立健全容灾备份制度，对关键系统和核心数据进行有效备份。

第十七条 电力企业应当建立网络与信息安全资金保障制度，有效保障信息系统安全建设、运维、检查、等级测评和安全评估、应急及其他的信息安全资金。

第十八条 电力企业应当加强信息安全从业人员考核和管理。从业人员应当定期接受相应的政策规范和专业技能培训，并经培训合格后上岗。

第四章 监督检查

第十九条 国家能源局及其派出机构依法对电力企业网络与信息安全工作进行监督检查。

第二十条 国家能源局及其派出机构进行监督检查和事件调查时，可以采取下列措施：

（一）进入电力企业进行检查；

（二）询问相关单位的工作人员，要求其对有关检查事项做出说明；

（三）查阅、复制与检查事项有关的文件、资料，对可能被转移、隐匿、损毁的文件、资料予以封存；

（四）对检查中发现的问题，责令其当场改正或者限期改正。

第五章 附 则

第二十一条 本办法由国家能源局负责解释。

第二十二条 本办法自发布之日起实施，有效期5年。2007年12月4日原国家电力监管委员会发布的《电力行业网络与信息安全监督管理暂行规定》（电监信息〔2007〕50号）同时废止。

国家能源局关于规范风电设备市场秩序有关要求的通知

国家能源局于2014年9月5日以国能新能〔2014〕412号文下发关于规范风电设备市场秩序有关要求的通知，全文如下：

近年来，我国风电设备制造产业快速发展，技术水平不断提高，但也出现了市场无序竞争、部分设备技术水平和质量有待提高、地方保护现象严重、市场监管仍需加强以及信息披露不及时等问题。为促进风电设备制造产业持续健康发展，现将规范风电设备市场秩序的有关要求通知如下：

一、加强检测认证确保风电设备质量

风电设备质量是风电产业持续健康发展的重要基础。检测认证制度是保障设备质量的重要措施。目前，我国已经初步建立了风电设备检测认证制度，为促进风电技术进步和保障设备质量，必须更加重视风电设备的检测认证工作。

（1）实施风电设备型式认证。接入公共电网（含分布式项目）的新建风力发电项目所采用的风力发电机组及其风轮叶片、齿轮箱、发电机、变流器、控制器和轴承等关键零部件，须按照GB/Z 25458—2010《风力发电机组合格认证规则及程序》进行型式认证，认证工作由国家认证认可主管部门批准的认证机构进

行。自发文之日起，各有关单位要认真做好型式认证的准备工作，2015 年 7 月 1 日起实施。

(2) 强化型式认证结果的信用。风电开发企业进行设备采购招标时，应明确要求采用通过型式认证的产品。未获得型式认证的机组，不允许参加招标。国家组织的重大专项建设、新产品应用、在特殊地域应用或特殊用途应用的风电设备，可根据需要提出特定认证要求。通过认证的风电设备，任何企业应采用相应的结果，不得要求重复检测。

(3) 加强检测认证能力建设。支持依托相关科研院所和重点企业建设风力发电机组关键部件测试实验平台、风电机组传动链测试实验平台、试验风电场等公共技术研发试验平台，积极开展与风电技术先进性和可靠性相关的基础技术研发工作。

二、规范风电设备质量验收工作

质量保证期验收是风电设备质量管理的重要环节，由于缺乏统一的标准、明确的机制和通畅的信息公开渠道，风电机组不能进行正常质量保证期验收的现象较为突出，导致质保金无法顺利结算，加大了风电机组制造企业的生产经营压力，暴露出风电市场机制不健全的问题，为确保风电产业持续健康发展，必须建立规范的风电设备质量验收制度。

(1) 统一质量保证期验收的技术规范。质量保证期验收暂按国家认证认可监督管理委员会备案的 CNCA/CTS 0004—2014《风力发电机组质量保证期验收技术规范》要求进行，国家能源局加紧推进相关技术规范列入国家或行业标准。买卖双方应在合同约定的风力发电机组质量保证期结束前，完成对风力发电机组的验收工作。

(2) 建立质量保证期验收和争议解决机制。买卖双方可自行组织验收，也可委托具备技术能力的独立第三方机构参与或实施验收工作。验收完成后，如机组各项指标均满足验收大纲要求，则机组通过验收，买方应尽快向卖方支付质量保证金。验收未能全部通过的，可由买卖双方共同协商，视验收结论采取分批出质保的方式，按通过验收的机组台数进行结算和支付质量保证金；对于未能通过验收的机组，双方应形成一致认可的、有限期限的、责任明确的处置方案。

买卖双方对于验收结论存在争议的，任何一方均可委托具备技术能力的独立第三方机构开展验收工作。买卖双方应依据第三方机构出具的验收结论形成验收意见。

(3) 强化出质保验收信息公开。国家能源局委托行业协会或相关机构定期统计质量保证期验收启动时间、进展情况、完成时间，存在的问题及处理情况、未按时完成的原因等，统计结果经审核后向全社会公布。

三、构建公平、公正、开放的招标采购市场

公平、公正、开放的市场环境是风电设备市场健康发展的重要保障。近年来，风电机组招标采购过程中出现了地方保护主义、排他性的关联交易以及盲目的风电设备制造企业与风电开发企业间的业务渗透和垂直整合，影响了公平、公正和开放的风电设备市场环境。

(1) 严禁地方政府干预招投标工作。各级地方政府有关部门不得在招标采购活动中以任何形式提出限制和排斥外地企业参与的规定，也不得通过配置风电项目开发资源的方式进行地区封锁和行业垄断。

(2) 建立规范透明的风电设备市场。不鼓励风电开发企业新建、控股或参股风电设备制造企业；不鼓励风电设备制造企业新建、控股或参股风电开发企业。风电设备采购严格执行《招标投标法》和《招标投标法实施条例》相关规定。

(3) 充分发挥行业协会自律作用。鼓励相关行业协会牵头起草风电设备采购标准合同，通过行业自律的方式规范采购行为，避免不公平的竞争方式。

四、加强风电设备市场的信息披露和监管

风电设备市场的信息收集、分析和披露是促进风电设备市场健康发展的重要基础工作，对风电设备市场规则进行监管是促进风电设备市场健康发展的有效保障。

(1) 建立全国风电设备质量信息监测评价体系。国家能源局委托相关技术单位开展全国风电设备质量信息监测和评价，通过对风电场运行设备进行监测，开展风电设备运行质量评价工作，并定期发布风电设备市场的质量相关信息，引导产业健康发展。

(2) 加强风电设备质量问题分析。风电开发企业和风电设备制造企业应及时通过全国风电设备质量信息监测评价系统上报风电设备质量有关情况。由相关机构组织企业和专家，对行业共性质量问题进行分析，及时发布反事故措施和预警信息。

(3) 加强风电市场信息披露和市场监管工作。国家能源局进一步加强对风电设备市场行为的监管和政策引导，对违反市场公平原则，扰乱正常市场秩序的行为及时予以纠正，并将相关信息及时向全社会披露。鼓励行业协会及时公布风电设备市场相关信息，引导产业健康发展。

请各有关方面和机构严格按照上述要求，加强协调衔接，推动建立统一开放、公平诚信、竞争有序的

长效市场机制，促进风电产业健康持续发展。

国家能源局关于开展新建电源项目投资开发秩序专项监管工作的通知

国家能源局于2014年10月12日以国能监管〔2014〕450号文，下发关于开展新建电源项目投资开发秩序专项监管工作的通知，全文如下：

去年以来，各地认真贯彻落实国务院转变职能、简政放权的要求，积极制定配套政策和实施方案，优化电源项目备案（核准）程序，调动了项目投资开发的积极性，特别是光伏发电、风力发电等呈现出良好的发展态势。但是，也确有一些地区和项目存在政策尚未完全落实、配套措施缺失以及备案（核准）程序不透明等问题，甚至出现新建电源项目投资开发的投机行为，增加了项目建设成本，扰乱了新建电源项目投资开发秩序。

为进一步规范新建电源项目投资开发秩序，构建公开公平公正的投资环境，有效控制电源项目工程造价，维护电力投资者的合法权益，促进电源健康有序开发，国家能源局决定在全国范围内开展新建电源项目投资开发秩序专项监管。现将有关事项通知如下：

一、工作目标

（一）进一步规范新建电源项目投资开发秩序，坚决制止新建电源项目投产前的投机行为。

（二）落实电源建设规划目标，促进新建电源项目及时投资建设。

（三）对新建电源项目投资开发中的违法违规行为严格依法依规处理；涉嫌犯罪的，依法移送司法机关处理。

（四）研究提出进一步完善电源项目备案（核准）管理的具体措施和政策建议。

二、主要内容

此次专项监管的重点是2013年7月～2014年9月，各省光伏发电、风力发电、生物质发电以及火电项目（以下简称电源项目）备案、核准和投资开发情况。重点包括以下内容：

（一）所在省电源项目备案（核准）情况。

（二）电源项目投产前各项工作进展情况，含项目申请、备案（核准）、开工、建设等各阶段的实际情况。

（三）电源项目投产前的股权变动等情况。

（四）电源项目建成投产情况等。

上述第（一）项内容由各省（自治区、直辖市）发展改革委（能源局）负责统计并提供电源项目备案（核准）清单，第（二）、（三）、（四）项内容由各派出机构负责核查。

三、工作要求

（一）加强组织领导

国家能源局成立专项监管工作领导小组，负责专项监管的统筹协调，研究解决工作中出现的重大问题。组长由吴新雄同志担任，副组长由刘琦、王禹民、谭荣尧同志担任。领导小组办公室设在市场监管司，市场监管司负责同志担任办公室主任，电力司、新能源司、市场监管司负责具体工作。

各派出机构会同所辖地区省级发展改革委（能源局）开展专项监管工作，成立专项监管工作小组，组长由所在地派出机构主要负责同志担任，派出机构和所在省（自治区、直辖市）发展改革委（能源局）有关负责同志担任副组长。

各单位要高度重视，切实加强组织领导，有效衔接、密切配合、信息共享，形成工作合力，务求取得实效。

（二）突出工作重点

要针对各地区存在的突出问题，抓住关键环节，认真梳理新建电源项目申请、备案（核准）、开工、建设、投产等各环节的重点内容，制定详细的工作方案，并提出切实可行的工作措施。

（三）提高工作效率

要集中人员力量，迅速组织开展专项监管工作，及时发现问题，并提出合理的监管意见建议。各派出机构在11月15日前完成所在地专项监管工作，并将监管报告报送市场监管司。

国家能源局关于印发全国海上风电开发建设方案（2014～2016）的通知

国家能源局于2014年12月8日以国能新能〔2014〕530号文，下发关于印发全国海上风电开发建设方案（2014～2016）的通知，全文如下：

为落实风电发展“十二五”规划，做好海上风电发展工作，根据《海上风电开发建设管理暂行办法实施细则》，结合沿海地区风能资源、项目前期工作进展和海上风电价格政策，编制了全国海上风电开发建设方案（2014～2016），现印发你们，并将有关要求通知如下：

一、海上风电是可再生能源发展的重要领域，是推动风电技术进步和产业升级的重要力量，是促进能源结构调整的重要措施。我国海上风能资源丰富，加快海上风电项目建设，对于促进沿海地区治理大气雾霾、调整能源结构和转变经济发展方式具有重要意义。各有关单位要充分认识做好海上风电工作的重要性，采取有效措施积极推进海上风电项目建设，不断提升产业竞争力，促进海上风电持续健康发展。

二、列入全国海上风电开发建设方案（2014～2016）项目共44个，总容量1053万kW，具体项目见附表。列入开发建设方案的项目视同列入核准计划，应在有效期（2年）内核准。在有效期内尚未完成核准的项目须说明原因，重新申报纳入开发建设方案。对于今后具备条件需纳入开发建设方案的新项目，待开发建设方案滚动调整时一并纳入。

三、各省（自治区、直辖市）发展改革委、能源局要加强与海洋、海事、军事等部门沟通协调，简化管理程序，认真落实项目建设条件，督促项目建设单位深化前期工作，协调解决项目建设面临的矛盾和问题，积极有序推进项目建设，保证项目建设秩序，按风电项目核准权限核准项目建设，做好监督管理。

四、电网企业要积极做好列入海上风电开发建设方案项目的配套电网建设工作，落实电网接入和消纳市场，及时办理并网支持性文件和安排建设资金，加快配套电网送出工程建设，确保海上风电项目与配套电网同步建成投产。

五、开发企业要认真做好海上风电开发建设方案内项目的建设工作，加大资金投入，制定合理工期，在保证施工安全、工程建设质量和可靠性的前提下，有序推进项目建设，要加强科技攻关，推进技术进步和降低成本，配合相关单位做好技术标准和相关政策研究工作。

六、为合理高效利用海洋资源，有效指导海上风电海域利用，经商国家海洋局，委托国家海洋局海洋咨询中心牵头，会同水电水利规划设计总院等单位研究制定海上风电海域利用管理指导意见，要求在建设、运行期间对相关数据和事项进行监测，请国家海洋局海洋咨询中心提出具体方案和要求，各开发企业做好配合和落实工作。

七、为规范海上风电设备市场秩序，开发企业选用的海上风电机组须经有资质的第三方认证机构的认证，未通过认证的设备不能参加投标。为进一步提升风电机组设计水平和整体性能，现委托中国风能协会牵头，会同水电水利规划设计总院对风电机组的可靠性和基础结构状况等进行监测和对比研究。请中国风能协会提出具体方案和要求，各开发企业做好配合和落实工作。

八、为健全海上风电技术标准和规程规范，指导海上风电开发建设，委托能源行业风电标委会风电规划设计分标委牵头，研究制定《海上风电场工程风电机组基础设计规范》《海上风电场交流海底电缆选型敷设技术导则》《海上升压站变电站设计技术导则》《海上风电场工程施工安装技术规程》和《海上风电场防腐蚀技术规范》等技术标准和规程规范，风电标委会风电规划设计分标委主任委员单位应组织对风电场的建设技术方案进行咨询和审查，对各关键技术节点要组织验收，有关信息要汇总共享。请风电标委会风电规划设计分标委提出具体方案和要求，各开发企业做好配合和落实工作。

九、为开展海上风电成本影响因素和关键环节分析研究，对完善海上风电政策提供依据，委托国家可再生能源中心牵头，会同水电水利规划设计总院开展海上风电建设成本分析和政策研究工作，请国家可再生能源中心提出具体方案和要求，各开发企业做好配合和落实工作。

十、为及时掌握列入开发建设方案项目的进展情况，各项目单位要定期上报项目的各项进展情况，请国家可再生能源信息管理中心提出信息监测相关要求，各开发企业做好配合和落实工作。

请各有关单位和部门按照上述要求，认真开展相关工作，国家能源局将加强监管，定期开展检查和评估，不断完善海上风电管理和服务体系，促进海上风电产业持续健康发展。

附件：全国海上风电开发建设方案（2014～2016）（略）

国家能源局综合司印发《国家能源局2014年市场监管工作要点》

国家能源局综合司于2014年1月28日以国能综监管〔2014〕94号文，印发《国家能源局2014年市场监管工作要点》。该工作要点全文如下。

国家能源局2014年市场监管工作要点

2014年能源市场监管工作总体要求是：全面贯彻党的十八届三中全会和中央经济工作会议精神，围绕中心，服务大局，按照规划、计划、政策、监管"四位一体"的要求，突出重点，务求实效，健全闭环监管工作机制，加强重要领域和关键环节监管，积极提升监管效能，维护能源市场公平公正，促进能源行业健康有序发展。

一、加强简政放权后续监管，促进能源规划政策实施

（一）开展能源规划、计划、政策执行情况监管。积极参与能源规划、计划和政策制定过程，了解掌握相关情况，确定监管内容和重点。组织开展能源规划、计划和政策执行情况专项检查或者调研，及时提出监管意见和建议，促进能源规划、计划、政策的有效实施和能源结构的优化。

（二）开展能源建设项目监管。加强能源项目核准及开工建设情况监管，对项目落实核准文件情况进行监管评价，确保能源项目建设规范有序。对取消和下放行政审批权限的能源项目，切实加强事中、事后监管。对不符合国家有关规划和产业政策要求违规建设的项目，依法予以处理。

二、突出抓好重点专项监管，提高监管的针对性、有效性

（三）扎实做好2013年已经部署开展的重点专项监管的组织实施工作。针对简政放权、群众切身利益、节能减排、市场交易秩序等四个方面，组织开展好能源项目审批简政放权落实情况专项监管、人民群众满意用电专项监管、电力企业大气污染防治专项监管、用户受电工程市场秩序专项监管、可再生能源发电并网专项监管、电力交易秩序专项监管、节能减排电价专项监管等7个重点专项监管，以点带面，务求实效。

（四）加强专项监管总结和制度建设。加强对专项监管的总结分析，及时发布驻点监管报告、专项监管报告，研究提出每个专题在全国进行深度监管的思路和建议。建立健全专项监管的程序、制度和办法。针对能源行业反映的突出问题，适时组织开展重点专项监管工作。

三、推进电力市场建设，完善市场交易机制

（五）大力推进电力市场建设。贯彻落实十八届三中全会精神，充分发挥市场在资源配置中的决定性作用。按照顶层设计、分步实施的原则，研究制定推进电力市场建设的指导意见，进一步明确电力市场建设的目标、任务和步骤，并积极组织实施。

（六）全面推进电力用户与发电企业直接交易。进一步完善电力用户与发电企业直接交易的准入、交易等制度，扩大交易范围和规模，力争全国大部分省份开展直接交易，交易电量不低于全社会用电量的3%，并选择部分省份进行深度试点。

（七）继续完善各类市场交易机制。贯彻落实《跨省区电能交易基本规则》，在重点区域制定出台跨省区交易实施细则。深入推进省内发电权交易，修订完善《发电权交易监管办法》，推进跨省区发电权交易，积极探索风火、水火替代交易。修订《并网发电厂辅助服务管理暂行办法》，推动跨省区开展辅助服务补偿，鼓励核电、可再生能源发电等调节能力较差机组与调节性能较好机组间进行辅助服务直接交易，选择部分地区开展辅助服务补偿深度试点。

四、加强能源市场秩序监管，保障市场规范有序

（八）组织开展电力交易及市场秩序监管。组织收集电力企业2013年电力交易信息，对电力交易及市场秩序情况开展专项监管，并进行分析、评价，发布专项监管报告。

（九）深入开展电力厂网界面监管。继续做好厂网联席会议制度（包括出台并实施国家层面的厂网联席会议制度）、调度信息披露与报送制度、合同协议备案制度、年度交易监管报告制度、约谈约访制度等厂网界面基本制度的贯彻实施工作。加强对年度合同电量确定与执行的监管，鼓励厂网双方自主协商确定年度合同电量，继续推动发电集团内部年度合同电量优化工作。

（十）深化电力调度交易监管。落实电力调度运行方式报告制度，督促调度机构科学合理安排电网运行方式。抓好电力调度交易信息披露监管，促进“三公”调度。加强发电机组并网运行管理，修订《发电机组进入及退出商业运营管理办法》《发电厂并网运行管理办法》，制定《抽水蓄能电站并网运行监管办法》，促进电力系统安全稳定运行。

（十一）探索开展油气、煤炭市场秩序监管。加强油气、煤炭相关界面交易行为监管，不断拓展监管业务。促进油气市场发育，规范用气市场，对各地用气项目按天然气利用政策的用气序列开展监管。规范煤炭市场秩序，鼓励煤炭企业与用户签订中长期煤炭合同，促进形成统一开放、竞争有序的煤炭交易市场体系。

（十二）加强可再生能源电力监管。进一步深化可再生能源发电全额保障性收购监管，关注发电利用小时数及重点地区弃风、弃水、弃光情况。组织对可再生能源电价附加资金的征收、使用、结算等情况进行专项监管，确保政策执行到位。加强风电、光伏等新能源发电并网和运行管理，组织落实《光伏发电运营监管暂行办法》，研究制定风电、光伏发电并网调度协议、购售电合同示范文本等配套性文件。

五、加强能源重要领域和关键环节监管，促进效率提高和公平竞争

（十三）加强电网公平开放监管。促进电源公平无歧视接入电网，出台《新建电源接入电网监管暂行办法》并组织实施。切实推进电源项目自建配套送出工程回购，明确各方责任和相关工作要求，规范电源项目配套送出工程建设。

（十四）促进油气管网设施公平开放。研究出台《油气管网设施公平开放监管办法》，制定相关实施细则，并做好宣贯与实施工作。组织开展油气管网设施公平开放专项监管，重点对油气管网设施输送（储存）能力及效率、接入申请与受理、合同签订与执行、信息公开与报送等情况实施监管。

（十五）加强成本和价格监管。组织修订输配电成本核算办法、监管办法，选择10个省级电网企业组织开展输配电成本专项监管（包括国家能源局直接驻点监管1个省），发布监管报告，公布输配电成本水平。加快推动电力用户与发电企业直接交易输配电价（含损耗）测算工作，做好跨区域输电价格、损耗审核和复核。制定并颁布跨省跨区电能交易线损标准。加强跨省跨区电能交易价格监管。研究制定油气管网成本价格信息报送办法，加强对油气管网成本价格监管。

（十六）加强电网工程投资运行成效监管。选择若干具有代表性的交直流输变电工程，组织开展造价和运营信息的报送、统计、实地调研及分析评价工作。分析项目经济性及运行实效等，并对工程在完善电网网架结构、实现电力输送等方面的作用进行综合技术评价。同时，从定性、定量角度分析项目的社会效益。

（十七）加强供电监管。加强供电服务监管，继续开展人民群众满意用电工程。加强供电能力和供电质量监管，选择10个省（自治区、直辖市）开展“两率”（供电可靠率、电压合格率）监测。推动合表小区用户的“一户一表”改造工作。开展电力普遍服务监管，督促检查全面解决无电人口用电问题三年行动计划落实情况。加强供电市场行为监管，重点围绕电力业扩报装行为、用户受电工程招投标情况以及新建住宅小区供配电设施建设管理和配套费收支情况等开展监管。

（十八）深入推进能源行业节能减排监管。认真贯彻落实国家大气污染防治工作方案确定的相关任务，加大现役燃煤发电机组污染排放监控力度。加强环保电价政策执行情况监管。研究制定电力行业节能减排监管工作指导意见。逐步开展炼油等行业节能减排监管。积极探索能源消费总量控制和资源综合利用监管的有效方式，充分发挥监管工作的优势和作用。

六、加大能源行政执法和稽查工作力度，维护市场主体合法权益

（十九）理顺和完善能源行政执法机制。认真梳理能源行业行政执法工作职责和依据，理顺工作机制，规范行政执法行为。制定国家能源局系统行政处罚工作程序和工作制度，制订并统一行政执法文书，完善有关执法制度。

（二十）探索行政执法的有效方式和途径。按照规划、计划、政策、监管“四位一体”的要求，建立能源行政执法与能源管理信息共享机制和信息管理系统，丰富现场监管和非现场监管的手段，提高行政执法的针对性和有效性。建立实施监管司与专业管理司、派出机构与地方能源管理部门联合办案的执法方式，提高执法效能。

（二十一）加大违法违规行为查处力度。拓宽案件线索来源渠道，完善能源管理、日常监管与稽查工作的衔接联动机制，严肃查处日常管理和监管过程中发现的违法违规行为。集中力量查办有较大影响的违法违规案件，并依法给予行政处罚等处理。

（二十二）认真做好投诉举报和争议纠纷处理工作。加强12398热线运行维护和管理，畅通投诉举报渠道。督促检查《关于加强12398投诉举报热线标识普及和宣传工作的通知》（办稽查〔2012〕87号）落实情况。认真、及时受理和处理投诉举报事项，建立投诉举报案件回访制度。积极开展争议纠纷调解和裁决工作，及时化解各种矛盾纠纷。

七、加强监管能力建设，不断提升监管效能

（二十三）完善能源监管法规标准。组织起草《能源监管条例》，制定出台《能源监管行动计划（2014～2018）》并组织实施。编印《能源监管工作手册》，促进监管工作规范化。完善能源监管标准化工作机制，探索开展能源监管标准化工作，加快推进电力监管标准制修订工作。

（二十四）完善能源监管工作机制。不断完善监管工作例会制度，实现能源管理与监管的有效衔接。健全闭环监管工作机制，在规划、政策和项目核准等方面，形成制定、检查、反馈、处理、完善的闭环。完善能源监管报告制度，定期发布年度基本监管报告和重点专项监管报告，披露问题，实施处罚，督促整改。

（二十五）加强能源监管信息系统建设。建立能源企业定期报送能源供需信息制度，准确掌握能源供需情况。加强能源市场信息统计、分析工作，提供相

关部门决策参考。做好电煤价格和发电企业成本变化预警预测分析。跟踪掌握国内煤炭、石油、天然气市场供需情况，研究提出政策措施建议和监管意见。

（二十六）加强能源监管国际合作和交流。加强能源企业境外投资监管，研究制定能源企业境外投资信息报送办法。积极开展能源监管国际合作与交流。

（二十七）加大学习培训力度。健全学习培训工作机制，创新学习方式，通过课堂讲授、经验交流、讨论座谈等多种方式开展学习培训。增强学习培训的针对性，适时邀请有关专家、学者对宏观经济形势、重大政策、热点难点问题等进行解读和分析，提高对政策的理解力和处理问题的能力，切实提高监管人员素质。

（二十八）加强能源监管重大问题调查研究。组织对电力行业交叉补贴、政府性基金和附加情况进行监管调查，研究提出政策建议。组织开展全国非电能源行业基本情况调研工作，针对油气管网业务运营模式、能源行业节能减排指标体系建设等重点问题开展专题研究。

国家能源局综合司印发《农村电网改造升级项目可行性研究报告编制和审查指南》

国家能源局综合司于2014年7月30日以国能综新能〔2014〕617号文，印发《农村电网改造升级项目可行性研究报告编制和审查指南》。该指南全文如下。

农村电网改造升级项目可行性研究报告编制和审查指南

为规范农村电网改造升级项目可研报告编制和审查工作，加强农网项目管理，根据国家发展改革委《农村电网改造升级项目管理办法》(发改能源〔2010〕2520号)规定，结合农网改造升级工程实际，制定本指南。

一、纳入中央预算内年度投资计划的农网改造升级项目要求

纳入农村电网改造升级中央预算内年度投资计划，享受中央预算内资金支持和国家农网改造贷款偿还政策的农网改造升级项目，需满足以下要求：

（一）项目须纳入所在省（自治区、直辖市）的农村电网改造升级工程规划，并经所在省（自治区、直辖市）发展改革委审批项目可行性研究报告。

（二）项目应为110kV及以下电压等级，主要为农村供电的新建或改扩建电网项目。其中，10kV及以下电压等级项目预期接入非农业用户容量不得超过接入用户总容量的20%，110kV、35kV项目预期接入非农业用户容量不得超过接入用户总容量的40%。

（三）项目建设内容主要包括变电站、线路（不含入地电缆）等农村电网设施的新建，以及对已运行农村电网设施局部或整体就地或异地建设、增容、更换设备等。已改造地区的电网智能化升级项目（包括智能变电站、智能电表等）原则上不纳入农网改造升级年度投资计划。

（四）35kV及以下电压等级配电网项目是农村电网改造升级工程的重点。农网改造升级年度投资计划中，35kV及以下电压等级配电网项目投资安排比例应超过总投资的70%。

二、农网项目可行性研究报告编制和审查的程序

农网改造升级项目可行性研究报告由承担农网改造升级工程建设管理责任的项目法人组织编制。项目法人应组织所属项目单位根据农网改造升级工程规划，结合农村电力发展需求，在项目申请投资计划前一年做好项目储备工作，商县级发展改革部门拟订项目备选计划，并依据计划组织开展农网项目可行性研究，编制项目可研报告。

拟订项目备选计划及编制项目可研报告过程中，项目法人应征求项目所在地的地市级发展改革部门意见；项目可研报告编制完成后，按照本省（自治区、直辖市）项目管理相关规定，可分别由项目法人和地市级发展改革部门报省级发展改革委审批；省级发展改革委组织专家或委托有相应资质的工程咨询机构对可研报告进行评估，根据评估意见予以审批并出具批准文件。

省级发展改革委编制农网改造升级中央预算内年度投资计划建议时，可根据本地区农网改造升级目标、重点和投资需求，选择全部或部分已审批可研报告的项目列入投资计划，上报国家发展改革委。未列入当年投资计划的已审批项目可列入下一年投资计划。收到年度投资计划建议后，国家发展改革委可委托第三方机构对项目可研报告进行抽查，发现有问题的，即退回该省（自治区、直辖市）的年度投资计划建议；发现有严重问题的，取消该省（自治区、直辖市）的年度投资计划。

各省级发展改革委可根据本指南，结合实际情况，制定本地区农网改造升级项目可研报告编制和审查实施细则。

三、农网项目可行性研究报告编制要求

农网项目可行性研究工作应遵循国家法律法规及行业相关规程规范，在可靠翔实资料的基础上，对项目建设的技术、经济、环境、节能、施工及运行管理等进行分析论证和方案比较，编制可行性研究报告。

（一）项目可研报告编制要求

1. 35kV以上电压等级以单个项目、35kV及以下电压等级以县为单位编制项目可研报告；

2. 项目可研报告应由具备相应资质的单位编制，报告编制单位应提交资质证明材料并对报告内容的真实性负责；

3. 编制项目可研报告应充分考虑城镇、乡村等不同类别区域负荷特点和供电可靠性要求，结合本区域发展规划，合理选择技术方案，优化网架结构；

4. 编制项目可研报告前应对项目建设条件进行调查和现场踏勘；

5. 编制项目可研报告应尽量采用通用设计和通用设备，统一建设标准。对于特殊地段、具有高危和重要用户的线路及重要联络线路，可实行差异化设计，提高农网抵御自然灾害的能力；采用差异化设计的，需说明原因；

6. 项目投资估算应执行统一的取费标准和设备、材料价格，说明估算方法，提供投资估算详表。

（二）项目可研报告主要内容

项目可研报告包括报告正文、附件与图纸，主要内容是：

1. 项目可研报告编制依据和设计原则；

2. 项目所在地的农网现状、负荷发展情况及存在的问题，论述项目建设的必要性，特别是35kV以上电压等级项目应对项目建设必要性进行重点论述；

3. 项目系统方案、具体建设内容和主要供电负荷，其中35kV、10kV线路及变电站（配变）工程应分别列明每条线路或每个变电站（配变）的建设内容和所在地，低压线路、户表工程应列明每个村的改造数量，并列出明细表；

4. 项目二次系统的总体方案，对项目节能降耗措施、环境保护、抵御自然灾害、社会稳定风险等的分析；

5. 如为原址重建项目，需论述项目建设期内的过渡方案；

6. 从网络结构和供电可靠性等方面分析项目建成后的预期实施效果；

7. 项目投资估算，包括工程量、设备价格、材料价格、征地拆迁费等；

8. 项目可研报告应附的图、表。

四、农网项目可行性研究报告评审要求

省级发展改革委审批项目可研报告前，应组织专家组或委托有相应资质的工程咨询机构对项目可研报告进行评估，出具评估意见。审查意见是审批项目可研报告的重要依据。

（一）委托评估要点

1. 项目是否确为农村电网项目，是否已纳入本地区农网改造升级工程规划；

2. 项目建设必要性的论述是否清楚、充分，项目是否确有必要建设；

3. 项目系统方案及二次系统方案的技术路线是否合理，建设内容是否达到深度要求，应用标准是否合适，是否存在违反农网改造升级技术原则的情况；

4. 项目建设的外部条件是否落实；

5. 项目投资估算和财务评价是否合理，是否有详细算法和明细表。

（二）出具审批文件的主要内容

省级发展改革委依据评估意见，对项目可研报告进行审批，审批文件应至少包含以下内容：

1. 项目的名称、建设地点；

2. 对项目的总体意见；

3. 项目具体建设内容；

4. 项目总投资及资金来源；

5. 对工程管理和招投标的相关要求；

6. 项目建设内容明细表，详细列明各个电压等级工程每条线路或每个变电站（配变）的建设内容和所在地，低压线路、户表工程应具体到每个村；

7. 投资明细表。

（三）不应审批项目可研报告的情况

具备以下之一条件的，不应审批项目可研报告：

1. 项目不属于农网项目或未纳入农网改造升级工程规划的；

2. 项目可研报告技术方案未达到深度要求的；

3. 项目技术方案明显不合理或违反农网改造升级技术原则的；

4. 项目投资估算未达到深度要求或未列出投资明细。

附录：农网项目可行性研究报告编制深度规定

附录

农网项目可行性研究报告编制深度规定

1 编制主要要求和报告主要内容

1.1 编制时应遵循现行的相关技术标准，凡是注日

期的引用文件，仅注日期的版本适用于本规定。凡是不注日期的引用文件，其最新版本（包括所有的修改单）适用于本规定。相关技术标准主要有：《农村电力网规划设计导则》（DL/T 5118），《电力系统安全稳定导则》（DL 755），《供配电系统设计规范》（GB 50052），《农村低压电力技术规程》（DL/T 499），《35～110kV 变电所设计规范》（GB 50059），《10kV 及以下变电所设计规范》（GB 50053），《110kV～750kV 架空输电线路设计规范》（GB 50545），《66kV 及以下架空电力线路设计规范》（GB 50061），《电能质量供电电压允许偏差》（GB/T 12325）等。

1.2 编制工作应满足以下基本要求：

1.2.1 贯彻执行国家当前产业政策。

1.2.2 严格遵守法律、法规和现行的有关设计标准。

1.2.3 遵守政府主管部门相关文件的要求。

1.2.4 按委托中规定的质量、进度要求和内容完成报告编制任务。

1.3 编制工作应积极推进资源节约型、环境友好型电网建设，推广应用通用设备，促进标准化建设，积极稳妥地采用电网新技术，注重环境保护，促进节地、节能、节材，控制工程造价，提高农网工程建设效益。

1.4 可行性研究报告应包括以下主要内容：

1.4.1 论述项目建设的必要性，提出系统方案、建设规模。

1.4.2 论述二次系统的总体方案，提出继电保护、电能计量配置和调度网络等方案。

1.4.3 落实工程建设的外部条件，应取得必要的、达到规定级别的协议文件，提出变电和线路工程方案。

1.4.4 必要时，对项目的节能降耗措施、抵御自然灾害能力、社会稳定风险进行论述，提出意见。

1.4.5 论述工程量、设备价格、材料价格、征地拆迁费等，提出项目投资估算和财务评价指标。

1.5 项目可行性研究报告参考以下章节进行编排，可根据实际情况进行增、减、合并等调整：①概述，②编制依据原则和研究范围，③电力系统概况，④建设必要性，⑤系统方案和建设规模，⑥二次工程，⑦变电工程，⑧线路工程，⑨节能措施、抵御自然灾害能力、社会稳定风险分析，⑩投资估算，⑪结论，⑫相关附图、附表。

2 电力系统概况和建设必要性

2.1 综述本项目所处省（自治区、直辖市）农网发展、建设情况，现有网架结构、供电设备、供电能力、主要存在问题；描述和分析本项目所处县级农网发展、建设情况，现有网架结构、供电设备、供电能力、主要存在问题。

2.2 根据农网发展规划、电力负荷预测、电源电网规划，论证本项目建设的必要性及项目实施效果。项目实施效果应有具体的量化指标支撑，论述项目建设的必要性应包括但不限于以下内容：

2.2.1 应从改善电网结构，提高农网输电、供电能力，满足农村生产生活用电需要，改善供电质量等方面论述项目建设必要性。

2.2.2 应从项目实施前后综合电压合格率、供电可靠率，综合线损率等指标变化情况论述项目实施效果。

3 系统方案和建设规模

3.1 对 35kV 以上电压等级项目：

3.1.1 进行电力平衡分析，提出多个系统方案，通过经济技术比较，确定系统方案。

3.1.2 研究、提出新建变电站的远期及本期主变压器的单组容量和建设组数、远期及本期出线规模和出线方向；变电站扩建、改建项目的变电工程建设规模；无功补偿设备的型式、容量、台数；明确电气设备短路电流水平等主要参数。

3.2 对 35kV 及以下电压等级项目，在分析建设必要性的基础上，分 35、10、0.4kV 电压等级研究提出新建、改建、增容扩建项目变（配）电工程建设规模。明确：电压等级、新改增变压器（配变）台数、单组容量或总容量；低压无功补偿设备的型式、容量、台数；户表改造数量等主要内容，必要时可列表格说明。

3.3 提出新、改建线路的电压等级、长度、导线截面等主要建设规模。

3.4 如为原址重建项目，需论述项目建设期内的过渡方案。

4 系 统 二 次

4.1 对 35kV 以上电压等级项目：

4.1.1 研究、提出与本项目相关的线路保护、母线保护、断路器失灵保护、短引线保护、线路过电压保护、远方跳闸保护、故障录波器及专用故障测距等装置的配置方案。

4.1.2 根据调度关系，提出远动系统的配置方案及远动信息采集和传输方案。

4.1.3 根据各相关电网电能量计量建设要求，提出本项目计费、考核关口计量点设置原则以及电能量采集处理终端配置方案、电能量信息传送和通道配置要求。

4.1.4 根据相关调度端调度数据通信网络总体方案要求，提出本项目调度数据通信网络的接入设备配置方案及二次系统安全防护方案。

4.1.5 研究、提出本项目的系统调度通信、线路保护通道、站内通信方案以及设备配置方案。

4.1.6 提出变电站计算机监控系统、元件保护等电气二次方案。

4.2 对35kV及以下电压等级项目，在分析必要性的基础上，提出二次系统的要求。

4.3 提出估算中与二次专业相关的材料设备表（含材料名称、规格、单位、数量等内容）。

5 变电工程

5.1 对35kV以上电压等级项目：

5.1.1 论述地方规划、压覆矿产、工程地质、地形地貌、环境、水文、进出线条件、站用电源、交通运输、土地用途等多种因素，按靠近负荷中心、与城乡规划协调，具有适宜的地质、地形地貌、环境、水文、交通等条件，尽量不占用良田等原则，宜提出二个及以上的站址比较方案，并提出推荐站址。明确站址具体位置及土地性质。

5.1.2 在满足安全可靠性的前提下，以节约占地和工程量为目标，提出电气总平面布置。总平面布置应根据电气设备布置，并满足运输、消防、排水等，紧凑布置、节约用地。提出总征地面积及围墙内占地面积。

5.1.3 根据系统规划及变电站在系统中的地位，以及安全可靠、运行灵活、节约占地及投资、近远期结合等原则，提出变电站各级电压电气接线方式。

5.1.4 根据变电站负荷性质、环境条件等，按资源节约、经济合理等原则进行变压器、断路器、电抗器、电容器等主要电气设备选择和配电装置布置方案设计。

5.2 对35kV及以下电压等级项目：

5.2.1 分35、10、0.4kV电压等级研究、提出需要新建、改建、增容扩建的变（配）电工程主要设备及数量，明确工程所在地。按各电压等级提出新、改、增变压器（配变）台数、位置、单组容量或总容量，每村的户表改造数量，必要时可列表格说明。

5.2.2 编制时应尽量采用标准化设计，采用非标设计的应说明原因。

5.3 应按项目审批要求取得相应级别规划、国土、林业等部门对站址的土地、环保、水保等相关协议。

5.4 提出估算中与变电专业相关的材料设备表（含材料名称、规格、单位、数量等内容）。

5.5 必要时，对项目变电工程的节能降耗措施、抵御自然灾害能力、社会稳定风险进行分析，提出意见。

6 线路工程

6.1 对35kV以上电压等级项目：

6.1.1 根据城乡规划、环保要求等外部条件，在落实有关协议基础上，研究、提出路径方案、线路长度及其架设方式。线路路径选择时，应避开军事设施、大型工矿企业及重要设施等，符合城镇规划，考虑与电台、机场、弱电线路等邻近设施的相互影响，尽量靠近现有国道、省道、县道及乡镇公路，充分使用现有的交通条件，并进行多方案的综合技术经济比较。选择线路长度短、对城乡建设规划影响小、投资省、方便长期运行维护的路径方案作为推荐方案。

6.1.2 根据沿线气象资料的数理统计结果及附近已有线路的运行经验确定气温、风速、覆冰、地质、水文、抗震等设计条件。

6.1.3 根据工程要求及地形特点确定导线、地线参数、布置方式，提出杆塔、基础型式。

6.1.4 依据电网污区分布图，沿线已有线路的运行经验和污秽调查等确定污区划分的基础上虑合理的绝缘配置及防雷接地要求。

6.2 对35kV及以下电压等级项目：

6.2.1 分35、10、0.4kV电压等级研究、提出各电压等级需要新建、改建的线路长度，明确路径所在地。在分析项目所在地气温、风速、覆冰、地质、水文、抗震、污区划分等设计条件基础上，明确导线、电缆、地线线型，明确杆型及基础，必要时可列表格说明。

6.2.2 编制时应尽量采用标准化设计，采用非标设计的应说明原因。

6.3 应按项目审批要求取得相应级别规划、国土、林业等部门对路径的土地、环保、水保等相关协议。

6.4 提出估算中与线路专业相关的材料设备表（含材料名称、规格、单位、数量等内容）。

6.5 必要时，对项目线路工程的节能降耗措施、抵御自然灾害能力、社会稳定风险进行分析，提出意见。

7 投资估算和财务评价

7.1 根据推荐站址、路径和工程设想的主要技术原则、方案及工程量，编制农网项目投资估算，其内容及表现形式应满足控制农网项目概算的要求。

7.2 农网项目估算应包括但不限于以下内容：项目概况简述、农网项目所产生的预期效益和效果、投资估算编制说明、投资估算分析、总估算表、专业汇总估算表、其他费用计算表、建设场地征用及清理费估算表、编制期价差计算表及勘察设计费计算表、设备材料清册等。35kV以上电压等级的农网项目有条件的情况下可以提供单位工程估算表。

7.3 投资估算编制说明应包括估算编制的主要原则，工程量确定的主要依据和计算原则，采用的定额、指标以及主要设备、材料价格，建设场地征用及清理费用计算依据或相关标准，依据的技术经济文件和各项费用计算的执行文件，参照执行的农网建设相关财务政策等。

7.4 估算造价应结合工程特点对工程量及投资合理性进行分析，采用的投资估算编制方法、编制依据应有较好的适用性与时效性。

7.5 农网项目财务评价根据推荐方案投资估算，依据现行电网工程财务评价办法进行财务评价指标计算。35kV 以上电压等级农网项目可以按照供电区域为单位进行财务评价，35kV 及以下电压等级农网项目可以以县为单位进行财务评价。

7.6 财务评价应包括但不限于以下内容：编制说明、财务评价指标表、财务分析报表、财务分析辅助报表、不确定性分析表及分析结论。

7.7 财务评价编制说明应明确财务评价的原则及参数，考虑国家、农网项目所在地区有关农网建设政策规定，说明计算指标的原始数据及依据，如明确项目资金来源、比例及投资使用计划、融资利率、还款方式及还款年限、电量及损耗、单位购电价、单位售电价、运行成本、折旧年限、流动资金及财务费用、税率等数据。

7.8 财务评价结论应包括下列内容：主要经济指标，财务投资收益率（全部投资、资本金、投资各方）、投资回收期、资本金净利润率、利息备付率、偿债备付率等财务评价指标；项目经营期单位电量分摊费用；敏感性因素及其影响的分析说明；综合评价结论。

领 导 讲 话

结构调整，新能源须迈向市场竞争

国家能源委员会专家咨询委员会主任 张国宝

一、“弃水和移民压力阻碍水电发展”

《中国电力报》：让我们把话题转到非化石能源。非化石能源虽然比重低，但是热点。请允许我们先从比重最大的水电开始。我是学水电的，一直关注水电移民、环保以及发展政策的微调。您认为目前水电发展最主要的问题是什么？是移民、生态还是其他？水电弃水仍时有发生，怎样解决？

张国宝：我先说弃水吧。弃水问题目前仍然存在，特别是金沙江上新建成的溪洛渡和向家坝两座水电站比较突出。

这两个电厂是继三峡之后最大的两个水电厂，加起来的装机总容量是 1860 万 kW，比三峡增容前的 1820 万 kW 规模还要大。这两个电厂目前还没有全部建成，但大部分机组已经安装完毕。

但是溪洛渡的输电线路建设没有跟上。溪洛渡是跨在四川和云南的界河上，右岸是全部送华东，就是国网系统，左岸就进入南方电网，云南送广东。但这两条线路的建设都滞后了，电量并不能完全送出去，每年大概浪费几十亿千瓦时。

刚才说到弃水，但目前水电发展的最主要问题并不是弃水，我认为最主要的问题还是移民问题。移民的成本越来越高，一多半的投资都用在了移民上。作为移民来讲，他们认为失去了家园，国家的补偿还不够，所以会有些意见。我曾提出移民后期补偿的意见，因为国家一次性给移民群众几万块钱搬迁费，没多久他们就会花光，我就提议能不能建立一个基金，像退休金那样按月给移民发放补助，标准是不管男女老少，一个月 50 块钱，每年 600 块钱。

但是后来这个问题就扭曲了，一开始我只是针对水电移民，但是水利部不同意，他说你水电移民有补助我水库移民没有，我就提议让水利部在水价上出这部分钱，但是他又不肯在水价上加，一定要在电价上加。所以现在电价负担的不只是水电移民，还包括水库移民的补偿。但是目前水电上网电价又很低，我原来提出过水电能不能搞同质同价，但是物价局不同意，所以现在水电的价格还是比火电要便宜，特别是历史遗留下来的就更便宜了。拿四川来讲，四川的火电上网电价是 0.49 元/（kW·h），但水电平均上网电价只有 0.228 元/（kW·h）。

《中国电力报》：虽然有诸如移民问题的阻力，但由于雾霾的高发，水电在生态环保上的价值开始凸显了，水电会不会得到重新的认识？

张国宝：去年9月，我到水电大省四川省做过调查，获得了一组数据，前8个月四川大概发了1700亿kW·h电，其中有1200亿kW·h是水电发出来的，占三分之二，而且有395亿kW·h是外送的。这相当于减少煤炭燃烧1343万t，减少二氧化碳排放3760万t，减少粉尘13.23万t，灰渣376万t。光四川一个省8个月的水电就做了这么大的环保贡献。

二、“风电需要输送通道，光伏期待引入竞争”

《中国电力报》：最近这些年可再生能源发展的第二大电源是风电，但是一说到风电大家都会提到弃风问题。您认为，弃风问题的症结在什么地方，怎么来解决？

张国宝：我觉得弃风问题的症结在送出通道不畅。特别是有的地方风力资源非常丰富，而本身工业基础不发达，用电负荷有限，更加重了弃风问题。现在有人提出搞分布式风电，就地消纳，分布式能源我也主张也可以搞，但是你指望分布式能源全部消纳风电不大可能。也有人认为可以把高耗能产业转移过去，实际上也不是正确方向，比如酒泉风力资源很丰富，风电送不出来，所以搞就地消纳，酒泉钢厂就上了个电解铝项目，但是效益并不好。因为风力本身就是波动的能源，你用在一个高耗能的产业上面很难。

另外一种尝试就是电热锅炉项目，目前全国有两个，分别在内蒙古和吉林，我都去调研过，这两个地方本来弃风很严重，同时供热期比较长，后来地方上跟电网商量，能不能少弃风，把弃掉的这部分风电变成热来供暖。后来就搞了电热锅炉。但这个方法也有问题，就是烧水的电到底是风力发电还是煤发电，现在分不出来，因为锅炉用的电也是从大电网输进来的，你并不知道用的是不是风电。唯一的区别在哪儿呢？地方装了这个锅炉以后，电网跟地方达成了一个协议，承诺每年让它少弃风，也就相当于是用了风电了。

所以问题的关键我认为还是在输送通道建设滞后。

《中国电力报》：为什么我们通道总是跟不上呢？

张国宝：就是整天争论搞不搞特高压。

特高压的问题，电网公司坚持要搞，但也有人反对。现在三年过去了，电网规划一直没批。我就讲这特高压的问题应该好好总结一下。最早提出特高压的是中共中央和国务院文件《国家中长期科技发展规划》。我曾向中央领导当面说不能久拖不决。

现在弃风主要集中在三北，大部分弃百分之十几到二十的样子，所以说这是个大问题。国家发展改革委徐绍史同志做的发展改革报告里有一句话：今年改革里要适当地调整风电的价格。这个话一出来风电企业就毛了，我们好不容易有点钱挣有点好日子过，你又要调。我曾经也提过我的建议。现在风电确实有调价空间。如果调低电价同时做到不弃风，那么风电企业也就没有意见了，而且清洁能源可以用的更多，风电对于煤电的竞争力更强。

《中国电力报》：还有光伏这一块，光伏发电这两年虽然电量很少，但是很热闹，爆发式增长，那么您认为光伏发电发展应重点解决什么问题？光伏发电将有怎样的前景？

张国宝：我认为光伏发电和传统能源发电相比没有竞争力，甚至连可比性都没有。光伏发电上网电价最早是1元1角5分，后来是1元，现在大概是9角钱，比起火力发电来要贵一倍。现在主要是靠补贴，这个补贴就相当于吃西药，可以治病，但是时间长了可能有抗药性。离开国家补贴就没办法活了，同时，如果蛋糕做的大了，补贴的金额就要大，所以肯定会被国家补贴的金额总规模给框住。去年不就涨了一次可再生能源发展基金嘛，将来要是再做大，基金征收标准就还要再提高，规模越大补贴就越多。我觉得最根本的解决方法应该像风电那样，通过竞争的手段把成本降到五六角钱，接近煤电的价格，这样才能健康地发展。有人认为很难做到，但是你看一下最近美国几个光伏电厂和风电厂的上网电价已经低于燃煤发电了。

《中国电力报》：您说的这个竞争的手段主要有哪些？

张国宝：可以借鉴风电发展的经验，大概有三个。第一个就是把蛋糕做大，你规模小了他不可能摊薄，规模做大了才能把单位产能成本降下来。第二是要设备国产化，把工程造价降下来，现在风电之所以价格会比较低，是因为风电设备价格是很低的。第三就是引入竞争，不是由政府来指定谁来做，谁能够做的上网电价低就让谁做。

《中国电力报》：这三条当中，第一条把蛋糕做大，现在正在做大的过程当中，设备国产化也没太大问题，就剩引入竞争这一块了。

张国宝：对。作为运营商来讲，他恨不得让国家多给补贴。但是我一再告诫他们补贴不是个好东西，过于依靠补贴企业就没有竞争力。现在光电设备卖不出去，我觉得企业要是有本事，你可以拍胸脯说国家哪个地方需要建太阳能电站让我来建，20万kW的规模，用我自己的设备，保证上网电价7角钱就能拿下，或者8角钱你看行不行，比现在政府定的价格9角钱都低。如果企业有这个决心，我觉得政府没有理由不让他干。

三、“安全发展核电，同时重视自主知识产权”

《中国电力报》：核电这一块争议也不小。福岛事件导致人们思维极大震荡和调整。不过，随着雾霾的加重，近来核电又获得越来越多的支持。最近国家领导人也多次提到核电发展问题。那么对于核电的发展，您是怎么看的呢？

张国宝：我国核电已经走过了40多年的发展历史，最早还是毛泽东、周恩来老一辈领导人1970年2月8号批的文，所以上海核工程研究设计院以他批的那天命名为728院。我国现在一共有17个反应堆，其中还有4个是这两年才投产的。我国核电的发展多次受到国际上事故的影响，波折不断，比如切尔诺贝利事故，三里岛事故，最近的福岛事故影响更大。

安全应该是核电的生命，是最关键的，老百姓担心安全这是完全可以理解的。福岛事件的发生有很多主客观原因在里面，它的机组是非常老旧的，本来就已经到了退役年龄，再加上地震、海啸这样的天灾，而且级别都超出人们预计。但是另外一个事实是，福岛本身有好几个核电站，有福岛1和福岛2，福岛2就在福岛1的旁边，在地震中就没有受到影响。所以说选择合适的、更先进的技术，即便在那么大海啸的情况下，也是可以避免事故的。我们应该从这里吸取经验教训，把核电做得更安全，包括加高海边堤防，加多应急电源，并且放在高处。我觉得吸取以往的教训会把核电做得更加安全，并不能因为这个事情发生了就说核电完全不能用。

《中国电力报》：我国核电发展滞后，除了受到外国核电事故的影响而波折不断，是不是我国不同公司之间对技术路线的争执也影响了发展？

张国宝：这也是一个方面。因为原来中国有两家核电公司，现在实际上不止两个了，还有国核技和中电投，五大发电集团都不同程度地参与核电，比如大唐它虽然不是控股，但是参股了中广核在宁德的核电项目。

在技术上，中广核是从原来法国的M310延续下来的，所以对法国的技术很熟悉。国核技就一门心思搞AP1000，所以各家的技术路线不一样。有人就说我们中国核电机组本身不多，算下来只有17台，但是这17台采用的技术五花八门，有俄罗斯的机组，有加拿大的重水堆，还有法国的、美国的和我们自己生产的。

现在我国核电很想走出去，但是我们没有自己的知识产权，走出去以后，其他拥有技术专利的国家一出来干预，你就没有办法了。所以我们必须要有自己的核电知识产权，才能走出去。现在的“华龙一号”就是这么来的。国内企业各搞各的不行，得把技术往一块儿融合，搞出一个机型来，拿到国际上去竞争，尽管有些企业可能不愿意融合，但就目前的这个形势，不融合是不行的。

《中国电力报》：那就未来我们走出去的品牌基本上就是华龙一号了？

张国宝：对，基本上就是华龙一号，因为华龙一号是我们自主的知识产权。

《中国电力报》：现在华龙一号的技术成型了吗？

张国宝：还没有，现在才刚刚开始，设计已经做了，但是还得融合，融合可能还要一个过程，包括安全评估等等。国产化的另外一个技术就是国核技在搞的，引进的AP1000，当时谈判时跟美国的西屋公司有个协议，就是如果我们做到CAP1400以上，知识产权就是我们自己的了，CAP1400以下的知识产权还是美国的，后来大力研发CAP1400就是因为有这个协议，如果这个CAP1400成熟的话，那也算自主知识产权。

（摘自中国大坝协会网，
来源：中国电力报中电新闻网）

干水利水电别愧对历史

中国大坝协会理事长、水利部原部长 汪恕诚

这些年，党中央、国务院特别重视水利，中央一号文件就是例证。今年习近平总书记在中央财经工作领导小组的一次会上有一段关于水安全的很长的讲话，语重心长。总的来看，新老问题交织，新问题有三个：水资源短缺，水生态损害，水环境污染。他提出的治水思路是：节水优先、空间均衡，系统治理，两手发力。

最近国务院又部署了172项节水供水重大水利工程，其中40项在建，132项正在开展前期工作。我从有关渠道了解，现在全年的投资接近4000亿元了，这还只是水利口的，没讲电力口。我和许多水利厅厅长一接触，现在一个省就动辄70亿元、100亿元的水利投资。在20世纪，一般一年整个水利也才30亿～40亿元，朱镕基总理在任期间，够重视的了吧，把国债资金的1/5都用上了，整个水利口一年也就400亿～500亿元，我们就已经很高兴了。

我要说，这么好的时代，我们干水利水电的人，可别愧待了历史。我们自己得争口气，干出成绩来。

首先，是别自傲，不要说类似“什么样的大坝、多么复杂的地质条件都能对付”这样的话。现在很多人会讲，最高的拱坝、重力坝、碾压混凝土坝，最大

的抽水蓄能电站都在中国，我们总装机容量世界第一。我要说，可别停留在这个水平上，要下一点工夫，不要愧对历史。历史提供给我们这样的舞台机会不多，我们还要在原来成绩的基础上继续往前走。现在我们老讲创新，理念创新、技术创新、管理创新，我最看重的是体制创新。当然，由于我们工程比较多，技术上确实还有很多问题要解决。再就是理念上、管理上尤其体制上还要往前走一步。

其次，是不要一听到不同意见就驳斥，在情绪上就抵触。不能人家一说"水电站排放二氧化碳比火电还多"我们就马上反驳不是这样。我们的立场要调整，生态和移民问题，社会上普遍关注、国际上反坝势力也主要讲这两大问题。我们不要抵触驳斥，应该认真思考是不是存在问题、是不是可以做得更好、应该在哪些方面努力。比如前苏联，一开始也修了不少水库大坝，后来由于出现反坝风潮，俄罗斯的大坝建设一下子跌到低谷。别看现在形势这么好，一旦处理不好，我们也有可能出现水电资金项目往下压的局面。针对不同意见不要反驳，该解释的可以解释。

再次，我认为我们的流域机构应该成为生态的代言人。这个观点我曾经讲过，有些流域机构的同志不太接受，他们还是把开发作为第一要务。我觉得，一个流域机构要爱护、保护其开发所在的这条河流，要把维持这条河流的健康作为使命，要当河流生态的代言人。在开发的同时一定要把生态保护好，这方面我们做得不是很够。比如黄河水利委员会，相对来讲对黄河生态的治理工作做得相对要多一些。作为企业，当然要追求经济效益，但是当经济效益和社会效益发生矛盾的时候一定要服从社会和生态效益。比如小浪底，"电调服从水调"就做得比较好，实际上企业的发电效益并没有因此降低。

我们在工程方面业绩都是很好的，院士也很多，什么时候我们大坝建设领域也能出一个研究生态或移民问题的院士呢？当然这跟发展阶段有关系。我们移民那么多，有经验也有教训，是不是应该好好总结一下？该试点的可以试点。比如生态流量，虽然相比以前已经重视多了，但从根本上来说还不够，立场要调整。要认真思考、总结历史，下一点工夫，该进法规就进法规，比如河道断流引水式开发，法律上完全可以确定下来，就像当初为了确保黄河不断流，水文站实时监测，多少流量必须保障一样，这些都是可以做到的。所以，怎么科学地处理这些问题，从勘探、规划、设计、施工到运行调度，潜力还很大。

（摘自《中国能源报》，汪恕诚口述
胡学萃整理）

发展特高压电网　破解雾霾困局

国家电网公司董事长　刘振亚

治理雾霾，根本出路是能源发展转方式、调结构。重点是降低煤炭消费比重，大力发展清洁能源，优化电源结构和布局。关键是要加快发展特高压电网，推进"一特四大"战略和电能替代战略，转变能源发展方式，实现我国能源从以化石能源为主、清洁能源为辅，向以清洁能源为主、化石能源为辅的战略转型。

近年来，我国大气污染问题日益严峻，特别是东中部地区频繁出现罕见雾霾，范围广、强度大、时间长，给人民群众生产生活、身心健康造成严重危害，引起社会高度关注，大气污染已经到了非治不可、刻不容缓的地步。如果不采取果断措施，坚决遏制大气污染发展势头，随着我国经济社会快速发展和能源资源消耗的持续增加，大气污染还会加剧，对社会发展、民生改善、经济增长的影响将进一步加重。

一、雾霾问题的本质是能源问题

能源的开发利用对生态环境具有全过程、全方位的影响，贯穿开采、储运、加工、使用全部环节，涉及大气、水质、土壤、地容地貌多个方面。当前严重的雾霾问题，本质上是我国能源资源禀赋的"先天不足"、能源发展方式的"后天失调"这一对矛盾的长期积累和集中暴露。

以煤为主的能源结构和直燃煤比重过高是引发雾霾污染的主要原因。2013年，我国能源消费37.6亿t标准煤，其中煤炭消费25亿t标准煤，占66%；煤炭消费当中电煤、原料煤、直燃煤分别占51%、27%、22%，而发达国家80%以上的煤炭用于发电。当前我国大气主要污染物中，约80%的二氧化硫、60%的氮氧化物、50%的细颗粒物来源于煤炭燃烧，而燃煤排放当中近一半源自直燃煤。这种不合理的能源消费结构和消费方式，严重破坏空气质量。

长期以煤电就地平衡为主，东中部地区环境不堪重负，已经难以为继。我国煤炭资源近80%集中在西部、北部地区，而75%左右的煤电装机分布在东中部。京津冀鲁、长三角地区单位国土面积煤电装机分别是西北地区的13倍、26倍，沿长江平均30km一个电厂，从南京到镇江平均10km一个电厂，严重超出环境承载能力。大规模、远距离向东中部输煤还在运、储环节造成多重大气污染，运煤铁路两侧120m内的空气污染超过国家大气质量二级标准8倍，储煤场1km内空气污染超过国家二级标准2.6倍。

党的十八大提出了“两个一百年”的宏伟目标，我国能源需求仍将刚性增长。预计到2020年、2050年，能源消费总量将分别达到50亿、70亿t标准煤。如不尽快转变能源发展方式，我国大气污染问题将更加严峻。

二、加快发展特高压是解决雾霾问题的治本之策

治理雾霾，根本出路是能源发展转方式、调结构。重点是降低煤炭消费比重，大力发展清洁能源，优化电源结构和布局。关键是要加快发展特高压电网，推进“一特四大”战略和电能替代战略，转变能源发展方式，实现我国能源从以化石能源为主、清洁能源为辅，向以清洁能源为主、化石能源为辅的战略转型。

发展特高压电网，推动能源战略转型。“一特四大”战略就是在能源资源富集地区，集约开发大煤电、大水电、大核电、大型可再生能源发电基地，通过特高压电网，在全国范围内优化配置电力资源，提高化石能源的开发、配置效率，促进清洁能源加快发展。电能替代战略就是“以电代煤、以电代油、电从远方来、来的是清洁电”，把工业锅炉、居民取暖厨炊等用煤改为用电，减少直燃煤排放；大力发展电动汽车、电气化轨道交通、农业电力灌溉等，减少燃油排放；以输电替代输煤，通过特高压电网，把我国西部、北部富余电力大规模输送到东中部负荷中心，减少东中部污染排放，把周边国家的电力大规模输入我国，减少国内污染排放。将来，我国能源在开发环节将逐步以清洁能源为主，在配置环节将逐步以输电为主，在终端环节将逐步以电力消费为主，实现从化石能源为主向清洁能源为主的全面转型。

发展特高压电网，促进清洁能源发展。我国清洁能源资源丰富，水能可开发资源6亿kW左右；风能、太阳能可开发资源分别超过25亿、27亿kW，相当于18亿kW常规火电。如果全部有效开发这些清洁能源，将显著改善我国能源结构。但我国70%以上的清洁能源集中在西部、北部地区，本地难以完全消纳，而且距离东中部负荷中心一般超过1000km，大规模开发后将面临突出的弃水、弃风、弃光问题，只有依托特高压电网，将西部、北部地区丰富的清洁能源大规模送出，在全国范围内消纳，才能实现我国清洁能源的大规模高效开发。“十二五”以来，我国特高压电网已经在促进清洁能源大规模开发中发挥了不可替代的作用，目前，全国风电装机容量超过7500万kW，近三年年均新增1500万kW，总规模和每年的新增规模均居世界第一；光伏发电装机容量超过1500万kW，2013年新增近1000万kW，是全球光伏发电装机增长最快的国家。

根据测算，通过全面实施电能替代，2015年、2020年东中部地区PM2.5污染可比2010年分别降低12%、28%左右。长远看，依托特高压电网，形成以清洁能源为主、电为中心的能源开发利用格局，将从根本上缓解我国大气污染问题。

（摘自中国大坝协会网　来源：人民政协报）

抓发展　强监管　保生态　惠民生　努力实现农村水电发展改革新跨越

水利部副部长　胡四一

一、充分肯定2013年农村水电工作成绩

2013年，在部党组的正确领导和地方党委政府的关心重视下，农村水电行业全力推进民生水电、平安水电、绿色水电、和谐水电建设，全年完成投资240亿元，其中中央投资30.8亿元；新增装机容量200多万千瓦，总装机容量超过6800万kW，年发电量2000多亿千瓦时，农村水电各项工作取得明显成效。

1. 以惠民增效为重点，民生水电建设有新进展

一是增效扩容改造全面实施。按照李克强总理“在先行试点的基础上继续扩大改造范围，充分发挥综合效益”的指示，水利部、财政部联合部署了农村水电增效扩容改造全面实施工作。全国29个省（自治区、直辖市）和新疆生产建设兵团的4100多座老旧电站将在“十二五”期间得到全面改造，改造完成后装机容量将达到840多万千瓦，年发电量320多亿千瓦时，分别比改造前增加20%和45%。2013年中央财政已下达补助资金17.9亿元并提前下达了2014年补助资金30.2亿元。截至2014年3月底，在已经启动的20个省份中，天津、山西、黑龙江、江苏、河南、湖南、云南、宁夏8个省（自治区、直辖市）和新疆生产建设兵团完成了2013年计划启动项目的招标工作，部分项目已开工。

二是小水电代燃料工程集中连片推进。协调中国农业发展银行出台了农村水电信贷支持政策。继湖北、河南、云南、重庆、广西等地出台代燃料政策后，江西省水利厅也联合发改、财政出台了小水电代燃料项目管理办法。各地积极落实配套资金，云南、贵州、江西、重庆、广西等省份配套资金达到或超过了国家规定的比例。2013年，小水电代燃料新开工项目29个，2009年规划实施以来已累计安排271个

项目，投产145个，新增代燃料装机容量35.6万kW。集中连片推进小水电代燃料取得初步成效，已建成56个代燃料乡、1128个代燃料村，解决了122万农村居民的生活燃料，保护森林面积450万亩。

三是水电新农村电气化建设扎实开展。2013年新开工电气化项目182个，"十二五"以来累计开工建设728个项目，装机容量188万kW，其中282个项目已投产发电，新增装机容量36万kW。云南、江西、重庆、广西等增加了省级配套资金，湖南、甘肃、吉林首次落实了省级配套资金。编制完成了全国农村水电直供电片区电网改造规划，338个农村水电直供电片区纳入规划，涉及241个县、668个乡镇、651万人。

2. 以保障安全为目标，平安水电建设有新举措

一是农村水电"双主体"责任基本落实。全国农村水电安全生产和监管"双主体"责任覆盖率达到99.1%，浙江等16个省份覆盖率达到100%。在水利部网站对19821座500kW以上电站"双主体"责任人进行了公示，以水利部文件对1391座1万kW以上电站的"双主体"责任人进行了公告，强化社会监督和责任落实。

二是农村水电站安全生产标准化工作启动。水利部印发了农村水电站安全生产标准化达标评级实施办法和评审标准，河北省按水利部要求出台了实施细则。吉林、浙江率先开展了运行管理标准化和安全生产标准化电站试点。

三是安全生产监督检查持续开展。按照国务院安委会和水利部的要求，组织开展了农村水电安全生产大检查、汛前隐患排查，努力消除安全隐患。严肃事故督查和责任追究，加强了安全生产教育培训工作。

3. 以规划修编为先导，绿色水电建设有新实践

一是中小河流水能资源开发规划编制工作全面开展。进一步加强了对规划工作的督导和技术培训。江西、湖北、贵州、甘肃等十多个省份成立了领导小组并落实了规划经费，辽宁等地还举办了省级规划培训班，已有21个省份确定了规划河流名录，正在开展规划编制或修订的中小河流达到1100条。

二是地方水能资源立法工作成效显著。继吉林、湖南等7省出台水能资源管理地方性法规或规章后，2013年广西颁布实施了《水能资源开发利用管理条例》，浙江、新疆、重庆、江西、安徽的水能资源管理办法已列入省级立法计划。

三是绿色小水电评价试点工作有序开展。在总结各地农村水电开发促进生态环境保护经验的基础上，启动了绿色小水电典型培育和评价试点工作，先期开展了广西、河南两省（自治区）的评价试点，完善了评价标准和管理办法，为推进绿色小水电建设打下了良好基础。

4. 以行业管理为核心，和谐水电建设有新发展

一是项目管理、标准编制工作进一步加强。制定中央补助投资项目管理办法，进一步规范了项目建设程序，加强了项目管理和监督检查。认真梳理现有农村水电技术标准，进一步修订完善标准体系。2013年，新颁布2项国家标准和5项行业标准，农村水电行业已颁布实施的技术标准达到48项，其中国家标准9项。

二是行业协会、学会作用不断增强。中国水力发电工程学会小水电专委会顺利换届，第6届"今日水电论坛"在巴西成功举办。中国水利学会水力发电专委会、中国水力发电工程学会小水电专委会、国际小水电联合会以"农村水电增效扩容改造"为主题，联合组织召开了学术研讨会。浙江、广东、陕西、云南等地的小水电行业协会在提供技术服务、促进信息交流、开展调查研究、反映企业诉求、维护合法权益等方面做了许多卓有成效的工作。

三是农村水电统计信息工作不断推进。统计队伍建设不断加强，数据质量不断提高，统计分析能力明显增强。完成了农村水电统计数据与水利普查数据的衔接与校核工作，辽宁、浙江、广东、福建等省结合统计工作建立了农村水电管理信息系统，信息化水平不断提高。

四是水利扶贫工作持续深入。为推进水利扶贫工作，对水电新农村电气化规划范围县进行了调整，调整后纳入规划的集中连片特困地区和国家扶贫开发重点县达到194个，占总规划县的59%。加大13个水利定点扶贫县的农村水电支持力度，定点扶贫县2013年电气化、代燃料中央投资比2012年增长了126%。加强援藏工作，指导西藏开展农村水电项目前期工作，举办了一期农村水电技术培训班。水利部水电局与淮委、南科院、国际小水电中心加强对云南富宁县的对口帮扶，在项目、技术、资金等方面给予扶持。

在充分肯定2013年农村水电工作的同时，我们也要清醒认识存在的问题和不足，农村水电上网电价形成机制不尽合理，生态环境保护缺乏有效监管，安全生产事故时有发生等，我们要在今后的工作中认真研究，勇于探索，积极推动和促进这些问题的解决。

二、准确把握近期农村水电发展改革的目标任务

党的十八大以来，中央提出了一系列加快水利改革发展的重大举措，水利部印发了关于深化水利改革的指导意见，为做好农村水电工作指明了方向。我们一定要认真贯彻落实中央的决策部署，按照水利部党组的总体安排，以发展民生、保护生态、保障安全为重点，进一步解放思想，勇于创新，加快转变政府职

能，推动农村水电科学发展。

1. 继续把水能资源开发作为农村水电工作的首要任务

目前我国农村水能资源开发率仅为53%，潜力还很大。解决边远山区无电缺电问题、促进节能减排、发展山区经济都需要大力发展农村水电。一要明确农村水电发展目标。提前谋划“十三五”发展思路和战略，因地制宜，加快农村水能资源开发利用，力争到2020年，农村水电总装机容量超过7500万kW。二要完善农村水电发展政策，进一步优化农村水电发展环境，提升行业管理水平。三要充分发挥市场的作用，努力破除影响农村水电发展的体制机制障碍，激发农村水电发展活力。

2. 继续把惠民工程建设作为农村水电工作的重要内容

农村水电是农村特别是边远山区的重要民生设施，是开发性扶贫工程。我们要把民生放在突出地位，加快农村水电惠民工程建设。一要确保完成“十二五”规划确定的目标任务。到2015年末，建成300个水电新农村电气化县，建成4个代燃料生态示范县、100个代燃料乡、1500个代燃料村，完成近5000座老旧电站的增效扩容改造。二要拓展“十三五”民生水电建设内容。要大力开展农村水电重点县建设，更加注重项目建设和管理，更好地与农民利益和生态环境相结合。大力开展小水电代燃料生态示范县建设，进一步优化布局，推动小水电代燃料整县推进。积极探索继续开展增效扩容改造和绿色小水电建设的方法和路径，着力推进直供电片区电网改造，争取农村水电惠农工程项目不少，中央补助扶持资金不减。

3. 继续把保护生态环境作为农村水电工作的重要职责

农村水电的开发必须考虑当地群众的利益，切实保护生态环境。一要严格按照法律、法规的要求，在农村水电规划、建设和运行的全过程加强生态环境保护。二要加强资源管理，谋划开展新一轮水能资源调查评价，加强中小河流水能资源开发规划编制，力争到“十二五”末完成2000条中小河流水能资源开发规划修编任务。三要结合农村水电技术标准体系修订，完善农村水电生态环境保护技术标准和要求。四要将绿色小水电建设作为水生态文明建设的重要内容，积极争取资金和项目支持。

4. 继续把行业管理创新作为推进农村水电工作的不竭动力

管理创新是农村水电发展的源泉，是水利改革的重要组成部分。一要转变政府职能。把工作重点放在农村水电发展战略、规划、政策、标准等的制定和实施上，切实加强农村水电行业管理。二要强化安全监管。落实安全生产“双主体”责任制，建立健全全覆盖、无死角的农村水电安全监管机制；启动实施农村水电站安全生产标准化达标评级，推进农村水电安全生产标准化管理。三要制定扶持政策。推动建立科学合理的农村水电上网价格形成机制和完善的农村水电增值税政策。

三、扎实做好2014年农村水电重点工作

2014年是贯彻落实党的十八大和十八届三中全会精神的重要一年，是全面深化改革的开局之年，也是完成“十二五”规划目标任务的关键之年，我们要按照陈雷部长“大力推进‘民生、平安、绿色、和谐’水电建设，开创新局面”的要求，坚持抓发展、强监管，保生态、惠民生，保持中央投资稳步增长，新增农村水电装机容量200万kW，努力推动农村水电工作再上新台阶。

1. 强化管理、细化措施，加快推进民生水电工程建设

要切实加强项目前期工作，严格按照有关规定开展审查审批。严格落实项目法人责任制、招标投标制、合同管理制和建设监理制，严格执行各项财务制度，确保项目进度和工程质量。

农村水电增效扩容改造要加快实施进度。会前，我分别与进度严重滞后省份的有关同志交换了意见，会后部水电局还将对落实情况进行重点督查。各地要尽快分解下达中央补助资金，落实地方配套资金，强化项目和资金管理，对于严重滞后的项目要重点督办，今年要确保完成云南等13个省份和新疆兵团的增效扩容改造任务。近期水利部将联合财政部审查并批复贵州等省份的增效扩容改造实施方案，争取尽快启动实施。水电新农村电气化县建设要进一步加大项目前期工作审核力度，做好“十二五”电气化验收和总结准备工作，研究谋划“十三五”发展思路。小水电代燃料工程要严格项目管理，按照实施方案的要求，完成建设任务并向代燃料户供电。要指导各地开展好生态示范县建设试点，创新体制机制，完善政策措施，开展“十三五”规划编制工作。农村水电直供电片区电网改造要深入研究重点问题，加强与有关部门的沟通协调，争取资金支持。

2. 高度重视、落实经费，不断加强水能资源管理

一是深入开展中小河流水能资源开发规划工作。根据总体进度安排，继续加大中小河流水能资源开发规划的督导力度，加强技术咨询与服务。今年要初步完成1000条中小河流水能资源开发规划的修编任务，同时启动全国规划成果汇总，确保规划任务按期保质完成。

二是推进绿色小水电建设。做好17个省份申报的150座水电站的典型培育和评价试点工作，总结不

同流域、不同区域绿色小水电建设的经验和做法，制定绿色小水电建设标准，争取激励政策，加强宣传报道。

3. 明确责任、加强督导，切实强化农村水电安全监管

2006年以来，全国农村水电安全生产形势总体向好，但2013年发生了3起较大事故，反映出农村水电安全生产工作仍有不少薄弱环节。我们要清醒认识安全监管工作的重要性和必要性，加大工作力度，切实落实各项安全监管责任，消除监管盲区。要继续推进安全生产“双主体”责任全覆盖，细化充实“双主体”责任内容。加大隐患排查治理力度，强化安全生产督导检查。结合增效扩容改造等工作，大力推动农村水电站安全生产标准化建设，今年要启动1000座电站安全生产标准化建设试点，争取2015年底全面完成并达标。要加强农村水电站安全度汛和安全生产应急管理，提高应急处置能力和水平。

4. 完善标准、夯实基础，大力提升行业管理水平

一是加强农村水电技术标准的制度修订，提高标准化、规范化水平。今年要完成水利技术标准体系修订工作，抓好在编标准的进度和质量。各地要加强技术标准宣贯力度，强化标准执行的监督检查，增强标准的权威性。要重视对农村水电重大科技问题的研究，加强应用技术的研发，为水能资源开发和农村水电管理提供科技支撑。

二是加强农村水电信息化建设和统计工作。要全面完成农村水电统计信息系统的升级改造任务，确保各项统计数据及时、准确和完整。加大农村水电信息化建设力度，积极研发适合本地需求的农村水电管理信息系统，不断提高信息化水平。

三是加强行业协会组织建设。各级水行政主管部门要按照中央关于转变政府职能的有关精神，主动关心支持行业协会的工作，进一步发挥行业协会的作用。国际小水电联合会等协会和学会组织要积极开展活动，为广大会员搭建资源共享、共同发展的平台，促进农村水电行业健康发展。

四、切实加强对农村水电工作的组织领导

农村水电发展目标任务已经明确，关键是要强化保障措施，狠抓工作落实。

一要加强责任落实。农村水电工作政策性强，社会敏感度高，各级水行政主管部门要以高度的责任感，把农村水电工作作为水利工作的一项大事要事来抓，找准工作的着力点和切入点，提高工作的主动性和自觉性。要加强组织领导，将责任制落实到前期工作、配套资金、项目建设、运行管理等各个环节，加强监督检查和责任追究，确保工程安全、资金安全、干部安全和生产安全。

二要加强沟通协调。农村水电涉及部门多，牵扯利益面广，与政府、企业、群众都有交集，沟通协调至关重要。各级水行政主管部门要积极主动向各级党委和政府汇报，主动与发展改革、财政、法制、环保、税务、物价、安监等部门及有关金融机构沟通，加强与农村水电建设利益相关方的协调，取得他们的理解和支持，为农村水电创造良好的发展环境。

三要加强能力建设。围绕农村水电发展的重大问题，深入开展调查研究，及时提出政策建议，积极争取出台有利于农村水电发展的政策措施。加强机构和能力建设，加大人才培养力度，建设一支政治强、业务精、作风硬、能吃苦的队伍，为农村水电发展提供组织和人才保障。

四要加强舆论引导。要善于发挥媒体的作用，加强舆论引导，积极回应新闻媒体和社会公众的关切，争取社会各界的关心和支持，为农村水电发展营造良好舆论氛围。加强农村水电宣传队伍建设，努力提升宣传工作水平。

专 家 论 坛

别让三峡工程背黑锅

中国工程院院士 陆佑楣

《财经国家周刊》：自中央巡视组反馈情况和中国长江三峡集团公司（简称三峡集团）人事调整以来，三峡工程迎来新一轮质疑。对此你怎么看？

陆佑楣：最近因为三峡集团巡视反馈情况和领导班子调整，带来了一场风波。三峡工程背上了一个黑锅，似乎变成了一个腐败的工程。我非常伤心。三峡工程究竟是个腐败的工程还是个成功的工程？这是一个大是大非的问题，不能含糊。

三峡工程是非干不可的一个工程，它的必要性是防洪，可行性是发电和航运，这个道理已经讲了千百遍了。邓小平当年就说过，上三峡工程，可能有政治问题；不上，政治问题可能更大。要是来场大洪水，没有三峡工程，不是天大的政治问题吗？

中国这么多的大工程，到现在也没有哪一个像三峡工程一样，通过那么多次论证，最后由全国人大表决。它的决策是遵循了科学性和民主性的。

《财经国家周刊》：招投标的问题引发了对三峡工程质量与安全的担心，你觉得三峡工程经得起检验吗？

陆佑楣：从1993年到2003年，我在三峡任职11年，主体工程大多在这11年中完成。工程招标是手段，目的是选择一家对工程最有利的承包商。先公开招标，承包企业公开竞争、公开投标，再由业主（项目法人）邀请第三方专家进行秘密评标，最后由三峡总公司党组集体决策。

那个时期，招投标比较规矩，社会环境也比较好。近年来，整个建筑市场比较混乱，层层分包现象比较普遍。能不能控制得住，就是业主的管理水平问题。

这次风波主要集中在铺张浪费、选人用人等方面，招投标暗箱操作方面报道的也都是外围建设，如三峡坝区培训中心改造、成都三峡大厦装修工程等，与三峡工程本身没有直接关系。

我干了很多工程，到现在最睡得着觉的还是三峡工程。

《财经国家周刊》：现在外界怀疑三峡工程财务不透明，如一个说法称三峡工程花了全国人民5000亿。对此你怎么看？

陆佑楣：三峡工程实行“静态控制、动态管理”的投资管理方式，动态投资概算总额2485.37亿元。审计署去年公布的《长江三峡工程竣工财务决算审计公告》显示，三峡工程竣工财务决算总金额2072.76亿元，其中枢纽工程和移民安置工程决算金额1728.48亿元，输变电工程决算金额344.28亿元。

三峡工程总投资的两千亿中，通过电力附加由电力用户缴纳形成的三峡工程建设基金共1279.48亿元，其中用于枢纽工程和移民安置工程的三峡基金1070.35亿元。2009年三峡工程基本建成，国家也停止征收三峡基金，只是为其筹资的电价附加不取消，改为国家重大水利工程建设基金了。所以说“全国人民给三峡交了5000亿”的说法，是没有根据的，是一种误导。

我建议三峡集团每年出一本白皮书或者蓝皮书，把每一年的工程运行情况、生态环境变化、财务状况等等都公布于众，没有什么不可以公布的！这次巡视组反映出来的问题应该彻底查清，公布于众，毫不含糊。究竟是谁把自己的亲戚引进来承包工程，哪些招投标暗箱操作，都要说清楚，否则大家都在背黑锅。

《财经国家周刊》：三峡工程一年发近千亿度电，但有质疑声音认为老百姓并没有享受到用电方面的便利，当年“全国电费每度下降几分钱”的承诺没有兑现。对此应如何解释？

陆佑楣：三峡电站上网电价远低于华东、华南和华中地区电网中其他电站的上网电价。三峡电站的电价由发展改革委制定，十年来维持在两毛六左右，由于电网终端售电价格是以各类电源平均上网价格、配电成本、网损为基础的分类目录电价，所以广大电力用户难以直接感受到三峡的优惠电价，但三峡电站为平抑华中、华东及广东地区销售电价做出了重大贡献。

电力也是一种商品，应该按照市场机制建立发电端和用电端的直接交易，如此，三峡电站清洁低廉的电力优势将会更加直观地显现出来。

（摘自中国大坝协会网）

解决中国心肺之患 水电发展不容耽搁

国务院发展研究中心研究员 王亦楠

我来自国务院发展研究中心，我今天到这看了一下，除了媒体界的朋友，我也是属于水利水电专业研究院所和机构之外的。我这个单位虽然不专门从事水电，但是我本人是在国务院发展研究中心资源与环境政策研究所工作，一直从事中国能源资源环境政策问题研究，这十年来曾根据中国能源发展战略问题，给中央提了一系列的建议，像十年以前质疑“用能源总量翻一番保证GDP翻两番”的可行性、2004年就中国风电发展问题、2006年就中国如何发展太阳能等问题我都写了意见和建议，产生了积极的影响。最近两年关注核电问题，2012年7月在内陆核电是否重启问题上，我给温总理上了一个折子，我坚决反对核电往内陆发展。刚才贾院长（中国水利水电科学研究院副院长贾金生，下同）谈到“去煤化”时把核电也作为选择之一，汤社长（中国水利水电出版社社长汤鑫华）也谈了一点核电，对核电我是有不同看法的。所以，今天我不仅仅要谈水电，也要讲讲在应对雾霾的巨大压力下，我国能源结构优化到底该走什么样的技术路线，哪些才是适合中国国情的选择？我的题目是解决中国心肺之患，水电发展不能耽搁。

总理提出来的治理雾霾目标，已经上升到民生高度，人民群众心肺之患，从过了年就召开会议，指出“一定要消除人民群众的心肺之患，抓住能源结构，尾气排放等关键环节”。两会的时候，李总理又提出要像对贫困宣战一样坚决对污染宣战。心肺之患已成为从中央政府高层到普通百姓是最关注的事。怎么解决心肺之患？从目前看，一个要有决心，再一个硬举措。国内的形势，决心的问题从总理这层面提的已经非常高了，然而在举措方面，我们看一下国内的氛围我有一些看法。

硬举措应该是两个层面，一个是制度层面，还有一个就是技术层面。制度层面已得到高度的关注，三中全会决议、刚刚闭幕的两会，都提出我们要不断完善制度体系。三中全会决议谈到生态文明时谈了一系列的制度，“必须建立系统完整的生态文明制度体系，用制度保护生态环境。要健全自然资源资产产权制度和用途管制制度，划定生态保护红线，实行资源有偿使用制度和补偿制度，改革生态环境保护管理体制”等等，健全各种各样的制度。两会又在讨论我们怎么加强政府政绩考核，“将颗粒物污染指标纳入政府政绩考核、区域联防联控如京津冀协作联动机制、建立生态红线台账”等等，可以说制度问题得到了充分的讨论和高度的关注。但相比之下，更为关键的技术层面却没有一个统一的清晰的认识，技术路线没有统一，也不清晰。解决心肺之患，最关键的还是要靠能源结构转型。我对目前执行能源消费总量控制等政策我持反对意见。因为中国是发展中国家，中国首要的问题还是要发展。现在我们实现经济腾飞的社会条件跟发达国家当时实现经济腾飞的社会条件已经完全不一样了，我们发展经济有了更严格的约束，就是必须兼顾环境的问题。

但是，中国人口是世界 1/5，目前人均能源消费量只是世界人均能源消费水平、仅为美国人均能源消费量的 1/4，人均电力装机容量还不到美国 2002 年水平的 1/3。按照新的国际扶贫标准，我国还有 1.5 亿人处于贫困线以下。在这种低水平的能源消费基础上怎么可能建设现代化？问题应该在发展中解决，而不是为解决问题停止发展。所以我对能源总量控制政策是持反对意见的。

靠能源总量消费控制政策，甚至纳入政绩考核，会把我们逼入“稳增长，调结构，建设生态文明无法兼得”的死胡同，这是很多省市当前面临的现实难题，我们不能回避。我走访很多地方，一个中部欠发达地区的市长就跟我说，我们也知道天然气清洁，也想用天然气，但是我把化工厂的煤改成天然气的话，企业的成本涨 10 倍，无法在市场上生存，企业倒闭了我的经济怎么发展，怎么保就业、保民生？所以一系列的问题，能源是牵一发动全身的事。我们单纯靠总量控制的政策行不通（我们近十年来的能源消费总量控制目标哪一次不是被突破?）靠最严格的制度也行不通，必须清醒地认识到工业化建设对能源总量特别巨大的需求。解决心肺之患的关键在于必须开创一条新道路，用清洁能源支撑工业化的需求。

国务院大气污染防治行动计划，第四条提出调结构，增加清洁能源供应。去煤化是无可争议的，但是用什么能源代替煤？这个有很大的分歧，后面则是不同的利益集团在博弈。当前比较流行的观点是，一个是用核电大发展来替代煤电，一个是大力增加天然气在一次能源中的消费比重。所以，我今天想针对“靠什么实现去煤化”谈三个问题，是靠核电？还是靠天然气，还是靠以水能为主的可再生能源？提高天然气的比重是没有问题的，但是我国是天然气资源短缺国家，所以“靠天然气去煤化”是否可行实质是靠什么解决我国天然气资源缺口的问题，当前比较流行的观点，一是煤制天然气，一是页岩气。我在下面的报告中都要谈谈我的看法。

首先是谈核电。2012 年 7 月，我给总理上了一个折子，当时中国工程院的很多院士、核电产业集团，包括我们能源界的一些官员都在大力呼吁重启内陆核电。在那种形势下，我写了一个《我国启动内陆核电还须十分审慎》的建议，核心意思是中国坚决不能走内陆核电之路。温总理对这个建议比较重视，把这个建议批给国家发展改革委主任、环保部长和能源局长。随后，在 10 月公布的《核电中长期发展规划（2011～2020 年）》明确规定：“‘十二五’期间只在沿海安排少数经过充分论证的核电项目，不安排内陆核电项目”。至此，我国已在筹备中但尚未拿到路条的 26 座内陆核电站全部搁浅，我国的核电“大跃进”因为福岛核事故紧急刹车。但是，随着 2013 雾霾污染成为焦点，重启内陆核电的呼声又呈抬头之势。在一些宣传报道里，与煤电相比，没有二氧化碳、二氧化硫、氮氧化物、汞、颗粒物等污染物排放的核电似乎是“是满足中国能源发展需要、解决中国能源环境污染、实现温室气体减排目标的现实的、重要的途径”，甚至有人提出“中国应加速发展核电、再建 80 个核电站”等等。再建 80 个核电站，这个肯定往内陆发展。

我认为，无论从安全性、清洁性还是经济性哪一个方面来说，核电都不应该是中国能源结构转型的选择，更不应该冒巨大风险去发展根本不适于我国国情的内陆核电。因为二氧化碳减排、治理雾霾而选择发展核电，无异于是饮鸩止渴。刚才贾院长展示国外的情况，那个图示很鲜明，去核化是世界大势，我特别注意到，实现“去煤化”，发达国家的核电在能源结构中的作用都将在现有基础上弱化，而唯独我们国家要提升，这也正是当前我们一些专家所主张和媒体所宣传的观点。所以，我今天要特别说说核电，核电决不能成为我国能源结构转型、特别是去煤化的选择。

为什么不能选择核电、核电不能往内陆发展？主要有4个理由：

第一，现阶段全世界的技术水平，还未能做到使核电安全可控。在核电发展问题上，国内一直有很多似是而非的观点充斥在各种媒体上。比如“核能是可驾驭和可控制的，核事故是可分析和可认识的，核电站是可以做到安全的”“我国15台核电机组在近20年时间里保持着良好记录证明是安全和可靠的”等等。但是“可以”和“已经”有本质的区别，核能在现阶段之于人类，“可以做到安全”不等于“已经做到安全”“可分析、可认识”不等于“已分析、已认识”，“可驾驭、可控制”更不等于“已驾驭、已控制”。美国、前苏联和日本三次重大核事故警示我们：直到目前，人类的核电安全是建立在核电站本身“不出事”的基础上的。尽管技术进步使得核事故发生的概率一降再降，然而一旦天灾人祸导致核电站出了“万一”，最先进的核国家也没什么好办法。与美日俄相比，我国现有核电机组的全部运行记录还不足100堆年（还不到全世界的1%），如果就此断言“我国核电是安全、可靠的”，还为时过早。前有苏联切尔诺贝利之鉴，近有日本福岛之鉴，无情的现实告诉我们小概率事件发生后的极其严重的后果，日本福岛核事故发生到现在已经3年过去了，而核污染的范围和程度却在不断超出人们的预料，核污染依然无法彻底控制。因此，对于核能这种足以毁灭人类的特殊资源来说，评估核电工程的风险，不仅要看事故发生的概率，更要看事故发生后的后果。在我国内陆核电问题上，绝不能因为“第几代核电技术发生事故概率已低至××”而心存任何“小概率事件”的侥幸。

第二，核燃料铀资源短缺和核废料处理是制约我国核电发展的两大瓶颈。我们当前已建和在建总共43台核电机组，已经使我国核燃料天然铀的对外需求度高达85%，远远超过50%这一国际警戒线。大家一直比较关注石油问题，我国石油对外依存度现在高达56%，大家就认为这么高的依存度已经成了危及国家能源安全的心腹之患，殊不知当前我国铀资源短缺比石油资源短缺还要严重得多、危险得多，因为进口铀资源比进口石油的难度还要大。

此外，即使核电站不出任何事故，核废料处理目前仍然是困扰世界各国的难题。一旦发生战争，即使停止发电，核电站所积累的大量核废料，仍然是恐怖分子极好的攻击目标。目前全世界443座核电站已经积累了几十万吨高放射性核废料，其致命的放射性污染可持续达10万甚至百万年以上，科学界至今未能找到处理这一污染源的有效方法。发达国家曾试图将核废料储存移到我国和蒙古的沙漠地区，均遭到拒绝。如果核废料在现阶段已经“可控制、可驾驭”，为什么发达国家要转嫁别国呢？一个成熟的清洁能源技术，不仅要看它能产生多少能源，还要看它产生多少危害人类的废弃物，以及人类将花费多大代价来处理这些废弃物。用这个标准审视，现阶段的核电不仅不是清洁能源，反而是最难对付的污染源——核能破坏人类生存的“持久性杀伤力”是任何化石能源所无法企及的。

第三，核电站退役周期漫长且成本高昂。核燃料的特殊性，使其与常规电站不同，废弃的核电站如果不进行“退役”处理，遇到海啸、地震等地质灾害，核电站的核威胁仍在。所以，核电厂的退役非常麻烦，核电站从停止反应堆到完成“退役”工作，时间跨度可长达10～80年，且退役成本高昂。原来估计一座百万千瓦的核电站退役资金占最初投资的10%～15%，而法国布雷尼力核电站退役金从2001年占最初投资的26%增至2008年的59%，总金额达到了原始预算的20倍！英国政府为核电站准备的退役金从1970年的200万英镑猛增到2011年的537亿英镑。来自联合国环境计划署的年鉴显示，截至2012年1月，全球共有19个国家的138座核反应堆已被关闭。但到目前为止，只有17座核反应堆的退役工作彻底完成。而未来10年还将有80个民用核反应堆面临关闭。所以数目不断增长的到期核反应堆的退役问题，正成为令全世界担忧的问题。核电退役难题已经在发达国家凸显，我国因为核电刚刚起步，这个问题还没有暴露出来，但是这个问题不等于就不存在。我们在进行能源结构调整的顶层设计时，一定充分地考虑到每种技术选择之后的弊端和代价。考虑到退役难题，核电还具有现在所宣传的“经济性”吗？

第四，欧美国家的实践已经证明内陆核电运行困难，没有前景。部分专家主张在我国大规模发展内陆核电的理由之一是欧美均建设了很多内陆核电站。然而却不知，欧美内陆核电站正面临着水资源困境。2012年6月4日，欧美科学家联合发表了最新研究报告《核电、火电面临气候变化的风险研究》，指出“在气候变暖趋势下，缺少冷却水正成为欧洲和美国在运核电站的严重约束。2003～2009年的夏季，欧洲和美国的多个内陆核电厂均出现了因为缺少冷却水而被迫停运的状况”，强调“建设核电等新的热电厂时，选址放在海边是应对气候变暖有效的、重要的策略”。欧洲和美国水量充沛尚且出现如此问题，而我国则是严重缺水国家，问题只会更严重。我国人均淡水拥有量只有世界平均水平的1/4，近些年旱情范围和程度越发加大。在内陆建设核电站，必须“万无一失”“绝对可靠”地保证源源不断的冷却水供应（为火力发电站的数倍）。一旦断水，就可能发生福岛那样的重大核事故，且放射性污染物只能排向附近的江河湖泊，污染关系着几亿人生命安全的水源。在缺水地区，第三代核技术并不比当前依靠电源驱动的第二代核技术更安全。

综合以上四个因素，即人类对核电的技术驾驭水平有限、核资源短缺、核废料难以处理、核电退役周期长且成本昂贵、国外内陆核电实践已经证明没有前景等因素，核电是既不安全、又不清洁、更不经济的能源，我们在中长期顶层设计考虑“去煤化”问题上是绝不能选择核电的。我们在以水能、风能、太阳能、生物质能为主的可再生能源领域尚有极大潜力亟待挖掘，所以在真正安全、清洁、经济的可再生能源“吃干榨净”之前，我们没有理由让核电“绑架”我国的能源安全和环境安全，不能“饮鸩止渴”。

第二个希望比较大的就是天然气，天然气是碳排放最低，污染最少的化石能源。提高天然气的消费比重是没有错误的，但是我国天然气资源短缺，近几年对外依存度正急速攀升，用什么解决天然气短缺问题却值得深入研究，有很多不同的技术路线值得讨论。当前呼声比较高的之一是煤制天然气，而我要说，煤制天然气并不是清洁能源！目前对这一问题认识还非常不够，所以煤制天然气被作为一个重要举措被列入到大气污染防治的国十条当中，其中“制定煤制天然气发展规划，加快煤制天然气产业化和规模化步伐”这样的话。但是我要说，从节能减排和环境保护角度来讲，天然气从自然界中获取和从煤炭转化而来有着本质的区别，煤制天然气是比煤炭本身更加高耗能、高耗水、高二氧化碳排放的“三高”产物，不仅不是“调整能源结构、增加清洁能源供应的重要途径”，反而会让我国本已脆弱的生态环境、严峻的水资源短缺问题雪上加霜。

煤制天然气的生产工艺注定了它有三高特征，因为煤制气煤制油的关键都在加氢，美国杜克大学研究结果：煤制天然气生命周期的二氧化碳排放量比燃煤高出36%～108%。煤制天然气比煤制油的加氢量高一倍，其耗水量（1tSNG要消耗6t水）、耗能量（需要大量耗煤或高耗电）、二氧化碳排放量（主产品是CO_2，约占65%，SNG约占34%）比煤制油还要高出一倍！当前全世界煤制天然气的经济性生产都存在着不确定性。煤制天然气的主产品是CO_2，占2/3，副产品才是天然气，约占1/3。需要特别注意的是，美国2008年把煤制天然气项目列入能源规划，美国是为了得到CO_2而搞煤制天然气，而不是为了得到天然气！这一点与我国迥异！我们为了得到天然气而搞煤制天然气，是南辕北辙、舍本求末之举。

另外，我国煤制天然气项目，大都是处于水资源紧张地区，18个煤制天然气厂都是干旱半干旱地区，这些项目满负荷运转消耗5亿～7亿m^3淡水，约为2011年西部地区工业用水总量的20%，煤制天然气项目投产加重这些地方长期面临的缺水问题。北京可能是中国第一个接收煤制天然气的城市，计划每年接受40亿m^3煤制天然气，这相当于消耗320亿m^3淡水，是内蒙古全年用水需求。用煤制天然气缓解东部城市空气污染，严重威胁到西部地区的供水，此煤制天然气还有焦油、有机物成分非常高等水污染问题。所以，我国应仔细权衡煤制天然气对大气污染防治的作用和其带来的水资源、气候变化成本，不能顾此失彼。否则被寄予厚望的《大气污染防治行动计划》将会造成意想不到的结果，使我国本已压力很大的水资源短缺和水污染问题更为严重。

还有一部分人呼吁页岩气，寄望页岩气解决我国天然气短缺问题。可是，我们跟美国情况不一样。美国页岩气商业化成功建立在成熟的开发技术、明确的页岩气探明储量、完备的油气管线设施和多元化的投资机制四大基础之上。我们抛开设计管理和体制因素不谈，单就前两个因素而言，美国的“页岩气革命”能否复制到中国，就存在很大的疑问，而且页岩气开采对环境的负面影响亟需关注。

在页岩气问题上，我们国家也存在很多约束，与美国大为不同。比如，我国泥页岩油气埋藏深，2000～3000m以上的深度，而美国页岩气储层浅，基本在800～2600m。我国地质构造复杂，地质勘探难，资源量不清楚，技术准备还不够，开采成本高，等等，在此不一一展开说了。总之，冀望页岩气是靠不住的。

谈了核电和用什么替代天然气的问题，接下来就是今天要谈的重点话题，解决心肺之患、实现去煤化，关键靠可再生能源，可再生能源才是适合我国国情的最现实、最安全、最可靠、最清洁的“去煤化”选择。

可再生能源去煤化，一个是要回答如何用可再生能源解决天然气的需求缺口。我的看法是，用生物天然气。相比页岩气的资源不清、勘探开发难、成本高昂以及开采过程中对环境的破坏，沼气是唾手可得、一举多得解决天然气缺口的最现实选择，不仅以清洁环保方式满足农村对优质能源迅猛增长的需求，而且切实推进农业生产方式转变、农村公共环境改善和农村生态建设，对我国新农村建设具有其他所有能源资源所无法匹及的重要战略地位和作用。这个问题亟待政策关注，目前并没有得到足够的重视。

第二个要回答如何用可再生能源解决电力的需求。以水能为主，大力发展水电＋风电＋太阳能发电是当务之急。最近十年风电和太阳能在政策激励下得到了快速的发展，而水电同期发展却非常的滞缓，因为受水电妖魔化的影响。发展水电是当务之急。因为我们水电发展滞缓，造成了我们国家经济高速增长在最需要能源消费支持的时候，不得不建立在煤炭快速增长情况下，所以造成了今天经济发展和环境的尖锐矛盾，也就是今天的心肺之患。所以，解决心肺之患，水电发展不能再耽搁。

水资源问题是社会经济发展和生态文明的前提保障。前年反对核电之后，很多人问我，原本计划由核电担当的电力空缺由谁替代，我说当然是首先应该发展水电，只有当可再生能源潜力发挥完、吃干榨尽之后，我们别无选择时再选择更危险、代价更大的能源。如果核聚变技术成熟那是可以指望的，但现在还看不到，靠核裂变技术大干快上内陆核电是绝对不行的。

水电是目前可再生能源里面最经济和开发程度最高的能源。世界上发达国家的水电开发程度基本上都在 80%，优先发展水电是发达国家走过的成功之路，所拥有的水能资源在上个世纪就已经“吃光炸净”，只是近几十年反复发作的石油危机带来的能源安全问题，才促使它们转向开发风能太阳能技术，不得不降低国民经济整体效率，去使用昂贵的新能源。而我国水能资源才开发了 34%，每年将其余 1 万多亿千瓦时的清洁水能付诸东流，白白放掉，然后大量建设燃煤电厂去承担这部分发电量，怎么可能不造成直接危及我们每个人健康的严重“雾霾”呢。

根据当前我国的一次能源消费结构，我们还有大量的可再生能源潜力可开发，当务之急挖掘可再生能源。水电妖魔化在国内已经相当成气候了，妖魔化的种种误导不仅已经深入到老百姓的头脑中，甚至已经深入到很多高级官员和高级专家的头脑中了。比如我们谈论水安全问题的时候，一些比较有名的专家，居然会拿一些“妖魔化”的观点来反对水电、攻击水电，所持的言论都是最基本的概念错误，让我非常吃惊。比如，最典型的是论调就是“我国水电开发程度已经超过国际警戒线”，这一论调经常被抛出来，也非常耸人听闻，我在一次会议上当面就问这位专家，你说中国水电开发还不到 50%就已经超过国际警戒线了，那么欧洲很多国家水电开发接近 100%、美国水电开发程度达 80%、世界所有发达国家水电平均开发程度高达 70%，该怎么解释？那岂不是比我国严重地超过警戒线了、更危险吗?！所以，我接下来最想做的事，就是要为水电“正本清源”、澄清水电的妖魔化，赶紧大力发展水电，不能再耽搁下去。水资源问题是我们生态文明的前提保障。2007 年联合国调查显示，一个国家经济社会，社会文明程度与水电开发紧密相关，与水资源开发程度和水库蓄水能力成正比。世界人均库容 580m^3，发达国家是 3184m^3，发展中国家是 500m^{3}以下，我们国家是 520m^3。世界水电平均开发程度 35%，发达国家是 70%，欠发达国家地区的水电开发程度普遍较低，我国水电开发程度仅为 34%。所以，水电开发程度不仅从来没有警戒线，反而是越高越好。

因为我国人均库容比较低，洪涝灾害频频发生，我们应对洪旱灾害的能力较发达国家相差甚远。我们水能资源量世界第一，水电在电力结构中比重仅为 17%，比世界平均水平低 4 个百分点。我们国家煤炭资源量世界第三，煤电比重却高于世界平均水平 40 个百分点。我们技术可开发的水能资源相当于 13 亿 t 原煤，目前每年只利用了 4 亿 t 原煤，而其余相当于 9 亿 t 原煤的水能资源白白付之东流，非常令人痛心。

刚才有位记者朋友问我国水能资源如果都利用上，会起多大作用。我们如果把现在尚未开发利用的相当于 9 亿 t 原煤的水能资源利用上，将会在我们国家当前 36 亿 t 标准煤的能耗总量中占有多大比重，很明显，举足轻重！这张图是中外国家水电开发程度对比，欧洲一些国家基本上接近 100%，美国偏低，80%多。我很欣慰刚才听到美国又在提升水电开发程度，已经部署 6000 万 kW 的新增装机容量。发达国家都是优先发展水电，把水电发展完之后再寻求更昂贵的新能源技术。我国水电发展不能再耽搁了。

水电发展滞缓导致我们中国在国际上承受气候压力越来越大。如果实现 45%的国际减排程度，中国水电首当其冲，承担着最大的份额，可以说决定着战略的成败。如水电能得到最充分的开发利用，那么我们至少要在目前的基础上每年多减排 20 亿 t 二氧化碳。

此外，风能，太阳能获得大规模的发展也需要水电。风电太阳能出现了送出难，并网难，风能太阳能的发展离不开水电发展，因为水电是非常好的储电设施，是非常好的调峰设施，可以弥补风能太阳能的间歇性缺陷。大规模的风能太阳能资源均远离能源消费中心，需要远距离输电。沿着中国几条大江大河分布的许多其他水电站也同样位于中国的中西部地区。随着西电东送的规模越来越大，中西部地区的水电位于间歇性可再生能源和用电中心之间，可以承担起负荷平衡的责任。在未来的电力市场中，水电这种灵活的“开关能力”将成为电网运行中非常重要的一部分。

中国水电宣传需要正本清源，水电发展不容耽搁。我作为研究人员，有责任要给中央提供这样的建议。在此我希望媒体朋友一起加入为水电正本清源的队伍当中来。国际社会对水电已经正本清源，世行曾经一度停止水电贷款，但从2004年之后，不仅恢复水电贷款，还加大了水电投资力度。联合国每三年一次水资源报告，每次都强调发展中国家要加大力度建立水库大坝。但是我们国内很少听到这样的宣传，反而是妖魔化误导依然在主导社会舆论。

我国水电发展不容耽搁，水电关系中国的生存与发展。今天谈论的主题是解决心肺之患，水电发展不仅仅是解决心肺之患的问题。还是解决水资源短缺，解决洪涝灾害的需要，是拉动经济增长，落后脱贫的需要，是解决我国风能太阳能大规模外送瓶颈的需要。

（摘自中国水力发电网）

开发西南水电不容耽搁

中国科学院院士 卢 强

问：您认为雾霾天气产生的原因是什么？跟煤炭、石油等化石能源的燃烧有何关系？

卢强：关于雾霾天气产生的原因是多种的：以燃煤为主的火力发电厂、汽车尾气排放（在道路堵塞时，其排放尾气是正常行驶的4～5倍）、建筑的野蛮施工（水泥、沙料乱堆放，完工后不加清理）、冬季分散式取暖方式等依然存在，再加上中国特有的大火热油的烹调方式以及遍布大街小巷的烤肉串等等。讲到煤炭的利用，我认为起码应该有五分之一或者四分之一的煤炭要变成煤化气加以利用，应当多烧气而不是只烧煤粉，所以煤的气化和液化工程应当成为煤炭革命的主流。煤炭革命不是说不用煤炭，而是要用好的煤炭（含灰量和含硫量低的），我们应当改变煤炭的利用方式。现在我们也跟很多国家进行了石油和天然气方面的合作。美国的页岩气革命使它对石油的依赖度降低约30%，未来我们的第三次工业革命，也有可能变成煤化气大国。有人说，煤的气化要花成本，这里有个根本问题要解决，就是我们发展究竟是为了什么？人民对蓝天白云的向往，就是我们的奋斗目标。

“开发西南水电不容耽搁”

问：您认为电网在能源革命中应当发挥怎样的作用？

卢强：电网在能源革命中应该起到一个骨干的支撑作用，因为在一个国家终端能源的利用方式中，电能占的百分比越高，说明这个国家的经济、技术、社会发展越成熟。所以能源革命首先要关注电力，通过电力的推广应用来带动整个能源系统的革命。

问：那电网与电源在整个革命中应当是怎样一种关系？

卢强：我认为电网和电源之间的关系就好比人的神经系统与消化系统、大脑的关系，是一个完整的系统，因此电源和电网在运行中不能割裂开，要谈革命，必须要谈电源。

问：您对中国电源发展方面有怎样的看法或者建议？

卢强：未来的能源革命，我们应当弥补在过去的10年内，没有着重发展大水电的失策，比如说怒江和雅鲁藏布江的开发。我国总共还有约5亿kW的水电没有开发，水电是最清洁的可再生能源，没有任何碳排放，如果不把足够的人力、精力、财力投入到中国水电的积极开发中，空谈能源革命是没有意义的。

我大学毕业的时候，也就是20世纪60年代，怒江的地质勘探、厂址选择就开始了，但国外有一股居心叵测的势力一直阻碍着我国的开发，他们成立了所谓的环保基金打着环保的旗号来蒙蔽不明真相的群众。因为怒江一旦开发，它的总装机将不低于三峡，而它的移民仅仅是三峡的五十分之一到一百分之一，将来怒江梯级电站的开发将对中国能源的振兴起到巨大的作用。在过去的十多年间，怒江一直按着不动，我们的黄金发展期是没有多少个十年够我们耽搁的。

问：但国内国外都有人质疑水电开发会对生态造成影响。

卢强：我去怒江看过，老百姓吃饭是要用火的，所以就上山砍柴，现在周围能砍的树已经都砍得差不多了，就开始到深山里去砍树，所以破坏怒江生态最严重的是贫穷和缺电。关于移民开发的问题，澜沧江的开发带了个好头，就是破坏一亩森林或草地要补种一亩甚至两亩。现在还有一个好的机制，跟经济学有关，给移民股份，这样就能使他们富起来，子子孙孙得益于怒江的开发。所以怒江必须要开发，这是我国的主权，有主权不用就等于丧失主权。即使现在开发，距离第一台机组投产发电还需要等10年左右的时间。

问：是不是与以前水电开发的失败案例有关？

卢强：有些人现在质疑三峡出现了一些问题，实际上这些问题并不是不能解决的，也不是失控的问题。比如说鄱阳湖、洞庭湖在长江下游水位低的时候会出现“倒灌”现象，我们学水利的都知道，若经过计算和动态模拟试验给出一个“长江下流最低允许水位值”是可以解决这个问题的。

事实上，三峡并不以发电为主，它的主要功能是防洪、防旱和航运等。

关于三峡会不会出现三门峡的情况，我认为是不会的。三门峡是前苏联专家设计的，当时苏联专家把采集的资料拿到乌克兰，是在办公室里设计出来的。采集的资料对上游水土流失给出了一个最乐观的估计，比现在的流失量低了10倍，所以苏联专家就仿照伏尔加河的设计方法来设计三门峡，这跟当时的历史条件和体制有关，现在是不可能发生了。

关于雅鲁藏布江的开发，应当与怒江同时进行，即使这样，它的第一台机组投产也会比怒江晚十年，因为工程量太大。关于地震的问题，其实也是有办法的，我们可以不用混凝土重力坝，而采用堆石坝，这种坝不怕地震，没有坍塌的风险，而且石材可以就地取材。顺便说一句，雅江开发的移民数还不到三峡的五百分之一。

此外请不要忘掉核能利用。各国核电站出大事故的根源都是冷却水系统的破坏，可是“高温气冷堆”具有与生俱来的安全性，它不用冷却水，靠气体对流冷却，最坏的情况下是空气对流冷却。这种核电站的单体容量不宜太大，这种具备固有安全性的分布式核电站站址可更接近负荷，且无需选址于海边，随处可建。

“上海不宜有过多特高压直流落点”

问：开发后就是送电的问题了。

卢强：对，这时候就和电网联系起来了。怎么送？主要目的地一个是长三角，一个是珠三角，这就必须要用特高压。现在1000kV交流特高压送电最大安全距离大约是600km，最大功率600万kW，如果采用紧凑型线路可以送到700～800km，即使这样，距离仍然不够，所以必须采用特高压直流。±800kV直流线路可以送到2000km以上，因为它没有同步稳定性问题。

当前的特高压直流输电只能是“点对点”的方式，在它路经的途中，不能就地配送电力，这是个大问题。此外，若在某种特殊情况下，送上海的特高压直流输电线中有两回同时发生“双极闭锁”，那么上海瞬间就会失去几百万千瓦功率，华东电网能否承受？还有，处于直流输电末端的上海交流电网需有足够数量的动态无功功率补偿容量的支撑。综上所述可知，华东电网应有强大的交流电网，以担其责。这样看来，将来西南再有更多的±800kV直流线路东送，分散落点为佳。还有一种思路，就是可以先用部分直流特高压送到华中，然后再用交流特高压送到华东，这亦不失为是一种较好的方案。

问：从华中送华东的过程为什么必须是交流特高压？

卢强：因为这个距离是特高压交流最适宜的距离。我们需要考虑安全经济等综合因素，包括输电走廊的问题，因为特高压比较集约。未来我们还需要鼓励采用紧凑型特高压线路，现在我们的特高压输电走廊约是20m，而紧凑型的是9～10m。这项技术必须应用，已经有一些试验线路了，从总的造价来看并不高，只是很多施工单位还没有这方面的经验。

“智能电网的本质是优化”

问：现在智能电网的概念比较热，您是怎样理解的？

卢强：到现在美国还没有对智能电网给出一个明确的定义，我认为智能电网的本质应当是优化。时至今日无论是高压电网还是低压电网都是通过调度人员进行控制的。以美国的“8.14”大停电为例，在美国，调度员如果下了错误的指令是要负法律责任的。一旦发生紧急事故，调度员应在10s内做出正确决策，再往后就晚了。在这种情况下，调度员不敢决策，结果是29个小时内没有任何一个调度员发出任何一条有权威的指令。

因此未来的电网，我们不能主要依靠人来调度，必须要通过信息技术和计算机科学进行自动调控，实现全电力大系统的完全闭环。我国现在的调度是五级调度体系，上下联系是靠打电话等传统方式，一旦有大事故，可能来不及调控。

下面讲一个多指标优化的问题，一件事情从“好”到“更好”到“最好”，这在数学上属于优化的范畴，智能电网的建立也属于优化的范畴。优化分为两种，一种是单指标优化，一种是多指标优化。电力系统的要求是安全、经济、高电能质量等，所以电力系统的优化是多指标优化。电力大系统的多指标优化在数学上是一个巨型的变分问题，因为每台发电机要用五至七阶微分方程来描述，一万台发电机就是五万至七万阶微分方程，再加上数万个节点的上下限非线性代数方程组的约束条件，然后求一个极值的解析解，这在数学上是解决不了的问题。

当电力系统已经复杂到纯数学无法解决的时候，我们要寻找一条新的思路。

我们提出了混成控制论，就是把人对电力系统的需求（安全、经济、质量等）全部都集中起来，写成多指标趋优化软件放到控制系统中。

第三次工业革命提出的是信息科学与传统科学相拥抱，因此我们要将电力系统的每一个发电厂、每一个重要节点的传感器等获悉的数据都集中到一个大数据库里，各级调度机的SCADA单元从数据库里取数据，取完后有一个去伪存真的过程，叫做状态估计。然后用这些可靠数据与事先约定好的最优状态一一比对，如果差值大于预定值，就形成一件“事故”，这时候必须启动控制。控制之前还需要测试一下，这个控制方案是否有效，如果效果好就可以控制发电厂、变电站、控制负荷、控制电动车的充放电、控制家用电器，控制后新的运行状态产生了，新的数据如果符合最优控制指标，就消除了事件。

所以变成一个最简单的理论：事件启动控制，控制消除事件。整个这一切，人并没有参加。

现在的通信技术是能做到的，比如现在上海的调度，已经初步做到了。上海的调度员原来进行监控，现在变成了主要是监视。所以通信和数学进入古典的电力系统，就产生了电力系统的第三次工业革命，产生了智能电力系统。

这个电力系统从本质上来讲就是一部“机器人”。因为机器人的本质是人所创造的自动化机电系统，而且这个机电系统要服从人的原始意志。能做到多指标自趋优的就称其为智能机器人。电力系统不是一般形态上的机器人，而是一个广域机器人，所以我们要完成的任务是要把中国的电力系统建成一个智能广域机器人，也就是我们的五级调度都要建立起智能调度系统。

问：我们要建立的智能电网与国外有区别吗？

卢强：奥巴马先生提出的智能电网，主要是指相当于中国 110kV 以下的电网，是配电网部分。而我们的大机组都是接到 500kV 电网的，所以我们中国要建立的是智能电力系统和智能电网，并不仅仅是智能电网。现在上海大致实现了，原来上海的调度中心只有自动功率控制（AGC），没有 AVC，现在实现了智能，两者协同控制，这就把上海电力系统发生事故的可能性，特别是电压崩溃灾难性事故发生的几率显著降低。最受调度员欢迎的一个人机界面是动态地、实时地标注出运行点和稳定域边界，如果有事故，调度机会自动给出和执行控制策略。调度员还有权进行手动调整。

“未来将是大电网与微电网的结合体”

问：随着微网的发展，以后自给自足的模式是否会取代现在的大电网？

卢强：微电网在局部区域是可行的，比如学校、家庭、大型游乐场、宾馆等。现在我国的功率要大于整个欧洲电功率的总和，所以未来中国电网的发展模式必定是超大型骨干电网和分布式微电网的结合体。

问：那未来微电网会不会起到主导作用？

卢强：微电网将来会在调峰的时候占主导地位。我们现在后夜功率小，高峰时段又显得功率不足，需要用大型火电厂以及抽水蓄能电站来调整负荷曲线。

将来要过渡到以负荷为调峰的主体，让需求侧来主动响应大电力系统的经济运行和紧急控制的需求，从需求的角度来进行解决。

问：这就对储能的发展提出了更高的要求。

卢强：现在建设抽水蓄能电站对地理条件要求比较严格，并不适合未来分布式储能发展的要求。而用蓄电池进行储能，缺点是价格高、寿命短。我们要储存三峡十个小时发的电能，就需要用为数众多的专用大楼来装蓄电池，三四年又需要更换一次，显然不现实。

现在有一个比较好的思路就是用空气压缩机储能，用弃风、弃水、弃光的电来压缩空气，将空气压缩在一个能装 200 个大气压的容器内，等到要用的时候，再将压缩空气喷放出来，冲动涡轮机，带动机组进行发电。今年 9 月初，我们将在安徽芜湖国家级高新开发区进行一个压缩空气储能的试验。

现在有一个更好的工程方案是在地下建造一个大型压空储气室，经充分调查研究，这种地下工程对我国来说并不是一件困难的事。以上这项科学实验工程是国家电网公司支持的。

问：您怎样看待未来电动汽车的发展？

卢强：电动汽车有一个不可替代的作用，就是锂电池是成熟的，虽然锂电池集中大规模储能不可行，但可以用到电动汽车这种分散式储能中。一辆电动车差不多是 5000kW 的蓄电功率，发展起来，全国就是一个很大的量。如果电动汽车在电网低谷的时候进行储能，效益就是巨大的。

但电动汽车必须要使用智能电表，可以显示以半小时为一个阶梯的电价曲线。

而且充电桩和充电站必须是双向的：车主可以高电价的时候卖电，低价的时候充电，这就变成了“钞票回来”车（cashbackcar），这样极有利于实现电网调峰的目的。

问：但现在锂电池的回收是个难题。

卢强：是。所以需要我们国家抓紧立项，研究锂电池的回收，防止污染。

问：这种情况，电价制度也需要相应调整。

卢强：从经济学角度出发，电价将来应当类似于股票市场，每日有个日电价曲线，它的变动可以是以小时为单位，发到每个车主的智能电表上。

问：全球范围内，您观察能源行业在生产消费观念和技术上正发生哪些让您印象深刻的变革或创新？

卢强：我觉得是美国的页岩气。美国的地质条件很好，将来发展的潜力非常大。

我国尚有 5 亿 kW 的水电亟待开发，再就是煤的气化和具有固有安全性的分布式中小型核电站的建立。

（摘自中国电力网）

促进水库大坝与水电可持续发展，为生态文明建设做更大贡献

国际大坝委员会荣誉主席、中国大坝协会
副理事长 贾金生

今天我演讲的题目叫“促进水库大坝与水电可持

续发展，为生态文明建设做更大贡献”。核心就是针对咱们的雾霾、污染，咱们到底该怎么做？我想从三个方面进行论述。

第一建设生态文明有什么新要求？第二能源水资源开发面临的严峻形势是什么？第三怎么促进水库大坝与水电的可持续发展，如何为生态文明建设做更大的贡献？

（一）建设生态文明有什么新要求

关于建设生态文明的新要求，实际上从联合国到咱们国家有很多重要的阐述。党的十八大把生态文明建设放在突出的位置。今年政府工作报告当中提出努力建设生态文明的美好家园。李克强总理特别提出，要向雾霾宣战。这是全国的一大任务，也是一个硬任务，也是硬措施。这些都是摆在咱们面前的新挑战。

国家发展改革委提出的生态文明建设目标和体系。推动能源结构化调整，大力推进污染减排。水利部特别提出了推进生态文明建设的具体要求。有水生态系统保护与修复，加强水利建设中的生态保护等等。

归纳起来。第一从党和国家领导人到各个部门，认识已经非常明确，未来很长时间，生态文明怎么建，总目标已经说明白了，那就是想空气好，水干净，山河绿，几大要素。第二虽然没有阐述，但是也说清楚了咱们的路数。转变咱们的发展方式，转变咱们的能源建设方式和开发方式，同时相关的机制、办法也有阐述。那就是利用两个市场，两个机制。一个是咱们国内的市场，一个是国际的市场。一个利用市场化机制，一个利用国际化机制。

（二）我国的能源和水资源开发面临什么样的严峻形势

从水库大坝建设、水电开发来讲，一直有各方面的争议，有很多不同的看法。其中提出了很多的问题，为什么咱们有河皆干？有河皆污？为什么空气污染这么严重？这三大问题和水库大坝建设和水电开发都是相关的。

为什么咱们有的河道都干了呢？是不是建设水库大坝的人无能，把这个河流搞干了呢？不是。咱们河流干的主要原因还是人口增长，经济的增长，城市化发展，这三大要素。大体上来讲，全世界每年递增的水资源需求量是 640 亿 m^3，相当于每年基本上要干一条黄河。

世界人口到 2025 年预计超过 80 亿。很明显，一增加人，人均淡水量就要下降。包括北京，前一段时间有人给中央写信，说永定河 50 年代径流量 20 亿 m^3，现在径流量只有 5 亿 m^3，10 多亿立方米跑哪去了？就是沿途经济社会发展用掉了。为什么北京过去这个淀，那个海，那个湖的现在都没有了，现在都是干的？就上面说的这几大因素共同导致的。

为什么咱们雾霾天多，空气污染严重。据国际能源署的资料显示，到 2035 年，全世界都是很严重地依赖于化石能源。2035 年后化石能源占比将从 81% 降到 75%。我们对煤炭和油煤气的依赖近期没有办法缓解。虽然咱们想各种各样的办法，降低化石能源的污染，但是毕竟还是有大量的二氧化碳排放。

实际上，中国到 2035 年煤这套体系仍然是增加的。虽然大家不喜欢，但是没有别的资源替代煤和油气。核能增加，可再生能源需要大力发展，否则这块削减不了。印度也是类似这样的。到 2035 年，美国煤用量要减少，可再生能源要增加。尽管他们的人员增加很少，能源还要再增加，主要是进一步改善生活。我们在很多方面，还没有到平稳发展阶段，咱们国家还是在加速发展的阶段。加速发展的阶段，能源是要增加的。

欧盟的煤是减的，同时可再生资源还要增加。这边的增加，弥补这边的减少之后总量还要增加，欧洲它的舒适度还会进一步提升。但他们觉得还不够好，他们要进一步压缩煤的产能，再进一步加大可再生能源。日本也是类似的，实际上中国面临的挑战是世界之最的。

刚才讲过，人们对水的需求是每年 640 亿 m^3 的增长，就是一条黄河，每年全世界要干掉一条类似黄河这样的河流。为什么会干？因为人口增长，城市化发展，经济社会发展。能源也要大量增加。温室气体排放的形势也非常严峻，因为水少了，黄河又不想断流，只有增加储蓄能力，才能不断流，这样必须要建水库大坝。这是没有办法的选择。

实际上，最近这些年来，从 2000 年之后，国际社会在各种场合，包括世界峰会，也包括专业的会议，都在探讨如何加速水电的开发利用。2004 年，联合国世行跟我国发展改革委联合召开会议并发表《水电与可持续发展北京宣言》。各种各样的会议，都显示要加快储水设施建设。这些水电不能增加的话，就必须增加煤炭方面的数量。

世界对水坝的认识有过一些曲折，由于 WCD（世界水坝委员会——个反水坝的组织）的出现，世行在 2000 年之前曾宣布过不再支持任何水库大坝建设，不再支持水电的开发。但实际上在 2009 年，世界银行的副行长又非常鲜明地宣称 WCD 的时代已结束，同时推进水库大坝水电大力发展，建立相应水库水电可持续发展导则。

刚才讲我国是煤炭世界用量最大的国家，占世界大概 50%多。实际上煤除了温室气体排放，还有粉尘排放等污染都是非常严重的。雾霾哪来，除了有汽车之外，最主要是咱们使用能源的方式，煤炭是雾霾最多的来源。

咱们石油、天然气也不乐观，非常严峻。我国的水能较全世界来比还比较富余。一座三峡电站相当于7个260万kW的火电站。一个怒江的作用与三峡相当。我个人观点如果把怒江早点开发，可以大幅度地减少污染和排放。

我们当前水库大坝建设跟全国经济社会发展的速度是协调的，跟发达国家比，还需要进一步加大储水设施的建设。

（三）要促进水库大坝与水电的可持续发展，要为生态文明建设做更大贡献

要进一步加强环境保护，进一步加强可持续发展。在开发中保护，在保护中开发。世界很多国家都是优先把水电开发完了。美国已经超过了70%，到2025年规划还要建6000万kW。

瑞士主要是水电和核电为主，火电只有0.3%，其他都是很小的。这个模式是最值得咱们借鉴的。中国应该制定出适合中国的可持续发展导则。绿色水电，一般的水电，比较差的需要改进的水电，同时要进一步保护好移民的权益，进一步在生态方面做出创新。同时我们要以4个标识引领世界，建设、质量、效益、速度各方面来讲都是世界之最，引领国际的发展。

在环境友好、安全、效益、技术先进这块，我们要进一步发奋图强，走出中国特色的新路。以此为契机，建立中国特色的可持续发展的导则，处于引领世界的位置。很多国家的人到中国来，看水利工程就是看三峡、黄河有小浪底。小浪底有很多生态功能，保证不断流，各方面起到了非常好的作用。水库大坝作用不仅仅是水电，也不仅仅是供水，有生态功能，是保证咱们生态文明建设的基础。

在水库大坝建设当中，我们也确实创造了非常好的例子。环境友好的工程实践，千岛湖现在是5A级风景区，有非常好的生态共享共建的试点区域，也是跨省的生态补偿的成功案例。这些都是咱们对生态保护的有益实践，包括紫坪铺水库在地震中发挥了重要的新作用，水上抢险救灾的功能。珠江流域千里调水项目，保证广州的海水不倒灌。这都是有了储水能力之后才能实现的事情，保证香港、澳门、珠江三角洲的发展。这些都是水库大坝发展新的功能，这些功能在国际来讲都是广受关注的。关于促进储水设施与可能发展战略世界宣言，目前已经广受国际社会的关注。

总之，通过建立水库大坝和水电发展的具有中国特色的可持续导则，通过创新，通过新的努力把这块导则建好，通过咱们良好的发展，倡导评选国际里程碑工程，把好的案例推向国际，同时使咱们工程建得更好，发展好环保的新技术。通过这些方面的努力，我相信一定能把我们的雾霾天减到最少，同时使得国际分享咱们的经验。

央　企　工　作

中国电力建设集团有限公司企业概况

中国电力建设集团有限公司（简称：中国电建）是经国务院批准，于2011年年底在中国水利水电建设集团公司、中国水电工程顾问集团公司和国家电网公司、中国南方电网有限责任公司所属的14个省（自治区、直辖市）电力勘测设计、工程、装备制造企业基础上组建的国有独资公司。

中国电力建设股份有限公司（简称：电建股份）是中国电建的主要子公司，是跨国经营的综合性大型企业，其前身为中国水利水电建设股份有限公司，设立于2009年11月27日，由中国水利水电建设集团公司和中国水电工程顾问集团公司在北京共同发起设立。电建股份于2011年10月18日在上海证券交易所上市，股票代码：601669，于2014年1月2日完成更名手续，公司名称由“中国水利水电建设股份有限公司”变更为“中国电力建设股份有限公司”，证券简称自2014年1月16日起，由“中国水电”变更为“中国电建”。

中国电建是提供水利电力工程及基础设施投融资、规划设计、工程施工、装备制造、运营管理为一体的综合性建设集团，主营业务为建筑工程（含勘测、规划、设计和工程承包），电力、水利（水务）及其他资源开发与经营，房地产开发与经营，相关装备制造与租赁。此外，受国家有关部委委托，承担了国家水电、风电、太阳能等清洁能源和新能源的规划、审查等职能。集团电力建设（规划、设计、施工等）能力和业绩位居全球行业第一。

中国电建注册资本金300亿元，员工20万人。

2014年，公司获得穆迪A3和标普A－信用评级，位居2014年《财富》世界500强企业第313位。2104年中国电建所属中国水电股份公司在全球最大250家国际承包商中排名第14位，山东电建三公司位列第112位，山东电力基本建设总公司位列第132位；水电顾问集团在中国工程设计企业60强中排名第1位，在全球工程设计公司150强中排名第12位。

中国电建战略定位是：全球清洁可再生能源和水利（水务）资源开发建设行业的领先者，全球基础设施建设服务的骨干企业；中国电力和水利工程建设行业的龙头企业，中国房地产开发与经营的重要企业，带动行业结构优化、产业升级、产品和服务出口的重要力量。战略目标是：承担“大使命”，实施“大集团、大市场、大品牌”战略，成为清洁可再生能源和水利（水务）电力工程建设行业国际领先，提供集成式、全产业链、综合性基础设施建设服务，拥有核心技术和国际知名品牌，具有较强国际竞争力的质量效益型世界一流综合性建设集团。战略举措是：实施转型升级战略、国际化发展战略、创新驱动发展战略、人才强企战略、和谐发展战略。

中国电建拥有以下核心竞争力：

一是行业优势世界领先。中国电建的水利水电规划设计、施工管理和技术水平达到世界一流，水利电力建设一体化（规划、设计、施工、制造、运营、维护）能力和业绩位居全球第一，是中国水电行业的领军企业和享誉国际的第一品牌。公司承担了国内大中型以上水电站65％以上的建设任务、80％以上的规划设计任务和全球50％以上的大中型水利水电建设市场，设计建成了国内外大中型水电站二百余座、水电装机总容量超过2亿kW，是中国水利水电和风电建设技术标准与规程规范的主要编制修订单位。

二是价值创造能力卓越。中国电建拥有工程勘察综合甲级、工程设计综合甲级、水利水电工程施工总承包特级、公路工程施工总承包特级、房屋建筑工程施工总承包特级、电力工程施工总承包一级、及进出口贸易权、对外工程承包经营权等资质权益，精通EPC、FEPC、BOT、BT、BOT＋BT、PPP等新型商业模式及运营策略，具备驾驭大型复杂工程的综合管理能力，能够为水利水电、火电、风电及基础设施建设等领域提供集成式、一站式服务，为项目创造更大价值，为业主实现更多回报，与业主共同成长。

三是知名品牌蜚声全球。中国电建紧跟国家外交战略，积极推动“一带一路”项目，在全球76个国家设有170个驻外机构，海外业务以亚洲、非洲为主，辐射美洲、大洋洲和东欧，形成了以水利、电力建设为核心，涉及公路和轨道交通、市政、房建、水处理等领域综合发展的“大土木、大建筑”多元化市场结构。公司拥有的多个知名品牌蜚声海内外，具备较强的国际竞争力和影响力。承建的苏丹麦洛维水电站、印度嘉佳火电厂、沙特拉比格项目、印尼佳蒂格大坝、马来西亚巴贡水电站、安哥拉本格拉体育场、摩洛哥伊阿高速公路等全球瞩目的重点大型工程已成为所在国标志性工程，并多次荣获海外工程金质奖、国际工程鲁班奖。

四是工程技术能力世界一流。中国电建拥有世界一流的综合工程建设施工能力、世界顶尖的坝工技术、世界领先的水电站机电安装施工、地基基础处理、特大型地下洞室施工、岩土高边坡加固处理、砂石料制备施工等技术，具有大中型水利水电工程设计、咨询及监理、监造的技术实力。截至2014年底，共有4个国家级研发机构，46个省级研发机构，4个院士工作站，4个博士后工作站，39家企业被认定为省级高新技术中心，3家企业被认定为科技部火炬计划重点高新技术企业；累计获得国家级科技进步奖101项、省部级科技进步奖1257项，拥有专利3909项（其中发明专利390项），软件著作权541项；制修订国家及行业标准376项。

中国电建在水利水电设计建设及新能源开发、火电电网、大型基础设施、装备制造与设备租赁领域，为业主、为社会奉献了一系列令世人瞩目的精品工程：

在水利水电设计建设及新能源开发领域，中国电建先后设计建设了长江三峡、小浪底以及天荒坪蓄能电站、南水北调一期工程、向家坝电站、雅砻江锦屏一级电站等举世闻名的水利水电工程，创造了具有中国特色的国内国际先进和领先的设计和建造技术，成就了中国成为世界第一水电大国的辉煌。组织完成中国风能资源普查和国家及行业技术标准制修订，规划设计并参与建设甘肃酒泉等9个1000万kW级风电基地，参与建设的河北张北坝上100万kW风电场、江苏如东海上风电场分别是中国最大陆地和海上风电场。设计建成中国首个10万kW级光伏发电项目——华能共和县光伏发电项目、中国首座潮汐电站——浙江江夏电站。

在火电电网领域，中国电建在1000MW级火电工程和各种参数的燃气轮机、风电、太阳能、生物质能、分布式能源、核电工程以及1000kV电压等级交直流输变电工程设计建设方面处于国内国际领先水平。先后设计建设了全国首座100万kW智能化生态电厂——山东莱州电厂，世界首座100万kW燃煤空冷机组——宁夏灵武电厂，全国单机容量最大的1100MW超超临界空冷机组——新疆农六师电厂，世界上输送容量最大、电压等级最高的哈密南至郑州±800kV特高压直流、晋东南至荆门1000kV特高压交流输变电等多项工程，参与建设了广东大亚湾等多项核电工程。

在大型基础设施建设领域，承建了京沪高铁等多条高速铁路，成为掌握具有世界领先水平高速铁路技术的企业之一。以BT、BOT方式投资建设福建武邵和四川邛名等多条高速公路，累计投资总额近2000亿元。以BT方式投资建设了深圳地铁7号线、成都地铁4号线等多条城市地铁，中标武汉地铁8号线、11号线一期工程，合同额逾百亿元。参与建设了卡塔尔多哈新国际机场项目，铺设了世界第一条空客A380专用跑道，参与设计建设了天津市政基础设施建设等国家大型基础设施建设项目，广泛参与水务与环保工程的投资及运营，海水淡化、矿业资源开发等业务，赢得了社会的广泛赞誉。

在装备制造与设备租赁领域，中国电建所涉及的业务范围包括输电线路装备、输配电设备、发电站辅机及配件、水利水电工程设备等，生产的发电站泵和风机类产品等占有较高市场份额，特别是1000MW火电机组锅炉给水泵代表着国内最先进技术，TLT-Turbo公司风机产品市场排名位列全球第二。研发了中国首台配套第三代核电站AP1000常规岛125万千瓦机组前置泵。自主开发和合作研制的水利水电工程金属结构、闸门启闭机和升船机等专用设备，多次荣获国家和部委的科技进步奖。目前，中国电建正积极进行产业转型，向市政、石化、冶金、矿业、港口码头、新能源、海水淡化、环保、高端先进制造等领域进行产业链延伸。同时，逐步构建中国电建物资设备采购、租赁调剂“双平台”，努力打造具有自主知识产权的装备制造业产业集群。

截至2014年底，中国电建共获得全国优秀工程设计金奖、优秀工程勘察金奖、优秀工程设计软件金奖、优秀工程标准设计奖97项；所建工程共有72个获得中国建筑工程鲁班奖、18个获得中国土木工程詹天佑大奖、23个获得大禹奖、25个获得国家优质工程金奖。

（中国电力建设集团有限公司）

中国电力建设集团有限公司 2014年工作情况

2014年是中国电力建设集团有限公司（以下简称公司）完成两级总部整合、全面深化改革、加快质量效益型发展的开局之年。一年来，公司深入贯彻落实党中央、国务院和国务院国资委的各项决策部署，积极推动保增长、调结构、转方式，各项工作稳中有进、稳中提质、稳中有为。

（一）拓市场增效益，2014年经营任务全面完成

2014年，公司上下积极贯彻落实“保增长”目标，努力开拓市场、提质增效，调整结构、优化布局，全面完成了各项目标任务，生产经营继续保持良好态势。一是经济规模持续扩大。实现营业收入2650亿元，同比增长17.1%。其中，国内传统业务占比42.4%、同比增长6.2%，国内非传统业务占比27.8%、同比增长52.2%；国外业务占比24%、同比增长9.5%；投资业务占比5.8%、同比增长2.5%。截至2014年底，公司资产总额达到4168亿元，同比增长18.9%。二是经营效益稳步增长。公司实现利润总额110亿元，同比增长20.9%，其中，国外业务49亿元，占比45%。实现经济增加值30.4亿元。资产负债率控制在81.8%，同比下降0.08个百分点。履职待遇、业务支出、“三公”经费实现负增长。亏损企业户数减少至4家，亏损额同比减少7.7亿元。全员劳动生产率达到117万元/人，同比增长10.6%。三是市场份额继续提升。新签合同额达到3931亿元，同比增长14.6%，其中，国外业务1366亿元，同比增长18.6%。截至2014年底，合同储备6765亿元，同比增长17.8%。2014年，公司先后与宁夏、武汉、杭州、国家开发银行、中国建材、中国石化、西门子等省区市政府、知名企业签署了14项战略合作协议，为公司布局拓展奠定了坚实基础。四是重大项目进展顺利。白鹤滩、丰满等大型、特大型水电站，青海万象火电站，成都地铁4号线，科特迪瓦苏布雷水电站EPC总承包项目、斯里兰卡莫罗嘎哈勘达水库渠首工程和卡鲁干葛水库工程项目、赞比亚代伊泰兹水电站项目、印度古德洛尔燃煤电站项目等国内外重点工程有序推进。

（二）深化企业改革，经营活力进一步增强

按照深化国有企业改革的部署要求，公司着眼于顶层设计，深入推进了一系列体制机制创新，为经营发展注入了强劲动力。一是继续推动内部资源重组整合。顺利完成了两级总部整合和多组子企业的重组整合，有效提升了集团化的决策效率和执行效率，有力促进了产业链一体化协同。二是整体上市工作取得重大进展。实施了水电、风电勘测设计业务资产注入，在溢价增发股份、优先股配套融资等方面取得突破；通过积极维护投资者关系、有效拓展信息披露渠道、合理运用市值管理策略等，进一步提升了公司的投资价值。三是现代公司治理结构日趋完善。通过重新梳理公司新总部的功能与机构设置，集团公司和股份公司实现了新体制机制下的协调运转，全部成员企业在同一治理结构和管控

平台下统筹运营。股份公司进一步健全了以董事会决策为核心、以各专业委员会提供建议为支撑的决策机制，动态跟踪、全面梳理关联交易并不断完善相关审议及决议执行落实程序，获得了“年度最佳上市公司”荣誉。四是全面推进厂办大集体改革和清理规范关联企业。启动了87户厂办大集体改革，重点推进了包括山东电建三公司并购重组颐杰鸿泰公司、长春设备总厂清理规范9家关联企业等的清理规范工作，既解决了关联交易问题，又增强了子企业的综合实力。五是企业分类分级管理取得成效。通过完善分类差异化的考核体系，以业绩为导向的内部体制机制不断再造创新，企业做强做优的积极性得到充分激发。通过推行综合实力评价，实施授权事项清单管理，公司下放了第一批共计5大项、20小项的主要审批权限，企业发展活力进一步增强。

（三）多元化拓展业务，企业经营布局不断优化

在巩固传统业务发展的同时，公司加速实施相关多元化战略，积极开拓基础设施业务和投资业务，着力优化产业结构、创新商业模式，市场竞争实力得到显著增强。一是国内传统业务继续稳步推进。全年新签合同同比增长30%。二是非传统业务加快发展。全年新签合同1087亿元，占比27.7%。房地产销售额再创历史新高，排名步入全国专业地产50强、央企地产10强；铁路业务稳定占有5%左右的国内市场份额；城市轨道交通继深圳、成都之后又中标武汉地铁8号线、11号线一期工程，合同额达121亿元。三是投资拉动作用更加突出。投资业务实现利润15.6亿元，占比14%，对公司利润的贡献率持续提升，并有力推动了公司产业结构调整与转型升级。四是全产业链一体化优势更加明显。公司全年完成国内水电装机投产16400MW，占全国当年水电装机投产的80%以上，多项具有示范意义的标杆工程完工投产。设计施工的世界最大水轮发电机组——向家坝电站机组全部投产发电，设计施工的世界第一高坝——雅砻江锦屏一级电站全部投产，全国单机容量最大的新疆农六师1100MW超超临界空冷机组全部并网发电，作为主力军参建的南水北调一期工程全线通水，投资建设的大渡河安谷水电站投产发电。五是商业模式不断创新。全年以BT、BOT、EPC、PPP等模式承建的较大规模项目金额达1882亿元，最大单项合同超百亿元；运用资本金融资＋EPC、建安部分BOT、土地一二级开发、BOT进入＋BT退出等新型商业模式与运营策略的能力进一步提高。勘测设计企业通过巩固、强化并创新发展高端规划咨询业务，为发电、电网和新能源市场的开拓赢得了先机；火电施工企业非传统业务拓展成效显著；装备制造企业做实设备成套业务及延伸服务，均获得良好市场回报。

（四）大力促进国际优先发展，竞争能力有效提升

公司继续加大海外业务发展支持力度，国际经营规模、层次和质量不断提升，国际业务对公司业绩的支撑作用持续显现。一是国际业务整体稳步推进。紧跟国家外交战略，公司积极推动中巴经济走廊、丝绸之路经济带项目，先后以18亿美元中标沙特2400MW煤气化联合循环电站EPC总承包项目、以12亿美元中标津巴布韦旺吉电站扩机项目、以11亿美元中标孟加拉国帕德玛大桥河道整治项目。截至2014年底，公司在108个国家执行勘测设计咨询、工程承包、装备与贸易供货等合同1517项、合同总金额5648亿元（其中工程承包类项目993个，合同金额5382亿元，占比95.3%），公司的海外经营指数达到34.3%。二是全球化布局逐渐完善。公司已在76个国家设有170个驻外机构，海外业务遍布亚洲、非洲、美洲、大洋洲和东欧，形成了以水利、电力建设为核心，涉及公路和轨道交通、市政、房建、水处理等领域综合发展的“大土木、大建筑”多元化业务结构。三是国际营销管理不断创新。首次对平台公司外资企业进行了国际经营能力评估，区分和优化了境外非投资项目投议标审批权限分配方案，在继续加强FEPC项目、竞争性投议标项目市场开发的同时，加大了对小比例投资拉动EPC、境外投资带动EPC、并购当地企业、与外国企业组建联合体投议标等商业模式的市场开发力度。四是境外投融资业务健康发展。公司在新加坡和香港成功发售永续债券，有效完成了德国TLT并购项目的交割和后续接管工作，顺利开展了在澳大利亚、俄罗斯、罗马尼亚、墨西哥等多个国家的11项绿地投资项目前期工作。

（五）加强基础管理，发展质量效益明显提高

重点围绕“两场”和“两部”，公司积极推进管理的标准化、规范化、流程化建设，优化调整管理层级和幅度，强化资源的有效配置，核心业务和关键环节的管理水平得到持续提升。一是制度体系框架日渐清晰。按照新体制运行要求，公司总部加快建立健全各项管理制度，涉及200余项，实现了对生产运营管理过程的全面覆盖。二是财务资金管理能力显著增强。强化了资金集约化管理，资金集中度达到55.07%；在山东等地积极推动区域化金融合作试点，开展了多种形式的直接融资，累计融资288.9亿元，年节约财务费用超过5亿元，降低资产负债率1.2个百分点。三是法律管理与风险内控体系进一步健全。完善了总法律顾问制度，积极支持、协助成员企业做好法律评审、处理重大法律纠纷案件，法律管理能力继续提升；建立了定期风险评估机制，编制了年度全

面风险管理报告，着力加强了风险评估识别，海外运营、项目投资、工程建设管理、安全生产等重大风险受控、可控。四是信息化水平不断提升。策划开展了总部资源管控平台建设，持续优化了全球信息网国内骨干网架构，基本建立了一体化安全体系和整体运维体系。五是审计监督效能监察执行有力。进一步加大揭示企业潜在风险与突出问题的力度；坚持审计监督效能监察与服务并举，在市场开发等方面提供有效咨询建议，突出了现代审计和效能监察的管理支持作用。六是项目基础管理持续改善。EPC项目管理初步实现了体系化、模板化，整体费用得到有效控制；建立了分包商资源数据库及履约合同数据库，明确了分包管理及正在履约项目的关键要素，增强了项目管理能力。七是设备物资管理进一步加强。搭建了两级集中采购平台和大型专用施工设备调剂平台，开展了风力发电机组通用施工设备的年度集中采购，全年设备物资采购总额达到701亿元、同比增长10%，集中采购率达到68.8%、同比提高1.8个百分点。八是人力资源管理进一步加强。围绕人才战略落地，大力推进企业领导人才、科技领军人才、国际工程项目经理、经营管理精英人才和高技能人才培养工程，启动了职业发展体系建设，开展了岗位职务序列体系和配套薪酬体系设计工作，同时加大教育培训管理和改革力度。在企业营业规模和利润保持两位数增长的同时，职工队伍总量有效控制和缩减。九是质量管理和安全生产形势总体较好。不断完善工程项目管理制度体系，积极开展工程项目现场交流会和工程管理督查等，水利水电项目验收优良率、境外工程一次验收合格率等指标明显提升。通过聘请专家、监督检查与考核一体化开展，实现了监督检查手段创新。通过设置安全总监岗位，强化了专业组织体系建设，主体责任不断落实。认真组织实施打非治违、“六打六治”、隐患排查等专项行动，着力推进安全生产标准化达标创建，较好完成了全年安全生产目标。

（六）推进自主创新，企业科技实力继续增强

统筹发挥公司的战略引领作用和成员企业的创新主体作用，公司科技创新工作扎实推进，继续保持了行业领先水平。一是科技成果更加丰硕。公司全年获得国家科技进步奖2项、省部级科学技术进步奖193项，获得授权专利1227项、软件著作权162项，制定修订完成国家及行业标准42项；参建的京沪高铁和昆明新机场工程荣获“詹天佑奖”，设计施工的4项工程获中国水利工程优质（大禹）奖，12个境内外工程项目获国家优质工程奖。二是科技管理体系日渐完备。成立了科学技术委员会和技术中心，初步形成了科技管理、研发平台、科技委“三位一体”的组织结构；全面完成了国家创新型企业试点第二阶段各项目标任务，试点工作有序推进。截至2014年底，公司共有4个国家级研发机构、4个院士工作站、4个博士后工作站，3家企业被认定为科技部火炬计划重点高新技术企业。

（七）党的建设和反腐败工作

2014年，公司深入学习贯彻习近平总书记系列重要讲话精神，认真落实党的十八大、十八届三中、四中全会和中央纪委十八届四次全会精神，不断加强党的建设和反腐倡廉建设，为公司科学持续健康发展提供了坚强保障。

党的建设进一步加强。一是加强政治理论学习，深入研究落实党的十八届三中、四中全会精神，为深化企业改革、推进依法治企奠定思想基础。二是顺利召开了公司第一次党代会，选举产生了新一届党委和纪委，进一步健全了党的组织，完善了领导体系。各企业党委、纪委领导岗位逐步配齐，调整了纪委主要领导人员职责分工，使其更加聚焦主业和中心开展工作。三是群众路线教育实践活动整改落实工作深入开展。按照“三严三实”要求，领导人员率先主动整改，上下联动协力推进整改，强化督查考核保障整改，“两方案一计划”任务清单较好落实，反“四风”长效机制初步建立。四是企业文化建设稳步推进，发布了企业文化核心价值理念，制订了企业文化建设规划和实施推进机制。五是指导和支持各级工会、共青团组织认真履行职能、开展工作，及时回应职工诉求，开展“送温暖”帮扶活动，依法维护职工合法权益；积极开展群众性经济技术创新、技能竞赛和文化活动，增强向心力和凝聚力，促进“文化强企”战略落地；组织带领团员青年职工发挥青春活力，努力学习工作、建功立业。

党风廉政建设和反腐败工作深入推进。公司党委以全面落实“两个责任”为主线，创新工作方式，健全管理制度，不断完善预防和惩治腐败的长效机制。积极配合国务院国资委巡视组开展工作，主要领导带头担当，班子成员主动担责，强化了巡视反馈意见整改工作的领导力；搭建顶层设计，坚持严格标准，加大工作力度，敢于动真碰硬，巡视反馈问题整改工作扎实开展。坚持案件查办惩处并举，严肃开展自查自纠，确保巡视意见和相关问题事事有回音、件件有落实。以“零容忍”态度保持查办案件的高压态势，一批违纪违法案件得到严肃查处和通报，警示领导干部进一步筑牢思想、道德和行为的红线与底线，自觉远离违规违纪“高压线”。持之以恒落实中央“八项规定”精神，坚决反对“四风”，领导干部作风建设得到明显加强和改进。加大效能监察和专项治理工作力度，聚焦重点领域和关键环节，以点带面深化检查监督效果。认真落实“三转”要求，明晰工作职责，提

高履职能力，转变工作作风，公司纪检监察队伍的业务能力和综合素质有了明显提升。

（中国电力建设集团有限公司）

中国长江三峡集团公司 2014 年工作情况

（一）概况

2014 年，是中国长江三峡集团公司（以下简称中国三峡集团）改革发展史上具有重要里程碑意义的一年。2014 年 3 月，中央对中国三峡集团主要领导进行了调整。在新任领导班子团结带领下，全体干部职工认真学习贯彻习近平总书记系列重要讲话精神，紧紧围绕建设国际一流清洁能源集团的“新三峡梦”谋篇布局，全力以赴为“保增长”作贡献，扎实推进“三个整改”，开创了中国三峡集团科学发展新局面：溪洛渡、向家坝两座世界级水电站提前一年全面投产，“三个整改”取得显著成效，工程建设、枢纽运行、生产经营创造了一系列新纪录，发电量、营业收入、利润总额增幅创近十年最好水平，装机容量、营业收入、利润总额基本实现“十二五”“翻番”目标，全面超额完成国资委“保增长”目标，具备连续八年进入国资委经营业绩考核 A 级企业条件，实现了规模和效益的同步快速增长，公司发展迈上了新台阶。

2014 年，中国三峡集团可控装机容量突破 5000 万 kW，达到 5021 万 kW；权益装机容量 930 万 kW；其中国内水电可控装机容量约占全国水电装机容量的 15.4%。发电量突破 2000 亿 kW·h，达到 2012 亿 kW·h，同比增长 51.3%。营业收入突破 600 亿元，达到 626 亿元，同比增长 46.8%。利润总额突破 300 亿元，达到 309 亿元，同比增长 42.9%；中央企业排名第 11 位，电力企业排名第 2 位。经济增加值（EVA）162 亿元，同比增长 73.6%。年末资产总额 4639 亿元，净资产 2749 亿元，资产负债率 41%，同比下降近 2%。总资产报酬率首次突破 8%，净资产收益率接近 10%，资产盈利能力进一步增强。全员劳动生产率超过 300 万元，人均利税 240 万元，在中央企业处于领先水平。

（二）三峡工程持续安全高效运行创造多项新纪录

2014 年是三峡工程持续安全高效运行的第 11 年，防洪、发电、航运、抗旱、补水效益显著发挥。在国家防洪抗旱总指挥部、长江防洪抗旱总指挥部、长江水利委员会、国家电网、南方电网等单位的大力支持下，通过科学调度、精益运行、精心维护，三峡电站年发电量达 988 亿 kW·h，刷新单座电站年发电量世界纪录；连续安全运行超过 3000 天，创造国内 70 万 kW 水电机组集群安全运行新纪录。与三峡通航管理局紧密合作，三峡船闸年货运量达 1.1 亿 t，再创历史新高。不断优化调度，三峡水库全年实施 8 次防洪调度，成功实施压咸潮以及库尾减淤调度，连续 5 年实现 175m 试验性蓄水目标。三峡大坝景区对中国游客免门票开放，全年接待游客突破 200 万人次，获得社会广泛赞誉。

三峡升船机建设取得阶段性成果，船厢设备、平衡重系统、船厢供电系统以及集中控制室设备全部安装完成，上、下闸首闸门顺利入槽，调试工作全面展开。三峡工程整体竣工验收有序推进，安全鉴定圆满完成，档案预验收顺利通过，环保验收满足验收时间节点要求。

（三）溪洛渡、向家坝电站全面建成投产

在中国电力建设集团有限公司、中国能源建设集团有限公司以及哈尔滨电气集团公司、东方电气集团东方电机有限公司等参建单位全力支持和配合下，历时 11 年艰苦奋斗，溪洛渡、向家坝大坝工程全线浇筑完成，机组全部投产发电，装机规模相当于又一座三峡电站。两站成功蓄水至正常蓄水位，经受高水位运行和泄洪消能考验，水工建筑物运行性态正常，水库岸坡总体稳定；所有新投产机组全部按照精品标准一次启动成功、一次通过 72h 试运行、一次通过“首稳百日”考验。其中，溪洛渡机电安装创造 350 天投产 1386 万 kW（18 台 77 万 kW 机组）的世界纪录。

全力以赴加快推进乌东德、白鹤滩两站核准是 2014 年的首要任务。中国三峡集团上下通力协作，全方位、多层次加大沟通协调力度，积极争取国家层面和川滇两省各级党委政府的大力支持。通过一年的艰苦努力，制约两站核准的移民、环保等问题在艰难中取得突破，乌东德移民安置规划大纲通过两省审批，两站环境影响评价报告书通过环保部环评中心评估，两站已被列为 2015 年国家能源重点开工项目。现场筹建工作有序推进，截流前各项准备工作基本就绪。

（四）梯级电站群电力生产和市场营销取得新成绩

中国三峡集团坚持“建管结合、无缝交接”，2014 年高质量完成溪洛渡、向家坝最后 8 台机组投产发电任务，顺利实现两站所有机组的远程集控和“调控一体化”管理。在精确预测预报基础上，积极推进“四库联调”和中小洪水资源化利用，流域梯级电站全年累计发电 1948.7 亿 kW·h，占中国三峡集团总发电量的 96.9%；其中全年累计节水增发电量 92 亿 kW·h；葛洲坝电站全年发电 178 亿 kW·h，创投产 34 年来最高水平；溪洛渡、向家坝梯级电站全年发电 782.6 亿 kW·h。进一步加强安全生产管理，优化检修资源配置，梯级电站群“非停”事件同比下降62.5%，溪洛渡和葛洲坝电站全年实现“零非停”。

面对受电市场电力需求不旺、川云水电大比例弃水的严峻形势，中国三峡集团密切跟踪市场变化，持续开展沟通协调，多渠道积极争取支持，确保4座梯级电站电能消纳方案全面落实，实现以水定电、以产定销、电量按期结算、电费足额回收。积极应对跨区辅助服务补偿政策，减少支出2.3亿元。

（五）新能源业务和国际业务呈现新亮点

国内新能源业务克服核准难、并网难、弃风限电等不利因素，2014年新增装机容量93.5万kW，累计装机规模达390万kW，核准在建、待建规模超200万kW，列入国家首批开发计划的海上风电资源达50万kW；国内单体规模最大的风电项目内蒙古四子王旗40万kW项目并网发电，中国三峡集团首个海上风电项目响水近海20万kW项目开工建设；新能源公司营业收入同比增长40%，利润总额同比增长70%，EVA同比增长700%，盈利能力创历史最高水平。内蒙古呼和浩特抽水蓄能发电有限责任公司成功克服高寒地区恶劣施工环境等困难，确保了呼和浩特抽水蓄能电站首批机组按期投产发电。

2014年，国际业务克服错综复杂的国际经济形势和埃博拉疫情带来的不利影响，取得重大突破。与葡电公司签署深化合作协议，成功将双方合作纳入国家层面；葡电公司经营形势继续向好，中国三峡集团连续第四年获得良好预期收益。成功收购巴西加利、卡什瑞拉、圣马诺埃尔3个水电项目，顺利完成巴西风电项目并购签约，巴基斯坦风电一期项目提前54天全面建成。联合复星国际和易方达基金发起设立央企首只境外清洁能源基金，引进世界银行所属国际金融公司入股三峡南亚公司，开创加强合作、共担风险、加快拓展海外业务的新模式。国际承包业务全年新签合同总额125.4亿元，同比增长12%；实现营业收入90.1亿元，同比增长13.3%。成功签约美国密西西比州富尔顿可再生能源项目（合同金额3.2亿美元），跻身国际工程承包中高端市场。马来西亚沐若水电项目首批两台机组投产发电，苏丹上阿特巴拉项目大坝全线到顶并开始蓄水，几内亚凯乐塔项目提前实现二期截流。

（六）扎实推进“三个整改”树立新形象

扎实推进教育实践活动、中央巡视、国家审计“三个整改”的落实，是2014年的一项非常重要的政治任务。2014年，中国三峡集团党组高度重视，先后多次召开专题会，严格按照整改要求，逐条进行对照检查、逐条深入分析原因、逐条提出整改措施，坚持立行立改、全面整改、从严整改，取得显著成效。教育实践活动整改除两项因涉及中国三峡集团改革事项尚未完成外，其他事项全部整改完毕；中央巡视指出的问题已经基本整改到位；审计提出的整改要求按计划全面推进，超过70%都已整改落实。

经过整改，群众反映比较强烈的“四风”突出问题明显好转，党群干群关系进一步密切，中央巡视指出的招投标问题、选人用人问题、领导班子不团结等问题得到根本改善，经营管理进一步规范，全年合并六项公用经费支出同比下降21.5%，“三公”经费同比下降33.6%，中国三峡集团领导业务接待支出同比下降76.6%，调整清理办公用房8354m^2，核减各类车辆206辆并全部进行调配使用、拍卖处置或报废处理。结合“三个整改”，制定出台一系列管理制度和工作规范，共修订完善制度20个、新建制度35个。整改成效得到了中央领导和国资委领导的充分肯定，得到了媒体和社会公众的积极评价，公司面貌焕然一新，企业形象得以重塑。

（七）企业管理水平再获新提升

以落实“三个整改”为契机，进一步巩固管理提升活动成果，中国三峡集团管理再上新台阶。

加强战略管理。顺利完成董事会换届，充分发挥董事会战略引领、重大决策、风险管控和监督执行作用，加强对中国三峡集团中长期发展重大战略问题的研究，初步明确“十三五”发展目标和方向。广泛开展战略合作，积极储备资源，为未来发展谋篇布局。明确核电投资战略和路径，确定长江电力作为中国三峡集团国内核电投资业务平台，与中核集团、中广核集团在股权合作方面取得实质性进展。与国家电网签订合作协议，就合作发展抽水蓄能业务达成初步意向。

加强成本管理。多渠道筹措资金，多途径降低融资成本，带息债务综合融资成本5.07%，大幅低于同期银行贷款基准利率，全年降低融资成本13.5亿元。开辟境外融资新渠道，抢抓欧元基准利率历史低位机遇，成功发行中国企业首单欧元私募债，节约财务费用约3500万欧元。全面推行竞价采购和集中采购，严控采购成本，全年降本增效5亿元。成本费用占营业收入比重60.1%，同比下降7.5个百分点，继续在中央企业保持领先水平。

加强投资并购和股权管理。落实“总量控制、动态调整、分类管理、强制分红”要求，提高投资收益和现金回报水平，全年实现投资收益约19亿元（不包括葡电和中电新能源），收回现金13.64亿元。参股股权现金分红率达到6%，高出A股市场平均现金分红率约2个百分点。

加强科技创新管理。创新驱动战略取得丰硕成果，全年获得省部级、行业协会科技进步奖15项，获得专利授权219项；对职工456项科技创新成果和

59项“五小发明创造”进行奖励，营造了鼓励创新的良好氛围。信息化与生产经营管理深度融合，工程数字化、流域数字化和坝区数字化工作取得积极进展，具有自主知识产权的工程管理系统成为工程建设信息化的标杆，自主研发的移民管理信息系统荣获水力发电科技进步奖特等奖。

加强风险管理。积极构建以风险为导向、以制度流程为基础、以关键控制为重点的内部控制体系，认真开展内部控制评价工作，编制完成首份《内部控制评价报告》。深入推进依法依规治企，成立法律事务部，以总法律顾问为核心的法律工作体系初步建立，经济合同、重要决策、规章制度法律审核率均达100%。

（八）安全生产工作取得新进步

中国三峡集团不断强化安全生产“红线”意识，全面推进安全生产责任落实，安全生产形势持续好转，管理区域内没有发生电力安全事故，没有发生较大以上设备责任事故，没有发生重大以上人身伤亡责任事故，生产安全责任事故起数和死亡人数分别同比下降5.9%、6.3%，自然灾害事故起数和死亡人数分别同比下降40%、38.9%。

全力推进“党政同责、一岗双责、齐抓共管”的安全生产责任体系建设，认真落实安全风险责任金制度，严格安全考核和责任追究，不断强化各二级单位安全生产责任制。进一步加大安全教育培训力度，累计组织安全培训217次，培训14790人次，全员安全生产意识进一步提高。结合“安全生产月”活动，持续加大隐患排查治理力度，深入开展“纵向到底、横向到边”的安全生产大检查，有针对性地开展了以防汛防雷、防灾避险、防火防爆等为主要内容的安全专项检查13次，强化重大安全风险预防控制，有效遏制了重特大事故发生。

扎实推进质量安全专项治理活动，有效控制了边坡开挖、洞室施工等高风险作业安全风险，组织开展了境内外水电工程边坡专项治理，确保了汛期工程建设和运行安全。加强工区内地质灾害防治，建立从监测预警、信息发布到应急响应的工作机制，有效防止了地质灾害发生。境内外在建工程项目全面开展了年度安全评价工作，全面排查了管理范围内的安全风险点，并按评价报告要求落实了整改措施。积极配合设备厂家西门子公司对溪洛渡右岸电站溪换甲线GIL故障进行抢修，初步查明事故原因，并针对类似事故制定了应急预案。加强“三标一体”合规性和有效性评审，管理体系不断完善并持续有效运行，顺利通过机构监督审核认证。

（九）党建和反腐倡廉工作开创新局面

坚决贯彻“党要管党、从严治党”方针，坚持思想建党，认真学习习近平总书记系列重要讲话精神，精心组织处级以上干部轮训。结合“三个整改”认真落实党风廉政建设主体责任和监督责任，制定出台落实“两个责任”意见和实施办法，按照中央和国资委要求调整了党组纪检组长分工，按照“两个为主”的要求进一步完善了所属单位纪检监察机构和人员配备，严肃查处了一批违纪违法案件。高度重视各级领导班子建设和干部队伍建设，进一步规范了选人用人程序，调整充实了部分单位领导班子，班子结构不断优化，班子合力不断增强。颁布《党支部工作规范》，强化了基层党建工作。积极组织开展“青春三峡、责任三峡、建功三峡、情定三峡”主题活动，增强了广大青年员工立足岗位践行“新三峡梦”的责任感、使命感和自豪感。

深入开展学习张超然同志先进事迹活动，成功组织实施首届“最美三峡人”评选和巡回宣讲活动，为传承三峡精神、弘扬三峡文化注入正能量。

（十）积极履行社会责任

创新履行社会责任思路，加大履行社会责任力度，全年定点扶贫、对口支援、公益慈善、企地共建以及社会捐赠支出1.57亿元，同比增长26.6%，再次荣获“中国妇女慈善奖”最高奖——“典范奖”。始终注重促进发展成果与职工共享，全年人均工资同比增长11.8%，企业年金覆盖率提高到70%；不断推进宜昌、成都、北京基地建设，努力为职工工作和生活创造良好条件；认真办理职代会提案，全年31件提案全部办理完毕并按时答复，满意度100%。

（中国长江三峡集团公司　乔仁贵）

全面开展管理创新，做好水电移民工作

中国华电集团公司董事、总经理　程念高

作为一家以发电为主的大型能源中央企业，中国华电集团公司（以下简称集团公司）始终把发展水电作为优化能源结构的重要手段，坚定不移地贯彻落实国家“在做好生态保护和移民工作的前提下大力发展水电”的方针，经过十年的艰苦努力，水电装机容量突破2000万kW，位居五大发电集团之首。

移民工作是水电建设工作的重中之重，移民稳则建设顺，移民富则水电兴。集团公司深刻认识到移民工作对于水电建设的重要性，积极贯彻落实国家关于水电移民的各项方针政策，不断探索和创新移民安置举措，使水电建设与移民利益更好地结合，推动地方经济社会的协调发展，维护社会安定团结，为集团公司水电健康、快速发展打下了坚实基础。

随着我国水电开发程度的提高，当前及今后开发的水电越来越靠近河流上游地区，山高谷陡，土地资源匮乏，经济发展水平相对落后，可供选择的安置方式有限。另一方面，国家历届政府秉承“以人为本”执政理念，高度重视民生问题，特别是党中央提出全面建成小康社会、实现中华民族伟大复兴的中国梦，要让发展成果更多更公平惠及全体人民，这对水电移民工作提出了更高的要求。如果继续沿用过去传统的安置方法已经不能满足当前水电移民工作的需要，因此必须大力创新水电移民安置举措。集团公司根据国资委关于开展管理提升活动的总体部署，结合三年管理创新活动的实践成果，在水电移民工作战线全面开展管理创新和提升活动，力争使集团公司征地移民工作达到一流水平，努力做到“六个一流”：一流的工作意识，一流的工作队伍，一流的工作机制，一流的安置规划，一流的安置方式，一流的安置效果，取得了一系列成果。

（一）践行“先移民后建设”新方针

2008年，按照国家发展改革委的安排，在四川省政府相关主管部门的组织和领导下，集团公司率先在四川省木里河卡基娃、立洲水电站试行“先移民后建设”的水电开发新方针，对“先移民后建设”的建设范围、工作内容、审批程序、验收标准等方面进行全面和深入的研究后，编制形成了木里河卡基娃、立洲水电站“先移民后建设”试点实施方案，经四川省发改委核准后，在两电站核准之前先行开展移民工程建设和搬迁安置。“先移民后建设”新方针的实施，为在电站核准前合法开展移民搬迁安置工作提供了政策支撑，项目业主可以办理先行用地和临时用地手续，有效缓解了施工筹建及准备工程土地、林地难以提前合法使用的问题，也为提前筹措移民工作所需资金提供了依据。

木里河卡基娃、立洲水电站“先移民后建设”试点工作完成后，四川省政府总结其成功经验，在全省水电项目推广“先移民后建设”方针。2012年，国家发展改革委正式在全国水电开发中推行“先移民后建设”新方针。集团公司坚持在水电开发中全面贯彻“先移民后建设”新方针，把做好移民工作放在水电建设的优先位置，统筹协调好工程建设进度和移民工作进度，实现在做好移民安置的前提下积极发展水电的目标。

（二）采用“长效逐年补偿”安置方式

为破解水电移民安置人地矛盾集中、资源环境容量无力承载、移民稳定和后续发展等难题，2007年集团公司和云南省政府共同开展“完善移民补偿机制、创新移民安置方式”研究，制定了“16118移民补偿安置方式”，核心内容是：“立足一个长效补偿机制、实行六种安置方式并举、建立一项库区发展资金、享受统一后期扶持政策、采取八条移民安置措施”，按“淹多少补多少”的原则，以移民被征收耕地实物量为基础，审定的耕地亩产值为标准，用实物转化为货币的形式，对失地移民定期发放补偿费。六种安置方式即，在享受逐年货币补偿的前提下，自主选择以下六种安置方式之一：城市安置、城乡结合安置、农业生产安置、分散安置、货币安置、就业安置。八条安置措施：①做好实物指标调查；②规划建设特色小镇；③因地制宜地开发新移民；④盘活农村集体财产补偿费；⑤加快移民劳动力转移；⑥重视安置区社会事业发展；⑦切实解决移民贫困户基本生活问题；⑧抓好库区生态环境保护。该项措施已在金沙江中游已经开发的水电梯级移民工作中广泛应用，取得良好效果，得到地方政府和移民群众的普遍拥护。

与此同时，集团公司在贵州省董箐和沙沱、四川泸定等水电站积极开展了以移民淹没耕地为基础的逐年补偿安置方式的探索。“长效逐年补偿”这种新的安置方式逐渐得到行业的理解和接受，并被广泛采纳应用。2011年国家发展改革委在四川大渡河两河口水电站核准文件中，首次明确批准对移民实行“长效逐年补偿”。2012年1月，金沙江中游公司实施“16118移民补偿安置方式”受到中宣部高度关注，被纳入“走基层、转作风、改文风·国有企业改革发展”系列进行报道，2012年12月被联合国授予“联合国2012全球契约促进社会发展最佳实践奖”，这也是我国水电移民工作获得的最高奖项。

（三）积极推行“统规代建”

水库淹没的专业项目、安置点基础设施等移民工程的建设是移民搬迁安置工作的重要组成部分，其质量和进度直接关系广大移民群众的切身利益。根据我国现行移民管理体制，移民工程的建设主体是地方政府，主要是县级政府。大型水电站对于县级政府来说，可能是唯一的一个，因此对于移民工程的建设管理，往往缺乏经验，而项目法人在工程建设方面具有优势，因此，水电项目法人积极主动地参与移民工程建设，减轻地方政府的建设压力，使得地方政府腾出更多精力来做好征地拆迁、安排移民生产生活等工作，充分发挥项目法人和地方政府各自优势，双方共同合作，能够显著加快移民工程的建设。集团公司所属乌江流域水电站在移民工程建设中实行“政府管民生、业主管工程”的模式，大部分移民工程由地方政府委托项目法人建设，移民工程的质量、进度和造价均得到了较好的控制。在此基础上，集团公司开展了“统规代建”课题研究，制定了“统规代建”系列规范性指导文件，包括一个主体文件和五个配套文件，主体文件为《中国华电集团公司水电项目移民工程

"统规代建"工作指导意见（试行）》，配套文件为《中国华电集团公司移民工程规划设计管理办法》、《中国华电集团公司移民工程"统规代建"管理办法》等。该套文件的印发，全面规范了公司系统移民工程"统规代建"的行为，促进了大渡河泸定、金沙江中游鲁地拉等一批电站移民工程的建设。

更为值得一提的是，集团公司敢于碰触由项目法人代为建设移民房屋这一行业内普遍认为不能涉及的"雷区"，在移民房屋建设规模大、相对集中、时间紧张的情况下，为帮助移民房屋建得起、建得好、建得快，早日搬迁入住，早日恢复正常的生产生活，项目法人自愿接受移民委托，勇于承担房屋建设中的各种风险和麻烦，代为建设移民房屋。如鲁地拉公司代建了库区部分移民群众的房屋，质量好、进度快，得到了群众的好评，起到了加快整个库区移民房屋建设进度的积极作用。

（四）统筹考虑超前谋划

过去水电开发建设速度慢，同一流域上的电站，往往一个电站建成多年之后才开始建设下一个，因此移民工作只需在电站启动之后再开始研究。现在水电建设速度加快，同一流域电站可以实现连续建设甚至是同时建设多个项目，因此必须对这些电站的移民工作从整个流域角度进行统筹考虑，才能合理利用该流域宝贵的安置资源和条件，把移民安置与当地社会经济发展规划、新农村建设规划、城镇化发展规划有机地衔接起来，超前谋划库区和安置区的产业发展，为解决好移民生产生活和长远发展创造条件。出于这个目的，集团公司安排开展了怒江中下游水电移民安置总体规划和金沙江上游川藏段水电移民安置总体规划的研究工作，得到了各级政府的理解和支持。

以怒江中下游水电移民安置总体规划研究为例，该规划研究把怒江流域移民的产业发展、产业布局以及产业先行作为核心规划内容，突出符合怒江实际情况的移民产业发展项目，在"移民享有基本生活保障"、"移民安置与产业发展相协调"的基础上，力争进一步拓展移民安置空间、移民建镇空间，找到以城镇安置方式为主、特色产业为支撑的新思路。其主要内容可概括为"1＋4"即：以怒江中下游水电开发移民安置总体规划为主课题，移民特色林业产业、移民特色农业产业、移民安置点旅游建设和城镇化建设研究为分课题。该规划研究成果完成后，将为政府完善与移民安置和后续发展相关的规划工作，以及先行开展移民安置相关工作提供参考，为设计院编制各单个电站的移民安置规划提供指导，为流域公司指明了今后移民工作的重点。

（五）创新藏区移民新模式

随着我国水电事业的发展，位于青藏高原和横断山脉的藏、青、川、滇藏族聚居区已逐渐成为水电开发的主战场。集团公司在藏区承担了金沙江上游川藏段、雅江中游等藏区水电资源的开发。为有效破解藏区水电移民安置中存在的困难，集团公司对藏区水电移民安置工作进行探索与实践。

受自然地理、文化宗教和经济社会发展等因素的影响，藏区的移民安置环境相对内地有显著区别，给藏区移民工作带来了前所未有的困难与挑战。金沙江上游水电开发有限公司积极主动、创新思路，委托水电水利规划设计总院开展藏区移民研究，编制完成了《金沙江上游水电工程移民多渠道安置方式和具体政策措施研究报告》，确定了金沙江上游移民就近后靠和实施逐年货币补偿安置的基本原则，也解决了藏区宗教设施与宗教民俗的补偿和测算方式等问题，为破解藏区移民难题提供了有力的政策支撑。目前，金沙江上游水电开发移民工作已经按照上述新的方式和政策思路来开展，从目前情况看，得到了藏区广大移民群众和各级政府的拥护和支持。

（六）搭建多层次政企合作平台

国务院471号令规定了水电项目移民工作"政府领导、分级负责、县为基础、项目法人参与"的体制，我国的国情决定了水电项目建设征地移民安置工作必须紧紧依靠地方政府才能完成，企业必须紧紧依靠各级人民政府，才能做好移民工作。集团公司深刻认识到政府领导对做好移民工作的重要性，从总部到各项目法人，都与相应的各级政府搭建了多层次的政企合作平台，为实现企业和政府之间及时和全方位的沟通交流创造了条件，有力推进了移民工作。

搭建国家层面平台。集团公司与国家发展改革委、国家能源局建立良好沟通机制，不定期汇报公司水电及移民工作情况。对于情况复杂的流域（如金沙江上游川藏段），由国家能源局专门成立协调机构，对水电开发特别是移民有关问题进行研究和协调。与水电水利规划设计总院、中国水电顾问集团公司等单位开展移民政策、安置方式等研究，提高移民工作理论水平。

搭建省级层面平台。集团公司主要领导与相关省（区）党政主要领导就水电项目开发和移民工作不定期会晤，年分管领导每年主动拜会相关省（区）人民政府分管移民工作的领导和省政府移民主管部门，公司业务主管部门和相关二级机构经常与省政府移民主管部门进行沟通，及时汇报征地移民工作情况，共同协商研究移民重大问题。

搭建地方政府层面平台。集团公司业务部门和相关二级机构，与州市政府及移民部门互相沟通，共同研究推进移民工作。各水电项目法人与县级政府均建立长效沟通机制，随时汇报移民工作重点难点，商议具体措施和手段。

（七）项目法人深度参与

水电移民工作是一项以人为中心的社会性工作，涉及经济、政治、文化、社会、工程和环境等，移民工作进展顺利与否，很大程度上取决于地方政府、项目法人、设计、监理等单位的有效配合。集团公司要求系统内各项目业主，在紧紧依靠地方政府主体的同时，主动介入、深度参与移民工作全过程，视移民工作为己任，协同地方政府，共同改变移民工作推动艰难的局面。公司上下把移民工作当成重要业务进行管理，形成了完整的管理和考核体系。在集团公司和二级公司的指导下，各项目法人普遍成立以项目公司主要负责人为组长的领导小组和移民工作机构以及各工作小组，分层次将责任落实到人，任务落实到点，将目标任务与绩效考核挂钩。

各项目公司从实物指标调查、安置点确定、规划报告编制、移民搬迁、移民生产生活安置、移民房屋建设和移民后期产业规划和扶持等移民工作的全过程，主动参与和配合，加强与各级政府、设计等相关单位沟通，积极挖掘新思路、研究新政策，及时研究解决移民工作面临的困难和问题。在搬迁安置过程中，项目法人主动参与到地方政府解决移民诉求的工作中，想方设法排解移民群众的实际困难，最大限度地维护移民群众合法权益。

（八）结语

综上所述，通过管理创新，集团公司水电移民工作取得了显著成绩，取得了各级政府的信任和支持，最大限度地维护了移民群众的合法权益，满足了水电站建设的需要。

当前我国的改革进入了攻坚期和深水区，十八届三中全会将就全面深化改革做出全盘部署。集团公司将全面贯彻落实十八大和十八届三中全会精神，从移民群众利益着眼，从加快水电建设、优化能源结构、建设美丽中国出发，在水电移民工作领域继续开展管理创新，为圆满完成国家交给集团公司的水电开发重任奠定坚实基础。

（摘自中国电力企业联合会网
来源：中国电力报）

中國水力發電年鉴

2

水能及风能开发

水 能 开 发

湖南省抽水蓄能规划

湖南省抽水蓄能电站选点规划工作始于1995年。受湖南省原电力工业局委托，中国电建集团中南勘测设计研究院有限公司（以下简称中南院）先后于1997年、2002年完成了《湖南省抽水蓄能选点规划报告》《湖南省抽水蓄能选点规划补充报告》，并推荐杨桥（即现在的黑麋峰）站点为近期工程优先开发。2010年10月，黑麋峰抽水蓄能电站投入运行。

为有序开发湖南省抽水蓄能电站并做好项目储备，受湖南省发展改革委、水电水利规划设计总院和国网新源控股有限公司联合委托，中南院于2008年启动了湖南省抽水蓄能选点规划复核工作，并于2011年提交了《湖南省抽水蓄能电站选点规划报告（2011年版）》。2011年4月，报告通过了水电水利规划设计总院会同湖南省发展改革委组织的审查。2012年6月，国家能源局以国能新能〔2012〕188号文批复了湖南省抽水蓄能电站选点规划，确定安化（拟装机容量1200MW）、平江（拟装机容量1200MW）为湖南省2020年新建抽水蓄能电站的推荐站点。

截至2013年底，湖南电网发电总装机容量33905MW，其中常规水电装机容量13896MW，约占40.99%；火电装机容量18289MW，约占53.94%；抽水蓄能装机容量1200MW，约占3.54%；风电等其他新能源装机容量520MW，占1.53%。2013年全社会用电量为1423亿kW·h，电网最大用电负荷为21680MW。湖南省大中型常规水电站已基本开发完毕，随着电力需求的不断增加，水电在电网中的比重将逐渐降低。湖南电网虽然目前常规水电比重较大，但大部分大中型水电站承担着防洪、航运等综合利用任务，调峰能力受到限制，而小型水电站总规模较大，以径流式为主，没有调节能力。此外，湖南电网受小水电大量季节性电能输入电网的影响，电网汛期调峰更显困难。

湖南省的一次能源资源主要由水能资源、煤炭资源组成，目前水电资源开发程度已高达95%以上，省内煤炭资源存量和年产能有限，对外依存度逐年提高，发电用煤80%需由外省购入。因此，湖南省正面临“缺煤、无油、乏气，水资源开发殆尽”的能源“瓶颈”。根据相关预测和规划成果，湖南省2020年全社会用电量将达到2140亿kW·h，最大负荷将达到43400MW。随着国民经济的发展，用电需求的增加，未来湖南省用电对外依赖度将进一步加大，接受区外来电是湖南电网未来的必然选择。根据相关规划及分析成果，2020年湖南电网接受外区电力总规模将达到11460MW左右，汛期调峰容量缺额约2090MW。随着区外来电的输入，电网调峰与安全稳定运行问题将更加突出。

抽水蓄能电站具有调峰、调频、调相和紧急事故备用等作用，有利于区外来电消纳，提高风电、太阳能等清洁能源的利用率，能优化系统电源结构，改善系统运行经济性，保障电网安全稳定运行，提高供电质量，对建设智能电网具有重要作用。湖南省抽水蓄能站点资源丰富，开发条件较好，建设一定规模的抽水蓄能电站是必要的。

湖南电网2020年调峰电源分析及电源扩展优化成果表明，在已建的黑麋峰抽水蓄能电站（1200MW）和正在开展勘测设计工作的东江扩机（510MW，采用可逆式机组）之外，新增抽水蓄能的经济规模为1700MW左右，抽水蓄能电站装机容量占系统总装机规模的6.4%左右。长沙、株洲、湘潭组成的湘东及附近的湘北、湘中地区是湖南电网主要负荷中心，用电负荷占全省的2/3左右，因此2020年前湖南省抽水蓄能电站主要在该地区布局。湘南作为湖南电网的另一负荷中心，用电负荷增长较快，规划建设的东江扩机建成后可基本解决规划期内调峰问题。湘西地区用电负荷相对较小，且是湖南电网的水电基地，可暂不考虑抽水蓄能电站建设。

选点规划工作采用内业与外业相结合的方法，对湖南省范围内的抽水蓄能电站资源点进行了普查、筛选、规划比选。首先采用1∶50000地形图按照抽水蓄能电站在地形、地貌、成库条件、水源条件、距高比、装机规模等方面的基本要求，普查出资源点219个；然后以长株潭负荷中心、规划中的核电站附近区域为重点，同时兼顾各地区资源点的代表性以及湖南电网未来构架，筛选出42个相对较好的站点；再结合区域地形地质条件进一步筛选出条件相对较好的站点15个；并从装机规模、水头、距高比、水源条件、地形条件、交通条件等多方面考虑，从中筛选出条件相对较好的9个站点进行现场查勘；在现场查勘的基础上，综合各站点地质情况、工程建设条件、环境保护要求等方面分析，选出浏阳、汨罗、平江、安化和攸县共5个站点作为规划比选站点。

各规划比选站点均具备建设抽水蓄能电站的地形地质条件，均无环境影响制约因素。安化、平江站点离湖南电网主要负荷中心较近，接入系统条件好；工程成库条件优，具备建设周调节性能抽水蓄能电站的条件；站点交通方便，技术经济综合指标较优。因此从调峰电源合理布局、站点建设条件、技术经济指标等方面综合比较分析，推荐安化、平江站点作为湖南电网2020年新增抽水蓄能电站规划站点。浏阳、汨罗、攸县站点可作为湖南电网抽水蓄能电站资源储备站点，根据电网远期发展需求适时择优开发。东江扩机采用可逆式机组设计，预可行性研究报告已通过审查，其建设可满足湘南地区的电力系统发展需求，建议继续推进其勘测设计工作，按扩建工程程序报批。

平江、安化站点的预可行性研究报告已分别于2013年3月、2014年9月通过了水电水利规划设计总院会同湖南省发展改革委组织的审查。2014年4月，国家能源局以国能新能〔2014〕154号文同意湖南平江抽水蓄能电站开展前期工作。目前平江站点正在积极开展可行性研究工作，前期工作进展较为顺利。

（中国电建集团中南勘测设计研究院有限公司
赵宋　陈振虹）

风　能　开　发

云南省风电场风水互补与运行方式研究

云南省风电场发展迅速，但由于局部地区发展过快、经济下滑等因素，出现了一定程度的弃风。为做好云南省风电发展规划，中国电建集团昆明勘测设计研究院有限公司（以下简称昆明院）根据已建风电场的运行情况，分析风电对云南电网的影响，研究了云南风电场风水互补与运行方式。

（一）云南省风电与水电简介

云南省水电和风电资源丰富，水力资源经济可开发容量为9795万kW，风电总储量为12291万kW。截至2014年底，云南省境内已建成投产的水电装机容量和风电装机容量分别为5360.5万kW和287.1万kW，分别占云南省发电总装机容量的75.74%和4.06%。

云南省水电和风电场还有很大的发展空间，预计到2030年云南省水电装机容量和风电场装机容量分别将达到11965万kW和2000万kW，分别占云南省发电总装机容量的70.43%和11.77%。

（二）云南省电力负荷曲线

根据历年云南省电力负荷曲线的调查，云南省电力负荷季不经衡系数在0.91左右，月最大负荷和最小负荷一般出现在11月和2月；日负荷率为82%～89%，日最小负荷率，夏季为72%～75%，冬季为64%～72%。一天的最大负荷一般出现在11时和18～20时，最小负荷出现在4～5时。

（三）云南省水电站出力特性

云南省电源结构主要以水电为主，按6～10月为汛期，11月至次年5月为枯期，受来水影响，汛枯出力相差大。云南省中小水电基本是径流电站无调节能力，只有澜沧江中下的小湾和糯扎渡水电站具有多年调节水库，目前云南省丰枯电量比为70∶30。因此云南省电网仍然存在枯期缺电、汛期有大量富余季节性电能的电源结构性矛盾。

（四）云南省风电场年出力特性

云南省风电场出力随风速的季节性变化有明显的季节性变化。以云南省大理某风电场为例，虽然风电场同一月份不同日期的日出力曲线变化较大，但月出力曲线还是呈现一定的规律性，一般1～3月和11～12月相对较大，8～10月最小。这基本与云南省水电出力过程呈现较好的互补性。

（五）风电场年运行方式

云南电网的运行方式，没有风电场时，汛期，径流水电站承担基荷，有调节能力的水电站承担峰荷和部分基荷，水电不但夜间有弃水，白天也有弃水，7～9月负荷差不多，但水电站出力8月最大，故电力富余最大月份为8月；枯期受来水限制，径流水电站主要承担基荷，有调节能力的水电站承担峰荷和部分基荷，11～12月负荷较大，但这两个月份之间差异不大，而水电站出力12月出力最小，故电力亏缺最大月份（最大控制月份）为12月。

从云南省风电场的出力特性可以看出，云南省风电场和水电站的出力呈现互补的特点，在枯期的1～

3月和11～12月水电站出力下降较大时，可以从风电场得到较大的补充；在汛期7～9月水电站出力大幅增加时，风电场出力却大幅下降，甚至夜间需要从电网补充电力。云南省2015年负荷曲线和水电站及风电场出力特性见图1。

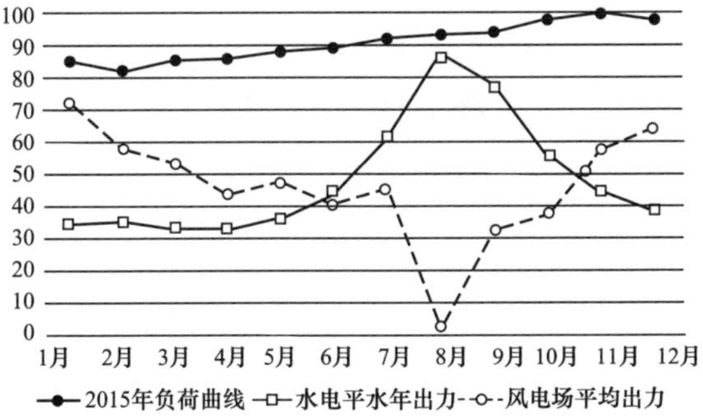

图1 云南省2015年负荷曲线和水电站及风电场出力特性

云南省风电场日出力过程有一定的波动。出力较大的3月和12月，日最小出力占最大出力分别为37.7%和48.6%；出力较小的8月和9月，日最小出力占最大出力分别为0%（最小出力为负，即不发电反需电网供电，出力按0计）和12.5%。

云南省枯期水电出力下降很多，风电场出力较大，从日运行方式上看，波动相对不大。对改善云南省枯期缺电是非常有益的。汛期水电大发，风电场出力较小，特别水电出力最大的8月，风电场某些时段不仅不发电，为保厂用电还需电网供电，这对水电运行是有益的。

从云南省风电场的运行方式上看，风电场的出力每天都有一定范围的波动，但云南省电源结构以水电为主，水电调峰响应快，可以通过调节出力平衡风电场的出力波动。因此云南省风电场的快速发展不会影响云南电网的运行。

（六）结语

（1）目前云南省电源结构，以水电为主，存在枯期缺电，汛期有大量季节性电能的电源结构性矛盾。

（2）云南省风电场出力一般1～3月和11～12月相对较大，8～10月最小，基本与云南省水电出力过程呈现较好的互补性。

（3）从云南省风电场的运行方式上看，风电场的出力每天都有一定范围的波动，但云南省电源结构以水电为主，水电调峰响应快，可以通过调节出力平衡风电场的出力波动。因此云南省风电场的快速发展不会影响云南电网的运行。

（中国电建集团昆明勘测设计研究院有限公司 祁勇）

云南风电场集电线路设计问题

风电场集电线路设计，应考虑每台风机能就近通过电缆接入、不跨越风机安装场地、与风机叶片保持必要的安全距离、尽量避让风电场内的厂区公路和林地（有些林地是山区老百姓的水源地）。云南风电场集电线路路径受到的限制条件较多，不同于常规输电线路，使用的转角、耐张杆塔较多，应注意的设计问题也多。

（一）设计中存在的问题

（1）设计标准问题。目前，风电场的集电线路设计已有新规范，但有些要求偏高，不如原标准合理。

（2）气象条件问题。风电场集电线路都在山区，设计气象条件由在县城附近的县气象站所测资料推算。有些业主或总承包单位确定设计条件时偏保守，风电附近的线路覆冰按5mm或10mm设计，但业主要求按15mm或20mm考虑。这样带来设计标准提高，导致造价偏高。

（3）与风机叶片的距离问题。2008年底在大理建成了云南第一座风电场——大风坝风电场，单机容量750kW，集电线路距风机30～40m。现机组发展到2MW主流机组，叶片长度在52m左右，但部分业主为缩短箱变到集电线路的35kV电缆长度，仍要求集电线路距风机30～40m。由于部分汇集风机电力的铁塔位于风机平台旁的山坡之上，风机叶片与集电线路距离不够，造成集电线路建成后又移动铁塔位置。

（4）测量问题。由于目前风电场的设计费偏低，风电场集电线路的设计费自然也偏低，集电线路测量费用也偏低，从而造成线路测量人员很多是临时人员。临时人员对电力线路测量不熟悉，加上测量设备投入不够，测量成果错误较多。

（5）铁塔典型设计问题。现在电网已强制推广典型设计，架空送电线路设计必须使用典型设计中的铁塔。而云南省风电场集电线路由于属于风电场内部线路，所用铁塔完全由设计单位选定，招投标时什么铁塔都有，不利于评标和施工管理。

（6）高低腿铁塔采用问题。在山区，铁塔采用高低腿，可减少开挖和水土流失，有利于保护环境。但35kV铁塔，老塔型都是平腿设计，如采用高低腿需要重新设计。目前云南省风电场集电线路的设计费偏低，设计单位没有设计铁塔的费用，塔位在施工时又调整较多，不利于高低腿铁塔的推广。

（7）直线塔比率问题。由于云南省风电场集电线路施工时调整塔位较多，设计单位为了减少修改量，普遍都采用转角塔，基本都是孤立档，这样施工修改时，前后的耐张段不需要调整路径，集电线路改动少一些。但这样带来了线路造价偏高，经济性不好。

（8）森林保护问题。云南省风电场所在山区森林植被较好，采用高塔跨越可减少森林砍伐，从而保护环境，但风电场集电线路采用转角、耐张杆塔较多，而此类塔型呼高不够，满足不了不砍森林的要求。

（9）采用架空线与采用电缆方案问题。由于前期工作深度不够，风电场集电线路业主在架空线和电缆方案之间摇摆不定，甚至有的项目集电线路技施设计已做完，业主又要求改方案。

（二）施工中存在的问题

（1）风机平台施工，存在：①因超挖，造成靠近风机的铁塔中心桩位在平台边坡上，需要调整铁塔位置；②位于风机平台和边坡的铁塔中心桩位，被开挖的石头淹埋，需要调整铁塔位置。

（2）公路调整。云南省的风电场都在山区，施工单位实际所修的公路路径与设计单位所做的公路施工设计差异较大。这导致根据风电场设计单位提供的布置图所做的集电线路施工设计，施工复测时，存在：①部分铁塔中心桩位在已建成的公路上，需要修改铁塔位置；②部分铁塔中心桩位距公路太近，需要修改铁塔位置；③部分铁塔中心桩位位于修路就近堆积的土堆上，需要修改铁塔位置。

调整、修改铁塔位置，如果是直线塔，往大号或小号侧移动，还只是调整铁塔位置，不需要调整集电线路路径；但如果是转角塔，则需要调整路径，集电线路改动较多。

（三）主要解决措施

（1）集电线路不属于重要线路，但设计规范、气象条件应在可行性研究阶段确定下来。鉴于风机单机容量大，集电线路与风机的距离至少保持 50m 以上。

（2）设计费在风电场的总造价中占得比率不高，业主不要一味压低设计费，致使后期因设计问题提高工程总造价。

（3）云南省风电场所在山区基本都属于高山大岭，部分高差大的地方，铁塔宜采用高低腿，有森林的地段采用高塔跨越，以减少开挖和水土流失。宜将云南省风电场的集电线路塔型纳入典型设计，控制转角、耐张杆塔的使用比率，以降低造价。

（4）在可行性研究阶段，可分别做采用架空线和采用电缆的方案比较，以供业主决策；线路测量和设计，宜在风电场公路经施工单位复测完成施工图修改后进行，以免反复调整、修改。

（5）业主和监理应加强对施工单位的管理，控制风机平台超挖，规范风机平台和公路开挖土石堆放，以免影响集电线路的施工。

（6）云南省风电场还有很大的发展空间，风电场集电线路总量不少，且都在山区，其修建对山区的森林植被有一定的破坏，因此，对集电线路的设计应有一定的资质门槛管理。

（中国电建集团昆明勘测设计研究院有限公司　祁勇）

风电场并网接入互动测试样机试制

随着风能在电力系统中所占比例越来越大，其对电网的影响已经不能忽略。目前中国已发生了多起大规模风机脱网事件，给电力系统安全稳定运行带来巨大威胁。另外，风力发电以风为动力源，风具有随机变化的特性，而风电机组的输出功率与风速的立方近似成正比，因此风电机组的输出功率随着风速的变化而变化，它具有短周期的波动性，如果大量风电接入电网，将会对电网的电能质量产生影响，在某些情况下电能质量问题甚至成为制约风电场装机容量的主要因素。功率特性测试和电能质量测试是风电机组准入制度必不可少的一个环节。因此对风电机组的低电压穿越、电网适应性、功率特性和电能质量测试进行研究具有重要的意义。

河海大学承担了风电场并网接入互动测试样机试制项目，2013 年 12 月完成。本项目在分析基于目前有关风电场低电压穿越能力、电网适应性、功率特性和电能质量测试的 IEC 标准以及相关研究成果，对风电机组和风电场的低电压穿越能力、电网适应性、功率特性和电能质量测试进行了较全面的研究，依据 IEC 标准提出了低电压穿越测试装置、电网适应性测试装置、功率特性和电能质量的现场测试方案和硬件配置，总结了风电场电能质量的评估方法。

项目研究的主要内容为：

（1）研究基于多环节互动的新能源消纳机制，在此基础上研究风电场并网接入实现与大用户能量和信息互动的基本功能和数据需求。

（2）围绕功能和数据需求，研究风电场并网接入互动测试样机的输入输出接口，提出接口的物理形式和通信协议。

（3）研究风电场并网接入互动测试样机的硬件架构和软件架构，提出具体的开法思路。

（4）研制满足多环节互动需求的风电场并网接入互动测试样机。

最终成果为：

（1）提交风电场并网接入互动测试样机 2 台。

（2）提交互动测试样机的使用说明书一套。

（河海大学）

多能互补的形式及应用

多能互补是对水电、风电、太阳能发电、抽水蓄能、火电等多种电源进行优化组合配置，在电力系统内互补运行，取长补短，以更好地满足电力负荷需求，保障电网安全稳定运行。目前，多能互补形式及应用情况如下：

（一）“风电场—风电场”之间互补

同一地区不同规模的各风电场之间、不同地区的风电场之间具有一定的互补性，其互补性可缓解风电出力的急剧变化，共同打捆送出，可提高风电电量的利用，减少输电规模。

典型案例：甘肃酒泉、新疆哈密风电基地由于远离电网负荷中心，当地电网接纳能力十分有限，通过将同一区域不同风电场打捆通过输电线路送至电网负荷中心，其接入规模为装机容量的60%～70%时，即可送出电量95%及以上，同时其出力变化率也大幅降低。

（二）“风电—太阳能发电”互补

风电与太阳能发电，因具有较强的随机性两者之间并无明显的出力互补，但在某些区域风电夜晚出力大、白天出力小时，与光电之间具有一定的互补性。同一地区风光互补，共用输电线路，同样的并网容量能够输送更多的电量，可在一定程度上提高输电小时数，改善输电线路的经济性。

典型案例：新疆哈密风电基地二期8000MW风电开发建设方案中，配套建设1250MW光电，其中，450MW布置于风间带，既节约了土地资源，又可与风电共用输电线路，提高了输电线路利用率。

（三）“水电—风（光）电”互补

具有日调节及以上能力的水电站，在电网负荷低谷风电、光电出力较大时适当蓄水减少出力，负荷高峰期风电、光电出力较小时加大出力，利用水库调节把风电、光电电量以水库蓄水量的形式进行转化，并在时间上重新分配。由于水电机组启停迅速，能适应风电、光电出力一定程度内的变化。

典型案例：龙羊峡水电站是黄河上游“龙头”水库，具有多年调节能力，在满足防洪、发电、灌溉等综合利用要求前提下，以基本不影响龙羊峡水电站承担系统的任务为原则，在电站附近地区建成320MW光伏电站，接入电站备用间隔，作为其一台机组参与调度运行。

（四）“煤电机组—风电”互补

在电网内没有风电情况下，一般优先考虑由水电调峰，其次为火电，需要的火电调峰幅度较低。在经济范围内，适当提高电网内火电机组的调峰率，可解决一定规模的风电与光电消纳问题。

典型案例：陕甘青宁四省（区）之间由750kV强联为区域电网，网内甘肃、青海水电比重大，调峰能力强，在充分发挥水电调峰能力情况下，满足系统调峰需求的火电综合调峰率仅18.6%，若将火电调峰率由18.6%增加到经济调峰率30%，则陕甘青宁电网可多消纳风电约10000MW。

在新能源与煤电打捆远距离外送中，当风电出力大于输电线路可利用空闲输电容量时，通过煤电机组降负荷增加输电线路中风电送出规模，在风电出力较小时，煤电机组升负荷以保障输电系统安全稳定运行或适应受端负荷特性要求。在新疆哈密、甘肃酒泉及宁东地区，近期水平年均拟采用此种模式。

（五）“抽水蓄能—风电”互补

抽水蓄能与风电互补主要是利用蓄能电站的储能作用，进行风能的储存和转化。抽水蓄能电站建设地点有更大的选择余地；而且具有吸收电量抽水功能，与风电互补能力相对更强。

“抽水蓄能—风电”互补方式分为两种：

（1）在本地电网内与风电互补，“低谷蓄能”，“高峰发电”，作为风电的“蓄电池”，“调节库”，平抑风出力的不稳定性对电网的影响，提高本地电网接纳风电能力，改善火电机组运行工况，提高电力系统安全稳定经济性。

典型案例：新疆阜康抽水蓄能电站位于乌昌电网，距负荷中心较近，达坂城、小草湖风电场距离乌昌电网较近，阜康抽水蓄能电站建成后，除承担系统调峰、填谷、调频、紧急事故备用外，可协助消纳风电4000MW，提高乌昌电网接纳风电的能力和安全稳定经济性。

（2）作为风电外送的“送端配套”措施之一，建设在风电场附近，组成多能互补平台，其主要作用体现在：通过削峰填谷，减少弃风，提高风能利用率；减少风电并网容量，提高输电系统利用小时及经济性；节省输变电工程投资或在同等输电规模情况下，提高风电送出规模；提高输电容量保证率；减少风电对输电系统的不利影响，有利于输电系统稳定运行；平抑风出力变幅及瞬时变率，减少风电对电网频率、无功电压的影响；提高电网接纳风电的能力。

典型案例：新疆哈密和甘肃酒泉风电基地周边均配置了一定规模的抽水蓄能电站，与风电、光电、火电打捆通过特高压直流外送至华中电网。提高风电、光电利用率和输电线路经济性，提高输电系统有效容量，保障输电系统安全稳定运行。

（六）“抽水蓄能—太阳能发电”互补

抽水蓄能—光电互补与“抽水蓄能—风电互补”

类似，主要是利用蓄能电站的储能作用，进行光能的储存和转化。

光电远距离外送并网情况下，由于光电发电小时数低，将影响输电线路经济性，若在光电基地附近（送端）配套抽水蓄能电站后，可以大幅度节省输电线路投资，或在同一输电规模下可提高光电送出规模，提高输电经济性，同时可以将一部分光电转化为系统需要的高峰期电量，提高输电线路有效容量。

青海海西州柴达木盆地规划有千万千瓦级光电基地，由于远离电网负荷中心，仅输送光电的线路规模大、投资经济性差，制约了光电的大规模开发。为促进该地区光电开发，提出通过光电、抽水蓄能、火电打捆送至电网负荷中心的多能互补方案。

（七）微型电网中多能互补方式

微型电网由多种能源、储能装置、固定负荷和可调负荷构成，一般条件下独立运行，也可以与大电网交换电量，对于大电网是可控单元。由于是多能互补，能量的连续性大大提高，对于储能装置的要求则大大降低，很容易实现。

典型案例：2011 年 12 月 31 日，国家金太阳示范工程“青海省玉树州巴塘 2MW 水光互补微网发电示范项目”实现并网发电。该项目包括 2MW 平单轴跟踪太阳能光伏发电系统、12.8MW 水电和 15.2 MW·h储能系统，是我国目前规模最大的微网。2013 年 12 月 31 日，海南省首个独立光伏智能微电网在三沙市建成运营，光伏发电规模 0.5MW，同时配以 1MW·h 磷酸铁锂电池作为储能及缓冲，并结合智能微电网管控技术，为三沙供电负荷提供高品质的绿色电力。

（中国电建集团西北勘测设计研究院有限公司
王社亮　冯黎　张娉　吴来群）

中国电建集团成都勘测设计研究院有限公司参与的四川部分风电场建设简况

（一）德州、黄家坝风电场

四川省德昌县德州、黄家坝风电场由中国水电顾问集团公司投资建设，2014 年 11 月项目获得四川省发展改革委以川发能源局〔2014〕918 号文正式核准。其中德昌德州风电场项目装机容量 47.5MW；黄家坝风电场项目装机容量 45MW。这两个风电场由中国电建集团成都勘测设计研究院有限公司（以下简称成都院）以工程总承包形式承担设计、施工。2014 年 2 月完成 2 个风电场的预可行性研究报告，2014 年 6 月完成可行性研究报告，并于 6 月底通过四川省发展改革委审查，10 月完成项目核准全部专题报告。

德州风电场工程位于德昌县安宁河左岸的麻栗镇昆村，距德昌县德州镇约 5.0km，距西昌市 60km。该风电场工程范围 50km²，安装 19 台单机容量 2.5MW 的直驱风力发电机组，装机容量 47.5MW，平均满负荷小时数为 1817h，年平均上网电量 8629.2 万 kW·h，工程总投资 4.046 亿元。

黄家坝风电场工程位于安宁河右岸，距德昌县德州镇约 5km；工程范围南北向长 15km，东西向宽 1.5km，面积 22.5km²；设计安装 18 台单机容量 2.5MW 风力发电机组，总装机容量 45MW，年平均上网量 8376.3kW·h。

（二）四川德昌风电场四、五期工程

四川省德昌风电场四、五期工程，由成都院于 2014 年 2 月完成预可行性研究报告，2014 年 4 月完成可行性研究报告。德昌风电场四期工程项目位于凉山州德昌至西昌高速公路间的安宁河区域，装机容量 47MW，年发电量 1.1 亿 kW·h；五期工程项目位于德昌县安宁河右岸黄家坝，总装机容量 45MW，年发电量 0.83 亿 kW·h。德昌风电四、五期工程项目，总装机容量 92MW（46 台 2.0kW 风电机组），总投资 7.89 亿，2014 年 11 月获得四川省发展改革委核准。

2014 年 11 月 29 日，成都院与四川德昌风电开发有限公司签订了德昌风电四、五期工程总承包合同；12 月德昌风电四、五期工程先后开工建设。德昌风电四、五期工程项目建成后将建风电集中控制中心进行集中调度自动化管理。

（三）西昌风电一期（洼脑、黄水）风电场

2014 年 8 月 8 日，四川省发展改革委分别以川发改能源〔2014〕711 号、712 号文核准了西昌风电一期洼脑风电场项目、黄水风电场项目。

西昌风电一期洼脑、黄水两个风电场项目由西昌飓源风电开发有限公司投资、成都院总承包进行建设。

洼脑风电场场址位于黄水乡境内，安宁河左岸，距西昌市区 35km；场址区为河谷浅丘，南北长约 3km，东西宽 2km，面积 6km²，地形较平坦，海拔在 1440～1600m；总装机容量 47.5MW，单机容量 2.5MW，共 19 台风电机组，总投资约 3.95 亿元。

黄水风电场场址位于黄水乡境内，安宁河左岸，距西昌市区约 30km；场址区为河谷浅丘，南北长约 4.5km，东西宽约 2km，面积 9km²，地形较平坦，海拔在 1455～1520m；总装机容量 475MW，单机容量 2.5MW，共 19 台风电机组，总投资约 4.56 亿元。

西昌风电一期洼脑和黄水两个风电场，2014 年 8 月 19 日正式开工建设。

（中国电建集团成都勘测设计研究院有限公司
刘吉祥 唐兰）

巴基斯坦某风电场上网电量的确定

在风电场工程设计中，年上网电量的确定是可行性研究阶段的基本任务之一，影响和决定着风电场的投资决策。在国外风电场设计工作中，业主往往要求对所计算的年上网电量进行风险管理服务。实际上，不同项目业主具有不同的风险偏好，同一个项目业主在不同设计阶段的风险态度也可能发生改变。

巴基斯坦某风电场，风向稳定，风能品质较好，总装机容量 99MW，设计安装 66 台单机容量 1500kW 的风力发电机组，其年上网电量采用基准发电量估算。现将该方法估算情况及与综合折减法、概率折减法年上网电量估算比较简介如下：

（一）基准发电量估算情况

以该风电场 01 号测风塔实测风速为基础，分析计算每一天的日平均风速后得到全年 365 天的日平均风速分布情况；依据日平均风速和风电机组特性计算得出日理论发电量，经考虑风场机组受尾流的影响、风机控制和湍流的影响、叶片表层污染的影响、气候影响停机、风电机组可利用率、电气损耗（场用电和线损）和电网波动及限制等影响因素修正后，得到每日的上网电量；根据计算得出的日平均风速和上网电量进行相关性分析，分别确定年内 1～12 月平均风速和上网电量的函数关系；然后利用该函数关系分析得到各月基准风速对应下的基准发电量。实际运用时，基准风速保障值由巴基斯坦可再生能源发展委员会提供。

该风电场 85m 基准风速对应的各月基准上网电量见表 1，年上网电量为 270.9GW・h（27090 万 kW・h）。

表 1　风电场各月基准上网电量统计表

月份	85m 基准风速（m/s）	基准上网电量（GW・h）
1	5.3	11.1
2	5.7	12.1
3	6	14.0
4	7.9	25.3
5	10	39.4
6	10.4	41.1
7	10.5	40.5
8	9.6	36.6
9	8.1	25.2
10	5.3	9.7
11	4.5	5.6
12	5	10.3
年值	7.47	270.9

（二）综合折减法估算情况

根据该风电场内 01 号测风塔一年的完整测风资料及风机推荐布置方案，推荐机型在当地空气密度下的功率曲线和推力系数，利用 WASP10.0 软件进行发电量计算，得到该风电场风机的理论年发电量为 38709.6 万 kW・h。考虑风电场机组间受尾流影响折减 6.44%、风电机组可利用率折减 3%、风机控制和湍流影响折减 4%、风电机组功率曲线保证率折减 3%、叶片表层污染影响折减 2%、气候影响停机折减 2%、电气损耗（场用电和线损）和电网波动及限制折减 5%、其他因素影响折减 2%。经以上综合折减后，该风电场推荐机型年上网电量为 27097.7 万 kW・h，年利用小时数为 2737h，容量系数为 0.31。

（三）概率折减法发电量估算情况

与常规综合折减法类似，概率折减法同样会考虑到多种折减因子的影响，并通过给定系数的方式间接估算上网电量。概率折减法将折减因子分为两类：第一类因子可能发生在风电场建成后的运行过程中，称为直接折减因子，计算过程称为直接折减；第二类因子仅对风资源评估阶段的发电量计算有影响，称为不确定因子，计算过程称为不确定折减。

1. 直接折减　尾流损失，由 WASP 软件计算得到，本期工程平均为 6.44%；风电机组利用率，取 97%，即此部分损耗为 3%；场用电、线损等能量损耗，预计为机组总发电量的 5%；其他损耗按 2%考虑，经计算，总损耗率为 15.5%。

2. 不确定折减　影响净发电量的随机因素不止一项，各项随机损耗率之和按 $U_T=\sqrt{\sum_{i=1}^{n}(Us_i \cdot S_i)^2}$ 公式计算。式中：U_T为总随机损耗率；Us_i为第 i 项随机因素的随机损耗率，S_i为对应的敏感度（由软件计算得到）。该风电场历史随机损耗率估算见表 2。

表 2 风电场历史随机损耗率估算表

随机因素	不确定度类型	可变率（%）	敏感度（%）	随机损耗率（%）
风速变化	风速	6	176	10.6
风速资料	风速	2	176	3.5
地形模型	地形	4	−0.74	−0.0296
尾流模型	尾流模型	15	6.6	1.0
相关性	风速	0	176	0
功率曲线	发电量	3	100	3.00
历史总随机损耗率（%）				11.6

3. 年上网电量保证水平估算 根据理论发电量、确定损耗率及随机损耗率计算成果，按照正态分布估算了该工程在不同保证水平下的 1 年期、10 年期和 20 年期净发电量，估算成果见表 3。

表 3 风电场不同保证水平发电量估算表

理论发电量(万 kW·h)	38709.6					
确定损耗下净发电量(万 kW·h)	32706.2					
未来参考期	1 年		10 年		20 年	
保证水平	净发电量（万 kW·h）	年等效满负荷小时数(h)	净发电量（万 kW·h）	年等效满负荷小时数(h)	净发电量（万 kW·h）	年等效满负荷小时数(h)
P50	32706.2	3304	32706.2	3304	32706.2	3304
P75	29248.0	2954	30045.0	3035	30096.4	3040
P80	28386.0	2867	29381.6	2968	29445.9	2974
P85	27390.6	2767	28615.7	2890	28694.7	2898
P90	26128.5	2639	27644.3	2792	27742.1	2802

从表 3 可以看出，该风电场按综合折减法估算的年上网电量 27097.7 万 kW·h，接近 1 年期 P85 发电量，略低于 10 年期和 20 年期 P90 发电量，说明该上网电量多年运行期保证率可以达到 90%，保证水平较高。

（四）结语

在巴基斯坦，采用基准发电量估算，可很好地满足业主的风险管理需要。它的基准风速值是由巴基斯坦可再生能源发展委员会（AEDB）提供，具有风险保障。

概率折减法本身具备保证率属性，能够很好地服务于风险控制决策，具有很强的工程实用价值。

（中国电建集团西北勘测设计研究院有限公司
李丽　李玉坤　刘玮）

3

大中型水电工程

常 规 水 电 工 程

溪洛渡水电站 2014 年建设情况

2014 年是溪洛渡水电站工程建设收官之年，也是建设取得丰收的一年。在广大建设者共同努力下，按时实现蓄水发电，完成和超额完成年度生产经营目标。3 月 6 日，大坝坝体混凝土全线浇筑到顶；9 月 28 日，首次顺利蓄水至正常蓄水位 600m；先后有 6 台机组通过 72h 试运行，18 台机组全部投产。全年共评定土建、金属结构单元工程 1536 个，验收合格 1536 个，验收合格率 100%，未发生质量事故和重大质量缺陷，工程质量总体优良。电站已全面发挥防洪、发电等社会经济效益。

（一）投资完成情况

溪洛渡水电站工程 2014 年计划投资 73.02 亿元，实际完成投资 45.87 亿元，占计划的 62.81%，其中：建筑安装工程完成投资 5.61 亿元比计划投资（11 亿元）减少 5.39 亿元，设备费完成投资 15.92 亿元比计划投资（20.73 亿元）减少 4.81 亿元，建设征地和移民安置完成投资 14.14 亿元比计划投资（28.66 亿元）减少 14.52 亿元。

截至 2014 年底，溪洛渡水电站工程自开工累计完成投资 809.19 亿元，其中：建筑安装工程完成投资 228.79 亿元，永久设备完成投资 95.61 亿元，建设征地及移民安置费完成投资 219.4 亿元，其他费用完成投资 105.45 亿元，贷款利息 159.94 亿元。

（二）主要工程形象进度

1. 大坝工程　大坝坝体混凝土浇筑至设计高程 610m。坝顶防浪墙（栏杆）、坝顶路面全部完成。

2. 地下厂房引水发电工程　地下厂房、引水系统及进水口工程全部完成；完成右岸进场交通洞剩余洞段混凝土衬砌、5 号尾水出口边坡支护；完成左右岸厂房装修。

3. 泄水洞工程　5～6 月完成泄洪洞过流面检修，6 月 30 日左右岸泄洪洞所有新增缺陷完全消除。

4. 机组安装　1、2、3、16、17、18 号机组分别于 6 月 30 日、5 月 19 日、3 月 30 日、3 月 16 日、5 月 26 日、6 月 29 日完成 72h 试运行。截至 6 月底 18 台机组全部投产。

（中国长江三峡集团公司　乔仁贵）

向家坝水电站 2014 年建设情况

2014 年，向家坝水电站工程顺利实现最后 2 台机组汛前投产发电、水库汛末蓄水至高程 380m，完成和超额完成年度生产经营目标。3、4 号机组分别于 2014 年 4 月 29 日、7 月 7 日完成 72h 试运行。

向家坝水电站工程 2014 年计划投资 56.51 亿元，实际完成投资 41.4 亿元，占全年计划投资 73.26%，其中：建筑安装工程完成投资 10.06 亿元比计划投资（10.59 亿元）减少 0.53 亿元，设备费完成投资 11.41 亿元比计划投资（15.5 亿元）减少 4.09 亿元，建设征地及移民安置费完成投资 13.11 亿元比计划投资（21.18 亿元）减少 8.07 亿元。

截至 2014 年底，向家坝水电站工程自开工累计完成投资 708.77 亿元，其中：建筑安装工程完成投资 158.67 亿元，永久设备完成投资 63.78 亿元，建设征地及移民安置费完成投资 318.17 亿元，其他费用完成投资 64.47 亿元，贷款利息 103.68 亿元。

2014 年，主要工程形象进度如下：

（1）挡水工程：大坝全部到顶，大体积混凝土施工全部完成。冲沙孔改建消力池左导墙除左导 1 混凝土浇筑至高程 268m 外，其余全部浇筑到设计高程 291m；消力池右导墙混凝土浇筑除右导 1～3 外，其余全部浇筑到顶。

（2）厂房工程：全部完工。

（3）升船机工程：下游引航道主导航墙混凝土浇筑至高程 270～286.4m。升船机螺母柱二期埋件安装至高程 356.9～374.9m（设计高程 388.4m）；螺母柱设备安装至高程 296.15～300.51m（设计高程 386.15m）；齿条设备安装至高程 304.03～311.23m（设计高程 383.2m）；平衡重井导轨、齿条二期埋件及船厢纵向导轨安装至设计高程。

（4）机组安装：截至 7 月 7 日总计 8 台机组全部投产发电。

2014 年共评定单元工程 2403 个，一次合格单元 2403 个，一次合格率 100%；优良单元数 2275 个，优良率 94.67%。

2014 年，翻坝转运系统安全运行 318 天，转运总量 194.6 万 t，其中磷矿 183.67 万 t，占年转运量的94%；煤矿10.95万t，占年转运量的6%；最高日转运量1.2万t，最高月转运量26.5万t。全年共转运68886车次，共转运1140艘次船舶。

（中国长江三峡集团公司　乔仁贵）

三峡工程2014年建设情况

2014年，三峡升船机工程建设取得重大进展，枢纽管理区规划项目实施有序推进，顺利实现质量、安全“双零”管理目标。升船机土建与金属结构安装工程质量共评定180个单元，合格率100%，优良率96.7%。

（一）投资完成情况

2014年三峡工程投资计划10.36亿元，实际完成投资5.38亿元，占年度计划的51.89%。其中：建筑安装工程完成投资1.19亿元比计划投资（3.9亿元）减少2.71亿元，设备费完成投资0.4亿元比计划投资（4.6亿元）减少4.2亿元。

2014年三峡地下电站投资计划0.44亿元，实际完成投资0.3亿元，占年度计划的66.8%。

截至2014年底，三峡工程累计完成1697.41亿元，其中：枢纽工程静态投资完成494.06亿元，占枢纽工程概算500.9亿元的98.63%；库区移民完成静态投资530.02亿元，占库区移民静态投资530.02亿元的100%；价差522亿元；贷款利息151.33亿元。静态、动态投资均控制在国家批准的概算及预测的投资范围内。

（二）主要工程形象进度

1. 升船机续建　齿条二期、螺母柱二期、下闸首检修门排架柱、下闸首中块预留段及宽槽结构混凝土浇筑全部至设计高程。下游引航道于2014年7月7日开始清理，9月5日完成基坑进水前验收，9月28日启动下游围堰拆除。齿条二期埋件及螺母柱二期埋件安装至设计高程。齿条组件安装至第19～21层。螺母柱设备安装至第14～17层。平衡重系统安装完成。船厢设备安装完成，各个系统调试正在进行。

2. 地下电站　2014年7月3日完成地下电站拦污栅加高，7月31日完善地下电站边坡水系统及绿化等配套工程。

（中国长江三峡集团公司　乔仁贵）

锦屏水电工程2014年进展情况

2014年，锦屏一级水电站和锦屏二级水电站实现全部机组投产发电，同时，工程安全、质量、环保水保、投资控制目标全部实现。

（一）完成的主要工程量

2014年，锦屏水电站共完成土石方开挖53.2万m^3，混凝土浇筑32.7万m^3，固结灌浆47.7万m，回填灌浆14.8万m^3。

（二）主要工程项目进展情况

1. 锦屏一级水电站

（1）大坝工程（CⅢ标）：2014年4月6日，完成大坝接缝灌浆至高程1885m；5月15日，完成导流底孔封堵混凝土接缝灌浆；6月底，坝顶结构全部完成；8月24日，实现第四阶段蓄水目标，首次成功蓄水至设计正常蓄水位1880m，并开展了正常蓄水位下的大坝应急泄洪和泄洪水力学原型观测试验；截至12月底，大坝坝顶栏杆、路面等工作全部完成，坝顶控制楼、电梯井以及各层启闭机室内装修基本完成。

（2）引水发电系统及泄洪洞工程（CⅣ标）：引水发电系统土建、金属结构主体工程，2014年全部完成。泄洪洞，2014年5月31日完成龙落尾段全部主体工程混凝土浇筑，7月10日完成龙落尾段支洞封堵，10月10日开展泄洪洞在正常蓄水位下应急泄洪和水力学原型观测试验；截至12月底，除少量缺陷及涂层外，其余工作全部完成。

（3）左岸基础处理工程（CⅤ标）：2014年4月23日，完成高程1670m新增帷幕灌浆，主体工程项目施工全部完成。截至2014年12月底，除左岸基础处理工程各高程新增封堵门未完成外，其余工作全部完成。

（4）印把子人工骨料生产系统工程：2014年，料场大面开挖至高程1760m、外侧开挖至高程1745m，毛料开挖总量约11万m^3，骨料生产供应量约30.79万t。

（5）三滩右岸人工骨料生产系统工程：2014年，料场大面开挖至高程1980m，毛料开挖总量约24万m^3，骨料生产供应量约28.43万t。

（6）泄洪雾化区边坡及下游河道防护工程：①A标段：原合同标段项目2013年5月已全部完工；新增8.30地质灾害治理项目，已全部完工。②B标段：全部完成。

（7）小金河大桥左岸桥台地灾处治工程：2014年5月31日，完成箱梁施工和桥梁支撑体系转换；6月6日，实现了新建T构通车；8月9日，完成原计划在下个枯水期实施的新建8号桥墩及高程1863m以上边坡喷锚支护，整个项目提前完成。

（8）机电设备安装工程：2号机组于2014年5月31日完成72h试运行，1号机组于7月12日完成

72h试运行，至此，锦屏一级水电站全部机组投产发电。

2. 锦屏二级水电站

(1) 进水口工程：截至2014年12月底，已完建，并已完成单位工程验收。

(2) 闸坝工程：截至2014年12月底，已完建，并已完成单位工程验收。

(3) 引水隧洞工程：3号引水隧洞于2014年3月28日提前18天实现充水目标，4号引水隧洞于9月18日提前27天实现充水目标。

(4) 厂区枢纽工程：截至2014年12月底，现场工作基本全部完成，厂房装修现场工作基本全部完成，正在进行查漏补缺。

(5) 东端砂石加工系统及高线混凝土拌和系统工程：2014年，东端砂石、混凝土系统生产情况正常，带式输送系统运行正常。

(6) 机电设备安装工程：5号机组于2014年5月18日完成72h试运行，6号机组于6月3日完成72h试运行，7号机组于10月31日完成72h试运行，8号机组于11月26日完成72h试运行，至此，锦屏二级水电站全部机组投产发电。

(三) 其他工作完成情况

1. 安全管理　严格执行国家和四川省的安全生产法律、法规，健全安全生产管理体系和隐患排查治理体系，落实本单位安全生产责任制、安全生产规章制度；积极开展“六打六治”打非治违专项行动，深入开展安全生产隐患排查活动。未发生一般及以上人身伤亡事故（含交通事故、设备事故、火灾事故和中毒事故）；有效防范各类自然灾害，未发生群死群伤事件；未发生造成重大不良社会影响的公共安全事件；参建各方主要负责人和安全管理人员培训持证上岗率达到100%。

2. 质量管理　2014年，锦屏一、二级水电站工程累计完成单元评定10213个，合格单元10213个，合格率100%，满足公司单元工程质量验收合格率100%的要求。其中：土建共评定9168个单元，优良单元8520个，单元工程优良率92.9%；金属结构安装工程共评定670个单元，优良单元636个，单元工程优良率94.9%；机电安装工程共评定464个单元，优良单元463个，单元工程优良率99.8%，单元优良率均满足公司考核目标。全年无质量事故发生，工程质量总体受控。

3. 环保水保管理　严格贯彻执行国家和地方环保水保法律、法规、规章、政策及制度，积极恢复施工区及周边生态环境，杜绝重大环境污染与生态破坏事故的发生；对渣场采取渣坡防护、框格梁植草绿化等有效措施，对存在地质灾害风险的边坡进行了锚杆喷混加固，严防水土流失，同时开展了河道清渣工作，从源头上避免了水土流失，全年未发生重大水土流失危害事件。2014年，积极配合行政主管部门的各项行政执法工作，受到相关行政主管部门的一致好评。通过积极有效的环境保护控制措施，全年未收到环保水保事件公众投诉和个人投诉，未受到限批、停产及通报批评处罚，圆满完成了2014年公司下达的环保水保6项工作任务及各项工作计划。

（雅砻江流域水电开发有限公司　邓　庆）

桐子林水电站2014年工程建设情况

2014年是桐子林水电站工程建设的关键年，二期土建工程收尾，金属结构与机电安装全面展开。工程建设紧紧围绕年度工程建设管理目标，始终以安全生产为基础，以“达标投产”和“建精品工程”为主线，发扬“一分布置，九分落实”的工作作风，秉承“精心、精细、精品”的工作理念，所有重大节点均满足合同工期要求，质量、安全处于受控状态，圆满完成各项年度目标任务。

(一) 安全生产管理

认真开展各项安全生产和防汛工作，扎实推进安全生产标准化建设。安全标准化建设于2014年9月通过现场评审，11月通过国家能源局审核。2014年全年，桐子林水电站施工区内未发生人身伤亡事故，安全生产形势持续稳定，实现年度各项安全生产管理目标。

(二) 质量管理

2014年，桐子林水电站工程共进行了三次外部质量监督巡视检查，开展了两个阶段蓄水安全鉴定活动，工程质量监管、质量监控、质量保证体系已建立健全，且运行持续有效。工程于2014年10月底通过了三期截流验收，全年土建、金属结构和机电单元工程质量评定合格率100%，优良率97.0%；全年未发生任何质量事故，工程质量始终处于受控状态，全面完成了年初下达的质量管理目标任务。

(三) 工程进展主要情况

2014年，桐子林水电站工程完善了进度管理体系，落实了责任，全面加强进度的控制和日常管理工作，使工程得以顺利进行，主要工程进展情况如下：

1. 厂房和泄洪闸工程

(1) 土建工程：2014年完成混凝土浇筑33.5万m^3，钢筋制作安装1.615万t，固结灌浆1554m，帷幕灌浆28520m，土石方开挖71.83万m^3，土石方填筑39万m^3。

厂房及左岸挡水坝段：1～4号坝段进水口一线均浇筑至1020m坝顶设计高程，尾水一线均浇筑至1010.5m设计高程；2～4号坝段安装间封顶，主厂房5、6号坝段全部封顶、7号坝段封顶2/3；1、2号机组坝段最高处浇筑至1035m高程，最低处浇筑至1003.5m高程；3、4号机组坝段最高处浇筑至1035m高程，最低处分别浇筑至998.2、992m高程；上、下游厂坝导墙均浇筑至998.0m设计高程，进、尾水水渠浇筑完成，进水1018.0m高程以下及尾水1010.5m高程以下护坡浇筑完成；副厂房梁板柱混凝土全部浇筑完成。

左岸4号孔泄洪闸坝段：泄洪闸消力池护坦全部浇筑至970m设计高程；9～11号坝段闸墩全部浇筑至1020.0m设计高程；溢流面全部浇筑完成。

右岸3号泄洪闸及挡水坝段：2014年11月8日成功实现三期截流，上游围堰填筑至1003.5m高程，下游围堰填筑至997.5m设计高程。

（2）金属结构安装：厂房进水口，双向门机于2014年6月完成安装及调试，9月完成负荷试验；1～4号机组闸门及拦污栅，8月底完成门（栅）槽安装，9月完成事故闸门安装，10月完成液压启闭机调试、拦污栅安装和3套检修闸门安装。厂房尾水，双向门机于7月完成安装及调试，9月完成负荷试验；1～4号机检修闸门，8月底完成门槽安装，10月完成闸门安装。1～4号机冲砂底孔进、出口闸门，9月中旬完成门槽安装，10月完成工作闸门和出口闸门安装。河床1～4号四孔泄洪闸，8月底完成门槽安装，9月完成工作闸门安装，10月完成液压启闭机调试。2号机蜗壳于5月底完成安装，安装间及1号机组段屋面网架于4月底完成安装。

（3）机电安装：1号机，2014年5月完成定子吊装及调整，8月完成转轮吊装，10月完成转子吊装，11月完成机组盘车，12月回装完成。2号机，2014年10月完成定子吊装及调整，12月完成导水机构安装。3号机，完成全部埋件安装、座环安装、转轮室安装、机坑里衬安装。4号机，完成转轮室组装，完成座环吊装、组圆，正在进行座环调整。

2. 金龙沟人工骨料生产系统工程　截至2014年12月底，金龙沟料场边坡开挖至1390m高程，料场边坡永久、随机支护全部完成。金龙沟砂石系统人工骨料生产及供应满足混凝土浇筑要求，2014年完成成品骨料供应81.86万t，开工累计供应342.47万t。

3. 主体土建及边坡安全监测工程　2014年，主体土建及边坡安全监测工程仪器安装埋设随土建施工进度进行，监测数据采集、分析严格按照设计及规程规范要求进行；全年累计完成监测仪器安装埋设193支（套），所取得的监测数据无异常变化，各监测部位处于稳定状态。

4. 鱼类增殖放流站场平及挡护工程　截至2014年12月31日，鱼类增殖放流站场平及挡护工程完成边坡土石方开挖，完成1009m高程以下护脚混凝土、护坡混凝土浇筑；下游新增岸坡防护工程护坡混凝土浇筑至1005m高程。全年累计完成土石方开挖53083m³，各类混凝土浇筑6150m³，钢筋制作安装14.4t。

（雅砻江流域水电开发有限公司　何长青）

两河口水电站正式开工建设

2014年10月6日，在两河口水电站工程施工现场举行了雅砻江两河口水电站开工仪式，两河口水电站正式开工建设。

（一）工程概况

两河口水电站为雅砻江中游的龙头梯级库，位于四川省甘孜州雅江县境内，是雅砻江干流中游规划建设的7座梯级电站中装机规模最大的水电站，以发电为主，兼具防洪功能。枢纽建筑物由砾石土心墙堆石坝、洞式溢洪道、深孔泄洪洞、放空洞、漩流竖井泄洪洞、地下发电厂房、引水及尾水建筑物等组成，砾石土心墙堆石坝最大坝高295m。水库正常蓄水位2865m，相应库容101.54亿m³，调节库容65.60亿m³，具有多年调节能力。电站安装6台单机容量为50万kW的水轮发电机组，总装机容量300万kW，多年平均年发电量为110亿kW·h。工程核准概算总投资约664.57亿元。

两河口水电站开发效益及梯级补偿作用巨大，建成后本身多年平均发电量达110亿kW·h，还可增加：①雅砻江中下游各梯级电站年发量102亿kW·h（平枯期电量225亿kW·h）；②金沙江下游及长江三峡、葛洲坝等梯级电站年发量67亿kW·h（平枯期电量116亿kW·h）。

工程于2014年9月4日获国家核准，2014年10月6日正式开工建设，计划2015年11月大江截流，力争2021年底首台机组发电，2023年底工程竣工。

（二）工程特点和难点

两河口水电站是雅砻江流域水电开发有限公司开发雅砻江中上游承上启下的战略工程，是目前世界上综合规模和难度最大的土石坝工程之一，是目前国内调节性能最优越的水电站之一，是目前中国藏区最大的水电站，是甘孜州装机和投资最大的国家重点工程，是甘孜水电开发进入藏族核心区域的第一个大型水电站项目，电站建设具有“五高五大两长”的特点和难点。

1.“五高”

（1）高土石坝。大坝为掺砾土心墙堆石坝，最大坝高295m，挡水高度世界第一，为国内外最高的土石坝之一。

（2）高填筑方量。大坝总填筑方量为4180万m^3，为目前国内已建或在建的填筑方量最大的土石坝。

（3）高边坡。坝址为高山峡谷地形，边坡陡峻，300m以上的工程高边坡共7个，最高边坡606m，为目前世界第二高边坡。

（4）高泄洪流速。洞式溢洪道设计最高流速53.33m/s，超过已建工程及国内研究成果的最大值。

（5）高海拔。平均海拔3000m，空气稀薄、气候复杂，人工和机械设备降效明显，大坝心墙在雨季和冬季可施工时间短。

2.“五大”

（1）安全风险大。工程区为四川省地质灾害高发区，地质灾害防治压力大；工程范围大，森林植被茂密，森林防火压力大；枢纽区布置紧凑，上下左右交叉施工干扰突出，安全风险大；代建工程安全保通与安全度汛压力巨大；工程战线长、工作面分散，民爆器材、危化品管理安全风险大；高边坡、特大桥等作业风险高；高寒冰雪路面道路交通安全风险大。

（2）稳定压力大。地处康巴藏族核心区，是甘孜州征地移民涉及面最广、移民数量最多、搬迁难度最大的水电项目之一，加之社会经济欠发达，宗教、民族氛围浓厚，政治敏感度高，维稳压力大。

（3）征地移民范围大。征地移民范围涉及甘孜州雅江县、道孚县、新龙县、理塘县，“一州四县”20个乡（镇），范围大，面积广。

（4）移民代（复）建工程规模大。包括省道S 217线5.85km，雅道线113.93km，雅新线65.85km，集镇3个，寺庙4座，复建35kV输变电工程1项（包括变电站2座，供电线路约86km），投资约52亿元，是目前国内最大的业主代（复）建项目之一。

（5）建设管理难度大。管理项目规模大、项目多、技术难度大，建设外部环境复杂，征地移民难度前所未有，工程建设管理难度大。

3.“两长”

（1）建设管理战线长。以管理局所在地为中心，从中心辐射出三条分别长80、110、70km的雅新线、雅道线、牙根二级交通线，管理战线长。

（2）物资运输路线长。两河口水电站建设所需水泥、钢筋、粉煤灰、机电设备均需从雅安方向以公路方式运输到工区，需翻越二郎山、折多山、高尔寺山三座高山，线路长、路况差、运输成本高、运输安全压力巨大。

（三）工程进展情况

两河口水电站筹建准备工程于2005年12月开工，先后开展了场内外交通工程、部分施工营地、砂石加工系统和混凝土生产系统、初期导流洞工程等前期准备项目的建设施工。截至2014年12月底，主要工程形象面貌如下：

1. 前期准备工程

（1）土料场公路：土建工程除受神山影响的亚中明线及日阿额隧道路面工程外，其余土建工程全部完成。

（2）石料场公路：12号公路完成上台阶开挖完成440m，1201号公路上台阶开挖完成1900m，4号临时桥0号桥台及1号墩浇筑完成，交通保通洞完成开挖506m。13号公路开挖支护剩余27m；15号公路明线路基开挖累计完成1886m，1、2号隧道开挖支护全部完成，3号隧道开挖支护剩余700m。

（3）营地工程：2号承包商营地装修装饰工程全部完成，市政工程给水站和污水处理站完成。

2. 主体工程

（1）开挖工程Ⅰ标：右岸坝肩开挖与支护工程，完成2875.00m高程以上边坡的土石方开挖和2910.00m高程以上边坡浅层支护。开关站开挖与支护工程，完成2900.00m高程以上边坡的土石方开挖和2910.00m高程以上边坡浅层支护。进水口开挖与支护工程，完成2875.00m高程以上边坡的土石方开挖和2875.00m高程以上边坡浅层支护。

（2）开挖工程Ⅱ标：左岸坝肩开挖与支护工程，完成2850.00m高程以上边坡的土石方开挖和2875.00m高程以上边坡浅层支护。泄洪放空洞进口，完成3250.00m高程以上边坡的土石方开挖和3275.00m高程以上边坡浅层支护。泄洪放空洞出口，D区完成2750.00m高程以上边坡的土石方开挖，E区完成2687.00m高程以上边坡的土石方开挖。洞式溢洪道进口，完成上游侧2975.00m高程以上边坡和下游侧2950.00m高程以上边坡的土石方开挖。洞式溢洪道出口，A区完成2975.00m高程以上边坡土石方开挖，B区完成2800.00m高程以上边坡的土石方开挖，C区完成2787.00m高程以上边坡的土石方开挖。

（3）开挖工程Ⅲ标：尾水调压室交通洞完成开挖支护770m，剩余171.944m。进厂交通洞完成开挖130m。

3. 移民代建工程

（1）雅新公路：明线路基开挖完成16031m，隧道开挖完成975m，特大桥桩基开挖完成435m。

（2）雅道公路：明线路基开挖完成10500m，开始进行隧道洞脸施工，开始进行日地沟桥及密贵沟桥桩基施工。

（3）两河口库区复建输变电工程：Ⅰ期完工。

（4）瓦多、亚卓集镇市政工程：集镇场平、挡土墙土石方开挖完成25万m^3（占81%），挡土墙施工完成7300m^3（占6%）。

（四）其他工作完成情况

1. 安全管理　2014年，两河口水电站未发生各类责任性的人身伤亡事故；未发生管理局非直接责任性的较大及以上的人身伤亡事故；未发生因洪水、泥石流等自然灾害导致的人身伤亡事故；未发生造成重大不良社会影响的公共安全事件；安全生产目标整体受控，安全生产态势总体稳定。

2. 质量管理　2014年，未发生较大及以上质量事故。过程检查发现问题已严格按照“四不放过”原则进行了处理，未留工程质量隐患。全年交通及房建合同项目验收评定分项工程2420个，合格率100%；水工合同项目，土建工程验收评定单元工程707个，合格率100%，优良率93.1%。

3. 环水保管理　2014年，两河口水电站工程严格贯彻执行国家和地方环保水保法律、法规、规章、政策及制度，按照公司“流域统筹、和谐发展”的环保理念，以“零容忍、重处罚、重预防、三同时、亮美丑、创样板”为抓手，以推进各项环保水保措施落实为工作主线，统筹工程建设进度与环保水保措施落实，确保了工程建设与环境保护的有序统一。

（雅砻江流域水电开发有限公司　王爱国）

长河坝水电站工程2014年建设情况

长河坝水电站位于四川省甘孜藏族自治州康定县境内，是大渡河干流水电规划“三库22级”的第10级电站，水库总库容11.4亿m^3，安装4台单机650MW的混流式机组，以2回500kV输电线路接入四川电网。

长河坝水电站工程2014年完成投资39.4788亿元，自开工至2014年底累计完成投资146.1899亿元。

2014年该工程建设主要进展情况如下：

1. 大坝工程　大坝集240m高砾石土心墙堆石坝、河床深厚覆盖层（部分挖除后仍保留50m厚）、高地震烈度（设防烈度Ⅸ度）、狭窄河谷四大难度于一体，其技术难度在同类型土石坝中位居世界前列。

（1）大坝总填筑方量3417万m^3。2014年完成心墙料填筑174万m^3、反滤料29.9万m^3、过渡料83.5万m^3、块石料979万m^3；累计完成心墙料填筑279.7万m^3、反滤料62.4万m^3、过渡料133.0万m^3、块石料1551.1万m^3，累计完成比例45.4%。

（2）左岸盖板固结灌浆完成56376.97m，右岸盖板固结灌浆完成28496.78m；左岸三角区帷幕灌浆完成5549.88m，右岸三角区帷幕灌浆完成7009.19m；灌浆平洞帷幕、搭接灌浆完成46241.21m，大坝主防渗墙墙下帷幕灌浆完成4926.18m。

2. 泄洪放空系统及中期导流洞工程　泄洪放空系统包括三条泄洪洞、一条放空洞及一条中期导流洞。泄洪洞进口开口线外边坡支护全部完成，出口开口线外边坡支护完成95%；泄洪洞进口开挖完成约96%，放空洞进口开挖全部完成，各洞室开挖支护累计完成约90%。2014年完成洞挖39万m^3，边坡开挖50万m^3，锚索410根，混凝土浇筑9.8万m^3。具体情况如下：

（1）中期导流洞长1422m，隧洞开挖剩余130m，衬砌完成964.2m。

（2）放空洞长1711m，开挖完成，边墙、顶拱衬砌分别完成264.9、81.9m。

（3）1号泄洪洞总长1362m，开挖基本完成，剩余下半洞150m；边墙衬砌完成205.2m，顶拱衬砌完成44.55m。

（4）2号泄洪洞总长1508m，开挖完成，边墙、顶拱衬砌分别完成164.9、92.67m。

（5）3号泄洪洞总长1540m，开挖完成，边墙、顶拱衬砌分别完成177.9、141.02m。

3. 引水发电系统土建工程　引水发电系统工程主要包括引水系统（进水塔、引水隧洞）、厂房系统（主副厂房、主变压器室、母线洞）及尾水系统（尾水调压室、尾闸室及尾水隧洞）。开挖支护（除斜井和尾水出口段外）全部完成，已经全面转入混凝土浇筑阶段。2014年完成石方洞挖7.36万m^3，土石方明挖14.54万m^3，锚索209根，混凝土浇筑38.4万m^3，钢筋制作安装1.26万t。具体情况如下：

（1）进水塔设计高度为74m，1～4号塔体各浇筑完成55m。

（2）压力管道上平段和下平段开挖已完成，其中下平段压力钢管安装完成77节。1、3号斜井已开挖完成，2号斜井标准段长116.15m，二次扩挖累计完成52m；4号斜井标准段长118.33m，二次扩挖累计完成58m。

（3）4号机组蜗壳外包混凝土已浇筑三层，3号机蜗壳安装、焊接已完成，2号机组座环已就位，1号机组蜗壳基础混凝土和座环支墩浇筑完成。副厂房第一层基础已浇筑完成。

（4）母线洞及主变压器室开挖全部完成，主变压器室底板混凝土浇筑完成。

(5) 1号尾水洞长1673.68m，边顶拱混凝土衬砌累计完成1096m；2号尾水洞长1437.2m，边顶拱混凝土衬砌累计完成975.5m。

(6) 两条出线竖井开挖支护工作已完成，2号出线竖井底部电梯井和集水井基础浇筑完成。

(7) 尾水调压室上部混凝土结构高程为1479～1500m，1号调压室边墙左半幅已浇筑至1486.3m高程。1号调压室边墙右半幅及2号尾调室浇筑至阻抗板高程1456m。

(8) 尾水闸门室结构混凝土高程为1454.5～1511.8m，已浇筑启闭机工作平台高程1504m。

4. 机电安装工程

(1) 机电设备安装工程Ⅰ标于2013年4月1日开始施工，截至2014年底，地下厂房2台2×420t/16t双小车桥式起重机的安装调试及负荷试验已完成，并已取得甘孜质量监督局的桥机使用许可证；4号机组肘管、锥管、基础环、座环、蜗壳、基坑里衬安装和蜗壳水压试验已完成，蜗壳已开始保压浇筑，发电机定子机座焊接完成；3号机组肘管、锥管、基础环、座环、蜗壳安装已完成；1～4号离相封闭母线廊道的电气预埋、主变压器室1480.7m高程以下（4号机组为1494.7m高程以下）水机及电气预埋已完成。

(2) 机电设备安装工程Ⅱ标于2013年8月1日开始施工，截至2014年底，2号水轮机尾水肘管、尾水锥管、座环、基础环安装完成，蜗壳安装完成50%；1号水轮机肘管、锥管安装完成，基础环、座环安装吊装完成。

（大唐国际发电股份有限公司　余圣刚）

黄金坪水电站工程2014年建设情况

黄金坪水电站位于四川省甘孜藏族自治州康定县境内，是大渡河干流水电规划“三库22级”的第11级电站，总装机容量850MW，由4台单机200MW的混流式大机组和2台单机25MW的混流式小机组组成，大坝基础混凝土防渗墙深约110m。工程于2011年12月6日实现工程截流。

黄金坪水电站工程2014年完成投资24.5731亿元，开工至2014年底累计完成投资74.7972亿元。2014年该工程建设主要进展情况如下：

1. 大坝工程及溢洪道工程

(1) 大坝全断面填筑至1450.00m高程，上游压重区填筑至1436.00m高程，完成大坝填筑437.5万m^3，累计完成各类料填筑469.5万m^3。

(2) 除右岸顶层部分主帷幕及导流洞搭接帷幕外，大坝其余部位主帷幕、搭接帷幕灌浆全部完成，累计完成帷幕灌浆70534m，完成设计总量的83.5%。

(3) 溢洪道基础固结灌浆完成，累计完成固结灌浆13897m。

(4) 溢洪道闸室闸墩全部浇筑到顶1481.5m高程，溢流面混凝土浇筑完成；引渠段底板浇筑完成，引渠段边墙浇筑至1480.00m高程；消力池浇筑至1412.00m高程。完成混凝土浇筑19.90万m^3，累计完成混凝土浇筑22.6570万m^3。

2. 引水发电系统工程

(1) 左岸引水发电系统，共布置4台单机容量200MW的混流式大机组；除尾水隧洞预留岩坎外，开挖支护全部完成，全面进入钢筋混凝土施工。副厂房浇筑至1429.6m高程；4、3号机组发电机层浇筑完成，2号机组机墩浇筑完成，1号机蜗壳混凝土浇筑完成。完成混凝土浇筑46.45万m^3，累计完成53.16万m^3。

(2) 右岸引水发电系统，布置2台单机容量25MW的混流式小机组；除尾水岩梗段还未开挖完成外，其余引水及尾水建筑物均已完成开挖支护，全面进入混凝土衬砌施工。1号机组锥管混凝土完成，2号机组肘管混凝土完成。完成混凝土浇筑1.28m^3，累计完成1.75万m^3。

3. 机电安装工程

(1) 机电部分：左岸主厂房，2×350t桥机安装与调试完成；4号机组发电机定子下线完成10%，转子支架组装焊接完成，正在进行转子立筋加工和导水机构预装；3号机组定子铁芯组装完成，12月26日进行定子吊装，转子支架正在进行组装焊接；4号主变压器吊装就位。

右岸小厂房2台25MW机组的锥管、肘管、座环、蜗壳均已安装完成。

(2) 金属结构部分：泄洪洞工作弧门、进口检修闸门及其启闭机、检修桥机已完成安装；左岸尾水洞出口闸门正在进行安装，固定卷扬式启闭机已安装完成1台；左岸GIS室桥机正在进行安装调试及负荷试验。

（大唐国际发电股份有限公司　余圣刚）

国电大渡河流域水电开发有限公司2014年主要在建工程进展情况

(一) 大岗山水电站

大岗山水电站坝址位于四川省雅安市石棉县境内，总装机容量260万kW，最大坝高约210m，总库容7.42亿m^3，调节库容1.17亿m^3，多年平均年发电量114.3亿kW·h，计划2015年7月投产。

截至2014年12月31日，大坝工程混凝土全线浇筑至1135m坝顶高程，导流洞完成下闸；引水发电系统工程1、2号机组按期移交安装工作面，厂房土建基本完工；泄洪洞洞身边顶拱全部完成，底板混凝土累计浇筑完成900m；帷幕灌浆工程1030m高程以下全部完成；机电金属结构安装工程，1、2号机组按计划推进，3、4号机组安装完成；工程通过第一阶段蓄水验收。

2014年，大岗山水电站工程全年未发生任何安全事故，累计实现连续安全生产3409天。

（二）猴子岩水电站

猴子岩水电站坝址位于四川省甘孜藏族自治州康定县境内，水库正常蓄水位1842m，总库容7.06亿m^3，具备季调节能力；电站装机容量170万kW，单独运行多年平均年发电量70.15亿kW·h，计划2016年首台机组发电，2017年竣工投产。

截至2014年12月31日，大坝填筑576万m^3，完成总量的64%，坝前填筑至一期面板施工平台1760m高程，坝后填筑至1751m高程，Ⅰ期面板浇筑完成；引水发电系统主厂房开挖支护全部完成；泄洪工程，溢洪洞洞身开挖支护完成，泄洪放空洞有压段浇筑60%；机电安装完成全部压力钢管制作和运输，四台机组尾水肘管安装完成。

2014年，猴子岩水电站工程成功应对了强降雨和康定地震两次特大自然灾害，全年实现安全生产“零事故”；顺利通过安全生产标准化二级评审，成功创建了本质安全三星级企业。

（三）枕头坝一级水电站

枕头坝一级水电站坝址位于四川省乐山市金口河区境内，电站总装机容量72万kW，多年平均发电量32.9亿kW·h。工程于2012年3月通过核准。

2014年，土建工程实现二期围堰破堰基坑充水，左右岸非溢流坝段、进水口、泄洪闸全部浇筑到设计高程626.5m，厂房工程尾水平台全部浇筑至设计高程601.5m，副厂房浇筑到顶，安装间和4号机组段已全面向机电工程移交工作面；至年底，枢纽土建工程基本完成。2014年，机电安装方面，4号机组总装完成；3号机组座环已吊装到位、调整完成，定子线棒耐压试验完成。2014年12月31日，电站工程通过蓄水阶段安全鉴定，取得同意下闸的明确意见。

2014年，枕头坝一级水电站工程全年安全生产“零事故”，成功创建二级安全生产标准化企业。

（四）沙坪二级水电站

沙坪二级水电站坝址位于乐山市峨边县境内，电站总装机容量34.8万kW，多年设计平均发电量16.5亿kW·h。工程于2012年3月通过核准，2013年11月9日实现主河床截流。截至2014年12月31日，电站一期工程快速推进，征地移民全面收口，生产筹备全面启动。2014年4月25日，电站主体工程完成首仓混凝土浇筑；6月23日首仓闸坝基础堆石混凝土完成浇筑；8月21日闸坝基础固结灌浆全部完成，护坦防冲墙正式开钻；9月4日，500kV送出工程具备核准评审条件；9月24日，拦河闸坝施工进入闸墩浇筑阶段；12月11日闸坝混凝土开始浇筑。

2014年，沙坪二级水电站工程全年安全生产“零事故”，累计安全生产1005天；通过安全生产标准化二级达标评审。

（国电大渡河流域水电开发有限公司
马芳平　曾　宪）

黄河上游水电开发有限责任公司2014年在建水电站建设管理情况

（一）工程进展情况

1. 羊曲水电站　羊曲水电站位于青海省海南藏族自治州兴海县与贵南县交界处，是黄河干流龙羊峡水电站上游“茨哈、班多和羊曲”三个规划梯级电站的最下一级，开发的主要任务是发电；水库正常蓄水位为2715m，相应水库库容14.724亿m^3；总装机容量为120万kW（3×40万kW），多年平均年发电量47.12亿kW·h。

电站前期工程于2010年5月29日开工建设，截至2014年底，站区“四通一平”已完成；导流洞除进口30m外开挖支护全部完成，混凝土浇筑完成11.8万m^3；泄洪洞开挖支护完成；进水口累计完成土石方开挖126万m^3，厂房累计完成土石方开挖183万m^3；溢洪道混凝土浇筑完成4.7万m^3；砂石加工及混凝土拌和系统土建及安装全部完成，生产混凝土8.7万m^3。

2. 茨哈峡水电站　茨哈峡电站位于青海省兴海县和同德县交界处的黄河班多峡谷内，开发的主要任务是发电；水库正常蓄水位2990m，相应水库库容39.40亿m^3；装机容量260万kW，多年平均年发电量81.63亿kW·h。

项目生活区依托班多水电站已建成设施。截至2014年底，对外交通工程完成洞身开挖支护及出口洞脸加固，黄河大桥及引线隧洞工程完成临建项目施工；大坝填筑料碾压试验及料场特殊地勘工作完成，中间成果通过了水利部水利水电规划设计总院专家咨询评审。

3. 纳子峡水电站　纳子峡水电站位于青海省东北部的门源县燕麦图呼乡和祁连县皇城乡的交界处，是大通河流域规划的13个梯级中第四级，以发电为主；水库正常蓄水位3201.5m，总库容为7.33亿m^3；总装机容量8.7万kW（3×2.9万kW），多年平均年发电量3.106亿kW·h。枢纽建筑物由砂砾石面板堆石坝、引水发电系统及泄水系统三部分组成，最大坝高121.5m。

2014年主要建设内容为导流洞封堵及改建、厂房机电安装及送出线路工程。2014年2月25日工程下闸蓄水，11月9日三台机组全部投产发电。

（二）安全管理

工程建设管理单位组织开展了在建工程春季安全检查活动；召开2014年安全生产工作会议，明确了工程建设安全生产目标、重点工作和具体措施。为落实业主安全生产监管责任，对项目承包方的资质，特别是分包单位的资质进行审查，建立了分包单位资信台账。各单项工程开工前对承包方管理人员进行安全技术交底，并对危险性区域内作业进行专门的安全技术交底，承包方按要求制订、落实安全措施；与参建单位签订年度安全生产责任书和消防责任书。印发了《"安全生产月"活动方案》，各建设部、各参建单位按照方案要求，扎实开展"安全生产月"各项活动。开展隐患排查治理和危险源管控，共组织节前、春秋季、交通、防汛、消防及月度考核检查等各项安全检查17次，排查出安全隐患461项，整改完成460项，并对隐患整改工作做到方案、责任人、措施、期限和资金"五落实"。

针对2014年羊曲水电站进入开挖工程高峰期，工程风险日益突出问题，充分发挥设计、地质人员作用，加强超前地质预报工作；加强爆破设计管理，使之更具针对性，并根据岩性变化及时调整各项参数；开挖过程中加强支护工作的管理，支护不到位严禁进行爆破开挖作业。通过对导流洞出口边坡观测资料的分析，及时发现了该部位岩体不稳定状况，采取了加密观测、支护等措施，保证边坡施工的安全。厂房后边坡受切割影响形成三个楔形体且有失稳可能，立即采取厂房下挖施工暂停和挂网喷护、增加支护等措施，使得该部位隐患得到及时控制。针对2014年新增1项四级重大危险源，分别向贵南县安全监督部门和黄河上游水电开发有限责任公司进行备案，建立了安全台账，并按照相关要求进行监控。

开展电站安全文明施工考核活动。每月进行一次考核检查并予以通报，对综合得分85分以上的单位分段进行奖励，专门提取安全措施费用于完善现场安全设施并保证安全费用有效使用，以提升工程项目安全生产与文明施工水平。截至12月，安全文明施工考核费用共支出188.6万元。

（三）防汛工作

为加强建设工程防汛工作，工程建设管理单位制定并颁发了《2014年电源建设工程防汛工作方案》，确定了防汛工作目标，明确了防汛组织机构、防汛责任制、汛期前后工作重点。针对2013年暴露出的羊曲水电站雨情信息监控范围覆盖面较小问题，及时完善水情测报、预报工作，在羊曲水电站左、右岸草原增加3个雨量站共6个雨量站，对枢纽范围内的雨情进行有效监控，及时发出报警信息；细化防汛应急预案启动条件，使预案更具可操作性。通过各方努力，电站实现安全度汛。

（四）质量管理

明确了羊曲水电站质量总体目标，针对施工单位内部"三检"制执行弱化的现象，强化了"三检一验"制度的执行力，将单元工程验收一次合格率纳入质量管理考核指标，羊曲、茨哈峡水电项目合格率100%，优良单元25924个，混凝土工程优良率92.9%，开挖工程优良率87.2%，金属结构安装工程优良率96.2%。

组织设计、监理、施工单位，对羊曲水电站溢洪道混凝土浇筑工程质量策划进行了专项审查，对模板选型、安装工艺、混凝土入仓手段等提出了具体要求。施工过程中，施工单位严格实施质量策划各项要求，已浇筑的混凝土单元全部达到优良标准。

（五）征地移民

完成茨哈峡水电站两岸坝址区实物指标调查及补偿，以及涉及兴海县境内的移民搬迁安置意愿调查工作。完成羊曲水电站施工区所有实物指标的收口和补偿工作，库区大部分实物指标调查收口工作完成，各移民安置点已陆续开工建设。

（六）科研项目

2014年，工程建设管理单位与设计单位及多家科研院校协作，开展了《羊曲镶嵌组合坝方案可行性研究》《茨哈峡水电站高模量基础垫层面板坝关键技术研究》等5个科技项目研究工作，并完成中间成果研究。其中羊曲水电站镶嵌混凝土面板堆石坝已通过了水利部水利水电规划设计总院的专题审查，确定为羊曲大坝最终坝型，为国内首次应用。

（黄河上游水电开发有限责任公司　许为宁　张　伟）

苗尾水电站2014年建设情况

苗尾水电站位于云南省大理州云龙县旧州镇境内的澜沧江河段上，是澜沧江上游河段一库七级开发方案中的最下游一级，上接大华桥水电站，下邻功果桥水电站；开发任务以发电为主，兼顾灌溉供水，促进地方经济社会发展、移民群众脱贫致富和库区生态环境保护；水库正常蓄水位 1408.00m，相应库容 6.60 亿 m^3；死水位 1398.00m，相应库容 5.01 亿 m^3；总装机容量 1400MW（4×350MW），多年平均发电量 65.56 亿 kW·h，保证出力 424.2MW。该电站为一等大（1）工程，永久性主要水工建筑物为 1 级建筑物，次要建筑物为 3 级建筑物。

（一）主要完成工程量

2014 年，苗尾水电站工程主要实物工程量完成情况较好，完成土石方明挖 745 万 m^3，土石方填筑 450 万 m^3，石方洞挖 15.5 万 m^3，混凝土 50.4 万 m^3，喷混凝土 2.2 万 m^3，钢筋及钢筋网 1.2 万 t，帷幕灌浆 1.02 万 m，固结灌浆 7.8 万 m，排水孔 2.1 万 m。

（二）主要工程施工进度形象

（1）大坝于 2014 年 3 月 2 日开始填筑；其心墙于 12 月 17 日提前填筑至 1340.1m 高程，年底填筑至 1344.5m 高程。

（2）溢洪道，进水渠及控制段大面开挖至 1371m 高程，泄槽及挑流鼻坎段最低开挖至 1390m 高程。

（3）厂房土建，2014 年 7 月 20 日移交 1 号机蜗壳安装工作面，9 月 27 日移交 2 号机蜗壳安装工作面。

（4）引水隧洞，1～4 号洞的下平段开挖完成，1～3号洞的上平段开挖两层，1、3 号洞的竖井段开挖完成，2、4 号洞的竖井段开挖 50%。

（5）冲沙兼放空洞，洞身段开挖支护于 2014 年 10 月底完成，年底完成 10 节洞身段压力钢管安装及外包混凝土浇筑施工。

（6）灌溉取水交通洞，开挖支护完成，正进行下半洞混凝土衬砌。

（7）机电，完成 1～4 号机尾水锥管、1 号机座环及蜗壳、2 号机座环、主厂房两台桥机的安装。

（8）丹坞堑砂石加工系统，完成改造，正常供应砂石骨料。

（9）代建解放桥工程，全部完成。

（华能澜沧江水电股份有限公司）

龙开口水电站工程 2014 年建设情况

2014 年是龙开口工程收官之年。华能龙开口水电有限公司龙开口水电工程建设管理局（以下简称龙开口建管局）以开展创一流及管理提升活动为契机，扎实推进安全标准化建设、工程形象提升、竣工验收及达标创优等各项工作，克服了达标投产验收任务繁重、人员流动频繁等困难，顺利实现年初确定的各项目标。

（1）全面完成工程建设目标。主体工程土建施工及机电设备安装全面完成，3 号机组于 1 月 26 日完成 72h 试运行，正式移交电厂投入商业运行。至此，龙开口水电站仅用 8 个月时间，完成 5 台机组（5×360MW）全部投产。

（2）圆满完成年度防汛任务。安全标准化工作稳步推进，整改安全隐患和违章 51 项。

（3）质量管理成效明显。2014 年 9 月，高评价通过达标投产，12 月高分通过质量评价。工程枢纽建筑物、水轮发电机组运行状态正常，大坝渗漏量（16m^3/h）远小于设计值（132m^3/h）。

（4）工程验收稳步推进。2014 年 7 月，厂房土建及金属结构安装工程单位工程通过验收，消防专项通过验收；8 月，碾压混凝土重力坝单位工程通过验收，机电设备及金属结构单位工程验收全部完成；12 月，枢纽工程专项通过验收，劳动安全与工业卫生专项验收通过现场检查。截至 2014 年 12 月底，共完成 192 个合同标段验收，完成率达 97.5%。

（5）创优工作成果显著。“白云岩料源超高差人工砂石加工系统和长距离空间曲线带式输送机技术研究与应用”“龙开口水电工程缆机与门塔机防碰撞预警系统的开发与应用”获省部级科技成果一等奖，“龙开口大坝混凝土碾压施工参数实时监控系统的研究及应用”获 QC 成果一等奖，“提高发电机定子定位筋安装效率”获 QC 成果二等奖，“运用 TQC 方法提高主厂房机墩风罩外观成型质量”“运用 TQC 方法提高项目部竣工资料一次合格率”获 QC 成果三等奖。

（6）环保、水保有序推进。组织实施了下游放流码头工程，通过实施燕子崖渣场和料场、燕子崖砂石加工系统、系统平台至料场道路挂渣面植被恢复和右岸辅助系统及区域景观工程、左岸部分施工场地等施工迹地恢复，进一步提升了工区形象。组织开展鱼类人工增殖放流活动，共放流短须裂腹鱼、细鳞裂腹鱼、岩原鲤和鲈鲤 10 万尾，标记放流 1 万尾；开展 3 次放流工作野外回捕监测，为鱼类人工增殖放流效果评价积累样本资料；先后实施 2014 年度捕捞过坝集中放流活动 2 次，放流 13 种鱼类约 700kg。积极推进环保水保专项验收，2014 年 5 月完成水土保持方案变更。

（7）移民安置工作快速推进。先后完成了电站枢纽区及进场公路土地证的办理，龙开口电站移民专项验收计划的制定，汛期各安置点、移民专项工程防洪度汛安全检查，蓄水后电站库岸失稳调查报告编制，永胜县五点灯 380 亩移民生产用地流转，古城区和永胜县已具备变更条件项目的设计变更报告编制等工作。

（华能龙开口水电有限公司龙开口水电工程建设管理局）

丰满水电站全面治理（重建）工程 2014 年进展情况

（一）工程概况

丰满水电站全面治理（重建）工程是按恢复电站原任务和功能，在原丰满大坝下游 120m 处新建一座大坝，并利用原丰满三期工程；以发电为主，兼有防洪、灌溉、城市及工业供水、养殖和旅游等综合利用；为一等大（1）型工程。枢纽建筑物主要由碾压混凝土重力坝、坝身泄洪系统、左岸泄洪兼导流洞、坝后式引水发电系统、过鱼设施及利用的原三期电站组成。水库正常蓄水位 263.50m，设计洪水位 268.20m，校核洪水位 268.50m，总库容 103.77 亿 m^3。工程新建 6 台单机容量为 200MW 机组，利用原三期 2 台机组，总装机容量 1480MW。

碾压混凝土重力坝坝顶总长 1068.00m，坝顶高程 269.50m，最大坝高 94.50m，坝顶宽度 10.00m，由左右岸挡水坝段、河床溢流坝段、厂房坝段组成。大坝共分 56 个坝段。坝体上游面采用二级配富胶凝碾压混凝土＋变态混凝土＋辅助防渗层的防渗结构型式。

泄水消能建筑物由主河床的 9 孔开敞式溢流表孔及左岸泄洪兼导流洞组成。

引水建筑物布置在 20～25 号厂房坝段，由分层取水进水口和坝后垫层式浅埋压力钢管组成，采用单机单管的布置型式。

厂区建筑物主要由主厂房、上游副厂房、尾水副厂房、中控楼、尾水渠以及 500kV 开关站组成。

发电厂房为坝后式地面厂房，布置在右岸坝后，由主机间段及安装间段组成，内装单机容量为 200MW 的水轮发电机组 6 台。机组段长度为 28.00m，边机组段长度 30.50m。主机间总长 170.50m，宽度 32.00m；安装间布置在主机间右端部，与主机间同宽，长度 56.50m；中控楼长 12.40m，与厂房宽度相同，整个发电厂房总长 239.40m。

过鱼设施布置于右岸，由集鱼及补水系统、集鱼箱、承载集鱼箱的升鱼机（轨道、爬齿式轨道运输车）、汇鱼池、上游鱼道及观察室等组成。

丰满水电站全面治理（重建）工程于 2012 年 10 月 11 日通过国家发展改革委核准，2013 年开始筹建期工程项目施工，2014 年开始主体工程项目施工，计划于 2019 年全部机组投产发电。

（二）工程进展情况

2014 年，该工程在安全、质量、进度、投资等方面均处于良好的受控状态，工程质量验评合格率 100%、优良率 95.92%。坝下交通桥改建工程、新建生产控制楼工程、三期独立运行改造工程、砂石料加工系统建设及砂石料供应、施工期水情测报系统、气象预报系统和水库调度系统过渡改造工程、施工期老坝安全监测系统改造工程、信息系统迁建工程、施工期临时迁建改造工程、施工供电系统工程、保护植物移栽工程均按期完工并投入使用。

大坝土建及金属结构安装工程由中国水利水电第十六工程局有限公司承建，主要工程量：土石方开挖 203 万 m^3，土石方填筑 50 万 m^3，碾压混凝土 196 万 m^3，常态混凝土 89 万 m^3，钢筋制作安装 2.25 万 t，固结灌浆 7.1 万 m，压力钢管制作安装 0.36 万 t，各类闸门、启闭机和埋件安装 1.05 万 t，外供商品混凝土 42 万 m^3，各类构、建筑物拆除 5.7 万 m^2。大坝主体工程于 2014 年 7 月 20 日正式开工，截至 2014 年底，完成主要工作内容如下：

（1）坝基土石方开挖完成 93.2 万 m^3，其中土方开挖完成 68.3 万 m^3，石方开挖完成 24.9 万 m^3。

（2）56 号坝段，第 1 仓混凝土于 2014 年 10 月 26 日正式开浇，11 月 9 日完成坝体混凝土浇筑（剩余坝顶铺装层），坝体越冬临时保温 2014 年 11 月 18 日完工。共完成 4 仓混凝土浇筑 1120m^3，钢筋制作安装 6.3t。

（3）下游围堰于 2014 年 8 月 25 日开始进占，10 月 21 日围堰合拢。围堰高喷灌浆于 9 月 26 日开始施工，主河床段于 11 月 2 日完工，两岸延长段于 11 月 22 日完工。基坑初期排水于 2014 年 11 月 23 日完工。共完成堰体土石方填筑 9.2 万 m^3，高喷灌浆 3700m。

（4）大坝碾压混凝土工艺试验于 2014 年 10 月 19 日开始，10 月 28 日完成，共浇筑碾压混凝土 1200m^3。碾压混凝土工艺试验块越冬保温施工完成。

（5）三期泄洪洞、引水洞固结灌浆和帷幕灌浆于 2014 年 4 月 14 日开始，6 月 1 日完成（其中固结灌浆 1020m，帷幕灌浆 1774m），6 月 17 日完成灌后声波检测。因三期厂房发电存在不稳定因素，三期泄洪洞永久堵头延期至 2015 年汛后施工，新增三期泄洪洞临时堵头工程，内设置过流通道（160m^3/h）。该项目于 2014 年 7 月 20 日开始施工，9 月 2 日完成混凝土浇筑，共浇筑混凝土 1848m^3；9 月 17 日完成拱顶回填灌浆施工 315m^2，10 月 4 日进行保下游供水现场演练，临时堵头过流。

(6) 老坝F_{67}断层坝段加固处理锚索造孔于2014年9月22日开始，至年底累计完成锚索造孔11根。

(7) 2014年10月24日完成厂用3号机引水压力钢管封堵，共完成混凝土浇筑$63m^3$。

(8) 2014年8月29日完成取水岸头围堰及施工道路填筑，11月25日完成结构混凝土浇筑及配套设施建设任务。围堰填筑$10133m^3$，基础开挖$300m^3$，混凝土浇筑$242m^3$，钢筋制作安装21t。

发电厂房土建及金属结构安装工程于2014年9月15日进场，进行开工前期文件报审、临建场地建设和临建建筑物施工。

泄洪兼导流洞土建及金属结构安装工程进行洞内衬砌、闸门井前进口有压段石方开挖、闸门井衬砌、出口消能防冲设施混凝土施工、闸门制造及埋件安装等施工，截至2014年该工程累计完成土方开挖6万m^3，石方开挖26万m^3，混凝土浇筑4万m^3。

老厂机组（1、4、8及厂用3号机组）拆除工程于2014年10月15日开工，截至年底厂用3号机组机电设备全部拆完，4号机组除定子外其他设备全部拆完，1号机组转子、水轮机顶盖以上设备全部吊出，拆除的设备已全部运至仓储地点。

（中国水利水电第十六工程局有限公司
国网新源控股有限公司）

托口水电站建成发电

2014年3月，托口水电站6台机组在一个月内全部投产发电。

托口水电站位于沅水干流上游河段湖南省怀化市洪江境内，是沅水流域复核规划梯级的第5级，也是沅水流域规划新建的最后一座大型水电站；距上游白市水电站约55.86km，距下游洪江水电站约58.7km。坝址以上流域面积$24450km^2$，占沅水总流域面积的27.2%；多年平均年径流量170.3亿m^3，多年平均流量$540m^3/s$。水库正常蓄水位250.00m，相应库容12.49亿m^3，汛期限制水位246.00m，死水位235.00m，具有不完全年调节能力。电站安装4台单机容量200MW大机组和2台单机容量15MW的生态放水小机组，总装机容量830MW，多年平均发电量为21.31亿kW·h，年利用小时2664h。本工程开发任务以发电为主，兼顾航运、防洪等其他综合利用要求，属一等大（1）型工程。

工程枢纽采用分散式布置，由东游祠主坝、王麻溪副坝、电站厂房、引水系统、通航建筑物、河湾地块防渗工程等组成。东游祠主坝由左岸碾压混凝土重力坝（最大坝高69.00m）、河床碾压混凝土溢流坝（最大坝高82.0m）、右岸黏土心墙堆石坝组成（最大坝高63.0m），坝顶总长度648.50m；溢流坝段设9孔开敞式溢流堰，左岸混凝土重力坝段内（18号坝段）布置生态放水管进水口，可泄放不少于$54m^3/s$的生态流量；引水管中部设放水岔管，后接生态小机组厂房。王麻溪副坝布置有引水明渠、坝式进水口、坝后发电厂房、左岸垂直升船机建筑物、左右岸重力坝等建筑物，最大坝高52.00m，引水明渠总长约800m；主厂房布置于王麻溪副坝下游，安装4台单机容量200MW混流式水轮发电机组；通航建筑物采用一级垂直吊升船机，通航等级为Ⅶ级（50t级）。东游祠主坝和王麻溪副坝之间山体布置的河湾地块防渗工程采用帷幕灌浆防渗方案，灌浆帷幕最大深度178.0m，线路总长约3.9km。

根据移民安置实施规划报告，至规划水平年（2012年）生产安置22681人，搬迁安置42267人，其中湖南省搬迁安置35140人，贵州省搬迁安置7127人。农村移民生产安置为长期实物补偿的安置方式，搬迁安置采用以进集镇为主结合分散后靠及少量集中安置点的安置方式，设有31处农村移民安置点和8处移民集镇。

工程原批复的概算总投资为61.3亿元，因移民投资变化较大等原因，原核准概算投资已不能合理反映托口水电站工程建设的实际情况，目前正在进行调整。

托口水电站工程建设单位为五凌电力有限公司，设计单位为中国电建集团中南勘测设计研究院有限公司，监理单位为中国水利水电建设工程咨询中南公司，主要施工单位有中国葛洲坝集团有限公司、中国水利水电第八工程局有限公司。

工程于2006年4月开工，因国家宏观政策调整影响中途停建2次。2008年4月，项目建设获得国家发展改革委核准。2009年4月，国土资源部批准工程建设用地。2009年10月，工程全面复工建设。根据移民搬迁情况，2013年12月水电水利规划设计总院组织了工程初期蓄水验收，同意托口水电站水库初期蓄水位为233m，控制运行水位不超过235m。2014年2月8日成功实现下闸蓄水，2月22日，水库蓄至初期水位233m高程，具备机组调试发电条件。2014年3月3日，首台机组（2号机）投产发电；3月12日，第二台机组（1号机）投产发电；3月17日，生态放水机组（5号机）投产发电；3月20日，生态放水机组（6号机）投产发电；3月21日，3号机组投产发电；3月30日，最后一台机组（4号机）投产发电。在一个月内，托口水电站6台机组全部投产发电，创造了“一月六投”新纪录。预计2015年底250m正常库水位以下移民全部搬迁完成后，经工程蓄水验收委员会同意，再进一步抬升水库至 250m 正常蓄水位。

（五凌电力有限公司）

中国电力建设集团有限公司投资的 4 个水电站 2014 年建设情况

（一）安谷水电站

中国电力建设集团有限公司（以下简称中国电建）投资建设的安谷水电站位于四川省乐山市境内，是大渡河下游最后一个梯级，以发电、防洪、航运、灌溉、供水等综合利用的大（2）型水电工程；为混合式开发，枢纽布置从左至右为左岸副坝、左岸非溢流坝、13 孔泄洪冲砂闸、河床式电站、船闸、右岸接头坝。水库正常蓄水位为 398m，总库容 6330 万 m^3；电站安装 4 台 19 万 kW 和 1 台 1.2 万 kW 轴流转桨式水轮发电机，总装机容量 77.2 万 kW，多年平均发电量 31.44 亿 kW·h。工程设计概算总投资 96.99 亿元，2012 年 3 月主体工程开工。

2014 年，工程质量管理体系总体运行正常，工程质量处于受控状态，各项工程建设重点目标均有提前。1 月 26 日完成枢纽工程截流。12 月 11 日，1 号机组比设计工期提前 4 个月实现投产发电；12 月 28 日，2 号机组比设计工期提前 7 个月实现了发电；12 月 31 日，5 号机组（1.2 万 kW 生态机组）联网运行。移民工程，涉及的 26 个移民安置点已全部完成基础设施建设。环保工程，鱼类增殖放流站工程已完工并交付运行，丰都庙鱼类栖息地、许坝配水堰、红猫堰鱼坡工程、张坝连通工程、七个鱼类产卵场均已施工完成，生态护岸工程水上部分砂卵石填筑已全部完成。工程进入竣工验收准备期，移民、环保工程全面完成计划任务进入收尾阶段。没有发生工伤死亡或者重大机械人身事故。截至 2014 年底累计完成投资 710669 万元。

（二）春堂坝水电站

中国电建投资建设的春堂水电站位于四川省阿坝州境内，为沃日河梯级开发中的第四级，采用引水式开发。电站拦河坝采用混凝土闸坝形式，最大坝高 21.5m，引水隧洞长 13.059km。电站装机容量 3 台，单机容量 1.8 万 kW，总装机容量 5.4 万 kW，设计年平均发电量 2.37 亿 kW·h。该电站于 2010 年 12 月 30 日核准，总投资 7.81 亿元，主体工程于 2012 年 9 月动工。

2014 年，春堂坝水电站闸首工程除栏污栅坝段混凝土浇筑外，其余全部浇筑至设计坝顶 2451.5m 高程，年底前进行工作闸门安装；引水隧洞主洞开挖支护已完成 10735m，剩余 2324m；厂房枢纽工程已完成安装间土建施工，年底前进行机电及金属结构安装。年度电站工期进度、建设质量、安全生产全面受控。电站以 86.71 的高分通过国家能源局电力生产安全标准化二级工程建设项目评审。截至 2014 年底，累计完成投资 36250 万元。

（三）杨家湾水电站

中国电建投资建设的杨家湾水电站位于四川省阿坝州境内，为小金川支流抚边河水电梯级规划中的第四级电站。水电站为引水式开发，引水隧洞长 11.366km，水库正常蓄水位 2574m，具有日调节性能。该电站装机 3 台，单机容量 2 万 kW，总装机容量 6 万 kW，设计年平均发电量 2.59 亿 kW·h。工程总投资 8.38 亿元，2011 年 12 月 15 日获得省发展改革委核准批复，前期场内交通工程于 2012 年 6 月开工建设，

2014 年，杨家湾水电站主体工程招标工作全部完成，施工单位已陆续进场，主体工程开工前的各项工作已基本完成，全年工程进度、质量目标受控，全年无重大安全事故。该电站 2014 年完成投资 2236 万元，截至 2014 年底累计完成投资 10506 万元。

（四）塔日勒噶水电站

中国电建投资建设的塔日勒噶水电站位于新疆柯尔克孜自治州乌恰县吾合沙鲁乡的克孜勒苏河中游河段上，是克孜河规划 2 库 6 级开发方案中的第 2 个梯级，为引水式开发。电站坝址距吾合沙鲁乡约 5km，距乌恰县约 63km。该电站装机 4 台，单机容量 1.25 万 kW，总装机容量 5 万 kW，设计年平均发电量为 1.6 亿 kW·h。工程总投资 7.49 亿元，2012 年 5 月开始前期工作。

2014 年，工程建设稳步有序推进，9 月 25 日，1 号机组投产发电；12 月 23 日，2 号机组进入 72h 试运行。3、4 号机组机组安装全部完成并进入调试和试运行阶段。全年土建工程共评定单元工程 877 个，合格率 100%，其中优良单元工程 799 个，优良率 91.1%；金属结构和机电安装工程评定单元工程 214 个，合格率 100%，其中优良单元工程 211 个，优良率 98.6%。2014 年分部工程验收土建共验收完 25 个，其中优良 21 个；机电和金属结构共验收完 10 个，其中优良 10 个。全年未发生工程质量责任事故，工程质量投诉率为零，工程质量全面受控。截至 2014 年底累计完成投资 64335 万元。

（中电建水电开发集团有限公司　张元秀）

藏木水电站建设情况

（一）工程概况

藏木水电站位于西藏自治区山南地区加查县境内，是雅鲁藏布江中游河段桑日至加查峡谷段水电规划五级开发方式的第四个梯级，坝址距下游加查县县城17km，距拉萨直线距离140km，开发的主要任务是发电，为一等大（2）型工程。电站安装6台单机容量为85MW的水轮发电机组，总装机容量510MW，多年平均年发电量24.532亿kW·h。水库正常蓄水位3310.00m，正常蓄水位以下库容0.866亿m^3，调节库容0.131亿m^3，为日调节水库，水库回水长12.4km。

该电站枢纽布置，溢流坝在左侧河床，坝后式地面厂房在右侧河床。拦河大坝为常态混凝土重力坝，坝顶高程3314.00m，坝顶长度387.50m，最低建基高程3198.00m，最大坝高116.00m。泄洪建筑物由坝身的6个溢流表孔和两个泄洪冲砂底孔组成，下游消能采用底流消能形式。

藏木水电站建设对于满足西藏中部电网的用电需求、促进中部电网建设、提高电网用电可靠性以及开发西藏优势能源资源、保护生态环境具有重要的作用。同时，还有助于电站所在地区的基础设施建设，对于当地早日实现脱贫致富、增进民族团结、维护社会稳定、实现地区经济快速发展、促进社会主义和谐社会建设具有重要的意义。

（二）工程建设进展情况

藏木水电站工程项目于2007年11月开始筹建，2010年7月8日获得国家发展改革委批准并正式开工建设；2010年11月12日，实现二期（主河床）截流；2012年5月1日，实现二期大坝首仓混凝土浇筑；2013年10月27日，实现三期截流。二期大坝于2014年6月15日浇筑到顶，三期明渠改建坝段于8月1日浇筑完成，大坝混凝土全线到顶。2014年11月1日大坝下闸蓄水，11月16日首台（1号）机组投产发电，12月9日2号机组投产发电。计划2015年10月30日前全部机组投产发电。

（三）生态工程建设情况

藏木水电站设有鱼道、鱼类增殖站、垃圾焚烧站、污水处理厂及太阳能集中供热系统等生态保护设施。

1. 鱼道工程　藏木水电站鱼道是目前国内爬高最高，长度最长的鱼道，且地处高海拔地区，国内没有经验可借鉴。工程设计时联合国内外有关专业研究机构，开展了现场勘测、下游流场和鱼类集群效应研究，以及主要过鱼对象生态习性及能力测试、鱼道水力学模型试验和可通过性模型试验等研究工作。该鱼道布置在雅鲁藏布江右岸，由进口、池室、休息池、出口、进口观测研究室、出口观测研究室、补水系统、闸门、防护栏及附属设施等部分组成，设置3个鱼道进口和4个出口，全长约3.6km，直接投资15893.30万元。工程施工分三个作业面开展，坝上游出口段长548.517m，已经全部施工完成；中间段长2228.077m，计划于2015年3月底完成；坝下游进口段长861.189m，已经施工完成。

2. 鱼类增殖放流站　位于坝址下游5km左岸唐麦村阶地上，紧邻业主营地，占地15.5亩，平面上沿雅鲁藏布江流向呈长条形布置（南北方向），场内总平面尺寸为147.0m×62.0m（长×宽）。该工程于2011年2月28日开工建设，2012年12月21日通过竣工验收，包括综合楼、催产孵化育苗车间、鱼苗培育车间、2龄鱼种培育车间、亲鱼培育车间一和亲鱼培育车间二各1栋。该增殖放流站运行良好，各项工作开展有序，取得了阶段性成果。

2014年完成拉萨裸裂尻的规模鱼苗培育，完成尖裸鲤小规模鱼苗培育。拉萨裸裂尻鱼苗数量达5万余尾，8～11cm，长势良好；尖裸鲤鱼苗3千余尾，7～9cm，长势较好。由于捕捞过度，造成黑斑原鮡大个体亲鱼稀少，尖裸鲤亲本的出现频率也远远小于几年前。这两种鱼类亲鱼收集较为困难，同时驯养工作缺乏成熟经验借鉴，探索过程进行得不是非常顺利，转食情况较差，正在尝试培养黑斑原鮡仿生态环境。

3. 垃圾焚烧站　设计焚烧能力为150kg/h，日处理量3.6t。工程烟气净化采用“旋风除尘器＋干法＋布袋除尘器＋湿式洗涤塔”的工艺。烟气经过水冷旋风除尘器降温至600℃左右，并通过离心分离的作用除去烟气中的大颗粒烟尘后，进入水列管式热交换器进一步降温至200℃左右；降温后的烟气通过干式吸收装置，利用石灰和活性炭吸附污染物并去除酸性气体，进入布袋除尘器除去烟气中滞留的细微烟尘；随后烟气经排风机进入喷淋洗涤塔发生中和反应并得到净化，同时进一步除去烟气中的小颗粒烟尘。净化达标后的烟气通过钢制烟囱排入周围环境空气。

4. 污水处理厂　采用二级生化处理，设计处理能力为1600m^3/d。污水通过粗隔栅后进入污水一级提升泵房，提升至平流式沉砂池，接着进入调节池，对来水进行均质均量处理；调节池中经预处理后的污水通过二级提升泵房，将污水提升入A2/O生化池，利用微生物菌群降低和去除污水中的污染物质，随后二沉池对经过生物池处理后出水进行泥水分离，污水进入中间水池，通过加药装置添加絮凝剂/除磷剂，然后经无阀滤池深度处理，进一步去除水中污染物，减少细菌数量，最后进入清水池。

5. 太阳能集中供热系统　藏木水电站项目所在地西藏自治区加查县的各项传统能源相对匮乏，电力供应十分不稳定，拉闸限电情况频繁，给当地生产生活带来极大不便，但当地太阳能资源相当丰富，年日照在3000h以上，日照情况良好，连续阴雨天气不超过3天。业主营地采取太阳能集中供热系统，充分利用当地丰富的太阳能资源，解决了业主营地生活热水、冬季取暖的能源需求矛盾。

藏木水电站业主营地太阳能集中供热系统主要满足建筑面积约2.38万m^2建筑物内部冬季采暖，300人每天热水使用要求。采暖面积19000m^2，采暖峰值负荷950kW，能源系统采用集中调配、分散供应的形式，采暖热水、生活热水由太阳能集热系统提供。

该系统包括太阳能集热系统、蓄热系统、辅助热源系统、采暖热水和生活热水主管路、控制系统。太阳能集热系统由热管型集热器、工质循环泵及相应管道组成，集热器吸收太阳辐射热量，转移至系统内的工质中。工质通过循环，经由板式换热器，将热量储存至蓄热系统的水中。蓄热水箱里的水一部分直接供应给营地各建筑的生活用热水，包括办公楼、食堂、宿舍、接待中心的洗手用水，体育馆、宿舍、接待中心的洗浴热水、食堂的洗菜热水及泳池的池水加热；另一部分通过板式换热器换热、通过循环水泵和相应管道，供应各建筑物的毛细管辐射末端为营地各建筑物冬季采暖。

（华能西藏发电有限公司　张士勇）

卡基娃水电站建设情况

卡基娃水电站位于雅砻江右岸最大支流木里河上，为木里河（上通坝—阿布地）河段“一库六级”开发规划方案的第二级电站，坝址距木里河县城约178km，距西昌424km。电站采用混合式开发，枢纽工程主要由混凝土面板堆石坝、放空洞、左岸竖井旋流非常泄洪洞、右岸泄洪洞、引水发电建筑物组成。卡基娃水电站的水库是木里河梯级水电开发的控制性工程，水库总库容3.58亿m^3，具有年调节能力。电站总装机容量452.4MW，主厂房安装4台单机容量110MW的水轮发电机组，生态小厂房设计2台单机容量6MW生态流量机组，多年平均发电量16.51亿kW·h。

拦河坝为混凝土面板堆石坝，最大坝高171m，坝顶长度323m，坝顶宽11.0m，坝体总堆筑量596万m^3。左岸放空洞为有压接无压洞，后段无压洞采用龙抬头方式与导流洞结合运用。

引水发电系统布置于右岸。引水隧洞全长6360m，洞身段断面为方圆型，内径8.2m，采用钢混凝衬砌，衬砌厚度40～80cm。调压井采用开敞式，井筒高度为134.4m，内径18.2m（开挖直径21.2m），钢筋混凝土衬砌厚度150cm。压力管道采一条主管，经二级三个Y型岔管向四台机组联合供水。压力管道全长547m，主管内径6.6m，支管内径3.0m，压力管道全部采用钢板衬砌。

发电厂房为地面厂房，主厂房与安装间平行河道布置，GIS楼布置主机间前后两侧，副厂房布置于安装间后侧，厂房内安装4台混流式水轮发电机组。

卡基娃水电站项目于2011年7月获得国家发展改革委核准，业主单位为四川华电木里河水电开发有限公司；工程前期和施工图设计由中国电建集团成都勘测设计研究院有限公司负责，主要施工单位有中国葛洲坝集团公司、中铁二局集团有限公司、中国水利水电第八工程局有限公司、中国水利水电第五工程局有限公司，工程监理单位为中国水利水电工程咨询公司中南公司。

卡基娃水电站于2011年1月河道截流，2011年4月大坝基础开始开挖，2011年12月开始大坝堆筑，2013年开始大坝混凝土面板浇筑，2014年完成大坝堆筑和混凝面板浇筑；2014年12月导流隧洞下闸封堵，水库开始初期蓄水；引水发电建筑物及机电安装等工程均已基本具备电站试运行验收条件。

（中国电建集团成都勘测设计研究院有限公司
刘吉祥　唐　兰）

立洲水电站工程2014年建设情况

立洲水电站是木里河干流（上通坝—阿布地河段）水电规划“一库六级”的第六个梯级，坝址位于四川省凉山彝族自治州木里藏族自治县境内，开发任务以发电为主，为二等大（2）型工程。枢纽工程由碾压混凝土双曲拱坝、坝身泄洪系统、右岸地下长引水隧洞及右岸地面发电厂房组成。碾压混凝土双曲拱坝，最大坝高132.0m。水库正常蓄水位2088.0m，总库容1.897亿m^3，调节库容0.82亿m^3，具有季调节性能。电站装机容量355MW（3×115MW+2×5MW生态机组），多年平均发电量为15.46亿kW·h。

2014年，立洲水电站工程主要项目的进展如下：

（1）大坝碾压混凝土浇筑完成，坝肩两岸边坡支护全部完成。消力池底板及边墙混凝土全部浇筑完成，消力池两岸边坡支护全部完成。帷幕灌浆除与导流洞交叉部位外，其余全部完成。

（2）引水隧洞主洞混凝土衬砌累计完成16472m，完成总衬砌工程量的98%。压力管道完成支管段、岔管、下平段钢管安装。调压井边坡开挖支护完成，井筒开挖支护至2032.0m高程。

（3）地面厂房安装间、主机间、上游副厂房、尾水渠混凝土全部浇筑完成。1号机组水轮发电机安装完成，2号机组定子吊装完成。主变压器已全部就位，GIS间隔组装完成，屋顶出线架安装完成。

（中国电建集团贵阳勘测设计研究院有限公司 向贤镜 何建峰）

布仑口—公格尔水电站全部机组投产发电

2014年6月30日，布仑口—公格尔水电站实现3台机组全部投产发电。其中：3号机于6月26日完成72h试运行，2号机于6月29日完成72h试运行，1号机于6月30日结束72h试运行。

布仑口—公格尔水电站位于新疆克尔柯孜自治州阿克陶县境内的盖孜河中游河段，是盖孜河“1库5级”水电开发规划的第一个梯级电站，具有灌溉、发电、防洪和改善生态等综合利用效益，为二等大（2）型工程。该电站采用引水式开发，最大坝高35m，坝顶长331.32m，隧洞长度达18.5km。布仑口水库为龙头水库，总库容6.44亿m^3；电站水头666m，安装3台单机容量为6.7万kW的水轮发电机组，多年平均发电量6.39亿kW·h。布仑口—公格尔水电站的水头高度、隧洞引水距离和所处海拔高程都创下新疆之最。

工程总投资23亿元，由广西水利电业集团有限公司投资开发，2009年4月正式开工建设。中国水利水电第五工程局有限公司承担了该电站的发电引水隧洞、调压井施工和压力钢管制作安装、机电设备安装等任务。

布仑口—公格尔水电站投产后，将有效控制和调配盖孜河流域宝贵的水资源，与平原水利设施联合运用，对保证盖孜河流域灌区灌溉用水，改善灌区盐渍化土地，缓解南疆克州、喀什两地州能源和电力不足的矛盾，提高电能质量及供电可靠性，促进当地社会经济的发展，提高人民生活水平具有重要意义。

（中国水利水电第五工程局有限公司 吴 霞）

甲岩水电站投产发电

2014年6月27日，甲岩水电站首台机投产发电，8月24日第三台机组投产发电。

甲岩水电站位于云南省禄劝县则黑乡普渡河干流上，距禄劝县城120km，距昆明公路里程190km；总装机容量240MW，设计年发电量10.99亿kW·h，年利用小时4575h，保证出力58.5MW，为昆明市周边装机容量最大的水电站。坝址多年平均流量106m^3/s。大坝为混凝土面板堆石坝，坝高144m，坝顶长405.75m。水库正常蓄水位998m，总库容1.85亿m^3，具有季调节功能。引水隧洞长5.45km，直径7m，设计流量186m^3/s。地面式厂房位于坝轴线下游约5km处，内设3台单机容量80MW混流式水轮发电机组。电站通过普渡河六级电站转送220kV中屏开关站接入云南电网。

工程于2010年10月开工。建设单位为云南滇能禄劝电磷开发有限公司，设计单位为中国电建集团昆明勘测设计研究院有限公司，施工单位为中国水利水电第十四工程局有限公司、中国水利水电第十工程局有限公司、中国铁建十六局集团有限公司，监理单位为四川二滩建设咨询有限公司。

（中电投云南国际电力投资有限公司 杨竞锐）

大岗山水电站简介

（一）工程概况

大岗山水电站位于四川省雅安市石棉县境内的大渡河中游上段，上游与正在筹建的硬梁包水电站衔接，下游与已建的龙头石水电站衔接，为大渡河干流规划调整推荐22级方案的第14梯级电站。坝址区位于海流沟上游约3.0km河段的中高山峡谷地区，具有一个“Ω”形的嵌入河曲，峡谷出口以下有宽广的阶地。坝址距下游石棉县城约40km，距上游泸定县城约72km，距成都的直线距离约220km；坝址区左岸有泸（定）石（棉）公路通过，向北行连接川藏公路，向东行在石棉县城附近与108国道相通；离电站最近的铁路货运车站为成昆线上的乌斯河火车站，约130km。

大岗山水电站坝址控制流域面积62727km^2，占大渡河总流域面积81%。坝址处多年平均流量1010m^3/s，年径流量318.50亿m^3。水库正常蓄水位为1130.00m，死水位1120.00m，汛期排沙运行水位1123.00m，总库容7.42亿m^3，调节库容1.17亿

m^3，具有日调节能力。电站总装机容量2600MW（4×650MW），最大水头178.00m，最小水头156.80m，额定水头160.00m。发电引用流量1837m^3/s（4×458.5m^3/s），保证出力636MW，年发电量114.5亿kW·h。

（二）工程建设施工

大岗山水电站建设单位（业主）为国电大渡河流域水电开发有限公司，设计单位中国电建集团成都勘测设计研究院有限公司。大坝施工及其金属结构安装由葛洲坝集团第一工程公司承担，工程监理主要由中国水利水电建设咨询公司大岗山工程监理中心等单位承担。

大岗山水电站于2010年11月通过国家发展改革委核准，2011年9月大坝开始浇筑混凝土，2014年10月30日大坝混凝土全线封顶，达到1135m设计高程。2014年12月先后实现了右岸、左岸导流洞下闸，年底蓄水至坝身导流底孔可敞泄水位1004.55mm，完成第一阶段蓄水任务。

（三）工程特点

（1）大岗山水电站大坝为混凝土双向拱坝，最大坝高210m，电站装机容量2600MW，年发电量114.5亿kW·h，地下厂房顶拱开挖跨度30.8m，属于大（1）型水电工程。

（2）该工程场地地质新构造活动强烈，地质背景复杂，地震基本烈度为Ⅷ度，电站大坝是世界上地震烈度最高的200m级混凝土双曲拱坝，其100年超越概率2%，基岩峰值加速度0.557g。在场区西侧4.5km处有活动断烈通过，其构造稳定性主要受磨西断裂带的影响，构造稳定相对较差。坝址区具有地震烈度高和基岩水平加速度大的特点，为建造210m高的混凝土双曲拱坝，对其抗震设计和抗震措施进行了多项重大科研，取得的攻关成果用于工程实际设计中。

（3）该工程发电厂房采用地下厂房。地下厂房、尾水调压室等依次布置于地下洞室内，洞室群密集，地下工程设计规模大，施工难度大、条件复杂；地下工程施工强度大，仅石方洞挖达9.0万m^3/月。

（4）该工程水库处于高山峡谷区，水库淹没少，工程建设征地，涉及人口共3781人，移民安置搬迁由石棉县、泸定县按比例安排农村移民安置人口，非农业人口按生产安置方案搬迁。与其他同规模大型水电工程相比，水库淹没损失补偿较小。

（5）该工程经济指标较优越，单位千瓦静态投资5538元，与同规模工程比较，单位千瓦投资较低。

（中国电建集团成都勘测设计研究院有限公司
刘吉祥　唐　兰）

涔天河水库扩建工程简介

（一）工程概况

涔天河水库是潇水流域开发的第一个梯级，位于湖南省永州市江华瑶族自治县境内的湘江支流潇水上游峡谷出口处，坝址下距江华县城12km，建成于1970年，最大坝高46m，正常水位254.26m（黄海高程，下同），总库容1.05亿m^3，电站装机容量22.5MW，灌溉面积12.3万亩。涔天河水库扩建工程是在原坝址下游195m处修建114m高坝。

涔天河水库扩建工程是具有灌溉、防洪、下游补水和发电，兼顾航运等综合利用效益的一等大（1）型水利水电工程。水库控制流域面积2466km^2，正常蓄水位为313m，校核水位320.27m，总库容15.1亿m^3，设计灌溉面积扩大到111.46万亩，电站装机容量200MW。枢纽建筑物主要包括拦河坝、泄洪隧洞、引水电站、灌溉渠首和放空隧洞等。大坝、泄洪洞、引水发电洞进口等主要水工建筑物为1级建筑物，电站厂房及引水发电洞为3级建筑物，左右岸灌溉渠首引水洞进口为定为2级建筑物。大坝、泄洪洞设计洪水标准500年一遇，校核洪水标准10000年一遇，消能防冲设计洪水标准100年一遇；电站厂房设计洪水标准100年一遇，校核洪水标准200年一遇。

拦河坝为混凝土面板堆石坝，布置在老坝下游，坝顶高程324m，最大坝高114m，坝顶长332.15m，坝顶宽10m，上、下游坡比1∶1.4，自上游至下游依次为混凝土防渗面板、垫层区、过渡区、主堆石区、下游堆石区等，总填筑方量300万m^3。泄洪建筑物布置在右岸，1号泄洪洞和2号泄洪洞联合泄洪，两洞相距80m，1号泄洪洞采用短有压进水口，进口底板高程260.0m，进口工作弧门10m×8m，洞身全长580m、净宽10m、净高12m；2号泄洪洞洞身全长770m、净宽12m、净高12.5m，施工期与导流洞结合，进口采用龙抬头型式形成开敞溢流堰。两泄洪洞间的原右岸电站引水洞改建为放空洞，洞径4.2～6.3m，洞长739.6m，进口新建检修、工作闸门竖井。发电引水隧洞布置在大坝右坝头与1号泄洪洞之间，洞径9.5m，全长499.3m，进口底板高程256.5m，设分层取水进水塔和事故工作闸门井。发电站为引水式地面厂房，安装4台混流式机组，单机容量50MW。灌溉引水隧洞布置在坝前左右岸山体内，洞径3.5m，左岸灌溉洞全长815m，右岸灌溉洞全长788m，分层取水进口，底板高程275m。

水库淹没影响涉及花江乡、务江乡、贝江乡、水口镇、清塘乡、小圩镇、码市镇、东田乡及江华国有林场等8乡（镇）1场的51个村2个分场；淹没影响集镇5个，其中务江乡、花江乡、贝江乡和水口镇全部淹没，小圩镇部分受淹。淹没影响总人口5835户25240人，各类房屋面积为153.58万m^2、土地48721.47亩，其中耕地8560.31亩。淹没影响小水电站33处62081kW，水文站2处，四级公路98km，通信线路杆程338.19km，10kV线路166.47km、低压线路786.78km。影响文物点2处。

该项目计列灌区工程投资后，静态总投资89.98亿元，动态总投资92.09亿元，其中枢纽部分投资14.66亿元，移民环境投资43.24亿元，灌区工程投资32.08亿元（国家发展改革委关于湖南涔天河水库灌区工程项目建议书的批复，发改农经〔2013〕1204号文中批复投资），枢纽工程建设贷款利息2.11亿元。枢纽工程建设工期46个月。

（二）工程前期工作情况

涔天河扩建工程项目由来已久。为了开发潇水流域的水利水电资源，1992年湖南省人民政府批准了《潇水流域规划报告》，涔天河水库为梯级开发的龙头水库，1991～1998年，湖南省水利水电勘测设计研究院进行大量的野外勘察工作，先后完成《湖南省涔天河水库扩建工程项目建议书》《湖南省涔天河水库扩建工程可行性研究报告》《涔天河水库扩建工程（枢纽部分）初步设计报告》和《灌区可研报告》，并分别得到水利部水利水电规划设计总院审查批复。

进入21世纪，为了实现水资源的综合利用，满足永州市经济社会可持续发展对涔天河水库扩建工程的迫切要求，2005年底，永州市政府再次把涔天河水库扩建工程事宜提到了议事日程，并多次向省政府、省发展改革委、省水利厅反映该项目对永州市社会发展和经济建设的重要性，以及当地政府和人民要求重新启动该工程的迫切愿望。2007年受永州市政府委托，湖南省水利水电勘测设计研究总院（以下简称湖南院）在已完成大量工作的基础上进行了库区调查及勘测，按永州市政府要求和省发展改革委指示，2008年湖南院根据该项目1998年《枢纽初设报告》和《灌区可研报告》所确定的工程规模和成果，编制了《涔天河水库扩建工程项目建议书》，同年12月水利部水利水电规划设计总院在北京组织进行了评审，2009年水利部以水规计〔2009〕188号文批复《项目建议书》；2010年8月国家发展改革委以发改农经〔2010〕1965号文进行了批复。

2010年10月《涔天河水库扩建工程可行性研究报告》（枢纽部分）通过水利部水利水电规划设计总院审查，2011年10月水利部以“水规计〔2011〕511号”文批复该可研报告。2012年6月27日，国家发展改革委以发改农经〔2012〕1902号文正式批复该扩建工程可行性研究报告。

2012年11月，水利部水利水电规划设计总院审查通过《涔天河水库扩建工程初步设计报告》（枢纽部分），2013年3月国家发展改革委国家投资项目评审中心对初步设计概算进行了评审。2013年7月国家发展改革委以发改投资〔2013〕1409号文正式批复初步设计概算，2013年9月水利部以水总〔2013〕363号文正式批复《涔天河水库扩建工程初步设计报告》。

（三）枢纽工程建设情况

涔天河水库扩建工程2012年8月正式开工，先后开工的项目有前期进场道路工程、交通洞及贝雷桥基础工程、导流洞（2号泄洪洞）工程、左岸上坝公路工程、左岸临时交通洞工程、大坝工程、右岸洞群及电站工程、左右岸灌溉渠首工程等。2014年4月导流洞通水，12月通过工程导截流验收；至年底，前期进场道路、交通洞及贝雷桥、左岸上坝公路和左岸临时交通洞均已先后通车。

大坝工程于2013年11月开始岸坡开挖，2014年11月开始坝体填筑；计划2015年汛前临时断面填筑至277m高程挡水度汛，2016年2月开始一期面板浇筑，2016年4月大坝全断面填筑至320.0m高程，2016年4月开始二期混凝土面板浇筑。2017年2月进行坝顶防浪墙混凝土浇筑，坝体到顶。

电站厂房工程，2014年12月开始基坑开挖；计划2015年2月开始混凝土浇筑，2016年6月开始水轮发电机组安装，2017年3月第一、二台机组并网发电，2017年5月第三、四台机组并网发电。

计划2016年11月初导流洞封堵下闸蓄水，2017年3月上旬蓄水至发电死水位270.0m，4月中旬蓄水至282.0m，灌溉引水系统开始灌溉。

（湖南省水利水电勘测设计研究总院）

国电新疆吉林台水电开发有限公司2014年工程建设情况

（一）萨里克特水电站工程

萨里克特水电站工程位于新疆伊犁地区尼勒克县境内的喀什河上游河段上，为喀什河上游规划的第三级水电站。工程开发任务是水力发电，承担电力系统基荷；采用引水式开发型式，主要由拦河引水枢纽、引水渠道、压力前池、压力管道、泄水陡坡、电站厂房等组成。该电站为径流式电站，装机容量为80MW，其单独运行保证出力5.62MW，多年平均年发电量2.90亿kW·h，装机年利用小时数3625h；联合运行保证出力15.23MW，多年平均年发电量

3.07亿 kW·h，装机年利用小时数 3841h。寨口 220kV 联合升压站主要包括主控楼、35kV 配电室、GIS室、室外设备基础等土建施工和主变压器、配电装置、电容器、电抗器等电气设备的安装与调试。

2014 年，萨里克特水电站工程安全形势平稳，全年无任何安全事故发生；9 月 17 日，4 号机转子吊装成功，4 台机组主机安装基本完成；10 月 31 日，电站成功下闸蓄水；11 月 24 日，4 台机组完成涉网以外的所有试验，具备发电条件。

（二）塔勒德萨依水电站工程

塔勒德萨依水电站是伊犁喀什河流域 8 级梯级规划中的第 2 个梯级水电站，引水渠全长 7.4km；电站装机容量 80MW，引水设计流量 140m^3/s，冬季最小流量 9.75m^3/s，保证出力 5.26MW，装机年利用小时数 3500h，多年平均发电量 2.8 亿 kW·h。

2014 年 9 月 30 日，电站二次副厂房封顶；10 月 6 日，隧洞全线贯通，主副厂房排架柱、蜗壳层混凝土浇筑完成。全年安全生产形势平稳，无任何安全事故发生。

（国电新疆吉林台水电开发有限公司　王　娟　杜孝东）

国电新疆开都河流域水电开发有限公司 2014 年水电建设进展情况

（一）前期工作进展情况

霍尔古吐水电站厂坝地勘路于 2014 年 9 月贯通，可行性研究报告中间成果于 2014 年 11 月通过了中国国际工程咨询公司咨询，正常蓄水位及施工总布置专题于 2014 年 11 月通过中国国际工程咨询公司审查，前期工作质量有效提升。

（二）柳树沟水电站工程建设情况

柳树沟水电站是新疆开都河中游新规划中的第 5 个电站，以发电为主，为三等中型工程。项目于 2008 年 2 月 3 日获得新疆维吾尔自治区发展改革委核准（新发改能源〔2008〕118 号）。电站装机容量设计为 180MW（2×90MW），设计年发电量为 6.9 亿 kW·h，2013 年 4 月底首台机组发电，2013 年 7 月第二台机组发电。

2014 年，柳树沟水电站工程完成了尾工施工、竣工安全鉴定与质量监督验收、档案专项验收、达标投产验收、水土保持专项验收、建设征地移民安置专项验收、消防专项验收、环保验收、枢纽工程完工结算审计、竣工安全鉴定。全年安全形势平稳，无任何安全事故发生。

（三）建设管理

（1）施工做到了“安全设施·标志·标识”标准化、现场布置条理化、机料摆放定置化、作业行为规范化、环境影响最小化，形成了常态化管理模式。

（2）在建工程单元工程合格率 100%，优良率不低于 90%，水工建筑物维护消缺率达到 90%以上，主要隐蔽的单元工程优良，建设项目质量达到优良标准。

（四）生态水电建设

2014 年 1 月，察汗乌苏鱼类增殖站投产；6 月首次增殖放流，放流开都河土著鱼类 6 万余尾；9 月底安装完成养殖废水回收利用水处理设备，年内基本完成了察汗乌苏生态放流阀技改施工。

（五）水电科技

在柳树沟水电站工程施工中首次使用了灌浆无线远程集中监控系统，实现数字化管理。

“深厚覆盖层地基上混凝土面板堆石坝关键技术”荣获中国国电集团公司科技进步三等奖。“察汗乌苏、柳树沟两电站挖潜增效”项目荣获中国国电集团公司奖励基金二等奖。“察汗乌苏水电站 3×103MW 水轮发电机组增容改造”“开都河流域水情水调自动化系统优化建议”“关于优化开都河流域察、柳两水电站集控联调方案的建议”“关于提高柳树沟水电站大坝面板防裂性能的建议”四个项目荣获中国国电集团公司 2014 年度优秀合理化建议奖。

（国电新疆开都河流域水电开发有限公司　史　睿）

国电云南电力有限公司 2014 年水电项目进展情况

（一）普西桥水电站首台机组投产发电

2014 年 12 月 18 日 20 时，国电云南阿墨江普西桥水电站首台机组（2 号机）完成 72h 试运行，正式投产发电。

普西桥水电站位于云南省墨江县雅邑乡普西村普西铁索桥附近河段，大坝全长 450m，最大坝高 140m，是一座以发电为主，改善生态环境的水利水电工程。水库正常蓄水位 737m，相应库容 5.04 亿 m^3，调节库容 3.11 亿 m^3，具有年调节能力；电站装机容量 2×95MW，多年平均发电量 8.0454 亿 kW·h，以 220kV 电压接入云南电网 500kV 通关变电站。

普西桥水电站于 2010 年 12 月 31 日经云南省发展改革委核准，2011 年 3 月主体工程开工，同年 12 月河床截流，2013 年 12 月大坝主体工程封顶；2014 年 9 月 20 日下闸蓄水，10 月 15 日实现首台机组转子吊装，12 月 14 日 0 时，机组实现并网带负荷调试运行。该项目严格执行中国国电集团公司工程建设管理要求，以创“优质工程”为建设目标，狠抓工程质量与安全管理，坚持优化设计，积极创新施工工艺，确保了项目造价、质量、工期、安全可控在控，实现了“零事故”目标。

（二）小中甸水库电站实现“双机”投产

2014年12月5日21时、12月16日11时，国电云南硕多岗河流域小中甸水库枢纽水库电站两台机组分别完成72h试运行，正式投产发电。该项目的投产标志着硕多岗河流域梯级电站依靠径流发电的历史得以改写，“流域联调，集中控制”的年调节目标得以实现。

小中甸水利枢纽工程位于云南迪庆香格里拉县境内金沙江左岸一级支流硕多岗河上，是硕多岗河流域开发的龙头水库工程。主坝最大坝高52.7m，水库正常蓄水位3235.00m，总库容1.5478亿m^3，调节库容1.268亿m^3，具有多年调节性能；水库电站装有2台9MW立轴混流式水轮发电机组，采用110kV电压接入云南电网220kV迪庆变电站，属于省、地联合调度电站。该工程是国务院支持青海等省藏区社会经济发展工程之一，2010年10月国家发展改革委批复可行性研究报告，2011年12月水利部批复初步设计，2012年3月20日水利部批准工程开工建设。

（三）新六郎洞水电站通过项目竣工验收

2014年7月18日，国电云南新六郎洞水电站通过云南省能源局组织的项目竣工验收。该工程竣工验收委员会通过听取汇报、查阅资料、讨论等程序，认为新六郎洞水电站工程投资控制合理，竣工结算已通过审核，工程建设已经达到有关规程、规范及设计要求，工程质量合格，运行管理规范，符合竣工验收条件，同意通过该工程竣工验收。

新六郎洞水电站位于文山州丘北县新店乡境内的六郎洞河（为南盘江右岸支流）上，是在原六郎洞水力发电厂的基础上进行设计的，利用原有挡水坝及取水口作为新电站的首部枢纽结构，新建部分由引水系统、厂区枢纽两部分组成。工程总投资16491万元，装机容量30MW，多年平均发电量1.656亿kW·h，保证出力11.06MW。该项目于2010年10月30日开工，两台机组分别于2012年11月26日、12月9日投产发电。

（国电云南电力有限公司　武方圆）

国电四川阿水电力开发有限公司 2014年水电开发项目进展情况

国电四川阿水电力开发有限公司主要从事四川省阿坝州足木足河卜寺沟水电站和四川省阿坝州绰斯甲河上寨水电站、绰斯甲水电站与观音桥水电站共计4个水电站的开发建设和经营管理，设计总装机容量约138.85万kW，总投资约238亿元。目前4个电站均处于项目前期，暂未核准。

（一）项目简介

1. 绰斯甲水电站　该电站是大渡河一级支流绰斯甲河干流（曾克寺至麦斯卡段）“一库四级”水电规划中的第三级水电站，位于四川省阿坝州金川县和壤塘县境内，上接蒲西水电站，下游与观音桥水电站库尾衔接；长引水式开发，初拟装机容量39万kW，年发电量17.62亿kW·h，年利用小时数4717h。

2. 观音桥水电站　该电站是绰斯甲河干流（曾克寺至麦斯卡段）“一库四级”水电规划中的第四级水电站，位于四川省阿坝州金川县境内，上衔绰斯甲水电站，下接大渡河双江口水电站；开发任务为发电，兼顾下游生态环境用水要求；采用混合式开发，初拟装机容量18.65万kW，年发电量7.94亿kW·h，年利用小时数5000h。工程总投资约27亿元。

3. 上寨水电站　上寨水电站是绰斯甲河干流（曾克寺至麦斯卡段）“一库四级”水电规划中的“龙头”水库，位于阿坝州壤塘县境内，采用坝式开发。坝址控制流域面积10338km^2，最大坝高约250m；水库正常蓄水位3100m，总库容近11亿m^3，调节库容7.04亿m^3，具备年调节性能；电站初拟装机容量45万kW，年发电量17.19亿kW·h，年利用小时数4560h，为一等大（1）型工程。

4. 卜寺沟水电站　该电站是大渡河干流水电规划“三库二十二级”的第四级水电站，位于阿坝州马尔康县境内的脚木足河上，上接达维水电站，下游与双江口水电站衔接，采用坝式开发，初选装机容量36万kW，年发电量16.40亿kW·h，年利用小时数4555h。电站由面板堆石坝、左岸泄洪放空系统、右岸引水系统、右岸厂区枢纽组成，坝址控制流域面积18379km^2，最大坝高约130m；水库正常蓄水位2600m，总库容2.46亿m^3，具有日调节性能。

（二）前期工作进展情况

（1）绰斯甲水电站。2014年1月3日，四川省住建局印发了绰斯甲水电站建设项目选址意见书（选字第513200201400002号）；2月20～21日可行性研究报告通过了水电水利规划设计总院组织的审查；3月21日，《社会稳定风险评估报告》过了阿坝州政府审查；4月4日，获得了国土资源部关于建设项目用地预审的批文（国土资预审字〔2014〕34号）；5月16日，取得了国网四川省电力公司生态机组接入系统方案设计报告批文（川电发展〔2014〕165号）；11月14日，《绰斯甲水电站环境影响报告书》正式取得环保部批复。

（2）观音桥水电站。2014年1月24日，取得四川省国土资源厅项目用地预审意见批复（国土资函〔2014〕133号）；4月30日，取得四川省扶贫和移民工作局对建设征地移民安置规划报告的批复（川扶贫移民发〔2014〕88号）；5月16日，取得国网四川省电力公司接入系统方案设计复核报告评审意见的批复（川电发展〔2014〕166号）；7月14日，完成了《水土保持报告书》审批（川水函〔2014〕949号）。

（国电四川阿水电力开发有限公司　杨　晨）

国电丹巴东谷河水电开发有限公司2014年工程建设情况

东谷河属岷江水系，为大渡河上游右岸一级支流。丹巴东谷河水电开发有限公司现拥有东谷河流域“一库六级”开发和经营权，规划总装机容量为29.7万kW，年发电量约14亿kW·h。其中牦牛河一级，装机容量4.5万kW；牦牛河二级，装机容量1.5万kW；牦牛河三级，即永西水电站，装机容量2.2万kW；沙冲沟一级，装机容量3.2万kW；沙冲沟二级，即国如水电站，装机容量3.6万kW；东谷河一级，即东谷水电站，采用闸坝取水，引水式开发，隧洞长9.71km，利用落差377.6m，装机容量7万kW，年发电量3.42亿kW·h。

截至2014年底，沙冲沟一级水电站预可行性研究报告完成待审，可行性研究现场工作完成约80%；牦牛河一级水电站预可行性研究现场工作完成约100%；牦牛河二级水电站预可行性研究现场工作完成100%；永西水电站可行性研究现场工作完成约85%，坝址选择专题报告、正常蓄水位专题报告和施工总布置专题报告编写完毕待审。

2014年，工程建设主要情况如下：

（1）国如水电站。大坝已完工，12月25日下闸蓄水；主引水隧道与压力管道已全部完工并验收，220kV送出工程已完工并验收，厂房及GIS楼土建工程已完工。

（2）东谷水电站。基本完成了年度目标，引水隧洞招标后施工单位于9月底进场施工，2号支洞施工正常。S303复建公路全长1.625km，路基基本完成，完成路面混凝土浇筑1.42km。

2014年，丹巴地质灾害频发，6月底东谷河流域连续降雨造成沿岸多处地方坍塌，通往国如大坝、引水隧洞的沙冲乡通乡公路塌方；8月9日东谷乡卡龙沟发生特大泥石流，造成国如水电站进出道路中断；11月22、25日，直线距离仅57.3km的康定县塔公乡连续发生6.3、5.7级地震，给公司安全生产、工程进度造成了影响。公司在灾害来临时始终沉着应对，克服各种困难，及时恢复工程建设，无人员伤亡。全年未发生不安全事件、事故，圆满实现安全生产责任目标。

（国电丹巴东谷河水电开发有限公司　李漪莉）

国电大渡河流域水电开发有限公司2014年前期项目筹建情况

2014年，国电大渡河流域水电开发有限公司（以下简称大渡河公司）水电前期项目筹建工作稳步推进，取得了重要进展，主要情况如下。

（一）双江口水电站

双江口水电站坝址位于四川省阿坝州马尔康县、金川县交界处，大坝最大坝高314m，电站设计装机容量200万kW。2014年，双江口水电站项目核准工作取得突破性进展，11月13日项目核准申请报告上报国家发展改革委，12月26日项目申请报告通过中国国际工程咨询公司评估。

（二）金川水电站

金川水电站坝址位于四川省阿坝州金川县城上游的新扎沟口附近，水库正常蓄水位2253m，库容4.88亿m^3，选定装机容量86万kW。2014年9月，取得土地预审批文；11月26日，社会稳定风险分析报告通过四川省工程咨询研究院评估，电站项目核准支持性文件全部取得。

（三）安宁、巴底水电站

巴底水电站分为安宁、巴底两个梯级开发，坝址位于大渡河上游阿坝州境内，规划总装机容量110万kW。2014年，两项目正常蓄水位选择、施工总布置规划、工程安全预评价、防震抗震研究设计等专题报告、接入系统设计报告、实物指标调查细则和工作方案已相继通过审查，可行性研究报告（枢纽部分）基本完成。

（四）丹巴水电站

丹巴水电站坝址位于大渡河上游甘孜州境内，规划装机容量119.66万kW。2014年，枢纽工程的可行性研究设计工作按计划推进，项目取得压矿、文物和地灾批文，四川省政府已颁布“封库令”，正在开展实物指标调查工作。

（五）枕头坝二级水电站

枕头坝二级水电站坝址位于大渡河下游乐山市金口河区境内。电站初拟装机容量32.6万kW，多年平均发电量15.43亿kW·h。2014年11月，设计院完成长尾水方案研究；12月12～13日，中国水利水电建设工程咨询公司主持召开枕头坝二级水电站优化设计报告咨询会议，提出咨询意见。

（六）沙坪一级水电站

沙坪一级水电站坝址位于大渡河下游乐山市金口河区境内，电站初拟总装机容量为38万kW，多年平均发电量15.94亿kW·h。2014年，开展了设计优化和尾水疏浚方案研究，编制了沙坪一级优化设计报告。

（七）老鹰岩水电站

老鹰岩水电站坝址位于大渡河中游雅安市境内，规划装机容量65万kW。2014年，大渡河公司与雅安市和石棉县政府就老鹰开发方式召开3次协调会议，共同优化老鹰岩开发方式，并联合推进老鹰岩开发方式的审批工作。

（八）西藏帕隆藏布流域

帕隆藏布位于西藏自治区东南部，是雅鲁藏布江左岸一级支流。根据初步规划成果，帕隆藏布规划“一库八级”，从上至下依次为安目、甲忠、松宗、连得、比通、通麦、新玉、帕隆，初拟总装机容量约1176万kW。截至2014年12月31日，帕隆藏布流域水电规划工作已完成规划报告中间成果，流域规划环评6个重点专题报告全部完成。

（国电大渡河流域水电开发有限公司
马芳平　曾　宪）

雅砻江中上游水电开发2014年进展情况

（一）雅砻江中游水电站

1. 牙根一级水电站　该电站为两河口水电站的下游衔接梯级，位于四川省甘孜州雅江县境内。电站正常蓄水位2605m，相应库容为4140万m^3，装机容量260MW，与两河口水电站联合运行时多年平均年发电量11.41亿kW·h。枢纽建筑物由混凝土闸坝和河床式厂房组成，闸坝最大坝高62.10m。工程总投资约49亿元。

牙根一级水电站预可行性研究于2010年启动，2012年完成；2013年正常蓄水位选择专题报告、机组台数和机组型式选择专题报告通过审查。2014年5月，坝址、坝型、坝线及枢纽布置格局选择专题报告及施工总布置规划专题报告通过审查。

2. 牙根二级水电站　牙根二级水电站为雅砻江中游第三个梯级电站，位于四川省甘孜州雅江县境内。枢纽建筑物由碾压混凝土重力坝、坝身泄洪消能建筑物、左岸引水发电系统等组成。碾压混凝土重力坝最大坝高153m。坝址控制流域面积7.11万km^2，多年平均流量745m^3/s。电站开发主要任务为发电，水库正常蓄水位2560m，相应库容2.54亿m^3，调节库容1.09亿m^3；总装机容量1080MW，多年平均年发电量44.11亿kW·h（与上游两河口梯级联合运行）。工程总投资约189亿元。

2010年8月，《四川省雅砻江两河口至牙根河段水电开发方案研究报告》通过审查，确定了牙根一级、二级水电站的开发方案；2010年12月，预可行性研究报告通过审查；2011年5月和9月，可行性研究阶段正常蓄水位选择专题报告、施工总布置规划专题报告分别通过审查。2013年，装机容量选择专题报告通过审查；获省政府下达“封库令”并基本完成移民实物指标调查外业工作。

2014年8月，工程安全预评价报告获国家安监总局备案，9月防洪评价报告、建设规划论证报告、水资源论证报告通过审查，11月防震抗震研究设计专题报告通过审查。

3. 楞古水电站　楞古水电站是雅砻江中游第四个梯级电站，位于四川省甘孜州康定县、雅江县交界处。楞古水电站初拟正常蓄水位2475m，相应库容1.71亿m^3，初选电站装机容量2575MW，与两河口水电站联合运行时多年平均年发电量117.40亿kW·h，总投资为435亿元。楞古水电站采用混合式开发，工程枢纽由拦河大坝、长引水系统、地下厂房系统等建筑物组成。2013年积极推进可行性研究阶段勘察设计工作。

2014年8月可行性研究阶段坝址、坝型及枢纽布置格局选择专题通过预审，10月正常蓄水位选择专题报告通过审查。

4. 孟底沟水电站　孟底沟水电站是雅砻江中游第五个梯级电站，位于四川省甘孜州九龙县与凉山州木里县交界处。孟底沟水电站正常蓄水位2254m，相应库容8.53亿m^3，初选装机容量2400MW，与两河口水电站联合运行时多年平均年发电量99.43亿kW·h，项目总投资约306亿元。孟底沟水电站采用坝式开发方式，工程枢纽由挡水建筑物、泄水建筑物、引水发电系统组成，拦河大坝为混凝土双曲拱坝，最大坝高201m。2013年，可行性研究阶段坝址坝型及枢纽布置选择专题通过审查。

2014年5月施工总布置专题报告通过审查，12月工程建设规划论证报告书和防洪评价报告通过审查。

5. 杨房沟水电站　杨房沟水电站是雅砻江中游第六个梯级电站，位于四川省凉山州木里县境内。杨房沟水电站正常蓄水位2094m，水库总库容5.12亿m^3，调节库容0.54亿m^3，装机容量为1500MW，与两河口水电站联合运行时多年平均年发电量68.56亿kW·h，项目总投资约204亿元。枢纽建筑物由混凝土双曲拱坝、坝身泄洪消能系统、左岸引水发电系统等建筑物组成。混凝土双曲拱坝最大坝高155m。

2014年，完成了社会稳定风险分析报告评估、项目关键技术问题咨询（即项目申请报告预评估）等工作，项目申请报告已正式报送四川省发展改革委。

6. 卡拉水电站　卡拉水电站是雅砻江中游的最末一级水电站，位于四川省凉山州木里县境内。卡拉水电站正常蓄水位1987m，总库容2.47亿m^3，调节库容0.37亿m^3，具有日调节能力，电站装机容量980MW，与两河口水电站联合运行时多年平均发电量45.35亿kW·h，项目总投资约132亿元。枢纽建筑物由碾压混凝土重力坝、坝身泄洪消能建筑物、右岸引水发电系统等建筑物组成。碾压混凝土重力坝最大坝高126m。

2014年，完成移民安置规划大纲的编制并取得地方确认意见，同时完成了《环境影响报告书》（初稿）的编制。

（二）雅砻江上游水电站

2014年，雅砻江上游水电规划和环评规划完成编制工作，在编制完成甲西、共科、新龙、仁达4个项目预可行性研究报告的基础上，进行了进一步修改完善；乐安、林达、木罗、格尼水电站预可行性研究阶段勘察设计工作继续推进。

（雅砻江流域水电开发有限公司　周济芳）

固滴水电站工程建设情况

（一）工程概况

固滴水电站是水洛河干流（额斯—捷可）水电规划“一库十一级”的第六个梯级，上游接钻根水电站，下游接新藏水电站，闸址位于四川省凉山彝族自治州木里藏族自治县境内麦日俄西村下游4km处，厂址位于白水河口上游约0.7km处。坝址处控制流域面积7249km^2，多年平均流量为107m^3/s。电站开发任务以发电为主，兼顾环境生态用水，采用引水式开发，由混凝土闸坝、右岸引水隧洞及地下发电厂房组成；最大坝高17.5m，水库正常蓄水位2311m，总库容0.0104亿m^3；引水隧洞长约10km；装机容量138MW，多年平均发电量为5.928/6.539亿kW·h（单独/联合）。

固滴水电站由四川凉山水洛河电力开发有限公司负责建设和管理，中国电建集团贵阳勘测设计研究院有限公司负责设计。项目于2012年5月15日通过四川省发展改革委核准，2014年3月25日开始前期工程建设；预计于2017年3月首台机组具备发电条件，5月全部4台机组投产发电。

（二）工程进展情况

2014年主要开展导流工程、施工支洞、大坝边坡、进水口边坡及渣场等施工。

导流洞于2014年3月25日开始开挖，5月31日贯通，7月3日完成衬砌，11月1日过流，工程顺利截流。

大坝左岸边坡于2014年5月开始开挖，至12月底，已完成开挖及部分支护，完成13孔锚索施工；大坝基坑开始开挖。

引水隧洞，共布置4条施工支洞。1、2、3、4号施工支洞于2014年4月开始施工，分别于10月底、9月、6月、11月进入主洞。截至2014年12月底，1号支洞控制主洞完成254m，2号支洞控制主洞完成224m，3号支洞控制主洞完成816m，4号支洞控制主洞完成101m，累计开挖支护完成1395m。

地下厂房，布置3条施工支洞。截至2014年12月底，厂区1号支洞洞脸边坡锚喷支护完成，2号支洞完成105m，3号支洞完成85m；进厂交通洞完成48m。

右岸进水口边坡，2014年7月开始开挖，至2014年12月底，开挖至2306m高程，完成2306m高程以上支护。

（三）工程技术特点

该工程采用断流围堰、隧洞导流的导流方式，导流设计标准为枯期5年一遇洪水，流量为$Q_{20\%}=126m^3/s$，枯期时段为11月～次年5月。在右岸布置1条导流隧洞，导流隧洞断面为城门洞型，过流断面尺寸4.5m×5.0m（宽×高）。施工阶段，结合现场实际情况，通过将导流洞进出口位置分别外移，解决了导流洞与梯级公路空间交叉、梯级公路可能断路的问题；通过抬高进出口底板高程，解决了导流洞进出口围堰设置及防渗难题；结合洞室围岩揭露情况，优化了Ⅲ类围岩洞段永久支护型式；通过以上措施，缩短了导流洞施工工期，确保了安全度汛。

枢纽工程由混凝土闸坝、右岸引水隧洞及地下发电厂房组成。该工程闸坝高度不大，河床覆盖层厚11～17.5m，经过适当工程处理措施均能满足20～30m闸坝的要求。根据施工阶段补充勘探现场揭露地质情况，进行坝基调整设计，研究软基闸坝方案，建基面高程由2283m抬高至2296.5m，对坝基存在液化的砂层进行工程处理。

4号堆积体分布于坝址左岸2400m高程以下，结构松散，成因为崩积、坡积，处理措施为锚索＋抗滑桩。实际施工根据现场揭露地质条件，左岸坝肩出露基岩，形成岩埂，对堆积体的阻滑作用显著，堆积体自然状态下边坡整体稳定。简化堆积体边坡处理措施，采取底部锚索锁脚＋表面框格梁加固处理措施，降低施工难度，保证汛期施工面貌。

（中国电建集团贵阳勘测设计研究院有限公司 贺双喜）

龙洞水电站建设情况

龙洞水电站位于四川省康定县境内大渡河右岸一级支流瓦斯河上，开发任务为发电，同时兼顾下游生态及景观用水，无灌溉、防洪、通航等其他综合利用要求，为低闸引水式。水库正常水位2440.00m，总库容11.1万m^3；电站总装机容量为165MW。枢纽建筑物由首部、引水系统、地下厂房等组成，闸、厂址相距约6.5km。

电站首部枢纽包括2孔泄洪闸、1孔冲沙闸、1孔排污闸和左、右岸挡水坝段及进水口等建筑物，闸坝顶长度104.50m，顶高程为2442.00m，最大坝高15.5m。闸坝覆盖层基础防渗采用悬持式混凝土防渗墙，河床部位最大墙深36m，岸坡部位最大墙深41m。防渗墙两岸基础基岩部分采用帷幕灌浆。

引水隧洞全长5375.1m，纵坡2.3%～7.05%，开挖断面尺寸为6.2m×6.2m（宽×高）；Ⅱ、Ⅲ类围岩边顶拱采用厚15.0cm挂网喷混凝土及锚杆支护；Ⅳ、Ⅴ类围岩洞段进行固结灌浆，其中低压洞段还采用钢筋混凝土衬砌成ϕ5.40m的圆形断面。

调压室采用气垫式调压室，气室长140m，开挖断面为12.20m×17.4m（宽×高）方圆型，边顶拱采用1.2m钢筋混凝土衬砌加钢板厚12mm防渗抗压。调压室连接洞段开挖断面与引水隧洞断面相同。

压力管道为地下埋藏式。主管长200.00m，最大纵坡7.051%，开挖断面直径5.20m，桩号0+075前采用钢筋混凝土，0+075后为钢衬回填混凝土衬砌，厚度为0.6m。支管总长为64.0m，开挖直径3.5m，采用钢板衬砌回填混凝土。

地下厂房由主副厂房和安装间、主变压器兼尾闸室、尾水洞、进厂交通洞、母线洞、排风洞等组成。主厂房开挖尺寸80m×18.4m×40.8m（长×宽×高），共安装3台单机容量为55MW的水轮发电机组。尾水洞长356.9m，包括尾水暗渠扩长段16m，尾水暗渠反坡段44.8m；尾水洞宽6.4～7.0m，高12.9～13.5m，为城门洞型。尾水连接洞3条，每条长52m，开挖断面为4.2m×4.4m，衬砌后断面为2.8m×3.04m。

龙洞水电站业主单位为四川康定金源实业有限公司，工程前期及施工图设计由中国电建集团成都勘测设计研究院有限公司承担，工程监理为广西工程咨询有限公司。项目于2013年2月由四川省发展改革委核准。工程主要分三个标段，即首部枢纽工程、引水隧洞工程和厂区枢纽工程。首部枢纽工程由中国水利水电第五工程局有限公司承建，引水隧洞工程由中铁二十三局集团有限公司承建，厂区枢纽工程由中国水利水电第十工程局有限公司承建。首部枢纽闸坝基础处理于2013年9月开工，2014年1月导流明渠开始浇筑混凝土。引水隧洞于2013年11月开始施工，2号支洞于2014年8月进隧洞主线施工。2号支洞与3号支洞间长3806m。2014年11月，1号支洞开始施工，1～2号支洞1340m。厂区枢纽工程，2011年7月开始进场施工，2014年地下厂房开挖支护衬砌全面展开。

（中国电建集团成都勘测设计研究院有限公司 刘吉祥 唐 兰）

民治水电站建设情况

民治水电站位于四川省雅安地区宝兴县境内的东河上，为宝兴河梯级开发的第二级，坝址位于宝兴县盐井乡上游约7km石门坎附近，上距硗碛水电站厂址约1km；厂址位于宝兴县盐井乡下游约1km的邓池沟附近，与宝兴县城相距约23km。电站开发任务主要为发电，无灌溉、防洪、漂木等综合利用要求；采用拦河闸坝挡水，经长隧洞引水至地下厂房发电方式。水库总库容为88.0万m^3，电站装机3台，总装机容量为105MW。

首部枢纽由泄洪闸、冲沙闸、排污闸、左岸挡水坝段、进水口、取水口及其右侧导墙等建筑物组成。闸坝轴线长156.0m，最大闸高17.0m。取水口布置于右岸，闸室长8.5m，闸底板高程为1578.5m，底板厚5.5m。进口闸底板顶高程1574.0m，闸顶高程1589.0m，闸高15m，宽7.0m，顺水流向长7.0m，闸内设置工作闸门和检修闸门各一道，孔口尺寸为4.5m×5.3m（宽×高）。

引水隧洞全线长7876.9m，采用马蹄形断面开挖。Ⅱ、Ⅲ类围岩洞段开挖半径2.8m，断面尺寸4.09m×5.65m（宽×高），采用锚喷衬砌。调压室采用气垫式，断面为10m×15.5m（宽×高）城门洞形，长度为100m；气室底板高程1355.00m，初始水深4.0m；气室采用钢筋混凝土夹钢板方式支护，底板高程比引水隧洞顶拱高程高6.5m；连接隧洞总长度为101m，断面为5m×5m（宽×高）。

压力管道总长250.404m，一条主管，两条支管，均为圆形断面，钢衬起点（管）0+010.000。钢衬前的钢筋混凝土衬砌段设置2排灌浆帷幕，排距2m，每排12孔，孔深15m。压力管道主管内径3.7m，总长 122.592m；支管内径 2.1m，两条支管各长 63.906m。压力管道外预留 60cm 的空间回填混凝土，沿线顶拱回填灌浆，底部接触灌浆。

发电厂房建筑物包括主机间、安装间、副厂房、母线道、主变压器及 GIS 室、交通洞、出线洞、排风洞、排水廊道、出线场等。主机间长 41.70m，其上部开挖跨度 18.40m，中下部 16.60m（净跨度 15.00m），总高度 34.80m；机组间距 13.00m，水轮机安装高程 1340.69m（H_S=7.31m）。安装间位于主机间右侧，长 18.20m，总高度 27.60m，共分二层布置。副厂房位于安装间右侧，长 12.80m，开挖跨度 16.60m（净跨度 15.0m），总高度 24.10m。主变压器及 GIS 室位于主厂房的下游侧，与主厂房间柱厚 25.1m，洞室长 42.70m，开挖跨度 14.50m（净跨度 13.10m），总高度 26.13m。出线洞布置于主变压器及 GIS 室左侧，外接户外出线场，出线洞长 153.555m，断面尺寸（宽×高）4.00m×5.00m。交通洞长 229.228m，断面尺寸（宽×高）6.00m×7.50m，出口高程 1360.00m，采用钢筋混凝土衬砌。排风洞位于出线洞上游，与主机间顶拱相接，洞长 191.256m，断面尺寸为 4.50m×6.13m（宽×高），采用钢筋混凝土衬砌或喷锚支护。

民治水电站项目于 2011 年获得四川省发展改革委核准。工程建设单位（业主）为四川华能宝兴河水电有限公司，设计单位为中国电建集团成都勘测设计研究院有限公司。主体工程共划分为三个合同标段：首部枢纽为 MZ/CⅠ标工程，引水隧洞为 MZ/CⅡ标工程，厂区枢纽为 MZ/CⅢ标工程。施工单位主要为中国水利水电第五工程局有限公司，中国葛洲坝集团有限公司等单位。

工程于 2012 年完成一枯围堰截流。2014 年 3 月，完成二期工程截流，实现了首部枢纽一期工程过流；2014 年 2 月引水隧洞开挖全线贯通，主厂开挖也已完成。计划 2015 年实现机组投产发电。

（中国电建集团成都勘测设计研究院有限公司
刘吉祥　唐　兰）

汉阳电航枢纽首台机组正式发电

2014 年 7 月，汉阳电航枢纽电站首台机组正式并网发电。

汉阳电航枢纽工程位于岷江干流中游眉山市青神县境内，坝址位于青神县城下游约 18km，距眉山市 56km，是岷江干流中游（彭山江口—乐山岷江三桥段）规划八个梯级中的第七级，上与虎渡溪水电站衔接，下接板桥水电站库尾，是一个以航运、发电为主，兼顾防洪、灌溉、供水、改善生态环境等其他综合利用，并促进区域经济发展的枢纽工程。工程坝址控制流域面积 33208km²，占岷江流域总面积的 24.5%，坝址多年平均流量 640m³/s，水库总库容 8620m³，正常蓄水位 382.5m，相应库容 3700m³，干流回水长度 14.9km，可改善相应河段的航道。电站为径流式低水头电站，额定水头 7.8m，安装 3 台单机容量为 24MW 的灯泡贯流式水轮发电机组，总装机容量 72MW，年发电量 3.081 亿 kW·h，年利用小时 4279h。

枢纽工程呈“一”字形拦河布置，从右岸向左由电站厂房、溢流闸坝、船闸和两岸上坝公路连接段等建筑物组成，最大坝高 23.5m，坝顶全长 608.0m。溢流闸坝居中，坝段长 293.0m，共布置 17 孔泄洪闸孔，孔口尺寸为 14.0m×11.0m（宽×高），堰型为平底闸，底板高程 371.5m。河床式厂房布置在右岸河滩及其Ⅰ级阶地，安装 3 台灯泡贯流式机组，机组安装高程 362.0m，转轮直径 6.6m，额定水头 7.8m，厂房长 95.61m（其中主厂房 64.31m，安装场 31.30m），3 台机组采用一机一缝，1、2、3 号机组段长分别为 20.77、19.67、23.87m。左岸永久船闸通航标准为Ⅳ级，为单级船闸，由上游引航道、上闸首、闸室、下闸首及下游引航道等组成，全长 1016.5m，闸室长 120.0m、通航净宽 16.0m，最大过闸船舶 500t 级，年通航能力 277 万 t。

汉阳电航枢纽的业主为四川省青神金弘能源投资开发有限公司，设计单位为湖南省水利水电勘测设计研究总院。

工程于 2012 年 9 月正式开工建设。2014 年 7 月，枢纽电站首台机组正式并网发电；年底，船闸具备通航条件。

（湖南省水利水电勘测设计研究总院）

土谷塘航电枢纽工程简介

土谷塘航电枢纽为湘江干流规划的第六个梯级，是一个以航运为主、航电结合，兼有交通、灌溉、供水等综合利用要求的工程；坝址位于衡南县云集镇衡南湘江大桥上游 4.27km，控制流域面积 37273km²，多年平均流量 1020m³/s。

该工程水库正常蓄水位 58.0m，相应库容 1.97 亿 m³，枢纽工程等别为二等，工程规模为大（2）型。经分析论证，确定主要永久建筑物为 3 级建筑物。电站厂房型式为河床式，属挡水建筑物的一部分，其上游防洪标准与闸坝相同，按 50 年一遇洪水设计，500 年一遇洪水校核；下游防洪标准按 50 年一遇洪水设计，200年一遇洪水校核。

枢纽总体布置基本格局为右侧河床布置船闸、左侧河床及台地布置电站及鱼道、河床中间布置泄水闸，右岸预留二线船闸。枢纽主要建筑物由单线1000t级船闸（闸室尺寸：长×宽×门槛水深为180m×23m×3.5m）、17孔净宽20m泄水闸、总装机容量90MW水电站、枢纽湘江大桥（长1100m，宽15m）、坝顶工作桥（长600m，宽5m）和长774m的鱼道组成。坝顶高程70.5m，坝顶总长度712.2m。

该工程电站厂房安装4×22.5MW灯泡式水轮发电机组，总装机容量90MW，多年平均发电量3.63亿kW·h。水轮机型号GZ（TB5012）-WP-730，额定水头5.8m，转轮为3叶片。主厂房长122.1m，机组间距21.0m；安装场长度35m，布置在主厂房的左侧；副厂房布置在主厂房下游侧，中央控制楼布置在安装场左侧。主变压器场及户外GIS布置在副厂房下游侧的尾水平台上。电站采用垂直进厂方式，由主厂房右边墙、上游墙、上游挡水坝、门机平台、下游防洪墙、主厂房尾水墙形成封闭的厂区，并共同组成厂区防洪屏障；进厂交通运输大重件由坝顶门机和下游防洪墙临时水平通道进厂，人员及小件货物从门机平台通过人货电梯及楼梯进入厂内。

鱼道布置在厂房左侧，采用垂直单侧竖缝式，鱼池室净宽2.5m，池室长3.0m，设计水深2.0m。

2012年12月，该工程主体正式开工，一期施工船闸及右侧7孔闸坝，二期施工电站厂房，三期施工余下闸坝。2014年10月28日，三期截流成功，2014年12月16日船闸通航，预计2015年10月首台机组发电。

（湖南省水利水电勘测设计研究总院）

甲茶水电站工程简介

甲茶水电站位于贵州省黔南州平塘县甲茶乡六硐河中上游的燕子洞河段，距平塘县城直线距离约24km，公路里程约60km；开发任务以发电为主。坝址多年平均流量为47.6m³/s，多年平均径流量为15.0亿m³。水库总库容4.7亿m³，属年调节水库。电站装机2台，总装机容量200MW，保证出力33.6MW，多年平均发电量6.996亿kW·h，年利用小时为3498h。

该电站为二等大（2）型工程。枢纽由伏流洞内重力式堵洞体（主坝）、古河床处黏土心墙堆石坝（副坝）、伏流洞内消能式溢洪道、右岸放空洞、右岸地面厂房引水发电系统、库区行洪连通洞组成。

挡水建筑物利用甲茶伏流区独特的有利地形，对甲茶伏流洞进行堵洞拦水，在右侧古河床作一挡水坝，将下部混凝土堵洞坝体与上部天然岩体及挡水坝形成一体，使水库蓄水位从河面460m高程抬升到665m，从而获得约205m的发电利用水头。重力式堵洞体高130m，心墙堆石坝最大坝高86m。

溢洪道布置于右岸山体内，分别由引水明渠段、控制段、隧洞段及消力池段组成，总体长约300m。溢洪道最大下泄流量为5878m³/s，最大流速39.5m/s。消力池段位于伏流洞内，总长约220m。消力池末端设置二道坝形成初始水垫塘，坎顶高程438.0m，池底高程406.00m，初始水垫塘内水深32m。

放空洞布置于右岸，紧靠溢洪道布置，由进口段、检修闸室段、有压隧洞段、工作闸室段、无压隧洞段等组成，总长约210m。放空洞型式采用前洞有压后洞无压的型式布置，有压隧洞为圆形断面，内径5.0m。

引水系统布置于右岸，采用一洞两机供水方式，由塔式进水口、引水隧洞、压力钢管段等建筑物组成，线路长1487m。引水隧洞采用圆形断面，内径6.4m。压力钢管主管段内径5.2m，支管段内径3.6m。

地面厂房布置在伏流洞出口下游约500m的一号沟附近，主厂房尺寸为59.9m×24.0m×57.62m（长×宽×高），厂内安装2台单机容量100MW的水轮发电机组。

库区行洪布置于距坝址上游约11km处的干河伏流洞处，布置三条隧洞，断面形状为圆形，洞径15m，单条洞长1.3km。

工程总工期55个月，施工准备期13个月，主体工程施工期42个月。

该工程预可行性研究于2011年7月通过了贵州省水利厅组织的审查。目前由中国电建集团贵阳勘测设计研究院有限公司负责进行可行性研究设计。

（中国电建集团贵阳勘测设计研究院有限公司
高永刚）

高生水电站工程简介

高生水电站位于贵州省务川县乌江支流洪渡河干流上，是洪渡河规划的第七级梯级水电站，上游为石垭子水电站，工程开发任务是发电。坝址控制流域面积3126km²，多年平均流量70.5m³/s。初拟水库正常蓄水位420m，相应库容1.003亿m³，死水位416m，调节库容0.158亿m³，水库具有日调节性能。电站装机容量106MW，安装2台单机容量为

53MW的水轮发电机组，保证出力18.9MW，年利用小时3583h，多年平均发电量3.798亿kW·h。

该电站属二等大（2）型工程，枢纽方案为碾压混凝土重力坝、坝身开敞式溢流表孔、右岸引水发电系统。

碾压混凝土重力坝，坝顶高程427.5m，最大坝高120.5m，坝顶长126.60m，坝顶宽7.0m，最大坝底宽91m。河床坝段布置3孔开敞式溢流表孔。表孔尺寸为13m×20.5m（宽×高），堰顶高程399.50m，设计最大下泄流量为11179m³/s。采用窄缝挑流的消能方式。

引水系统布置于右岸山体，由岸塔式进水口、引水隧洞、压力管道、岔管、尾水隧洞、尾水闸门室、尾水出口等组成。引水隧洞采用一洞二机供水方式，尾水采用一机一洞出水。

厂区枢纽主要由厂房洞室、排水廊道、出线竖井、排风洞、进厂交通洞等地下洞室和出线洞组成。地下厂房采用一洞室布置格局，主厂房左右两侧分别布置副厂房和主变压器室，主变压器室上部布置GIS室。主厂房尺寸69.50m×19.9m×47.70m（长×宽×高），水轮机安装高程332.40m。

施工导流采用枯期隧洞导流，布置于右岸共一条，在枢纽上下游河床布置过水土石围堰进行截流。导流洞长612m，断面为8m×10m城门洞型。

右岸进场道路已经修通，红丝河渣场排水洞已经完成并过流。排水洞长度为680m，断面尺寸为5m×6m，设计标准为363m³/s（红丝沟20年一遇流量）。右岸1、3号交通洞正在施工中，导流洞工程将于2015年5月动工。

（中国电建集团贵阳勘测设计研究院有限公司 阮祥明）

抽 水 蓄 能 工 程

国网新源控股有限公司在建抽水蓄能电站工程2014年进展情况

（一）吉林敦化抽水蓄能电站

2014年，敦化抽水蓄能电站66kV供电工程一次投运成功；下水库泄洪放空洞打通；临时业主营地正式入住；办公楼主体框架建成。

截至2014年底，敦化抽水蓄能电站通风兼出线洞、交通洞、引水中支洞、自流排水洞洞挖正在紧张进行中，有三洞洞挖过半；电站对外连接公路，正在建设之中；场内1号路具备简易通车条件，2号路正在建设中；场内2、3号桥建成投入使用。

（二）河北丰宁抽水蓄能电站

2014年，丰宁抽水蓄能电站各进度节点顺利完成，工程安全、质量、进度、投资等总体可控、在控。

2014年，丰宁抽水蓄能电站各筹建期标段进入施工高峰期。其中，施工供电标提前竣工；砂石料加工系统提前投运；泄洪排沙洞完成洞挖1505m，累计完成洞挖1505m，占设计总长的76.8%；通风洞完成洞挖613m，累计完成洞挖613m，占设计总长的53.3%；交通洞完成洞挖241m，累计完成洞挖241m，占设计总长的16.6%；施工供水标，完成取水泵站、二级泵站、三级泵站、高位水池施工；1号道路完成路基明挖70.5万m³，累计完成明挖98.5万m³，路基基本贯通；2号道路（下水库左岸环库道路）完成路基明挖22.5万m³，累计完成明挖27.2万m³，占设计总量的94%；2号道路完成洞挖1985.2m，累计完成洞挖2277.2m，占设计总长的95.5%。

下半年，上下水库、引水系统、地下厂房三大主体标进场开工。坝基完成开挖65.0万m³，累计完成开挖65.0万m³，占设计总量的80.9%；上支洞完成洞挖400m，累计完成洞挖400m，占设计总长的41.4%；中支洞完成洞挖573m，累计完成洞挖573m，占设计总长的65.4%。

2014年，丰宁抽水蓄能电站单元工程质量验收合格率100%，土建单元工程优良率95.8%；标准工艺应用计划完成率93.9%，强制性条文执行率100%。

（三）江西洪屏抽水蓄能电站

2014年，洪屏抽水蓄能电站工程进展主要情况如下：

土建方面：上水库工程总体完成70%，下水库工程总体完成80%，预计2015年7月蓄水。引水系统工程进行混凝土衬砌及钢管安装，至年底完成50%。尾水系统工程总体完成60%，正在进行混凝土衬砌和灌浆，预计2015年9月完成1号尾水系统充水试验。截至2014年底，地下厂房完成1号机组蜗壳外包混凝土浇筑。

机电安装方面：共4台机组，其中1、2、3号机蜗壳完成安装，1号机定子叠片进行中，4号机蜗壳焊接、底环安装进行中。

工程安全质量方面：全年未发生安全、质量事故，截至2014年底，实现连续安全生产1804天。

（四）黑龙江荒沟抽水蓄能电站

荒沟抽水蓄能电站于2014年5月开工建设。2014年，厂房交通洞完成进尺247m，通风洞开挖进尺465m，1号施工支洞开挖进尺237m；进场路桥梁老虎砬子大桥竣工通车；上下水库连接路路基开挖完成50.12万m^3，路基填筑完成9.4万m^3，挡墙砌筑约7000m^3。10kV配电线路1、2号线全线完成95%；35kV供电线路完成1～6号、8～16号铁塔基础及架线施工，完成了50、49、48、37号塔塔基施工，剩余铁塔基础爆破开挖及运料也基本完成。

骨料筛分系统的筛分设备安装基本完成。各标段共进行工程质量单元评定90个，合格90个，合格率100%，优良82个，优良率达到91.1%，工程质量良好。全年供应钢筋169t、工字钢34t、水泥3079t、炸药162t。完成下水库进出水口已完工程专项安全鉴定、水下检测和水下混凝土施工试验段浇筑。

（五）浙江仙居抽水蓄能电站

仙居抽水蓄能电站工程2014年全年工程建设按计划有序推进，在安全、质量、进度、投资等方面均处于良好的受控状态。

土建方面：上水库工程完成主、副坝面板混凝土浇筑和进/出水口主体结构混凝土施工。引水系统工程进行钢管安装和混凝土回填施工。地下厂房及尾水系统工程的地下洞室开挖和支护施工全部完成，大部分洞室混凝土衬砌基本完成。下水库工程的进/出水口、泄放洞等主体结构混凝土施工基本完成，围堰拆除基本完成。

机电方面：1号机组完成座环/蜗壳水压试验和外包混凝土浇筑，定子在安装场进行叠片工作；2号机组完成座环/蜗壳安装及水压试验及外包混凝土浇筑完成；3号机组完成座环/蜗壳安装及水压试验，结构混凝土浇筑至座环/蜗壳支墩；4号机组尾水锥管第一节安装完成，结构混凝土浇筑至座环/蜗壳支墩。

（国网新源控股有限公司）

中国南方电网有限责任公司调峰调频发电公司2014年电源建设情况

2014年，中国南方电网有限责任公司调峰调频发电公司（以下简称调峰调频公司）电源建设主要情况如下：

（一）在建工程

1. 清远抽水蓄能电站　该电站装机容量1280MW，首台机组计划2015年投产。2014年，工程在安全、质量、进度、投资等方面均处于良好的受控状态，至年底总体完成74%，主要完成情况：

（1）上水库工程：已蓄水201.129万m^3。

（2）下水库工程：完成99%，于2014年8月25日正式下闸蓄水，目前在进行库岸防护收尾工作。

（3）水道系统工程：完成93%，正在进行灌浆及施工支洞封堵。

（4）厂房系统工程：完成93%，1、2号机发电机层混凝土浇筑完成，3号机中间层边墙浇筑完成，4号机中间层边墙绑扎钢筋。

（5）机电安装工程：1～4号机组、GIS设备和高压电缆正在安装，四台主变压器安装完成，500kV清花甲线充电工作完成。

安全生产风险管理体系达到“三钻一星”水平。全面推行质量控制作业标准（WHS），WHS合格率达98.25%。

2. 深圳抽水蓄能电站　该电站装机容量1200MW，计划于“十三五”期间投产。2014年，工程在安全、质量、进度、投资等方面均处于良好的受控状态，至年底总体完成30.16%，主要完成情况：

（1）上水库工程：主坝碾压混凝土浇筑累计完成15.6万m^3，至517m高程，主坝固结灌浆完成2608m^3；1、2号副坝填筑完成，3号副坝坝基处理完成，4号副坝混凝土浇筑完成2.95万m^3。

（2）水道系统工程：上、中、下平洞开挖完成，上平洞衬砌完成18261m^3；上水库进出水口护坡混凝土浇筑4550m^3，支墩混凝土浇筑完成4540m^3；上游调压井反井钻机反拉完成；上斜井一次扩挖完成135m；下斜井二次扩挖完成107m，并完成部分喷锚支护。1号引水支管完成8节钢管定位，3号引水支管完成轨道混凝土浇筑。尾水隧洞贯通，抬底完成873m，3号尾水支管开挖完成，1、2、4号尾水支管开挖完成70m。

（3）厂房系统工程：厂房Ⅳ层开挖支护完成。

（4）机电设备安装于2014年12月12日完成合同签订。

安全生产风险管理体系达到“二钻三星”等级。全面推行质量控制作业标准（WHS），WHS合格率达98.06%。

3. 海南琼中抽水蓄能电站　该电站装机容量600MW，计划于“十三五”期间投产。2014年，工程在安全、质量、进度、投资等方面均处于良好的受控状态，至年底总体完成24.85%，主要完成情况：

（1）上水库工程：上水库导流洞开挖完成98.2%；完成副坝2、溢洪道进口、坝间等处土方开挖约85万 m^3，约占总开挖量的50%。

（2）下水库工程：下水库导流洞已开挖完成（全长551m）；完成坝基、溢洪道等处开挖约35万 m^3，约占总开挖量的65%。

（3）水道系统工程：尾水主洞开挖完成9.8%，6号施工支洞开挖完成，8号施工支洞开挖完成36.5%。

（4）厂房系统工程：地下厂房Ⅱ层开挖已完成，开始进行岩锚梁混凝土浇筑；上层排水廊道已开挖完成（全长869m）；5号施工支洞已开挖完成，主变洞Ⅰ层已基本开挖完成；4号施工支洞已开挖完成（全长427.4m），2号施工支洞开挖完成21.9%。

安全生产风险管理体系达到“二钻二星”。全面推行质量控制作业标准（WHS），WHS合格率达95.75%。

（二）项目前期工作

开展前期工作的抽水蓄能电站有2座，分别是阳江抽水蓄能电站1200MW（远景规划2400MW）、梅州抽水蓄能电站1200MW（远景规划2400MW），均计划于2015年获得核准开工建设。

1. 梅州抽水蓄能电站项目　2014年1月，该电站取得水土保持方案批复意见；3月，取水许可申请获得批准；接入系统设计2月取得评审意见，5月取得批复意见；6月，取得规划选址审查意见及选址意见书；移民安置规划大纲8月通过审查，10月取得审查意见；社会稳定风险分析篇章，5月通过评估并取得评估意见，11月取得梅州市政府审查意见；12月，移民安置规划报告通过审查。2014年共计7项专题通过审查或取得批文。

为推动电站移民前工作，2014年8月，水电水利规划设计总院会同广东省水库移民工作局在广州主持召开了广东梅州抽水蓄能电站移民安置规划大纲审查会议，形成了《广东梅州抽水蓄能电站移民安置规划大纲审查意见》（水电规库〔2014〕72号）；2014年12月，水电水利规划设计总院会同广东省水库移民工作局在广州主持召开了广东梅州抽水蓄能电站移民安置规划审查会议，形成了《广东梅州抽水蓄能电站移民安置规划报告审查意见》（水电规库〔2015〕29号）。

2. 阳江抽水蓄能电站项目　2014年5月，该电站取水许可申请获得批准，水土保持方案通过审查；工程安全预评价3月通过审查，6月取得审查意见和备案意见；移民安置规划大纲于8月通过审查，10月取得审查意见；10月，社会稳定风险评估篇章通过审查；11月，自然保护区调整获得批准；接入系统设计于11月通过评审，12月取得评审意见和批复意见；12月，移民安置规划报告通过审查。2014年共计8项专题通过审查或取得批文。

2014年8月，水电水利规划设计总院会同广东省水库移民工作局在广州主持召开了广东阳江抽水蓄能电站移民安置规划大纲审查会议，形成了《广东阳江抽水蓄能电站移民安置规划大纲审查意见》（水电规库〔2014〕74号）；2014年12月，水电水利规划设计总院会同广东省水库移民工作局在广州主持召开了广东阳江抽水蓄能电站移民安置规划审查会议。

3. 选点规划研究工作　调峰调频公司配合南方电网公司开展了广东新会抽水蓄能电站、海南羊林抽水蓄能电站选点规划研究工作，完成选点规划报告并获国家能源局批复。开展了广西壮族自治区抽水蓄能电站选点规划研究工作，完成选点规划报告编制并已报送南方电网公司。

（中国南方电网有限责任公司调峰调频发电公司
黄　纯　周　全）

溧阳抽水蓄能电站2014年建设情况

2014年是溧阳抽水蓄能电站主体工程开工后的第4年，是电站工程建设的转序年，也是混凝土施工的高峰年。工程建设由填筑、开挖支护全面转入混凝土浇筑、金属结构安装。经过参建各方共同努力，工程总体进展顺利，年度安全、质量、投资管理目标均已完成。2014年，工程主要施工项目有：上水库主坝及下水库工程、上水库库盆工程、引水系统及地下厂房工程、尾水系统工程、安全监测工程、机电安装工程等。

（一）主体工程量及投资完成情况

2014年，主体土建完成工程量为：石方明挖17.85万 m^3，库底过渡料回填26.13万 m^3，混凝土浇筑34.95万 m^3，钢筋制作安装2.54万t。2014年，枢纽工程实际完成投资99225万元。截至2014年底，工程开工以来枢纽工程累计完成投资422862万元。

（二）主要项目工程形象进度

1. 上水库主坝及下水库工程（C1标）

（1）上水库主坝：2014年3月，填筑至高程291.50m，除坝顶静碾区外，填筑已全部完成。混凝土面板基本浇筑完成，剩余部分计划2015年1月上旬浇筑完成。

（2）下水库工程：库盆除三区留置5万 m^3 做垫

层料加工原料暂未开挖外，其余部分已完成。库岸边坡支护和下水库道路已完成。

(3) 下水库出/进水口工程：1、2号出/进水口混凝土施工全部完成。进水口交通桥浇筑施工完成。检修闸门启闭机混凝土施工完成，2套启闭设备安装调试完成。

2. 上水库库盆工程（C2标）

(1) 库岸工程：西库岸高程295.00m以下冲沟深挖换填及岩脉刻槽置换混凝土已完成。库岸面板混凝土浇筑已全部完成。

(2) 库底工程：主要进行Ⅲ期石渣、Ⅱ期过渡料、碎石垫层、特殊垫层料、井座段周边掺水泥过渡料及掺水泥垫层料施工。库底土工膜等防渗体系累计完成7万㎡。

(3) 副坝工程：1号副坝面板混凝土浇筑施工已全部完成。2号副坝混凝土面板已完成10仓及趾板墙混凝土。

(4) 上水库进出水口工程：1号进出水塔高程202.30～287.50m段混凝土已浇筑完成。2号进出水塔高程204.30～275.50m段混凝土浇筑已完成。

(5) 交通桥工程：1、2号交通桥桥墩基础、墩身混凝土浇筑完成，现进行梁身段混凝土浇筑。

3. 引水系统及地下厂房工程（C3标）

(1) 引水隧洞：开挖支护工作已完成。压力钢管成品制作完成86.4%。1号引水压力钢管累计安装完成31.6%，2号引水压力钢管累计安装完成58.4%。3号引水大岔、4号引水小岔、2号引水小岔焊接安装完成，1号引水大岔整体拼装完成，纵缝焊接完成50%。

(2) 主厂房：1号、3～6号机高程－59.60m以下一期混凝土浇筑完成。2号机高程－63.50m以下肘管及扩散段混凝土浇筑完成。透平油库及事故油池结构混凝土浇筑完成。渗漏集水井结构混凝土浇筑完成。

(3) 主变压器洞：主变压器室A～E单元结构混凝土浇筑完成。主变压器室下游拱脚锚索张拉完成11束，腰线部位锚索张拉完成4束。电缆廊道、联系廊道混凝土衬砌全部完成。

(4) 母线洞：1～6号机母线洞结构混凝土浇筑完成。

(5) 高压电缆平洞及竖井：电缆平洞混凝土衬砌完成87.8%，电缆竖井混凝土衬砌及预制件吊装完成。

(6) 尾水闸门室：高程－53.65m以上开挖支护全部完成，1号、3～6号闸门井开挖支护完成。尾闸室边墙及左右端墙混凝土浇筑完成。尾闸室检修平台浇筑完成。

(7) 尾水系统：6、5号尾支压力钢管全部已安装完成，4号尾支压力钢管安装完成94.3%，3号尾支压力钢管安装完成61.7%。3、4号尾水岔洞混凝土衬砌已全部完成。

(8) 地面开关站：地面开关站A、B单元砖砌及墙体粉刷、铝合金窗安装完成，C单元高程101.00m以下结构混凝土浇筑完成。柴油机房基础施工完成。

4. 尾水系统工程（C4标）

(1) 尾水主洞：1、2号尾水主洞顶拱混凝土衬砌已完成，底拱开挖及混凝土衬砌完成94.9%。

(2) 尾水调压井：1号尾水调压井小井段衬砌完成，正在进行大井段衬砌施工。2号尾水调压井混凝土施工完成。

(3) 自流排水洞：自流排水洞边墙混凝土衬砌和顶拱挂网喷混凝土全部完成。

5. 安全监测工程（C5标）

完成多点位移计安装19套、锚杆应力计19支（组）、钢筋计85支、测缝计69支、渗压计25支、钢板计21套、温度计6支、应变计52支（组）、无应力计51套、脱空计6套、柔性位移计3支、土体位移计13套、压力传感器9支、地下水位观测孔7个、测斜孔3个、量水堰1套、观测墩12个、水准标芯30个。

6. 机电安装工程（C7标）

(1) 土建工程：地下副厂房混凝土浇筑全部完成，砖砌体施工全部完成。6号机混凝土浇筑至发电机层。4、5号机混凝土浇筑至水轮机层。

(2) 机电设备安装工程：主厂房2台2500kN桥式起重机和地面GIS室桥机安装调试完成。6号机组螺栓套管基础环安装、座环/蜗壳安装及水压试验、机坑里衬及接力器基础安装完成。5号机组机坑里衬及接力器基础安装完成。4号机组螺栓套管基础环安装、座环蜗壳打压试验完成。3号机组正在进行蜗壳打压试验。1号机组座环蜗壳正在进行组拼焊接。2号机组正在进行肘管及扩散段压力钢管安装。主厂房网架及屋顶屋面板安装完成。5、6号主变压器本体就位。尾闸室双向台车轨道安装完成。5、6号尾闸室门楣以下埋件安装完成。4号尾闸室底部及侧向框架调整焊接完成。上水库2号进/出水口门槽安装至249.00m高程，1号进/出水口门槽安装至256.00m高程，闸门拼装、焊接全部完成。下水库闸门安装就位，拦污栅埋件安装完成，拦污栅门机拼装完成具备电气调试条件。下水库检修闸门2台2000kN固定启闭机吊装就位。

（三）工程建设质量情况

2014年度，主体工程项目评定4219个单元工程，合格率100%，其中优良单元3965个，优良率94.0%。

（四）安全生产情况

2014年，溧阳抽水蓄能电站工程安全生产总体平稳，未发生各类安全生产事故。截至2014年12月31日，已实现连续安全生产无事故2210天。

（中国电建集团中南勘测设计研究院有限公司 胡林江）

琼中抽水蓄能电站建设情况

琼中抽水蓄能电站位于海南省琼中县，距海口市、三亚市直线距离分别为106、110km，距昌江核电直线距离为98km，电站地理位置优越。电站装机容量600MW（3×200MW），额定水头308m；设计年发电利用小时数1670h，设计年发电量10.02亿kW·h；年抽水利用小时数2227h，年抽水耗用低谷电量13.36亿kW·h。其主要任务是承担海南电力系统的调峰、填谷、调频、调相、紧急事故备用和黑启动等任务。电站建成后以220kV一级电压等级出线4回接入系统，其中：2回接入大成变电站，输电距离约58km；2回接入塔洋变电站，输电距离约100km。

（一）水源条件

上水库位于琼中县南渡江腰仔河支流黎田河上游支沟，利用原大丰水库改建，集水面积5.41km^2，多年平均流量为0.253m^3/s，多年平均径流量797.9万m^3。下水库位于黎母山林场一分区场部以南的黎田河上，集水面积17.51km^2，多年平均流量为0.819m^3/s，多年平均年径流量2583万m^3。水源充沛。

工程区多年平均气温为22.8℃，多年平均降水量2284mm，多年水面蒸发量为1590.2mm，多年平均风速1.2m/s。

（二）工程地质条件

工程区位于琼中南拱断隆起西缘，属于新构造运动相对稳定区。区域内出露白垩系（K）、第四系（Q）地层和印支期、燕山期岩浆岩，均为坚硬岩。工程区内基岩主要由岩浆岩和沉积岩两大岩类构成。近场区无区域性断层活动断裂通过，历史地震活动微弱，区域构造稳定性好。地震安全性评价表明：上下水库区50年超越概率10%的基岩水平地震动峰值加速度均为0.056g，相应的地震基本烈度为Ⅵ度。

上水库库岸岸坡植被茂密，除左岸单薄分水岭与右岸低矮垭口外，其余库周山体较雄厚，库周山脊高程多高于588m，库底高程543m，地形封闭条件较好。库盆为印支期侵入花岗岩（$\eta\gamma_5^{1-3}$），岩石致密坚硬。北西侧分水岭较单薄，存在水库向库外渗漏问题，需进行防渗处理。库岸主要由全强风化层组成，坡度较缓，岸坡基本稳定，局部岸段水位变动带存在库岸再造，需进行防护。

下水库区植被茂盛，库盆狭窄，两岸山体雄厚，库周山顶高程在600m以上，黎田河河床高程210m，无低矮垭口，地形封闭条件好。水库区下伏基岩为下白垩统鹿母湾组（K_{1Lm}^{1-1}）含砾砂岩、含砾长石石英砂岩夹泥质粉砂岩。两岸山体宽厚，不存在水库渗漏问题。库岸基本稳定，局部岸段水位变动带存在库岸再造问题，需进行防护。

上、下水库植被较好，固体径流来源较少，对水库淤积影响较小。

上水库主坝及两个副坝，均为沥青心墙坝，坝基为全强风化花岗岩，能够满足低土石坝的建基要求。下水库大坝混凝土面板坝，坝基为长石石英砂岩，能够满足大坝建基要求。主要工程地质问题是坝基渗漏和渗透稳定，需进行防渗处理。上、下水库坝肩岩体风化强烈，岩体风化层较厚，边坡稳定条件较差。

输水发电系统地层岩性由上至下穿越印支期侵入的中粒花岗岩与下白垩统鹿母湾组含砾砂岩，弱风化及其以下岩石较致密坚硬。断裂构造以Ⅲ级及其以下结构面为主，断裂构造发育方向以NW、NNE、NNW向为主。布置区断裂构造相对不发育，围岩以Ⅱ、Ⅲ类为主，总体成洞地质条件较好，但存在规模较小的结构面及岩脉相互与组合构成的可能失稳的楔形体。进/出水口段全～强风化岩体性状较差，断裂构造较发育，围岩为Ⅳ～Ⅴ类岩体，边坡稳定条件及承载力均较差，需进行基础工程处理。

上水库采用沥青心墙堆石坝，利用开挖料筑坝。下水库面板堆石坝主要考虑利用洞室开挖料，垫层料和过渡料从料场开采加工。工程区附近天然砂砾石料缺乏，混凝土骨料采用花岗岩人工骨料。

（三）枢纽布置及建筑物

电站装机容量600MW，为二等大（2）型工程。上、下水库挡水及泄水建筑物、输水系统、厂房和开关站等永久性主要水工建筑物均为2级，次要建筑物为3级。枢纽建筑物主要由上水库、输水系统、发电厂房及下水库等4部分组成。

枢纽布置总格局为：在黎母山镇黎母山林场原大丰水库宽缓谷地分别修建主坝和设置副坝形成上水库，在南渡江腰仔河支流黎田河峡谷区筑坝形成下水库，采用一洞三机方式，在上、下水库之间的山体内布置输水发电系统。

上水库主要建筑物有主坝、副坝1、副坝2和溢洪道。主、副坝均采用沥青混凝土心墙土石坝；主坝右岸设竖井式溢洪道，结合导流洞改造而成。正常蓄水位567.00m，死水位560.00m，校核洪水位

568.71m，总库容933.3万m^3，正常蓄水位以下库容780.6万m^3，调节库容499.9万m^3。主坝坝顶高程570.0m，坝顶宽8m，最大坝高28m，坝轴线长342m；副坝1最大坝高22m，坝轴线长203m；副坝2最大坝高21m，坝轴线长370.5m。主副坝通过坝顶公路连接，上游坝坡为1∶3，下游坝坡为1∶2.7。沥青心墙采用40cm等厚心墙，坝体上下游均采用全强风化土石料，沥青心墙上下游均设置碎石过渡料。竖井式溢洪道布置于主坝右岸上游380m处，结合施工导流洞布置。导流洞进口底板高程552.50m，洞身段纵坡1.2%，溢洪道进口采用无闸控制环形实用堰，洞身段为城门洞型，断面尺寸为3.6m×4.0m（宽×高），隧洞出口段接消力池。

下水库主要建筑物有大坝、溢洪道和放水底孔。正常蓄水位253.00m，死水位239.00m，校核洪水位255.22m，总库容897.6万m^3，正常蓄水位以下库容783.9万m^3，调节库容512.7万m^3。大坝采用混凝土面板堆石坝，坝顶高程为257.00m，坝顶宽8m，最大坝高54.0m，坝线长370.0m，上游坝坡为1∶1.4，下游坝坡为1∶1.35。左岸设溢洪道，堰顶高程为245.00m，共2孔，弧形工作门尺寸为6.5m×8.0m（宽×高）；放水底孔位于溢洪道左挡墙内，主要参与泄洪和预泄洪水。

输水发电系统布置在上水库西侧和下水库东侧之间山体内，采用首部式布置方案。引水及尾水洞均采用1洞3机的供水方式，引水主洞洞径8.4m，分岔前洞径渐变为7.2m，引水主洞经两个对称“Y”型钢筋混凝土岔管与引水支洞相连，支洞直径3.8m。尾水支洞洞径6.0m，采用两个对称“Y”型钢筋混凝土岔管和尾水主洞连接，主洞洞径9.00m。尾水调压室为圆形阻抗式，上室直径15.0m，高度67.0m；连接管直径7.0m，水平段、弯段及竖井段总长度为65.0m。上、下水库进/出水口型式为侧式，输水系统总长度最长约为2487.0m（1号机）。

地下厂房采用首部式布置，最小埋深330m，主厂房轴线为50°。主厂房、主变压器洞、尾水闸门室顺水流方向依次平行布置，洞室之间岩体厚度分别为40、25.5m。主厂房开挖尺寸130.50m×24.00m×53.94m（长×宽×高），主变压器洞室开挖尺寸为105.78m×19.00m×20.60m（长×宽×高），尾水闸门室开挖尺寸为80.35m×10.00m×26.10m（长×宽×高）。进厂交通洞从安装间下游侧进厂，长度1253m；开关站和地面副厂房集中布置地下厂房西侧，上下水库连接公路旁，地面高程为390.00m。

施工对外交通采用公路为主、铁路与水路为辅的运输方式。工程首台机组发电工期为54个月，总工期为61个月，工程静态总投资33.94亿元（2012年二季度价格水平）。

（四）前期工作概况

海南省抽水蓄能电站选点规划始于20世纪90年代初期，中南勘测设计研究院先后于1992年、1994年开展了海南省抽水蓄能电站选点规划工作，分别提出了《海南省抽水蓄能电站规划选点报告》和《海南省抽水蓄能电站规划选点补充报告》。为满足海南省社会经济及电力发展需要，做好项目前期储备，2006年7月，海南省发展改革委委托中国水电顾问集团中南勘测设计研究院（以下简称中南院）开展海南省抽水蓄能电站选点规划工作，2010年6月提出《海南省抽水蓄能电站选点规划报告》。2010年7月，水电水利规划设计总院会同海南省发展改革委在海南省海口市主持召开了《海南省抽水蓄能电站选点规划报告》审查会议，审查意见同意琼中（大丰）、三亚（羊林）站址作为海南电网2020年新增抽水蓄能电站的推荐站址。国家能源局国能新能〔2011〕155号复函，原则同意海南省抽水蓄能电站选点规划成果及审查意见。

2010年10月，中南院编制完成了《海南省琼中抽水蓄能电站预可行性研究报告》。同年12月，水电水利规划设计总院会同海南省发展改革委在海口市主持召开《海南省琼中抽水蓄能电站预可行性研究报告》审查会议，会议基本同意该报告。水电水利规划设计总院于2011年4月7日印发了“关于印发《海南省琼中抽水蓄能电站预可行性研究报告审查意见》的函（水电规规〔2011〕24号）”。

2011年11月中南院编制完成了《海南琼中抽水蓄能电站可行性研究报告》（送审稿）；2011年12月，水电水利规划设计总院会同海南省发展改革委在琼海主持会议审查了该可行性研究报告，2012年5月8日以水电规水工〔2012〕19号文印发了《海南琼中抽水蓄能电站可行性研究报告审查意见》，基本同意该报告。

2012年9月《海南琼中抽水蓄能电站项目申请报告》通过了中国国际工程咨询公司的评估。2013年2月27日国家发展改革委以发改能源〔2013〕379号文核准同意琼中蓄能电站项目开工建设。2013年12月13日，在工程现场举行了简短的土建主体工程开工仪式。

（中国电建集团中南勘测设计研究院有限公司
田政海）

蒲石河抽水蓄能电站各专项验收完成情况

蒲石河抽水蓄能电站总装机容量为1200MW，安装4台单机容量为300MW的立轴单转速可逆式抽水蓄能机组，是我国东北建成的第一座大型抽水蓄能电站。其水泵水轮机为单级混流式，发电电动机为半伞式（具有上、下导轴承）、三相、立轴、空冷，额定设计水头308m，最大扬程333.6m。

该工程于2006年8月1日正式开工，2011年1月13日下水库开始蓄水，2011年11月1日上水库正式开始蓄水。2012年1月1日，首台机组正式投入商业运行；2012年9月29日，4台机组全部投入商业运行。

截至2014年末，电站机组累计运行28767h，发电和抽水的综合循环效率约为81.8%。工程各主要专项验收情况如下：

（1）2011年12月26日，通过了丹东市消防局组织的工程项目消防专项验收。

（2）2013年7月4日，通过了国家安监总局组织的工程项目职业病防护设施专项验收。

（3）2014年3月25日，通过了水利部组织的工程项目水土保持设施专项验收。

（4）2014年4月10日，通过了环境保护部组织的工程项目环境保护专项验收。

（5）2014年10月11日，通过了国家档案局组织的工程项目档案专项验收。

（6）2014年11月16日，通过了辽宁省发展改革委、水电水利规划设计总院组织的枢纽工程专项验收鉴定。

（7）2014年12月11日，通过了国家安监总局、水电水利规划设计总院组织的劳动安全与工业卫生专项验收。

（8）工程项目征地移民专项验收工作正在进行中。

（中水东北勘测设计研究有限责任公司　郑光伟）

丰宁抽水蓄能电站二期工程前期工作进展情况

丰宁抽水蓄能电站是京津及冀北电网内唯一一座具备周调节性能的抽水蓄能电站，位于河北省丰宁县境内，距北京市和承德市的直线距离分别为180、150km，总装机规模3600MW分两期开发。一期工程装机容量1800MW，已于2012年8月获得国家发展改革委核准，并于2013年5月正式开工建设。二期工程与一期工程共用上下水库和地面开关站，初拟安装6台单机容量为300MW的可逆式抽水蓄能机组，装机容量1800MW。二期工程建成后，电站总装机容量将达到3600MW，仍具有周调节性能。

受河北丰宁抽水蓄能有限公司委托，中国电建集团北京勘测设计研究院有限公司（以下简称北京院）承担了丰宁抽水蓄能电站二期工程的勘测设计工作。2014年2月13日，国家能源局以国能新能〔2014〕86号文下达了《国家能源局关于同意河北丰宁抽水蓄能电站二期工程开展前期工作的复函》。接到复函后，北京院积极开展可行性研究工作，于2014年10月编制完成了《河北丰宁抽水蓄能电站二期工程可行性研究报告》。

2014年11月25～27日，水电水利规划设计总院会同河北省发展改革委、能源局在丰宁主持召开《河北丰宁抽水蓄能电站二期工程可行性研究报告》审查会议。审查认为，该报告满足可行性研究阶段勘测设计工作内容和深度的要求，基本同意该报告。

《河北丰宁抽水蓄能电站二期工程可行性研究报告》顺利通过审查，标志着丰宁抽水蓄能电站二期工程可行性研究阶段工作基本结束。

（中国电建集团北京勘测设计研究院有限公司）

沂蒙抽水蓄能电站通过国家能源局核准

2014年9月5日，国家能源局以国能〔2014〕413号文做出《国家能源局关于山东沂蒙抽水蓄能电站项目核准的批复》，正式核准山东沂蒙抽水蓄能电站项目。这标志着该项目工程全面进入开工建设阶段。

山东沂蒙抽水蓄能电站位于山东省临沂市费县境内，总装机容量1200MW，安装4台单机容量300MW可逆式抽水蓄能机组，额定水头375m，上、下水库按满足日调节能力设计。电站建成后供电山东电网，承担系统调峰、填谷、调频、调相和紧急事故备用等任务。沂蒙抽水蓄能电站上水库采用沥青混凝土面板堆石坝，下水库采用钢筋混凝土面板堆石坝。工程静态总投资57.64亿元，动态总投资73.70亿元，由国家电网公司独资建设。

受国网新源控股有限公司的委托，中国电建集团北京勘测设计研究院有限公司从2010年起开展山东沂蒙抽水蓄能电站预可行性研究工作，2011年6月《山东沂蒙抽水蓄能电站预可行性研究报告》通过了水电水利规划设计总院和山东省发展改革委的审查。2013 年 10 月，《山东沂蒙抽水蓄能电站可行性研究报告》通过了水电水利规划设计总院和山东省发展改革委的审查；2014 年 3 月，《项目申请报告》通过中国国际工程咨询公司评估。

沂蒙抽水蓄能电站通过能源局核准，标志着沂蒙项目的筹建期工作又向前迈进了一大步，也为沂蒙抽水蓄能电站的顺利开工奠定了坚实的基础。

（中国电建集团北京勘测设计研究院有限公司）

南水北调工程

习近平就南水北调中线一期工程正式通水做出重要指示

2014 年 12 月 12 日南水北调中线一期工程正式通水。中共中央总书记、国家主席、中央军委主席习近平做出重要指示，强调南水北调工程是实现我国水资源优化配置、促进经济社会可持续发展、保障和改善民生的重大战略性基础设施。经过几十万建设大军的艰苦奋斗，南水北调工程实现了中线一期工程正式通水，标志着东、中线一期工程建设目标全面实现。这是我国改革开放和社会主义现代化建设的一件大事，成果来之不易。习近平对工程建设取得的成就表示祝贺，向全体建设者和为工程建设做出贡献的广大干部群众表示慰问。

习近平指出，南水北调工程功在当代，利在千秋。希望继续坚持先节水后调水、先治污后通水、先环保后用水的原则，加强运行管理，深化水质保护，强抓节约用水，保障移民发展，做好后续工程筹划，使之不断造福民族、造福人民。

中共中央政治局常委、国务院总理李克强做出批示，指出南水北调是造福当代、泽被后人的民生民心工程。中线工程正式通水，是有关部门和沿线 6 省市全力推进、20 余万建设大军艰苦奋战、40 余万移民舍家为国的成果。李克强向广大工程建设者、广大移民和沿线干部群众表示感谢，希望继续精心组织、科学管理，确保工程安全平稳运行，移民安稳致富。充分发挥工程综合效益，惠及亿万群众，为经济社会发展提供有力支撑。

中共中央政治局常委、国务院副总理、国务院南水北调工程建设委员会主任张高丽就贯彻落实习近平重要指示和李克强批示做出部署，要求有关部门和地方按照中央部署，扎实做好工程建设、管理、环保、节水、移民等各项工作，确保工程运行安全高效、水质稳定达标。

南水北调中线一期工程于 2003 年 12 月 30 日开工建设。工程从丹江口水库调水，沿京广铁路线西侧北上，全程自流，向河南、河北、北京、天津供水，包括丹江口大坝加高、渠首、输水干线、汉江中下游补偿等内容。干线全长 1432km，年均调水量 95 亿 m^3，沿线 20 个大中城市及 100 多个县（市）受益。工程移民迁安近 42 万人，其中丹江口库区移民 34.5 万人。丹江口水库水质一直稳定达到Ⅱ类标准。

作为缓解北方地区水资源严重短缺局面的重大战略性基础设施，南水北调工程规划分东、中、西三条线路从长江调水，横穿长江、淮河、黄河、海河四大流域，总调水规模 448 亿 m^3，供水面积达 145 万 km^2，受益人口 4.38 亿人。先期实施东、中线一期工程，东线一期工程已于 2013 年通水。

（国务院南水北调工程建设委员会办公室）

南水北调工程 2014 年建设情况

2014 年，是南水北调工程建设的决战攻坚和收尾转型年，中线一期工程全面实现通水目标，东线一期工程有序运行，圆了我国人民 60 多年的调水梦想。主要情况如下。

（一）中线正式通水

经过 20 万建设大军的艰苦奋战，中线一期主体工程于 2013 年底完工。2014 年，尾工建设、充水试验、质量排查、通水验收、运管体制等工作有序推进。6 月 5 日～10 月 30 日进行了干线工程充水试验，9 月 29 日通过全线通水验收。10 月，专家委对中线干线工程进行了质量评价，认为工程总体质量良好。京津两地配套工程已经完成，完全具备接水条件；冀豫两省配套工程进展顺利，具备初期接水条件。工程管理单位与京津冀豫 4 省市签订了供用水协议。同时，现场运行管理机构、运行管理人员配备到位，调度管理、安全巡视工作运转正常，抢险、安保等各种应急预案和物料准备充分。经国务院同意，11月2日起，开展了中线一期工程通水试验，进行了各种复杂工况演练，各项指标满足通水要求。12月12日，中线一期工程宣布正式通水，转入运行管理阶段。正式通水以来，工程运行平稳，工况良好，输水水质达标。同时，汉江中下游治理工程如期完成，引江济汉工程9月26日正式通水。中线京石段工程自2008年以来连续4次向北京应急供水，累计输水16.1亿m^3，有效缓解了首都的供水压力。中线干线河南段工程、引江济汉工程2014年在尚未正式通水的情况下，克服困难投入到豫鄂两省应急抗旱，在抗旱减灾中发挥了重要作用。

（二）东线有序运行

试通水以来，累计抽江水47.93亿m^3，调水到山东2.57亿m^3，圆满完成了年度调水任务、南四湖应急补水和江苏省应急抗旱工作。2013年11月15日正式通水以来，工程运行平稳、工况良好，输水水质稳定达标，输水河道航运平稳，交通、电力、水利设施和沿线群众日常生活等运转正常。经国务院同意，2014年9月30日，国务院南水北调工程建设委员会办公室（以下简称国务院南水北调办）印发通知，成立南水北调东线总公司；10月11日，工商总局发放东线总公司营业执照；11月15日，国务院南水北调办批复东线总公司“三定”方案。截至2014年底，初期组建工作基本完成。领导班子已经到位，其他管理人员也陆续配齐，各种规章制度陆续出台完善。

（三）东线治污和中线水源保护

2014年，经实施治污补充项目、启动水质保障长效机制建设、推进环境专项验收等措施，东线通水期间水质持续达标；同时，强力推动中线水源保护、生态建设有关规划、方案的实施，紧紧盯住水源区不达标河段治理，加强水源保护执法监督，实施了输水干线水质安全保障措施，为中线工程正式通水创造了条件。10月，专家委对中线水质进行了评估，认为丹江口水库水质稳定保持在地表水Ⅱ类标准，干线输水水质安全保障体系已基本建立，中线工程通水水质能够得到保障。仅占入库总量不足1%的湖北十堰5条河流，经有效治理，也已基本实现了“不黑、不臭、水质明显改善”的阶段性目标。

（四）征地移民

2014年，国务院南水北调办会同豫鄂两省开展了库区移民工作“回头看”和库区保蓄水安全“百日大排查”活动，全面排查各种风险和隐患，及时调处事关移民群众切身利益的矛盾和问题。两省还积极探索移民新村社会治理创新，加大帮扶力度，通过整合资金、强化培训等，探索产业转型发展新路子，促进移民就业与自主创业，帮助移民增收致富，移民生产发展态势良好。另外，干线征迁工作满足工程建设需要，群众安置补偿全部到位，整体比较稳定。各地规范使用临时用地，截至2014年底，东、中两条线已退还临时用地39.8万亩，占比88%。

（五）投资控制及资金管理

2014年，围绕“安全高效监控资金”，实行“收口关闸，严查内纠”，投资规模得以有效控制，资金使用效益稳步提高。

截至2014年12月底，国务院南水北调办已累计下达南水北调东、中线一期工程投资2557.8亿元，其中中央预算内投资247.3亿元，中央预算内专项资金（国债）106.5亿元，南水北调工程基金196.5亿元，国家重大水利工程建设基金1528.6亿元，贷款478.9亿元。

工程建设项目（含丹江口库区移民安置工程）累计完成投资2543.4亿元，占在建设计单元工程总投资2567.5亿元的99%，其中东、中线一期工程分别累计完成投资321.6亿元和2126.5亿元，分别占东、中线在建设计单元工程总投资的97%和99%；过渡性资金融资利息94.4亿元，其他0.9亿元。

（国务院南水北调工程建设委员会办公室）

南水北调工程2014年建设投资及工程量完成情况

据统计，南水北调工程2014年1～12月完成投资109.19亿元（其中东线一期工程完成7.56亿元，中线一期主体工程63.69亿元，库区移民安置工程4.16亿元，过渡性资金融资利息33.78亿元），完成土石方1280万m^3，完成混凝土浇筑154万m^3。其中，南水北调工程12月完成投资33.43亿元，完成混凝土浇筑2万m^3。

截至2014年12月底，国务院南水北调办已累计下达南水北调东、中线一期工程投资2557.8亿元，其中中央预算内投资247.3亿元，中央预算内专项资金（国债）106.5亿元，南水北调工程基金196.5亿元，国家重大水利工程建设基金1528.6亿元，贷款478.9亿元。

工程建设项目（含丹江口库区移民安置工程）累计完成投资2543.4亿元，占在建设计单元工程总投资2567.5亿元的99%，其中东、中线一期工程分别累计完成投资321.6亿元和2126.5亿元，分别占东、中线在建设计单元工程总投资的97%和99%；过渡性资金融资利息94.4亿元，其他0.9亿元。

工程建设项目累计完成土石方159649万m^3，占在建设计单元工程设计总土石方量的99%；累计完成混凝土浇筑4276万m^3，占在建设计单元工程设计混凝土总量的99%。

（国务院南水北调工程建设委员会办公室）

南水北调中线工程2014年几个节点工作完成情况

根据计划，南水北调中线工程于2014年5月底前全面完成与通水相关的尾工建设，6月初开展全线充水试验，9月底前完成全线通水验收，汛后正式通水。

南水北调中线一期工程总干渠线路长1432km，工程涉及的地形地质条件复杂、建筑物多，从陶岔渠首至北拒马河，有各类交叉建筑物2000余座。同时，众多的高填方渠道穿越或邻近人口密集的城镇和居民区，工程的安全性直接关系到当地居民生产生活及生命财产安全。在正式通水前对总干渠全线进行充水试验，可以进一步检验工程的质量和安全，为工程顺利投入运行提供技术保障，同时为运行管理培训提供实战条件，为工程全线通水做好准备。充水试验工作分为准备期、充水期、观察期、评价及完善期四个阶段，是对工程及相关设施进行安全检验最直接和有效的手段。

（一）穿黄隧洞充水试验

2014年2月22日，南水北调中线穿黄隧洞开始进行充水试验，对其在充水状态下的结构安全性能、衬砌受力和防渗、排水情况及混凝土质量等进行检验。

本次充水试验采用黄河水源，按分级充水和分级排水方式进行。单洞分级充水时间共计18天，分级排水时间共计12天。在穿黄隧洞进口段采用测量仪器，监测水位高程变化，精确到1mm；同时穿黄出口段采用测量仪器计量与人工测量渗漏水量互为补充。充至设计水位后由北岸排水系统将水排出隧洞。

2014年9月15日，南水北调中线穿黄隧洞充水试验取得圆满成功。充水试验期间，穿黄工程上、下游线隧洞工程结构性能良好，满足设计要求。

穿黄工程是南水北调中线工程的关键控制性工程，为南水北调工程中规模最大、单项工期最长、技术含量最高、施工难度最复杂的交叉建筑物。工程位于河南省郑州市以西约30km的孤柏嘴，全长19.3km。其中隧洞段长4.25km，双洞线布置，单洞输水直径7m，最小埋深23m，采用泥水平衡盾构工艺成洞；设计流量265m^3/s，加大流量320m^3/s。

穿黄工程于2005年9月27日开工建设，历时达9年，2013年11月30日主体工程全面完工。穿黄隧洞工程充水试验成功，是中线干线工程建设的重要里程碑。

（二）沙河渡槽充水试验

2014年2月24日，有“世界第一渡槽”之称的河南省鲁山县沙河渡槽工程，首次试水成功。该渡槽于2013年11月开始充水试验。试验期间，槽身各项监测数据正常，没有大的渗漏现象，渡槽施工质量符合设计要求。

沙河渡槽段工程跨沙河、将相河、大郎河三条大河，各类交叉建筑物共12座，是南水北调中线工程的重要组成部分。综合流量、跨度、重量、总长度等指标，这一工程成为目前世界上规模最大的渡槽工程。

（三）天津干线工程充水试验

2014年3月1日，随着工作人员将西黑山进口闸的闸门提起，南水北调中线工程中的天津干线开始进行充水试验。

天津干线工程是南水北调中线工程的重要组成部分，工程西起河北省保定市徐水县西黑山村，东至天津市外环河西，总体走向由西向东，主要建筑物为地下钢筋混凝土箱涵，线路总长约155km。本次充水试验利用京石段应急供水的河北省水源，自上至下进行一次性、不间断充水，主要目的是检验天津干线明槽和有压箱涵在充水状态下的水密性和安全性。充水试验分充水和检测两个阶段，第一次充水试验时间为3月1日～18日，第二次充水试验时间为8月16日～29日。

天津干线主体工程于2008年11月开工建设，主要任务是向天津市、河北省保定市及廊坊市部分城镇供水。沿线建筑物多，地形地质条件复杂，穿越京广、京九、津霸铁路线，施工难度大。2013年8月，天津干线工程全部通过了合同工程验收及通水技术性验收。

（四）黄河以北段总干渠充水试验

2014年6月5日，南水北调中线一期工程黄河以北段总干渠开始充水试验。本次充水试验既是对黄河以北段实体工程的一次检验，又是对运行管理的一次预演，对中线通水具有十分重要的意义。

本次充水的渠道是从位于河南省焦作市温县的济河节制闸起，到位于河北省石家庄市古运河节制闸止，工程全长近500km。在此之前，中线24座大型渡槽已先后完成单体建筑物的充水试验。黄河以北段总干渠充水试验采用多水源连续充水方式进行，从沁河、盘石头水库、岳城水库调用9000余万立方米水，试验截止日期定为10月30日。

（五）黄河以南段总干渠充水试验

2014年7月3日10时58分，南水北调中线渠首陶岔枢纽的闸门缓缓提起，丹江口水第一次流入中线总干渠，这标志着南水北调中线一期工程黄河以南段总干渠开始充水试验。这次充水试验截止日期定为10月30日。

本次充水试验的渠道起于河南省南阳市淅川县的陶岔渠首枢纽闸，止于河南省郑州市的须水河节制闸，长约447km，采用自流连续充水方式进行，约用水1.2亿m^3。黄河以南渠段范围内有跨（或穿）总干渠建筑物800余座，其中包括目前世界上规模最大的U形输水渡槽——湍河渡槽；段内地质结构复杂，有高填方、膨胀土、煤矿采空区等特殊渠段。

（六）南水北调中线正式通水

2014年12月12日14时32分，随着南水北调中线陶岔渠首缓缓开启闸门，清澈的汉江水奔流北上，南水北调中线一期工程正式通水。北京、天津、河北、河南4个省市沿线约6000万人将直接喝上水质优良的汉江水，近1亿人间接受益。

根据国家安排，这项重大工程将向北京、天津等华北20个大中城市及100多个县（市）提供生活、工业用水，兼顾生态和农业用水；整个项目年均调水量为95亿m^3，其中河南省年均配额为37.7亿m^3（含刁河灌区现状用水量6亿m^3），河北省34.7亿m^3，北京市12.4亿m^3，天津市10.2亿m^3。

这项调水工程从丹江口水库陶岔渠首闸引水，沿线开挖渠道，经唐白河流域西部过长江流域与淮河流域的分水岭方城垭口，沿黄淮海平原西部边缘，在郑州以西李村附近穿过黄河，沿京广铁路西侧北上，可基本自流到北京、天津，线路全长1432km。

创下多个世界之最的这项大型工程于2003年12月30日开工建设，2013年12月全线贯通。2014年9月完成全部设计单元工程通水验收，同月29日通过全线通水验收，满足调水要求。

（国务院南水北调工程建设委员会办公室）

引江济汉工程正式通水

2014年9月26日，引江济汉工程正式通水。随着进水节制闸闸门徐徐开启，滚滚长江水涌入引江济汉工程干渠，奔向汉江。24h后，水头抵达汉江，润泽汉江下游600多万亩农田和800多万人口。

国务院南水北调工程建设委员会办公室主任鄂竟平下达通水令，宣布工程正式通水，并与湖北省委书记李鸿忠、湖北省省长王国生共同启动节制闸通水按钮。

鄂竟平、李鸿忠、王国生一行先后考察了引江济汉工程进口段泵站节制闸、引江济汉工程出水闸、兴隆水利枢纽工程等。

为减小南水北调中线工程对丹江口水库下游的影响，在南水北调中线干线工程建设的同时，同步实施了引江济汉、兴隆水利枢纽、部分闸站改造、局部航道整治四项补偿工程。引江济汉工程连通长江和汉江，渠道全线衬砌，全线立交。引江济汉干渠全长67.23km，渠道在拾桥河相交处分水入长湖，经田关河、田关闸入东荆河。该工程于2010年3月26日开工，2014年8月8日应急调水抗旱，9月12日通过通水验收。

引江济汉工程设计流量为350m^3/s，最大引水流量500m^3/s。该工程建成后，每年可向汉江兴隆以下河段（含东荆河）调引30.8亿m^3长江水，有效地补充因南水北调中线调水而减少的水量，同时改善该河段的生态、灌溉、供水条件，还可缩短长江荆州段至汉江潜江段航程600多公里，对促进湖北省经济社会可持续发展和汉江中下游地区的生态环境修复和改善具有重要意义。引江济汉工程先期通水为南水北调中线一期工程通水创造了有利条件。

（国务院南水北调工程建设委员会办公室）

南水北调中线北京段供水环路全线贯通

2014年5月24日，北京市南水北调东干渠工程全线打通，标志着我国南水北调中线工程北京段地下输水环路全线贯通。南水北调来水将通过这条环路输送至北京各大水厂，满足首都百姓用水需求。

5月24日上午，随着最后一环管片的拼装完成，直径6m的盾构机精准破洞而出，东干渠工程第22个盾构区间顺利打通。至此，东干渠工程与南水北调总干渠进城段、南干渠工程、团城湖至第九水厂输水工程一起，构成一条基本沿北五环、东五环、南五环及西四环而成的输水环路。这条总长107.3km的闭合输水环路将使北京实现南水北调来水，密云水库、官厅水库等地表水以及地下水的联合调度，保证主要水厂具备双水源，提高首都供水保证率。

东干渠工程主要沿北五环、东五环修建输水隧洞，全线长44.7km，是北京南水北调配套工程供水环路的重要组成部分，承担着为北京东北部及东部地区提供南水北调和密云水库水源的任务。

（国务院南水北调工程建设委员会办公室）

南水北调工程供用水管理条例

2014年2月16日，国务院总理李克强签署第647号中华人民共和国国务院令，公布《南水北调工程供用水管理条例》。该条例全文如下。

南水北调工程供用水管理条例

第一章 总 则

第一条 为了加强南水北调工程的供用水管理，充分发挥南水北调工程的经济效益、社会效益和生态效益，制定本条例。

第二条 南水北调东线工程、中线工程的供用水管理，适用本条例。

第三条 南水北调工程的供用水管理遵循先节水后调水、先治污后通水、先环保后用水的原则，坚持全程管理、统筹兼顾、权责明晰、严格保护，确保调度合理、水质合格、用水节约、设施安全。

第四条 国务院水行政主管部门负责南水北调工程的水量调度、运行管理工作，国务院环境保护主管部门负责南水北调工程的水污染防治工作，国务院其他有关部门在各自职责范围内，负责南水北调工程供用水的有关工作。

第五条 南水北调工程水源地、调水沿线区域、受水区县级以上地方人民政府负责本行政区域内南水北调工程供用水的有关工作，并将南水北调工程的水质保障、用水管理纳入国民经济和社会发展规划。

国家对南水北调工程水源地、调水沿线区域的产业结构调整、生态环境保护予以支持，确保南水北调工程供用水安全。

第六条 国务院确定的南水北调工程管理单位具体负责南水北调工程的运行和保护工作。

南水北调工程受水区省、直辖市人民政府确定的单位具体负责本行政区域内南水北调配套工程的运行和保护工作。

第二章 水量调度

第七条 南水北调工程水量调度遵循节水为先、适度从紧的原则，统筹协调水源地、受水区和调水下游区域用水，加强生态环境保护。

南水北调工程水量调度以国务院批准的多年平均调水量和受水区省、直辖市水量分配指标为基本依据。

第八条 南水北调东线工程水量调度年度为每年10月1日至次年9月30日；南水北调中线工程水量调度年度为每年11月1日至次年10月31日。

第九条 淮河水利委员会商长江水利委员会提出南水北调东线工程年度可调水量，于每年9月15日前报送国务院水行政主管部门，并抄送有关省人民政府和南水北调工程管理单位。

长江水利委员会提出南水北调中线工程年度可调水量，于每年10月15日前报送国务院水行政主管部门，并抄送有关省、直辖市人民政府和南水北调工程管理单位。

第十条 南水北调工程受水区省、直辖市人民政府水行政主管部门根据年度可调水量提出年度用水计划建议。属于南水北调东线工程受水区的于每年9月20日前、属于南水北调中线工程受水区的于每年10月20日前，报送国务院水行政主管部门，并抄送有关流域管理机构和南水北调工程管理单位。

年度用水计划建议应当包括年度引水总量建议和月引水量建议。

第十一条 国务院水行政主管部门综合平衡年度可调水量和南水北调工程受水区省、直辖市年度用水计划建议，按照国务院批准的受水区省、直辖市水量分配指标的比例，制订南水北调工程年度水量调度计划，征求国务院有关部门意见后，在水量调度年度开始前下达有关省、直辖市人民政府和南水北调工程管理单位。

第十二条 南水北调工程管理单位根据年度水量调度计划制订月水量调度方案，涉及航运的，应当与交通运输主管部门协商，协商不一致的，由县级以上人民政府决定；雨情、水情出现重大变化，月水量调度方案无法实施的，应当及时进行调整并报告国务院水行政主管部门。

第十三条 南水北调工程供水实行由基本水价和计量水价构成的两部制水价，具体供水价格由国务院价格主管部门会同国务院有关部门制定。

水费应当及时、足额缴纳，专项用于南水北调工程运行维护和偿还贷款。

第十四条 南水北调工程受水区省、直辖市人民政府授权的部门或者单位应当与南水北调工程管理单位签订供水合同。供水合同应当包括年度供水量、供水水质、交水断面、交水方式、水价、水费缴纳时间和方式、违约责任等。

第十五条 水量调度年度内南水北调工程受水区省、直辖市用水需求出现重大变化，需要转让年度水量调度计划分配的水量的，由有关省、直辖市人民政府授权的部门或者单位协商签订转让协议，确定转让价格，并将转让协议报送国务院水行政主管部门，抄送南水北调工程管理单位；国务院水行政主管部门和南水北调工程管理单位应当相应调整年度水量调度计划和月水量调度方案。

第十六条 国务院水行政主管部门应当会同国务院有关部门和有关省、直辖市人民政府以及南水北调工程管理单位编制南水北调工程水量调度应急预案，报国务院批准。

南水北调工程水源地和受水区省、直辖市人民政府有关部门、有关流域管理机构以及南水北调工程管理单位应当根据南水北调工程水量调度应急预案，制定相应的应急预案。

第十七条 南水北调工程水量调度应急预案应当针对重大洪涝灾害、干旱灾害、生态破坏事故、水污染事故、工程安全事故等突发事件，规定应急管理工作的组织指挥体系与职责、预防与预警机制、处置程序、应急保障措施以及事后恢复与重建措施等内容。

国务院或者国务院授权的部门宣布启动南水北调工程水量调度应急预案后，可以依法采取下列应急处置措施：

（一）临时限制取水、用水、排水；

（二）统一调度有关河道的水工程；

（三）征用治污、供水等所需设施；

（四）封闭通航河道。

第十八条 国务院水行政主管部门、环境保护主管部门按照职责组织对南水北调工程省界交水断面、东线工程取水口、丹江口水库的水量、水质进行监测。

国务院水行政主管部门、环境保护主管部门按照职责定期向社会公布南水北调工程供用水水量、水质信息，并建立水量、水质信息共享机制。

第三章 水 质 保 障

第十九条 南水北调工程水质保障实行县级以上地方人民政府目标责任制和考核评价制度。

南水北调工程水源地、调水沿线区域县级以上地方人民政府应当加强工业、城镇、农业和农村、船舶等水污染防治，建设防护林等生态隔离保护带，确保供水安全。

依照有关法律、行政法规的规定，对南水北调工程水源地实行水环境生态保护补偿。

第二十条 南水北调东线工程调水沿线区域和中线工程水源地实行重点水污染物排放总量控制制度。

南水北调东线工程调水沿线区域和中线工程水源地省人民政府应当将国务院确定的重点水污染物排放总量控制指标逐级分解下达到有关市、县人民政府，由市、县人民政府分解落实到水污染物排放单位。

第二十一条 南水北调东线工程调水沿线区域禁止建设不符合国家产业政策、不能实现水污染物稳定达标排放的建设项目。现有的落后生产技术、工艺、设备等，由当地省人民政府组织淘汰。

南水北调中线工程水源地禁止建设增加污染物排放总量的建设项目。

第二十二条 南水北调东线工程调水沿线区域和中线工程水源地的水污染物排放单位，应当配套建设与其排放量相适应的治理设施；重点水污染物排放单位应当按照有关规定安装自动监测设备。

南水北调东线工程干线、中线工程总干渠禁止设置排污口。

第二十三条 南水北调东线工程调水沿线区域和中线工程水源地县级以上地方人民政府所在城镇排放的污水，应当经过集中处理，实现达标排放。

南水北调东线工程调水沿线区域和中线工程水源地县级以上地方人民政府应当合理规划、建设污水集中处理设施和配套管网，并组织收集、无害化处理城乡生活垃圾，避免污染水环境。

南水北调东线工程调水沿线区域和中线工程水源地的畜禽养殖场、养殖小区，应当按照国家有关规定对畜禽粪便、废水等进行无害化处理和资源化利用。

第二十四条 南水北调东线工程调水沿线区域和中线工程水源地县级人民政府应当根据水源保护的需要，划定禁止或者限制采伐、开垦区域。

南水北调东线工程调水沿线区域、中线工程水源地、中线工程总干渠沿线区域应当规划种植生态防护林；生态地位重要的水域应当采取建设人工湿地等措施，提高水体自净能力。

第二十五条 南水北调东线工程取水口、丹江口水库、中线工程总干渠需要划定饮用水水源保护区的，依照《中华人民共和国水污染防治法》的规定划定，实行严格保护。

第二十六条 丹江口水库库区和洪泽湖、骆马湖、南四湖、东平湖湖区应当按照水功能区和南水北调工程水质保障的要求，由当地省人民政府组织逐步拆除现有的网箱养殖、围网养殖设施，严格控制人工养殖的规模、品种和密度。对因清理水产养殖设施导致转产转业的农民，当地县级以上地方人民政府应当给予补贴和扶持，并通过劳动技能培训、纳入社会保障体系等方式，保障其基本生活。

丹江口水库库区和洪泽湖、骆马湖、南四湖、东平湖湖区禁止餐饮等经营活动。

第二十七条 南水北调东线工程干线规划通航河道、丹江口水库及其上游通航河道应当科学规划建设港口、码头等航运设施，港口、码头应当配备与其吞吐能力相适应的船舶污染物接收、处理设备。现有的港口、码头不能达到水环境保护要求的，由当地省人民政府组织治理或者关闭。

在前款规定河道航行的船舶应当按照要求进行技术改造，实现污染物船内封闭、收集上岸，不向水体排放；达不到要求的船舶和运输危险废物、危险化学品的船舶，不得进入上述河道，有关船闸管理单位不得放行。

第二十八条 建设穿越、跨越、邻接南水北调工程输水河道的桥梁、公路、石油天然气管道、雨污水管道等工程设施的，其建设、管理单位应当设置警示标志，并采取有效措施，防范工程建设或者交通事故、管道泄漏等带来的安全风险。

第四章 用 水 管 理

第二十九条 南水北调工程受水区县级以上地方人民政府应当统筹配置南水北调工程供水和当地水资源，逐步替代超采的地下水，严格控制地下水开发利用，改善水生态环境。

第三十条 南水北调工程受水区县级以上地方人民政府应当以南水北调工程供水替代不适合作为饮用水水源的当地水源，并逐步退还因缺水挤占的农业用水和生态环境用水。

第三十一条 南水北调工程受水区县级以上地方人民政府应当对本行政区域的年度用水实行总量控制，加强用水定额管理，推广节水技术、设备和设施，提高用水效率和效益。

南水北调工程受水区县级以上地方人民政府应当鼓励、引导农民和农业生产经营组织调整农业种植结构，因地制宜减少高耗水作物种植比例，推行节水灌溉方式，促进节水农业发展。

第三十二条 南水北调工程受水区省、直辖市人民政府应当制订并公布本行政区域内禁止、限制类建设项目名录，淘汰、限制高耗水、高污染的建设项目。

第三十三条 南水北调工程受水区省、直辖市人民政府应当将国务院批准的地下水压采总体方案确定的地下水开采总量控制指标和地下水压采目标，逐级分解下达到有关市、县人民政府，并组织编制本行政区域的地下水限制开采方案和年度计划，报国务院水行政主管部门、国土资源主管部门备案。

第三十四条 南水北调工程受水区内地下水超采区禁止新增地下水取用水量。具备水源替代条件的地下水超采区，应当划定为地下水禁采区，禁止取用地下水。

南水北调工程受水区禁止新增开采深层承压水。

第三十五条 南水北调工程受水区省、直辖市人民政府应当统筹考虑南水北调工程供水价格与当地地表水、地下水等各种水源的水资源费和供水价格，鼓励充分利用南水北调工程供水，促进水资源合理配置。

第五章 工程设施管理和保护

第三十六条 南水北调工程水源地、调水沿线区域、受水区县级以上地方人民政府应当做好工程设施安全保护有关工作，防范和制止危害南水北调工程设施安全的行为。

第三十七条 南水北调工程管理单位应当建立、健全安全生产责任制，加强对南水北调工程设施的监测、检查、巡查、维修和养护，配备必要的人员和设备，定期进行应急演练，确保工程安全运行，并及时组织清理管理范围内水域、滩地的垃圾。

第三十八条 南水北调工程应当依法划定管理范围和保护范围。

南水北调东线工程的管理范围和保护范围，由工程所在地的省人民政府组织划定；其中，省际工程的管理范围和保护范围，由国务院水行政主管部门或者其授权的流域管理机构商有关省人民政府组织划定。

丹江口水库、南水北调中线工程总干渠的管理范围和保护范围，由国务院水行政主管部门或者其授权的流域管理机构商有关省、直辖市人民政府组织划定。

第三十九条 南水北调工程管理范围按照国务院批准的设计文件划定。

南水北调工程管理单位应当在工程管理范围边界和地下工程位置上方地面设立界桩、界碑等保护标志，并设立必要的安全隔离设施对工程进行保护。未经南水北调工程管理单位同意，任何人不得进入设置安全隔离设施的区域。

南水北调工程管理范围内的土地不得转作其他用途，任何单位和个人不得侵占；管理范围内禁止擅自从事与工程管理无关的活动。

第四十条 南水北调工程保护范围按照下列原则划定并予以公告：

（一）东线明渠输水工程为从堤防背水侧的护堤地边线向外延伸至50m以内的区域，中线明渠输水工程为从管理范围边线向外延伸至200m以内的区域；

（二）暗涵、隧洞、管道等地下输水工程为工程设施上方地面以及从其边线向外延伸至50m以内的区域；

（三）倒虹吸、渡槽、暗渠等交叉工程为从管理范围边线向交叉河道上游延伸至不少于500m不超过1000m、向交叉河道下游延伸至不少于1000m不超过3000m以内的区域；

（四）泵站、水闸、管理站、取水口等其他工程设施为从管理范围边线向外延伸至不少于50m不超过200m以内的区域。

第四十一条 南水北调工程管理单位应当在工程沿线路口、村庄等地段设置安全警示标志；有关地方人民政府主管部门应当按照有关规定，在交叉桥梁入口处设置限制质量、轴重、速度、高度、宽度等标志，并采取相应的工程防范措施。

第四十二条 禁止危害南水北调工程设施的下列行为：

（一）侵占、损毁输水河道（渠道、管道）、水库、堤防、护岸；

（二）在地下输水管道、堤坝上方地面种植深根植物或者修建鱼池等储水设施、堆放超重物品；

（三）移动、覆盖、涂改、损毁标志物；

（四）侵占、损毁或者擅自使用、操作专用输电线路设施、专用通信线路、闸门等设施；

（五）侵占、损毁交通、通信、水文水质监测等其他设施。

禁止擅自从南水北调工程取用水资源。

第四十三条 禁止在南水北调工程保护范围内实施影响工程运行、危害工程安全和供水安全的爆破、打井、采矿、取土、采石、采砂、钻探、建房、建坟、挖塘、挖沟等行为。

第四十四条 在南水北调工程管理范围和保护范围内建设桥梁、码头、公路、铁路、地铁、船闸、管道、缆线、取水、排水等工程设施，按照国家规定的基本建设程序报请审批、核准时，审批、核准单位应当征求南水北调工程管理单位对拟建工程设施建设方案的意见。

前款规定的建设项目在施工、维护、检修前，应当通报南水北调工程管理单位，施工、维护、检修过程中不得影响南水北调工程设施安全和正常运行。

第四十五条 在汛期，南水北调工程管理单位应当加强巡查，发现险情立即采取抢修等措施，并及时向有关防汛抗旱指挥机构报告。

第四十六条 南水北调工程管理单位应当加强南水北调工程设施的安全保护，制定安全保护方案，建立健全安全保护责任制，加强安全保护设施的建设、维护，落实治安防范措施，及时排除隐患。

南水北调工程重要水域、重要设施需要派出中国人民武装警察部队守卫或者抢险救援的，依照《中华人民共和国人民武装警察法》和国务院、中央军事委员会的有关规定执行。

第四十七条 在紧急情况下，南水北调工程管理单位因工程抢修需要取土占地或者使用有关设施的，有关单位和个人应当予以配合。南水北调工程管理单位应当于事后恢复原状；造成损失的，应当依法予以补偿。

第六章 法 律 责 任

第四十八条 行政机关及其工作人员违反本条例规定，有下列行为之一的，由主管机关或者监察机关责令改正；情节严重的，对直接负责的主管人员和其他直接责任人员依法给予处分；直接负责的主管人员和其他直接责任人员构成犯罪的，依法追究刑事责任：

（一）不及时制订下达或者不执行年度水量调度计划的；

（二）不编制或者不执行水量调度应急预案的；

（三）不编制或者不执行南水北调工程受水区地下水限制开采方案的；

（四）不履行水量、水质监测职责的；

（五）不履行本条例规定的其他职责的。

第四十九条 南水北调工程管理单位及其工作人员违反本条例规定，有下列行为之一的，由主管机关或者监察机关责令改正；情节严重的，对直接负责的主管人员和其他直接责任人员依法给予处分；直接负责的主管人员和其他直接责任人员构成犯罪的，依法追究刑事责任：

（一）虚假填报或者篡改工程运行情况等资料的；

（二）不执行年度水量调度计划或者水量调度应急预案的；

（三）不及时制订或者不执行月水量调度方案的；

（四）对工程设施疏于监测、检查、巡查、维修、养护，不落实安全生产责任制，影响工程安全、供水安全的；

（五）不履行本条例规定的其他职责的。

第五十条 违反本条例规定，实施排放水污染物等危害南水北调工程水质安全行为的，依照《中华人民共和国水污染防治法》的规定处理；构成犯罪的，依法追究刑事责任。

违反本条例规定，在南水北调工程受水区地下水禁采区取用地下水、在受水区地下水超采区新增地下水取用水量、在受水区新增开采深层承压水，或者擅自从南水北调工程取用水资源的，依照《中华人民共和国水法》的规定处理。

第五十一条 违反本条例规定，运输危险废物、危险化学品的船舶进入南水北调东线工程干线规划通航河道、丹江口水库及其上游通航河道的，由县级以上地方人民政府负责海事、渔业工作的行政主管部门按照职责权限予以扣押，对危险废物、危险化学品采取卸载等措施，所需费用由违法行为人承担；构成犯罪的，依法追究刑事责任。

第五十二条 违反本条例规定，建设穿越、跨越、邻接南水北调工程输水河道的桥梁、公路、石油天然气管道、雨污水管道等工程设施，未采取有效措施，危害南水北调工程安全和供水安全的，由建设项目审批、核准单位责令采取补救措施；在补救措施落实前，暂停工程设施建设。

第五十三条 违反本条例规定，侵占、损毁、危害南水北调工程设施，或者在南水北调工程保护范围内实施影响工程运行、危害工程安全和供水安全的行为的，依照《中华人民共和国水法》的规定处理；《中华人民共和国水法》未作规定的，由县级以上人民政府水行政主管部门或者流域管理机构按照职责权限，责令停止违法行为，限期采取补救措施；造成损失的，依法承担民事责任；构成违反治安管理行为的，依法给予治安管理处罚；构成犯罪的，依法追究刑事责任。

第五十四条 南水北调工程水源地、调水沿线区域有下列情形之一的，暂停审批有关行政区域除污染减排和生态恢复项目外所有建设项目的环境影响评价文件：

（一）在东线工程干线、中线工程总干渠设置排污口的；

（二）排污超过重点水污染物排放总量控制指标的；

（三）违法批准建设污染水环境的建设项目造成重大水污染事故等严重后果，未落实补救措施的。

第七章 附 则

第五十五条 南水北调东线工程，指从江苏省扬州市附近的长江干流引水，调水到江苏省北部和山东省等地的主体工程。

南水北调中线工程，指从丹江口水库引水，调水到河南省、河北省、北京市、天津市的主体工程。

南水北调配套工程，指东线工程、中线工程分水口门以下，配置、调度分配给本行政区域使用的南水北调供水的工程。

第五十六条 本条例自公布之日起施行。

《南水北调天津市配套工程管理办法》颁布实施

经天津市政府批准，《南水北调天津市配套工程管理办法》（以下简称《办法》）于2014年2月21日以津政办发〔2014〕24号文正式印发，并于2014年4月1日起开始实施。这标志着天津市南水北调工作已开始由建设阶段向建设与管理并举阶段过渡。该《办法》的实施，将为天津市南水北调工程设施实现高水平运行管理、确保天津市引江供水安全奠定坚实基础。

按照总体规划，天津市南水北调配套工程建成后将与现有的引滦入津工程形成覆盖全市的城乡水资源配置工程网络，实现引江水、引滦水及应急引黄水的联合调度，为天津市提供更加安全可靠的水源保障。该工程自2006年启动以来，已先后建成中心城区供水工程、滨海新区供水一期工程、尔王庄水库至津滨水厂供水工程，西河原水枢纽泵站、滨海新区供水二期工程、西河泵站至宜兴埠泵站原水管线联通工程也进入施工后期，配套工程骨干输配水网络已逐渐形成。

天津市南水北调配套工程涉及泵站、箱涵、管线及水库等多种工程设施，工程分布遍及天津市多个区县。为使工程通水后实现高水平管理，安全、可靠、高效地运行，《办法》着重从职责分工、运行维护内容及标准以及工程保护范围三方面对本市南水北调配套工程管理工作进行全面规范。

在职责分工方面，《办法》明确规定市水务局为市南水北调配套工程的主管部门，负责组织南水北调配套工程保护规划的编制和实施，统筹协调工程管理和保护的重大问题，依法查处危害工程安全的违法行为。市发展改革委、规划局、国土房管局、环保局、建交委、公安局以及南水北调配套工程沿线区县人民政府按照各自职责做好工程运行管理相关工作。

在运行维护内容及标准方面，《办法》明确要求工程运行管理单位应依照国家关于工程运行管理的相关规范和标准，切实做好工程检测、维修、巡视养护、应急抢险等管理和保护工作，强化对安全风险较大的区段和场所的监测，保障工程正常运行。同时，各管理单位还要严格执行供水计划，做好管辖范围内的水量调度、水质监测、水量计量工作，保障供水安全。

在工程管理和保护范围方面，《办法》规定，南水北调配套工程输水管涵管理范围为输水管涵正上方覆盖面及由两侧外缘向外延伸10m的区域；水闸、泵站工程管理范围为由工程外缘向外延伸10m的区域；倒虹吸、阀井、排气孔以及水文水质监测、通信、供电等设施管理范围为由设施外缘向外延伸10m的区域；调蓄水库管理范围由市水行政主管部门提出划定方案，报市人民政府批准后实施。配套工程保护范围为由工程及设施管理范围外缘向外延伸30m的区域，其中穿越城区、镇区的可以不小于10m。在配套工程管理范围和保护范围内，禁止从事爆破、打井、采石、取土等影响工程运行和危害工程安全的活动。

（国务院南水北调工程建设委员会办公室）

南水北调工程在抗旱减灾中发挥重要作用

南水北调东、中线一期工程关注民生、克服困难，积极投入抗旱减灾工作，造福于沿线人民群众。

2014年入夏以来，山东、河南、陕西南部、湖北中部、华北中部和东部出现了中到重度气象干旱，河南中东部部分地区达特旱。

针对旱情，按照国家防汛抗旱总指挥部的安排，从丹江口水库通过南水北调中线总干渠向河南平顶山实施应急调水，第一阶段调水规模2400万m^3。这是中线干线工程河南段提前发挥抗旱效益，也是中线工程继石家庄至北京段通水后的第二个应急供水。此前，石家庄至北京段工程自2008年9月以来，从河北四大水库4次向北京输水累计16.1亿m^3，有效地缓解了首都的供水压力。

为缓解山东南四湖旱情，自2014年7月19日起，山东通过济宁梁济运河、菏泽东鱼河两条线路紧急调引黄河水用于补充南四湖生态用水；截至7月28日，累计引调黄河水2363万m^3，向南四湖补水1224万m^3，在一定程度上缓解了南四湖上级湖水位下降速度。2014年8月5日起，南水北调东线一期工程从长江向南四湖实施生态应急调水，计划入湖水量8000万m^3，将抬升下级湖水位至最低生态水位以上。从2014年6月11日起，江苏利用东线沿线泵站已累计抽引水量超过5.9亿m^3用于抗旱。

为应对汉江中下游特别是仙桃市严重旱情，湖北提前利用南水北调补偿工程之一的引江济汉工程，从2014年8月8日开始从长江调水，调水流量为100m^3/s。长江水从潜江市高石碑镇进入汉江后，使汉江中下游7个市（自治区）受益，600多万亩农田得到抗旱用水。

（国务院南水北调工程建设委员会办公室）

4

工程勘测

工程地质勘察与评价

两河口水电站工程地质条件与评价

（一）区域地质与地震

两河口水电站工程区位于青藏高原东南部，紧邻川西南高山区，呈现东西侧高，中部相对较低的态势。地貌基本形态是具夷平面（或山麓肃夷面）的大起伏高山。区域断裂和褶皱构造控制了区内主要山脊的总体走向，区域呈现“构造地貌”山体的特征，其中一级山脊受大区域分区构造、川西高原抬升作用的控制，二级山脊受掀斜作用、区域褶皱构造以及区域断裂的控制。区内山顶面海拔一般为4000～5000m，最高峰为贡嘎山，海拔高7556m。

两河口水电站地处松潘—甘孜地槽褶皱系中的巴颜喀拉冒地槽褶皱带、雅江县地槽褶皱带的二级单元内。松潘—甘孜地槽褶皱系以玉龙—龙门山深断裂系（推覆带）与扬子准地台相接。出露地层主要为优、冒地槽型上二叠统—三叠系，古生界常在一些重要断裂带的上二叠统—三叠系内呈外来岩块出现。印支晚期的褶皱运动是本区最大构造运动。

据地震地质背景和地震危险性分析，工程区北西向鲜水河断裂带和甘孜—理塘断裂带具有发生震级上限分别为8级、7.5级潜在地震的危险性。区域性重磁异常不明显。近场区不具备发生强震的地质构造条件，危险性主要是外围强震活动的波及影响，最大地震影响裂度达Ⅵ～Ⅶ度。近场区和场址内均无活断层分布。工程场地50年超越概率10％基岩水平峰值加速度为137.2gal，对应工程区地震基本烈度Ⅶ度。拦河大坝地震设防烈度为Ⅷ度。

（二）水库区工程地质条件

库区河谷属典型的侵蚀谷，形态大多呈明显的V形峡谷地貌夹相对宽谷，宽谷段可见多级阶地，山顶高程在3900～4800m。库区雅砻江干流总体南东流向，鲜水河支流总体近南北流向，庆大河支流总体呈南西流向。

库区出露地层为三叠系浅变质砂板岩。雅砻江主库出露地层为两河口组和雅江组，前者库面出露长约80km，占库长72％，后者库段出露长约30km，占库长28％。库盆砂板岩的透水性较弱。地下水有覆盖层孔隙水和基岩裂隙水，由大气降水补给，向河谷排泄。

调查表明，两河口水库库岸总体稳定条件较好。库区稳定与基本稳定段占92.65％，潜在不稳定段占7.25％，不稳定段占比很小。鲜水河支库内近坝库岸仅见一些规模较小的滑坡，且多位于2830m高程以下，低于水库蓄水位，对水库影响不大。

从地形地貌、河床覆盖层、地层岩性、地质构造，及岩体的风化卸荷特征、透水性和成洞条件等方面分析，均不存在制约坝址选择的重大工程地质问题，不良地质经适当工程处理后修建300m级心墙堆石坝是可行的。

（三）坝址区工程地质条件

坝址区覆盖层主要为现代河流冲积物和分布于两岸谷坡的崩坡积、坡残积及少量洪积物，阶地堆积物仅分布在右岸阿农沟口附近台面。河床冲积（漂卵砾石夹砂）层最大揭示厚度12.4m，结构单一，纵向厚度较稳定。

两岸基岩为两河口组中、下段（T_3lh^2、T_3lh^1）。两河口组下段（T_3lh^1）坝区出露完整，总体以变质砂岩夹粉砂质板岩为主，分布于两河口林管站至坝址Ⅱ勘探线一带，呈北西西—南东东向延伸，倾角陡，向南有渐缓趋势（80°～60°）。据岩性组合特征可进一步分为5层，总厚度约769m。两河口组中段（T_3lh^2）在坝区出露不全，分布于坝址Ⅱ线以下，岩性以粉砂质板岩向上渐变为粉砂质板岩夹绢云母板岩及粉砂质板岩与绢云母板岩互层，坝区出露的岩体细分为5层，总厚度大于725m。岩层走向为北西西—南东东，倾角由陡变缓，层序正常，本段粉砂岩和砂岩少，且某些延伸较稳定，地表露头标志明显，两岸对应性好。

（四）天然建筑材料勘察

两河口水电站高土石坝工程规模巨大，总填筑量约4200万m^3。坝址区附近大范围内天然砂砾石料匮乏，需用人工骨料。经勘察坝前两河口料场和庆大河料场，瓦支沟料场变质砂岩储量达11600m^3以上，地下洞室回采开挖料330万m^3，总量可满足大坝填筑需要。

砾质土心墙堆石坝需防渗土料429.4万m^3。大坝接触土料16.4万m^3，围堰闭气黏土0.89万m^3，共17.29万m^3。心墙堆石坝坝体需堆石料2949.20万m^3，过渡料469.7万m^3，反滤料190.3万m^3；围堰堆石料、砌石护坡等需石料159.55万m^3；人工骨料527万m^3。

雅砻江干流阶地较发育，电站上下游沿岸Ⅲ、Ⅳ级阶地较宽缓，是防渗土料主要分布区。虽沿江两岸土料场规模较小，料源分散，但沿江有公路相通，开采、运输条件方便。在普查基础上，对白孜、亚中、脚泥堡、忆扎、呷拉等14个土料场进行地质勘察，初查明防渗土料地质储量1244.6万m^3。主要料场的土体物理性能、室内普氏击实压缩性和室内试验的成果表明：除白孜料场②层及亚中B、C、D区土料＜5mm粒径含量51.43%～66.1%，有直接利用的可能，其余各料场＜5mm粒径含量大于70%，以细粒为主，需掺砾改性。P_5、细料含量、黏料含量、塑性指数满足规程要求。

此外，土料的渗透系数达10^{-6}～10^{-8}cm/s量级，破坏渗透坡降较高，有比较好的抗渗性能和抗渗透变形能力；在普氏—修正普氏击实功能下，最大干密度略有增加，最优含水率降至略低于天然含水率，有利于施工填筑，但力学性指标仍较低，需采取技术措施，以满足设计指标要求。

（中国电建集团成都勘测设计研究院有限公司　刘吉祥　唐　兰）

观音岩水电站坝基工程地质勘察

观音岩水电站位于云南省丽江地区华坪县（左岸）与四川省攀枝花市（右岸）界河的金沙江上，是金沙江中游河段规划的8个梯级电站的最后一级，装机容量5×600MW。坝址因地制宜地布置了双折线混凝土坝和堆石坝组成的混合坝，最大坝高159m。

（一）地质条件

1. 地形地貌及地层生岩性　根据预可行性研究阶段的上、中、下坝址勘察结果，选择水库淹没损失小，且有利于导流明渠布置的上坝址作为可行性研究阶段的坝址。坝址河谷为斜向谷，两岸地形不对称，山体雄厚。左岸1120m高程以下为宽250～300m的缓坡，总体坡度小于20°，为斜向顺向坡；高程1120～1280m地形较陡，坡度为35°～40°，为斜逆向坡。右岸Ⅲ级阶地保留完整，形成干坪子台地，台地外缘高程约1080m，坡度35°～40°，阶面以上岸坡地形坡度25°～30°。

观音岩水电站坝址区地层为侏罗系中统蛇店组（J_{2S}）碎屑岩红层地层，坝址粉砂岩、泥质岩抗风化能力相对较差，且右岸有干坪子阶地堆积覆盖，除金沙江河谷一带基岩露头较好，其余露头不完整。勘察完成钻孔203个，进尺15000m。采用RLQD分层法，将岩层按坚硬岩（砂岩、砾岩）、中硬岩（粉砂岩）、软岩（泥质粉砂岩、粉砂质泥岩、泥岩）分类。根据RLQD分层法和钻孔统计资料，坝基分为3段11层2个亚层。混合坝方案左岸充分利了左岸及河床J_{2S}^{2-1}、J_{2S}^{2-2}砂砾岩层，右岸J_{2S}^{3-6}泥质岩集中分布区设计为心墙堆石坝。

2. 地质构造　枢纽区左岸展布大坪坝背斜、右岸展布干坪子向斜，河床部位为褶皱构造的公共翼，岩层产状：N20°～30°E，SE∠65°～70°，为陡倾斜顺向坡。坝段内无Ⅰ、Ⅱ级结构面，地表发现G1顺层挤压的Ⅲ级结构面，坝基开挖揭露缓倾断层F_1、F_2、挤压带Gb1。Ⅳ级结构面层间错动面和属Ⅴ级结构面节理裂隙较发育。

前期勘探平洞中岩层受向斜、背斜构造影响，沿层面普遍有挤压错动现象。部分挤压面实测统计发现，大部分层面有岩块岩屑型层间挤压错动、岩屑夹泥型层间挤压错动、泥化层间挤压错动，有硬性接触、软弱夹层差异。结合各类层间错动面占比情况进行加权计算，建议滑动面取值：微风化带$f=0.5$，$C=0.07$MPa；弱风化下带$f'=0.45$，$C'=0.06$MPa。

Ⅴ级结构面发育3组节理：①层节理：受褶皱控制，产状在不同部位随岩层变化，在干坪子向斜和大坪坝背斜的公共翼部位主要为N20°～40°E，SE∠45°～70°；②反倾节理：主要在硬岩中局部发育，延伸1～2m，间距一般50～100cm，多为方解石脉充填；③横节理：倾角陡，延伸较长，间距2m，面起伏粗糙，有少量钙膜，局部发育。

电站高坝段位于左岸及河床部位，岩层产状陡倾右岸，而反倾节理正好缓倾左岸，不利于坝基抗滑稳定。这先在右岸平洞PD103、PD109发现，沿缓倾面有溶蚀、泥化现象。为此，在右岸布置竖井SJ103，查明缓倾面在坝基发育情况。通过平洞不同宽度连通率统计，建议连通率10%～15%。导流明渠坝段、河床坝段、右岸溢流坝段坝基倾结构面连通率分别为14.31%、3.2%～13.5%、2.9%～13.5%，与可行性研究统计结果相近。

3. 水文地质条件　坝址区的砾岩、细砂岩属层状、块状岩体，为裂隙含水层，而泥质粉砂岩属相对隔水层。勘探显示左岸地下水平均水力坡度小于2°；右岸干坪子台地较宽，其地下水位与附近河水位持平，至右岸坝肩以上地下水平均水力坡度约8°。

根据钻孔压水试验成果分析，强风化岩体渗透性较强；弱风化岩体一般为中等渗透性，部分为弱渗透性，中等渗透性岩体分布在弱风化带上段；微风化岩体为中、弱渗透性，少量微渗透性，中等渗透性岩体出现在钙质岩体分布地段 J_2s^{2-1}、J_2s^{2-2}、J_2s^{3-1}、J_2s^{3-3}。

勘探钻孔尚未揭露微透水岩体（$q \leqslant 1Lu$），坝址勘探线 $q \leqslant 3Lu$ 埋深在 90～230m。

4. *岩石及岩体物理力学性质*　前期设计阶段进行室内试验 157 组；现场试验 48 组，其中变形 20 组，抗剪 13 组，结构面抗剪 4 组，混凝土与基岩接触面抗剪 11 组。

枢纽区内弱风化及其以下微风化岩石以砂岩、砾岩硬岩为主，厚度占 72.3%，粉砂岩中硬岩占 16.2%，泥质岩软岩占 11.4%。泥质岩岩心采取率较高，但岩心失水崩解碎裂、呈散体状。而坝基开挖的原状泥质岩，除少部分挤压呈片状结构外，岩体完整性较好，实测声波一般大于 3000m/s，适当处理后以 $Ⅲ_b$ 类岩体利用。

5. *砂砾岩钙质溶蚀及钙质流失*　坝区 J_2s^{2-1}、J_2s^{2-2} 和 J_2s^{3-1}、J_2s^{3-3}、J_2s^{3-4}、J_2s^{3-5} 钙质砾岩和砂岩中，沿层理方向或陡倾角裂隙产生溶蚀现象，局部形成小型溶洞。溶蚀洞穴最大直径约 3m，最大深度约 150m。从钻孔资料可见，枢纽区砂砾岩溶蚀发育高程 850～1100m，在 1000m 左右相对发育，与前期地质测绘结论（1080m 以下相对发育）基本吻合。

坝基开挖左岸高程 1000～980m（5 号～22 号坝段）揭露溶蚀砾岩带 7 条，一般带宽 1～4m，有 3 条规模宽 3～4m，间距一般大于 10m，其中 4 条间距 17～21m。坝基溶蚀条带以中、强溶蚀为主。

导流明渠坝段中 1012m 坝基溶蚀相对较强，1005m 较弱。26 号坝段高程 1030m 坝基仅见局部溶蚀。27 号～35 号坝段基岩为 J_{2S}^{3-4}、J_{2S}^{3-5} 的粉砂岩、泥质粉砂岩，砂砾岩次之，溶蚀相对不发育，多呈透镜状、小条带状分布，局部清挖回填即可。

6. *岩体质量分类及利用*　根据工程区出露岩体中结构面的发育程度、性状、块体的嵌合程度、岩块强度及风化程度等，以岩体结构类型为基础，结合岩体的物理力学特征，将坝基岩体质量分 6 个等级，即 Ⅱ、$Ⅲ_a$、$Ⅲ_b$、$Ⅳ_a$、$Ⅳ_b$、Ⅴ。重力坝建基面中Ⅱ类岩体可直接利用，$Ⅲ_a$、$Ⅲ_b$ 经适当处理应充分利用，$Ⅳ_a$、$Ⅳ_b$、Ⅴ岩体破碎，力学指标低，大部分挖除，难以挖除的用混凝土塞置换和加强固结灌浆。坝基开挖验收成果显示，坝基实际岩体以 $Ⅲ_a$、$Ⅲ_b$ 为主，相对较差部分为溶蚀条带、溶蚀岩体、局部挤压片状结构泥质岩。

（二）主要工程地质问题分析与评价

1. *钙质砂砾岩溶蚀及流失问题*　勘探表明 J_2s^{2-1}、J_2s^{2-2} 砂岩、砾岩溶蚀较集中发育，J_2s^{3-1}、J_2s^{3-3} 砂岩溶蚀、流失均发育，J_2s^{3-4}、J_2s^{3-5} 砂砾岩溶蚀偏少，影响小。溶蚀主要在高程 1080m 下，揭示深度达 150m、高程在 865m 左右，空洞或架空状最大达 3m，砂土状残留物质堆积于空洞内。Ⅰ勘线左岸江边钻孔溶蚀发育深度达 100.89m、高程 926.4m，岩石砂化、呈砂土状。最低坝基设计高程 980m、977m，钙质溶蚀、流失岩体不可能全部开挖清除。

在坝址平洞和钻孔中的不同深度、不同风化溶蚀残余进行试验，结果表明砂砾、砾石和砾质砂土中含黏粒较少。还对溶蚀残余进行渗透变形判别分析，6 组试验的临界水力坡降 1.38～3.54，计算允许水力坡降 0.69～1.77，每组试样临界水力坡降大于允许水力坡降，且所有介质允许水力坡降基本达到坝基渗流梯度的要求。

在实际开挖中，左岸及河床坝段受 1～7 号溶蚀条带影响，以强、中度溶蚀为主，溶蚀条带中岩石以弱微风化为主，完整性较好、强度高，$Ⅲ_a$ 类岩体为主，溶蚀条带采取 1∶1～1∶1.5 比例槽挖置换处理，深部灌浆处理。导流明渠坝段 23～27 号岩层以 J_{2S}^{3-3} 为主，钙质溶蚀、流失均发育，总体由浅入深溶蚀有弱化趋势，高程 1012m 坝基比 1005m 坝基溶蚀相对发育，部分中强溶蚀条带槽挖置换，其余局部针对性清挖处理。右岸溢流坝段 28～35 号地层以 J_{2S}^{3-4}、J_{2S}^{3-5} 为主，砂砾岩比例相对较少，坝基开挖高程 1040～1045m，高于金沙江忽和地下水位，溶蚀、流失局部发育，针对性处理即可。

固结灌浆和帷幕灌浆专项试验表明，溶蚀孔段吸水不吸浆，超细水泥灌浆效果不明显。导流明渠固结灌浆中采用单孔、多孔冲洗，冲出部分砂土，有效果，但有局限性，需完善。

2. *坝基软弱结构面问题*　前期勘察及坝基开挖揭露软弱不利结构面包括反倾节理、缓倾断层、缓倾挤压带（面）。

坝基开挖揭露，反倾节理多在砂砾岩单层内延伸，穿过粉砂岩、泥质粉砂岩层很少，且向深部微风化带内，溶蚀现象减少。此外，缓倾结构面倾向上游和下游方向，其一个方向连通率为 5%～10%，几乎都小于 15%。

Gb_1 在 8 号坝段坝趾部位，呈挤压带，以节理密集带碎裂岩、碎块岩为主，为中强溶蚀溶，采取清挖置换处理。F_1 断层性状较差，$f'=0.35 \sim 0.40$，$c'=0.03 \sim 0.05MPa$，且在 12 号坝段高程 1010m 埋深浅，对抗滑稳定不利。该坝段坝基加深开挖至高程 1000m，切断 F_1 断层在坝基延伸。F_2 断层在 16 号坝段 1000～980m 斜坡揭露，起伏延伸 100m 左右。破碎带宽 2～15cm，为岩屑、泥质。F_2 对 16 坝段抗滑稳定不利，将坝基平台 1000m 开挖至 990m。

通过坝厂基上下游、左右岸开挖边坡反倾结构面分析，集水井地质资料统计、物探测孔声波及钻孔影像资料等分析，确认高程 980m 坝基不存在缓倾的断层、挤压带。

3. 坝基抗滑、变形稳定性问题　对坝基深层抗滑稳定起主要作用的是层间挤压面和层节理及反倾节理、横节理组合。

混凝土坝基主要位于呈单斜构造的褶皱公共翼，岩层陡倾右岸，层间挤压面与反倾结构面构成深层滑动楔形体。对层间挤压面实测资料统计分析，分清硬性、软弱接触的差别，加权计算后取值：微风化带 $f'=0.5$，$c'=0.06\sim0.07$MPa；弱风化带 $f'=0.45$，$c'=0.05\sim0.06$MPa。反倾节理结构面按坝基开挖情况分发育上游、下游 2 种倾向结构面，在砂砾岩单层内延伸，有利于抗滑稳定，多为宽 1～3mm 的方解石脉充填，取 $f'=0.55\sim0.60$，$c'=0.15$MPa。前期勘察平洞中连通率统计与坝基开挖实际统计相近，取 10%～15%是可靠的。

坝基岩体质量主要是溶蚀问题，对坝基揭露的溶蚀软弱岩体进行必要清挖，对无溶蚀的岩体按观音岩水电站岩体质量分类标准进行分类，并加权统计，求得坝基岩体力学参数，复核坝基抗滑和变形稳定。坝基岩体以 III_a、III_b 为主，采取适当措施后可满足要求。

4. 防渗及渗漏稳定问题　观音岩水电站坝基岩体裂隙发育，渗透性较大，勘探钻孔最深至 220m 均未揭穿 $q<1$Lu 线，沿坝轴线 $q<3$Lu 线埋深 90～230m。两岸地下水位低缓，水力坡度在 2°～8°。考虑 3Lu 线深度，设悬挂式坝基帷幕，深度 140～205m。

坝基水下开挖部分沿砂砾岩裂隙有渗水、涌水，河床坝段 16～20 号坝厂基开挖总渗水量为 5000m^3/h 左右。坝基揭露的溶蚀条带、局部集中钙质流失地段直接清挖或槽挖置换。深部可能存在的溶蚀岩体采用加强固结和帷幕灌浆处理。中高坝段坝基上、下游固结灌浆深 15～30m，局部加密加深 30m，中间部位一般深 8～15m。灌浆试验中溶蚀岩体普遍吸水不吸浆，与岩体孔隙多、裂隙少、呈砂化和蜂窝状有关，需在灌浆中采取相应措施。

（中国电建集团昆明勘测设计研究院
有限公司　王　忠　高　强　周新国）

白马电航枢纽主要建筑物工程地质条件

（一）工程概况

白马电航枢纽位于乌江干流下游重庆市武隆县境内，上游接银盘水电站，是乌江干流的最下游一个梯级，为二等大（2）型工程。工程的开发任务为发电、航运，并对银盘水电站有反调节作用。枢纽正常蓄水位 184.00m，主要由大坝、泄洪建筑物、电站厂房、通航建筑物等组成。大坝为混凝土重力坝，坝顶高程 205.50m，最大坝高 87.5m，坝顶总长 588.3m。电站布置在左岸，为河床式厂房，电站拟安装 3 台单机容量 175MW 的轴流式水轮发电机组，总装机容量 525MW。通航建筑物布置在右岸，为 500t、1000t 级单级船闸。

（二）主要建筑物工程地质条件及评价

1. 大坝及电站厂房　建基岩体为三叠系下统嘉陵江组 T_{1j}^{3-1}、T_{1j}^{3-2} 层薄～中厚层灰岩、白云质灰岩，以中硬岩为主，岩体完整性较好，能满足建筑物对地基的要求。坝基岩体中分布有软弱夹层、F_1 断层带，可能对大坝抗滑稳定有影响，应进行抗滑稳定核算。两岸坝肩边坡为侧向坡，高度相对不大，总体稳定条件较好，局部不稳定块体需进行支护处理。左岸厂房边坡三叠系下统嘉陵江组 T_{1j}^{4-2} 层岩溶角砾岩需加强支护处理。

2. 通航建筑物　右岸船闸建基岩体为三叠系下统嘉陵江组 T_{1j}^{3-2}、T_{1j}^{3-1} 层灰岩、白云质灰岩和 T_{1j}^{4-1} 层白云岩及泥质白云岩，下游引航道底板局部为三叠系下统嘉陵江组 T_{1j}^{4-2} 层岩溶角砾岩。船闸闸室建基岩体以中硬岩为主，岩体完整性较好，能满足建筑物对地基的要求。船闸闸室段及上游引航道边坡开挖后，局部存在不稳定块体，需采取工程措施处理。下游引航道（右岸河道拐弯下游段）开挖边坡上部为第四系覆盖层和三叠系下统嘉陵江组 T_{1j}^{4-2} 层岩溶角砾岩，性状较差，且边坡为顺向坡，边坡稳定条件较差，对该部位建议清除第四系覆盖层，对三叠系下统嘉陵江组 T_{1j}^{4-2} 层、T_{1j}^{4-1} 层进行顺层开挖，以层面为控制开挖面，并对 T_{1j}^{4-2} 层岩溶角砾岩加强支护处理。

3. 导流建筑物　布置在右岸，包括导流明渠、纵向围堰以及各期上、下游围堰等。建基岩体为三叠系下统嘉陵江组 T_{1j}^{3-2} 层灰岩、T_{1j}^{4-1} 层白云岩及泥质白云岩。其中 T_{1j}^{3-2} 层灰岩强度较高，岩体完整性较好，能满足建筑物对地基的要求；T_{1j}^{4-1} 层薄层泥质白云岩、白云岩属较软岩，且有一定程度的风化，需作适当工程处理。对边坡中局部存在的不稳定块体，应进行支护处理。

4. 基岩防渗　左岸非溢流坝段建基岩体三叠系下统嘉陵江组 T_{1j}^{4-1} 层透水率多大于 3Lu，需对 T_{1j}^{4-1} 层岩体进行必要的防渗处理；河床及右岸坝段，大坝建基面以下 10～100m 发育有 F_1 断层，F_1 断层带及上盘影响带岩体总体为弱～中等透水性，透水率多大于 3Lu，需进行必要的防渗处理。

（三）主要工程地质问题及处理措施

白马坝址主要工程地质问题有高边坡稳定、大坝抗滑稳定、坝基变形和防渗等问题。

白马坝址区岩层总体倾向上游，坝基岩体中分布有软弱夹层、F_1 断层带，可能对大坝抗滑稳定有影响，需进行抗滑稳定核算，必要时需进行工程处理。坝址岩溶较发育，分布有性状较差的岩溶角砾岩，建基岩体下发育有 F_1 断层，存在边坡稳定、防渗等工程地质问题，对这些地质缺陷均需采取相应的工程措施处理。

［长江岩土工程总公司（武汉） 谢礼明］

孤山水电站主要建筑物工程地质条件

（一）工程概况

孤山水电站位于汉江干流上游孤山河段，上距白河（夹河）水电站坝址约 35km，下距丹江口水利枢纽大坝约 179km。孤山水电站以发电为主，兼顾航运。枢纽为三等工程，大（2）型水库。枢纽由泄水闸、电站厂房、船闸、两侧挡水坝及鱼道等主要建筑物组成。其推荐的布置方案从左至右为：左岸非溢流坝段、船闸坝段、左区泄水闸坝段、纵向围堰坝段、右区泄水及生态放水闸坝段、电站厂房坝段、右岸非溢流坝段、鱼道等。大坝为混凝土重力坝，坝顶高程 188.00m（黄海高程，下同），最大坝高 53.25m，坝轴线长 584.30m。水库正常蓄水位 177.23m，库长约 35.5km，总库容 2.10 亿 m^3，电站装机容量 180MW，年发电量 5.90 亿 kW·h，Ⅳ级航道。

（二）主要建筑物工程地质条件及评价

大坝建基岩体主要为微新厚层状云母大理岩、条带状云母大理岩及石英云母片岩，局部为弱风化厚层状云母大理岩，主要为$Ⅱ_B$、$Ⅲ_{2B}$、$Ⅲ_C$ 类岩体，满足设计要求。局部分布性状较差的断层破碎带，为$Ⅴ_C$ 类岩体，需工程处理。

船闸建基岩体主要为微新石英片岩、条带状云母大理岩、石英云母片岩及厚层状云母大理岩，主要为 $Ⅲ_{2B}$、$Ⅲ_C$、$Ⅱ_B$ 类岩体，满足设计要求。局部分布性状较差的断层破碎带，为$Ⅴ_C$ 类岩体，需掏槽加固处理。左侧为岩质逆向坡，仅断层对边坡稳定不利；右侧为岩质顺向坡，多为微新岩体，整体稳定性较好。

左、右区泄水闸建基岩体为微新厚层状云母大理岩，$Ⅱ_B$ 类岩体，满足泄水闸对建基岩体的要求，闸基工程地质条件好。

厂房机组段建基岩体为微新厚层状云母大理岩，$Ⅱ_B$ 类岩体，满足厂房对建基岩体的要求。安装场坝段建基岩体为弱风化、微新云母大理岩（$Ⅱ_B$、$Ⅲ_{2B}$、$Ⅲ_C$ 类岩体）和 F_{109} 断层破碎带（$Ⅴ_C$ 类岩体），需对断层破碎带淘槽加固处理。上游引水渠、下游尾水渠护坦局部位于河床砂卵砾石层上，需工程处理。厂房基坑开挖存在覆盖层（砂砾卵石）边坡稳定和涌水涌沙等问题，需采取工程处理措施。

鱼道低进口建基岩体为弱风化状条带状云母大理岩，$Ⅲ_C$ 类岩体，鱼道中进口、高进口及出口设计建基面高于地面，采取砂卵砾石回填至设计高程，回填砂卵砾石应分层碾压密实。鱼道工程存在的主要工程地质问题为回填地基不均匀沉降、电站尾水冲刷和渠道边坡稳定等问题。

纵向围堰建基岩体主要为弱风化及微新岩体，满足设计要求。土石围堰地基岩土体强度基本满足要求。

大坝坝基需防渗处理，防渗帷幕下限建议伸入透水率 5Lu 线以下一定深度；左、右岸坝肩防渗帷幕以水平方向进入山体、透水率 5Lu 线以下一定深度。混凝土纵向围堰建议防渗帷幕以进入微新岩体一定深度为宜。各分期导流建筑物布置于河床、漫滩及左岸坡脚部位，河床覆盖层厚度多小于 10m，需对覆盖层及强风化岩体采取防渗措施。

左坝肩边坡主要为岩质逆向坡，整体稳定性较好，仅表部覆盖层和强风化岩体部分的边坡稳定性相对较差。右坝肩边坡主要为岩质顺向坡，主要由弱风化和微新云母大理岩组成，设计开挖坡度角多大于岩层片理倾角，边坡稳定控制性结构面为岩层片理面，其与近东西向裂隙组合可形成不稳定块体，建议采取工程处理措施。

（三）主要工程地质问题及处理措施

孤山水电站推荐坝址河谷总体呈不对称的 U 形宽谷，右岸为顺向坡，人工开挖边坡最高达 110m，存在大理岩顺向边坡切脚和不利结构面组合形成的局部块体稳定问题，建议采取工程防护措施。大坝抗滑稳定的主要控制面为混凝土与坝基岩体之间的接触面，仅上坝线左河道左侧分布有缓倾角断层 F_{108}，但是处于坝基开挖范围内。坝址区右岸分布有罗行滩、青石梁、陈家嘴等 3 处滑坡，距坝近，规模较大，对坝址存在不利影响，是孤山水电站的主要工程地质问题。其中陈家嘴滑坡规模较大，位于大坝下游汉江右岸。滑坡整体若失稳将会堵江形成堰塞湖，影响电站发电、泄洪及下游航道的正常运行，对工程影响较大，建议采用前缘堆载、中后缘削坡减载处理使滑坡满足稳定要求。

［长江岩土工程总公司（武汉） 王启国］

扎拉水电站主要建筑物工程地质条件

扎拉水电站是西藏玉曲河干流下游河段七级开发方案中的第六级，采用混合式开发。大坝为混凝土重力坝，坝顶高程 2820m，最大坝高 72m，坝顶总长 249.5m。电站装机容量 1010MW（含生态电站 10MW），水电站最大利用水头 688.03m。

（一）主要建筑物工程地质条件及评价

大坝河床溢流坝段河床覆盖层厚 1.2～5.9m，为冲积漂（块）石层。坝基为微新砂质板岩，Ⅲ类岩体，强度与抗变形能力满足大坝对地基要求，岩体发育缓倾角裂隙，建议进行坝基抗滑稳定性验算。左岸非溢流坝段边坡为顺向坡，开挖边坡坡角不宜陡于板岩板理面倾角。

引水发电隧洞最大埋深 505m，围岩主要由板岩、变质砂岩、变质流纹斑岩、钙质板岩、结晶灰岩、大理岩组成，发育闹中断裂、坡郎断裂等区域性断裂。洞线总长 5050m，Ⅲ、Ⅳ、Ⅴ类围岩分别长 2072、1835、1143m，各占总长的 41.0%、36.4%、22.6%。

厂房地处玉曲河Ⅱ级阶地，覆盖层厚度 12.6～26.3m，下伏基岩为钙质板岩，局部夹结晶灰岩，强风化带厚度小，弱～微风化基岩可作为厂房地基持力层。

（二）主要工程地质问题及处理措施

1. 倾倒边坡稳定问题　大坝右坝肩斜坡倾倒岩体分布位置较高，整体基本稳定，施工时应尽量减少扰动，并采取必要的工程处理措施。厂房后倾倒边坡高 700～870m，整体基本稳定，对开挖边坡要采取防护措施。水库两岸板岩分布区发育 QD02、QD03、QD04 等 3 处规模较大的倾倒岩体，整体稳定或基本稳定，建议进行监测。

2. 引水发电隧洞围岩稳定及其他地质问题　引水隧洞沿线断层发育，断层带宽度较大，带内岩石软弱破碎。断层带围岩极不稳定，存在坍塌、涌水（泥）等地质问题。含碳质钙质板岩岩性软弱，埋深较大，地应力水平较高，围岩不稳定，存在软质岩塑性变形问题。这些不良洞段施工时应及时支护并加强衬砌。

[长江岩土工程总公司（武汉）　黄振伟]

天花板水电站堆积体物探及观测

天花板水电站位于云南省滇东北地区，坝址位于鲁甸县境内。2011 年 7 月当地政府及有关部门反映老店镇部分村民住房地基及房屋墙体出现开裂变形，拉裂变形区位于库区左岸，距大坝 1.0～2.3km。

为此，采用张量测量方式，运用电磁法对物体探测。实际完成地球物理点观测 460 个，测线长 13.8km，剖面线 16 条。经勘察，最大的Ⅰ区堆积体平均宽度 700m，坡体斜长 580m，体积约 2106 万 m^3。根据勘测资料，于 2014 年 3 月完成了计算与分析。堆积体变形的主要诱因是，水电站水库的蓄水改变了坡体前缘的水文地质条件，降低了堆积体的力学性能，导致坡脚塌岸，引起坡体应力重分布，进而使部分堆积体产生拉裂、坍滑等变形。整个勘查区表现为纵横向地形陡缓相接的地形地貌特征，崩塌堆积体组成物质大部分为碎块石，未发现较连续的软弱面。局部有地下水出露，堆积体已被多条裂缝切割成多个单元，整体稳定，变形体正趋于收敛与平稳。

后期要对变形较大区域或潜在危险区域加强观测，并在水库调度运行中不断摸索总结库水位升降、降雨等运行条件与岸坡稳定的相关关系，制定指导水库运行的合理方案。

（中电投云南国际电力投资有限公司　杨竞锐）

长江岩土工程总公司（武汉）2014 年勘测工作概况

（一）乌江构皮滩水电站

构皮滩水电站通航建筑物布置于左岸煤炭沟至野狼湾一线，全长 2306m，为三级垂直升船机，最大提升高度分别为 52、127、79m，设计通航标准为Ⅳ级航道，可通行 500t 级船舶。至 2014 年年底，通航隧洞全线贯通，隧洞出口卸荷带边坡已支护完成，完成了第二级、第三级升航机的开挖及桩基施工，正进行升航机与渡槽支墩混凝土浇筑、下游引航道的开挖以及河道清理等工作。全年地质编录总面积约 0.49km^2。

2014 年 7 月中下旬库坝区普降暴雨，厂房尾水南侧边坡局部变形较大，完成了边坡加固治理设计工作。此外，对坝址下游大乌江镇箐口村店子组变形体进行了详细勘察，共完成 18 个钻孔，总进尺 404.6m。

（二）乌江银盘水电站

乌江银盘水电站2014年坝区主要进行三期主体工程施工，其主要包括纵向围堰右侧护坦工程、泄10号、泄11号、泄12号坝段工程、船闸工程、右非溢流坝段工程、船闸上游导航墙工程、下游引航道边坡工程及右岸上坝公路等。主要完成三期主体工程纵向围堰右侧护坦、泄洪坝段、船闸坝段、下游引航道边坡和右岸上坝公路地质编录及验收。共完成地质编录和验收7480m²。

（三）乌江白马电航枢纽

2014年度可行性研究勘测工作主要是坝址区现场长期观测孔水位观测、乌江水位观测及内业资料整理（包括白马移民安置规划报告审查与修改、白马水土保持方案报告书审查与修改、白马可行性研究地质报告修改完善等）。2014年7～8月，开展了白马库区移民安置规划交通运输工程4座桥梁及连接路比较方案的地质勘察工作。

2014年度完成的主要勘察工作量：库区1∶500工程地质测绘0.155km²，1∶1000工程地质测绘0.345km²，1∶2000工程地质测绘1.306km²；库区1∶200剖面工程地质测绘2863.84m/13条；库区小口径钻探841.1m/33孔，动探试验37次，压水试验57段次；库区坑（槽）探150m³；坝址区长期观测孔地下水长期观测220组日；配合测量110组日。

（四）汉江孤山水电站

2014年度主要配合设计专题开展勘测工作，并提交了相应的工程地质篇章和附图。主要专题项目有：①坝址区“三通一平”项目环境影响评价报告地质章；②孤山水电站水土保持方案报告地质章；③防洪评价报告地质章；④汉江孤山水电站移民安置区选址报告；⑤孤山水电站移民安置大纲地质章等。

根据专家审查意见修编了水库区岸坡稳定性及浸没工程地质勘察报告、移民安置点总体规划阶段工程地质勘察报告、水库区公路桥梁专业复建项目初步设计阶段工程地质勘察报告等。

2014年开展并完成了孤山水电站鱼类增殖放流站岩土工程详细勘察、库坝区水文地质监测项目和移民安置点地质灾害危险性评估工作。

（五）玉曲河扎拉水电站

2014年度主要进行了坝址区、引水线路、厂址区和天然建筑材料的勘测工作，为可行性研究阶段正常蓄水位选择和坝址、坝线比较及枢纽布置方案论证提供地质资料。完成的主要勘测工作量：地形测量1.06km²，平面地质测绘（包括校测）1.34km²，钻探1281.4m/14孔，平洞542.5m/6条，大地电磁测深（EH4）2970m，现场岩体（结构面）试验18组，室内岩石物理力学试验30组。

［长江岩土工程总公司（武汉）　向能武
王雪波　谢礼明　王启国　黄振伟］

工程地质问题处理

官地水电站大坝建基面处理

官地大坝右岸地形坡度一般35°～45°，局部55°，覆盖层分布在1250～1350m高程，厚5～15m，坝肩岩性主要为$P_2\beta_{15-2}$角砾集块熔岩，上部少量$P_2\beta_{21}$杏仁状玄武岩。陡倾角构造错动带线发育，边坡上部风化较深，下部较浅，弱风化下段在岸坡下部次生泥较少，分布深度浅。岸坡中上部次生泥情况突出，分布深度更大，主要充填于近EW/N∠30°～40°裂隙密集带或错动带中，微新岩体中次生泥分布亦较普遍，Ⅲ_1类或Ⅱ类岩体在中上部分布深度很大，浅层主要为Ⅲ_2和Ⅲ_3类岩体。官地大坝基岩建基面采用水平预裂爆破处理。

（一）施工机具的选择

1. 钻孔及供风设备　钻孔采用高风压潜孔钻机，配套钻杆及ϕ90钻头，数量根据建基面面积确定。采用20m³/min移动式电动空压机供风，供风管路为ϕ80耐压软管。

2. 钻孔检测机具　钻孔前用全站仪测放开孔点和方向点，下钻和钻孔中用地质罗盘和大型木制量角器纠偏，钻孔结束后用伸缩杆测量孔深，丁字杆配合量角器测量孔向。

3. 装药器具　人工装药联网，用竹片捆绑辅助装药，捣塞器具采用PVC管，端部安有木塞堵头。

（二）爆破参数设计

根据大坝工程开挖情况，上部预留保护层厚度1.5～2.5m，水平预裂孔间距0.8m，孔深10～20m，上部采用浅孔主爆，爆破时预裂先响、主爆后响，一次爆破成型。

1. 钻孔参数 水平预裂孔间距0.8m，孔底与建基面预留0.3m，孔径90mm，孔向水平（或沿建基面方向）。竖直主爆孔间排距根据孔深确定，孔深1.2～2.2m，间排距0.8～1.2m，孔向竖直，孔底距建基面0.3m，孔径42mm或64mm，根据钻孔条件确定。

2. 装药参数 水平预裂孔装ϕ32乳化炸药，间隔不耦合装药结构，线装药密度为350～450g/m，孔底部1.0～1.5m加强装药，线装药密度为4～5倍，导爆索起爆。竖直主爆孔装ϕ32乳化炸药，连续不耦合装药结构，耗药量0.45～0.55kg/m^3，毫秒非电导爆管雷管起爆炸药。

3. 爆破网络 由于爆破方量小面积大，主爆孔单孔装药量小，主爆孔孔口和预裂孔孔口互相垂直，采用孔外延时孔内外微差的爆破网络。每排主爆孔内雷管段数相同，排间微差，预裂先响，主爆后响，控制最大一段单响药量不超过50kg。

（三）坝肩1240m平台的开挖

坝肩1240m平台建基面保护层厚度为2m，平台长81m，宽15m。炮孔立面见图1。

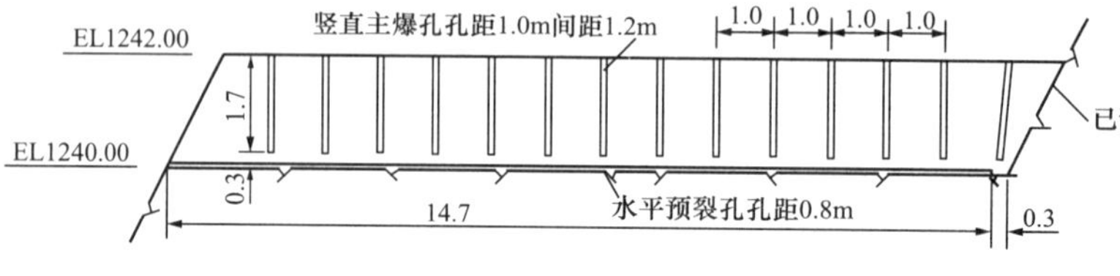

图1 右坝肩高程1240m平台开挖炮孔立面图（单位：m）

1. 钻孔设备 根据爆破参数及爆破部位的情况，使用5台潜孔钻机钻水平预裂孔，2台液压钻机钻主爆孔、3台20m^3/min电动空压机供风。

2. 施工工艺流程 钻孔爆破施工工艺流程：测量点位→钻机就位→钻孔（纠偏）→钻孔清理→质量检查→装药→孔口堵塞→连接起爆网络→起爆→效果检查→出渣。

（1）钻孔前清理孔位附近石渣，测量放线搭设架钻平台，要考虑钻机边缘与钻杆中心线的距离。水平钻孔时钻杆会下垂角度约0.2°，钻孔前考虑上扬0.2°。钻机就位后测量校核，确保孔位孔向正确。钻深0.2m时检查孔向，及时纠偏。钻至1m时再检查纠偏。以后钻进中3m内每钻进一根钻杆检查校核1次，3m以上每2根钻杆校核1次。钻入深度较大无法纠偏时，在原钻孔附近重新打孔补救。钻孔结束后用风吹出钻渣，用测绳或伸缩杆测量孔深。如钻孔超深，填充碎土捣实至设计孔深；钻孔欠深则需补钻。炮孔孔斜上扬不超过0.3°，下垂不超过0.6°，若偏离规定指标，则重新在旁边补打炮孔。

（2）钻孔检查合格后，按爆破程序装药。水平预裂孔线装药密度400g/m，孔底加强装药长度1.2m，线装药密度2000g/m。将导爆索、竹片和炸药捆绑在一起徐徐向孔内推进。为保证平台边角外侧边缘的完整性，孔口封堵长度为1m（见图2）。主爆孔装药按设计确定的非电雷管和炸药量装药。预裂孔单孔装药量5.88kg，间隔不耦合装药，孔内装导爆索起爆。主爆孔单孔装药量1.02kg，单耗0.5kg/m^3，连续不耦合装药，孔内装非电雷管起爆，每2排装一个段别，由平台外侧向内依次为1、3、5、7、3、5、7段（见图2）。

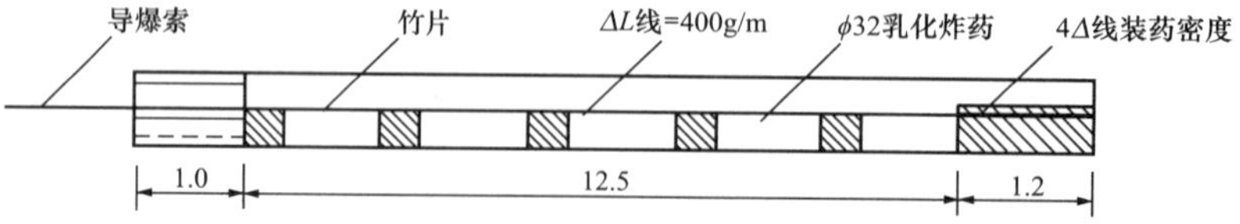

图2 主爆孔装药结构（单位：m）

（3）根据实际装药孔数修正爆破设计，按修正后设计进行网络连接，确保预裂孔先响，主爆孔后响。最大1段单响药量为48.96kg，爆破时间860ms，其中预裂爆破时间310ms。水平预裂孔和主爆孔开孔不在同一平面，所以不考虑爆破预裂孔起爆时炸坏网络。

（4）爆破结束后检查起爆效果，如发生部分拒爆、网络局部未响情况，要补救网络直接起爆。出渣并清干净基础面，逐孔检查编号、装药量、地质情况、半孔残留等。表面观察和统计结果显示：①开挖面大面平整、规格良好、炮孔间距均匀、孔向大致平行；②平整度、相邻预裂孔间岩面高差抽查30%，合格率93%；③半孔残留率95%，孔壁无爆破拉裂痕迹；④超欠挖检查测点合格率75%；⑤距孔口1m处岩体爆后声波波速衰减率6.5%。

3. 质量控制要点 开孔前搭好架钻平台，确保水平预裂孔钻孔平行、成面，孔深、孔向须符合设计要求，不合格炮孔不得装药。根据实际钻孔数修正爆破设计，严格按修正的爆破设计装药和布设导爆索或雷管，1 段最大单响药量不大于 50kg。装药后逐孔检查，若有误要采取补救措施或不联入起爆网络。检查无误后按修正后的爆破设计连接网络，确保水平预裂先响，上部浅孔主爆后响。

（中国水利水电第十一工程局有限公司　赵喜云　王词重　肖　亮　颜维江）

构皮滩水电站第二级升船机高边坡治理

构皮滩水电站通航建筑物布置于枢纽左岸，为带中间渠道的三级垂直升船机，由上下游引航道、三级钢丝绳卷扬垂直升船机和二级中间渠道（含通航隧洞、渡槽及明渠）等组成，线路总长 2306.00m。工程于 2012 年底开工，2014 年 3 月第二、三级升船机边坡开挖完成，2014 年 4 月浇筑第二、三级升船机混凝土，2014 年 12 月底第一级垂直升船机土建工程基本完工。

第二级垂直升船机总建筑物高度 176.5m，最大提升高度 127m，其高边坡治理情况如下：

1. 地质条件　第二级升船机边坡地形总体为走向 NE55°～60°倾向 SE 的斜坡。斜坡较顺直完整，局部发育有宽缓的浅切沟槽，地形坡度 25°～30°，局部达 35°，斜坡前部马鞍山砂石加工系统部位现地形为阶梯状台地。升船机部位地面高程 515.00～552.00m，上游侧开挖边坡地面高程 536.00～640.00m。

第二级升船机及开挖边坡部位原地表局部有第四系残坡积层覆盖，厚 1～3m，局部 5～7m，主要为黏土夹碎块石。现局部堆积有土石混杂施工弃渣，厚 10～20m。出露地层为 S_{1L}层～O_{1m}^{1}层，升船机基础主要坐落于 O_{1m}^{1}层，O_{1m}^{1}层为灰绿色页岩夹少量薄层钙质粉～细砂岩及薄层生物碎屑灰岩，为软岩。该层近地表岩体风化强烈，强、弱风化带累计厚 22～30m，岩体处于微风化～新鲜状态，中等～较完整，局部完整性较差。O_{1m}^{1}层新鲜页岩在开挖暴露后，浅表部岩体易产生失水干裂、遇水崩解，抗风化能力差。

2. 边坡变形　第二级升船机高边坡开挖期间，先后在高程 615.00、560.00、545.00m 部位马道局部出现裂缝、变形垮塌。开挖揭露显示，第二级升船机正面高程 545.00m 以下边坡岩体裂隙发育、溶蚀程度较高，普遍破碎，地下水较丰富。高程 530.00m 马道及以下边坡于 2013 年 11 月出现拉裂变形垮塌，530.00m 马道产生多条裂缝，且 530.00～545.00m 亦发生变形。若此级边坡失稳，将对其上部已开挖支护的边坡造成严重影响。另外，根据第二级升船机布置，其基坑上游侧靠近正面边坡 3 排总计 12 根桩被占压，需边坡开挖至高程 495m 后方能开始施工。高程 530m 以下边坡治理施工进度，直接关系到基坑灌注桩施工及后续升船机底板大体积混凝土浇筑，直接制约通航工程工期。

3. 边坡变形治理及治理结果　边坡发生变形后，根据变形区实际情况，设计采取对边坡变形区分层、分区开挖及加强支护的处理方案，施工中严格按自上而下开挖支护的程序控制。同时，要求该部位岩体开挖及清理中严控爆破，避免对边坡造成二次扰动。

贵州乌江水电开发有限责任公司构皮滩水电站建设公司将变形治理列为应急抢险项目组织施工，要求施工单位加大资源投入，24 小时施工，并每日召开现场协调会，及时解决施工中的问题。同时，为加快升船机基坑靠上游侧被正面边坡占压的 3 排 12 根灌注桩施工进度，将原边坡变形治理完成后启动灌注桩开挖，调整为边坡变形治理与灌注桩开挖同步进行，即按沉头桩提前启动灌注桩开挖（桩顶开挖高程由 494.9m 提至 512m），在确保安全前提下将边坡变形治理对工程进度的影响降到最低。

2014 年 6 月底，变形边坡治理顺利完成。监测成果表明，正面边坡处于安全稳定状态，基坑灌注桩施工优化调整后节省工期约 3 个月，为后期大体积混凝土施工创造了条件。

（构皮滩发电厂）

金川水电站 1 号倾倒变形体成因机制分析

金川水电站位于大渡河干流上，坝址右岸下游有支流新扎沟汇入。1 号倾倒变形体位于新扎沟支流左侧，分布高程 2160～2500m，导流泄洪洞布置于此。变形体为反向坡，坡度 40°～45°，浅表层倾角 10°～35°，正常倾角 60°～80°，水平深度 60～180m。1 号倾倒变形体成因机制分析如下。

1. 地形地貌　右岸坝肩山体被大渡河和新扎沟深切，形成了 1 个条形状山脊和 3 面临空状态（见图 1），加剧了边坡岩体风化卸荷，使其力学性能明显降低，有利于变形体发育。

2. 地层层厚　导流洞和泄洪洞出水口边坡附近岩层层厚的统计结果显示，出水口所在斜坡岩层层厚普遍在 30cm 以下，岩体结构以薄层和互层状结构为主。这种薄层和互层状结构的陡倾岩体，在向边坡临空面强烈卸荷的过程中，极易发生倾倒变形。

3. 地应力　变形体所在边坡顶部最高高程为

图1 地形地貌特征

2580m左右，边坡底部高程在2160m左右，变形体边坡的最大高差400m左右，即新扎沟下切深度最大达400m。

采用有限元法进一步分析说明河谷应力积累程度以及边坡岩体卸荷程度的量值，其建模假定条件为：①有限元分析计算剖面垂直于新扎沟走向，模型顶部高程同日傍梁子最高处高程2580m；②为便于模型的分析计算，将剖面岩性概化为砂岩和板岩；③分5步计算，其中新扎沟下切开始至现今的位置，初始模型顶部水平；④岩层倾角统一取45°。

在新扎沟下切前边坡地面线处，计算得到的现今变形体地表线处的最大主应力量值较高，最高可达9.35MPa左右。当新扎沟下切后，变形体所在边坡现今地表线附近最大主应力有所下降，岩体开始出现卸荷。最大主应力量值1.7～3.4MPa，变形体边坡表部最大主应力明显降低，说明边坡岩体发生了明显的卸荷作用，最大卸荷量值接近7MPa，一般卸荷量值为3.5～6MPa。较高的卸荷或应力释放，是造成岩体卸荷变形的主要因素。

4. 岩体力学性能差异 1号倾倒变形体所属地层岩性为一套三叠系上统杂谷脑组的层状岩体，为薄～厚层状变质细砂岩夹碳质千枚岩，砂岩和板岩互层，为倾倒变形体发育提供了一定的岩体结构条件。

在新扎沟不断下切过程中，沟谷两岸的边坡要向临空面发生较大的卸荷回弹，而由于砂岩和板岩力学性能的差异，会导致边坡表浅部层状岩体沿层面错位变形。有限元计算也证实了这一点。在砂岩和板岩的接触面，向边坡临空面卸荷回弹的差值从几毫米到几厘米不等，且越往边坡表部差异越大。这种差异导致岩层的层间发生错位，从而使得较紧密的层间发生松弛，边坡岩体的整体力学性能和完整性遭到破坏，使得岩体的抗弯曲变形能力降低，为岩层的倾倒变形提供了有利条件。

总的说，金川水电站1号倾倒变形体的成因是：①变形体所在边坡位于一个单薄的条状山脊一侧，边坡岩体卸荷较强烈；②变形体边坡岩层为中陡倾薄层岩体，边坡表部岩体强烈卸荷，导致岩体抗变形能力降低；③边坡岩体有高应力释放，会导致岩体变形，加剧向临空面的倾倒变形；④由于岩性不同，岩体在卸荷回弹时导致边坡浅表部层状岩体沿层面错位变形。在斜坡表部最大主应力的长期作用下，将发生向临空方向的弯曲倾倒变形。

在变形体倾倒分析中没有针对地下水、地震作用等因素，这些方面仍需完善。

（中国电建集团西北勘测设计研究院有限公司 鲁 博 游小伟 韦振新 王立志）

窄巷口水电站溶洞渗漏处理

窄巷口水电站为贵州猫跳河的第四级电站，正常蓄水位1092m，利用自然落差67m，装机容量3×15MW（现增容为3×18MW）。该电站处于岩溶强烈发育区，1960年开始地质勘探，1965年动工兴建，1972年竣工。勘测阶段，受技术手段的限制，未能完全查明岩溶问题；施工阶段，因各种原因未能完成要求的防渗面貌，且大部分防渗是蓄水后或蓄水情况下以会战形式完成。电站建成后库区渗漏严重，初期渗漏量约20m^3/s，约占多年平均流量45%；1972年、1980年2次堵漏处理有一定效果，但渗漏量仍有17m^3/s。2009～2013年对溶洞又进行封堵处理，取得了理想效果，现将处理情况简介如下。

（一）渗漏通道调查与分析

1. 渗漏出口调查 通过连通示踪试验，发现K_{11}花鱼洞是库区和左右两岸地下水的主要集中排泄点，其余分散排泄点有K_7、K_8、K_{39}、K_{40}等落水洞和S_2泉点。

2. 渗漏量估算与分析 右岸、坝基和左岸的溶蚀性裂隙渗漏量按平均渗透系数14m/d计算，渗漏量约1.53m^3/s，占总渗漏量8.9%。管道集中渗漏量约10.5m^3/s，占总渗漏量的61.8%，其中左岸第2渗漏带最严重；脉管性渗漏量约2.13m^3/s，占总渗漏量12.5%。左岸1064灌浆隧洞渗漏量0.1m^3/s，占总渗漏量0.6%。

综上已查明渗漏区域渗漏量计14.26m^3/s，占总渗漏量83.8%，其余渗漏查不清途径。

3. 主要渗漏通道 通过2011年补充勘探和物探测试，探明了集中渗漏通道Ⅲ-3的形态和发育规模。Ⅲ-3溶洞位于左岸1064灌浆洞桩号K左0＋184～0＋197m，高程979.2～992.8m，溶洞埋深75～

92m，最大高度 17m，宽 3～8m（最宽约 13m），为不规则椭圆形。洞内流速最大 0.69m/s，边缘最小流速 0.1m/s，平均流速 0.42m/s，估计流量 6～10m^3/s。该溶洞与下游 500m 的 K_{11} 花鱼洞（洞口高程 1032m）连通，水流流经时间为 35min。

在Ⅲ-3 溶洞封堵后，前期未过水的 K_{18-2} 溶洞成为主要渗漏通道，推断 K_{18-2} 溶洞在帷幕轴线上游侧与Ⅲ-3 溶洞连通，并从 K_{11} 花鱼洞排出。

（二）岩溶堵漏技术综合应用

堵漏处理方案是，先用帷幕灌浆解决坝基及近坝库岸渗漏稳定问题，再封堵左岸各层岩溶集中渗漏通道，最终形成整体防渗帷幕。

主要渗漏通道Ⅲ-3 溶洞是防渗堵漏的重点和难点。该溶洞埋深大、过水断面大、地下水流速高。根据Ⅲ-3 溶洞补充勘探和 CT 物探成果，综合处理方案如下：

（1）将该部位灌浆洞向下游方向扩挖 10m。

（2）将堵头的上游侧设在溶洞的高度和宽度较大处，下游侧设在溶洞的高度和宽度较小处，以利于封堵体的稳定。

（3）在堵头下游侧溶洞断面较小的部位设钢管格栅桩，钢管格栅桩上游侧设灌浆模袋，灌浆模袋上游侧充填级配料，再对级配料进行预固结灌浆和控制性灌浆处理。

（4）沿帷幕线进行帷幕灌浆。

左岸Ⅲ-3 溶洞封堵综合处理平面布置见图 1。

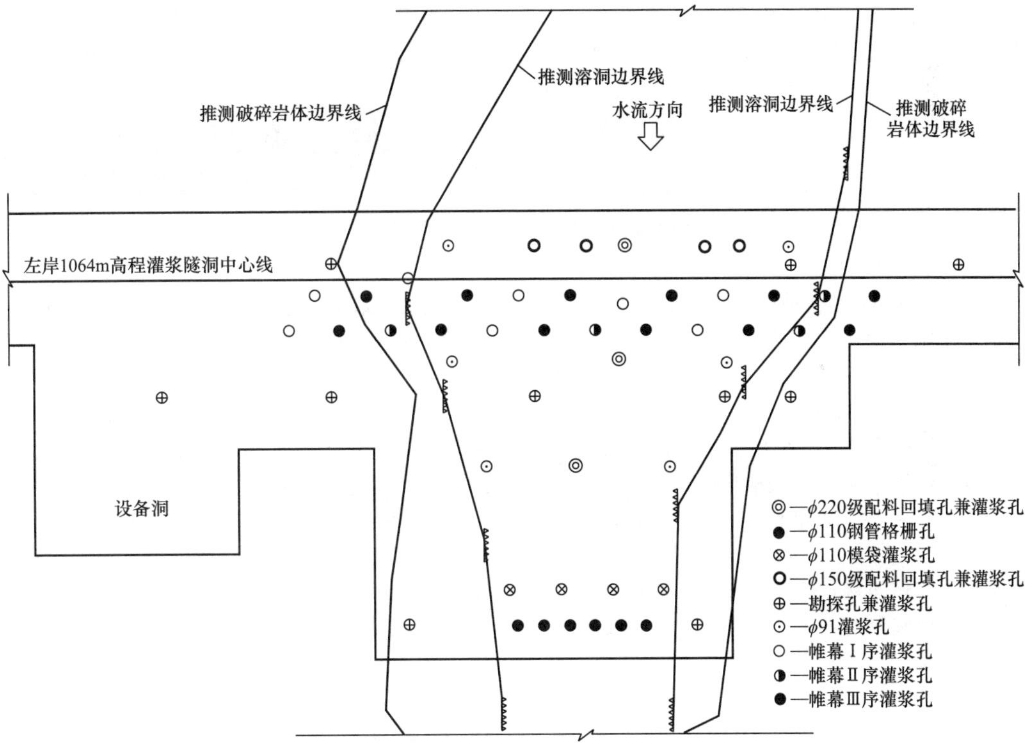

图 1　左岸Ⅲ-3 溶洞封堵综合处理布置示意图

（三）Ⅲ-3 溶洞封堵施工

1. 工艺流程　Ⅲ-3 溶洞封堵施工工艺流程为：补充勘探→设置钢管格栅→设置模袋→模袋充填灌浆→充填级配料→级配料预固结灌浆→灌注砂浆→帷幕灌浆→质量检查。

2. 钻孔　采用 XY-2、XY-2B 型回转式地质钻机，清水冲洗，金刚石钻头钻进。下设灌浆模袋的孔径为 110mm，级配料回填孔直径为 220mm 和 150mm，孔斜率控制在 0.5%内。

每排钻孔分两序施工，从溶洞中心向两侧依次进行。钻孔中详细记录孔内情况，以便判断溶洞的规模和尺寸。钻孔穿过溶洞后如遇覆盖层，穿过覆盖层再钻进基岩 1m。

3. 钢管格栅桩　钢管格栅桩位于封堵位置最下游，孔径 110mm，钢管直径 73mm。钻孔完成后，根据溶洞高度确定钢管下设长度，保证钢管插入溶洞底部和顶部岩体不小于 1m。溶洞底部覆盖层中难以成孔时，采用跟管法钻进。格栅钢管内充填 M30 砂浆，以提高钢管格栅桩的强度和刚度。钢管格栅为高速水流条件下灌浆模袋定位提供了较好屏障。

4. 模袋灌浆

（1）模袋材料：为高强机织丙纶模袋土工布，强度高、易变形、轻薄柔软；高速流水条件下充填灌浆，水能析出水泥颗粒不会被带走；水泥浆经模袋析水后，硬化速度加快，且固化强度有很大提高。模袋在灌浆压力作用下膨胀，可堵塞不同形状的漏洞。

(2) 模袋绑扎：根据模袋分层堆积高度和溶洞空间大小，确定模袋的尺寸。按理论尺寸两头收口牢固绑扎在 ϕ73mm 钢管（花管）上，并设置定位箍，以免灌浆时模袋下滑。灌浆时模袋能顺利打开，并保持良好形状，不会影响浆液的灌注。

(3) 模袋的下设和定位：模袋绑扎后，通过 ϕ50mm 钻杆与 ϕ73mm 钢管连接把模袋下入孔内。根据实测孔深和模袋高度，准确定位下设深度。灌浆完成后次日退出 ϕ50mm 钻杆。

(4) 模袋内灌浆：用 3SNS 灌浆泵灌注 0.5∶1 的纯水泥浆液，灌浆流量不宜大于 50L/min。灌浆量通过理论计算进行控制，经现场试验，膨胀系数在 1.2～1.5 之间。灌浆过程中控制好压力，以免对模袋产生破坏。

5. 级配料回填　下游侧格栅模袋阻隔体形成后，开始回填上游侧封堵体空腔级配料。级配料为最大粒径 40mm 左右的级配碎石。通过 4 个 ϕ220mm 钻孔回填空腔进行，ϕ150mm 钻孔辅助。回填中注意控制速度，避免堵塞钻孔。

6. 预固结灌浆和回填砂浆　回填时避免水流冲走级配料，尽快形成稳定的堆积体。在级配料回填厚度超过 3m 后，开始对下部级配料进行预固结灌浆。浆液通过预埋花管出浆，水灰比 0.5∶1，并掺加 5% 膨润土形成膏状浆液。预固结灌浆对级配料起到稳定作用。

在级配料充填至接近溶洞顶部时，改用 M10 水泥砂浆灌注，以确保上部空腔充填密实。不同部位钻孔经数次复灌后充填均较密实。帷幕灌浆钻孔过程中，未发现顶部有较大空腔。

7. 帷幕灌浆　溶洞回填和预固结灌浆完成后，进行帷幕灌浆，进一步加固封堵体。灌浆范围包括封堵体上下游侧和左右 30m 内的岩体。布置 3 排帷幕灌浆孔，排距 1.0m，孔距 1.5m，帷幕灌浆充分利用原有回填和勘探孔。

8. 完成工程量　Ⅲ-3 溶洞封堵处理工程量：完成 ϕ76、ϕ91、ϕ110、ϕ150、ϕ220 钻孔分别为 675.34、735.68、1093.23、439.85、364.64m，总计 3208.74m；钢格栅 42.7m，模袋灌浆 108.91m^3，回填级配料 2552.7m^3，预固结灌浆 167.84t，回填砂浆 401.17t，控制性膏状浆液灌浆 613.57t，帷幕灌浆 1298.7t。

（四）岩溶堵漏效果分析

1. 处理前后渗漏量变化　花鱼洞最大出水量，封堵前达 19.95m^3/s，在Ⅲ-3 溶洞封堵后减为 6.85m^3/s，在 K_{18-2} 溶洞封堵后再减为 1.5m^3/s，总的减少 90%以上。

2. 封堵体下游侧溶洞观测情况　Ⅲ-3 溶洞封堵体初步形成后，下游侧 GC01 观测孔的水位始终处于 1033～1034m。该观测孔孔内录像显示，封堵体下游侧溶洞的空腔已很小，下部有水泥浆沉积，未发现流水。观测结果表明，主要漏水通道Ⅲ-3 溶洞已被完全封堵。

3. 封堵体钻孔检查情况　在Ⅲ-3 溶洞封堵体和帷幕灌浆检查孔钻进中，均未发现空腔。取芯显示封堵体充填密实，级配料胶结良好，强度达到了设计要求。封堵后物探检测也未出现异常。检查结果表明，Ⅲ-3 溶洞封堵体的施工质量完全满足要求。

（中国水电基础局有限公司　贾立维　赵克欣）

老挝某水电站厂房边坡变形分析及支护措施效果评价

（一）概况

某水电站位于老挝境内，最大坝高 67m，总装机容量 60MW，相应库容 2.24 亿 m^3，死水位 343m。电站属工程施工总承包，对施工进度要求高，但老挝境内交通设施落后，设备转运较困难。

厂房布置在坝址下游右岸坡脚，距坝轴线约 155m。厂房部位山体地形完整，坡度约 35°～40°，无不良物理地质体发育，自然山坡稳定性良好。山体地表覆盖层厚度分布不均，下部较厚约 5～8m，上部较薄约 1～3m，成分为坡积含碎砾粉土。基岩 NamThom 组第二段第二层（$C_{1-2}nt^{2-2}$）为灰色、灰黑色泥质板岩夹灰岩、钙质板岩，岩体以中厚层状为主夹少量薄层状，完整性一般～较好。钻孔揭露厂区基岩无全、强风化岩体，弱风化岩体底界埋深 15～20m。地下厂房位于地下水位线以下，地下水对开挖与围岩稳定均有不利影响。

厂房地基基岩为微风化～新鲜灰岩，中厚层为主，层面等节理裂隙发育，岩层走向 NE、倾向 SE，陡倾上游山坡，岩体以Ⅱ类、Ⅲ类为主，强度可满足建筑物要求。厂房后边坡岩体主要为灰岩，岩层面陡倾上游坡内，开挖边坡属逆向坡，对边坡稳定较有利，无大的不利结构面分布，岩体稳定性较好。

前期边坡开挖坡比建议上部坡积层为 1∶1～1∶0.8、下部强风化基岩 1∶0.75～1∶0.5、弱风化基岩 1∶0.5～1∶0.3。

（二）厂房边坡开挖实际揭露地质条件

边坡开挖中，在大坝边坡和厂房边坡交界处，实际揭露 Nam Thom 组第二段的第二层（$C_{1-2}nt^{2-2}$）和第三层（$C_{1-2}nt^{2-3}$）岩性分界线，大坝边坡基岩为 NamThom 组第二段第三层灰色、灰黑色灰岩夹泥质灰岩、角砾状灰岩和少量板岩，岩层总体产状为：N5°～30°E，SE∠65°～85°，局部产状 N5°W，NE∠75°～85°；厂房边坡基岩为 NamThom 组第二段第二层灰色、灰黑色泥质板岩夹灰岩、钙质板岩，岩体以中厚层状为主夹少量薄层状，完整性一般～较好。岩层产状：N20°～30°E/SE∠50°～60°；该边坡中主要发育的结构面有 3 组：即 N20°W/SW∠51°、N40°W/NE∠80°和 N65°W/NE∠42°。

厂房开挖边坡上，常沿 N20°～30°E/SE∠50°～60°（层面）向结构面发生倾倒弯曲变形。这类倾倒变形主要特征为边坡 NE 向，岩层层面结构面N20°～30°E/SE∠50°～60°及 NW 向陡倾结构面（N40°W/NE∠80°）联合切割，朝南康河下游方向倾倒，岩层弯曲，产状变缓，多处可见楔形裂缝。

开挖边坡覆盖层较薄，仅 20～60cm 耕植土。边坡坡面为灰色、灰黑色，泥质板岩夹灰岩、钙质板岩，岩体多为薄层状，节理发育，岩体破碎。卸荷深度大于 20m。

厂房边坡开挖揭露大面为强风化岩体，岩体破碎。高程 306m 以下揭露弱风化岩体，岩体结构紧密，完整性较好。

（三）工程边坡失稳模式分析

倾倒变形主要发生在边坡突出部位及陡崖处的似层状结构岩体中。受卸荷作用影响，边坡岩体产生新的次生结构面或使原有结构面规模增大，地下水通过裂缝入渗而产生的溶蚀作用，使裂缝继续增宽，结构面间的连接遭到极大破坏。在自重应力长期作用下，破碎岩体沿临空面方向发生倾倒变形，局部产生垮塌，特别是在临空面方向与似层面或控制性裂隙走向近一致的部位。

在厂房边坡岩体中主要发育走向 NNW 和 NEE 两组中陡倾角结构面，且倾向坡内。NNW 向缓倾角结构面倾向坡外，在重力、典型结构面切割和外部影响因素三者共同作用下，常沿陡倾坡内的结构面发生向坡外的倾倒拉裂。拉裂缝的不断产生和发展为地表水提供了下移通道，当坡体下部有缓倾坡外的结构面（底滑面），与之发生组合，极易使坡体在上部发生倾倒。厂房边坡典型的倾倒拉裂变形破坏发生边坡开挖后，在其下部施工爆破后。

上游侧的坝肩边坡为近直立的弱风化灰岩夹泥质灰岩、角砾状灰岩和少量板岩，岩体结构紧密，完整性一般～较好；厂房边坡岩体为灰色、灰黑色，泥质板岩夹灰岩、钙质板岩，多为薄层状。厂房边坡开挖，使其临空面增大，边坡岩体应力释放，发生岩体向南康河下游侧倾倒，与直立岩体间形成一张开裂缝，裂缝上口宽 2～4m。楔形裂缝内由碎裂岩及坡积层残留物填充，裂缝在高程 355m 处尖灭。地表水沿裂缝进入侵蚀岩体。

总的说，倾倒变形的发育规模和程度，主要受边坡岩体结构特征和临空条件的控制。为此厂房边坡采用边开挖，边支护的施工方式，有利于边坡的整体稳定。

（四）施工支护措施及效果评价

由上分析可知，该边坡以似层状、碎裂结构为主，主要的破坏方式为倾倒变形破坏，可采取挂网喷混凝土、锚杆及锚索等支护措施。需要注意的是，锚杆及锚索施工中需达到坡体内一定深度，越过可能发生破坏的滑移面，找到稳固的基岩。

厂房边坡开挖过程中，在高程 360.00、355.00、345.00、340.00 布置 4 排共 24 根 1800kN 级锚索，锚索长 40m，内锚段长 8m，锚索下倾 10°布设，并将裂缝处进行加厚喷锚，隔绝地表水的深入。这些措施有效控制了边坡进一步变形。

（中国电建集团昆明勘测设计研究院
有限公司　杨永升　彭森良）

中國水力發電年鉴

5

水工设计

大 坝 设 计

两河口水电站砾石土心墙坝设计

两河口水电站装机容量3000MW，正常蓄水位以下相应库容101.50亿m^3，为一等大（1）型工程。拦河坝、泄洪、引水发电永久建筑物为1级建筑物。河床砾石土心墙堆石坝按1000年一遇洪水（Q=7090m^3/s）设计，最大洪水（PMF Q=10400m^3/s）校准。

两河口砾石土直心墙堆石坝建于不发育、强风化岩体上，坝基仅需挖除河床冲积层，两岸清除不稳定岩体。堆石坝坝顶高程2875.00m，河床部位心墙底开挖高程2580.00m，基底设2m厚混凝土基座，基座横河向宽30.00m，顺河向宽123.60m。坝轴线位置基座下设帷幕灌浆廊道3m×4m（宽×高），基座上铺设1m厚接触黏土后再填筑心墙料。最大坝高295m，坝顶宽16m，上、下游坝坡坡比分别为1∶2.0、1∶1.9。上游坝坡在2790.00m高程处设5m宽马道，下游坝坡在2815.00、2755.00、2655.00m高程处各设5m宽马道。

大坝防渗体采用砾石土直心墙型式，心墙与上、下游坝壳堆石之间均设有反滤层、过渡层。心墙顶宽6m，顶高程2874.00m，上、下游坡均为1∶0.2；底基座顶高程2582.00m，顺河向宽124m。心墙与两岸坝肩接触部位的岸坡基岩表面设垂直厚度为1m的混凝土盖板，盖板与心墙连接处铺设水平厚度4m的接触性黏土。心墙部位左岸坝肩在高程2736.50m以下开挖边坡为1∶0.8，在高程2736.50m以上开挖边坡为1∶1.45。心墙部位右岸坝肩开挖边坡为1∶1.06。

心墙上游高程2775.00m以上设2层水平厚度为4m反滤层、高程2775.00m以下设1层水平厚度8m的反滤层，下游设2层水平厚度为6m的反滤层。上、下游反滤层与坝体堆石之间设过渡层，过渡层顶高程2865.00m，顶宽6.5m，上、下游坡均为1∶0.4。为保护心墙渗流溢出点处的心墙土料，在心墙后的坝基与过渡料之间设置2层3m厚的水平反滤排水层，长度取总水头的15%。

上游高程2658.00m以上设堆石Ⅰ区，高程2658.00m以下设堆石Ⅱ区。下游坝壳内部高程2630.00～2804.13m间为堆石Ⅲ区，其外坝壳采用堆石Ⅰ区料填筑。上游坝坡高程2775.00m（死水位2785.00m以下10m）以上设垂直厚1m的干砌块石护坡，下游坝坡设垂直厚1m的大块石护坡。在高程2820.00m至坝顶高程范围内的反滤、过渡及堆石料内铺设水平钢筋、土工格栅，上、下游坡面设置混凝土框格梁。堆石坝坝坡稳定计算的安全系数，上游坝坡2.22～2.245，下游坡1.73～1.32，均满足规范要求。

（中国电建集团成都勘测设计研究院有限公司
刘吉祥　唐　兰）

茨哈峡混凝土面板堆石坝技术可行性和安全性初步研究

（一）概况

茨哈峡水电站是黄河龙羊峡以上水电开发规划17级中的第15级电站，电站位于青海省兴海县与同德县交界处的班多峡谷内。水库正常蓄水位2990m，库容44.74亿m^3，死水位2980m，调节库容5.28亿m^3。电站初拟装机4台，总容量2600MW。可行性研究阶段推荐坝型为混凝土面板堆石坝，最大坝高257.5m。

茨哈峡工程地处高海拔严寒地区，自然条件差；工程地质条件复杂，坝区滑坡、变形体发育；堆石坝较高，技术问题突出。为此，结合《300m级高面板堆石坝安全性及关键技术研究》科研课题，联合国内多家科研院所，对茨哈峡混凝土面板堆石坝技术的可行性和安全性，开展了专题研究。研究内容包括：针对性的地质勘察，筑坝材料工程特性、坝体分区、坝体断面设计、坝体应力与变形控制、渗透稳定控制、坝体构造及坝体抗震措施。

（二）茨哈峡混凝土面板堆石坝研究

1. 坝址地形地质条件与建坝条件　茨哈峡坝址区河道较顺直，河谷对称，V形岸坡，岸坡坡度42°～45°，坝顶两岸为宽阔的阶地平台。坝址区基岩为薄层～中厚的砂岩夹板岩、板岩夹砂岩，两岸基岩裸露，河床部位覆盖层厚约5m，下部基岩基本为弱风化。坝址区为横向谷，坝址区分布有宽约600m的砂岩条带。

茨哈峡大坝布置在坝址区600m宽的砂岩条带范

围内，河床趾板坐落于弱风化基岩中下部，堆石体坐落于弱风化基岩上。坝址河谷对称性好、两岸岸坡平缓顺直、趾板线平顺、趾板下游岸坡较缓，堆石体变形不均匀造成的面板周边缝变形、河床面板挤压及垫层坡面开裂等问题相对不突出。坝址地形地质条件有利大坝及面板等防渗系统的变形协调控制。

2. 筑坝材料　茨哈峡坝址区筑坝块石料为砂岩夹板岩料。弱风化及微新砂岩的单轴饱和抗压强度大于60MPa，属坚硬岩，软化系数0.77；板岩料饱和抗压强度30～40MPa，为中硬岩，软化系数较低，为0.67。砂岩块石料中板岩含量较大（一般大于30%），总体质量较差，为控制坝体变形需严控板岩含量，应选择质量较好的开挖料用于下游堆石区。

筑坝砂砾石料分布在大坝左岸坝肩阶地平台，运距近、储量丰富，主要工程特性如下：

（1）料层分布均一，料层中砂层透镜体厚度小（10～30cm）、延伸短（最长5～10m），无泥土类夹层。料层平面和立面范围内无明显颗粒粗细分层性变化，各粒级含量较稳定。

（2）砂砾料天然干密度2.16g/cm^3，天然孔隙率20.6%，最大粒径400mm，砾石（大于5mm）含量80%～85%，平均83.6%；小于5mm含量为15%～20%，平均16.4%；含泥量（小于0.075mm）平均4%。砂砾石料级配连续、光滑、凹面向上，各粒级组含量稳定，不均匀系数136～364，曲率系数1.8～15，满足规范要求。

（3）砾石料相对密度（现场密度筒法）在0.92～0.95时，干密度为2.34～2.36g/cm^3，换算成孔隙率为12%左右。与块石料相比可达到较高的干密度和较低的孔隙率，压实性好。

（4）砂砾石料在6MPa轴向压力级别下压缩模量达到350，有较好的抗变形能力。块石料在一定压力级别以下，压缩模量随压力的增加而增大，在0.4～0.8MPa压力时达到最大，最大压缩模量约170，高于此压力压缩模量随压力的增加而减小，出现拐点。这与高围压条件下块石料棱角发生破碎及块石料中板岩含量高有关，不利于坝体后期变形控制。

（5）砂砾石料E-B模型参数的模量K值为1580～1700、K_b值在930以上，较块石料分别高20%以上。砂砾石料的φ值为52.5（饱和）与块石料相近，$\Delta\varphi$值为7.95（饱和）略低于块石料。其规律与压缩试验成果吻合。

（6）砂砾石料渗透系数10^{-2}～10^{-3}cm/s，渗透稳定性较差，需设排水区和反滤保护。

总的说，与块石料相比，天然砂砾石料是茨哈峡理想的筑坝材料。

3. 坝料分区及坝体断面　根据块石料及砂砾石料工程特性，对全块石料、砂砾石外包块石料、以砂砾石料为主分区，坝体中部排水体、排水体上移等6个筑坝材料分区方案进行研究。计算分析表明，全块石料方案坝体的沉降变形约为以砂砾石料为主分区方案的2倍。从坝体变形控制及改善面板应力考虑，以砂砾石料为主的坝体分区方案优势明显。排水体由坝体中部上移至与过渡区相邻时，对坝体变形略有影响但渗透稳定安全性较好。经综合考虑，推荐以砂砾石料为主、排水体上移至与过渡区相邻的坝体分区方案。

推荐方案填筑量约3780万m^3。大坝上游坝坡1∶1.6，下游坝坡1∶1.5，并设有12m宽上坝公路，综合坡比1∶1.74。与已建工程比，茨哈峡坝坡较缓，坝坡选择留有适当余地。

砂砾石料设在坝体上游堆石区，承受主要水荷载，对控制坝体变形起关键性作用。结合建筑物开挖料利用、坝坡稳定和抗震要求，在下游区设块石料（板岩含量不大于30%）堆石区。上游砂砾石区与下游堆石区间衔接坡比为1∶1。垫层料区变厚度，顶宽4m、底宽8m，过渡料区变厚度，顶宽6m，底宽12m。被保护料与保护料间能满足滤土准则。砂砾石料渗透系数小，故在过渡料区下游设L形排水区满足自由排水要求，排水区采用筛除5mm以下颗粒的砂砾石料，其两侧布置反滤料区。在大坝上下游坝坡分别设弃渣压坡区。

4. 坝体变形及面板应力应变控制　中国水利水电科学研究院、南京水利科学研究院、大连理工大学分别采用不同模型进行三维有限元应力应变分析，结果基本一致：蓄水期坝体最大沉降145cm，坝体沉降率约0.571%。砂砾石料筑坝方案变形控制优势明显，其坝体沉降变形是块石料筑坝方案的45%，水平位移为70%～87%，面板挠度约50%。

根据有关资料，巴贡（2008年10月）、水布垭、三板溪（2008年8月）、洪家渡（2007年12月）实测大坝最大沉降分别为227.5、245.1、175.1、135.6cm，分别占坝高的1.11%、1.05%、0.96%、0.76%。茨哈峡坝体沉降变形可控制在200m级面板坝沉降变形量级水平。

根据有限元计算成果，面板最大挠度值为57.22cm，发生在Ⅲ期面板下部。面板水平向最大压应力21.2MPa左右，最大压应变776.45×10^{-6}，发生在2926.6m高程；顺坡向最大压应力20.23MPa，最大压应变644.47×10^{-6}，均发生面板底部。面板垂直缝的最大张开、压缩变形分别为11、14mm；周边缝最大张开值36mm。计算时垂直缝宽度采用30mm，小于巴贡等坝的面板垂直缝宽度。从周边缝最大张开值看，增加垂直缝宽度及减小接缝材料压缩模量还可优化改善面板应力应变。对于顺河向压应力及应变较大的问题，可通过设置水平施工缝、适当加厚面板、加设抗挤压钢筋等措施予以解决。

茨哈峡坝址河谷对称性好，两岸岸坡平缓顺直，堆石体变形不协调造成的垫层坡面开裂及面板挤压破坏等问题相对不突出，但应采取措施预防，需进一步研究解决。

5. 大坝渗透稳定性　茨哈峡天然砂砾石料渗透稳定性较差，在设排水区和反滤保护等后，经过渗流分析，各计算工况下各类坝料间满足渗透稳定要求，不会发生渗透破坏。面板和垫层料承担主要渗透水头，垫层料后浸润线较低。正常蓄水位下，面板、垫层料、过渡料、砂砾石料的最大渗透坡降分别为176.8、0.035、0.026、0.02，均满足允许坡降要求。设置L形排水料区及上下游反滤料区后，大坝渗透稳定性满足要求。

6. 大坝抗震安全性　坝体三维有限元动力应力应变分析表明，坝顶区域坝体动力反应放大明显，永久变形随坝高增加而增大，最大值位于河谷中央坝顶。设计地震和校核地震工况，面板压应力满足C30混凝土强度要求，拉应力局部超过允许值，面板顶部附近存在发生局部拉裂破坏的可能性，下一步仍需研究论证。

设计地震和校核地震工况，面板周边缝、垂直缝变位较静力条件下均有所增加，但均在采用的止水材料变形适应范围内。两种地震工况下，坝坡稳定安全系数满足规范要求，仅下游坝坡顶部局部会有块石松动、滚落现象，需采取针对性抗震构造措施。

总之，在动力状态下，茨哈峡水电站混凝土面板砂砾石坝的抗震安全性是有保证的。

（三）施工组织设计

茨哈峡导流流量较小，枢纽采用围堰全年挡水、导流隧洞泄洪的导流方式。施工期大坝挡水度汛问题不突出，坝体可采用适当的施工工期、常规的填筑强度水平、上下游堆石体同步上升的方法，以控制施工质量、延长坝体预沉降时间。

通过现场碾压试验，选择较严格的坝料碾压参数及控制标准。初步选择上游堆石区砂砾石料碾压参数及控制标准：①32t 自行式振动碾，10%洒水量，铺层厚度 60cm，碾压变数 10 遍，干密度 2.36g/cm^3，相对密度大于 0.95；②32t 自行式振动碾，10%洒水量，铺层厚度 80cm，碾压变数 12 遍，干密度 2.34g/cm^3，相对密度大于 0.92。

（四）极限条件下大坝的安全性

渗流分析显示，面板接缝失效情况下，垫层承担了大部分渗透坡降，垫层渗流出口坡降较低，小于40，渗流扩散范围有限。根据坝料反滤试验成果，垫层料可承受较高的渗透坡降，临界坡降 150，破坏坡降大于 200，面板接缝失效极端情况下渗透稳定满足要求。

通过高面板坝面板应力特性及地震动力研究，茨哈峡面板坝具备一定的极限抗震能力。从研究成果看，控制坝体极限抗震能力的指标主要为坝坡、混凝土面板、止水结构的抗震能力，以及下游坝坡抗震构造措施。

可行性研究阶段在右岸增设 1 条放空洞，可在枯水期放空库水位至上游压坡体高程附近。放空后库容剩余率约 30%，在枯水期可留出多于 4 个月的面板检修时段。一旦面板发生裂缝、止水局部破坏或地震等情况下面板严重破坏时，可利用这个时间进行面板检修。

（中国电建集团西北勘测设计研究院有限公司
周　恒　翟迎春　张晓将　陆　希　徐宏璐）

功果桥水电站碾压混凝土重力坝设计

功果桥水电站是澜沧江中下游河段梯级开发的第一级，正常蓄水位 1307m，相应库容 3.16 亿 m^3，总装机容量 900MW。拦河大坝为直线型碾压混凝土重力坝，坝顶高程 1310m，坝顶长 361m，最大坝高 105m。坝址两岸地形基本对称，河流深切呈 V 形，属高山峡谷地貌；主要出露白垩系下统景星组下段（K_1j^1）地层，岩性为青灰～灰绿色浅变质砂岩（K_1j^1-Ss）、青灰～灰绿色砂质板岩夹灰白色变质石英砂岩。坝基主要地质缺陷为断层、左岸低波速带及少量缓倾角结构面。其中 F_{25} 断层顺层发育，为变质砂岩与板岩接触带，斜穿整个河床，是建基面岩体中规模较大的一条断层。

（一）碾压混凝土坝设计

1. 大坝布置　坝址处河谷较狭窄，岸坡高陡，洪水流量大，选用碾压混凝土重力坝。为充分发挥碾压混凝土大坝快速施工的特点，将引水发电系统布置于右岸地下，同时简化坝内井、洞布置及体型。

碾压混凝土重力坝分 17 个坝段，从左到右依次为左岸非溢流坝（长 153m）、泄水坝段（长 109m）、右岸非溢流坝（长 99m）。泄水坝段由 5 孔 15m×19m 表孔溢洪道和 1 孔 5m×7m 底孔组成。5 孔表孔溢洪道集中布置，弧形工作闸门尺寸为 15m×19.5m（宽×高），堰顶高程 1288.00m，设计水位时，可宣泄流量 12659.9m^3/s。底孔布置在表孔坝段右侧，孔口尺寸为 5m×7m（宽×高），孔口底部高程 1260m，设计水位时可宣泄流量 896.8m^3/s。

2. 坝体断面设计 挡水和泄水建筑物洪水设计标准按500年一遇洪水设计，2000年一遇洪水校核。经优化比较，坝体断面为：下游坡比1∶0.7，上游面铅直，坝体三角形顶点高程1307.00m，坝顶高程1310.00m。因体形要求，表孔坝段三角形顶点高程为1315.27m，在坝下0+074.50m桩号设置永久结构缝将坝体与消力戽结构分开。

（1）坝体稳定应力分析：采用刚体极限平衡法和非线性有限元法进行计算分析，岩体物理力学参数见表1。

表1 计算采用的岩体物理力学参数

岩体级别	岩性	岩石饱和抗压强度（MPa）	模量值（GPa）		混凝土/岩体强度			岩体/岩体强度		
					抗剪断		抗剪	抗剪断		抗剪
			变形模量 E_0	弹性模量 E_s	f'	c'（MPa）	f	f'	c'（MPa）	f
Ⅱ	中、厚层砂岩	100	20	30	1.15	1.10	1.0	1.2	2.0	1.1
$Ⅲ_1$	砂岩板岩互层	80	18	25	1.0	0.90	0.8	1.1	1.5	1.0
	板岩、砂岩	60	11	16	0.9	0.80	0.75	1.0	1.0	0.85
$Ⅲ_2$	砂岩板岩互层	50	9	14	0.85	0.55	0.65	0.9	0.7	0.75
	板岩	30	6	9	0.70	0.50	0.6	0.75	0.6	0.65
Ⅳ	薄层砂板岩互层断层及影响带	<20	4	5	0.65	0.40	0.5	0.65	0.4	0.5

经计算，大坝在除地震工况以外的各种荷载组合下，沿坝基面抗滑稳定均满足规范要求，且有较大富余度。坝趾最大压应力2.813MPa，坝踵垂直应力均为压应力，最小值42kPa，表明坝基面运行状态良好。

非线性有限元计算成果表明，大坝在除地震工况外各工况下应力分布均匀，坝基面全断面处于受压状态。坝趾最大、最小压应力分别为施工完建和正常运行工况，最大压应力为3.2～3.4MPa。为方便对比判断坝基面抗滑稳定，采用重力坝1978年规范安全系数的计算公式计算。经计算，沿坝基面抗滑稳定安全系数最小值为3.26，抗滑稳定有保障。

（2）大坝动力分析：功果桥水电站碾压混凝土重力坝抗震设防类别为乙类，设计烈度Ⅷ度。大坝动参数选择50年超越概率10%的基岩水平地震动峰值加速度为1.43m/s²，100年超越概率2%的地震动峰值加速度2.571m/s²。动力分析进行了悬臂梁法、平面有限元反应谱分析和表孔单体的三维有限元时程分析。

平面动力分析成果显示，大坝设计断面沿高度的质量、刚度分布较均匀，具有较好的振动特性。反应谱平面分析成果表明，挡水坝段静动综合坝面最大拉应力均在1MPa以下，表孔坝段静动综合下游面未出现拉应力。两个典型坝段混凝土抗拉、抗压强度安全，抗滑稳定均满足现行抗震设计规范要求。

表孔坝段计入建基面动力开裂非线性三维有限元波动反应分析成果，在大坝静动力反应数值上，与悬臂梁法和平面有限元法差异不大。建基面在坝踵局部区域发生瞬时张开，但张开区域很小，自坝踵向下游最大张开距离不到7m，不影响大坝建基面的抗滑稳定。

3. 坝体构造设计

（1）分缝设计：根据设计规范及温度应力仿真分析成果，坝段共设16条横缝。横缝间距一般为20～24m，其中表孔坝段横缝分在闸墩右侧，除右边孔为15m外，其余均为20m；采用切缝填彩条布成缝，具有诱导缝的性质，缝间不处理。

（2）碾压混凝土分区：坝体混凝土总量约109万m^3，其中设计碾压混凝土占78%；由于入仓、碾压不便等原因局部用同强度等级常态混凝土置换，实际碾压混凝土约占76%。

碾压混凝土分3个区：RⅠ区为三级配C_{180}15W6F50，各坝段坝体内部碾压区；RⅡ区为二级配C_{90}20W10F100，各坝段上游面防渗层及下游1262.00m高程以下迎水面；RⅢ区为三级配C_{90}20W8F100。

（3）坝体渗控设计：防渗重点在层间，即热升层和冷缝缝面。试验表明，碾压混凝土体透水性很弱，渗透系数数量级为10^{-9}～10^{-11}cm/s，而目前的施工方法及工艺下，碾压混凝土层间渗透性较混凝土本体的差异达1～5个数量级。结合国内龙滩等经验，功果桥坝体防渗层采用二级配碾压混凝土及上游模板周边变态混凝土防渗，较"金包银"模式防渗结构可大幅度提高浇筑速度。防渗层厚度在1264m高程以下取5m，以上4m；下游1262m高程以下迎水面为3m。

二级配混凝土防渗层为高胶凝材料混凝土，防渗层也采用碾压施工，其层面仍是防渗薄弱面。为降低坝体扬压力，仍需在坝体内部混凝土区布置排水孔(间距3m)。排水孔分别引至正常蓄水位或溢流堰面碾压混凝土顶部部位。排水孔原设计为预埋MY150型PVC排水盲管，为避免施工干扰，变更为在混凝土上升2～3个升层时钻孔成型。

4. 混凝土温控设计　大坝强约束区基础温差控制标准为：碾压混凝土最低12℃，常态混凝土最低14℃。严格控制相邻坝段高差不大于10～12m。

溢流坝段约束区在低温季节施工，可自然入仓。基础强约束区不宜高于16℃，弱约束区不高于19℃，非约束区在高温季节不高于21℃。在满足上述浇筑温度下，可不埋设冷却水管。对高温季节浇筑的间歇面附近混凝土，在上述浇筑温度的前提下，宜增加冷却水管。

岸坡坝段基础约束区的浇筑温度如控制在19℃以下，可不埋设冷却水管。当中上部浇筑温度超过25℃时，需埋设冷却水管。

（二）设计特点

1. 调整2010年度汛缺口　功果桥水电站成功度过2009年汛期（一汛）后，基本达到了原定进度计划。要确保2011年10月首台机组发电的目标，就要确保二汛期间溢流坝段连续施工。因此，要优化坝体临时度汛缺口方案。

通过多个坝体临时度汛缺口布置方案的水力学模型试验研究，最终确定2010年二汛的度汛方案为导流洞与大坝1253.00m高程缺口联合泄流，度汛标准为20年一遇，相应流量7710m³/s。坝体临时度汛缺口布置在左岸5～7号坝段，实际缺口高程1247.70m，缺口宽67m。2010年汛期最大来水量达4860m³/s，缺口运行良好。

2. 调整大坝垫层混凝土　2009年5月大坝基坑开挖验收后，已接近汛期，必须尽可能完成坝基覆盖并进行固结灌浆。为此，采用50cm厚常态混凝土找平后直接转入碾压混凝土施工，岸坡坝段基础采用变态混凝土替代原常态混凝土垫层。另外，岸坡坝段采用变态混凝土直接过渡的工艺解决了岸坡坝段常态垫层混凝土与碾压混凝土缝面结合的问题。

3. 坝基开挖设计　根据左坝肩前期掌握的资料，分析论证后采用"小开挖、强锁口、强支护"的原则，较好地控制了开挖边坡高度。2009年初，随坝基开挖揭示，左岸挡水坝段坝基岩体受F_{25}、F_{39}等断层及局部囊状风化带影响，及时做补充勘探及现场试验，详细掌握了风化带分布情况。鉴于左岸岸坡坝段坝高不大，可适当放宽坝基岩体要求，因此确定调整开挖坡比和局部挖除囊状风化区置换混凝土的方案，达到在高陡山体开挖中控制边坡高度进而降低造价的目的，也解决了施工难度问题。

4. 结合景观工程的大坝设计　功果桥水电站建设引入了景观工程设计理念，对大坝进行精细处理。首先将大坝下游面结合坝段做竖向线条，宽尾墩部位闸墩延长50cm，对下游外露的大而光平面进行分割，视觉上更具工业美感。其次将大坝的转折做弧线，左岸导墙收头做成发射的圆形，右岸导墙上部减小，上下形成一条斜线，使整个大坝雄厚而不拙。

（中国电建集团西北勘测设计研究院有限公司
孙新庄　张华明　黄　坚）

黄丰水电站右岸复合土工膜砂砾石坝设计

黄丰水电站位于青海省循化县境内的黄河干流上，是黄河上游龙羊峡—刘家峡河段中第10个梯级，为三等中型工程；上游距苏只水电站9km，下游距积石峡水电站35km。电站枢纽工程主体建筑物由左岸电站厂房、开关站、泄洪闸，右岸复合土工膜砂砾石坝组成，为3级建筑物。水库正常蓄水位1880.5m，库容5900万m³。电站安装5台贯流式机组，总装机容量225MW。

（一）坝体剖面设计

砂砾石坝和上游围堰（堰体是坝的一部分）与泄洪闸右挡墙相接，并与混凝土防渗墙联合防渗。砂砾石坝坝顶长334.80m，坝体与泄洪闸右边墙接头采用挡墙和一道混凝土刺墙连接，挡墙顶部高程为1883.50m，侧坡为1∶0.55。

砂砾石坝坝段河床覆盖层厚4.9～6m，基底岩石为含粉砂质泥岩，基岩顶板高程1854.00～1858.00m，坝基地质条件较好。河床砂卵砾石层天然密度2.0～2.1t/m³，渗透系数30～50m/d，压缩模量30～40MPa，允许承载力0.5～0.6MPa，下伏强风化岩石渗透系数10～15m/d。Ⅱ级阶地砂卵砾石层渗透系数20～30m/d，允许渗透坡降I_p＝0.15。

砂砾石坝上游坝坡1∶2.2，下游坝坡1∶1.8，坝顶高程1883.50m，坝顶宽8m，坝基最大宽度123.80m（含上游围堰基础），最大坝高23.5m，坝顶上游侧设高1.2m，宽0.2m防浪墙。为减少坝体填筑量，上游围堰作为坝体的一部分。上游坝坡铺设复合土工膜防渗，与上游围堰中混凝土防渗墙相接。在坝轴线坝上0—028.00处布置1道60cm厚混凝土防渗墙。防渗墙设计顶高程1870.00m，底部深入微透水弱风化岩体1m。1870.00m以上采用与防渗墙联接的复合土工膜防渗。上下游坡面均铺设0.6m×0.6m、厚0.15m混凝土预制块。为排除雨水，坝顶面向下游倾斜2%，靠下游侧设一道纵向排水沟，断面20cm×30cm。坝下游每隔80m设置一条竖向排水沟，断面30cm×40cm。

（二）防渗体系设计

1. 复合土工膜规格和连接方式　砂砾石坝防渗层采用规格为600g/0.6mm/600g的针刺短线涤纶两布一膜，渗透系数≤3.5×10^{-11}cm/s，幅宽均为6m。

复合土工膜（聚乙烯膜）的连接分下、上层无纺织布缝接和中层HDPE膜双缝焊接。无纺织布用手提缝纫机、尼龙线双道缝接，搭接宽10cm。HDPE膜焊接采用自动调温（调速）XC型土工膜焊接机。焊接质量用目测、真空检测、充气检测法检测。

2. 复合土工膜防渗体结构层设计　防渗结构自上而下依次为混凝土预制块护坡、土工反滤布、上保护层、上细砂粒垫层、复合土工膜、下细砂粒垫层、下保护层。混凝土护板有效厚度15cm。土工反滤布厚0.5mm，单位面积质量200g/m^2。上下保护层料粒径0.2～20cm，级配连续良好，含泥量小于3%，不均匀系数大于1.5，层厚1.5m。上下垫层料粒径0.075～0.5mm，由岩石加工的中细砂组成，级配连续良好，层厚1m。

3. 复合土工膜与周边建筑物连接　采用机械防渗连接为主，化学防渗连接为辅。连接流程：周边建筑物基面处理→涂刷底胶→SR材料找平→土工膜夹入上下两层橡胶止水条中→止水条采用PE胶、KS胶黏结→表面用扁钢配螺栓固定→SR材料封边，组成一个封闭防渗体。复合土工膜预留100cm的褶皱量以适应坝体沉陷变形。

（三）坝体渗流计算

1. 坝体二维渗流计算　采用河海大学编制的AntoBank6.1程序，三角形网格，网格剖分单元9233个，节点4810个。计算工况和计算结果见表1。

由表1可知，5个工况下坝体总渗流量与坝址多年平均流量相比可忽略不计。

2. 经验公式计算　渗漏量根据达西定律进行计算，计算结果表2。

表1　各工况下坝体河床最大剖面单宽渗流量、总渗流量和坡降

项　目	计算工况				
	正常蓄水	设计洪水	校核洪水	死水位	库水位骤降
上游水位	1880.50	1880.50	1880.50	1878.50	1880.50～1878.50
下游水位	1862.31	1866.21	1866.89	1861.36	1862.31
最大坡降	0.0687	0.0287	0.0479	0.0465	0.15
单宽渗流量[m^3/（s·m）]	0.000327	0.000263	0.00026	0.00029	0.00034
总渗漏量（m^3/s）	0.1095	0.0878	0.0868	0.0995	0.1183
相对多年平均流量（703m^3/s）	0.0156%	0.0125%	0.0123%	0.0142%	0.0168%

表2　土工膜渗透引起防渗层的渗漏量

土工膜渗透系数（m/s）	土工膜上下水头差（m）	土工膜厚度（m）	土工膜渗透面积（m^2）	土工膜渗漏量（m^3/s）
3.5×10^{-11}	13.5	0.0006	10000	7.85×10^{-5}

3. 施工缺陷引起的渗漏量　土工膜使用前造成的破损等缺陷和施工时接缝不实，都会引起渗漏。国外的工程经验是，施工缺陷约4000m^{2}出现一个。接缝不实的缺陷，尺寸的等效孔径一般为1～3mm，特殊部位达5mm，一些偶然因素的缺陷为10mm。

缺陷引起的渗漏量计算分：①土工膜与下层土接触良好；②土工膜与下层土接触不良两种情况。计算时，缺陷孔最大有效直径取10mm。计算结果见表3。

表 3 土工膜与下层土接触良好情况下和不良情况下的渗漏量

	r_1(m)	a(m²)	R(m)	H_w(m)	k_s(m/s)	i	q_i(m³/s)	孔数	$\sum q_i$(m³/s)
①	0.005	0.0000785	3.15	13.5	0.000001	1.3962	0.00004	5	0.0021
②	0.005	0.0000785	5.87	13.5	0.000001	1.3602	0.000018	5	0.00092

表中：a—缺陷孔面积；R—土工膜下面土体渗透区域的半径；H_w—土工膜上下水头差；k_s—土工膜下面土层渗透系数（取 1.0×10^{-4}cm/s）；i—平均水力梯度。

由表 2～表 3 可知，坝体材料及坝基覆盖层均满足渗透稳定要求。

（四）坝坡稳定计算

1. 坝坡整体稳定计算　坝坡稳定计算采用河海大学《土石坝边坡稳定分析系统》HH-SLOPER1.2 程序，并用简化毕肖普法及瑞典圆弧法分别计算。计算时坝体断面内浸润线用渗流计算成果（见表 4）。

表 4 土石坝上游坝坡稳定计算结果

计算工况		水位		坝坡稳定安全系数			
				计算值		规范规定值	
		上游	下游	简化毕肖普法	瑞典圆弧法	简化毕肖普法	瑞典圆弧法
正常	正常蓄水	1880.5	1862.31	1.303	1.2889	1.3	1.2
非常Ⅰ	库水位降落期	1880.50～1878.50	1862.31	1.284	1.2559	1.2	1.1
非常Ⅱ	正常蓄水＋地震（0.1g）	1880.50	1862.31	1.1518	1.1522	1.15	1.05

由表 4 可知，上游坝坡稳定计算满足规范要求。计算滑动面均为浅表层滑动。

2. 土工膜与上、下保护层的稳定计算　为保证坝坡的整体安全，采用经验公式复核计算复合土工膜与上、下层垫层等间的抗滑稳定计算。经计算，采用普通复合土工膜或常规铺设方式，不能满足规范要求，应增加抗滑防滑措施。

3. 增加土工膜抗滑稳定措施　措施有：①增大土工膜表面摩擦系数；②折线型铺设土工膜；③坝体上游坝面设置抗滑齿槽。措施①虽能满足规范要求，但用量小，单独生产此规格土工膜不经济。措施②能提高土工膜稳定性，但会增加施工难度。经计算采取措施③能满足上游坝坡复合土工膜与上下保护层间的抗滑稳定要求和规范要求。

（五）监测系统设计

为跟踪监测坝体的渗流及运行情况，在混凝土防渗墙后的坝基础面安设渗压计，横河向每隔 50m 布置一个。此外，在砂砾石坝和混凝土挡墙交界线、坝右 0＋135.00m 和坝右 0＋185.00m 薄弱部位设 3 个典型监测断面，每个断面基础部位设 3～5 支渗压计，以监测大坝运行期的渗压。

（中国电建集团西北勘测设计研究院有限公司
甄　燕　王　凡　吕　琦　张　博）

绩溪抽水蓄能电站下水库面板堆石坝优化设计

（一）概况

绩溪抽水蓄能电站安装 6 台单机容量 300MW 的可逆式抽水蓄能机组。下水库位于登源河的北支流，正常蓄水位 340.00m，相应库容 1080 万 m³，其中调节库容 903 万 m³。

下水库大坝采用混凝土面板堆石坝，最大坝高 59.1m，坝顶长 443.69m；考虑交通、施工和运行需要，选定坝顶宽 8m，左坝头与进场公路和库岸公路连接；坝顶上游侧设 L 形混凝土防浪墙，顶高程 346.3m，墙高 4.7m（坝顶以上 1.2m）。

坝址区右岸出露基岩为燕山晚期第二阶段侵入的粗粒花岗岩，局部有花岗细晶岩脉。第四系覆盖层为残坡积粉质黏土夹碎（块）石和冲洪积漂卵砾石夹中粗砂。岩（石）体物理力学试验成果见表 1。

表 1 岩（石）体物理力学试验成果

物理力学指标	饱和单轴抗压强度平均值（MPa）	软化系数	吸水率（%）	备注
强风化粗粒花岗岩	5.07	0.59（0.24～0.87）	1.58	
弱风化粗粒花岗岩上段	11.94	0.68	1.27	
弱风化粗粒花岗岩下段	35.60	0.70	0.74	中硬
微风化粗粒花岗岩	66.71	0.73	0.17～0.71	硬

下水库西库岸山体单薄，强风化岩体较厚。考虑该岩体在水库蓄水后对边坡稳定不利，加之灌浆的可灌性较差，因此该段库岸采用钢筋混凝土面板防渗。右库岸防护长度 390.65m，上游坡比 1∶1.5，沿库岸公路以下混凝土面板设计参数与大坝混凝土面板相同。

（二）大坝设计优化

1. 坝坡　可行性研究阶段，大坝面板坡比 1∶1.4，右库岸面板坡比 1∶1.5，中间用异形渐变连接板连接。考虑施工中存在拉模困难、质量难以保证和受力条件复杂等问题，招标、技施阶段，将下水库大坝面板坡比也改为 1∶1.5。

2. 坝体分区　坝体填筑材料分垫层区、特殊垫层区、过渡区、上游堆石区、下游堆石区及上游大坝辅助防渗区。垫层区及过渡区坡比均为 1∶1.5，两者水平宽度分别为 2、4m。趾板下游设特殊垫层区。过渡区下游侧为上游堆石区，上游坡比 1∶1.5。为提高填筑石料的利用率，充分利用下水库开挖石料，在坝体下游设下游堆石区，下游堆石区下游坡比 1∶2。为改善坝体排水条件，在下游堆石区 293.00m 高程以下设堆石排水区。上游堆石区和堆石排水区均采用上水库库尾石料场开采的新鲜或弱、微风化粉砂岩填筑，下游堆石料采用下水库建筑物开挖的强风化粗粒花岗岩料填筑。

根据上下游堆石区范围和过渡方式不同，拟定 4 种坝体分区方案（见图 1）对大坝采用三维有限元计算，前 3 种分区中交叠混合区按软硬岩填筑比例又分为 A、B、C3 个方案。

计算范围包括大坝及右库岸边坡，考虑大坝堆石体、趾板、面板、防浪墙等。10 种方案（见表 2）均计算竣工期和正常蓄水期。

表 2 坝体分区方案特征

<table>
<tr><th>方案</th><th>编号</th><th>方案描述</th><th>交叠层填筑掺配比例</th></tr>
<tr><td rowspan="3">方案 1</td><td>1A</td><td rowspan="3">上游堆石区下游坡倾向下游，在上下游堆石区间设等宽交叠混合区</td><td>方案 A，上游堆石料 75%，下游堆石料 25%</td></tr>
<tr><td>1B</td><td>方案 B，上游堆石料 50%，下游堆石料 50%</td></tr>
<tr><td>1C</td><td>方案 C，上游堆石料 25%，下游堆石料 75%</td></tr>
<tr><td rowspan="3">方案 2</td><td>2A</td><td rowspan="3">坝体内部上下游堆石料间设三角形交叠混合区</td><td>方案 A，上游堆石料 75%，下游堆石料 25%</td></tr>
<tr><td>2B</td><td>方案 B，上游堆石料 50%，下游堆石料 50%</td></tr>
<tr><td>2C</td><td>方案 C，上游堆石料 25%，下游堆石料 75%</td></tr>
<tr><td rowspan="3">方案 3</td><td>3A</td><td rowspan="3">下游堆石区上游坡倾向上游，在上下游堆石区间设等宽交叠混合区</td><td>方案 A，上游堆石料 75%，下游堆石料 25%</td></tr>
<tr><td>3B</td><td>方案 B，上游堆石料 50%，下游堆石料 50%</td></tr>
<tr><td>3C</td><td>方案 C，上游堆石料 25%，下游堆石料 75%</td></tr>
<tr><td>方案 4（新方案）</td><td>4</td><td>下游堆石区上游坡倾向上游，在上下游堆石区间设等宽过渡料</td><td>趾板抬高 6m，不设交叠填筑区</td></tr>
</table>

计算结果表明，不同方案间的应力差异较小，主要的差异是坝体沉降和面板变形。面板变形对坝体沉降有很强的依赖关系，坝体沉降在一定程度上可反映坝型的优劣。

竣工期坝体最大沉降值大小排序为：1C＜1B＜1A＜2C＜新方案＜2B＜2A＜3C＜3B＜3A，方案间的沉降最大差值为 6.7cm，但各方案间差异较小。各方案坝体最大沉降分布位置：方案 1 距坝轴线最远，方案 2 次之，方案 3 最近。而相同分区不同混合区材料方案间差异较小，除方案 2C 与 2A、2B 差异较大之外。

软岩堆石体的沉降量大于硬岩堆石体。过渡带配合比（各方案的 A、B、C）对沉降分布的影响较小。最大沉降点距坝轴线最近的是方案 3，最远是方案 1，

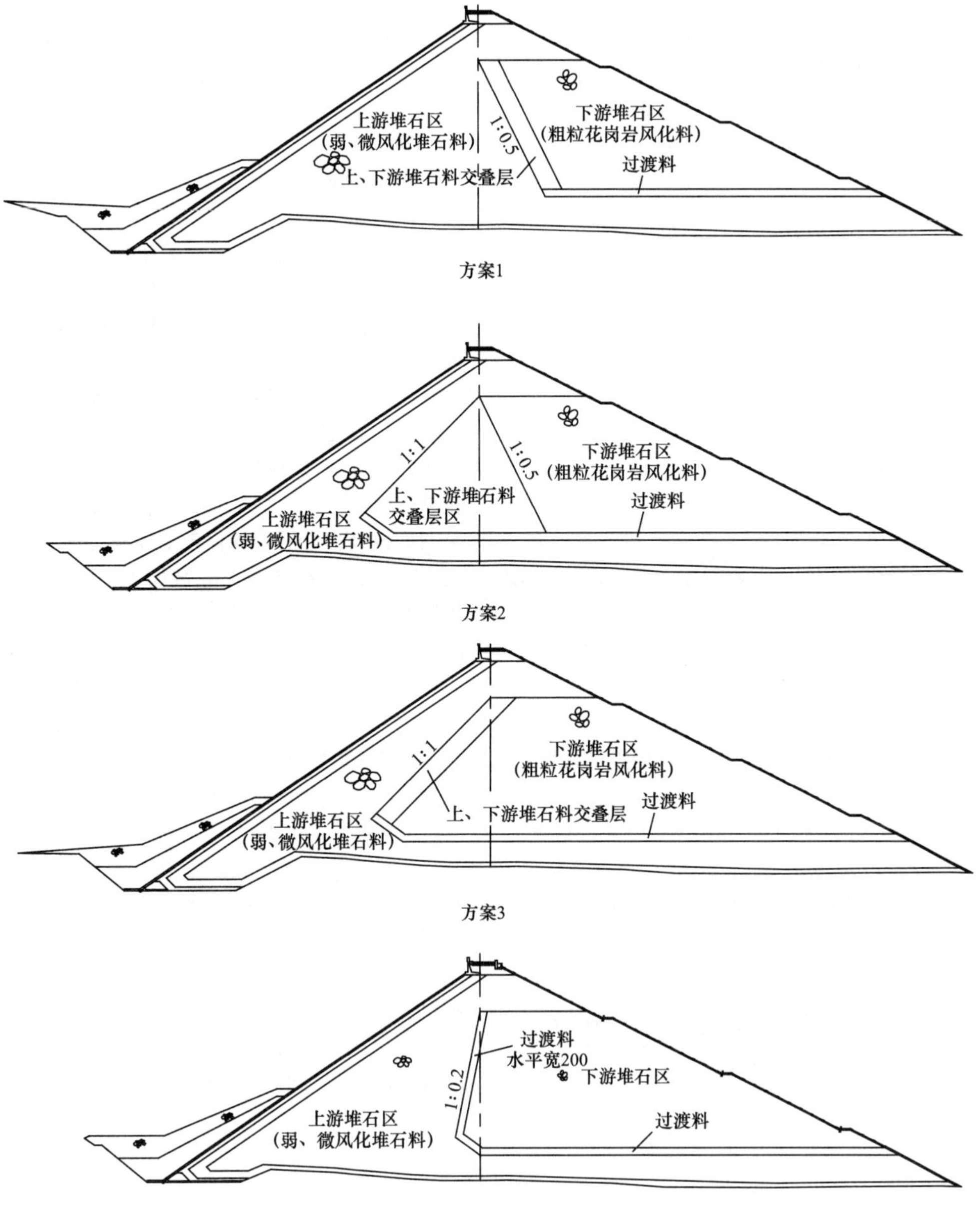

图1　不同坝体分区方案简图

方案2和方案4差不多，但方案4最大沉降量略小，偏离距离取决于软硬岩分界线离坝轴线的距离。最佳方案应是在面板可接受的沉降值条件下，尽可能地扩大软岩断面面积。

经综合比较，坝体分区最终选择方案4。

3. 坝基开挖

(1) 趾板基础开挖。由于坝址区强风化层厚度大且下埋深度变化大，为避免大量开挖造成大规模弃渣且易形成高边坡，招标阶段将低高程趾板基础置于强风化下部～弱风化上段岩体，两岸高高程趾板置于强风化中部岩体，岩体质量为$Ⅳ_{1C}$～$Ⅲ_{2C}$类。

技施阶段对土石方开挖复核及优化，认为下水库大坝不高，两岸趾板建基面可置于强风化中部岩体上，河床段趾板建基面高程由280m抬高至286m，并适当调整河床左岸趾板建基面。优化后开挖深度：左岸趾板基础5～16m，左岸台地6～18m，右岸5～19m，沟底5～8m。

(2) 趾板下游侧开挖。招标阶段河床段趾板后水平段开挖长度25m，为减少趾板后坝基开挖，技施阶段将其调整为20m，趾板后20m水平段采用0.3m厚混凝土防渗板封闭。

4. 填筑控制标准 坝体分区中上游堆石料采用上水库弱、微风化粉砂岩及赤石坑水池开挖的弱、微风化似斑状花岗岩等硬岩料填筑；软岩料填筑在坝体下游区，但要通过现场试验判断强风化软岩料能否被压实，并确定和优化压实标准和施工参数。

下游区堆石区粗粒花岗岩强风化料进行了17次碾压试验，采用振动平碾压实。设计要求下游堆石料压实后孔隙率不大于20.8%，干密度不小于2.05g/cm³。试验结果表明：

(1) 碾压机具吨位和碾压遍数对破碎率影响较小，采用10～20t振动碾均可。

(2) 软岩材料含水率为7.5%～9%时，压实效果较好，这与室内击实试验结果（9.02%）基本吻合。

(3) 碾压遍数增加，孔隙率提高；在一定铺厚、含水率情况下采用14t振动碾，碾压8遍，以及采用20t振动碾，碾压6遍，均满足设计要求。

(4) 在最优填筑含水率下，采用35cm铺层，14t振动碾碾压8遍，采用45cm铺层，20t振动碾碾压6遍，孔隙率、干密度均能达到设计要求。

综上所述，确定下游堆石料强风化中上部粗粒花岗岩施工时含水率按填筑最优含水率（7.5%～9%）附近控制，采用20t振动碾、压实层厚40cm、碾压6遍的施工参数。

（中国电建集团华东勘测设计研究院有限公司
符 晓 张 萍）

积石峡水电站混凝土面板堆石坝监测设计

积石峡水电站混凝土面板堆石坝，坝顶高程1861.00m，坝顶长321.9m，顶宽9.8m，最大坝高103m。

（一）监测设计

1. 变形监测

(1) 表面变形永久监测布设8横5纵监测断面。坝长超过300m，考虑其台阶状复式地形，横断面间距比规范要求略密，为30～40m，其中坝右0+086.36m、坝右0+168.36m（最大坝高断面）和坝右0+248.360m为监测主断面。纵断面在坝顶上游侧正常蓄水位高程以上设1条、坝顶下游侧及下游坝坡约1/3、1/2、2/3高程各设1条。在每纵、横剖面交叉点处设1个表部变形监测水平和竖向位移综合测点。为监测台阶状的复式地形不均匀沉降对大坝表部的影响，在台阶右侧坝顶上、下游测线各增加了1个垂直位移测点。

坝顶上游侧横向水平位移采用视准线法观测、纵向水平位移采用全站仪测距，视准线工作基点在其两端延长线上。坝顶下游侧及下游坝坡水平位移均采用前方交会法，4个工作基点设在坝下游两岸稳定基岩上。水平位移工作基点利用坝址区平面监测控制网校核。

大坝表部竖向位移监测采用精密水准法，2个工作基点位于左岸下游上坝公路处和右岸坝肩下游交通洞内。工作基点均为基岩标，利用坝区水准监测控制网对其校核。

(2) 堆石体内部变形包括分层竖向位移、分层水平位移、界面位移等的监测。

1) 分层竖向位移，采用水管式与电磁式沉降仪相结合监测。在3个监测主断面设水管式沉降仪，每个断面按高程分层布置，各层在坝轴线处设1测点，向上下游延伸每30～35m增加1个测点，其中最大坝高断面在1840、1820、1800m高程设3、5、7个测点，其余2监测断面在1840、1820高程分别设3、5个测点。在最大坝高断面另布置电磁沉降仪，布设4根沉降管：坝轴线处1根，坝轴线上游2根、下游1根，并与水管式沉降仪测点对应。沉降管底部均深入坝基下基岩10m，在约最大坝高1/2高程以下沿高程每4m设1个沉降盘，以上沿高程每8m设1个沉降盘。基准环位于管底以上2m处。坝轴线上游沉降管埋至垫层区后向下游弯曲，以便面板完成后能继续沉降观测。

2) 坝体分层水平位移，用水平位移计和滑动测斜仪监测，布置3个钢丝水平位移计监测横断面。监测断面位置、测线高程和测点布置方式均与水管式沉降仪相同。钢丝水平位移计及水管式沉降仪均引入下游坝面处相应观测房中。每个观测房顶设1个综合位移观墩，引入位移绝对值。与沉降管结合，将坝轴线0+000.00m和坝下0+034.50m两根沉降管布置为测斜、沉降管，利用活动测斜仪监测分层水平位移。

3) 界面位移和深层应变的监测，在左右岸坝体易受拉部位分高程布置多联式位移计组（各位移计沿直线串联）。重点监测引水钢管水平段外包混凝土基础与右侧河床连接部位堆石体，上游至下游3个断面：坝轴线上游25m，坝轴线，坝轴线下游20m。3个监测断面均分高程分别埋设3组、4组、2组五联式位移计。堆石体与右岸边坡连接部位沿坝轴线在坝顶高程以下6、11m处各埋设1组五联式位移计。堆石体左岸与溢洪道右侧边墙连接部位坝轴线处、坝顶高程以下5m处埋设1组二联位移计。单支位移计测量范围为3m。

(3) 周边缝监测采用测缝计。在周边缝沉降位移、剪切位移、张拉位移较大处和趾板凸出部位均布置三向测缝计，共15组。在面板板间缝处布置单向、二向测缝计监测面板相对张拉和沉降。二向测缝计布置在堆石体与左岸埋管连接部位面板板间缝处和右岸近岸坡部位板间缝处，另外布置在3个变形监测主断面处，以监测面板与防浪墙接缝位移。在最大断面压性缝单向测缝旁布置水平向钢筋计。

(4) 混凝土面板挠度采用固定测斜仪监测，在坝体最大变形监测断面布置1条测线。工程地处寒冷地区，测斜管埋设在面板混凝土中。混凝土面板计算挠度在竣工期、运行期和地震情况下最大值均发生在1/2坝高左右，因此，在1/2坝高高程附近布设的固定测斜仪较密，最小间距3m，最大间距9m。固定测斜仪电缆经保护后引至下游坝面观测站。为配合固定测斜仪监测，在固定测斜仪上、下部混凝土中顺坡向埋设钢筋计。

(5) 面板和垫层间脱空情况用面板脱空仪（两支大量程位移计组装）监测。根据变形计算结果，考虑方便电缆牵引，监测断面与内部变形分层位移监测断面结合。3个监测断面、3个监测高程共布置7组面板脱空仪。另外在最大坝高断面增加了1组面板脱空仪。

2. 渗流监测　包括坝体与坝基渗流压力、绕坝渗流、渗流量的监测。

积石峡水库不存在永久性渗漏问题。坝基帷幕防渗系统设计深度标准按 $q \leqslant 3\text{Lu}$ 控制。

(1) 坝体与坝基渗流压力监测共布置5个主断面，采用振弦式渗压计；其中3个位置同坝内变形监测，另外2个位于2号钢管上平段管轴线和坝轴线断面基岩面最低处。每个监测断面在帷幕线后布置有2～5个坝基渗压测点，此外沿趾板处帷幕线后还增加了部分坝基渗压测点。坝体渗压测点布置在趾板后垫层小区和混凝土面板下游垫层区。

16、17号趾板接头处及其下游的 F_c 断层带，采取混凝土断层塞处理，并在其下游增加混凝土拖板。为监测 F_c 断层带的渗流状态，沿 F_c 断层走向布置3支渗压计，分别位于趾板后混凝土板下部基础、上部垫层区后及混凝土拖板下游端。

(2) 绕坝渗流监测通过地下水位长期观测孔实现。分别在左右岸坝肩帷幕前（2个）、帷幕线岸内端头（1个）、溢洪道左侧帷幕线后从上游至下游（3个）、堆石坝下游边坡左侧（1个）布置测点。此外，右岸坝肩帷幕沿右岸交通洞向上游延伸约90m，其帷幕线后布置2测点；帷幕线下游在堆石坝外边线附近从上游至下游布置4个测点。长期观测孔的钻孔深度深入已知最低原始地下水位2m，施工期利用平尺水位计监测。

(3) 在坝下游厂房中控楼右侧设混凝土截水墙及1座量水堰，用来监测坝体渗流量。墙前设约20m长钢筋混凝土输水廊道（外设反滤层），其后为排水廊道，排水廊道出口位于厂房尾水右边墙处。量水堰为不锈钢板制作梯形薄壁堰，其最大测流量为178L/s。

3. 压力（应力）监测

(1) 选择坝体最大变形监测断面为堆石体土压力监测断面。结合坝内变形监测在坝轴线上游30m处、坝轴线处和坝轴线下游35m处布设3条垂直测线，并结合坝体内分层变形测点分4层布置。每个测点的土压力计按水平、垂直及45°三向布设。

(2) 在堆石体左侧与溢洪道右侧边墙连接界面处、坝顶高程以下5m埋设接触式土压力计监测土压力，同时在测点处埋设渗压计。

(3) 混凝土面板应力应变共设4个监测断面，断面位置与坝体和坝基渗压监测相同。其中3个为大坝变形监测主断面，1个设在2号钢管埋管轴线处，每个监测断面面板中分高程布置1～5测点为二向（或四向）应变计组。其中靠趾板较近、应力情况较复杂的测点处布置四向应变计组。每个应变计（组）测点处均布置1支无应力计。

钢筋应力测点与面板混凝土应力应变监测相结合。此外，在台阶状复式地形交界处面板、右岸可能受拉区面板各增设1个钢筋应力监测断面。所有钢筋应力测点均布置2支钢筋计（顺坡向及横坡向）。

在最大坝高断面面板内布置了8支表面温度计监测混凝土温度及库水温。

（二）监测设计特点

1. 沉降管弯曲式埋设法　为更全面地监测到坝的竖向位移量，最大坝高断面坝轴线上游两根沉降管在埋至垫层区后向下游弯曲至坝后观测房（见图1），使得面板完成后能继续进行沉降观测。

2. 多联式水平位移计　为监测引水钢管水平段外包混凝土坝基与右侧河床坝基形成的台阶状复式地形对堆石体变形的影响，在坝顶上、下游测线处增加了垂直位移测点，以监测台阶状复式地形不均匀沉降对坝顶的影响；在堆石体内平行坝轴线方向按3个监测断面、分4个高程设置多联式（五联）水平位移计，以监测台阶状复式地形对堆石体沿坝轴线变形的影响。多联位移计布置见图2。

3. 压性缝监测　在混凝土面板压性缝监测设计中，除按常规布置测缝计外，在面板压性缝的边角钢筋上增设了水平向钢筋计，监测压性缝的受压状态。

（三）下闸蓄水初期主要监测成果

积石峡水电站于2010年10月14日下闸蓄水，本坝监测资料至蓄水后4个月。

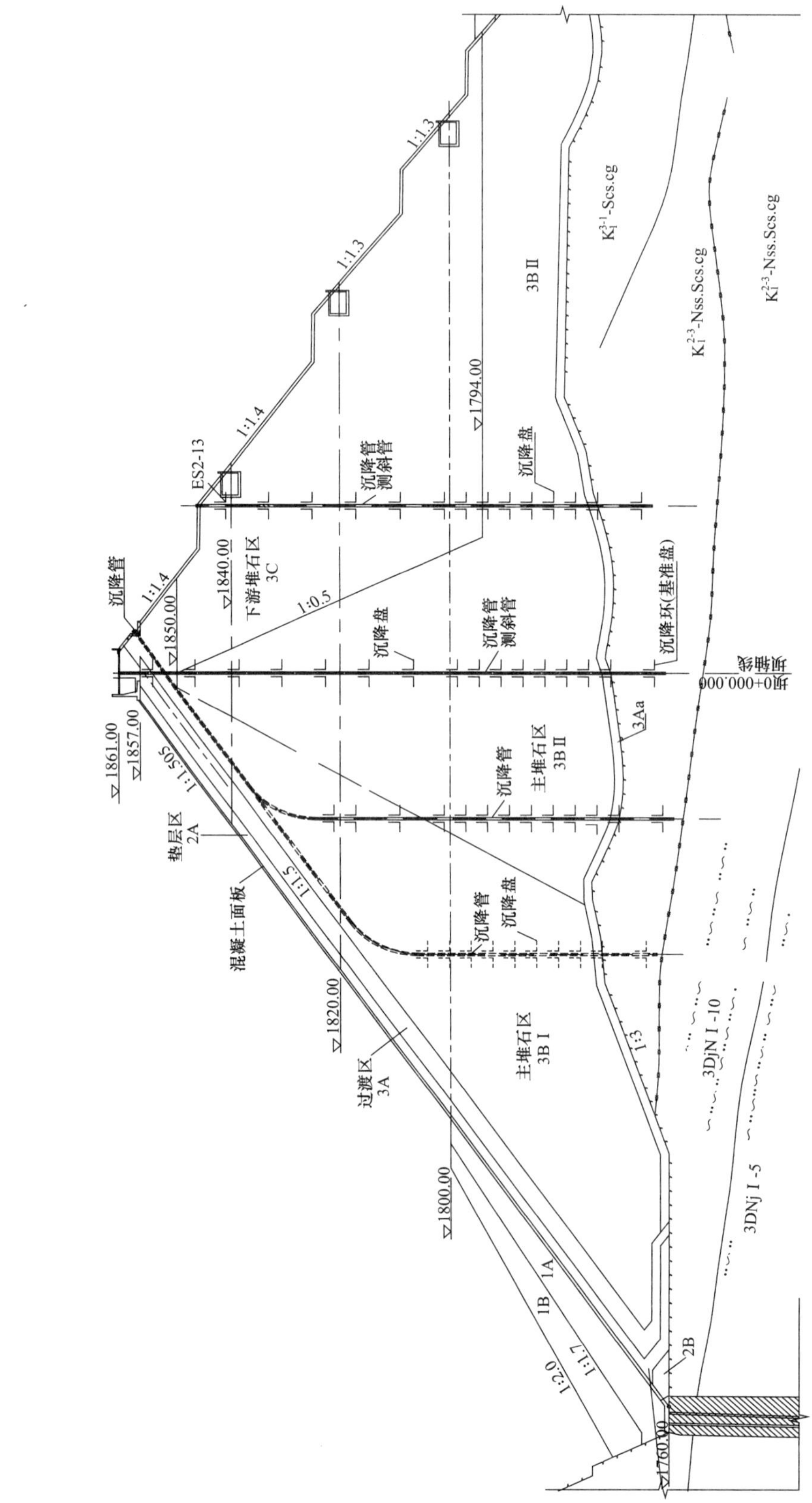

图 1 电磁式沉降管布置图

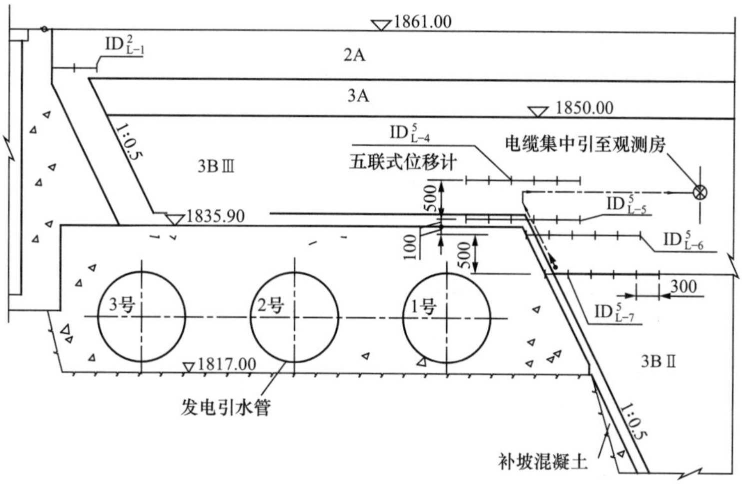

图 2 台阶状的复式地形连接处多联位移计布置

1. 坝体内部垂直位移 堆石体内部最大沉降量发生在坝体最大断面（坝轴线 1/2 坝高以上约 2m 处），最大沉降 49.8cm（电磁沉降管监测），较三维非线性有限元静力计算竣工期垂直位移最大值 78cm 小约 28cm。下闸蓄水后各测点沉降量仅微量增加或不增加。

2. 堆石体界面位移 多联位移计组测点表现为受拉，坝轴线监测断面、左岸埋管外包混凝土高程以上 1m 处五联位移计组总拉伸量最大为 93.47mm；其次坝下 20m 监测断面、左岸埋管外包混凝土高程以下 1m 处五联位移计组拉伸量 78.19mm；蓄水前 2010 年 10 月 13 日至 2011 年 2 月 12 日，单支仪器最大拉伸约 2.5mm，发生在左岸埋管坝段右侧距岸坡 3～6m 区间。

3. 周边缝与垂直缝变形 周边缝相对下闸蓄水前最大张开变形值为 3.98mm，最大下沉 6.16mm，发生在右岸缓坡段；最大错动 3.39mm，发生在左岸缓坡段。另有右岸缓坡段个别测点周边缝最大张开值为 20.42mm，下沉 16.35mm，错动 3.87mm。

左岸电站进水口右侧面板垂直缝的张拉变形值在 1.61～2.98mm 之间；右岸垂直缝的最大张开值为 2.4mm。面板垂直缝最大压缩变形发生面板压性缝处，最大值为 0.7mm。

下闸蓄水初期压性缝钢筋计压应力明显增大，与其对应位置测缝计监测结果吻合。

4. 面板挠度和脱空 面板向上游最大挠度发生在蓄水前温升期，最大值小于 7cm。面板向下游最大挠度发生在蓄水后温降期，最大值小于 9cm。

（中国电建集团西北勘测设计研究院有限公司
黄燕妮 陈树联 顾永明 唐鹏程）

糯扎渡水电站掺砾土料一次碾压质量控制

糯扎渡水电站掺砾土心墙堆石坝最大坝高 261.5m，坝顶长 630.06m，宽度 18m。坝体基本剖面为中央直立心墙形式，心墙区填筑料为掺砾土料。

（一）掺砾土物理力学特性

掺砾土是农场土料场混合土料按体积比掺入 35%级配人工碎石组成。混合土料黏粒含量平均为 17%，液限 35.8%，塑限 17.7%，塑性指数 18.1。土料属含砾低液限黏土。混合土料压缩系数为 $0.16MPa^{-1}$，属于中压缩性土料。混合土料掺入 35%的级配砾石后，掺砾土料的压缩系数为 $0.05MPa^{-1}$，属低压缩性土。抗剪强度、渗透系数均满足设计要求。由掺砾土物理力学试验成果分析，掺砾土压实后密度较高、压缩性低，且能缩小防渗体与坝壳料的变形模量的差距，有效降低坝壳对心墙的拱效应，改善心墙的应力应变，减少心墙裂缝发生几率，防止产生水力劈裂。

（二）掺砾土料设计指标

设计要求掺砾土料最大粒径不大于 150mm，小于 5mm 颗粒含量 48%～73%，小于 0.075mm 颗粒含量 19%～50%。掺砾土料填筑时，细料（小于 20mm）采用 $595kJ/m^3$ 功能“三点快速击实法”检测，压实度≥98%，最小压实度不得低于 96%，压实度在 96%～98%之间的比例不超过 10%。

（三）掺砾土料一次碾压质量控制

着重控制料源质量和碾压设备的性能。

1. 土料场混合土料质量控制

(1) 开采区混合土料取样的检测结果与设计指标相比低得多（见表1），土体含砂量偏大，料性变化较大，难以保证一次碾压质量。经论证废弃了不合适料场，并对新开采区进行鉴定和整体规划，初步确定了开采范围和深度，严格按规划及制定的措施有序开采。

表1 混合土料试验检测成果

项目	塑限（%）	塑性指数	黏粒含量（%）
设计值	17.7	18.1	17.0
最大值	15.3	16.3	14.4
最小值	14.5	14.8	12.5
平均值	14.9	15.1	13.9

(2) 加强新剥离开采区混合土料料源的试验检测力度，重点是液塑性指标。检测结果与设计指标基本吻合，检测成果见表2。

表2 新剥离开采区混合土料试验检测成果

项目	塑限（%）	塑性指数	黏粒含量（%）
设计值	17.7	18.1	17.0
最大值	18.6	18.2	18.8
最小值	17.7	17.7	17.7
平均值	18.1	18.0	18.0

(3) 土料开采严格按立采方式进行，剔除超径（大于150mm）等不合格料，确保混合土料颗粒级配满足要求。检测结果均满足设计要求，成果见表3。

表3 掺砾土料颗粒特征粒径颗粒含量监测成果

检测项目	<40mm含量	<20mm含量	<5mm含量	<0.075mm含量
设计值(%)	70～90	62～85	48～73	19～50
检测组数	45	45	45	45
最大值(%)	89.4	80.8	71.4	47.1
最小值(%)	72.9	67.5	55.8	29.4
平均值(%)	81.7	73.5	64.0	37.8

(4) 土料开采中，对土料含水率定时检测，根据含水率变化，适当调整开采作业面。含水率偏大的土料，可分段晾晒，铺晒厚度为20～30cm；含水率偏小的土料，采取浸闷补水法进行调节，确保混合土料含水率满足设计要求。试验检测成果见表4。

表4 掺砾土料含水率试验检测成果

检测项目	含水指标	
	细料含水率（%）	细料含水率与最优含水率之差（%）
设计值		－1～＋3
检测组数	250	250
最大值	18.0	2.1
最小值	15.6	－0.3
平均值	16.3	0.8
合格率		100

2. 碾压设备质量控制

(1) 掺砾土料采用进占法卸料，湿地推土机平料，铺料厚度27cm。采用20t凸块碾低频高振碾压，平行于坝轴线方向进退错距行进，错距40cm。

(2) 碾压机械安装高精度自动定位装置和激振力状态监测装置，对碾压作业中各项控制参数实时监控。监控内容包括：对碾压机进行三维定位与振动状态监测，并将监测数据发送至GPS数字大坝监控中心；根据监测数据实时动态绘制碾压机行进轨迹，自动计算碾压遍数，并在位于监控中心的监控客户端坝面施工数字地图上实时显示碾压轨迹、行进速度、激振力状态与任意位置的碾压遍数；填筑中有超压、漏碾、超速、激振力不达标情况发生时，自动提示施工管理和质量监督人员，并以短信形式报警，以便及时调整，使碾压质量在施工中始终处于受控状态。

3. 掺砾土料压实度试验检测方法及取样试验

(1) 技术指标要求掺砾土料采用全料压实度控制，2690kJ/m³，击实功≥95%；采用直径152mm击实仪对小于20mm细料，按595kJ/m³，击实功≥98%，与全料控制标准相对应。为更好地控制细料压实度质量，缩短检测时间，提高填筑强度，最终确定采用细料（小于20mm）595kJ/m³击实功，“西尔夫三点快速击实法”进行现场压实度检测。

此法可对每一个试坑进行三点快速击实试验，能充分考虑混合土料的性质变化，并一一对应，测出的细料压实度准确可靠。从现场运至试验室开始备料、称料，至出报告所需时间最快不超过50min，可大大缩短检测过程。

(2) 定期或不定期量测凸块碾的凸块厚度，跟踪5号碾测量凸块厚度为2.7cm，并对该凸块碾碾压部位进行取样检测。取样结果表明，5号凸块碾碾压质量一次碾压优良率低。论证后更换了5号凸块碾的凸块，确保凸块厚度不小于3cm。随后对更换后的凸块碾跟踪检测，共抽检掺砾土料564组，检测结果满足压实度≥98%的设计要求。

（中国水利水电建设工程咨询西北有限公司 迟 欣）

阿海水电站预应力闸墩锚块受力状态研究

阿海水电站挡水建筑物为碾压混凝土重力坝，最大坝高130m，坝长482m。溢流表孔布置在左岸4～7号坝段，表孔堰顶高程1484.00m，共设5个表孔，孔口尺寸为13m×20m，前缘总长度为93m，建基面高程为1397.00～1425.00m，最大泄量14839m³/s。表孔坝段用弧形工作门挡水，中墩宽5m，边墩宽4m，通过闸墩上预应力锚索平衡弧门推力。

（一）预应力闸墩锚索布置

阿海水电站锚索采用“开槽锚块＋锚固洞＋平行锚索”布置方式。此类闸墩预应力锚索布置方式，已在天生桥、居甫渡等工程中应用。

主锚索在闸墩立面上平行布置，与水平面夹角13.0112°（见图1），同支铰推力方向。中墩预应力主锚索平面上对称布置（见图3），与闸墩水流方向边线呈1°夹角，每侧2排，第1排8根，第2排2根，每个中墩共布置主锚索20根。边墩仅迎水侧布置2排（见图2），第1排8根，第2排4根，每个边墩布置主锚索12根。在锚块的横河向均布置有预应力次锚索，中、边墩均布置3排次锚索，每排7根，共21根。主锚索设计荷载3000kN，超张拉荷载3300kN；次锚索设计荷载1800kN，超张拉荷载1980kN。

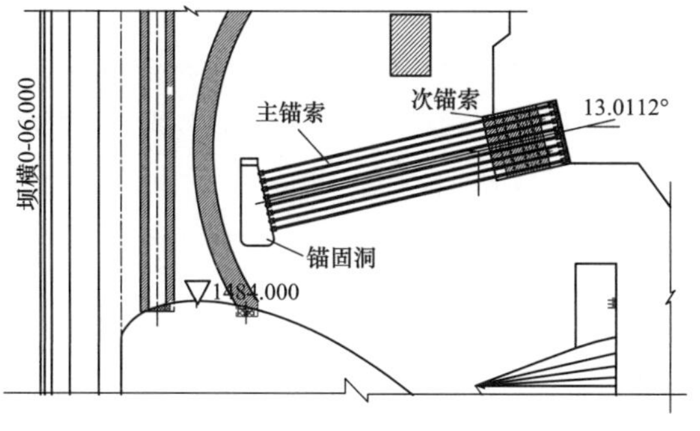

图1　锚索布置立面图

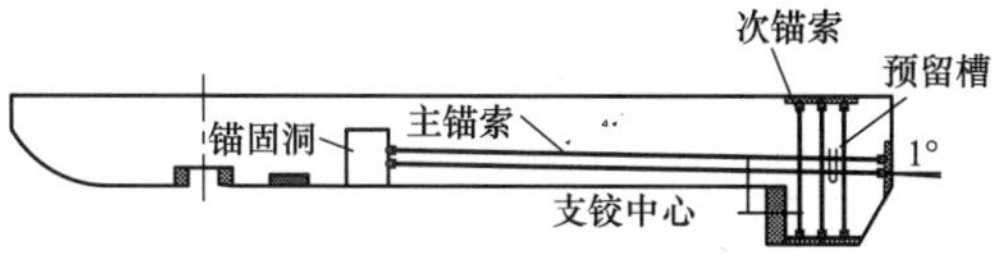

图2　边墩锚索布置平面图

施工时闸墩内需预埋钢管用于对穿锚索，张拉完成后，回填锚固洞，锚索回填灌浆。

施工期，锚索张拉完成，工作弧门未挡水，边墩

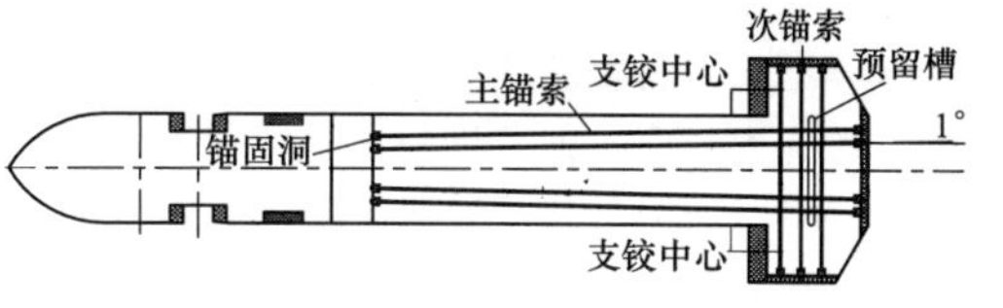

图3　中墩锚索布置平面图

锚块在预应力锚索作用下受力不均，背水侧颈部区域可能存在拉应力，其范围和数值大小决定闸墩是否开裂。DL/T 5057—2009《水工混凝土结构设计规范》建议：在边墩非对称布置主锚索时，非推力侧应布置平衡锚索，且平衡系数β在0.2～0.3之间。为了解新型布置“开槽锚块＋锚固洞＋平行锚索”施工期锚块上特别是边墩锚块颈部的应力分布，对溢流坝段用ANSYS软件进行了有限元计算。

（二）有限元计算

1. 计算模型　依据阿海施工图《4号～7号溢流坝段高程1490m以下坝体段结构图》建立计算模型，坝体最低高程1392.00m，最高高程1510.00m；横河向范围由坝纵0＋60.0至坝纵0＋153.0，顺河向范围由坝横0－006.0至坝横0＋110.0；共划分720125个单元。模型考虑应力分布不利情况，未模拟预留槽。

4号～7号溢流坝预应力锚索采用后张法张拉，相当于在预应力锚索两端预先给混凝土构件施加集中力。基于上述原理，4号～7号溢流坝预应力锚索采用Link8单元模拟。

模拟预应力锚索的方法为：采用Solid45单元建立坝体模型；在闸墩、锚块锚索处表面创建硬点（Hardpoint）；划分单元；在对应的两个硬点间创建Link8单元。

2. 计算荷载及工况　主要研究施工期预应力闸墩锚块的受力情况，以施工期为主要计算工况，取工作弧门正常蓄水位挡水时作为对比工况。

计算荷载包括：①混凝土自重；②正常蓄水位弧门挡水时，上游坝面及闸体受的静水压力；③正常蓄水位弧门挡水时，弧门支铰推力总静水压力29821kN；④锚索的有效预应力荷载（设计锚索荷载）。施工期荷载①与④组合，运行期①、②、③、④组合。

Link8单元参数输入情况见表1。

表1　Link8单元参数

锚索类型	横截面积（m²）	初始应变	弹性模量（MPa）	永存吨位（kN）
主锚索	3466	4.439×10^{-3}	1.95×10^{5}	3000
次锚索	2189	4.217×10^{-3}	1.95×10^{5}	1000

3. 计算成果 施工期边墩锚块第一主应力以压应力为主，锚索布置区域有压应力集中，锚块颈部处，有拉应力分布，但范围较小，数值不大。锚块端部两侧有拉应力分布，推力侧端部相较于非推力侧端部拉应力分布区域较大。端部两侧拉应力数值均小于锚块采用C40混凝土抗拉设计值。施工期，工作弧门无推力作用，锚索施加预应力后，混凝土局部受压，两局部受压区间的区域产生由锚索预应力引起的拉应力。边墩主锚索采用的不对称张拉方式，使边墩产生偏心受力，边墩锚块颈部区域因此出现拉应力，但数值与范围不大。其原因是，主锚索与水流向边线有1°夹角，使主锚索产生横河向非推力侧力的分量，有效减少了颈部拉引力分布的区域与数值大小。

施工期中墩锚块第一主应力为拉应力，主要是由预应力锚索引起的压应力集中区中间部位的拉应力，即锚块外边缘两侧处的拉应力区。拉应力区域不大，数值与边墩拉应力值大小类似，其值小于混凝土抗拉限值。中墩主锚索为两侧对称张拉，锚块颈部无拉应力区。

施工期边墩锚块第三主应力，除锚索施加点有压应力集中外，锚块上大部分区域压应力水平为2MPa左右，低于混凝土抗压强度，锚块不会被压坏。中墩除压应力集中区域，压应力基本呈对称分布，压应力值从中间到两侧逐步增大，中墩锚块大部分区域的最小主应力都在3MPa以下，在施工期锚块也无压碎可能。

在工作弧门挡水正常运行期，弧门推力作用在边墩锚块的推力侧，与竣工期比较，锚块上的第一主应力分布，压力区向非推力侧偏移，推力侧顺水流向出现拉应力区，锚块端部靠推力侧的拉应力区变窄。拉应力数值变化不大，应力水平较低，小于混凝土的设计抗拉强度。边墩锚块的颈部拉应力区域消失，边墩锚索的应力分布情况更趋合理。

中墩锚块第一主应力分布，与竣工期比较，锚块端部两侧拉应力区减小，拉应力数值也减小。锚块端部中间区域拉应力有小幅增大，拉应力值小于混凝土的抗拉强度。

工作门挡水的正常运行期，边墩压应力与施工期相比变化不大。中墩锚块第三主应力，相对于施工期，锚块中部压应力值减小，两侧有一定程度增大，但幅值不大，锚块压应力值较低，弧门挡水的正常运行期锚块也无压裂可能。正常运行期边墩锚块的压应力水平高于中墩锚块中部的压应力水平，但略小于中墩锚块两侧的压应力水平。

（中国电建集团昆明勘测设计研究院有限公司
毕 静 邹小红）

锚块带预留槽的对穿锚索预应力闸墩的应力修正系数

锚块带预留槽的对穿锚索预应力闸墩施工简单，能够节约工期。预留槽的存在改变了闸墩的锚块应力分布，充分发挥了预应力锚索的作用，同时采用对穿锚索减少了摩擦力的影响，达到了节省钢绞线和锚具的目的。但在实际设计中，应用DL/T 5057—2009《水工混凝土结构设计规范》推荐的经验公式进行计算时，拉锚比小于1.8，所得结果不满足规范中闸墩颈部抗裂要求。而根据以往类似工程经验，采用锚块带预留槽对穿锚索预应力闸墩的拉锚比可低到1.38（如天生桥电站），且工程运行良好。针对这一情况，对锚块带预留槽对穿锚索预应力闸墩进行了有限元分析，并与规范附录中经验公式计算结果对比，得出适合锚块带预留槽的预应力闸墩的修正系数。

（一）理论依据

根据DL/T 5057—2009附录L及相关章节说明，首先进行带预留槽预应力闸墩的有限元计算，然后根据规范相关的规定整理出颈部主锚索外的闸墩颈部应力，再与材料力学法进行对比，最终得出需要的相关系数。

以双侧预应力锚索对称分布的中墩为例，按材料力学公式，双侧弧门推力作用下颈部截面的名义法向应力为：$\sigma_t=\dfrac{2F}{Bb}$，其中F为单侧弧门推力，b为锚块宽度，B为预应力闸墩厚度；单侧弧门推力单独作用下颈部截面的名义法向应力为：$\sigma_t=\dfrac{F}{Bb}\left(4+\dfrac{6a}{B}\right)$，其中$a$为弧门推力至预应力闸墩边缘的距离；对称分布的锚索颈部截面的名义法向压应力：$\sigma_p=\dfrac{2P}{Bb}$，其中P为闸墩一侧扣除全部预应力损失后的预加力。

设σ_{ck}为弧门推力作用下按有限元法求得的颈部受拉区边缘的法向拉应力，令$\zeta=\dfrac{\sigma_{ck}}{\sigma_t}$，则$\zeta$称为弧门推力作用下的应力修正系数。

（二）计算成果

以闸墩厚5m，锚块高6m、宽5.6m的中墩，采用ANSYS有限元程序，分5种工况进行三维有限元计算：①单侧弧门推力作用；②双侧弧门推力作用；③双侧对称锚索单独作用；④锚索与单侧弧门推力共同作用；⑤锚索与双侧弧门推力共同作用。

按照规范附录及相关条例的应力修正系数法，整理闸墩颈部截面受拉区边缘至最外侧主锚索孔中心之间混凝土法向拉应力的平均值，材料力学计算结果见表1。

表 1　在工况①和②时闸墩混凝土法向应力值

弧门推力 (kN)	σ_t (MPa)		σ_{ck} (MPa)		应力修正系数ζ		与规范系数的比值	
	双侧	单侧	双侧	单侧	双侧	单侧	双侧	单侧
21320	1.52	4.14	1.90	2.68	1.25 (1.8)	0.65 (1.05)	0.69	0.62

注 括号内数字为规范值。

由表 1 可知，对于闸墩厚度为 5m、锚块高度为 6m 的带预留槽的预应力闸墩结构（下称新型结构），在工况②时应力修正系数为 1.25，小于规范值 1.80；在工况①时应力修正系数为 0.65，也小于规范值 1.05。根据计算成果，建议对于新型结构应力修正系数对附录 L 表值进行 0.7 倍的折减。

工况③时，预压应力的相关计算结果见表 2。

表 2　在工况③时闸墩混凝土法向应力值

锚索根数	σ_t (MPa)	σ_{ck} (MPa)	应力修正系数ζ（括号内数字为规范值）	与规范系数的比值
12	2.57	2.20	0.86 (0.95)	0.9

在工况③时应力修正系数为 0.86，约为规范附录 L 取值的 0.9 倍。

根据计算结论，采用新系数按照应力修正系数法计算闸墩颈部应力，并与有限元结果进行对比，相关结果见表 3。

表 3　在工况④和⑤时闸墩混凝土法向应力值

修正系数法 (MPa)		有限元法 (MPa)	
双侧	单侧	双侧	单侧
−0.3	0.48	−0.75	0.13

注 表中拉应力为正，压应力为负。

由计算结果可知，如按本文建议的修正系数计算，其计算值与有限元计算结果基本符合，且修正系数法计算结果偏保守。

（三）结语

对于采用锚块带预留槽的对穿型锚索的预应力闸墩结构（闸墩厚 5m，锚块高 6m），如采用规范中以材料力学法为基础的应力修正法进行分析，弧门推力的应力修正系数可取规范规定值的 0.7 倍，对称锚索单独作用时应力修正系数可取规范值的 0.9 倍。在阿海、观音岩水电站设计中，应用了此应力修正法。

（中国电建集团昆明勘测设计研究院有限公司　毕　静）

龙开口白云岩骨料料源选择

龙开口水电站位于金沙江中游，总装机容量 1800MW。碾压混凝土重力坝最大坝高 119m，混凝土总量约 460 万 m^3，其中常态混凝土 176 万 m^3，碾压混凝土 284 万 m^3，主要采用燕子崖白云岩石料场人工骨料。白云岩通常隐节理较发育，线膨胀系数高，不利于骨料大石的制备和混凝土温控。为验证采用白云岩骨料的可行性，开展了料场开采运输、混凝土性能试验等研究，最终在工程中成功应用。

（一）燕子崖石料场

燕子崖石料场位于坝址下游，距坝址约 12km。料场岩性为三叠系中统北衙组白云岩，具细晶、粉晶、砂屑等结构，块状构造。料场白云岩分布高程 1950～2300m，中厚层～巨厚层状，单层厚 30～150cm，总厚度约 400m。微风化白云岩致密坚硬，饱和抗压强度 65.2～149.8MPa；弱风化隐微裂隙发育的白云岩，抗压强度较低。岩石试验成果见表 1。此外，经碱活性检测，燕子崖料场白云岩不具有碱活性。

表 1　燕子崖石料场岩石试验成果汇总表

岩石名称及风化程度	统计值	物理性能试验				力学性能试验		软化系数
		相对密度	干密度 (g/cm^3)	孔隙率 (%)	最大吸水率 (%)	抗压强度 (MPa) 干	抗压强度 (MPa) 湿	
白云岩/微风化	统计组数	6	6	6	6	20	20	20
	最大值	2.86	2.82	4.58	1.73	188.9	149.8	0.88
	最小值	2.83	2.71	0.7	0.26	78.8	65.2	0.54
	平均值	2.85	2.78	2.46	0.83	129.89	101.02	0.77
白云岩/弱风化（隐微裂隙发育）	最大值	2.84	2.81	1.23	0.58	83.7	56.7	0.56
	最小值					36.6	24.8	
	平均值					58.15	34.89	

料场表层全强风化岩厚度1～12m，以下弱～微风化岩厚度大，有用层储量丰富。白云岩隐节理发育，约占全孔岩芯的30%左右，偶见全强风化软弱夹层。隐节理主要分布在2050m高程以下，2050m高程以上约为10%～15%，隐节理最小间距约1～3cm。

料场地形下陡上缓，下部坡度35°～45°，上部（高程2220m以上）坡顶为2°～15°，开采条件相对较好，但料场坡脚简易道路高程1410m，与坡顶相对高差达890m，且料场距坝址偏远，运输条件差。

（二）半成品料运输

考虑地形、取水等因素，砂石加工系统布置在燕子崖石料场下方、磨河沟两侧1450～1550m高程间较平缓坡地，距石料场直线距离约800m，坡地下方约1430m高程处有地方简易道路经过。砂石加工系统需满足混凝土高峰时段月均浇筑强度约25万m^3的砂石料供应。

石料场规划开采高程2070～2250m，开采面与砂石系统场地垂直高差500～700m，运输困难。根据砂石加工系统的生产工艺要求，结合石料场及其附近地形条件，在其顶部附近布置粗碎车间，半成品料先用自卸汽车运输，再用3条竖井及井底平洞输送。竖井内利用自重垂直运输，平洞内用胶带机运输。圆形竖井直径均为3m。城门洞形平洞的尺寸均为3.6m×3.6m（高×宽）。

（三）成品料运输

砂石加工系统距混凝土生产系统的公路里程约10km，相对高差约130m，成品骨料的运输强度约2500t/h。综合经济效益、节能降耗、环境及安全施工等因素分析比较，选用长胶带机运输成品料方案。结合地形地质、施工工期等条件，长胶带机主要采用洞线布置方案。胶带机总长6.06km，起点高程1463m，终点高程1333m，采用曲线胶带机，沿线由5个直线段和4个曲线段组成，转弯半径均为1000m，设计带速4m/s，运输能力2500t/h。胶带机沿途共3个隧洞段和3个明线段，隧洞全长5km，净断面尺寸为4m×4.5m（高×宽）。

龙开口工程长距离成品骨料运输设计中，采用曲线转弯长距离胶带机运输骨料，在胶带机降坡的同时实现水平转弯。这是国内水电行业中首次应用曲线转弯长距离胶带运输。

（四）白云岩骨料混凝土试验研究

料源选择阶段混凝土性能试验用的白云岩骨料采用小型砂石系统轧制，其粗骨料与人工砂性能均满足DL/T 5144—2001《水工混凝土施工规范》的相关规定，其中人工砂细度模数2.65，石粉含量18.5%，为Ⅱ区中砂。试验用P.O 42.5MPa水泥的28d抗压强度55.7MPa，密度3.07g/cm^3，碱含量0.57%；试验用的Ⅱ级粉煤灰，其需水量比为98%；外加剂采用萘系高效减水剂和引气剂，高效减水剂减水率为18.8%；试验用的水泥、粉煤灰和外加剂等原材料性能均满足规范要求。料源选择试验用的大坝碾压混凝土配合比见表2。

表2 试验用大坝碾压混凝土配合比

设计指标和使用部位	级配	水胶比	外加剂掺量		每立方米混凝土材料用量（kg/m^3）					VC值（s）	含气量（%）
			减水剂（%）	引气剂（%）	水	水泥	粉煤灰	砂	石		
C_{90}20W6F100 坝体下部	三	0.50	0.6	0.13	83	66.4	99.6	765	1492	4.4	4.5
C_{90}15W6F100 坝体内部	三	0.55	0.6	0.13	83	60.4	90.5	793	1478	4.2	4.3
C_{90}20W8F100 坝体上游面	二	0.50	0.6	0.16	96	96.0	96.0	844	1323	4.0	4.2

试验研究结果表明：燕子崖料场白云岩骨料配制的三级配碾压混凝土单方用水量为83kg，二级配碾压混凝土单方用水量为96kg，与其他人工骨料碾压混凝土用水量基本相当。混凝土力学性能正常，抗压弹模较高（见表3）。混凝土绝热温升约20℃，线膨胀系数为8.96×10^{-6}/℃～9.15×10^{-6}/℃，相对较高（见表4）。混凝土抗渗等级满足要求，抗冻性能较好，其质量损失率仅为0.03%～0.57%。

龙开口水电站大坝施工过程中钻取了大量碾压混凝土芯样，大部分芯样外观显示混凝土本体较密实，骨料与浆体界面结合紧密，其中有些芯样长度超过10m，混凝土质量总体较好。2014年1月龙开口水电站全部投产运行，目前状态良好。

表3 白云岩骨料大坝碾压混凝土力学性能试验结果

设计指标和使用部位	抗压强度（MPa）				劈拉强度（MPa）				抗压弹模（GPa）				极限拉伸值（$\times 10^{-6}$）			
	7d	28d	90d	180d	7d	28d	90d	180d	7d	28d	90d	180d	7d	28d	90d	180d
C_{90}20W6F100 坝体下部	10.6	18.2	25.1	29.9	0.77	1.38	2.05	2.12	21.2	32.0	40.5	43.6	45	60	82	87
C_{90}15W6F100 坝体内部	8.4	15.2	22.0	25.1	0.64	1.10	1.81	1.98	18.2	27.2	36.4	41.4	42	54	75	79
C_{90}20W8F100 坝体上游面	12.7	19.8	27.7	31.9	0.90	1.48	2.04	2.14	26.0	35.5	43.3	48.1	47	68	86	91

表4 白云岩骨料大坝碾压混凝土热学性能试验结果

设计指标和使用部位	比热 kJ/(kg·℃)	导温系数 ($\times 10^{-3}m^2/h$)	导热系数 kJ/(m·h·℃)	线膨胀系数 ($\times 10^{-6}$/℃)	绝热温升 (℃)
C_{90}20W6F100（三）坝体下部	0.989	3.250	7.87	9.15	19.5
C_{90}15W6F100（三）坝体内部	0.964	3.357	7.92	8.96	—
C_{90}20W8F100（二）坝体上游面	0.975	3.410	8.16	9.09	20.8

（中国电建集团华东勘测设计研究院有限公司　梅龙喜　赵　凯　李新宇）

引水发电建筑物设计

观音岩水电站厂房布置设计

（一）概况

观音岩水电站位于云南省丽江市华坪县（左岸）与四川省攀枝花市（右岸）交界的金沙江中游河段，为金沙江中游河段规划8个梯级电站的最后一级，上游与鲁地拉水电站相衔接。工程是以发电为主，兼顾防洪、供水、库区航运及旅游等综合利用效益的水电水利枢纽工程。水库正常蓄水位1134m，相应库容为20.72亿m^3，校核洪水位1137.37m，相应库容为22.50亿m^3，调节库容5.55亿m^3，具有周调节性能。电站进水口布置在河中坝段，为坝式进水口，单管单机引水，管径10.5m，进水口高程1093.00m。厂房布置于坝后主河道，装有5台单机容量600MW的水轮发电机组。

坝后厂房属1级建筑物，设计防洪标准为200年一遇，相应下游尾水位1037.73m，校核洪水标准为1000年一遇，相应下游尾水位1040.17m，一台半机正常发电尾水位1017.24m。厂房抗震设防为乙类，抗震设防概率水准采用基准期50年超越概率5%，相应的基岩场地水平加速度峰值取0.145g。

（二）厂房主要建筑物布置

1. 主厂房　总长261.9m，安装5台600MW水轮发电机组，机组间距35m，安装间长69.5m。厂区渗漏集水井和检修集水井布置于主厂房右端。考虑上下游通道及吊装要求，机组中心线上游净宽12m、下游净宽17.5m，上下游墙厚2.5m，主厂房总宽34.5m。主厂房各主要高程如下：

（1）发电尾水位满足机组最小吸出高度8m的要求，适当留有余度，拟定机组安装高程为1009.00m。肘管底至安装高程为26m，在尾水肘管下布置渗漏排水廊道和检修排水廊道，初拟底板厚6m，因此，厂房建基面高程为977.00m。

（2）水轮机层不设闸阀，在满足钢管及蜗壳上部混凝土厚度的条件下，确定水轮机层高程为1016.50m。本层通道布置在下游侧，各机组单元布置楼梯与上层相通。

（3）中间层高程1022.50m，风罩为“半岛式”

布置，通道布置在下游侧。

(4) 发电机层高程为 1027.50m，吊车梁顶高程为 1046.50m，安装两台 850/160t 桥机，控制吊顶高程 1054.30m。

(5) 屋顶采用钢网架结构、轻型层面板，屋顶高程为 1054.30m。

2. 上游副厂房、GIS 楼　上游电气副厂房布置在坝与厂房间的压力管上方，分五层，层高 5～7m，为框架结构。最低层楼面高层 1021.50m，以下为压力管及坝体实体结构，1021.50m 以上副厂房与主厂房间设 100mm 永久缝。电气副厂房在 1021.50m 层及 1027.50m 层与主厂房相通，副厂房各层间每机组段设楼梯、两端设电梯通至上游副厂房屋顶。

GIS 楼布置在上游电气副厂房顶，GIS 厅高程 1047.20m。根据机电设备布置，GIS 楼面尺寸为 175m×19m，室内净宽 16m。出线场布置在 GIS 楼顶。

副厂房与坝间采用混凝土回填至 1041.70m 高程，形成宽 33m 的平台，布置主变压器、自耦变压器、隔离开关等。

控制室布置在 GIS 楼左端，共三层。

3. 下游副厂房　在下游尾水管上方布置水机副厂房，分六层，布置供水设备、电缆层、辅助设备、机组自用电及通风设备，高程分别为 1002.50、1009.50、1016.50、1022.50、1027.50、1032.70m，屋顶高程 1041.70m，与尾水平台齐平。每个机组段均布置 1 楼梯作为垂直交通，其中 1 号、3 号、5 号机组段楼梯直通尾水平台。下游副厂房长 242.50m。

4. 尾水建筑物　尾水检修闸门为 1 机 2 门布置，1 号～3 号机组段闸门孔口尺寸 11.58m×10.26m，4 号～5 号机组段闸门孔口尺寸 10.90m×12.20m。10 扇检修闸门共用一台门机启闭。1 号～3 号机组段闸底板高程 985.52m，4 号～5 号机组段闸底板高程 986.62m。建基高程为 977.00m。1 号～3 号机组段尾水闸墩高 56.18m，4 号～5 号机组段尾水闸墩高 55.08m，尾水平台高程 1041.70m，满足厂房校核洪水要求及下游电站回水的影响。尾水渠长 68.40m，底宽 175.00m，纵向坡度为 1∶3。尾水渠两岸为 1∶0.3 贴坡混凝土，与左右岸冲沙底孔边墙结合。

5. 进厂交通　电站永久进厂公路在左岸，分别由交通主线格观公路和交通辅线石临公路引至厂区。厂交 0+930.773m 为进主厂房和主变平台、尾水平台的汇合点。该点高程 1042.00m，高于下游最高水位。从该点分别有进厂支线公路与格观公路及石临公路相连。

进主厂房公路在最外侧，它以 5.8%底坡从汇合点高程 1041.70m，降至主厂房安装间高程 1027.50m，全长约 300m。从汇合点高程 1041.70m 起设防洪墙，防洪墙在坝横 0+312.500 桩号处与左冲沙底孔相接，满足厂房整体防洪要求。安装间入口设防洪门一道。当发生厂房校核及以上洪水时，防洪门下闸，进厂交通暂时关闭。电厂运行人员通过主变平台公路及厂房 1 号、2 号电梯进出厂房。安装间进口设容积约 600m^{3}的集水池及相应的抽排设施。

进主变平台和尾水平台公路在进厂公路内侧，路面高程 1041.70m。公路在厂房下游侧分叉，一条跨过主厂房防洪门进入尾水平台，另一条则绕过主厂房左端进入主变平台及中控楼。

(三) 三维设计技术的应用

观音岩水电站厂房基于 Revit 三维设计平台和 ProjectWise 协同平台，开展厂房结构从三维建模、结构分析、协同设计及出图全流程三维设计，厂房体型图全部采用三维设计，部分钢筋图采用三维钢筋绘制辅助系统完成。

在提供传统纸质设计文件的同时，提交基于平板电脑的 BIM 产品，指导施工。该 BIM 产品集成厂房土建、机电及建筑装修各专业三维模型、施工图、通知单、会议纪要等设计文件及过程文件，并定期更新，让所有参与或关心电站建设的人员，全过程、随时随地使用 BIM 信息。使用人员通过手持系统终端 (IPAD、iPhone、surface 等)，可迅速查找图纸及信息，减少和杜绝错漏问题。

(中国电建集团昆明勘测设计研究院有限公司
杨小龙　程　燕)

观音岩水电站引水建筑物设计

观音岩水电站安装 5 台单机容量 600MW 的水轮发电机组。坝址河谷开阔，左、右岸均有缓坡阶地，适宜布置地面厂房，但因主厂房尺寸较大，建基面高程较低，为减少厂房基础的开挖量，将电站进水口坝段和坝后厂房布置在河床中部。引水建筑物主要包括电站进水口、坝后压力管道。

(一) 电站进水口布置设计

观音岩水电站采用坝式进水口，设在 5 个坝段，坝段宽 35m，底板高程 1093.00m。每个进水口设 1 道检修闸门，孔口尺寸 10m×14m (宽×高)；1 道事故闸门，孔口尺寸 10m×12m (宽×高)。在每个进水口上游设 1 道工作拦污栅和 1 道检修拦污栅，拦污栅底板高程 1090.00m。每个坝段的拦污栅通过拦污栅墩分隔为 6 孔，每孔拦污栅的孔口尺寸为 3.7m×36m。

事故闸门下游侧为长 10.5m 的混凝土渐变段，

之后接内径为10.5m的压力管道。

（二）压力管道布置设计

电站单机额定引用流量645m³/s。压力管道为单机单管布置，内径为10.5m，最大静水头为111.12m，最大压力为146.12m（含水锤压力）。压力背管的布置形式和外包混凝土厚度采用有限单元法进行比较分析。

1. 背管布置形式比较　按管道外包混凝土厚度为2m，分别对钢管全背、2/3背、半背3种布置进行分析。每个方案进行正常运行工况（正常运行）、校核洪水位工况（特殊运行）、地震组合3种工况的有限元计算。

（1）3个背管方案的外包混凝土轴向应力和环向应力最大值见表1。

表1　不同背管形式外包混凝土最大应力　MPa

运行工况	全背		2/3背		半背	
	环向应力	轴向应力	环向应力	轴向应力	环向应力	轴向应力
正常运行	2.271	−6.322	2.452	−6.362	2.490	−6.650
特殊运行	2.197	−6.632	2.479	−6.661	2.669	−6.913
地震组合	2.563	−6.298	2.935	−6.606	2.535	−6.866

（2）考虑钢衬同混凝土间存在2mm间隙情况下，钢衬首先单独承担内水压力，在内水压力作用下钢衬发生变形并沿径向向外扩张，最终将间隙填满并同外包混凝土共同受力。考虑间隙情况下，钢衬各段应力大小变化不明显，各段应力值基本上相同。3个背管方案钢衬最大应力见表2。

表2　不同背管形式钢衬最大应力　MPa

运行工况	全背		2/3背		半背	
	第一主应力	Mises应力	第一主应力	Mises应力	第一主应力	Mises应力
正常运行	101.1	98.17	98.78	96.4	97.82	96.55
特殊运行	103.5	100.6	99.99	101.8	102.9	99.56
地震组合	102.5	102.4	100.9	100.98	99.75	103.8

（3）成果分析及背管布置形式选择：①3个方案从全背到半背，外包混凝土轴向应力和环向应力均加大，但应力分布和数值差别较小；②3个方案压力钢管第一主应力和最大Mises应力分布差异也较小；③从抗震安全的角度出发，半背方案最优，相对其他两种管道线路最短，最经济，因此选择半背方案。

2. 背管外包混凝土厚度比较　对外包混凝土厚度1.5、2m方案进行比较分析。

（1）不同厚度下外包混凝土轴向应力和环向应力最大值见表3。

表3　不同厚度下外包混凝土的最大应力　MPa

运行工况	外包2m方案		外包1.5m方案	
	环向应力	轴向应力	环向应力	轴向应力
正常运行	2.490	−6.605	3.034	−6.445
特殊运行	2.669	−6.913	3.214	−6.734
地震组合	2.535	−6.866	3.120	−5.226

（2）不同外包混凝土厚度下钢衬最大应力计算结果见表4。

表4　不同外包混凝土厚度钢衬最大应力　MPa

运行工况	外包2m方案		外包1.5m方案	
	第一主应力	Mises应力	第一主应力	Mises应力
正常运行	97.82	96.55	87.17	86.45
特殊运行	102.9	99.56	85.51	90.43
地震组合	99.75	103.8	89.86	88.39

(3) 成果分析及外包混凝土厚度选择：①外包混凝土加厚，外包混凝土环向拉应力明显减小，而轴向压应力加大；②两方案的背管钢衬应力均较小，均在安全合理范围内。由此选择外包2m混凝土方案。

(三) 压力钢管结构设计

1. 压力钢管壁厚及环向配筋计算　计算成果见表5。

表5　压力钢管壁厚及环向配筋计算成果

断面编号	1	2	3	4	5	6	7	8
断面位置	钢管进口	弯段出口	斜直段1/4处	斜直段1/2处	斜直段3/4处	斜直段末端	下弯段出口	钢管末端
钢材型号	Q345R	Q345R	Q345R	Q345R	600MPa	600MPa	600MPa	600MPa
环向配筋	4ϕ22@200	4ϕ25@200	4ϕ32@200	4ϕ32@200	4ϕ32@200	3ϕ32@200	3ϕ32@200	3ϕ36@200
钢管壁厚(mm)	24	24	26	28	30	32	34	36

注　表中钢管壁厚考虑了2mm锈蚀余量。

2. 压力钢管抗外压稳定计算　计算成果：8个断面（断面编号和位置同表5）的加劲环钢材型号均为Q345R，加劲环间距均为2000mm，加劲环高度均为200mm，加劲环厚度均为24mm。

3. 背管与坝体的锚固　为避免钢管安装影响坝体混凝土的浇筑，加快施工进度，在背管部位预留钢管安装槽，安装槽底部设台阶，台阶的水平和竖直阶面上设ϕ28@0.6m×1m，$L=3.3$m/3.9m插筋。为避免钢管外包混凝土变形对坝下游面混凝土产生不利影响，在背管斜直段上部（主变平台以上），钢管安装槽两侧设置厚30mm的弹性垫层。钢管安装完成后再浇筑安装槽二期混凝土。

引水钢管上弯段受力较复杂，同时承受大坝变位造成的应力、转弯处内水压力和水流作圆周运动产生的离心力。在上弯段钢管顶部及两侧沿径向布置3束，每束3ϕ32，$L=47.96$m的倒U形插筋进行锚固，在钢管进口断面布置7束，每束3ϕ32，$L=10\sim13.3$m的插筋进行锚固。

4. 钢管过缝措施　由于大坝和厂房的高度、自重、地基应力差异较大，在大坝和主厂房之间设永久纵缝。以往在纵缝位置一般设伸缩节，以适应地基不均匀沉陷和温度变化。但设伸缩节不仅工程造价提高，也给制造、运输、安装、维修等带来麻烦，近年来很多工程取消了伸缩节，以垫层管作为过缝措施。

通过三维有限元对①厂坝不连接设伸缩节、②厂坝不连接设垫层和③厂坝半连接设垫层（在厂坝纵缝下部17.35m做接触灌浆）3个方案在分缝两侧位移和钢衬应力情况进行研究。结果为：

(1) 正常运行工况下分缝两侧特征点位移：3个方案的最大顺河向位移差均发生在管背内侧最上部点，①方案差值约22.53mm，小于伸缩节可以调节的最大位移30mm，②方案差值约17.81mm，③方案差值最小，约5.40mm；竖向位移差最大值发生在钢管左右侧点，①方案差值约1.79mm，小于伸缩节可以调节的最大位移5mm，②方案差值约1.74mm，③方案最小，差值约0.57mm。无论是水平位移差还是竖向位移差，③方案均小许多。

(2) 正常运行工况各断面特征点钢衬的Mises应力：①方案由于伸缩节在伸缩室中，几乎单独承担所有内水压力，应力较大，最大应力约276.6MPa；②方案应力分布较均匀，最大应力值约171.1MPa，钢衬应力情况优于①方案；③方案的应力值较小，均在80MPa以内。

通过以上分析比较，并考虑采用①方案对交通运输条件要求较高，难度较大，确定压力钢管过缝方案采用最大顺河向位移差值较小、钢衬应力较小的③方案。

在厂坝分缝上游7m、下游4m范围内设置弹性垫层，垫层厚30mm，以适应厂坝间基础不均匀沉降和温度变形。设弹性垫层的管段按明管设计，该段钢管进口壁厚44mm，由于蜗壳壁厚至50mm，为使压力钢管与蜗壳平顺衔接，弹性垫层段壁厚由44mm渐变至50mm。

厂坝分缝处在大坝蓄水前后的水平位移和垂直位移变化较大，可能引起钢管较大的轴向应力和剪切应力，造成钢管主应力接近钢材的允许应力。参照国内已建工程，厂坝分缝处钢管环缝预留到大坝蓄水后焊接。

5. 灌浆设计　参照国内已建工程，考虑压力钢管与外包钢筋混凝土联合受力，钢管下方120°范围进行接触灌浆，灌浆压力0.1～0.2MPa。管顶在设计时已考虑了施工缝隙、温度缝隙、徐变缝隙的影响，管道上方不再进行灌浆。

（中国电建集团昆明勘测设计研究院有限公司
卢　昆　王元生）

向家坝水电站右岸地下厂房蜗壳结构设计

向家坝水电站地下厂房单机容量为800MW，是目前国内单机容量最大的水轮发电机组。蜗壳外混凝土结构尺寸巨大、体形复杂，进口直径11.4m，承受的内水压力高，最大水头158m，HD值达1801m^2。受地下厂房跨度布置影响，为保证蜗壳外包混凝土厚度，机组下游边墙在机组安装高程附近局部扩挖2.50m，扩挖后蜗壳最小混凝土厚度3.159m。蜗壳及其外包混凝土的工作性能、结构型式、尺寸等均直接影响厂房结构和发电机组的运行安全。

软垫层是蜗壳与外包混凝土间的传力材料，起到调节蜗壳和外包钢筋混凝土分担内水压力比例、减少蜗壳振动向外传递的作用。蜗壳外包软垫层使用的材料主要为聚氨酯软木、高压聚乙烯闭孔泡沫板（PE）两类。参考龙滩、三峡等工程的经验，推荐向家坝电站蜗壳外软垫层材料采用高压聚乙烯闭孔泡沫板（PE）。

向家坝厂房蜗壳软垫层厚30mm，弹性模量为2.5MPa，要求垫层材料在产生50%的压缩变形后仍能有近90%的复原率。经数值计算分析，软垫层最大压缩变形值5.4mm，变形率0.18，推算垫层材料所受的最大压力约0.45MPa，小于垫层抗压强度。

蜗壳软垫层分环向布置和平面布置。环向布置在蜗壳上半周，软垫层里侧末端距机坑里衬距离2.5m，外侧至蜗壳腰线以下1m。为减小软垫层末端混凝土应力集中现象，在软垫层末端1m范围内设软垫层过渡区，过渡区内软垫层厚度由30mm渐变到10mm。平面布置范围从蜗壳进口断面（包括部分引水直钢管）至$-Y$（90°）方向。

软垫层平面布置范围需综合考虑蜗壳外混凝土环向拉应力、蜗壳配筋、发电机基础不均匀抬动和结构振动等因素。平面布置范围为15°时，在垫层布置范围内，外围混凝土的环向应力绝大多数范围不超过1.27MPa（C25混凝土设计抗拉强度），但在蜗壳弯管段外围混凝土各断面顶部及底部内缘的应力均超过了1.27MPa，拉应力最大值为2.16MPa，位于$-Y$轴断面。平面布置范围为90°时，在垫层布置范围内，外围混凝土的环向应力均不超过1.27MPa，但在未布置软垫层蜗壳外围混凝土环向拉应力最大值为1.92MPa，且仅出现在$-X$轴断面、$-X$与$-Y$轴分角线断面处，不过未超过C30混凝土抗拉强度标准值。如果以C30混凝土抗拉强度标准值作为开裂的判别标准，蜗壳外包混凝土不会出现开裂。

蜗壳弯管段在铺设软垫层范围内，上半周混凝土承载比在34%～58%之间，下半周承载比在60%～73%之间；在未铺设软垫层范围，上、下半周承载比平均约87%。蜗壳直管段上半周承载比为30%，下半周承载比为57%左右。

根据线弹性计算的蜗壳外围混凝土应力，按照规范进行蜗壳外围混凝土配筋计算。蜗壳弯管段在0°～90°范围内铺设有软垫层，单宽（1m）范围内顶部和腰部混凝土配筋面积均为11031mm^2；蜗壳弯管段在90°～270°范围内未铺设软垫层，顶部和腰部混凝土配筋面积分别为12572、11203mm^2。蜗壳外围混凝土结构只需布置3层钢筋能满足结构强度要求，考虑结构限裂要求后，实际配筋面积可能需加大。

为保证运行过程中发电机推力轴承油膜和轴系稳定，不会由于下机架上抬而产生破坏，应控制下机架基础的上抬位移值在一个合理的范围内。三峡工程经验表明，从推力轴承安全运行出发，实际上是控制发电机下机架基础板沿圆周分布的平整度。它与下机架基础板沿圆周分布最大对角相对抬高差值和直径大小有关，其最大差值发生在蜗壳外围混凝土开裂并遇到最严重的甩负荷工况。经非线性计算和蜗壳充水实测，三峡右岸电站蜗壳采用保压、垫层、直埋（组合）三种埋设方式，发电机下机架基础板对角相对抬高最大差值分别为0.97、1.04、1.3mm。经各水头段正常运行、过速试验、甩负荷各种运行方式检验，推力轴承运行安全。三峡电站三种埋设方式的不平整斜率k分别为6.35×10^{-5}、6.80×10^{-5}、8.51×10^{-5}。向家坝地下厂房按照与三峡右岸电站相同平整度的条件，计算出下机架最大对角相对上抬差值不大于1.2mm。

在软垫层平面布置范围为90°时，0°～180°对角线机架基础不均匀上抬位移0.37mm，45°～225°对角线机架基础不均匀上抬位移0.62mm，90°～270°对角线机架基础不均匀上抬位移0.66mm，135°～315°对角线机架基础不均匀上抬位移0.24mm，满足最大对角相对上抬差值不大于1.2mm要求。无论是直埋方案还是软垫层平面布置范围为15°、90°、270°时，线弹性计算条件下下机架基础不均匀上抬位移最大为0.84mm，小于1.2mm，满足控制要求。

为分析蜗壳软垫层铺设范围对厂房结构自振特性

的影响，分别对软垫层布置范围为15°、90°和直埋方案进行计算分析。各方案前20阶结构自振模态相同，频率相差不大，自振频率在6.39～26.77Hz之间，垫层的平面铺设范围对于厂房结构的自振特性影响不大。

综合考虑蜗壳、座环和钢筋的应力、混凝土的损伤区、机墩和座环的不均匀上抬位移以及结构的自振性能等，推荐向家坝水电站地下厂房蜗壳采用垫层平面铺设范围为90°的方案，在第Ⅰ、Ⅳ象限，蜗壳外围混凝土内外共布置4层ϕ36@200mm钢筋，在第Ⅱ、Ⅲ象限，蜗壳外围混凝土内外共布置3层ϕ36@200mm钢筋，可满足结构强度和限裂要求。

（中国电建集团中南勘测设计研究院有限公司 郭云强 孙常玉）

溧阳抽水蓄能电站地下厂房开挖支护设计

溧阳抽水蓄能电站地下厂房采用首部式布置，厂内安装6台单机容量250MW可逆式抽水蓄能机组。厂区地质条件十分复杂，围岩节理裂隙和断层发育，呈镶嵌结构或镶嵌碎裂结构，部分为层状结构，以$Ⅲ_2$类～$Ⅳ_1$类为主，局部Ⅴ类。地下水丰富、岩体透水性强。

（一）主要工程措施

1. 主厂房支护设计方案

（1）主厂房顶拱采取柔性支护设计方案，即采用“系统砂浆锚杆＋系统锚索＋钢筋拱肋＋喷钢纤维混凝土”联合支护型式，用系统锚索、系统锚杆把钢筋拱肋与钢纤维混凝土组成一个紧贴顶拱围岩的柔性“板”，以适应围岩变形。

（2）主厂房边墙采取刚柔结合支护设计方案。岩壁吊车梁至发电机层之间边墙采用刚性支护，即采用“系统砂浆锚杆＋挂网喷混凝土＋系统锚索＋岩壁吊车梁附壁墙”联合支护型式。附壁墙钢筋混凝土随开挖分层从上往下随层施工，利用系统锚杆、系统锚索与附壁墙的联合作用，形成一个刚性支撑墙体，以约束围岩变形。岩壁吊车梁以上至网架吊顶牛腿之间的边墙采用附壁柱（墙）结构加固。发电机层以下边墙的初期支护采取柔性支护，即采用“系统砂浆锚杆＋挂网喷混凝土＋系统锚索”联合支护型式。考虑下游边墙围岩受母线洞和尾水管开挖影响，对母线洞与尾水管间边墙围岩采用固结灌浆加固措施。发电机层以下边墙的永久支护，采用与厂房内部结构连成整体的钢筋混凝土边墙结构型式。

2. 厂区超前排水、顶拱预固结灌浆　在厂区周边布置4层排水廊道，其中，顶层排水廊道（包括主厂房和主变洞拱顶以上各2条）布置在主厂房顶拱以上25m处，它们在前期可作为厂区的勘探洞（前期勘探平洞位置距厂顶较高），随后用作厂区排水，还可用来对厂房顶拱围岩进行预固结灌浆加固。排水廊道提前施工后，厂区地下水位降低明显，地下厂房可在干燥条件下开挖。

3. 优化设计方案

（1）顶拱开挖采用两侧导洞错开先行、中墩跟进的施工方法。导洞开挖支护完成后，再拆除中墩，封闭顶拱支护。开挖中采取“短进尺、弱爆破、及时支护”的措施，并控制好两导洞间、及与中墩相互间的间距，开挖支护进展顺利。下部其他层采用“中间抽槽、两侧预留岩体保护层”的开挖方法，每大层（6m厚）分2层开挖，并随层及时支护。

（2）优化厂房布置，安装间下部的渗漏排水井部位发现岩脉出露后，将渗漏排水泵房及集水井调整至厂房外侧布置；调整主机间锥管层以下楼梯间布置，并优化尾水肘管外包混凝土结构体型和尺寸，尽量减小机窝开挖宽度，增大机窝间岩埂厚度。

（3）对厂顶F_{54}、F_{57}等较大断层部位，在原厂顶支护设计方案基础上，加密钢筋拱肋和双层设置钢筋拱肋，钢筋拱肋间用钢纤维混凝土喷平加固处理，使该部位的围岩变形比其他部位小。

（4）提高机窝间的岩埂完整性，以增强厂房边墙稳定。在厂房第Ⅵ层开挖支护完成前，超前完成机窝层（第Ⅷ层）的开挖支护；利用第Ⅷ层已开挖支护的有利条件，提前完成上游侧岩埂下部排水管道廊道的开挖支护。采取这些措施后，为第Ⅶ层开挖采用溜渣井出渣创造了有利条件，第Ⅶ层开挖对已加固机窝之间的岩埂影响较小，岩埂保留十分完整。

（5）优化锚索布置，及时调整锚索参数，厂顶及边墙锚索尽量布置成对穿锚索。利用已完成的排水廊道，提前进行锚索钻孔，并根据开挖支护进度适时穿索锚固；锚索的廊道侧采用钢筋混凝土梁作锚墩，附壁墙和混凝土边墙范围内的锚索端采用混凝土平板锚墩（四周外露锚筋与墙体混凝土形成整体），增强锚固效果。针对厂房第Ⅲ层开挖下游边墙变形较大，锚索应力增加较快的情况，及时把下游边墙的对穿锚索由1500kN调整为2000kN，锁定吨位比例从80%调整为60%，更好地适应和约束了围岩变形。

（6）加强动态设计。在厂房第Ⅱ层开挖支护过程中，发现CZ0＋143.00m厂房下游边墙变形持续增加后，及时增加对穿锚索，约束围岩变形；在厂房第Ⅲ层岩壁吊车梁浇筑完成后，厂房下游拱肩在CZ0＋143.00m位置的喷层开裂，对开裂部位喷层剥离补喷后，在一定范围内增加锚索、预应力锚杆和固结灌浆，效果很好。

4. 利用监测数据指导设计和施工　在厂周排水廊道内提前对顶拱及边墙围岩埋设监测仪器，取得初始值。厂房开挖中根据测得的围岩变形，及时预警，指导设计和施工。

（二）实施效果

溧阳抽水蓄能电站于2011年3月底开始地下厂房顶拱层开挖，2013年12月底厂房全部开挖支护完成，工期33个月，顶拱开挖支护比计划提前近3个月，开挖过程未出现大塌方事故。厂房开挖支护结束后，围岩变形增幅明显变缓；2014年1月至12月的监测数据表明，厂房围岩变形已收敛，洞室围岩整体安全稳定。主厂房岩壁吊车梁荷载试验数据表明，围岩变形、结合缝部位、锚杆应力及钢筋应力未产生明显异常。

（中国电建集团中南勘测设计研究院有限公司
胡林江　杨　军　康粉红）

沙湾水电站尾水渠防渗设计

（一）概况

沙湾水电站位于四川省乐山市沙湾区大渡河干流下游，装机容量480MW。该电站厂房后接9015m超长尾水渠，其利用落差14.5m。尾水渠断面为复式梯形结构，设计底宽91m，顶宽147～184m；堤身用砂卵石碾压填筑，边坡1∶1.6，过流断面用混凝土面板衬砌。渠堤沿线地层岩性为漂卵砾石夹砂、砾卵石夹砂，局部地段地表分布薄层黏土、粉土。漂卵砾石夹砂层厚15.0～30.0m，卵砾石夹砂层厚10.0～30.0m，层中局部夹粉、细砂层透镜体。漂卵砾石成分主要为花岗岩、闪长岩、玄武岩等。漂卵砾石夹砂中漂石直径以20～40cm为主，含量10%～20%，局部大于20%，具架空结构，砾石直径以0.5～3cm居多，含量10%。

按工程地质类比法推断尾水渠河床砂卵石层渗透变形为管涌型，其渗透临界坡降为0.18～0.23，渗透允许坡降为0.10～0.15。

（二）尾水渠防渗方案研究

通过试验寻求适应尾水渠地质条件的防渗形式、设计参数及施工参数，设计要求防渗体的渗透系数$K\leqslant i\times10^{-6}$cm/s（$0<i<10$）。

1. 高压旋喷灌浆试验　在尾水渠河段右侧一级阶地上进行单桩试验，该段能代表尾水渠河段防渗线的地质情况。共3个孔，孔深6.0、6.0、6.5m，分别采用新三管法、旧三管法和钻喷一体化（两管法）施工。14d龄期后开挖结果显示：地下水位3.4m以下，孔深0～3.4m段成桩半径25～58cm，3.4～6.0m段成桩半径20.6～45cm。又进行了板墙试验，共8个孔，孔距0.8m。28d龄期后开挖结果显示，地下水位以下桩体极不规则，缩颈明显。检查孔芯样获得率极低，压（注）水试验除4段小于2Lu外，其余均大于10Lu，接近或等于强透水。通过试验可知，采用高压旋喷灌浆达不到设计要求的防渗效果。

2. 可控性灌浆试验　高喷灌浆试验后，在该场地相邻位置进行3个单孔可控性灌浆试验，孔深6m。14d龄期后开挖检查显示，最大灌浆体半径仅31cm，连续性差，且随覆盖层可灌性的变化而变化，偶然性很大。又进行可控性灌浆板墙试验，共8孔，孔距0.8m，孔径75mm，灌浆172.3m。28d龄期后开挖检查，灌浆半径0.4m内形成的胶结体良好，灌浆半径0.4～1.2m范围内也形成了部分胶结体，但强度较低，不连续、不完整。从钻孔压水试验成果看，孔深0～10.2m范围内渗透系数小于1Lu，但10.2～20.8m吕荣值增加很大。通过试验可知，局部含砂量大的地层可灌性差。

3. 40cm厚塑性混凝土薄防渗墙试验　试验位于右岸尾5+900m桩号处，共2个槽孔，即槽长6m的WS-1和槽长7m的WS-2。该处河床覆盖层深度小于13m，为漂砾卵石层，粒径20～35cm的含量为30%～35%，5～20cm的含量为40%～50%，5～0.5cm的含量为10%～15%，地下水在原河床地面以下2.5m左右。试验完成防渗面积192.2m^2。墙体28d抗压强度不小于5MPa，变形模量不大于3600MPa，抗渗标号W8，渗透系数$K\leqslant i\times10^{-7}$cm/s，允许渗透坡降不小于80，满足设计要求。

塑性混凝土防渗墙比高喷和可控灌浆的投资要高，但地层适应性、成墙质量、防渗效果、施工工效等明显要好，能满足规范和设计要求。因此，确定采用防渗墙方案。

（三）防渗墙设计计算

1. 防渗墙设计　尾水渠左堤永久防渗采用塑性混凝土防渗墙，桩号尾0+000m～3+200m墙厚80cm，桩号尾3+200m～9+015m墙厚40cm，分别布置于左堤外侧和堤身中部。墙体穿过砂卵石覆盖层深入基岩1m，最大深度约49.5m。

对尾水渠左堤进行了渗透稳定、渗透量、应力应变等二维有限元数学模型计算。左堤堤基砾卵（漂）石夹砂的渗透系数为$2.0\times10^{-3}\sim6.5\times10^{-2}$cm/s，渗透允许坡降为0.10～0.15。考虑尾水渠运行期间各种工况，经分析计算，确定防渗墙最小厚度0.4m，嵌入基岩1m（不含岩溶角砾岩），尾水渠最大渗透量为1.1m^3/s，不影响机组的出力，满足设计要求。

防渗墙模拟计算的参数：成墙最小厚度0.4m，

墙体 28d 抗压强度不小于 5MPa，抗折强度不小于 1.5MPa，弹性模量不大于 3600MPa，抗渗标号 W8，渗透系数 $K \leqslant i \times 10^{-7}$ cm/s，允许渗透坡降不小于 80，墙体拉应力控制在 0.2～0.3MPa。在此基础上验证计算。

2. 防渗墙墙体应力应变计算分析

(1) 计算模型：有限元计算对象选典型横剖面尾 3+400.00m。一般采用 8 节点 6 面体等参单元，局部退化为 6 节点 3 棱柱等参单元。计算模型实体单元 1641 个、节点 3220 个。

(2) 岩体及结构面物理力学参数：防渗墙、堤体及堤基等的物理力学参数见表 1。

表 1 尾水渠计算参数

材料类型	干容重 (kN/m³)	K_{load} (kPa)	K_b (kPa)	C (kPa)	n	m	R_f	ϕ (°)	K_{ur} (kPa)
回填料	23.0	1000.0	825.0	0.0	0.48	0.33	0.81	37.0	1200.00
防渗墙	22.0	9000.0	4000.0	300	0.01	−0.50	0.95	38.0	10800.00
覆盖层	23.0	912.0	608.6	0.0	0.52	0.30	0.82	37.0	1094.40

泥皮单元采用滑移面单元：$K_n = 8.33 \times 10^5$；$K_s = 1400$。计算时，不考虑堤体砂浆垫层和面层的作用，作为安全富余度。

(3) 考虑两种计算工况：①施工工况下尾 3+400.00m 剖面围堰外侧水位 417.611m（相应 10 年一遇洪水位），内侧水位 397.65m（渠内底板高程），左堤内外水头差最大，为控制工况；②运行工况下尾水渠外侧水位选取与河床地面高程 414.00m 齐平，内侧水位取正常尾水位 405.858m。

(4) 计算结果分析：

1) 在施工工况，墙体迎水面与背水面的最大拉应力出现在开挖至 397.65m 高程时，分别约为 −0.133、−0.063MPa；最大压应力都出现在防渗墙底部，分别为 0.33、0.52MPa。防渗墙水平向最大变形 1.95cm，出现在防渗墙顶部。

2) 在运行工况，墙体迎水面不出现拉应力，背水面最大拉应力出现在 417.00m 高程附近，约 −0.008MPa；迎水面和背水面的最大压应力值都出现在防渗墙的底部，分别为 0.3MPa 和 0.44MPa。防渗墙的最大变形 0.5cm，出现在 413.00m 高程附近。

防渗墙最大拉应力和最大压应力小于设计允许值，防渗墙设计参数合理。

3. 左堤渗流计算分析　仍选剖面尾 3+400.00m 计算，工况同前，计算参数见表 2。

表 2 尾水渠渗流计算参数

材料名称		渗透系数 K (cm/s)	渗透比降 J		备注
			允许	破坏	
堤身覆盖层	漂砾卵石夹砂（Q_4^{1al}）	3.2×10^{-2}	0.13～0.16		
	砾卵石夹砂（Q_4^{2al}）	3×10^{-2}	0.13～0.16		管涌
	漂砾卵石夹砂（Q_4^{al+pl}）	5.2×10^{-3}	0.20		管涌
强、弱卸荷岩体（T_{21}^3）		2.7×10^{-3}			
新鲜岩体（T_{21}^3）		2.7×10^{-4}			
混凝土防渗墙		1×10^{-7}	80～100		
防渗帷幕		1.0×10^{-5}	10～25（基岩） 3～4（覆盖层）		

在尾水渠左堤背水侧出逸点附近和防渗墙底部，渗透坡降较大，为易发渗透破坏区。运行期最大渗透坡降很小，远小于覆盖层允许坡降 0.10～0.15，最大渗透坡降均在允许坡降范围内，不会发生渗透破坏。防渗墙内渗透坡降最大 22，其底部附近基岩的渗透坡降 2.0～6.0，均满足设计要求。

因浸润线与覆基分界线组成的主要渗流通道狭小，下部基岩渗透系数较小，渗流量较小。3+400m 剖面运行期平均日单位渠长渗流量约 1.344m³/m，桩号 4+200m 剖面运行期日平均单位渠长渗透量约 1.104m³/m。假定 2 个连续剖面间渗流量呈线性变化，可估算出尾水渠总渗流量不到 1m³/s。由此可见，尾水渠防渗方案能满足渗透稳定要求。

（四）尾水渠建设和应用

1. 尾水渠工程建设简况　尾水渠工程于2009年3月完成渠内及左堤混凝土浇筑，同年4月电站首台机组发电，尾水渠投入使用，2009年5月进入正常工况运行。完成土石方开挖1976.72万m^3，土石方填筑392.24万m^3，混凝土74.13万m^3，浆砌石8.11万m^3，防渗墙15.6万m^2，钢筋制安3820.1t。对防渗墙墙体无损检测和基坑渗水检查，结果表明防渗效果良好。

2. 运行工况及效果

(1) 尾水渠投入使用后，不同发电流量对应的实测水位与模型试验水位相差20cm左右，运行工况与设计工况基本一致。

(2) 在渠道运行两年半后，于2010年11月24日在尾水渠的7个位置实测渠底淤积厚度为13.4～19.7cm，平均淤积厚度15.2cm。

(3) 2010年5月正式蓄水发电以来，在机组满负荷发电情况下，单机出力均达到设计值，枯期实际出力大于设计出力，平均超10%左右。

沙湾水电站利用拉长尾水渠布置的开发方式，使两站变一站，不但较好地解决了城镇工矿企业集中区域河流水电资源开发问题，也节约了项目开发投资，减少了征地移民和对环境的影响，获得了较好的经济效益。

（中国水电建设集团四川电力开发有限公司　蒋成明
四川省水利水电勘测设计研究院　李永清）

桃源水电站进水口拦污排设计

桃源水电站为减小进水口水头损失，保证机组运行安全，在进水口前设置一道拦污排。该拦污排采用国内首创的新型锚链悬索拦污排结构型式，已在2013年12月7日竣工，并成功投入运行。

（一）拦污排布置

根据电站水位变化情况，确定拦污排端部采用固定定位装置。定位装置设在高程40.0m，一端固定在大坝溢洪道和进水口间的A点（见图1），另一端固定在双洲岛上的B点。拦污排轴线与洪水期水流的主流方向间夹角为25.2°，并通过3根钢丝绳与C点连接，避免泄洪工况下拦污排向泄洪主流发生大位移。

（二）拦污排设计

通过对以往拦污排结构型式的分析，桃源拦污排最终采用ϕ54三级有档锚链装置作为主悬索。锚链悬索拦污排主要由改性聚四氟乙烯浮箱、锚链、拦污网、坠子、连接装置、箍紧装置等组成。

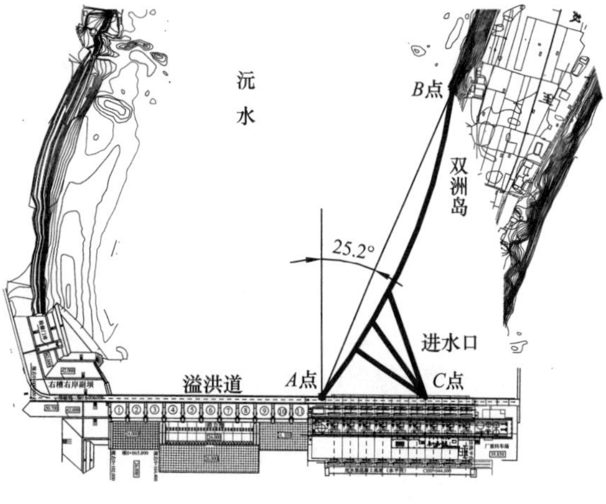

图1　拦污排布置示意图

1. 锚链　采用有档锚链，包括若干段链节。单段链节由若干普通链环与一个转环组成，相邻两段链节间采用肯特卸扣连接，且位于锚链两端的末端链环与转环卸扣相连，该转环与端部定位装置（基础埋件）连接。

主悬索为AM3三级有档锚链。锚链设计载荷1000kN，拉力试验载荷1590kN，破断荷载2270kN。主悬索荷载由锚链承担。

2. 浮箱　浮箱采用LLDPE材料，圆柱带肋，端部凸起，直径750mm。为与锚链装置配套，根据需要，浮箱长度分为L750和L1000两种。因拦污排端部采用固定定位装置，在洪水期，拦污排端部会有部分浮箱被洪水淹没，因此端部浮箱壁厚需加大。L750浮箱根据壁厚分为L750中部浮箱和L750端部浮箱。

3. 拦污网和坠子　拦污网由主纲绳、副纲绳、纤维网、坠子等组成。主纲绳为ϕ20mm纤维绳，副纲绳为ϕ12mm纤维绳，纤维网使用ϕ6mm纤维绳编织。

拦污网长度400m，高度1.5m，主纲绳和副纲绳为整体纤维绳。为方便检修，纤维网分为40片，单片长10m，片与片之间通过ϕ8mm聚乙烯绳连接。

拦污网下挂坠子，使纤维网在水下呈半悬链线状态。坠子为ϕ125mm圆钢，分段长度50mm，重量约5kg，通过钢筋与副纲绳连接。坠子和连接钢筋采用喷砂除锈，热喷锌防腐。

4. 连接装置和紧箍装置　锚链装置与拦污网分别通过U形吊环和U形螺栓与浮箱箍紧装置连接，再通过该箍紧装置连接于浮箱底部。其中锚链装置与拦污网平行布置，锚链装置位于上游侧。连接装置和紧箍装置采用喷砂除锈，热喷锌防腐。

5. 安全装置　桃源进水口拦污排设安全装置，它包括3根钢丝绳和固定的钢埋件。钢丝绳的一端连接在靠厂房坝段的拦污排上，另一端与钢埋件一起固定在厂房坝段。在泄洪闸门开启时，拦污排能防止其出现反S曲线，避免出现这样的危险工况。

6. 土建工程与基础埋件　拦污排为桃源水电站施工后的新增项目，大坝主体结构已完成施工，因此除双洲岛上的埋件为现浇钢筋混凝土外，其他埋件采用化学植筋或膨胀螺栓锚固。锚杆、膨胀螺栓预埋完成后，均按2.5倍以上设计荷载进行拔出试验。试验合格后埋件与锚杆（螺栓）焊牢，然后在埋件与一期混凝土之间的预留缝隙内灌环氧树脂。

（三）拦污排特点

桃源水电站锚链悬索拦污排汲取了钢丝绳拦污排和趸船拦污排的优点，其特点如下：

（1）柔性好，悬链线清晰。在波浪作用下，能随波逐流，有效地减小了波浪对拦污排的作用荷载。具有移动清污功能。

（2）具有超载自动保护与防事故连锁反应功能，出现极端情况，即使锚链意外断裂，LLDPE浮箱也不会对进水口坝体和拦污栅造成不良影响。

（3）适应性强，施工工期短，安装、检修、维护方便。无论新建还是已完工程，不管是岩基还是软土，均可在适当处理后安设锚链悬索拦污排。

（4）设计使用寿命长，在海洋环境下20年，淡水环境下更长。五强溪水电站趸船锚链已使用20年，还在正常运行。

（5）工程造价较低，约为趸船拦污排的1/2，与钢丝绳（纤维绳）拦污排造价相当。

（中国电建集团中南勘测设计研究院有限公司
钟全胜）

白鹤滩水电站复杂巨型调压室穹顶体形设计

（一）工程概况

白鹤滩水电站为金沙江下游4个水电梯级中的第2个梯级，电站装机容量16000MW，左右岸地下厂房各布置8台1000MW的水轮发电机。枢纽工程主要由混凝土双曲拱坝、二道坝、水垫塘、泄洪洞及引水发电系统等建筑物组成。引水发电系统左右岸基本对称布置，地下厂房采用首部开发方案布置。输水系统由电站进水口、压力管道、主副厂房、主变室、尾水管检修闸门室、尾水调压室、尾水隧洞、尾水隧洞检修闸门室、尾水出口等建筑物组成。引水建筑物和尾水建筑物分别采用单机单洞和两机一洞的布置形式。尾水调压室为圆筒形阻抗式，左岸①号～④号尾水调压室穹顶开挖直径分别为48.0、47.5、46.0、44.5m，右岸⑤号～⑧号尾水调压室穹顶开挖直径分别为43.0、45.5、47.0、48.0m，直墙开挖高度57.92～93m，调压室竖井衬砌厚度为1.5m。

白鹤滩水电站尾水调压室无论单体尺寸，还是调压室群规模，均为世界之最，且工程地质条件复杂，尤其是右岸的围岩稳定问题突出，在国内外类似地下工程中十分少见。

（二）尾水调压室穹顶体形设计控制因素

右岸尾水调压室地层为单斜岩层，影响调压室穹顶围岩稳定的地质控制要素为岩层的高地应力、层间错动带、柱状节理玄武岩。4个尾水调压室分3类（见表1）。

表1　右岸尾水调压室地质条件分类

调压室	地质条件	影响穹顶稳定的主要地质要素
⑤号、⑥号调压室	层间错动带C_4在⑤号调压室穹顶上部约35m位置通过；层间错动带C_4在⑥号调压室穹顶上部约15m位置通过	穹顶稳定主要受地应力、岩性、次级结构面影响，层间错动带影响较小
⑦号调压室	层间错动带C_5在调压室穹顶上方约15m处通过；层间错动带C_4斜穿穹顶下部	层间错动带C_4、C_5对穹顶稳定的影响
⑧号调压室	穹顶发育$P_2\beta_6{}^1$层柱状节理玄武岩；层间错动带C_5斜穿穹顶下部	柱状节理和层间错动带C_5对穹顶稳定的影响

（三）调压室穹顶体形方案比较

1. 体形方案拟订　调压室穹顶开挖的基本响应特征是穹顶顶部应力集中，侧翼趋向于松弛。综合考虑尾水调压室基本开挖响应特征、各调压室地质条件的差异性，结合工程类比，初拟4种穹顶体形为：圆弧形、半圆形、椭圆形和流线形。4种体形曲率逐渐增大。对未发育柱状节理玄武岩的调压室穹顶，比较圆弧形、半圆形和椭圆形3种体形，穹顶高程基本一致。流线形体形主要针对发育柱状节理玄武岩的⑧号尾水调压室。

2. 体形方案比较

（1）⑤号、⑥号尾水调压室。对3种穹顶体形的围岩稳定条件从以下3方面进行比选。

1）应力及应力损伤区。穹顶中心、与最大主应力方向垂直的EW向侧翼为应力集中区域，两翼应力集中略小于穹顶中心；与最大主应力方向平行的NS向侧翼为应力松弛区域；穹顶中心和EW侧边墙出现一定开挖应力损伤区，3种体形的应力损伤区差别不大。随曲率增大，穹顶中心应力集中水平增加，圆弧形、半圆形、椭圆形体形的应力集中分别为

40.14、41.91、43.68MPa；同时，NS 向两翼应力松弛将增加，3 种体形在 NS 向侧翼部位的最大主应力分别为 19.0、17.3、16.7MPa。

2）塑性屈服区。尾水调压室穹顶中心、EW 侧翼浅层岩体存在高应力集中，应力路径超过了启裂强度而出现屈服，主要为局部应力型破坏，曲率越大，穹顶应力集中程度加大，应力型屈服范围趋于加大；NS 侧翼为应力松弛型屈服，曲率越大，屈服范围也有加大的趋势。3 种不同体形开挖后塑性区分布总体规律相似，深度差异相对不大，一般深约 2～3m。

3）变形。尾水调压室穹顶中心受 NS 向最大主应力和 EW 向中间主应力挤压，为应力集中区，变形量级较小，一般 7～10mm。开挖过程中，穹顶中心产生向下变形，而当下部井筒开挖后，由于水平向最大、中间主应力占主导，使穹顶整体受挤压且向上抬升，导致穹顶中心合位移减小到 5～8mm。由表 2 可见，3 种体形穹顶变形量总体不大，两翼松弛变形量相对稍大。增大曲率可减小穹顶变形，但两翼部位位移将增大。过大曲率会造成两翼变形较大，稳定性变差。因此，在本工程地应力条件下不宜选择曲率较大的椭圆形体形。

表 2　3 种穹顶体形的开挖变形特征

定量指标	部位	圆弧形	半圆形	椭圆形
最大变形量级（mm）	穹顶中心	7.8	6.2	4.9
	E/W 侧翼	14.6	16.2	19.1
	N/S 侧翼	19.8	22.4	26.0

半圆形和圆弧形穹顶区域应力分布、塑性区分布及变形特征差别不大，但从适当提高穹顶围压和拱肩部位应力平顺过渡方面考虑，⑤号、⑥号尾水调压室穹顶体形采用半圆形。

（2）⑦号尾水调压室。层间错动带 C_5 从⑦号尾水调压室穹顶上方通过，层间错动带 C_4 斜切穹顶侧翼部位，其穹顶稳定性同时受 2 个层间错动带影响。

通过对圆弧形、半圆形、椭圆形体形计算分析，穹顶区域应力、塑性区及变形特征分布规律与⑤号、⑥号尾水调压室穹顶一致。层间错动带 C_4 导致穹顶整体应力集中程度降低，圆弧形体形曲率小，穹顶变形相对较大，对穹顶的变形稳定和成拱相对不利。穹顶两翼部位应力松弛加剧，椭圆形体形在层间错动带 C_4 下方松弛深度相对较大，而半圆形体形在应力集中和松弛两方面相对平衡。因此，⑦号尾水调压室穹顶采用半圆形体形。

（3）⑧号尾水调压室从以下两方面进行分析。

1）开挖响应特征及围岩稳定条件。⑧号调压室地质条件最复杂，穹顶出露 $P_2\beta_6^1$ 层柱状节理玄武岩，层间错动带 C_5 斜切穹顶下部，一定程度削弱了穹顶拱效应。结合⑧号调压室特点，考虑柱状节理玄武岩、层间错动带和高地应力影响，在⑤号～⑦号调压室穹顶比选基础上，选择半圆形和流线形比选。柱状节理玄武岩为镶嵌结构，数值计算模型中按不连续结构面考虑，可相对合理地模拟该结构力学特性和开挖响应。岩体变形指标见表 3。

表 3　⑧号尾水调压室半圆形和流线形穹顶岩体变形特征

部位 ＼ 定量指标		变形＞10mm 深度（m）			最大变形量级（mm）		
		半圆形	流线形	百分比	半圆形	流线形	百分比
穹顶中心		＜1	＜1		6～7	4～5	69%
C_5 上盘柱状节理	E/W 侧翼	3.0～3.5	1.5～2.1	55%	16～18	13～16	85%
	N/S 侧翼	6.5～7.2	3.3～8.1	83%	26～28	16～20	67%
C_5 下盘	E/W 侧翼	4.2～6.8	4～5.7	88%	14～26	27～35	155%
	N/S 侧翼	7.6～12.0	10～14.5	125%	28～65	52～104	167%

对⑧号尾水调压室穹顶，相比半圆形，流线形体形的穹顶高程和直径减少了近 10m，减小了柱状节理玄武岩的出露范围，使穹顶中心、两翼变形量级都减小 15%～30%，松弛变形区深度也有一定程度减小，EW 向和 NS 向侧翼松弛变形区深度分别减小约 45% 和 17%。流线形体形对控制 C_5 上盘 $P_2\beta_6^1$ 层柱状节理层开挖松弛变形和拱效应的形成有利。

对于 C_5 下盘岩体，相比半圆形体形，流线形体形倒悬边墙的松弛变形有所加大，NS 向侧翼松弛变形区深度增加了 25%。从控制 C_5 下盘岩体松弛变形角度分析半圆形体形较有利。

从工程风险角度分析，柱状节理岩体中原生节理和层内错动带组合，将导致开挖响应特征趋于复杂，其岩体力学性能难以用数值分析方法准确预测。特别在穹顶开挖尺寸较大情况下，尺寸效应影响加大了分析的不确定性。层间错动带 C_5 下盘 $P_2\beta_6^1$ 层岩体完整性较好，对局部松弛变形，在工程处理措施方面积累了较丰富经验，可通过加强施工组织和支护设计加以解决。柱状节理玄武岩穹顶稳定的工程风险，是穹顶体形比较时优先考虑因素。

2）整体安全性。考虑到数值方法在模拟柱状节理岩体方面存在局限性，进一步采用强度折减法对C_5上盘柱状节理岩体的整体安全性进行评价。该法同步折减岩块和结构面c、f值，折减系数作为洞室整体安全系数，可定性评价两种体形整体稳定性及安全度。

计算结果表明，半圆形体形柱状节理层围岩稳定安全系数大于1.4，潜在不稳定区域集中于NS向层间错动带C_5上方；流线形体形柱状节理层围岩稳定安全系数大于1.8，潜在不稳定区域范围减小，整体稳定性增强。

3）综合分析，从改善柱状节理穹顶的围岩稳定条件出发，⑧号尾水调压室穹顶采用流线形体形。

（中国电建集团华东勘测设计研究院有限公司
陈益民　倪绍虎　吕　慷　孟江波）

锦屏二级水电站进水口工程取水防沙设计

锦屏二级水电站位于雅砻江干流锦屏大河弯上，枢纽工程主要由首部低闸、引水系统、尾部地下厂房等永久性建筑物组成，为一低闸、长隧洞、大容量引水式电站。雅砻江为山区河流，坡陡流急，洪峰流量大，含沙量高。电站库区泥沙淤积问题突出，进水口取水防沙的效果对电站的安全运行和发电效益至关重要。

（一）电站首部枢纽布置

首部闸址位于雅砻江大河弯西端的猫猫滩，最大闸高34m，水库正常蓄水位1646.00m，死水位1640.00m，日调节库容496万m^3。首部枢纽的闸坝与进水口分离布置，电站进水口位于闸址上游2.9km处的景峰桥。

进水口为独立岸式结构，布置在雅砻江右侧凹岸，由拦沙坎、洞外拦污栅、事故闸门室和4条引水隧洞进口段等组成。顺发电水流方向，进水口建筑物依次为集渣平台、拦沙坎、斜坡、拦污栅、闸后通仓流道、引水隧洞进口段、事故闸门井、引水隧洞（见图1）。

进水口施工期围堰为纵向土石围堰，塑性混凝土防渗墙防渗，按枯水期12月～次年4月时段10年一遇洪水设计，汛期过水度汛。

（二）水文泥沙条件

锦屏二级库区多年平均悬移质含沙量555g/m^3，多年汛期平均含沙量809g/m^3，输沙量年际变化大、年内分配不均，主要集中在汛期6～9月，河流沙峰随洪峰出现。入库悬移质颗粒级配按输沙量加权平均计算，其最大粒径为2mm，中数粒径0.056mm，平均粒径0.101mm。

电站建设期间，经2010年1个汛期淹没过流后（锦屏一级尚未蓄水），进水口基坑范围内沉积悬移质泥沙总计约6万m^3，平均淤积厚度3～4m，最大淤积厚度超过6m。

（三）取水防沙设计

1. 取水防沙重点　与锦屏二级水库上游紧接的锦屏一级电站2012年开始蓄水，在正常运行情况下，其水库拦截了绝大部分入库泥沙，二级水库泥沙淤积进程缓慢，过机泥沙量少、颗粒细，电站的取水防沙安全可靠。二级电站取水结构泥沙淤积的关键问题在于施工期及运行初期。

受水库水位和河道地形条件限制，进水口底板高程低于河床高程，拦沙坎作为主要的取水防沙设施，必须有效地拦截渣体。锦屏二级库区场内道路施工、锦屏一级和二级电站临建设施修建，有大量弃渣入库，使河床底高程逐步抬高，加重了防沙难度。拦沙坎顶高程的确定需综合考虑库区淤积、河床再造等因素。

电站施工期及运行初期进水口基坑内泥沙淤积情

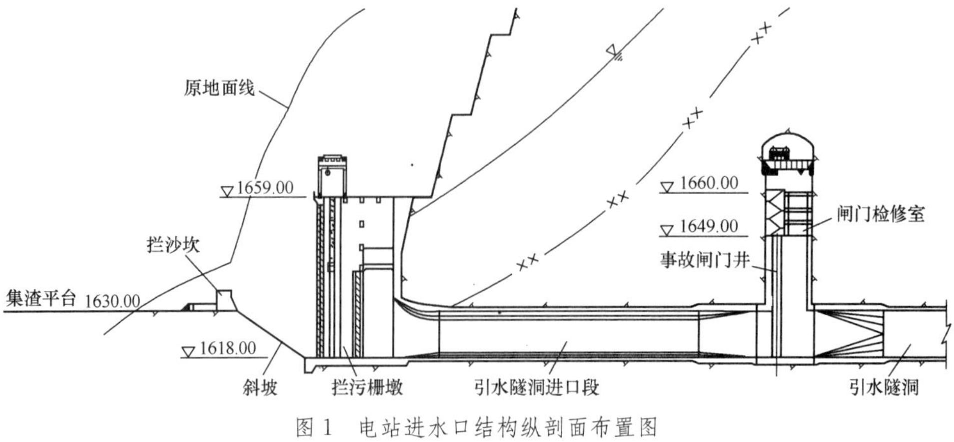

图1　电站进水口结构纵剖面布置图

况突出，影响到进水口正常取水。为此，考虑在电站投产前清淤，电站运行后应具备一定的进水口基坑排空清淤条件。

2. 拦沙坎顶高程比选　水库死水位 1640m，拦沙坎前缘集渣平台高程 1630m，综合考虑防沙效果、取水流态、结构稳定性、对发电控制水位影响、对基坑清淤条件影响、施工难度等因素，对初拟坎顶高程 1637、1636、1635、1634m 进行方案比选。

拦沙坎顶高程越高，防沙效果越好，防沙安全裕量越大，且在电站运行期间，可通过部分限制一级电站发电台数，合理控制下泄流量，将库区水位控制在拦沙坎顶高程（或拦沙坎临时加高高程）以下，实现二级电站进水口基坑排空清淤。但拦沙坎顶过高，将限制电站运行的灵活性，增加水库调度难度。综合分析后拦沙坎顶高程定为 1635m。

3. 拦沙坎结构设计　拦沙坎断面为梯形，坎顶高程 1635m，坎底高程 1630m，顶宽 4m，迎水面直立坡，背水面直立坡＋坡度 1∶0.5（见图 2），其基础坐落于基岩上。

拦沙坎平行于拦污栅墩轴线通长布置，垂直于进水方向，两端分别顺接进水口上、下游侧边坡导水墙。导水墙采用扩角方案，渐近平行于水流方向。围堰施工支洞经改建直接连接上游导水墙，可到达拦沙坎顶部和检修场地。拦沙坎平面布置见图 3。

4. 水工模型试验　试验目的是研究进水口在各种水位和各种取水发电工况下水流流态、流速分布及水头损失等。结果表明进水口取水流态平稳，无立轴漩涡等不利水力学现象。除电站满发工况水库水位宜控制在 1642m 以上外，其他工况均对水库水位无特殊要求。

针对锦屏二级库区施工期泥沙问题和进水口取水防沙效果进行了泥沙水工模型试验。结果表明库区施工弃渣及淤积泥沙在水流作用下主要经过进水口前河流主槽向下游输移；在经过水流长时间冲刷后，进水口拦沙坎外 1630m 集渣平台几乎没有粗沙落淤，主槽内淤积高程 1629～1630m；在电站未引水发电情况下，进水口基坑处于相对净水状态，有不同程度的悬移质泥沙落淤。

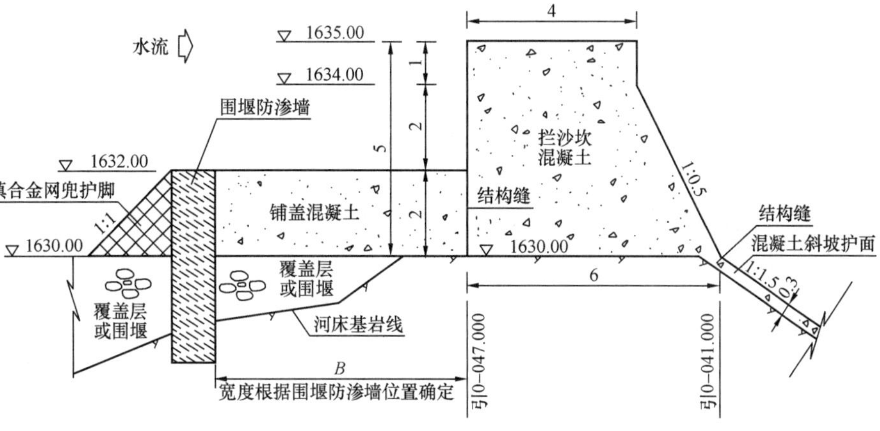

图 2　拦沙坎结构典型断面图（单位：m）

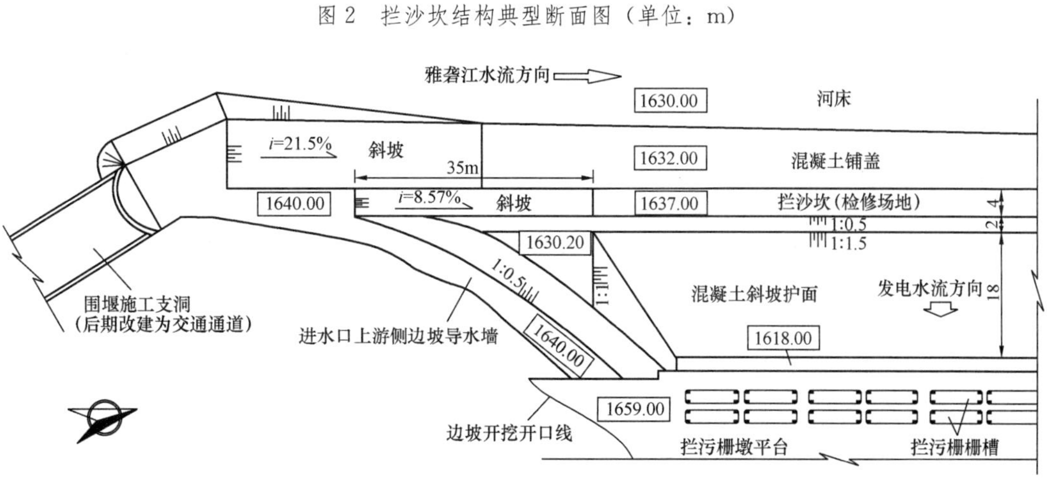

图 3　拦沙坎结构平面布置简图

5. 投产前进水口前基坑清淤　为给机组带水调试和过流提供良好的水质环境，在机组充水调试前对基坑清淤和检查，基坑采用水下清淤方式。

拦污栅外包土工布作为临时拦淤措施，将泥沙拦截在基坑前缘区域，便于水下抽排淤沙设备的布置及作业。拦污栅底部淤沙高程以下敷设钢板保护拦污栅。

施工期入汛后进水口基坑过流，基坑内落淤泥沙通过大功率清淤泵不定期抽排至主河道。在汛期非抽沙时段，用移动式风动翻沙管路设施扰动基坑泥水，减少泥沙沉降和板结。

引水隧洞充水前，潜水员水下探摸结合水下彩色摄像检查进水口前池基坑和进口隧洞段淤积情况。

6. 进水口检修期清淤　锦屏一级、二级电站建成后，一级电站水库可拦截绝大部分入库泥沙，有效保证二级电站正常取水发电，进入进水口基坑的泥沙落淤可实现动态平衡。检修期可通过控制一级电站发电机组数和闸坝下泄流量，将库区水位降低到合理高程，利用拦沙坎或辅以临时加高措施实现临时挡水，为排空基坑进行干地清淤创造条件。拦沙坎顶用于安放基坑抽水和排污机械设备，基坑内清淤设备通过事故闸门室检修竖井进出。

（中国电力建设集团华东勘测设计研究院有限公司
鲍世虎　张　洋　邬远祥）

全排孔气垫式水下岩塞爆破技术在长甸改造工程进水口中的应用

（一）引水发电进水口设计概况

长甸电站改造工程为引水式水电站，引水发电进水口在水丰水库库内，底高程 60m，在正常蓄水位以下 63.3m。

进水口采用气垫式全排孔水下岩塞结构，由岩塞体、连接段、集渣坑、二道集渣坑等组成，其中岩塞体和连接段为引水系统施工期挡水结构，后期通水前予以爆除。进水口部位坡度 40°～50°，为使水流平顺，选定岩塞体中心线倾角为 43°（见图 1）。岩塞体为倒圆台形，开口扩散角为 10°，水库侧直径为 14.6m，底部直径 10.0m，爆渣松方约 2800m³。岩塞体厚 10m，厚度系数 1，含表层 2.5m 强风化岩体总厚度 12.5m。在引水系统施工中，需保持岩塞体在汛期的安全稳定。度汛水位 127.11m 时，为满足安全稳定系数达到 5 以上，岩塞体设计厚度需达到 13m（含地表强风化层为 15.5m）。但岩塞体、爆破规模和集渣坑规模均偏大，不够经济。为了在引水系统施工期给岩塞体的稳定留足安全裕度，在岩塞体底部设长 7m 的连接段，直径与岩塞体底部相同。在爆破实施前完成岩塞连接段的施工，进行岩塞体的防渗、围岩支护等预处理工作。连接段最终开挖深度决定了岩塞体最终厚度，可根据揭示的地质条件和安全稳定要求动态调整。

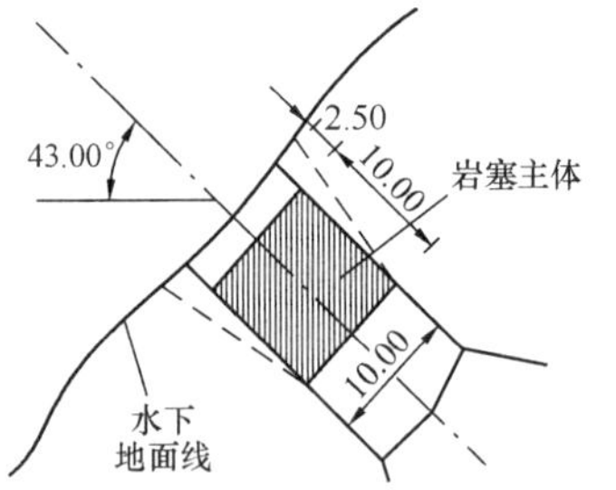

图 1　岩塞进口剖面图（单位：m）

（二）气垫十二道集渣坑的爆渣控制技术

长甸改造工程采用气垫式集渣坑十二道集渣坑的组合结构（见图 2）。在临时堵头前沿的洞室内充填水体和压缩气垫，延缓爆破后流道内水体的流动速度，使爆渣就近在集渣坑内沉积和聚集。在集渣坑尾部设 3m 高直坎和闸门井前沿设 3m 深二道集渣坑后，进一步防止爆渣进入下游流道。水下岩塞爆破成功实施后，经水下检查，在闸门井及门槽附近未发现任何爆渣。组合结构不仅杜绝了爆渣进入流道、闸门井及门槽，还改善了集渣坑施工条件，下游主洞的开挖、出渣设备可直接进入集渣坑施工。

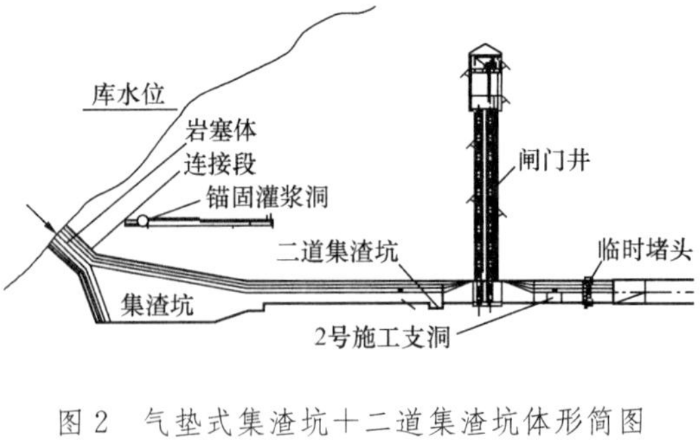

图 2　气垫式集渣坑十二道集渣坑体形简图

（三）导洞先行的全排孔水下岩塞体爆破技术

岩塞体的全排孔爆破比洞室爆破有明显的优势，施工条件和安全性均有改善，爆破设计分段灵活，单响小，对进水口周边保留岩体和建筑物震动小、损伤小，爆破成型好。在全排孔水下岩塞爆破中提高爆破可靠度的难点是高精度钻孔及可靠获得爆破临空面。

国内钻孔设备的精度已能满足工程需求。在长甸大直径水下岩塞体全排孔爆破设计方案中，开创性地在岩塞体内设置中导洞，提前形成了爆破临空面（见图3）。

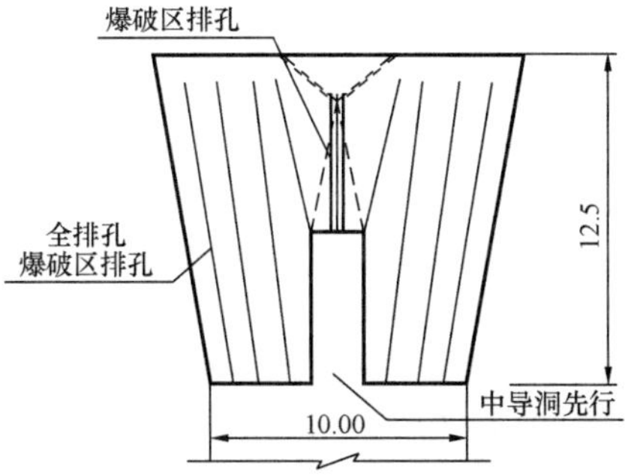

图3 全排孔爆破设计图（单位：m）

（四）冲击波、涌浪、地震波等负面效应控制技术

水下岩塞体爆破在破碎岩塞体、贯通水库同时，不可避免地会产生冲击波、涌浪、地震波等，将它们的影响控制在允许范围内，是实现水下岩塞爆破兴利避害的重要手段。

1. 冲击波　研究和分析冲击波的产生过程、传播规律和危害特性，从源头、传播路径和影响结构物等方面采取措施削弱、截断和控制其影响。

岩塞爆破对隧洞结构产生影响主要荷载有：爆破振动荷载、空气冲击波、水中冲击波、上下游水位差产生的动水压力。设置适当空气气垫是削弱冲击波峰值的有效办法。控制闸门井与库水位的水位差，降低岩塞体前后压力差，可减小高速水流流速，控制水锤峰值。

2. 涌浪　必须控制爆破涌浪，以免在涌浪冲击下破坏闸门井和井口结构及临时堵头。

在不同库水位下对应有不同的闸门井水位，并可计算得到闸门井涌高水位，再与水工模型试验成果对比分析。由成果对比可见，模型试验涌高水位与计算涌高水位相接近。实际水下岩塞爆破时，库水位约96m，集渣坑水位45.57m，闸门井水位68.77m。闸门井自录式摄像机监测发现，爆破过程中没有涌浪冲出闸门井，仅观察到水汽在闸门井内波动。表明闸门井涌浪在123.00m高程以下，与理论分析和过渡过程计算值结论基本一致。

3. 地震波　岩塞体岩石爆破时在岩体中激发出冲击波、地震波，在爆源近区有冲击波，中远区有地震波。岩塞体岩体的破碎由冲击波实现，是爆破目的。地震波对岩塞进水口及其后引水隧洞、闸门门槽和临时堵头等均产生不同程度的负面作用。采用全排孔爆破技术后，单响大幅度减小，爆破振动峰值减小，不足以构成建筑物的破坏。

（五）监测监控技术及实时采集技术

长甸水下岩塞体爆破进行下列项目监测：

（1）爆破前集渣坑内充水水位监测。在集渣坑气垫腔内顶拱部位安装3台水下摄像机，通过监控画面读取集渣坑上游端及左右边墙上的水尺和网格标志线，确定爆破前集渣坑内充水水位。实施中，通过视频数据确认爆破时集渣坑内的充水水位约46.95m。

（2）集渣坑内爆破实时图像采集。利用上述3台水下摄像机对岩塞体爆破现象及集渣坑内的抛渣过程进行全程记录，起爆瞬间库水进入集渣坑的整个过程全部被记录下来。

（3）水库水面运动实时图像采集。实施中在岩塞进水口附近水库岸坡稳固位置，朝向水库方向安设自录式摄像机，记录岩塞体爆破时水库水面的运动现象。

（4）闸门井内涌浪动态监测。实施中安设在闸门井130.00m高程平台的自录式摄像机，未发现闸门井内涌浪涌至井口高程123.00m。

（5）水、空气击波压力动态监测。击波压力通过水击波计和空气击波计进行动态监测，监测范围为岩塞进水口至临时堵头迎水面，主要测点沿监测洞段顶拱中心线布置。实施中实测最大水中冲击波462kPa。监测数据分析印证了水下岩塞爆破对各建筑物的负面影响程较小，符合结构安全要求。

（6）围岩和邻近建筑物爆破振动实时监测。集渣坑及引水隧洞围岩爆破振动通过速度计和加速度计进行动态监测，主要测点位置与水、空气击波计相同，可监测爆破冲击波同时在水中及岩石中传播的叠加动力响应。实施中实测闸门井附近最大质点振动速度为0.57cm/s，最大质点振动加速度为1.71g。监测数据分析印证了水下岩塞爆破对闸门井结构及临时堵头的负面影响程度较小，符合结构安全需求。

（六）结语

长甸改造工程进水口结构采用气垫式水下岩塞体结构，2014年6月16日成功爆破贯通。爆破后检测，水下岩塞进水口成型良好。2014年9月22日长甸改造工程两台机组已全部投产，岩塞进水口结构得到了检验。

（中国电建集团华东勘测设计研究院有限公司）

枢纽布置设计

枕头坝一级水电站设计特点

枕头坝一级水电站位于四川省乐山市金口河区大渡河干流大沙坝—月儿坝河段，距成都市约260km，为枕头坝河段两级堤坝式开发的第一级，其上一级为深溪沟水电站。坝址处控制流域面积73057km²，多年平均流量1360m³/s。电站开发主要任务为发电，兼顾下游用水。枢纽从左至右依次布置左岸非溢流重力坝段、厂房坝段、泄洪闸坝段、右岸非溢流重力坝段，坝顶总长317.55m，最大坝高86.5m。水库总库容0.469亿m³，正常蓄水位624.00m，相应库容0.435亿m³。电站装机容量720MW，安装4台容量为180MW的水轮发电机组，多年平均发电量32.90亿kW·h。

该工程地处川滇南北向构造带北段东侧的瓦山断块上，断块构造破坏微弱，工程场地在扬子准地台西缘的上扬子台褶带内，地震基本烈度为Ⅶ度。因此，工程建设条件较复杂，枢纽布置、施工布置等均有一定难度和挑战性。

1. 枢纽建筑物的布置及其综合功能　堤坝式枢纽建筑物需具备挡水、泄水或引水发电功能，还要结合三期导流方式，使部分建筑物先期具备导流功能、后期具备泄水功能（二期导流流量大，全年20年一遇导流流量6600m³/s)。建筑物设计主要考虑2个问题：一是泄水与引水发电建筑物位置选择。坝址处主河道深厚覆盖层位于左侧，左岸分布1号堆积体，右侧台地覆盖层较浅。利用坝址地形地质条件，将厂房坝段布置在左侧主河道、泄水建筑物结合导流明渠布置在右侧台地，节省了工程投资。二是泄水与导流的有机结合。根据泄洪和导流规模大的要求，布置了5孔泄洪闸，同时研究了5孔泄洪闸、3孔泄洪闸与导流明渠结合方案，通过比选，选择3孔泄洪闸结合导流明渠方案，经济效益显著。

2. 左坝肩1号堆积体的治理　1号堆积体覆盖层边坡位于左坝肩下游侧，是覆盖层内部蠕滑形成的堆积体，在工程施工中及电站运行期可能引起边坡局部或整体失稳。经论证研究，结合S306国道过坝公路要求，采取抗滑桩、挡墙、预应力锚索等措施，以承担下滑力并作为公路路基。

3. 泄水建筑物设计　电站洪峰流量大，水库调节能力差，泄洪频繁，库区淹没敏感点多，要求泄水建筑物运行灵活、安全可靠。经分析研究采用5孔8m×16m深孔泄洪闸孔，闸门总水压力57550kN，底流消能，有效减少库区淹没敏感点和洪水防护工程投资，以及下游雾化对周边建筑物影响。

4. 减少机组运行引起振动的影响　电站副厂房位于尾水管上部，存在机组运行及水力脉动引起的振动。为避免造成电气设备事故，并给运行人员提供安全、健康的工作环境，在对发电机组运行振动及水力脉动等动力参数分析研究基础上，在GIS室及中控室采用弹簧隔振方式减小振动带来的影响。

5. 开挖渣料的利用　施工中开挖岩石约500万m³，开挖基坑天然砂砾石约200万m³。本着“节约投资，利于环保”的原则，工程中优先回采利用，共利用开挖渣料195.54万m³。其中，玄武岩82.81万m³，天然砂砾岩112.73万m³。

6. 修建鱼道　大渡河流鱼类资源丰富，电站建设将阻隔上下游鱼类的迁移。采用修建鱼道来改善大坝上下游鱼类种群交流，同时研究各种鱼类生态习性和工程对鱼类的影响。鱼道由进口、梯身、出口等组成。

（中国电建集团贵阳勘测设计研究院有限公司　陈小东）

立洲水电站工程设计特点

（一）工程概况

立洲水电站系木里河干流（上通坝—阿布地河段）水电规划“一库六级”的第六个梯级，坝址区位于四川省凉山彝族自治州木里藏族自治县境内，为二等大（2）型工程。坝址处控制流域面积8603km²，多年平均流量为131m³/s。电站采用混合式开发，枢纽工程由碾压混凝土双曲拱坝、坝身泄洪系统、右岸地下长引水隧洞及右岸地面发电厂房组成。水库正常蓄水位2088.0m，总库容1.897亿m³，调节库容0.82亿m³，具有季调节性能。电站装机容量355MW（含10MW生态机组），多年平均发电量为15.46亿kW·h。

（二）枢纽建筑物布置

碾压混凝土双曲拱坝坝顶高程2092.00m，坝底高程 1960.00m，最大坝高 1320m，坝顶宽 7m，坝底厚 26m，厚高比 0.197，坝顶中心弧长 201.82m，坝体基本呈对称布置。

泄洪系统由 2 个溢流表孔和 1 个中孔组成，各孔口以河床中心线为轴径向对称布置，表孔布置在中孔两侧。表孔设 1 道工作弧形闸门，孔口尺寸 8m×8m（宽×高，下同）。中孔进口设平板检修闸门，孔口尺寸 5m×7.3m，出口设置弧形工作闸门，孔口尺寸 5m×6m。

引水发电系统布置于右岸山体中，采用“1 洞 3 机”联合供水方式，由进水口、隧洞、调压井、压力钢管及钢岔管等组成。单机引用流量 72.5m^3/s。引水系统总长 17234m。调压井位于引水隧洞的末端，型式为阻抗式，井筒直径 21m，井高约 145m。

龚家沟地面厂房由主机间、安装间、上游副厂房组成。厂内安装 3 台单机 115MW 混流式水轮发电机组，机组间距 15.4m，厂房尺寸（含安装间）74.6m×23.5m×59.85m（长×宽×高）。安装间设在主机间右侧。

生态机组小厂房由主机间、安装间、上游副厂房组成。厂内装 2 台单机 5MW 卧式水轮发电机组，机组间距 15.0m，厂房尺寸（含安装间）45.9m×14m×28.2m（长×宽×高）。安装间设在主机间右侧。

（三）工程设计特点

1. 库岸堆积体、滑坡体稳定的评价与处理　通过库区两岸不良地质体的分布、堆积体或滑坡体物质组成及抗剪强度试验、稳定性分析等项研究，对蓄水后堆积体、滑坡体的稳定性进行评价，对可能失稳并影响水库运行安全或行洪的堆积体或滑坡体提出了处理措施，确保水库运行安全和行洪畅通。

2. 狭窄河谷的消能工结构选型　立洲水电站坝址下游河道较窄，采用常规消能方式水流在空中碰撞消能水流会不规则地跌入消力池，造成水流冲刷岸坡，对边坡及坝肩岩体稳定带来安全隐患。调研后选择“表孔出口体型采用跌流＋宽尾墩、中孔采用收缩式窄缝”体型，水工模型试验表明此体型可达到高拱坝坝身表深孔水舌空中无碰撞、下泄水流横向收缩、纵向扩散泄洪消能的目的。经多次调整尺寸选定了较优的消能工结构型式。

3. 长引水隧洞衬砌与围岩固结圈联合受力分析研究　立洲水电站引水隧洞较长（16.7km），地质条件复杂，围岩较差，Ⅳ、Ⅴ类围岩占比约 84%，承担水头 40～140m。通过引水隧洞衬砌与围岩固结圈联合受力分析研究，选取固结圈围岩物理力学参数提高比例，对地质参数建议值提高相应比例作为设计值，分析固结灌浆提高物理力学参数范围。根据非线性有限元法配筋和规范公式法的计算结果，隧洞混凝土结构配筋构造要求，在保证建筑物安全前提下，综合选取引水隧洞配筋型式。

4. 深厚覆盖层条件下露天调压井的开挖设计　立洲水电站的调压井开挖直径 24m，由于覆盖层厚度大，井筒开挖和成井难度大。通过分析研究，结合地质条件变化情况，采用少开挖、勤支护的调压井开挖方案。即每一层开挖时，确保其稳定情况下，尽量选择较陡开挖坡比。再根据开挖后边坡稳定分析结果，进行边坡支护和加固处理设计。这个方案既可确保施工安全，又减少了开挖范围，节省了工程投资。

5. 泥石流沟的治理　龚家沟位于厂房下游侧，为暴雨型泥石流沟。防洪标准为设计洪水 100 年一遇，校核洪水 500 年一遇。龚家沟泥石流 500 年一遇和 100 年一遇的最大流量分别为 380、301m^3/s，一次最大固体物质总量分别为 4.7 万、3.7 万 m^3。泥石流防治措施是在龚家沟主沟修建 2 座拦渣坝，以拦截泥沙和石块，减轻泥石流的动力作用。此外，沿冲沟出口修建导流渠，引导泥石流进入下游河道，避免泥石流对厂房尾水的影响。

6. 河道生态保护及水能利用　根据河流生态水量的基本要求，立洲水电站生态基流按汛期确保多年平均流量的 10%下泄 13.1m^3/s，枯期按枯期多年平均流量的 20%下泄 10.6m^3/s。满足生态流量的同时，在拦河大坝下游设生态发电厂房，合理利用水能，安装 2 台 5MW 卧式水轮发电机组，年平均发电量 0.6954 亿 kW·h，年平均利用小时 6954h。

7. 高碾压混凝土拱坝 50cm 碾压层厚研究　为加快 132m 高碾压混凝土双曲拱坝施工进度，进行 50cm 厚碾压分层研究。通过现场试验、室内检测、理论分析、安全评价等综合分析，决定在左岸 2088.5～2091.5m 高程间采用 50cm 碾压层厚施工。2014 年 1 月完成施工，经物理力学性能检测，混凝土质量满足设计要求。

（中国电建集团贵阳勘测设计研究院有限公司）

蒲石河抽水蓄能电站运行循环效率提高的因素

（一）概况

辽宁蒲石河抽水蓄能电站位于辽宁省宽甸满族自治县境内，安装 4 台单机容量为 300MW 可逆式抽水蓄能机组，以一回 500kV 进出线经丹东北 500kV 变电所接入东北电网。

电站年平均发电量为 18.6 亿 kW·h，年发电小时数 1550h；年平均抽水电量为 24.09 亿 kW·h，年抽水小时数为 2008h。可行性研究设计阶段，确定综合循环效率为77.2%。机电设备招标结束后，通过对机组抽水、发电工况不同水头及不同负荷下的机组、变压器、水道效率保证值的复核分析，及根据水库蒸发、渗漏水量的损失对循环效率的影响所确定的电站循环效率修正系数（取0.98），复核结果为78.46%，较可行性研究设计阶段的循环效率提高1.26个百分点。

蒲石河电站2012年1月1日首台机组投入商业运行，2012年9月4台机组全部并网发电。2012年1月～2014年末实际运行数据见表1。电站三年实际运行的平均循环效率为81.81%，高出可行性研究设计阶段（77.2%）4.61个百分点。2013年的运行小时数、发电量、抽水电量均接近可行性研究设计值。

表1 2012～2014年蒲石河抽水蓄能电站运行数据

年度	发电小时(h)	抽水小时(h)	抽水调相小时(h)	发电量(万kW·h)	抽水电量(万kW·h)	循环效率(%)
2012年	1758	1985	30.15	53277	64823	82.18
2013年	6079/1519.8	6470/1617.5	120.28	159594	195142	81.78
2014年	5855/1463.8	6063/1515	60.9	150077	184209	81.47

注 发电量和抽水电量取自机组的机端表计。

（二）循环效率提高的因素

1. 机组设计参数合理

（1）水头变幅小。水泵工况最高扬程333.9m，水轮机工况正常运行最小水头298.9m，水头变幅比为1.12；水轮机工况极限运行（动用事故备用库容后）最小水头287.7m，水头变幅比为1.16。水泵水轮机水头变幅小，有利于优化水力设计，使水轮机工况和水泵工况参数能合理匹配，从而得到较高的工作效率。

（2）额定水头选择合理。额定水头308m，略高于算术平均水头307.6m。水泵水轮机的额定水头越高，水轮机工况的高出力运行范围就越靠近最优效率区，从而得到较高的平均效率。

（3）加权因子确定合理。根据东北地区电力系统负荷预测情况和调度特点，设计将加权因子大部分权重放在高负荷和高水头区域，即尽量接近水轮机高效区，以提高加权平均效率。水轮机工况效率加权因子见表2。

表2 水轮机工况效率加权因子

净水头(m)	100% N_r	90% N_r	80% N_r	70% N_r	60% N_r	50% N_r	合计
288	0	1.5	3	1.5	1	0.5	7.5
298	0	3.5	5	2.5	1	0.5	12.5
308	7.5	7.0	6.5	6	3	1	31
318	9	8.5	8	7.5	4.5	1.5	39
328	1	2	3	2	1.5	0.5	10
合计	17.5	22.5	25.5	19.5	11	4	100.0

（4）鉴于主机制造厂水泵水轮机水力总体设计水平和制造工艺水平的提高，建设单位、设计与主机厂商定，提高主机合同中性能保证值，包括水泵水轮机效率水平。水轮机工况原型加权平均效率招标文件要求89%，合同签订为92.3%，模型验收试验为92.36%；水泵工况原型加权平均效率招标文件要求90.5%，合同签订为93.55%，模型验收试验为93.73%。

2. 水道设计参数合理

（1）尾水隧洞采用1洞4机布置方式，相比单机单洞方案或1洞2机方案，在少数机组运行时，可明显降低水头损失，从而提高电站综合效率。如水轮机额定工况运行时，1台机组发电，最大的水头损失为2.65m；4台机组发电，最大水头损失为6.93m。最低扬程抽水运行时，1台机组抽水，最大水头损失2.56m；4台机组抽水，水头损失为5.98m。

（2）水道设计流速合理。一般的输水隧洞的经济流速为2.5～4.5m/s，钢管的经济流速为4～6m/s，抽水蓄能电站可略高一些。可行性研究阶段，对引水隧洞、尾水隧洞、引水压力钢管及尾水钢衬进行经济洞径比较，技施阶段进行了复核，经技术经济比较，确定了水道系统合理的洞径。水道系统各洞段的洞径、发电流速、抽水流速见表3。

表3 水道系统各洞段洞径和流速

	引水隧洞	压力钢管	尾水隧洞	尾水钢衬
洞径(m)	8.10	5.00	11.50	5.00
发电流速(m/s)	4.32	5.67	4.29	5.67
抽水流速(m/s)	3.90	5.12	3.87	5.12

（3）蒲石河抽水蓄能电站委托高校采用数值模拟方法对引水岔管和尾水岔管的水力学特性进行计算研究，验证了引水岔管和尾水岔管设计体形的合理性。经计算分析，岔管流态设计合理，各工况下引水及尾水岔管水流较顺畅，流态较好，无负压和恶劣流态，各工况下局部水头损失均在合理范围内，减小了水头损失，提高了电站效率。

3. 上水库库容的设计优化　技施阶段，对上水库的库容曲线进行了复核，并对实测的库容曲线与可行性研究阶段库容曲线比较。上水库在水位 392～360m 区间的库容较可行性研究阶段增加 11.3 万 m^3（因 2 号石料场在库盆内）。按机组以额定发电引用流量 111.4m^3/s 计，增加的库容可满足 1 台机发电约 17min，提高了机组在高效区的运行时间。

4. 严格明确的施工技术要求　为保证输水隧洞施工质量，设计对输水系统的钢筋混凝土衬砌提出了严格的施工技术要求。对模板安装偏差，混凝土配合比、原材料取样检测和计量，混凝土浇筑入仓下料点、浇筑层高度和振捣等均提出了明确的规定。施工单位严格执行这些技术要求，质量得到较好控制，降低了衬砌混凝土的糙率，减小了水头损失。

5. 机组运行效率高　电站机组基本是每天二发一抽，每天发电运行 4.0～4.16h，抽水运行 4.15～4.43h。发电成功率为 99.79%，抽水成功率为 99.86%，机组等效可利用系数 90.25%。

通过科学调度，使机组运行水头和负荷权重与设计加权因子基本保持一致。年度机组运行水头和负荷统计显示，机组常保持上水库在 370～391m，下水库在 62～64m 的高水头区域运行，且满负荷运行占比大，使机组较长时间在高效区运行，提高了机组的综合循环效率。

（中水东北勘测设计研究有限责任公司
郑光伟　刘海辉　张建辉）

洪屏抽水蓄能电站施工总布置设计

（一）工程概况

洪屏抽水蓄能电站位于江西省靖安县，装机容量 1200MW。

上水库库区为四面环山天然盆地，由主坝、西副坝、西南副坝及库岸防护组成。主坝为混凝土重力坝，最大坝高 44m。西副坝及西南副坝均为面板堆石坝，最大坝高分别为 57.7、37.4m。下水库位于北潦河上游河段的秀峰河上，由碾压混凝土重力坝及库周山体围筑而成，坝址在下游峡谷中，最大坝高 77.5m。

输水系统采用 1 洞 2 机布置，由 2 条引水系统和 2 条尾水系统组成。引水系统有上库进/出水口、上平洞、引水调压井、上竖井、中平洞、下竖井、下平洞、引水岔管和支管。尾水系统有尾水支管、岔管、尾水调压井、尾水隧洞和下库进/出水口。地下厂房系统包括主副厂房洞、主变洞、母线洞、尾闸洞、出线洞、进厂交通洞及地面开关站。

（二）工程分标及施工场地条件

1. 工程分标　抽水蓄能电站施工项目分筹建期项目和主体工程施工项目。筹建期项目包括进厂交通洞、通风兼安全洞、进场公路、上下库连接公路、下水库导流洞、施工供电和供水、控制网、业主营地等。主体工程有上水库工程（C1）、引水系统（C2）、地下厂房及尾水系统工程（C3）、下水库工程（C4）、机电设备安装（EMI）等标段。地下厂房除岩壁吊车梁、安装场和开关站基础混凝土划归 C3 标外，其余混凝土均为 EMI 标。

2. 施工场地条件　对外交通利用下水库坝址左岸现有地方三级旅游公路，与 313 省道相接，再与其他省道、国道及昌九高速相连。上、下库之间高差约 580m，修建的连接公路长 11.57km，进场公路长 12.85km。

上库区在西南副坝后大片较平缓山坡地距主坝及上库进/出水口较近，宜布置上库区施工临时设施。下水库呈长条带形，在坝址上游约 500m 处的丁坑口沟内较大范围缓坡地，可布置业主营地和下库坝区施工临时设施。下库进/出水口上游的鹭鹚坳沟及进厂交通洞口附近部分缓坡地，可作为地下工程区施工场地。下库进/出水口下游的下视坑布置地下厂房区承包商营地。下库有几个冲沟用作弃渣场地。

（三）施工总布置规划

1. 施工总布置原则　施工布置总体形成上水库、地下厂房和下水库等 3 个施工区域。各施工区内标与标之间的施工场地布置，尽量使生活区和厂区相对独立，但各专业区相对集中。场地布置时还要重视环境保护及水土保持。机电设备安装标临时设施将布置在筹建期项目撤让的场地和弃渣场顶部。一些具体做法是：

（1）利用电站永久房屋建筑作为部分承包商办公和生活用房。

（2）利用已有企业的生产、加工能力，尽量缩减施工工厂规模和仓库占地面积，不占或少占农田及经济林地。

（3）尽量利用工程永久占地作为施工临时用地。在满足安全度汛的前提下，尽量在库内滩地、冲沟及缓坡地布置施工场地和弃渣场。

(4) 为减少公路边坡开挖对周边景观的影响，岸坡较陡的公路尽量以隧洞代替明路。

2. 生活区　施工生活区分上库区、地下厂房区和下库大坝区。经估算施工期高峰人数约2800人，约需建房2.63万m^2。除部分房屋由发包人提供给C1标、C2标和EMI标外，其他由承包人在指定点建造，业主营地布置在丁坑口村的缓坡地带。

3. 人工骨料及混凝土系统　混凝土骨料、反滤料及垫层料，利用地下工程开挖料人工轧制而成。骨料加工系统由C3标承担，再向其他各承包人提供成品料。混凝土生产系统由主体工程承包人在施工区内设置。地下洞室开挖料经进厂交通洞和2号施工支洞运至鹭鹚坳中转料场，中转料场位于进厂交通洞口左侧。C3标人工骨料加工及混凝土生产系统布置在中转料场旁。

4. 施工供水　施工区共设3个供水系统。

(1) 上库区供水系统：承担主副坝、库盆、进/出水口、上平洞、上竖井及调压井的生产和生活用水。除天然来水外，利用主坝区库尾筑堰贮水25万m^3。有1取水泵站和2个水池（生产和生活各1个），容量分别为800m^3和50m^3，生活水池旁设15t/h水处理室。

(2) 地下工程区供水系统：承担地下厂房洞群、开关站和输水系统生产和生活区用水，位于进厂交通洞口附近。天然水量能满足用水要求。有1取水泵站和2个水池（均生产），容量为800、100m^3。C2和C3标生活用水水池容量100m^3，水池旁设20t/h水处理室。

(3) 下库大坝区供水系统：承担下库大坝的生产用水，位于大坝上游约500m处。水源为秀峰河溪水。有1取水泵站和2个水池（均生产），容量为500、200m^3。生活用水由业主生活供水系统提供。

5. 上水库施工区　有C1标和C2标2个标段施工，以C1标为主。

(1) C1标设有混凝土生产系统、施工工厂及仓库等，布置于西南副坝后的缓坡地。

(2) C2标只是引水系统上平洞、上竖井和调压井的施工。C2标的木材加工厂、钢筋加工厂、仓库等临时设施就近布置在西南副坝后1号施工支洞洞口上、下库连接公路旁。

(3) 上水库区弃渣量约180万m^3（松方）。上水库的死库容及库内石料场作为弃渣场，共设3个弃渣场。

副坝填筑石料除利用开挖料外，主要由石料场开采。中转料场设在西副坝上游沟内。

6. 地下工程和下水库施工区　下水库分地下工程和大坝两大施工区布置，地下工程区主要有C2标下库区、C3标和EMI标，大坝区只有C4标。

(1) 地下工程施工区。

1) C2标下库区施工项目的施工临时设施集中布置在进厂交通洞口附近。其中钢管加工厂和堆放场设在1号弃渣场顶部。

2) 下库C3标施工项目的骨料加工及混凝土生产系统、施工工厂、仓库等分别布置在进厂交通洞口附近鹭鹚坳沟左侧和通风兼安全洞口缓坡地上。车辆临时停放场设在库内中转料场和弃渣场顶部。

3) EMI标进点时间迟后于C2标和C3标约20个月，占地面积约2万m^2。机电设备暂存进厂交通洞口右侧永久设备库。混凝土生产系统、施工工厂设在尾调通气洞口缓坡上。临时设备库布置在4号弃渣场顶部。临时露天堆放场布置在进厂交通洞口前缓坡地。

(2) C4标的施工工厂、仓库设在大坝上游约1km处丁坑口沟左侧山坡地。混凝土生产系统设在大坝上游3号弃渣场顶部，金属结构拼装场布置在丁坑口沟内右侧库内缓坡地。

(3) 下库区弃渣共约315万m^3（松方），设8个弃渣场。1号和8号弃渣场分别位于塘里村上游和下游附近的原有公路旁。2号弃渣场位于下库大坝上游右岸约500m处河滩上。3号弃渣场位于下库进/出水口下游的下视坑沟内。4号弃渣场位于下水库大坝上游左岸约900m处沟内。5号～7号弃渣场分别设在公路沿线上、中、下部位的沟内。

(4) 下库洞挖料中转场布置在库盆内鹭鹚坳沟右侧C3标人工骨料加工系统旁，设2个毛料堆放场和1个成品料场。其中1号中转场中转量约19万m^3，2号中转场堆存和中转量约58万m^3。

7. 其他设施　包括爆破器材库和油库等。现场设1个15t爆破器材库，布置在3号弃渣场旁的山坳内，该仓库前期用于储存雷管和炸药，后期改建成永久危险品仓库。施工用油料由承包商自行采购，由供应商定期送货。

（中国电建集团华东勘测设计研究院有限公司
叶爱群　熊金萍）

施工导流与围堰设计

苗尾水电站施工导流设计

（一）水文和地形地质条件

苗尾水电站多年平均年径流量 303 亿 m^3，多年平均流量 960m^3/s；6 月至 10 月为汛期，11 月至 5 月为枯水期；洪水主要由暴雨形成，实测最大洪峰流量为 7100m^3/s（1991 年），调查历史最大流量为 9130m^3/s（1905 年）。坝址全年及分期洪水设计成果见表 1。

表 1　坝址全年及分期洪水设计成果　m^3/s

时段	0.5%	1%	5%	10%	20%
全年	10700	9610	7180	6130	5060
11 月～次年 5 月	3090	2850	2280	2010	1720
12 月～次年 4 月	2370	2120	1570	1330	1090

坝址区属中、高山深切河谷地貌，河床呈不对称 U 形，枯水期水位高程约 1304m，河谷宽 550m，水面宽约 80m。坝址左岸较缓，坡度 5°～30°，右岸较陡，坡度 40°～60°。

坝址区出露地层主要为中侏罗系花开左组下段砂质绢云板岩、变质钙质砂岩、变质石英砂岩、绢云石英砂岩及少量绿泥绢云千枚岩，断层、层内错动带及节理较发育。

（二）大坝、厂房施工导流规划

1. 导流方式　坝址区河道呈 S 形拐弯。大坝为砾质土心墙堆石坝，主厂房位于坝后主河道内。根据地形条件及枢纽布置特点，本工程不具备分期导流或明渠导流条件，适合采用隧道导流。本工程基坑深约 70m，坝体难在一个枯水期内抢填至度汛洪水位以上。综合考虑，拟采用全年围堰、隧洞导流的导流方式。

2. 导流标准和程序　苗尾水电站为一等工程，主要永久建筑物为 1 级建筑物，导流隧洞、上下游围堰为 3 级临时建筑物，次要导流建筑物为 5 级临时建筑物。初期导流阶段由围堰挡水，导流隧洞泄流；中后期导流阶段由坝体临时断面挡水，导流隧洞泄流。大坝、厂房导流标准及导流程序见表 2。

3. 导流方案　苗尾水电站枢纽布置紧凑，大坝、厂房、溢洪道预挖冲刷坑位于主河床，并沿水流方向“一”字排开。导流隧洞布置有 2 个方案，方案 1 为导流隧洞不跨沟（石砂场沟）布置，方案 2 为导流隧洞跨沟（石砂场沟）布置。2 个方案比较见表 3。

表 2　导流标准及导流程序

导流阶段	导流时段	导流标准		导流建筑物		上游水位（m）	下游水位（m）	备注
		频率	流量（m^3/s）	挡水建筑物	泄水建筑物			
截流	第 3 年 11 月上旬	旬平均 $P=10\%$	901	戗堤	导流隧洞	1310.29	1304.91	
初期导流	第 3 年 11 月至第 5 年 12 月	全年 $P=5\%$	7180	围堰	导流隧洞	1357.99	1317.55	
中后期导流	第 6 年 1 月至第 6 年 10 月	全年 $P=1\%$	9610	大坝	导流隧洞	1384.16	1319.42	汛前坝体填筑至 1386m 高程以上
	第 6 年 11 月至第 7 年 12 月	全年 $P=0.5\%$	10700	大坝	导流隧洞	1395.19	1320.04	汛前坝体填筑至 1397m 高程以上

表3 导流建筑物布置方案经济技术比较

比选内容	不跨沟方案	跨沟方案
导流方式	大坝、厂房采用全年围堰、隧洞导流，溢洪道预挖冲刷坑采用枯水期围堰、机组导流，导流程序相对复杂	大坝、厂房、溢洪道预挖冲刷坑采用全年围堰、隧洞导流，导流程序简单
导流建筑物规模	1号导流隧洞长1157.50m，2号导流隧洞长1052.82m，上游围堰最大堰高64m，导流建筑物规模较小	1号导流隧洞长1622.02m，2号导流隧洞长1487.61m，上游围堰最大堰高69m，导流建筑物规模较大
导流隧洞地质条件	导流隧洞出口基岩出露，出露基岩为强风化～弱风化上段岩体，边坡整体稳定性较好	导流隧洞出口基岩出露，出露基岩为强风化～弱风化上段岩体，但岩体倾倒变形强烈，边坡整体稳定性较差
溢洪道预挖冲刷坑施工难易程度	溢洪道预挖冲刷坑施工导流采用枯水期围堰挡水、机组泄流的方式，导流程序相对复杂，施工难度相对较大	溢洪道预挖冲刷坑位于大基坑内，导流程序相对简单，施工难度相对较小
施工进度	1号导流隧洞施工工期22.5个月，2号导流隧洞施工工期22.0个月，发电工期6年2个月	1号导流隧洞施工工期25.5个月，2号导流隧洞施工工期24.5个月，发电工期6年5个月
可比投资	58392.24万元	70277.44万元

由表3可知，不跨沟方案导流隧洞施工工期较短，可比投资少约1.2亿，石砂场沟沟水无须单独处理。经综合比较，采用不跨沟方案。

（三）溢洪道预挖冲沙坑施工导流规划

溢洪道预挖冲刷坑工程安排在第9年1月至第9年3月施工，由预挖冲刷坑围堰挡水，1～4号机组联合泄流（满发流量1694.4m^3/s）。溢洪道预挖冲刷坑为1级建筑物，其围堰为4级临时建筑物。溢洪道预挖冲刷坑导流标准及导流程序见表4。

表4 导流标准及导流程序表

导流时段	导流标准		挡水建筑物	泄水建筑物	下游水位(m)	备　注
	频率	流量(m^3/s)				
第8年11月至第9年1月	11～3月 $P=20\%$	1080		1～4号机组	1308.41（满发流量水位1309.60）	进行预挖冲刷坑围堰施工
第9年1月至第9年3月	12～3月 $P=10\%$	861	预挖冲刷坑围堰	1～4号机组	1308.02（满发流量水位1309.60）	进行预挖冲刷坑开挖

（四）导流建筑物设计

1. 导流隧洞　2条导流隧洞布置在左岸（长度见表3），它们的中心线间距50m，2条导流隧洞进口高程均为1302.00m，出口高程均为1300.00m。

导流隧洞沿线地质条件较差，Ⅳ类、Ⅴ类约占50%，宜尽可能减小隧洞洞径。经综合考虑，确定导流隧洞净断面尺寸13m×15m（宽×高），相对应上游围堰高65m。导流隧洞初期为锚喷支护，永久支护为全断面钢筋混凝土衬砌，衬砌厚度1～3m。

2. 上下游围堰　上游围堰挡水标准为全年20年一遇洪水，流量7180m^3/s，堰前水位1357.99m，堰顶高程1360.00m，最大堰高65m，堰顶宽度10m，堰顶轴线长351.60m。上游围堰为土石围堰，堰体防渗采用土工膜心墙，堰基防渗采用塑性混凝土防渗墙。

下游围堰挡水标准为全年20年一遇洪水，流量7180m^3/s，堰前水位1317.55m，堰顶高程1319.50m，最大堰高28m，堰顶宽度10m，堰顶轴线长151.54m。上游围堰采用土石围堰，堰体防渗采用土工膜心墙，堰基防渗采用塑性混凝土防渗墙。

3. 溢洪道预挖冲刷坑围堰　分横向围堰和纵向围堰，挡水标准为枯水期（12月～次年3月）10年一遇洪水，堰顶高程按既满足枯水期 10 年一遇洪水位，又满足 4 台机满发水位考虑，取大值 1310.50m。纵向围堰为混凝土结构，上游段利用厂房尾水导墙，长约 270m；下游段由厂房尾水渠导墙向下游延伸；顶高程 1310.50m，长 80m，堰顶宽 2.5m，两侧边坡均为 1∶0.5，最大堰高 8m。横向围堰为土石结构，堰顶宽 8m，最大堰高 16m，堰顶轴线长 166.25m；堰体采用风化石渣水下抛填，围堰采用塑性混凝土防渗墙防渗。

（五）截流规划

截流时段选在 11 月上旬，截流标准为 10 年一遇旬平均流量 901m^3/s。截流方式为单戗堤立堵，戗堤中心线位于大坝上游围堰轴线下游约 54m 处。戗堤顶高程 1312.00m，顶宽 30m，戗堤断面为梯形，上、下游及堤端边坡均为 1∶1.5。经计算，截流最大落差 5.38m，最大流速 5.82m/s，最大单宽功率 121.38t·m/（s·m）。

（中国电建集团华东勘测设计研究院有限公司
陈永红　任金明　钟伟斌　魏　芳）

乌干达卡鲁玛水电站导流明渠设计

卡鲁玛水电站（Karuma Hydropower Project）位于东非乌干达境内西北部，是乌干达境内尼罗河上规划开发 7 个梯级电站中的第 3 级。电站以发电为主，总装机容量 600MW，多年平均发电量 43.73 亿 kW·h，年装机利用小时 7290h，是乌干达境内装机容量最大水电站。电站开发方式为引水式，正常蓄水位 1030.00m，正常蓄水位以下库容 7987 万 m^3。

（一）水文、气象及地质条件

1. 水文条件　尼罗河通过枢纽区的流量一般在 1048m^3/s。受上游库容巨大的维多利亚湖和基奥加湖的调蓄作用，电站径流年内分配较均匀。最丰月份为 9 月，多年平均流量 1056m^3/s；最枯月份为 2 月，多年平均流量 921m^3/s，差别较小。

2. 气象条件　工程所在地属热带草原气候，年内有两个雨季和两个旱季。雨季为 3～5 月、8～11 月，后者为主雨季；旱季为 12 月～次年 2 月、6～7 月。年平均降雨量 900～2000mm，蒸发量 1300～1900mm。流域平均气温约 26℃，年平均温度为 22.5℃，年平均湿度为 69.3%。

3. 地形地质条件　工程区呈准平原地貌，地势整体平缓，两岸为缓坡台地，高程一般在 960～1075m。河谷较开阔，呈宽 U 形。导流明渠位置地形平缓，局部覆盖层厚度 1～4m，下部基岩为片麻岩，以弱风化岩体为主，岩体透水性弱，无较大规模断层通过。

（二）导流方式及标准

1. 导流方式选择　本工程河床流量在旱季和雨季变幅较小，且拦河坝和引水进水口相邻布置，因此确定大坝施工期采用全年围堰挡水、右岸明渠的导流方式。

2. 导流标准　卡鲁玛水电站拦河闸坝为 2 级建筑物，导流明渠为 4 级建筑物，按我国有关规范规定，设计标准为 10～20 年一遇洪水标准。但按招标文件及合同要求，明渠导流设计标准为 25 年一遇洪水标准，设计流量 2500m^3/s，相应坝址天然河床水位 1022.24m。

（三）导流明渠设计

1. 导流明渠布置　导流明渠布置在坝址右岸台地，全长 517.11m，坝轴线上游 265.06m，坝轴线下游 252.05m，渠身设计底宽 40m。明渠进口前的岩坎高程 1025.00m，进口引渠底板高程 1021.00m，出口引渠底板高程为 1019.00m，平均底坡为 0.5%。

明渠两岸边坡设计水面线以下主要为强风化、弱风化岩石边坡，根据开挖地质条件采取随机喷锚支护，边坡坡比不陡于 1∶0.3。明渠边坡水面线以上主要为土质边坡，为保证边坡稳定，设计边坡坡比不陡于 1∶1.5，采取挂网喷混凝土支护。

2. 明渠水力学模型试验　明渠水力学试验按 1∶50 建立模型，能模拟明渠进口 300m 及出口 400m 范围内河道地形。当明渠流量 2500m^3/s 时，明渠进口水位 1031.98m，出口水位 1023.03m，渠身段水流为急流，平均坡降 0.85%，渠内最大流速 10.66m/s。当明渠流量 1200m^3/s 时，明渠进口水位 1027.45m，出口水位 1021.45m，渠身段水流为急流，平均坡降 0.54%，渠内最大流速 8.81m/s。

3. 明渠进水口　明渠进口呈八字形，与河道主流方向夹角 26°。明渠进口宽度为 142.6m，通过 170m 长渠身过渡到 40m 宽。为改善明渠进口流态，减小明渠进口阻水，在明渠进口前岩坎靠近河谷侧扩挖宽 40m、底板高程 1021.00mm 的小引渠。为增加明渠泄流能力，降低上游围堰堰前水位，优化了明渠左岸起坡点，即将左岸边坡上游起始段 30m 开挖形成 1025.00m 平台。

4. 明渠导墙　明渠左侧设置纵向混凝土导墙，导墙基础坐落在河床侧开挖基岩上，采用重力式结构。导墙全长 229.65m，其中坝轴线上游 116.65m，下游 113.00m，导墙最大高度 12m，导墙顶高程 1032.00～1027.0m，导墙基础面高程 1020.00～1024.00m，混凝土坡面坡比 1∶0.3。为节约工程量，导墙断面形状分为两种：导墙高度大于 5m 时为等腰梯形断面，顶宽 2m，并设 2m 高矩形断面；导墙高度小于 5m 时为直角梯形断面，顶宽 1m。导墙与大坝 16 号坝体结合段长 9.5m，永临结合，提前施工发挥挡水作用。

（中国电建集团华东勘测设计研究院有限公司　周　元）

柬埔寨桑河二级水电站施工导流设计及特点

（一）工程概况

桑河二级水电站为柬埔寨桑河干流三个梯级电站的第 3 级，枢纽由左右岸均质土坝、河床泄洪坝段、混凝土挡水坝段、河床式厂房组成，安装 8 台单机容量 50MW 的灯泡贯流式发电机组。坝顶全长 6539.8m，其中混凝土坝段长 464m，最大坝高 59m。河床布置 10 孔开敞式溢流表孔，孔口尺寸 13m×21m（宽×高），堰顶高程 54.00m。

桑河为湄公河的左岸支流，流域气候条件受东南亚大气环流影响，每年 5 月到 10 月为雨季，汛期通常要比雨季晚 2 个月，每年 7 月到 11 月为汛期，12 月到次年 6 月为枯水期。桑河流域 70%～80%的年径流集中在汛期，年降雨量 1700～3000mm。

（二）施工导流布置

1. 导流方式　桑河二级水电站坝址地形平缓开阔，枯水期河床宽约 400m，蓄水位 75.00m 时河面宽约 7km。河道顺直，河谷断面呈较对称的宽 U 形，两岸地形坡度一般 5°～10°。根据地形和枢纽特点，施工导流采用原河床和导流明渠分期导流。

2. 导流标准　施工导流分三期：一期导流由右岸原河床泄流，施工左岸明渠；二期导流由全年围堰挡水、明渠过流，施工主河床混凝土坝和发电厂房等；三期导流由枯水期围堰挡水，河床已建溢流坝过流，施工明渠内土坝。

一期导流标准为全年 10 年一遇洪水，相应流量 12100m^3/s。二期导流标准为全年 20 年一遇洪水，对应流量 14200m^3/s。三期导流标准为枯水期 10 年一遇洪水，流量 5180m^3/s。

3. 导流明渠布置　导流明渠布置在左岸缓坡，明渠直线段轴线与原河道基本平行，进、出口与原河道平顺衔接，设计底宽 160m，总长 1342.7m，进口高程 47m，出口高程 46.5m。

4. 围堰布置　一期围堰位于左岸岸坡，为 5 级建筑物，呈宽 U 形，按洪水流量 12100m^3/s 设计，相应水位 58.14～57.93m，堰顶高程 59.70～59.50m，堰顶宽 5m，最大堰高约 5m，轴线长度约 1200m。

二期上、下游围堰位于河床和右岸岸坡，为 4 级建筑物，按洪水流量 14200m^3/s 设计。上游围堰堰前水位 62.5m，堰顶高程 65.00m、宽 8m、轴线长 1060m，最大堰高 21m。下游围堰堰前水位 59.06m，堰顶高程 60.50m，宽 8m，轴线长 890m，最大堰高 22.5m。

三期上、下游围堰位于导流明渠内，为 4 级建筑物，按洪水流量 5180m^3/s 设计。上游围堰与左岸土坝（明渠段内）结合布置，为坝体的一部分；堰前水位 61.86m，堰顶高程 63.00m，围堰顶宽 8m，轴线长约 195m，最大堰高 16m。下游围堰堰前水位 53.58m，堰顶高程 54.50m，围堰顶宽 8m，轴线长约 178m，最大堰高 7.5m。

（三）导流建筑物设计

1. 导流明渠设计　导流明渠左侧挡水建筑物为混凝土护坡结构，右侧为混凝土挡墙结构，明渠底板开挖至基岩，不衬砌。

（1）右侧导墙顶宽 2.5m，顶高程 65.00m，最大墙高约 24.5m。导墙左侧（明渠侧）采用底部 1∶0.5、中上部 1∶0.25 的折线坡；右侧（河床侧）坡比 1∶0.25，顶部 2m 为直立坡。右侧导墙轴线长 471.12m，其中与永久坝体结合段长 86.9m。导墙基础坐落在弱风化及以下基岩上，建基面高程 45.00～47.00m，为防止淘刷，左侧墙脚设 4m 深齿槽。

（2）左侧护坡全长 781.2m，坡比 1∶2，原地面高程不足部分填筑土堤加高，以满足挡水需要。护坡根据导流明渠沿程水面变化和防护对象进行分段，最大顶高程 65.00m。混凝土面板厚 0.4～0.8m，根据地质条件和部位分段设置，下设 30～50cm 砂砾石垫层。护坡基础置于基岩上，为防淘刷，设 3～4m 深齿槽。混凝土护坡外下游岸坡采用钢筋石笼防护。

（3）结合导流模型试验，为减小对明渠出口岸坡冲刷，在左侧护坡尾部布置 1 座丁坝。丁坝长 93.3m，顶高程 51.00m，顶宽 2m，高 4.5m，迎水侧直立，背水侧坡比 1∶0.5。

2. 围堰设计

（1）一期围堰为均质土围堰，堰顶宽 5m，上、下游边坡分别为 1∶2.5 和 1∶2。堰基覆盖层采用高喷灌浆防渗，覆盖层深度 6～10m。

（2）二期上游围堰为土石围堰，堰顶宽 8m，由石渣、全或强风化混合料、全风化土料、反滤料、块石料等填筑而成。河床段围堰迎水面 52.00m 马道高程以上边坡 1∶2.75，以下 1∶1.5；背水面 52.00m 马道高程以上 1∶2.0，以下 1∶1.5。右岸岸坡段围堰迎水面坡比 1∶2.5，背水面 1∶2.0。围堰堰面用块石护坡，迎水面靠近明渠导墙一定范围采用钢筋石笼保护。

河床段围堰防渗结构：河床段基础基岩裸露，零星分布有浅薄的冲积层，由砂、砂砾石组成，一般厚0～1.5m。围堰防渗施工平台以下采用高喷灌浆防渗，以上堰体采用碾压全或强风化料防渗。防渗施工平台高程53.00m，高喷灌浆深度小于8m段孔距70cm，大于8m段孔距60cm，最大深度约10m。岸坡段围堰防渗结构：两侧岸坡段基础分布有透水砂层，采用开挖截水槽后回填全风化土防渗，堰体采用碾压全或强风化料防渗。

二期下游围堰结构型式与上游围堰类似，河床和左侧岸坡部位堰基采用高喷灌浆防渗，堰体采用碾压全或强风化料防渗；右岸岸坡堰基采用开挖截水槽后回填全风化土防渗，堰体采用碾压全或强风化料防渗。下游围堰河床右侧部位发育深槽，槽宽约90m，地形起伏差约12m，槽内充填砂砾层，为保证防渗效果和安全，挡水水头大于15m部位，在迎水面增加一排高喷灌浆，排距40cm，孔距60cm。

（3）三期上游围堰与左岸土坝（明渠段）结合布置，上游围堰为坝体的一部分，采用均质土防渗。上游围堰顶宽8m，围堰上游坡坡度与坝体永久坡面一致为1∶3，下游边坡在58.50m高程设宽6m的马道，马道上方土方坡比1∶2，下方石渣为1∶1.5。

三期下游围堰采用均质土防渗，堰顶宽8m，迎水面坡度1∶2.5，背水面边坡在51.50m高程设宽3m的马道，马道上方土方坡比为1∶2，下方石渣1∶1.5。

（四）施工设计特点

1. 大底宽不衬砌的导流明渠　导流明渠覆盖层中粉质黏土（最大厚约7m）可用作两岸土坝防渗体，明渠开挖土料用作左岸土坝填筑。为此，明渠选择大底宽160m方案，渠内平均流速小于7m/s，明渠底板开挖至基覆分界高程，不衬砌。

2. 明渠左侧混凝土护坡　左侧挡水建筑物为混凝土护坡结构，原始地形高程不足部分填筑土堤进行加高，以满足挡水高度要求，可节约工程投资，且与明渠岸坡共同形成挡水体。

3. 明渠内设丁坝　二级明渠岸坡较长，防护范围大，投入大。在明渠出口左侧设置丁坝，将明渠主流引向右侧，可有效缓解对左岸岸坡的冲刷。

4. 二期围堰采用组合防渗　二期近2km长的上下游围堰堰体均采用全碾压或强风化料防渗，河床堰基采用高喷灌浆防渗，岸坡堰基开挖截水槽回填全风化土防渗。

（中国电建集团华东勘测设计研究院有限公司
邱亚锋　吕国轩　王哲鑫　胡小禹）

其　　他

白鹤滩水电站缆机布置与轨道基础设计

白鹤滩水电站大坝为混凝土双曲拱坝，混凝土总量约892万m^3，浇筑强度居国内外类似工程前列，缆机是垂直运输混凝土的主要设备。

（一）缆机和供料平台布置

白鹤滩缆机轨道平台布置在左、右岸坝肩附近，采用双层平移式布置方案。共布置7台缆机，其中高层3台、低层4台。右岸为副车，左岸为主车。供料平台设在左岸，分高、低线布置。从右岸到左岸依次布置右岸高缆平台、右岸低缆平台、低线供料平台、高线供料平台、左岸低缆平台、左岸高缆平台和左岸平衡台车平台。

1. 缆机布置参数　右岸缆机平台布置区域边坡陡峭，岩石裸露。左岸缆机平台布置区域地质构造主要为单斜构造，基岩仅在部分陡壁及冲沟沟底等处零星出露，大部分区域均为第四系堆积物覆盖，区域内滑坡、崩塌、泥石流等不良地质现象发育。

左岸地形低缓，为控制主索跨度，左岸缆机平台布置高塔架。高、低层缆机主要布置参数及高、低线供料平台布置主要参数见表1和表2。

表1　缆机布置主要参数　m

项目		高层缆机	低层缆机
右岸	轨道长	270	236
	平台高程	980.00	920.00
	承载索支点高程	980.00	920.00
左岸	轨道长	310	244.6
	平台高程	905.00	890.00
	承载索支点高程	980.00	920.00
	塔架高度	75（A字架）	30（高塔架）

表2　　　　供料平台布置参数　　　　m

供料平台		高线供料平台	低线供料平台
运输平台	平台高程	834.00	768.00
	平台长	280.8	205.1
	平台宽	25	20～40
料罐平台	料罐平台高程	829.00	763.00
	料罐平台宽度	5	5

高层缆机跨距约1158m，设计垂度59.9m。低层缆机跨距约为1082m，设计垂度56.3m。高、低层缆机平台宽度均较宽，缆机轨道平台跨延吉沟部位采用钢筋混凝土框架结构。为其余部位处在开挖基础面上，轨道平台采用地基梁结构。缆机轨道平台上游段地基为覆盖层，采用钢筋混凝土挖孔灌注桩。

高线混凝土生产系统布置在高线供料平台下游侧坝顶平台上，平台高程834.00m；低线混凝土生产系统布置在泄洪洞进口平台上，平台高程768.00m。高低线供料平台均采用自卸汽车为缆机供料。

2. 工作特性　缆机运行时垂直移动速度和水平移动速度分别为3.0～3.5、7.0m/s。当采用抛物线运行时，浇筑仓离供料平台的最佳水平距离为垂直距离的2倍。在供料平台平面位置固定后，为缩短垂直运输距离，布置了高、低两层供料平台。

高、低层缆机组合覆盖大坝所有坝段，其中低层缆机覆盖除1～3号坝段（左岸边坡坝段）外的其他坝段，高层缆机覆盖大坝所有坝段。右岸30、31号坝段处在缆机非正常工作区，这2个坝段可由缆机减载运行进行混凝土浇筑。

低线供料平台及低线混凝土生产系统供应高程750.00m以下大坝混凝土。该高程范围主要为河床坝段和主要的左右岸边坡坝段，混凝土浇筑强度高，而混凝土生产系统至低供料平台距离近，低供料平台距离这些坝段近，平均距离约300m，吊运距离短、运行效率高。

高线供料平台到大坝右岸浇筑仓水平距离平均约500m。经坝体浇筑仿真研究，坝体升高到约650.00m以上时可开启高线混凝土生产系统和高线供料平台。高低线供料系统联合供料可满足坝体高程高峰浇筑强度要求，浇至780.00m以上后，可由高线系统独立供料。

（二）缆机轨道基础结构设计

根据各轨道基础处的地形地质条件，轨道基础在不同部位采用不同结构型式。

1. 左岸缆机平台结构　延吉沟上游覆盖层深厚，下游以岩石出露为主。平衡台车平台在跨延吉沟部位采用墩墙结构（见图1），在延吉沟上下游部位均采用扩大基础地基梁。左岸高、低缆机平台在跨延吉沟及延吉沟上游侧部位采用框架结构，在上下游深覆盖层部位轨道基础采用扩大基础地基梁，在上下游基岩出露部位轨道基础采用地基梁。

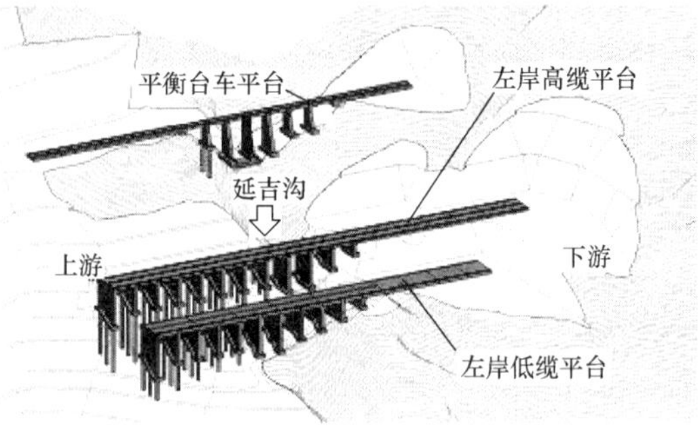

图1　左岸缆机轨道基础三维轴视示意图

（1）左岸平衡台车平台跨延吉沟部位为墩墙结构，该部位轨道梁长111m，宽度7.5m，轨道梁单跨长度分15m和18m两种，均为简支梁。轨道梁支承于墩墙顶部，墩墙墙厚2.5m，最高达23m，墙顶宽10.5m，靠山侧坡比1∶1.0，靠江侧坡比1∶0.3。

延吉沟上、下游部位为扩大基础地基梁，地基梁布置在深覆盖层上。延吉沟上游地基梁结构长度109.7m、下游地基梁结构长度56.3m。

（2）左岸高缆平台包括架空梁段和地基梁段。

1）架空梁段：左岸高缆主塔采用A字架，3台缆机同平台、单台缆机单条轨道布置，相邻两条轨道间距9m。为与引水进水口、泄洪洞进水口开挖边坡平顺衔接，高缆轨道基础在跨延吉沟段及其上游侧部位均采用架空平台，架空平台长193m，宽20m，轨道主梁单跨16m，为两跨连续梁，轨道梁顶面设0.3m厚的平台板形成整体平面。

架空平台在3条轨道下布置轨道梁，轨道梁截面2.0m×2.8m（宽×高），支承于剪力墙墙顶，在轨道梁分缝处，剪力墙墙顶设置抗剪墩，厚度与剪力墙相同，墩高1.5m。

从延吉沟下游边坡开始向上游属深覆盖层区，剪力墙下承台为斜承台，承台厚2.5m，每个承台下设3根桩，桩径2.5m，桩基设在轨道轴线上，深入基岩3.5m，桩最深达32m。

2）地基梁段：左岸高缆平台延吉沟下游地基梁长140.2m，截面3.0m×2.5m（宽×高）。

（3）左岸低缆平台包括架空梁段和地基梁段。

1）架空梁段：左岸低缆主塔采用高塔架，4台缆机同平台同轨道布置，轨道间距18.5m。为与引水进水口、泄洪洞进水口开挖边坡平顺衔接，低缆轨道基础在跨延吉沟段及其上游侧部位均采用架空平台，平台长166.3m，宽21.9m，轨道主梁单跨15m，为两跨连续梁，轨道梁顶面设0.3m厚的平台板形成整体平面。

前、后轨道梁截面分别为2.5m×3.5m（宽×高）和2.3m×2.8m（宽×高），中间架空主梁截面2.0m×2.8m（宽×高），支承于剪力墙墙顶，在轨道梁分缝处，剪力墙墙顶设置抗剪墩，厚度与剪力墙相同，墩高1.5m。

从延吉沟下游边坡开始向上游属于深覆盖层区，剪力墙下承台为斜承台，承台厚2.5m，每个承台下设3根桩，桩径2.5m，桩基设在轨道轴线上，深入基岩3.5m，桩深最深达25.6m。

为满足剪力墙抗倾覆稳定要求，各承台后缘布置2～4根2000kN无黏结预应力锚索。

2）地基梁段：左岸高缆平台延吉沟下游地基梁长77.8m，截面2.5m×2.5m（宽×高）。

2. 右岸缆机平台结构　该平台布置无塔架副车，考虑副车宽度、行走安全距离等，缆机平台最小宽度10m，运行期缆机检修主要在缆机平台、下游端平台和平台后缘边坡局部扩挖形成的空间完成。右岸缆机平台设在坝肩以上开挖边坡的扩挖平台上，右岸高、低缆机轨道基础均采用地基梁，高缆地基梁长269.9m，低缆地基梁长237m。

（中国电建集团华东勘测设计研究院有限公司
张　华　郇　志）

绩溪抽水蓄能电站下水库竖井式溢洪道设计与研究

绩溪抽水蓄能电站下水库多年平均流量0.204m³/s，设计洪峰流量（$P=0.5\%$）232m³/s，校核洪峰流量（$P=0.05\%$）326m³/s。根据工程地质和地形条件，结合周边建筑物的布置，经技术经济比较，采用竖井式溢洪道和导流泄放洞作为下水库泄洪建筑物。

（一）溢洪道设计

1. 溢洪道地形地质条件　竖井式溢洪道所在库岸山体为单薄剥蚀山脊地形，山顶高程约350.00m，正常蓄水位处山顶宽约31m。泄槽段为短浅的冲沟地形，地势平缓，沿线无大断层分布，也无滑坡等不良物理地质现象。溢洪道沿线除冲沟分布2～6m厚的覆盖层外，地表均为全风化粗粒花岗岩，全风化下限埋深一般3～6m，强风化下限埋深一般5～21m，弱风化下限未揭穿，Ⅳ～Ⅴ类围岩，成洞条件差。强风化粗粒花岗岩饱和单轴抗压强度平均值仅为5.07MPa，软化系数0.59，吸水率1.58%；弱风化上段粗粒花岗岩饱和单轴抗压强度平均值11.9MPa，软化系数0.68，吸水率1.27%。

2. 溢洪道结构设计　竖井溢洪道布置在下水库大坝右库岸，由溢流堰、竖井、退水隧洞、泄槽段、消力池、出水渠等组成，全长约414m。竖井溢洪道结构见图1。

（1）溢流堰。进口溢流堰为环形薄壁堰，自由溢流。堰顶内径9m，堰宽1.5m，堰顶高程同正常蓄水位340.00m，堰高14m。堰体外侧直立，内侧坡比5.5∶1，内径缩至5m。为控制溢流宽度，防止堰上形成旋转水流，在堰顶对称布置6个隔墩，分隔成6个表孔溢流，隔墩高4m。单孔溢流宽度2.3m，总溢流宽度13.8m。薄壁堰基础为矩形台体，建于强风化粗粒花岗岩上。

（2）竖井。溢流堰底部接竖井，竖井为圆形，内径5m，深17.5m，衬砌厚0.85m的$C_{90}50$硅粉混凝土。竖井底部设10m深的消能井，井底开挖至弱风化岩体。消能井尺寸和混凝土衬砌与竖井相同。竖井与退水隧洞连接处设$C_{90}50$硅粉混凝土压坡，压坡迎水面采用椭圆曲线，压坡段长6m。压坡出口处孔口尺寸宽3.5m，高2.0m。

（3）退水隧洞。压坡段后接水平长88m的退水隧洞，底坡坡比为1∶16，城门洞形，断面尺寸3.5m×5.3m（宽×高）。

（4）泄槽段。连接退水隧洞的泄槽段，沿下游冲

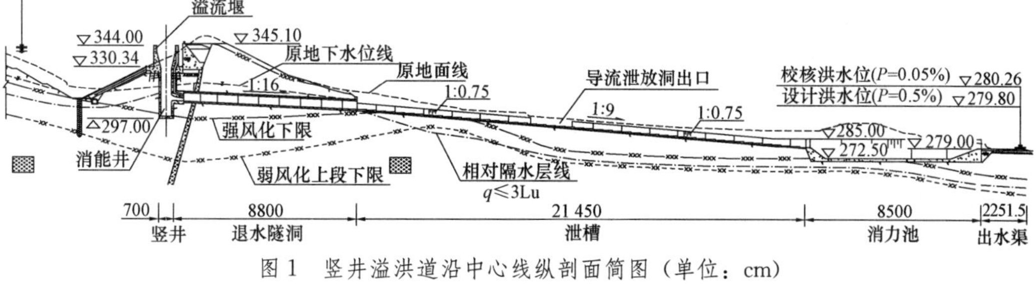

图1　竖井溢洪道沿中心线纵剖面简图（单位：cm）

沟地形布置。泄槽段长 214.5m，渠底坡坡比 1∶9，梯形断面，底宽 8m，高 4m，两侧坡比 1∶0.75，均采用 C25 混凝土贴坡或重力式挡墙设计。泄槽段底板沿程设台阶消能，台阶尺寸 4.5m×0.5m（宽×高）。

（5）消力池。泄槽段末端是消力池。在满足消力池自身功能下，结合施工期下水库污水处理沉淀池设计。消力池长 85m，梯形断面，底宽 15m，池深 7m。

（6）出水渠。出水渠约 22.5m 范围内采用 1m 厚 C15 埋石混凝土护底。

3. 溢洪道洞室支护设计　竖井井身段围岩为Ⅳ类，承载力较差，成洞条件差。退水隧洞上覆岩体最小厚度约 1.5m，最大厚度约 31m，洞段围岩为强风化粗粒花岗岩，断层不发育，弱风化花岗细晶岩脉近垂直洞线发育，洞室围岩为$Ⅳ_{3C}$～Ⅴ类，成洞条件差。竖井、退水隧洞围岩支护与衬砌参数见表 1。

表 1　竖井、退水隧洞围岩支护与衬砌参数

部位	竖井	退水隧洞
洞室围岩支护	① 全断面通长系统锚杆 ϕ25mm @1.25m×1.25m，L=4.5m，入岩 3.5m；②全长 29m 范围，钢筋拱肋 @ 1m；③全断面通长挂网喷 C25 混凝土，厚 15cm；④全断面固结灌浆，@ 1.5m × 1.5m，L=3m	① 出口顶拱范围布置 1 排管棚 ϕ108mm × 8mm @0.5m，L=30m，外扩角约 1°；②全断面通长顶拱系统锚筋 ϕ25mm，@1.25m×1.25m，L = 6m，入岩 5m，梅花形布置；③两侧边墙系统锚筋 ϕ25mm，@1.25m×1.25m，L = 5.5m，入岩 4.5m，矩形布置；④出口 30m，进口 20m 洞身段布置钢拱架Ⅰ18@0.5m；洞身布置钢筋格栅@0.8m；⑤全断面通长挂网喷 C25 混凝土，厚 15～30cm；⑥全断面固结灌浆，@1.5m×1.5m，L=3m
衬砌	C_{90}50 硅粉混凝土，厚 0.85m	顶拱 C30 混凝土，厚 0.85m；边墙及底板 C_{90}50 硅粉混凝土，厚 0.6～0.7m

（二）溢洪道水力特性研究

1. 泄流能力　泄流能力试验结果表明，洪水频率低于 5%时，试验值比设计值大 1.3%～10.6%；洪水频率高于 10%时，试验值比设计值小 0.3%～6.5%。

2. 进口水流流态和流速分布　不同工况条件下，进口库区水流平稳、顺畅，没有出现回流、漩涡等。流速分布试验结果表明：①泄流量 21.8～130.9m^3/s，距进水口外侧 2m 处表面和底部流速均小于 1m/s，距进水口外侧 6m 处表面和底部流速不超过 0.5m/s；②泄流量 21.8m^3/s 和 51.4m^3/s 时，距进水口外侧 2m 处的流速不超过 0.5m/s，距进水口外侧 6m 处的流速小于 0.3m/s；③距进水口外侧 2m 区域是溢洪道泄洪的主要进流通道。

3. 竖井段水流流态、水深和动水压力　不同工况下，进口水舌正面对撞合并后沿竖井中心下落，水流未冲击竖井边壁。竖井内水流掺气充分，消能充分。大流量时，消能井内水体透明，小流量时，消能井内水流掺气，没有出现水流明显冲击竖井底板现象。

试验结果表明，泄流量 21.8m^3/s 时，竖井内水面高程 313.5m，比退水隧洞进口压板顶高程高 2.8m。泄流量 130.9m^3/s 时，竖井内水面高程 331.7m，比竖井顶高程低 2.3m。

试验结果表明，泄流量 21.8m^3/s 时，消能井底板压力 1.02～3.72m，脉动压力均方根 0.57m。泄流量 130.9m^3/s 时，消能井底板压力 5.82～7.50m，脉动压力均方根 1.68m。

4. 退水隧洞头部通气孔风速　泄流量 21.8～130.9m^3/s 时，实测通气孔风速 2.7～16.8m/s，说明通气孔直径 1m 是可行的。

5. 竖井、台阶式泄槽和下游消力池消能率　对退水隧洞出口和下游消力池出口断面水深和平均流速进行测试。在泄流量 21.8～130.9m^3/s 时，竖井消能率达 86.6%～60.8%，台阶面泄槽＋消力池消能率达 94.9%～87.1%，竖井＋台阶面泄槽＋消力池消能率达 97.6%～92.1%。溢洪道“竖井＋台阶面泄槽＋消力池”的消能布置达到理想的消能效果。

（三）溢洪道应力应变分析

1. 计算模型　采用有限差分计算软件 $FLAC^{3D}$ 对竖井式溢洪道模型进行不同工况下三维应力应变计算。三维整体网格单元形状为四面体，共 547583 个单元，98730 个节点。

2. 计算状况　数值计算模拟施工顺序：堰体及挡墙部位基础开挖、竖井及退水隧洞分别从入口处开挖。竖井和退水隧洞的支护方式和衬砌方式采用表 1 参数。

3. 计算结果

（1）溢流堰。堰首基础与顶部圆筒状进水堰连接处出现应力集中，局部拉应力超出混凝土抗拉极限。堰首基础与竖井衬砌内壁结合部位，在蓄水位 330.5m 及以上时，拉应力极值超过此处混凝土抗拉设计值。对上述部位加强配筋处理。

（2）竖井。开挖过程中，总体应力应变情况满足安全要求，但所处区域围岩软弱，在开挖中存在塑性变形区域，对安全不利，且竖井底部位于岩体强弱风

化的分界部位，材料参数相差巨大，出现明显的应力集中现象。在蓄水和泄洪工况中，固结灌浆部位较好地承受了内水压力增加带来的应力增加；竖井底部存在应力集中影响，应力集中区压应力极值达－2.5MPa，通过固结灌浆等，竖井底部围岩应力可满足承载力要求。

（3）退水隧洞。开挖及喷锚过程中，最大位移量为7.5mm，位于进尺15～30m处拱顶及底部，在整个开挖过程中，隧洞四周处于塑性变形区，需及时支护。退水隧洞两侧边墙底部处存在应力集中，从进尺32.5m起，应力集中造成边墙底部最大主应力超过围岩承载力范围，存在一定破坏风险。完建及运行工况计算结果表明，泄洪未对退水隧洞部位应力应变产生显著影响。

（中国电建集团华东勘测设计研究院有限公司
符　晓　徐文仙　赵　琳　郎玲芳　刘晓宇　邵　卿）

海上风电及潮汐电站海洋水文设计的有关问题

潮汐电站属于海洋工程和水力发电工程相结合的复合领域，目前还缺乏既满足海洋工程特性又符合水力发电特点的规程、规范，仅有JTS 145-2—2013《海港水文规范》及水电设计水文规范。海洋发电工程（海上风电及潮汐电站）水文分析计算研究的范围，目前主要在海岸带和近海。

（一）海洋发电工程水文设计内容和设计标准

1. 设计潮位　设计潮位包括设计高水位和低水位，极端高水位和低水位。设计高水位和低水位是指港口、海岸及近海水工建筑物在正常使用条件下的高、低水位。在设计高、低水位范围内，应保证在各种设计荷载条件下，满足海洋发电工程的结构及地基基础的稳定与强度要求。极端水位是指港口、海岸及近海水工建筑物在非正常使用条件下的高、低水位，它是由于寒潮、台风、低压、地震、海啸所造成的增减水与天文潮组合而成的，其重现期以几十年计算。出现这种水位时，并不要求建筑物正常使用，但却要求在各种荷载作用下，各部分结构和地基仍有必要的安全度。

设计潮位是进行由深海波浪计算近海波浪的边界设计条件；极端高水位是确定近海风机检修平台底高程的主要依据，极端低水位主要用于水工建筑物结构设计。

《海港水文规范》规定，对海岸港和潮汐作用明显的河口港，设计高水位应采用高潮累积频率10%的潮位或历时累积频率1%的潮位，设计低水位应采用低潮累积频率的90%潮位或历时累积频率98%的潮位。对汛期潮汐作用不明显的河口港，设计高水位和低水位应分别采用多年的历时1%和98%的潮位。海港工程的极端高水位应采用重现期为50年的年极值高水位，极端低水位应采用重现期为50年的年极值低水位。

2. 设计波浪要素　设计波浪包括外海和近岸区设计波浪（工程区设计波浪）。

设计波浪是设计各类涉海建筑物时所选用的波浪要素，包括波高、波周期、波长、波速。设计波浪包含设计波浪的重现期标准和设计波浪的波列累积频率标准。前者指波浪要素的长期（以数十年计）统计分布规律，因此它主要反映建筑物的使用年限和重要性。后者指设计波要素在实际海面上不规则波列中的出现概率，代表波浪要素的短期（以十几分钟计）统计分布规律，它反映波浪对不同类型建筑物的不同作用性质。

《海港水文规范》规定，在进行直墙式、墩柱式、桩基式和一般的斜坡式建筑物的强度和稳定性计算时，设计波浪的重现期应采用50年。破坏后不致造成重大损失的斜坡式护岸等非重要建筑物，设计波浪的重现期可采用25年；对大水深重要建筑物，当重现期100年的波高大于或等于重现期50年的同一波列累积频率的波高1.15倍时，设计波浪的重现期可采用100年，且其极端高水位的重现期可相应调整为100年。

《海港水文规范》规定，进行直墙式、墩柱式、桩基式和斜坡式建筑物的强度和稳定性计算时，设计波高的累积频率标准按表1采用。当推算的波高大于浅水极限波高时，应采用极限波高。

表1　设计波高的累积频率标准

建筑物型式	部位	设计内容	波高累积频率F（%）
直墙式、墩柱式	上部结构、墙身、墩柱、桩基	强度和稳定性	1
	基床、护底块石	稳定性	5
斜坡式	胸墙、坝顶方块	强度和稳定性	1
	护面块石、护面块体	稳定性	13或5
	护底块石	稳定性	13

注　在进行斜坡式建筑物的护面块石、护面块体稳定性计算时，平均波高与水深的比值$H/d \geqslant 0.3$时，F取13%；$H/d < 0.3$时，F取5%。

3. 海流 海流是潮流、风海流、密度流、波流等各种类型海流的合成流动。在海岸和离岸工程中，有关场址选择、航道布置、水下管线布设、作用于水工建筑物上的水流力和船舶系靠力，以及泥沙的冲刷和淤积等问题均应考虑当地的海流状况。工程上主要关心海流对海上结构物的作用，要求给出最大能流速和流向，以及流速、流向的分布特征。

4. 海水温度和盐度 它们对工程材料选择和水下设备的性能产生影响，因此在海洋工程环境条件分析中，要求给出工程海域累年各月及年的表、底层海水温度、盐度的最高最低和平均值。其统计资料主要靠实测得到。

（二）海洋工程水文设计中需注意的问题

1. 设计潮位

（1）设计高、低水位计算：有实测资料的地区，在确定设计高水位和设计低水位，进行高潮和低潮累积频率及潮位累积频率统计时，应有完整的一年或多年实测潮位资料。在新建工程地区，缺少一年以上的实测潮汐资料时，可先进行时长不少于一个月的现场观测，采用相关法和预报法两种方法计算水位。

（2）设计潮位过程线：假设高潮位与潮差同频率发生，用设计高潮位和涨潮潮差、落潮潮差共同控制典型潮位过程的放大，就能使设计潮位过程的推求融入更多信息，使设计潮位过程的高潮位、涨潮潮差、落潮潮差同时达到预定设计标准，减小了设计潮位过程推求的任意性。计算时，在确定了设计高（低）潮位及其前后相邻两个低（高）潮位后，可根据典型潮位过程线上各时刻潮位与低潮位的差值占整个潮差的比例推算设计潮位过程线各时刻相应数值，再加上设计潮位过程线相应的低潮位，即得到相应的设计潮位过程线。工程中还可用线性变换法进行计算。

（3）极端高、低水位：①有不少于连续 20 年的年最高潮位和年最低潮位实测资料并调查历史上出现的特殊水位的情况下，采用极值-Ⅰ型极值分布曲线或皮尔逊Ⅲ型曲线进行适线，得到其不同重现期高、低水位；②有不少于连续 5 年最高潮位和最低潮位的工程，极端高、低水位可用极值同步差比法与附近有不少于连续 20 年资料的工程或验潮站，进行同步相关分析计算不同重现期的年极值高潮位和低潮位；③无资料时可在求得设计高、低水位的基础上，按《海港水文规范》附录 C 公式近似计算极端高、低水位。

2. 设计波浪 当海岸地区或其临近的海洋水文观测站积累有超过 20 年连续波浪观测资料时，可用其特征波表示的波列组成样本，用概率分析法求得分布规律，再计算重现期设计波浪。当海岸地区或其附近没有海洋水文观测站，则可利用当地气象台站的风况观测资料或天气图，依据风要素与波浪要素的关系后，以此推算重现期的设计波浪。

（1）外海设计波浪要素：当工程所在地或其附近有较长期的波浪观测资料时，可根据对特定方向某一累积频率波高年极值序列的频率分析，确定不同重现期的设计波浪要素。但我国沿海很多新开发的地区缺乏长期波浪观测资料，实际工程设计中通常采用风资料推算工程海域的外海波浪要素，再推算浅水区的设计波浪要素。

外海深水波要素可采用《海港水文规范》推荐的海大法计算。

（2）项目海域波浪计算：近岸波浪数值模型计算的常用方法有 SWAN 和 MIKE21 BW。

SWAN（Simulating Waves Near shore）模型是第三代浅海海浪数值模型，适用于近岸海域、湖泊和河口的波浪数值模型，能模拟波浪绕射，不仅用于较大区域非定常风浪场的计算，也可用于较小区域定常条件下波浪场的推算。该模型在计算不规则波破碎时的精度高于其本身计算规则波破碎时的精度。建议在计算较大区域、波浪的浅水变形作用和反射不明显的区域使用。

MIKE21 BW 是应用较广的平面二维数学模型，可用于模拟任意地形或平面布置条件下的波浪运动过程，既适合于规则波，也可计算不规则波。该模型能综合反应波浪的折射、绕射、反射、破碎和浅水变形等一系列现象，特别在最大水深与深水波长的比值小于 0.22 的情况下，在保证网格精度时，模型能准确模拟绕射、浅水变形和破碎的全过程。

（中国电建集团西北勘测设计研究院有限公司 徐 俊）

重度增加法与刚体极限平衡法在边坡稳定分析中的对比研究

重度增加法和极限平衡法是边坡稳定性分析中的两种研究方法。通过工程实例，对两种计算方法下的边坡稳定性做了比较，并验证了重度增加法的可行性与可靠性。

（一）重度增加法和刚体极限平衡法

1. 重度增加法 强度折减法的基本原理是，在理想弹塑性有限元计算中，将边坡岩土体抗剪切强度参数（c'抗剪断黏聚力，ψ' 抗剪断内摩擦角）逐渐降低直至达到破坏状态为止，程序可自动根据弹塑性计算结果得到破坏滑动面（塑性应变和位移突变的地带），同时得到边坡的强度储备安全系数 F。对 c'，ψ'折减，用公式：$c''=c'/F$，$\tan\psi''=\tan\psi'/F$，其中：c''折减后抗剪断黏聚力，ψ''折减后抗剪断内摩擦角。

与强度折减法相反，有限元重度增加法是保持岩土体的抗剪强度参数 c' 和 φ' 为常数，通过逐步线性增加重力加速度 g，将改变的 g 值不断输入有限元进行分析，直至计算不收敛，边坡达到临界破坏状态，这时采用的重力加速度 g_f，与实际重力加速度 g_0 的比值定义为该边坡的安全系数，即 $F=g_f/g_0$。增大重力加速度相当于增加岩土体自身的重力（负荷），因此称之为重度增加法。

重度增加法有一定的适应范围，对摩擦角偏大而坡度偏缓的边坡，在运用重度增加法存在不足之处。由于重力增加时，土体中的平均正应力比剪应力增长得快，因此土体强度增长会超过剪应力增长速度，土体可能不会因此破坏。

2. 刚体极限平衡法　该法是目前工程中应用最多、最成熟的一种定量分析方法。该法以莫尔—库仑强度准则为基础，假定岩土破坏是在滑体内某一确定滑动面上发生滑动而造成的，根据分析滑动面土体在破坏那一刻的力的平衡，求出在极限平衡状态下土体稳定的安全系数。然后通过搜索多个可能的滑动面，试算出一系列稳定安全系数。比较各个数值，得到最小安全系数 F，其所对应的滑动面即为最危险滑动面。

3. 两种方法优缺点　极限平衡法的力学模型简单直观，可定量地对边坡进行稳定性分析评价。但它只注重土体在破坏瞬间的变形机制，没有考虑岩土体的应力应变关系，无法分析边坡破坏的发生和发展的过程，且需提前知道滑动面的位置和形状，不能客观反映真实情况。所以，对问题的简化及假定可能与实际不符，因而具有一定的局限性。

有限元重度增加法的优点是：①不需假定滑动面位置和形状；②同时满足力和力矩平衡；③可更好地反映边坡岩土体的应力应变关系；④不受边坡几何形状和材料不均匀的限制；⑤可得到应力、应变信息，可动态模拟边坡的渐进式破坏过程。

有限元重度增加法的缺陷是：①对土体重度进行折减后，有限元计算得到的应力、应变场不代表实际状态，即稳定性分析是基于虚拟的场量进行的；②影响有限元计算结果的因素较多，也会受有限元模拟技术限制；③需要反复试算，在接近极限状态时，收敛很慢。

有限元重度增加法的计算结果是否可靠，有待大量工程实践检验。

（二）工程实例

某水电站位于澜沧江河段，坝址两岸岸坡自然坡度一般为 35°～55°，局部 60°～75°。右岸坝肩高程 1900m 以下为陡壁，基岩裸露，高程 1970～2095m 有第四系坡积碎石土层，顺河向宽度约 130m，表层经后期改造为耕植土，覆盖层最大厚度约 32m，结构松散。

对右岸坝肩覆盖层边坡，采用有限元重度增加法和极限平衡法分别进行稳定性分析。

1. 计算模型　采用有限元程序 ADINA 对该边坡稳定性进行二维有限元分析。网格划分采用四边形单元，为保证计算精度，网格尺寸 0.5m，模型中包含 30195 个单元，30399 个节点。约束条件：坡体底边界为固定约束，右侧边界为水平约束，其他为自由端。

本构模型采用 Mohr. Coulomb 模型，流动法则采用相关流动法则，即取剪胀角等于内摩擦角。最大迭代次数 500，采用位移收敛准则。一次性施加重力荷载，即荷载增量设为 1 步。有限元求解器为 ADINA 程序提供的稀疏矩阵求解器，选用全牛顿—拉普森迭代方法。

根据目前边坡的地质描述，未出现明显滑动变形，故覆盖层与基岩间按实体单元模拟。计算中通过不断地增大加速度来实现重度的增大，计算至满足所选择的边坡破坏标准，此时采用的重力加速度 g_f，与实际重力加速度 g_0 之比即为所求的稳定性安全系数。

刚体极限平衡法安全系数计算采用软件为 SLIDE。

2. 计算参数　计算参数见表 1。

表 1　边坡岩土体的物理力学参数

岩体级别	岩性及风化程度	天然容重 (kN/m³)	抗剪断内摩擦系数 f'	抗剪断黏聚力 c' (MPa)	变形模量 (MPa)	泊松比
Ⅳ$_2$	岩体	25.0	0.65	0.35	2500	0.25
Ⅴ	坡积碎石土覆盖层	20.0	0.50	0.035	30	0.3

3. 计算结果对比分析　当土体重度采用天然容重时，有限元静力平衡计算不收敛，计算步长到 0.7875。说明右岸坝肩覆盖层边坡在天然状态下处于失稳状态。同时在覆盖层与基岩接触面之间出现大范围、延伸性的塑性区。

当土体重度增加到 $g_f=9.11$ 时，有限元静力平衡计算收敛，说明此时边坡处于稳定状态。但从塑性区域图看，此时在覆盖层与基岩接触面之间依然存在大范围、延伸性的塑性区，这也说明了塑性区贯通是破坏的必要条件，但不是充分条件。

有限元重度增加法得到的安全系数：$F=g_f/g_0=9.11/9.81=0.93$。

为验证计算结果的可靠性，采用极限平衡法计算分析加以比较。刚体极限平衡法计算该边坡的安全系数为 $F=0.951$，有限元重度增加法计算结果与此误差仅为 2.2%，精度较高。说明有限元重度增加法分析边坡稳定的安全系数是可靠的。

此外，有限元重度增加法结果分析表明，坝肩覆盖层边坡是从覆盖层与岩体接触面的中上部开始破坏，逐渐向上下延伸，形成的塑性贯通区也就是边坡潜在滑裂面。这与采用极限平衡法自动搜索出来的滑弧形状和位置基本一致。

通过对比分析，初步验证了有限元重度增加法对边坡稳定性分析具有一定的可行性，计算的安全系数和极限平衡法计算结果十分接近，边坡潜在滑裂面形状和位置也基本一致。也论证了采用有限元静力平衡计算不收敛作为边坡整体失稳的破坏准则是合适的。

（中国电建集团西北勘测设计研究院有限公司
王 静 姚 峰 刘 鹏 吕 琦）

中国水力发电年鉴

6

土 建 施 工

大 坝 施 工

溪洛渡水电站拱坝混凝土施工关键技术

溪洛渡水电站大坝为混凝土双曲拱坝，坝顶高程610.00m，最大坝高285.50m，属于特高拱坝。坝体混凝土施工的关键问题是合理地解决与大坝建基面地质缺陷处理、坝基固结灌浆、接缝灌浆、金属结构及机电设备安装之间的干扰，保证混凝土施工系统正常有序，并通过实施一系列特高拱坝施工关键技术，顺利实现工程总进度计划的要求。

（一）主要技术难点及特点

（1）工程规模大。溪洛渡拱坝实际工程量约为：混凝土浇筑675万m^3，钢筋制作安装9.5万t，金属结构安装1.2万t，帷幕灌浆35万m，固结灌浆32万m，接缝灌浆27万m^2。

（2）拱坝结构复杂、专业多、工序多。拱坝坝身设有10个导流底孔、8个泄洪深孔、7个溢流表孔，孔口总计25个；高程431.00、470.00、527.00m，分别设3层坝后永久栈桥；设有10条以上各类廊道，设有2个电梯井等。施工专业计有混凝土、坝基基础处理、金属结构制作与安装等，拱坝31个坝段，按1.5m或3m分层，共2000多个仓层。单个仓层包括冲毛、模板拆立、钢筋绑扎、止水安装、接缝灌浆系统埋设、埋件安装、冷却水管铺设、凝土浇筑、保温养护等多个工序，个别工序间存在时空干扰。

（3）拱坝工程工期紧、强度高。溪洛渡拱坝工程施工工期约60个月。受坝基地质缺陷处理和固结灌浆的工程量增加等综合影响，至2009年底相对于合同工期滞后约11.5个月，而2013年6月发电目标不容推迟，导致施工时间大幅度缩短为47.5个月。原合同文件混凝土施工计划月高峰浇筑强度16.09万m^3，调整计划的月浇筑强度最高约为19.5万m^3。

（4）拱坝混凝土温控标准高、控制难度大。全坝段混凝土内部容许最高温度为27℃。受玄武岩粗骨料高弹性模量特性的影响，混凝土抗裂能力相对较低。坝址区气候条件复杂，夏季气温较高，冬季多风且气候干燥，混凝土温度控制难度大。拱坝混凝土采用不分纵缝的通仓薄层浇筑，下部浇筑仓面尺寸大，基岩约束作用也较大，容易产生贯穿裂缝；同时，混凝土温降过程缓慢，内外温差引起的内部约束时间长，易产生表面裂缝和引起劈头裂缝。拱坝采用垂直平面分缝，设30条横缝，将大坝分为31个坝段，每条横缝间距约为23m；施工时一般按3m一层交替上升施工，坝块多，内部通水冷却程序复杂。温控采用两种水温、两套管路、两套制冷设备，这对于边坡陡峭、场地狭窄的V形河谷，在坝后管网和冷水机组的规划布置方面难度大。

（5）防洪度汛标准高。根据施工总进度计划，从2008年3月至2014年6月拱坝工程全部完工，要经历6个汛期。金沙江流域洪水主要由暴雨形成，多年平均流量为4570m^3/s，实测最大流量29000m^3/s，调查历史最大洪水流量36900m^3/s。为安全度汛，制定了较高的防洪度汛标准，对坝体混凝土、接缝灌浆、坝基处理、坝体孔洞金属结构安装等的形象面貌，在各时间节点均有严格的验收要求，施工组织难度大。

（二）拱坝混凝土施工关键技术

针对溪洛渡水电站拱坝施工的技术难点和特点，开展了大坝施工关键技术系列科研攻关，在新技术、新工艺、新材料等方面取得了一系列创造性科研成果。

1. 采用计算机仿真软件编制进度计划及动态控制　按照满足2013年5月下闸蓄水目标和力保合同控制性工期要求，分析了制约坝体总体快速施工的关键因素，采用计算机三维可视化仿真技术编制拱坝混凝土进度计划，实现对进度的动态控制。

人工完成1次拱坝坝体混凝土进度编排需7～10d，费时长，易出错，修改调整也需2～3d。而采用计算机三维可视化仿真技术进行编制仅需1～2d，还可根据实际情况人工对边界条件进行微调，自动纠错，比人工编制可节省将近7d，且准确率更高。

2. 混凝土快速高效入仓技术　为满足混凝土月浇筑强度要求，对混凝土生产和运输系统、配仓和入仓方式等进行研究。具体措施和研究内容如下：①新增一座4×4.5m^3混凝土拌和系统；②增设1台缆机，5台缆机同台运行，重点研究确保同层平台缆机群的安全运行，提高混凝土入仓强度和缆机使用效率；③优化水平运输线，运输效率，根据地形特点布置供料平台，利用射频编码识别和调度混凝土运输车辆；④根据拱坝仓层顺水流错开布置的特点，利用缆机群进行多仓同浇配仓优化及控制，并研究无缝转仓技术。

高效入仓等关键技术的研究及运用，使混凝土浇筑持续达到高强度。2011～2012 年连续两年浇筑量超过 200 万 m^3，其中 2011 年 4 月达到 21.6 万 m^3，连续数月浇筑强度超过 19 万 m^3，并赶回 2009 年底较合同工期滞后的 11.5 个月，确保了 2013 年 5 月按时蓄水发电目标的实现。

3. 设置拱坝施工立体交通综合体系　通过设置坝体上下游各层马道、坝后栈桥、仓面转梯及水平栈桥等，形成拱坝施工立体交通综合体系，保障施工人员安全高效通行。

坝体上下游各层马道能使人员、设备、材料高效入仓。坝后栈桥的设置方便了坝体通水冷却施工并能安全通行。施工中相邻坝段间有一定高差，设置标准施工通道能保证施工人员安全顺畅通行。其中 2 个相邻先浇坝段间设交通栈桥，2 个相邻坝段间设垂直转梯。

4. 缆索式照明系统设计与施工　研制的缆索式照明系统具有全覆盖、可调整、高照度、低耗节能等特点。使用该照明系统后，大坝现场照明亮度达到 50～100lx（照度），极大地改善了夜间施工环境，满足了施工需要；简化了仓面照明系统安装工序，节省了备仓工期。若按常规在仓面架设碘钨灯照明，每个坝段需设 4～6 个碘钨灯，每次安拆需 3～4 名施工人员工作 4h 左右，且随坝段上升要不断安拆调整，这将更多占用资源延长工期。

5. 仓面成套标准化施工工艺　研究制定了拱坝混凝土施工成套标准化工艺。将 2000 多个施工仓号作为一个个基本单元进行控制，从工序各环节入手，对仓面施工组织、施工工艺和流程等进行系统总结提炼和创新，形成规范化、标准化施工工艺，控制层间施工间歇期，实现全坝段整体均衡上升。

坝段横缝面用标准悬臂键槽模板，上下游面也用悬臂模板，使用一台汽车吊，4 名施工人员，2 个白班可快速安全地完成所有模板提升、调整；使用直螺纹套筒连接钢筋，比焊接工艺缩短了工期，节约了资源；使用定制标准卡尺控制钢筋间距。据统计，采用标准化钢筋施工技术，一个普通仓面上下游坝面钢筋的安装，比以往工程节省约 0.5 个班。

6. 倒悬结构模板施工技术　根据不同部位结构特点，分别采用了定型三角支架加外撑钢桁架模板、改型全倒悬模板和混凝土预制面板钢桁架模板。还研制专用吊具，用于改型全倒悬模板的吊装，有效解决了高拱坝及其倒悬结构快速施工技术难题。

7. 泄洪深孔钢衬混凝土快速施工技术　拱坝设有 8 个泄洪深孔，深孔流道采用全断面复合钢衬结构衬护。快速施工技术包括钢衬厂内单节制作、坝外两节拼装、缆机抬吊安装、定位节精确控制、双向工作面同步施工等。

深孔钢衬材质为复合钢板，工程量约 5250t。钢衬安装工程量大、难度大、影响因素多，原计划深孔孔口部位单仓施工工期 36～40d，对大坝混凝土均匀上升影响很大。采用这种快速施工技术后，单仓施工工期缩短到 30d 左右，其中 4 号泄洪深孔孔口仅用 28d。

8. 混凝土温控技术研究

（1）通过对拱坝常规配合比优化设计，使混凝土强度和抗冻、抗渗性能满足设计要求，并改善混凝土抗裂性能，最大限度地减少水泥用量。通过富浆三级配混凝土研究应用，控制低级配混凝土的使用。通过外掺 PVA 纤维混凝土配合比的研究应用，预防开裂风险较大部位出现裂缝。

（2）研究制定了混凝土温控施工工艺措施，重点研究高温和低温季节在各种特殊工况下的温控措施，减小外界环境对混凝土表面温度的影响，降低了拱坝开裂的风险。

（3）研究控制混凝土内部温度的主要方法，合理设计通水冷却工艺，控制混凝土内部最高温度，并平顺地将混凝土内部温度降到目标温度，达到预防混凝土温度裂缝的目的。

（4）与国内水电施工专业知名院校合作，针对不同气候条件、不同施工部位，尤其是结构特殊部位的施工特点进行计算机仿真计算分析，优化温控措施，指导现场施工。

（5）建立拱坝信息管理系统，收集整理拱坝温控信息，了解拱坝温度控制的实际情况，并据此适时调整温控工艺，使各项温控指标满足设计的技术要求。

9. 坝基处理快速施工技术

（1）通过试验研究，因地制宜地综合采用有盖重固结灌浆、无盖重固结灌浆和无盖重固结灌浆＋引管有盖重灌浆等技术。同时，优化固结灌浆施工程序和施工工艺，减少固结灌浆对混凝土施工的影响。

（2）开展深孔帷幕灌浆新技术综合应用研究。无芯钻孔技术使造孔时间缩短 20%；可旋转式孔口封闭器使灌浆事故发生率降低 70%，纯灌浆时间可缩短 30min/段；采用增加钻机调速装置的低速旋转灌浆，可节约灌浆成本 2%；斜坡廊道钻机操作平台有效保障了高危环境下帷幕灌浆施工安全，加快进度 15%以上；在先导孔和质量检查孔施工中采用绳索取芯技术，有效地加快了钻孔取芯施工速度，降低了劳动强度和施工成本。

10. 闸墩 U 形锚索同步张拉技术研究　拱坝临时导流底孔和泄洪深孔闸墩 U 形预应力锚索设计吨位、长度均达到国内之最。整体穿索、整体张拉、同步张拉施工技术，高效完成了闸墩U形预应力锚索的施工。

11. XLD-DAM信息管理系统 该信息管理系统服务于与大坝混凝土浇筑进度计划、施工、混凝土温控、质量管理等相关管理过程，实现拱坝全过程全方位施工信息数字化管理。

（中国水利水电第八工程局有限公司 于永军）

溪洛渡水电站大坝混凝土浇筑工艺原型试验

（一）概况

溪洛渡水电站大坝混凝土浇筑规模大、强度高、工期长、要求高、温控防裂难，为此，需对拟定的大坝混凝土浇筑、混凝土温控、固结灌浆施工工艺等进行现场生产性试验，以获得适宜的施工工艺、方法及有关参数。根据工程进度计划安排，左岸坝基A区置换混凝土具备进行大坝仓面混凝土浇筑工艺原型试验的条件和时间。

左岸坝基A区置换混凝土位于大坝5～8号坝段之间（高程390.00～440.00m），沿流向长约78m，顺坡宽约75m，面积约6500m^2，法向深度约25m，置换混凝土量6.95万m^3。为模拟大坝施工，在A区设2条横缝，将A区划分为Ⅰ、Ⅱ、Ⅲ3块，块体宽度约20m。置换混凝土标号$C_{180}40$（四级配），建基岩面布置有基础防裂钢筋。

（二）混凝土浇筑工艺试验项目和试验结果

1. 常态混凝土浇筑试验 通过混凝土现场浇筑试验，并结合混凝土压水试验及取芯样分析，左岸坝基A区置换混凝土振捣密实，水泥浆体与骨料胶结良好，未见骨料架空及欠振现象，表明试验中初拟的施工工艺参数基本合理。施工中根据情况对一些参数和方法适当改进。主要试验结果如下：

（1）混凝土吊罐距仓面的自由卸料高度应控制在1.5m以内。卸料时缆机应慢速下降，仓面缆机信号员指挥缆机操作。

（2）混凝土坯层铺设厚度宜控制在40～55cm。

（3）混凝土坯层覆盖时间应控制在4h以内，冬季可适当放宽至5～6h。

（4）仓面振捣设备按1台缆机配1台平仓机、1台振捣车、3～4个手持式振捣棒。每个卸料点和浇筑区分别应有2～3名铺料人员和3～4名平仓人员。

2. 模板安装拆除试验 通过模板安拆试验，结合拆模后对混凝土外观质量的检查结果分析，表明试验使用的模板，包括起始块模板、廊道模板、升层中的组合钢模板和悬臂键槽模板，成型后的混凝土外观质量良好，未见模板变形走模、混凝土错台、挂帘，模板结构强度和刚度满足大体积混凝土浇筑要求，模板结构形式和支模方式适用于大坝混凝土施工。止浆片（水平止浆片和灌区中部的垂直止浆片）的安装方式对模板安拆效率和结构形式有较大的影响，需在以后改进完善。

大模板安拆试验表明：一个作业面的大模板拆除爬升过程中，一般需8人作业，其中指挥1人，吊车司机1人，模板牵引定位2人，模板拆装4人，需配置定位锥拆除专用扳手、万能扳手、1m长钢管（转动力臂加长）、牵引麻绳等专用器具。

3. 止水、止浆连接及安装试验

（1）紫铜止水片：在现场安装好复合W形止水铜片，再将橡胶棒及沥青玛脂填进中央伸缩槽内，除沥青玛脂有部分往外流外，其余效果较好。紫铜止水片间用氧焊连接，焊条为黄铜焊条，止水片搭接长2cm。焊后经煤油渗透检测，无渗漏痕迹，表明焊接质量良好。

（2）复合橡胶止水：复合橡胶止水带接头为硫化接头（热黏合），两段止水带之间采用对接，接头送相关专业检测机构进行检测。

（3）塑料止浆片：建议水平塑料止浆片之间采用搭接连接，搭接长度20cm。现场塑料止浆片需用U形卡以50cm间距托平，下部安装插筋，以固定U形卡。

模板安拆试验的结论是：塑料止浆片质地较软，采用U形卡固定于模板上不易实施，安装质量难以保证；嵌于模板内，则会显著降低模板安拆效率。

（4）止水止浆片间的连接：2道紫铜止水片间改为采用定型紫铜片接头现场焊接，第2道复合W形紫铜与复合橡胶止水带和水平塑料止浆片间采用钢板铆接；下游复合Z形紫铜止水片与塑料止浆片间按设计图要求采用铆接。

（5）后浇块灌浆槽部位镀锌铁皮：根据现场试验情况，将原设计1mm厚0.3m宽镀锌铁片，调整为1mm厚0.4m宽镀锌铁片，以满足镀锌铁皮两端弯起长度的要求。

4. 冲毛试验

（1）混凝土龄期24h的水平施工缝面用高压水冲毛能满足设计要求。冲毛压力40MPa，冲毛枪喷口距缝面5～7cm，喷口与缝面夹角75°。

（2）混凝土龄期2个月的横缝面用高压水枪冲毛，能满足“去乳皮”的规范要求。冲毛压力40MPa，冲毛枪喷口距缝面5～7cm，喷口与缝面夹角75°。

经试验，砂轮机刷毛也能满足设计要求，但表面平整度与高压水冲毛效果有较大差距。为减小接缝灌浆的灌浆阻力，确认横缝采用高压水冲毛。

5. 混凝土层间结合试验　在浇筑工艺试验中，混凝土与基岩（包括岸坡）结合试验、混凝土层间结合试验均通过钻孔取芯、压水进行检查，确定是否满足要求。与本项试验结合，对置换混凝土的密实性进行了检查，包括芯样抗压强度、劈拉强度并绘制芯样柱状图。

检查中共布置9个取芯孔，钻孔取芯和压水试验全部安排在混凝土浇筑的间歇期进行。

6. 钢筋焊接（连接）试验　经现场试验和接头检测综合比较，采用直螺纹套筒连接较好，工效高，质量易于控制。根据需要，也可采用帮条焊等方式辅助连接。

（中国水利水电第八工程局有限公司
张建清　申莉萍）

溪洛渡水电站坝基保护层开挖双层水平光面爆破

（一）概况

溪洛渡水电站拦河大坝为混凝土双曲拱坝，最大坝高285.50m。河床坝基底板建基面积9310m²，其中水平面积3350m²，缓坡面积5960m²。左岸高程324.50～328.00m缓坡坡比为1∶7.3，右岸高程324.50～328.00m缓坡坡比为1∶16.2，底板保护层厚度5.5m。

坝基保护层开挖前，在高程330.00m布设55个物探孔，完成41个钻孔单孔声波1260m及孔内电视测试1270m，38组对穿声波测试1064m。综合此次补充测试和前期勘探资料可见，建基面高程324.50m大部分为1层岩体完整性好的角砾熔岩，厚度2～6m。角砾熔岩下部为新鲜玄武岩，但缓倾角裂隙较发育，裂隙岩块型岩体，厚约20m。若薄层角砾熔岩被破坏，则建基面需深挖20m，方能满足300m级高拱坝坝基要求。保护层控制爆破显得尤为重要。

（二）爆破方案和爆破参数设计

针对建基面基岩的特殊性，决定采用双层水平光面爆破技术开挖坝基保护层方案。

1. 开挖分层　原施工方案计划以高程330.00～324.50m作为建基面保护层，一次性水平预裂开挖成型。为尽可能减小保护层开挖时底板建基面单位面积上爆破振动叠加的综合损伤程度，采取小孔径、小规模梯段分层，按35～40倍药径控制最低1层的保护层厚度，因此将5.5m厚保护层分为顶部3.5m厚梯段和底部2m厚保护层。

2. 钻孔机具　保护层开挖主爆孔及光爆孔均采用YT-28型气腿式手风钻施工，炮孔直径42mm。保护层上部3.5m梯段开挖采用手风钻铅直造孔，孔径42mm。

3. 钻孔深度　考虑手风钻钻孔效率和钻孔精度要求，底板建基面光爆孔炮孔循环进尺按3m控制，上部铅直主爆孔钻孔深度，按主爆孔孔底距离第2层水平光爆面0.8m控制。

4. 孔排距及线装药密度　光爆孔布置2排，为减小爆破振动影响，采取“小孔距、少装药”措施。底板建基面光爆孔（第1排光爆孔）孔距0.4m，线装药密度180～200g/m，孔口堵塞长度0.5m。建基面上部光爆孔（第2排光爆孔）孔距0.8m，与第1排排距0.5m，线装药密度280～300g/m，孔口堵塞长度0.5m。保护层顶部主爆孔竖直造孔，孔排距1.5m×1.0m，孔底距第2排光爆面0.8m，即孔深0.7m，用ϕ32mm药卷连续装药，孔口堵塞长度0.4m。

5. 超欠挖控制　超欠挖分为技术性超欠挖和施工引起的超欠挖。技术性超欠挖取决于钻孔技术，对于手风钻钻孔，至少需保证0.2m的摆钻空间，采取“超欠平衡”施工方法，每个循环孔口法向欠挖0.1m、孔底法向超挖0.1m进行爆破设计，在每个分块间形成0.2m钻机错台。施工引起的超欠挖，除精确放样和采用高精度量角器精细钻孔外，还采用钢管搭设可靠钻机样架，降低由开孔方位角及倾角误差造成的超欠挖量。

6. 炸药单耗　根据拱坝高程400.00m以下坝基开挖经验，保护层开挖综合单耗比梯段开挖单耗取值略低，取0.3～0.35kg/m³。

7. 单响药量　严格控制单响药量，主爆孔单响不大于15kg，光爆孔单响不大于10kg。实践证明，网路多分段，减小单响药量可有效降低爆破振动的影响，建基面减伤效果更好。

8. 爆破器材　选用低爆速2号岩石乳化炸药，药卷直径32mm，用于保护层和保护层顶部梯段开挖。孔间传爆及孔内起爆雷管为MS2～MS13段非电雷管，网路采用电雷管激发。

9. 爆破网路　采用非电起爆网路实施光面爆破。为确保网路传爆安全可靠，孔内起爆采用高段雷管（MS13），网路微差延时采用低段雷管（排内微差采用MS2、MS3段，排间微差采用MS5、MS9段），网路起爆采用双发电雷管。起爆顺序：顶部主爆孔（3排）→第2排光爆孔→第1排光爆孔。各类炮孔爆破参数见表1。

表 1　底板建基面保护层开挖爆破参数

类别 \ 钻爆参数	钻孔机械	孔径（mm）	孔距（m）	抵抗线（m）	孔深（m）	线装药密度（g/m）	单孔药量（kg）	装药结构	起爆方式
第 1 层光爆孔	YT-28 型手风钻	42	0.4	0.5	3.0	180～200	0.6	间隔装药	分段起爆
第 1 层光爆孔	YT-28 型手风钻	42	0.8	0.8	3.0	280～300	1.0	间隔装药	分段起爆
保护层主爆孔	YT-28 型手风钻	42	1.5	1.0	0.7		0.3	连续装药	排间微差
顶层主爆孔	YT-28 型手风钻	42	1.5	1.0	3.5		2.0	连续装药	排间微差

（三）开挖成果

1. 爆破影响监测成果　取 17、18、19 号 3 个坝段监测数据进行分析。每个坝段各布置 1 组穿爆块声波测试孔，分别为 QC_{D-17-1}、QC_{D-18-1}、QC_{D-19-1}，每组声波孔编号均为 S1～S3。设计组内 3 孔呈正三角形布置，孔间距为 1.2m，孔径 90mm，采用 CM351 型冲击钻在 2m 厚保护层上铅直造孔，声波孔深入建基面以下 5m。声波测试成果见表 2。

QC_{D-17-1} 组的双孔法测试结果表明：爆破对 17 号坝段建基面的影响深度为 0.4～0.6m，该影响层爆后的平均波速为 4032～4275m/s，未影响层的岩体爆后平均波速为 4526～4549m/s；爆破影响层爆破前后的声波波速最大衰减率为－13.4%，0～1m 平均波速最大衰减率为－5.4%，1m 处法线方向最大声波波速衰减率为－1.9%，均控制在要求范围内。

表 2　17、18、19 号坝段声波测试成果

测试方法	声波孔编号	测线编号	爆破影响深度（m）	爆破影响层波速衰减最大值（%）	0～1m 平均波速衰减率（%）	1m 处波速衰减率（%）
双孔法	QC_{D-17-1}	S1-S2	0.4	－9.0	－3.9	－1.9
		S1-S3	0.6	－13.4	－5.3	－1.4
		S2-S3	0.6	－13.1	－5.4	－1.0
双孔法	QC_{D-18-1}	S1-S2	0.4	－12.3	－4.9	－1.5
		S1-S3	0.4	－9.4	－4.0	－2.1
		S2-S3	0.6	－12.4	－5.3	－1.7
双孔法	QC_{D-19-1}	S1-S2	0.6	－13.7	－5.4	－1.4
		S1-S3	0.4	－11.1	－4.3	－1.4
		S2-S3	0.6	－13.4	－5.6	－1.7

QC_{D-18-1} 组的双孔法测试结果表明：爆破对 18 号坝段建基面的影响深度为 0.4～0.6m，该影响层爆后的平均波速为 4085～4184m/s，未影响层的岩体爆后平均波速为 4561～4597m/s；爆破影响层爆破前后的声波波速最大衰减率为－12.4%，0～1m 平均波速最大衰减率为－5.3%，1m 处法线方向最大声波波速衰减率为－2.1%。控制在要求范围内。

QC_{D-19-1} 组的双孔法测试结果表明：爆破对 19 号坝段建基面的影响深度为 0.4～0.6m，该影响层爆后的平均波速为 3983～4221m/s，未影响层的岩体爆后平均波速为 4550～4566m/s；爆破影响层爆破前后的声波波速最大衰减率为－13.7%，0～1m 平均波速最大衰减率为－5.6%，1m 处法线方向最大声波波速衰减率为－1.7%。控制在要求范围内。

2. 其他陡坡坝段爆破影响监测对比　坝基两岸高程 328.00m 以上为缓坡陡坡建基面，均采取普通预裂爆破开挖成型，主要爆破参数：预裂孔孔深不超过 15m，孔间距为 80cm，孔径为 80mm，线装药密度为 300～330g/m，预裂单响药量 40～50kg。每个梯段各布置不小于一组的穿爆块声波测试孔，布置参数同前述。

选取右岸坝基高程 370.00～360.00m 梯段爆破声波测试资料进行对比，检测结果见表 3。

表 3 右岸坝基高程 370.00～360.00m 梯段爆破声波测试成果

测试方法	声波孔组编号	测线编号	爆破影响深度（m）	爆破影响层波速衰减最大值（%）	0～1m 平均波速衰减率（%）	1m 处波速衰减率（%）
双孔法	$QC_{Y-370-1}$	S1-S2	1.0	－40.2	－19.3	－5.3
		S1-S3	1.0	－25.5	－12.5	－5.6
		S2-S3	1.0	－34.4	－21.0	－7.2

$QC_{Y-370-1}$组的双孔法测试结果表明：爆破对建基面的影响深度为 1.0m，该影响层的平均波速为 2500～2727m/s，未影响层的岩体爆后平均波速为 3218～4945m/s，波速变化幅度较大；爆破影响层爆破前后的声波波速最大衰减率为－40.2%，0～1m 平均波速最大衰减率为－21.0%，1m 处法线方向最大声波波速衰减率为－7.2%。

声波监测结果表明：无论是声波衰减还是爆破松弛深度，双层水平光面爆破均较梯段爆破小，对保留岩体的损伤大幅度减少。拱坝建基面开挖验收时各项质量检测数据均满足设计、规范要求，被评为开挖优良工程。

（中国水利水电第八工程局有限公司 徐盛剑 刘文超）

构皮滩水电站高拱坝施工关键技术

构皮滩水电站位于贵州省余庆县境内，是乌江干流梯级开发的控制性工程，总装机容量 300 万千瓦。枢纽由拱坝、泄洪消能、地下厂房、导流等建筑物组成。拦河大坝为抛物线形双曲拱坝，坝顶高程 640.50m，最大坝高 230.5m，是喀斯特地区世界第一高拱坝。坝身泄水设施由 6 个表孔、7 个中孔、2 个放空底孔及 4 个临时导流底孔组成。构皮滩高拱坝施工中，高拱坝基础表层灌浆预加固无盖重固结灌浆、分束式 U 形预应力锚索、新型外撑装配式重型悬臂模板、混凝土温控防裂、计算机仿真等关键性技术有所突破。

（一）无盖重固结灌浆

构皮滩大坝是 200m 级的高拱坝，对坝基地质要求极为严格。构皮滩大坝固结灌浆分河床坝段固结灌浆和岸坡坝段固结灌浆。为减少固结灌浆对混凝土施工的影响，经试验后首次采取在坝基地质条件较好的坝段采用无盖重固结灌浆施工工艺，即混凝土浇筑前进行固结灌浆。

采用无盖重固结灌浆，可避免在钻孔时破坏坝内冷却水管或观测仪器及线路，也避免了传统固结灌浆施工长时间占压混凝土仓面的不利影响。同时，在混凝土浇筑前提前进行固结灌浆施工，待固结灌浆完成后埋设接触灌浆管路，然后浇筑混凝土，待混凝土到达龄期后再进行接触灌浆，缓解了坝基固结灌浆与接触灌浆施工间的矛盾，为混凝土快速施工创造了条件。

（二）环形预应力锚索施工

构皮滩水电站大坝 1 号～7 号中孔闸墩布置了预应力锚索，中孔闸墩的预应力锚索均分为主锚索（350t）和次锚索（250t）两种。主锚索布置成 U 形，每个中孔闸墩布置 12 束，共 84 束，为无黏结双层保护型，其弧线段采用分束管技术。分束管技术即在 U 形预应力锚索弧线段，采用与钢绞线相适应的无缝钢管通过焊接形成分束管座，分束管座由弧线段和两端各 20cm 长的直线段组成。分束管座通过圆形连接板连接，连接板与分束管座采用堆焊连接，连接板与大钢管采用电弧焊接。该技术系首次运用于水电站施工中，解决了整体穿索的施工难度，改善了闸墩受力情况。施工要点如下：

1. 分束管座的制作与安装 分束管在车间加工，现场整体埋设。埋设前，在分束管内穿入 ϕ8mm 钢丝牵引绳，并将牵引绳的位置编号，两端口处用分束板将牵引绳分开。

主锚索的钢管随着混凝土往上浇筑逐节加长，现场焊接。主锚索预埋钢管采用 D219mm×6mm 无缝钢管，次锚索采用 D168mm×6mm 钢管。主锚索弧线段采用 25 根 D30mm×3mm 无缝钢管加工成分束管座，分束管座及锥管为 OVM 系列配套产品。

2. 钢绞线穿束 主锚索采取单根钢绞线束法穿束，预埋管座和钢管时，穿束用的每根小钢管内预设一根牵引钢丝绳，并引出至张拉端口临时固定。每穿完一根，用分离器固定一根，同时两端挂上相同编号牌。

3. 锚索张拉 遵循“先次后主，对称同步”的原则和顺序进行，即 U 形主锚索张拉前，应先将同一闸墩内布置的次锚索全部张拉完。

主锚索分级整束张拉，两端均为张拉端。张拉前先预紧所有单根钢绞线，预紧力为 30kN，预紧后，用 YD-500 型千斤顶将所有锚索一起分级张拉至超张拉吨位锁定。

4. 真空灌浆 锚索张拉后，切除锚具外多余钢绞线，用无收缩水泥砂浆封好锚头。锚头砂浆达一定强度后进行真空灌浆。灌浆时将真空泵和灌浆泵分别接至锚索两端，启动真空泵，使真空度达－0.08～－0.1MPa并持稳，启动灌浆泵，当确认浆液填满锚索孔且稠度与进浆稠度一致时，关闭真空端阀门，再关闭真空泵，灌浆泵继续持压1～2min结束灌浆。

（三）悬臂模板

坝体上下游面大量采用同标准全悬臂模板，面板为21mm厚高强胶合板，结构尺寸3.15m×3.6m、3.15m×0.6m，光洁平整，拆模后具有很好的饰面。

拱坝横缝面采用固定式悬臂大模板，规格均为3.0m×3.1m，模板结构由钢面板、桁架（钢立柱）支撑组成，锚锥固定。模板面板上设置梯形键槽，梯形键槽模板加工成半边键槽型和全键槽型两种，键槽为梯形断面，尺寸为120cm×40cm×20cm。

导流底孔悬臂结构采用外撑装配式钢桁架悬臂模板，它由三角架、渐变桁架、标准桁架和锚固装置4部分组成。三角架和标准桁架为各坝段底孔悬臂通用件，可周转使用。标准桁架高3m，对应3m浇筑分层设计。

其他小部位倒悬结构采用预制倒悬模板，其面板为20cm钢筋混凝土，梯形钢桁架内置，混凝土浇筑后不拆除。

仓面模板拆立全用16t或20t轮胎吊作业。

（四）混凝土温控防裂施工

1. 温控混凝土浇筑措施　包括：①除选择合适的胶凝材料和较好的混凝土配合比外，通过对骨料（一次、二次）预冷，及加冷水、加冰屑拌和混凝土，确保高温季节混凝土出机口温度不大于7℃；②加快混凝土覆盖速度，减少混凝土表面受外界气温的影响，利用喷雾降低仓面环境温度，减少混凝土表面水分蒸发；③混凝土运输中采取遮阳措施。

2. 坝体通水冷却　在坝体内埋设循环管道通水冷却，遵循“早冷却、慢冷却、小温差”的原则。预埋冷却水管为外径32cm、内径28mm的高密度聚乙烯塑料管，高度方向和水平间距均为1.5m，每个回路管长不超过250m，呈S形布置。

初期通水冷却从混凝土浇筑完成开始，历时15～20d，水温6～10℃，冬季用天然河水，水温约10～16℃。当混凝土温度达25～27℃后结束，并进入间歇期或转入中期通水。每年入冬前进行中期通水冷却，一般采用江水，将当年浇筑的混凝土温度降至22℃后结束。高温季节初期通水结束后，适时监控坝体内部温度，如有回升趋势，则通水续冷。后期通水的目的是使坝体达到接缝灌浆温度，一般在接缝灌浆前45～60d开始进行。

3. 混凝土养护和保温措施

（1）高温和较高温季节的混凝土浇筑完成后，使用自动喷水器对已浇混凝土不间断洒水养护并覆盖保温层，保持仓面潮湿，使混凝土充分散热。并利用悬挂的多孔水管喷水养护坝体竖向面，养护时间28d。保温被覆盖24～36h后，当混凝土温度高于气温时则揭开保温被散热，必要时流水养护混凝土表面。

（2）大坝横缝面和水平面混凝土采用18mm厚高发泡聚乙烯卷材保温被［等效放热系数为2.47W/(m^2·℃)］覆盖，大坝上游面、结构混凝土等部位采用30mm厚聚苯乙烯泡沫塑料板保温，坝体下游面采用20mm厚聚苯乙烯泡沫塑料板保温。

（五）仿真技术的应用

构皮滩高拱坝施工中，武汉大学和长江水利委员会长江勘测规划设计研究院共同开发应用了建立大坝施工仿真模型、优化大坝施工的计算机仿真软件，用计算机仿真大坝混凝土施工过程，计算机自动跳仓计算，优化设计，以及“坝体施工过程三维可视化仿真系统”，对构皮滩拱坝施工的合理资源配置、施工进度调控、混凝土温控防裂施工、现场施工管理具有重要的指导作用。

（中国水利水电第八工程局有限公司
刘更军　涂怀健　杨　茁）

构皮滩水电站双曲拱坝混凝土温度控制

构皮滩水电站位于贵州省余庆县构皮滩镇上游1.5km的乌江上，拦河大坝为混凝土双曲拱坝，最大坝高230.5m。大坝分27个坝段，横缝间距20～24m。大坝混凝土总量约275万m^3，混凝土强度等级为$C_{180}35$和$C_{180}30$，为三、四级配。拱坝坝区5～9月月平均气温均高于20℃，冬春有寒潮降温袭击，对温控影响较大。混凝土采用不分纵缝通仓薄层浇筑方式，下部浇筑仓面大，基岩约束作用也大，易产生贯穿裂缝，且内外温差引起的内部约束时间长，易产生表面裂缝，必须采取严格温控措施。

（一）温控标准

1. 基础温差　基础允许温差在强约束区（0～0.2）L控制在16～17℃，弱约束区（0.2～0.4）L控制在19～20℃，非约束区在20～22℃。L为浇筑块长边尺寸（下同）。

2. 混凝土设计允许最高温度　混凝土设计允许最高温度见表1。

表1　坝体设计允许最高温度　℃

坝段	部位	12月～次年2月	3、11月	4、10月	5、9月	6～8月
溢流坝段	基础强约束区	24	27	29～30	29～30	29～30
	基础弱约束区	24	27	30	32	32
	脱离基础约束区	24	27	30	33	36
非溢流坝段1～5号、24～27号	基础强约束区	25	28	32	32	32
	基础弱约束区	25	28	32	34	35
	脱离基础约束区	25	28	32	34	38
非溢流坝段6～10号、18～23号	基础强约束区	25	28	29～30	29～30	29～30
	基础弱约束区	25	28	32	32	32
	脱离基础约束区	25	28	32	33	38

注　1. 基础强约束区为建基面（0～0.2）L，弱约束区为（0.2～0.4）L。

2. 重要部位取下限值。

3. 上、下层温差控制　下层混凝土龄期超过28d成为老混凝土面时，其上层混凝土应控制上、下层温差。对连续上升坝体且高度大于0.5L时，允许老混凝土面上下各L/4范围内上层最高平均温度与新混凝土开始浇筑下层实际平均温度之差为17℃；浇筑块侧面长期暴露时，或上层混凝土高度小于0.5L或非连续上升时应加严上下层温差控制。

4. 坝体接缝灌浆温度　坝体封拱接缝灌浆温度要达到设计允许温度才可进行接缝灌浆。高程在615.00～640.50m时，要求温度15℃；545.00～615.00m时，温度13℃；410.00～545.00m时，温度12℃。坝体实际接缝灌浆与设计接缝灌浆的温差应为+1～－2℃，基础约束区接缝灌浆温度不得高于设计灌浆温度，坝体混凝土超冷原则上不超过0.5℃。

（二）混凝土施工温度控制

1. 优化混凝土配合比设计　优化混凝土配合比，在节约水泥用量条件下，改善混凝土抗裂性能，提高混凝土抗裂能力。接缝混凝土尽量采用三级配富浆混凝土。

2. 合理安排混凝土施工时段和程序　提高低温季节和低温时段混凝土施工强度。基础约束区等部位，在规定间歇期内连续均匀上升，其余部位做到短间歇均匀上升。相邻坝段高差不大于10～12m，最高与最低坝段高差不大于21m。

3. 控制浇筑层厚和间歇时间　浇筑层厚基础强约束区按1.5m控制，其他为3m。在结构要求及埋件、钢筋密集的孔口部位，可1次立模2次浇筑，每次浇1.5m。层间间歇一般不小于4d，尽量不大于10d。基础强约束区和重要结构部位，层间间歇期3～10d。

4. 出机温度控制　采取预冷粗骨料，加冰、加冷水拌和混凝土，使4～10月基础约束区浇筑出机口混凝土温度达7℃，6～8月脱离基础约束区出机口温度不高于14℃。

（1）骨料预冷采用2次风冷系统。1次风冷系统由2组风冷骨料仓、空气冷却器、离心风机及制冷车间组成。每组风冷骨料仓均能给任何1座拌和楼供料，并按级配分4个分料仓。骨料在仓内自上而下流动，冷风在料仓内自下而上流动。1次风冷后，骨料由胶带机送到拌和楼料仓进行2次风冷，将骨料冷却到设计温度。2次风冷系统由粗骨料仓、空气冷却器、轴流风机及制冷设备组成。2次风冷后，骨料温度可降至－2～4℃。

（2）加冷水、片冰拌和混凝土时，可调整水和冰的比例，使混凝土出机温度达7～13℃。制冰楼在高峰期能日产4℃的冷水2040t和－10℃的片冰雪240t。

（3）骨料的料仓上架设防晒雨篷，堆存高度在6m以上或更高。进料廊道的弧门轮流开启，以保证下放的料均为下层低温料。高温季节在成品料仓喷雾、洒水。运输胶带机上方搭设遮阳棚。

5. 浇筑过程温控　高温季节浇筑时在仓面喷雾，严控混凝土运输时间和仓面已浇混凝土覆盖前的暴露时间，加快入仓和覆盖速度。

6. 混凝土通水冷却

（1）冷却水管：采用外径32cm、内径28mm的高密度聚乙烯（PE）塑料管。混凝土浇筑层厚一般为1.5、3.0m，冷却水管埋在距各浇筑层顶部以下1.5m和1个浇筑层底部（老混凝土面），S形布置，间距1.5m×1.5m（水平×层高），管长不超过250m。面积较大的坝块，同层冷却水管分2～3条独立回路。坝内冷却水管按接缝灌浆分区范围，结合坝体通水计划就近引入下游坝面预留槽内。

（2）后冷系统包括后冷水车间、冷水机组和输水系统。

1）在右岸坝肩下游侧布置4级移动式冷水站，分别设在高程465.00m交通洞、495.00、580.00、640.50m平台上，根据大坝上升情况分期施工。

2）混凝土冷水车间配置6台套FES270X型和1台套YSEZEZS45CKE型冷水机组，额定制冷水能力分别为200、260m^3/h。实践表明，7台机制冷容量完全满足坝体通水冷却要求。

3）每台套冷水机组配扬程46m、功率37kW立式加压泵1台（流量200m^3/h），用来输送冷水。坝后供回水主管、干管及坝后立管均为焊接钢管。现场布置1套制冷水进回水管和1套河水进回水管。在坝后供回水干管上设换向设施，可满足进回水24h换向要求。制冷水供回水管、坝内冷却水管及后冷水站构成封闭的循环系统。冷却水管内水压力不小于0.35MPa，供水头处压力在0.5MPa以上。

为节省成本，冬季利用天然河水进行初、中期冷却。坝内流出的回水平均温度为18～20℃（初、中期），比外界水温低，因此，除冬季采用的天然河水外，所有从坝内流出冷却水都回收到制冷厂再度制冷，循环利用。

（3）通水冷却分初期、中期和后期冷却。

1）初期通水冷却从混凝土浇筑后开始，历时15～20d，混凝土温度达25～27℃时结束，进入间歇期或中期通水；采用制冷水，河水温度较低时通河水。在高温季，如坝内温度回升，采用河水补充通水。中期通水入冬前进行，混凝土温度降至22℃后结束，一般采用河水。后期通水在接缝灌浆前45～60d开始，将使坝体达到接缝灌浆温度。

2）通水冷却中每4h测1次进、出水温度，根据实测数据，推算混凝土内部温度，再根据这些信息及时调整各部位冷却水管流量或水温，使混凝土温度均衡下降。后期通水冷却中，当坝体内部温度接近接缝灌浆温度时加密观测频次，达到接缝灌浆温度时即闷温7d。

7. 混凝土表面保温及养护

（1）大坝横缝面和水平面采用18mm厚高发泡聚乙烯卷材保温被覆盖，大坝上游面、结构混凝土等采用30mm厚聚苯乙烯泡沫塑料板保温，坝体下游面采用20mm厚聚苯乙烯泡沫塑料板保温。9月底，将导流底孔、中孔、廊道及其他所有孔洞进行挂帘封堵。

（2）高温和较高温季节，混凝土浇筑后用自动喷水器对已浇混凝土不间断洒水养护并覆盖保温层。利用悬挂的多孔水管喷水养护坝体上游面，养护时间28d。保温被覆盖24～36h后，如混凝土温度高于气温时揭开保温被散热，必要时用流水养护混凝土表面。

（中国水利水电第八工程局有限公司　李开玉）

三里坪水电站拱坝悬挑结构施工技术

三里坪水电站坝身泄水孔有3个表孔和2个中孔，中、表孔相间布置。表孔上游侧和下游侧超出坝身最大长度分别为8.5、9.5m，距地面101m。中孔上游侧和下游侧超出坝身最大长度分别为9.4、25.51m，距地面62.7m，下游侧最大悬挑斜长32.67m。三里坪拱坝悬挑结构采用预制钢筋混凝土模板施工，比传统方法节约工期2个月，节省投资101.8万元。

（一）钢筋混凝土预制模板

1. 预制混凝土模板的特点和优点

预制钢筋混凝土模板的特点：①模板生产工艺简洁，成本低廉，可满足所有构件模板的需求；②简化混凝土结构施工，在混凝土达到设计强度后仅拆除支撑和夹具；③模板费用约占混凝土结构费用的1/3，支撑用工量约占1/2；④降低了对木材的需求。

悬挑结构采用预制钢筋混凝土模板施工的优点：①中孔和表孔混凝土可与坝体混凝土同步施工，简化了混凝土入仓方式，降低工程成本约15元/m^3；②无需现场制作和拆除模板，省去脚手架材料约754t和搭拆脚手架的费用，节省工期2个月；③悬挑出坝体部分在坝面作业，避免高空架子作业，消除了安全隐患。

2. 模板的布置及构造　预制混凝土模板安装的高程由于2孔起弧线不一致，为了能统一施工，每孔确定1个高程面开始安装预制模板，相贯线附近的混凝土采用外部预埋工字钢现浇的施工方法。图1为2号中孔下游模板安装侧视图。

预制混凝土模板按浇筑层高和方便施工布置，长度不超过6.5m，宽度不超过3m，单块重量在5.85t内，厚度12cm。预制混凝土模板采用C30二级配混凝土，单层双向钢筋$\phi12$@100mm。模板的吊环按75cm×75cm布设，距离预制板边缘10cm开始安装，吊环和拉锚筋均采用$\phi16$圆钢。模板与坝体间用埋设在悬挑现浇段混凝土中的∠100×100×8角钢搭接连接，模板相互间采用∠100×100×8角钢搭接连接，角钢兼作板块间的拼缝模板。

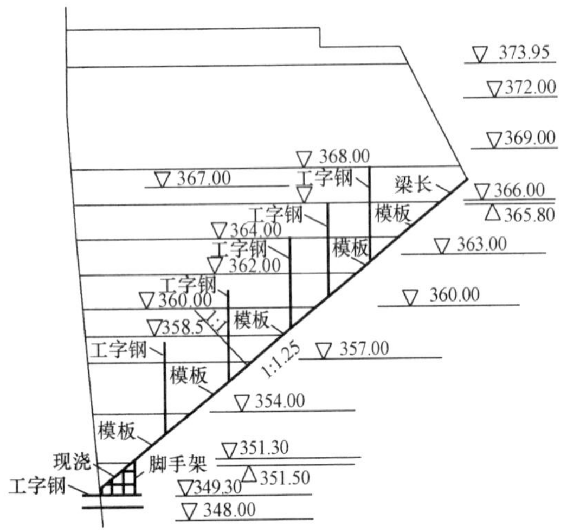

图1　2号中孔下游模板安装侧视图

3. 预制混凝土模板制作

(1) 预制场的底面用水泥砂浆抹面后铺1层塑料薄膜，场地平整度误差为±0.5cm。侧模板连接可靠，避免模板变形。

(2) 预制模板制作时，边长比图纸尺寸小2cm。角钢下料长度减小2cm。钢筋下料长度为板边长减6cm，上、下端头各留3cm保护层。其中与坝体现浇混凝土内预埋角钢相接的第1层模板的边长比设计尺寸长8～10cm。靠近坝体的第1层预制模板内的竖向钢筋长度要求伸出混凝土10cm，预留在混凝土外，便于安装时与预埋角钢焊接。

(3) 吊环附近钢筋间点焊连接，吊环凸出板面5cm，吊环弯钩挂在钢筋网片的对角并点焊连接。钢筋与角钢焊接连接，采用间隔1根钢筋弯起90°，弯起长度5cm，与角钢双面焊接；间隔1根钢筋端头与角钢焊接，并在上边打斜撑连接，斜撑为$\phi10$～$\phi12$短钢筋。其余绑扎连接。提前制作钢筋保护层垫块，垫块厚3.8cm。

(4) 预制模板纵缝埋设∠100×100×8角钢，上游角钢沿图纸纵缝左侧埋设，下游角钢沿图纸纵缝右侧埋设，上、下游均从右边孔开始连续布置。同一水平位置的每1孔最后一块预制模板不安装角钢。预制模板间上下层间也用角钢连接，在预制模板每层的上部短边安装角钢，便于与下一层预制模板连接。在最后一层预制模板的顶层不安装角钢。

(5) 混凝土要振捣密实，待强度达到5MPa时，上表面即吊环面才能凿毛。模板预制完成后，用线毡覆盖并洒水养护7d。检查模板尺寸，凿除多余部分。侧立堆放待用。

（二）预制混凝土模板安装

1. 上游预制混凝土模板安装　坝体为双曲拱坝，相贯线高程一直在变化，最大高差2.91m，2号中孔上游、1号中孔下游从高程347.40m高程开始悬挑。按要求3m为1升层，人员无法到悬挑外部作业，拟在相贯线附近进行斜层浇筑。即2号中孔上游至1号中孔位置高程351.00m以下进行斜层浇筑，2号中孔第1层浇至高程347.00m，预埋工字钢，预埋高程345.30～347.00m，从右向左逐渐升高，以保证距悬挑段底部1.5m左右。1号中孔浇至高程348.50m，水平预埋工字钢，预埋高程348.50m。在各孔预埋的工字钢上搭设脚手架，安装钢木组合模板并按相贯线进行悬挑。安装完成后铺设悬挑部分的钢筋，浇筑第2层常态混凝土。第2层浇筑2号中孔浇至高程349.00m，1号中孔浇至高程351.00m，在坝体悬挑段顶部预埋∠100×100×8角钢，并与坝体内钢筋点焊连接，角钢两翼缘板开口向上，然后安装第1层预制模板。第3层混凝土浇筑时，要浇筑斜层浇筑的混凝土，使中孔上游混凝土达到同一高程，即上游全断面达到高程351.00m，再开始第4层混凝土施工。

2. 下游预制混凝土模板安装　下游1号中孔预制模板安装从高程348.30m开始，2号中孔从351.30m开始。下游预制混凝土模板的安装方法和顺序同上游，但浇筑高程有差别。在开始第4层混凝土施工前，下游全断面达高程351.30m。

3. 第1层预制混凝土模板安装　上游、下游模板均按编号从大坝右岸开始连续安设。先将第1层第1块模板底部置于坝内预埋角钢上，并用法兰螺栓拉$\phi12$钢丝绳临时固定。模板位置校正后，将预埋角钢与模板底部钢筋焊结，模板吊环用$\phi16$拉锚与下游面先浇混凝土预埋插筋焊接，拉锚与预制模板面夹角须大于45°。第2块模板左边置于第1块模板右边预留角钢上，加固方式同第1块。模板加固好后，安装模板内的闸墩钢筋，先安装至与模板顶部齐平。浇筑时按50cm厚铺设1层，每层浇筑控制在2h内。

4. 坝体内预埋工字钢　下层混凝土浇筑时，每间隔1.5m预埋1根工字钢，工字钢伸入混凝土1m外露4m。在底部混凝土浇筑先时预埋长1.5m工字钢，埋深1m。在外露工字钢端打孔，在底部混凝土达到一定强度后，再连接加高上部工字钢。上下2节工字钢先用钢夹板螺栓连接，然后焊接。工字钢高度较大，采用角钢加固牢靠。

（中国水电建设集团十五工程局有限公司
齐宏文　刘　斌）

缓降拌和管垂直运输混凝土在三里坪等高薄拱坝施工中的应用

（一）概况

狭窄陡峻的河谷是修建拱坝的理想地形，但也给拱坝混凝土的垂直运输带来了较大的困难。国内外拱坝常用的混凝土垂直运输方法有缆索吊罐输送、负压溜槽输送、满管输送等方法。缆索吊罐架设成本高，生产效率低；负压溜槽的橡胶囊成本高，使用寿命短；满管输送系统组成复杂，钢管必须做成微倒喇叭形，使用中控制系统稍有差错须将混凝土全部放空，疏通困难、浪费大。另外，负压溜槽和满管输送仅适应落差高度较小的垂直运输。

近年来在充分调研国内外碾压混凝土垂直运输方式的基础上，在湖北房县三里坪水电站（坝高141m）、湖北恩施罗坡坝水电站（坝高112m）、湖北利川云口水电站（坝高119m）等高薄碾压混凝土拱坝施工中，采用缓降拌和管进行混凝土垂直运输。实践证明，采用这种方法，垂直输送高差大、输送强度高，拌和管内不易堵塞，输送的混凝土质量满足规范要求，且能在一定程度上缩短工期，应用效果十分显著。

（二）缓降拌和管结构及工艺原理

缓降拌和管是一组由若干空腔组成的锥管结构，它包括输送直管和缓降拌和器两部分。输送直管管径400mm，每节长3m，材质为6mm厚锰板，两头带有连接法兰盘。缓降拌和器（见图1）每节长3m，包括渐变锥管和缓降器两部分，材质同输送直管。安装时每9m直管（3节）安装一个缓降拌和器，各个构件均采用螺栓连接。

缓降拌和器有上、下两个方口法兰盘1，在两个法兰盘之间固定连接一堆由矩形渐变为圆形、又从圆形渐变为矩形的缓降拌和段6而形成两个输送通道，每个缓降拌和段的上下两个矩形口的相位差为90°。在每个法兰盘处沿两个缓降拌和段侧板贴合而形成的中分板2的顶端固定有减磨圆钢3，在两个缓降拌和段侧板之间并与减磨圆钢3相垂直的平面方向上焊接有消能圆钢5。在矩形口以下缓降拌和段的斜面板13和侧板上平行焊接有垫被圆钢4。中分板位于方口法兰盘的1/2处，因此形成2个输送通道。每个缓降拌和段由与法兰盘接触的矩形口渐变为圆形口，中间与圆形段7相接后又由圆形口渐变为矩形口再与另一个法兰盘相接。垫被圆钢的作用是在混凝土下降过程中，受到垫被圆钢的阻挡后会在每根圆钢与斜面板及侧板的接触处堆积成一个斜坡垫被层，可使粗骨料实

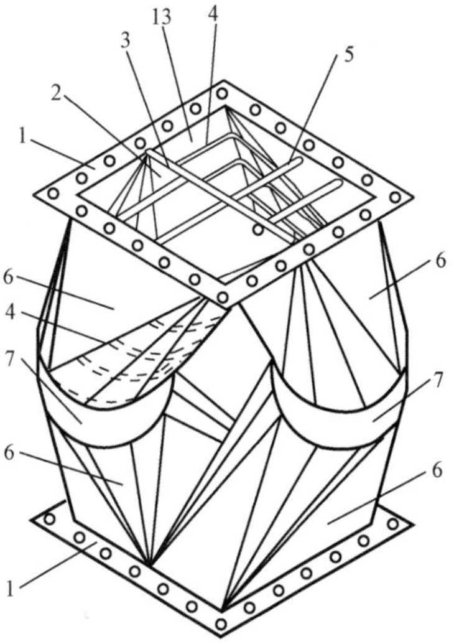

图1　缓降拌和器示意图

现软着陆，消除大部分动能，同时能延长装置的使用寿命。

缓降拌和管在使用中的安装结构和混凝土流动方向见图2。将两个缓降拌和管装置通过法兰盘和螺栓连接，再在其两端的法兰盘上连接锥形管，上端的锥形管与混凝土输送管连接。落料进入上口时被分成两部分进入缓降拌和器，在管内经过阻滞、折射运动，骨料相互碰撞改变运动方向，经连续碰撞、落料与管摩擦、扩散、汇合等复合阻尼过程后，动能被转换吸收，运动速度极大下降，最后在下口相对上口交换180°后，合二为一，落入下一节输送直管。

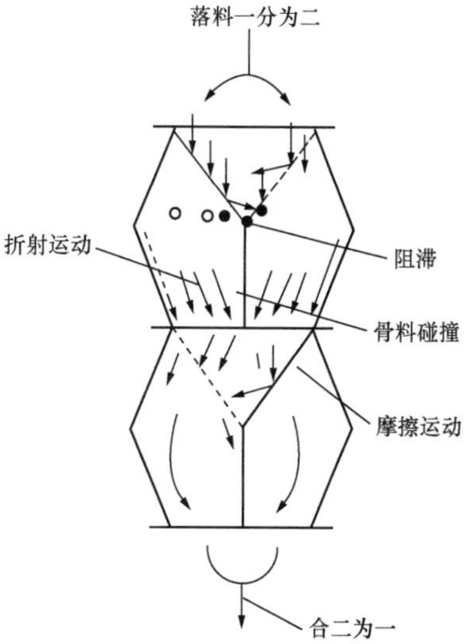

图2　混凝土在拌和器内流动示意图

缓降拌和器不仅使落料的运动速度极大降低，

还使分离的拌和料再次得到拌和，起到缓冲与拌和的双重作用。缓降拌和器的设计横断面大于输送钢管横截面的2倍，在管内经过各种复杂过程后进入大锥角倒锥管断面。所以，在缓降拌和管内尽管运动速度较低，加之上层骨料的撞击作用，不会造成骨料分离。

（三）缓降拌和管系统的布置

拌和系统一般布置在左、右岸坝顶。运输系统由两部分组成，第一部分是宽1000mm的皮带，它将混凝土拌和料从拌和机出口水平运输至坝顶拱端正上方平台受料斗；第二部分是缓降拌和管，它沿拱端将混凝土输送至施工仓面。在坡面搭设钢管承重架作为系统支架，斜坡支架顶面设计在同一平面上，系统通过钢管、钢丝绳与承重架、岩石连接。

1. 承重架基础　在拱端坡面上用手风钻垂直于管中心线方向钻直径为50mm的孔，孔深50～80cm，孔内插入$\phi 48$钢管搭设悬挑承重架。每一组横杆与其对应的斜撑杆组合成为一个独立的受力单元，承担来自缓降拌和管或立杆传来的荷载，且单独某一受力单元拆除后，不影响承重架其他构件的承载能力。

2. 缓降拌和管部位的加强架　缓降拌和管比普通直管体积大，在混凝土熟料运输中起关键作用，故对该部位在普通承重架基础上搭设加宽平台，加宽60cm。

3. 坡面管道与承重架连接　坡面管道荷载通过两种途径传递给承重架：

（1）直管段每隔6m布设一个抱箍，抱箍通过横杆将荷载传递到承重架。

（2）缓降拌和管腰部通过横杆将荷载传递到承重架。

缓降拌和器及管路系统均固定在排架上，排架生根在岩石上，为确保绝对安全，整体管路采用$\phi 16$钢丝绳锚固在岩体上。即每个抱箍对应一个钢丝绳牵引，$\phi 16$钢丝绳牵引间距6m，牵引地锚采用$\phi 25$锚杆锚入岩石3m。

4. 安装　安装按自下而上的顺序，从仓面高程3m以上开始。底部安装第1节缓降拌和器，向上每安装3节（9m）直管后安装1节缓降拌和器。安装时利用固定在坝顶平台的卷扬机和牵引钢丝绳，使缓降拌和管落在安装位置。缓降拌和管系统布置见图3。

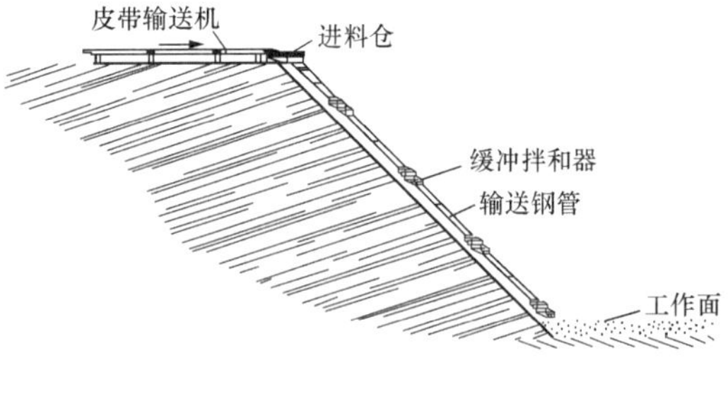

图3　缓降拌和管系统布置示意图

5. 人行爬梯检修通道　为便于缓降拌和管运行期内检修及保养，在缓降拌和管支撑架内设交通爬梯。交通爬梯的标准节长3m，宽60cm，步距30cm，踏步和梯梁均为L50×3角钢。缓降拌和管系统安装完成后进行试运行，根据坝面施工强度调整给料速度。随着缓降拌和管系统的运行，大坝开始浇筑，坝体不断上升，可逐步拆除缓降拌和管，每拆一节3m。

（四）缓降拌和系统与皮带机的连接

一些工程中，皮带机与浇筑面高差20m左右，若采用串筒或其他运输方式垂直运输混凝土，易造成混凝土骨料分离。在罗坡坝、三里坪等工程中都采用在皮带机口位置连接缓降拌和系统进行混凝土垂直运输，使用效果良好，皮带机连接缓降拌和系统见图4。

工程实践证明，缓降拌和管垂直运输系统适用的坡度在63°～90°之间。三里坪坝肩坡度约为50°，混凝土垂直运输完全依靠缓降拌和管存在较大难度。因此，在湖北三里坪水利枢纽工程中将皮带机与缓降拌和管联合使用，节省碾压混凝土运输费用178.5万元，缩短工期3个月，效果十分显著。

（中国水电建设集团十五工程局有限公司
齐宏文　刘　斌）

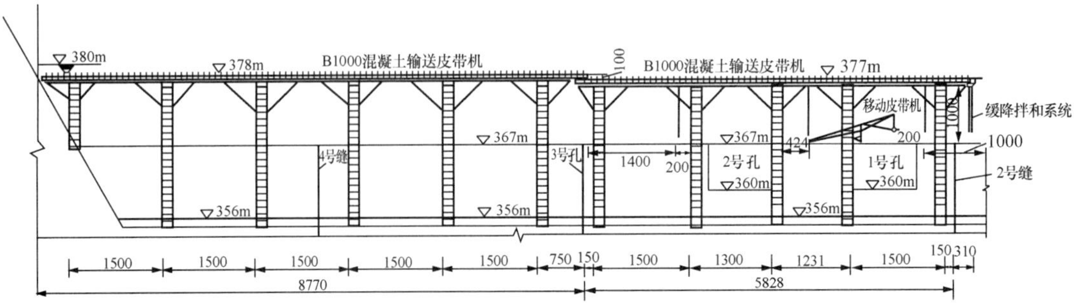

图4　皮带机连接缓降拌和系统示意图（单位：cm）

黄登水电站坝肩开挖

黄登水电站位于云南省兰坪县境内，是澜沧江上游古水至苗尾河段水电梯级开发方案的第五级水电站，以发电为主。工程枢纽由碾压混凝土重力坝、坝身泄洪表孔、泄洪放空底孔、左岸折线坝身进水口及地下引水发电系统组成。碾压混凝土重力坝坝顶高程1625m，最大坝高203m，坝顶长464m。引水发电系统布置在左岸，由引水系统、地下厂房洞室群、尾水系统及500kV地面GIS开关站组成。电站装机容量1900MW，保证出力515.52MW，年发电量85.78亿kW·h。

1. 坝肩开挖施工概况 黄登水电站两岸坝肩经调整优化后，左岸坝肩开挖边坡开口高程1692.00m，分标高程1475.0m，最大开挖高度为217m。坝顶以上分3层边坡，高67.5m；坝顶以下，坝前分5层边坡，每10～15m设一马道，高80m，坝后分8层及9层边坡，每15～30m设一马道，高149.5m；坝肩槽建基面共分8层边坡，每13～25m设一马道或平台，马道宽3m，平台宽8～28m。右岸坝肩开挖边坡开口高程1678.00m，分标高程1475.0m，最大开挖高度为203m。坝顶高程1625m，坝顶以上分3层边坡，高53.5m；坝顶以下，坝前分9层边坡，每11～19.5m设一马道，高149.5m，坝后分9层边坡，每15～19.5m设一台马道，高149.5m；坝肩槽建基面分8层边坡，每11.5～30m设一台马道或平台，马道宽度3m，平台宽7～14.05m。

两岸坝肩开挖支护工程于2013年10月1日开始，2014年10月30日完工，历时13个月。2014年两岸坝肩完成投资15614.55万元，占计划投资的52.31%。2014年9月左岸坝肩边坡由高程1640m开挖至设计分标高程1475.0m，下卧开挖165m，右岸坝肩由高程1613m开挖至设计分标高程1475.0m，下卧开挖138m。2014年两岸坝肩完成土石方开挖333.71万m^3，石方洞挖2.08万m^3，预应力锚索492根，混凝土浇筑1.93万m^3，喷混凝土2.03万m^3，挂网317.61t，钢筋制安892.29t，钢结构安装48.82t，锚杆35282根，锚筋桩2631束，排水孔29292m。

两岸地质条件复杂、岩性不均一，主要为火山角砾岩、变质凝灰岩及堆积体等，且节理裂隙发育，分布有倾倒蠕变岩体及弱微卸荷岩体。左岸坝段位于8号冲沟及6号山梁部位，地形陡峻，自然坡度一般50°～65°，多陡壁，基岩裸露。右岸坝段位于7号冲沟下游侧山梁部位，自然坡度一般40°～55°，局部为陡崖，基岩裸露。两岸1475.0m以上，设计体形内岩体以Ⅱ类～$Ⅲ_2$类为主，局部$Ⅳ_1$类；设计体形以外岩体以$Ⅲ_1$类～$Ⅳ_1$类为主，少量Ⅴ类，局部$Ⅳ_2$类，岩体弱风化，卸荷裂隙发育。

2. 开挖施工 黄登坝基开挖钻孔要穿越夹层带、断层带、挤压带、裂隙等结构面及地勘洞。开挖中采用三面预裂辅以深孔梯段爆破法，爆破后基本不需整修，坡面平整度符合要求，超挖少。开挖措施如下：

(1) 在不同部位采用不同钻机开挖，坝基边坡使用100B钻机，上下游边坡采用351钻机，水平建基面采用100B钻机和351钻机。

(2) 采取分区、分层开挖爆破作业。坝基开挖工期紧，作业面窄，为此进行合理的分区、分层作业（前后分2～3个区，上下游分3～4个区，梯段高度根据设计图纸确定），使钻爆与出渣穿插进行，形成多工作面流水作业，加快了进度。

坝肩垂直边坡开挖坡比1∶0，台阶高度10～15m。施工中采用CM351潜孔钻机造孔，预裂爆破一次到位。坝肩陡坡与缓坡边坡坡比1∶0.25～1∶1，台阶高度10～28m。坡比小于1∶0.6、台阶高度不大于15m的边坡，使用CM351潜孔钻机，预裂爆破施工方法；台阶高度大于15m，采用预裂一次到位，两次爆破施工方法。当坝坡比不小于1∶0.6，坡度较缓，台阶高度不大于15m的边坡，使用100B型潜孔钻机，预裂爆破施工方法；坡度变缓台阶高度大于15m时，采用超欠平衡施工方法，即上级边坡预裂施工时坡脚底部超挖20cm，下级边坡预裂施工时预裂开口欠挖20cm，从设计边坡中部分两级边坡，形成40cm宽的工作平台。

上下游边坡开挖钻爆使用CM351潜孔钻机，采用预裂爆破一次到位施工方法；台阶高度大于15m，采用预裂一次到位，两次爆破施工方法。

(3) 坝肩施工使用的炸药为RJ1号岩石高威力乳化炸药，规格为：$\phi 25$，$L=18cm$，单节重150g；$\phi 32$，$L=22cm$，单节重200g；$\phi 70$，$L=40cm$，单节重2kg；$\phi 90$，$L=40cm$，单节重3kg。爆破网络采用MS2～MS15段别非电毫秒导爆管雷管、普通导爆索联网，电雷管启爆的非电毫秒网络。

(4) 高边坡坝基开挖，采用孔内外延时爆破网络，主爆孔最大单响起爆药量不大于300kg，预裂孔最大单响起爆药量不大于50kg。采取增加缓冲孔和加大预裂爆破不耦合系数等减振措施，以减小爆破对坝基面及两岸高边坡的爆破振动影响。缓冲孔距预裂孔排距1.5m，间距2.0m，距前排爆破孔排距2.0m。预裂孔孔径采用110mm，药卷直径25mm。

(5) 坝基开挖的全过程实行精细化控制，确保钻孔的可追索性和钻孔的质量。

3. 支护施工　在坝肩槽建基面上下游边坡和肩槽建基面内岩石较差的部位进行支护加固。上下游边坡开挖一层支护一层，即开挖完成后的坡面在浅层常规支护及深层永久支护完成后，再进行下层边坡的开挖。以浅层支护为主，较差部位设锚筋桩和预应力锚索。

预应力锚索施工钻进中，常遇到大孤石，限制了偏心轮的扩孔，有时甚至偏心轮无法偏出，钻孔不进尺，还导致套管或管脚被拉断。为此，坝肩预应力锚索采用了同心跟管钻进，解决了在孤石中跟管钻进困难的问题，也确保了跟管的深度。

（中国水利水电第四工程局有限公司　郝　林）

三板溪水电站溢洪道聚丙烯纤维混凝土施工

三板溪水电站地处贵州省锦屏县境内，大坝为面板堆石坝，最大坝高 185m。溢洪道位于左岸主坝和副坝之间，堰首至挑流鼻坎末端水平投影总长 686m。溢流堰采用 WES 实用堰，溢洪道泄槽宽度 70m，泄槽总长 523m，分 3 级纵坡：坡比 1∶4、1∶2、1∶10，其间以曲线相连。出口段采用等挑角斜鼻坎挑流消能，斜鼻坎水平段总长约 116m。溢洪道最大泄洪量 13366m^3/s，最大水流速 45.6m/s。因受高速含砂水流冲刷及空蚀作用，造成溢洪道泄槽底板混凝土局部损坏，为此需加固泄槽底板。

（一）加固范围

三板溪溢洪道加固工程范围为：2 号掺气槽以下泄槽底板混凝土全部加厚 0.6m，该加固段中心线全长 441m，底宽 0.7m，总面积 31475m^2。泄槽纵坡面除两端有圆弧及陡坡抬高外，中间均为 1∶10 坡度段，起点处抬高 14.3m，末端处抬高 9.364m。

（二）施工方案

1. 传统门塔机方案　采用 1 台 MQ600 型高架门机辅以液压铲。门机配 3m^3 罐，小时浇筑强度 33～36m^3/h，月浇筑强度 7000～9000m^3/月。MQ600 型高架门机吊重 l0t 时，工作半径 18～45m。高架门机分 2 次安装，第 1 次设在 1 区反弧段下游，第 2 次布置在 4 区挑流鼻坎前，门机轨道方向与溢洪道中心线夹角约 52°。中间 1∶10 泄槽段底板采用 2 台液压铲（斗容 1m^3）在 13m 宽条带两侧能全部覆盖仓面。普通液压铲小时强度 30～40m^3/（h·台）。

2. 长臂液压铲方案　长臂液压铲方案的难点是 2 号掺气槽附近及挑流鼻坎陡坡段的浇筑，此部分需 2 台长臂液压铲配合。在陡坡段中间垫渣形成工作平台，平台面积满足 1 台长臂液压铲和 1 个 2m×3m×0.6m 的料斗需要。在此平台上，18m 长臂液压铲可进行陡坡段最上端混凝土浇筑，下游侧用长臂液压铲将混凝土倒入陡坡中段料斗中。

泄槽缓坡段，长臂液压铲（斗容 0.4m^3）臂长覆盖半径 18m，1 台液压铲即可满足 13m 宽条带的范围控制及浇筑强度需要，实际施工中强度可达 20m^3/h 左右。

3. 施工方案比选　门机方案优点是在覆盖范围内混凝土吊罐能准确入仓，且吊装材料等方便。缺点是门机轨道布置困难，门机安拆时间长，延长了混凝土施工直线工期，且只能浇筑泄槽两端底板，中间大范围底板浇筑还需用长臂液压铲，设备整体利用效率较低，运行成本较高。

长臂液压铲方案优点是移动方便，不占用施工的直线工期，且适应溢洪道底板仓号纵向高差大、混凝土仓号长的特点。根据混凝土结构分缝，混凝土仓号最宽 13m，18m 臂长的液压铲在仓号一侧即可全覆盖 13m 宽，且液压铲斗容量小，布料均匀，减少了混凝土浇筑的平仓工作量，能较好地预防骨料分离。

经过比较，最后确定采用长臂液压铲浇筑方案。

（三）溢洪道加固混凝土施工

1. 混凝土拌和　三板溪溢洪道混凝土对抗冲耐磨及防裂有较高要求，经不同方案对比后确定采用聚丙烯纤维混凝土，改性聚丙烯纤维掺加量 0.9kg/m^3，设计混凝土标号 C_{90}45。

三板溪混凝土拌和采用多维连续强制式拌和机，拌和容量为 3m^3。骨料、水泥粉煤灰及水等按配比自动计量，均匀上料，边进料边拌和。在骨料上料时人工将聚丙烯纤维均匀撒布于骨料运输皮带上，随骨料投入拌和机内。纤维包装每包 2.7kg，少量每包 0.9kg，便于人工添加纤维时的准确计量。经多次实际检测，聚丙烯纤维在混凝土中分布比较均匀。

2. 新老混凝土接触面的处理　加固前对老混凝土面凿除 10cm，局部凿除 40cm，两侧边墙凿除 60cm 高 10cm 深，以出露侧墙钢筋为准。为保证凿除混凝土的边沿整齐，在边墙 60cm 高处切出一条和泄槽底板面平行的切缝，缝深不小于 5cm，且不得损伤边墙钢筋，切缝以下侧墙混凝土凿除到设计深度。

为加强新老混凝土结合，还在老混凝土面打设锚杆及锚桩。锚杆外露 50cm，间距 2.5m×2.5m，入岩深度 6～8m 不等。3×ϕ32mm 锚桩布设在结构缝周围，锚桩入岩 11m，外露 50cm。锚杆及锚桩均通过注浆管注浆，水泥砂浆使用微膨胀水泥。

3. 混凝土浇筑方式　泄槽在顺水分成 7 个条带，从右至左编号为①～⑦，两侧趾板宽度为 3m，中间底板最大宽度为 13m。泄槽从上至下被 3、4、5 号掺气槽分割成 4 个区，称为 1、2、3、4 区，每区斜长分别为89、107、107、133m。①、③、⑤、⑦条带为先浇条带，②、④、⑥条带及左右趾板为后浇条带。后浇条带施工时，长臂反铲行走的混凝土面必须铺设保温被，上再铺20cm厚砂，液压铲行走时两侧履带下均匀地铺1层旧轮胎。

泄槽缓坡段浇筑时，自卸车将混凝土卸入料斗，液压铲从料斗中取料浇筑，料斗随液压铲移动。泄槽两端陡坡段的浇筑需2台长臂液压铲配合。第1台长臂液压铲布置在陡坡段中间工作平台上，且在液压铲下游侧布置1个3m³料斗。第2台长臂液压铲布置在缓坡段，从第2个料斗中将混凝土料倒入陡坡段料斗中，由第1台液压铲取料后卸入混凝土仓中。

4. 抗冲耐磨混凝土面层浇筑　浇筑质量控制要点：①确保混凝土表面平顺光滑；②确保锚杆与面层钢筋相连；③确保止水焊接质量和止水与混凝土接触密实；④混凝土养护和低温季节保温。

为确保混凝土表面平顺光滑，沿垂直水流方向用50mm架管每间隔4m布置刮轨。混凝土浇至溢流面时，振动梁沿刮轨从下游向上游边振边拉，振捣好的混凝土面及时用人工抹面。锚杆安装时做好高程标记，确保锚杆顶部安装精度。面层抗冲耐磨混凝土安排在低温季节浇筑。

5. 混凝土的保护及养护　在混凝土浇筑过程中雨天必须进行仓面保护，雨量在0.3mm/6min以上停止施工，仓面用塑料棚布及时覆盖，采取有效措施防止仓外雨水进入仓内，防止对混凝土溢流面的破坏。春季混凝土浇筑时，仓面需预防气温骤降或太阳曝晒等情况。混凝土运输车辆采取保温隔热措施，降低混凝土运输过程中水分蒸发和温升。混凝土强度未达2.5MPa之前，禁止机械在混凝土面作业。

溢流面混凝土初凝后即可及时喷雾或洒水保持表面湿润，终凝后面层混凝土常温季节进行流水养护，低温季节（12月、1月）用吸水柔性材料覆盖，并在上面洒水养护。

6. 混凝土后期缺陷检查处理　混凝土施工完毕后，主要检查底板溢流面平整度和拉杆头的处理情况。平整度不符合要求的要用磨光机打磨处理，直至符合设计要求。外露拉杆头用直径5cm空心钻钻深5cm以上，再凿除拉杆头周围混凝土，割掉拉杆头，用环氧砂浆或预缩砂浆填平钻孔，并压实磨光。

7. 聚丙烯纤维混凝土的使用效果　对加固混凝土检查结果表明：在对混凝土进行养护后，混凝土表层仍有不规则裂缝产生。先浇条带因用作施工道路，混凝土表面用保温毯及20cm厚砂覆盖保护约3个月，表面裂缝大幅减少。

另外，在过流面人工抹光时因存在纤维，聚丙烯纤维混凝土表面无法达到常规混凝土人工抹面的平整度。对平整度要求较高时，需改进此类混凝土表面抹光的工艺。

（中国水利水电第三工程局有限公司　张文耀）

龙江水电站火山灰的性能试验

龙江水电站枢纽工程位于云南省德宏州境内，粉煤灰资源稀缺，无法满足施工需求，而该地区属火山喷发地带，盛产火山灰。龙江水电站就地取材，使用江腾火山灰作为掺和料。火山灰掺和料在大型水电工程中应用极少，在双曲拱坝中的应用尚属首次。

（一）江腾火山灰

1. 火山灰的性能　江腾火山灰的物理力学性能和化学成分分别见表1和表2。

表1　江腾火山灰的物理力学性能

细度（45μm）（%）	比表面积（m^2/kg）	密度（m^3/kg）	需水量比（%）	烧失量（%）	SO_3（%）	含水率（%）	28d抗压强度比（%）
5.2	370	2.72	103	2.0	0.19	0.7	68.8

表2　江腾火山灰的化学成分

烧失量（%）	SiO_2（%）	Al_2O_3（%）	Fe_2O_3（%）	CaO（%）	MgO（%）	SO_3（%）	R_2O（%）
1.76	50.75	5.96	6.25	18.24	8.82	0.19	3.62

表1和表2所列江腾火山灰的物理力学指标和化学成分符合规范要求。

2. 火山灰颗粒形态对需水量比的影响　火山灰是由粒径不一的片状或板状等不规则体组成，不同于粉煤灰的球形，没有滚珠轴承作用，火山灰的需水量比大于粉煤灰。对此，配制混凝土时：①采用缓凝高效减水剂，提高相对掺量，以降低混凝土单位用水量和胶凝材料用量；②采用高品质火山灰，提高火山灰的加工工艺水平，进一步降低需水量比。

（二）掺火山灰混凝土与掺粉煤灰混凝土的性能试验

1. 配合比　掺火山灰与掺粉煤灰混凝土性能试验中均使用42.5号中热水泥。试验配合比分别见表3和表4。

表3　　掺火山灰混凝土试验配合比

编号	混凝土指标	级配	设计坍落度（cm）	水胶比	砂率（%）	用水量（kg/m^3）	火山灰（%）	外加剂（%）		密度（kg/m^3）
								SFG	SH-C	
1	$C_{90}25$ W8F50	四	3～5	0.50	21	87	25	0.7	0.003	2470
2		三	3～5	0.50	25	99	25	0.7	0.003	2450
3	$C_{90}30$ W8F50	四	3～5	0.46	21	87	25	0.7	0.003	2470
4		三	3～5	0.46	25	99	25	0.7	0.003	2450

表4　　掺粉煤灰混凝土试验配合比

编号	混凝土设计指标	级配	水胶比	砂率（%）	粉煤灰（%）	用水量（kg/m^3）	JM-Ⅱ（%）	ZB-1G_9（%）	坍落度（cm）	密度（kg/m^3）
JC-1	$C_{90}20$W 8F100	三	0.55	31	35	120	0.8	0.015	3～5	2620
JC-2		四	0.55	25	35	100	0.8	0.015	3～5	2660

2. 混凝土力学性能　试验结果见表5。

表5　　大坝混凝土力学性能

编号	混凝土设计指标	级配	设计坍落度（cm）	水胶比	抗压强度（MPa）			劈拉强度（MPa）	
					7d	28d	90d	28d	90d
1	$C_{90}25$ W8F50	四	3～5	0.50	18.8	27.7	30.9	1.97	2.14
2		三	3～5	0.50	17.1	25.9	29.2	1.87	2.02
3	$C_{90}30$ W8F50	四	3～5	0.46	18.8	30.6	36.8	1.86	2.38
4		三	3～5	0.46	19.7	29.4	36.9	2.19	2.67

3. 混凝土变形性能　掺火山灰混凝土试验中，C_{90}25W8F50四级配混凝土、C_{90}25W8F50三级配混凝土、C_{90}30W8F50四级配混凝土、C_{90}30W8F50三级配混凝土的90d极限拉伸值分别为1.02×10^{-4}、1.08×10^{-4}、1.07×10^{-4}、1.12×10^{-4}。掺粉煤灰混凝土试验中，C_{90}20W8F100四级配混凝土、C_{90}20W8F100三级配混凝土的90d极限拉伸值分别为0.89×10^{-4}和0.91×10^{-4}。结果说明，火山灰混凝土的极限拉伸值相对较大，对混凝土的抗裂十分有利。

4. 混凝土绝热温升试验　试验均使用中热水泥。掺火山灰混凝土绝热温升试验中，C_{90}30W8F50四级配混凝土的初始温度为18.2℃，28d温度为24.2℃，最终温度为26.1℃；C_{90}30W8F50三级配混凝土的初始温度为18.6℃，28d温度为26.1℃，最终温度为28.8℃。掺粉煤灰混凝土绝热温升试验中，C_{90}20W8F100四级配常态混凝土28d温度为22.2℃，最终温度为25.4℃；C_{90}20W8F100三级配常态混凝土28d温度为25.1℃，最终温度为27.2℃。结果说明，两种混凝土的绝热温升基本一致，没有明显差别。

5. 混凝土自生体积变形试验　试验均使用中热水泥。掺25%火山灰混凝土试验中，C_{90}30W8F50四级配混凝土龄期1d至90d的自生体积变形为-1.2×10^{-6}～-26.4×10^{-6}；C_{90}30W8F50三级配混凝土龄期1d至90d的自生体积变形为-0.4×10^{-6}～-19.5×10^{-6}。掺35%粉煤灰混凝土试验中，C_{90}20W8F100四级配混凝土龄期1d至50d的自生体积变形为-2.1×10^{-6}～-30.5×10^{-6}；C_{90}20W8F100三级配混凝土龄期1d至50d的自生体积变形为-3.1×10^{-6}～-40.5×10^{-6}。结果说明，两种混凝土自生体积变形，都为收缩型，量值波动不大。

6. 混凝土线膨胀系数试验　试验成果见表6。

表6　掺25%火山灰混凝土线膨胀系数试验成果

混凝土等级	水泥品种	级配	线膨胀系数（$\times10^{-6}$/℃）
C_{90}30W8F50	中热	四	8.7
C_{90}30W8F50	中热	三	8.5

7. 混凝土干缩性能试验　试验均使用中热水泥。掺25%火山灰混凝土试验中，C_{90}30W8F50四级配混凝土龄期1d至90d的干缩率为$10\times10^{-6}\sim492\times10^{-6}$；$C_{90}$30W8F50三级配混凝土龄期1d至90d的干缩率为$12\times10^{-6}\sim501\times10^{-6}$。干缩值比较接近。

8. 混凝土耐久性性能试验　试验结果见表7。

表7　掺火山灰混凝土耐久性能试验结果

试验编号	混凝土设计指标	级配	龄期(d)	抗渗等级	抗冻标号
1	C_{90}25W8F50	四	90	>W8	>F50
2	C_{90}25W8F50	三	90	>W8	
3	C_{90}30W8F50	四	90	>W8	>F50
4	C_{90}30W8F50	三	90	>W8	

9. 比对试验的结论　以上试验成果表明掺火山灰混凝性能良好。

（三）掺火山灰混凝土骨料碱活性试验

掺火山灰混凝土骨料碱活性试验采用砂浆棒快速法，试验结果见表8。

表8　碱活性检测结果

骨料种类	编号	不同试验龄期下的试件膨胀率（%）					火山灰掺量（%）
		0d	3d	7d	10d	14d	
片麻岩	S1	0.000	0.041	0.172	0.270	0.323	0
	S2	0.000	−0.023	−0.026	−0.018	−0.013	20
	S3	0.000	−0.043	−0.043	−0.037	−0.018	30

根据《水工混凝土试验规程》（SL 352—2006），砂浆试件14d的膨胀率小于0.1%，骨料为非活性骨料，砂浆试件14d的膨胀率大于0.2%，则骨料为具有潜在危害性反应的活性骨料。由表8可见，不同掺量火山灰对水泥砂浆棒膨胀率均有明显抑制作用。

（中国水利水电第四工程局有限公司
施正友　吕刚裴　芙　蓉）

翻模在溪洛渡水电站水垫塘混凝土施工中的应用

溪洛渡水电站水垫塘位于双曲拱坝坝后，其中心线与拱坝中心线平行并向左岸偏移5m，为复式梯形断面，底宽60m，底板顶高程340.00m。边墙坡度在高程360.00m下部为1∶1.2，高程360.00～386.00m之间为1∶1.0，高程386.00m以上为1∶0.75。在高程360.00m和386.00m处设有5m宽马道。水垫塘顶混凝土衬砌高程从上游到下游逐渐从413.00m过渡到412.00m（见图1）。由于受大坝固结灌浆及预应力锚索施工的影响，水垫塘混凝土施工相对滞后。与大坝相接部位的水垫塘平面尺寸不规则，使混凝土施工难度加大。而左、右岸边墙更是混凝土施工中的重点和难点。为解决不规则平面尺寸部位的施工，通过对组合钢模的安装工艺的改进，成功地实施了翻模施工技术，取得了良好效果。

1. 翻模的设计　溪洛渡水电站大坝标段水垫塘为复式梯形断面（见图2），自上游向下游设有3道

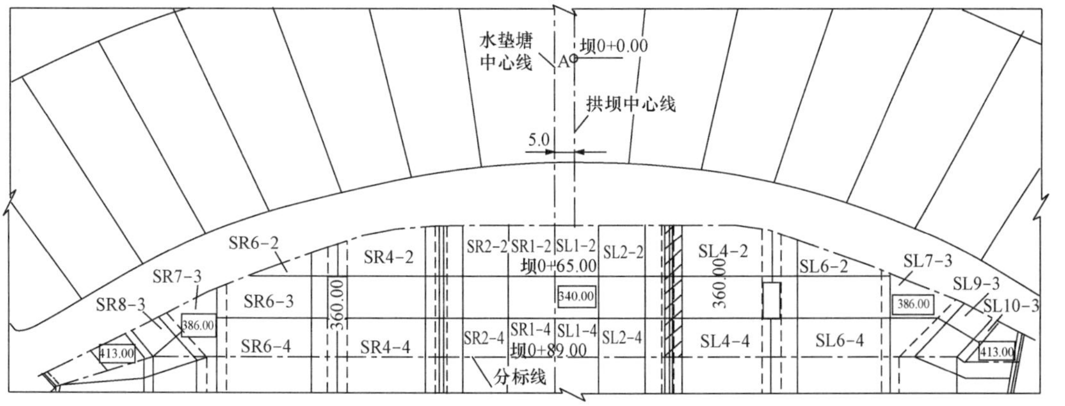

图1　水垫塘平面布置示意图（单位：m）

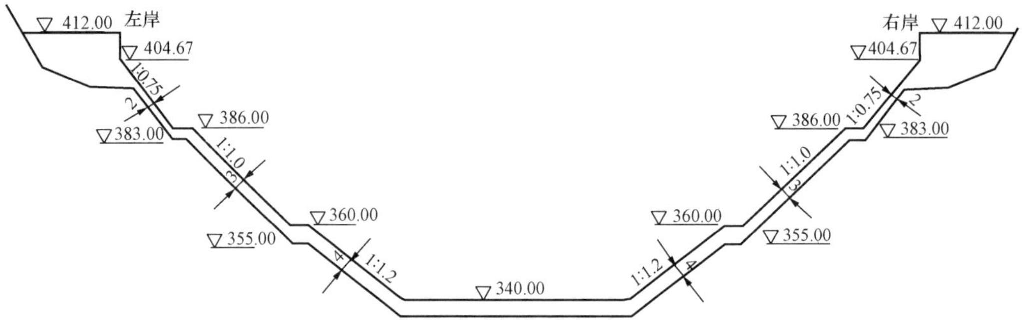

图 2 水垫塘横断面示意图（单位：m）

横缝，横向将水垫塘分成 3 个条带，上游与大坝基础相接。受大坝基础体形影响，上游第一条带各浇筑块平面形状不规则，两岸边墙混凝土面底部宽、顶部窄。采用拖模有较大难度，如分层浇筑将影响工期。为此，上游第一条带边墙施工采用翻模技术。

水垫塘边墙横缝上设有两道铜止水和一道橡胶止水，且靠近基岩面，模板安装难度较大，使用翻模较困难。为保证翻模成功实施，横缝模板采用组合钢模现立一次成型，模板顶面与设计混凝土面平齐。

翻模主要在水垫塘边墙混凝土永久外露面使用，面板使用组合钢模板，立模方式与组合钢模板基本相同。翻模成功的关键是在保证施工质量和安全条件下，减少浇筑中模板安装的工作量和劳动强度，实现混凝土的连续浇筑。为此，必须解决混凝土面结构尺寸控制、组合钢模板翻升及混凝土面收浆抹面等方面的问题。

为使翻模在翻升过程中混凝土面的结构尺寸满足质量控制标准要求，需在混凝土面设置翻模支撑结构。支撑结构要有足够强度和刚度，并能满足模板安装的平整度要求，施工中采用沿混凝土面焊模板支撑样架实现。模板支撑样架用 $\phi25$ 钢筋，沿混凝土面自下而上通仓布置，样架间距 75cm，保证每块模板都由条样架钢筋支撑。为减小混凝土浇筑过程工作量，考虑支撑样架钢筋不拆除，将样架钢筋布置在混凝土面以下 3cm 处，用截面尺寸为 3cm×3cm 的垫块将模板垫高，使模板翻升满足结构尺寸要求，如图 3 所示。

翻模样架施工是保证混凝土面平整度的关键。样架施工前，进行测量放样，根据放样结果进行样架施工。样架支撑必须牢固可靠，防止混凝土浇筑过程中发生变形。样架施工完成后，需通过测量复检，保证样架满足结构尺寸控制要求。

组合钢模板翻升是翻模技术的关键。为满足模板翻升需要，考虑对模板系统纵向钢管楞进行分段，分段长度与拉模筋沿坡面方向的布置间距相匹配。翻模采用 P1015 和 P6015 两种规格的模板安装，相应拉模筋间距为 70cm，纵向钢管楞按 70cm 分段。为将纵向钢管楞连接起来形成整体，每段纵向钢管楞之间使用对接套杆连接，使模板系统形成稳定结构。为方便模板的翻升、控制模板的变形，必须合理布置对接套杆的位置。施工中将对接套杆布置在拉模筋下方约 10cm 的位置，如图 3 所示。翻模沿高度方向最少安装 4 个单元模板，每个单元 70cm，以满足模板翻升、混凝土浇筑、混凝土待凝等的需要。

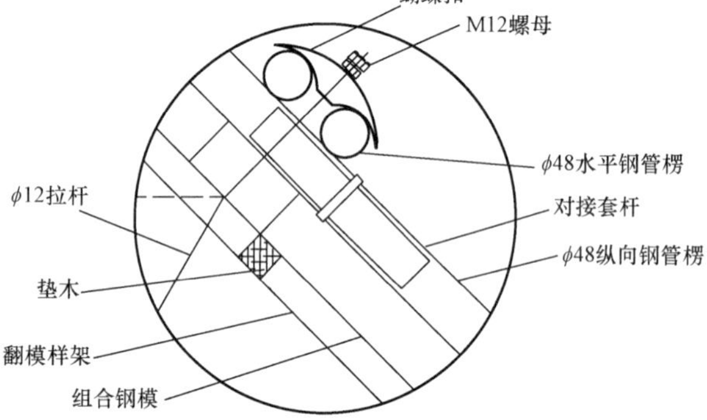

图 3 翻模系统详图

模板拆除后，对外露混凝土面收浆抹面。混凝土浇筑中，模板不断循环翻升，难以形成固定的作业平台。设计了能轻易移动的轻便挂篮，可供 1 人作业。挂篮挂于水平钢管楞上，根据收浆抹面的需要灵活移动至适当位置进行作业。

2. 混凝土浇筑及翻模施工　边墙混凝土用搅拌车运输，结合溜管、溜筒入仓。溜筒入仓下料较均匀，对样架及模板冲击较小，能方便地控制混凝土浇筑速度，有利于翻模施工。翻模施工分翻模初次安装、初次翻升、正常翻升、拆除 4 个阶段。

（1）翻模初次安装：在混凝土浇筑前完成。初次模板安装沿坡面高度方向不少于 4 个单元，每个单元 70cm，由 1 层 P1015 和 1 层 P6015 组合钢模组拼而成，翻模安装的总宽度为 2.8m。下部 3 个单元模板在混凝土浇筑前需完成拉模筋安装，第 4 单元模板在初次安装翻模时不安装拉模筋。模板安装完成后，要对模板检查验收，满足设计要求后方可浇筑混凝土。

（2）翻模初次翻升：混凝土浇筑过程中应保持混凝土面均衡上升，尽量避免局部堆料，防止同一浇筑层面混凝土凝期差异而影响翻模正常向上翻升。混凝土浇筑到第2单元模板的顶部，且第1单元模板内混凝土达到初凝时，方可翻升翻模。模板的初次翻升约在覆盖完第1单元模板后4h（根据气温条件及混凝土理论初凝时间）开始。根据初次模板翻升的情况，可掌握混凝土实际的初凝时间，为模板的正常上升提供参考。

（3）翻模正常翻升：模板初次翻升后，随着混凝土继续浇筑，进入翻模的正常翻升阶段。该阶段将混凝土浇筑区域自下而上划分为收浆抹面区、模板待翻区、混凝土待凝区、混凝土浇筑区和浇筑预备区5个区域（见图4）。随着翻模不断翻升，5个区域不断向上循环，使混凝土面连续上升。冬季气温低，混凝土初凝时间较长，为保证浇筑速度，可适当增加翻模的单元数，以延长混凝土待凝区长度，实现混凝土浇筑及模板翻升不间断。

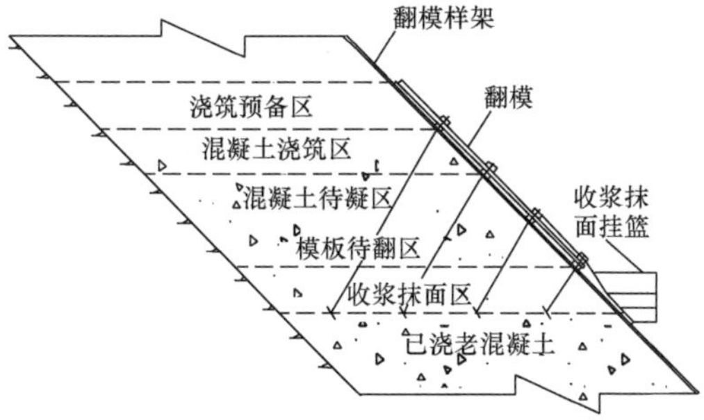

图4　混凝土浇筑示意图

（4）翻模拆除：当模板翻升到混凝土收仓面时，进入翻模拆除阶段。该阶段施工与正常翻升的施工基本相同。混凝土继续浇筑到混凝土收仓面，待翻区模板拆除后，不再向上翻升，其他各单元模板根据混凝土初凝情况自下而上逐层拆除。

3. 混凝土面收浆　待翻区模板拆除后，混凝土面外露。混凝土达到初凝时难以保证混凝土面光洁，且混凝土表面存在模板印迹线、气泡等表面缺陷。可利用挂篮上人及时收浆抹面，使混凝土外观质量得到改善。

收浆抹面在混凝土终凝前完成，且不少于3遍。第1遍修整混凝土表面缺陷，将混凝土面抹平。修整完后，终凝前再用铁抹子抹面2遍以上，使混凝土表面光洁、平整。

（中国水利水电第八工程局有限公司　周　勇）

沙坪二级水电站坝基堆石混凝土施工技术

堆石混凝土技术在沙坪二级水电站主要应用在闸坝坝基施工中。施工区的最大高度约30m，回填方量约12万m^3，上下游方向长约49m，左右方向长约104.50m，分3区浇筑，单仓最大面积为49m×39m。

堆石混凝土（Rock Filled Concrete，即RFC）是在自密实混凝土（Self－Compacting Concrete，即SCC）基础上发展起来的一种大体积混凝土技术。该技术充分利用了自密实混凝土高流动性、抗分离性能好的特点，在粒径较大的块石内随机填充自密实混凝土，形成完整、密实、有较高强度的混凝土堆石体。堆石混凝土中，堆石体积的比例可达55%～60%。堆石混凝土能充分利用开采的石料或开挖料中大块石，降低胶凝材料用量，具有低水化热、工艺简便、造价低廉、施工速度快等优点。

（一）堆石料备料

堆石料来自工程开挖中的大块石，为生物碎屑灰岩，中硬岩，饱和单轴抗压强度45～55MPa。开挖料回采时，大石直接用挖掘机分选装车，小石集中用钢筛筛选。为避免堆石料表面存在裹粉、被泥粉污染，影响堆石料与自密实混凝土的结合强度，现场用3根ϕ80花管冲洗装在自卸汽车的堆石，水压0.2MPa。

（二）堆石料入仓

堆石运输车辆直接从上、下游围堰入仓至仓面，施工道路最大纵坡12%～15%。采用“倒退法”，由里向外布仓，配备装载机和挖掘机平仓。进仓道路铺设钢格栅（工字钢＋钢筋），自卸车入仓前冲洗汽车轮胎，冲洗干净晾20min后入仓。在靠近模板、止水带等细部结构1m左右的区域，用人工辅助堆石。堆石入仓过程中，为避免块石碎屑及泥沙随堆石料进入仓面，在仓面内设6个固定下料点，自卸汽车在下料点下料，再用装载机及挖机将堆石倒运至仓面，堆积在下料点处的碎屑及泥沙用人工清除。

自密实混凝土由2×3m^3强制式拌和楼生产，用8m^3混凝土搅拌车运输，运输速度保证混凝土施工的连续性。浇筑时主要采用47m臂长天泵入仓浇筑，部分位置采用溜槽入仓和挖机配合搅拌车入仓。浇筑中采取单向逐点浇筑，每个点浇满后方可移动至下一个点。

（三）层面结合处理措施

堆石混凝土层面间的薄弱环节采用下列施工措施：

(1) 为提高堆石混凝土层间抗渗的保证率，在堆石混凝土上游面设厚100cm的自密实混凝土防渗层。防渗层采用自密实混凝土浇筑与堆石混凝土一次浇筑成型，用于防渗层的自密实混凝土抗渗等级不小于W12。

(2) 堆石混凝土收仓时，除达到结构物设计顶面以外，自密实混凝土浇筑至比多数块石低50～150mm，以加强层面结合。

(3) 仓面上的混凝土乳皮、表层裂缝、因泌水造成的低强度混凝土及嵌入表面的松动堆石均要求清除，并进行凿毛处理。

(四) 施工强度

沙坪二级水电站采用12台20t自卸汽车直接运输堆石入仓进行堆石施工，2个主要堆石料场与仓面距离分别约1km和5km，实际堆石速率约$55m^3/h$。采用5台$8m^3$混凝土罐车运输自密实混凝土，峰值浇筑强度为$78m^3/h$，仓面平均浇筑强度为$64m^3/h$。

(五) 施工质量

现场共采取了3组9个芯样，芯样直径77～84mm，单个芯样最小抗压强度为27.2MPa，最大抗压强度为31.7MPa，平均抗压强度为29.3MPa。16个孔内摄像以及声波检查孔，波速3509～5263m/s，未发现明显缺陷。13个压水检测孔，分别在层间压水，压力为0.3～1.0MPa，透水率0～1.53Lu，混凝土抗渗性能满足设计要求。

(中国电建集团华东勘测设计研究院有限公司 朱 博)

锦屏一级大坝实现混凝土施工期温度自动控制

(一) 工程概况

锦屏一级混凝土双曲拱坝坝顶高程1885m，最大坝高305m，坝体混凝土约476万m^3。大坝设25条横缝，横缝间距20～25m，平均坝段宽度为22.6m，施工不设纵缝，采用分坝段浇筑仓块通仓薄层浇筑，仓层厚度3.0～4.5m，对混凝土温控要求十分严格。采取通水冷却并实行个性化通水是避免混凝土温度裂缝问题的关键所在。

针对此前大体积混凝土温度监测与冷却通水方式主要依靠人工操作与经验，无法满足混凝土温控温度个性化、精细化过程控制要求和防裂要求，雅砻江流域水电开发有限公司联合葛洲坝集团依托锦屏一级水电站特高拱坝混凝土施工，开展了大体积混凝土智能温控系统研制，获得发明专利3项，软件著作权2项，实用新型专利11项，并由主要研究单位葛洲坝集团试验检测有限公司在右岸大坝首次成功应用。

(二) 施工期温度自动控制技术措施

1. 实施施工期温度自动化监测　为保证锦屏一级拱坝混凝土施工质量，使拱坝混凝土施工温控全面受控，从拱坝开仓浇筑第1仓混凝土起，就在所有仓块内埋设了温度计监测其温度的变化过程，实时掌握每仓混凝土温控实施情况。项目组研究了拱坝混凝土浇筑仓面布置自动化测站方案和拱坝廊道布置自动化测站方案，并进行了现场试验，最后选用了拱坝廊道布置自动化测站方案。施工期间成功实施的拱坝混凝土内部温度自动化监测系统，使拱坝各仓块施工期间温度可以实施掌握，及时调控，为大体积混凝土冷却通水提供了及时、可靠的温度信息，保证了大体积混凝土冷却通水的顺利进行。

拱坝混凝土施工期温度监测自动化系统组网包括温度计布设、自动化采集单元布设，温度计电缆布设，通信网络布设，及自动化采集软件与服务器。各浇筑仓块在中部和下部坝体一般布设3～6支温度计，上部坝体布设2～3支温度计，全部拱布设3976支温度计；坝体廊道内以坝段温度计为主布设自动化采集单元；温度计电缆以坝段为单元向上牵引至坝体廊道(首层廊道以下)和自廊道向上预埋的方式布设，首层自动化监测廊道以上各浇筑仓块温度计埋设后即连接电缆接入自动化采集单元实施自动化监测；各自动化采集单元通信一般采用电缆连接，然后经光端机转换后由光纤网络接入安全监测自动化系统的服务器，形成拱坝混凝土施工期温度自动化监测系统。在国内首次成功实现了拱坝混凝土施工期温度即埋式自动化监测技术。

2. 研制并应用大体积混凝土施工期智能温控系统　智能温控系统组网由传感器、程控阀门、自动测控装置、服务器等组成。通过无线网络将部署在右坝肩现场指挥中心的服务器与下游坝面区域多通道测控装置连接进行数据通信，自动测控装置由电缆连接冷却水管阀门进行测控。智能温控系统与温度自动化监测系统整合对接，同步交换混凝土内部温度数据，形成了完整的控制闭环。

研制的冷却通水温度流量传感器用于冷却水的温度和流量监测，是实现自动化测控的基础。其结构简单，安装方便，环境适应性强，稳定性好，便于自动采集。使用数字信号传递测值，可以实现双向流量监测。

自主研发了LT-18型无线控制终端，用于通过无线或有线网络接收服务器消息，经电缆控制外部设备供电通断。终端主控MCU采用C8051F350芯片，通过WIFI转串口模块实现数据通信，兼容802.11b/g/n标准，数据传输速度最高可达300M。板上附带一块4kbit的存储芯片。终端工作时，通过无线WIFI

使用TCP/IP协议与服务器进行通信，MCU对串口接收到的消息进行解析，然后控制相应的多通道继电开关以实现对外部设备（电动阀门）的无线远程控制。该终端在实际生产应用中表现稳定。

大体积混凝土施工智能温控管理系统是混凝土施工期温度监测自动采集、冷却通水参数智能计算与决策、冷却通水智能控制及温控数据管理的集成平台。该系统具有温控设备管理，温控数据管理，通水智能决策和指令发送，温控曲线自动生成、查看与导出，最高温度超标、降温速率超标、温度回升超标、数据缺失自动报警等诸多功能。

（三）施工期温度自动控制技术创新点

（1）发明了基于人工神经网络的仿人工智能冷却通水控制算法与针对单个混凝土浇筑单元的精细化温度仿真和温控关键参数反演计算方法。

仿人工智能冷却通水参数计算方法，通过现场对比试验，引用历史降温效率作为经验，忽略边界条件变化，采用自适应算法（动态降温效率系数动态调节）；引入滞后系数进行修正，解决冷却通水控制与混凝土内部温度变化的大滞后问题，同时提供人工干预接口。

温度仿真采用有限元方法计算，在与水管正交的方向切取若干个垂直截面，按照平面温度场算法计算各垂直截面的温度场，再合成空间温度场。以上述混凝土温度仿真计算数值模型为基础，采用试算法，变换通水参数，计算混凝土温度并与给定的温度限值进行比较，以满足给定温度要求时的参数作为通水控制参数。

（2）发明了冷却通水温度流量传感器。

研制的冷却通水温度流量传感器用于冷却水的温度和流量监测，其结构简单牢固，经久耐用，安装方便，环境适应性强，稳定性好，便于自动采集。使用数字信号传递测值，可实现双向流量监测。

（3）发明了集数据自动采集与自动控制于一体的冷却通水自动测控装置。

研制的冷却通水自动测控装置设备面向施工一线，实用简便。多CPU的分板设计实现了大容量的通水数据采集和通水控制；同时支持有线和无线局域网；装置采用缓存和批量保存的方法使得实时数据的保存性能大大提高；测控装置采用多线程技术，实现了大容量数据的实时通信。

（4）研发了大体积混凝土施工智能温控管理系统。

大体积混凝土施工智能温控管理系统是混凝土施工期温度监测自动采集、冷却通水参数智能计算与决策、冷却通水智能控制及温控数据管理的集成平台。该系统具有温控设备管理，温控数据管理，通水智能决策和指令发送，温控曲线自动生成、查看与导出，最高温度超标、降温速率超标、温度回升超标、数据缺失自动报警等功能。为了应对大规模数据采集需求，混凝土智能温控管理系统在采用硬件缓存机制的同时，也引入了高性能内存数据库做系统缓存，以及分布式的消息队列便于集群化扩展。服务端使用B/S架构，基于HTML5人机界面，实现了PC与移动终端兼容访问。

（四）取得成效

1. 工程中实际应用　在锦屏一级水电站拱坝工程中采用全坝全浇筑仓块温度监测，实施拱坝施工期温度即埋式自动化监测和拱坝混凝土施工智能温控测控装置、智能温控管理系统，提高了拱坝施工质量，减少了混凝土缺陷处理时间，加快了工程施工进度。

2. 社会经济效益　施工期温度自动控制技术在国内外尚属首次，极大地提高了大体积混凝土的施工质量控制水平，有力地促进了水利水电工程建设的科技进步，标志着水电工程大体积混凝土施工温控进入智能化阶段。

（葛洲坝集团试验检测有限公司　谭恺炎）

隧　洞　施　工

官地水电站大断面引水平洞衬砌混凝土施工

官地水电站位于雅砻江干流下游、四川省凉山彝族自治州西昌市和盐源县交界的打罗村境内，距西昌市约80km。安装4台单机容量600MW的水轮发电机组，总装机容量2400MW。在右岸平行布置4条引水隧洞，每条引水隧洞均由上平洞、斜井及下平洞组成。1～4号引水上平洞洞长分别为84.231、96.057、107.883、119.709m，其中渐变段均为18m，总长407.88m。渐变段由方形（宽×高：11.3m×16.5m）渐变为圆形（直径ϕ14.8m），衬砌厚1.5m，圆洞段衬砌前后隧洞直径分别为13.4、11.8m，衬砌厚0.8m，均为C25混凝土。

（一）引水平洞施工特点与难点

1. 断面大　引水上平洞衬砌前最大断面为 186.45m²（渐变段方形断面），衬砌后最小断面 141.03m²（上平洞圆形断面），属特大型断面。结构缝设 2 道止水，施工缝设 1 道橡胶止水，渐变段由方形渐变为圆形，为异形结构，模板设计与制作等要求高，难度大。

2. 施工干扰大　4 条引水上平洞混凝土衬砌与上游进水塔混凝土施工和下游引水斜井滑模前期准备同步，且上平洞及斜井均未设支洞，干扰大，安全压力大。

3. 工期紧　4 条引水上平洞衬砌钢筋 797.64t，混凝土设计量 15774m³，需在绝对工期 4 个月内完成，浇筑强度高。

（二）衬砌混凝土施工方案

4 条引水上平洞洞长均较短，若各制作 1 台大断面台车显然不经济。若制作 1 台或 2 台，无法保证 4 条洞平行施工，且在与进水塔混凝土施工干扰下，要短时间内在各隧洞间频繁转移和拆装，工期不占优势，不经济，也不安全。经比较，决定渐变段采用全断面满堂架立模，圆洞段底板样架翻模、边顶拱简易台车底座和底座上方搭设钢管满堂架衬砌施工。

1. 分块、分层　渐变段纵向按每 9m 分 2 块，每块按底板 1 层、边墙 2 层及顶拱 1 层 4 层浇筑。圆洞段纵向按每 10.5m 分块浇筑，每块分 2 层，先浇 120°底拱，再浇 240°边顶拱。

2. 模板选型与施工　渐变段为异形结构，采用现场制作木模，并按部位依次分块编号。圆洞段弧形钢模板在专业模板厂定制，采用 70cm×150cm 及 70cm×75cm 组合安装，面板厚 3mm，封头模板均采用木模。要点如下：

（1）渐变段用木模及槽钢围檩、ϕ48 钢管满堂架（可调支架）支撑，分 4 层立模浇筑。

（2）圆洞段底板施工时，先安装 ϕ25 支模架立筋及 ϕ20 拉条锚筋，架立筋在浇筑前可支撑模体。再安装定制弧形钢模板，并用并排双支［10a 槽钢围檩加固，同圈各段围檩间通过端头接点板及螺栓连接。用纵向钢管蝴蝶扣紧压和固定围檩及模体，蝴蝶扣螺杆通过中间丝扣套筒及 ϕ14 拉条筋与锚筋对拉，套筒紧贴模板面。底拱 24°范围内（内弧长约 2.5m）采取无模施工，并架设弧形抹面样架（ϕ48 钢管制作），样架两侧端头节点板与槽钢围檩端头节点板通过螺栓对接固定。底拱立模见图 1。

（3）圆洞段边顶拱浇筑前，在底板中心线两侧 45°处各预埋一排定位锥。定位锥纵向间距 1.5m，通过中间锥形套筒连接混凝土内预埋螺杆及混凝土外部螺帽杆，定位锥套筒紧贴底拱模板面，顶拱排架移位后先旋出螺帽杆再取出套筒重复利用。定位锥用于固定轨道底座（16mm 厚钢板制作），底座上安装纵向轨道。每块边顶拱浇筑块纵向长 10.5m，简易台车两侧各装 3 个行走轮，两侧行走轮通过上方纵梁连成整体。纵梁由并排双支［20a 槽钢组成，再在两侧纵梁上按 1m 间距铺设 25a 工字钢横梁。横梁通过节点板螺栓与纵梁连接。

行走系统及纵、横梁组成上平洞圆洞段边顶拱立模排架基座，基座上搭设满堂架并通过可调螺杆和桁架围檩（ϕ48 钢管）加固边顶拱模板（见图 2）。横梁下方最大净高约 2.5m，可供人员及小型机械通行，能减少上平洞顶拱混凝土施工对下游斜井滑模准备工作的影响。2 侧模板各留 2 排下料孔，每排 3 个，顶

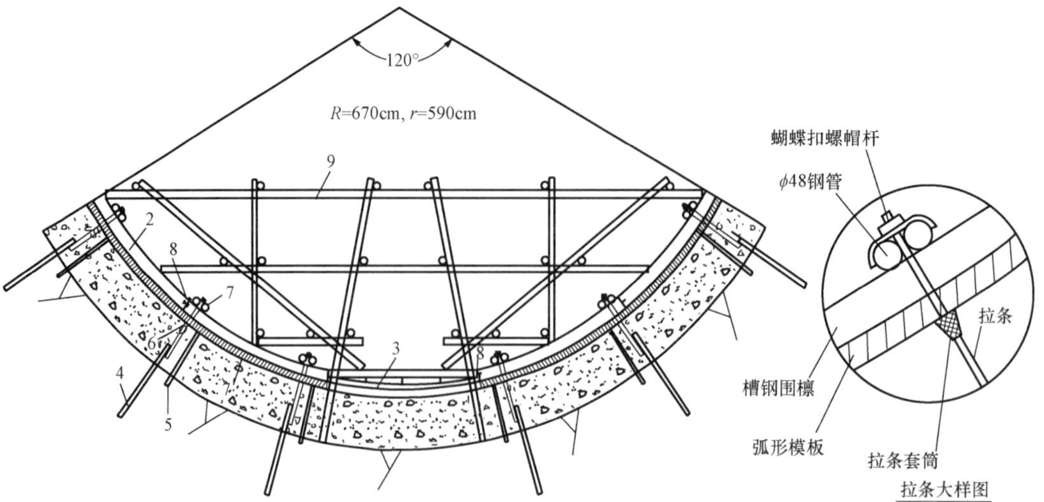

图 1　上平洞圆形洞段底拱立模图

1—定制弧形钢模板；2—槽钢围攮；3—底拱抹面弧形样架；4—拉条插筋；5—支模架立筋；6—拉条丝扣套筒；7—拉条蝴蝶扣；8—槽钢围擦节点板；9—底板混凝土浇筑施工平台

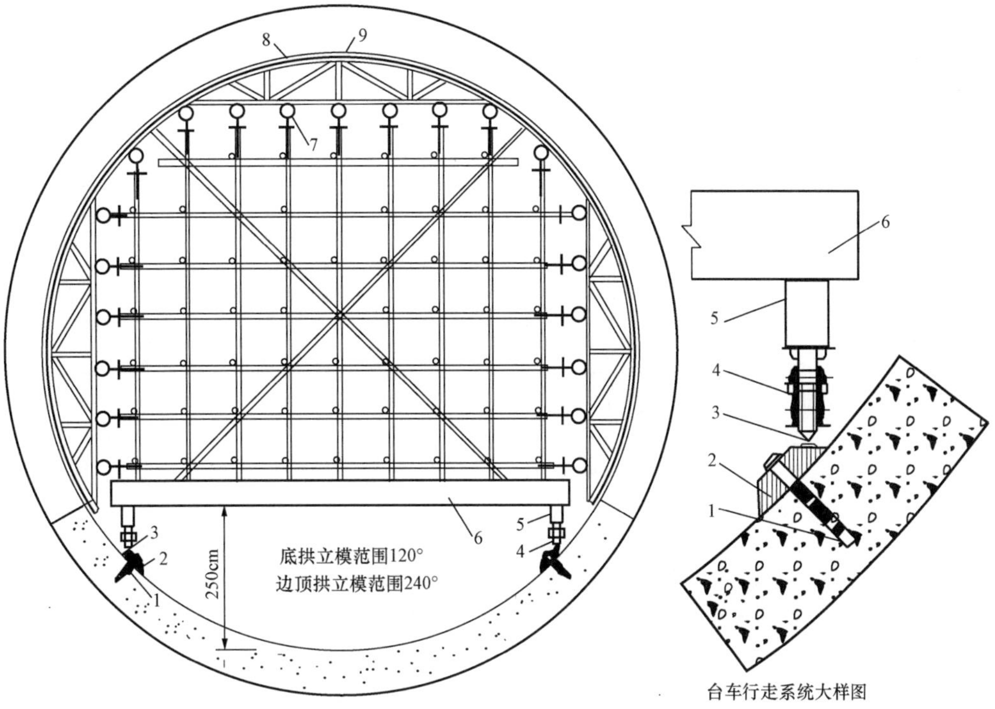

图 2 上平洞圆形洞段边顶拱立模图

1—预埋定位锥；2—轨道底座；3—行走轨道；4—行走轮；5—纵向底梁；6—横向底梁；7—排架调节螺杆；8—围檩桁架；9—定制弧形钢模板

拱沿纵向设 3 个“冲天孔”送料口。排架台车移动时利用设在进水口的 5t 卷扬机牵引就位，就位后用人工微调移动。

3. 混凝土施工　上平洞衬砌混凝土采用 $9m^3$ 混凝土搅拌车运输，HBT60 混凝土泵泵送入仓，ϕ50mm 及 ϕ70mm 插入式振捣器振捣。要点如下：

(1) 底拱混凝土自上游向下游跳仓浇筑，便于各工序错块施工，减少干扰。先采用退管法浇底拱中心线 24°范围内无模部位，宽约 2.5m。该部位混凝土振捣后，人工初平，再用刮尺贴紧弧形样架左右滑动，刮平表面混凝土，形成标准底拱过流弧面。混凝土初凝前，人工抹面收光。底拱 120°范围内有模部位采取翻模施工，在混凝土初凝前拆除底拱无模样架，人工抹面收光。翻模施工前，对底拱无模部位混凝土覆盖养护毯或泡沫板进行表面保护，及时洒水养护，严禁直接踩踏。

(2) 边顶拱衬砌混凝土自下游向上游依次逐块浇筑。利用排架台车绑扎钢筋，根据情况 1 次连续绑多个浇筑块，再将台车返回逐块立模浇筑。边顶拱浇筑时，先从 2 侧模板预留孔下料，下料落差不超过 1.5m。2 侧均衡下料，浇筑高差不大于 30cm。待浇至最上一排下料孔底部时，及时封闭下料孔，并采取垂直法自浇筑块的下游端向上游端依次向“冲天孔”送料，直至顶拱全部浇筑完成。封顶时，混凝土输送泵用低速挡进行灌注，并随时注意灌注口的压力变化，避免模板变形或爆模。

4. 底拱混凝土表面修复　底拱拆模后，填充修复定位锥孔及拉条孔，确保外观质量。2 种孔均先用 M25（不低于 C25 混凝土强度）预缩砂浆填补，然后将孔口表面用磨板搓平，并与原结构面预留 1～2mm。预缩砂浆终凝后，用 42.5R 普通硅酸盐水泥与 42.5R 白水泥按 1∶1～1∶1.5 比例（视周边混凝土外观颜色而定）拌和均匀，加入按 1∶1 比例拌制的水与水玻璃混合液，拌成糊状水泥素浆，抹在预缩砂浆表面，反复压平、刮净。自然风干约 12h 后，用砂纸手工精磨或用电动角磨机配金刚石磨光片（或 220 目大理石抛光片）打磨。

（三）施工工期及效果

1～4 号引水上平洞底拱与边顶拱各分 34 仓，共 68 仓（未含渐变段 36 仓），仅用 4 个月的绝对工期浇筑完成，最高峰单洞底板平均每 2 天浇 1 仓，单洞边顶拱平均每 3 天浇 1 仓，平均浇筑强度为 $175m^3/d$。

（中国水利水电第十二工程局有限公司　冯友文）

溧阳抽水蓄能电站隧洞裸岩固结灌浆

溧阳抽水蓄能电站的上水库进/出水口形式为井式，由两座相互独立的塔式结构、隧洞段及交通桥组成。隧洞段自上至下分竖井段、弯肘段和渐变段3部分，1号隧洞轴线总长79.266m。竖井段开挖断面直径11m，高度23.205m；弯肘段立面上不等径、不同心，中心线半径为20.35m，轴线长度35.411m；弯肘段后接渐变段，长度为20.65m，末端渐缩为直径13.5m的圆形断面，与引水主洞相接（见图1）。隧洞段初期支护采用I20钢支撑＋锚杆＋挂网＋喷20cm厚C25混凝土。隧洞段永久衬砌全部采用42mm厚的压力钢管外包混凝土衬砌，竖井段衬砌后断面为直径9.2m的圆形。为减少压力钢管开孔，在钢衬施工前，利用锚喷支护的钢筋混凝土形成盖重，进行隧洞裸岩固结灌浆，再安装压力钢管和回填混凝土。

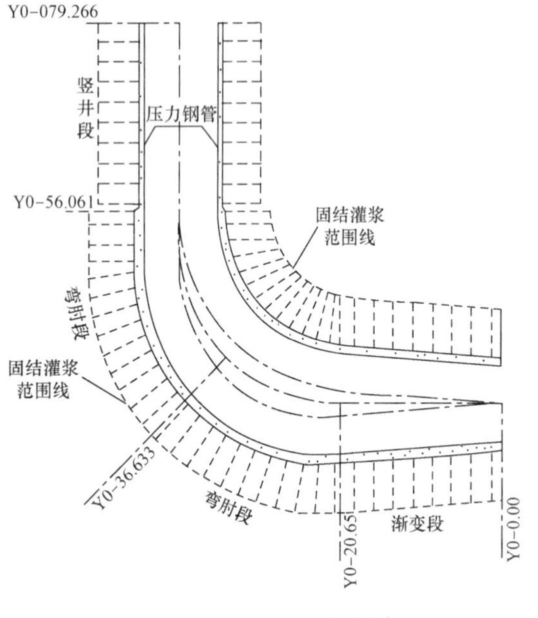

图1 1号隧洞纵剖面和固结灌浆孔布置图

（一）设计参数和质量控制标准

1. 设计参数 固结灌浆中，竖井段的第一段入岩1m，灌浆压力0.2～0.4MPa；第二段4m，灌浆压力0.8～1MPa。弯肘段和渐变段，第一段入岩1.5m，灌浆压力0.2～0.4MPa；第二段4.5m，灌浆压力0.8～1MPa。固结灌浆累计工程量为3964m。灌浆孔布置见图1。

2. 质量控制标准 质量检查以岩体弹性波波速测试为主、压水试验为辅。

岩体声波测试在灌浆结束后14d进行，其值作为检查主控指标，要求声波提高幅度为3%～5%，合格率85%以上。检查孔的数量不少于灌浆孔总数的5%。

固结灌浆压水试验检查宜在灌浆结束3d后进行，透水率值不大于1Lu。检查孔的数量不宜少于灌浆孔总数的5%。合格标准为85%以上试段的透水率不大于设计规定，其余试段的透水率不超过设计规定值的150%，且分布不集中。

（二）隧洞裸岩固结灌浆施工工艺

1. 施工顺序

（1）灌浆施工程序：抬动装置安装、灌前声波孔检测、灌浆孔钻灌、质量检查孔压水、灌后声波检测。

（2）灌浆孔施工顺序：根据单元工程划分和单元内排序和孔序划分，单元施工顺序为渐变段→弯肘段→竖井段；各单元内施工顺序为Ⅰ序排Ⅰ序孔→Ⅰ序排Ⅱ序孔→Ⅱ序排Ⅰ序孔→Ⅱ序排Ⅱ序孔，按环间分序、中间插人、环内逐渐加密的原则进行施工。

2. 施工工艺 隧洞固结灌浆搭设满堂红脚手架形成操作平台。固结灌浆采用纯压式分段阻塞灌浆，孔口循环方式。每段均安装射浆管，射浆管距孔底小于50cm。

（1）钻孔、冲洗：灌浆孔采用TY-28手风钻造孔，检查孔采用XY-2PC地质钻双套管钻取岩芯。钻孔冲洗水压力为灌浆压力的80%，用导管通入大流量水流冲洗，直至回水澄清。

（2）压水：灌前选取5%灌浆孔做单点法压水试验，压水压力为灌浆压力的80%。简易压水试验，在稳定的压力下，每5min测读一次压入流量，压水时间20min，取最后的流量值计算岩石透水率。

（3）制浆：集中制浆站统一制备0.5∶1的水泥浆，分别输送到各灌浆点双层搅拌桶上桶内，现场根据灌浆情况需要再配置成所需比级浆液。

（4）灌浆：灌浆先施工边排，后施工中间加密排，遵循环间分序、环内加密原则。环内由低向高分序钻灌施工。洞室断面按底板、边墙和顶拱分区，自下而上分序进行灌浆。环间按照先下游环，后上游环，再中间环进行。

固结灌浆采用分段成孔、分段灌浆、纯压式灌浆法施工。为防止岩石面或锚喷混凝土面抬动，固结灌浆1泵灌1孔。

固结灌浆采用4个比级浆液：2∶1、1∶1、0.7∶1、0.5∶1。当某比级浆液注入量达300L以上或灌注时间30min，灌浆压力和注入率均无显著改变时，换浓1级水灰比浆液灌注。

在设计压力下，注入率不大于 1L/min 时延续灌注 30min，灌浆结束。固结灌浆孔灌浆结束后用 0.5：1 的浆液封孔，底板孔采用导管注浆封孔法，边顶拱孔采用预埋灌浆管灌浆封孔法，灌浆封孔纯压时间不少于 30min。孔口干缩脱空部分用水泥砂浆封填密实。

（三）灌浆成果和效果检查

1. 水泥浆液　水泥采用 P.O42.5 普通硅酸盐水泥，检测合格后投入使用。浆液试验成果见表 1。

2. 固结灌浆成果　隧洞裸岩固结灌浆成果见表 2。

表 1　水泥浆液试验成果

水灰比		0.5：1	0.7：1	1：1	2：1
初凝时间（h：min）		7：00	8：46	11：00	13：53
终凝时间（h：min）		8：33	9：51	12：35	15：10
密度（g/cm^3）		1.8	1.62	1.47	1.28
流动度（mm）		129	194	260	309
析水率（%）		2	6	47	47
结石强度（MPa）	3d	18.8	7.2	6.2	3.8
	7d	26.4	10.9	9.7	6.9
	28d	35.1	16.9	14.7	10

表 2　隧洞裸岩固结灌浆成果

部位	灌浆次序	孔数	单位水泥注入量（kg/m）	单位注灰量频率［区间段数/频率（%）］					
				总段数	＜50	50～100	100～300	300～500	＞500
竖井段	Ⅰ	64	167.4	128	1/0.8	1/0.8	121/94.5	5/3.9	0/0
	Ⅱ	64	78.7	128	12/9.4	58/53.1	48/37.5	0/0	0/0
弯肘段	Ⅰ	213	194.3	426	21/4.9	63/14.8	280/65.8	50/11.7	12/2.8
	Ⅱ	213	115.0	426	105/24.6	107/25.1	169/39.7	42/9.9	3/0.7
渐变段	Ⅰ	64	204.3	128	0/0.0	16/12.5	107/83.6	3/2.3	2/1.6
	Ⅱ	64	150.1	128	19/14.8	30/23.4	65/50.8	14/10.9	0/0

3. 灌浆前后透水率变化　灌浆前透水率情况：竖井段Ⅰ、Ⅱ序孔 27 段中有 16 段为 5～15Lu，3 段为 15～30Lu，2 段为 30～50Lu，6 段大于 50Lu；弯肘段Ⅰ、Ⅱ序孔 42 段中有 7 段小于 5Lu，17 段为5～15Lu，8 段为 30～50Lu，10 段大于 50Lu；渐变段Ⅰ、Ⅱ序孔 61 段中有 22 段为 5～15Lu，6 段为 15～30Lu，9 段为 30～50Lu，24 段大于 50Lu。

灌后 5%检查孔透水率情况：竖井段 7 个检查孔平均透水率 0.68Lu，弯肘段 22 个检查孔平均透水率 0.47Lu，渐变段 8 个检查孔平均透水率 0.77Lu，均满足设计不大于 1Lu 的要求。

4. 物探检测情况　各段选取 5%的孔做了灌前灌后物探声波检测，检测结果见表 5。

由表 3 可见，声波提高的幅度大于 3%。

隧洞裸岩固结灌浆后，各检测指标均满足设计要求。

表 3　固结灌浆前后物探声波波速统计

部位	检测孔数（个）	波速最小值（m/s）		波速最大值（m/s）		波速平均值（m/s）		波速平均提高率（%）
		灌前	灌后	灌前	灌后	灌前	灌后	
竖井段	6	2941	3333	5882	5882	4132	4284	3.68
弯肘段	27	2740	3333	5882	5882	4660	4805	3.10
渐弯段	8	2857	3030	5714	5714	4208	4348	3.33

（中国水利水电第五工程局有限公司　潘福营）

苗家坝水电站空间弯管洞挖施工

（一）概况

苗家坝水电站位于白龙江下游，甘肃省文县境内，距下游已建碧口水电站 31.5km，为二等大（2）型。枢纽建筑物主要由混凝土面板堆石坝、溢洪洞、泄洪排沙洞、引水发电洞及岸边厂房等组成。电站总装机容量 240MW（3×80MW），水库正常蓄水位库容 2.68 亿 m^3。

电站采用 1 管 3 机引水，引水洞总长 317.69m，开挖断面为直径 10.2m 的圆形断面。引水洞由上平段、空间弯管段（桩号引 0＋121.27～引 0＋176.035）、斜井段（55°，长 38.455m）和下平段组成。洞内支护采用 ϕ25@2m×2m 锚杆，长 4.5m，外露 0.35m；挂网钢筋（ϕ6@15cm×15cm）；顶拱（240°范围）喷 10cmC20 混凝土，根据揭露围岩情况，设钢支撑支护。

引水洞进、出口段岩体受风化及层间挤压带影响，完整性较差，为Ⅳ类围岩。洞身段岩体结构相对较完整，为Ⅲ类围岩。洞室围岩厚度一般大于 50m，岩体由变质凝灰岩局部夹砂质泥质板岩组成，微～新鲜岩体致密坚硬，强度较高。岩体中断裂结构面较发育，出露断层主要有层间挤压带 f_{J67}、f_{J71}、f_{J75}、f_{J77}等。

（二）弯管施工方案选择

1. 施工难点　弯管施工难点：①弯管结构为空间三维螺旋形，其洞轴线在空间三维方向持续扭转变形，控制难度大；②弯管结构无法直接采用常规反井法出渣，施工条件差、工效低；③属发电关键项目，工期压力大；④弯管段右侧边顶范围岩体裂隙发育，断层张裂有次生泥质夹层。

2. 施工方案　若全断面正井法开挖，则出渣量大、功效低，进度慢且潜在安全隐患突出。考虑进度要求及降低成本，对空间弯管合理分区。上半段洞身开挖中按 12°坡度下卧，底板仰拱部位预留形成机械通行道路，反铲翻渣后直接装车利用上平段通道出渣。下半段洞身与斜井开挖一并组织，导井开挖后再刷井扩挖，采用反井法利用下平洞通道出渣。最后对死角部位及上部仰拱预留部分钻爆布孔，井身扩挖中跟进修整，确保开挖体型偏差受控并达到良好的外观效果，即雕刻式开挖处理。

（三）方案的实施

1. 空间弯管开挖措施

（1）分区、分层：开挖分上、下两部分进行。上部洞身段采用平洞开挖与正井法结合方式，划分为平洞开挖区、弯管下卧正井先峰槽区、上半幅边顶拱扩挖区、翻渣台阶的处理区、弯管上半幅光爆层。下部洞身开挖与斜井开挖同步组织，按导井、刷井、井身扩挖及上半幅扩挖、光爆区等分区，其中上部井身预留翻渣台阶利用导井出渣。

（2）利用设计提供的数据对爆破每个循环建立三维模型，进行布孔设计，在现场测量放样，并随时跟踪校位，进行分区、分层雕刻式爆破钻爆施工，使钻爆质量满足空间体型要求和施工质量控制要求。

2. 空间弯管上部洞身开挖

（1）开挖施工程序：雕刻式爆破模型设计→现场测量放样→分区分块钻孔→测量跟踪校位→分区控制爆破→反铲接力倒渣出渣→下一循环的爆破（见图 1）。

（2）弯管段与上平段衔接段开挖：衔接段采用上导洞短进尺开挖，下半幅底板扩挖按 12% 的坡比下卧，人工台车 YT28 型手风钻造孔（2.5m 循环），楔形掏槽，周边光面控制爆破，非电毫秒微差雷管起爆，PC330 型反铲装 20t 自卸汽车出渣。

（3）空间弯管上部下卧段开挖：衔接段施工完毕后，按 2m 分层正井法施工弯管段中部。为充分利用机械设备及加快出渣进度，每层钻爆预留约 4.5m 宽设备翻渣平台，所有台阶周边爆破的临空面均采用预裂或光爆控制，对预留部分采用小药量和光面爆破处理。通过反铲多次翻渣至上平段，再采用 PC330 型反铲装 20t 自卸汽车出渣。

下卧开挖及反铲接力翻渣是关键，考虑弯管段上半幅开挖中无法提供人员及设备必要的操作空间，为此在弯管扩挖中退让预留，优先中间断面下卧开挖，再利用下卧掌子面搭设专门钻孔异型平台，进行预留上半幅侧二次扩挖。为减少对围岩扰动及确保开挖体型，二次扩挖预留 60cm 厚光爆层，在每个循环扩挖完成后最终一次爆破成型。

开挖面降至高程 753.72m 时，具备了斜井导井作业条件，弯管开挖转入反井开挖阶段。对翻渣平台采用小药量保护层开挖，底部预留 60cm 采用光爆处理。为确保空间结构线形，爆后临空面周边采用控制爆破，光爆孔或预裂孔间距 30～40cm，保护层孔距按 50cm 控制。

3. 空间下部洞身段开挖

（1）斜井导井采用人工简易支撑架手风钻造孔（1.5m 循环），直孔掏槽，周边光面控制爆破，非电毫秒微差雷管起爆的由下到上井挖方法。现场配置 20m^3空压机不断向作业面供风，利于狭小的导井开挖作业面有效通风。

导井开挖设计断面为 2m×2m，并按 15m 间距在导井侧边设尺寸为 3m×2.5m×2m（长×宽×高）躲

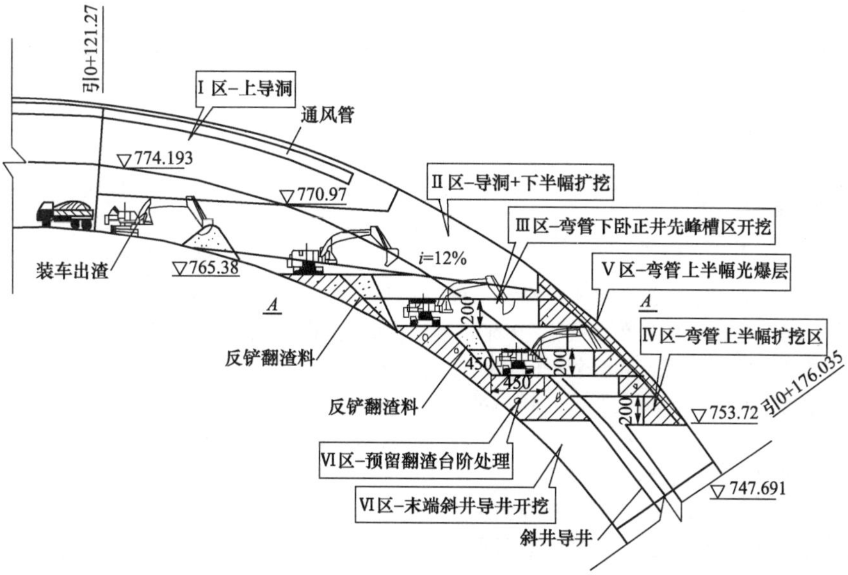

图 1 空间弯管开挖分区示意图

（高程单位：m，尺寸单位：cm）

洞。爆破及撬挖后，井壁喷 C20 混凝土 5cm 临时支护，同时利用锚杆加设通行扶手。导井开挖炮孔布置见图 2。图 2 中 MS1～MS13 为起爆段位，钻孔孔深 1.8m，预计循环进尺 1.5m，共 41 个孔，中部 4 个孔不装药。

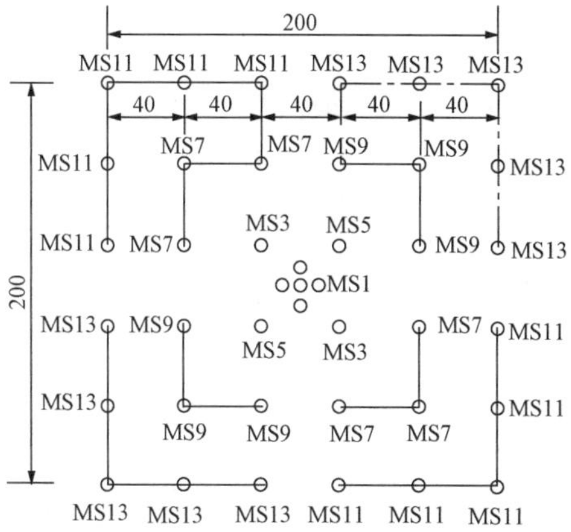

图 2 斜井导井开挖炮孔布置（单位：m）

斜井扩挖利用导井作溜渣通道。为防止 55°倾角的斜井溜渣时发生卡阻堵井，在合理加强扩挖炮孔密度同时，对导井进行刷井扩挖至 3.5m×3.5m 断面。溜渣道扩挖采用密孔光面爆破，喷 C20 混凝土 5cm 成型，插快凝注浆锚杆（直径 25mm，长 1.5m）。

（2）空间弯管扩挖（含斜井段）如用人工扒渣，进度不能满足要求。因此在分层爆破完成后，用 70 反铲扒渣。在上弯段设固定卷扬机，钻爆时卷扬机把反铲提升到上平段，出渣时用卷扬机把反铲送到工作面。提升作业中，使用台车 1 台（钢材 15t），5t 卷扬机 2 台，20t 滑轮组 3 对，$\phi22$ 高强钢丝 1000m，以及轨道、锚桩、倒链等辅助设施。

弯管扩挖在斜井导井开挖结束后，自上而下采用水平工作面进行。扩挖时采用 5 台 YT28 型手风钻钻孔，周边光面爆破，布孔孔向 52°～55°，孔深 2.44～2.52m。为避免导井堵塞及便于扒渣，孔距不大于 0.8m，排距不大于 0.7m，有效控制爆破后松渣粒径。爆破石渣用 70 反铲扒入导井内，反铲倒渣至下平段装自卸汽车出渣。

（3）开挖爆破中装药量在定额和设计基础上增加 1.5 倍，以控制渣料块径。其他防堵井的措施有：①扩大导井井口断面直径，增加 8cm 喷锚网；②撤除导井内一切设置、清理洞壁、挖除突出部位；③每茬炮后尽量出尽底部岩渣，爆破前用高压水冲走导井内残渣；④堵塞时水冲导井，或在安全前提下，人工辅助疏通导井；⑤发生堵塞时，用卷扬机将导井内预留细钢丝绳尾端的炸药包（不大于 1kg）拉至堵塞处，再电力起爆，松动堵塞岩石。

4. 洞身支护施工 洞身支护包括长 4.5m$\phi25$ 系统锚杆、间距 15cm$\phi6.5$ 挂网钢筋、喷厚 10cm C20 混凝土。在弯管不良地质段施工中，按“短进尺、弱爆破、勤量测、强支护”原则，采取增加随机锚杆及 I18 工字钢拱架处理。钢拱架在初喷 5cm 后架立，榀间焊接纵向连接筋，段间用螺栓连接。

（四）施工设备配置

主要的施工设备有：手风钻、钻爆台车、风镐、液压反铲、装载机、自卸汽车、卷扬机、轴流风机、混凝土喷射机、空气压缩机、潜水泵、拌和机等50多台套。

（中国水利水电第五工程局有限公司　张正勇）

敞开式盾构法在南水北调隧洞中的应用

退水洞工程位于穿黄隧洞下游，是中线穿黄工程项目的重要分部工程。它的作用是在穿黄隧洞检修期间，将总干渠多余水量排往黄河，同时兼有向黄河补水的功能。退水洞全长790m，进口底板高程110.5m，出口底板高程94.0m，纵坡为2.09%。隧洞衬砌后断面为带仰拱的城门洞形，洞高5.80m，洞宽4.20m，隧洞埋深46～81m，边、顶拱混凝土衬砌厚度50cm，底板混凝土衬砌厚度为60cm。退水洞断面见图1。地层为冲积层黄土状粉质壤土、古土壤和粉质壤土层，相间层状分布，地下水位高于洞底板29.5m，土体大部呈软塑状。

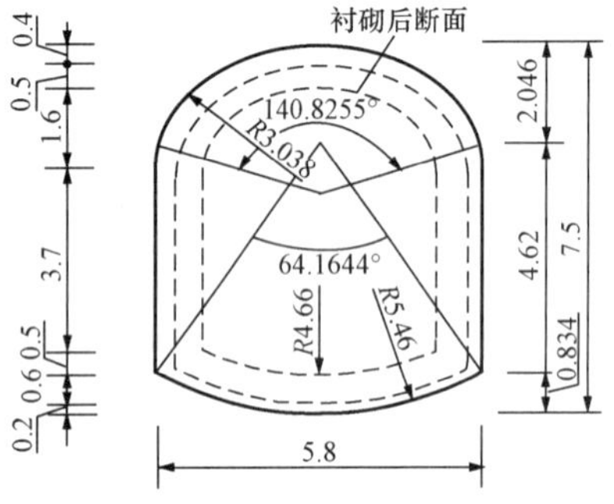

图1　退水洞断面图（单位：m）

（一）盾构法施工可行性分析

退水洞工程开工以来，因地下水位高、围土力学性能差等原因，洞身开挖多次发生较大的支护变形和严重塌方，施工进展缓慢。为此拟研究应用“盾构法”施工。

1. 原施工方法　退水洞洞室开挖先后采用台阶法、双侧壁下导洞法、全断面注浆加大管棚法。

主要的施工方法：洞室采用分部台阶法开挖，一次支护采用锚杆超前支护＋钢拱架＋钢筋网片＋喷混凝土。特殊洞段在管棚或小导管注浆超前支护下施工。

2. 施工方法变更的必要性　隧洞进口端地下水位与洞顶相平，出口端水位高于洞顶约7～13.5m。尽管洞外采取深井降水等措施，地下水位下降极其缓慢，不能满足开挖需要。

在地下水位高于洞顶情况下，原开挖方法土体不能及时封闭，即使有管棚支护，在地下水作用下，顶拱土体发生渗透破坏、坍塌，进而形成空腔和流泥，使坍塌向上部发展，造成支护结构荷载增大失稳破坏。

3. 盾构法可行性分析　盾构法能承受周围地层的压力，盾构机可从根本上解决开挖中黄土层临空后产生坍塌、土压力增大等问题，在国内高地下水位黄土隧洞中已成功应用。

盾构施工需具备的条件是：①线位上允许建造用于盾构机进出洞和出渣进料的工作井；②隧道要有足够的埋深，覆土深度不小于6m；③相对均质的地质条件。退水洞现有条件均可满足盾构要求。退水洞进出口已建成，对现有洞室局部适当扩挖，可作为盾构机组装场地，开挖渣土通过进口运出，不必另设工作井，采用敞开式盾构法施工技术上可行。

（二）盾构方案及比较

1. 钢桁架顶进方案　本方案以现有隧洞断面为基础设计，开挖掌子面布置开敞式盾构机，盾壳内组装工字钢，并与后部已喷护支撑用钢结构连接，盾构机顶进时，以完成的永久混凝土衬砌为受力点，在盾尾与混凝土衬砌间设置组装的钢桁架传力结构，盾构机顶进1幅后，液压千斤顶回缩，在千斤顶背后安装下一榀钢桁架，随后出土。盾构机向前顶进1幅，盾尾围土出露后即喷射混凝土封闭。盾构机本身是封闭的钢壳体，可有效限制围土变形，而盾尾围土出露后在短时间内实现封闭，对控制超挖、避免土体扰动都有积极作用。

当顶进长度达到10m，停止隧洞开挖，拆除盾构机后钢桁架，进行底板及边墙混凝土衬砌，混凝土浇筑成型3d后可恢复开挖，顶拱混凝土衬砌可与前方开挖支护平行进行。

2. 混凝土管片顶进方案　本方案接近于常规盾构施工，盾构机挖掘圆形隧道截面并采用混凝土管片作为临时支撑，在圆形隧道截面内浇筑出原设计的拱形截面。洞身调整为圆形后，受力条件有较大改善，辅以管片支护，洞身稳定性好，可连续掘进较长距离。管片预制，需新建管片厂、蒸养窑等设施，采购管片模具、机械手等专用设备，工程前期投资大。混凝土管片顶进方案见图2。

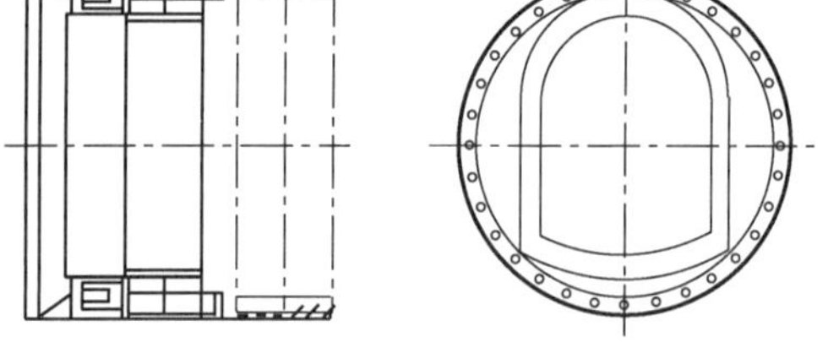

图2　混凝土管片顶进示意图

3. 方案比较　混凝土管片顶进工期较钢桁架顶进节约2.5个月。钢桁架方案需148.5万元用于盾构机制作及组装；混凝土管片方案需849万元用于盾构机制作组装及管片生产。钢桁架顶进尽管效率略低，但顶进不改变现有断面、可操作性强、成本低，经济合理。

（三）纠偏、稳定措施及工程效果

（1）纠偏措施：①合理布置液压推进器，密切注意推进工作面切口土质、空隙等边界条件变化，适时进行调控。②定期测量检查，发现偏差趋势，分析原因、偏量，确定推进纠偏方案。③优化每循环推进次数，控制推进偏差值，及时调整液压缸推进状态。④安装红外指向仪，随时量测盾构推进方位。

（2）稳定措施：①施工前探测地面空洞，分析并加固处理地质空洞区。②保持盾构连续推进，如出现停滞，及时采取喷射混凝土封闭、钢支撑加固等措施，防止坍塌。③施工中如掌子面出现小范围塌方，对掌子面进行喷浆封闭，然后对塌方部位注浆处理。④施工中如掌子面出现大范围塌方，洞内紧急喷浆封闭，迅速注浆，防止塌方扩大波及地面安全。

（3）退水洞进口采用敞开式盾构法，出口采用全断面高压注浆超前加固加大管棚超前支护矿山法。事实证明，敞开式盾构法行之有效，洞挖进度由原来每月不足3m增加到15m。

（中国水利水电第十一工程局有限公司　巩　富）

黑麋峰抽水蓄能电站地下输水发电系统施工

（一）概况

黑麋峰抽水蓄能电站位于湖南省望城县桥驿镇境内，上水库位于黑麋峰森林公园内，下水库位于杨桥东侧湖溪冲冲沟内。工程枢纽由上水库、输水发电系统和下水库组成，安装4台单机容量为300MW的可逆式水轮水泵机组，总装机1200MW，为一等大（1）型工程。

输水发电系统由输水系统和地下厂房组成，包括上水库进出水口、上平主洞、斜井段、下平主洞、下平支洞、尾水洞、下水库进出水口等输水建筑物，以及主厂房、主变洞、母线洞、出线兼排风洞、开关站及地面副厂房等建筑物。

引水系统为1洞2机式引水，由上水库进出水口、2条引水主洞和4条引水支洞组成。引水主洞分为上平主洞、斜井段及下平主洞3段，开挖断面为圆形，开挖直径9.9m，斜井倾角50°，开挖高度约330m，钢筋混凝土衬砌，衬砌厚度0.7m；引水支洞开挖直径6.7m，钢管衬砌，衬砌厚度0.7m。

地下厂房长136m，其中主厂房长95m，安装场长41m。厂房岩锚梁以上最大开挖宽度27m，顶拱开挖高程53.40m，肘管底板开挖高程0.70m，最大开挖高度52.70m。厂房顶拱与边墙用喷锚支护。主变洞尺寸为131.00m×20.00m×19.50m（长×宽×高），顶拱和边墙用喷锚支护。

尾水系统由4条尾水洞及下水库进出水口组成。尾水洞断面为圆形，开挖直径7.40m，衬砌厚度0.70m。下水库进出水口布置在下水库内，底板开挖高程56.50m。

工程区山体雄厚，主厂房洞室埋深180～230m，围岩以微风化～新鲜二长花岗岩为主，少量花岗伟晶岩脉，完整性较好，部分地段较破碎，节理裂隙较发育，且有NEE向陡倾角断层F_{61}与厂房轴线大角度相交穿过安装间。围岩以$Ⅱ_2$类为主，局部$Ⅲ_1$～$Ⅲ_2$或$Ⅳ_2$～$Ⅴ_1$类。

输水发电系统土石明挖306.27万m^3，石方洞挖72.56万m^3，混凝土22.28万m^3。

工程于2005年4月开工，首台机组2009年5月发电，第4台机组于2010年2月发电。开工到第1台机组发电工期4年，总工期4年6个月。

（二）施工通道布置

在满足工程施工要求前提下，施工支洞考虑与永久洞室结合，利用进厂交通洞和厂房底部送风洞作为施工主要通道，另规划5条施工支洞。施工支洞均采用城门洞形，净断面尺寸为7.0m×6.5m（宽×高）。施工支洞特性见表1。

（三）施工程序及施工方法

1. 地下厂房系统　分主厂房、主变洞、母线洞、交通联系洞及厂用设备洞、送风洞及送风机房、排水廊道、电缆竖井及排烟洞、地面副厂房和开关站等9个部分施工。

主厂房开挖分6层，先开挖顶拱第Ⅰ层并永久支护，再开挖支护第Ⅱ层，然后施工岩锚吊车梁。在岩锚梁混凝土浇筑前对第Ⅲ层进行边墙预裂，待混凝土达到设计强度后，再开挖Ⅲ～Ⅵ层。岩锚梁混凝土达到设计强度前，其临近洞室，特别是主变洞，应控制爆破作业。第Ⅵ层在尾水下平洞开挖到位后，提前开挖。开挖完成后浇筑主厂房一、二期混凝土，利用共轨布置在主桥机轨道上的1台10t临时桥机完成浇筑。再安装机电设备。

主变洞分3层按序开挖支护，开挖支护完成后，衬砌混凝土和安装主变设备。

母线洞、设备廊道分2层开挖支护，均从主变洞往厂房方向施工，尽量不干扰主厂房施工。电缆竖井导井开挖采用LM200型反井钻，混凝土采用滑模施工。

表 1 施工通道的特性

支洞编号	宽×高（m）	起终点高程（m）	洞长（m）	最大纵坡（%）	承担施工的主要部位
①施工支洞	7.0×6.5	59.70～44.70	390.00	9.00	厂房Ⅰ、Ⅱ层施工
②施工支洞	7.0×7.8	47.70～43.20	89.29	9.00	主变洞顶部施工
③施工支洞	7.0×6.5	30.50～2.00	374.58	7.62	厂房Ⅵ层、尾水系统施工
④施工支洞	7.0×6.5	16.00～10.05	376.71	1.84	引水斜井段和下平段、厂房Ⅴ层施工、钢管运输
⑤施工支洞	7.0×6.5	385.00～349.30	607.50	5.88	上平洞施工
进厂交通洞	7.5×7.0	88.00～30.50	996.47	7.00	主厂房中下部、主变洞中下部、引水斜井段和下平段尾水系统

2. 引水系统及上水库进出水口　该系统分进水口、上平洞段、斜井段、下平洞段、高压岔洞、高压钢衬输水支洞段等 6 部分施工。

引水系统先施工④和⑤施工支洞。⑤施工支洞、上平洞段、渐变段、闸前段、闸门井等用手风钻钻爆开挖。闸门井混凝土采用滑模施工。渐变段、闸前段、闸门井开挖，以⑤施工支洞、上平洞为施工通道。上库进出水口混凝土垂直运输用 1 台 320tm 塔机。

下平洞段、高压岔洞中部使用三臂台车钻爆开挖，高压钢衬输水支洞段用手风钻钻爆开挖。待下平洞完成后再开挖引水斜井段。斜井段导井下部 230m 用 ALIMARK 爬罐反井开挖，上部约 191m 用 LM300 型反井钻施工。先自上而下钻 ϕ244mm 导孔，再自下而上扩成 ϕ140cm 导井。引水斜井混凝土衬砌采用滑模施工，用自制灌浆台车灌浆。

下平洞段、高压岔洞、高压钢衬输水支洞段，先制作安装高压钢衬和回填混凝土，再衬砌高压岔洞、下平洞段的混凝土。

上游输水系统的上平段、斜井的主要施工通道为⑤施工支洞。⑤施工支洞洞口高程 385m，超过上水库死水位 376.50m 高程，需修一条从上水库库岸至⑤施工支洞洞口的道路，保证⑤施工支洞在上水库蓄水后能正常使用。

3. 尾水系统下库进出水口　分下平段、斜井段和下库进出水口段 3 部分施工。

尾水系统下平洞、斜井段施工以进厂交通洞、③施工支洞作为通道。进场后先完成③施工支洞的开挖支护，再开挖尾水下平洞，同时为主厂房第Ⅵ层施工创造条件。尾水系统下平洞采用 3 臂台车钻爆开挖，斜井导井采用 LM200 型反井钻开挖。

下库进出水口明挖完成后，开挖尾水上平洞和渐变段，再开挖尾水斜井，同时开挖闸门竖井段。尾水上平洞采用三臂台车钻爆开挖，闸门竖井导井采用 LM200 型反井钻开挖。

尾水系统全部开挖完成后再安装钢管和浇筑混凝土。尾水斜井及下平洞采用钢模台车衬砌混凝土，闸门井采用滑模浇筑混凝土。下库进出水口采用 540tm 门机垂直运输混凝土。

（四）主要施工技术创新

（1）地下厂房于 2005 年 4 月 28 日开始顶拱开挖，2006 年 7 月 15 日开挖结束，施工总工期 14.5 个月，创同等规模地下厂房开挖速度的国内新纪录。

（2）引水斜井扩挖施工中，自 2007 年 10 月 16 日至 2007 年 11 月 15 日（30d），完成斜井引水扩挖月度进尺 96m，创同等规模“大直径、陡倾角、长斜井、中间未设施工支洞”的单段开挖长度最长国内斜井施工新纪录。

（3）引水 2 号斜井混凝土衬砌滑模施工，自 2008 年 6 月 23 日至 2008 年 7 月 22 日（30d），月完成滑升 203.5m，创同等规模“大直径（衬砌后洞径为 8.5m）、陡倾角、长斜井”滑模月滑升速度最快的国内新纪录。

（4）国内高压岔管设计首次采用钢筋混凝土岔管。岔管设在 F_{15} 和 F_{47} 两断层间，F_{15} 断层接近岔洞分岔点，规模较大，切割岔洞分岔点上游 5～15m 的岩体，破碎带及影响带宽约 8～18m，岩体为 $Ⅳ_2$～$Ⅴ_2$ 类。断层部位的围岩稳定、岩体承载力、沿 F_{15} 断层产生水力劈裂和渗透变形破坏的可能性等问题突出。因此，设计要求对 F_{15} 断层开挖置换混凝土，对钢筋混凝土岔管、F_{15}、F_{51} 断层均采用超细水泥一化学复合高压灌浆处理。复合高压灌浆采用孔内循环灌浆工艺，最大灌浆压力 6MPa。灌浆前后压水试验、声波检测、弹模检测，灌后检查孔取芯等结果表明，断层经高压复合灌浆处理后达到了预期效果。1号、2号引水流道均一次充水成功，充水时各项监测数据正常，渗漏量分别为0.95L/s和0.52L/s。

（中国电建集团中南勘测设计研究院有限公司 宗传阳 王福初）

防 渗 施 工

旁多水利枢纽工程深厚覆盖层防渗墙施工质量控制

（一）概况

旁多水利枢纽工程地处西藏自治区拉萨河流域中游，大坝坝顶高程4100.00m。该工程的防渗墙是目前我国施工规模最大、墙体最深的地下连续墙之一。防渗墙轴线长1085.2m，墙厚1.0m，孔斜率小于0.3%，A区和B区28d混凝土抗压强度分别不小于20、30MPa，墙深由原设计120m加深到158.47m，成墙面积12.5万m^2，最大试验孔深201.3m。旁多防渗墙施工具有高寒缺氧、覆盖层深厚、工程量大、难度大等特点。

（二）施工质量控制

旁多防渗墙分两期施工，Ⅰ期槽段长4m，Ⅱ期槽段长7m。采用“钻抓法”与“钻劈法”结合成槽。

1.孔斜质量控制　造孔时极易发生孔斜超标，需采用各种方法控制孔斜。

主孔（导向孔）钻进时采用“重钻头、低冲程”方法控制孔斜，即加大冲击钻机钻头的质量、减少钻机冲程。副孔施工前，为防止漂石块落入主孔，在主孔下部回填5～10m黏土，上部回填砂壤土，并留有10～15m空孔。

造孔时勤监测，出现偏差及时修孔，确保成孔孔型、孔斜合格。抓斗安装自动纠偏装置，操作人员随时监测显示屏上孔深、孔斜，如孔斜超标，即用自动纠偏装置及时处理。采用重锤法测量槽孔斜度，特殊情况下采用超声波测井仪辅助测量。

2.入岩质量控制　岩样是防渗墙墙体嵌入基岩的主要依据。控制措施如下：

（1）及时做好入岩基岩鉴定，当主孔深度接近设计基岩面1m时，每50cm取样1次，入岩后每30cm取样1次。对存在大孤石的部位或对基岩面难以辨别时，采用岩芯钻机取岩样。

（2）使用“燕尾锤”和“方锤”等重锤凿除深槽孔内“小墙”。

（3）陡坡岩面使用台阶形底面入岩方式，减少安全隐患，控制入岩深度。

3.泥浆护壁和清孔质量控制　超深防渗墙孔底沉淀多，下设灌浆预埋管、接头管、导管等耗时长，清孔质量难以保证。清孔中既不能简单加长时间，也不能轻易提高抽吸功率，以免影响槽孔壁稳定。控制措施如下：

（1）护壁泥浆采用悬浮岩屑能力强的新型MMH正电胶泥浆，可使泥浆中岩屑在数十小时内不下沉或极少下沉，确保墙体质量。

（2）新制膨润土泥浆存放24h，经充分水化后使用。经净化处理的泥浆使用前须测试。

（3）用气举法清孔，ZX-200型泥浆净化装置净化泥浆。第1次在终孔验收时清孔，第2次在接头管下设后进行。清孔换浆结束后1h，抽取槽孔底部和中部泥浆进行检测，孔内泥浆的验收标准：密度不大于1.15g/cm^3、马氏漏斗黏度不小于32s，含砂量不大于6%。

（4）二期槽清孔前，用专用接头刷刷洗接头不少于50次，直到刷子不带泥屑。

4.墙体连接质量控制　防渗墙连接采用接头管法。拔管时需准确把握混凝土流动和初凝时间，对起拔地基的承载能力要做安全评估。控制措施如下：

（1）拔管架和液压站就位前，用垫板调平垫梁，拔管架中心对准接头管中心。

（2）接头管下设前，根据孔形图分析可能影响接头管下设、起拔的部位。也要检查接头管底阀、孔底淤积、接头管接头卡块和盖等是否正常，并在接头管外表面涂抹脱模剂。

（3）下设过程中复查接头管浮箱接头和外观是否开焊、损毁，若发现异常及时更换。有钢筋笼或预埋件的槽孔，槽孔两端接头管交替下设。下设时接头管要能转动，如不能转动或被卡时停止下设，并及时处理。下设至孔底后启动液压站，活动接头管，记录初始起拔压力，并将接头管上提50cm。

（4）根据现场情况，结合取样混凝土，确定最佳拔管时间范围。根据混凝土浇筑速度和初凝时间逐节起拔。接头管起拔结束后，用钻机对接头孔进行扫孔。

(5) 为防止起拔后下部混凝土坍塌，正常起拔压力下，接头管在混凝土中的安全埋深控制在30～40m。即使低于拔管安全压力，接头管埋入混凝土深度也应控制在40m以内。

5. 导管和预埋管下设过程控制　深槽孔的导管和预埋管的下设管体长，承受泥浆、混凝土产生的侧压力大，对管体垂直度、密封性等要求高。控制措施如下：

(1) 下设前槽孔及孔内泥浆需满足技术要求。

(2) 预埋管下设完毕后在孔口固定牢靠，防止浇筑过程中上浮和下沉。

(3) 导管下设前检查焊缝和密封圈等的完好性，每套导管浇筑3个槽孔后对导管做检查和试验，不合格的导管要更换。配置导管时做好记录。严禁强行下设导管。

(4) 槽孔底部高差大于250mm时，导管布置在其控制范围最低处。如因存在陡坡使导管未能设在控制范围最低处时，需增加一套导管，待相邻导管满足开浇条件后拔出此导管。

(5) 导管下设完毕后先将尾管沉到孔底，再将导管底口提到距槽底1.5倍球径处，确保第一次连续浇筑的混凝土能埋住导管底口。

6. 混凝土浇筑质量控制　超深防渗墙混凝土浇筑时间长，容易堵管。控制措施如下：

(1) 混凝土开浇前孔内泥浆性能和孔底沉渣必须满足设计和规范要求。

(2) 确保水泥、粉煤灰、减水剂的质量，不使用过期原材料。按配合比配置混凝土。

(3) 及时对现场骨料翻晒和入库保温，确保骨料无冻结。冬季确保证混凝土入仓温度不低于8℃。

(4) 必须预备两车（$16m^3$）混凝土才允许开浇。和易性不合格的混凝土不得浇筑。浇筑应连续匀速放料，保证浇筑不中断，要控制导管埋入混凝土的深度和上升速度。

(5) 在槽口随机取样，检测混凝土坍落度和扩散度，并按取样制作试件，在达到28、180d龄期后分别进行抗压、抗渗和弹模试验。

(6) 及时准确地测量混凝土面深度。混凝土面距孔口4m时，改用底部带小抽筒的钢管测量混凝土面。

7. 墙体质量检查　防渗墙成墙28d后对其接头和墙体进行钻孔取芯、压水试验和无损检测等检查。

(1) 沿墙体轴线布置检查孔（骑缝孔和墙体孔）。在深墙内预埋检查孔管，对下部墙体钻孔取芯检查。取出的混凝土芯样，进行抗压强度、抗渗性能和弹性模量试验。

(2) 钻孔取芯作业中，钻进一定深度后封闭孔口进行孔内压水试验。

(3) 在接头两侧的预埋管中下设无损检测探头，检查墙体和接头质量。

(4) 用风、水轮换冲洗检查孔，验收合格后用水泥浆按机械压浆封孔法进行封孔。

（中国水电基础局有限公司　方浩）

"自上而下，钻灌一体，高压冲挤"灌浆方法

(一) 工法原理

"自上而下，钻灌一体，高压冲挤"是一种新的灌浆工法，该工法钻孔采用一种特制的螺旋管或长圆管组成的高压冲挤灌浆钻具，用灌浆液（纯水泥或水泥黏土稳定浆液）作为钻孔冲洗液。钻孔中，通过往复脉动高压灌浆泵向孔底压入浆液，在孔内特制钻灌机具局部封阻作用下，瞬间产生一定的脉冲灌浆压力，随钻随灌，钻灌一体。钻灌过程中按自上而下每钻灌0.5～1.0m后，上提冲挤灌浆钻具一个间隔段，进行孔口封闭与回浆压力控制，进一步按规定的灌浆控制标准对间隔段实施高压冲挤灌浆。

此工法较常规灌浆工艺简便快捷、浆材可控，灌浆均一、经济环保。可根据不同的工程要求，采用不同的孔排距，达到理想的灌浆质量效果。

(二) 适用范围与工法特点

"自上而下，钻灌一体，高压冲挤"灌浆工法适用于对结构松散、软弱、破碎等不良地质体的地基加固与防渗灌浆。其主要特点为：

1. 钻灌一体，护灌结合　该工法把钻孔、灌浆、护壁合为一体，钻孔时使用稳定浆液作为冲洗液，浆液采用一种往复式脉动高压灌浆泵压入孔底，配合孔底螺旋管或长圆管组成的高压冲挤灌浆钻具局部瞬间封阻效应，自上而下、随钻随灌。

2. 小段原位，间隔灌注　该工法钻灌施工按自上而下每隔0.5～1.0m后，上提钻灌机具，进行孔口封闭，控制孔口回浆压力，对间隔段进一步按规定的灌浆控制标准进行灌浆，依次自上而下，小段原位对松软破碎地层实施连续有效灌注。

3. 脉动高压，有效可控　灌浆采用一种往复脉动高压灌浆泵，借助浆液脉冲作用与出浆口上下封阻"拥堵效应"，产生一种脉动式瞬间冲挤高压，达到对地层实施有效可控、高压冲挤、劈楔压渗灌注。

(三) 主要技术参数

(1) 根据工程需要进行钻灌布孔，孔间距一般为1～1.5m，单排或多排布置。钻灌可分Ⅱ或分Ⅲ序进

行，按Ⅰ序、Ⅱ序、Ⅲ序分序施灌。

（2）间隔段灌浆回浆压力根据上部以灌浆段不产生二次重复劈裂进行控制。灌浆间隔分段与灌浆压力见表1。

表1　灌浆间隔分段与压力控制表

<table>
<tr><td>孔序</td><td colspan="2">Ⅰ序</td><td colspan="2">Ⅱ序</td><td colspan="2">Ⅲ序</td></tr>
<tr><td>灌浆间隔(m)</td><td colspan="6">0.5～1.0</td></tr>
<tr><td>脉冲浆量(L/冲次)</td><td colspan="6">1～5</td></tr>
<tr><td rowspan="2">控制压力(MPa)</td><td>进浆</td><td>回浆</td><td>进浆</td><td>回浆</td><td>进浆</td><td>回浆</td></tr>
<tr><td>>1.5</td><td><0.5</td><td>>2.0</td><td><1.0</td><td>>2.5</td><td><1.5</td></tr>
</table>

（3）灌浆材料采用纯水泥稳定浆液或水泥黏土稳定浆液。纯水泥稳定浆液水灰比为0.7∶1～0.8∶1，水泥黏土稳定浆液水固比为0.8∶1～0.9∶1，灰土比1∶1～0.5∶1。

（四）灌浆工艺

1. 钻孔

（1）钻灌一体所用钻机宜采用全液压动力头式地质回转钻机或普通地质回转钻机。孔内高压冲挤钻具长度不小于5m，可根据地层条件选用合金钻头、复合片钻头、金刚石钻头。

（2）钻孔开孔孔径ϕ91mm，穿过底板混凝土或找平混凝土进入灌浆地层0.5～1.0m后，下入ϕ89mm孔口管，便于灌浆作业时孔口封闭。孔口管用0.5∶1浓浆镶铸，镶铸后待凝3d。

（3）灌浆钻孔一般采用ϕ75mm孔径一径到底。

2. 灌浆控制

（1）浆液变换与控制：①灌浆过程中严控浆液性能，并适时进行调整；②钻灌过程中，浆液在孔口沉淀处理后回收循环使用；③钻灌中，适时检查与确认浆液性能，浆液接近初凝前进行弃浆处理。纯水泥浆液弃浆时间不大于4h，水泥黏土浆液弃浆时间不大于6h。

（2）灌浆压力控制：①钻灌中进浆压力不小于2MPa，可通过调整脉动高压灌浆泵脉冲频率与脉冲量和调整高压冲挤灌浆机具结构配合尺寸来实现；②间隔段原位灌浆时，采用孔口回浆压力与孔底进浆压力控制技术，控制灌浆压力严格按照设计要求进行。

3. 灌浆结束标准

（1）自上而下钻灌一体严格控制钻灌速度，一般不大于8cm/min为宜。

（2）间隔分段高压冲挤灌浆结束标准为：间隔段原位灌注，当冲挤灌浆压力达到设计冲挤灌浆压力时，注入率小于1.0L/min，且灌注时间大于30min，可进行下一个间隔段钻灌，以此类推，直至全孔灌浆段钻灌结束。

（五）工程应用

“自上而下，钻灌一体，高压冲挤”灌浆工法，已先后应用于湖南沅水托口水电站河湾地块全～强风化白垩系红层灌浆防渗工程、广州镇龙站基坑防渗处理、向家坝泄水坝段挠曲核部破碎带补强灌浆。

（中国电建集团中南勘测设计研究院有限公司
陈安重）

里底水电站一期围堰防渗墙施工

（一）概况

里底水电站位于云南省迪庆州维西县巴迪乡境内的澜沧江上游河段上，是澜沧江上游河段规划的7个梯级电站中的第3级电站，工程规模属二等大（2）型，枢纽主要建筑物为2级。工程以发电为主，装机容量为420MW（3×140MW）。大坝最大坝高75.0m，坝顶长346.4m。

一期枯水围堰为土石围堰，位于枢纽左岸澜沧江Ⅰ级阶地，顺河向布置，围堰长约973m，堰顶宽10m。一期基坑最大开挖深度40.6m，基坑面积约5万m^2。围堰轴线范围内原河床覆盖层厚度20～29m，为漂（块）石、卵石、砾石、砂（及粉砂）不均匀组合的含漂石砂卵砾石层，其中大于200mm漂（块）石占11.0%，60～200mm卵石占26.3%，20～60mm卵石占17.9%，5～20mm砾石占11.19%，2～5mm砂占6.11%，小于2mm细粒占27.5%。含漂石砂卵砾石层中局部夹含砾中细砂层（呈透镜体状，最大厚度7m）。原河床表面1～3m范围内含有大量块石、孤石，部分地段夹含厚度5～15m的细砂层。

围堰填筑层为风化碎石土，最大回填高度约10m，其中水下填筑1～8m。堰基覆盖层和围堰填筑层总厚度20～40m，结构松散，强度低，透水性强。

（二）围堰防渗方案选择

围堰防渗方案试验对帷幕灌浆、高压旋喷和混凝土防渗墙进行比选。试验参数见表1。

试验表明，帷幕灌浆及高压旋喷均无法满足防渗要求，防渗墙成孔困难。根据工程特点和防渗方案比选，最终选用地层预处理与混凝土防渗墙相结合的防渗方案。地层预处理包括控制灌浆和换填，防渗墙采用抗压强度为5MPa的塑性混凝土，墙厚60cm，伸入基岩1m。

表1 围堰防渗方案试验参数

施工方案	设计参数	试验段布置	试验情况或防渗效果
帷幕灌浆	双排，排距1m，间距1.5m，梅花形布置；帷幕厚1m，同排分Ⅰ、Ⅱ序进行灌浆，最大灌浆压力0.6MPa；灌浆孔一次跟管造孔至孔底，自下而上分段，孔内栓塞拔管灌浆纯压式控制灌浆	试验段长10m（W0＋372.75～W0＋382.75）	试验段由于采取控制灌浆，平均单位耗灰量为393.23kg/m，但检查孔透水率均大于10Lu。随后采取中间加密一排，孔内循环式灌浆，单位平均耗灰量达800.34kg/m，检查孔透水率仍大于10Lu
高压旋喷	单排，孔距0.75m，旋喷桩桩径0.8m，深入基岩1.0m，钻喷施工分两序进行，先施工Ⅰ序孔，后施工Ⅱ序孔。跟管钻机钻孔至设计孔深后安装花管，采用HT-60A型高喷台车高压旋喷灌浆	试验段长22m（W0＋311.25～W0＋333.25）	试验过程中出现无压无回、不返浆情况；随后采取在原孔旁边重新造孔复灌，由于多孔无压无回、不返浆，试验完成6个孔桩后停止
混凝土防渗墙	5MPa的塑性混凝土，墙厚60cm，伸入基岩1m。"两钻一抓"成槽法施工	试验段长20m（W0＋400.50～W0＋420.50）	由于地层条件复杂，槽内存在探头石；原河床表面（1～3m）大孤石、块石集中，围堰水下填筑部分松散，普遍存在孔内掉块、大面积塌孔、漏浆、卡钻等现象，成孔困难

（三）地层预处理

1. 预灌浆　防渗墙造孔施工前，对围堰W0＋100～W0＋600段水下松散填筑料（5～8m），及原河床表面块石、漂石集中的地层进行低压力控制灌浆，以提高其整体性。

（1）预灌浆孔位为双排布置，排距1m，两排灌浆孔分别布置于两侧导墙，距防渗墙中心线均为0.5m，孔距2m，孔深10m（见图1）。

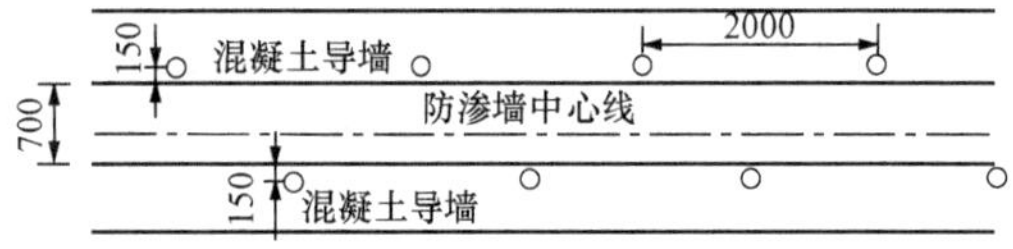

图1　围堰预灌浆孔位布置示意图（单位：mm）

（2）预灌浆材料：以P.O42.5普通硅酸盐水泥为主，遇大漏浆及大通道时使用砂子、黏土和水玻璃。灌浆采用2个比级1∶1、0.5∶1的水泥浆，掺砂（黏土）量采用0.5∶1和1∶1（砂灰比），水玻璃掺量为水泥量的2%～4%。

（3）施工工艺：采用跟管钻进，孔内栓塞、纯压式灌浆工艺。造孔采用YXZ－70A型钻机偏心钻头跟管钻进，一次成孔至孔底。钻孔孔径127mm，钻孔偏距不得超过孔深的2.5%。

先施工背水面排，再施工迎水面排。灌浆采用自下而上分段、孔内栓塞、拔管灌浆和间歇灌浆相结合的纯压式灌浆方法。先稀后浓逐级灌注水泥浆或灌注水泥砂浆、水泥黏土混合浆液。灌浆分段为2、3、5m，相应的最大灌浆压力分别为0.1、0.2、0.3MPa。

开灌用1∶1水泥浆，灌入量大于300L，或灌浆时间达30min而灌浆压力和注入率均无变化时直接用0.5∶1水泥浆灌注。灌入量大于300L且压力无变化时用0.5∶1水泥浆加入适量粉砂、黏土灌注，或间歇灌浆。间歇灌浆每次灌注量150L，每次灌注间歇10～20min。

在设计压力下，流量不大于1L/min，持续灌注30min后结束灌浆，拔管进行下一段灌浆。如总灌浆量大于1500L（或段长2、3m孔段灌浆量大于900L），待凝8h后进行下一段的钻孔灌浆。

自下而上分段灌浆结束后，用0.5∶1水泥浆封孔。

2. 换填处理　围堰W0＋600～W0＋800段水下填筑1～2m，防渗墙导墙施工时发现其下面3～4m原河床表层大漂石、块石密集，架空严重，需采取换填处理。

（1）先在槽孔建造范围内的回填土及原河床表面块石中，开挖至水下1～2m。开挖底宽3m，内侧边坡坡比1∶0.5，靠江侧边坡垂直向下，人工清撬开挖面松动石块。然后分区域分别用水泥、砂砾混合料和黏土、砂砾石或石渣分层回填、压实。

（2）混合料中水泥掺量50kg/m³。水下混合料填筑采用进占法，水面以上用平铺法分层填筑，然后整体碾压。槽孔建造影响范围内填筑黏土、砂砾石混合料，分层厚度30cm，两侧超宽部位回填砂砾石和石渣，分层厚度60cm。均用振动碾碾压，边角部位用电动打夯机夯实。导墙和墙体范围内混合料填筑时，要剔除粒径超过 20cm 的块石。

当回填至混凝土导墙底高程后修筑导墙，导墙浇筑完成后再回填上部，浇筑钻机平台。

（四）混凝土防渗墙施工要点

（1）防渗墙槽孔分两期施工，先施工Ⅰ期槽孔，再施工Ⅱ期槽孔。一个槽孔布置 5 个孔，3 个主孔、2 个副孔中，先建造主孔，后建造副孔。槽段划分见图 2。

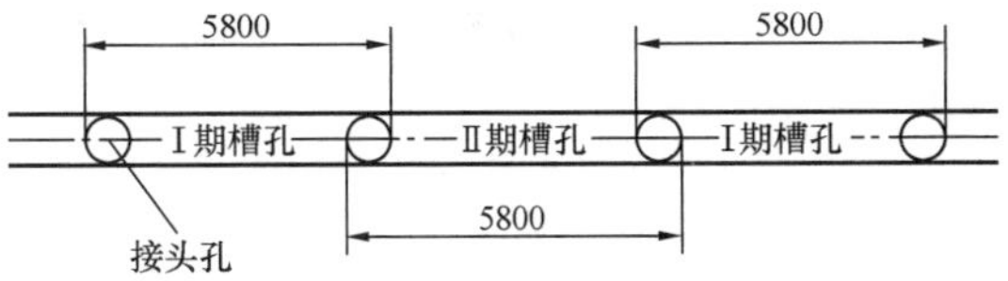

图 2　槽孔划分示意图（单位：mm）

（2）防渗墙槽孔建造采用“两钻一抓”成槽工艺。主孔 0.6m，用 CZ－30 型冲击钻成孔；副孔 2.0m，用 HS843HD 型抓斗抓取造孔。即先用 2 台冲击钻机同时钻凿主孔，当主孔钻入岩层深度满足要求并确认终孔后，再用抓斗抓取，若抓斗抓不动则换冲击钻机钻凿成槽。主孔入岩深度不小于 1.0m，副孔的深度按相邻的 2 个主孔深度确定。

（3）固壁泥浆采用黏土、膨润土混合泥浆。为防止大量漏浆和塌孔，要储备一定数量的黏土、锯末，用于强漏失地层的应急堵漏。

清孔用抽筒结合气举，必要时用冲击钻头扰动使沉渣悬浮。清孔的同时，不断向槽内补充新鲜泥浆，确保槽内泥浆的各项性能指标符合设计要求。

（4）Ⅰ期、Ⅱ期槽孔接头采用接头管法。Ⅰ期清孔完毕验收合格后，下设接头管。下设时要注意接头管的垂直度，避免管底向Ⅰ期槽孔倾斜。

（5）混凝土在拌和站集中拌制，要控制熟料的稠度、均匀性和和易性。拌好的混凝土用混凝土罐车送至槽孔口，经料斗送入导管中。

混凝土浇筑导管采用快速丝扣连接，导管为直径 250mm 的钢管，1 个槽孔使用两套导管浇筑，中心距不宜大于 4m。Ⅰ、Ⅱ期槽孔两端的导管距孔端应小于 1.5m，槽孔底部的高差大于 250mm 时，导管布置在其控制范围的最低处。

开始浇筑混凝土前，先在导管内注入适量的水泥砂浆，并准备好足够数量的混凝土，以使隔离球塞被挤出后，能将导管底端埋入混凝土内。导管埋入混凝土内的深度保持在 2～6m。槽孔内混凝土面的高差控制在 0.5m 内。每 30min 测量一次混凝土面，据此核对浇筑方量，指导导管拆卸。混凝土必须连续浇筑，槽孔内混凝土上升速度为 2～5m/h。

（中国水利水电第十四工程局有限公司
李占彪　范文奇）

其　　他

水工铜止水成型机的创新应用

（一）铜止水成型机的改进

铜止水制造经历了分段碾压成型阶段和滚压成型阶段。前者外观成型较差，焊接接头数量较多，生产效率低下；后者外观成型较好，焊接接头数量较少，生产效率较高。滚压成型虽提高了铜止水制造质量及生产效率，但一套设备只能生产制造一种特定规格的铜止水。实际每项工程使用的铜止水规格各不相同，且常使用多种不同规格的铜止水，因此，通常要购置 1 套或多套成型机，工程完工后就结束其使命，施工成本投入高。

铜止水接头焊接也经历了两个阶段：一是手工火焰钎焊阶段，焊接效率低，铜止水变形大，焊接质量差；二是电弧熔焊阶段，采用氩弧焊焊接，虽效率有一定提高，铜止水变形得到了控制，焊接质量得到了提升，但问题没有得到彻底解决。由于技术水平等原因，制造的铜止水首、尾端部成型尺寸误差大，对接错位大。电弧熔焊时，配套设备笨重，受现场空间位置限制，在 U 形槽侧部、底部极易造成焊缝未焊透、裂纹、沙眼、焊穿或无法焊接等缺陷，导致铜止水漏水现象严重。同时，当出现铜止水交叉形成“十”字铜止水接头时，现场交叉采用人工裁剪，尺寸也难保证，电弧熔焊质量更难保证，更易渗漏。

针对以上问题，中国水利水电第五工程局有限公司第一水工机械厂研制出可调式滚压铜止水成型机、铜止水“十”字压模、铜止水校正器、铜止水熔焊装置等设备，并通过这些设备完成铜止水的制造及焊接，提供了一种混凝土铜止水防渗施工新方法。带有无级调速和液压剪断装置的铜止水成型机，突破了传统成型机仅能生产特定规格铜止水产品的局限，实现一次投入重复使用的目的，解决了成本高及生产率低的问题。该技术已获批3项国家实用新型专利。

（二）可调式铜止水成型机研发和铜止水滚压成型制造

可调式铜止水成型机在已有W型铜止水滚压成型机的基础上进行设计，由机架、可调卷筒、定位导向装置、计长仪、液压剪断装置、传动系统、可调滚轮、电气控制系统等8个部分组成。通过对可调滚轮结构的特殊设计，使其具备更换前几组滚轮的外轮和后几组滚轮的中间模、套筒及定位隔套即可制造设计范围内所有W型、F型及其变形铜止水的能力。可调式铜止水成型机样机制造铜止水的规格范围为：鼻膜高度 $h\leqslant 90$mm，$110\leqslant b\leqslant 300$mm（$b$ 为铜止水翼缘限位宽度），鼻膜宽度 $d\geqslant 15$mm，铜止水展开宽度 $l\leqslant 900$mm，铜板厚度 $0.8\leqslant t\leqslant 1.5$mm。研发情况如下：

（1）通过电气无级调速控制系统及变频电机、减速器、齿轮传动系统组成的传动系统实现无级调速传动，解决了不同“鼻子”高度及两翼宽度对滚轮转速的要求，确保了铜止水成型质量，方便设备的维护保养。

（2）将剪断装置从传统铜止水滚压成型后的位置，改为进料后滚压成型前位置，将剪断结构的刀具由铜止水断面结构改为剪刀结构，降低刀具制造难度及成本，实现了不同形状铜止水的剪断要求。

（3）通过旋转导向装置的顶丝及定位块移动，实现设计宽度（不大于900mm）铜带的校平及左右对中定位，确保了铜止水成型尺寸。

（4）通过旋转卷筒上的螺杆，实现卷筒直径大小可调，解决了铜带卷材固定及旋转。

（5）通过前几组滚轮的外轮和后几组滚轮的中间模、套筒及定位隔套更换调整，实现一套设备可生产规格范围内W型、F型及其变形铜止水的功能，达到重复使用的目的。

（三）“十”字铜止水压模研发及铜止水“十”字接头压制

以可调式铜止水成型机为基础进行“十”字铜止水压模结构设计。主要内容如下：

（1）实现铜止水“十”字接头整体压制成型，避免“十”字焊接带来的质量问题。

（2）通过更换凹模、凸模，实现一套设备压制规格范围内的W型、F型及其变形铜止水接头功能，达到一套设备重复使用的目的。

（四）铜止水熔接装置研制及接头熔接

铜止水熔接装置研制及铜止水接头熔接工艺应用，主要涉及铜止水校正器研制、铝热焊剂试制、铜止水熔接装置研制及熔接工艺试验。首先采用铜止水校正器对铜止水端部接头部位进行校正，减小其与熔接模具间的间隙，防止石墨模具U形槽对铜止水挤压破坏。校正后的铜止水放入熔接腔模具内，在反应腔内加入铝热焊剂引燃，化学放热反应生成的铜液流入模具熔接腔内，冷却凝固后将铜止水接头两端熔接在一起，完成铜止水熔融对接焊。研制内容如下：

（1）进行铜止水校正器结构设计，实现铜止水校正器的校正功能，减小接头尺寸偏差，延长了熔接装置使用寿命。

（2）通过上下模设计，实现一套铜止水校正器装置校正规格范围内的所有铜止水接头功能，达到一套设备重复使用的目的。

（3）通过对不同结构型式铜止水熔接装置设计，解决了铜止水对接接头焊接质量，包括展开宽度为500mm和900mm的铜止水带水平和倾斜（60°）方向熔融对接焊模具、焊剂及焊接工艺。

（中国水利水电第五工程局有限公司　吴　霞）

水工混凝土连续式搅拌站应用情况

连续式搅拌生产是指连续生产的任何单位时间内，精确计量的各种物料从搅拌机一端上部连续进入，经搅拌叶片推进从另一端底部卸出的连续拌制过程。连续式搅拌工艺和相应的搅拌设备可应用于沥青混凝土搅拌和水泥混凝土搅拌。国外已形成连续式沥青搅拌设备为主的发展趋势。在水泥混凝土生产方面，通过与搅拌车结合，或采用两级连续搅拌方案，连续式搅拌设备在商品混凝土、公路水泥路面工程中得到认可。在水工大体积混凝土，特别是水工碾压混凝土施工中，则刚起步十余年。

（一）国内水电水利工程中连续式搅拌设备的应用情况

国内最早是中国水利水电第八工程局有限公司，1997年在四川省沙牌水电站工程中使用了200m^3/h全自动连续式碾压混凝土拌和楼系统，其后应用在湖北招徕河、浙江西溪、广东平班等水电站工程中。

中国水利水电第十六工程局有限公司自2005年至2012年，分别在福建洪口重力坝、安徽省白莲崖拱坝、新疆喀坝重力坝、广西那比重力坝、江西伦潭拱坝等工程中使用连续式搅拌站拌制碾压混凝土约60万、55万、12万、3万、15万 m^3，并在江西于都跃洲水电站闸坝及厂房、贵州沙沱水电站厂房中，使用连续式搅拌站拌制水工常态混凝土分别超过20万 m^3 和50万 m^3。

其他使用连续式搅拌站工程有：2007年在贵州黄花寨水电站，2009年在云南天花板电站，2009年在贵州杨家源电站碾压混凝土拱坝。

（二）几个工程中连续式搅拌设备拌制碾压混凝土的经验

1. 沙牌水电站工程的经验　沙牌工程使用的拌和时间为12s的连续式搅拌机，经对拌制的碾压混凝土的均匀性、力学性、变形、耐久性等性能进行试验，并与强制式搅拌机拌制的碾压混凝土比较，其经验为：

（1）连续式搅拌站（搅拌时间12s）拌制的碾压混凝土，机口抽样统计的离差系数为0107～0113，都达到了规范的优良标准，混凝土原材料在配料中精度较高，搅拌均匀。

（2）缩短拌和时间后碾压混凝土强度略有降低，但两者28d与90d抗压强度相差很小，对碾压混凝土的变形及耐久性能影响也不大。

（3）缩短拌和时间拌制的碾压混凝土在无振2遍加有振8遍的工况下，碾压后的密实度完全能满足设计要求。但与传统拌制方法相比，要使碾压混凝土达到相同的密实度，缩短拌和时间拌制的碾压混凝土要多振2遍。

2. 洪口大坝和白莲崖等大坝的应用情况　福建洪口水电站重力坝的碾压混凝土约65.7万 m^3，使用2座DWS200型连续式全自动拌和楼拌制。安徽白莲崖水库的碾压混凝土抛物线双曲变厚拱坝混凝土共65万 m^3，其中55万 m^3 碾压混凝土使用连续式搅拌站拌制。

（1）可碾性和均匀性。从两座大坝的碾压工艺试验和应用实践看，连续式搅拌站拌制的混凝土拌和物，按常规碾压工艺可碾压密实。但使用连续式搅拌站有以下不足：

1）连续式拌和楼开拌或停拌时，各种骨料、胶凝材料、外加剂、水的进料不一定完全同步，此时拌制的混凝土拌和物，分离较严重或 *VC* 值偏差较大。

2）拌制的碾压混凝土，*VC* 值小于12s时均匀性能满足要求，但当机口 *VC* 值大于7s时，包裹性能较差，机口 *VC* 值控制在3～6s，碾压混凝土和易性较好。

3）拌制的碾压混凝土中有时存在夹生现象，从二枯下料口增设的皮带机上看，$1m^3$ 混凝土中约有20个大骨料没裹浆，说明邻近轴的小区域搅拌不充分。

对此，在施工中采取保证连续生产条件、控制低 *VC* 值、保持搅拌能力达到设计能力、进料前洒水、平仓机找平等措施解决。

（2）碾压混凝土强度指标。洪口水电站碾压混凝土骨料由天然砂砾料筛分轧石而成。一枯、二枯、三枯碾压混凝土为7万、36.6万、22.1万 m^3，水泥、粉煤灰和配合比都不尽相同。检测成果表明，连续式搅拌站生产的碾压混凝土，抗压强度可较好地满足设计要求，抗渗强度也可达设计要求，但抗冻强度稍低。

（3）坝体钻孔取芯情况如下：

1）洪口水电站一枯碾压混凝土芯样获得率为97.9%～100%。二枯碾压混凝土芯样获得率94%以上，但芯样平均段长较短，折断率偏高。三枯碾压混凝土正垂孔及倒垂孔钻孔芯样的芯样获得率高，芯样表面光滑，结构致密，骨料分布均匀，芯样最大长度超过6m。

2）白莲崖碾压混凝土坝体钻孔取芯总进尺277.07m，芯样总长265.43m，芯样获得率为95.8%。ϕ150mm取芯钻进154.85m，单根最长芯样5.95m；ϕ200mm取芯钻进83.90m，单根最长芯样7.18m；ϕ250mm取芯钻进38.32m，单根最长芯样8.72m。芯样表面较光滑致密，结构密实，骨料分布均匀，胶结良好。检测结果表明，碾压混凝土质量满足设计要求。

3）贵州杨家源电站碾压混凝土拱坝钻孔取芯较成功，取芯最长芯样长约10.5m。

4）新疆喀坝碾压混凝土重力坝碾压混凝土生产以周期强制式搅拌站为主，连续式搅拌站为辅，混凝土用于坝体内部混杂铺筑，取芯的芯样直径为ϕ150mm，最长芯样约17m。

（三）连续式搅拌站的适用条件

从洪口等几个水电站工程的使用情况看，连续式搅拌站的适用条件为：

（1）宜进行单配合比大批量连续生产，不宜频繁变动配合比。

（2）拌制碾压混凝土的配合比中胶凝材料宜超过150kg/m^3，砂子中石粉含量宜超过18%，*VC* 值宜小于5s，骨料最大粒径宜控制在80mm以内。

（3）高掺引气剂混凝土、加冰拌和混凝土、高强混凝土、贫碾压混凝土、干硬性碾压混凝土等，宜使用周期强制式搅拌站，或使用二级连续式搅拌站联合生产。高性能混凝土、纤维混凝土、掺氧化镁膨胀剂混凝土、掺抗冲耐磨剂混凝土，应使用周期强制式搅拌站拌制。

（中国水利水电第十六工程局有限公司　陈振华）

预应力施工技术在南水北调沙河渡槽中的应用

（一）沙河梁式渡槽

沙河梁式渡槽位于河南省平顶山市鲁山县境内。槽身为U形双向预应力混凝土简支结构，全长1410m，单跨跨径30m，共47跨188榀渡槽。槽体布置成两联4槽，4槽槽身相互独立。U形槽直径8m，壁厚35cm，局部加厚至90cm。槽高8.3～9.2m，槽顶每间隔2.5m设0.5m×0.5m的拉杆。每两槽支承在钢筋混凝土空心墩、钻孔灌注桩组成的支承结构上。

槽身预应力混凝土为C50F200W8。单片槽纵向预应力钢绞线共27孔（见图1），其中槽身底部两排21孔为8ϕ_s15.2，采用圆形锚具，圆形波纹管，上排孔间距400mm，下排孔间距340mm；槽身上部6孔为5ϕ_s15.2，采用扁形锚具，扁形波纹管。环向预应力钢绞线除第一榀渡槽119孔为3ϕ_s15.2外，自第2榀渡槽起均为71孔5ϕ_s15.2，采用扁形锚具，扁形波纹管，孔间距420mm。纵向预应力钢绞线线型为直线，环向为直线＋半圆＋直线。

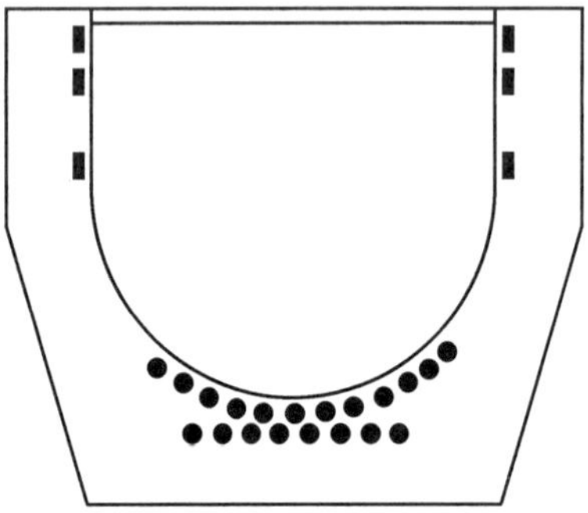

图1 纵向预应力锚孔布置

（二）预应力锚索施工

1. 钢绞线束制作 采用标准强度1860MPa钢绞线，直径15.20mm。制作要点如下：

（1）钢绞线下料长度根据结构体型、张拉工艺及张拉设备等计算确定，纵向和环向钢绞线长度分别按31.2、21.4m控制。下料长度误差±10mm，束中各钢绞线长度差为5mm。

（2）钢绞线采用砂轮切割机切断，严禁用电弧切断。下料后钢绞线不得散头。

（3）钢绞线编束用22号铁丝绑扎，铁丝间隔1.5m，编束后须顺直不扭转。

（4）编束后需在钢绞线束上标明编号、束长，相同长度的钢绞线束分别存放。

2. 预应力锚索穿束 穿束要点如下：

（1）穿束前先将波纹管下料、连接。确保管道畅通，穿束顺利。

（2）钢绞线束移运中，要多支点支承，支点间距2.5m，端部悬出长1.0m。在贮存、运输和安装过程中，要防止锈蚀、污染及损伤。

（3）人工扶正束体和波纹管后穿过管道，两端外露长度基本一致。

（4）穿束受阻要查明原因。若波纹管变形，必须开刀修孔或更换，然后再穿入钢绞线束。开刀部位的波纹管需黏结牢固。

（5）纵向圆锚钢绞线先安装波纹管后人工穿束，纵向扁锚和环向扁锚先人工穿束后整体吊装就位。

3. 预应力张拉要求 预应力张拉按初张拉和终张拉两步进行。张拉要求如下：

（1）油泵型号为ZB4－800。千斤顶最大张拉力为3000kN。千斤顶、油表率定应每月且张拉次数不超过200次进行率定，率定需委托有资质的检验机构进行。

（2）混凝土强度达到设计强度的80%即40MPa，即可松开内模，拆除端模，按设计要求进行初张拉。初张拉后槽体可吊移出制槽台位。在槽体混凝土强度达到50MPa及弹性模量达到35.5GPa，且龄期不少于10d后进行终张拉。

（3）张拉时要求两端同步、左右对称、同时达到同一荷载值，不同步率控制在5%～10%，最大不平衡束不超过一束，张拉顺序按图纸要求进行。

（4）限位板槽深与钢绞线直径必须匹配，防止刮伤钢绞线。

4. 钢绞线张拉 张拉要点如下：

（1）张拉前检查千斤顶与油表读数。圆锚初张拉分5级，张拉控制应力σ_{con}为1395MPa。钢绞线张拉程序：纵向圆锚0→初应力10%σ_{con}→初应力25%σ_{con}→初应力50%σ_{con}→初应力75%σ_{con}→初应力100%σ_{con}→第1分钟卸荷至75%→第2分钟卸荷至2MPa（测回缩量）→回油锚固。5级初张拉均要作伸长量标记，第1～第4级每级持荷2min，第5级持荷10min。

纵向扁锚的初张拉程序同纵向圆锚的初张拉程序。

环向扁锚0→单根预紧初应力10%σ_{con}（锁定）→初应力25%σ_{con}（作伸长量标记、持荷2min）→初应力50%σ_{con}（作伸长量标记、持荷2min）→初应力75%σ_{con}（作伸长量标记、持荷2min）→初应力103%σ_{con}（作伸长量标记、持荷10min）→第1分钟

卸荷至75%→第2分钟卸荷至2MPa（测回缩量）→回油锚固。

终张拉与初张拉方法相同。

（2）在持荷10min状态下，如发现油压下降，立即补至规定油压。如有滑丝、断丝现象，要查明原因及时处理。

（3）在张拉过程中，预应力施加以油表读数为主，以预应力钢绞线伸长作校核。如钢绞线实际超出复核后理论伸长值的±6%时，应查明原因后重新张拉。

5. 渡槽张拉情况　第1～6榀渡槽张拉时单根预紧，分4级两端同时张拉，每级张拉均测量钢绞线伸长值，工作锚为OVM型，快速回油锁定。根据张拉过程的油表读数、钢绞线实测与理论伸长值的比较，张拉过程、张拉结果满足规范要求。

第5榀渡槽上安装的8对16台测力计（纵向圆锚10台，环向扁锚6台）读数显示，测力计测值与实际张拉力有较大偏差，其原因为：①油泵、千斤顶与测力计在张拉前未联合率定；②测力计读数没未做现场转换，未及时发现两种计量仪器间存在数据偏差的问题；③在第1～6榀渡槽张拉中，使用的限位板与工作锚具厂家不同，匹配有问题；④首榀渡槽预制时锚穴的结构设计体形与监测锚索测力计不匹配，未能在测力计监控下进行张拉试验；⑤测力计安装条件要求高，扁锚测力计与基础锚垫板间存在安装偏差。

发现第5榀渡槽上的测力计测值与实际张拉力偏差前，已完成第7～12榀渡槽的初张拉，但尚未封锚，因此使用与工作锚匹配的工具锚进行补偿张拉。补偿张拉在存槽台座上进行，一次张拉至设计张拉力，并测量钢绞线伸长值，采用OVM生产的工作锚和限位板，锁定时第1分钟回油至$0.75\sigma_{con}$，第2分钟回油至2MPa并测量回缩值，然后锁定。

第13～30榀渡槽在制槽台座上初张拉，存槽台座上终张拉。张拉时采取预紧后两端同时分4级张拉（$0.25\sigma_{con}$、$0.5\sigma_{con}$、$0.75\sigma_{con}$、$1.0/1.03\sigma_{con}$），使用OVM工作锚、OVM生产的限位板，锁定时第1分钟回油至$0.75\sigma_{con}$，第2分钟回油至2MPa，然后锁定。

根据张拉过程油表读数，实际伸长值、回缩值与理论值的比较，结合第26榀、第28榀渡槽在测力计监控下进行的锚索张拉比对试验，认为张拉结果满足规范要求。千斤顶油表读数显示施加在钢绞线上的张拉力达到了设计张拉力。从测力计读数可见，因张拉锚索锁定锚夹片回缩产生的锁定损失：纵向圆锚张拉约8%～10%，环锚张拉约19%～25%。由此认为张拉工艺过程合理，张拉结果合格，后续张拉可按此工艺继续进行。

渡槽张拉试验和施工的主要经验是：张拉前必须联合率定千斤顶、油表、测力计，并现场读数进行锚索张拉工艺试验；测力计底部垫板或测力计宽度、构造与锚具要充分匹配。

（中国水利水电第四工程局有限公司　牛宏力）

功果桥水电站不良地质条件下水下混凝土施工

功果桥水电站是澜沧江中下游河段梯级开发的最上游一级电站，拦河大坝为碾压混凝土重力坝，坝顶高程1310.00m。左岸低线路全长1.0km，正对导流洞出口，路面高程为1255.00m，上游与高程1262.00m道路相接。左岸低线路段河床基岩风化较严重，倾向上游断层破碎、裂隙高度发育，相互切割，软弱结构面较多。开挖后对结构面有破坏，基础面高低不平，且多处为冲积砂层。挡墙基础底板高程1238.00～1241.00m，导流洞出口水位高程为1245.00m，水位差较大。汛期受导流洞强力冲刷，水下混凝土施工难度较大，受汛期影响大。

（一）水下混凝土施工方法

设计挡墙基础为C25W8F50水下不分散混凝土，护坡为C20W6F50混凝土，坡比1∶0.75。鉴于地质条件和地形状况的复杂性，在对冲段上游段和下游段进行石渣道路回填，利用石渣道路填筑临时沿江围堰，再开挖挡墙基础和浇筑水下混凝土。

1. 施工方案调整　原施工方案是自上游向下游槽挖挡墙基础，利用导管法浇筑水下混凝土。但低线路段正对导流洞对冲段，出口水流紊动大，且出口水位高于基础底板高程，挡墙基础内水深达7m，不利于水下混凝土浇筑；混凝土实际扩散半径与理论相差较大，浇筑质量难以保证。另外，基础面开挖难以保证平整。

为此，调整施工方案，先填筑沿江围堰，并在围堰内层铺设两道彩条布，减少渗流量、延长渗径。围堰形成后进行基础槽挖，每段开挖10～12m，同时槽内抽水，降低水位，形成静水条件下施工。为增强基础的抗冲刷能力，在靠河岸侧增加钢筋石笼防护，兼做混凝土浇筑模板。在基础钢筋笼制安完成后，利用25汽车吊吊入仓内，进行水下混凝土浇筑。

2. 水下混凝土配合比的确定

（1）混凝土原材料：水泥采用普通硅酸盐水泥，标号不低于P42.5号；粗骨料符合GB/T 14685—2001《建筑用卵石碎石》规定，石子宜采用连续级配，最大粒径不大于40mm；絮凝剂选择考虑工程实际要求、施工条件和所用原材料的特性，通过试验确定，掺量占水泥和胶结料质量的1.5%～3%；引气剂、减水剂、引气减水剂等外加剂符合GB 8076和GB J119等标准的相关规定，同时进行与絮凝剂相容性试验；水下不分散混凝土的流动性用坍扩度值表示，在满足施工要求的范围内应尽量小些。坍扩度值在利用导管施工时取360～450mm。

（2）水下混凝土必须具有良好的和易性和流动性保持能力，在混凝土配合比设计时，应全面考虑这些要求。

（3）推荐的水下混凝土配合比见表1。

表1 Ⅱ级配C25W8F50水下混凝土施工配合比

坍落度（cm）	水灰比	砂率（%）	水泥（kg/m³）	粉煤灰（kg/m³）	用水量（kg/m³）	细骨料（kg/m³）	小石（kg/m³）	中石（kg/m³）	UWB-Ⅱ（kg/m³）	ADD-15（kg/m³）	密度（kg/m³）
23±3	0.48	45	381	67	215	759	510	418	7.62	0.05	2350

检测结果表明，混凝土指标（7d龄期的试验结果）满足规范要求。

3. 混凝土浇筑　为加快施工进度，同时浇筑2个或2个以上仓号。水平运输采用混凝土搅拌车，水下混凝土浇筑采用导管法。施工时用3～4台水泵进行基坑排水，降低仓内水位。若基坑内水量较小，达到干法施工条件时，采用干法施工。干法施工时，混凝土通过溜槽、溜筒或胶带机结合溜槽、溜筒直接入仓。

（1）导管法浇筑混凝土。

1）导管数量根据仓号长度确定，混凝土扩散半径不超过3m。无缝钢管导管壁厚不小于3mm，直径250mm。导管分节长度为2～4m，底管长度不小于4m。

2）开浇前储料斗须有足以将导管底端埋入混凝土内1m以上的混凝土储存量。导管出口距基础底部不大于0.5m。浇筑中导管埋入混凝土内不少于1m，不大于6m。

3）水下混凝土应连续浇筑，不得中断。因故中断其间歇时间不得超过40min，40min内混凝土坍落度不宜小于150mm。若超过允许间歇时间或水已入管，则应等浇筑的混凝土强度达2.5MPa，且清除其表面软弱层后，方可继续灌筑。

4）当混凝土表面露出水面，再继续浇灌普通混凝土时，应将先浇的水下不分散混凝土表面上残留水分除掉，并在混凝土还有流动性时立即续浇普通混凝土。

（2）施工强度分析。混凝土搅拌车每次拉运6m³，往返一次平均45min，平均每仓混凝土量为435.69m³，经计算配备10台搅拌车可满足常态混凝土运输要求。经计算水下首批混凝土数量不小于28.36m³（单根导管）。

（二）过程控制和管理

在浇灌水下不分散混凝土时，对以下项目进行施工过程控制和管理。

（1）水下混凝土需有很好的流动性，浇筑时混凝土连续下料，自由落差不大于500mm，应避免出现骨料堆积或者离析现象，保持仓面连续上升。

（2）混凝土拌和时不能漏掺水下不分散剂，以确保混凝土的抗分散性和流动性。掺水下不分散剂混凝土拌和时间应在120s为宜。

（3）应检查水下浇筑中的混凝土流动面的形状、扩散和填充状态，浇筑完的混凝土表面应平整，并充填到各处。浇筑中和浇灌后要测量混凝土实际浇筑量。

（中国水利水电第四工程局有限公司　于建海　张红强）

铺排船在感潮区充泥管袋施工中的应用

（一）概况

太仓市应急水源地工程位于太仓市长江口浏河口上游侧边滩上，用长4486m的围堤（由北堤、东堤、南堤圈成）形成面积220万m²的水库，其总容量1742万m³，有效容量1427万m³。围堤堤身采用充泥管袋和吹填沙筑成，堤身采用底层通长管袋和内外充泥管袋双棱体断面（见图1），底层通长沙袋厚1m，其余袋层沙袋厚0.5m。围堤分两个标段，其中1标为北堤966m，东堤1309m，总长2275m。充泥管袋吹填沙90.5万m³，堤芯吹填沙59.2万m³。在充泥管袋施工中，采用铺排船进行袋体铺设。

东堤原始滩面高程为－3.5m，北堤原始滩面高程为－1～－1.5m。施工期间最高潮位为2.06m，最低潮位为－1.72m，每天潮涨潮落各两次。涨潮和落潮的时间不同，潮位也不一样。沙源地距施工现场15km，施工自然条件复杂，受风浪及大雾天气影响较大。

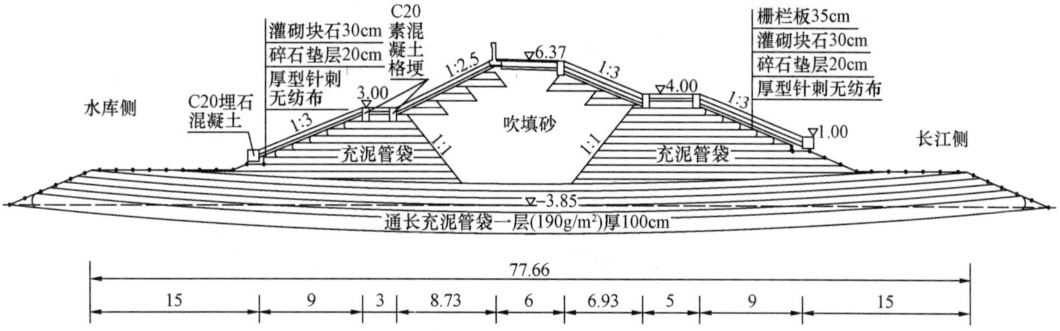

图1　围堤断面结构图

（二）铺袋方案比选

1. 铺排船施工的优劣　铺排船是一种非自航的工程船，用于围堤和航道整治工程中软体排护底和袋体铺设。船上关键部分是铺排系统，铺排设备是铺排系统中最重要的基础部分。铺排设备由翻板、吊架、卷筒及其驱动装置、导梁和各种专用绞锚机组成。目前铺排船大都用手动控制，靠船工经验协调控制各条缆绳的收放，通过 GPS 定位系统实现船舶的移动和定位。

铺排船可在较深的水域施工，通过自带 GPS 定位系统按设计点位布控，利用自带绞锚机收放锚绳，将船体移动和微调。可采用多锚固定船体，使船体位移减小。每个作业面只需一艘船，铺袋时受风浪影响较小，安全性好，且可操作性强，进度快，投入设备和人员较少。但在潮位较浅时易搁浅，其租赁成本较高。

2. 定位船施工的优劣　定位船适于较浅水域施工，采用岸上全站仪测量定位，误差较大。船体移动借助柴油机动力，微调采用人工收放锚绳。定位船船体较小，位移较大，每个作业面需两条船。铺袋时一次将袋体展开，受风浪影响较大。施工速度慢，投入人员较多。定位船受低潮位影响小，租赁成本低。

3. 铺袋方案的确定　东堤原始滩面高程为－3.5m，根据设计图纸计算，最大袋体长度 96m，采用铺排船铺袋比较适用。如采用定位船铺袋，由于水深浪大，铺袋方向垂直于干流方向，袋体不易铺设且不易保证袋体搭接质量。滩面浅的北堤采用定位船铺袋。

东堤使用 2 艘铺排船。1 号船卷筒长 38m，可卷袋体长度为 150m，吃水深 2.8m。结合工程原始滩面高程、潮位变化情况和船体对袋体的影响，1 号船在潮位－1m 以下使用。袋体搭接长 3m，每次可形成 35m 长的有效断面。2 号船卷筒长 27m，可卷袋体长度为 150m，吃水深 2.5m。结合滩面高程、潮位变化情况和船体对袋体的影响，2 号船在潮位－0.8m 以下使用。袋体搭接长 3m，每次可形成 24m 长的有效断面。

（三）施工方案

1. 施工程序　铺排船行至设计围堤位置后，通过自配 GPS 导航系统将船体大至定位并抛锚。船体平行于堤轴线，行进方向为垂直堤轴线方向，通过绞锚机收放锚绳，使船体从库区侧往外江侧移动。铺排船铺排一侧安装有翻板，GPS 对船体进行定位时，使翻板弦边与设计边线平齐。船体定好位后，人工将卷在卷筒上的袋体拉至库内侧设计边线，并适当垂下管袋头部。先从边线处设置的充灌袖口里吹沙使袋体头部沉入滩面，再放下翻板，使翻板弦边与水面相平。待沉入水下的管袋充盈度达到 85%时，将水下充泥软管割断，其头部再安装铁皮套筒，固定于下一排袖口。如此往复，边吹沙边移动铺排船，直到整个袋体铺盖在滩面上，最后形成设计断面的围堤。图 2 是铺排船铺袋施工示意。

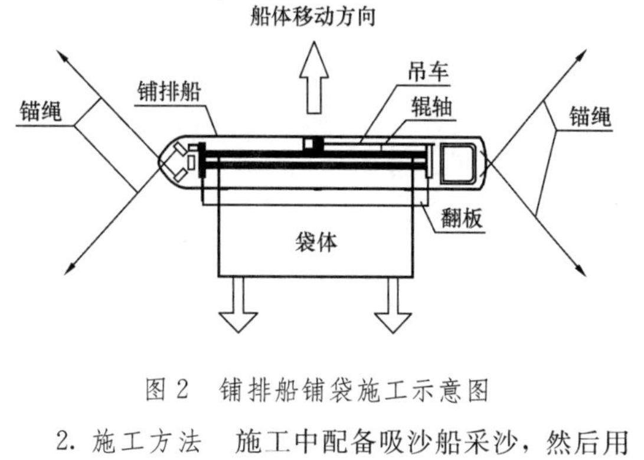

图2　铺排船铺袋施工示意图

2. 施工方法　施工中配备吸沙船采沙，然后用船驳运抵施工现场。驳船载重 800～1500t，吃水深 4～5m，低潮位时船驳无法抵达作业现场。为使施工不受影响，将吹沙船停在滩面－6m 高程左右的江面，使驳船与吹沙船并靠，再利用吹沙船上的吊装设备将吹沙船上的泥浆泵吊运到船驳上。利用高压水枪冲水将沙土液化，用泥浆泵将水沙混合液通过吹沙管输送到铺排船铺设的布袋里，按设计要求的厚度进行吹填。

每艘吹沙船上配泥浆泵 4～6 台。吹沙输送管为直径0.35m的聚乙烯高密度塑料管，每节长10m，管节间用法兰连接。吹沙管出口设1分接头，用钢管制作1个直径0.1m的岔管，每个小管上安设闸阀，再用直径0.1m的尼龙软管接到布袋的充灌口里。在尼龙软管头部绑扎1个铁皮套筒，并用铁丝绑扎牢固，确保它在高压下不脱离管袋充灌口。待一个袖口处管袋充盈达85%时，将水下尼龙软管割断，断口处再绑扎一个铁皮套筒后，固定于下一排管袋袖口。如此循环，直到袋体充灌完成。吹沙施工见图3，吹沙管岔管见图4。

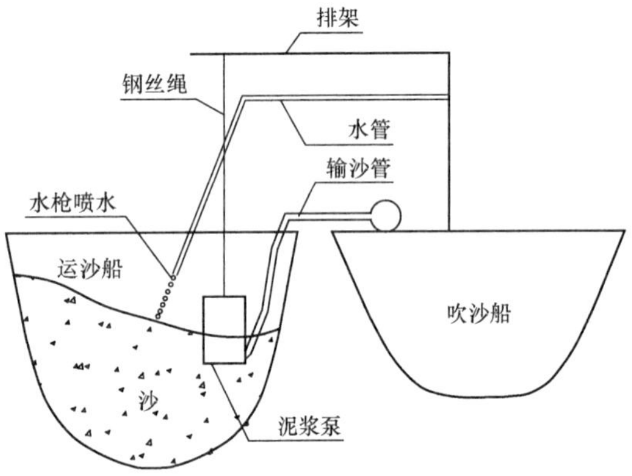

图3 吹沙施工示意图

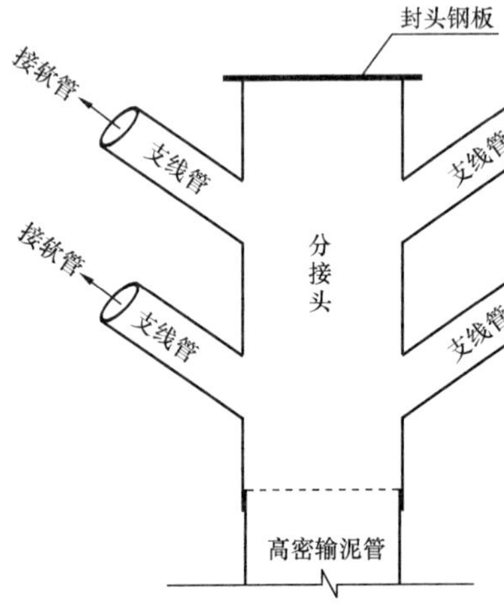

图4 吹沙管岔管示意图

第1个袋体完成后，将铺排船移到下1个袋体位置，重复以上步骤。第2层袋体施工也同样操作，直到所有袋体铺设完成。考虑潮水的影响，袋体搭接长度由1m加长到3m，并错缝搭接，同时用4条锚绳将铺排船严格定位。

东堤全部通长管袋，以及外棱体高程−1m以下采用铺排船铺排，内棱体和高程−1m以上堤身袋体采用人工低潮位铺设，高潮位时吹填散沙。北堤采用定位船辅以人工铺排。

（四）施工控制重点

1. 质量控制　控制要点如下：①管袋位置用GPS系统定位，全站仪复核，吹填厚度用竹竿丈量；②分层袋体铺设，上下层交错错缝间距不小于2m，袋体间不留通缝和通孔；③在充灌搭接在另一袋体上部的袋体时，先向接缝处充灌，使袋体在重力作用下紧贴下层袋体表面；④泥浆泵吹填在管路出口压力为0.2～0.3MPa；⑤吹填中均匀加荷，下层袋排水固结后，再施工上层袋；⑥加强沉降位移观测，出现异常立即停止加载，再采取措施。

2. 施工安全　措施包括：①施工前进行三级安全教育和安全技术交底；②给施工人员发放安全帽、救生衣、防滑鞋；③做好大潮和气象灾害的防护，6级以上大风及大雾天停止施工；④安装高频电话，专人对施工船舶动态跟踪和调度；⑤加强船舶用电安全检查。

（五）铺排船施工的效果

东堤铺排船铺袋施工共88个工作日，日进占单层长度最快118m/d，日产量11300m^3，保证了施工进度。北堤采用定位船辅以人工铺袋，受大风及潮汐影响，有效作业时间大大缩减，最高日产量7800m^3，且受大风影响，袋体易被吹坏，会造成一定经济损失。

（中国水利水电第五工程局有限公司　兰昌志）

7

机电及金属结构

水电机组及辅机

向家坝水电站水轮发电机组安装调试情况简介

向家坝水电站左岸坝后厂房和右岸地下厂房各安装4台单机容量为80万kW的水轮发电机组。右岸机组为天津阿尔斯通水电设备有限公司制造，转速71.4r/min，水轮机额定水头100m，发电机额定电压23kV，全空冷冷却结构，定子绕组每相7支路并联，汇流环设伸缩节，用空心绝缘套绝缘。左岸机组为哈尔滨电机厂有限责任公司制造，转速75r/min，水轮机额定水头100m，发电机额定电压20kV，全空冷冷却结构，定子绕组每相8支路并联。右岸、左岸机组结构大体相似，设计阶段机组编号是从右岸往左岸数，2011年底，决定改到与葛洲坝、三峡的顺序一致，从左岸往右岸数。中国水利水电第四工程局有限公司承担了这8台机组（不包含锥管及以下设备）的安装调试工作，现将特色工艺及投产进度简介如下。

（一）机组安装调试的主要特色工艺

1. 座环、蜗壳安装

（1）右岸水轮机座环于2010年1月1日进场，开始安装。此时厂房桥式起重机（简称桥机）已基本安装完成（尚未进行负荷试验），座环分4瓣，用桥机在安装间组装，并与基础环组装焊接。座环与基础环整体吊装，因桥机起吊高度有限，为此专门定做一套起吊钢丝绳，从座环下环吊耳起吊，满足了吊装需要。

（2）左岸1号机座环安装时，桥机未形成，施工门机也未安装。座环分6瓣到货，最重件103.6t，吊入机坑组装。吊装方案是：①将250t履带式起重机分解运输至渡槽段280.69m高程平台（1号机组左下角）用220t汽车式起重机组装，300t履带式起重机分解后利用250t履带式起重机吊入1号机坑（高程251.30m）组装；②分瓣座环用平板车运至渡槽段280.69m高程平台，用250t履带式起重机卸车，割除支架后，用250t履带式起重机吊至集水井261.24m高程平台（1号机左侧），与300t履带式起重机挂钩，空中翻身；③用300t履带式起重机单独吊装就位；④最后拆除300t和250t履带式起重机。

（3）蜗壳依据一般特大型高强度钢蜗壳安装工艺组装、焊接，采用上覆弹性垫层方式浇筑，未采用保压浇筑方式。

2. 定子安装　机座组装、叠片、下线，均在机坑进行，避免了重复找机组中心工作及吊装可能造成对结构的不利影响。

3. 转子安装　转子组装设1个正式工位、1个临时工位。第一台转子在正式工位组装，后续机组转子在临时工位组装支臂，待前一台转子吊入机坑后，再转换至正式工位进行叠片等后续工作。转子组装中，省略了叠片前调整全部大立筋，节省了时间。在磁轭叠装中，使用了外形整形工具，并对大立筋加固。大立筋焊接中，采用变形预控，控制焊接后变形，磁轭圆度达到了很好的效果。热加垫前，磁轭与大立筋的间隙测量，每条由3点增加为5点，相应的垫片厚度计算，考虑了磁轭圆度调整和大立筋轴向刚性偏差补偿。垫片制作，改为5阶式，增加了0.2mm的垫片选材，保证了磁轭热加垫后的尺寸指标优于加垫前。同时，在叠片中，对转子磁轭按下偏差控制，以保证空气间隙在上偏差范围内。

4. 推力轴承调整　推力轴承和下导轴承共用一个油槽，推力头兼做下导滑转子，采用导瓦泵外循环冷却，无需另加外循环泵。推力轴承温差控制分三步：第一步在推力受力调整中对各推力瓦受力压缩量进行控制；第二步在盘车调整轴系时兼顾推力瓦的受力；第三步，在机组试运行阶段记录推力瓦的温差，再进行调整。只要推力瓦号与测温元件对应关系正确，通过3步调整，每台机组推力瓦的温差均可调到2.5K以内。

5. 轴线调整

（1）水轮机轴与发电机轴连接在机组边吊物孔完成，减少了对直线工期的占用，提高了工作安全性。

（2）右岸厂房采用分部盘车方式，即在转子吊装后与各转动部件分别连接后，就开始对应的盘车。盘车中未引用国标中相对摆度的概念，而是使用全摆度与净摆度计算方式，向家坝工程标准中要求上导与水导盘车净摆度在0.1mm以内，实际是控制在0.05mm以内。

6. 机组高程确定　机组高程尺寸链与底环实际高程、主轴实际长度、转轮开挡与下绕、下机架承重扰度相关，转子高程与定子高程、推力头高程相关。向家坝机组高程尺寸链控制公式为：①推力头高程＝

推力头理论高程+（底环实际高程－底环理论高程）+下机架扰度+（主轴实际长度－主轴理论长度）+转轮扰度；②转子磁力中心高程＝定子磁力中心设计高程+（定子磁力中心实际高程－定子磁力中心设计高程）+下机架扰度。通过上述公式的使用，向家坝机组底环与转轮高差、定转子中心高程差控制情况良好。

7. 机组中心调整　机组的中心基准为座环膛口加工后的最优中心，将所有部件中心与之重合，就保证了全部部件的同心，但因为各部件的安装、组装及测量等误差影响而难以实现，因此只能通过提高标准和转换中心基准来实现各部件的同心。

向家坝水电站机组定子是埋设部件安装后机组正式安装时首先安装的部件，以座环最优中心为基准进行中心调整；底环是第二个安装的部件，以定子为基准调整中心，其他部件的中心均以底环为基准进行安装。转动部件的中心要对水轮机上下止漏环间隙、下机架中心、定转子空气间隙等进行综合考虑进行调整。

首批机组定转子空气间隙均在设计要求范围内，在转子吊装后，未进行定子中心调整。

8. 转子吊装平衡梁检查　右岸电站第一台机组转子吊装前，对平衡梁探伤检查，发现关键受力部件焊缝有未焊透情况。制造厂陈述平衡梁焊接要求与水轮发电机组部件焊接要求不一样，确认吊装转子没有问题，吊装中未见异常。

9. 机组总装后长时间维护　右岸 8 号机组 2011 年 11 月吊装转子，并开始总装调试，机组充水启动调试在 2012 年 10 月，存放时间约 10 个月。存放期间，保持定子机坑除湿机投入，各油槽注油至正常油位，调速器和水导油循环定期启动，控制盘柜正常带电，定期检查、巡视各部设备。

10. 动平衡试验　质量不平衡是机组产生振摆的因素之一。运行摆度总振值中的转频值主要由转子不平衡引起，通过转子配重可削弱转频振摆，降低总振值。通过转子配重总结，在 6 号机组运行时做了一些试验研究，配重时适当放宽上导运行摆度，可减小下导较大的转频摆度，使上、下导运行摆度趋于均衡。转子不平衡对水导影响较小。

11. 试运行及接入系统

（1）右岸厂房 GIS 未用发变组对其升流、升压，其受电先于机组试运行。用复龙换流站的电压直接对本侧 GIS 冲击，检查电压相位关系；用对侧并联电抗器做负载，经一条线路进、另一条线路回，对本站 GIS 各 CT 检查幅值、相位和保护极性关系。

（2）左岸厂房在 1 号机组试运行阶段用发变组对 GIS 升流、升压，再用系统电压对本站 GIS 冲击。

（3）由于右岸、左岸厂房机组容量均超常规，试运行中，均增加了发变组短路热稳定和发变组负荷热稳定试验。短路热稳定以发电机额定电流运行，时间约 6h，目的在于提前发现一次大电流回路本身及周围设备的过热问题，将故障处理在 72h 试运行前。负荷热稳定与发变组短路热稳定类似，以当前最大负荷运行约 6h。

（4）除 1 台机组因设备制造原因造成 72h 试运行中断外，其他机组均一次性通过 72h 试运行。

（5）各台机组 72h 移交投产后，均通过了中国三峡集团公司设定的“首稳百日”目标，无非计划停运。

（二）机组投产移交进度

机组启动调试和投产时间见表 1。

表 1　机组启动调试和投产时间

机组	尾水充水		机组投产移交		提前投产（天）
	合同计划	实际	合同计划	实际	
8 号	2012 年 11 月 1 日	2012 年 10 月 1 日	2012 年 11 月 30 日	2012 年 11 月 19 日	11
7 号	2012 年 12 月 1 日	2012 年 10 月 16 日	2012 年 12 月 20 日	2012 年 11 月 5 日	45
6 号	2013 年 3 月 9 日	2012 年 12 月 3 日	2013 年 3 月 28 日	2012 年 12 月 21 日	99
5 号	2013 年 8 月 12 日	2013 年 4 月 26 日	2013 年 8 月 31 日	2013 年 5 月 30 日	93
1 号	2014 年 3 月 12 日	2013 年 10 月 8 日	2014 年 4 月 25 日	2013 年 10 月 24 日	183
2 号	2014 年 8 月 1 日	2013 年 12 月 5 日	2014 年 8 月 22 日	2013 年 12 月 21 日	244
3 号	2015 年 1 月 24 日	2014 年 4 月 11 日	2015 年 2 月 12 日	2014 年 4 月 29 日	289
4 号	2015 年 6 月 5 日	2014 年 6 月 27 日	2015 年 6 月 25 日	2014 年 7 月 7 日	353

（三）其他工作

2014 年 12 月 1 日，右岸 8 号机组型式试验完成。2014 年 12 月 20 日，左岸 1 号机组型式试验完成。

（中国水利水电第四工程局有限公司　郑少平）

向家坝水电站机组的整体安装质量

向家坝水电站是金沙江下游河段规划的最末一个梯级，其左岸坝后厂房和右岸地下厂房各安装4台80万kW水轮发电机组。右岸机组为天津阿尔斯通水电设备有限公司制造，左岸机组为哈尔滨电机厂有限责任公司制造，左右岸8台机组都由中国水利水电第四工程局有限公司安装。

机组的整体安装质量主要表现在运行指标上。右岸电站机组72h试运行第三天，振动和摆度见表1，轴承和定子温度见表2。

表1 右岸电站机组72h试运行第三天振动和摆度

机组		8号	7号	6号	5号
负荷（MW）		570	575	586	581
上导轴摆度（μm）	X向	82	116	54	73
	Y向	75	104	57	72
上机架振动（μm）	X向	24	14	18	18
	Y向	17	12	15	16
	垂直	54	24	24	15
下导轴摆度（μm）	X向	73	101	106	146
	Y向	126	106	91	153
下机架振动（μm）	水平1	10	7	6	15
	水平2	10	8	8	8
	垂直	10	5	10	13
水导轴摆度（μm）	X向	139	89	137	93
	Y向	89	88	99	88
顶盖振动（μm）	水平1	28	51	40	74
	水平2	24	45	5	57
	垂直	81	73	57	80
定子机座振动（μm）	水平1	104	63	134	126
	水平2	194	54	127	119
	垂直	40	2	1	5
定子铁芯振动（μm）	A向水平	132	142	153	130
	A向垂直	4	—	22	17
	B向水平	96	129	151	134
	B向垂直	35	13	15	18
	C向水平	—	61	138	129
	C向垂直	15	—	21	16

注 定子机座和铁芯的水平振动超过国标要求，与三峡同类型机组相似，属结构方面原因，未处理，不会对长期运行可靠性产生影响。铁芯振动的A向、B向、C向互为120°，不对应相序。

表2 右岸电站机组72h试运行第三天轴承和定子温度

机组		8号	7号	6号	5号
负荷（MW）		579	575	586	578
上导轴承（℃）	最高	28.1	29.9	28.4	31.3
	最低	25.5	27.5	26.2	29.3
下导轴承（℃）	最高	35.6	37.4	33.2	39.1
	最低	33.7	35.6	32.0	37.2
推力轴承（℃）	最高	65.9	67.1	63.1	70.5
	最低	64.2	65.5	61.9	68.4
水导轴承（℃）	最高	46.7	46.0	45.3	48.1
	最低	42.2	41.1	41.9	44.1
定子绕组（℃）	最高	53.3	57.0	41.4	55.7
	最低	48.2	51.8	39.9	51.4
定子铁芯（℃）	最高	52.6	51.6	41.4	55.7
	最低	46.6	50.1	38.2	49.5

左岸电站机组72h试运行第三天，振动和摆度见表3，轴承和定子温度见表4。

表3 左岸电站机组72h试运行第三天振动和摆度

机组		1号	2号	3号	4号
负荷（MW）		751	751	750	751
上导轴摆度（μm）	X向	41	65.0	86.8	91.4
	Y向	53	57.0	85.0	78.1
上机架振动（μm）	X向	17	20.7	32.1	14.9
	Y向	23	23.7	35.2	18.1
	垂直	60	26.3	24.6	32.4
下导轴摆度（μm）	X向	176	88.1	124.5	119.4
	Y向	165	110.7	95.5	99.3
下机架振动（μm）	水平1	6	6.4	5.0	14.2
	水平2	12	8.3	11.2	16.4
	垂直	19	12.2	14.7	20.1
水导轴摆度（μm）	X向	70	49.8	116.8	91.0
	Y向	179	51.9	91.2	86.4
顶盖振动（μm）	水平1	46	44.9	30.6	22.4
	水平2	52	24.0	31.9	37.1
	垂直	42	23.9	35.6	49.4
定子机座振动（μm）	水平1	46	56.9	57.6	41.8
	水平2	54	59.8	64.3	41.8
	垂直	4	2.7	4.9	17.3

续表

机组		1号	2号	3号	4号
负荷（MW）		751	751	750	751
定子铁芯振动（μm）	A向水平	49	63.4	61.9	46.3
	A向垂直	12	17.9	11.7	14.2
	B向水平	54	61.0	67.1	50.7
	B向垂直	20	11.8	14.9	27.7
	C向水平	55	59.3	80.9	56.9
	C向垂直	12	13.0	16.4	20.6

表4　左岸电站机组72h试运行第三天轴承和定子温度

机组		1号	2号	3号	4号
负荷（MW）		750	751	751	751
上导轴承（℃）	最高	38.4	36.4	36.9	38.1
	最低	34.8	33.9	33.6	36.7
下导轴承（℃）	最高	37.5	34.0	35.9	42.9
	最低	35.3	33.2	32.8	35.2
推力轴承（℃）	最高	75.3	70.3	70.4	72.2
	最低	73.6	68.5	68.2	70.4
水导轴承（℃）	最高	50.1	49.4	42.4	44.0
	最低	46.4	42.2	38.9	38.4
定子绕组（℃）	最高	70.1	66.7	67.2	72.0
	最低	62.0	58.2	57.2	64.1
定子铁芯（℃）	最高	57.2	52.7	52.0	59.4
	最低	56.1	51.4	50.9	58.2

（中国水利水电第四工程局有限公司　郑少平）

溪洛渡右岸电站水轮机导水机构安装

溪洛渡水电站左、右岸电站各装9台单机容量为770MW的水轮发电机组。中国水利水电第八工程局有限公司承担右岸电站9台机组的安装调试工作，其中水轮机导水机构安装有特色，尤其是在底环、顶盖预装时，采用测量中、下轴套同心度的方式取代预装活动导叶的传统方法。现将溪洛渡右岸电站水轮机导水机构安装简介如下：

（一）安装工艺要点

1. 副底环安装　调整副底环上X、Y轴线标记与基础环上X、Y轴线标记应对齐，偏差应小于1mm。根据座环下环板中心样点将钢琴线调至机组中心位置，对边偏差应小于0.05mm。以此中心线测量副底环止漏环圆度及与机组中心同心度，圆度偏差应小于0.2mm；参考定子与机组中心偏差方向，计算副底环中心与定子中心的同心度，偏差应小于0.15mm，且要求副底环中心、定子中心相对机组中心的偏差同方向。按要求钻铰副底环与基础环销孔，插入定位销对副底环进行定位。

2. 底环组装　将分瓣底环拼成整体，检查调整合缝处间隙、错牙，以及底环半径、圆度等几何尺寸直到符合要求，按设计扭力值拧紧所有组合螺栓。

3. 顶盖组装　将分瓣顶盖拼成整体，检查调整合缝处间隙、错牙符合要求，按设计扭力值拧紧所有组合螺栓。测量顶盖内径、圆度、内环面至止漏环下部梳齿的距离及各梳齿间的距离、顶盖抗磨板面与安装法兰面的距离，应符合图纸和规范要求。

4. 筒形阀组装　将分瓣筒形阀拼成整体，检查调整合缝处间隙、错牙符合要求，按设计扭力值拧紧所有组合螺栓。调整筒体，使上平面的水平度在0.04mm/m以内、平面度偏差在0.30mm以内，筒体圆度偏差在3mm以内。验收合格后，组合缝焊接，并封焊螺孔盖板。按相应的技术要求进行UT探伤检查，应符合要求。

5. 顶盖与筒形阀套装

（1）将组装成整体的顶盖吊起放置在筒体内的钢支墩上。顶盖吊放在钢支墩上后，利用斜楔调整顶盖的水平，使顶盖上平面的水平偏差控制在0.30mm以内。

（2）利用筒体下的千斤顶将筒体平稳顶起，在顶起的过程中精调顶盖上的6个直径70mm通孔与筒体上的6个M56螺孔同心度。当筒体上平面与顶盖法兰下平面上的限位块有2～4mm的间隙时，停止顶筒体。

（3）安装垫圈、将6个M56×360螺栓穿过顶盖法兰，旋入筒体螺孔内，通过均匀拧紧6个螺栓，将筒体提起并固定在顶盖下法兰上。

（4）将顶盖法兰下平面的6个导向条割掉。轻轻松开顶盖与筒体的组合螺栓，使筒体下落0.5～1mm，然后再用千斤顶将筒体顶起，把紧在顶盖上，使筒体处于自由悬挂状态。

（5）安装筒形阀接力器，检查筒体导向条及安装其他附件。

6. 底环、顶盖/筒形阀预装

（1）将底环吊入机坑，根据座环上的X、Y轴线确定底环的方位，方位偏差应小于1mm。

（2）以副底环止漏环最佳中心调整钢琴线，对应点的相对距离偏差应小于0.05mm；检查调整底环圆度及与副底环止漏环同心度，底环圆度偏差应小于

0.2mm，与副底环止漏环的同心度偏差应小于0.1mm。

（3）检查底环安装螺孔均满足安装要求后，在座环与底环间对称位置打入楔子板，对底环进行调整、定位。

（4）调整顶盖止漏环与副底环止漏环的同心度，偏差应小于0.05mm，并检查导叶中、下轴承孔的同轴度，偏差应小于0.3mm，如有超差，旋转顶盖进行再次调整。

（5）调整合格后，用千斤顶及楔子板将顶盖临时固定，配钻顶盖定位销钉孔。

（6）检查记录顶盖、底环高差及筒形阀间隙等，将顶盖吊出机坑。

（7）配钻底环销钉孔，插入定位销对底环进行定位。

7. 活动导叶吊装　按编号吊装全部导叶，并将它们置于关闭的位置，短轴进入轴套后，左右旋转应灵活。

8. 顶盖/筒形阀正式安装　转轮吊装调整完成后，正式安装顶盖/筒形阀。在导叶长轴进入顶盖轴套之前再次检查方位。在释放顶盖的全部重量以前把定位锥销插入并就位。安装全部螺栓，按预紧力要求，每隔4个拧紧1个螺栓。检查并记录全部活动导叶的端部总间隙、转轮上下止漏环间隙，以及主轴与顶盖内镗口（各法兰处）之间的距离。所有被测值都在允许范围内，把其余的顶盖紧固螺栓对称拧紧。

9. 控制环的拼装和安装　将分瓣控制环组装成整体。将控制环吊装就位，调整处于“关”的位置，用4块楔子板插入顶盖和控制环之间并打紧，以免在安装机械连接装置时移动。

10. 接力器推拉杆安装　检查控制环的径向安装线标记，确认处于全关位置。先连接控制环的一端，再连接接力器一端，按图纸要求拧紧大螺母。复测控制环的径向安装线标记，确认处于全关位置。

11. 活动导叶端面间隙调整　按要求安装拐臂及附件。测量检查活动导叶端部总间隙。松导叶提升螺栓和端盖安装螺栓，采用压铅法将铅块放置于导叶上端部与端盖之间，按照设计值拧紧端盖安装螺栓；导叶往上提升时，用百分表和塞尺进行监视测量，当导叶底部间隙达到设计值时，停止提升导叶，取出铅垫测量并记录、编号，此数据即为调整垫片需加工的最终尺寸。调整垫片加工完毕后，将其装入端盖与导叶之间，按照设计值拧紧端盖安装螺栓，导叶提升螺栓应达到设计拉力值，用塞尺复查导叶上下端部间隙，如间隙不符合要求，重新测量并加工垫片。

12. 导叶立面间隙调整　把导叶调整到“全关”位置，检查活动导叶立面间隙和闭合线。闭合线不应偏离理论线要求范围。调整完毕后，用塞尺测量检查活动导叶立面间隙值，测量控制环连接销钉孔与拐臂连接销钉孔的距离，应满足设计值要求。

13. 活动导叶机械操作系统附件安装　安装连接板时，需检查、调整连接板水平，必要时可修磨底部抗磨垫片；连接板水平偏差应小于0.25mm，同时对齐连接销孔。在控制环一侧安装连接销，在拐臂侧安装偏心销。再次检查活动导叶立面间隙，如有偏差则旋转偏心销进行微调。

（二）实施有关情况

副底环安装调整前，需测量其自然状态下的圆度。根据前几台机实测记录，均存在超差（实际要求不大于0.2mm），增加副底环调整难度。

在底环、顶盖预装方面，采用测量中、下轴套同心度的方式取代预装活动导叶的传统方法，缩短了施工工期。

座环导向条采用焊接形式，由于固定导叶导向条安装部位加工偏差、焊接变形，导向条焊接后间隙误差较大，顶盖/筒形阀预装前后需反复修磨、补焊导向条，工期和成本投入增加。

（中国水利水电第八工程局有限公司
陈允兵　刘　涛）

鲁地拉水电站机组轴线检查的弹性盘车工艺

鲁地拉水电站6台单机容量360MW水轮发电机组，水轮机由东方电气集团东方电机有限公司制造供货，为混流式；发电机为天津阿尔斯通水电设备有限公司制造供货，半伞式，转轴为三段结构［即由上端轴、转子中心体、下端轴（主轴）组成］。机组共设四部轴承，分别为上导轴承、推力轴承、下导轴承及水导轴承。推力轴承为弹性油箱（无支柱螺钉）支撑，采用18块氟塑料瓦；上导、下导和水导轴承为分块瓦结构，分别采用14、12、20块巴氏合金瓦；下导轴承与推力轴承不共用一油槽，在推力轴承下方。水轮机轴长4920mm，直径2100mm，发电机整个轴系长10828mm；上导至镜板距离4421mm，下导至镜板距离2384mm，水导至镜板距离9132mm，镜板直径4125mm。

鲁地拉水电站机组轴线检查采用弹性盘车方法，其工艺与现行国家标准规定的有所不同，现简介如下。

（一）准备工作

盘车前，调整机组转动部分，使水轮机上、下迷宫间隙及发电机空气间隙在规范范围内；在上导、下导、水导轴颈及法兰、镜板外缘圆周均匀标出8个盘车测点，上下各部位测点编号应一致，相同编号测点应在同一方位角度上；在上导、下导、水导及法兰四处的+Y与+X方位固定部位分别径向架设百分表，在镜板外缘+Y与+X方位固定部位分别径向与轴向架设百分表，其中垂直测点设置在镜板上平面最大直径处。

（二）盘车工艺

鲁地拉电站机组采用阿尔斯通提供的电动盘车装置作为盘车工具，其弹性盘车检查轴线，采用抱两道导轴瓦进行另一导轴承处轴摆度测量的方法。

1. 对水导轴颈的摆度测量　上、下导轴承对称抱紧4块瓦，导瓦间隙控制在0.02mm左右，导瓦面涂洁净透平油。利用高压油顶起装置将转子顶起，在推力瓦面涂好干净猪油或专用盘车油，落下转子开始盘车。为保证读数的准确，先空转一圈，到第二圈时，再分点停位测量，记录上导、下导、水导轴颈及法兰、镜板处每个测点百分表的读数。

2. 对上导轴颈的摆度测量　水导、下导轴承对称抱紧4块瓦，导瓦间隙控制在0.02mm左右，导瓦面涂洁净透平油。其他盘车、测量工艺同上。

（三）数据分析及调整

以5号机组为例。第一次盘车时，对水导轴颈摆度测量的各部位测点百分表读数见表1。对上导轴颈摆度测量的各部位测点百分表读数见表2。

表1　水导盘车时摆度记录值表（第一次）　(0.01mm)

测　点	1	2	3	4	5	6	7	8
上导a	0	1	1	0	0	1	2	1
下导b	0	0	0	0	1	0	1	0
上法兰c_1	0	2.5	1	0	−1	0	−1	−1
下法兰c_2	0	−1	−2	−5	−6	−5	−1.5	0
水导d	0	−1	−3	−6	−8.5	−9	−5	−2
镜板端跳f	0	−2	0	1	−1	−4	−5	−2

表2　上导盘车时摆度记录值表（第一次）　(0.01mm)

测　点	1	2	3	4	5	6	7	8
上导a	0	8	17	7	−1	−5	−4	0
下导b	0	0	1	1	0	0	0	0
上法兰c1	0	1.5	2	2	3	2	0	−2
下法兰c2	0	−1	−1	−2	−2	−1.5	0	0
水导d	0	−1	−1	−2	0	−0.5	1	1.5
镜板端跳f	0	−1	2	4	−3	−6	7	−4

从表1中数据可以分析得出，水导全摆度为：$\phi1-5=0.085$mm，$\phi2-6=0.08$mm，$\phi3-7=0.02$mm，$\phi4-8=-0.04$mm；净摆度为：$\phi db1-5=0.095$mm，$\phi db2-6=0.08$mm，$\phi db3-7=0.03$mm，$\phi db4-8=-0.04$mm；最大相对摆度0.010mm/m，小于0.02mm/m的厂家要求。从表2中数据分析得出，上导全摆度为：$\phi1-5=0.01$mm，$\phi2-6=0.13$mm，$\phi3-7=0.21$mm，$\phi4-8=0.07$mm；净摆度为：$\phi ab1-5=0.01$ mm，$\phi ab2-6=0.13$mm，$\phi ab3-7=0.20$mm，$\phi ab4-8=0.06$mm，最大相对摆度为0.045mm/m，大于0.02mm/m的厂家要求，且在3−7处，大值在3点。

根据上述计算分析结果，上导处轴线不满足要求，需处理。考虑上端轴较短，采取在转子中心体与推力头连接处加垫方案。加垫方位在3点，加垫厚度

$$\Delta=D\phi ab/2L$$

式中：D为推力头上端（与转子中心体连接处）直径；L为上导轴承至镜板的距离。

经计算$\Delta=0.06$mm。

加垫完成后，再次分别对上导及水导进行盘车，盘车数据见表3、表4，同时，为保证测量数据的准确性，在每次读取测点数据时，对镜板水平进行测量。

表3　上导盘车时摆度记录值表（第二次）　(0.01mm)

测　点	1	2	3	4	5	6	7	8
上导a	0	9	0	−2	−5	7	3.5	0
下导b	0	1	1	1	1	1	0	1
上法兰c1	0	1	1	1	1.5	1	−1.5	−2.5
下法兰c2	0	−1.5	−1.5	−2.5	−2.5	−2	−0.5	−0.5
水导d	0	0	0	0	0	−0.5	0	−0.5
镜板端跳f	0	0	3	3	−2	−2	−3	−2

表4　水导盘车时摆度记录值表（第二次）　(0.01mm)

测　点	1	2	3	4	5	6	7	8
上导a	0	0	−1	−1.5	−1	1	1	2
下导b	0	0	0	+1	+1	+1	+1	0
上法兰c1	0	0	1	0.5	0	0	−1.5	−4
下法兰c2	0	−3	−2	−4	−5	−4	−2	+2.5
水导d	0	−2.5	−2	−4.5	−5	−5.5	−3	−1.5
镜板端跳f	0	0	+3	+4	0	−2	−2	−1

根据上述数据计算可知，上导最大相对摆度为0.014mm/m，水导最大相对摆度为0.007mm/m，镜板跳动最大为0.06mm，均满足设计规范要求。

（中国水利水电第三工程局有限公司 周若愚 秦俊兰）

鲁地拉水电站3号机转轮裂纹处理

鲁地拉水电站安装6台套额定转速100r/min、额定功率为360MW的水轮发电机组。水轮机转轮由东方电气集团东方电机有限公司提供，转轮外形尺寸为ϕ7100mm×3978mm，总重205t。

转轮叶片、上冠、下环全部采用抗空蚀、抗磨蚀和具有良好焊接性能的ZG04Cr13Ni5Mo材料VOD精炼铸造。叶片数为13片，用五轴数控机床加工。转轮采用上冠、下环、叶片散件运输，在现场转轮加工厂房内由水轮机制造商组焊加工完成并做静平衡试验后，整体运至厂内安装间交货。

（一）发生情况

鲁地拉水电站3号机组于2013年7月21日投入商业运行，2014年11月14日进行C级检修，在对水轮机转轮UT+PT探伤检查时发现，有4个叶片存在贯穿性裂纹。裂纹共5条，其中3条位于转轮叶片上冠角焊缝，2条位于转轮叶片下环角焊缝，裂纹叶片号及长度见表1。

表1 3号机组转轮叶片裂纹情况

转轮叶片号	裂纹部位	长度（mm）
4	叶片上冠角焊缝裂纹	45
	叶片下环角焊缝裂纹	170
5	叶片上冠角焊缝裂纹	80
7	叶片下环角焊缝裂纹	150
12	叶片上冠角焊缝裂纹	120

（二）裂纹及孔洞原因分析

1. 转轮制造原因

（1）铸造气孔、铸造砂眼等在外部应力的作用下可能会成为裂纹源，造成裂纹的产生。铸焊结构的转轮，若焊接工艺不当或焊工没有按照焊接工艺的要求进行焊接，焊接或热处理残余应力存在，在焊缝及热影响区也会出现裂纹。

（2）转轮叶片与上冠、下环连接处根部R角偏小，设计为R14mm，引起应力集中，导致转轮叶片的疲劳强度不足。

2. 转轮材质原因 鲁地拉电站转轮全部采用抗空蚀、抗磨蚀和具有良好焊接性能的ZG04Cr13Ni5Mo材料制造，3号机组转轮叶片出现的裂纹及气孔，分析认为叶片在铸造时局部产生了偏析。由于叶片的局部材质产生了偏析，也就是镍钛合金在铸型中凝固以后，铸件断面上各个部分及晶粒与晶界之间存在化学成分的不均匀现象，降低了材料的延展性能，如偏析部位位于叶片出水边头部与上冠、下环焊缝连接过渡位置，则裂纹就易于发生。

3. 设计原因 混流式水轮机一般在30%～60%额定出力时容易在尾水管内发生水流涡带，引起空腔空蚀和机组振动。鲁地拉电站水轮发电机组设计有大轴中心孔补气装置，但没有设计强迫补气系统。由于水轮机吸出高度较大，尾水管内压力较高，靠自然补气难以避免有害水流涡带产生。这也是导致转轮叶片出现空蚀孔洞的原因之一。

4. 机组性能及运行状态 机组长期在低负荷或震动区域运行，导致转轮叶片在交变应力作用下，产生裂纹或使裂纹加剧。

（三）转轮裂纹处理

1. 处理工艺

（1）根据UT和PT探伤检查结果，用记号笔标记出叶片裂纹的部位和长度。

（2）检查叶片开裂处是否存在错口，如有应将叶片错口调整平顺，搭焊牢固。

（3）用砂轮打磨方式清理叶片正面裂纹，清理深度约2/3叶片厚度，直至见到金属光泽，按ASME标准对清理部位进行PT探伤，确认裂纹完全清除，并按图1形状预制坡口。

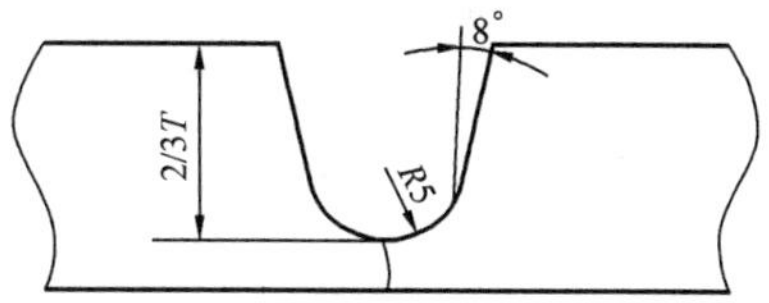

图1 裂纹处理坡口形状

（4）将焊接区域及附近200mm范围内的油污、水分等杂质清理干净。

（5）焊接区域及附近50mm范围内预热100℃后，采用手工焊（E309Lϕ3.2不锈钢焊条）进行多层窄道焊（参见图2）。焊前焊条按焊条使用说明书进行烘干，放入保温筒，随用随取。除第一层和盖面层焊道外，其余焊层用风铲进行锤击，以释放应力，焊缝表面高于母材原表面1～3mm，便于焊后打磨。

（6）按上述方法清理叶片背面裂纹并进行探伤、清理、焊接。

（7）焊接完成后立即用阻燃布覆盖焊接区域，使其缓慢冷却。

（8）用磨光机粗磨修复部位。

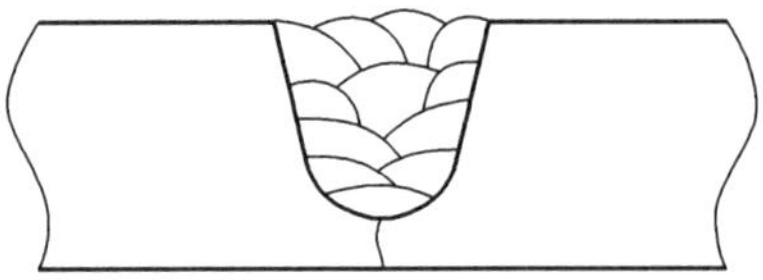

图2 多层窄道焊示意图

(9) 对修复后叶片焊缝按 ASME 标准进行 UT 和 PT 探伤检查，应无裂纹、夹渣和气孔。

(10) 探伤合格后，精磨修复部位，将叶片焊接部位按原型线磨平。

2. 裂纹处理结果 本次转轮叶片裂纹处理达到了预期的检修效果，有效消除了机组运行可能产生的安全隐患。

(中国水利水电第三工程局有限公司 周若愚 范孝奎)

鲁地拉水电站转子大立筋焊接工艺

鲁地拉水电站转子采用先挂装大立筋进行磁轭叠片，待叠装完成、转子结构尺寸满足要求后再对大立筋与转子支臂进行焊接的方法。此方法具有安装工艺简单，机械加工量少等优点，但由于磁轭叠片已经完成，各项技术参数调整合格，其焊接难度增大，必须采用科学合理的焊接工艺及措施来避免或减小焊接变形对磁轭整体尺寸的有害影响。

鲁地拉电站转子大立筋结构见图1，与转子支臂坡口为K型。由于有加固板，正背面焊缝难采用 CO_2 焊接，故采用手工电弧焊。焊接工艺要点如下。

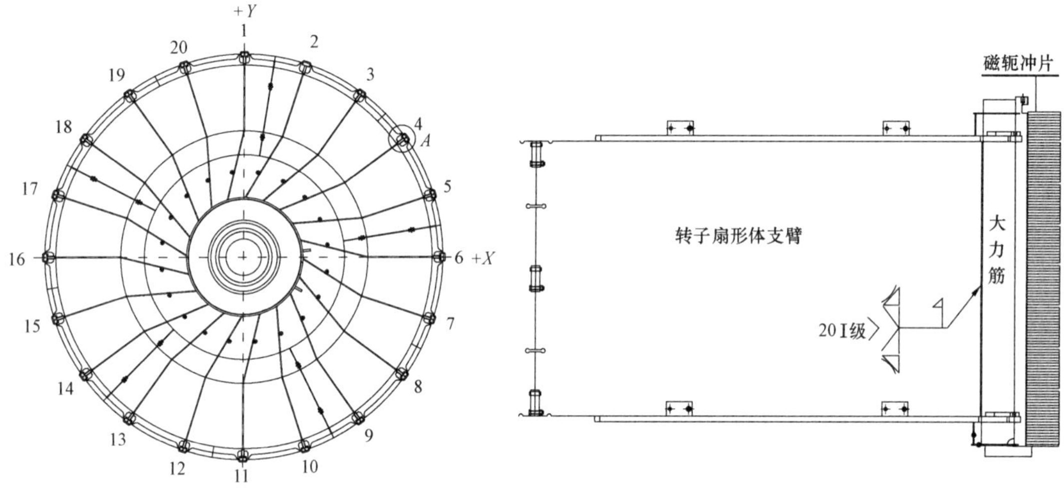

图1 转子大立筋结构

(一) 焊前检查与准备

(1) 技术参数检查。大立筋半径允许偏差为±0.5mm，弦距允许偏差为±0.2mm，垂直度允许偏差为0.15mm/m，水平度允许偏差为±3mm，焊前检查，偏差应在允许范围内。

(2) 坡口检查及处理。对转子支臂与大立筋坡口面及两侧50mm内的油漆、铁锈等用角磨机打磨，露出金属光泽；在焊缝上、中、下坡口两侧约100mm(避开加固板位置) 处打样冲眼，便于对焊接过程中焊缝的径向收缩进行实时监测；对坡口间隙大于3mm的焊缝进行堆焊处理，并打磨平整，做PT检测合格。

(3) 人员准备。焊工必须具有相应的理论知识和实际操作技能，持有相应的合格证书；进行焊前技术交底，了解已制定的焊接工艺方案各项技术要求；采取10名焊工同时对称施焊。无损检测人员，必须持有国家劳动人事部门颁发的锅炉压力容器无损检测2级以上资格证书或具有 ASNT-TC-1A Leve 2xe 以上资格证书。

(4) 加固板的安装与焊接。在每条焊缝正背面分别加装3块板厚30mm加固板，用于刚性固定。加固板距端头300mm，间距约为600mm，由两名焊工正背面同时施焊；每个加固板焊接，一律先内侧后外侧顺序(如图2所示)，焊缝角高为15mm。

(二) 焊接工艺

(1) 定位焊：在背缝按间距约420mm、距上下端头100mm、共计5处进行定位焊，每段长80～100mm，焊缝高度10～15mm，焊接顺序为③→②→

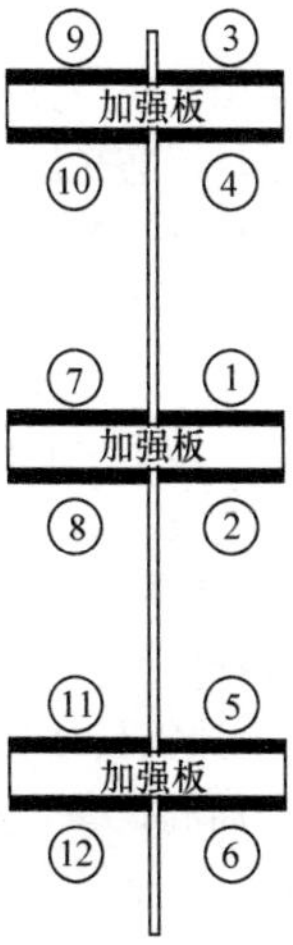

图 2　加固板焊接顺序

④→①→⑤，如图 3 所示。

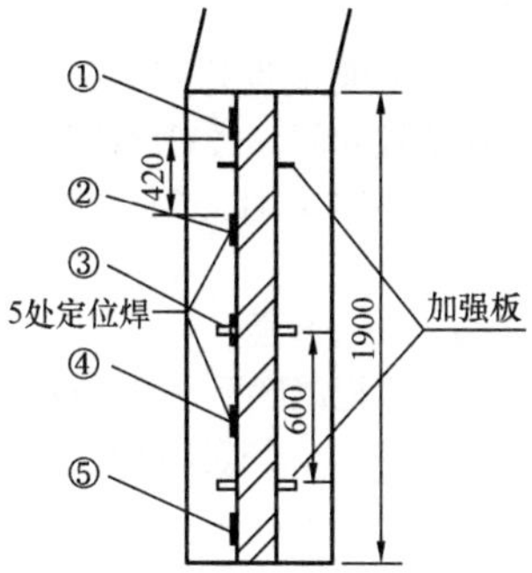

图 3　定位焊示意图

(2) 焊前预热温度控制在 80～100℃，焊接层间温度不高于 250℃，并做好全程加热记录。

(3) 将焊缝分 6 段，每段距离约为 300mm，采取分段、退步、对称的焊接顺序，参见图 4。层间的焊接接头与上一层需错开 30～50mm 的距离。除打底层与盖面层外，其余各层间均必须用风铲进行锤击，

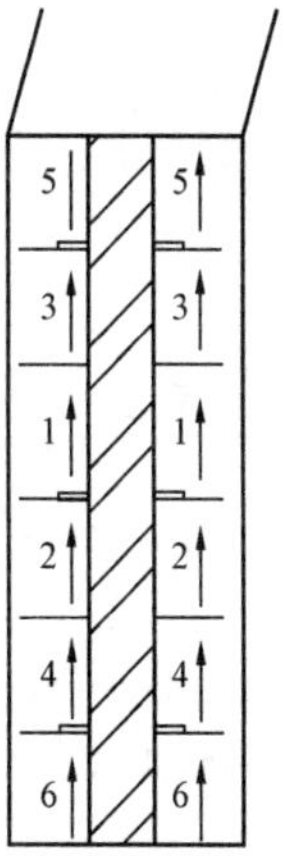

图 4　分段焊接顺序示意图

每次锤击时间不少于 10min，以减少焊接应力的存在。

(4) 整个焊接过程采用小电流多层、多道、短弧焊接，每道焊接宽度应小于焊条直径的 3 倍，每层厚度不大于 5mm，当层间焊接分为 3 道及 3 道以上焊接时，应将最后一道安排于焊缝中间位置，以减小焊接的角向变形，如图 5 所示。

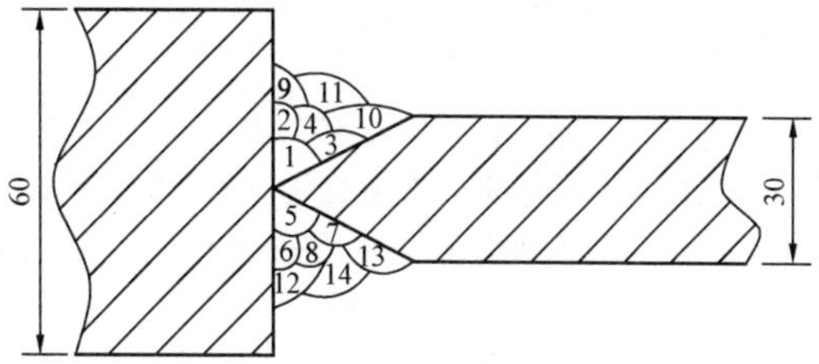

图 5　层、道焊接顺序示意图

(5) 盖面成型高度应高于母材，形成 8～10mm 角高，注意两侧盖面高度必须一致。

(6) 由 10 名焊工先开焊 20 条焊缝中的奇数焊缝，当正缝焊接都达到约 60%时对背缝进行清根打磨处理，等 PT 检测合格后，将背缝焊至 50%～80%（根据现场实时监测数据确定），再将正缝与背缝剩余量焊完。然后，用相同的方法对其偶数焊缝进行焊接。

(7) 打底焊使用 Φ3.2mm 焊条小电流进行，以使焊接产生的拉应力较小，并保证熔透减小背缝清根深度，控制焊接变形。

(8) 主要焊接工艺参数列于表 1。

表 1　主要焊接工艺参数

焊缝名称	焊条直径	电压（V）	平焊（A）	立焊（A）	仰焊（A）	热输入（kJ/cm）
E5015	3.2mm	22～28	80～110	90～120	80～110	15～38
E5015	4.0mm	22～28	150～175	130～160	130～150	15～38

（三）焊接变形监测

在焊接开始前、所有加固板和定位焊焊接完成后等关键节点，以及单班结束施焊冷却后，对圆度、垂直度、水平度、弦长和所要数据进行测量并记录，并在必要情况下，对焊接工艺进行及时调整。

（四）主要结构尺寸检查结果

(1) 大立筋焊后水平度，允许偏差为±4mm，4 号机实测偏差为+2.94、−3.56mm。

(2) 大立筋焊后磁轭圆度，允许偏差为±0.6mm，4 号机实测偏差（与平均半径之差），

上部为 + 0.19、- 0.30mm，中部为 + 0.44、-0.34mm，下部为+0.24、-0.17 mm。

（中国水利水电第三工程局有限公司
周若愚　杨党辉）

鲁地拉水电站转子磁轭热加垫技术

鲁地拉水电站 6 台额定功率 360MW 机组的发电机，由天津阿尔斯通水电设备有限公司供货。其转子现场组装时，磁轭热套采用的工艺比较特殊，通过精准的测量，精心的配垫，严格的加热、加垫、冷却等关键工序的控制，使热加垫后的转子的各技术参数均达到优良水平。

鲁地拉水电站转子热加垫关键工艺控制要点如下：

1. 加垫量计算　鲁地拉转子共有 20 根主筋，加热前需提前将每个加垫部位的片子准备好，并进行配对编号。配垫的关键在于加垫量的确定，需要现场进行测量计算。

间隙测量，设计制造了专用工具，精心分别测出每根大立筋与磁轭之间上 1、上 2、中、下 1、下 2 五个部位的间隙值。

加垫量的确定，先按 $t_1=t+d$（其中 t_1 为垫片厚度，t 为设计热加垫厚度 3.4mm，d 为大力筋与磁轭存在间隙），以大立筋焊接后测量的大立筋与磁轭间间隙数据，分别计算每根大立筋应加垫片的厚度；再考虑圆度补偿，计算各垫片的厚度，经模拟计算圆度符合要求后确定。

每根大立筋所加的垫片，用到货的 2 张厚垫片中间夹薄垫片的方法组配，根据五个部位的间隙值，并采取四舍五入的方法，从到货垫片选择以满足各部位厚度要求。垫片不宜过多分段，分段处要有过渡，过渡长度不小于 100mm，过渡厚度不大于 0.3mm。

2. 垫片制作

（1）将到货的垫片清洗干净，用外径千分尺测量垫片厚度并在垫片上标注清楚，分类放置。

（2）准备垫片焊接用平台、垫片焊接夹紧工具（C 型卡）、氩弧焊机、碳钢焊丝、钨极针、剪刀、外径千分尺、磨光机、油光锉等工器具。

（3）组配垫片并将垫片用 C 型卡整齐、牢固地固定在焊接平台上，C 型卡距垫片焊接边缘要不大于 10mm，夹紧完成后，用外径千分尺复检配垫各部厚度，检查垫片间间隙，满足要求后进行焊接。

（4）焊接采用氩弧焊，在垫片两侧面分段焊接，分段长度为 20～30mm，最后再焊接配装垫片的上、下两个面。

（5）焊接完成后用外径千分尺复测加工后的垫片厚度，满足加垫值后，用磨光机将垫片焊接部位打磨光滑、平整，确认无高点、毛刺。

3. 加温及垫片插入

（1）加温准备：①用水准仪在轴向方位均分 4 点分别测量磁轭下压板与转子中心体下法兰面高差，将测量位置做好标记并记录；②拆除磁轭下端支撑、大力筋底部支撑及转子支臂底部支撑，拆除时在对称四个方位架设百分表进行监测转子下沉量；③用水准仪测量高差标记高程，计算转子磁轭下沉量并记录；④按要求布置、调试加温设备，布置好防火保温棚、测温设备及相应的辅助设施等，加热板沿磁轭高度方向均匀铺设。

（2）温度控制：为保证磁轭均匀膨胀，加热过程严格控制升温，每隔 30min 或 1h 进行一次温度记录，要求温度控制在（5～10）℃/h。

（3）垫片插入：待温度达到 85℃左右，测量每根大力筋与相应磁轭间间隙达到设计要求后，迅速将相对应的垫插入间隙中，且必须一次性放到大力筋底部。

4. 磁轭降温及检查测量

（1）缓慢降低磁轭温度至室温，按降温时间间隔记录相应温度，并保证圆周范围内温差不大于 2℃，冷却时间要满足（不少于）设计要求降温时间。

（2）冷却后，检查转子中心体水平及测圆架应满足要求。

（3）按照热套前的测量方式测量磁轭圆度、半径及垂直度并记录。

（4）用水准仪、百分表、测圆架，测量下压板的水平度并记录。

（中国水利水电第三工程局有限公司　范孝奎　李　欢　周若愚）

鲁地拉水电站转子磁轭与大立筋之间间隙测量装置

鲁地拉水电站安装 6 台由天津阿尔斯通水电设备有限公司供货的额定转速 100r/min、额定功率为 360MW 的半伞式水轮发电机。转子外径为 14 063.3mm，高 2574mm，总重 847t；转子支架中心体、扇形支臂及 20 根大立筋在现场组装焊接；大立筋单根重 621kg，高 2487mm。转子磁轭为高强度冲片现场叠压而成，通过加热并在大立筋处加垫，热套在转子支架上。

为保证转子装配质量，磁轭热加垫时必须准确测量磁轭与大立筋配合的上、中、下部间隙。由于间隙较小（3mm左右），长度较长，中间位置无合适的间隙测量工具。因此，设计制造了专门用于转子磁轭与大立筋之间间隙的测量装置。

该测量装置结构如图1所示，由第一测量尺和第二测量尺组成，测量尺包括一延伸杆和楔形块，均由钢制成，两楔形块的斜面通过燕尾形的滑槽与滑块配合呈滑动状态。使用时，首先将第一楔形块的滑块插入第二楔形块的滑槽，使两尺形成一个整体，插入到大立筋与磁轭之间的间隙；相互上下推拉延伸杆，直到两楔形块外侧平面分别与磁轭、大立筋紧密贴合（即塞紧），在延伸杆上部做相互对应的标记；然后通过上下推拉延伸杆松开，将两测量尺整体取出，对齐延伸杆上所做标记，用游标卡尺测量两楔形块配合的总厚度 a，即为该位置磁轭与大立筋的间隙值，参见图2。

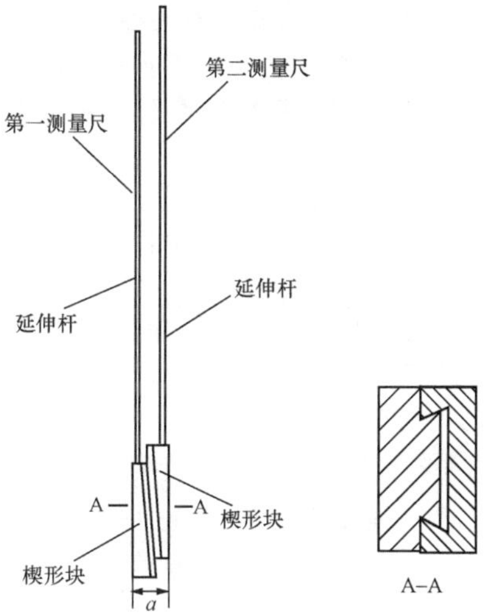

图1　间隙测量装置结构示意图

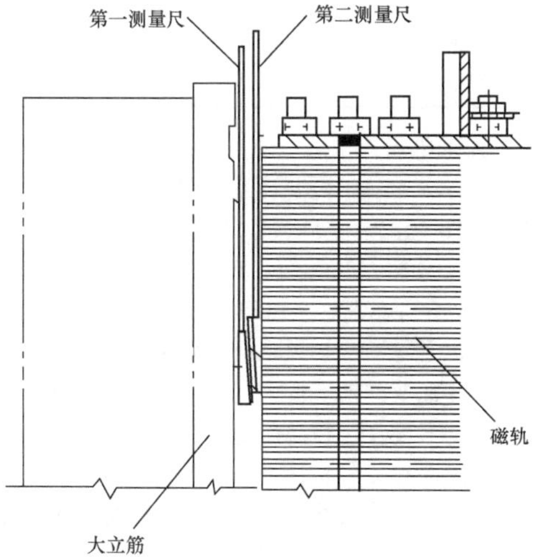

图2　使用状态参考图

在实施时，通过设置滑块和滑槽，能够有效的引导第一楔形块和第二楔形块的相对运动，提高了测量的准确性。

该测量装置结构简单，设计新颖合理，工作可靠，使用寿命长，测量准确性高，便于推广使用；已申请专利，2014年12月11日，国家知识产权局受理。

（中国水利水电第三工程局有限公司
周若愚　范孝奎　孙红兵）

构皮滩水电站600MW水轮发电机关键技术设计

构皮滩水电站位于贵州省余庆县境内乌江干流上，总装机容量5×600MW，保证出力751.8MW，设计年发电量96.82亿kW·h，是国家“十五”计划重点工程、贵州省实施“西电东送”战略的标志性工程，为中国华电集团公司目前最大的水电站。2003年11月8日，工程正式开工；2009年实现“一年五投”，12月全部机组投产发电。

构皮滩水电站机组单机额定容量600MW，是我国首次自主研发的600MW混流式水轮发电机组，因此，对首台国产600MW水轮发电机关键技术进行了研究与应用。

（一）关键技术与创新点

构皮滩发电机容量、尺寸大，电压高，轴承推力负荷大，关键技术设计采取以下措施：

（1）采用先进的电磁优化设计程序，对电机电磁场、温度场进行分析计算，对电磁与机械振动及运行稳定性进行计算，确保发电机具有优良、可靠的电气性能。

（2）采用网络分析法对发电机通风进行优化设计，优化发电机冷却风量分布并减小通风损耗，保证发电机通风发热要求。

（3）转子支架、上机架和定子机座采用斜支臂结构。转子支架采用斜支臂结构，磁轭热套在支臂上产生的应力，可以通过转子圆盘相应于转子中心体产生的转动而均衡掉；运行时，支臂也吸收由于转子圆盘转动而产生的圆盘反向膨胀力；在满负荷运行突然发生短路时，短路力矩将使转子轮毂与磁轭之间产生相对偏角，减小短路时的机械应力。上机架和定子机座采用斜支臂结构，当满负荷运行定子发生短路时，斜支臂对短路扭矩具有很高的稳定作用，保证定子和转子的同心度，提高机组稳定性。上机架的斜支臂与基础直接连接，有很好的刚度和运行机械特性。斜支臂机架使径向弹性参数最优化，可以减小由于热应力导致基础上的受力。

（4）定子绕组采用世界领先水平的 VPI 绝缘系统。消除了绝缘体系内部的气隙，提高主绝缘的整体性和导热性，提高了线棒的防老化性能，延长了使用寿命，同时也提高了定子线棒的防潮性能。

（5）推力轴承采用高参数弹性氟塑料瓦。构皮滩发电机推力负荷 3000t，单块推力瓦面积 $3388cm^2$，为目前国内已运行的推力负荷大于 3000t 的 600MW 水轮发电机组中单块塑料瓦瓦面积最大的机组。

（6）构皮滩发电机的槽电流 7127.8A，在目前国内已运行的 600MW 水轮发电机组中最大，机组的安全运行，为将来大型发电机组的设计提供了可信的参考。

（7）600MW 水轮发电机冷却系统设计与优化。构皮滩发电机在充分吸取借鉴的基础上，冷却方式选择采用密闭、自循环无风扇、双路径向通风方式，即采用全空冷式，电机的冷却空气由转子支架、转子磁轭及磁极（自通风）的风扇作用驱动循环；冷却空气通过气隙、定子铁芯，流出定子机座经过冷却器，返回转子支架入口；转子、气隙、定子铁芯和空气冷却器形成密闭的冷却风路。经过真机 600MW 负荷下运行数据表明，发电机定子铁芯、绕组运行最高温度为 75℃，远小于 F 级绝缘极限值；除定子机座振动外，机组各部振动、摆度均在国家标准规定的范围内。

（二）构皮滩 600MW 水轮发电机新材料应用

构皮滩 600MW 水轮发电机新材料应用主要有：①定子线棒主绝缘材料均首次采用国产 F 级浸渍树脂及少胶环氧粉云母带；②定子槽内槽楔、波纹弹簧垫条均采用国产材料；③定子硅钢片绝缘漆采用国产 F 级绝缘漆；④定子冲片材料为国产高质量、高磁导率、低损耗硅钢片；⑤定子铁芯压指、通风槽钢均采用非磁性材料；⑥定子铁芯拉紧螺杆、蝶形弹簧采用高强度材料；⑦转子磁极线圈匝间绝缘采用 F 级 NOMEX 绝缘纸；⑧转子磁极冲片采用优质热轧薄磁极钢板；⑨转子磁轭冲片采用优质热轧薄磁轭钢板；⑩空气冷却器选用东屋公司所生产的高效换热、穿片式冷却器，冷却管采用大管径耐磨蚀铜管。

（三）经济效益及社会效益

首台国内设计、制造的 600MW 巨型水轮发电机的成功应用，标志着我国已掌握超大型水力发电机关键设计和制造技术。生产厂商根据构皮滩真机运行数据，不断总结和改进其设计和制造工艺，为今后我国设计、制造更大容量水力发电机组提供强支撑，为我国巨型水电机组国际市场占有率做出积极贡献，其社会效益和经济效益十分显著。

（构皮滩发电厂）

金安桥水电站水轮发电机组性能试验简介

金安桥水电站安装 4 台单机容量为 600MW 的水轮发电机组，水轮机为混流式，型号 HLD316a-LJ-780，额定出力 612.2MW，额定水头 111m，额定流量 $597.95m^3/s$，同步转速 93.75r/min；发电机组采用半伞式、全空冷结构，额定容量 666.67MVA，额定电压 18kV，额定电流 21 383V，额定频率 50Hz，额定功率因数 0.9，推力轴承采用弹性金属塑料瓦。这 4 台机组由东方电气集团东方电机有限公司（以下简称东电）制造，2011 年投产 3 台，2012 年 8 月 31 日最后一台机组（1 号机组）投产发电。为验证机组的设计特性，检验机组性能参数是否满足合同要求，并为机组长期安全稳定运行提供数据，在 1 号机组进行了机组性能试验。

（一）发电机部分试验

1. 电压波形畸变率 *THD* 和电话谐波因数 *THF* 测定

（1）方法：通过他励电源，使机组运行在额定转速、空载状态下，采用谐波分析仪录制发电机线电压波形，进行各次谐波分析。

（2）结果：数据见表 1，满足合同要求。

表 1 电压波形畸变率和电话谐波因数测定结果

	U_{AB}	U_{BC}	U_{CA}	合同标准
电压波形畸变率 *THD*（%）	0.38	0.42	0.41	≤3%
电话谐波因数 *THF*（%）	0.48	0.49	0.52	≤1%

2. 发电机温升试验

（1）方法：采用检温计法，在他励状态下发电机空转、$1.0I_N$短路、空载及在自并励状态下发电机带 $75\%P_S$、$90\%P_S$、$100\%P_S$负载下，每隔 30 分钟分别收集记录定子线棒、定子铁芯、励磁绕组、集电环及其环境、空冷器冷热风、空冷器进出水、上导瓦及油槽、下导瓦及油槽、推力瓦及外循环热冷油、水导瓦及油槽的温度，进行温度状态分析；用电阻法检测转子绕组温度在三种负荷下的温升情况。

（2）结果：数据见表 2，发电机工况到达热稳定状态的最后一小时内，机组各部分温度变化均小于 0.5K，发电机在额定负载下的温升符合合同设计要求。

表 2 发电机温升试验结果

	试验值	合同标准
定子绕组温升（K）	48.58	≤75
定子铁芯温升（K）	28.83	≤70
转子绕组温升（K）	44.95	≤80
集电环温升（K）	54.1	≤75
推力轴承瓦温度（℃）	25.03	≤55
上导轴瓦温度（℃）	38.9	≤75
下导轴瓦温度（℃）	41.74	≤75

3. 发电机损耗及效率测定

（1）方法：采取间接法，即损耗测量法，通过测量发电机外表面和内部冷却介质带走的总热量得到发电机损耗。分别在机组空转、空载、短路热稳定状态及并网带负荷状态分别测量空冷器冷热水温度、上下盖板的表面及空气温度、滑环腔表面及空气温度、风洞壁及风洞门表面及空气温度，通过计算，得到不同负载工况下转子铜耗、集电环损耗、通风损耗、定子铁耗、杂散损耗、定子铜耗、轴承损耗、励磁系统损耗。

（2）结果：通过加权平均系数计算，满足合同约定，数据列于表 3。

表 3 发电机损耗及效率测定数据

负荷		$50\%P_N$	$60\%P_N$	$70\%P_N$	$80\%P_N$	$90\%P_N$	$100\%P_N$	$100\%P_N$
视在功率	MVA	333.33	400.00	466.66	533.33	600.00	666.67	600.00
有功功率	MW	300.00	360.00	420.00	480.00	540.00	600.00	600.00
无功功率	Mvar	145.30	174.35	203.41	232.47	261.53	290.59	0.00
功率因数		0.9	0.9	0.9	0.9	0.9	0.9	1.00
定子电压	V	18000	18000	18000	18000	18000	18000	18000
定子电流	kA	10.6916	12.8300	14.9681	17.1066	19.2450	21.3833	19.2450
励磁电流	A	2132.86	2264.63	2411.57	2550.59	2711.01	2870.86	2158.56
损耗								
转子铜耗（90℃）	kW	656.43	740.05	839.2	938.74	1060.54	1189.3	672.35
碳刷摩擦损耗	kW	2.61	2.61	2.61	2.61	2.61	2.61	2.61
集电环电损耗	kW	4.27	4.53	4.82	5.1	5.42	5.74	4.32
通风损耗	kW	1802.93	1802.93	1802.93	1802.93	1802.93	1802.93	1802.93
定子铁损	kW	1413.63	1413.63	1413.63	1413.63	1413.63	1413.63	1413.63
定子铜耗	kW	337.1	485.43	660.71	862.98	1092.22	1348.42	1092.22
杂散损耗	kW	199.18	286.82	390.39	509.91	645.35	796.73	645.35
推力轴承损耗	kW	273.40	273.40	273.40	273.40	273.40	273.40	273.4
下导轴承损耗	kW	49.15	49.15	49.15	49.15	49.15	49.15	49.15
上导轴承损耗	kW	52.39	52.39	52.39	52.39	52.39	52.39	52.39
励磁系统损耗	kW	27.60	31.11	35.28	39.47	44.59	50	28.27
总损耗	kW	4818.69	5142.05	5524.51	5950.31	6442.23	6984.3	6036.62
效率	%	98.42	98.59	98.7	98.78	98.82	98.85	99
加权系数		5	7	13	24	32	19	
加权效率测量值	%	98.76%						
合同约定	%	≥98.7						

4. 噪声水平测试

（1）方法：在 1 号发电机盖板外缘上方垂直距离 1m 处测试（24 个测点），先停机状态测试背景噪声，再测定带额定负荷稳定运行时的噪声。

（2）结果：24 个测点声压平均值为 71.2dB，考虑背景噪声按规定方法修正后 69.03dB，结果满足合同约定（≦80dB）。

5. 同步电抗 X_d、X_q 的测定

（1）方法：用低转差法，通过外来电源给发电机定子施加三相低电压［（2%～15%）U_n］，保证定子的旋转磁场和转子的转向一致，并保持发电机的转差率低于 1%（转速大于 92.862r/min、小于额定转速），断开转子励磁回路，录得定子电压和电流值，通过计算求得直轴不饱和同步电抗的标幺值 X_d（p. u.）和交轴不饱和同步电抗的标幺值 X_q（p. u.）。

（2）结果：通过计算，X_d（p. u.）为 0.9499，满足合同不大于 1.1 的约定；X_q（p. u.）为 0.6839，满足合同不大于 0.68 的约定。

6. 交轴饱和同步电抗

（1）方法：在机组空载、带载状态下分别比较机端电压波形和齿盘测速脉冲信号之间时间差值，计算出带载时的功角，并记录相关时段的电压、电流、功率及功率因数，通过计算得到交轴饱和同步电抗值。

（2）结果：数据列于表 4，通过计算，结果满足合同约定。

表 4 交轴饱和同步电抗测定结果

P（MW）	U（kV）	I（A）	S（MVA）	ϕ（°）	δ（°）	X_q（p. u.）
424.96	18.76	14.15	458.54	22.06	17.26	0.604 2
501.54	18.80	16.10	517.07	14.08	19.69	0.562 2
603.83	18.79	19.58	636.91	18.56	21.31	0.539 7
平均值						0.568 7
合同约定						≤0.66

7. 超瞬变电抗 X''_d、X''_q 的测定

（1）方法：采用任意位置静测法。按图 1 接线，将外部电源分别接入定子 AB、BC、AC 相，短接励磁绕组，读取电压、电流、功率值。

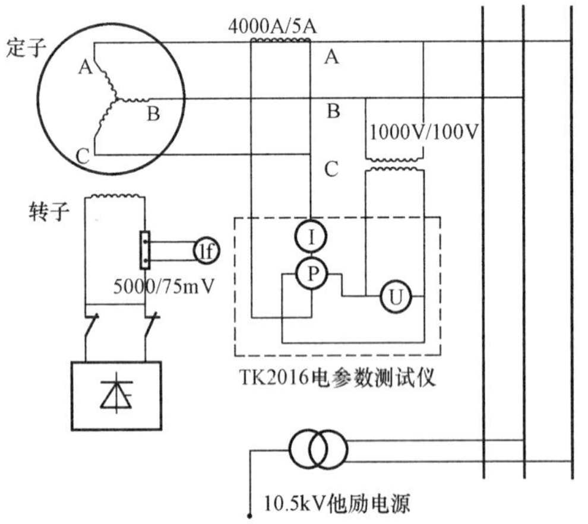

图 1 超瞬变电抗测定接线图

（2）结果：数据列于表 5，根据计算结果，符合设计要求。

表 5 超瞬变电抗测定结果

	AB	BC	AC
X''（p. u.）	0.251 8	0.255 6	0.255 2
实际值 X''_d（p. u.）	0.251 8	合同设计值 X''_d（p. u.）	≥0.21
实际值 X''_q（p. u.）	0.2566	合同设计值 X''_q（p. u.）	≥0.23

8. 零序电抗 X_0 的测定

（1）方法：采用两相对中性点稳态短路法测定，按图 2 接线，机组运行在空转态，手动调节励磁电流到达 4 个测试点，分别读取电压、电流和功率值。

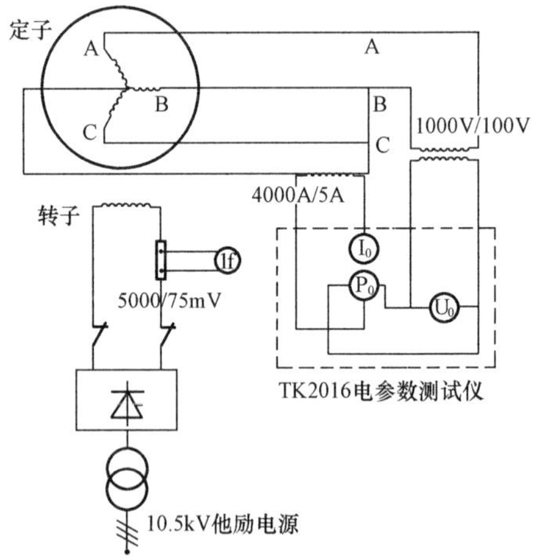

图 2 零序电抗测定接线图

（2）结果：数据列于表 6，通过计算，结果满足合同约定。

表 6 零序电抗测定结果

U_0（V）	I_0（A）	P_0（kW）	Q_0（kVar）	X_0（p. u.）
50.083	1033.2	5.115	51.491	0.099 3
98.362	2012	20.24	196.845	0.100 1
147.455	2994.9	46.915	439.12	0.100 7
185.152	3748.5	75.405	689.92	0.101 0
平均值				0.1010
合同约定				≤0.11

9. 负序电抗 X_2 的测定

(1) 方法：采用两相稳定短路法测定发电机负序电抗值，按图 3 接线，机组运行在空转态，手动调节励磁电流到达 4 个测试点，分别读取负序电压、负序电流和负序功率值。

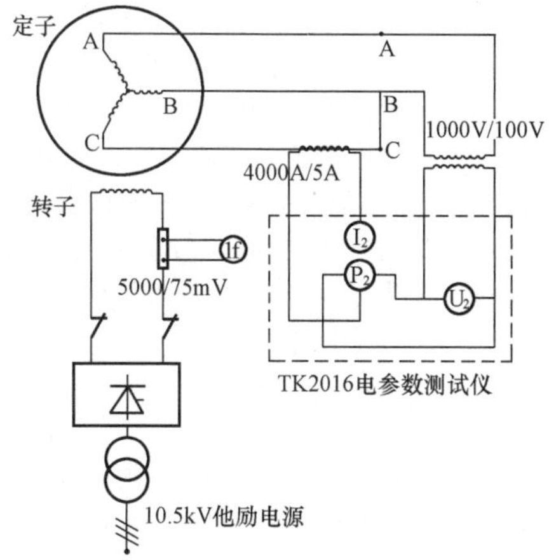

图 3 负序电抗电抗测定接线图

(2) 结果：数据列于表 7，通过计算，结果基本满足合同约定。

表 7 负序电抗测定结果

U_2 (V)	I_2 (A)	P_2 (kW)	X_2 (p. u.)
179.558 8	946.1	169.435	0.2249
377.964 6	1980.2	746.642	0.2262
578.118 8	3027.3	1744.264	0.226 1
700.582	3667.7	2561.876	0.226 2
负序电抗平均值			0.225 9
合同约定			≤0.22

10. 发电机储能常数 H、加速时间 T_j 和飞轮力矩 GD^2 试验

(1) 方法：机组带 20%额定负荷正常运行，记录甩负荷前有功、无功功率及转速，录制甩负荷转速上升曲线。

(2) 结果：通过测量、计算，$H=5.597$，$T_j=12.44s$，$GD^2=309\ 708t \cdot m^2$。该飞轮力矩包含水轮机的飞轮力矩，发电机的飞轮力矩基本满足不小于 $220\ 000t \cdot m^2$ 的合同约定。

(二) 水轮机出力试验

试验时，由于上游电站检修腾库，金安桥水库在高水位运行，水头达 119.60m；并且云南电网及南方电网主干输电线路开始检修，电网暂时难以满足负荷申请要求。考虑这些实际情况，东电试验人员提出用历史数据换算的方法。查阅 1 号机运行历史数据，机组在水头大于 110m 小于 111m 状态下运行时，出力为 597MW，流量为 $586m^3/s$，换算到额定水头 111m，机组出力已超过额定出力 600MW，达 602MW，满足要求。金安桥水电站有限公司经分析后认为，换算方法正确，结论可以采纳。

(三) 机组运行稳定区测试

方法：机组在额定空转、额定空载、负序电流工况、各种带负荷工况下检测上导、下导、水导、上机架、下机架、机座及顶盖的通频和转频值。

结果：当上游水位 1416.9m，下游水位 1298m 时，振动区的负荷范围为 100MW 到 200MW 之间，涡带区的负荷范围在 280MW 到 440MW 之间，建议机组在运行时避开以上两个区间。机组带负荷稳定运行时，各个测点振摆均达到合格水平。稳定运行区域的范围未达到合同约定要求，因此，应对振动问题继续进行分析研究。

(金安桥水电站有限公司 金 涛)

龙开口水电站水轮机模型验收试验简介

龙开口水电站是金沙江中游河段八个梯级电站的第六级电站，水头变化范围为 52.2～80.7m，额定水头 67m，装设 5 台 360MW 的混流式水轮发电机组。水轮机额定出力为 367.5MW，额定流量 $604.2m^3/s$，额定转速 83.3r/min，转轮公称直径 8m，由哈尔滨电机厂有限责任公司设计并供货，转轮在现场加工厂进行组焊加工。

(一) 模型试验台及模型转轮

1. 模型试验台简介　哈尔滨电机厂有限责任公司的高水头试验Ⅰ台具有各参数（水头、流量及力矩）的原位率定系统、模型试验台的原级测试设备。试验台的设计尺寸和设备参数能满足模型转轮直径不超过 500mm 的水轮机模型实验要求。模型效率综合测试误差不超过±0.25%，模型转轮的效率、空化、压力脉动、飞逸、轴向力和补气等试验在同一试验台同一模型上进行。

2. 模型转轮基本参数　龙开口水电站模型转轮型号为 A994，是在 A904a 基础上优化结构设计得到的。模型转轮主要技术参数为：进口直径 352mm，导叶高度 107.008mm（$0.304D_1$），活动导叶数 24 个，固定导叶数为 24 个，导叶分布圆直径 $1.174D_1$，原模型尺寸比为 22.727272∶1。

(二) 试验台仪器率定及误差

验收试验前，对有关系统精度的主要测量仪表如流量计、力矩传感器、水头传感器、尾水传感器等进

行了率定，并进行误差分析。本次验收检查，流量计的测量误差不超过±0.02%，力矩传感器的测量误差不超过±0.013%，水头传感器的测量误差不超过±0.028%；模型试验台的效率综合误差不超过±0.025%，满足合同规定的精度要求。

（三）模型验收试验情况

水轮机模型验收试验内容包括：试验传感器标定、效率试验、空化试验、压力脉动试验、变空化试验、飞逸试验、流态观测及模型尺寸检查等。其中，流态观测试验进行了初生空化观测、叶道涡观测以及叶片进口边背面初生空化观测试验。

1. 效率试验　根据初步试验报告，验收组对不同水头下的11个工况点进行了复核试验。模型水轮机最优效率为94.46%，满足合同中保证值94.44%的要求；原型机最优效率为96.18%，满足合同中保证值96.16%的要求；最优效率点对应的真机水头为74.4m，满足合同中原型机最优点效率不低于71m的要求。模型加权平均效率为91.64%，满足合同保证值91.61%的要求；原型机加权平均效率为93.36%，满足合同中保证值93.32%的要求。在额定水头67m和额定功率367.5MW时，水轮机的额定效率为93.36%，满足合同中保证值92.31%的要求，相应工况点的模型水轮机效率为91.60%，满足合同中保证值90.59%的要求。

2. 空化试验　在覆盖整个水轮机运行范围内，进行了空化试验，并绘制了空化系数（包括临界空化系数 σ_c、初生空化系数 σ_i）曲线。同时根据验收组建议，对真机水头 H_p=67m的额定出力工况点和真机水头 H_p=73m的额定出力工况点进行了空化验收试验，试验结果按两种不同的吸出高度 H_s 提供，一种是无论任何工况都取相同的 H_s=5.28m；另外一种是根据电站上下游水位的实际情况，对应的不同真机水头的 H_s 不同进行计算。同时对真机水头67、73、77m的额定出力工况进行了初生空化的观察。试验结果表明：A994转轮空化性能较好，$\sigma_p/\sigma_i>1.2$，$\sigma_p/\sigma_c>1.5$，均满足合同要求。

3. 压力脉动试验　共设置了5个测点，分别是蜗壳进口、导叶后转轮前的+Y处及−Y处、距转轮出口0.3倍 D_1 处上游及下游处，试验过程中对转轮的涡带情况进行了拍照。根据验收组建议，对真机水头52.2、74.4m及62m选取了5个工况点进行了压力脉动验收试验。验收试验结果表明，验收各工况点压力脉动幅值均低于合同保证值，满足合同要求。

4. 补气试验　在最大压力脉动时和在最大水头45%额定功率及相应尾水位下进行，试验对补气量、补气导致压力脉动频率和振幅的改变以及补气对水轮机效率的影响进行测量并记录。补气试验结果表明，随着补气量的变化，大部分的测点都有所变化。其主要规律为：压力脉动幅值较小时，补气量的变化对该幅值没有太大的影响；当压力脉动幅值较大时，随着补气量的增加，压力脉动的幅值最终呈下降趋势；随着补气量的增加，压力脉动的幅值呈单调下降趋势。

5. 飞逸试验　在水轮机可能的全部运行水头范围和导叶从关闭到110%导叶额定开度范围内进行。根据合同和验收组意见，在开度为7、9、11mm进行了装置空化系数下的飞逸转速试验，同时在开度为25、27mm进行了能量状态的飞逸转速试验。复核试验结果为：在最大水头额定出力下的飞逸转速为138.34r/min，在最大水头额定开度的飞逸转速为151.12r/min，满足合同中的最大飞逸转速不应超过170r/min的要求。

6. 流态观测试验　试验水头为20m，在电站装置空化系数条件下进行。试验中利用闪频仪、光导纤维内窥镜及同步成像显示系统对整个运行范围内流态不稳定现象的产生及发展过程和程度进行了观测。试验结果标明：在整个运行范围内未发现出口可见卡门涡；在整个运行范围内没有叶片进口脱流现象；在最高水头45%～50%水轮机额定出力附近处的小区域内发现了叶道涡，鉴于该区域位于最高水头长期连续安全稳定范围的最低负荷处，机组在此区域运行的几率相当低，故不会对电站的长期稳定运行产生影响。

7. 叶道涡观测试验　在试验工况调整过程中（70r/min<n_{11}<74r/min）试验台出现振动现象，验收组要求主机厂家针对该现象进行水力分析，以便在真机运行过程中，避免该振源频率与电站固有频率发生共振现象。

经过有限元计算软件ANSYS分析，无论是尾水涡的压力激振频率、尾水管内水体的固有频率、叶道涡频率以及尾水涡与叶道涡联合作用产生的频率，都属于低频，且低于转频，与水轮机模型尾水管的固有频率不相等或不成倍数关系，不能成为尾水管共振的激振源，所以，出现在模型试验中所谓的共振现象不属于共振，而是一种强迫振动现象。

模型尾水管的肘管与扩散段均采用3mm的钢板制作，相对管壁刚度不够，容易产生受迫振动，而且现在的模型装置中锥管与肘管是不把合在一起的，而是在平台与尾水管肘管之间加设了一个刚性支撑支柱，目的就是不让尾水管振动传递到锥管上方。模型试验中发生振动现象是在高于最大水头（运行范围之外）寻找叶道涡发展线、工况调节过程的时候发生的，此时工况处于叶道涡发展线附近，且单位转速较低，不在运行范围之内，偏离最优工况较远，再加上尾水涡的联合作用，流态十分不好，而发生了水体强迫尾水管的振动，由于刚性支撑的连接作用，强迫平台发生振动。模型试验中的尾水管结构与连接形式与真机尾水管的不一样，真机尾水管与基础连接很牢固，不会发生受迫振动。

根据分析，模型试验中不存在异常的能够导致模型装置发生共振的水力激振频率。

（四）结束语

龙开口水电站水轮机模型试验表明，A994 转轮是一个综合性能优良的转轮，不仅有优良的稳定性能，还有良好的能量、效率、空化、飞逸等其他性能。龙开口水电站 5 台机组已经全部投产，所有机组均运行稳定、可靠，且没有发生模型实验中出现的振动现象。

（中国电建集团华东勘测设计研究院有限公司 胡雄峰 黄靖乾 郑应霞）

观音岩水电站 1～3 号水轮机模型验收试验简介

观音岩水电站为金沙江中游河段规划八个梯级电站中的最末一个梯级，装机 5 台，单机容量 600MW。电站水头范围为 92.20～119.15m，额定水头 104m。1～3 号水轮机由天津阿尔斯通水电设备有限公司生产供货，额定出力 612.20MW，额定流量 636.6m^3/s，额定转速 90.9r/min，其水力设计和模型试验由法国 ALSTOM 公司负责。2012 年 7 月 16～20 日在法国 ALSTOM 公司总部的水力实验室 TP3 实验台上进行水轮机模型验收试验。

（一）试验装置及测量设备

观音岩水电站 1～3 号水轮机模型初步试验在阿尔斯通公司实验室 TP8 试验台完成。验收前，TP8 试验台测功机发生故障，短期内无法修复。鉴于该公司实验室 TP3 试验台与 TP8 试验台很相似，综合误差分别为 0.19%、0.18%，验收组接受建议，同意在 TP3 试验台上进行模型验收试验。TP3 试验台设有精度较高的各类测量仪器仪表，可以进行能量、空化、飞逸、压力脉动、水推力、导叶力矩等各类试验。主要参数：试验水头 10～70m，最大流量 900L/s，测功机最大功率 360kW，最大转速 2400r/min，模型转轮最大直径 500mm。

观音岩水电站 1～3 号水轮机模型主要参数：转轮出口直径 D=350mm，导叶高度 b_0=0.297D，活动导叶数 Z_0=24，固定导叶数 Z=24，尾水管高度（自导水机构中心线算起）h_0=3.421D。

模型验收试验前，对法国 ALSTOM 公司提供的试验仪器、设备率定结果及有效的率定证书进行了审查，精度均符合合同要求；并对流量计等主要测量仪器进行了率定，其结果与初步试验报告一致。综合考虑流量测量误差、水头测量误差、力矩测量误差、转速测量误差及随机误差，水轮机模型试验台综合误差率为 0.19%，在合同规定的综合误差（0.2%）范围内。

（二）试验情况及结果

1. 效率及出力试验

（1）最优效率点验收试验：在初步验收试验中，最优效率点出现在导叶开度 17.42mm（22.98°）、单位转速 65.1r/min、单位流量 851.14L/s 处，效率为 95.31%。依据初步模型试验结果，按规定程序，验收实验对模型最高效率进行了 10 次复核试验，选取最接近 10 次试验结果的平均值的工况点的值作为模型验收试验的最高值。验收试验模型水轮机最优工况点参数为：单位转速 65.03r/min，单位流量 849.23L/s，效率 95.305%。根据合同规定的效率修正公式计算，原型与模型间的效率修正值为 1.439%，原型水轮机最优效率为 96.744%。验收试验的模型最优效率略低于合同要求的 95.51%规定值，原型最优效率也略低于合同要求的 96.89%的规定值。

（2）加权平均效率验收试验：对合同规定的 33 个加权因子工况点中的 20 个加权因子主要工况点进行了效率试验（未测量的 13 个加权因子小的点采用模型初步试验结果）。验收试验结果，模型加权平均效率为 93.39%，原型水轮机加权平均效率为 94.83%，验收试验结果比初步模型试验中测得的模型加权平均效率值（93.34%）和原型加权平均效率值（94.78%）略高，但比合同规定的模型（93.69%）和原型（95.07%）的加权效率保证值略低。

（3）出力验收试验：按规定在额定转速下，在最小水头和额定水头出力保证值工况点进行了出力试验。试验结果表明：在最小水头和额定水头，导叶开度 100°时，出力分别为 509.25MW 和 612.38MW，满足合同保证值 508.46MW 和 612.24MW 的要求。

2. 压力脉动验收试验 压力脉动见证试验在 92.2、104.0、106.0、108.29、112、119.15m 六个真机水头和选定的导叶开度，在不补气条件下进行，共验证 36 个工况点。这 36 个工况点也是初步试验中所包含的工况点。测点在蜗壳进口设 1 个，导叶后转轮前（无叶区）2 个，锥管 0.3D_2处设 2 个，尾水肘管设 2 个，共 7 个测点；压力传感器的安装满足 IEC 的基本要求，其表面与流道内表面齐平。验收试验结果与初步试验结果基本一致，所有验收工况点的压力脉动值在 IEC 规定的误差范围内的幅值和变化规律与初步模型试验结果基本一致。

3. 水轮机空化验收试验

(1) 空化特性验收试验：选择真机水头为92.2m（$P=508.46$MW）、104m（$P=612.24$MW）和119.15m（$P=612.24$MW）工况下的初生空化系数σ_i和临界空化系数σ_c，并在装置空化系数σ_p，初生空化系数σ_i和临界空化系数σ_c下进行观察拍照。试验结果见表1。

表1 空化特性验收试验结果表

净水头(m)	出力(MW)	装置空化系数σ_p	初生空化系数σ_i			临界空化系数σ_s		验收试验	
			初步试验结果	验收试验结果		初步试验结果	验收试验结果	σ_p/σ_i	σ_p/σ_s
				1个叶片	3个叶片				
119.15	612.24	0.144	0.109	0.105		0.078	0.07	1.37	2.1
104.00	612.24	0.165	0.147	0.145	0.138	0.101	0.091	1.196	1.8
92.20	509.20	0.186	0.163	0.158		0.097	0.090	1.18	2.1

从表1可看出，初生空化观测和临界空化测量结果与初步模型试验结果基本一致。为进一步了解额定水头的空化性能，采用减少空化系数进行观察，当3个叶片同时出现气泡时初生空化系数为0.138，此时装置空化系数与初生空化系数的比值为1.196，比初步模型试验时1个叶片出现气泡时略好。

(2) 空化现象观测：叶道涡观测，在真机水头为98、103、110、116m的不同运行工况下进行，并复核初步试验时叶道涡发展线的位置。验收试验表明，叶道涡发展线位于电站高水头（45%～50%）P_r范围内，与初步模型试验结果基本一致。而叶片进水边空化观测，在导叶开度分别为23°、27°、29°、31°工况下，通过升高单位转速进行。验收试验表明进水边正压面和负压面的空化线在合同规定的运行区域外，与初步模型试验的结果基本一致。

4. 飞逸转速验收试验　测量在最大水头119.15m，导叶开度分别为18°、28°、38°工况时的飞逸转速。根据试验结果计算，真机在最大水头119.15m时的最大飞逸转速为169.3r/min，小于合同保证值170r/min。

5. 模型尺寸检验　模型验收试验结束后进行了模型装置尺寸及型线检查，对蜗壳、尾水管、固定导叶、活动导叶及转轮叶片型线等主要部件的尺寸进行了检查，实测尺寸与设计值比较后，均在允许偏差范围内。

(三) 结束语

(1) 模型验收的各项试验都在合同规定的条件下进行。验收试验结果与初步试验结果基本一致。出力、压力脉动、空化、飞逸转速等性能指标满足合同规定值的要求，模型和真机最优效率和加权平均效率略低于合同规定值。

(2) 验收试验结果证实叶道涡发展线仍有小部分进入运行范围内，但在此范围内的压力脉动值未有突变和增大，初步认为对水轮机稳定性影响可能较小。为保证水轮机安全稳定运行，要求阿尔斯通公司采取相应措施，保证稳定运行。

(3) 验收试验中，水轮机转轮采用了长泄水锥方案，在运行范围内，压力脉动值较小，稳定性好。考虑到真机长泄水锥长度较大，为保证安全运行，阿尔斯通公司在原型水轮机设计和制造上须采取可靠的保证措施，确保泄水锥不脱落。

（中国电建集团昆明勘测设计研究院有限公司　马雪梅）

酚醛彩钢复合风管在鲁地拉水电站的应用

酚醛彩钢复合风管是将硬质酚醛板表面粘贴高纯度轧花铝箔先行制作成夹芯板，再按照工程需要制作成集风道与保温材料为一体的新型风管。鲁地拉水电站全厂通风空调系统采用了酚醛彩钢复合风管。

(一) 酚醛彩钢复合风管的主要特点

(1) 强度大：抗压抗变形，结构稳定，长期使用不变形、不扭曲、不分解，具有优良的压缩强度和拉伸强度。

(2) 导热系数小：经建筑科学研究所测定，其导热系数为0.03W/（m·K），优于其他常用保温材料。

(3) 防火性好：按GB 8642—2006《建筑材料及制品燃烧性能分级》标准，酚醛为难燃B级。

(4) 制作设施简单：生产及安装风管只需要几种常规的小型工具和工作平台，无需剪刀车、折边机等专用工具。

(5) 重量轻、便于安装：板材平均密度为68～75kg/m^3，风管连接有多种形式，安装快捷方便，一般安装速度最快可达50m^2/（天·人）。

(6) 使用寿命长：由于风管内外层为高纯度轧花

铝箔，表面与空气接触后将形成具有稳定性的 Al_2O_3 保护层，保温板材为高分子材料，使用寿命是镀锌风管的 4～6 倍，理论可以达到 30 年以上。

（7）气密性能极佳：测试表明：当管道内静压为 2000Pa 时，其漏风量均低于标准值；当管道在内外压差 4200Pa 时，目测管道表面均未有变形和破损。

（二）主要技术参数

酚醛复合板的主要技术参数见表 1。

表 1　　酚醛复合板的主要技术参数

名称	参数	备注
平均密度	68～75kg/m^3	
几何尺寸	2.0m×1.2m	可根据需要改变
平板厚度	20mm、40mm	
导热系数	0.03W/（m·K）	
热稳定性	－196～＋130℃尺寸变化率小于 2%	
防火等级	B 级难燃	
氧指数	≥50%	符合 GB 8642—2006 难燃 B 级标准≥32%
烟密度	7.1SDR	符合 GB 8642—2006 难燃 B 级标准≤75SDR

（三）安装

1. 准备工作　施工前准备数套施工工具，并对施工人员进行技术交底、安全交底。分解风管施工图纸，确定空调设备及风管各部件的安装位置，确定一般风管节数、凑合节尺寸及数目、弯头半径及数目、三通及四通的数目及形式等。

2. 风管连接　酚醛彩钢复合风管管段连接，以及与阀部件、设备连接的基本形式见表 2。

在鲁地拉水电站，风管与设备相连采用对插连接；风管管段间连接采用插条式连接，对接断面间使用密封条，防止漏风现象发生，外部采用［型卡条，将风管两端部法兰面进行连接，既能够很好地保证严密性，又使施工变的简便快捷。

主风管与支风管连接，应考虑来风方向，在 90°拐角处支管应加工出应有弧度（边长小于 500mm 的支管应拐 3 次）；连接处应采用防火密封胶填充，以免漏风。

风管与柔性风管连接，应使用镀锌板或白铁皮类材料裁剪出相应尺寸的压条，使用钻尾螺栓与之固定，固定点因柔性风管管口尺寸而定，一般不大于 150mm，避免漏风。

风管与设备连接有两种方法。方法一：在风机送风口与出风口延伸段（一般长 5～10cm）外侧涂抹防火密封胶，再插入对应风管内，使对应风管连接法兰端头处与风机外壳接触，调平，使用钻尾螺栓将风管与延伸段固定。方法二：使用软连接，一端与风机风口相连接再使用压条压紧，另外一端与风管相连接再使用压条压紧。第二种方法利于减震，但要求维护人员勤于检查，防止风机震动对软连接产生损坏，影响通风效果。

表 2　　酚醛彩钢复合风管连接的基本形式

连接方式		附件材料	使用范围
对插连接	把风管插在阀门上用螺栓固定	钻尾螺栓	b（内边长）≤500mm
槽型插件连接		PVC	低压风管 b≤2000mm 中、高压风管 b≤1600mm
工形插件连接	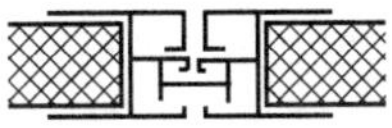	PVC	低压风管 b≤2000mm 中、高压风管 b≤1600mm
		铝合金	b≤3000mm
“H”连接法兰	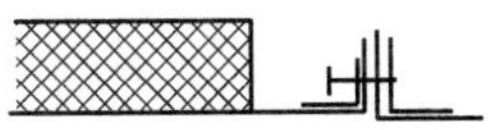	PVC、铝合金	用于风管与阀部件、设备连接
插条式连接		PVC、钻尾螺栓	用于复合板材风管间连接

3. 风管吊装　安装前依照图纸要求，确定风管走向及标高；检查风管法兰是否安装正确，是否存在损坏，并及时更换；风管安装前应清理风管内、外表层粉尘及管体内部杂物；检查风管制作成型后的具体尺寸，按照图纸要求进行标号，并在地面进行预拼装（摆放即可）。

风管支吊架设置，一般参照表3～表5确定。

表3　水平安装酚醛复合风管支吊架最大间距　mm

风管边长 b	≤400	≤450	≤800	≤1000	≤1500	≤1600	≤2000	>2000
最大间距	2000				1500		1000	

注　垂直安装酚醛复合风管最大支架间距应≤2400mm。

表4　水平安装酚醛复合风管吊架横担最小规格　mm

角钢或槽钢横担	∠25×3 [50×37×4.5	∠30×3 [50×37×4.5	∠40×4 [50×37×4.5	∠50×5 [63×40×4.8	∠63×5 [80×43×5.0
风管边长 b	b≤630	630<b≤1250	b>1250	—	—

表5　水平安装酚醛复合风管吊架吊杆最小规格　mm

吊杆直径	6	8	10	12
风管边长 b	b≤800	800<b≤2000	—	—

4. 检查　风管安装完成后，按照分项工程质量检验程序和要求分别进行质量检查验收。风管耐压强度应符合JGJ 141—2004《通风管道技术规程》附录A《风管耐压强度及漏风量测试方法》的规定。需要采用漏光法的检测和漏风量的试验方法，应按GB 50243—2012《通风空调工程施工质量验收规范》规定进行。

（中国水利水电第三工程局有限公司
李　旭　周若愚）

桃源水电站利用船闸进行机组大件设备卸船

桃源水电站装设9台单机容量20MW、转轮直径为7.2m的灯泡贯流式机组。电站位于湖南省桃源县沅水干流，至洞庭湖河段常年基本可通航500t级船舶，机组大件设备可采用水运方式。因电站附近码头设施简单，无法满足卸船要求，业主原计划水运至常德港后再陆运至工地。但这段陆路要运输超宽大件，有民宅及设施要拆除，运输期间要对部分路段进行封闭，需与地方交警、路政协调，运输费用高，到货日期无保障。为确保桃源水电站机电设备安装整体工期，施工单位多次组织富有经验的技术人员勘察，认为本电站船闸具有大件设备卸船可利用条件。经研究、协调，桃源水电站实施了机组大件设备采用水运、利用船闸场地及设备卸船的方案。该方案经济合理、安全得当，不仅降低了业主单位的投资成本，而且为机组顺利安装、提前投产发电创造了有利条件。

（一）机组大件设备主要技术参数

大件运输重量和尺寸见表1。

表1　大件运输重量和尺寸表

部件名称	单件最大重量（t）	单件最大尺寸（长×宽×高）（m×m×m）
管型座上、下内壳体	36	8.15×4.5×3.285
管型座单瓣外壳体	11	10.479×3.9×3.92
管型座上竖井	27	2.7×2.59×3.6
管型座下竖井	30	3.08×2.7×4.67
转子中心体	40	ϕ6.552×1.23
定子	90	ϕ8.15×2.73
冷却堆	30	ϕ8.4×2.65
轴承支架	16	ϕ4.6×1.0
灯泡头	11.4	ϕ8.4×2.65
内导环	17	ϕ5.05×2.7
控制环	15.5	ϕ9×0.9
转轮体	41	ϕ2.5×3.4

（二）船闸门机未投运时的大件卸船

因厂房施工进度需要，前三台机组的管型座在船闸门机尚未投运的情况下，采用水运形式提前到货。卸船利用了船闸下闸首，船舶停靠离岸近，便于采用汽车起重机卸船。货运船宽13m，最重件约36t，选用260t汽车起重机及40t拖车。在下闸首右侧40.00m高程平台布置汽车起重机及拖车，吊车可靠近岸边，吊装回转半径小。由于选取了合适的卸船地点，并对汽车起重机站车位置、运输道路进行回填夯实处理，2天时间便完成了3台套管型座总计24件设备的卸船工作。

（三）船闸门机卸船

船闸上闸首检修门机投入使用后，后续水运到货设备均采用该门机卸船。

该门机起升力 2×630kN，轨上起升高度为 11m，可在上闸首检修门槽处将本电站机组所有大件设备从船上吊离闸顶，向下游行驶至坝顶公路交通桥上装车。此交通桥宽约 9.6m（栏杆间距离），长约 19.6m，设计时未考虑超大超宽大件设备的卸船问题。船闸门机行至下游防撞装置时，吊物中心线离交通桥中心线尚有 1.3m 左右，即离交通桥上游侧栏杆只有 3.5m，不满足定子等大直径件装车要求。因此，将下游侧两个撞头拆除，延长轨道使用长度，使吊物中心线离交通桥上游侧栏杆达 4m，并在超过 8m 直径大件装车时，临时安装导向用钢丝绳和手拉葫芦，以便顺利装车。

船舶到桃源水电站后，由通航运行人员和技术人员指引通行，停靠至上闸首单向门机下。为保证吊装时的稳定性，门机吊装钢梁从上闸首检修门槽中起降，运输船舶需按吊点调整至最佳位置。船舶停靠后使用系船揽固定牢靠。

运输车辆选用牵引车和半挂拖车，总长度为 25000mm，总质量 25000kg。装车时，在施工人员指挥下退进船闸交通桥上，调整好位置，并将牵引车与半挂车分离，牵引车驶出交通桥外等待，以不妨碍门机行走。

定子等大直径件装车时，离船闸交通桥上游侧栏杆 200～300mm 时停止下落，安装导向用钢丝绳和手拉葫芦，拉动设备向下游移动，使其中心线在车辆中心线上。

（中国水利水电第三工程局有限公司
潘军伟　张占武　姜明忠　毛小康）

电　　气

大型集控分布式实时数据管理系统

一些大型集控中心随着接入电厂数量的不断增加和信息化水平的逐步提升，实时数据的规模越来越大，进而带来了诸多的问题。急待解决的主要有：①数据处理分析和储存的压力增大，硬件配置和软件设计无法满足实际需求的情况日渐明显；②网络数据流量急剧上升，网络延时增长，已经严重影响到了实时数据的传输和管理；③子站分期投运或改造对集控中心系统的影响增大，维护的风险和压力逐渐增加。为解决上述问题，南京南瑞集团公司研制了基于分布式实时数据管理架构的新一代计算机监控系统。

（一）主要功能

大型集控监控系统，就是一个实时数据管理系统，主要功能是接收下属电站的所有数据信息，然后进行集中监控处理，最终实现对所有电站的监视、控制、分析和管理调配。在集控监控系统中，大部分的应用对实时性的要求都比较高，并且大量关键性的数据需要进行长时间的历史记录，供查询分析。同时，集控中心还要不断接入新电站和机组，以及改造的已接入电站。

考虑到大型集控监控系统的这些特点，引入分区的概念。在系统设计和规划时，并不将系统的结构固定，而是可以根据功能需求和实际情况自由修改和调整，以达到最优的性能，可以是全集中或全分布，也可以是一部分集中一部分分布。图 1 所示为实时数据分区管理的一个示例。

分区的划分非常灵活，可以依据功能划分，可以通过电站的地域划分，也可以通过电站的类型划分。如图 1 所示，首先依据功能将整个集控的所有分区分为两类：数据采集分区和数据应用分区。其中分区 1 至分区 N 就是数据采集分区，主要用于接收各个电站的数据信息；而分区 M 就是数据应用分区，主要用于综合运算分析，历史记录，监控和维护。数据采集分区中又依据地域和类型对电站进行了分区的划分。其中分区 1 中的电站存在着地域上的联系；分区 2 中的电站只需要进行监视，或者相对来说装机容量比较小，数据量也比较小的；而其余的分区 N 就是需要控制的电站，数据量大，装机容量也大，为了以后维护方便，将一个电站就作为一个分区。

为了避免数据过于分散带来的网络数据量大和实时性不高的弊端，在应用端使用实时数据时，可以进行灵活的配置。如图 1 分区 M 中的服务器，可以根据需要向跨分区实时总线注册，获取相应区域的包括节点状态、实时数据、报警信息等信息，并且允许向此分区发送包括控制和设定值在内的控制信息。注册之后，服务器上就会得到其注册分区数据的完整拷贝。这样，在数据应用时体验到的就是集中式系统而

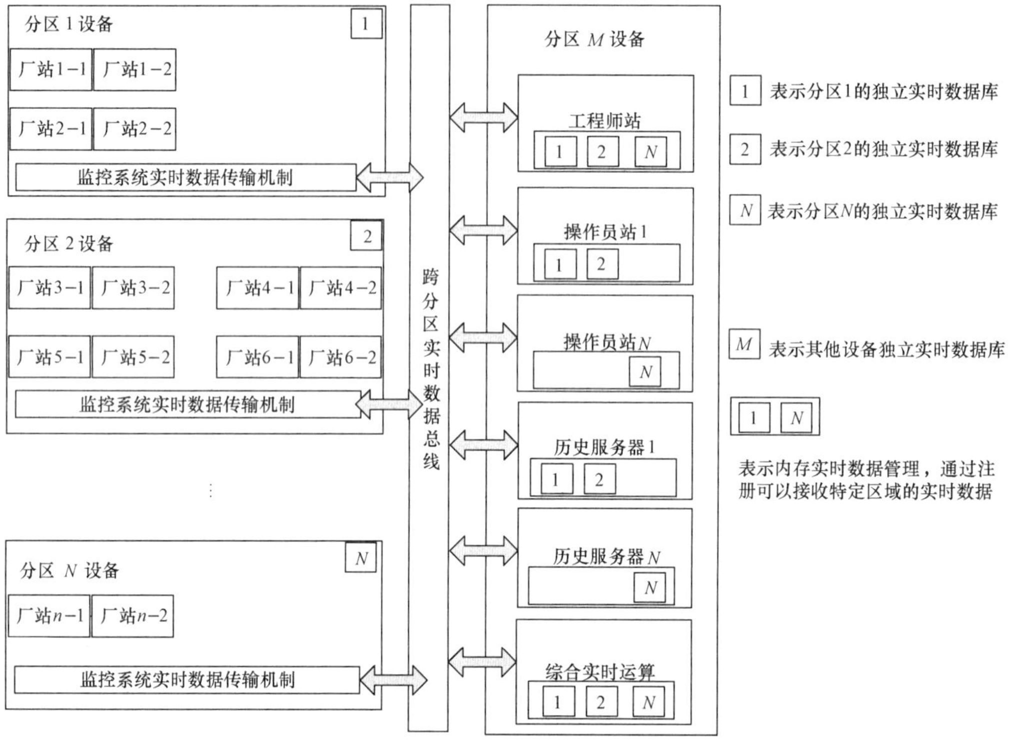

图 1 实时数据分区管理示例

不是分布式系统。

（二）关键技术

分区架构的使用不仅提升了系统的灵活性，而且在很大程度上降低了整个集控中心监控系统的耦合度，也就降低了整体的复杂性和依赖性，从而能够有效地将故障节点的影响范围控制在本分区以内。虽然降低了系统的耦合度，但是丝毫不会破解其整体性，合理的分区划分可以做到这一点。只要分区划分的合理，分区与分区之间可以达到互不影响，同一时间可以同时展开工作，这样不仅提高了系统维护的便利性，而且还增强了系统的健壮性。当然系统的扩展性也变得更好，尤其是对于像集控这样需要不断扩充和接入新厂站的监控系统，分区内部可以先调试完毕，最终一次性无扰的接入系统，并且不会给原系统带来任何负担和压力。

但是分区架构的引入也同样会对系统的安全性、实时性、可靠性和一致性带来一定的影响，这就需要靠以下关键技术来保障：①采用 hash 表作为内存数据库的索引数据结构；②跨分区注册和动态加载管理机制。

每个节点中都会存有实时数据的内存结构，或本地的，或其余分区的。hash 表索引就是负责管理和存储内存数据库的，并且同时给数据应用提供高效的访问机制。hash 表的引入大大降低了数据存储和查询所消耗的时间，并且为本地内存数据库动态加载其他分区数据结构提供了基础。

由于是实时监控系统，所以数据的实时性和一致性就显得非常的重要，动态加载的管理机制直接决定了整个系统的安全性和可靠性。以图 1 中的操作员站 N 为例，在功能分配时，定义它监视和控制分区 N 的厂站。操作员站 N 启动后，首先加载本区域的实时数据结构，然后注册接收分区 N 的，这时就会收到分区 N 数据结构的完整的拷贝，并且还可以查看分区 N 发布的测点数据和各种状态信息，以及对分区 N 进行控制。在运行维护过程当中，分区 N 难免会对本地数据结构进行修改，而修改完后所有的注册接收分区 N 数据的服务器都会收到通知，并重新加载分区 N 的实时数据结构。

这一系列的过程都是依靠动态加载管理机制来完成的，动态加载管理机制具有以下的功能与特点：

（1）跨分区注册具有安全审核机制，确保接入节点的安全性。

（2）分区数据结构版本信息的发布采用组播方式，确保版本发布的及时性。

（3）分区数据结构的发布采用多进程，并且采用 TCP 方式，确保数据传输的可靠性。

（4）分区内采用主从冗余的方式管理本分区内的数据库，并且只有为主的节点才能够对外发布数据，确保信息发布的权威性。

(5) 在接收其他分区数据结构时采用二次校验和错误重传机制，确保所接收数据结构的正确性。

(6) 在数据结构更新过程当中，测点信息会保持原有状态不变，并且控制信息无法下发，确保系统运行的稳定性。

(三) 结束语

目前该实时数据管理系统已经在华能澜沧江集控中心得到了应用。澜沧江集控接入的总装机容量已经超过了16000MW，其中小湾6×700MW、功果桥4×225MW、漫湾1×300MW+4×250MW+1×120MW、糯扎渡9×650MW、龙开口5×400MW、瑞丽江6×100MW、景洪5×350MW、石林10MW。

（南京南瑞集团公司　陈　鹏）

葛洲坝大江电厂与二江电厂AGC相互托管的实现

葛洲坝水电厂共有21台水轮发电机组，其中大江电厂14台，二江电厂7台；上一代计算机监控系统，两厂分别设置，运行管理分开；2013年完成投运的第三代计算机监控系统，将大江和二江电厂的监控系统互为备用但又互不影响，任何一个厂的监控系统瘫痪，另一个厂的监控系统能够担负其任务，实现对两个厂的监视和控制。这套由南京南瑞集团公司提供的新监控系统，不仅完成了网络拓扑重构、硬件更新、软件升级和控制流程优化，同时也为电厂的智能化改造预留了接口。在系统设计和改造过程中，吸收了很多先进的思想和技术，其中大江和二江电厂AGC相互托管就是一个对原有运行模式的一种改进。

常规双机热备已经能够应对大多数的故障。但是对于一些极端的情况，仅仅是双机热备还是不能够使得AGC功能保持正常运行。例如维护人员在对其中一台AGC服务器进行故障修复的时候，另外一台再次出现故障，再比如双机热备的供电系统出现故障，当出现这些情况时，AGC功能就无法正常运行，从而导致调度无法对电厂进行负荷调节。

葛洲坝水电厂实现大江和二江电厂AGC功能的相互托管，就能够进一步提升AGC功能的可靠性，即除了本系统中双机热备的AGC服务器，另外一个系统中的AGC服务器也具备AGC调节的应急功能。

(一) AGC托管

为了对双机热备技术进行改进，提高监控系统的可靠性，有提出“1+N”技术的，就是使监控系统各个功能处理模块实现动态分布和自动平衡，系统的功能并不依赖于某个或者是某几个节点。AGC托管与之有一定的相似性，但是又不完全一致。相同之处是AGC托管需要将本节点的功能进行转移，不同之处是转移后的节点并不是本系统内的其他节点，而是另外一个系统的节点。

如图1所示，在正常情况下，大江监控系统的两台AGC服务器，承担着大江电厂的AGC功能；二江监控系统的两台AGC服务器，承担着二江电厂的AGC功能。在异常的情况下，需要进行相互之间的托管，例如二江的AGC功能托管至大江，那么大江的AGC服务器不仅要完成自己本厂的AGC功能，还要接收调度下发给二江的全厂设定值，并且分配至二江的每台机组。

按照SCADA系统冗余模式下的数据模型，要实现托管，就需要确定四台AGC服务器的切换托管的策略，以及四台服务器之间实时数据的同步策略。

1. 托管的策略　在大江电厂或者二江电厂的两台主从冗余的AGC服务器之间，设计时仍然采用常规的双机热备的机制。切换的策略包括自动切换和手动切换：自动切换是指当前主机发生硬件故障，或者是没有任何心跳报文等，导致主机不可用，从机必须强行转变角色，切换为主机。手动切换是指在任何情况下，由人工进行的手动主从机切换的尝试，将原来的主机切换为从机，从机则相应的切换为主机。

在大江和二江两个厂之间，托管的策略也包括手动托管和自动托管这两种托管方式，以应对实际生产过程中的需要。自动托管是指当一个厂的AGC服务器监测到另一个厂的两台AGC服务器都没有任何心跳报文时，则认为对方电厂的AGC功能发生异常，需要强行将AGC功能接管过来，同时接管的过程丝毫不影响到本厂的AGC功能；手动托管是指在任何情况下，由人工进行的手动托管AGC功能的尝试，让本厂的AGC服务器放弃本厂的AGC功能，并将AGC功能托管至另一个厂。

要实现托管并且像主从切换那么便捷，首先在网络结构设计的时候就必须要在LCU层设置汇聚层交换机，以供两个厂的AGC服务器能够同时直连现地LCU；其次为了能够达到无扰切换，AGC服务器要同时具备大江和二江两个厂的AGC功能，并且要互不影响；最后，也是最重要的，就是两个厂之间AGC功能实时数据的可靠同步。

2. 数据同步策略　AGC功能实时数据的同步策略在设计时采用的原则是根据自身状态确定响应，如表1所示，只要明确了AGC服务器与AGC功能是否属于同一个厂、是否是主服务器、是否是从服务器、AGC功能是否托管这四个状态后，就可以确定到底是发送此AGC功能的实时数据还是接收。

以表中第一种情况为例，将表中的逻辑转换成文

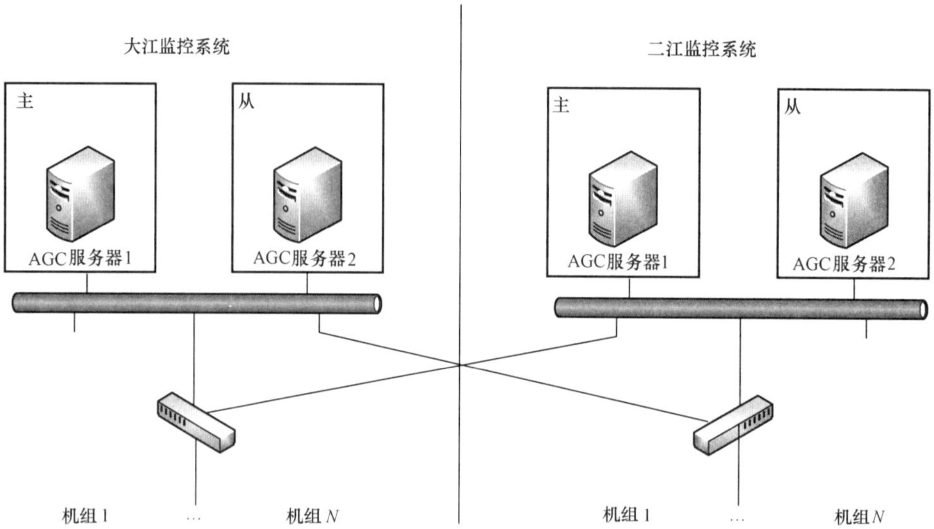

图1 AGC功能相互托管结构图

字描述：AGC服务器与AGC功能属于一个厂，同时AGC功能没有托管，并且AGC服务器为主机，则需要发送此AGC功能的同步数据。即例如目前大江的AGC服务器1为主机，那么它和大江的AGC功能是属于同一个厂的，并且这时大江的AGC功能并没有托管，那么大江的AGC服务器1就是真正在实施大江AGC功能的主体，他需要发送大江AGC功能的实时数据至其他的AGC服务器，自然其他的AGC服务器就需要接收大江AGC功能的同步数据。

表1 AGC服务器的状态与响应

AGC服务器状态			AGC服务器响应		
AGC服务器与AGC功能同属于一个厂	主服务器	从服务器	此AGC功能托管与否	接收此AGC功能数据	发送此AGC功能数据
1	1	0	0	0	1
0	1	0	1	0	1
1	—	—	1	1	0
0	—	—	0	1	0
—	0	1	—	1	0

（二）可靠性分析和比较

参考电子设备对冗余可靠性的分析，冗余的模式分为：并联冗余、表决冗余、串并组合冗余、非工作冗余。托管属于并联冗余模式。与单一的双机热备的模式进行比较，假设每台AGC服务器的失效率为50%，则根据并联冗余模型的对象失效率的计算方法，常规的双机热备的失效率为25%，而实现托管功能后大江和二江电厂的AGC功能的失效率都降低到了6.25%。

并联模型的失效率为

$$F=F_1F_2\cdots F_n$$

式中：F_1为对象1的失效率；F_2为对象2的失效率；F_n为对象n的失效率。

但是提出托管改进方案的意义还不局限于此，因为在做对象失效率计算时候，是将AGC服务器独立成一个简单的并联冗余模型去分析的。实际的计算机监控系统的要复杂得多，如果将监控系统中的电源和交换机等都纳入到模型当中来，那么将会是更复杂的串并组合的冗余模型，托管从某种形式上说也实现了这些设备的冗余。显而易见，托管在实施过程中并不是靠增加硬件，而是利用两个厂原有的设备，大大提高了各自的可靠性。

（三）结束语

AGC相互托管功能已经在葛洲坝电厂顺利实施和验证，并且稳定运行较长时间，在一些异常情况下和维护检修过程中起到了很好的作用。

（南京南瑞集团公司 陈 鹏）

龙羊峡水光互补光伏电站计算机监控系统

（一）概况

龙羊峡水光互补一期320MWp并网光伏电站工程位于青海省海南州共和县恰卜恰镇西南的塔拉滩上。电站装机容量320MWp，占地面积约为9.16km^2，以1MWp为1个方阵，共320个方阵。每个方阵设一座逆变器室，室内设2台500kW逆变器，室外设一台1000kVA箱变，将逆变器出口交流电升压至35kV。每个32MWp区域由32个方阵组成，每8个箱变高压侧环网连接组成1回集电线路，共4回集电线路，输送至阵列区35kV汇集站。每64MWp光伏发电区建1座35kV汇集站，共5座汇集站，采用35kV出线接入升压站。

330kV升压站按4×240MVA主变压器配置。330kV侧单母线接线。工程以330kV电压等级接入龙羊峡水电站，新建一回330kV架空线，送电距离约48km。

龙羊峡水光互补二期530MWp。一、二期监控系统均由南京南瑞集团公司承建，实时处理的数据量达到了数百万等级。二期已经接入了230MWp，预计2015年7月份二期将全部完工，到时总容量是850MWp。

（二）监控系统结构

本光伏电站监控系统采用开放分布式分层分布计算机监控系统结构，由站控层、网络层和现地层三部分组成。

1. 站控层　为整个光伏电站设备监视、控制、管理的中心，装在电站综合控制楼中控室，通过光缆或屏蔽双绞线与现地层相连。站控层通过网络传输，接受现场采集的开关量、模拟量、电度量信息和环境变量；通过远动工作站与系统调度中心通信，向现场设备发布控制命令。站控层设备包括主机/操作员工作站、分布式通信服务器、工程师/培训工作站、远动工作站，硬件采用的是HP的机架式服务器DL380，安装linux 6.2系统。设备采用南瑞集团水利水电技术分公司自主研发的基于IMC平台的智能化监控系统，借鉴智能电网的特点与优势，采用分布式的数据库，支持千万级的数据处理量。

2. 网络层　系统的第二层是系统数据采集通信和网络部分。网络系统符合国际标准化组织OSI模型，传输速率为1000M/100M，采用嵌入式以太网，将监控主机和现地层设备实现分布式互联。通信网络安全、可靠，满足计算机监控系统的要求，能自动监测网络自身和各个环节的工作状态，自动选择、协调各个节点的工作。系统主干网络采用高速双以太网，监控主机、工程师/培训工作站、远动工作站等连接在一起。现地层网络采用星型及树型相结合的结构。

3. 现地层　设备包括330kV线路保护和测控装置、35kV线路保护和测控装置、35kV进线保护测控装置、主变保护和测控装置、公用测控装置、10kV厂用变压器单元测控装置、逆变器室测控装置、箱变测控装置、汇流箱设备等。各保护测控单元通过自带的以太网接口直接通过主干网交换机与对应的站控层互联，实时上传相关状态同时接受站控层的遥控信息。逆变器、箱变测控通过自带的以太网接口直接与逆变器室交换机相连。逆变器室交换机通过光纤8个一串汇到汇集站，每个汇集站再分两路通过光纤接入中控室的网络交换机，各个独立的网络交换机直接连到对应的分布式通信服务器。

环境监测仪、保护信息子站、电能量、集控、生产管理系统、功率预测、功率预测、SVG等设备通过公用测控网络装置将环境信息送入网络，通过以太网实现与站控层互联。

（三）监控系统特点

龙羊峡水光互补光伏电站一二期总容量是850MW，有1700台逆变器，数据量更是达到三百多万级，监控系统的结构设计确实是项挑战。

（1）采用智能分布式数据架构。龙羊峡水光互补光伏就是采用这种技术，将全厂850MW分成了14个区，每个区都有相应的分布式服务器，负责第一层的数据采集与处理；然后基于IMC智能管理平台的监控系统会同时将每个分布式数据实时刷到主机及操作员站上供中控室相关工作人员监盘。这种智能分布式系统运行非常好，全厂的重要信号都可以在同一台主机上显示，非常方便。

（2）以直接的有线网络方式汇总通信。传统光伏电站基本采用协议转换器来一级一级中转数据，数据的实时性就会得不到保证。采用直接的有线网络方式汇总通信，即直接从逆变器装置及箱变测控装置的网口拉网线，经过中间的网络设备，直接跟各个区的分布式服务器通信，中间没有任何协议转换器等转换设备，通信一步到位。这对分布式服务器的程序有很高要求，要好好开发才行。

（3）强大灵活的功能分区。传统光伏电站一般基本没有功能分区，所有数据都是一个网络互传共用。超大型光伏电站的数据量特别的多，有很多服务器并不是需要很多数据，因此软件必须具备强大的灵活的功能分区。例如操作员站只需要重要的画面数据及简报数据即可，远动通信服务器只需要重要开关的数据，而主机及历史站服务器上却需要所有的数据。各种不同的机器需要的数据，通过各个功能分区只选择性接受对应的数据来实现。这样，避免不必要数据传输占用耗费有限的资源，系统简洁、效率高。

（4）HA模式的磁盘阵列应用。由于实时数据量已经达到了数百万级，实时数据的存储也需要特别谨慎。龙羊峡水光互补光伏电站采用HA模式的磁盘阵列来处理百万级数据的实时存储，主备节点使用和管理共享磁盘阵列中的同一个数据库，通过集群管理软件和数据库管理脚本实现历史数据服务切换。

（四）结束语

根据国家规划，2020年我国光伏装机容量将达20GW。我国光伏电站建设规模已从万千瓦级向十万千瓦级发展，电站的接入、送出也从单个电站单独考虑向光伏电站集群以及多种电源组合（如风光互补、水光互补）设计发展，超大型的电站的监控系统的设计与规划非常重要。龙羊峡水光互补光伏电站一、二期的总容量是850MW，其监控系统成功投入使用并且运行良好，很有意义。

（南京南瑞集团公司　乐成贵）

智能水电厂综合数据组态分析系统

为充分发掘水电厂海量数据资源内在联系，将其转为日常生产运行指标，健全各类设备健康状态的衡量体系，南瑞集团公司研制了一种新的高效的水电厂综合数据分析系统。该系统适用于各类水电厂及梯级集控中心，具备以下技术特点：①采用面向主题的、多关联的数据仓库存储技术，整合水电厂的综合业务数据，降低了各子系统间数据冗余度，提高数据的规范性和一致性；②基于智能水电厂一体化平台的系统架构，提供统一标准的服务注册接口，具有较高的灵活度、可扩展性；③为用户提供功能强大的、高自由度的组态工具，全面、客观地分析水电厂核心业务数据，为运行维护提供可靠的技术依据。

系统功能结构图如图1所示，由数据采集、数据处理、服务器端和客户端四大部分组成。

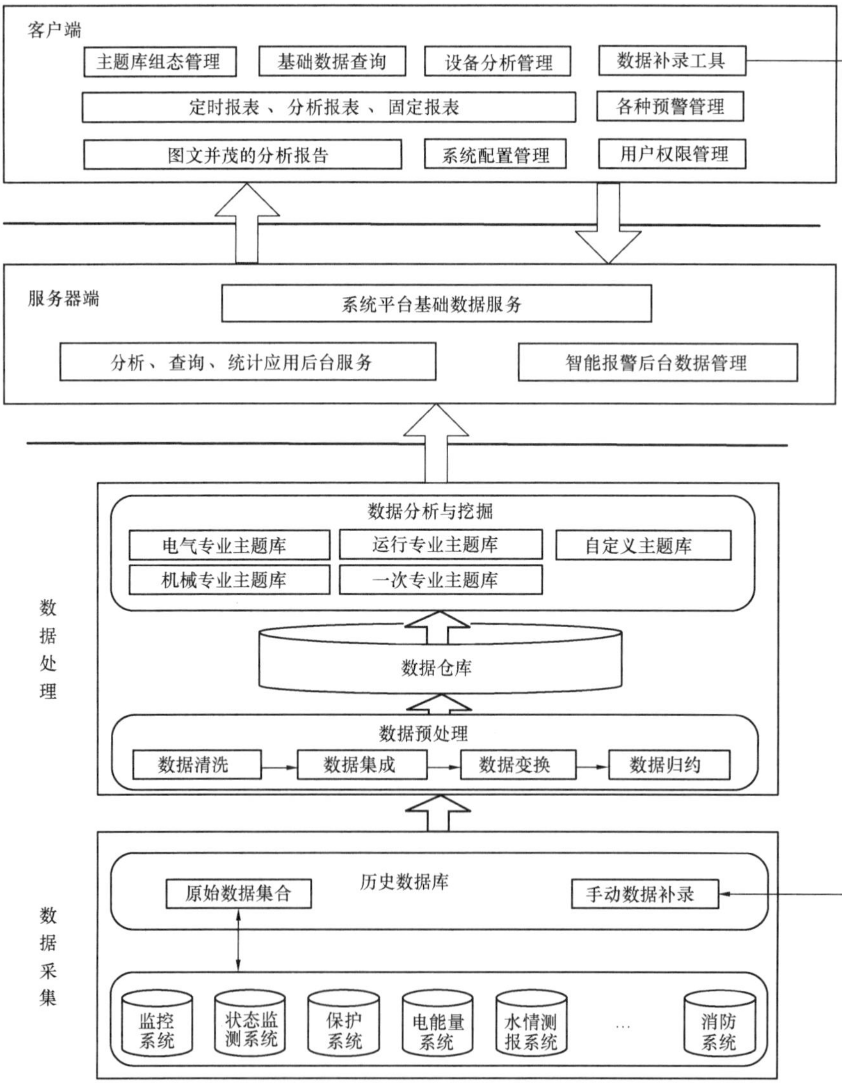

图1　综合数据组态分析系统功能结构

1. 数据采集　系统以 Oracle 作为数据库应用平台，采用通用的通信协议与第三方系统数据传输，分别提供开放的数据库表空间供第三方读写、访问第三方数据接口 API 等数据采集的方式。当增加新的采集系统时，也不影响原有的数据采集。对于未实现通信的数据或是已记录的某些数据的修正，通过客户端开放数据补录工具进行补录，确保数据的完整性、准确性。

2. 数据处理　在数据预处理阶段，通过补填缺失数据、光滑噪声数据、识别过滤异常值来清理数据。将采集到的水电厂原始核心数据通过平滑聚集、规范化、数据概化等方式统一存放主题数据库中。在保证主题数据库中数据完整性的前提下，按水电厂业务分类，采用数据归约技术将数据压缩存放于应用数据库中。针对不同的业务需求，采用主题库组态管理的方式，将应用数据库中相对无序的数据集成为相对固定且稳定的数据。

在数据分析和挖掘阶段，根据不同的专业主题模板，通过分析同一属性域的域内关系和规律得到相关属性域的分析信息，提取具有不同数值特性、分布特性的数据序列，进一步挖掘监测对象趋势走向、主要影响因子等信息。综合数据分析与挖掘的实施步骤如图 2 所示。系统支持各专业单点数据、设备对象组合分析两种数据挖掘方案。

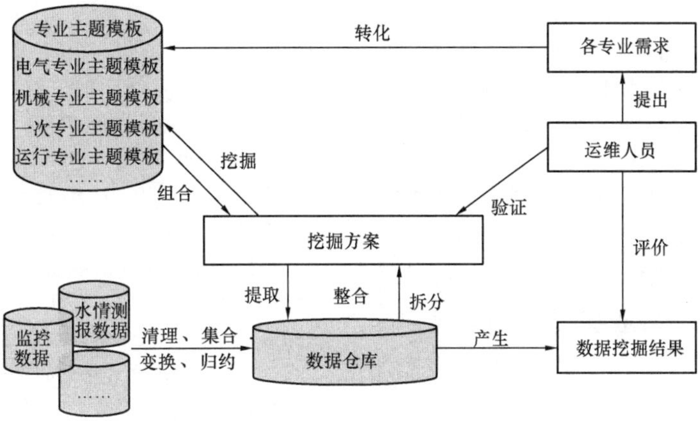

图 2　水电厂综合数据的分析与挖掘的实施步骤图

3. 服务端实现　服务器端主要负责完成系统平台基础数据服务、分析查询统计应用后台服务和智能报警后台数据服务三个核心功能。

系统平台基础数据服务包括数据信息应用服务接口、数据访问接口、数据交互服务管理、信息缓存管理等模块，通过各模块间的协调工作，使数据交互机制与底层数据存储独立，屏蔽各类复杂的业务交换，建立了统一的数据管理服务。

分析查询统计应用后台服务采用多线程模式对相关的历史数据进行加工、处理，预生成各专业主题数据集合存放于数据仓库中，有效地避免某些耗时任务（如长时段跨度、多维度的数据查询）造成客户端界面的阻塞，以提高大访问信息查询效率。

智能报警后台数据服务主要通过挖掘设备潜在异常并结合用户预警策略制定周期性或指定时刻运行调度任务，实现智能报警。当预警条件触发时，第一时间以报表、图表、短信、邮件等形式推送报警信息到指定人员。

4. 业务实现　客户端具备报表、趋势图、折线图、散点图、雷达图、数据对比表、数据对比曲线、数据对比图、饼图、柱状图等呈现方式，可用性强，在联机和脱机之间无缝转移，安全地访问服务器端数据及本地资源。

该智能水电厂综合数据组态分析系统具有如下特性：

（1）主题库组态管理为数据的分析模型定制相应的专业主题模板。具备组态权限的运维人员，可针对各专业业务需要，自由组合测点类型、测值属性值、算法、算法特征值参数等，定制主题模板。

（2）基础数据查询可选择查询多个测点不同时间粒度（秒、分钟、小时、日、旬、月、年）的历史数据，也可对数据点进行多年同期数据比较，并统计同比差额数据和数据特征值。

（3）设备分析管理具有较高的自由度，提供离线分析和在线分析功能。离线分析可以根据事先定义好的模型进行分析，并且在满足条件时登录报警和生成报表；在线分析则可以在线组态模型进行分析，并且手动或者自动登录报警和生成报表。

（4）数据补录工具具备导入文件或手动填写数据表的能力。对于未实现通信的数据，提供手动补录数据的功能；对于某些已记录数据，提供手动修改的功能。

(5) 报表组件包括报表编辑工具和报表运行工具两部分，可进行一键切换，提供定时报表、分析报表、固定报表等不同类型的报表及数据反写功能。

(6) 智能报警，用户可结合业务需求，自行定制报警条件，选择限值报警、变幅报警、缺数报警、自定义报警等报警类型，采用条件触发和指定时刻触发方式，实现短信、邮件发送给相关人员。

(7) 系统配置管理主要包括视图配置、权限配置。视图配置主要配置系统视图、菜单、导航、页面、状态栏布局及相应属性；权限配置包括用户权限、分组管理、角色管理、部门管理等配置，适应不同性质的系统用户。

智能水电厂综合数据组态分析系统自2014年6月在龙滩水电厂投入运行以来，性能稳定，较客观地反映了该厂日常生产运行规律、各专业业务管理水平、机组设备健康状态，为生产安全提供有力技术保障。

(南京南瑞集团公司　赵晓兰)

南京南瑞集团公司2014年水电控制设备主要投运情况

(一) 在藏木水电站的投运情况

藏木水电站安装6台单机容量为8.5万kW的水轮发电机组，其调速、在线监测及超声波流量计、励磁等重要辅机设备全部采用了南瑞集团公司产品，2014年11月23日，电站首台机组正式投入商业发电。

藏木水电站位于西藏加查县境内雅鲁藏布江干流上，海拔3310m；机组在西藏电网容量占比28%左右，属于"大机小网"运行控制工况。

鉴于西藏电网系统频率波动大，相对不太稳定，对机组有功控制要求高，调速器针对性地开发了大网、小网及孤网等不同工况、不同模式下的智能控制策略。

藏木水电站调速器为南瑞生产的SWT－2000H型水轮机调速系统，电气控制部分采用了双冗余32位PCC微机控制器，液压调节部分采用了自主研发的ZFL主配压阀，软件部分则采用了完全自主知识产权的控制算法（改进型并联PID算法、双微分算法、分层递阶控制逻辑算法），保证了机组的安全稳定运行。

电站机组控制策略中，调速器首次将模糊控制应用于小网判断，采用单独开环积分配合一次调频方式来抑制频率波动，效果良好，适用于西藏特殊电网的控制要求。

(二) 研制的巨型主配压阀首次在观音岩水电站应用成功

观音岩水电站安装5台单机容量为60万kW的水轮发电机组，其调速系统采用了南瑞水利水电技术分公司自主研制的巨型主配压阀（MDV系列），2014年12月17日，1号机组按期投产发电。

巨型主配压阀是大型水轮发电机组调速系统的核心部件，我国主要依赖国外产品，存在着价格昂贵、维护复杂、不适应国内运行环境等问题。

南瑞集团公司在国内水电核心控制设备的自主化道路上攻坚克难，结合市场、研发和工程，顺利研制出具有完全自主知识产权的巨型主配压阀。应用试验表明，其控制精度、稳定性、中位泄漏量及接力器不动时间等核心性能指标均高于国家标准的要求，优于国外同类产品。该配压阀在行业内首次实现了掉电自复中和掉电自关闭功能的可选，满足了不同客户的需求，方便了电厂的运行与维护；其简单高效的设计配合南瑞SAFR－2000H型调速系统的先进的控制策略，降低了设备运行的故障率。

该巨型主配压阀的成功应用打破国外水电设备供应商的长期垄断局面，实现了水电设备自主化的重大突破。

(三) 在糯扎渡水电站的投运情况

糯扎渡水电站安装9台单机容量为65万kW的水轮发电机组，其调速、监控、励磁、水情测报、大坝安全监测等重要辅机设备全部采用了南瑞集团公司产品，2014年6月26日最后一台机组正式投产发电。

该电站采用的SWT－2000H型调速系统，为南瑞集团公司自主研发，广泛应用于国内外各大中型水电站，成熟可靠；并在小湾水电站运行和试验基础上，完善了孤岛控制策略，为后续糯扎渡送广东±800kV高压直流输电工程孤岛调试打下了基础。

(四) 在阿海、龙开口水电站的投运情况

阿海水电站安装5台单机容量为40万kW的水轮发电机组，其调速器、保护等核心控制设备为南瑞集团公司产品，2014年6月，5台机组已全部投产。

龙开口水电站安装5台单机容量为36万kW的水轮发电机组，其调速、监控、励磁等核心控制设备均为南瑞集团公司产品，2014年1月，5台机组均顺利实现投产发电。

(南京南瑞集团公司　荣　红　蔡卫江)

绩溪抽水蓄能电站施工供电设计

绩溪抽水蓄能电站位于安徽省绩溪县伏岭镇境

内，装机容量1800MW，施工工期长达5年余。施工期用负荷点多、容量大，且布置分散，供电距离最远达5km。为了确保工程顺利进展，对工程施工期用电负荷、主要的施工供电设施进行了统一规划设计。

（一）施工用电负荷的计算

施工用电负荷，根据工程施工总布置成果，结合施工方法及选用的施工机械、施工进度，分别采用需要系数法和负荷曲线法计算。采用需要系数法计算高峰用电时，绩溪工程施工用电设备额定功率合计约19729kW，高峰用电负荷约6463kW，用电高峰负荷占整个工程用电设备总容量的33%；采用负荷曲线法计算时，施工期高峰用电负荷发生在2016年，高峰用电负荷约6370kW，工程总用电量约8603.2万kW·h。根据两种高峰用电负荷计算结果并结合工程自身实际情况，绩溪工程施工期高峰用电负荷确定为6500kW。

工程施工用电负荷主要集中分布在两大区域：上水库施工工区及下水库施工工区（含地下工程）。根据统计，这两大区域高峰用电负荷分别约为2014、6364kW。

（二）施工供电的电源选择

1. 电源概况　绩溪县已有220kV雄路变电站1座，110kV光明变电站1座，35kV变电站10座。该工程所在供电区域属岭南片区，该区共设有龙川变电站、伏岭变电站、家朋变电站、金沙变电站等4座35kV变电站。上述供电设施中，只有从伏岭变电站35kV到家朋变电站的351线路尚有10000kVA容量可供绩溪工程使用。已有的110kV光明变已没有35kV间隔供本工程使用。

2014年已规划动工新建110kV扬溪变电站，待扬溪变建成之后，35kV金沙变电站、家朋变电站、伏岭变电站改由扬溪变供电，形成环网结构。110kV扬溪变电站规划已预留一35kV间隔提供给绩溪工程，至绩溪工程拟建中心变电所的直线距离约11km。按扬溪变电站建设规划的时间表，该变电站的建成投产时间可以满足该工程主体工程开工时的用电需求。

2. 供电方案　根据工程区附近的供电电源情况，绩溪工程施工供电电源方案可比较如下两个方案。

方案一：新建扬溪变电站至中心变电所35kV架空线路一条，长度约11km，作为主供电源；原伏岭变电站至家朋变电站的“T”接一条线路作为备供电源，其线路长度约0.55km，两路线接入中心变35kV母线，引接的两回35kV线路互为备用，输送功率各为6500kW（考虑一回线路故障，另一回线路要满足电站全部施工负荷需要），中心变电所内设35/10kV、6.3MVA主变压器二台。

方案二：由于110kV扬溪变电站建成后，伏岭变电站由扬溪变电站及光明变电站两回供电，可与地方电网公司共同改造伏岭变电站，增加或扩容35kV变压器。因伏岭变电站距离绩溪工程下库约3km，故考虑引出两回10kV线路给绩溪工程用作施工供电。并在工程现场设开闭所，接入各施工分区变的线路从开闭所引出。此方案要求引接的两回10kV线路互为备用，输送功率各为6500kW（考虑一回线路故障，另一回线路要满足电站全部施工负荷需要）。

上述两个方案均满足绩溪抽水蓄能电站施工供电要求。相比较而言，方案一中两回电源均引自35kV电网，且一回35kV电源从扬溪变电站专供，供电可靠性比方案二要高，但方案二投资比方案一投资较省。

经技术及经济比较，并考虑可靠性因素，绩溪工程采用方案一作为施工电源接入方案。

上述电源接入35kV中心变电所，经35kV中心变电所向各施工分区变供电。按照“永临结合”尽可能降低工程投资的原则，35kV中心变电所在工程完工后即改建成为厂用电备用电源。

（三）施工供电系统规划设计

1. 35kV中心变电所　所址位于下水库工区内，采用钢筋混凝土框架结构。所内电气设备包含：主变压器（2×6.3MVA）选用三相双绕组有载调压，电压等级为35kV/10kV。35kV侧接线为内桥接线，二回电源进线，两回变压器出线；10kV侧采用单母线分段接线，出线6回。无功补偿电容器10kV，2组，每组1200kvar，自动补充装置将功率因数控制在0.9。土建工程包括综合楼、主变设备基础、电缆沟道、消防间及其他屋外配电装置建筑。电站施工完毕，经局部改造后引接1回10kV电源作为电站厂用电的外来电源。

2. 场外供电线路　新建110kV扬溪变电站至施工区内35kV中心变电所的35kV单回线路，线路全长11km；新建35kV“T”接线路，长度约0.55km。

3. 场内供电线路　出线电压等级为10kV，出线回路为9回，其中1回为电站永久厂用备用电进线、2回为施工用电备用电以外，其余6回为13个施工分区变压器的进线。

这6回出线与13个分区变压器的连接如下：①NO.1线连接1、2、3、4、5号施工分区变压器，并承担供水3、4、5、6号站内变压器所需的负荷；②NO.2线连接6号施工分区变压器；③NO.3线连接7、8、9号施工分区变压器；④NO.4线连接10号施工分区变压器；⑤NO.5线连接11、13号施工分区变压器，并承担供水1、2号站内变压器所需的负荷；⑥NO.6线连接12号施工分区变压器。

35kV中心变电所至9号分区变压器终端杆的线

路系永临结合，因此该段线路按永久线路设计。

（中国电建集团华东勘测设计研究院有限公司　金珍宏）

金属结构

向家坝水电站导流系统封堵闸门钢绞线液压张紧提升系统启闭技术

水电工程导流系统下闸蓄水是整个工程建设中一个关键节点，其下闸封堵的成败与否决定了大坝能否蓄水，至关重要，具有里程碑意义。

由于导流系统具有要求一次性下闸封堵成功的特殊性和重要性，通常水电工程下闸蓄水时均采用操作封堵闸门快速、连续一步到位的操作方式，以降低工程风险。

向家坝工程施工导流系统设有 6 个导流底孔，底孔进口尺寸达 10.0m×21.0m（宽×高），规模庞大。为实现提前发电的目标以及尽量减小工程建设对社会的影响，下闸蓄水时间定于 2012 年汛末的 10 月上旬，同时提出了导流底孔下闸蓄水期下游不断流和不影响下游河道航运的要求，要求不间断下泄流量不小于 2000m^3/s、下游水位变幅不大于 1m/h。为满足这些特定条件，导流系统闸门及启闭设备的布置型式、下闸程序、操作方式、运行工况等均发生了根本性改变，导致闸门最大操作水头和启闭设备容量远超出目前国内水平的 72.93m 和 20 000kN；同时，受到土建结构、缆机资源占用及施工进度等方面的制约，传统的卷扬式启闭机已很难满足要求。因此，研究新的封堵闸门启闭设备，是实现向家坝导流系统顺利下闸蓄水的关键。为此，进行了大胆尝试，提出了采用“钢绞线液压张紧提升系统”作为 1～5 号导流底孔封堵闸门启闭设备的方案。

钢绞线液压张紧提升系统是一种采用柔性钢绞线承重、提升油缸集群、计算机控制、液压同步提升的系统。穿芯式提升油缸与钢绞线组合成提升机构，为整个系统的核心机构，其提升力依靠锥型锚片与锚座自锁使锥型锚片内圈握紧面的牙齿与钢绞线咬合和摩擦力传递，提升主油缸两端装有可控的上下锚具油缸，以配合主油缸对提升过程进行控制。启门时，上锚利用锚片的机械自锁紧紧夹住钢绞线，主油缸伸缸，张拉钢绞线一次，使闸门提升一个行程；主油缸满行程后缩缸，使载荷转换到下锚上，而上锚松开，如此反复，闸门步进式上升。闭门时，将有一个上锚或下锚的自锁解脱过程，如此反复，闸门步进式下降。钢绞线液压张紧提升系统能够实现标准提升单元的并列灵活组合来满足超大启闭容量要求；钢绞线长度理论上可满足任何扬程要求，但它固有的结构特性，决定了它为接力间歇步进式运行方式，适用于少次操作、荷载恒定以及运行时间要求不高的场合。

鉴于钢绞线液压张紧提升系统作为闸门动水启闭设备在国内外尚无先例，为满足导流系统工况条件，提升系统的固有特性所带来的封堵闸门流激振动问题、门槽水力学问题以及自身的安全可靠性问题均需高度重视，因此专门成立课题研究小组从闸门及启闭设备工作特性、下闸安全、工程投资、施工进度等方面对该启闭设备进行系统深入的安全性分析和科研试验工作。

整个科研阶段主要进行了提升系统钢绞线、锚夹片、上下锚具、底锚等核心部件安全可靠性分析与试验；进行了提升系统抗振性能分析与模型试验；进行了闸门流激振动和门槽水力学模型试验研究，来判断对提升系统的影响；进行了液压张紧提升系统真机全程动水原型试验与原型观测。通过大量的理论分析与模型试验成果表明：钢绞线液压张紧提升系统能够胜任向家坝工程 1～5 号导流底孔封堵闸门的动水操作工作。

向家坝水电站导流系统 1～5 号导流底孔封堵闸门启闭设备采用钢绞线液压张紧提升系统具有设备轻巧、布置灵活，提升单元组合方便、安装、拆除简单、快捷、多吊点高精度同步检测控制等技术优势，同时它所具有的标准单元特性，可充分回收利用。体现出了显著的技术先进性和经济性。

2012 年 10 月 10～11 日，正式开始导流底孔封堵闸门分批次、分梯次的下闸封堵任务，整个运行过程顺利，封堵闸门均到位正常挡水，导流系统的下闸蓄水任务圆满完成。

向家坝工程下闸蓄水按既定方案实施，整个过程控制精确、操作顺利，下游河道水位控制平稳，受到了当地政府及航运部门的高度赞扬。正是因为前期开展了大量的分析、研究及科研工作，攻克了一个有一个的难题，首次将钢绞线液压张紧提升系统这一新技术成功应用于水电工程水工闸门动水启闭的操作，为如此复杂的下闸蓄水工作得以顺利、圆满完成奠定了坚实的基础。向家坝水电站导流工程的闸门设计首创了国内外尚无先例的先河，可作为今后水电工程的设计借鉴。

（中国电建集团中南勘测设计研究院有限公司　郭熙宏）

溪洛渡大坝工程高位导流底孔进口闸门下闸技术

溪洛渡大坝布置有10个导流底孔，其中1～6号底孔为低位底孔，进口底板高程410m，断面尺寸为5m×11m；7～10号高位底孔，底板高程为450m，断面尺寸为3.5m×9m。按照原规划设计，高位底孔在2013年11月上旬即汛后下闸。而2013年溪洛渡工程度汛采取200年一遇洪水标准，相应度汛水位为593.74m。考虑到大坝度汛水位高，高速水流对底孔的影响较大，为降低高速水流带来的风险，经分析决定在7月初主汛期来临之前进行高位底孔下闸，高位底孔不再参与度汛。

高位导流底孔原设计采用钢筋混凝土排架柱及固定卷扬式启闭机启闭闸门的方案，计划混凝土排架柱施工、闸门拼装和启闭机安装总工期3～4个月。按照计划5月初具备排架柱开工条件，最早8月才能完成施工，不满足主汛期前进口闸门下闸的要求。为此，需要综合考虑土建施工、机电设备安装等各方面因素，研究快速下闸的综合施工技术。

（一）下闸方案研究

7、8号和9、10号高位导流底孔分别布置于11号和20号坝段，下游出口门为弧形门，已经安装完成，但设计挡水工作水头100m，不满足汛期挡水水位593.74m的要求；上游进口事故检修闸门为潜孔平面滑动门，工作水头150m，相应挡水水位600m，因此，汛前下闸必须用事故检修门。该闸门总重112.6t，拉杆17节、总重95t。下闸方案研究简述如下：

1.钢排架固定卷扬式启闭机方案　原设计启闭机机架设置于钢筋混凝土排架柱顶部。若浇筑钢筋混凝土排架柱，至少需2个半月的时间。考虑到大坝工程缆机吊运方便，将钢筋混凝土排架柱改为钢结构排架柱，在加工厂制作完成后现场拼接，节约浇筑混凝土时间。经计算，采用新制钢排架结构，设计钢材总量约350t，总工期93天。

2.钢排架钢绞线液压提升装置方案　向家坝导流底孔下闸中成功应用了上海同新机电控制技术有限公司设计的钢排架柱及钢绞线液压提升装置。经现场考察，现有塔架和箱型梁保存完好，略加改造可以满足本闸门静水下闸使用要求。此方案需新增钢材量约为50t，总工期65天。

3.履带式起重机与钢绞线液压提升装置组合方案　原设计采用高排架，主要原因是闸门门体需在门槽顶部平台拼装，然后利用提升系统提升入槽，临时锁定后逐节安装拉杆下闸。而钢绞线液压提升装置具有提升高度大的特点，可以利用钢绞线替代拉杆，在采用履带式起重机入槽的前提下，可以取消高排架柱。单个闸门拼装完成后总重为112t，考虑吊钩等设备及增加的辅助吊具，最大吊重为118t。在对应坝段587～596m高程仓面内进行闸门吊装入槽作业时，吊装作业半径为14～26m，选用350t履带式起重机可满足要求。该方案需租赁一台350t履带式起重机，加工钢排架柱约80t，4套液压油缸设备，520m钢绞线，计划总工期49天。

通过上述三个方案的对比分析，方案三具有以下优势：①利用钢绞线液压油缸取代固定卷扬式启闭机，可大大缩短启闭系统的安装调试时间；②降低了钢排架柱的高度，吊装难度大大降低，同时材料成本也大幅度降低；③取消了拉杆，减少了安装的时间。方案三工期短，可靠性高、一次性投入较小，最终确定采用该下闸方案。

（二）实施情况

1.350t履带式起重机安装与闸门入槽　下闸准备时，11号和20号坝段仓面高程约为590m，面积约为23m×21.5m（上游坝面长×横缝长）。在该仓面安装350t履带式起重机，考虑24～26m作业半径，采用SDB/BW36m主臂。闸门起吊时，超起配重落于仓面上，作用相当于地锚；闸门变幅入槽对位时，超起配重必须离地，方可回转扒杆。闸门入槽后锁定。

2.钢绞线液压油缸设备安装　采用1台560t液压油缸提升装置。每个提升器有37根直径17.8mm钢绞线，每根钢绞线的破断力为353.2kN，伸长1%时的最小载荷为318kN，闸门最大启闭力考虑为4000kN，因此提升系统提升容量储备系数为5600/4000=1.4，钢绞线安全系数为37×318/4000=2.9。实际施工工程中，为减少钢绞线穿束时间，将钢绞线调整为30根，此时的安全系数为2.35，满足上海市工程建设规范DG/TJ 08-2056—2009中《重型结构（设备）整体提升技术规程》的规定。

闸门入槽锁定以后，在门槽顶部设置钢排架，再在钢排架顶部安装钢绞线液压油缸设备。因闸门锁定于566m高程平台，充水阀外露该平台约3.84m，且富余22cm行程，则钢排架架空部位高度不得小于4.1m。为保证下闸顺利，将钢排架架空高度设置为4.3m。

3. 下闸　流程为：下放设备的检测试验与准备→下放设备的安装→下放设备的调试→下放前的检查→试下放→闸门空中悬停→闸门就位调整。

2013年5月11日，开始闸门现场拼装；6月2日，第一孔（8号）闸门入槽；6月27日，7、8号闸门完成下闸验收，具备下闸条件；7月4日，第一孔（7号）闸门完成下闸；7月8日，最后一孔（10号）闸门完成下闸，该项工程顺利结束。从5月11日开始门体拼装到6月27日具备下闸条件，实际施工工期共48d，基本与方案计划49d吻合。

（三）结束语

溪洛渡大坝工程高位底孔下闸在工期紧张的情况下，结合国内相关工程经验，分析对比了不同的下闸方案，实现了按期安全下闸任务。

利用350t大吨位吊车实现闸门入槽，解决了高排架施工工期长的难题。在类似工程中，为了一次性下闸需要，修筑几十米高的混凝土结构，施工工期和安全问题突出，一次性投入大，经济性差。随着我国大吨位全地面起重机设备技术的进步，采用大吨位起重机安装大型闸门结构的技术经济优越性越发突出。

利用钢绞线液压提升装置替代固定卷扬式启闭机，大大缩短了启闭系统的安装调试时间；钢绞线替代拉杆的安装，减少了安装与下闸时间。钢绞线液压提升装置具有体积小、重量小、安拆简单、提升高度大、提升重量大的特点，在建筑大型钢结构吊装中广泛应用；通过组合可实现大吨位吊装，在水电工程施工中有着广泛的应用前景。

（中国水利水电第八工程局有限公司　刘　锐　刘　密）

溪洛渡泄洪洞弧形闸门制造技术

溪洛渡水电站泄洪洞设有4孔弧形闸门。该闸门孔口尺寸为14m×12m，设计水头65m，为双主横梁、直支臂潜孔弧形闸门，弧面半径23m，可动水启闭、局部开启，单套重703.27t，是目前国内水电站单套最重的弧形闸门。其中主梁为焊接箱形梁，水平次梁为焊接工字形梁，纵隔板为焊接T形梁；直支臂为A字形箱形焊接结构；支铰轴直径1000mm，支铰轴承为自润滑球面滑动轴承。

该闸门门叶分5个单元节，单节门叶最重71t，单片支臂重达120t，单套支铰总成重约93t，对于单件如此之重的弧形闸门需在工厂内进行预组拼，在吊装、转运、加工等方面都具有相当大的难度。由于所用板材厚度多为30～50mm，最厚达100mm，一、二类焊缝占到全部焊缝总量的70%以上，控制焊接质量及焊接变形的难度高。

通过对该弧形闸门结构形式的分析，采用尽可能地小拼焊成单个构件后再组拼的制造工艺，严格控制小拼焊构件的质量要求。

1. 门叶主梁的制作　主梁为箱形梁结构，见图1，腹板厚36mm，材质为Q460C。通过焊接工艺评定和焊接试验，确定与前、后翼板的焊接坡口为双面不对称K形坡口，内侧V35°、深20mm，外侧V45°、深14mm，坡口钝边2mm。采用这种坡口形式，可有效控制主梁翼板焊接的角变形，不需火焰校正即达到技术要求。

为保证主梁前翼板与面板贴严，主梁前翼板不参与主梁的小拼焊，主梁拼焊成Π形梁。主梁内侧采用二氧化碳气体保护焊，外侧采用埋弧焊。焊后检测主梁的正向弯曲度，朝向面板方向拱4～6mm可不需修校，以起门叶焊接时反变形的作用。同样，小横梁拼焊后的直线度修校到6mm，且拱向面板方向。

2. 门叶纵向隔板的拼焊　门叶上纵向并列9排纵向隔板（见图2），共计65件纵向隔板；每套门叶在纵隔板的两侧共有242件筋板，最重的一件为67kg。传统拼装方法是门叶在弧台上整体拼装时拼装筋板，然后整体焊接。由于筋板较重，且焊接时是立焊，需技术较高的焊工施焊，所需焊接时间也较长，还会加大门叶整体变形量，因此纵隔板小拼时除拼焊隔翼板、腹板外，还将纵隔板两侧的筋板一起拼焊完成，并且将二至五节门叶两主横梁之间的纵向隔板连接成整体，控制整体纵向隔板的弦高，并用半径为22972mm的样板检查纵向隔板的弧度误差应小于2mm。

3. 弧台搭制及面板的制备　门叶的横向直线度，技术要求偏差小于5mm。依据以往的经验，门叶焊接后产生的变形会拱向弧形闸门背水面。因此，除在主梁、小横梁的制作时考虑反变形外，弧台的搭设也考虑消除焊接变形，需控制弧度误差小于2mm，单排支撑的横向直线度6mm，且上拱方向与主梁的预拱方向一致，即拱向弧形闸门迎水面。闸门门叶总重265t，弧台的搭设要求牢固，防上后续产生变形，选用20号工字钢和120×120×10的角钢，要求有地锚作为支撑点，并设置永久观测点。

门叶面板宽14m，厚28mm，单节面板需分6～7段下料。面板的对接焊缝要求达到全熔透。通过试验，将面板的对接焊缝设置成不对称的双面坡口，内侧深20mm，外侧深8mm，V50°，钝边2mm，这样可以解决焊接变形引起的面板局部平面度超标的问题。

4. 门叶的拼装和焊接　在弧台上铺设面板，五节门叶的面板铺设后，修校面板应达到横向直线度

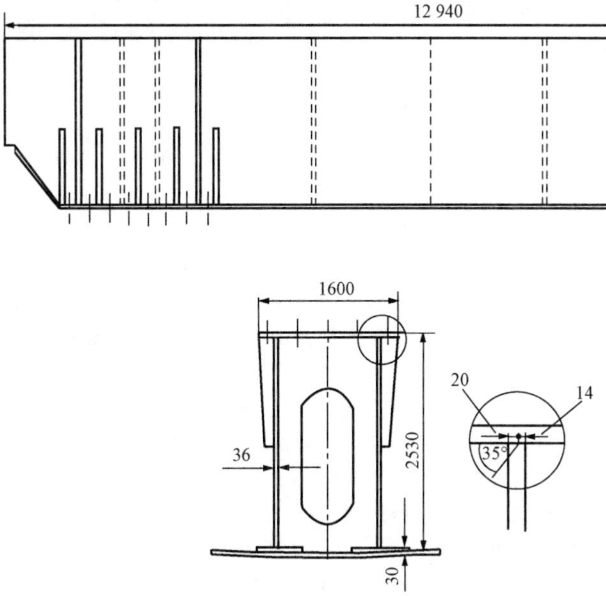

图 1　主梁示意图（单位：mm）

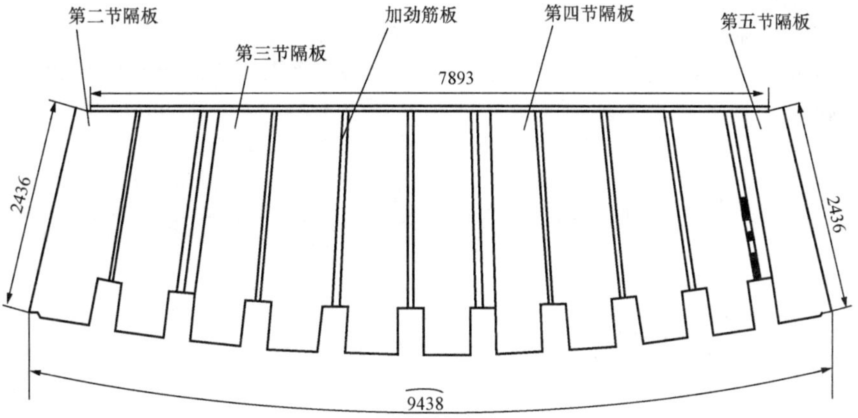

图 2　纵向隔板拼焊示意图（单位：mm）

5～7mm，中间凸向迎水面，弧度偏差不大于 2mm 的技术要求。面板放样，门叶总宽按 12～15mm 预留收缩量，两主梁中心距按 5～8mm 预留收缩量。

将卷弧后的主梁下翼板间隔 500mm、并列两排钻直径为 20mm 的塞焊孔后，拼装在面板上，与面板之间的间隙不大于 0.5mm；再依次拼装小横梁、纵隔板、主梁、侧水封座板等门叶上的各零件。拼装完，经质检人员检测合格后交焊接。所有焊缝采用二氧化碳气体保护焊，立焊缝的焊接电流 120～150A、电压 23～25V，平焊电流 210～250A、电压 25～27V，采用多层多道焊接。所有焊缝（除侧水封座板外）焊接完一道（层），用风铲或铆抢释放应力后方能焊接下一道（层）。焊接时按照先立焊后横焊的焊接顺序进行。

门叶在弧台上焊接后，吊于地面翻身，焊接面板的对接焊缝。

检测门叶的焊接变形，对超标处进行修校，检测调整两则水封座板的间距合格后焊接。

画门叶宽度，即侧水封座板的加工线，由于门叶宽度较大，画线时使用管型测力器，张紧力 8kg。

5. 支臂的制作　单片支臂由上、下支臂和竖杆等部件组成，均为箱形梁结构，每个部件都先单独小拼焊后再参与组拼。上、下支臂箱形截面尺寸为 2080mm×1600mm，由翼板、腹板、隔板组成，翼板厚 40mm，腹板厚 36mm。支臂腹板的坡口设置为双面不对称 K 形坡口，内侧 V35°、深 20mm，外侧 V45°、深 14mm，坡口钝边 2mm，内侧腔体采用二氧化碳气体保护焊，外侧采用埋弧自动焊。

将小拼焊后的支臂各部件组拼成单片支臂，焊接后画出支臂前、后端板加工线；将单片支臂拆解成上、下支臂两部分，转加工支臂前、后端板。

将加工后的上、下支臂和竖杆组拼一起，并临时连接牢固。

6. 闸门的整体组拼　专门设计弧形闸门大拼的地锚和支撑工装，并分别按设计图做地基及地锚埋设，制作、安装支撑工装。

（1）分别吊装两片支臂放置于支撑工装上，调整两片支臂的前、后开口尺寸，对角线的相对差值，以及单片支臂的垂直度合格后，用缆风绳固定，并将支臂与支撑工装连接成整体。随后再安装活动支铰，检测、调整支铰的同心度等各数据合格。

（2）吊装底节门叶，调整到位后画出门叶底缘加工线、门叶与支臂连接端板的加工线，号出门叶端板上的螺栓孔。拆下门叶加工，注意由于门叶端板加工，两主梁的中心距会缩小约 5.6mm，螺栓孔孔位需向闸门外侧偏移 2.8mm。底节门叶加工后与支臂第二次组拼，用螺栓紧固。

（3）依次吊装第四、第三、第二节门叶。第二节门叶按底节的画线方法画出门叶端板的加工线、螺栓孔位后转加工。将加工后的第二节门叶吊装到位后，吊装顶节门叶就位。

（4）对大拼好后的弧形闸门作整体检测，所有检测数据均符合技术要求。

（中国水电建设集团夹江水工机械有限公司　李　健　李　谦）

加纳布维水电站压力钢管设计

（一）工程简介

布维水电站位于加纳（Ghana）西部的黑沃尔特（Black Volta）河上，主要开发任务为发电。主坝为碾压混凝土重力坝，坝顶高程 185.00m，最大坝高 108m，坝顶长 492.50m，坝顶宽 7m；溢流坝段位于主坝河床坝段偏右岸，共分 5 孔，总溢流宽度 75m。水库正常蓄水位为 183.00m，相应库容为 125.70 亿 m^3，调节库 77.20 亿 m^3，为多年调节水库。电站厂房位于左岸，为坝后式，安装 3 台单机容量为 133MW 的水轮发电机组，总装机容量为 400MW。

工程于 2008 年 8 月开工，2013 年 4 月实现第一台机组发电，2013 年 12 月三台机组全部投产。

（二）压力钢管布置及结构设计

1. 压力钢管布置　布维水电站采用“一机一管”的供水方式，引水压力钢管由上平段、上弯段、斜直段、下弯段和下平段组成，其中斜直段采用坝后管槽内的明钢管型式，见图 1。明管段钢管直径 6.5m，最大设计水头 78.5m。钢管壁厚 22～25mm，加劲环间距 3m，支撑环间距 6m，支座采用滑动支座；明管段伸缩节采用波纹管，设置于压力钢管斜直段顶部。钢管在穿过厂坝缝处采用垫层管，以适应厂坝间的不均匀沉降并减小因此引起的钢管应力。

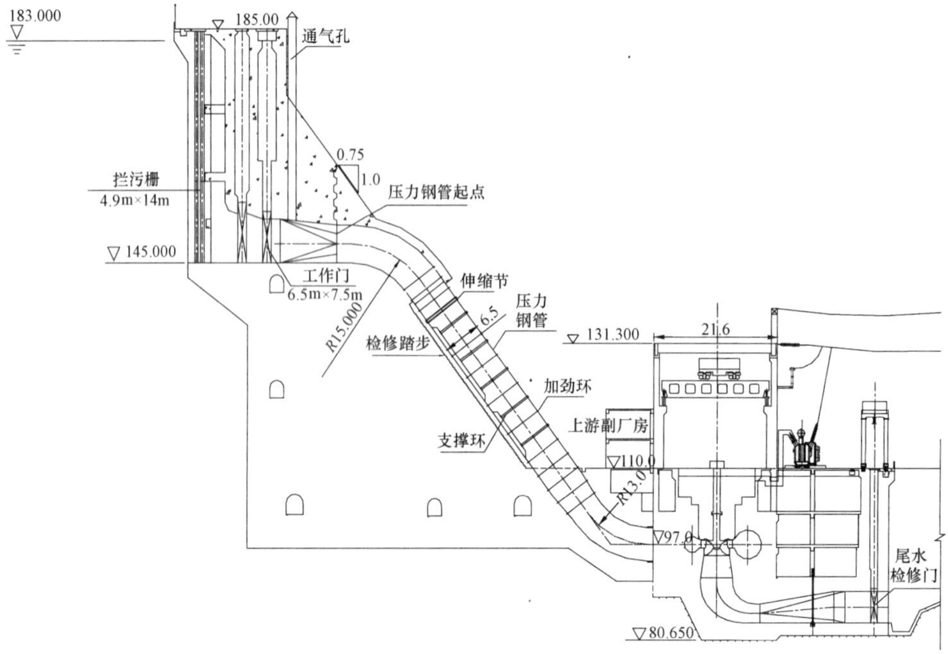

图 1　引水发电系统纵剖面图（单位：m）

2. 钢管结构设计 电站压力钢管管节根据总承包商运输要求、工地起吊安装能力及节省材料的原则确定，明管段共 16 节，单节长度 2.4m。内水压力按 1 台机组甩全负荷工况控制，机组甩全负荷时，明钢管斜直段底部断面处最大内水压力为 78.5m。明管段抗外压稳定计算安全系数加劲环间管壁及加劲环均取 2.0，坝内埋管加劲环间管壁和加劲环取 1.8，抗外压稳定计算只考虑管道放空检修工况，管道放空检修外压按 0.1MPa 设计。

引水钢管全长，包括坝内埋管、坝后背管、垫层管及明管等管段偏于安全考虑，管壁厚度均按明钢管计算。根据明钢管计算结果，压力钢管采用 16MnR（Q345R）钢，管壁厚度最终确定为 22～25mm，其中计算厚度为 19mm 及 22mm。压力钢管上平段、上弯段厚度为 22mm，斜直段、下弯段及下平段均为 25mm。为了保证钢管有足够的刚度，使其在吊装、运输及安装过程中不至于产生过大的变形，在所有管节上都加设了间距 3000mm，高 200mm，厚 25mm 的加劲环。经计算，其最大整体膜应力为 123MPa，最大局部膜应力 127.94MPa，最大局部膜应力＋弯曲应力为 136.37MPa，均小于规范限值。

3. 伸缩节布置及结构设计 布维水电站伸缩节设置于压力钢管斜直段顶部，距离上弯段末端约 3m，采用金属波纹管。波纹管伸缩节具有轴向不小于 40mm 的变形伸缩量，管轴线竖直面内及平面内能适应不小于 0.1 度的角变位。

对于坝后式的明钢管，伸缩节一般都布置于斜直段的末端（如伊泰普水电站），这样的布置，有利于减小压力钢管的应力。由于总承包商考虑施工安装方便，建议伸缩节位置放在压力钢管斜直段顶部，因此对布维水电站伸缩节的位置做了对比研究。经比较，当伸缩节在压力钢管斜直段顶部时，各种工况下其最大轴向位移量为 10.7mm；当伸缩节在压力钢管斜直段底部时，各种工况下其最大轴向位移量为 10.79mm，轴向位移相差不大。同时，也对比了伸缩节位置变化对钢管应力的影响，以斜直段末端断面为例，当伸缩节在压力钢管斜直段顶部时，各种工况下其最大 Mises 应力为 161.70MPa；当伸缩节在压力钢管斜直段底部时，各种工况下其最大 Mises 应力为 158.0MPa，两者的应力水平比较接近。两者的差别在于钢管的自重对钢管的轴向应力影响不同，前者钢管自重产生轴向拉应力，后者则产生轴向压应力。因此，从设计角度来说，伸缩节无论放置于顶部还是底部，对钢管应力及轴向位移的影响都是有限的，都是可以接受的。但是将伸缩节置于顶部，极大地方便了施工，缩短了压力钢管安装的工期。

4. 支撑环滑动支座结构设计 布维水电站压力钢管明管段共设置了 5 个支撑环平面滑动支座，支座间距 6m。支座大样见图 2。

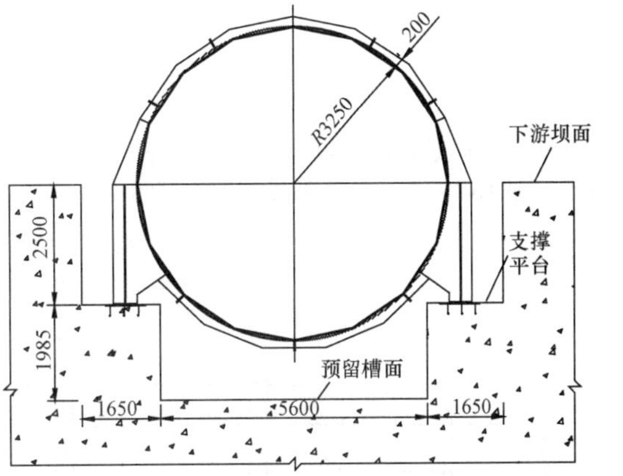

图 2 支撑环滑动支座（单位：mm）

支撑环采用侧支撑形式，双肋组合槽形，支撑环高 200mm，宽 300mm。在支座部位采用滑动支撑。在支撑环支柱底部焊接钢板，在混凝土墩座上预埋钢板，在上下两块钢板间各增设一块不锈钢板，在两块不锈钢板间设置聚四氟乙烯滑板。

支撑环滑动支座采用有限元程序进行了计算，支撑环最大 Mises 应力为 130.28MPa，支撑环支腿最大 Mises 应力为 165.56MPa，支撑环及支腿应力均在规范允许范围内。

5. 通气孔设计 压力钢管通气孔布置于进水口工作门之后的渐变段顶部，从渐变段顶部开始竖直穿过下游坝面后直达坝顶，其顶部高程高出坝顶约 2m，孔直径为 1.5m。

（三）结束语

加纳布维水电站压力钢管斜直段采用明钢管设计，明钢管中心线位于坝坡坡面上，金属波纹管式伸缩节布置于斜直段顶部，采用支撑环滑动支座支撑。这样的设计在布维电站大直径压力钢管的布置中成功应用，降低了布维电站压力钢管的施工难度，缩短了工期，同时也减少大量混凝土及钢筋，取得很大的经济效益。

国外水电工程实例表明，坝后明钢管在符合明钢管布置、结构、构造设计要求，选材合理合格，钢管制安质量合格，运行管理规范的条件下，是一种安全的管型。我国应积极开展这种管型的研究。

（中国电建集团西北勘测设计研究院有限公司
路前平 费秉宏 廖春武 鹿 宁）

水电站大直径压力钢管专用运输车研制与应用

国内水电站大直径压力钢管运输，传统方法是采用平板车和汽车式起重机配合进行。这种传统运输方法，存在钢管重心高、稳定性差，对道路及装卸场地有特定要求，成本较高等不足。为了节约成本，高效率进行钢管运输装卸，中国水利水电第五工程局有限公司依托新疆波波娜水电站、公格尔水电站、盖孜水电站工程，成功研制出了一种大直径压力钢管专用运输车。水电工程大直径压力钢管运输采用一台这种专用车，即可完成装车、运输和卸车工作。

（一）结构

该专用运输车采用半挂拖车车头，自行设计制造了专用运输车架。车架结构如图1所示。

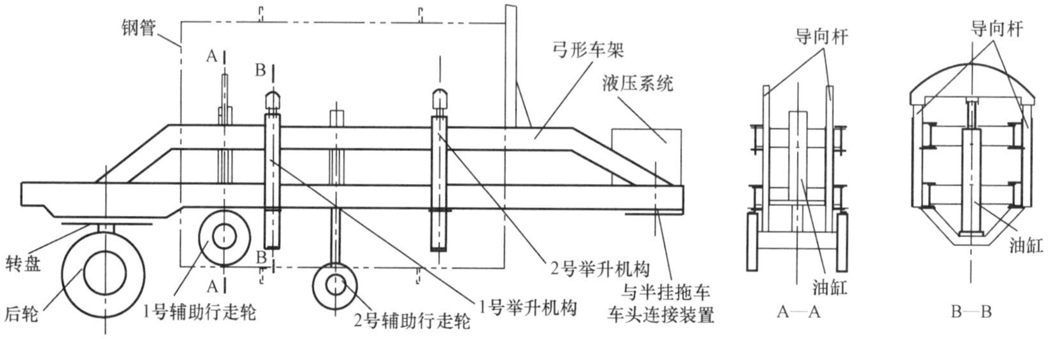

图1 钢管专用运输车架结构示意图

（二）关键技术

（1）在综合考虑输钢管的重量、长度、直径、道路转弯半径等因素的基础上自行设计了运输车架结构形式和具体参数。以公格尔水电站项目为例，压力钢管运输单节长5m，直径3m，单节重约15t，弓形车架采用32号工字型钢制作，高2.45m、宽1.5m、长10m，选择了HSGL01－200单杆活塞式液压油缸并确定合适的安装位置与固定结构。

（2）自行设计液压系统，解决液压系统的动力来源。通过加装油箱，在拖车车头变速箱低轴输出端加装取力器来驱动齿轮油泵，设置调压阀、手控液压换向阀、管道，与四个液压油缸形成一整套液压系统。

（3）为便于装卸时后轮通过钢管，自行设计了可旋转后轮的结构。该转动机构用双挂大货车第二节车厢的转盘改造。用辅助行走轮油缸顶起车架，后轮离地后，拔出销钉，转动转盘，可将两后轮转到车架纵向中心线位置；通过钢管后，将后轮转回正常位置，用销钉固定，就恢复行驶状态。

（4）设置了运输车专用安全装置。为防止钢管轴向窜动，在弓形车架上设计了一套支撑限位装置。为防止在运输过程中液压油缸受力不均而损坏，在两套举升机构的四个导向杆和导向杆外套上通过开通孔方式，加装了四个锁定块。钢管顶起完成后，插入相应的锁定块承力，导向杆不能下降，撤回举升机构油缸，便可安全运输钢管。为防止钢管运输过程中左右晃动和损坏防腐涂层，在举升机构导向杆顶部连接一块与钢管内径弧度完美贴合的弧板，弧板上包裹橡胶垫，可有效保护钢管内壁防腐涂层、增大摩擦系数，保证钢管运输过程中的稳定性。

（三）钢管装载运输

（1）将车对准需要运输的管节倒车，待后轮即将接触钢管时停止。

（2）操作半挂车辆上的取力器装置启动液压油泵。

（3）操作换向阀，用油压顶出1号辅助行走轮，顶起车架，待后轮高出管口后停止。

（4）将后轮上的锁定销钉拔出，旋转后轮90°，启动车辆将后轮倒至管内，直至1号辅助行走轮接触管口时停止。

（5）操作换向阀，顶出2号辅助行走轮，进一步顶起车架，收起1号辅助行走轮至可顺利进入管内为止；启动车辆将其倒至管内，然后收起2号辅助行走轮，依靠1号辅助行走轮在管内行走。

（6）车辆继续倒车，至后轮出后方管口结束。

（7）将后轮转回正常行驶状态，插入锁定销钉固定。

（8）操作换向阀，收起1、2号辅助行走轮至后轮接触地面为止。

（9）操作换向阀，顶起两个举升油缸，将钢管顶起离地约250～300mm高度，然后插入举升油缸导向杆锁定块，收回两举升油缸，完成钢管装载。

整个压力钢管装载过程只需要4～5min。运输到达目的地后，可以利用同样原理卸下钢管。

（四）应用效果

该钢管专用运输车已经在波波娜水电站、公格尔水电站、盖孜水电站成功应用。此项技术获得了国家知识产权局发明专利授权，填补了国内同行业技术空白；成果获得了2014年中国电力建设企业协会科技进步一等奖，并形成了一套成熟完善的运输工法。该钢管运输技术具有经济、安全、快捷高效的特点，是传统运输效率的5～6倍，且运输成本更低，有广泛的推广价值。

（中国水利水电第五工程局有限公司 袁幸朝）

泗南江水电站高强钢月牙肋钢岔管制作与安装

（一）概况

泗南江水电站位于云南普洱市阿墨江的支流泗南江上，采用“一管三机”联合供水方式。压力钢管全长约1203m，由一条主管、两个岔管、三根支管组成，主管内径4.0m，总工程量约2772.3t。岔管为“一分二”的内加强月牙岔型式，由主管、支管、月牙肋等组成。两岔管的主要参数见表1。

表1 泗南江水电站岔管参数表

序号	岔管名称	主管内径（mm）	支管内径（mm）	最大公切球直径（mm）	*HD*值（m·m）	设计压力（MPa）
1	主岔管	4000	3200、2200	4438	1680	4.2
2	支岔管	3200	2200	3478	1344	4.2

岔管选用的钢板材料为舞钢的WHT590高强钢，管壁厚度36～50mm，月牙肋板厚度100mm，全部采用手工焊，现场卷制和焊接有一定难度。

（二）岔管制作

1. 放样下料 岔管瓦片下料一般有展开图法和展开计算法两种。本工地钢板下料采用半自动切割机进行，故采用计算机展开作图和瓦片平面坐标计算相结合的方法。首先用专用工具软件mathCAD和ACAD对设计图样进行展开放样与数学计算，得到每块瓦片的精确的矢量展开图（如图1所示）；根据得到的坐标数据，在钢板上用坐标法人工放样，将等分线及素线标记按坐标在钢板上标出。几何尺寸校验无误后，用半自动切割机切割，并将坡口打磨露出金属光泽，用油漆标出瓦片的编号，水流方向等。

2. 瓦片卷制 采用素线法，即将画线时画出的等分素线，作为卷制的参照线。卷制时通过控制液压机行程来控制瓦片变形量，上辊对素线在小范围内来回滚压，并随时用样板检查瓦片的弧度，直至达到要求的弧度为止。为节约钢板，到货钢板全部为定尺钢板，即根据下料图确定钢板的尺寸，只留有少量的切割余量。这给瓦片边缘的压制带来一定难度。为此，专门设计、制造专用模具和胎膜，保证了岔管对接纵缝平滑过渡。通过对瓦片的整体尺寸检查，证明此法具有良好的加工精度，瓦片质量优良。

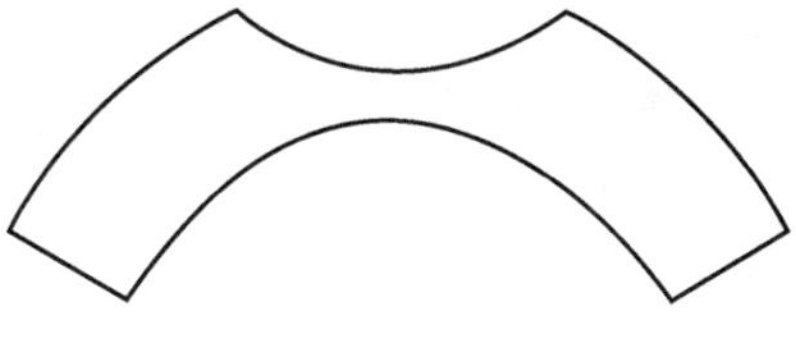

图1 岔管单节展开图

（三）钢岔管安装和焊接

1. 预组装 在钢管厂平台上进行。首先依据大样进行各单元节组圆，完成后进行整体预组装，调整各单元节之间的相关尺寸，并按运输和起吊要求焊接部分单元节。整体预组装前在平台上划出支管与月牙肋板的相贯线，以及各单元节的控制线（如中心线、管口线等），组装过程中调整单元节位置，符合规定尺寸后点焊。

2. 岔管安装 安装前根据图纸放出每个要安装单元节管口的控制点，管节吊装到位后，安装支撑，利用专用工具调整相邻管节间隙及错边，测量桩号、管口中心和高程偏差，满足要求后定位焊。

3. 岔管焊接

（1）焊接工艺评定。针对本工程钢管焊接特点，按规范要求进行了WHT590 50、40、32mm厚手工焊和自动埋弧焊对接试验及WHT590和16MnR手工焊对接试验，手工焊接时焊接工位全部采取45°斜仰焊。试验后，进行焊接工艺评定，编制焊接工艺规程。

（2）焊接材料和设备。焊条牌号为大西洋CHE607RH（E6015-G），使用前按焊接工艺规程做烘干和保温处理，烘干温度350～380℃，烘焙时间1h，并做到随用随取。焊接设备为ZX7-400D型逆变直流焊机。

（3）焊接工艺参数：①焊条直径，封底、中间层、盖面层分别采用3.2、4、4mm；②焊接电流，封底、中间层、盖面层分别为100～120、135～175、130～150A；③焊接电压均为24～26V；④焊接速度，封底、中间层、盖面层分别为5～9、6～12、6～12cm/min；⑤输入线能量均不大于35kJ/cm；⑥焊接层间温度不大于150℃。

（4）焊接过程和工艺控制：应严格按照所制定的焊接工艺规程施焊。焊接顺序为月牙肋板与两支锥管焊缝，再焊两支管与主管的对接焊缝，最后是其他焊缝。焊接前预热，温度控制在60～90℃，预热区的宽度为焊缝两侧不小于3倍板厚且不小于100mm。采用对称、多层多道、分段退焊的焊接方法，先焊内侧，焊完后外侧用碳弧气刨清根并打磨，经渗透探伤合格后焊接外侧。每层焊接完成后均需用风铲将焊缝清理干净，同时消除应力。为保证同一条焊缝焊接的连续性，每条焊缝由四人一组，共两组轮替对称焊接，如中途确实需要停顿要按照预热要求进行保温。

4. 焊缝检测　所有焊缝焊后48h经100%超声波检测，一次合格率达到99.%；经射线拍片检测，一次合格率98%。

（四）岔管水压试验

水压试验前，在岔管的主管、支管管口安装焊接渐变管和闷头，按设计要求布置应力、形变测点。

岔管承受的设计水头为420m，试验最大压力为设计压力的1.25倍，即5.25MPa。

试验步骤：①首先向岔管内充水，水满后稳定10min，进行初始值的测量；②分别缓慢升压至2、3MPa，并各稳压10min，对钢管进行检查，测应力、形变；③检查无异常后，继续升压至4.2、5.25MPa，各维持压力30min，压力应维持不变，并检查焊缝情况，测应力、形变；④降压与升压过程相反，应缓慢降压，当到达相应的压力值时应保压并对应力及形变进行测量。

试验结论：通过对岔管的水压试验及应变观测，整体无任何异常情况，主、支岔管肋板上的应力值都不大，最大应力值在360MPa以内，其运行应是安全可靠的。

（中国水利水电第三工程局有限公司　秦俊兰）

洪屏抽水蓄能电站内加强月牙肋钢岔管原型水压试验

洪屏抽水蓄能电站位于江西省靖安县境内，一期装机容量1200MW。鉴于本工程钢岔管*HD*值高、国内首批采用国产800MPa级高强钢（上海宝钢，牌号为B780CF），且生产制造厂家为首次制作钢岔管，从工程安全角度考虑，决定做水压试验，以检验钢岔管的安全可靠度。2014年11月，进行了原型钢岔管水压试验。

（一）水压试验工况设计

该电站钢岔管采用对称Y型内加强月牙型肋钢岔管，设计内水压力为8.34MPa，*HD*值为3740m·m，采用800MPa级钢材制作，分岔角为70°，主管直径为4.40m，支管直径为3.0m，公切球半径2511.2mm（为主管管径的1.141倍），管壳厚度54mm，肋板厚120mm。

由于钢岔管各管节母线折角处容易产生局部应力集中现象，此类部位是局部膜应力的控制点；而肋板是小偏心受拉构件，最大截面内侧一般为应力最大值部位，故将这些控制点作为应力结果整理的关键点。通过三维有限元计算，以内水压力1.0MPa为例，管壁最大应力值61.03MPa，月牙肋最大主应力56.34MPa。在材料抗力限值内，钢岔管承受的内水压力与其结构应力基本呈线性关系，因此水压试验最大压力按规范的抗力限值推算，初步确定为6.09MPa。实际水压试验过程中，最大压力还需结合Q/HYDROCHINA 008—2011《地下埋藏式月牙肋岔管设计导则》规定的“岔管应力监测成果不超过水压试验工况材料的抗力限值”综合考虑。

（二）原型水压试验条件及压力循环

1. 试验状态　洪屏引水钢岔管采用两岔管联合水压试验方式。试验时，两个岔管的主管对接，闷头与支管对接，形成密闭容器。整个岔管水平自由卧放于数个鞍形钢支架上，岔管底点离地600mm，钢支架底部固定在基础混凝土中，有足够的刚性。钢岔管本体与钢支架间采用聚四氟乙烯板铺垫，以保证水压时钢岔管有自由位移。

2. 环境条件　规范要求环境温度不低于10℃，水温不低于5℃。试验过程实测水温13℃，环境温度在12～15℃。

3. 压力循环　按有限元计算分析成果及设计规范要求，水压试验设计压力为6.09MPa，加压压力等级为2.0、4.0、5.84、6.09MPa，加压速度不大于0.05MPa/min，每级稳压10min，达到设计压力稳压30min。

（三）试验结果分析

1. 体积变形　水压试验过程中，在各个压力等级下，进水量与压力等级成良好的线形关系。

2. 位移变形　水压试验过程中，在各个压力等级下，顶部测试的位移与压力等级成良好的线性关系。其余测试部位位移与压力等级线性关系相对不一，可能受岔管外部支撑约束的影响。在最大压力等级6.09MPa时，岔管的最大位移位于月牙肋腰线位置，最大位移量3.099mm，与三维有限元计算值接近。

3. 结构应力　从水压试验应力测试数据看，各测点的应力值和试验压力值呈较好的线性关系，说明测量系统（包括应变片处理、仪器等）稳定可靠，系统非线性误差得到了很好的控制。也说明水压试验6.09MPa压力循环下，各测点处于线弹性状态。

各压力等级下，岔管内壁，底部测点应力最大，当试验压力为 6.09MPa 时，其实测值达到 380MPa；岔管外壁，仍是底部测点应力最大，当试验压力为 6.09MPa 时，其实测值达到 394MPa；两值基本与该部位的抗力限值 386MPa 吻合，与计算相差在 2%以内。

各压力等级下，月牙肋应力最大值位于月牙肋腰线内侧位置测点，当试验压力为 6.09MPa 时，其实测值达到 320MPa，小于该部位的抗力限值 343MPa，安全裕度较大，与计算相差在 7%以内。

试验压力 6.09MPa 时钢岔管应力实测值与三维有限元计算值见表 1。测试数据表明：①各控制点应力实测值与三维有限元计算值总体上相吻合，尤其位于钝角区的腰线内、外壁应力分布形状及数值非常接近；②相贯线 CO 和月牙肋部位略有差别，主要是该部位的应力受结构制作因素影响较大，与水压试验支撑条件有关，如何更好地设置钢岔管水压试验支撑，以及处理好支撑约束问题的模拟有待于进一步研究和验证。

表 1　　6.09MPa 压力时各控制点计算应力与实测应力对照表　　MPa

	测　点		A	B	C	D	E	G	H
岔管	内壁	计算值	293	346	346	251	186	186	266
		实测值	341	355	328	241	152	238	220
	外壁	计算值	336	320	294	239	253	159	239
		实测值	377	299	164	267	131	172	271

	测　点		I	B	J	C	O	D	F
岔管	内壁	计算值	207	346	288	346	183	251	255
		实测值	153	355	256	341	380	238	208
	外壁	计算值	222	340	340	346	70	239	236
		实测值	136	299	394	297	—	277	279

	测　点	腰线内侧	腰线外侧		
月牙肋	计算值	343	175		
	实测值	320	110		

4. 焊接残余应力　从测试数据看，通过水压试验，岔管的焊接残余应力有下降的趋势，部分测点下降明显。水压试验前岔管内壁焊接残余应力最大值为 809MPa，水压试验后该测点应力值为 614MPa，下降 24%；水压试验前岔管外壁焊接残余应力最大值为 743MPa，水压试验后该测点应力值为 664MPa，下降 10%。部分测点水压试验后，残余应力值下降不明显，可能与水压试验压力等级较低有关，未达到残余应力释放的压力条件。

（四）结束语

(1) 水压试验过程中，岔管本体未发生渗漏和焊缝开裂情况，说明岔管的制作质量经受了实践检验。国产 800MPa 级钢材在水电站上的首次应用成功，具有突破性意义。

(2) 水压试验过程中，岔管的位移变形较小，说明岔管的刚性较好；岔管在最大试验压力 6.09MPa 下，结构应力值与材料的抗力限值相近，安全裕度较大；焊接残余应力通过水压试验也得到一定程度的释放。

(3) 水压试验工况的有限元计算与实测结果，在岔管腰部及以上管壁应力值基本相符，且计算的最大值与实测的最大值在数值上基本接近。支座的约束对管壳局部区域的应力仍存在影响，因此最大测值不完全在同一测点上。

（中国电建集团华东勘测设计研究院有限公司　姚敏杰　高雅芬）

缅甸丹伦江滚弄水电站泄洪方案金属结构优化设计研究

缅甸丹伦江滚弄水电站泄洪（导流）建筑物孔口尺寸大、设计水头高，且电站处于地震烈度Ⅸ度设防的地区，整个电站泄洪兼导流运行要求及技术参数综合指标目前居国内前列，方案布置难度大。金属结构专业因此进行了枢纽泄洪系统优化设计研究，主要比选了 A、B 两个方案。

（一）A 方案

该方案泄洪系统基本维持原可行性研究报告送审稿方案（以下简称原方案）"5 个坝身表孔＋右岸 2 条泄洪（导流）隧洞"的格局，但将 5 个坝身表孔尺寸由15m×21m修改为15m×23m，右岸2条泄洪（导流）隧洞洞径由16m减小至13m；同时，左岸2条导流隧洞洞径由12m×16m增大至15m×19m。

1. 溢流表孔闸门　溢流表孔孔数与原方案没有变化，只是检修闸门和工作弧门尺寸略有变化，因此，研究比较了孔口尺寸为15.0m×23.0m（净宽×净高，下同）与孔口尺寸为15.0m×25.0m的闸门方案。我国已建投运的表孔闸门，景洪水电站的为15.0m×21.0m，金安桥水电站的为13.0m×21.0m，水口水电站的为15.0m×22.5m，五强溪水电站的为19.0m×23.0m，均与本工程溢流表孔闸门规模相当甚至略大于本工程，有一定的安全运行经验。该工程地震设防烈度Ⅸ度，且为国外项目工程，溢流表孔又是本工程的主要泄洪设施，故溢流表孔闸门孔口尺寸控制在宽度15～16m、高度不超过23m，技术上是可行的。经与水工专业配合，确定溢流表孔闸门孔口尺寸采用15.0m×23.0m，满足正常蓄水位519m时泄量16622m³/s的要求。由于孔口高度较原方案增加了2m，表孔弧门上悬臂增大，拟考虑采用三支臂表孔弧门的结构。

2. 右岸泄洪（导流）隧洞闸门

（1）1、2号泄洪（导流）洞进口处的两道闸门由7.0m×15.0m平面事故门修改为6.0m×14.0m平面检修门、7.0m×15.0m平面工作门修改为6.0m×12.5m平面事故门。该平面事故闸门平时均关闭挡水，以满足右岸泄洪（导流）洞在不泄洪时洞身不承受水压的水工专业要求。检修闸门及事故闸门启闭机则保留了原方案中的检修门采用共用门机、事故门采用各门配用液压启闭机的方案，以减少水工启闭排架的工程量。考虑本工程地震设防烈度及可能的泥沙淤积情况，启闭机容量选择较常规方案留有一定的安全富余度。

（2）1、2号泄洪（导流）洞出口处，原方案中的检修闸门取消，改设置为1扇10.0m×11.0m弧形工作闸门。该弧形工作闸门平时处于开启状态，不挡水，仅在需要参与泄洪时作局部开启或全开启以控制泄量。同时，由于下游水位较高，故水工在工作弧门后设置了反弧挑流鼻坎（底板高程初拟为475.00m），以保证隧洞出口高于设计洪水位，在平时泄洪时不被下游河道淹没。此工作弧门与小湾水电站工作弧门（13.0m×13.5m、设计水头48m）相比，孔口尺寸及总水压力均小，设计水头稍高。考虑到此弧形工作闸门孔口尺寸较宽，启闭力较大，选择双吊点；而双吊点固定卷扬式启闭机机械同步较双吊点液压启闭机可靠，造价及运行维护费用也较双吊点液压启闭机便宜，有在漫湾、小湾水电站实际运用经验，故此工作弧门采用双吊点固定卷扬式启闭机。同时，要求在每年汛前均应开启闸门运行，以防泥沙淤积。

3. 左岸1、2号导流洞封堵闸门　平面封堵门由6.0m×16.5m修改为为7.5m×19.5m。研究比较了国内几个已建工程的导流洞封堵闸门参数：小湾水电站的为8.0m×19.6m，设计挡水水头72m，下闸水头小于11.0m；金安桥水电站的为8.0m×19.5m，设计挡水水头111m，下闸水头小于13.1m；阿海水电站的为8.0m×18.5m，设计挡水水头121m，下闸水头小于17.83m；梨园水电站的为8.0m×19.5m，设计挡水水头96m，下闸水头小于11.23m；糯扎渡水电站的为8.0m×21.5m，设计挡水水头119m，下闸水头小于20.0m。滚弄水电站泄洪优化A方案左岸1、2号导流洞封堵闸门采用7.5m×19.5m，设计挡水水头75.592m，下闸水头小于11.101m的参数均小于或接近以上工程，故其技术方案是可行的。

（二）B方案

B方案将原方案“5个坝身表孔＋右岸2条泄洪（导流）隧洞”的格局进行修改。泄洪系统与导流系统不再结合，将5个坝身表孔增加为6个，尺寸由15m×21m修改为16m×23m；右岸2条泄洪（导流）隧洞取消，改为设置1条3号导流隧洞，洞径为15m×18m；同时，左岸1、2号两条导流隧洞洞径由12m×16m修改至15m×18m。

在B方案中，溢流表孔孔数与原可研送审稿方案相比由5孔增加为6孔，表孔检修闸门和表孔工作弧门尺寸略有变化，为16.0m×23.0m。与方案A相比，闸门只是宽度增加了1m，研究认为技术上是可行的。故最终与水工专业配合，确定本方案溢流表孔闸门采用6孔16.0m×23.0m。同时，由于孔口高度较原方案增加了2m，表孔弧门上悬臂增大，考虑采用三支臂结构。

在B方案中，1、2、3号三条导流隧洞封堵闸门参数与A方案左岸1、2号导流隧洞封堵闸门基本一致，孔口高度比A方案还减小了1.0m，故认为其技术方案是可行的。

（三）方案分析结论

A、B两个泄洪（导流）方案技术上均可行。但从工程量上比较，由于B方案取消了右岸1、2号两条泄洪洞，改设置为1条右岸3号导流洞，金属结构设备工程量有较大减少；虽然B方案坝身表孔较A方案增加1孔，孔口宽度也增加1m，但经综合比较仍是B方案工程量减少略优。

（中国电建集团昆明勘测设计研究院有限公司　易　春）

中國水力發電年鉴

8

科学研究与技术创新

水电科学研究

大坝混凝土老化损伤规律及识别评价方法研究

混凝土坝建成后，混凝土的各项物理力学性能会随着时间的推移而演变，存在上升期和衰减期两个阶段。目前最常用的混凝土老化损伤评估方法是芯样强度法，即通过测试大坝芯样的力学性能（强度、动弹性模量等）来反映混凝土内部的老化损伤程度。但该方法无法准确识别混凝土所处的上升期或衰减期，若直接应用于评价大坝混凝土的老化状态，会得出错误的结论。为科学地进行已建水工混凝土结构的运行安全评价和为全面加固治理提供理论依据与技术支撑，开展了该项目研究。

（一）主要研究内容

（1）开展理想环境中混凝土材料的长期性能发展理论研究，调研国内外进行的混凝土材料长期暴露跟踪检测成果和大坝混凝土在实际服役环境中长时间系列的钻芯取样检测统计资料，找出大坝混凝土长期性能演化的内部自身因素和外部环境损伤因素。

（2）开展高频振捣对混凝土含气量、抗冻性和气泡参数影响的研究和大坝混凝土在冻融作用下的损伤和性能衰减规律的研究。基于损伤力学理论，以动弹性模量损失为损伤量，建立以损伤量为变量的力学性能衰减模型；利用该模型，通过对过程数据的统计分析，预测冻融作用下混凝土的力学性能衰减趋势，推断大坝混凝土的耐久性状况。

（3）研究建立基于 Arrhenius 方程的碱-骨料反应膨胀预测模型。运用该模型可以通过加速试验预测在实际环境温度下碱-骨料反应的膨胀历程，评价碱-骨料反应抑制措施的有效性。

（4）采用大尺寸试件试验，模拟研究掺粉煤灰和火山灰大坝混凝土的渗透溶蚀和性能衰减规律。

（5）研究开发混凝土真空浸染技术和常温常压浸染技术，研制全自动全景荧光显微成像系统和基于 MATLAB 的混凝土微裂纹图像自动量化分析系统，以实现混凝土内部微裂纹的量化分析。

（6）研究大坝混凝土的老化模式，制定抑制大坝混凝土老化最根本和有效的对策，从源头消除内因主导驱动型老化的内在因素。

（二）主要成果及创新点

（1）针对坝体混凝土的抗冻耐久性与机口取样混凝土的明显差异，探明了施工过程高频振捣对混凝土含气量、抗冻性和气泡参数不利影响，提出应控制水胶比和高频振捣时间的精细化施工要求。

（2）揭示了温度、碱含量、粉煤灰掺量、骨料尺寸对砂浆和混凝土碱-骨料反应膨胀行为的影响规律，初步建立了基于 Arrhenius 方程的碱-骨料反应膨胀预测模型，评价碱-骨料反应抑制措施的有效性。

（3）系统研究了大坝混凝土在冻融循环、碱骨料反应膨胀、渗透溶蚀等作用下力学性能衰减规律，损伤混凝土的各项力学性能之间的关系会发生改变，混凝土趋于变脆。

（4）基于损伤力学理论，建立了以损伤量为变量的力学性能衰减模型；通过对过程数据的统计分析，模型可预测有害环境作用下混凝土的力学性能衰减趋势。

（5）揭示了冻融和碱-骨料反应劣化过程中混凝土内部微裂纹结构特征的演化规律，提出用混凝土内部微裂纹特征参数作为诊断和评价混凝土损伤老化状态的指标。

（6）研制开发了混凝土微裂纹真空浸渍染色系统，开发了“混凝土全自动荧光显微全景成像系统”和“混凝土微裂纹自动量化分析软件系统”，实现了混凝土内部微裂缝特征参数的自动化观测和自动化分析。

（7）将大坝混凝土的老化模式分为外因主导驱动型和内因主导驱动型两类；提出了大坝混凝土耐久性全过程控制的理念，从源头消除内因主导驱动型老化的内在因素是抑制大坝混凝土老化的最根本有效对策。

（三）成果应用

（1）采用此项目研究成果对西龙池抽水蓄能电站地下厂房机组基础无收缩自流平灌浆材料芯样损伤进行了识别，获得的芯样内部微裂纹的数量、长度、宽度、位置和分布等信息，帮助业主顺利地从日本企业处获得全额赔偿。

（2）80℃砂浆棒快速法评价抑制碱-骨料反应措施的有效性已在南水北调中线干线等工程中应用，在骨料料源选择和采取经济合理的预防碱骨料反应工程措施方面发挥了重要作用。

(3)“大尺寸混凝土试件渗漏溶蚀试验方法”用于丹江口大坝层间缝抗剪特性试验研究，研究成果为丹江口大坝典型含缝坝段的抗滑稳定分析提供了数据支撑。

(中国水利水电科学研究院)

中国重要大坝强震监测与地震动输入机制研究

大坝一旦发生严重震害，不仅危及工程本身，其次生灾害也会对人民的生命财产造成难以估计的影响。我国水力资源80%位于高地震烈度区的西南、西北地区，为确保这些水力资源的开发，解决这些工程抗震安全问题是十分重要。

近年来大坝抗震研究虽进展很快，但由于坝址地形地质条件复杂，坝址地震输入机制的确定十分困难，成为大坝工程抗震中急需解决的首要前提和制约因素。解决这个难题的主要有效途径是建立大坝强震观测台阵。

国内水电工程领域的抗震防灾工作仍处于简单的强震监测阶段，对于结构震害进行多方位、多角度快速预警安全评估，临震及时提供减灾智能化决策等方面的技术支持工作还处于空白。

因此，中国水利水电科学研究院开展了中国重要大坝强震监测与地震动输入机制研究。

(一) 主要研究内容

(1) 高坝大库地震数据库的建立：①国内外强震记录的收集（已收集国外12000多条；国内大陆700余条，台湾500多条）建立强震记录数据库；②在GIS平台上建立典型大坝区域地质、地震地质、活动断层及历史地震空间展布特征数据库及相应的专业图层；③我国几座重要大坝相关参数的整理，建立大坝基础参数据库。

(2) 专家智能决策系统：①建立大坝安全速报（1小时内）的统计模型；②建立基于水工抗震规范的大坝抗震数学及力学模型；③建立非线性完全动力分析结合大坝静态监测数据及宏观调查结果进行大坝如何进行抗震加固的专家系统。

(3) 提高我国高坝大库强震监测的硬件水平：①实现由模拟、数字磁带记录向数字固态存储记录的转变；②引进、消化吸收国外先进的固态存储加速度仪的软、硬件技术；③利用现代的通信技术和网络技术实现强震数据的实时远程传输。

(4) 利用配套经费引进国外先进仪器建立新疆克孜尔水库大坝示范性的强震监测台阵：①新疆克孜尔水库大坝建在活动断层之上；②新疆克孜尔水库位于强震多发区；③新疆克孜尔水库有比较完善的大坝监测系统，但独缺先进的强震监测系统；④建立大坝智能化远程监测系统。

(5) 建立我国重要大坝智能化远程强震监测管理系统。地震目录及监测数据的实时查询；研究区内地质、构造等空间图形数据的浏览与查询等；大坝设计信息资料数据库，大坝有限元地震动力分析模型库；构造地震发生对坝体可能造成危害的预测分析评估系统；预警决策系统等部分。

(6) 大坝地震动输入机制研究：①利用我国32个已建的大坝强震台站和国内外已取得的强震记录研究坝址地震动输入机制；②研究不同震源条件下峡谷坝区场地地震动的三维空间相关性、传播视速度、谱特性，地震动强度变化特性等基本特性和规律；③研究坝体和两岸岩体的动力相互作用和坝肩岩体动力放大效应的影响，以进一步探明坝址河谷地震输入机制。

(二) 主要成果及创新点

(1) 用MapGis系统，建立部分中国重要大坝基本参数数据库、大坝地震地质纲要、活动断层、全国水系统分布图以及克孜尔地区的1：20万地震地质、活动断层、地震空间分布、潜源分布等专题图层。

(2) 建立国内外强震记录自动管理数据库及专家分析资料库。

(3) 适合于我国西部地区的地震动衰减关系。

(4) 地震动输入机制研究的成果。

(5) 新疆克孜尔大坝强震监测台站设计与建置。

其中，强震数据管理、监测数据分析与地震动输入机制研究处于国际领先水平；强震监测仪器与台阵设计处于国际先进水平。

(三) 成果应用

部分成果已直接应用于新疆克孜尔大坝抗震安全监测及DL/T 5416—2009《水工建筑物强震动安全监测技术规范》编制，并可推广应用于其他大（中）型水利水电工程的强震监测设计，具有显著社会与经济效益。

(中国水利水电科学研究院)

丰满水电站全面治理（重建）工程叠梁门分层取水口水温专项研究

丰满水电站是我国第一座大型水电工程，迄今已运行70多年，2007年其大坝被确定为“病坝”，需进行全面治理。根据国家发展改革委的批复意见，在原大坝下游120m处进行重建。环境保护部对全面治理工程环境影响报告书的批复，要求“须采取新坝前设叠梁门分层取水措施，降低夏季下泄低温水对鱼类的不利影响，下一步应开展水温专项研究工作，进一步优化叠梁门方案”。2013 年 1 月，受松花江水力发电有限公司丰满大坝重建工程建设局的委托，中国水利水电科学研究院承担了该项水温专题研究工作。

（一）研究内容

该项研究采用水温整体模型试验与三维数值模拟计算相结合的方法，对丰满水电站全面治理（重建）工程叠梁门分层取水进水口布置方案进行了全面的技术论证。

项目主要研究工作包括：

（1）建立整体水温物理模型，模拟部分库区与全部进水口，采用电加热技术再现水库水温分层与电站取水水温变化过程，研究丰、平、枯水年份典型月份叠梁门分层取水进水口的取水水温与叠梁门运行方式之间的关系，论证叠梁门布置方案的可行性以及叠梁门的运行调度方式。

（2）开展三维水温数值模拟计算研究，研究新老坝之间及上下游范围内水温温度场的分布规律，并研究叠梁门进水口在不同运行工况下的取水水温值。

（3）建立大比尺进水口水工模型，研究叠梁门分层取水进水口的水力特性、机组甩负荷工况下进水口的水力响应等水力学问题，并开展进水口体型优化试验研究。

通过上述研究工作，提交如下 4 份研究报告：《丰满水电站全面治理（重建）工程分层取水水工建筑物水温模型试验报告》《丰满水电站全面治理（重建）工程分层取水水工建筑物取水水温三维数值模拟计算报告》《丰满水电站全面治理（重建）工程分层取水进水口水工模型试验报告》《丰满水电站全面治理（重建）工程分层取水进水口布置方案综合分析报告》。

（二）主要成果和创新点

（1）对于丰满水电站全面治理（重建）方案电站取水水温的变化规律有新的认识。该项研究的结果表明，工程采用叠梁门分层取水进水口不能取得预期效果，其主要原因在于：一方面，旧坝距新坝仅 120m，未拆除部分形成前置挡墙，对新旧坝之间的水温分布产生了影响，表底层水温温差大幅度减小，从而抑制了叠梁门的运行效果；另一方面，电站运行时对旧坝缺口处的热通量影响甚微，旧坝的存在形成了前置挡墙，实际上已经起到了叠梁门的作用。

（2）进一步完善了复杂地形与水温分层条件下水库水温分层与电站取水水温的物理模拟技术。丰满水电站全面治理（重建）工程，新坝在老坝下游 120m 处重建，且老坝仅部分拆除，地形复杂；另外，库区内水温温跃层范围较大，且底部无明显恒温层，因而在水温物理模型试验技术与方法上面临诸多新的挑战。该项研究在水温物理模型整体设计、供水与加热方法、温度—流速控制边界选择、温度分布控制方法以及试验流程设计等方面，取得了新的突破性进展，已获 1 项发明专利和 3 项实用新型专利。

（3）进一步完善了分层型水库水温分布与电站取水水温的三维数值模拟技术。本项研究中，基于通用流体力学计算软件 FLUENT，进行了二次开发，计算模型考虑了库区水体水温—密度函数关系、水体表面与大气的热交换、以及电厂进水口动态取水过程的影响，在计算尺度上包含了从模拟进水口叠梁门厚度的小网格一直到上游库区的大尺度网格，保证了模型的计算精度与灵活性，计算结果更加接近工程实际。

（三）成果应用

根据该项研究的相关成果与建议，目前业主与设计单位已顺利完成工程重大设计变更，将电站进水口由叠梁门布置方案调整为传统布置方案，一方面直接节省了工程投资，另一方面简化了工程设计与施工，可提前实现工程综合效益，产生经济效益约 2 亿元人民币。

丰满水电站全面治理（重建）工程是世界范围内第一座百万装机、百米高坝、百亿投资的水电站重建工程，备受国内外关注，该项研究具有重大的社会环境效益。

（中国水利水电科学研究院）

地震与水库防洪关系研究报告

洪水与地震是低频突发事件，也是水库大坝的主要灾害源，其发生无法预知，而一旦发生，往往造成严重后果。我国地处环太平洋地震带和地中海-喜马拉雅山地震带之间，中、强地震活动频繁、强度大、震源浅、分布广、灾害十分严重，“5·12”四川汶川特大地震发生后，有专家学者提出了地震与洪涝灾害关联的观点，引起中央和水利部领导的高度重视。对经历过地震考验并有较长系列实测水文资料的大、中型水库的入库洪水资料与地震资料进行研究分析，从已发生事件中寻找事件之间的内部联系与规律，对指导大坝工程设计、安全运行具有重要而积极的指导意义。

南京水利科学研究院在收集明代地震与洪灾记录、近年来的地震与洪水资料、克孜尔水库地震洪水资料以及已有研究成果基础上，开展了地震与洪水关系及其对水库安全的影响研究。

主要研究成果包括：

（1）基于明代长系列的地震与洪灾统计资料，地震与震后洪水频次之间、大地震与震后2年内发生的洪水事件关联性不明显。对地震与洪水可能“关联”的主要因素进行了分析，初步揭示了地震与洪水的时空分布，并提出了移用地震分析中的ETAS模型的建议。

（2）结合大坝地震破坏案例，归纳提出了地震可能导致大坝泄洪或溃坝洪水的破坏模式，并进行了实际工程地震溃坝洪水风险图分析。开展了克孜尔水库地震对水库防洪安全影响分析，提出了地震对水库防洪安全的对策建议。

（3）判断震洪关系是否存在，需要依靠物理机制的发现和研究，同时还要依靠长时期的研究和积累，事实的检验。地震与旱涝关系主要是岩石圈发生的地震与水圈、大气圈发生的气候（主要是降水）变化两种物理现象的关系研究。单纯基于统计关联分析与相应的推测解释的研究，缺乏有力的证据与说服力，应开展多学科综合研究，从物理动力演化认识两种现象的关系。该研究需要从大系统角度展开，将地震、洪水现象纳入系统研究范畴，将岩石圈中的板块运动、大气圈中的大气变化，以及太阳系中的天体的相互作用等纳入进来，从系统全局角度探索它们之间的相互关系与相互影响。

（南京水利科学研究院　程　璐）

预应力高强混凝土长期时变特性的理论与试验研究

预应力高强混凝土长期时变特性的理论与试验研究是国家高技术研究发展计划（863计划）“大跨度预应力混凝土连续箱梁桥长期下挠和开裂的控制研究”课题的主要内容之一。

预应力混凝土箱梁桥是现代桥梁建设的重要结构和技术，由于它的跨越能力强，采用悬臂挂篮施工，不需要大量支架和临时设备，不影响桥下通航、通车，施工不受季节、河道水位的影响，广泛应用于跨河、跨江、跨峡谷，以及市政交通。大跨度预应力混凝土箱梁桥在迅速发展过程中，相关病害问题也日益突出，尤其是大量的大跨度箱梁桥在使用中发生较大的跨中下挠或梁体开裂。收缩和徐变是高强混凝土材料本身固有的时变特性，会导致结构受力与变形随着时间的变化而变化，对混凝土结构长期变形影响很大。

南京水利科学研究院该项研究针对大跨度箱梁桥在使用中发生较大的跨中下挠或梁体开裂中的高强混凝土徐变问题，主要研究成果如下：

（1）开展循环荷载作用下高强混凝土徐变规律试验研究。针对钢筋混凝土梁的变形（挠度）和徐变变化，通过对比分析循环荷载对高强混凝土及预应力构件对徐变发展规律的影响；提出大跨度连续箱梁桥和刚构桥的长期下挠变形与周期性循环荷载形成的徐变增加的长期积累有关。

（2）轴向预应力水平对徐变效应影响显着。恒定单点荷载作用下，预应力钢筋混凝土梁的轴向预应力越大，徐变系数越小；在恒定轴压作用下，单点荷载越大徐变系数越大。纵向预应力损失导致了高强混凝土徐变系数增大，徐变系数增大导致了预应力损失加大。提出预应力损失和徐变系数变大形成的耦合效应是导致大跨度结构下挠和开裂的重要原因。

（3）在国内首次开展双轴应力条件下的高强徐变试验。经过长达1年的试验研究发现，获得高强混凝土在双轴应力下的徐变发展规律，表明双轴应力组合对高强混凝土徐变影响显着，双轴徐变效应小于单轴徐变效应；混凝土在双向受力状态下的徐变系数小于同等应力状态下的单向徐变系数，因此建议在大跨度连续箱梁桥和刚构桥工程施工中要加强竖向预应力损失的控制，对于控制下挠具有重要意义。

（4）开展了高强混凝土收缩徐变的理论研究，给出了变载徐变系数的取值，提出了自行拟合的指数型徐变预测模型。结合实桥观测和计算分析表明，纵向预应力损失、变载徐变修正系数对长期变形影响较大，且长期变形和纵向预应力损失与变载修正系数呈线性增长关系；而箱梁结构刚度变化对长期变形影响相对较小。

（南京水利科学研究院　程　璐）

土石坝工程重大试验技术研究与应用

我国已建成水库大坝9.8万多座，其中约93%为土石坝，这些水库大坝在给我们带来巨大效益的同时，也存在着溃决的风险。由于高土石坝工程及其筑坝材料存在明显的多场、多相耦合，具有多尺度和服役期长等特点，传统的室内试验技术难以正确揭示复杂条件下其强度变形特性变化规律以及工程破坏机理，从而将严重制约土石坝安全评价理论和控制技术水平的进一步提高。

面对上述挑战，南京水利科学研究院土石坝工程研究团队与相关单位密切配合，经过10余年不懈努力，发明了用于研究高土石坝筑坝堆石料强度与变形特性及其变化规律的多功能静动力大型三轴试验系统、高土石坝地震破坏机理离心模型试验系统和土石坝溃坝机理和溃坝过程离心模型试验系统以及相应的试验技术，并在国内外多个重大土石坝工程建设和安全管理中得到应用，为进一步提升我国高土石坝的设计理论水平和安全管理水平提供了重要技术支撑，取得了显著的经济和社会效益。近年来南京水利科学研究院在土石坝工程重大试验技术方面的取得的重要研究成果以及相关工程应用情况为：

（1）成功研制了能精细量测静动力荷载作用下堆石料强度与变形发展过程的多功能大型三轴试验系统。其试样直径和高度分别达300mm和700mm，有效克服了试样缩尺效应对试验结果的影响，显著提高了堆石料力学特性试验结果的可靠性；试样围压变化范围为0.05～4.0MPa，可满足200～300m级高土石坝不同部位堆石料力学特性试验的应力水平需求；可在同一台设备上研究堆石料动力特性的缩尺效应，减小了系统误差；可进行堆石料经受地震荷载作用后的流变和湿化变形特性的试验。主要性能指标达国际领先水平。自2004年投入实际工程应用以来，已完成国内外56座重要高土石坝筑坝堆石料的静动力强度变形特性及其变化规律的试验研究。

基于该试验系统，建立了国内外内容最为丰富且极具实用价值的堆石料试验数据库，并获得以下重要发现：堆石料在静、动力荷载作用下存在明显的颗粒破碎，其强度与变形规律不符合经典的强度准则和罗尔（Rowe）剪胀理论；地震荷载作用下，堆石料仅在低围压（一般小于0.1MPa）出现剪胀，当围压超过0.1MPa，不论是何种岩质和级配的堆石料一直表现为体积收缩；现行土工试验规程规定的砂砾石料缩尺试验方法将明显低估其抗液化能力，经典的Seed砂土液化简化判别方法不适用于砂砾石料；预振动可明显提高一定围压作用下的堆石体抵抗变形的能力。基于上述发现，分别提出了能正确反映地震等复杂荷载条件下高土石坝筑坝堆石料强度和变性特性规律的黏弹性数值计算模型和弹塑性本构模型、砂砾石料抗地震液化能力试验方法和砂砾石料地震液化简化判别方法、高土石坝极限抗震能力及时变规律计算分析方法，并成功应用于国内外50多座重要高土石坝的抗震设计方案优化和地震安全评价。

（2）研制成功了国内首台能在100g重力场正常工作的离心机振动台。首次提出了用不等应力的小比尺动力离心模型试验，通过模型应力逐渐逼近原型应力获得等应力比尺试验结果的方法，使离心机振动台能够应用于高土石坝等大型工程的地震破坏机理与防灾减灾措施有效性试验研究，有效克服了目前地面振动台模型试验（1g重力加速度场）模型与原型应力水平相差过大，试验结果与实际不符；常规振动台离心模型试验由于模型箱尺寸和振动台功率限制无法进行等应力比尺试验的不足，为正确揭示高土石坝的地震破坏机理，验证其抗震加固方案的有效性提供了先进的手段，并成功应用于新疆吉林台水电站混凝土面板堆石坝和四川长河坝水电站砾石土心墙堆石坝等高土石坝的抗震设计方案优化。

（3）研制成功了国内外首台土石坝溃坝离心模型试验系统。建立了土石坝溃坝离心模型试验的土体、水流和混凝土相似准则，提出了相应的试验方法，该系统能在100g高重力场下稳定提供原型为100～500m^3/s流量的试验水流，持续时间可达为33.3h，并能在高离心加速度和泥石流条件下正常工作，有效解决了室内小比尺溃坝模型试验模型几何尺寸小，模型的应力水平与原型的应力水平相差过大，试验成果的合理性常受到质疑，实体坝溃坝试验一般很难寻找到合适的试验场地，试验过程中占用大量土地和水资源，费用高、耗时长，同时随着坝高的增加，试验的风险控制十分困难等问题，为深入揭示土石坝溃坝机理与溃坝过程，进一步提高土石坝溃坝模拟理论水平提供了先进可靠的试验手段。

该系统已成功进行了土石坝三种主要坝型——均质坝、心墙坝和混凝土面板坝溃坝机理与溃坝过程试验，在国内外首次揭示了心墙坝与混凝土面板坝的溃决机理与溃坝过程。该系统为研究土石坝溃坝机理与溃坝过程，进一步提高土石坝溃坝模拟理论水平提供了先进可靠的试验手段。基于上述试验结果，提出了均质土石料的冲蚀公式，改进了国内外现有的均质土石坝溃坝数学模型；首次提出了能正确反映心墙坝和混凝土面板坝溃决机理，合理模拟其溃坝过程的溃坝数学模型上述模型的合理性得到了国内外典型溃坝案例现场调查资料以及实体坝溃坝试验和离心模型溃坝试验结果的验证，并应用于江苏、广东、安徽、云南等土石（尾矿）坝溃坝过程以及溃坝洪水流量过程的计算分析，显著提升溃坝洪水流量过程预测精度，提高了溃坝洪水应急预案的科学合理性和可操作性。

（南京水利科学研究院　程　璐）

向家坝水电站泄洪表孔、中孔及消力池大比尺局部减压模型试验

向家坝水电站是金沙江下游河段规划的最末一个梯级，坝址位于四川省宜宾县和云南省水富县之间。工程枢纽主要由挡水建筑物、泄洪排沙建筑物、左岸坝后引水发电系统、右岸地下引水发电系统、通航建筑物及灌溉取水口等组成。最大坝高162m，坝顶长度909.26m；$P=0.2\%$设计泄量41200m^3/s，$P=0.02\%$校核泄量48660m^3/s。泄洪坝段由“12个表孔+10个中孔”组成，表、中孔间隔布置。

向家坝水电站泄洪消能具有高水头、大单宽流量、多泥沙、低雾化影响的特点，采用高（表孔）低（中孔）坎底流消能方式，下游消力池由导墙分隔成对称的双池。跌坎处水流紊动较为剧烈，跌坎下方存在强剪切流，会在跌坎附近形成立轴漩涡和横轴漩涡。因此，采用减压箱试验研究泄洪表、中孔泄槽、高低坎泄槽出口段、跌坎下方的池首段可能产生的空化空蚀问题十分必要。

该项目建立1∶40大比尺半个左单池水工模型，模拟了3个表孔（包括一个完整的左边表孔）和2个中孔及左半消力池，模型范围包括溢流坝面、消力池以及下游200m长护坦。通过常压模型试验，研究了水流流态和动水压力特性等水力学指标，通过减压试验研究了中孔有压进口、检修门槽、掺气坎、表孔检修门槽、掺气坎（3种体型）和高低坎水平淹没射流的空化特性，分析其相应的空化类型和强度，确定空化产生的部位，并论证空蚀的危险性，探讨了减压工况下的闸墩、消力池首侧墙、跌坎以及底板等重要部位的动水压力特性，提出合理可行的局部体型改进措施或其他工程措施。

主要研究成果包括：

（1）水流流态。各种工况下在跌坎下游的消力池边壁附近均可观察到横轴漩涡和立轴漩涡的出现。立轴漩涡通常为间歇性生成，未观察到立轴漩涡明显的临底状态，涡尾受淹没射流的影响向下游漂移。

（2）常压下的动水压力特性。底板、隔墩、消力池侧墙和消力池底板没有测量到负压。消力池底板脉动压力不大。校核库水位表、中孔联合泄洪条件下底板脉动压力最大，最大值点位于靠近消力池侧墙与底板交界处。表、中孔联合开启泄洪工况出口闸墩的脉动压力最大，中孔单独开启时出口闸墩的脉动压力次之，表孔单独开启时出口闸墩的脉动压力最小。

（3）表孔、中孔及消力池的空化特性。研究表明，表孔门槽、表孔掺气坎、中孔门槽、中孔掺气坎、跌坎下游面、消力池底板均无空化发生。中孔单独开启，个别工况下中孔出口处有空化的可能，当下游水位上升到一定高度后，中孔无空蚀破坏的可能。表孔单独泄洪工况及表、中孔联合开启泄洪时，表孔出口段及消力池侧墙有空蚀破坏的可能。其中，表、中孔联合开启泄洪工况是最不利工况。在其他工况下，当表、中孔掺气坎通气量达到$38m^3/s$后，表孔出口侧墙及消力池侧墙无空蚀破坏的可能。从抑制空化方面而言，表孔有侧掺气方案优于无侧掺气方案。

（4）减压工况下的脉动压力特性。减压工况下，当人为关闭通气孔后，受到空泡溃灭影响的区域脉动压力时域波形中有明显正向尖脉冲，正向最大幅值可达常压下的3～4倍；正向尖脉冲的最大幅值可达负向最大幅值的10倍；通气后逐渐趋于常压工况。减压工况下脉动压力的频谱特性仍为低频窄带，其能量主要集中在小于2Hz低频段，其优势频率与常压工况差别不大，但压力脉动功率谱高频分量有所增加。在减压和常压工况下，脉动压力基本为平稳的随机过程，近似正态分布，概率分布为尖峰形，大多为正偏。

（5）闸墩位于消能主体区之内，流态和受力情况复杂，脉动压力较大，结构安全问题应引起足够重视。建议消力池导墙加高，并严格控制过流面的施工不平整度，优化闸门调度方式；建议在中孔出口段、表孔出口段及消力池侧墙等有空蚀破坏的危险的部位采用抗空蚀材料，并避免在下游低水位工况长时间运行；建议在工程运行中加强水力学安全监测，为大坝安全运行提供进一步保障。

（南京水利科学研究院　程　璐）

托口水电站坝基不整合接触带专题技术研究

（一）研究背景

托口水电站位于沅水上游的湖南省洪江市境内，处于沅麻红盆地边缘地带的托口S形向斜倾伏端部位，工程地质条件复杂，地层跨越年代久远且存在多期间断，岩性种类多，包括前震旦系板溪群至震旦系和白垩系碎屑岩以及石炭系壶天群至二叠系碳酸盐岩，间断存在于震旦系与板溪群、石炭系壶天群与震旦系、白垩系与二叠系之间，其中主坝溢流坝段坝基受下游溢流冲坑切脚影响，存在沿石炭系壶天群与震旦系南沱组（C_{2+3}/Z_{ant}）角度不整合接触带的坝基深层抗滑稳定问题。可行性研究阶段处理方案为：对具备挖除条件的坝段采取挖除处理方案，对埋深较大的河床右侧8～9坝段则采取抗滑洞塞处理方案。

电站主坝计划37个月完工，工期十分紧张，且库区移民任务艰巨，主坝施工进度难以保证，为此，业主将原计划的左岸导流→右岸导流二期施工导流方案，改为左岸导流→河中明渠导流→左岸底孔导流三期施工导流方案，以便于2010～2012年枯期进行左岸施工。由于新导流方案的河中明渠占用了8～9坝段（洞塞上部）位置，使抗滑洞塞同步施工受到限制，施工难度加大，且施工安全风险增加，因此，业主委托设计对不整合接触带进行专题研究，以便为处理方案的可能调整和优化提供科学依据。

（二）专题研究目的与意义

目的：进一步查明不整合接触带的产状、规模、空间分布、物质组成、性状及物理力学参数和组合结构面情况，复核前期地质成果的合理性。为最终确定不整合接触带的工程处理方案和优化设计提供依据。

意义：通过专题研究，对不整合接触带的基本情况有更全面、准确的了解，重点研究其抗滑、抗变形能力和抗渗性能。在此基础上，可根据其不同部位（坝段）的情况，分别提出更有代表性和针对性的物理力学指标建议值，使坝基抗滑稳定计算分析准确性提高，为充分挖掘设计潜力、优化方案，为建设目标的实现提供可能的技术支撑。

（三）研究成果

1. 不整合接触带基本情况　通过坝基地质素描、现场抗剪、变形试验，室内试验和坝基物探钻孔、CT 测试、孔内录像、弹模测试等成果的整理分析，专题研究查明了坝基不整合接触带及其组合结构面的分布范围，性状，各结构面与大坝的详细组合关系，为各类抗滑稳定计算边界条件的确定提供了较为准确的地质依据。

2. 不整合带物理力学特征及参数选择　专题研究对不整合接触带及坝基抗滑稳定组合结构面进行了详细分类和综合整理，按结构面类型及部位分别提出了地质参数建议值，满足了设计进行各类抗滑稳定组合分析计算的需要。

3. 主要工程地质问题研究

（1）坝基抗滑稳定问题。专题研究进一步查明，溢流坝坝基存在由不整合接触带（缓倾角结构面）与 C_{2+3}层中陡倾角走向、倾向结构面组合构成的以不整合接触带为底滑面、影响坝基深层抗滑稳定的不利结构棱体组合，当溢流坝泄洪冲刷在坝下游形成冲刷坑，导致不整合接触带暴露，坝基结构棱体临空时，将产生坝基深层抗稳定问题。不整合接触带总体产状较为稳定，为 N25°～35°E，SE∠8°～16°，往河床倾角略变陡，河中垂直坝轴线方向总体视倾角约 0°，与前期勘察成果一致。不整合接触带可细分为三类结构面，即接触带（包括接触面、风化或构造夹层）、挤压破碎带 f_{200} 和缓倾角结构面。各结构面规模较大，连续性较好，性状差别较大，以挤压破碎带 f_{200} 性状最差，是坝基深层抗滑稳定的主要控制性结构面。坝基抗滑稳定不利组合结构面中，侧向切割面为 NE 走向的 J_{II}、J_{III} 组结构面，后缘切割面为 NWW 走向的 J_{V} 组陡倾角节理，组合结构面不发育，侧向切割面总体性状较好，后缘切割面则性状较差。

（2）坝基压缩变形问题。专题研究进一步查明，不整合接触带物质组成以砾岩、冰碛含砾泥岩、板岩碎块岩及岩屑等为主，其中 10～13 坝段开挖后残留的缓角结构面（带）厚度约 3m，5～9 号坝段坝基不整合接触带厚度 4.0～5.5m，其中 f_{200} 一般厚度 0.2～0.5m，最大厚度约 0.9m，透镜体状产出，组成物质以岩块岩屑为主，夹泥呈薄膜状分布于挤压破碎带的顶、底面的局部，厚度一般为 0.05～0.5cm，局部最大厚度为 2.5cm，因此，不整合接触带变形不以其中的局部夹泥层作为控制因素，主要考虑作为硬性软弱夹层的不整合接触带总体变形。试验表明，作为不整合接触带主要物质组成的砾岩、紫红色板岩均属软质岩，岩体质量分级为Ⅳ级，相应抗压缩变形能力可按此考虑。

（3）坝基渗透稳定问题。专题研究表明，不整合接触带不易产生渗透破坏，属强～中等透水体，但考虑不整合接触带局部存在泥夹碎屑带，其允许渗透比降将显著降低，因此，应重视其对坝基渗透稳定的不利影响，保证相应坝段帷幕防渗效果，避免产生渗透稳定问题。

（四）坝基深层抗滑稳定最终处理方案

以本专题研究成果为基础，最终设计将抗滑洞塞方案变更为在坝趾下游布置预应力锚索加固方案，共采用永存吨位 3000kN 锚索 98 束。

（中国电建集团中南勘测设计研究院有限公司
李鹏程）

白鹤滩水电站招标阶段坝基柱状节理玄武岩岩体松弛特性研究

金沙江白鹤滩水电站规模巨大，混凝土双曲拱坝高度达 289m，大坝对坝基及两岸岩体质量要求很高，作为支承拱坝结构的基础岩体，应当具有足够的承载能力和变形稳定性。坝址区玄武岩多个岩流层的中、下部发育柱状节理，其中以分布在坝基左岸高程 665m、右岸高程 580m 以下的 P2β32、P2β33 层最为发育。P2β32 层柱状节理发育于 P2β32-2 层。柱状节理不规则，未切割成完整的柱体，柱体较粗、短，直径约 25～40cm，大者可达 100cm，柱体长度一般约 0.4～1.0m。柱体截面以四边形为主。岩体内微裂隙发育，断口呈贝壳状，但相互间呈咬合状，未完全切断，整体性较好的块度大于 10cm，柱体平均倾伏角 70°。P2β33 层柱状节理发育于 P2β33-1、P2β33-2、P2β33-3 层，柱状节理典型，柱体直径 13～25cm，最大达 30cm。柱体长一般 2～3m。柱状节理岩体中，微裂隙发育，切割岩体块度一般在 5cm 左右，少量 7～8cm，但相互间咬合，微新状态呈闭合状。该层内错动带及缓倾角裂隙发育，柱体平均倾伏角 70°。目前，随着导流洞，以及施工支洞的开挖，对柱状节理洞段进行了锚杆应力监测、围岩变形监测及围岩松弛深度声波检测等，获得了更大开挖断面尺寸下柱状节理岩体的开挖响应特征。通过对所获得的监测和检测成果分析发现，柱状节理玄武岩洞围岩表现出明显的卸荷松弛特征，边墙实测松弛深度可达 9m；由柱状节理在洞室出露的产状可发现，围岩不同部位也表现出不同的松弛破坏特征。根据导流洞柱状节理岩体的开挖松弛特征，可推测坝基大面积柱状节理玄武岩开挖卸荷后，岩体的卸荷松弛会增加坝基处理的难度，进而影响大坝的稳定性。因此，开展坝基柱状节理玄武岩岩体松弛特性的研究，可为工程设计提供依据，进而保障大坝的安全稳定，具有重要的现实必要性和研究价值。

该项目研究于 2013 年 6 月开始，2014 年 10 月结束，是在前期白鹤滩水电站柱状节理各向异性岩石力学特性深化研究的基础上，针对坝基柱状节理玄武岩岩体开挖松弛特性开展。研究工作主要进行了白鹤滩水电站坝址区初始地应力反演，开展了基于监测的坝基柱状节理岩体开挖松弛区力学参数位移反分析，研究了考虑开挖损伤的柱状节理岩体各向异性弹塑性模型，建立坝基开挖三维数值模型，分析坝基开挖后柱状节理岩体的松弛程度与范围；研究了预留保护层方案对坝基开挖松弛特性的影响，建立了白鹤滩水电站坝基—大坝三维整体计算模型。所建模型考虑坝基开挖后柱状节理岩体松弛特性，利用反演出的松弛柱状节理玄武岩岩体力学参数，通过数值模拟，分析考虑坝基柱状节理岩体松弛特性的情况下，大坝浇筑后坝体变形、应力和稳定状态，并将计算成果与各向同性弹塑性计算成果、各向异性弹塑性计算成果进行对比分析，其研究的目的是为了更加深入地分析坝基柱状节理岩体各向异性松弛特性对大坝变形、应力和稳定性的影响。研究结论真实可靠，具有重要理论与工程实用价值，创新突出，结论可信。

（河海大学）

锦屏二级水电站机组投产及电站运行阶段引水隧洞工程区三维渗流场数值模拟研究

河海大学受委托承担了锦屏二级水电站机组投产及电站运行阶段引水隧洞工程区三维渗流场数值模拟研究，工作于 2013 年 2 月开始，2014 年 12 月结束。

该研究主要开展了以下几方面的工作：

(1) 根据实测的水文地质构造、地质参数，建立能够反映实际地质特性的有限元仿真模型。

(2) 结合地下水监测情况，对近、中期各个工况下的工程区地下水位分布、洞群渗漏水量、地下水位影响范围等做了分析预测。

(3) 结合地下水监测情况，对远期各个工况下的工程区地下水位分布、洞群渗漏水量、地下水位影响范围等做了分析预测。

(4) 对结构外水压力和灌浆圈外缘的外水压力分布情况做了分析预测。

经过几年的研究，取得了一系列的丰富适用的成果。课题成果除了通过发表文章形式体现外，一些分析结论和建议方案获得了直接的应用，解决了工程中遇到的问题，对锦屏二级水电站今后的运行管理起到了很好的指导作用，对类似工程可以提供很好的借鉴。

（河海大学）

溧阳抽水蓄能电站输水发电系统三维渗流场研究及涌水量预测

河海大学受托承担了江苏溧阳抽水蓄能电站输水发电系统三维渗流场研究及涌水量预测项目。工作于 2011 年 6 月开始，至 2014 年 6 月结束。

研究的主要内容及成果如下：

(1) 根据各工区地下水特性，布置地下水位长期观测孔，建立施工期地下水位长期监测网，为后期研究提供依据。

(2) 水电站区水文地质条件研究，建立起完整的水文地质结构模型。

(3) 利用振荡试验确定水文地质系数，利用钻孔压水试验确定渗透参数，利用 PD5 平洞的涌水量估计岩体的水文地质参数等确定研究区的水文地质参数。

(4) 用解析法和数值法预测施工期及运行期地下水涌水量及地下水位变化。

(5) 解析法和数值法预测下库盆开挖时的排水量。

(6) 建立研究区三维渗流模型，分析研究电站施工期和运行期个工程部位渗流场的时空分布规律，对厂房排水量的大小进行预测，并根据其结果提出排水和防渗方案和具体方法。

（河海大学）

拱坝超深强透水贯穿性断层渗流特性及其影响研究

该项目针对龙羊峡电站右岸坝基超深强透水贯穿性 F_{120} 断层和 A_2 岩脉渗漏问题，利用先进的数学、力学方法和渗流理论，研究了拱坝超深强透水贯穿性断层的蠕变分析模型建模理论及其数值模拟方法，探究了拱坝超深强透水贯穿性断层渗流特性及分析方法，分析了拱坝超深强透水贯穿性断层渗流场演变规律，研究了拱坝超深强透水贯穿性断层渗流转异诊断方法，探讨了超深断层渗流引起大坝结构转异的诊断方法及其渗流安全监控建模理论，并将研究成果应用于龙羊峡大坝断层 $F_{120}+A_2$ 渗流性态分析及预测。

项目主要创新成果如下：

（1）创建了超深强透水贯穿性断层法向压缩、切向剪切蠕变分析模型和断层损伤蠕变模型，提出了模拟断层蠕变的有限元分析方法，开发了相应的分析程序。

（2）提出了超深断层渗漏量和渗透系数随深度变化的表达方式，建立了超深强透水贯穿性断层蠕变与渗流耦合分析模型，研制了有关的分析程序。

（3）提出了超深断层坝基渗流演变分析方法，建立了超深断层坝基渗流演变时序模型和渗透系数反演分析方法，揭示了拱坝超深强透水贯穿性断层渗流场演变规律。

（4）提出了超深强透水贯穿性断层渗流性态转异诊断方法，创建了超深强透水贯穿性断层对大坝结构性态影响的分析方法，提出了超深断层引起大坝结构性态转异的诊断方法和判据。

该研究于 2012 年 1 月开始，2013 年 12 月结束。项目在超深强透水贯穿性断层渗流特性及其对大坝工作性态影响研究方面有重大突破，研究成果为龙羊峡右岸坝基 $F_{120}+A_2$ 断层渗流性态评价提供了强有力的技术支持，也为龙羊峡水电站安全运行提供了技术保障。

（河海大学）

云南省澜沧江流域黄登水电站工程建设征地补偿和移民安置社会稳定风险评估

2013 年 4～12 月，河海大学受托进行了云南省澜沧江流域黄登水电站工程建设征地补偿和移民安置社会稳定风险评估。该风险评估在《移民安置规划报告》审核前进行，主要对移民安置政策的合法性、规划方案的合理性、可行性以及社会风险的可控性进行评估，内容包括：

（1）项目建设是否符合国家方针政策，是否符合云南省重大决策和部署，是否符合当地社会经济发展规划，是否能带动地方经济社会发展和促进人民群众生活水平的提高。

（2）是否经云南省人民政府批准下达禁止在工程占地和淹没区新增建设项目和迁入人口的通告；是否按规定科学合理编制了移民安置规划大纲和移民安置规划。

（3）是否按照相关规程规范要求编制实物调查细则，并经有关部门批准；调查前是否对移民群众开展广泛政策宣传动员和对调查区域内各类矛盾纠纷排查及化解，是否对参与调查的各级干部进行移民法规政策培训，是否按照规定程序并有移民群众参与开展实物指标调查；实物指标调查是否按照规定进行公示，调查者与被调查者是否对调查成果签字认可、有关地方人民政府是否对调查成果出具认可文件。

（4）《移民安置规划大纲》和《移民安置规划》的编制是否广泛听取和征求移民和移民安置区居民意见及所属地方人民政府的意见。

（5）《移民安置规划》设计是否符合移民政策法规规定的内容和要求及深度，是否周密、完善和具备可操作性；《移民安置规划大纲》是否按照程序审批。

（6）移民安置目标和标准是否能够满足移民生活达到和超过原有水平、满足生存和发展需要。

（7）移民群众搬迁安置后，有可能在哪些方面提出合理诉求，能否在法规、政策范围内对其合理诉求进行妥善解决。

（8）不可预见因素对移民安置规划造成影响，以及预防或减少这些影响因素所需的应对措施和经费。

（9）《移民安置规划》投资概算是否科学合理。

（10）各级地方政府及有关部门处理移民突发事件和重大问题的机制是否健全、预案是否落实。

（11）各级地方政府、项目法人移民工作领导机构是否健全、工作机构和任务相适应的领导班子和工作人员是否落实。

开展重大事项社会稳定风险评估工作，是深入贯彻落实科学发展观和树立正确政绩观的具体体现。黄登水电站工程建设征地补偿和移民安置社会稳定风险评估，是为云南省以水电为主的电力支柱产业创造和谐稳定的社会环境服务，所形成的评估报告为云南省移民开发局和国家发改委审查移民安置规划提供决策依据。

（河海大学）

江苏可再生能源资源及发电规划研究

为解决可再生能源发电规划及其消纳问题，更好的提升电网在发展低碳经济中的作用，河海大学受江苏省电力公司电力经济技术研究院委托，于 2014 年 9～11 月对江苏 2020 年可再生能源资源及发电规划进行专题研究。在分析各种可再生能源的出力特性及其相互之间互补特性的基础上，综合研究分析可再生能源接入对电网的影响，对可再生能源接入后的电力系统进行电力平衡分析，全面分析评价可再生能源接入能力，为电力系统规划、建设、运行和经营提供参考。具体内容包含以下几个方面：

（1）分析江苏各类可再生能源的发展规划设想、建设计划、发展目标，了解江苏可再生能源发展的扶持政策、技术规定，分析当前社会及政府部门对电网可再生能源发展工作的具体要求，研究判断可再生能源发展形势。

（2）收集、整理江苏省当前风电、光伏及生物质能等各种类型可再生能源的实际运行数据，研究各种可再生能源的发电特性及其相互之间的互补特性，全面了解江苏省内各种可再生能源出力特性及其相互之间的互补特性。

（3）调查当前可再生能源的实际运行情况，从电网规划、建设、运行和经营等角度，开展当前形势下可再生能源（不含核电）大规模发展对电网的影响分析，同时确定可再生能源参与电力电量平衡的主要技术原则，根据电源规划方案及负荷预测、可再生能源出力特性预测等边界条件，开展全省电力平衡分析，整体了解可再生能源接入对电网运行产生的影响。

（4）通过调研、统计、分析得到江苏电网的调峰资源及其分布情况，结合调峰资源情况和可再生能源运行特性，从系统调峰角度开展可再生能源消纳能力研究，从而为江苏可再生能源资源及发电规划提供有效建议。

（河海大学）

华能如东风电场工程海床演变专题研究

受华能国际电力股份有限公司江苏风电分公司委托，河海大学于2014年8～12月进行了华能如东300MW海上风电场工程海床演变专题研究。海床演变分析研究区域范围：以蒋家沙八仙角风电场工程区为中心，向外延展5～10km，即北自苦水洋王家槽深泓线，南抵黄沙洋深泓线，西起小洋港深泓线，东达巴巴珩沙洲沙脊线等所包围的区域。

通过研究得到了以下研究成果：

（1）收集风电工程区所在海域1970年以来近40年卫星遥感资料，分析工程海域海床地貌总体演变规律和趋势，给出工程海域主要潮流水道及主要沙洲地貌平面空间摆动历史演变规律和发展趋势。

（2）收集风电工程区所在海域多年海底地形测量资料，结合海床地貌遥感分析，分析风电工程海域海床地形垂向总体冲淤规律和趋势，分析风电工程海域0～20m内特征等深线变化规律及趋势。

华能如东风电场总面积约88km^2，因分布在蒋家沙沙脊西段，海床演变主要受北部苦水洋、西部条子泥、南部小洋港和东部巴巴珩等潮汐水道与沙洲演变影响。根据自1973年至2014年潮流沙脊和潮汐水道的地貌遥感解译分析，和1979年、2009年和2014年海床地形测图分析，关于该风电场工程区海床演变的基本结论如下：

（1）华能如东风电场海床总体处于蒋家沙西段淤长环境，近40年来大部分海床淤积2.0m以上。以八仙角为中心的沙洲总体位置稳定。风电场周围的潮流沙脊和潮汐水道属动力地貌，近40年来存在总体向南演变问题，造成局部地段水道与沙洲时空置换，即发生了冲淤变化。大地貌环境有利于风电场布局，但需要重视冲淤演变对风电场的影响。

（2）风电场区内总体淤积，有利于风电场布局，但局部冲刷应予以高度重视。1979～2014年35年期间，区内冲淤面积近乎各占一半，淤积面积45.22km^2，冲刷面积42.87km^2，淤积面积略大于冲刷面积2.35km^2；区内淤积体积1.62万m^3，冲刷体积1.24万m^3，冲淤相抵淤积0.38万m^3，平均淤长了0.43m，对风电场总体布局有利。冲淤变化主要发生在风电场区的北半部。

（3）对风电场直接影响的主要是八仙角北水道。其宽2000m，水深14～15m；最大淤积厚度15.81m，最大冲刷深度12.60m。八仙角北水道平面演变模式为南北往复式摆动，最大摆幅4000m，但2010年以来摆幅出现渐小的趋势约300m。潮汐水道大幅度摆动及其大幅度冲刷对风电场北部布局不利，应予重视。此外，小洋港北槽，位于风电场西南部边缘，由于近14年来形成，且小幅度往复摆动。与之相应的烂沙冲淤不定，局部最大冲刷深度达8m。但自2007年以来，小洋港北槽体总稳定，且向南偏移，伴随着“新烂沙”形成，对风电场西南部布局呈现有利态势。小洋港北槽的冲淤特性对风电场西南部布局有不利影响，应予重视。

（河海大学）

大丰风电场二期工程海域使用论证及海洋环境影响评价

江苏大丰风电场位于江苏省大丰市东部沿海滩涂区，是江苏沿海风电场规划的组成部分。据现场测风数据分析，该风电场70～90m高度多年平均风速约为6.7～6.9m/s，年平均风功率密度为243.0W/m^2

以上，风功率密度等级为2级，属于风资源丰富区。工程分两期建设，其中，一期工程为国家发展改革委开展的第三期特许权项目，装机规模为200.25MW，由中电国际新能源有限公司投资建设。在开发一期工程基础上，拟开发风电场二期工程，规划装机规模为100MW。整个工程建成后，大丰风电场总装机规模将达到300.25MW。二期工程位于一期工程的西侧，场址范围南起川东港口，北至王港口，西临海防公路，呈条带状，地势北部略低，南北长约17km，东西宽约3km，面积约50km^2。二期工程总投资104693.23万元，总装机规模为100MW，计划布置2500kW的风力发电机组40台，年上网电量为19991.97万kW·h。40台风力发电机组中，28台风机位于陆域范围，12台风机位于已成陆地的海域范围，扩建变电站亦位于已成陆地的海域内。项目区东侧边界以东约3km处为2007年一期工程建设的围堤；二期工程东边界与一期工程围堤之间为风电场一期工程风机所在范围。河海大学于2013年7月受委托进行二期100MW工程海域使用论证及海洋环境影响评价研究工作。课题组经过科学的论证分析，编制了中电江苏大丰风电场二期100MW工程海域使用论证报告书，同时根据工程所在海域的水动力条件、自然条件等分析了工程对周边海洋环境的影响，编制了海洋环境影响评价报告书。2014年11月，相关成果已经通过了江苏省海洋与渔业局组织的评审，上报了正式的报批稿，作为海洋主管部门审核、审批项目用海的依据。

（河海大学）

小湾水电站泄洪水力学原型观测试验

2014年8月中旬，小湾水电站顺利完成泄洪水力学及闸门原型观测试验。试验共计开展了泄洪洞、1～6号泄洪中孔、2～4号泄洪表孔的11个原型观测工况，历时10天，全部试验过程安全可控，枢纽工程和机组运转良好，总体情况正常。

小湾水电站工程由坝身5个开敞式泄洪表孔、6个泄洪中孔、2个放空底孔、左岸1条泄洪洞、坝后水垫塘及二道坝等部分共同组成联合泄洪消能系统。工程最大下泄流量为20700m^3/s，最大水头251m，相应下泄功率46069MW。由于泄洪建筑物场地狭窄、水头高、泄洪落差及流量大、调度运行复杂多样等原因，高速水力学、高水头大流量泄洪消能、泄洪雾化以及泄洪振动问题成为电站安全运行的关键技术问题。

该次试验为小湾大坝挡水、水库蓄水运行5年多来，首次对泄洪建筑、消能设施进行高库水位过流检验。华能澜沧江水电股份有限公司高度重视，提前做足做细大量准备工作。试验期间，8组运行人员严格按照相应指令，有序进行闸门操作；100余名观测人员蹲守20个工作面，实时采集试验数据；30多名水工维护人员对坝体、坝基、廊道、边坡洞室进行24h巡检，及时采集大坝变形、渗压、应力、渗流等监测数据，实时掌控大坝工况。整个试验期间，大坝工作正常、6台机组运转正常、近坝库岸及枢纽区未见异常，各项安全生产工作有序开展，累计发电11.665亿kW·h。从试验现场和试验数据可见，小湾泄洪洞、溢流表孔、泄洪中孔三套泄洪体系运转良好，库岸边坡、枢纽工程及机组设备的防护措施到位，该次试验总体上是圆满成功的。

试验完成后，华能澜沧江水电股份有限公司组织相关单位对试验数据进行详细分析，及时发现并消除影响电站运行的安全隐患，并根据试验成果调整完善水库调度运行方式，确保工程运行安全。同时，通过数据对比验证设计正确性及设计条件、参数合理性，促进高拱坝设计技术水平进步提高，为工程竣工验收提供科学依据，并为同类电站原型观测试验提供宝贵经验。

（华能澜沧江水电股份有限公司小湾水电厂　李洪波）

哈尔滨大电机研究所2014年科研工作情况

2014年，哈尔滨大电机研究所（以下简称研究所）顺应国家产业结构调整，紧密围绕市场需求开展了一系列技术研究工作。通过加强学术交流与合作，推进产学研相结合，针对学科发展前沿和国民经济、社会发展的重要科技领域和方向，开展创新性研究，一年来在科研攻关、成果产出、人才培养和学术交流等方面取得了显著成绩。

（一）科研任务与科研成果情况

1. 巨型混流式水轮发电机组研究

（1）白鹤滩项目。2014年5月15～26日，在中国水利水电科学研究院的TP1台进行了模型同台对比试验。结果表明，研究的最终长短叶片方案具有很好的效率、功率、空化、压力脉动等综合性能；模型转轮最高效率和加权平均效率均达到世界先进水平，限制工况和最优工况点单位流量的比值比常规大许多，很好地满足了机组总体更稳定、低水头大功率和高水头高效率的要求。

（2）乌东德项目。2014年5月5日，在中国水利水电科学研究院的TP3试验台上，进行了模型同台对比试验。结果表明，开发的模型转轮最终方案具有很好的效率、功率、空化、压力脉动等综合性能：最优效率和加权平均效率均达到了相近水头段的国际先进水平，限制工况和最优工况点单位流量的比值比常规大许多，很好地满足了机组总体更稳定、低水头大功率和高水头高效率的要求。

2. 700m抽水蓄能机组研制　以绩溪和敦化两个700m水头段工程项目为依托，开展了相关关键技术的研究，取得了阶段性研究成果。绩溪项目从模型试验结果来看，水泵工况空化性能、“驼峰”性能、压力脉动等性能达到预期目标，水轮机效率、水泵效率、水泵最大入力、水轮机无叶区压力脉动等性能均取得了显著的进展。敦化项目完成了水力优化设计、结构设计和水力模型试验。从模型试验结果看，水泵效率、扬程、入力、水泵空化、水泵“驼峰”裕度、水轮机效率、空化、水泵水轮机“S”特性均满足预期目标，针对该电站的水力性能研发效果显著。

3. 可变速抽水蓄能机组研发　可变速抽水蓄能机组结构不同于常规水轮发电机，国内在该方面的研究起步相对较晚，还存在许多亟待解决的关键技术问题。研究所针对丰宁和句容300MW机组开展了以下工作：

(1) 开展了可变速发电机电磁设计技术的研究。

(2) 进行了可变速发电机冷却系统的设计研究。

(3) 完成了300MW可变速抽水蓄能发电机整机结构布置，针对转子固定结构进行了重点研究。

(4) 编制了定、转子绕组绝缘规范，并针对转子绕组绑环材料以及转子绕组绝缘进行了相关试验。

(5) 分析了可变速发电机的工艺难点，提出了可行的解决方案。

(6) 开展技术交流工作，签订科研开发合同，明确后续研发方向。2014年4月中旬，完成了《大型可变速抽水蓄能机组研制》前期阶段研究报告，并向国网新源控股有限公司主要领导进行了汇报。6月初，哈尔滨电机厂有限责任公司与国网新源控股有限公司签订了《大型抽水蓄能变速机组关键技术研究》的科研合同，进一步明确了项目的研究重点和研发方向。

4. “973”课题“大型水轮发电机电磁结构及性能实验模拟技术研究”　通过模拟实验系统的实验验证，开发了水轮发电机阻尼绕组电流计算方法，该方法首次采用三维有限元方法考虑端部磁场非线性对阻尼绕组电流的影响，为巨型水轮发电机的开发研制提供条件。课题研究成果已应用于乌东德、白鹤滩等百万千瓦级巨型水轮发电机、抽水蓄能电机开发研制中，提高了大型发电机的设计技术和安全稳定运行性能。课题实现了对水轮发电机各种复杂工况的内部电磁性能和外部电气特性的实验模拟，研制的大型水轮发电机电磁结构和性能综合实验模拟系统作为研究所的一套重要设备，已对社会开放，为高校和其他科研院所提供服务，实现了资源共享，取得了良好的社会效益。在大型水轮发电机理论研究与实验验证方面做出了重要贡献，有力地推动了电机设计理论的发展和电机学科的技术进步，对促进先进发电技术发展具有重要意义。

课题以87分的成绩顺利通过科技部组织的技术验收。在研究过程中与哈尔滨理工大学联合进行技术攻关，培养和锻炼了一支优秀的基础研究队伍，有力地推动了研究所的科研技术创新。

5. 发电设备远程故障诊断产品化开发　基于三峡电站机组在线监测系统，与相关科研单位协作，完成了三峡哈电机组运行信号引入数据库的网络环境搭建工作，实现了三峡哈电机组运行的实时数据库和关系数据库，为进一步开发并研制通用发电设备远程故障诊断专家系统奠定了基础。

克服实时在线监测数据形式与三峡电站机组数据结构形式不同等困难，已将向家坝、溪洛渡两个水电站的数据引入哈电远程诊断开发平台。根据丰满水电站重建项目智能化电厂建设的理念，为打造丰满水电站优质工程。已与丰满水电站有关部门沟通协调，拟对新建的丰满水电站机组进行数据化、智能化运行管理，形成丰满水电站机组的全寿命周期监测与服务，以保证丰满电站新建机组的安全稳定运行。

6. 潮汐机组阴极保护技术研究　从潮汐机组的材料腐蚀行为研究和电化学保护手段出发，分别对潮汐机组常用金属材料的电化学腐蚀行为进行了分析，并设计了一种在流动介质中的金属材料电化学参数的测试装置；针对潮汐机组的腐蚀特点，对阴极保护系统进行了设计，并且利用三维有限元仿真手段，对阴极保护的效果进行仿真分析。

项目研究成果已成功应用于哈尔滨电机厂有限责任公司承揽的韩国党津电厂海水贯流式发电机组。

7. 巨型水轮发电机定子低频振动研究　通过对国内600MW及以上机组定子振动和定转子气隙的统计，分析出了定子低频振动产生的原因及主要影响因素；对它的危害性进行疲劳评估，提出了改进措施和合理的振幅控制标准，定子振动的限值已由全国发电机标委会审查通过，并作为GB/T 7894《水轮发电机基本技术条件》的修订单。

(二) 队伍建设和人才培养

2014年4月首批3名博士后完成了在站期间工作，取得了较好的研究成果：解决了由halbach永磁转子与隐极电励磁转子构成的并列转子结构高速混合励磁发电机设计的关键技术问题；确定了基于电化学测试和数值仿真优化为基础的阴极保护设计方法，为潮汐机组的开发提供防腐保障。通过博士后合作研究，提高了研究所合作研发管理水平，在站期间还为研究所科研技术人员进行了10学时技术讲座，对研究所人才培养也起到了良好的效果。

结合科研、管理人员实际工作需要，研究所采取内部培训与外请专家、学者讲座相结合的形式，技术骨干带头做专业技术培训，指导青年员工科研工作。除专业技能、知识培训外，注重对科技人员进行通用知识的培养。在此基础上，邀请了国内外知名专家来研究所参观、技术交流，了解了行业的最新动态，提高了研究所科研人员的科研技术水平。

（三）学术交流与公众开放情况

2014年2月，挪威科技大学 Hermod Brekke 教授应邀来研究所就高水头大容量冲击式水轮机技术进行了交流，Brekke 教授介绍了冲击式水轮机的发展趋势及其相关设计方法，并对设计过程中产生的某些现象进行了详细的剖析。

2014年4月，研究所副所长覃大清作为中国代表团的团长兼首席代表带领5名国内专家在加拿大温哥华参加了国际电工委员会/海洋能－波浪能、潮流能和其他水流能转换设备技术委员会2014年年会，会上覃大清所作的“中国海洋能转换设备工作发展情况报告”引发了各国代表的兴趣，并得到了充分肯定。

2014年5月，研究所举行公众开放日活动，来自哈尔滨工业大学的11名大学生以及研究所部分新入职员工参加了此次活动。先后参观了研究所远程故障诊断大厅、高水头试验台、加工车间以及研究所成果展示，通过本次开放日活动，使学生们了解到远程故障诊断的高新技术含量及重要意义，了解世界最先进的高水头水力试验台的主要功能，也对实验装置的加工过程有所认识。

2014年7月16～18日，研究所李桂芬、付强在哈尔滨参加了中国电工技术学会大电机专业委员会2014年学术年会，分别作了题为《核电半速汽轮发电机机网动态分析建模及仿真应用》《大型水轮发电机定子绕组问题分析》的学术报告。

2014年9月18日，西门子工业软件（上海）有限公司CAE专家王庆国应邀来研究所举办了《UG软件培训》讲座，他从UG三维软件的安装开始讲解，从基本概念到UG三维软件CAD建模模块的操作，再到UG三维软件CAE分析模块的应用，详细指导每一位参加培训的研究所科研人员。

2014年12月8号，哈尔滨工业大学材料与科学学院崔约贤教授应邀来研究所进行了金属断口失效分析方面的培训。培训主要分为“金属断口分析技术”“叶片的失效分析”和“疲劳断口”三部分。培训中案例分析十分丰富，从军品到民品，从国内到海外，既准确实用又活泼生动。

（哈尔滨大电机研究所　范吉松　刘昱光）

哈尔滨电机厂有限责任公司一创新团队入选国家重点领域创新团队

2014年3月，国家科技部公布了2013年创新人才推进计划入选名单，其中重点领域创新团队入选对象共67个。由哈尔滨电机厂有限责任公司（以下简称哈电机公司）副总工程师、哈尔滨大电机研究所副所长覃大清领衔的大型抽水蓄能机组成套设备研制创新团队成功入选。

近年来，哈电机公司抽水蓄能创新团队攻克了影响机组空载并网的S形特性这一行业内公认的水泵水轮机世界性关键技术难题，在性能匹配、“驼峰”特性等水泵水轮机关键特性研究上取得了多项重大技术突破，已将多项专有技术成果推广应用到国内重要电站，为我国抽水蓄能机组关键技术的国产化奠定了坚实的基础。此次成功入选科技部重点领域创新团队，是国家对哈电机公司抽水蓄能机组创新团队工作的肯定。

创新人才推进计划是《国家中长期人才发展规划纲要（2010～2020年）》确定的十二项重大人才工程中的第一项，由科技部会同人社部、财政部等八部委共同组织实施，旨在通过创新体制机制、优化政策环境、强化措施保障，培养和造就一批具有世界水平的科学家、高水平的科技领军人才和工程师、优秀创业团队和创业人才，打造一批创新人才基地，加强高层次创新型科技人才队伍建设，引领和带动各类科技人才的发展，为提高自主创新能力、建设创新型国家提供有力的人才支撑。该计划自2012年首次启动，共分为科学家工作室、中青年科技创新领军人才、科技创新创业人才、重点领域创新团队、创新人才培养示范基地等5类计划。科技部科技创新人才计划将为人才强国发挥重要作用。

根据《创新人才推进计划实施方案》规定，科技部会同有关部门开展了2013年创新人才推进计划组织实施工作。经申报推荐、形式审查、专家评议和公示等环节，确定了267名中青年科技创新领军人才、242名科技创新创业人才、67个重点领域创新团队和38个创新人才培养示范基地入选2013年创新人才推进计划。

（哈尔滨大电机研究所　范吉松　刘昱光）

南京水利科学研究院2014年科研工作情况

2014年，南京水利科学研究院承担各类科研项目1485项，其中新签科研项目853项，科研和科技开发合同总额13.88亿元。获国家科技进步二等奖1项；省部级科技进步奖21项，其中特等奖1项，一等奖7项。提交科研报告1300余篇，15项发明专利和34项实用新型专利获得授权，出版专著9部，发表论文520余篇。

“粉沙质海岸泥沙运动规律研究及工程应用”获得国家科技进步二等奖；“水库大坝安全保障关键技术研究与应用”获得大禹水利科学技术特等奖，这是大禹水利科技特等奖自2010年设立以来该院连续第5次获特等奖；“气候变化对中国水安全的影响及对策研究”、“长江口江心大型避咸蓄淡水库建设关键技术研究与应用”获得大禹水利科学技术一等奖，“长江下游潮流变动段典型浅滩治理关键技术研究”、“长江航道整治软体排设计与施工成套技术研发及应用”、“珠江三角洲高等级航道网建设关键技术研究”获得中国水运建设行业协会科学技术一等奖，“高土石坝试验技术研究与工程应用”和“水利水电工程生态环境调控关键技术及应用”获得水力发电科学技术一等奖。“新型转子式流速仪关键技术研究”、“淮河流域多闸坝水质水量联合调度关键技术研究”、“海河流域下垫面变化洪水响应与调控关键技术研究及应用”获得大禹水利科学技术二等奖，“山区冲积性河流（广西绣江）梯级开发中航道问题关键技术研究”获得中国水运建设行业协会科学技术二等奖，“公路桥涵水文计算及桥孔设计方法研究”获得中国公路科技二等奖，“海港工程预应力钢筋混凝土结构脱盐阻氯延寿关键技术研究”、“宁波港北仑港域海床稳定性及回淤研究”获得中国港口协会科技二等奖，“大型实体模型水沙测控技术与应用”获得教育部技术发明二等奖，“大隆水利工程自动化管理技术研究与应用”获得海南省科技进步二等奖，“深厚饱和软土地层土坝与构筑物沉降协调和控制研究”获得新疆科技二等奖。

2014年该院获国家自然科学基金资助项目取得历史最好成绩，在工程与材料科学、地球科学等学部4个学科19个研究方向，共有32个项目获得资助，连续第二年获得国家杰出青年基金资助。全年承担国家与各部委纵向项目258项，同比增长15.7%。年度纵向科研经费10378万元，同比增长14.6%。全年承担了国家“973”、“863”、国家科技支撑项目共23项，承担国家重点科学仪器专项项目1项。新承担了“长江中下游实时洪水应急响应关键技术研究”、“淮河群库连溃演化模拟和集合应对研究”、“高原旱区农田拦蓄雨洪保水提墒综合技术”等水利公益性行业专项项目，以及15项中央分成水资源费项目。新承担了国务院三峡工程建设委员会委托的三峡后续工作规划科技项目“三峡升船机通航与运行保障关键技术研究”。承担了交通运输部科技项目重大专项“黄金水道通过能力提升技术研究”。与瑞典联合牵头承担了中欧水资源交流平台项目“水、能源、粮食纽带关系专题”。

在研的重大科研项目取得创新成果。国家“973”计划项目“气候变化对黄淮海地区水循环的影响机理和水资源安全评估”顺利通过科技部验收。国家重大科学仪器设备开发专项“大型水（河）工模型试验智能测控系统开发”取得一批有自主知识产权的创新成果。“973”计划课题“三峡工程对长江江湖分汇河段与湖泊水沙交换的影响”，在长江中游江湖耦合水动力模型研究和汇流河段物理模型试验及河床演变分析等方面取得重要进展。“863”计划课题“150m级超大升程新型单级垂直升船机重大关键技术研究”完成超高水头水力浮动式新型升船机水力学关键技术方面的研究工作，通过理论分析和模型试验对升船机物理模型缩尺影响校正方法进行了研究；“863”计划课题“20万t级深水板桩码头关键技术研究”和“863”计划专题“开敞海域淤泥质浅滩深水航道建设关键技术研究”、“潮汐分汊河段深水航道整治技术研究”均已完成研究并取得重要成果。国务院三峡工程建设委员会重大项目“三峡升船机通航与运行保障关键技术研究”已在当涂基地开展相关物理模型试验研究。交通运输部黄金水道重大专项“河流水沙动力观测和模拟关键技术研究”和“长江福姜沙、通州沙和白茆沙深水航道系统治理关键技术研究”完成了研究计划。在研的国家青年杰出基金项目、国家自然科学基金重大项目和自然科学基金项目均按计划执行。在研的多项水利部公益性行业专项项目进展顺利，“珠江三角洲咸潮防控工程技术研究”等多个项目顺利通过验收。科技部国际科技合作专项“大坝原体溃决试验信息获取与挖掘技术合作研究”顺利通过验收。

2014年承担水利、交通、能源等多领域各类横向项目1018项，较去年同期增加了119项，为国家水安全、防洪风险控制、长江三峡通航能力提升、核电开发建设、长江黄金水道建设、西南水电综合开发等重大工程解决了关键技术难题。承担了江苏省、广东省等地方的洪水风险图编制项目，以及辽宁、贵州、广西等省区中小河流洪水预报系统的研究开发项目；承担了辽宁红沿河、徐大堡、三门等核电站的水资源论证和一批火电厂的温排水处理项目；白鹤滩整体水工模型开展了一系列深化研究，进一步优化设计方案，得到了业主和专家好评；完成了东北地区航运、环渤海地区沿海开发和港口建设关键技术研究，完成了山东、江苏、浙江、福建、广东、广西沿海港口建设与开发以及海峡西岸沿海开发和北部湾开发建设等关键技术研究项目；承担了连云港徐圩港区监测检测技术开发、营口港港区吹填土地基加固、玉环海洋经济转型升级示范区吹填及软基处理等一批重要工程的现场科研和检测项目；承担滇东北公路工程高性能混凝土、青铜峡水电站微膨胀混凝土配合比测定等一大批面向水利、水运、水电行业的重大工程关键技术研究和检测评估项目。

积极服务民生水利工作，应对突发事件。在2014年8月3日云南省昭通市鲁甸县发生6.5级地震和10月7日云南省普洱市景谷县发生6.6级地震的危机时期，全院紧急动员，组织开展云南昭通震区堰塞湖溃决洪水计算分析。大坝中心利用“全国水库大坝基础数据库”迅速查明昭通和普洱地震灾区及其周边水库大坝情况，为水利部抗震救灾提供了第一手资料，分别派2批5名专家参加国家防总工作组赴地震灾区一线。在夏季河南省持续干旱时，该院专家赴河南白龟山水库参加了水库应急调水方案现场评估与决策论证。

2014年12月，按照水利部的统一部署，该院派出36名专家（其中4名院领导）组成6个专家组分赴湖南、湖北、广西、云南、四川、贵州等南方6省区开展农村饮水安全工程建设任务完成情况调查复核，为水利部决策提供了技术支撑。大坝中心参与《水库大坝安全管理条例》修订，主编《水库大坝安全管理应急预案编制导则》；面向水利行业举办了水库安全监控等培训班；组织专家赴黄河源电站水库进行“三类坝”核查；派专人到广西等地指导水库大坝注册登记和复查换证工作。水闸中心认真做好大中型病险水闸检测等工作。应对气候变化中心积极参加国内外应对气候变化的相关活动，成为水利部应对气候变化工作的主要技术支撑部门；作为主笔专家参与完成了中国《第三次气候变化国家评估报告》《中国极端气候事件和灾害风险管理与适应国家评估报告》等编写；率团参加变化环境下水文科学的前沿科学问题国际研讨会。2014年，该院完成了“全国河口海岸滩涂开发治理与管理规划”研究和编制工作。农电所举办了非洲英语国家和法语国家共41位官员参加的国际小水电培训班，主办了亚洲国家小水电培训班和中国—东盟小水电及太阳能系统农村电气化研讨班。水文自动化所完成了水利部援助古巴等水文测量设备任务。

2014年，该院认真落实水利部统一部署的援藏工作，将援藏工作的主体由该院的农电所上升为全院，全面启动援藏工作，对西藏水利的培训教育条件建设给予援助支持，专题在拉萨举办2014年西藏水利工程质量检测技术培训班。继续做好水利援疆工作，增加援疆的人员和设备的投入，选派科技骨干到新疆有关单位挂职。继续为地方水利培养人才，举办了广西水利高级研修班。积极开展水利扶贫工作，为重庆开县举办了水利专业人员培训班，为云南省富宁县提供技术、资金支持，为江苏省东海县山左口乡捐资助学、开展文化共建活动。

全院的各学术期刊2014年顺利完成编辑出版发行任务，扩大了影响。《水科学进展》核心版影响因子继续上升，达到1.436（2013年为1.350），在水利类学术期刊中排名第一，在有国际影响力的中国科技期刊排前10%，获得“中国国际影响力优秀学术期刊”称号。《岩土工程学报》成功举办了2014年黄文熙讲座活动，对新出版的文章进行了DOI标识入库，被评为“2014中国最具国际影响力学术期刊”。《China Ocean Engineering（中国海洋工程英文版）》，成为国内海洋工程研究领域SCI检索的重要期刊。

2014年，该院成为水利行业首家通过“国家级国际联合研究中心”认定的单位，为落实“走出去”战略奠定了坚实的基础。广泛开展国际合作与交流，承担了与瑞典方联合牵头的中欧水资源交流平台项目并负责协调城市用水挑战领域的合作。主办了第9届国际生态信息学大会，在国内外产生了很好的影响。2014年，美国、荷兰等国的驻上海领事馆多次到该院联系合作。荷兰基础设施与环境部公共工程与水管理总司、美国陆军工程师兵团专家到院访问交流。老挝能源矿产部副部长来院出席项目验收会。澳大利亚联邦科学与工业研究组织和澳大利亚国家气象局专家来院开展学术交流。国际水文科学协会主席、欧洲地学联盟主席、国际生态信息学学会主席、英国皇家工程院院士等多名国际学术组织主席和知名学者来院访问并做学术交流，寻求进一步的合作。

积极开拓海外科研市场。完成了刚果（布）黑角新港、乌干达伊士玛阿ISIMBA水电站、斯里兰卡科伦坡港口、尼加拉瓜运河等研究工作。承担的苏丹水利工程安全监测项目为我国大坝安全监测走向国际市场积累了实践经验。

（南京水利科学研究院　李　震）

黄河水利科学研究院2014年科研工作情况

2014年，黄河水利科学研究院（以下简称黄科院）深入贯彻中央治水兴水管水方针，围绕中心、服务大局、凝心聚力，开拓进取，全年新签合同额约1.53亿元，其中纵向合同额约6400万元、横向项目合同额约8900万元，治黄科研各项工作取得显著成效。

（一）重大科研项目立项及进展顺利

“黄河泥沙资源工业化利用成套技术研发与示范”等3个公益性行业专项、“948”项目“水下超声地形自动测量分析系统”获水利部批准立项。主持的8项国家科技支撑计划项目取得了重要进展：“黄河下游宽滩区滞洪沉沙功能及滩区减灾技术研究”基本完成宽滩区运用方案实体模型试验及效果检验评价、宽滩区运用对窄河段冲淤及防洪情势影响计算分析、宽滩区运用综合效应及减灾技术研究；“黄河中游砒砂岩区抗蚀促生技术集成与示范”项目研究取得重要成果，治理示范区种植的草灌植物覆盖成活率达95%以上，研发的抗蚀促生新材料具有明显的防治水土流失作用；“黄河中游来沙锐减主要驱动力及人为调控效应研究”已完成大部分基础数据收集，正在开展中游泥沙减少机理研究；“引黄灌区井渠双灌节水技术集成与示范区”项目完成了水利部中期检查，构建了灌区基础信息综合数据库。主要承担了水利部组织、水利部黄河水利委员会（以下简称黄委会）主持的“黄河水沙变化研究”工作，并协助完成了“两院一部”的黄河水沙变化院士专家考察活动，研究报告已向水利部进行了汇报。黄河数学模拟系统正式入选国家洪水风险图项目编制软件名录；完成了《全国灌溉试验站网建设规划》编制工作。4项“973”课题、31项国家自然基金，7项水利部公益行业专项、1项“863”计划项目分别完成年度计划。

（二）扎实开展基础研究

2014年获批国家自然科学基金9项，包括有限控制边界下游荡型河道调整机理、基于水温与泥沙浓度分异的水库密度分层流动机制及其应用研究、基于变分原理的丁坝群胁迫下的河床普遍冲刷研究、冰封期天然弯道水流运动结构研究、悬移质泥沙输移数学模型中参数选择的四维变分方法研究、沙漠矿物风化程度与生态修复的互馈机制研究、黄土坡面细沟形态量化描述及侵蚀产沙响应规律、淹没植被作用下流速及含沙量垂向分布规律研究、含杂质挟沙水流对城市排水管道淤堵的作用机理等，其中面上项目2项、青年基金7项。提交的2015年重点项目建议书“游荡性河道河势稳定控制系统理论”已通过国家自然科学基金委工程与材料科学部评审；与清华大学等联合申请的美国国家自然科学基金项目“人类活动影响下的海岸三角洲的地貌、生态与工程的可持续性研究：以黄河为例”获得批准。另外，资助院所长基金22项，重点支持城市洪水动力学、生态水利、三江源生态保护与治理、野外试验基地建设前期和野外观测、岩土工程等基础性研究工作。

（三）科研及技术成果丰硕

2014年，黄科院主持的“小浪底水库淤积形态的优选与调控”“黄河灌区引黄用水需求研究”“小浪底水库蓄水期高效输沙关键技术研究”三个水利部公益性行业专项项目，通过水利部国际合作与科技司组织的验收；五个任务主要来源于国家自然科学基金、国家重点基础研究发展计划“973”、水利部公益行业研究专项、重点实验室开放基金、黄科院科技发展基金及黄科院基本科研业务费的项目科技成果，通过河南省科技厅组织的鉴定。

主持完成的“黄河粗泥沙集中来源区界定及水沙变化研究”获2014年度大禹水利科学技术奖一等奖；参与完成的“非水反应高聚物注浆防渗加固成套技术及装备”“水库大坝安全保障关键技术研究与应用”“小浪底水库运用方式对高滩深槽塑造及支流库容利用研究”分别获得国家技术发明二等奖、大禹水利科学技术奖获特等奖、大禹水利科学技术奖获二等奖；主持完成的“黄河冲积性河段主槽演变机理及治理措施”等2项项目获黄委会科技进步奖一等奖。另外，获中国水土保持学会科学技术奖及青年科技奖2项。

2014年度有18项成果获黄委会新技术、新方法、新材料及推广应用成果认定，有3个项目获河南省优秀工程咨询成果奖。依托河南黄科工程技术检测有限公司申报的《工程设计》资质获得河南省建设厅批复。主编的河南省地方标准《防渗墙质量无损检测技术规程》已正式发布实施；主编的水利行业标准《堤防工程安全评价导则》即将出版。

直接参与开展了黄河重大生产实践项目“2014年利用并优化桃汛洪水冲刷降低潼关高程试验”工作，完成了试验指标的优化研究、试验预案的编制、试验实施和跟踪试验决策的全过程。全程参与了2014年汛前调水调沙生产运行。

完成英文网站材料收集、整理、翻译等工作，目前已进入试运行阶段。发表论文162篇，其中SCI/EI检索35篇；获国家专利9项；软件著作权2项；出版专著7部。

（四）积极推进科研成果转化和推广

在“第十一届国际水利先进技术（产品）推介会”上，“AGI边坡监测系统二次开发”技术达成初步合作意向。“堤坝除险加固聚物注浆成套技术及装备技术推广”获得水利部批准立项。“山洪灾害自动监测与预警系统技术示范推广”等2项推广项目通过黄委会审查，已上报水利部推广项目规划。与小浪底水利枢纽管理中心、三峡水电厂、西藏水利厅等单位进行技术服务对接活动，多方商讨项目合作事宜。面对水利行业激烈的市场竞争，黄科院在保持输变电、输油管道、电厂、铁路、公路、河道整治等领域水土保持、水资源论证、防洪评价及质检项目优势的基础上，新开拓了通用机场、城际铁路等应用领域，向西藏、新疆等区域逐步拓展，扩大了市场范围与合作空间。

黄科院“黄河数学模拟系统”等2项成果荣获黄委会优秀科技推广应用成果奖，黄科院获得黄委会科技成果推广应用先进单位。

（五）强化人才队伍建设

为积极引进国内高校科技资源，加大科技合作步伐，黄科院与清华大学协商，开展人才挂职技术交流，进一步拓宽黄科院科研人员视野和科研合作平台。

因在黄河治理与开发事业中突出的贡献，副院长、教授级高工江恩慧获中国科协“十佳全国优秀科技工作者”荣誉称号；还有1人获得“第十二届河南省青年科技奖”荣誉称号。

为表彰在治黄科研工作中的优秀青年科技工作者，5名同志被授予“黄科院第一届青年科技英才”荣誉称号。

（黄河水利科学研究院）

中国电建集团贵阳勘测设计研究院有限公司2014年科技工作

（一）深化科技体制改革，科研管理体系进一步完善

2014年，中国水电顾问集团贵阳勘测设计研究院有限公司（以下简称贵阳院）制定了科学与技术中期发展规划纲要、科技进步考核实施细则、行业及地方技术标准编制指南、科研经费管理等十余项新的科技管理制度，科技管理体系进一步完善，持续发挥院级层面引领科研的效果，推进传统业务、转型业务产品研发与创新能力建设；建立SCI、EI等学术论文奖励机制，提升学术论文质量和档次，已取得初步成效；对科学技术进步、知识产权相关重点人员进行隆重表彰和奖励，显著推动科技创新，专利、软件著作权数量与质量持续快速提升，主编、参编技术标准数量在短期内呈跨越式增长并获得行业与地方认可。

贵阳院各单位在科研开展、技术标准制定、知识产权创造、成果转化应用等方面取得明显进步和效果。环保分院获得省内一般工业固体废弃物渣场设计审查权，提高院在行业及省内影响力起到了明显的作用；工程物探测试分院研制生产电磁波CT成套设备12套，超大能量智能电火花振源1套，持续研发改进设备；机电分院多项创新技术应用于工程，澜沧江项目设计分院建立常态化科技投入机制和科研团队，工程勘察分院进一步发展、宣传院岩溶勘察与处理技术优势。

启动《企业知识产权管理规范》贯标认证工作，成立领导小组、任命管理者代表，组建文件编写小组，印发文件编写大纲和认证计划并全面开展了文件编写工作，已完成6个程序文件初稿。

进一步规范专利申报工作，印发《专利技术交底书》模板。

启动贵州省知识产权局“碾压混凝土技术专利战略研究”项目，联合知识产权代理机构共同完成了研究报告并通过贵州省知识产权局验收。

（二）知识产权业绩卓越，行业地位持续提升

2014年，贵阳院知识产权数量继续攀升，专利申请质量显著提高，连续两年荣获贵阳市申请专利明星企业，申报并被贵州省科学技术厅（贵州省知识产权局）推荐为国家级知识产权优势培育企业，逐步迈入知识产权强院行列。年内申请并受理专利332件，授权专利216件，其中发明专利12件。在物探、信息、环境评价、岩土施工等方面获24项软件著作权。

推进《企业知识产权管理规范》贯标认证工作。年内举办内外部知识产权培训10次113人次，印发4个程序文件，按规范要求开展了入职员工知识产权背景调查等工作。

按照2014年院长工作报告“进一步引导专利申报工作，着重强调专利质量与数量协调增长”的要求，遵循“数量布局，质量取胜”理念，专利代理机构对专利申请进行严格把关；在继续知识产权奖励的同时，引导技术人员从追求专利数量增长向质量提升转变，提高专利申请质量和发明专利数量。

（三）科技工作成果丰硕，科技创新平台进一步打造

（1）深化创新体系建设，平台效应逐步显现。2014年，贵阳院继续大力推进科技创新体系及平台建设，院国家高新技术企业顺利通过重新认定并授牌；院企业技术中心被认定为省级企业技术中心，贵州省能源局授予第一批“能源研究咨询基地”，贵阳市科技局授予“2014年贵阳市创新型企业”。新设立了院级绿色建筑研究中心和数字工程研究、生态环境保护技术、水库地震及地质灾害分析等3个科技创新人才团队。院士工作站及各中心、团队、基地均较好地开展了建设工作，项目研发、技术标准制定、知识产权创造与申请和应用、内外部技术交流、技术咨询审查服务、专著与论文撰写、人才培养等方面均取得了较好成效。岩溶勘测与处理工程技术研究中心，相

关专家对老挝南塔河水电站、重庆茅草坝水库等国内外岩溶地区项目提供专题技术咨询；堆石坝工程技术研究中心，参加两河口砾石土心墙堆石坝、超高土石坝安全建设关键技术问题研究等项目的咨询；绿色建筑研究中心，参与贵州省对2014年全省的建筑工程进行建筑节能专项检查；省能源基地，完成《贵州省新能源产业发展研究》和《贵州省页岩气、煤层气发展战略研究》两课题研究报告。

(2) 科技项目申报和研究持续突破。“引水隧洞衬砌结构与围岩固结圈联合受力分析研究及其应用示范”首次申请贵阳国家高新区科技项目，并获准立项；“水电工程防渗帷幕运行可靠性综合评价研究”和“水电工程过鱼设施关键技术研究”，首次获准立项为中国电力建设股份有限公司科技项目。以如美水电站工程为依托的国家“十二五”科技支撑计划项目4个子题取得部分成果，有力支撑可行性研究工作的开展。其中“高心墙堆石坝变形特性与控制技术研究”第二阶段成果获得业主等相关方认可，为推进我国300m级高心墙堆石坝建设奠定了一定的理论与实践基础。2014年，承担的贵州省科技项目，有1项提交验收，2项已完成拟提交验收；承担的中国水电工程顾问集团科技项目，有2项通过验收，1项已完成拟提交验收；工程科研项目，有4项通过验收或审查，6项基本完成待业主验收；院级科研项目，新立项33项，年内通过验收15项、重新审议1项、终止4项。

(3) 科技成果鉴定、获奖又创新高。“超高粉煤灰掺量的水工混凝土关键技术研究”成果经贵州省科学技术厅组织专家鉴定，为国际先进水平。

全年申报科技、工程类奖项61项，获奖38项，其中省部级以上奖励30项。开展院级科学技术奖评审活动，评选院2014年度科学技术奖31项。

(4) 研究成果推广应用取得较好成效。科技成果转化应用能力大幅提升，在马马崖一级、毛家河、善泥坡、象鼻岭、果多和立洲等水电站推广应用碾压混凝土筑坝技术并取得很好成效；在西南等岩溶地区水利水电工程推广应用岩溶勘察设计技术或开展技术咨询，推动科技成果的转化，提高了院及岩溶中心的知名度。

机电设计分院多项创新成果应用于工程并取得很好的经济及社会效益。思林升船机创新提出安全平衡重的新理念，解决国内外全平衡钢丝绳卷扬提升升船机在极端事故运行下的技术难题。马马崖一级水电站采用环氧浇注非晶合金干式三相变压器，可降低总损耗约57%，节能效果显著。果多水电站溢流表孔弧形工作闸门门叶采用热板加热法，水封采用门槽内埋设热管循环加热以提高埋件附近温度的方法防止结冰，确保闸门在低温状态正常运行。

（中国电建集团贵阳勘测设计研究院有限公司　李月杰　王　芳）

黄河数学模拟系统入选全国洪水风险图编制软件名录

2014年11月27日，国家防汛抗旱总指挥部办公室（以下简称国家防办）下发了《关于增加重点地区洪水风险图编制项目可选软件的通知》（办减〔2014〕38号文），由黄委数学模型攻关课题组（黄河水利科学研究院泥沙所数模室）自主研发的黄河数学模拟系统（YRNMS），正式入选重点地区洪水风险图编制项目软件名录。

黄河数学模拟系统已建成了多个核心模型，主要包括：河道一维（YRSSHD1D0112）和二维水流构件（YRSSHD2D0112）的黄河数学模拟系统。其中：YRSSHD1D0112水流构件用于一维恒定与非恒定流洪水分析，YRSSHD2D0112水流构件用于二维恒定与非恒定流洪水分析；YRNMS-Visualization可提供洪水淹没范围图、淹没水深图、洪水流速图、淹没历时图、到达时间图等。

为满足全国重点地区洪水风险图编制项目对编制软件的需求，提高洪水风险图编制质量，2013年以来，国家防办委托全国重点地区洪水风险图编制项目组，对有关单位申请加入重点地区洪水风险图编制软件名录的软件，进行了算例测试和专题论证，并委托软件测评权威机构进行了测评。2014年7月，课题组按要求正式提交了申报材料，2014年8月中下旬申报材料通过初步审查，8月下旬收到了测试案例，9月10日提交了《数学模型测试报告》电子版和计算成果原始数据，10月中下旬参加了在北京举行的专家会评和现场计算。

（黄河水利科学研究院）

国家大坝安全工程技术研究中心通过验收正式授牌运行

国家大坝安全工程技术研究中心，以优异成绩通过科技部组织的2013年度国家工程技术研究中心综评验收，标志着三年组建期任务圆满完成，2014年正式授牌运行。

综合评估结论为：组建期间，中心全面完成了计划任务书中制定的各项考核指标，部分指标超额完成。综合能力评价中，工程化能力与水平、行业地位与影响力、发展潜力与前景三项指标为优秀。

三年多来，国家大坝安全工程技术研究中心严格按照组建期任务书的要求，围绕既定研究方向、任务和目标，以“技术创新、工程化、产业化”为指导方针，开展涉及大坝安全的前瞻性、基础性、关键性和共性问题的研究，将相关技术进行工程化应用、产业化推广，并通过技术交流、培训、人才培养等进行行业技术辐射。

具体综合评估意见认为：工程化能力与水平方面，拥有技术创新水平突出、组织管理能力很强的带头人，有一支专业结构合理、创新能力突出的人才团队；有国内一流的工程化研究开发装备、试验基地、中试及产业化基地；工程技术研发能力很强，代表性技术成果达到国际先进水平，技术成果成熟性、配套性好。行业地位与影响力方面，中心依托单位在行业中的地位和影响力非常高，对行业技术进步的促进作用非常大；中心拥有一批具有自主知识产权的创新成果，主导产品市场竞争力及影响力非常强，引领行业发展。成果转移与对外开放方面，技术转移、辐射、示范能力强；对外合作与交流效果良好；对外开放程度与服务水平强。管理体制与运行机制方面，依托单位重视中心的建设与发展，中心机构设置于制度建设较完善，运行独立性较强，能够实现自我发展、良性循环。发展潜力与前景方面，发展目标与国家目标高度一致，符合行业技术发展需求；创收方式合理，经济效益显著，可持续发展性强；中心发展规划切实可行，目标任务明确。

国家大坝安全工程技术研究中心以水利部长江水利委员会所属的长江勘测规划设计研究院、长江科学院为依托单位，于2010年4月27日正式组建。

（长江勘测规划设计研究院）

水 电 技 术 创 新

高寒高海拔地区超深基础混凝土防渗墙施工质量检测技术研究

旁多水利枢纽工程地处西藏自治区拉萨河流域中游，为一等大（1）型工程。坝址区海拔4100m，冬季最低气温－30℃。大坝基础采用混凝土防渗墙防渗，墙体设计厚度1.0m，长度1023m，墙体上部为C20混凝土，下部为C30混凝土，防渗墙总面积120000m^2，最大槽段深度158.47m，是目前我国在建防渗墙施工中规模最大、墙体最深、难度最大的地下防渗墙工程。这种高寒高海拔深覆盖层地区超深基础混凝土防渗墙施工质量检测尚无技术规范，传统的防渗墙无损检测方法和检测设备由于自身的局限性，在这种高寒超深防渗墙检测中已不适用。为了准确检测基础混凝土防渗墙的施工质量，开展了本项目研究。

（一）研究内容

（1）针对目前国内150m深的基础混凝土防渗墙尚无成熟有效的检测技术手段，本研究首先从影响混凝土防渗墙施工质量的十种主要因素分析入手，研究防渗墙质量检测要解决的问题，并对六种常用的防渗墙质量无损检测方法的优缺点进行了比较分析，得出超声波法可以不受检测深度的限制，适合于超深混凝土防渗墙质量检测。

（2）从超声波检测的技术原理出发，综合分析了超声波的声时、波幅、频率和波形等声学参数与混凝土各项性能参数的对应关系，对四种声学参数与混凝土质量的关系进行了深入分析，并着重研究了统计法、斜率法和频谱分析等综合应用于超声波检测混凝土质量评定可能性，最后总结出一套用适合于超深防渗墙质量检测的混凝土缺陷识别方法。

（3）深入研究了跨孔超声波法，单孔超声波法，超声波CT以及钻孔电视成像等四种检测技术手段如何应用于超深防渗墙无损检测，并确定了采用综合超声波检测可以实现有效地快速检测。同时进行相关检测设备的低温低压环境试验，制定相应仪器保护措施，挑选适合于高寒高海拔环境的检测仪器。

（4）在海拔4100m，－30℃的旁多水利枢纽150m深基础混凝土防渗墙质量检测进行现场检测测试。试验中在高寒高海拔环境中采用跨孔超声波法，单孔超声波法，超声波CT三种超声波检测技术相互配合，检测出墙体内存在的孔洞和部分缺陷，并通过钻孔取芯、压水试验和芯样抗压强度试验得到了验证。

（二）主要成果和创新点

首次提出一套适用于高寒高海拔深覆盖层地区超深防渗墙检测的数据处理和缺陷识别方法。

（1）从研究国内外常规的防渗墙检测技术手段出发，研究利用多种超声波检测技术检测超深基础混凝土防渗墙施工质量的可能性。成功利用跨孔超声波，单孔超声波和超声波 CT，以及钻孔电视成像仪等综合无损检测技术对超深基础混凝土防渗墙进行现场无损检测试验。

（2）通过在海拔 4100m，－30℃环境下西藏旁多水利枢纽 150m 深混凝土防渗墙进行检测试验，将无损检测结果与钻孔取芯，压水试验和芯样抗压强度等试验检测结果进行比对，验证了检测技术的可靠性。

（三）成果应用

已将研究成果应用于我国西藏自治区的旁多水利枢纽工程基础混凝土防渗墙施工质量检测。通过现场检测试验，准确发现了基础混凝土防渗墙中的缺陷区域，确保了世界最深混凝土防渗墙顺利完工，为旁多水利枢纽工程节省了上千万元的资金。同时，也为高寒高海拔地区超深混凝土防渗墙施工质量检测提供了一套完整的技术，积累了一套完整的施工现场质量检测经验，为今后超深混凝土防渗墙质量检测规范的制定打下坚实的基础，具有重要的现实意义。

（中国水利水电科学研究院）

阜康抽水蓄能电站工程上下水库三维有限元渗流分析

新疆阜康抽水蓄能电站属日调节、纯抽水蓄能电站，装机容量 1200MW，位于新疆昌吉回族自治州阜康市境内，上、下水库正常蓄水位分别为 2271.00m 和 1775.00m，相应有效库容分别为 662 万 m^3 和 665 万 m^3。工程为一等大（1）型工程。枢纽建筑物主要由上水库混凝土面板堆石坝、库盆防渗结构、下水库混凝土面板堆石坝及拦沙坝、下水库泄洪排沙洞及下水库放空洞、上、下水库电站进/出水口、输水隧洞、地下厂房和地面开关站等建筑物组成。河海大学受委托，于 2014 年 2～11 月采用可变容差法和三维有限元法，反演分析枢纽区天然渗流场、计算分析运行期枢纽区渗流场以及止水系统失效坝体渗流场等，研究枢纽区防渗体系的合理性、坝体和坝基渗流特性及其变化规律，提出合理的渗流控制建议。

主要研究内容和成果如下：

（1）分别建立上、下库枢纽区和拦沙坝三维渗流分析有限元模型，包括天然状态和正常运行期枢纽区有限元模型。

（2）根据工程地质和水文地质勘察资料，反演分析了天然地下水渗流场，并分析其变化规律，给出了地下水位和位势分布等，修正了枢纽区有限元模型及其计算参数和边界条件，为进一步研究运行期的渗流场、防渗布置方案的比选、防渗系统的优化布置提供依据。

（3）下库计算分析了设计方案运行期正常蓄水位和死水位工况下的渗流场，得到了坝体的浸润面和两岸地下水位分布，坝体各料区和坝肩岩体、防渗帷幕等的最大渗透坡降，以及渗透流量。

（4）对上库三个防渗布置方案进行了深入的计算分析，分析了各设计方案下坝体、坝基和库盆等各主要材料分区的渗透坡降、渗透流量和补给流量等渗流要素，详细分析比较各设计方案下坝体和库盆防渗系统的防渗效果，推荐采用全库盆混凝土面板防渗方案。

（5）研究面板部分止水失效后，对库盆和大坝的影响，计算分析坝体及坝基的渗流分布规律，评价防渗系统部分失效对库盆水量损失的影响，提出需重点关注的问题。

（6）针对全库盆混凝土防渗方案，分别分析垫层料和库盆下无砂混凝土渗透性的变异对渗流场的影响。

（河海大学）

罗洲坝水电站工程地下厂房洞室系统围岩稳定有限元计算研究

2014 年 7～9 月，河海大学受委托进行了罗洲坝水电站工程地下厂房洞室系统围岩稳定有限元计算研究。该研究针对罗洲坝地下厂房工程，建立了包括原导流洞、主副厂房、尾水洞、厂房周围岩体、断层及主要软弱夹层的三维有限元模型，采用非线性有限元分析方法，模拟洞室的分层开挖支护过程，对洞室开挖后围岩的整体和局部稳定性及岩壁起重机梁的稳定性进行研究，并对围岩的稳定性和支护参数的合理性进行评价。

主要研究内容及成果如下：

1. 地下洞室围岩稳定弹塑性有限元分析

（1）模拟施工过程，研究主副厂房的开挖稳定问题，包括围岩的局部稳定、整体稳定以及顶拱、软弱夹层和地质构造带的影响。

（2）对其应力和变形的分布特征及整体稳定性进行分析评价。

（3）通过锚杆的仿真数值模拟，确定合理的围岩支护方式及支护设计参数，复核岩壁吊车梁的受拉、受压锚杆的应力应变值。

2. 岩壁起重机梁研究

（1）分析主厂房中下部岩体开挖后，岩壁起重机梁周围的围岩应力、变形、稳定、及锚杆受力等。

（2）分析起重机运行荷载作用后岩壁起重机梁周

围的围岩应力、变形、稳定以及锚杆受力情况。

(3) 评价各种工况下岩壁起重机梁结构的安全性。

(河海大学)

苏洼龙水电站可行性研究阶段围堰渗流及稳定有限元计算

苏洼龙水电站可行性研究阶段围堰渗流及稳定有限元计算由河海大学承担，2012 年 7 月开始研究，2014 年 8 月结束工作。

该研究的主要内容及成果如下：

1. 渗流计算方面

(1) 根据围堰布置及坝址区的工程地质与水文地质条件，结合渗流分析和稳定分析的要求，选择计算域大小、建立相应的分区并划分网格单元。

(2) 按 20 年一遇设计洪水标准，汛期上游围堰挡水位 2429.7m，基坑内无水的情况下，计算堰体和堰基的渗流场。

(3) 在无低液限黏土层的情况下，研究混凝土防渗墙不同深度时堰体和堰基的渗流场及计算渗漏量、渗透比降和潜水位位置，给出合适的防渗墙深度。

(4) 在混凝土防渗墙同一深度情况下，研究低液限黏土层不同厚度时堰体和堰基的渗流场及计算渗漏量、渗透比降和潜水位位置。

(5) 对渗流计算影响较大的材料参数进行敏感性计算分析，讨论参数的敏感性。

2. 边坡稳定分析方面

(1) 通过对各方案的渗流计算，分析研究上游围堰下游边坡及坝基上游开挖边坡稳定情况，分析堰体及堰基的渗流稳定，并提出相应采取的工程措施。

(2) 考虑上游水位骤降情况下，分析研究上游围堰的上游堰坡稳定最不利的情况。

(河海大学)

瀑布沟水电站移民安置场地工程安全资料分析及监测数据管理与预警系统开发

河海大学于 2013 年 1 月承担了四川省大渡河瀑布沟水电站移民安置场地工程安全资料分析及监测数据管理与预警系统开发工作，2014 年 9 月完成。

该项目利用萝卜岗及周边监测控制网、汉源新县城和集镇新址区安全监测资料，根据相关规范要求，利用综合分析法，对上述监测成果进行综合分析，评价瀑布沟水电站移民安置场地工程安全性态，提出相关的建议；在此基础上，研发瀑布沟水电站移民安置场地工程安全监测数据管理与预警系统。

项目主要研究内容及科研成果创新点如下：

(1) 根据瀑布沟水电站移民安置场地的监测和巡视检查成果，分析了汉源新县城萝卜岗以及大树、富泉、市荣、万工、小堡、丰乐、迎政、永和、宰羊和主要农村移民集中安置点等场地的安全状态，并通过建立相应的监控模型，进行了预测预报。项目研究的技术路线和方法正确，研究成果为四川省大渡河瀑布沟水电站移民安置场地工程安全性态分析评价提供了技术支持。

(2) 采用 Browser/Server 架构，研发了瀑布沟水电站移民安置场地工程安全监测信息管理与预警软件系统。该系统结构合理、功能齐全、界面友好，能够实现大量监测资料的高效实时分析，为移民安置场地监测资料的远程分析和预警提供了平台。项目通过对各场地监测资料进行系统深入的分析，为监控汉源新县城萝卜岗内的各主要滑坡在雨季和水库蓄水后的安全状态、各主要移民安置场地和公共设施基础在水库蓄水后的安全状态提供了技术支撑，为移民工程安全运行提供了技术服务，并为后续类似工程的移民安置和安全监测积累了经验。

(河海大学)

孔压静力触探 CPTU 在江苏软土地区电力工程中的应用与研究

我国静力触探（CPT）技术在早期年代基本上与国际水平同步发展，在工程界广泛推广和应用，很多经验公式都是由静力触探的相关参数建立的。20 世纪 80 年代后期始，国际岩土勘察界已逐渐推广新型孔压静力触探（CPTU）。由于我国缺乏与国际岩土勘察界的技术交流，使我国的 CPT 技术无论在观念方面还是从理论研究与应用方面已明显落后于国际上的 CPTU 技术，大大限制了该技术在国内岩土勘察界领域的应用广度和深度。本课题依托江苏省电力设计院和河海大学的技术力量支持，利用 CPTU 技术在江苏软土地区进行现场试验，对其理论及实践经验进行总结，归纳 CPTU 与 CPT 的差异性及 CPTU 的优势。研究于 2012 年 1 月开始，2014 年 12 月结束。

本课题研究内容及结论如下：

(1) 本课题基于孔穴扩张理论，对 CPTU 贯入江苏软土地区周边土体的变形区域进行研究分析。CPTU 对周边土体挤扩后的变形区主要分为塑性区和弹性区。对弹性区土体使用常规的压缩变形对应力应变关系进行总结，对塑性区土体使用剑桥模型和相关流动准则对应力应变关系进行总结。变形区内径向有效应力所受压应力作用（正值），环向有效应力在变形区内所受拉应力的作用（负值），在变形区范围外所受压应力作用（正值）。半径越大，土体的径向有效应力及环向有效应力越小，最后减小至一个稳定的常量，即初始平均有效应力。土质越软，含水率越大，椎体挤扩后对土体变形影响范围越小，例如淤泥质黏土中一般为 6～8。土质越硬，密实度越大，椎体挤扩后对土体变形影响范围越大，例如普通黏土中一般为 8～10，粉砂中一般为 10～12。

（2）不同类型土体的孔压是不同的，夹层的存在使孔压的反应异常，因此孔压已被认为是判断夹层的重要因素。CPTU 对各土层的孔压有灵敏反应，结合所测得的修正锥尖阻力、侧摩阻力、摩阻比，再利用国际分类标准，对土体进行更精确的分类。本课题利用连云港、南京两个工程数据，将孔压静力触探划分土层（通过 CONEPLOT 软件及结合钻孔试验报告）和普通静力触探划分土层进行对比分析，再利用孔压静力触探数据对句容的土层进行初步划分，与钻孔试验进行对比分析，检验数据的正确性。得出 CPTU 国际分类标准划分土层层理更详细，与勘察报告中局部层成“千层饼”状的结论相吻合。进一步验证了 CPTU 国际分类标准划分土层比 CPT 划分土层更精确。

（3）普通 CPT 和 CPTU 贯入到同一土体中，锥尖阻力随探头的规格不同，测试数据也不相同。各土层中，CPTU 锥尖阻力略大于 CPT 锥尖阻力，且孔隙水压力对探头的影响越小，CPTU 锥尖阻力与 CPT 锥尖阻力相差越小。一般性黏土至粉细砂中，锥尖阻力相差比例控制在 1%～15%，可以近似认为相等。而淤泥质土中，贯入时产生很大的孔隙水压力，锥尖阻力相差达到 30%，值得重视。一般性黏土至粉细砂中，CPTU 侧摩阻力与 CPT 侧摩阻力上下都有浮动，主要是由于摩擦筒表面积不等造成的。但侧摩阻力相差比例控制在 1%～15%，可以近似认为相等。

（4）利用 CPTU 对土体的孔压水消散过程进行测定，再将实测曲线和理论曲线进行拟合，求取土体的水平固结系数。本课题利用一种新的方法对土的水平向固结系数测定，即直接利用数据表对固结系数进行求取，并与室内试验进行对比分析。对三个现场消散试验的数据进行总结，土质越软，渗透性越差，水平向固结系数越小，尤其是在淤泥土层中，水平向固结系数的数量级保持在 10^{-3}。在粉质黏土夹粉砂层中，水平向固结系数的数量级在 10^{-1}～10^{-2}。并将连云港工程的原位消散试验与室内实验的固结系数进行对比分析，得出淤泥土层中，水平向固结系数与竖向固结系数的数量级是相等的，且比例是 2～3 倍。根据总结的经验，可以直接在江苏软土地区利用 CPTU 的消散试验求取固结系数，避免了土样的扰动性，方便简单。

（5）利用水平向固结系数，该课题对三个场地的渗透系数进行测定。并结合连云港洋桥变电站的室内试验，在淤泥土层中，水平向渗透系数与竖向渗透系数有一个数量级的差别，前面系数几乎一致。可以将 CPTU 运用到江苏软土地区，求出水平向渗透系数，然后增加一个数量级，得出竖向渗透系数，对土体性质做出评价。

（河海大学）

极寒无人区水文气象自动监测系统关键技术研究

“中俄界河——额尔古纳河航道水位管理关键技术研究”（合同编号：NJ-2008-15）是内蒙古自治区交通厅 2009 年立项批准，由呼伦贝尔海事局、中国电建集团中南勘测设计研究院有限公司（以下简称中南院）、太原理工大学共同承担的科技开发项目，其中项目核心研究内容——“极寒无人区水文气象自动监测系统关键技术研究”由中南院承担。

项目通过了内蒙古自治区科技厅组织的科技成果鉴定验收，鉴定意见为：研究成果整体技术达到了国内领先水平，在极寒地区自动定点连续测量冰厚技术方面达到国际先进水平。

（一）主要研究内容

（1）系统总体技术方案设计。

（2）极寒无人区（－52℃）水文气象自动监测系统设备研发与系统集成。

（3）就地监控管理软件研发（基础测报站）。

（4）数据中心监控管理软件平台研发。

（二）主要技术成果

（1）适合极寒（－52℃）无人区条件下的水情自动测报系统设备。

（2）极寒条件下冰下水位、冰厚、冰水之间的间隙，以及水、冰、空气温度梯度分布自动监测技术。

（3）封冻河流条件下冰下水压力自动监测技术。

（4）极寒条件下雪深自动监测技术。

（5）极寒条件下气象要素自动监测技术。

（6）极寒条件下土壤内温度梯度（冻土深度）自动监测技术。

（7）极寒条件下太阳能供电模式的智能加热保温措施。

（8）封冻河道水下设备安装方法、工艺。

（三）主要技术性能指标

（1）基于R-T冰（水）情传感器与激光传感器的冰（水）智能监测站、自动气象站、冻土深/雨量自动监测站等设备全部能在极寒（－52℃）条件下长时间无故障运行。

（2）无人值守遥测站监测要素共计15项。包括冰下水位、冰层厚度、冰水之间空隙、冰下水压力、冰上层（雪深）等冰（水）雪要素；气温、湿度、风向、风速、雨量、地温（冻土深）等气象要素；以及蓄电池电压、机箱内温度等工况信息；此外，还包括水-冰-空气温度梯度分布（20个测点/根）、冰层（水）内部等效电阻分压值（200个测点/根）等原始数据。

（3）数据远程透传软终端（软件）整合多种不同类型的通信设备用于组网，包括北斗卫星、GPRS、VHF、Internet、VPN等，不同类型的通信设备对用户呈现完全相同的数据接口。在收、发端部署远程透传软终端（软件）后，测站组网变得快捷，数据传输变得简单。

（4）现地监控管理软件、数据中心监控管理软件平台具有友好的用户界面，系统设置和定义简单，操作简便。成果具有良好的可转移性，易于在交通航道部门、电力行业、水利部门以及其他相关应用部门进行推广。

（四）技术创新

（1）适合极寒（－52℃）无人区条件下的水文气象自动测报技术。

（2）极寒条件下（－52℃）的冰（水）雪智能监测技术与冰情动态阈值重算算法。

（3）基于太阳能供电模式的智能加热保温技术，解决了极寒条件下水文遥测系统不可用的难题。

（4）数据远程透传软终端组网方案。

（5）多方式信息发布技术：以智能终端APP、Web浏览器、GSM短信或北斗卫星短信的方式，向公众提供了多种获取监测流域实时水文、气象数据的途径。

（五）作用意义

项目研究成果满足极寒无人区水文气象自动监测系统建设的需求，尤其是对额尔古纳河水系、黑龙江水系航道部门和水文部门的全自动水文测报系统的研究与建设起到了很好的示范作用。

项目研究核心技术——“极寒条件下（－52℃）的冰（水）雪智能监测技术”属于国际上首次使用，应用该研究成果可为北方封冻河流开河预报收集了大量水、热方面的基础资料，尤其是难以实测的冰压力、冰水之间的空隙度等指标，项目研究成果对于寒区水文自动监测具有良好的推广和应用价值。

（六）应用推广

（1）奇乾水文气象自动监测系统：该系统监测要素共计15项，除满足常温状态下所有水情监测要素外，还解决了极寒条件下（－52℃）的冰厚、冰水之间的间隙、冰下水压力等冰（水）要素监测，以及水、冰、空气温度梯度分布，雪深、冻土层土壤分层温度等极寒地区至关重要的特殊水文气象要素的自动监测难题。该成果为国内冰（水）情监测要素最全、实测温度最低、且正式投入工程应用的首例，填补了极寒无人区内陆河道冰（水）情自动监测的空白。

（2）漠河冰凌实验站数据监测与分析系统：“黑龙江冰凌灾害监测及预报研究项目”是黑龙江省水利厅2012年重点科技开发项目，其中“漠河冰凌试验监测站建设”子题是该研究项目的核心研究内容，该子题由中南院承担，核心技术为本项目研究成果。试验站监测要素包括雨雪、土壤参数、气象要素、太阳辐射及冰情等内容，试验站建成投产后，可连续自动开展近十类三十余项数据监测，系列收集各类基础资料，作为黑龙江省冰凌扩展研究、冻土研究、极寒地区水资源研究的前期工作基础，同时为拟建设的黑龙江省冰凌研究基地奠定基础。

（3）黑龙江大学寒区地下水研究所墒情试验站：为了配合黑龙江大学“寒区地下冻土层水理性质及其对融雪水入渗的影响机理研究”项目（国家自然科学基金青年科学基金项目），提供寒区土壤墒情试验站成套设备，项目核心技术为该项目研究成果。

（七）其他成果

在开展该项目研究期间，利用该研究成果和监测资料，还取得了包括科技论文发表（16篇）、国际合作项目（1项）、软件著作权（1项）、遥测RTU生产许可证（1项）等其他相关成果。

（中国电建集团中南勘测设计研究院有限公司
石瑞格）

哈尔滨大电机研究所潮汐机组阴极保护技术研究

哈尔滨大电机研究所基于哈尔滨电机厂有限责任公司（以下简称哈电机公司）承揽的韩国海水贯流式发电机组的海水腐蚀问题，组织研究了潮汐机组海水腐蚀的电化学保护技术。从潮汐机组的材料腐蚀行为研究和电化学保护手段出发，分别对潮汐机组常用金属材料的电化学腐蚀行为进行分析，并设计了一种在流动介质中的金属材料电化学参数的测试装置。针对潮汐机组的腐蚀特点，对阴极保护系统进行了设计，并利用三维有限元仿真手段，对阴极保护的效果进行了仿真分析。该项目研究成果的应用，有效地利用电化学防护手段解决了潮汐机组在海水介质中的腐蚀问题，为海洋能发电设备的长效防腐技术应用打好了基础，推动了潮汐能、潮流能、海水抽水蓄能等涉及海水介质发电装备的开发推广。

项目在三个方面取得了创新性研究成果：设计了流动介质下金属材料电化学测试的装置，并提出了流动态电解液中材料电化学行为分析方法；针对海水贯流发电机的实际服役特点，提出了强制电流阴极保护的电化学防腐设计方法；基于阴极极化的特点，利用阴极极化方程作为控制条件，用于潮汐发电机组电化学防护效果的仿真预测分析。

项目研究成果已成功应用于哈电机公司承揽的韩国党津电厂海水贯流式发电机组的电化学防护，通过强制电流阴极保护系统的设计和实施，可以保证机组在其设计周期内长期起到对金属构件防护的效果。该项技术的应用使哈电机公司获得了海水发电装备的电化学防护设计方法与设计原则，为今后涉海水项目装备的制造建设打好了基础。

（哈尔滨大电机研究所　范吉松　刘昱光）

大断面变顶高尾水洞开挖及支护关键技术研究

变顶高尾水隧洞，具有一定的尾水调压作用。水电站采用变顶高尾水隧洞，可取消调压室，简化地下洞室群布置，减小工程投资。

向家坝水电站变顶高尾水隧洞断面为 20m×34m（宽×高）的城门洞型，为目前世界最大变顶高尾水隧洞。鉴于国内已建成的类似工程仅有彭水水电站采用变顶高尾水隧洞，工程施工经验少，有必要对变顶高尾水隧洞施工技术进行进一步研究。要研究在总结我国已建成或者正在建设的大断面洞室开挖支护施工方法经验和深入分析存在的问题的基础上，以向家坝大断面高尾水隧洞工程为依托，结合挂顶混凝土结构稳定性预分析与支护参数选择、挂顶混凝土爆破振动影响分析、短历时短序列施工监测数据序列分析模型和施工安全性反馈分析等理论和计算分析，深入开展了施工支护方案、开挖方式及开挖支护程序、近距离控制爆破技术和施工监测技术等方面的研究工作。

（一）主要研究内容及成果

1. 大断面变顶高尾水洞工程快速安全施工技术

（1）挂顶混凝土结构支护技术研究。研究挂顶混凝土结构支护范围和参数，研究大跨度钢模台车施工技术。

（2）近距离弱振动控制爆破技术研究。包括近距离爆破的振动控制技术和顶拱斜孔钻孔爆破技术，采用现场试验和理论分析相结合的方法，研究挂顶混凝土结构附近洞挖爆破振动的影响程度和防护措施；优化爆破参数，在保证衬砌结构安全前提下，扩大爆破规模，加快开挖施工进度；研究顶拱斜孔钻孔定位、孔斜控制技术和顶拱轮廓控制爆破技术。

（3）挂顶混凝土结构与围岩变形特征研究。应用短历时、短序列变形监测数据分析模型对施工期监测数据进行分析，为调整和优化支护措施提供实测依据，指导依托工程安全施工。

2. 大断面变顶高尾水洞施工安全性分析

（1）大断面变顶高尾水洞施工安全性预分析与反馈分析。先采用数值分析方法，进行挂顶混凝土结构支护方案的稳定性预分析，为选择支护参数据提供依据。然后在施工过程中，利用现场的位移、应力监测数据，在考虑岩体流变效应条件下利用数值分析方法对洞室围岩的力学参数和地应力场进行反演分析，利用反演得到的地应力场和岩体力学参数进行下一阶段的开挖预测分析和施工期稳定性研究，为尾水洞的安全施工提供依据。

（2）近距离爆破对挂顶混凝土的振动影响分析。采用爆破理论分析方法，分析近距离爆破对挂顶混凝土结构的影响，为选择钻爆参数提供理论依据。

（二）应用情况

通过洞挖爆破控制和大型钢模台车进行混凝土衬砌的施工，优质高效完成了向家坝右岸 1、2 号尾水主洞的开挖及挂顶混凝土衬砌，保证了洞内施工安全。1 号尾水主洞挂顶混凝土、1 号尾水主洞Ⅱ层开挖、2 号尾水主洞挂顶混凝土、2 号尾水主洞边墙混凝土荣获向家坝水电站优质样板工程，施工质量和效果得到了国内多位院士及专家的一致肯定。

课题依托向家坝大断面变顶高尾水主洞大断面变顶高尾水隧洞的技术参数和特点，总结出了一套系统完善的施工工艺流程及施工参数，为大断面洞室混凝土衬砌、固结灌浆、开挖支护同步施工积累了成功的经验，在水电行业内大洞室开挖、混凝土衬砌施工方面有广泛的推广价值，对提高当前地下洞室施工技术水平和促进水利水电工程建设的长远发展均有很大的现实意义。

（中国水利水电第五工程局有限公司　袁幸朝）

长河坝水电站 300m 级高土石坝关键施工技术研究

300m 级高土石坝关键施工技术研究，是中国水利水电第五工程局有限公司受中国水利水电建设集团公司委托承担的国家级重大科研专项。该专项分八项大课题，38项子课题，以水利水电工程砾石土心墙堆石坝施工为主要研究对象，以安全、优质、快速、环保施工技术为主要研究内容，并开展与施工技术相关的理论研究与探讨，形成一套成熟的高堆石坝关键施工技术。该专项研究对推动行业技术进步具有重要意义。

主要子课题进展情况如下：

1. *高土石坝跨心墙措施研究* 由于心墙本身的特殊作用和功能，对其质量标准业界控制严格，对于高土石坝，如何在填筑过程中保证心墙质量尤为重要。本项目通过建立受力模型，理论计算心墙土料在动荷载下物理力学性质变化和现场填筑试验检测控制相结合的方法提出最合理、经济、高效的跨心墙技术措施。该子课题已于2014年11月提交最终成果。研究成果为以后高土石坝跨心墙施工方案的制定，及相关工法的形成提供科学的理论依据。

2. *碎（砾）石土料超径石剔除工艺* 砾石土心墙作为坝体的主要防渗结构，其填筑质量直接关系到大坝整体质量，因此，土料超径石剔除工作就显得尤为重要。经过前期试验及会议研讨，采用棒条式振动给料机经过调整筛条角度、布置形式等技术改造后作为超径剔除设备，并配套建设了钢筋混凝土结构的筛分楼，开挖完成的土料经自卸汽车倒料至筛分楼受料斗处过筛，从而完全剔除土料超径。该子课题已于2014年12月提交最终成果。研究成果有效保障了后期快速施工过程中碎（砾）石土料优质快速供应，具有极大的推广价值。

3. *土石坝高塑性黏土填筑基面泥浆喷涂工艺* 砾石土心墙坝施工中，为了防止坝体开裂，在砾石土心墙与两岸基岩或混凝土结构的接触面上常设一定宽度的高塑性黏土。为保证高塑性黏土与混凝土或基岩基面更好结合，两岸高塑性黏土填筑前需要在结合的混凝土或基岩表面涂刷一层浓泥浆。本子课题研究的机械喷涂泥浆工艺，通过理论分析、工艺试验完成了满足工艺要求的机械喷涂设备的选型与适配工作，确定了能够满足泥浆设计涂刷厚度要求的施工工艺流程和主要施工控制参数。该子课题已于2014年12月提交最终成果。该成果是土石坝高塑性黏土填筑中混凝土盖板基面泥浆涂刷传统工艺的革新，具有极大的推广价值。

长河坝水电站将于2016年上半年完成大坝填筑，重大专项中与填筑相关的实质性研究工作也伴随填筑施工平行开展。300m级高土石坝关键施工技术研究重大专项中多个重要课题已完成最终成果提交，其余子课题也将陆续开始基础性研究工作。

（中国水利水电第五工程局有限公司 陈 曦）

泵站虹吸式流道混凝土施工技术研究

新型节能运行泵站虹吸式流道，进水流道由方形渐变为圆形，出水流道由圆形渐变为方形等不规则形状，考虑到水流的冲刷破坏，混凝土必须一次浇筑成型，允许误差2mm。为此，有必要对泵站虹吸式流道混凝土施工技术进行进一步研究。

（一）主要研究内容

（1）模板设计加工、制作技术。以传统成熟工艺为基础，设计要求为条件，通过调研，采用计算机技术计算分析和模具试验，总结和研究出虹吸式流道模板的设计加工制作的方法，并利用三维坐标体系和三维成像技术确保不规则定型钢模板设计制作精度为1mm的计算分析方法。

（2）不规则异型钢模板支撑加固技术。以常规施工工艺为依据，受力分析计算结果为条件，保证结构尺寸和施工质量安全为目标，对常规门架支撑加固的施工工艺进行改进创新，研究出不规则异型钢模板支撑加固的新工艺；研究施工步骤和在后期施工过程中对整体结构的影响；研究施工过程中关注的安全问题。

（3）混凝土一次性浇筑成型技术。对混凝土的浇筑次序、混凝土的配合比及坍落度进行试验分析，确保混凝土一次性浇筑成型的效果，并通过利用分仓浇筑的方法更加有效地减少支撑加固体系的承重问题，利用混凝土自身的浇筑特性有效减少了混凝土表面的不平整性，更加有效地保证了设计结构尺寸及结构稳定。通过对各个工序进行讨论分析，编制施工作业指导书，做好现场技术交底，严格组织现场施工，保证混凝土的密实性，防止混凝土缺陷的发生。

（4）施工过程测量、质量控制及防腐处理技术。通过施工过程测量控制、施工完成后进行现场测量复核、委托第三方地质雷达检测，通过数据分析得出泵站虹吸式流道质量达到了混凝土施工的国家质量标准，并取得了有效数据。针对过水断面流速较大及渗漏情况，对进出水流道采取了涂刷聚脲的防水防腐措施，有效地解决了混凝土施工缝及表面渗漏。

（二）主要创新点

（1）发展了不规则结构工程的施工工艺。该项目提出了利用10mm钢板原料加工制作出高强度（强度为300MPa）、高精度（精度为1mm）、整体式不规则异型钢模板的施工工艺，综合考虑了传统工艺施工的弊端、一次性浇筑成型后外观质量要求等。

（2）针对不规则异型模板的支撑加固方法。该项目提出了通过预埋支撑配合螺旋式可调加固门架对不规则异型模板进行支撑加固，对加固支撑体系进行受力分析，得出施工步骤及方法，达到一次性浇筑成型的目的。

(3) 掌握了不规则异型结构工程施工的施工工艺。该项目对不规则异型施工模板的加工制作、支撑加固、混凝土一次性浇筑施工的施工技术进行系统总结、分析整理相关资料，为后期工程指导提供依据。

（三）应用情况

该研究提高了模板设计工作的科学化水平，并为工程在施工过程中安全、质量控制提供了可靠的技术支撑，大大提高了施工生产效率，缩短了工程建设工期，减少了资源投入，有力地保证了施工安全及工程质量。成果已应用于南水北调密云调蓄工程，效果显著，应用前景广阔。

（中国水利水电第五工程局有限公司　王亚斌）

信息化系统在苗尾水电工程建设中的应用

苗尾水电工程建设，对工程施工过程质量控制进行了一系列技术创新，现将开发的心墙堆石坝填筑碾压监控系统和基础帷幕灌浆实时动态监控系统简介如下。

（一）心墙堆石坝填筑碾压监控系统

苗尾水电站心墙堆石坝工程建设规模大，施工条件复杂，工程建设过程中存在众多具有挑战性的技术难题。为保证堆石坝的施工质量，实现填筑碾压施工过程的全天候实时监控，建立质量动态实时控制和预警机制，开发了苗尾水电站心墙堆石坝填筑碾压监控系统。

该监控系统实现了对堆石坝施工过程的实时、全过程、精细化、自动化监控，可以实时动态监控碾压机械运行轨迹，自动监测记录碾压机械在坝面上的碾压遍数、行驶速度及振动状态，动态监测大坝各区各层填筑料的压实厚度；当填筑过程中的铺层厚度超过规定、或有漏碾、超速、激振力不达标时，能够自动醒目地提示施工管理人员和质量监理人员，以便他们及时指示返工或调整，使施工质量在整个施工过程中始终处于受控状态。

自大坝开始填筑以来，苗尾水电站大坝填筑碾压监控系统一直对大坝填筑进行了全过程监控。根据设计要求，设定了碾压监控各项控制指标。对行驶速度、激振力进行实时监测分析，不满足控制指标时进行报警；对碾压遍数不满足控制指标的情况，及时通知现场进行补碾作业。在完成一仓的施工之后，系统生成各项监控结果报告，作为仓面验收的依据。同时，为了实现对现场施工情况的实时跟踪，还建立了系统运行周报制度。

（二）基础帷幕灌浆实时动态监控系统

灌浆工程属于隐蔽工程，其施工质量和灌浆效果难以进行直观的检查，常常要借助于对施工过程参数的分析来评定。苗尾水电站工程结合建设实际，开发了基础帷幕灌浆实时动态监控系统，借助先进技术手段优化灌浆施工管理模式，实现对大坝灌浆过程信息的监控、管理与分析，为工程质量保障提供可靠翔实的数据，实现有效的过程监控与反馈分析，为建设优质工程服务。

该监控系统包括灌浆压水测控系统及无线传输系统，利用灌浆压水测控系统对灌浆过程参数的动态实时检测，实现相关灌浆施工管理人员可以在施工现场以外借助笔记本电脑或 PDA 联线通过实时动态监控系统，随时了解灌浆现场情况和灌浆实时数据，确保对灌浆施工过程质量的有效控制。

苗尾基础帷幕灌浆实时监控系统，已经完成所有系统功能模块的建设，并已投入正常运行。根据设计院提供的设计资料，建立了灌浆三维模型，主要包括地形模型、水工建筑物模型、灌浆孔模型、坝基河床段的三维地质模型、左右岸平硐、溢洪道三维地质模型等，全面综合反映了苗尾工程地质情况，也为其他参建单位进行地质灌浆分析提供了重要手段。系统一直对现场帷幕灌浆过程进行实时监控与统计分析，对现场出现的可能对施工质量有影响的问题，进行预警或提醒（当前主要预警提醒内容为灌前无压无回提醒、数据传输中断报警，单耗异常提醒等）。为了对已完成单元的灌浆成果和检查孔压水试验进行统计分析，系统提供了帷幕灌浆单元监控报告，作为单元合格说明的补充材料，参与单元工程质量评定。

（华能澜沧江水电股份有限公司）

复杂长大引水发电系统水力过渡过程技术的研究及应用

锦屏二级水电站总装机容量4800MW，其引水发电系统由进水口、引水隧洞、上游调压室、高压管道、地下厂房、尾水出口事故闸门室以及尾水隧洞等建筑物组成，为一复杂长大引水发电系统。

复杂长大引水发电系统的水力过渡过程总体呈现调压室水位波动幅度大、引水发电系统波动周期长、调压室结构压差大的特点。锦屏二级电站引水隧洞平均长度约 16.7km，设计引用流量 457.2m^3/s；在同一水力单元两台机组突甩全部负荷的工况下，调压室水位波动总振幅近 70m，波动周期长达 8～10min，上游差动式调压室大井底板和大井与升管之间隔墙的压差极值约 40m，在极端组合工况下，底板及升管隔墙压差极值超过 60m。

（一）复杂长大引水发电系统水力过渡过程关键技术

锦屏二级电站引水发电系统水力过渡过程关键技术主要包括：

（1）巨型复杂调压室水力选型设计。经各方面综合考虑后，上游调压室最终决定采用差动式调压室。差动式调压室由调压室大井和两个升管组成，平面成“品”字形。为增加调压室差动效应，加快调压室水位波动衰减，经水力学比选优化，调压井大井内径 21m，底部设 4 个小阻抗孔总面积为 13.85m^2，两个升管井身总面积为 69.28m^2，升管下部槽口面积为 38.04m^2，大井与升管在 1670.0m 高程通过溢流堰连通。为降低调压室最高涌浪水位，上室底板高程取 1675.0m。

（2）大型高压管道的内水压力控制。高压管道沿线采用全长钢板衬砌，内径 6.5m。经计算分析，其末端最大压力的控制工况，设计工况下为同一水力单元两台机组同时甩负荷；组合工况下为同一水力单元两台机组相继甩负荷。锦屏二级高压管道末端最大压力呈现出水锤最大压力和最高涌浪水位压力双峰值的特点，以控制水锤最大压力和最高涌浪压力基本相当为原则，推荐的机组导叶关闭规律为 13s 一段直线关闭。

（3）引水发电系统小波动稳定分析与评价。锦屏二级电站装机容量巨大，在电网中承担着调频调峰的作用，地位重要。小波动分别评价了在 5%和 10%的两种额定阶跃负荷下，引水发电系统的运行稳定性和灵活性，推荐的调速器参数为：暂态转差系数 $B_t=0.5$，缓冲时间常数 $T_d=8s$，微分时间常数 $T_n=0.6s$。通过独立孤网条件和一定容量的局域电网条件下的小波动分析，锦屏二级电站均能安全平稳运行，快速响应调度要求。

（4）巨型机组水力干扰的优化控制。锦屏二级电站分析了孤立电网频率调节、理想大电网频率调节和理想大电网功率调节三种模式下的水力干扰状况，其中理想大电网功率调节模式下，被干扰机组最大出力摆动为 81.95MW，摆动幅度为 13.43%。计算结果表明，三种并网调节模式下，被干扰机组出力振动幅度均在规范和机组招标合同文件规定的范围之内，水力干扰各项计算指标均能满足要求。

（5）复杂长大引水发电系统的数值仿真技术与物理模型试验。依托锦屏二级工程，针对复杂长大引水发电系统，开展了大量的物理模型试验研究工作，并研发了专门的水力过渡过程数值仿真软件。数值仿真成果经与物理模型试验成果、现场原型试验成果比较，具有较高的准确性和精度，其运用是可靠的。

（二）复杂长大引水发电系统水力学原型试验及对比分析

2012 年 12 月，锦屏二级电站 1 号引水发电系统进行了带 25%、50%、75%和 100%额定负荷的机组甩负荷原型试验，这为验证前期数值计算和模型试验成果提供了绝佳的时机。在甩负荷试验前，结合现场实际边界条件，进行了复核计算，并与试验成果进行对比。表 1 为数值计算与原型试验实测极值成果。

表 1　数值计算与原型试验成果极值成果比较

项目	蜗壳进口压力		最高涌浪水位		最低涌浪水位		隔墙压差	
	计算值（m）	实测值（m）	计算值（m）	实测值（m）	计算值（m）	实测值（m）	计算值（m）	实测值（m）
甩25%负荷	353.2	356.0	1653.0	1652.8	1637.0	1633.0	0.8	1.26
甩50%负荷	364.2	344.5	1661.2	1659.1	1631.2	1631.5	3.33	3.23
甩75%负荷	367.3	352.0	1669.3	1669.0	1627.1	1626.1	7.1	7.33
甩100%负荷	368.0	364.7	1675.9	1675.1	1622.8	1622.0	12.00	10.89

通过对比，可以看出各关键参数计算成果与试验成果十分接近，充分说明锦屏二级过渡过程计算分析工作中计算方法正确，选取的相关计算参数合理，数值仿真计算的准确性为机组运行方式研究提供可靠的研究手段。

（三）复杂长大引水发电系统的运行优化技术及应用

1. 引水发电系统的运行优化研究　初步思路是：化被动等待为主动调节，利用机组导叶的动作方式、动作时机，以及利用上游调压室的水位变化特性，通过人工干预反调节的方式优化引水发电系统运行方式。

锦屏二级电站调压室的波动周期长约 8～10min，一个水位上升或下降过程持续时间较长。而上游调压室水位，机组增加负荷时会下降，机组减小负荷时会上升。结合调压室一个水位上升或下降过程持续时间较长的特点，可以主动的适时增减机组负荷，达到快速衰减调压室水位波动的目的，实现引水发电系统的快速平稳运行。

表 2 是利用数值计算模型，模拟了不同的典型工

况下，机组增减负荷方式对调压室水位衰减的影响。

表 2 不同典型工况下调压室水位波动衰减幅度对比

工况说明	增/减负荷后 1000s 调压室的水位波动总振幅	
	无人为干预	人为参与干预
工况 1：先增负荷，再又增负荷工况	约 30m	约 3m
工况 2：先增负荷，再又减负荷工况	约 27m	约 5m
工况 3：先减负荷，再又减负荷工况	约 32m	约 5m
工况 4：先减负荷，再又增负荷工况	约 30m	约 6m

通过以上仿真分析，说明只要适当的调整机组增减负荷的方式，当调压室水位处于上升过程时，适当的增加机组负荷，当调压室水位处于下降过程时，适当的减小机组负荷，是完全可以实现引水发电系统的快速平稳运行的。结合电站自动化控制运行，这一操作过程应该是不难实现的。

2. 引水发电系统运行优化技术的应用 根据以上分析成果，在锦屏二级电站 1 号引水发电系统 2 号机组试验过程中，进行了初步的应用。原型机组实测出力及调压室实测水位变化过程如图 1 所示，从图中调压室水位波动情况看，在针对调压室的水位波动情况，机组采用台阶形适时增负荷方式后，确实达到了快速衰减调压室涌浪的目的。

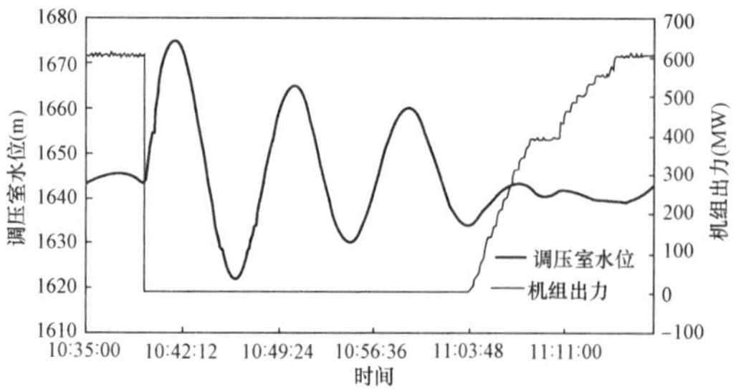

图 1 2 号机组甩 100％额定负荷实测资料

（四）结束语

随着我国西南高山峡谷地区水力资源的开发，各种复杂长大引水发电系统的电站相继出现，本研究的复杂长大引水发电系统水力过渡过程技术具有推广应用的前景。

（中国电建集团华东勘测设计研究院有限公司 吴 疆 陈顺义 潘益斌）

响水涧抽水蓄能电站引水系统充排水试验研究

响水涧抽水蓄能电站安装 4 台单机容量为 250MW 的可逆式抽水蓄能机组。厂房为首部开发，采用单洞单机方式布置，共有四个水力单元，每个水力单元中心间距为 24.25m。引水系统由上进/出水口、上平洞、事故检修闸门井、竖井、下平洞、压力钢管等建筑物组成，全长 467.0～505.8m，其中压力钢管长 79m。引水隧洞内径为 6.4～5.3m，引水压力钢管内径为 5.3～3.3m。引水系统上游事故闸门井兼有调压井功能。在引水压力钢管上方 26.2m 布置了“一横三纵”E 字形高压管道排水廊道系统。

引水系统充排水试验的内容及目的主要包括：①检验整个引水系统及施工支洞封堵段堵头的设计及施工质量；②了解引水系统所处部位围岩的工程地质及水文地质变化情况；③检验各项预埋监测仪器的运行情况及对监测成果进行分析；④检验压力钢管外排水措施的效果及其可靠性；⑤检验输水系统放空排水设备的质量及其可靠性；⑥检验厂房及引水高压管道排水廊道防渗帷幕及排水孔的作用和效果等。

（一）试验方案

1. 充水试验 引水系统低于下水库水位部分通过全厂供水总管运用平压原理自流充水，其余采用布置在地下厂房内的上库充水泵充水。充水按照一定的速率划分水头段分级进行，每一级充水达到预定水位后，应进行稳压，充水分级具体参数见表 1。

表 1 上游引水系统充水分级参数表

高程（m）	水头（m）	水位上升速率（m/h）	稳压时间（h）
−51.05～45.00	96	10	48
45.00～145.00	196	5	48
145.0～库水位	273	5	72

2. 排水试验 充水试验完成后，关闭导叶，通过设在压力钢管至尾水管间的 DN250 钢管和该管路上的两道阀门，通过平压原理，将引水隧洞内的水排向尾水隧洞。排水速度控制原则：①每小时下降水位 2～3m；②引水隧洞内外水头差不得大于 100m。

（二）试验结果及分析

1. 试验结果 引水系统渗漏水量比较小。高压管道排水廊道和 1、2、4 号施工支洞封堵段堵头渗漏以滴水为主，引水压力钢管外排水水量很小，且在复充水后水量逐渐减小。试验证明：引水系统及施工支洞封堵段堵头的设计合理，施工质量可靠；压力钢管首部灌浆帷幕墙作用明显，外排水设施均能够正常运行；引水系统放空排水设备运行可靠，预埋监测仪器运行正常。

2. 有关试验数据分析

(1) 山体地下水位观测孔数据随着流道内水位的上升而增加，随着流道内水位的下降亦下降，虽然数据变化幅度不大，但规律一致，且呈现出一定的滞后性，流道充水后地下水位基本恢复至地下洞室开挖前水平。这表明引水系统区域的岩体与流道存在一定的水力连通，但从地下洞室开挖期和充排水期间山体地下水位观测孔内水位最低、最高数据来看，地下水主要以裂隙性含水层分布，其连通性、富水程度主要受裂隙发育程度控制，与可行性研究复核阶段对地下水的认识是一致的。

(2) 下平段钢筋计以压应力为主，充排水期间总体数据变化较小。充水初期由于隧洞受内水压力的作用，钢筋混凝土衬砌受拉，钢筋所受压应力减小，之后衬砌在内水压力作用下裂缝张开，内水外渗，混凝土内外压力趋于平衡，钢筋压应力值增加，基本恢复至充水前的状态；流道排水时，当水位下降至一定程度，裂缝渐渐闭合，钢筋混凝土衬砌受拉，钢筋所受压应力减小，当水位继续下降，作用在衬砌上的内压减小，钢筋所受压应力增加，最终基本恢复至充水前状态。隧洞充水前，受系统固结灌浆影响，钢衬以受压为主，由于钢衬本身不透水，随着洞内水位的上升，钢管拉应力增加，随着水位下降，拉应力降低，隧洞放空后，钢衬所受应力基本恢复至充水前水平。充排水过程中钢衬所受拉应力值远小于钢材本身的屈服强度。钢筋计数据、钢衬应力变化符合一般规律。

(3) 下平洞钢筋混凝土衬砌段渗压计读数随洞内水头升高而升高，随洞内水头的减小而降低，反映了混凝土衬砌的受力状况。根据广州、天荒坪、泰山等抽水蓄能电站工程建设经验，受混凝土极限拉伸应变限制，压力隧洞在内水压力超过100～150m水头后，隧洞混凝土衬砌将完全开裂成为透水衬砌，全部内水压力均直接传递到围岩上，渗压计读数基本与洞内水头持平。而本工程压力隧洞内水位小于100m水头时，钢筋混凝土衬砌洞段的渗压计就随着水位的上升而均匀上升，表明钢筋混凝土衬砌洞段存在贯穿的裂缝，使得衬砌内外水位在低水头段就趋于同步变化。这与施工期间混凝土浇注完成拆模后发现衬砌存在很多缺陷有关，虽然对混凝土缺陷进行了全面处理，但是对衬砌质量还是存在一定影响。压力钢管段由于钢衬本身的不透水性，以及钢管首部帷幕灌浆、周边排水系统等措施对于混凝土衬砌段渗水的有效截、排，其渗压计读数在充排水过程中变化均比较小。

(三) 关于工程布置上的一些思考

(1) 对水力梯度的认识。该工程引水系统采用单洞单机的布置形式，相邻隧洞之间的间距比较小，在一洞有水，邻洞无水的情况下，相邻洞室岩柱之间的水力梯度以及引水下平洞与高压管道排水廊道之间岩柱的水力梯度均接近15。引水系统充排水及隧洞运行期间，相邻洞室均未见渗水，高压管道排水廊道个别裂隙面呈滴水状，隧洞的渗透稳定满足要求。从而可以看出，岩体的稳定水力梯度与隧洞周边岩体的地质情况关系密切，具体工程应具体分析，以避免为了追求较小的水力梯度而盲目延长钢衬，增加投资。

(2) 高压管道排水廊道的作用不可替代。引水压力钢管首部设置了环向帷幕灌浆与高压管道排水廊道垂直向下的竖向帷幕形成了一道灌浆帷幕墙。充排水试验过程中，下平洞钢筋混凝土段与钢衬段的渗压计数据表明，灌浆帷幕墙有效地阻隔了混凝土衬砌段内水外渗对引水压力钢管及厂区洞群的影响。高压管道排水廊道，同时又兼做帷幕灌浆廊道，运行期又作为补充灌浆廊道、监测廊道，只要布置合理，其作用无可替代。

(中国电建集团华东勘测设计研究院有限公司　陈益民
浙江省抽水蓄能工程技术研究中心　倪绍虎)

中国电力建设集团有限公司4个重点科技项目简介

(一) 超深埋高外水压水工隧洞建设关键技术研究

该项目依托锦屏二级引水隧洞最大埋深2525m，平均洞长16.7km，实测最大地应力94.97MPa，水压超过10MPa。本项目历经10余年联合攻关和工程实践，研发了超深埋高外水压水工隧洞建设关键技术。在高山峡谷区系统岩溶水文地质勘察、超高外压大流量突涌水治理、极强/强烈岩爆综合处理、特长无轨运输隧洞独头掘进通风和运营通风、复杂地质条件下巨型地下工程系统风险化解、隧洞群快速施工等方面取得了有价值的成果，开创了深埋隧洞设计施工新模式，对于推动国内外深埋长隧洞技术进步具有重大意义。经中国岩石力学与工程学会、四川科技厅等组织专家鉴定，总体达到国际先进水平，其中高压大流量地下水和岩爆防治技术、独头掘进隧洞射流巷道式通风技术达到国际领先水平。

(二) 瀑布沟高土石坝建坝关键技术研究与应用

该项目针对高186m、坝基覆盖层厚度近80m的瀑布沟高心墙堆石坝建坝关键技术开展研究，包括厚覆盖层高心墙土石坝筑坝设计和施工技术体系、宽级配砾石土心墙料工程特性及其选择利用、宽级配砾石土心墙防渗体的设计与施工、高土石坝深厚覆盖层基础防渗技术、高水头大流量窄河谷高土石坝泄洪消能及掺气减蚀技术等。其中通过对宽级配砾石土进行级配改良及加强反滤保护用于200m级高心墙堆石坝技术、“单墙廊道式+单墙插入式”的大坝心墙与坝基混凝土防渗墙的连接技术具有重大技术创新性，显著提升了我国在深厚覆盖层上修建200m级心墙堆石坝的筑坝技术水平。项目研究成果应用于瀑布沟高心墙堆石坝，解决了其存在的关键技术难题，加快了工程建设的速度，并取得巨大经济效益。项目成果还推广应用于长河坝等工程，社会效益显著。

（三）特大地下洞室群优质高效安全环保施工关键技术与应用研究

该课题依托大型水电工程的地下洞室群项目，针对规模大、纵横交错、地质复杂、难度大的特点，系统开展了洞室群优质高效、安全环保施工关键技术的研究。通过研究，系统总结优化了地下洞室群施工规划和组织的基本原则、标准和系列工法，完善了高压长斜井、深竖井开挖支护和混凝土衬砌的成套技术，制定了在复杂地质条件下的施工安全控制措施，建立了特大洞室群施工通风规划基本流程和方法，提出了三维模拟和通风网络解算办法，开发了施工期分析软件系统，解决了复杂洞群和超长隧洞的施工通风难题。形成了行业技术标准2项，获得发明专利4项，实用新型专利16项，软件著作权6项，工法十余项，在70余座大型地下洞室群施工中应用，社会、经济与环境效益十分显著，并具有广阔的应用前景。

（四）溪洛渡特高拱坝施工关键技术研究

该项目针对溪洛渡拱坝工程规模大、施工强度高、防洪度汛流量大，结构复杂、工序繁多，高标号混凝土温控标准高、难度大等问题，运用计算机信息仿真技术，优化了混凝土浇筑计划，实时动态管理，建立了全过程实时施工信息管理系统，覆盖拱坝从仓面、浇筑、缆机调度、基础处理、金结安装、安全监测等全过程。首次应用智能温控系统，实时采集坝体内部混凝土温度，自动调节并精确控制冷却通水流量，实现了“三期九阶段”精细化温控，有效控制了混凝土温度裂缝。对成套施工工艺标准化、精细化，形成了从仓面准备、混凝土浇筑、仓面喷雾、坝面保湿，混凝土养护等3项专利和5项工法，实现了拱坝混凝土优质高效浇筑。在金属结构钢衬安装和成套灌浆集成等方面解决了多项技术难题。该项目研究成果达到国际领先水平。

（中国电力建设集团有限公司）

雅砻江流域水电开发有限公司 2014年度科技工作情况

（一）技术创新体系建设情况

（1）2014年，雅砻江流域水电开发有限公司（以下简称雅砻江公司）承担的国家“十二五”科技支撑计划“雅砻江流域数字化平台建设及示范”课题，按计划开展研究工作，已完成需求分析、技术方案调研及论证，形成了雅砻江流域数字化平台建设的分解实施方案，计划2015年初完成相关系统开发实施的招标。

（2）2014年，雅砻江公司博士后工作站第三批博士后围绕选题“大型水电工程全生命周期可视化辅助管理与决策支持系统研究”按计划开展相关研究工作，预计2015年内完成研究工作。同时，工作站还招收了第四批博士后，并确定研究选题为“水电工程施工物资全过程跟踪管理理论与方法研究”。两个批次的博士后选题均依托雅砻江公司负责承担的国家科技支撑计划“雅砻江流域数字化平台建设及示范应用”课题研究工作，力争提出水电工程各类信息、资源从设计期、施工期到运行期的全生命周期一体化、数字化管理的理论方法和技术路线，并在雅砻江流域进行示范应用。

（二）合作创新有关情况

（1）2014年，雅砻江虚拟研究中心作为雅砻江公司咨询专家库、科研项目信息发布和管理平台、学术交流平台、学术资源共享平台和公司与科研单位的联系平台，继续在公司科研和咨询相关业务中发挥着集成社会科研资源的作用。雅砻江虚拟研究中心2014年度学术交流会于2014年4月9日在成都召开，会议共安排17个学术报告，紧密结合行业前沿科学领域和雅砻江流域水电开发中的重大技术问题及研究进展进行了探讨及展望，大会报告具有很强的针对性，现场交流互动频繁，进一步深化了公司与科研单位的合作交流。还正式出版了会议论文集《流域水电开发重大技术问题及主要进展》，收录相关学术论文69篇。

（2）2014年，雅砻江公司和清华大学共建的中国锦屏地下实验室在暗物质探测实验和实验室本身的扩建工作中均取得了重大进展。其中，清华大学领导的CDEX暗物质探测实验组取得国际前沿水平的实验结果，在国际权威物理期刊上发表，非常明确地排除了美国CoGeNT实验组给出的暗物质区域，并排除了意大利和美国两家权威暗物质实验组的大部分区域；上海交通大学领导的PANDAX暗物质探测实验组完成设备调试，正式投入运行，已经开始获取暗物质探测实验数据。同时，雅砻江公司与清华大学续签了战略合作协议并签署了中国锦屏地下实验室二期工程共建协议，未来二期实验室将容纳更多更大型的基础科学实验。

（三）科技成果情况

(1) 2014 年，雅砻江公司获得省部级科技进步特等奖 1 项，一等奖 5 项，二等奖 2 项。其中“锦屏二级水电站深埋长大水工隧洞群建设关键技术”获 2014 年度水力发电科学技术特等奖，“深埋高外水压力水工隧洞关键技术研究及应用”获 2014 年度四川省科技进步奖一等奖，“水电工程高陡边坡稳定性微震监测预警与数值仿真研究”获 2014 年度中国岩石力学与工程学会科学技术一等奖，“特高地应力大型水工隧洞群爆破开挖关键技术”获 2014 年度中国工程爆破科学技术进步一等奖，“锦屏一级水电站工程混凝土骨料大型管状带式输送机系统的开发与应用”获 2013 年度中国施工企业管理协会科学技术奖科技创新成果一等奖，“超深埋高外水压水工隧洞建设关键技术”获 2014 年度中国电力科学技术一等奖，“锦屏一级水电站工程混凝土骨料大型管状带式输送机系统的开发与应用”获 2014 年度电力建设科学技术进步一等奖，“雅砻江锦屏水电工程深切峡谷高位危岩体安全评价与控制关键技术”获第六届安全生产科技成果二等奖，“高水头、大容量水轮发电机组安装技术研究”获 2014 年度水力发电科学技术二等奖，“大体积混凝土智能温控系统研制与应用”获 2014 年度水力发电科学技术三等奖。

(2) 2014 年，雅砻江公司独立开展的 2 项发明专利申报已进入实质性审查阶段，同时还和葛洲坝、长科院等单位联合开展了专利和软件著作权的申报。

(3) 2014 年，雅砻江公司员工出版图书 1 部；在国内外期刊发表科技论文共计 330 篇，其中 EI 收录 28 篇。

（四）国际合作与交流情况

2014 年 6 月 2～6 日，国际大坝委员会第 82 届年会在印度尼西亚巴厘召开，来自世界 70 多个国家的 1500 多名代表出席此次盛会，雅砻江公司副总经理吴世勇等代表公司随中国大坝委员会参加了此次会议。

大会重点讨论全球环境挑战下大坝建设与管理的措施与对策，会议的交流与讨论集中地反映了当今国际坝工界在全球环境挑战下对于大坝建设与管理所关注的焦点问题和发展趋势，对于我国的大坝建设与管理具有重要的参考价值与借鉴作用。在 6 月 6 日举行的第 82 届执行会议上，吴世勇作为中国大坝委员会常务理事参加，并正式当选为大坝及河流流域管理专业委员会委员。

（雅砻江流域水电开发有限公司　张　一）

华能澜沧江水电股份有限公司 2014 年科技工作情况

2014 年，华能澜沧江水电股份有限公司（以下简称澜沧江公司）秉持服务建设、运行的理念，不断完善科技创新体系和平台建设，加快科技创新工作步伐，科技创新工作取得新进展。

（一）持续推进科技研发体系建设

报经云南省政府批准，设立了云南省马洪琪院士工作站，形成了科技研发中心、院士工作站、博士后工作站三位一体的科技研发体系，进一步完善和强化了澜沧江公司科技创新体系，为提高自主创新能力、增强技术储备奠定了基础。

（二）科技项目实施情况

围绕国家“十二五”科技支撑计划项目和黄登、古水、如美等在建、筹建水电工程科技攻关项目，成立研究项目组，确保重大科研项目稳步实施，重点开展了工程安全、生态环保、水能高效利用等关键技术研发。

2014 年，澜沧江公司在研科技项目 20 余项，科技投入 5600 万元，获得外部科研经费 900 万元，涵盖了水电工程主要技术领域，其中有国家级科研课题 1 项。

国家“十二五”科技支撑计划项目——重大水电开发工程关键技术与生态环境保护研究及集成示范，正围绕流域水电开发安全保障技术研究、水电大坝建设关键技术研究、流域水电开发环境评估及生态保护及修复技术研究、澜沧江流域水电开发安全与高效利用系统集成示范四个子课题开展研究。本年度是项目开始的第二年，取得了丰富的研究成果，部分得到了实际应用，如高面板坝堆石坝安全性及关键技术研究为澜沧江古水、如美水电站可行性研究提供了重要技术支撑。

由中国工程院组织，马洪琪院士负责，澜沧江公司、中国电建集团昆明勘测设计研究院有限公司等单位共同承担的以中央财政拨款为主的中国工程院院士咨询项目，主要针对超高土石坝建设过程中的关键技术问题开展战略性、前瞻性、综合性咨询研究，已通过了中国工程院士组织的项目评审验收，获得了高度评价，为超高土石坝的安全建设的设计科研工作提出下一步工作的方向。

围绕工程安全评估和监控，结合如美水电站工程开展了高心墙堆石坝变形特性与控制技术研究；结合古水工程开展了高面板堆石坝安全性及关键技术研究；结合黄登工程，就碾压混凝土重力坝原材料、高边坡、大型地下洞室、泄洪消能、施工管理信息化技术及质量智能化控制技术等专题开展了研究；结合苗尾电站，开展了复杂倾倒变形岩体特性及工程治理措施专项研究；结合小湾工程，开展了高拱坝库盘变形及对大坝工作性态影响研究；结合糯扎渡工程，开展了基于温度等监测资料对心墙堆石坝垫层裂缝及渗漏分析研究和泄洪洞通风减噪研究；目前各项研究工作进展顺利，符合预期。

围绕流域电站群优化调度，正在开展的澜沧江流域中长期径流预报研究和梯级水库群联合优化调度二期建设进展顺利。

（三）科技创新成果

1. 知识产权　6项专利申请被国家专利局受理，其中一种生态模拟养殖装置、一种鱼苗生长测量装置等2项专利获得国家专利局实用新型专利授权。

2. 科技项目获奖情况　2014年，澜沧江公司作为第一完成单位，有7个项目获得国家级和协会奖励。其中，糯扎渡超高心墙堆石坝关键技术及应用，获2014年度国家科学技术进步二等奖；龙开口水电站右岸变形体边坡处理研究与应用、大流量深厚覆盖层河流上土石围堰研究与应用获等2个项目，获2014年度电力建设科学技术进步奖一等奖；功果桥水电站机电安装标准化施工研究与应用，获2014年度电力建设科学技术进步奖二等奖；基于环境人文和谐的水电站景观设计与应用、水电站复合型尾水系统布置技术的研究与应用、新型扁孔式锚块结构设计技术的研发等3个项目，获2014年度电力建设科学技术进步奖三等奖。龙开口水电站右岸变形体边坡处理研究与应用，还获2014年度中国施工企业管理协会科学技术奖一等奖。

（华能澜沧江水电股份有限公司）

中国水利水电第五工程局有限公司2014年科技工作情况

2014年，中国水利水电第五工程局有限公司（以下简称水电五局）积极整合科技资源，加大重大技术课题攻关力度，大力推广应用新技术、新成果；发布了《中国水利水电第五工程局有限公司中长期科学和技术发展规划纲要（2014～2020）》；成功通过了“成都市知识产权试点单位”“四川省建设创新型企业”认定。

（一）科技创新成果

（1）2014年，水电五局有34件专利获得国家知识产权局授权，其中发明专利3件，实用新型专利31件。

（2）由水电五局主编的《土石坝填筑数字化施工规范》《水利水电工程施工机械安全操作规程·混凝土运输车》，2014年完成了征求意见稿。

（3）2014年，水电五局新立项科研项目123项。

（4）2014年，水电五局有9项科研成果分别通过了中国电力建设集团公司及中国电力建设企业协会鉴定。其中，“土石机械智能化施工技术”“寒冷地区砾石土心墙冬季施工技术”“水工铜止水新型可调式成型及熔焊技术”“水电站大直径压力钢管专用运输车技术研究与应用”4项成果被鉴定为国际先进水平，其他5项分别达到了国内领先、国内先进水平。

（5）2014年，水电五局有21项工法经申请被审定为省部级工法，其中中国电建集团工法17项，四川省工法3项，中国电力建设企业协会电力建设工法1项；并有多项工法获得了申报国家级工法的资格。

（二）获奖情况

2014年度，水电五局共有13项科技成果获得省部级奖，并荣获“中国施工企业管理协会科技创新先进企业奖”。

其中，“水电站大直径压力钢管专用运输车技术研究与应用”获得电力建设科学技术进步奖一等奖，“清水混凝土施工工艺的研究与应用”“渠道底板薄壁混凝土布料成型机的研究与应用”“大断面变顶高尾水洞开挖及支护关键技术研究”获得电力建设科学技术进步奖三等奖；“富水冰碛体水工隧洞水平旋喷桩预支护技术”“长河坝水电站围堰快速施工技术”“长江入海口感潮区围堤充泥管袋吹填施工技术的研究与应用”获得中国施工企业管理协会科技创新成果奖二等奖；“寒冷地区砾石土心墙坝冬季施工技术”“土石方机械智能化施工技术”获得中国电力建设股份有限公司科学技术奖二等奖，“水工铜止水新型可调式成型与熔焊技术”“高工况大口径PCCP管结构优化与工艺创新”获得中国电力建设股份有限公司科学技术奖三等奖。

（中国水利水电第五工程局有限公司　袁幸朝）

中国葛洲坝集团有限公司2014年科技工作情况

2014年，中国葛洲坝集团有限公司（以下简称集团公司）不断完善科技管理机构和各项管理制度，加强科技创新体系和技术中心建设，引导各单位做实技术中心，加大科技投入，调动科技人员积极性，努力提升科技管理水平，取得了一定成绩。

（一）科技管理体系建设

根据《关于促进集团公司战略实施的指导意见》，

集团公司总部成立了以总工程师江小兵为组长的新兴业务研究组。该研究组办公室设在科技信息部，职责是引领、统筹子分公司新兴产业的研究，收集有关节能减排、新能源、环境工程的技术发展状态、行业规划、国家政策导向、产业链延伸等资料，筛选行业前景广阔、潜在效益较大、技术含量高、孵化转化可行的重点产业，研究认证、推荐纳入公司投资决策程序的项目，跟踪、指导新兴业务项目的具体实施。为了促进集团公司新兴业务的开展，科技信息部收集和整理了《分布式能源》《污染土壤修复》《充电站（桩）》《煤电与大气污染》《计算机操作系统安全》《风力发电》《生活垃圾处理》等七期科技信息简报。

加强了对二级单位的管控、引领。集团公司制定了技术中心（研发中心）管理规定，对各单位技术中心（研发中心）的设置、定位、主要任务、管理、考核和奖惩进行了规定，设立了考核评价体系，并深入各子公司进行调研，指导各子分公司技术中心（研发中心）的建设。2014年，机船公司获得湖北省水工机械工程技术研究中心认定，与行业设计院及高校结合在建工程开展了合作研究，与美国绿能公司等公司和高校开展了垃圾发电、河湖污泥处理、直流微电网等技术交流。2014年，六公司技术中心，被认定为云南省省级技术中心；三峡建设公司技术中心，被中国能源建设集团有限公司工程研究院确定为首批10家研究所之一，并成功被认定为湖北省省级技术中心。

集团公司全面实施“科技兴企”战略，大幅提升科技创新能力，充分发挥科技对企业经济发展的支撑与引领作用。形成了以子公司自主投入为核心、集团公司予以引领和支持的创新体系，以不断增强子公司的自主创新能力，使集团公司主业科技达到世界领先水平。2014年，集团公司技术中心顺利通过评价，确保了国家级技术中心的地位；有14家子公司已被国家认定为高新技术企业，在税收等方面得到国家的扶持。

（二）主要科技成果

为进一步提高集团公司的影响力和市场认可度，树立科技品牌，集团公司积极引导各二级单位，及时将先进技术提炼总结形成成果，申报国家和省部级科技奖。2014年，集团公司有14项成果获得中国能建2014年度科学技术奖，13项成果获得电力建设科学技术奖，22项成果获得中国施工企业管理协会科学技术奖，3项成果获得水力发电科学技术奖，2项成果获得中国电力科学技术奖，2项成果获得湖北省科技进步奖，5项成果获得中国工程爆破协会科学技术奖，1项成果获得教育部技术发明奖。建企40余年来，集团公司取得重大科技成果超过1000项，其中13项获国家科技进步奖。

为保护企业知识产权，提高企业的核心竞争力，增加企业的无形资产，各单位积极开展专利申报工作。2014年，集团公司共获得专利授权552项，其中发明专利37项，实用新型专利515项，创历史新高；申报的“一种连续式搅拌防渗土料掺混制备系统及控制方法”PCT国际专利，于2014年10月13日获得西班牙专利商标局的专利授权。截至2014年底，集团公司拥有国家授权专利1722项，其中发明专利119项。

开展标准编写和工法申报，提高企业在行业的知名度和话语权。2014年，集团公司参与10项工程建设国家、行业标准的制定或修订，其中主编了《电气装置安装工程　电力变流装置施工及验收规范》（GB 50255—2014）、《电气装置安装工程66kV及以下架空电力线路施工及验收规范》（GB 50173—2014）、《水工混凝土建筑物修补加固技术规程》（DL/T 5315—2014）3项标准。2014年，集团公司编写的工法，有12项被审定为国家级工法，18项被审定为湖北省工法，13项被审定为四川省工法，17项被审定为中国电力建设企业协会工法。这12项被审定为国家级的工法，有3项为一级工法，分别是：《超高压大容量长距离超高落差竖井GIL安装施工工法》《深孔化学灌浆施工工法》《多分裂大截面导线牵张共场张力架线施工工法》；有9项为二级工法，分别是：《采空区充填灌浆施工工法》《大型现浇预应力渡槽槽身机械化施工工法》《陡峭弯管段空间曲面钢模台车施工工法》《分单元预制承重排架施工工法》《地下电站大倾斜角引水隧洞压力钢管两点牵引起吊安装施工工法》《曲面金属止水加工施工工法》《混凝土骨料预冷预热一体化施工工法》《大坝混凝土智能化个性化循环通水冷却施工工法》《支架型并网发电光伏屋面安装施工工法》。

（中国葛洲坝集团有限公司）

东风发电厂在工程风险预控中创造性运用指数法

大坝风险已发展成一种安全管理新理念，其最大的特点就是不仅关心大坝安全，而且关心大坝溃决对上、下游的影响，换言之，大坝风险就是大坝溃决概率和溃决影响的综合。工程安全和工程风险两种理念代表了两种不同的生产力发展水平要求。生产力水平较低时，人们满足于工程的安全；随着生产力发展，人们已不仅关注工程本身是否安全，而且更加关注与自己切身利益和生存有关的社会、环境等各种威胁。2000年在北京举办的第20届国际大坝会议，首次将大坝风险分析作为会议议题，各国都认为风险分析技术是加强大坝安全管理的一种重要工具。

为进一步做好世界范围内水利水电工程的安全监测、分析与管理工作，国际大坝委员会第 41 期会刊推荐了风险指数法。该方法中考虑的大坝风险因素见表 1，从环境、库容及大坝设计、施工、运行和下游情况等方面评价大坝风险，基本上考虑到水坝失事的潜在因素和损失两个方面。

表 1 建议的危险状态评价

分项指标 α_i	外部的或环境的条件（指数 E）					坝的状态/可靠性（指数 F）				居民/经济危险（指数 R）	
	地震强度 v（cm/s^2）	库岸坍滑的危险	超设计洪水的危险	水库功用（蓄水类型与管理）	侵蚀性环境作用（气候、水）	结构的配置	基础	泄洪设施	维护状态	库容 W（万 m^3）	下游设施
	(1)	(2)	(3)	(4)	(5)	(6)	(7)	(8)	(9)	(10)	(11)
1	$V<4$	最小	很小（混凝土坝）	多年、年调节	很弱	适当	很好	可靠	很好	$W<10$	无价值、居民
…	…	…	…	…	…	…	…	…	…	…	…
5	$V>32$	大滑坡	可能性大	抽水蓄能	很强	不适当	差	不良	不良	$W>100000$	大城镇、工业、核设施

根据上表中各因素的不同程度由式（1）～式（3）分别计算 E、F、R 等分项风险指数，再由式（4）计算建筑物风险总风险指数：

$$E=\frac{1}{5}\sum\alpha_i \quad (i=1\sim5) \tag{1}$$

$$F=\frac{1}{4}\sum\alpha_i \quad (i=6\sim9) \tag{2}$$

$$R=\frac{1}{2}\sum\alpha_i \quad (i=10\sim11) \tag{3}$$

$$\text{总指数}\ \alpha_g=EFR \tag{4}$$

根据总指数 a_g，按该方法的建议确定安全监测项目、测次。

贵州乌江水电开发有限责任公司东风发电厂（以下称东风发电厂）工程技术人员在运用该指数法时，发现存在一些问题与不足。如风险源、潜在损失种类的多样性不足，难根据实际情况灵活运用；又如 E、F、R 等分项风险指数计算采用算术平均法，在危险源增加的情况下，可能导致分项风险指数、总指数反而下降，与水利水电工程建设、运营中，危险源越多风险越大的特性不符。经过认真研究，结合实际工作经验，根据水利水电工程的风险特性、借鉴电气设计可靠性原理，创造性提出了分类、分层、多级扩展的开放式风险源识别结构，建立多级风险源识别扩展层，构成高可靠的风险源、潜在损失识别体系，并采用了新的计算方法。创新成果在 2011 年东风水电站大坝中孔处理方案研究、2012 年东风水电站大坝绕坝渗流分析处理研究课题立项分析中进行了应用，且对东风水电站大坝及其渗控系统存在的风险进行了识别、预控，为该电站的长周期安全生产打下应有基础。东风发电厂张翔宇撰写的《I 指数创新及其在水利水电工程风险控制中的运用》(I INDEX INNOVATION AND APPLICATION IN RISK CONTROL OF WATER CONSERVANCY AND HYDROPOWER ENGINEERING) 经国际大坝委员会审查，已作为 2014 年 6 月该委员会 82 届年会交流论文。

（东风发电厂）

获 奖 项 目 介 绍

300m 级溪洛渡拱坝智能化建设关键技术

“300m 级溪洛渡拱坝智能化建设关键技术”获 2014 年度水力发电科学技术奖特等奖。

溪洛渡水电站是长江干流上继三峡工程后国内第二、世界第三大水电站，总装机容量达 1386 万 kW，系西电东输骨干电源，工程安全至关重要。其混凝土双曲拱坝，最大坝高 285.50m，为世界已建第三高拱坝。为保证人民生命财产安全，溪洛渡工程必须以建设无裂缝大坝为目标，确保质量与全生命周期安全。随着科学技术的发展，利用现代信息化技术提高特高拱坝建设水平已成为水电建设的重要发展方向。该成果以高标准、高质量、高速度建设智能无缝拱坝为目标，进行了智能拱坝建设的研究和实践，获批国家级工法1项、省级工法4项，授权发明专利8项、实用新型专利19项、软件著作权13项，发表了大量学术论文，促进了我国水利工程领域科学技术的进步与发展。

（一）主要成果及创新点

（1）先进的信息化环境。首次提出了特高（300m级）拱坝全生命周期信息模型（DIM），DIM与实体大坝同步演进，实现了大坝设计成果的全面继承、施工过程的数字化管理及运营期的信息追溯；首次建立了以DIM为基础的信息化平台（IDAM），实现了DIM信息在业主、设计、施工、监理及科研单位之间的共享与有序流动。

（2）全坝全过程智能化监测。建立了以数字测温与光纤测温相结合的混凝土温度无线检测体系，首次实现了逐仓全过程全坝混凝土温度自动、实时观测，解决了人工读数测温数据不及时、不全面、不准确以及数据分析工作量巨大等问题；开发了现场质检（盯仓）数据无线实时采集智能手机系统，首次实现施工信息多媒体实时获取；建立了以光纤传输、Wi-Fi无线覆盖、3G＋ZigBee等通信技术为基础的各专业综合性数据实时传输系统，确保拱坝数据采集高稳定性与现场高适用性。

（3）全坝全过程仿真优化。基于数据挖掘技术和DIM中的海量数据，针对溪洛渡特高拱坝温度应力、工作性态和进度控制，通过全坝全过程仿真分析研究，实现了高可靠度施工分析优化，实现了仿真分析向事前预测、事中控制、事后反馈的转变；首次解释了拱坝横缝张开机理，提出了横缝张开判定与控制方法，制定了应对方案并成功付诸实践；开展了现场全级配混凝土试件断裂性能试验研究，分析了现场浇筑全级配混凝土断裂性能的影响规律及尺寸效应。

（4）大坝—基础施工关键智能控制技术。首次提出并建立了大体积混凝土振捣智能监控系统，实现了特高拱坝混凝土振捣施工过程实时在线监控与分析预警，形成了大坝混凝土振捣施工质量智能监控评价方法及预报警流程；首次研制了通水冷却智能控制系统，结合逐仓全过程全坝测温技术，实现了逐仓智能通水精准控制；首次将网络化管理技术引入到灌浆记录仪领域，研制了灌浆记录仪实时在线智能监测系统，改变机组旁站的单机、单线监测方式，实现了多机、集中监测和灌浆过程控制全面自动化、数字化。

（二）应用情况与推广前景

成果已在向家坝、藏木、观音岩、港珠澳大桥等多个工程推广应用，具有巨大的推广价值和广泛应用前景。通过成果应用，溪洛渡拱坝实现缩短工期9.5个月，于2013年顺利蓄水至560m，提前实现了工程防洪社会效益，且产生各类经济效益达140亿元；浇筑670万m^3混凝土，实现有效控制拱坝混凝土裂缝，确保长江干流上的国家重点工程全生命周期安全。

（三）获奖单位

中国长江三峡集团公司、中国电建集团成都勘测设计研究院有限公司、清华大学、中国水利水电科学研究院、中国水利水电第八工程局有限公司、武汉英思工程科技有限公司、三峡大学、二滩国际工程咨询有限责任公司。

（四）获奖人

樊启祥、王仁坤、周绍武、李庆斌、张国新、洪文浩、戴科夫、彭华、周宜红、林鹏、刘有志、胡昱、杨萍、杨秀国、林恩德、邬昆、涂怀健、邱向东、于永军、黄耀英、陈文夫、尹习双、汪志林、李俊平、李仁江、黄夏秋、钟桂良、刘金飞、张攀峰、陈万涛、黄达海、李金宝、王克祥、黄卫华、周政国、刘晓东、刘刚、汪红宇、杨宁、席前伟、赵春菊、李金桃、王振红、黄涛、王沁、何林、杨静、柏龙君、李云成、刘迎雨。

（水力发电科学技术奖励工作办公室）

锦屏二级水电站深埋长大水工隧洞群建设关键技术

“锦屏二级水电站深埋长大水工隧洞群建设关键技术”获2014年度水力发电科学技术奖特等奖。

锦屏二级水电站水工隧洞群工程是目前世界上规模最大、综合难度最大的地下洞室群工程。该水电站利用150km长大河湾的310m天然落差，截弯取直、引水发电，总装机容量4800MW。工程布置七条总长约120km的隧洞群，其中4条引水隧洞单洞长约17km，开挖洞径13m，一般埋深1500～2000m，最大埋深2525m。受地形限制，隧洞中间无法布置施工支洞，只能两端独头掘进，施工组织难度极大。锦屏二级水电站水工隧洞群施工过程中，遇到岩爆上千次，其中发生强和极强岩爆百余次，隧洞实测最大外水压力10MPa，最大涌水量达到7m^3/s，负压雾化距离超过50m，工程安全施工面临巨大的挑战；另外还遭遇特长隧洞群协同通风、隧洞群物料高效运输，复杂狭小空间多工作面施工组织、极高地应力下围岩稳定控制技术等一系列世界级技术难题。

在国家自然科学基金雅砻江水电开发联合研究基金的支持下，该成果依托锦屏二级水电站，针对超深埋长大水工隧洞群建设过程中遇到的极高地应力强岩爆、高压大流量突涌水等一系列世界级技术难题，进行了创新性研究与工程实践，获得专利 19 项，出版专著 3 部，发表论文 235 篇（SCI、EI 收录 126 篇）。锦屏二级水电站水工隧洞群的成功建设对于世界地下工程具有里程碑意义，标志着我国隧道建设技术达到国际领先地位。

（一）主要成果及创新点

（1）攻克了深埋长大水工隧洞极高地应力岩爆综合防治技术难题。提出了深埋隧洞群工程区地应力场研究方法，揭示了深埋大理岩岩爆孕育机理与发生机制，建立了极高地应力强岩爆灾害风险信息获取综合集成技术、灾害风险分区综合识别及预测预报体系，提出了按强度等级进行岩爆防治的思想与综合防治技术。

（2）研发了深埋长大水工隧洞高压大流量突涌水治理成套技术。提出了高山峡谷岩溶地区深埋水工隧洞群地下水治理原则，揭示并建立了高山峡谷岩溶地下水赋存规律与风险识别方法，全面开展了深埋隧洞群地下水超前地质预报技术，研发了岩溶地区超高压大流量突涌水治理成套技术。

（3）解决了深埋特长隧洞群安全快速施工技术难题。提出了深埋特长隧洞群的成套施工新技术，创新了深埋特长隧洞群钻爆法和 TBM 组合施工技术，建立了复杂条件下特长隧洞群协同立体通风和施工高效物料运输系统。

（4）攻克了深埋高外水压力下长大水工隧洞围岩稳定控制技术难题。提出了适合高地应力和高外水压力条件下的围岩分类体系，完善了围岩参数综合取值方法，建立了能够准确描述深埋大理岩复杂峰后力学特征的脆—延—塑转换本构模型，创新了深埋长大隧洞围岩稳定分析方法，提出了控制深埋大理岩破裂扩展时间效应的方法措施，建立了以围岩为承载主体、初期多种形式组合快速维持围压的支护原则和考虑消减外水压力技术的复合承载结构体系。

（二）应用情况与推广前景

成果全面支撑了锦屏二级水电站建设，产生了巨大的经济效益。锦屏二级水电站深埋长大水工隧洞群建设关键技术的成功应用，为国内外水电、交通、矿山、国防等类似地下工程建设提供了成功范例，具有广阔的应用前景，对于促进我国乃至世界隧道建设技术的进步具有里程碑的意义。

（三）获奖单位

雅砻江流域水电开发有限公司、中国电建集团华东勘测设计研究院有限公司、中国科学院武汉岩土力学研究所。

（四）获奖人

陈云华、张春生、王继敏、陈祥荣、冯夏庭、曾新华、侯靖、曾雄辉、单治钢、李现臣、周垂一、张鹏、周济芳、潘益斌、杨洋、杨安林、张洋、周永、张伟、揭秉辉、胡建华、张德荣、褚卫江、焦凯、刘宁、张一、廖卓、杨宏、曹强、陈炳瑞。

（水力发电科学技术奖励工作办公室）

大体积混凝土防裂智能化温控关键技术

“大体积混凝土防裂智能化温控关键技术”获 2014 年度水力发电科学技术奖特等奖。

大体积混凝土裂缝是长期困扰工程界的问题之一，裂缝的出现会影响工程的安全性和耐久性，增加后期修补费用，带来经济损失和不利社会影响。温度控制是混凝土防裂的主要手段。近期建设的许多高混凝土坝，浇筑仓面大、混凝土标号高、筑坝条件恶劣，开裂风险高，温控防裂难度大，仅靠传统的防裂方式，已难以保证大坝不出危害性裂缝，某高坝的经验教训也充分说明这一点。

该成果在总结国内几十个混凝土坝温控防裂实践经验的基础上，以现有温控防裂理论为技术支撑，紧密结合大体积混凝土温控防裂工作中的关键技术问题，采用理论分析、数值计算、软硬件研发、室内试验、现场试验等多种手段，围绕大体积混凝土防裂智能监控的理论方法、模型、关键技术及系统进行研究与开发，形成了智能化温控感知—分析—控制的三部曲，开发出一套具有完整自主知识产权的大体积混凝土防裂智能化温控系统，以混凝土温控施工监控的智能化促进温控施工的精细化，达到大体积混凝土防裂的根本目的。项目获得发明专利 4 项，实用新型 4 项，软件著作权 4 项，学术论文 46 篇，商标 1 项。

（一）主要成果及创新点

（1）提出了大体积混凝土防裂智能化温控理论方法，包括温控信息实时采集与传输、温控信息高效管理与可视化、温度应力仿真分析、温控效果评价与预警、温控施工智能化控制。通过温控参数实时监控，实现混凝土高坝温控施工的精细化。

（2）首次研究提出了一整套大体积混凝土防裂动态智能化温控的理论模型，包括混凝土目标温度控制曲线、基于实时监测资料的混凝土温控效果评价、混凝土温度过程预测、混凝土表面开裂风险预测预警与混凝土智能通水反馈控制等模型。

（3）研究开发了大体积混凝土温控防裂智能化温控关键设备，包括集高精度的数字测温技术、流量测量与控制技术于一体的测控装置，大容量数据无线实时传输装置，水管流量自动换向装置等。

（4）研究开发出一套完整的拥有自主知识产权的大体积混凝土防裂智能化温控系统，包含信息自动采集、实时传输、效果实时评价、温度与应力仿真与反馈分析、智能通水控制、开裂风险实时预警、信息智能发布与干预、智能保温等模块。

（二）应用情况与推广前景

研发的大体积混凝土防裂智能化温控技术和系统，已成功应用于鲁地拉、藏木水电工程，部分成果应用于锦屏一级和周公宅拱坝，将在丰满及黄登获得全面推广，对大坝进行全过程监控，具有广阔的应用前景。

（三）获奖单位

水电水利规划设计总院、中国水利水电科学研究院、北京木联能工程科技有限公司。

（四）获奖人

张国新、王民浩、孙保平、郭晨、刘毅、李松辉、赵恩国、杜小凯、魏永新、陈惠明、李仕胜、张磊、刘有志、赵全胜、刘爱梅、王振红、徐华祥、黄涛、贺海龙、胡平、杨萍、李玥、赵丽娜、李小平、马晓芳、邢少锋、郝志强、刘玉、李金桃、周秋景、李海枫、朱新民、彭校初、李炳奇、邱永荣、崔炜、姜云辉、梁建文、吴志朋。

（水力发电科学技术奖励工作办公室）

特大地下洞室群优质高效安全环保施工关键技术与应用

“特大地下洞室群优质高效安全环保施工关键技术与应用”获2014年度水力发电科学技术奖特等奖。

进入21世纪以来，随着国家能源战略的实施，我国亟需兴建一批世界级的大型水电站。根据我国水力发电资源分布特征，地下引水发电系统的开发方式得到广泛应用。特大地下引水发电系统工程由引水、厂房、尾水三大系统的洞室群组成，主要洞室的跨度超过30m，边墙开挖高度超过70m，在不到1km^{2}的区域内有近百条洞室纵横交错，平、斜、竖相贯，工程地质环境复杂，工程规模巨大，工作环境恶劣，安全风险极高，实现特大地下洞室群优质、高效、安全、环保施工目标面临极大的挑战。该项目针对特大地下洞室群优质、高效、安全、环保方面的关键技术难题开展了深入的系统研究，以满足世界级特大地下洞室群工程建设的需求，获国家级工法13项、发明专利7项、软件著作权5项、实用新型专利41项，编制行业标准6项、专著2部、论文78篇。

（一）主要成果及创新点

（1）提出了以“先洞后墙、先软后硬、薄层开挖、随层支护”为核心的特大地下洞室群安全优质高效建设施工技术体系；发明了上置式针梁钢模、曲线隧洞混凝土衬砌组合钢模板等混凝土衬砌施工成套技术；形成了13项国家级工法，解决了大直径调压井穹顶及多岔口等复杂结构以及岩溶、突水突泥、高地应力等复杂地质条件下的安全施工难题。

（2）创建了地下洞室群风流场数值模型和网络解算混合模型，提出了多洞全过程通风设计方法体系，研制了尾气净化、除尘装备，首次编制了绿色施工行业标准并形成了绿色施工评价指标体系。

（3）建立了基于统计分析和反馈分析的围岩变形失稳联合预测模型，形成了具有互证和互补特点的施工期围岩变形安全快速评估技术；提出了围岩块体失稳预测、加固决策的快速化方法；构建了围岩失稳综合预警指标体系，提出了确定预警值的预测修正法，研发了特大地下洞室群施工安全预警预报系统。

（4）提出了耦合结构安全控制的施工进度仿真与控制方法，构建了具有施工信息采集和传输交互、施工通风分析、施工进度仿真和安全控制、预警预报以及决策支持等功能的集成平台。

（二）应用情况与推广前景

在龙滩、小湾、锦屏一级等水电站地下引水发电系统工程中广泛应用，创造了15亿元以上直接经济效益，为我国水电清洁能源利用做出巨大贡献，社会效益显著，并可在采矿、交通、城市地下空间开发、石油及天然气储存洞库等地下工程施工领域中推广应用，市场前景广阔。

（三）获奖单位

中国水利水电第十四工程局有限公司、中国水利水电第六工程局有限公司、中国水利水电第七工程局有限公司、中国水利水电第十工程局有限公司、中国水利水电第十二工程局有限公司、中国水利水电第三工程局有限公司、天津大学、武汉大学、河海大学。

（四）获奖人

和孙文、厉建平、向建、陈茂、沈益源、王鹏禹、张社荣、肖明、徐磊、段汝键、杨成文、吴旭、吴方明、方浩、魏勇、王来所、叶明、赵海洋、郑道明、李敬、闫景参。

（水力发电科学技术奖励工作办公室）

水利水电工程岩体开挖卸荷效应研究及其工程应用

“水利水电工程岩体开挖卸荷效应研究及其工程

应用”获2014年度水力发电科学技术奖一等奖。

我国水利水电工程，随着向西部地区转移，涉及岩体开挖量越来越多，建设的难度也越来越大。西部地区水利水电工程岩体的特点是地应力高、渗透压力大、结构复杂，大体量的岩体开挖，是一个典型的开挖卸荷岩体力学问题。对于含有节理、裂隙等结构面的自然岩体，一旦开挖卸荷，岩体质量将迅速劣化，其力学性质与加载状态下的力学特性有着本质的区别。因此，在对水利水电工程中的开挖卸荷岩体进行分析研究时，必须重点考虑卸荷这个影响因素，才能比较真实地反映岩体开挖卸荷的工程特征。该成果是2005年以来对岩体开挖卸荷效应理论与方法的系统研究，核心内容已出版教材1部，发表学术论文70余篇，三大检索收录40余篇；获发明专利已授权1项、公示中2项、实审中5项，实用新型专利授权3项；已培养博士15人，其中已毕业11人，在读4人。

（一）主要成果及创新点

（1）系统地研究了水利水电工程岩体开挖卸荷效应及其理论体系，首次提出了开挖卸荷岩体分析方法，卸荷区划分方法，卸荷岩体质量评价方法，卸荷岩体力学参数，卸荷岩体屈服准则、本构模型，卸荷岩体流变特性及本构模型，卸荷岩体加固理论等方面，进一步完善了开挖卸荷岩体力学理论与方法体系，并成功应用于小湾水电站和观音岩水电站的工程岩体变形稳定分析中，解决了岩体开挖卸荷对边坡稳定性影响等关键技术问题。

（2）提出了岩体开挖卸荷分区理论与方法，建立了考虑开挖卸荷效应的人工神经网络参数反演方法，有效地考虑了岩体的开挖卸荷效应，并运用参数反演结果对开挖卸荷岩体进行了正分析计算，计算结果与实测值吻合好。

（3）在分析小湾水电站左岸坝肩堆积体边坡地质条件、变形破坏特征和监测资料的基础上，利用岩体开挖卸荷效应理论与方法，分析解释了堆积体边坡变形的成因机制及变形机制，建立了相应的分析模型。准确地分析了堆积体开挖边坡的变形，并对变形的发展趋势进行预测，预测结果与监测数据吻合。

（4）针对小湾水电站拱坝及其坝肩边坡的受力特点，考虑坝肩边坡的开挖卸荷效应，建立了坝体、坝肩边坡，以及坝坡相互作用分析模型，通过多工况计算，分析和预测了坝体和坝肩边坡的应力与变形，揭示了开挖卸荷效应和库水位变化对坝坡相互作用的影响机制。

（5）基于岩体开挖卸荷效应的理论和方法，综合考虑了岩体开挖卸荷、加固、温度应力、水压力等影响因素，分析了小湾水电站拱坝和坝肩边坡在高水位运行下的工作状态。首次提出了考虑开挖卸荷效应的坝肩边坡和坝体的安全评价体系，科学合理地评价了坝肩边坡与高拱坝在高水位运行下的安全稳定性情况。

（二）应用情况与推广前景

成果已应用于国内小湾、观音岩等30多个重大水利水电工程。我国西部地区水利水电工程带来的岩质边坡开挖卸荷稳定问题非常突出，该成果将为流域水利水电工程开发运行中的工程岩体的变形稳定保障提供重要技术支撑，并可在土木工程、交通工程、采矿工程等领域广泛应用。

（三）获奖单位

三峡大学、水电水利规划设计总院、中国电建集团昆明勘测设计研究院有限公司。

（四）获奖人

李建林、王乐华、李仕胜、邓华锋、黄宜胜、刘杰、李琦、孙旭曙、王孔伟、王宇、董泽荣、郭永成、王瑞红、赵二平、王兴霞。

（水力发电科学技术奖励工作办公室）

水利水电工程生态环境调控关键技术及应用

“水利水电工程生态环境调控关键技术及应用”获2014年度水力发电科学技术奖一等奖。

我国水能资源丰富，作为洪涝灾害频发、水资源短缺的国家，加快具有防洪、发电、供水等综合效益的水利水电工程建设步伐是我国经济社会可持续发展的必然需求。水利水电工程在发挥巨大综合效益的同时，产生的生态环境问题还存在争论，已成为水利水电工程发展的瓶颈。工程建设与运行使上下游水文泥沙情势发生改变，会引起水库富营养化及水华、重要水生生物生境胁迫、通江湖泊江湖关系变化等生态环境问题。该成果通过多学科交叉研究，运用原型观测、理论分析、模型开发、系统集成等手段，形成了一整套水利水电工程生态环境调控关键技术，为水利水电工程管理和生态环境保护提供了科技支撑和系统解决方案；取得了具有自主知识产权的系列成果，已授权国家发明专利18项、实用新型专利8项，申请国际PCT专利3项，软件著作权7项。

（一）主要成果及创新点

（1）针对水利水电工程影响下的水库富营养化及水华问题，建立了流域水文水质监控系统，形成了适宜于河道型水库的水环境监测预警系列方法和技术，包括水库营养状态智能判别系统、适用于水库库湾的水流垂向紊动测量装置、基于云体系架构的水华预警技术等；通过界定水生态动力学的非线性、复杂性和随机性特征，构建了大型水库多维、多场耦合富营养化模拟系统；发明了利用内波改善河道型水库支流库湾水温层化进而抑制水华暴发的调控新方法。

（2）针对水利水电工程建设与运行对重要水生生物生境的胁迫问题，形成了基于物联网的特有鱼类产卵栖息地监测方法及系统，揭示了水库运行方式、下泄流量、水温、溶解气体饱和度、水体紊动等对重要水生生物栖息及自然繁殖的影响机理；构建了面向重要水生生物产卵栖息地的生境评价体系、产卵场适合度模型及水库优化调度模型；系统揭示了中华鲟自然繁殖对产卵场位置变化及关键生态要素改变的适应性关系；提出了适合四大家鱼和中华鲟自然繁殖需求的水库生态调度方法。

（3）针对水利水电工程影响下江湖关系及通江湖泊生态环境问题，提出了江湖交汇水系水环境质量监测站点优化布置方法、江湖一体化耦合水动力数值模拟等关键技术；构建了江湖关系及通江湖泊生态环境评价指标体系，提出了基于江湖关系适合度的调控目标，研发了有利于改善长江中游江湖关系的水库群联合运行调度系统及方法；形成了江湖两利的长江中游重大水库群联控联调的准则及保障通江湖泊供水安全的水库调控方法。

（二）应用情况与推广前景

成果已应用于长江中游、金沙江下游、雅砻江、清江、黑河、塔里木河、太湖等流域，以及三峡、向家坝、溪洛渡、乌东德、白鹤滩、二滩、官厅等20多项重大工程中，直接经济效益达29.2亿元，社会效益及生态效益显著。

（三）获奖单位

河海大学、中国长江三峡集团公司、中国科学院水生生物研究所、南京水利科学研究院、三峡大学、南京河海科技有限公司。

（四）获奖人

曹广晶、戴会超、毛劲乔、陈求稳、蔡庆华、戴凌全、唐德善、王玲玲、张培培、王煜、蒋定国、张鸿清、高勇、郑铁刚、赵倩。

（水力发电科学技术奖励工作办公室）

高土石坝试验技术与工程应用

"高土石坝试验技术与工程应用"获2014年度水力发电科学技术奖一等奖。

我国已建成水库大坝9.8万多座，其中约93%为土石坝。1954年至今，我国已有3500多座水库大坝发生溃决，造成了重大生命财产损失和生态环境灾难。随着我国西部大开发战略的推进以及水电资源开发力度和难度的进一步加大，一批200～300m级高土石坝正在建设或即将开工建设。这些高土石坝工程大多位于高地震烈度区，覆盖层深厚，地形、地质和气候条件恶劣，筑坝材料物理力学性质复杂，传统的单元与模型尺度的土石坝试验技术已难以揭示复杂服役条件下高土石坝筑坝材料的强度变形特性、高土石坝的地震响应与破坏机理以及高土石坝的溃坝过程，从而给高土石坝安全以及溃坝风险评价带来很大不确定性。该成果围绕高土石坝建设与安全管理领域的关键科学技术问题，研发了高土石坝筑坝堆石料多功能静动力大型三轴试验系统、高土石坝离心机振动台与地震破坏机理离心模型试验方法、土石坝溃坝离心模型试验系统与试验方法；获得国家发明专利2项，软件著作权4项，申请国家发明专利4项，出版专著1部，发表学术论文60余篇。

（一）主要成果及创新点

（1）研制了国内外首台多功能静动力大型三轴试验系统，试样直径300mm、高度700mm，有效克服了堆石料试样缩尺效应对试验结果的影响；试样围压变化范围为0.05～4.0MPa，可满足200～300m级高土石坝不同部位堆石料力学特性试验的应力水平需求；在体变缸中置入磁致液位移传感器，在压力室底座上设置刚性连杆，通过量测活塞相对于连杆的动位移，基本消除了因系统刚度不足等引起的变形，实现了循环荷载下堆石料试样体积变形动态变化过程的精确测量；通过设置不同试样尺寸的可转换底座，可在同一台设备上研究堆石料动力特性的缩尺效应，减小了设备系统误差；可进行堆石料经受地震荷载作用后的流变和湿化变形特性试验。

（2）研发了国内首台能在100倍重力场正常工作的离心机振动台，创建了通过模型应力逐渐逼近原型应力，获得原型动力反应的高土石坝小尺度动力离心模型试验方法，解决了振动台离心模型试验由于模型箱尺寸和振动台功率限制无法进行与原型应力水平一致的模型试验，以及地面振动台模型试验（1倍重力场）由于模型与原型应力水平相差过大试验结果与实际不符等关键技术难题，使离心机振动台模型试验能够应用于高土石坝等大型工程的地震破坏机理与灾害防控技术研究。

（3）研发了国内外首套土石坝溃坝离心模型试验系统与试验方法，该系统能在100倍重力场下持续、稳定提供原型为100～500m^3/s流量的试验水流，并能精确测量溃坝洪水流量过程。

（二）应用情况与推广前景

以该成果为主要支撑，完成12项国家自然科学基金项目、973计划课题等国家级研究项目；已推广应用于国内外60多座高土石坝、尾矿坝的建设与安全管理研究，为进一步提升我国高土石坝地震安全评价与灾害预测防控理论与实践水平提供了先进试验技术，取得了重大的经济与社会效益。

（三）获奖单位

南京水利科学研究院。

（四）获奖人

陈生水、章为民、傅华、徐光明、李国英、王年香、霍家平、韩华强、傅中志、米占宽、范明桥、顾行文、凌华、钟启明、任强。

（水力发电科学技术奖励工作办公室）

南水北调中线工程输水能力与冰害防治技术研究

“南水北调中线工程输水能力与冰害防治技术研究”获2014年度水力发电科学技术奖一等奖。

南水北调中线工程横穿长江、黄河、淮河和海河4大流域，长达1432km，输水流量大，渠首设计流量350m³/s；输水建筑物多，总干渠包含上千座阻水桥梁和渡槽、85个分水口、63座节制闸等水工结构。中线工程面临的运行调度问题复杂，如无在线调节水库，允许水位变幅仅0.15m/h及0.3m/d；渠道按闸前常水位运行，响应速度慢、恢复特性差；渠池间耦合效应强烈；水自流至北京需2周，水力滞后严重等。这些特点严重影响控制系统的稳定性和控制质量。而黄河以北渠道存在冰期输水问题，工程由低纬度向高纬度输水，初冬下游先结冰，春季上游先融冰，易引发冰塞、冰坝等灾害发生。因此，分析渠道的冰期输水能力，研究冰期的输水方式和运行控制模式对于渠道的冰期输水安全具有十分重要的意义。该成果发表论文75篇，出版专著2部，获得软件著作权4项，申请、受权发明及实用新型专利8项。

（一）主要成果及创新点

（1）将水力学与现代自动控制理论紧密结合，首次从时域、频域等角度深入分析南水北调中线干渠的水力特性和动态响应特性，系统提出了正常输水和冰期输水运行调度模式和控制算法，解决了长距离调水工程安全、稳定、高效运行的关键技术问题，极大地丰富了现代渠道控制理论。

（2）首次提出了“改进前馈＋水位流量串级反馈＋解耦”的闸前常水位集散控制模式，使总干渠响应速度提高了3～4倍，实现了以旬为单位计划配水。

（3）科学论证了中线工程冰期输水能力，首次提出冰期运行方式、自适应控制算法和极端冰害防治措施，为中线工程冰期安全输水找到了系统解决方案。

（4）首次建立了自适应建模的复杂长距离输水渠道运行控制模拟平台，该平台能够模拟正常、冰期、应急等不同输水工况，可为运行调度方案的制定提供决策支持。

（5）首次提出了大型输水渠道超高设计方法和计算公式，编写了大型输水渠道的超高设计标准。

（二）应用情况与推广前景

已被南水北调中线干线工程建设管理局和长江水利委员会勘测规划设计研究院采纳，应用于中线工程设计及运行调度方案制定。2008年9月至2014年12月，南水北调中线京石段工程先后五次向北京市应急供水，成果的科学性、可靠性、安全性得到了充分检验。特别是冰期运行控制和冰害防治等研究成果对保障工程冰期安全运行发挥了重要作用，每年冬季可增加供水0.336亿m³，直接经济效益达6720万元/年。此外，在南水北调东线工程上也得到了应用。

（三）获奖单位

中国水利水电科学研究院、南水北调中线干线工程建设管理局、长江水利委员会长江勘测规划设计研究院、天津大学、武汉大学。

（四）获奖人

刘之平、吴一红、汪易森、陈文学、程德虎、文丹、练继建、杨开林、王长德、崔巍、穆祥鹏、石春先、吴泽宇、郭晓晨、管光华。

（水力发电科学技术奖励工作办公室）

大型地下水电站混凝土高效施工技术与装备

“大型地下水电站混凝土高效施工技术与装备”获2014年度水力发电科学技术奖一等奖。

目前，我国是世界上地下水电站数量最多、工程规模最大、单机容量最大的国家，工程技术及装备处于国际领先水平。金沙江溪洛渡水电站左岸地下厂房设计尺寸（长×高×宽）达到439.74m×75.6m×31.9m，装机容量9×770MW；长江三峡地下电站引水隧洞上弯段开挖直径15.5m，尾水隧洞开挖断面（宽×高）达15m×25m，装机容量6×700MW。大型地下水电站具有体型复杂、坡道陡峭、空间狭长封闭、施工条件差等环境特点，已成为地下水电站混凝土施工的严峻技术挑战。现有施工技术手段受地形环境影响大、效率低、干扰因素多、安全风险大、施工质量难以保证，迫切需要开展针对大型地下水电站混凝土高效施工新技术的研究。该成果针对大型地下水电站结构特点，发明了三套高效施工装备，形成了成熟的针对大型地下水电站混凝土施工的完整技术体系，实现了大型地下水电站混凝土施工效率的显著提升。成果获发明专利 4 项、实用新型专利 10 项、软件著作权 1 项、国家级工法 1 项，发表论文 10 篇。

（一）主要成果及创新点

（1）首创了大型地下水电站主厂房混凝土高效浇筑技术，发明了大型地下厂房无盲区布料系统、高陡坡垂直输送等混凝土施工技术及装备，解决了地下厂房混凝土浇筑技术难题，显著提高了地下厂房混凝土浇筑效率。

（2）首次在大型地下水电站引水系统陡坡弯管段混凝土衬砌中发明了大断面三维空间曲面钢模台车施工技术，解决了大断面、陡坡弯管部位多条隧洞混凝土衬砌难题，实现了大型复杂洞室混凝土优质高效施工。

（3）攻克了大型洞室渐变段混凝土衬砌优质高效成型技术，成功研制了大型洞室渐变段钢模台车系统，解决了高度大、高宽比大、大坡度、渐变断面大型隧洞群衬砌混凝土施工难题，实现了大型钢模台车整体 90°变轨及在多条渐变段隧洞间的整体快速转移。

（二）应用情况与推广前景

成果已成功应用于三峡、溪洛渡、拉西瓦、白莲河等地下水电站工程，解决了大型地下水电站混凝土在多制约条件下缺乏浇筑手段的技术难题，大大缩短了混凝土施工工期，提高了大型地下水电站混凝土施工质量，为工程的安全稳定运行奠定了坚实基础。经济效益、社会效益巨大，在后续国际国内地下水电站工程混凝土施工中具有广泛的推广应用价值，市场前景广阔。

（三）获奖单位

中国葛洲坝集团三峡建设工程有限公司、中国葛洲坝集团股份有限公司、中国长江三峡集团公司、三峡大学。

（四）获奖人

周厚贵、江小兵、戴志清、洪文浩、周建华、郭光文、曾明、余英、石义刚、孙昌忠、廖湘辉、何炜、李友华、詹剑霞、马金刚。

（水力发电科学技术奖励工作办公室）

华东电网电能一体优化调度研究及应用

“华东电网电能一体优化调度研究及应用”获 2014 年度水力发电科学技术奖一等奖。

作为中国最大区域电网和西电东送的主要受端，华东电网的发电调度问题尤为突出，面临电网峰谷差逐年增大、日益复杂的多省市共同调峰、跨区直流水电大规模集中馈入消纳、电能一体优化调度系统集成等关键理论和技术问题。这些问题也是我国现在和将来水电大规模远距离消纳以及全国互联电力系统高效运行必须解决的瓶颈问题，亟需研究切实可行可用的理论方法和应用软件。该成果依托华东电网网省两级协调平台，充分利用多个省市间负荷互补特性，系统开展了多电源协调调峰和大规模多源直流水电受端电网多电源协调方法、运行方式、以及集成技术研究，开发了实用的技术支持软件，取得了重要创新成果；发表论文 7 篇，获得计算机软件著作权 5 项，受理国家发明专利 3 项。

（一）主要成果及创新点

（1）提出了适应区域调度需求的网省两级调度调峰方案，并耦合关联搜索、启发式搜索以及负荷重构策略，建立了网省两级调度的水—火—抽蓄联合调峰协调求解方法，为优化调度方式、提高全网调峰水平提供了理论和技术支撑。

（2）提出了受电过程控制和受电量控制两种大容量跨区直流受端省间差异化负荷协调方法，前者在各受端电网间协调分配直流出力过程；后者以直流总电量为控制条件，优化直流出力过程及其在各受端电网的分配过程，有利于更有效地发挥大规模跨区直流水电调峰作用。

（3）提出了网省两级调度多电源长期典型日调峰方法，以优化省级电网各月典型日剩余负荷为目标，协调长期电量优化调度、机组检修安排和典型日电力负荷分配，实现了区外水电与区内电力资源多周期网省两级优化配置。

（二）应用情况与推广前景

已应用于华东电网调度实践，涉及华东电力调控分中心直调 14 座电站、6 条跨区直流联络线，以及各省级电网统调 90 余座电站。成果的应用大幅削减了华东省市电网峰谷差，提高了电网调峰率，切实提升了电网的资源优化配置能力，提高了华东电网精细化调度水平，社会和经济效益显著，具有显著的推广和应用价值。

（三）获奖单位

国家电网公司华东分部、大连理工大学。

（四）获奖人

励刚、程春田、陆建宇、申建建、刘拥军、王强、武新宇、叶海、程雄、李飞、王利锋、王嘉阳。

（水力发电科学技术奖励工作办公室）

全国水电发展“十二五”规划文本及相关研究报告

“全国水电发展‘十二五’规划文本及相关研究

报告”获2014年度水力发电科学技术奖二等奖。

“十二五”时期水电开发面临着建设任务紧迫、移民安置难度增加、生态环境保护要求提高以及体制机制障碍逐渐显现等新形势和新问题。为履行我国政府应对气候变化的承诺，水电建设任务十分紧迫。新建水电主要集中在金沙江、雅砻江、大渡河、澜沧江和黄河上游等地区，这些地区山高坡陡、耕地匮乏、生态脆弱、安置容量有限，加之少数民族移民比重大，移民安置难度增加。受国际环境及国内部分河段不合理开发的影响，水电开发的环境影响问题越来越受到社会关注，加之缺乏科学系统的评判体系，近年来水电开发争议不断，已严重影响了河流水电规划和环境影响评价等前期工作以及项目建设等问题，成为水电进一步发展的重大体制机制障碍。报告分析确定了我国水电“十二五”及2020年的发展目标；明确了“十二五”我国水电发展的战略布局和发展思路及实施路线图。

（一）主要成果及创新点

（1）详尽勾勒了我国水电“十二五”发展的路线图。报告结合我国当前节能减排形势要求，提出了加快发展水电的重要指导思想。提出了“十二五”水电发展的目标、原则和思路。将大型水电基地作为水电建设的重点。

（2）首次在国家重大规划中提出了“西电东送”战略目标和战略工程，将我国西电东送北、中、南三条战略通道的构成进行了详细的分析，提出了不同水平年“西电东送”的目标及可能的送电方向，这对指导今后我国西部水电开发外送具有重要影响，从国家层面提供了重要支撑，有利于水电健康发展。

（二）应用情况与推广前景

国家能源局依据本报告形成了《全国水电发展“十二五”规划报告》，并于2012年7月，以国能新能〔2012〕200号文向全国印发实施。

（三）获奖单位

中国水电工程顾问集团有限公司。

（四）获奖人

晏志勇、王斌、钱钢粮、严秉忠、魏小婉、龚和平、赵厉涛、喻卫奇、韩冬、叶睿。

（水力发电科学技术奖励工作办公室）

复杂岩溶地区构皮滩拱坝工程关键技术及应用

“复杂岩溶地区构皮滩拱坝工程关键技术及应用”获2014年度水力发电科学技术奖二等奖。

岩溶地质条件下建坝面临水库渗漏、坝基稳定等问题的复杂性远高于其他地质条件。目前，全球岩溶地区已建的大中型水电站仅130多座，拱坝工程更少，坝高超过100m的拱坝仅18座。构皮滩水电站位于复杂岩溶地区，大坝为混凝土抛物线型双曲拱坝，最大坝高232.5m，厚高比0.216，混凝土方量278万m^3，为国内强岩溶地区已建的最高拱坝。工程泄洪规模大，校核洪峰流量35600m^3/s，其中坝身最大泄量25840m^3/s，最大泄洪功率37940MW，坝身泄量及泄洪功率均居国内外已建双曲拱坝之首。该工程具有“强岩溶、高拱坝、大泄量”特点，其复杂岩溶处理、特高双曲拱坝设计、泄洪消能等技术难度远超出国内外同类工程水平。该成果实现了岩溶地区高拱坝设计与建造技术的多项突破，实现了岩溶研究从定性到定量的跨越，岩溶处理方式从分散到系统的进步；获专利5项（2项正在公示），编写规范2部，专著1部。

（一）主要成果及创新点

（1）为适应坝基复杂岩溶的特点，创新提出“多约束、多方法、多因素”拱坝体形综合比较的系统设计方法，研发完全裸岩无盖重灌浆等新技术，将我国岩溶地区拱坝最大建造高度由162m提升至232.5m，达到同类工程国际领先水平。

（2）明确提出了岩溶风险理论，创建了包括“复杂岩溶风险定量评估方法、分级处理准则和施工方式”等内容的技术体系，实现了风险评估从定性到定量的跨越，处理方式从分散到系统的进步。

（3）提出“分散水舌、控制碰撞、分区消能”理念并首次在双曲拱坝中综合采用“不对称扩散加分流齿表孔、差动式中孔、封闭抽排水垫塘”泄洪消能措施，拓宽了“高水头、大泄量、窄河谷、软基础”高拱坝泄洪消能途径。

（二）应用情况与推广前景

应用该研究成果，成功设计并建成了国内强岩溶地区首个坝高超过200m的构皮滩特高混凝土双曲拱坝，有效控制了岩溶对拱坝安全和坝基渗漏的影响，解决了坝身泄洪流量、泄洪功率均居国内外已建拱坝之首的构皮滩泄洪消能难题，树立了“强岩溶、高水头、大泄量”混凝土双曲拱坝工程的典范，在拱坝建造领域具有里程碑意义。部分研究成果已写入《混凝土拱坝设计规范》（SL 282—2003）、《水工混凝土结构设计规范》（SL 191—2008）及《水工设计手册（第2版）》，进行推广应用。成果还在乌东德、三里坪等大型水电工程推广应用，并拟在旭龙水电工程中继续推广应用。

（三）获奖单位

长江勘测规划设计研究有限责任公司、贵州乌江水电开发有限责任公司、长江水利委员会长江科学院。

（四）获奖人

钮新强、王犹扬、杨宝银、胡中平、曹去修、刘志明、向能武、廖仁强、黄国兵、王志宏。

（水力发电科学技术奖励工作办公室）

超大型地下洞室群围岩稳定关键技术研究与工程应用

“超大型地下洞室群围岩稳定关键技术研究与工程应用”获2014年度水力发电科学技术奖二等奖。

西南地区典型高山峡谷地貌特征使得在大多数情况下地下厂房成为枢纽布置的必然选择。我国已建的二滩、瀑布沟、太平驿、龚嘴、官地、坪头、鲁布格、十三陵、广东抽水蓄能、小浪底、小湾、水布垭和拉西瓦等，以及在建的溪洛渡、锦屏一级、大岗山、猴子岩、锦屏二级等水电站地下洞室群工程，正朝着单机大容量、洞室大跨度、开挖大规模、结构体系超复杂、稳定控制高难度的“超、特、难”方向发展。受西南地区典型河谷地貌特征和区域强烈的“高地应力”与“强地震活动”的内外动力条件的影响，水电站地下洞室群面临的工程复杂性前所未有。该成果依托溪洛渡、锦屏一级、瀑布沟、大岗山等十余座地下厂房洞室群工程，通过8年多的科研攻关，解决了超大洞室围岩稳定控制中的一系列关键技术问题，并成功应用于相关工程建设实践，形成了一套完善的工作流程、标准、方法的评价体系，填补了国内外洞室群围岩稳定评价方面的研究空白。

（一）主要成果及创新点

（1）针对各类地下厂房洞室群地质条件复杂、地应力高、前期地质工作局限性大的难点，集成三维激光扫描、数码摄影、地质调查等围岩地质信息快速采集技术，提出了基于GOCAD的三维地质建模方法，揭示了地下洞室群围岩变形破坏模式与破坏机理。

（2）针对锦屏一级地下厂房洞室群围岩强度应力比小于2、围岩松弛时效性大和溪洛渡地下厂房洞室群顶拱缓倾角层间层内错动带发育的特点和难点，研发了基于洞周松弛参数、洞室损伤岩体参数和高应力场围岩松弛时效性的围岩稳定反馈分析新方法，成功解决了工程中的相关难题。

（3）研发了大型地下厂房洞室群快速监测系统，构建了安全监测数据处理与分析的远程监控平台及围岩稳定三级评价指标体系，实现了洞室围岩稳定实时监控分析与预测预警，为动态优化支护设计提供依据。

（二）应用情况与推广前景

成果已成功应用于锦屏一级、溪洛渡、瀑布沟、大岗山等十余座超大型地下洞室群建设，已经过多年运行考验，取得了显著的经济效益和社会效益。对同类超大型地下洞室群工程设计与监测反馈工作也具有重要指导意义和推广应用价值，可推广应用于水电超大或大型地下洞室群工程中，亦可推广应用至其他行业（地铁地下空间、地下酒窖、地下核物理实验室、军工地下洞室等）的超大或大型地下洞室群施工期监测反馈分析工作中。

（三）获奖单位

中国电建集团成都勘测设计研究院有限公司、清华大学、武汉大学、四川大学、中国长江三峡集团公司。

（四）获奖人

王仁坤、杨建宏、赵晓峰、张建海、肖明、李仲奎、蔡德文、洪文浩、吴世勇、邢万波。

（水力发电科学技术奖励工作办公室）

高速水流特大泄洪洞混凝土施工关键技术

“高速水流特大泄洪洞混凝土施工关键技术”获2014年度水力发电科学技术奖二等奖。

目前水电开发主要在西部地区，更集中在水电资源富集的青藏高原及其次区域内。西部地区水电资源丰富，但水电站主要建在高山峡谷区，地势落差大，由此必然带来挟沙水流对水工建筑物的冲击问题，故对水工建筑物尤其是泄洪洞提出了新的要求。根据国内外水电站泄洪洞工程的运行情况来看，对高速水流条件下特大泄洪洞混凝土施工质量若只采用常规组合模板、钢模台车施工工艺和泵送混凝土等施工方法，平整度及体型难以控制，裂缝难以控制，施工质量难以满足设计要求。该项目以溪洛渡水电站泄洪洞为研究对象，对特大断面洞室混凝土施工进行仿真分析，结合工程试验和实践，对特大洞室混凝土施工关键技术进行了研究，在特大洞室抗冲耐磨混凝土技术、特大洞室抗冲耐磨混凝土温控与防裂技术、特大洞室混凝土衬砌专用设备、特大洞室体型控制技术等方面取得了丰硕的科研成果。获发明专利3项，实用新型专利4项，发表学术论文16篇，以及57个样板工程、QC成果等。

（一）主要成果及创新点

（1）针对泄洪洞衬砌混凝土抗冲刷要求高、温控难度大等技术难题，经现场试验研究验证，采用了低热水泥、高掺粉煤灰（30%）、低掺硅粉（5%）的新型抗冲耐磨混凝土。在满足混凝土设计性能要求的前提下，大幅度降低了水化热温升。

（2）研制采用了浇筑边墙混凝土专用自动升送带式台车，结合混凝土温控数值仿真分析成果，以低坍落度常态混凝土取代了常规使用的泵送混凝土，有效减少水泥用量，取得了良好的防裂效果。

（3）研制了变坡斜洞混凝土浇筑专用的液压自行式台车（设计最大爬坡度31°），解决了钢模台车在陡坡段自动行走的困难，成功实现了隧洞陡坡段边顶拱混凝土一次成型、连续浇筑。

（4）研制采用了变坡洞段底板混凝土专用的液压自行式隐轨拖模浇筑设备，实现了两道掺气坎之间的底板一次成型，避免了轨道拆装和后期修补，有效保证了变坡斜面混凝土的浇筑形体和平整度，提高了施工效率。

（5）研制采用了长距离变坡斜洞段混凝土运输的自动平衡供料罐车，保证了混凝土在变坡斜洞段的平稳运输。

（6）研究采用了底板拐角矮边墙“L”型模板、底拱反弧排气翻模等配套模板施工工艺和軟搭接等新技术，进一步保证了结合部位表面的光滑平整。

（二）应用情况与推广前景

成果已在溪洛渡左岸泄洪洞、锦屏一级、长河坝、大岗山等水电站特大泄洪洞工程中应用，效果良好。该成果还将被应用于乌东德水电站工程，雅砻江上的两河口、大渡河上的双江口等高坝大库工程的泄洪消能系统中；随着高坝大库工程的建设，成果不仅可在水利水电工程中应用，还可在公路、铁路隧洞工程中推广应用。

（三）获奖单位

中国水利水电第七工程局有限公司、四川大学。

（四）获奖人

向建、韩金涛、尹强、唐杰伟、周家文、杨勇、吴登明、韩进奇、吴越建、甘丽芬。

（水力发电科学技术奖励工作办公室）

高海拔地区碾压式沥青混凝土心墙施工技术

“高海拔地区碾压式沥青混凝土心墙施工技术”获2014年度水力发电科学技术奖二等奖。

旁多大坝是首座在高海拔地区采用沥青混凝土心墙作为主要防渗体的挡水建筑物，在高海拔地区进行碾压式沥青混凝土心墙的施工没有现成的经验可循。高海拔地区深覆盖层、高地震烈度对心墙的变形影响、强紫外线辐射对沥青老化的影响、低温、大风等气候特点对沥青混凝土心墙施工质量的影响亟需研究和解决。该成果通过试验研究，解决了高海拔地区特殊地质、气候特点对碾压式沥青混凝土心墙施工影响，形成了高海拔地区碾压式沥青混凝土心墙施工技术。

（一）主要成果及创新点

（1）适当提高沥青含量、调整沥青混合料配比，提高沥青混凝土心墙的塑变性能，解决深覆盖层和高地震烈度对沥青混凝土心墙变形性能的要求。施工中采用“盖布碾压法”，成功解决了粘碾、陷碾难题。

（2）施工中采用加盖砂砾石过渡料，解决了高海拔地区强紫外线易引起沥青老化的问题；采用搭设防风罩措施，解决了大风时造成沥青混凝土表面温度下降过快及灰尘污染问题；低温季节施工时，在防风罩上增加棉被覆盖进行保温，碾压完成后，在已施工沥青心墙表面覆盖棉被，保证沥青混凝土表面温度，以利于气泡排出。

（3）首次实验研究，在一、二期接头采用刺墙包裹式连接方式，并在接头间铺填接缝沥青砂浆，增加防渗效果、提高心墙接头处变形能力。

（4）成功改装国产公路沥青混凝土摊铺机，实现了沥青混凝土和过渡料施工一体化，加快了施工进度，降低了施工成本。

（5）采用双刀片式止水振捣器对基座与心墙连接处的止水附近沥青混凝土进行振捣，保证了止水位置精度和该部位沥青混凝土密实度。

（二）应用情况与推广前景

成果成功应用于首座在高海拔地区采用沥青混凝土心墙作为主要防渗体的挡水建筑物，可为高海拔地区碾压沥青混凝土心墙水工建筑物施工提供借鉴，具有推广应用价值。

（三）获奖单位

中国人民武装警察部队水电第三总队。

（四）获奖人

陶然、向尚君、党永平、王永平、邱炽兴、付光均、张仕超、赵兴安、廖佼、魏红平。

（水力发电科学技术奖励工作办公室）

高陡斜坡危岩体稳定性研究

“高陡斜坡危岩体稳定性研究”获2014年度水力发电科学技术奖二等奖。

边坡稳定问题是水电工程中需要解决的关键性工程地质问题之一。迄今为止，人们普遍对开挖的工程边坡稳定性研究予以特别的关注，对工程边坡之上的自然边坡的稳定性却缺乏应有的足够重视，尚未开展过系统的研究。环境边坡岩体在长期风化、卸荷的作用下，形成广泛分布的危岩体。危岩体高悬于枢纽建筑物上空，哪怕是很小范围的自然因素（如降雨、渐进性的风化等）和工程因素都会导致局部的危岩体失稳，对施工和运行期的枢纽区建筑物带来极大的威胁，甚至造成灾难性的后果。该成果从对危岩体调查勘察方法入手，重点对危岩体类型、发育特征与形成机理展开研究，在对环境边坡危岩体的变形、破坏模式识别的基础上，总结归纳了危岩体的发育及其分布规律，并对危岩体稳定性分析与危险性评价进行系统的研究，进而提出相应的治理措施。已取得国家专利局“专利申请受理通知书”8项，已获得专利授权2项。

（一）主要成果及创新点

（1）首次提出了“环境边坡”的概念，并创新性地对环境边坡进行了分类。

（2）首次对环境边坡危险源进行了分类。

（3）首次将三维激光扫描技术应用于环境边坡危岩体调查领域。

（4）提出了危岩体稳定性分析评价方法。

（5）提出了危岩体危害程度分级与评价方法。

（6）建立了危岩体稳定性快速评价体系。

（7）提出了用于确定环境边坡危岩体稳定性的层次分析方法。

（8）提出了危岩体防治处理的基本原则。

（9）通过对环境边坡危岩体勘察方法、稳定性分析、危害性评价、防治措施建议以及监测措施的系统研究，首次建立了其环境边坡危岩体勘察体系。

（二）应用情况与推广前景

成果已全面应用于雅砻江、大渡河和金沙江等流域水电工程的数十亿元危岩体治理工程项目，经过工程处理后，各危岩体安全处于可控状态，实施效果良好，取得了显著的经济效益和社会效益。可在西部高山峡谷区的工程中推广，还可推广应用于水利、矿山、铁道、公路的高陡边坡工程中，具有很好的推广应用前景。

（三）获奖单位

中国水电顾问集团成都勘测设计研究院有限公司、成都理工大学。

（四）获奖人

张世殊、黄润秋、宋胜武、郝元麟、余挺、裴向军、黄润太、冉从彦、赵小平、田雄。

（水力发电科学技术奖励工作办公室）

高水头、大容量水轮发电机组安装技术研究

“高水头、大容量水轮发电机组安装技术研究”获2014年度水力发电科学技术奖二等奖。

目前，国内外中低水头、大容量水电站的开发已接近尾声，其安装技术已比较成熟。高水头、大容量水电站的开发已成为国内外水电发展的一个趋势，已进入新的高潮，前景相当广阔。锦屏二级水电站机组在国内常规的混流式机组中，水头最高，机组结构特殊且复杂，安装技术难度大，其安装代表着目前国内高水头、大容量水轮发电机组制造、安装的最高水平。该成果以锦屏二级水电站机组安装为契机，采用理论研究与实际应用相结合的方法，对高水头、大容量机组安装技术进行了系统深入的研究，成功攻克高水头、大容量机组安装的关键技术难题。

（一）主要成果及创新点

（1）首创了用蜗壳进口段作为模板拼装分瓣蜗壳闷头与厂房桥机整体吊装闷头及蜗壳进口段方法，解决了大型蜗壳闷头组焊及吊装转运难题，并取得了发明专利。

（2）首创了“增负荷消能”方法，有效地抑制了高水头、长引水洞机组试运行中甩负荷时的调压井浪涌，保证了调压井安全。

（3）针对座环特厚环板（260mm）现场焊接难题，率先采用精确预留收缩量、增加中间过程探伤与热处理的方法，有效地控制了座环焊接变形。

（4）针对套管埋入式定子基础螺栓定位与吊装就位难题，采用了大直径地脚螺栓整体调整模板工装和不同规格长度导向管工装，实现了高效准确的定子安装。

（5）针对水轮发电机组安装过程中出现的轴线摆度超标问题，采用机坑联轴同镗调整摆度技术，确保了大型机组安装质量。

（二）应用情况与推广前景

成果已成功应用于锦屏二级水电站单机容量600MW水轮发电机组的安装与调试，在安装与调试工程施工过程中，未发生质量和安全事故，未留下质量隐患，实现了质量安全“双零”目标。成果为国内外后续高水头、大容量机组的安装积累了难得的宝贵经验，具有广阔的推广应用前景。

（三）获奖单位

葛洲坝集团机电建设有限公司、雅砻江流域水电开发有限公司。

（四）获奖人

刘灿学、周复明、张肇刚、徐广涛、陈强、肖少华、何胜明、李军、卫书满、陈炜。

（水力发电科学技术奖励工作办公室）

宽谷河床施工导流关键技术

“宽谷河床施工导流关键技术”获2014年度水力

发电科学技术奖二等奖。

国内高水头电站的发展主要集中在西南地区，其他地区高水头电站已基本开发完成，但低水头电站开发利用率偏低。宽谷河床适宜于修建低水头电站，由于坝高较低，主要利用河道调蓄径流，较少淹没耕地，基本没有侵扰区域生态系统，没有改变整个地区的生态景观格局，能很好地维持生态系统的完整性、河流水文过程的天然性、水生生物的多样性。另外，建设电站可以扩大水面，增加湿地面积，美化周边地区发展环境，增加河流生态服务功能与价值。且具有改善河流航运条件、改善库区环境及发展旅游事业等综合效益，其作用越来越被人们所重视。该成果依托江西峡江水利枢纽工程，对宽谷河床分三段三期导流方案，导流工程中第二期的长基坑分区施工技术、过流条件下汛期施工技术、超标洪水抢险技术措施等进行研究，解决了该工程导流施工的技术难题，缩短了工程建设工期，取得了良好的综合效益。

（一）主要成果及创新点

（1）采用先围发电厂房的三段三期施工导流方式，解决了宽谷河床闸坝工程施工导流问题，实现了比原规划提前1年发电的目标。

（2）将二期狭长基坑自上游向下游采用土石围堰分隔为三个独立区进行施工，各区围堰依情采用不同挡水标准。

（3）采用以钢栈桥为主的交通运输道路、以架桥机为主的起重吊装设备，在闸坝顶部跨闸墩作业，形成了不依托地面而从上往下凌空施工的方式。

（4）在参与导流的门库坝段截流和修筑围堰时，应用所创造的凌空施工条件，在上游采用架桥机沉放门库封堵闸门，实现了动水下闸截流，并采用从高处抛填方式完成下游土石围堰施工，解决了该独孤河中坝段截流及施工的技术难题。

（5）采取“洪水管理削减洪峰流量、工程措施提高抗洪能力”的抢险策略，综合运用“增大过流断面、削减洪峰流量、加高加固围堰”三项措施抗击超标洪水。

（二）应用情况与推广前景

成果在峡江水利枢纽工程施工中成功运用，社会效益与经济效益明显。宽谷河床适宜于修建低水头电站，但低水头电站目前开发利用率仅为10%左右，因此具有广阔的应用前景。

（三）获奖单位

中国人民武装警察部队水电第二总队。

（四）获奖人

张利荣、胡继峰、齐建飞、林小鹏、吴志刚、李宜忠、杨涛、严匡柠、于海军、胡旭方。

（水力发电科学技术奖励工作办公室）

复杂水道系统水力-机械一体化过渡过程仿真软件系统及其应用

“复杂水道系统水力-机械一体化过渡过程仿真软件系统及其应用”获2014年度水力发电科学技术奖二等奖。

我国中长期科学和技术发展规划（2006～2020年）将水电技术列为能源战略的提升重点，过渡过程仿真技术为水电关键技术之一。该成果以工程为依托，研发了复杂水道系统水力-机械一体化过渡过程仿真软件系统。软件将众多的水力和机械元素融入一个平台之上，适用于各类调压室、明满流管（隧）道、多水源进水口、波动尾水等复杂水道系统。软件系统可视化程度高，迭代收敛稳定，界面友好，功能全面，构架清晰。取得软件著作权1项，发明专利1项，实用新型专利6项，发表论文9余篇。

（一）主要成果及创新点

（1）首次实现了（水力）发电、水力机械、电气工程、计算机仿真等多学科的融合，是目前水利水电行业中适应性和功能最强的水力-机械一体化过渡过程仿真计算软件。

（2）提出了水轮机瞬变流特性理论，首次在水力过渡过程软件中实现了智能生成并绘制水轮机特性曲线。

（3）提出了局域电网理论和技术，首次在水力过渡过程仿真计算中实现了过渡过程水-机-电一体化。

（4）首次将结构矩阵法引入水力过渡过程计算，发展了水力过渡过程计算理论。

（二）应用情况与推广前景

软件系统先后成功应用于金沙江白鹤滩水电站、雅砻江锦屏二级水电站、安徽绩溪抽水蓄能电站等近40个大中型的水利水电工程的工作实践中，成功解决了一系列复杂水道系统水力过渡过程仿真计算难题。目前行业内20多家单位购买或试用该软件系统，具有十分广阔的推广前景。

（三）获奖单位

中国电建集团华东勘测设计研究院有限公司。

（四）获奖人

侯靖、李新新、陈顺义、吴旭敏、冯仕能、方杰、吴疆、李高会、潘益斌、汪德楼。

（水力发电科学技术奖励工作办公室）

水电站及站群智能一体化管控系统研发与应用

“水电站及站群智能一体化管控系统研发与应用”获2014年度水力发电科学技术奖二等奖。

随着水电装机规模的不断扩大，我国对水电厂运行的可靠性、源网协调能力及智能决策能力提出全新的要求。现有水电厂自动化系统逐渐显露出信息共享困难、一体化程度低、技术标准差异大、源网协调能力不足、智能决策能力有限、安全防护较弱、系统可靠性不足、建设及维护工作量大等问题，难以在发电环节对智能电网提供足够的技术支撑，不利于最大程度发挥流域水资源的作用，制约了水电产业的发展与壮大。为了提高水电站运行管理的技术水平，规范水电站运行及管理相关系统的建设，该成果建立了适用于水电站的公共信息模型，研制了应用于水电站的各类现地智能设备，开发了水电站一体化管控平台以及基于该平台的各类智能决策应用，保障了水电站安全、可靠、经济、高效运行。获得发明专利授权9项，其他专利授权26项，软件著作权18项，发表核心期刊论文56篇（EI收录8篇），制定行业标准3项，企业标准7项。

（一）主要成果及创新点

（1）首次提出了水电站智能一体化管控体系架构，建立了智能水电站标准技术体系。构建了水电站过程层、单元层、厂站层三层纵向结构，建立了水电HSCB通信总线和水电HCIM信息模型，研制了横跨多安全区的一体化管控平台，解决了水电站自动化系统各自独立、管控困难、维护复杂、智能决策水平差以及重复投资等问题。

（2）成功研制了国内外首套水电站智能一体化管控平台。实现了海量数据全景展示、智能综合报警、业务联合趋势分析、多系统协同互动等功能；研发了流域经济运行、主设备状态检修决策、大坝安全评估、防汛指挥调度、安全防护联动等智能应用，提升了水电站智能决策能力。

（3）首次研制了符合水电HSCB通信总线和水电HCIM信息模型的现地测控设备，实现了现地监控、继电保护、励磁、调速等现地自动化设备的功能模型，成功研制了支持IEC 61850标准的PLC设备、状态监测和水情测报装置，首次实现了调速、励磁的有功/无功直接调节方式，调节时间缩短约50%，调节精度提高约10倍。

（4）提出并改进了基于支持向量机的水文预报方法，首次实现了涵盖水库调度和电力运行的水电站闭环调度控制。研究了涵盖气象预报、水文预报、水库调度、分析评价、经济调度控制、自动发电控制的一体化经济运行技术，解决了传统水电站水库调度与电力运行相互割裂、决策效率低、调度与控制策略不协调等问题。

（5）首次提出了水电站主设备状态评价及风险评估体系，建立了水电站状态检修决策模型，研究了基于D-S证据理论的多元信息耦合技术，首次提出了基于专家系统、故障树、案例诊断的设备故障诊断方法，研制了水电厂主设备状态检修决策支持系统，提高了传统水电厂机组运行安全性、可靠性和利用率。

（6）首次提出了上下级电站间的反调节控制策略以及小负荷调整策略；应用机组实时状态监测数据，首次实现基于机组动态运行特性的站群联合躲避振动区策略；实现了EDC对梯级电站机组的自动开停机和调节功能，解决了梯级电站对负荷调整响应速度慢的问题，提高了机组的运行效率、安全性和经济性。

（7）研究了汛前实时预测预警、汛中联动应急响应、汛后辅助评估支撑技术，提出了基于GIS的可视化人员物资优化调配策略，研制了涵盖防汛全业务流程的防汛应急指挥系统，提升了突发事故应急响应能力。

（8）首次全面地提出了水库调度的风险评价指标体系及其计算方法，以及基于预报、调度业务的风险评估模式，应用风险分析指标体系和风险评估方法对调度方案进行风险评价，为科学调度决策提供支撑，解决了水库控制运用的预见性和计划性不足的问题，提高了水能利用率，更好地发挥了水库的综合利用效益。

（二）应用情况与推广前景

成果已在松江河发电厂（三站四坝）、白山发电厂（四站二坝）投入运行2年多，应用情况良好。依托该成果，承担了国内所有（共24项）水电站智能一体化管控系统设计和建设工作，实现了成果大规模推广应用。成果在提高水电站安全运行水平的同时，还提高了工程及库区安全性，加强了供水及生态保障力，提升了防洪抗旱能力，经济效益和社会效益十分显著，推广前景十分广阔。

（三）获奖单位

南京南瑞集团公司、国网电力科学研究院。

（四）获奖人

吴维宁、路振刚、向南、杨宁、夏智娟、张金华、赵宇、李晓斌、蔡杰、冯慧阳。

（水力发电科学技术奖励工作办公室）

彭水电站关键技术研究与实践

“彭水电站关键技术研究与实践”获 2014 年度水力发电科学技术奖二等奖。

我国随着水电能源发展，在高山峡谷地区建设大型水电站工程已趋为常态，而工程建设遇到的技术难题已大幅度超出我国的工程经验和规范适用范围。其中，以高山峡谷地区的泄洪消能、复杂地质环境下大型地下电站的建设以及山区河流高坝通航等问题越来越突出，直接影响水电开发的成效。该成果在攻克复杂技术难题的同时，解决了大型水电站泄洪消能和地下电站关键技术，具有重要的理论指导意义和工程应用价值。成果在核心期刊上发表论文 40 多篇，部分成果被《水工设计手册》(第 8 分册）采纳。

（一）主要成果及创新点

(1) 提出重力坝采用弧形坝轴线、全表孔径向布置的新技术，解决“窄河谷、大泄量”条件下泄洪建筑物布置难题；首次采用高低坎、动水垫消能的新型消能工技术，解决了超大单宽泄量的泄洪消能难题。

(2) 提出大型地下电站主洞室纵轴线与岩层走向呈零度夹角布置的设计理念，解决了岩溶强发育地区大型地下电站布置难题；提出“快速锚固、层面固灌、隔墩支撑、动态反馈”的综合控制技术，解决陡倾岩层大跨度主洞室零度夹角布置的稳定控制技术难题。

(3) 研发地下电站超大断面输水系统设计新技术：提出“钢纤维限裂、灌浆预应力、主应力配筋”的衬砌技术，解决国内最大直径压力引水隧洞设计难题；提出“围岩为主、衬砌为辅”的透水式衬砌技术、尾水隧洞合理的控制体型，解决大断面尾水隧洞的安全稳定和不设尾水调压室时机组调节保证的难题；提出尾水塔可全淹没于水下的设计理念，有效提高陡峻边坡条件下尾水出口的安全性与经济性。

(4) 提出单级船闸＋中间渠道＋钢丝绳卷扬全平衡式垂直升船机的通航建筑物组合布置，为国内外首次采用；首次采用溢流池＋隔流墩＋泄槽消能的工程措施，解决了船闸高水头（泄水总落差近 70m）傍侧泄水的技术难题；首次采用中间渠道渡槽变断面布置设计，解决了中间渠道渡槽与上下游结构的联接技术难题；渡槽的承重结构为简支预应力箱梁，其结构设计首次将预应力的作用在三维有限元模型里作为外荷载施加，突破了传统的预应力处理方式；首次采用卸载＋钢管格构梁＋预应力锚索＋排水洞的边坡综合处理方案，解决了大型断层边坡稳定的技术难题。

（二）应用情况与推广前景

成果已在彭水水电站中成功应用，建成了国内外最大单宽泄量的泄洪建筑物、国内外首座厂房纵轴线与陡倾岩层走向平行的大型地下厂房、国内外首座单级船闸＋垂直升船机组合布置的通航建筑物。已在水布垭、三峡等大型电站中推广应用，为大型水利水电工程建设提供技术支持和工程经验，具有广阔的推广应用前景。

（三）获奖单位

长江勘测规划设计研究有限责任公司、长江水利委员会长江科学院。

（四）获奖人

赵成生、杨本新、吴效红、黄纪辛、刘志明、石运深、龙慧文、黄国兵、张风、姜伯乐。

（水力发电科学技术奖励工作办公室）

抽水蓄能电站施工控制网关键技术研究与应用

“抽水蓄能电站施工控制网关键技术研究与应用”获 2014 年度水力发电科学技术奖二等奖。

水电站建设所要求的施工控制网就其稳定性、可靠性及精确性而言，比规划设计阶段的测图控制网要求要高得多。目前国内外建立的水电站施工控制网，多为常规布网方法，即平面网和高程网分开布设，而建立抽水蓄能电站施工控制网因其大多建在高山峻岭、地形陡峭地区，在这些地区建立高精度三维施工控制网存在许多的技术难题。该成果通过将平面和高程联合布设为三维施工控制的方式，既解决了上述难题，又利用了高程和平面坐标相关性强的优势，数据处理直接平差观测量，其解算更为合理；同时在网形方案布置设计中，网点位置选择突破了原有限定，具有较大的灵活性，更能适应工程需要。

（一）主要成果及创新点

(1) 用平面网和高程网混合布设的方式，解决了大高差抽水蓄能电站平面网和高程网单独布设的困难，同时以几何水准的高精度来提高三角高程的精度，反过来又以三角高程大量的多余观测量来增强整个高程控制系统的可靠性，克服了几何水准线路少、可靠性差的缺陷。

(2) 加测 GPS 基线，以增强网的图形强度。对多达五种不同类型观测量（水平方向、斜距、天顶距、水准、GPS）进行联合数据处理，建立了各类观测量的归算数学模型，推导了平差处理的各类观测方程，采用了各类观测量恰当的权匹配，自行开发的三维平差软件具有先进的定权方法，使验后方差与先验方差一致，收敛快，效果好，保证了未知参数的正确性和高精度。

(3) 建立了独特的三维坐标系，在 $20km^2$ 以内的特定范围内，避免了观测量归算的很多麻烦；并采用了坐标相似变换的定位方法，既保证了三维网的相对精度不受影响，又使原有大比例尺地形图不经坐标变换即可正常使用。

(4) 对垂线偏差和垂直折光差的影响问题进行了较为充分的分析研究，简化了平差模型，避免了作业复杂化，从而大大减少了野外采集数据的工作量，经济效益十分明显。经过对多个抽水蓄能电站三维网的成果对比统计检验，各项精度指标全部达到了预期目的，成果符合规范技术指标要求，成果优秀。

(二) 应用情况与推广前景

成果已成功地应用在张河湾抽水蓄能电站、琅琊山抽水蓄能电站、西龙池抽水蓄能电站、呼和浩特抽水蓄能电站和丰宁抽水蓄能电站，经过几年的运用与复测，已证明采用三维建网方式的科学性与合理性，对抽水蓄能电站施工测量技术的发展、水利水电工程测量规范的修编将有理论与实践的意义，并产生了显著的社会经济效益，具有推广使用价值。

(三) 获奖单位

中国电建集团北京勘测设计研究院有限公司。

(四) 获奖人

翟明成、范延峰、刘东庆、刘晓波、杨海军、张伟、张高明、王绍纯、朱庆辉、罗承球。

（水力发电科学技术奖励工作办公室）

双排混凝土防渗墙围堰爆破拆除动水泄渣技术

“双排混凝土防渗墙围堰爆破拆除动水泄渣技术”获 2014 年度水力发电科学技术奖三等奖。

在西藏地区水利水电工程的建设史上，藏木水电站二期上游围堰首次采用双排混凝土防渗墙进行防渗。受各种条件和因素制约，藏木水电站二期上游围堰防渗墙围堰拆除如果按常规的设计方案和施工措施进行施工，三期截流难度将异常艰难。在时间和地形受限等不利因素的条件下，该成果在爆破总体布置、起爆方式、安全防护等方面创新地采取了独特的设计方案和施工措施，实现了爆破拆除渣料自动泄渣和自动聚渣，做到了无需机械、人员出渣、清渣，实现了双排混凝土防渗墙一次爆破完成，为三期截流提供了良好的分流条件，降低了截流难度。

(一) 主要成果及创新点

(1) 在拆除顺序上，戗堤进占前，先挖除预留双排防渗墙拆除爆破体（下简称“爆破体”）上游侧淤泥，下游侧泄流槽的堰体，形成上游引渠、下游过流槽；于爆破体下游毗邻位置设置集渣坑，容纳爆破拆除渣料；在预留爆破体上布置超深达 4m 的钻孔，然后对预留爆破体进行控制爆破。

(2) 利用集渣坑，创造临空面，为下部弱抛掷爆破提供临空面，提高爆破效果。

(3) 在起爆方式上，采用从中间到两边逐步推开缺口、从下游到上游逐层剥离的 V 型起爆网路，主孔和辅助孔相结合的布孔方式，合理确定单位耗药量，实现拆除体下部弱抛掷（集渣坑提供部分临空面）、上部松动破碎。

(4) 在利用水能上，通过调整三期戗堤预进占长度，达到控制爆破体上下游水位差，确保围堰爆破后利用水流动能自动将拆除渣料携走或泄至预设的集渣坑内，做到了设计泄流断面无堆渣积渣。

(5) 在爆破安全上，严格控制单响起爆药量，减小了爆破振动，保护已建建筑物的安全，主要是大坝帷幕安全；采用多层重型覆盖防护措施，有效地控制了爆破飞石，重点是防止飞石对缆机缆绳的危害；基坑爆破前预充水，进一步减少下部弱抛掷爆破飞石和下游方向单位面积的冲击波强度。

(二) 应用情况与推广前景

目前国内外尚无类似经验可供参考的情况下，双排混凝土防渗墙围堰爆破拆除动水泄渣技术在西藏藏木水电站二期围堰拆除中成功应用，实现了快速拆除围堰及混凝土心墙的目标，有一定的推广运用价值。

(三) 获奖单位

中国人民武装警察部队水电第三总队。

(四) 获奖人

王永平、孙来成、杨享渠、邹伟、陶然、党永平、张仕超。

（水力发电科学技术奖励工作办公室）

地质工程数字摄影勘察编录及三维可视化关键技术研究

“地质工程数字摄影勘察编录及三维可视化关键技术研究”获 2014 年度水力发电科学技术奖三等奖。

地质勘察是工程建设前期和施工期非常艰巨、脑力与体力并存的复合型智力劳动，传统的地质勘察与编录主要依赖于野外测量、现场记录、人工素描等方式。这种作业模式不仅工作量大、劳动强度高、安全隐患多、技术落后，而且勘察编录的几何精度低、信息反馈慢；甚至遇到高山峡谷、高陡边坡、大型地下洞室等工况几乎无能为力；内业分析评判也因缺乏更直接的先进技术手段，不能充分整合利用各种信息资源、挖掘其潜在价值，实现资源共享和可循环利用。因此，探讨快速、高效、精确并便于信息综合管理、统计分析的地质勘察编录新方法，便成为了该领域亟待研究解决的重要课题。该成果形成了集专业技术、理论方法、硬件设计、软件开发、多技术集成应用于一体的地质工程数字摄影勘察编录及三维可视化成套新技术，已获得国家授权发明专利 3 项、适用新型专利 2 项，另有 1 项发明专利、1 项实用新型专利获国家知识产权局受理；取得国家版权局授予的软件著作权 7 项。

（一）主要成果及创新点

（1）独创性提出了基于普通数码相机的数字摄影地质勘察编录方法，建立以现场数码成像为基础，计算机信息处理为手段，多技术集成应用为特征的地质勘察编录新方法体系；实现了工程地质专业野外工作由传统手工作业向全数字化作业与信息化管理的转换。

（2）创建了一种普通数码相机可量测化高精度检校方法，成功解决了普通数码相机的量测化应用及成果质量控制问题，并扩展到附加 400mm 级长焦镜头的数码相机参数检校，达到了 1km 以上级长距离开展摄影地质数字勘察编录的技术要求，经实测精度评定，地质测绘与编录成果完全满足规程规范要求，设备成本显著降低。

（3）提出“摄影地质编录仪”的原理，研究发明“地质数码影像编录仪”，解决了地质工程勘察编录空间信息定量、快速采集问题；独创了“自动安平活动控制架”，大幅提高了地质勘探洞等小断面洞室的地质编录效率和精度。

（4）率先研究并创新构建了面向水利水电、交通、市政、采矿等工程领域各种洞（井）型、复杂断面地下厂房、边坡、基坑、高山峡谷、钻孔岩芯工程地质勘察编录的图像处理、严密物像空间变换及数字编录等完整的技术方法体系。提出了基于平面展示影像的数字地质勘察编录理念，解决了影像勘察编录的地质特征属性提取，以及结构面产状空间量算与解译难题。

（5）设计开发了满足实际应用需求的“地下洞室摄影地质数字编录系统”“边坡（基坑）摄影地质数字编录系统”“高山峡谷摄影地质数字编录系统”“钻孔岩芯摄影地质数字编录系统”“摄影地质编录 CAD 成图系统”“PDA 野外影像地质填图系统”，实现了地质勘察编录的全数字化作业，具备数据处理、图像量测、成果输出、成果数据库管理一体化的特点；提供了厘米级分辨率及空间精度的作业对象影像数据，大大丰富了地质勘察编录成果的形式；系统的全数字化作业速度快、自动化程度高、成果客观逼真，提高了地质技术成果的综合质量和标准化程度。为现代化工程建设中的地质勘察编录贡献了一条数字化、信息化新途径。

（6）研发了基于地质勘察编录成果的三维地质影像全自动建模技术，支持对洞室、基坑、边坡、高山峡谷和钻孔岩芯等工程及地质信息的三维可视化浏览、查询，首次探索并实现了三维虚拟环境下的地质勘察编录方法。

（二）应用情况与推广前景

成果除应用于水电工程的勘察建设外，还推广应用于交通、矿山等多领域工程应用中，已经应用于龙滩，向家坝等多项水电站工程的地质勘察，同时在南京国土局露天采矿工程、长沙冰雪世界等地质勘察及多条公路桥梁的地质勘察中得到应用，具有很好的经济效益及良好的推广应用前景。

（三）获奖单位

中国电建集团中南勘测设计研究院有限公司、河海大学。

（四）获奖人

李浩、刘新中、杨彪、邹文志、张友静、文凤、陈新玺。

（水力发电科学技术奖励工作办公室）

我国抽水蓄能电站发展规划研究

“我国抽水蓄能电站发展规划研究”获 2014 年度水力发电科学技术奖三等奖。

我国将在加快开发利用水力资源的同时，积极利用核能，开发风能、太阳能等新能源。随着我国能源结构的调整，电力系统电源结构将需要有较大的调整。为保障电网安全、稳定、经济运行，作为电力系统保安、调峰及储能电源的抽水蓄能电站必将有较大的配套建设要求。由于抽水蓄能电站勘测设计前期工作周期较长，施工工期也较长，所以根据我国西电东送、风电消纳、核电发展等规划，研究我国抽水蓄能电站发展规划，谋划 2020 年的全国各省区市抽水蓄能电站规划建设已成为迫切的任务。该成果通过我国合理能源流向分析、各种电源调峰技术经济特性分析、电网负荷特性及其分布分析、电源优化配置分析等，研究提出我国各区域电网、各省区市抽水蓄能电站的需求规模和合理布局，为国家抽水蓄能电站布局建设决策服务。

（一）主要成果及创新点

（1）首次系统提出我国能源结构调整新形势下的抽水蓄能规划理论。

（2）首次在抽水蓄能规划中提出考虑电网结构优化要求的布局需求概念。各抽水蓄能站点的经济指标除了自身的经济指标，还考虑根据布局需求所需的输电投资。以往用的是到附近变电站的输电投资。

（3）首次在全国范围内统筹各省市区风电水电合理消纳、调峰能力互济，充分进行其他各类电源的调峰能力挖掘，深入开展电源结构优化研究。

（4）首次系统分析我国能源结构调整要求、抽水蓄能建设现实，提出我国抽水蓄能合理规模为0.7～1.1亿kW。

（二）应用情况与推广前景

成果已应用到全国各省、市、区抽水蓄能电站选点规划工作，国家抽水蓄能、风电“十二五”规划材料编制，风电开发消纳规划及抽水蓄能发展规划深入研究及其落实，全国各省、市、区抽水蓄能电站前期工作，包括在预可行性研究、可行性研究、正常蓄水选择位专题各个阶段等；提高我国相关人员对抽水蓄能发展规划工作的业务技术水平。

（三）获奖单位

中国水电工程顾问集团有限公司、中国电建集团北京勘测设计研究院有限公司、中国电建集团华东勘测设计研究院有限公司。

（四）获奖人

王斌、钱钢粮、魏小婉、杨霄霄、陈晓芬、张丹庆、王社亮。

（水力发电科学技术奖励工作办公室）

污废水深度处理与再生利用创新技术研究及应用

“污废水深度处理与再生利用创新技术研究及应用”获2014年度水力发电科学技术奖三等奖。

目前，我国的“水”存在“资源短缺”和“污染严重”两大主要问题。一方面，我国人均淡水资源贫乏；另一方面，随着我国城市化的快速进程，城镇产生的生活污水和工业废水日益增加，但现有处理技术依然还很落后，始终存在效率低、能耗高等缺点。此外，我国的污废水处理厂中水回用率低（仅约10%，而发达国家达90%）。污废水的深度处理和再生利用是解决水资源紧缺与污染严重的重要途径，但目前还存在关键技术待突破。为此，该成果开发了系列新工艺和新设备，实现污废水的深度处理与再生利用，形成的系列技术及设备已成功应用于相关工程，提高了处理效率、降低了处理成本；获专利14项，产品3项，论文9篇；3项技术收录到2013年国家重点环境保护实用技术及示范工程名录，1项技术收录为2013年电力工程设计专有技术。

（一）主要成果及创新点

（1）高效低耗的污废水生物处理工艺。对生物接触法中的填料与曝气系统配置优化进行了研究，创造性提出采用弹性波纹立体填料组合环路下弯式曝气系统的生物接触氧化池方法，通过增加水、气和膜的接触概率和接触时间，防止填料上生物膜大量生长及污泥堵塞气管；改进了目前国内通行的污废水处理工艺，创新性地提出了生物预处理工艺、生物酶制剂投加工艺、水解酸化池—连续循环氧化池—揉搓式氧化池三段式污废水处理工艺和含前置生化预处理型生物附着膜生物污废水处理工艺，取得高效低耗的处理不同污废水的效果。

（2）新型旋流剪切气泡曝气器和配套布气管路系统工艺。对已有微孔曝气小孔截留技术有突破性改进，提出的新型式旋流剪切气泡曝气器，具备搅拌混合、基质反应、充氧三种功能特征，实现了多级气泡切割、拖拽、立体缓释扩散综合作用碎泡，形成了新的曝气器和布气管路的标准单元配置系统工艺。

（3）双级高效过滤技术。开发了同时具有颗粒滤料反洗效果好与纤维滤料过滤性能高特性的双级高效滤池集成技术，提高了过滤性能，延长了反冲洗周期，降低了运行成本。研制了双级高效滤池，解决了普通滤池滤速低、截污量小、过滤周期短等技术瓶颈，设备占地面积小。

（4）“材料多元、结构多维、功能多面强化”的多维电絮凝污废水深度处理模块化设备及技术。在研究电解极板材质、结构的基础上，开发了以材料多元、结构多维为基本特征的新型多维电极，可有效降低去除单位重量污染物的极板消耗量。通过优化电解槽结构，改善电解槽内的水流态，形成升流式均匀水力流动状态，提高了设备的处理效率。电源与反应槽体的模块化设计，可满足不同废水处理需求，降低废水处理成本。

（二）应用情况与推广前景

成果已应用到生活污水处理、医院废水处理、皮革废水深度处理、冶炼废水处理、微污染水源水再生利用、垃圾渗滤液处理、电镀废水处理等领域。

（三）获奖单位

中国电建集团中南勘测设计研究院有限公司。

（四）获奖人

唐传祥、禹芝文、杜成琼、李勇、陈湘斌、熊道文、刘德华。

（水力发电科学技术奖励工作办公室）

特殊防护环境库区围堰爆破拆除技术

“特殊防护环境库区围堰爆破拆除技术”获2014年度水力发电科学技术奖三等奖。

卡里巴北岸扩机项目为中国公司在赞比亚承担的最大的水电站项目，扩机工程电站进口围堰紧邻库容1840亿m^3的超大水库，距运行55年128m高的病危双曲拱坝仅130m，距新、老电站进水口约45m，围堰拆除期间厂房机电设备要正常运行，对大坝和新老进口不能造成危害，围堰拆除水深17～19m，清渣要彻底，围堰所处环境复杂、敏感。应用该成果，实测的爆破振动和水击波数值满足业主要求，受保护的大坝和电站进口完好无损，机组的运行未受到影响，围堰清渣干净彻底，得到了业主的好评。

（一）主要成果及创新点

（1）采用三维有限差分方法和强度折减法对进口围堰削薄后在不同工况下的稳定性进行了专题研究，为围堰的分期拆除开挖提供理论支撑。

（2）在研究国内外多个类似工程安全控制标准和实测成果的基础上，结合国内的规范规程和业主的特殊要求，确定了该项目的爆破安全控制标准。

（3）围堰二期拆除爆破采用小孔距水平预裂隔振、密孔距高单耗耦合装药、大规模孔内和孔间分段、数码雷管精密起爆网络，并优化分段时差，在大坝一侧岸坡上增设一排减振孔，有效地控制了爆破振动。

（4）围堰拆除爆破器材要在深水中浸泡三天之久，对爆破器材进行了抗水性试验。导爆索端头用环氧树脂和热缩管密封，双股导爆索起爆，使用加强引爆药柱等措施，增强炸药的水下起爆能力。

（5）围堰三期施工采用大型浮船和船载水下专用钻机和重型机械抓斗，分区进行水下钻爆。钻孔时借助导向管保证钻孔精度，药包外套PVC管保证装药质量，塑料导爆管微差起爆，重型机械抓斗抓渣，驳船运渣。基底采用大直径负压管清理，效果好效率高。

（6）进水口混凝土底板用大型水囊及砂子填充至围堰底板高程，采用轻型材料整体压盖拦污栅，拦污栅前设置两道气泡帷幕，然后在堰内冲水后水下起爆。上述综合措施减小了爆渣的抛掷距离，进水口及混凝土底板也得到了很好保护。

（二）应用情况与推广前景

卡里巴北岸扩机工程围堰拆除的成功，给国内外新建水电站、扩机水电站的围堰拆除积累了宝贵的经验，尤其为周围环境复杂敏感、爆破安全控制标准要求高的围堰拆除工程提供借鉴。

（三）获奖单位

中国水利水电第十一工程局有限公司、长江水利委员会长江科学院。

（四）获奖人

刘本江、吴从清、刘元广、张卫东、景通、田长连、李建强。

（水力发电科学技术奖励工作办公室）

钢闸门数字图形信息一体化智能系统研究与应用

“钢闸门数字图形信息一体化智能系统研究与应用”获2014年度水力发电科学技术奖三等奖。

针对目前水工钢结构设计制造领域的现状和发展趋势，该项目研发了钢闸门数字图形信息系统。该系统是以数字图形为载体、将各类信息存储于图形本身融合而成的全信息模型。基于CIS2、IFC国际标准和GML标记语言，创建了将水工钢结构工程与计算机图形耦合的建模方法，实现了钢闸门设计的信息化、参数化和智能化，并把钢闸门结构计算和分析作为信息化模型的子集，使得传统的计算分析完全在三维模式下进行；除可以将设计计算书自动生成文本外，还可以自动生成材料清单和工程图，实现了目前设计领域推崇的自上而下的设计模式。项目研究获发明专利6项，软件著作权2项，在国内外高水平学术期刊上发表论文12篇，EI收录5篇。

（一）主要成果及创新点

（1）自上而下的设计理念贯穿于钢闸门设计的整个流程，并完全在三维可视化的条件下进行。利用计算机图形学与科学计算可视化的技术方法，表达钢闸门部件之间的空间关系、制约关系，时空分析结果，同时提供三维模拟和二维自动出图的交互手段，实现了所见即所得的设计模式，并可为钢闸门后期的制作、安装、调试、运行提供可视化的条件。

（2）开发的软件系统利用数字图形信息系统仿真钢闸门的设计、分析、制造、安装等整个流程，实现了钢闸门设计的信息化、参数化和智能化，可实现闸门各部件装配的协调统一和动态干涉检查，避免了部件之间的“打架”与冲突。

（3）开发的软件系统囊括了平面钢闸门的所有类型，是近千张图纸的集成，建立了全信息的数字图形信息库，具有闸门级的样板25套，门叶门槽级部件120多种，梁、板、柱、埋件、螺栓、配件等500多种，该系统智能化自适应的科学积累功能已达到当今软件设计智慧积累的前沿水平。

(4) 钢闸门三维数字图形中蕴含了大量的加工、制造信息，这些信息附着于三维图形的相关图元，工程材料清单可从三维信息模型中直接抽取；在三维图形进行投影的过程中，相应的信息随投影而传递和存储，可实现二维工程图的自动生成。

(5) 该系统提供的智慧型模版囊括平面钢闸门的每一个部位，大至整个闸门，小到每一个螺栓，可根据闸门孔口的主要尺寸，自动调整参数和结构体系，实现了闸门信息模型的自适应功能。

(二) 应用情况与推广前景

成果在河口、炳灵、功果桥、积石峡、拉西瓦、德尔西等近30项工程项目中成功应用，获得巨大社会效益，正在更多的工程中推广和应用，推广前景广阔。

(三) 获奖单位

华北水利水电大学、中国电建集团西北勘测设计研究院有限公司、河南奥斯派克科技有限公司。

(四) 获奖人

魏群、方寒梅、刘尚蔚、朱增兵、尹伟波、罗涛、李莉华。

(水力发电科学技术奖励工作办公室)

溪洛渡右岸电站800MW级机组优质高效安装技术

“溪洛渡右岸电站800MW级机组优质高效安装技术”获2014年度水力发电科学技术奖三等奖。

在溪洛渡水电站之前，国内安装的最大的机组为三峡左岸VGS 700MW水轮发电机组，当时也是我国首次安装调试如此大型的机组，结构复杂、技术含量高、外形尺寸大，在我国没有可供借鉴的系统安装经验，并在技术上有很多需要研究和探索解决的技术难题。溪洛渡水电站单机容量更大，为77MW，达到了800MW级，转速更高，达到了125r/min，是世界上200m水头段单机容量最大的混流式机组。该成果首创了针对800MW级混流式水轮发电机组安装与调试的成套施工技术，高品质、高效率的推进施工进展，确保了溪洛渡水电站首台机组提前发电目标以及一年完成6台机组投产发电的壮举。

(一) 主要成果及创新点

(1) 在总结国内外超大型类似机组安装经验的基础上，经过周密的分析研究，参与制定了一套合理的具有国际领先水平的机电设备安装质量标准。研究优化了施工组织设计，制定了一套切实可行的机电设备安装施工方案。

(2) 研究采用了发电机定子全部在自身机坑组装叠片、下线、一次定位，并与水轮机座环加工和导水机构预装交叉进行的施工工艺，缩短了机组机坑内的直线安装工期，有效保证了定子的安装质量。

(3) 溪洛渡水电站转子磁轭加温利用温控箱、超薄型硅晶片加热片、热电偶等加温设备，实现了自动控制。

(4) 优化了水轮机圆筒阀安装调整工艺，确保了大直径大流量圆筒阀的安装质量。

(5) 研究利用自制的盘车工具和相应的盘车摆度计算软件，提高了机组轴线找正精度和效率，为机组稳定运行创造了条件。

(6) 设计了实用的工装，采用依次吊装、逐段焊接的工艺，确保了世界上落差最大(480m)的气体绝缘封闭母线GIL的安装质量。

(7) 针对GIS设备安装的环境治理，每天对整个GIS环境进行清洁及维护；GIS安装场内装设25台除湿机进行除湿工作，使用室内相对湿度≤70%；用灰尘颗粒度测试仪对环境灰尘颗粒度进行监测。保证GIS整个环境灰尘颗粒度满足灰尘颗粒直径5μm的个数为$1\times e^6$个/m^3以内。

(二) 应用情况与推广前景

成果具有创新性和实用性，解决了特大型混流式机组安装调试中关键技术难题，经济和社会效益显著，推广应用价值广阔，可为类似单机容量特大型水轮发电机组提供借鉴。

(三) 获奖单位

中国水利水电第八工程局有限公司。

(四) 获奖人

黄小松、周光荣、丁一波、何伟、叶波、杨家菊、胡镪。

(水力发电科学技术奖励工作办公室)

水电厂高精度多时钟源卫星统一对时系统及应用

“水电厂高精度多时钟源卫星统一对时系统及应用”获2014年度水力发电科学技术奖三等奖。

随着电力系统二次设备向数字化、智能化方向发展，不仅传统的自动化装置、继电保护装置、故障录波器有时间同步需要，而且同步相位测量、行波测距、功角测量都有微秒级的对时需求。之前电力系统包括水电厂各二次系统设备的时钟多采用各自独立的GPS对时装置，在实际运行中，各装置时间总是存在差异，达数分钟。在电力系统或发电机组发生事故进行事故原因查找时，由于各系统记录的时间差异，造成无法在同一时刻断面进行事故分析，影响事故原因的查找，不能及时排除或隔离事故，甚至可能会隐藏真正的事故原因，造成设备安全运行隐患长期存在。因此，该成果对卫星时钟系统的组网结构，分层、分布方式进行了研究，建立了时钟主站和分站，使整个时钟系统具有灵活性、可靠性，满足大型水电厂对时设备的需求，保证全厂时钟的统一，具有广泛的实际应用意义。

（一）主要成果及创新点

（1）系统采用分层、分布开放式网络结构，通过建立时钟主站层和扩展分站层，使整个时钟系统扩展灵活，时钟主站采用双机热备，时钟分站采用双信号热备，提高了时钟系统的可靠性，实现了全厂时钟的统一。

（2）该时钟系统的主时钟采用GPS信号接收单元和北斗接收单元作为无线时间接收单元，并可接收其他时钟发送的DCLS码信号或PTP信号作为后备时间源。采用多信号源无缝切换技术，实现了多时钟源的无扰动转换。

（3）设计多种输出接口如脉冲对时、串行口对时、IRIG-B对时、DCF77对时、NTP网络对时等，为现地各设备提供需要的对时信号，信号输出能够根据实际情况灵活配置，并易于功能扩展。

（4）PTP对时方式采用硬件时间戳技术，授时精度高。通过SDH通信网运载PTP时间信号，实现了时钟系统跨区域，多应用系统的高精度授时，实现高精度时间同步信号远距离达200km。

（5）为PLC设计了基于DCF77编码的有线对时电路，使得可编程控制器的时间精度达微秒级。

（6）在水电厂中实现二次设备内不同系统网段跨区、跨网对时（如为监控系统、水调系统、HOMIS系统、状态监测系统对时）。

（二）应用情况与推广前景

该成果在葛洲坝、三峡、白山等水电厂得到了成功应用，目前已被推广到溪洛渡、向家坝、龙羊峡、公伯峡、瑞丽江、沙湾、洪江等30多个大中型水电厂，在变电站、直流输电、南水北调等相关领域也得到了推广应用。

（三）获奖单位

中国长江电力股份有限公司葛洲坝电厂、北京中水科水电科技开发有限公司。

（四）获奖人

张亚明、陶林、杜波、袁平路、孙钢、李伟、冯加辉、高晓明、郭超、骆昊。

（水力发电科学技术奖励工作办公室）

宽大裂（孔）隙地层堵漏灌浆成套技术研究及应用

“宽大裂（孔）隙地层堵漏灌浆成套技术研究及应用”获2014年度水力发电科学技术奖三等奖。

宽大裂（孔）隙地层渗漏具有地质条件复杂，渗漏水流量大、流速高等特点，采用堵漏灌浆时浆材耗量大、工效低、施工成本高，防渗堵漏效果不易保证。该成果通过理论研究、室内模拟试验、现场试验和工程实践，针对不同流速和宽大裂（孔）隙开度条件，有针对性地研发了速凝纤维砂浆材料、新型速凝膏浆、改性热沥青等系列堵漏材料，并研制了膏浆搅拌机、热沥青灌浆成套设备和高承压水地层钻灌封闭装置，提出了沉箱封堵集中涌水及模袋孔口止浆等施工工艺，形成了不同流速条件下宽大裂（孔）隙地层堵漏灌浆成套技术，有效地解决了宽大裂（孔）隙地层动水堵漏的技术难题；获得了发明专利3项，实用新型专利1项。

（一）主要成果及创新点

（1）通过研发的外加剂和乳化工艺，首次将热沥青灌浆施工温度降低至80℃，降低了能耗，提高了施工安全性；同时开发了水泥—低热沥青灌浆材料，固结体力学强度高、蠕变小，适合于1m/s以上高流速、宽大裂（孔）隙地层堵漏。

（2）研制了低温沥青灌浆加热、输送、搅拌和灌注等成套设备，解决了水泥—热沥青灌浆搅拌和泵送难题，简化了灌浆工艺。沥青加热设备采用导热油加热，热能损失小、热效率高；水泥—热沥青搅拌、输送和灌注设备采用电加热，升温速度快、保温效果好，使灌浆设备及管路不用预热和清洗。

（3）开发了膏浆外加剂产品，研制了膏浆搅拌专用设备，解决了速凝膏浆材料来源及制浆难题。开发的膏浆外加剂可直接添加到水泥浆液中制成速凝膏浆，施工简便；研制的M1000搅拌机采用内外桶组合装置，使用寿命长，制浆工效高。

（4）将新型速凝膏浆首次应用于桥梁基础围堰工程中，形成了灌浆帷幕取代沉井围堰的一套施工技术，可缩短工期50%以上，降低成本30%以上。

（5）研制了沉箱水流导排施工工艺和高承压水地层钻灌封闭装置，为高压大流量涌水封堵灌浆创造有利条件，解决了锦屏二级水电站多处集中大漏量的涌水难题。

（二）应用情况与推广前景

成果已在锦屏二级水电站、桥巩水电站、重庆两江桥、缅甸太平江等国内外不同领域多个工程中得到了成功应用，在堵漏过程中大幅减少了水泥等材料用量，缩短了施工工期，取得了良好的堵漏效果，社会经济效益显著，推广应用前景广阔。

（三）获奖单位

中国水利水电科学研究院、四川拓展建设工程有限公司。

（四）获奖人

杨晓东、张金接、李乔斌、符平、赵卫全、何金荣、邢占清。

（水力发电科学技术奖励工作办公室）

复杂河流桥梁施工关键技术研究与应用

“复杂河流桥梁施工关键技术研究与应用”获2014年度水力发电科学技术奖三等奖。

因受两岸交通、水文地质、防洪度汛、过船通航、环保水保以及濒海潮汐、台风等诸多特殊条件及客观因素影响，跨河流桥梁具有陆上桥梁所不同的特点与难点，其往往是整个项目控制的关键与重点，对整个桥梁工程工期、质量、安全及成本影响甚大。该成果依托厦深、杭长高速铁路宽河谷桥梁工程，针对河道水文资料缺乏、地质条件复杂、环保要求高以及濒海潮汐影响大、防台防汛难等特点，进行研究和创新，大胆借鉴施工导流等技术，成功解决了复杂河流桥梁施工的技术难题。

（一）主要成果及创新点

（1）根据上游闸坝过流参数分析验证施工导流过水面积，解决了河流水文资料欠缺情况下的施工导流设计问题。采用“分两期筑岛”“筑岛加钢平台组合”的技术方案，有效解决了施工导流和水中桥墩施工问题，同时大幅度降低了施工成本。

（2）依据河道地形地质条件，结合导流及通航要求，分段选用路堤、岛堤、贝雷式钢栈桥进行组合，经济、安全、高效地解决了跨河施工及两岸的交通问题。

（3）在桥墩钢板桩围堰施工中，首次采用“静压与水刀组合植桩”技术，解决了密实砂土层钢板桩沉桩难题。

（4）研究采用“排污泵抽浆，振动筛网分离钻渣和浆液，泥浆泵送浆”方案，解决了水下钻孔灌注桩在穿越松散覆盖层、岩溶地层成孔时的浆液循环问题。

（5）综合采用“水下冲击成孔埋桩、袋装土石固桩、周边增补钢管桩”等方法，解决了浅覆盖层、裸露基岩条件下钢管桩成桩难题。

（二）应用情况与推广前景

成果成功应用于杭长、厦深高速铁路的螺河特大桥、流冲河特大桥、彬江袁河特大桥等工程，部分应用于鹰瑞高速公路白塔河特大桥和峡江水利枢纽闸坝工程施工中，取得良好的社会、经济、生态效益，具有十分广阔的推广前景。

（三）获奖单位

中国人民武装警察部队水电第二总队。

（四）获奖人

张利荣、郑文魁、肖长华、朱俊华、刘其园、李建元、邓俊晔。

（水力发电科学技术奖励工作办公室）

抽水蓄能电站机组低水头空载运行稳定性试验研究

“抽水蓄能电站机组低水头空载运行稳定性试验研究”获2014年度水力发电科学技术奖三等奖。

近年来，国内大中型抽水蓄能电站的建设非常迅猛，其中绝大多数机组在低水头段采用导叶全同步开启方式启动时，存在水轮机工况空载并网不能成功的现象，即机组存在明显的S形特性。除导致机组不能成功并网外，这种特性还影响机组的调相和紧急停机等操作，对机组的安全、稳定运行非常重要。国内大多数机组为国外厂家制造，对于机组进入不稳定的S区内其运行状态（三导摆度、上下机架振动以及机组内部的压力脉动）、两种导叶开启方式对机组空载运行的影响如何，由于涉及技术、商业机密，上述此类现场测试的相关结果极少见于报道，而国内这方面的工作亦比较匮乏。该成果针对宝泉抽水蓄能电站1号机组水轮机低水头空载运行稳定性进行了现场测试和数值计算分析，获得了不同水头下额定转速空转运行时的稳定性参数，掌握了机组的运行状态和运行规律，为国内科研单位深入了解、认识蓄能机组的S形特性积累了丰富的数据和宝贵的经验；通过对不同开度工况下机组内部流态的深入分析，阐述了蓄能机组产生S形特性的水力机理。

（一）主要成果及创新点

（1）通过现场试验和三维CFD计算，分析流道内的流场，从水力机理上验证了S形特性的成因和主要影响因素；得出了“采用导叶非同步开启方式并网，使活动导叶出流和转轮入流的不均匀会造成机组内部的压力脉动增大”的结论。

（2）明确需开启非同步导叶的临界水头，在此水头之上尽量采用导叶全同步开启方式并网，以减小机组空载运行时的振动、摆度和压力脉动，延长机组使用寿命。

（二）应用情况与推广前景

成果属首次在混流式蓄能机组低水头空载运行稳定性方面进行的原型试验研究，部分成果已在国内大型抽水蓄能电站建设过程中获得了应用，对类似电站的工程设计、机组制造及调试运行具有借鉴意义，有一定的推广应用价值。

（三）获奖单位

国网新源控股有限公司、河南国网宝泉抽水蓄能有限公司、北京中水科工程总公司。

（四）获奖人

李国和、吴毅、王胜军、何一纯、胡清娟、李冬华、李金伟。

（水力发电科学技术奖励工作办公室）

低强度应力比高地应力特大地下洞室群开挖关键技术研究与应用

“低强度应力比高地应力特大地下洞室群开挖关键技术研究与应用”获2014年度水力发电科学技术奖三等奖。

锦屏一级水电站地下厂房洞室群，位于雅砻江中游锦屏山西侧，布置在右岸普斯罗沟与道班沟之间山体中，水平与垂直埋深从450m到150m不等，三大洞室平行布置，其中主厂房尺寸为296.70m×28.90m×68.80m（长×宽×高），主变室尺寸为197.10m×19.30m×32.70m（长×宽×高），尾水调压室采用“三机一室一洞”布置型式，设置两个圆形调压室，直径（上室）41.00m，高80.50m。该成果依托锦屏一级水电站地下厂房洞室群工程，结合低强度应力比高地应力地质条件开展研究，针对低强度应力比高地应力地下洞室群施工特点，系统地形成了完整的核心施工技术。

（一）主要成果及创新点

针对低强度应力比高地应力地下洞室群施工特点，系统地形成了完整的以控制应力释放和围岩变形为核心的特大型地下洞室群开挖施工技术体系。

（1）针对岩锚梁岩台部位应力集中、地应力释放影响大的特点，首次研究采用了超前锚固锁口、双缝预裂有限松弛、双向控制爆破等岩锚梁开挖支护技术，并提出了一种全新的岩锚梁开挖支护技术体系。

（2）在大型尾水调压室施工中，首创使用了“环向逐层钻爆、紧密跟进支护”的螺旋形立体开挖支护施工技术；并在底部五通道交叉部位开挖中，优化采用了“洞口锁口、控制爆破、先小洞后大洞”的施工新工艺。提出了大型尾水调压室螺旋形立体开挖支护施工技术体系。

（3）在主厂房下部机窝开挖中，研究采用了锚筋桩超前预锚、混凝土整板锁口，分区薄层开挖，随层支护等技术措施。

（4）总结提出了大型地下洞室群交叉口施工工法，并成为集团工法，申报国家级工法。

（二）应用情况与推广前景

成果在锦屏一级水电站地下厂房洞室群工程施工中得到应用，取得了较大的经济益效，并在施工质量、安全、节能减排和人力培养方面有很好的社会效益。在西部高山峡谷中开发的大型水利水电工程、地下油气库等大地下洞室群施工中有很好的应用前景。

（三）获奖单位

中国水利水电第十四工程局有限公司、四川大学。

（四）获奖人

和孙文、胡香伟、段汝健、周家文、董学元、侯永学、廖云江。

（水力发电科学技术奖励工作办公室）

BLJ600-60自行履带式混凝土布料机研制

“BLJ 600-60自行履带式混凝土布料机研制”获2014年度水力发电科学技术奖三等奖。

自行履带式混凝土布料机，是一种新型的混凝土浇筑和物料输送设备，可360°回转，在一定范围内伸缩自如，机动、灵活，生产效率高。它与市政建设常用的混凝土泵式布料机不同（混凝土泵＋布料杆），带式布料机不受混凝土级配限制，可输送常态混凝土，也可输送干硬性混凝土如RCC和颗粒性物料，是混凝土浇筑和物料输送的革命性施工设备。在国外已广泛用于电站、码头、机场、桥梁等建筑物的混凝土浇筑和物料输送。该成果成功试制了第一台BLJ 600-40自行式履带式布料机，填补了国内空白，丰富了我国现有的混凝土浇筑手段，在先进的散料带式输送和混凝土浇筑机械装备行业，有利于打破RO-TEC、普茨迈斯特等外国工程机械制造巨头垄断国内外市场的局面。

（一）主要成果及创新点

（1）布料机整体结构采用模块化设计，包括履带式底盘、上料胶带机、布料胶带机、三角支架及配重五个模块，受力明确，拆装简单，运输转移方便。

（2）基于动/静力学理论及数值分析仿真技术，建立了布料机机械系统的仿真模型，对各类复杂工况下布料机的刚度、强度、稳定性等进行分析和计算，优化了结构设计方案。

(3) 采用单根定长钢丝绳和全液压驱动，通过多组滑轮及摩擦卷筒，实现四节臂架自由伸缩动作，构思新颖，结构简单，运行平稳，使用维护方便。

(4) 采用U型悬挂式柔性托辊及象鼻溜管，保证了胶带机对中运行，减小振动，有效防止了混凝土骨料分离。

(5) 研究改进了混凝土输送胶带清扫装置，采用聚氨酯和硬质合金两种刀片，两级清除，自行回收，有效控制了混凝土输送过程中的砂浆损失。

(二) 应用情况与推广前景

成果成功在长沙湘江航电枢纽工程中应用，保证了湘航枢纽工程的工期，为国内其他项目采用自行履带式混凝土布料机提供了较好的实践经验，丰富了我国混凝土浇筑手段，具有良好的应用前景和社会效益，极具推广价值。

(三) 获奖单位

中国水利水电第八工程局有限公司。

(四) 获奖人

曹跃生、孙红、漆新江、涂怀健、周祝寿、皇甫斐杰、张祖义。

(水力发电科学技术奖励工作办公室)

基于断裂力学理论的大型水轮机结构焊接形式研究

"基于断裂力学理论的大型水轮机结构焊接形式研究"获2014年度水力发电科学技术奖三等奖。

水轮机绝大部分部件均采用钢板焊接结构，如顶盖、蜗壳、座环等。随着机组单机容量的增加，水轮机部件的尺寸也相应增加，由此会产生巨大的焊接工作量，延长了部件的加工周期。同时，巨大的焊接工作量会产生较大的焊接残余应力和不可恢复的焊接变形，给实际生产带来一定的困难。国内水轮机制造企业对部分焊透方法的研究进展相对落后，该成果首次将断裂力学、损伤力学的理论应用到实际工程中，对部分焊透预留钝边长度进行了分析和确定，并创造性提出在转轮上冠分瓣结构中采用部分焊透方式。成果填补了水力发电行业在该技术领域的空白，解决了大型水轮机转轮加工和运输上的难题。在降低焊接残余应力、降低焊接成本和焊接工作量方面取得了突出的进步。

(一) 主要成果及创新点

(1) 创新性地将断裂力学理论应用于水轮机转轮焊接形式的分析。

(2) 利用最大拉应力强度因子理论，推导了不同工况下水轮机转轮采用部分焊透焊接形式的安全系数。

(3) 建立了水轮机转轮叶片与上冠、叶片与下环、下环与下环以及上冠分瓣结构部分焊透的初始裂纹尖端应力强度因子分析模型。

(4) 以三峡电站和白莲河电站转轮为基础，研究了不同载荷作用下的转轮应力水平以及裂纹尖端应力强度因子和安全系数。

(5) 创新性提出了转轮上冠采用平行分辦的焊接结构形式，并提出上冠分辦面采用部分焊透的焊接工艺。

(二) 应用情况与推广前景

成果已经在哈尔滨电机厂有限责任公司水轮机转轮设计中得到推广应用，并且已经成功应用在沙沱电站水轮机转轮结构以及其他电站转轮的设计制造中，为今后将部分焊透的焊接方式进一步推广到水轮机所有大型焊接结构中奠定了坚实的基础。焊接工作量的减少可以大大降低生产能耗并减少环境污染，因此在节能和环保方面也将带来巨大的社会效益。

(三) 获奖单位

哈尔滨大电机研究所、哈动国家水力发电设备工程技术研究中心有限公司、哈尔滨电机厂有限责任公司。

(四) 获奖人

刘晶石、吕桂萍、曲扬、侯世璞、王燕、李永恒、程广福。

(水力发电科学技术奖励工作办公室)

超高粉煤灰掺量的水工混凝土关键技术研究

"超高粉煤灰掺量的水工混凝土关键技术研究"获2014年度水力发电科学技术奖三等奖。

目前使用的混凝土其水化热温升仍较高，收缩仍较大，致使水工混凝土结构用于温控和防裂的费用仍很高。另外，火力发电不仅消耗大量资源，而且所排放的大量粉煤灰（渣）和有害烟气对环境造成二次污染；大坝建设中大量使用的水泥，更是能源和资源消耗大户，还有大量二氧化碳、粉尘和噪声污染。该成果通过创新水工混凝土配合比设计理念，深入系统地研究了超高粉煤灰掺量的水工混凝土关键技术，在提高水工混凝土抗裂及耐久性能的基础上，进一步提高粉煤灰的利用率，降低水泥用量，具有极高的经济社会效益。

(一) 主要成果及创新点

(1) 通过对现代水工混凝土应用技术现状的调

查，在全面分析混凝土原材料及外加剂性能特点的基础上，创新性地提出了基于聚羧酸减水剂应用的低水胶比、低用水量、低水泥用量、高粉煤灰掺量的“三低一高”水工混凝土配合比设计理念。

（2）开展了超高粉煤灰掺量的水工混凝土室内宏观性能试验研究，采用聚羧酸高性能减水剂，粉煤灰掺量最大达80％进行了系统研究，揭示了粉煤灰掺量对混凝土各项性能（力学、热学、变形、耐久等）影响的变化规律，首次提出常态混凝土粉煤灰掺量可提高到40％～70％，碾压混凝土粉煤灰掺量可提高到65％～75％。

（3）采用了多种微观分析手段，对粉煤灰掺量为30％～80％范围内的水工混凝土开展了系统研究，揭示了超高粉煤灰掺量的水泥基浆体微结构的形成与劣化机理，确定了不同掺量粉煤灰的作用效果，表明超高粉煤灰掺量的浆体水化较充分，可保持水泥结石的化学结构稳定，并提出了溶蚀条件下水化硅酸钙稳定性评价方法。

（4）通过董箐、光照、石垭子、沙阡、台雄等的工程应用，表明水工常态混凝土与碾压混凝土的粉煤灰掺量提高是可行的，能适应水工混凝土施工要求。

（二）应用情况与推广前景

成果已在贵州董箐水电站、光照水电站、台雄水库、石垭子水电站、沙阡水电站等水电水利工程中成功应用，取得了较高的经济社会效益。目前该成果正在贵州马马崖一级水电站开展百米级碾压混凝土大坝全断面应用，推广应用前景十分广阔，特别适用于粉煤灰资源丰富地区。除了在水电水利工程中应用，还可在工业与民用建筑、市政及道路桥梁工程等领域推广应用。

（三）获奖单位

中国电建集团贵阳勘测设计研究院有限公司、武汉大学。

（四）获奖人

张细和、范福平、曾正宾、何金荣、何真、杨金娣、谭建军。

（水力发电科学技术奖励工作办公室）

水电开发的生态补偿机制研究

“水电开发的生态补偿机制研究”获2014年度水力发电科学技术奖三等奖。

对于水电开发，国内外关于水电开发的生态补偿机制研究较少，关于补偿对象、补偿标准、补偿方式等的研究也不深入，在补偿机制上的研究基本属于空白。目前水电开发的生态补偿机制没有形成一套综合、完整的体系；政策性强而操作性差，水电工程的生态补偿往往成为地方政府的一种潜在收入，没有回馈生态环境；缺少水电工程正面生态效益的补偿政策和补偿机制，水电工程仅仅作为生态补偿的主体而没有成为被补偿的对象。该成果通过对目前国内外生态补偿机制的分析研究，结合现阶段水电工程的特殊性质和实际开发过程中产生的生态问题，从抑损补偿和增益补偿两个方面提出现阶段具有实用性和可行性的水电工程生态补偿指标体系。

（一）主要成果及创新点

（1）明确了水电开发的生态补偿与流域生态补偿的含义：水电开发生态补偿是针对受水电工程影响的各类生态系统而言，具体是考虑如何对生态系统的功能进行保护性或恢复性的补偿。

（2）构建了水电开发的生态补偿体系：水电开发的生态补偿包括抑损补偿和增益补偿两个方面。

（3）结合水电开发实际对生态补偿实践进行了分析：水电开发的生态补偿相关实践表现在两个方面，一是国家和地方制定的生态保护的相关法规、规范；二是水电开发中采取的生态保护措施。

（4）提出了水电开发生态补偿机制进一步完善的建议：完善生态补偿的相关法律法规；加强生态补偿的执行和管理；加强水生态补偿相关研究；生态补偿应考虑区域和项目差异性；建立长效的生态补偿机制

（二）应用情况与推广前景

成果可为后续相关研究与实际应用提供一定的借鉴，为政府部门的决策、水电开发生态补偿机制的建立与完善提供一定的参考；同时，为水电行业减少不合理的生态补偿支出、获得合理的生态补偿收入提供了理论和技术的支持，具有显著的经济、社会效益。

（三）获奖单位

中国电建集团北京勘测设计研究院有限公司。

（四）获奖人

谭奇林、张铁超、金弈、柏樱岚、韩小杰、何昱璇、钟治国。

（水力发电科学技术奖励工作办公室）

闸坝工程凌空施工技术

“闸坝工程凌空施工技术”获2014年度水力发电科学技术奖三等奖。

在高山峡谷地区建设水电站工程，空间立体作业越来越多。在闸坝工程施工过程中，受雨情、汛情的影响，经常面临工期紧张的压力，经常碰到立体交叉作业的问题。如何减少常水位以下的施工，闸墩形成后及时增加导流和泄洪能力，如何在缩短土石围堰使用周期、降低围堰造价的同时增加汛期施工能力，客观上要求拓展空间作业能力，研究凌空施工技术。该成果针对闸坝工程在过流条件下施工的特点，创新在闸坝顶部应用步履式架桥机、贝雷式钢栈桥等构建形成“凌空施工”体系，解决了大型弧门、人字门等重型闸门安装及混凝土预制梁、门库坝段施工等难题。

（一）主要成果及创新点

（1）创新提出闸坝工程“架桥机凌空施工”理念，并在峡江水利枢纽闸坝工程施工中成功应用该技术，解决了闸坝过流条件下施工难题，取得了良好综合效益。

（2）采用以钢栈桥为主的交通运输道路、以架桥机为主的起重吊装设备，在闸坝顶部跨闸墩作业，不依托地面，从上往下凌空施工；并应用以上施工条件采用从高处抛填方式完成围堰施工。

（3）选用步履式双导梁架桥机，并对其进行装配4台起重小车、增高支腿、使用旋转吊具、更换卷筒等技术改造，拓展其功能，并将其应用于闸坝工程人字门、弧形门、重型叠梁门等安装。

（4）在参与导流的门库坝段截流和修筑围堰时，应用所创造的凌空施工条件，在上游采用架桥机沉放门库封堵闸门，实现了动水下闸截流，并采用从高处抛填方式完成下游土石围堰施工，解决了该独孤河中坝段截流及施工的技术难题。

（二）应用情况与推广前景

成果在峡江水利枢纽二期工程、峡江水利枢纽三期工程应用，缩短工期1年，社会经济效益显著，为地区经济、生态建设和社会发展做出了贡献。成果已在峡江水利枢纽三期工程、四川攀枝花桐子林水电站等工程中得到应用，具有很强的示范推动作用，应用前景广阔。

（三）获奖单位

中国人民武装警察部队水电第二总队。

（四）获奖人

张利荣、林小鹏、胡继峰、严匡柠、陈林、朱刘东、于海军。

（水力发电科学技术奖励工作办公室）

大冰水堆积体高边坡钻爆支护施工技术

“大冰水堆积体高边坡钻爆支护施工技术”获2014年度水力发电科学技术奖三等奖。

水电开发将向金沙江、澜沧江、雅鲁藏布江等干流上游发展，不少在建和待建水电站工程区域存在规模不等的冰水堆积体或其他类型的堆积体。目前对于冰水堆积体的稳定及安全分析国内有所研究，但对于大规模冰水堆积体钻爆、支护施工技术研究在国内非常少见，几乎为空白领域。金沙江中游河段梨园水电站进水口冰水堆积体组成复杂，胶结程度不一，空间分布不均，局部松散架空，钻孔困难，爆破效果差，开挖效率低，支护施工难度大。为解决施工中的关键技术难题，该成果依托梨园水电站进水口大规模冰水堆积体开挖工程，通过理论和试验研究，提出了冰水堆积体分类和爆破特性分级，系统研究和总结了冰水堆积体开挖施工钻爆技术参数，创新了冰水堆积体支护施工工艺，获得了1项实用新型专利，为未来大型冰水堆积体的设计施工提供了依据。

（一）主要成果及创新点

（1）通过系列试验、检测和施工参数的统计分析，提出了该工程不同性质冰水堆积体的特性分类和爆破性分级指标，为施工参数的优化提供了依据。

（2）根据冰水堆积体工程特性和现场试验，研究采用“高风压、大孔径、浅台阶、大面积”的钻爆施工工艺，提高了钻孔效率，改善了爆破效果，解决了冰水堆积体开挖施工难题。

（3）基于爆破漏斗理论，结合爆破试验，探讨采用了应变能系数分析方法，确定冰水堆积体最优抵抗线，为施工提供了指导。

（4）研制了花管沿程扩散注浆型自进式锚杆，研究采用了跟管锚筋桩边拔管边注浆施工工艺，确保了冰水堆积体边坡支护的有效成孔和均匀注浆，提高了锚固质量。

（二）应用情况与推广前景

成果已在梨园水电站大坝工程、西藏果多电站坝肩工程得到推广应用和验证，社会经济效益显著，为高度不均质混合岩土体（土石混合体）的设计施工提供参考，并为同行业同等或同类地质条件下的开挖施工提供借鉴。

（三）获奖单位

中国水利水电第七工程局有限公司、四川大学、中国电建集团昆明勘测设计研究院有限公司。

（四）获奖人

杜宜斌、胡勇、徐成中、张彬、李洪涛、白永生、杨再宏。

（水力发电科学技术奖励工作办公室）

大坝安全监测仪器的新品研制和工艺创新

“大坝安全监测仪器的新品研制和工艺创新”获

2014 年度水力发电科学技术奖三等奖。

大坝作为一种特殊的建筑物，投资大、工程量大，正常运行能够产生巨大的经济效益和良好的社会效益。由于其运行环境复杂，一旦发生事故，结果往往是灾难性的。大坝安全监测就是通过在大坝的内部、外部合理布置适量的观测仪器及时获取反映大坝和基岩性态变化以及环境对大坝作用的各种数据信息的一项重要手段，目的是分析估计大坝的安全程度，以便及时采取措施，保证大坝安全运行。该成果所研发的七种类型岩土工程仪器，提升了国内同类产品技术水平，提高了国产岩土工程仪器自主创新能力，推进了安全监测行业监测仪器的国产化进程，已获专利 13 项。

（一）主要成果及创新点

（1）BCS-1 水管式沉降仪：优化设计了测量管分时接通切换技术，实现用一只水位计测量多点液位，提高了仪器性价比；创新设计了标准液位测量技术，提高了测值的可靠性和测量精度；可自动连续记录坝体内部测点沉降过程，实现了在线监测和远程监控。储水槽具有低水位自动报警功能。

（2）BWY-1 钢丝水平位移计：创新应用了步进电机式位移测量技术，控制简单、测值可靠、性价比高，测量装置稳定性好，满足大坝长期监测要求；创新设计双基准砝码结构，提高了测量数据的可靠性和测量精度；创新设计半卸载自动加卸载系统结构，在完成各测点位移测量的同时，实现挂重砝码的半卸载状态；可连续记录坝体内部测点位移变化情况，实现了在线监测和远程监控。

（3）BXS-30 测斜仪：采用多固定角度温度修正技术，修正了测斜仪的温度漂移误差；采用 3 束对称钢缆结构设计，克服测量电缆易损坏的缺陷，有效延长了活动式测斜仪的使用寿命；使用采集点传感器端数字信号转换技术，有效提高了测斜仪精度；硬件采用宽电压输入低功耗设计，提高了产品野外环境的适应性。

（4）BJG-50 型静力水准仪：设计了独创的导向槽与导向杆结构，限制了浮子转动，有效解决了系统摩阻力对测量产生的影响；采用了 CCD 测量技术，灵敏度高、稳定性好，可连续记录沉降过程，实现了实时监测；设计了低温加热模件，有效解决了低温时的测量，预防了凝露发生。

（5）振弦式仪器：振弦式应变计采用了特殊弹性体结构和精确锚固技术，提高了仪器制造精度和成品合格率；振弦式渗压计采用耐腐蚀合金材料和高碳钢丝组合设计技术，温度系数小于 0.01%FS，提高了测量精度；小直径振弦钢筋计弹性体采用变截面方式设计，攻克了压弦装配工艺技术难点；设计了现场安装埋设仪器接长电缆的不锈钢套组合结构，达到了耐高水压的要求。

（6）GJQ-1 型全自动气压固结仪：通过各种固结试验类型下压力序列设置，用程序控制气压自动加压，可同时完成 32 台气缸加压；选用先进的高精度的电气比例阀压力控制元件和自主设计的滚动薄膜气缸执行元件组成的气动系统，加压精度高；与传统气体溢流阀比较具有非耗气型的特点；首次采用串联气缸中增设电磁阀或手动阀技术，可分组施加不同压力；仪器外形小巧美观，与杠杆加荷系统相比可大幅节约试验空间；使固结试验加荷、数据采集、数据处理等全部实现了自动化，试验人员无需在试验过程中重复装、卸砝码。

（7）JZZ-1 型全自动校正仪：采用了四导杆导向设计技术及高精度伺服电机驱动双滚珠丝杠设计技术，结构稳定，控制精度高；实现位移传感器的多工位校正技术，提高了检测效率；系统集成了驱动控制、应变和位移数据采集、测试结果报表生成等功能，实现了率定过程自动化，提高了检测精度和效率；适用于各类应变计、测缝计、位移计等传感器的标定和校正。硬件采用宽电压输入低功耗设计，提高了产品的适应性。

（二）应用情况与推广前景

成果广泛用于大坝内观、外观监测，长期监测大坝、厂房、边坡等土工结构物的应力、应变、变形、倾角、渗透压力、温度、钢筋应力、锚索拉力等；且已拓展到土石坝、堆石面板坝、大型输水明渠、大型低下洞室。并将推广至桥梁、隧道、地铁等领域。

（三）获奖单位

国电南京自动化股份有限公司、南京河海南自水电自动化有限公司。

（四）获奖人

徐晓乐、施海莹、张建涛、刘峰、倪维东、杨晔、秦淑芳。

（水力发电科学技术奖励工作办公室）

大口径长距离混凝土管道薄板钢衬修复技术研究与工程实践

“大口径长距离混凝土管道薄板钢衬修复技术研究与工程实践”获 2014 年度水力发电科学技术奖三等奖。

随着社会经济的发展和科学技术的进步，在水利水电工程和市政给排水工程中，大口径长距离的混凝土管道已得到广泛应用。在运行一定时间后，由于种种原因，混凝土管道会出现不同程度的漏水现象，严重威胁到工程安全，甚至带来无法预计的重大损失，必须对其进行修复。传统的开挖敷设管道修复技术不适应修复大口径长距离的混凝土管道。针对菲律宾大马尼拉供水工程 AQ-5 号管线工程的特点，该成果采用理论分析、现场试验和物理模型等多种手段，建立了一套安全、可靠、高效、经济并适用于大口径长距离混凝土管道的薄板钢衬修复技术，并在实际工程中得到了成功应用。主要技术成果已获国家专利授权或工法。

（一）主要成果及创新点

（1）设计了薄板钢衬混凝土管内长距离无轨运输托架，利用叉车改制了运输台车，实现了薄板钢衬在混凝土管道内的快速运输，为提高安装速度创造了有利条件。

（2）提出了狭小空间薄板钢衬混凝土管内安装技术，设计了液压支撑组装台车，以实现薄板钢衬的就位、组对、校圆、固定和完成焊接作业。

（3）提出了不均匀壁厚综合灌浆施工工艺，通过加强支撑加固、调整灌浆参数、优化灌浆工艺、控制灌浆压力等一系列措施，创新发明了集回填灌浆、加固灌浆、钢衬接触灌浆为一体的综合灌浆技术，达到了混凝土管道、钢衬联合抗压之目的。

（4）提出了大口径长距离的混凝土管道快速修复的施工工法，通过优化资源配置、合理劳动组织，采取了专业工作队工作法，实现了不同工序的流水线作业，达到了安全、优质、高效、低耗之目标。

（二）应用情况与推广前景

成果应用于菲律宾马尼拉安嘎特供水与改造二期项目 AQ-5 号管线一期修复工程，修复方法新、修复速度快、工程质量好、施工成本低，提前 1 年恢复了通水，使用效果良好。开拓了大直径混凝土管道修复技术的应用前景，促进了水利水电工程和市政工程的科技进步和自主创新。

（三）获奖单位

中国水利电力对外公司、中建安装工程有限公司。

（四）获奖人

陈先明、王宗敏、张雪峰、丁家仁、魏焱、相咸高、王小兵。

（水力发电科学技术奖励工作办公室）

珍稀鱼类在循环水养殖系统中的驯化和繁育技术

“珍稀鱼类在循环水养殖系统中的驯化和繁育技术”获 2014 年度水力发电科学技术奖三等奖。

近年来，长江上游及乌江水电开发速度加快，鉴于水电站的建设对鱼类特别是珍稀鱼类影响，为了保护这类渔业资源和生态环境，国家在重要流域相继建设鱼类增殖放流站，开展增殖放流工作。借鉴国外经验和国内实际要求，目前循环水养殖系统是鱼类增殖放流站生产的主要形式。为了鱼类增殖放流站达到最佳生产运行效果，为其他放流站的建设提供技术支撑，为水电开发与鱼类资源保护提供借鉴，该成果对珍稀鱼类在循环水中养殖系统中的关键技术进行研究和探讨，成果具有重要的应用价值和实践意义，社会效益和生态效益明显。

（一）主要成果及创新点

（1）研究形成了岩原鲤、中华倒刺鲃和白甲鱼成熟可靠的亲鱼培育、人工繁殖、苗种培育等技术，首次实现了在循环水养殖系统中岩原鲤、中华倒刺鲃和白甲鱼亲鱼的驯养培育并达到性成熟，成功实现人工繁殖和苗种培育。

（2）通过对长薄鳅鱼类促性腺激素检测与调控，在长薄鳅性腺发育的环境调节和生理调节技术途径上取得了进展。

（3）建立了以岩原鲤、中华倒刺鲃和白甲鱼等驯养繁育技术为核心的鱼类增殖放流站运行管理技术体系，为鱼类增殖放流站运行管理提供了技术支撑。

（4）项目成果在技术上具有创新，达到国内同类技术领先水平，具有重要的推广价值。

（二）应用情况与推广前景：

成果在索风营发电厂鱼类增殖放流站实施，累计繁殖岩原鲤、中华倒刺鲃、白甲鱼和长薄鳅等乌江流域珍稀特有鱼类 38.92 万尾，累计增殖放流岩原鲤、中华倒刺鲃、白甲鱼和长薄鳅等乌江流域珍稀特有鱼类 27 万尾。成果具有重要的推广价值，已在思林、沙沱水电站鱼类增殖放流站实施初步技术推广。

（三）获奖单位

贵州乌江水电开发有限责任公司索风营发电厂、水利部中国科学院水工程生态研究所。

（四）获奖人

令狐昌仁、郑海涛、邹建国、俞伏虎、吴成滨、梁银铨、李海。

（水力发电科学技术奖励工作办公室）

高寒地区高拱坝混凝土温度控制技术研究

“高寒地区高拱坝混凝土温度控制技术研究”获 2014 年度水力发电科学技术奖三等奖。

高寒地区气候条件恶劣，具有年平均气温低、气温年变幅大、日变幅大、气温骤降频繁，年冻融循环次数高、日照强烈、气候干燥、冬季施工时间长等特点，对大坝混凝土混凝土强度等级、抗渗、抗冻等耐久性指标要求高，对混凝土表面保温防裂要求高；同时高拱坝基础浇筑块尺寸大，基岩弹模高，基岩约束应力和水化热温升应力大，大坝温度控制要求更严格，难度更大。该成果主要以黄河上游龙羊峡、李家峡、拉西瓦工程为依托，结合高寒地区气候特点、高拱坝混凝土温控标准和要求，对高寒地区高拱坝混凝土温度控制技术进行了全面系统的研究，形成了一套完整的适合高寒地区高拱坝混凝土温度控制综合防裂技术。

（一）主要成果及创新点

（1）对影响混凝土性能的主要因素进行了敏感性分析，为提高混凝土抗裂、抗冻等耐久性指标，从原材料选择、配合比设计、天然骨料生产工艺提出了相应的措施，提出了高寒地区高拱坝混凝土原材料选择及其配合比设计原则。

（2）采用估算法和数值分析法，对高寒地区高拱坝运行期水库水温分布规律进行分析研究，提出了高寒地区高拱坝水库水温计算参数和封拱温度取值原则，分析总结了大型水库蓄水后对下游河道水温的影响。

（3）对拉西瓦典型坝段混凝土施工期温度应力进行了全过程仿真计算，对影响混凝土温度应力的主要温控措施进行了分析，对冬季混凝土施工方法及表面温度应力进行系统研究，提出了符合高寒地区工程实际的温控防裂措施。

（4）对李家峡拱坝外掺 MgO 微膨胀混凝土施工期温度补偿应力、横缝开度和运行期应力进行全过程分析研究，提出了高寒地区高拱坝 MgO 混凝土筑坝关键技术及工艺。

（二）应用情况与推广前景

成果在依托工程中应用，为高寒地区同类工程混凝土温控设计及施工提供借鉴和指导，具有较高推的广应用价值，社会经济效益显著。

（三）获奖单位

中国水电顾问集团西北勘测设计研究院有限公司、中国水利水电科学研究院、武汉大学水资源与水电工程科学国家重点实验室。

（四）获奖人

黄天润、雷丽萍、郭红彦、王天广、李蒲建、白兴平、胡平。

（水力发电科学技术奖励工作办公室）

大体积混凝土智能温控系统研制与应用

“大体积混凝土智能温控系统研制与应用”获2014年度水力发电科学技术奖三等奖。

大体积混凝土内部温度梯度若不加以控制，其产生的显著温度应力极易导致混凝土开裂。近年来随着混凝土工程施工质量要求的不断提高，采取通水冷却并实行个性化通水是解决大体积混凝土裂缝问题的关键所在。该成果针对此前大坝通水冷却方式的缺陷开展了智能温控系统研制与应用，改变了以往大坝冷却通水手工监测、记录和调节的管理运行方式，实现大体积混凝土冷却通水的标准化和自动化运行，极大提高了大坝混凝土温控效率和效果，保障了工程质量，提高大体积混凝土施工温控现代化管理水平。成果获得多项发明专利、软件著作权，发表了相关学术论文，推动了水利水电工程施工的信息化建设，提高混凝土施工管理现代化水平，促进了行业科技进步。

（一）主要成果及创新点

（1）建立了基于人工神经网络原理的冷却通水控制算法和精细化温度仿真与温控关键参数反演算法，并应用于混凝土冷却通水参数确定。

（2）研制了测温型叶轮式脉冲信号流量传感器，集通水流量和温度采集于一体，为冷却通水参数采集提供了硬件基础。

（3）研制了集数据自动采集与通水冷却自动控制于一体的混凝土施工冷却通水自动测控设备，形成了基于自适应通断法的大体积混凝土冷却通水控制系统，实现了冷却通水智能化测控。

（4）研发了在复杂环境、多干扰因素下的大体积混凝土施工智能温控系统组网技术和管理系统，实现了信息共享与决策支持。

（二）应用情况与推广前景

已在雅砻江锦屏一级水电站、大渡河大岗山水电站等重大工程中得到应用，实施效果好，经济和社会效益显著。可广泛应用于水电、核岛、港口码头建设工程中，具备广阔的推广应用价值。

（三）获奖单位

中国葛洲坝集团股份有限公司、雅砻江流域水电开发有限公司、葛洲坝集团试验检测有限公司。

（四）获奖人

段绍辉、周厚贵、王继敏、陈志远、胡书红、王振振、宁金华。

（水力发电科学技术奖励工作办公室）

水电工程征地移民独立评估指标体系研究

"水电工程征地移民独立评估指标体系研究"获2014年度水力发电科学技术奖三等奖。

随着水电工程移民安置工作的重要性和复杂性日益突显，水电工程移民安置独立评估工作的作用也就愈加重要，而移民安置独立评估指标体系的研究工作是移民安置独立评估领域的一项重要课题。为了更好地开展移民安置独立评估工作，规范移民安置独立评估的对象和内容，需要建立一套全面而科学的评价指标体系。该成果在对移民理论研究和项目案例分析的基础上，明确了水电工程建设征地移民安置独立评估内容和基本原则，提出了反映征地移民独立评估各子系统的分指标，构建了水电工程征地移民独立评估指标体系，明确各级各类指标的含义、监测方法、权重参考值等技术指标，给出了评价指标体系的指标检验筛选的方法、权重计算方法和综合评估方法。

（一）主要成果及创新点

(1) 建立了一套水电工程征地移民安置独立评估指标体系，明确了移民安置独立评估的主要内容，其包括移民生产生活水平评估、区域社会经济发展、移民权益实现评估三个方面。

(2) 采用移民IRR理论、风险理论、移民环境影响理论、社会网络理论，综合运用德尔菲法、层次分析法（AHP）、模糊综合评价法等方法进行指标筛选和评价。

(3) 指标体系将定性指标逐层量化分解，明确独立评估指标体系各指标含义、计算公式及监测方法，并给出权重参考值。

（二）应用情况与推广前景

成果已应用于溪洛渡水电站、景洪水电站、桐柏水库等工程，效果良好。为水电工程建设征地移民安置独立评估规范的编写奠定了基础，对指导和规范今后的水电工程移民安置独立评估工作具有重大意义，推广应用前景广泛，社会效益显著，对促进移民行业科技进步及社会和谐发展有重大作用。

（三）获奖单位

中国电建集团北京勘测设计研究院有限公司、中国电建集团华东勘测设计研究院有限公司、中国电建集团昆明勘测设计研究院有限公司。

（四）获奖人

敬大捷、冯涛、刘玉颖、康建民、姜正良、冯启林、朱兆才。

（水力发电科学技术奖励工作办公室）

获得2014年度国家科学技术进步奖的水电科技项目

根据国家科学技术奖励办公室公布的2014年度国家技术发明奖、自然科学奖和科学技术进步奖的获奖项目，水电科技共有6个项目获得国家科学技术进步奖，有关情况见表1。

表1　获得2014年度国家科学技术进步奖的水电科技项目

序号	等级	项目名称	主要完成人	主要完成单位	备　注
1	一等奖	流域水循环演变机理与水资源高效利用	王浩、贾仰文、康绍忠、陈吉宁、王建华、曹寅白、陆垂裕、汪林、周祖昊、刘家宏、甘泓、仇亚琴、游进军、牛存稳、雷晓辉	中国水利水电科学研究院、清华大学、中国农业大学、水利部海河水利委员会	原序号9，编号J-222-1-01，推荐单位为水利部
2	一等奖	国家电网智能电网创新工程		国家电网公司	原序号14，编号J-206-1-01，推荐单位为国有资产管理委员会
3	二等奖	超大电流短路发电机主自研制与工程应用	王国海、苗立杰、焦晓霞、石晏珍、王彦滨、梁洪涛、郑龙泰、孙玉田、邱希亮、富立新	哈尔滨电机厂有限责任公司	原序号51，编号J-217-2-01，推荐单位为黑龙江省

续表

序号	等级	项目名称	主要完成人	主要完成单位	备　注
4	二等奖	混流式水轮机水力优化设计的关键技术及应用	罗兴锜、吴玉林、覃大清、郭鹏程、张乐福、刘树红、郑小波、廖伟丽、魏显著、高忠信	西安理工大学、清华大学、哈尔滨电机厂有限责任公司、中国水利水电科学研究院	原序号52，编号J-217-2-02，推荐单位为陕西省
5	二等奖	超高心墙堆石坝关键技术及应用	张宗亮、马洪琪、艾永平、袁友仁、张丙印、陈祖煜、迟世春、冯业林、速宝玉、李国英	华能澜沧江水电有限公司、中国电建集团昆明勘测设计研究院有限公司、清华大学、中国水电工程顾问集团有限公司、河海大学、大连理工大学、中国水利水电科学研究院	原序号69，编号J-222-2-02，推荐单位为云南省
6	二等奖	隧道与地下工程重大突涌水灾害治理关键技术与工程应用	李术才、张庆松、李利平、孙亮、张春生、俞文生、路为、仇文革、张霄、崔金声	山东大学、交通运输部科学研究所、山东高速集团有限公司、中国水电顾问集团华东勘测设计研究院有限公司、西南交通大学、江西省高速公路投资集团有限责任公司、济宁浩珂矿业工程设备有限公司	原序号72，编号J-223-2-04，推荐单位为山东省

（本年鉴编辑部）

获得2014年度中国电力科学技术进步奖的水电科技项目

根据中国电机工程学会公布的2014年度中国电力技术发明奖和科学技术进步奖获奖项目，只有中国电力科学技术进步奖有水电科技项目，有关情况见表1。

表1　获得2014年度中国电力科学技术进步奖的水电科技项目

序号	等级	获奖项目	受　奖　单　位
1	一等	大型抽水蓄能电站机组关键技术、成套设备及工程应用	国网新源控股有限公司、哈尔滨电机厂有限责任公司、东方电气集团东方电机有限公司、南京南瑞集团公司、中国电建集团华东勘测设计研究院有限公司、安徽响水涧抽水蓄能有限公司、西安交通大学、武汉大学
2	一等	超深埋高外水压水工隧洞建设关键技术	中国电建集团华东勘测设计研究院有限公司、雅砻江流域水电开发有限公司、中国水利水电建设工程咨询有限公司、北京振冲工程股份有限公司、中国水利水电第七工程局有限公司、中铁二局股份有限公司、中铁十四局集团有限公司
3	二等	特大地下洞室群优质高效安全环保施工关键技术与应用	中国水利水电第十四工程局有限公司、中国水利水电第六工程局有限公司、中国水利水电第七工程局有限公司、中国水利水电第十工程局有限公司、中国水利水电第十二工程局有限公司、中国水利水电第三工程局有限公司、天津大学、武汉大学、河海大学
4	二等	国产多冷却方式巨型水轮发电机组安装调试技术	中国水利水电第八工程局有限公司、葛洲坝集团机电建设有限公司

续表

序号	等级	获奖项目	受 奖 单 位
5	二等	高混凝土坝防裂动态智能温控关键技术研究及工程应用	水电水利规划设计总院、中国水利水电科学研究院、云南华电鲁地拉水电有限公司、北京木联能工程科技有限公司
6	二等	超高粉煤灰掺量的水工混凝土关键技术研究	中国电建集团贵阳勘测设计研究院有限公司、武汉大学
7	三等	水电工程风险评价、预警体系及应急措施研究	中国电建集团成都勘测设计研究院有限公司、天津大学
8	三等	复杂岩溶伏流区深斜井施工长引水隧洞风险动态分析及成套防治技术	中国电建集团昆明勘测设计研究院有限公司
9	三等	300m级特高拱坝复杂地基灌浆施工关键技术	中国水利水电第七工程局有限公司
10	三等	地质工程数字摄影勘察编录及三维可视化关键技术研究	中国电建集团中南勘测设计研究院有限公司、河海大学
11	三等	大型地下洞室混凝土施工关键技术	中国葛洲坝集团三峡建设工程有限公司
12	三等	BLJ600-60 自行履带式混凝土布料机研制	中国水利水电第八工程局有限公司
13	三等	水平薄层围岩中地下厂房洞室群围岩稳定及工程措施研究	中国电建集团北京勘测设计研究院有限公司

（本年鉴编辑部）

500m 水头段 300MW 抽水蓄能机组研制

“500m 水头段 300MW 抽水蓄能机组研制”成果获 2014 年度四川省科技进步一等奖。

随着国内电网容量的急剧增加，对具有调峰、调相、空载备用等功能的蓄能电站的需求越来越迫切。为尽快掌握抽水蓄能机组设计制造技术，加速蓄能机组国产化进程，东方电气集团东方电机有限公司（以下简称东方电机）通过技术引进、消化吸收，先后与国外公司合作承担了白莲河、惠州等 300MW 抽水蓄能机组的分包制造。之后，东方电机作为主包方促进了黑麋峰和呼和浩特电站 300MW 抽水蓄能机组研制的国产化。在此基础上，东方电机自主研制出 500m 水头段仙游 300MW 抽水蓄能机组，并在水力、绝缘、轴承等多项技术上获得突破。仙游 300MW 抽水蓄能机组于 2014 年 4 台全部顺利并网发电，首次实现抽水蓄能机组国内企业主导安装调试，填补了我国自主开发大容量抽水蓄能机组的空白。

经四川省科学技术进步奖评审委员会评审、四川省科学技术奖励委员会审定，东方电机申报的“500m 水头段、300MW 抽水蓄能机组研制”成果获 2014 年度四川省科技进步一等奖。

抽水蓄能电站是中国清洁可再生能源战略的重要组成部分，是目前储能容量最大、储放效率最高、经济性最好的储能设施。我国抽水蓄能电站发展势头良好，东方电机正在进行国内单机容量最大的仙居 375MW 发电电动机的研制工作。

（东方电气集团东方电机有限公司　余小波）

黄河粗泥沙集中来源区界定及水沙变化研究

“黄河粗泥沙集中来源区界定及水沙变化研究”获 2014 年度水利部大禹水利科学技术一等奖。

项目组通过 10 余年研究，通过自主、集成创新，攻克了高精度追溯泥沙来源的技术，界定了全沙模数不小于 5000t/(km^2 · a)、粒径不小于 0.10mm 的泥沙输沙模数不小于 1400t/(km^2 · a)、面积 1.88 万 km^2 的黄河粗泥沙集中来源区；提出了粗泥沙集中来源区治理分区的遴选聚类新方法，确定了分区治理时序；揭示了水沙变化动力机制，奠定了认识黄河水沙剧变成因的理论基础；建立了评价人类活动—气候复杂水文系统水沙变化的技术体系，定量评估了多因子对黄河水沙变化的贡献率，为黄河治理实践与流域泥沙来源、输移模拟与评价提供了理论、技术支撑。

项目研究成果已为国家在黄河治理、黄土高原地区综合治理等重大决策中采纳；获国家发明专利及知识产权9项；出版专著5部；发表论文480篇，其中SCI/EI收录153篇。

（一）主要成果及创新点

（1）提出了集成沉积旋回层物理探测、水文泥沙均衡分析、河床演变模拟反演、坡面—河道系统侵蚀输移沉积全过程辨识的追溯技术，界定了粗泥沙集中来源区及其空间分布。

（2）创新提出了“质—量—域”权重遴选聚类方法，界定了粗泥沙集中来源区支流治理时序。基于黄河下游冲淤平衡反馈指标和河道淤积约束指标，提出了“质—量—域”遴选聚类方法。

（3）提出了水土保持措施减水减沙效果的核查评估集成技术，形成了新的校正方法，建立了水土保持工程与生态演变信息系统。

（4）建立了流域下垫面抗蚀力概念及其表征指标体系与评价方法，创建了基于下垫面抗蚀力的人类活动对产沙影响的评价模型，定量评估了粗泥沙集中来源区水土保持措施对水沙变化的影响与作用，为大尺度复杂水文过程地区的水沙变化成因分析奠定了理论基础与技术手段。

（5）提出了表征降雨侵蚀能力的新概念，揭示了黄河流域水沙变化动力机制，为认识黄河水沙剧变成因提供了理论根据。

（6）揭示了暴雨—洪水—泥沙过程的复杂非线性关系，构建了黄土高原蓄满产流与超渗产流相耦合的产流机制自适应模拟模型，创建了“水文—水土保持—年轮”相耦合的预测方法，形成了评估人类活动及降雨等综合影响下水沙响应趋势的技术体系，定量评估了人类活动—气候二元水文系统多因素对水沙变化的贡献率。

（二）应用情况及推广应用前景

（1）粗泥沙集中来源区及水沙变化研究成果已列入国务院批复的《黄河流域综合规划》。

（2）国家发展和改革委员会、水利部等四部委联合发布的《黄土高原地区综合治理规划大纲》采纳了黄河水沙变化评估与粗泥沙集中来源区界定成果。

（3）国家发展和改革委员会采纳粗泥沙来源区成果批复启动了黄河中游拦沙工程建设，内蒙古、陕西等省区已实施。

（4）由孙鸿烈等多位院士专家组成的“中国水土流失科学考察团”依据本成果提出的重点治理黄河粗泥沙集中来源区建议被国务院采纳。

（5）水土保持治理措施核查技术已成功应用于全国第一次水利普查。

（6）提出的下垫面抗蚀力评价理论与模型、泥沙来源追溯技术等成果在河海大学、西安理工大学等高校研究生教学与科研工作中得到应用。

（7）评价模拟系统V1.0版本在国家“地球系统科学共享网”发布。

（8）据第三方评估，实施粗泥沙集中来源区治理，下游河道年均减少粒径不小于0.1mm的泥沙淤积量0.5亿t，年减挖沙投资10亿元，并具有显著的生态环境和防洪效益。

（9）成果鉴定委员会评价该成果“产生了显著的社会、经济效益，具有广阔的推广应用前景。”

（三）获奖单位

黄河水利委员会黄河水利科学研究院、黄河水利委员会水文局、北京师范大学、黄河水利委员会黄河上中游管理局、河南大学。

（四）获奖人

姚文艺、徐建华、徐宗学、冉大川、时明立、张晓华、张学成、常晓辉、高亚军、左仲国、王富贵、王金花、秦奋、陈江南、申震洲。

（黄河水利科学研究院）

极端洪旱事件对洞庭湖水安全影响机制研究

“极端洪旱事件对洞庭湖水安全影响机制研究”获2014年度湖南省科学技术进步二等奖。

洞庭湖区独特的地理位置，深受江湖关系变化影响。三峡水库运行前，长江洪水及泥沙淤积以及通江湖泊严重围垦，洪灾严重制约着湖区经济社会发展。三峡水库运行后，洞庭湖在分蓄洪任务没有改变的情况下，清水下泄导致干流水位不断下降，长江自三口分流入湖水量不断减少，而出口城陵矶水位不断降低，洞庭湖出流加快，湖泊水量减少且调蓄时间缩短，湖泊河道化、湿地陆地化趋势形成，湖区特别是三口河系旱情不断扩展；并且随着人类活动对全球自然环境影响越来越剧烈，极端事件频繁发生。因此，为确保经济社会和生态文明可持续发展，科学认识极端洪旱事件对洞庭湖水安全的影响机制，深入研究湖区水安全对策十分必要且非常紧迫。

课题主要研究内容包括：

（1）以“人水和谐”理念为指导，从水文、气象、泥沙等自然变异及人类活动影响多方面入手，结合历史资料、原型观测实验，针对变化环境下洞庭湖区水安全问题，剖析洪旱灾害变化特征和时空格局，揭示洞庭湖区洪旱灾害变化规律，研究变化条件下洞庭湖区极端洪旱事件的预测预警方法。

（2）结合洪旱灾害与气候和人类活动之间的关系，甄别导致洪旱灾害的主要因素和内在因子，进行极端洪旱灾害特征诊断，揭示极端事件在不同时期发生的概率、特征及未来趋势，建立灾害评估技术体系。

（3）分析了人类活动驱动的上游特大型水利枢纽调蓄、水沙演变以及发生的洪旱事件对洞庭湖区水安全的影响，研究洞庭湖区水安全演变趋势和影响机制。

（4）研究洞庭湖区河湖特点和洪水演进规律，建立洞庭湖区水文水动力学模型，进行洞庭湖区洪水过程模拟预报，研究三峡运行条件下洞庭湖区蓄洪垸调度方案。针对洞庭湖区洪旱灾害特点，提出适宜的风险分担与风险补偿机制与模式，进行洞庭湖区水安全情景模拟，建立洞庭湖流域水资源调控与保护布局体系。

该研究为水利部公益性行业科研专项项目，由湖南省水利水电勘测设计研究总院和河海大学于2012年12月完成，2013年9月通过了水利部的验收。研究成果总体上达到了国际先进水平，在水力学与水文学耦合的模型方法应用，综合考虑长江、四水、湖区、河网水循环的洪旱复杂调控系统等方面达到了国际领先水平。

主要研究人员为张振全、廖小红、黎昔春、薛联青、宋平、王加虎、刘晓群、谢育健、李杰友。

（湖南省水利水电勘测设计研究总院）

水布垭水电站获菲迪克2014年工程项目优秀奖

2014年9月28日至10月1日，国际咨询工程师联合会（FIDIC，菲迪克）2014年年会在巴西里约热内卢举行。该年会以“创新的基础设施建设解决方案”为主题关注工程咨询业的发展，同时颁发了“菲迪克2014年工程项目奖”。此次颁发的26个年度“菲迪克工程项目奖”中，“工程项目杰出奖”6个、“工程项目优秀奖”20个。中国获得其中8个奖项，名列全球第一，其中长江勘测规划设计研究院设计的水布垭水电站荣获“工程项目优秀奖”，成为全球20个荣获该奖项的项目中唯一的水电项目。

这是继2013年长江勘测规划设计研究院设计的长江三峡水利枢纽荣获FIDIC百年重大土木工程项目杰出奖和钮新强院长荣获FIDIC百年优秀咨询工程师之后，长江勘测规划设计研究院设计的工程再次获得国际大奖。

水布垭水电站，作为清江流域梯级开发的控制性工程，具有发电、防洪、改善航运等功能，大坝最高233m，是世界已建最高的混凝土面板堆石坝。该工程得到了时任国际大坝委员会主席路易斯·伯格先生的盛赞：“水布垭面板堆石坝的建成，是中国已经走在世界混凝土面板堆石坝建设前列的标志”。

菲迪克是全球工程咨询行业权威性的国际非政府组织，成立于1913年，目前其成员协会来自97个国家和地区。菲迪克提出的有关工程咨询行业的管理规范，包括质量管理体系、廉洁管理体系、项目可持续发展管理体系等，已为各国工程咨询界普遍接受和共同遵守。菲迪克制定的有关工程建设项目管理合同条款等，已成为国际工程咨询、工程项目管理和工程承包合同管理的重要依据，被联合国、世界银行、亚洲开发银行等国际组织普遍认同和广泛采用。而由菲迪克评选出的工程项目奖在行业内被称为世界工程咨询界的“诺贝尔奖”。

（长江勘测规划设计研究院）

江苏宜兴抽水蓄能电站荣获“改革开放35周年百项经典暨精品工程”

2014年，江苏宜兴抽水蓄能电站以其卓越的工程建设、先进的设备管理，获得住房与城乡建设部评选的“改革开放35周年百项经典暨精品工程”，成为全国唯一获此殊荣的抽水蓄能电站。

宜兴抽水蓄能电站自2008年底建成正式投产后，2010年获得鲁班奖（国家优质工程）。截至2014年底，多项重要指标优于设计或同业水平：电站设计综合效率76%，实际综合效率80%；设计上水库标准最大渗漏量0.02%，实际运行上水库最大渗漏量不超过0.005%；电站连续6年实现自动化设备投入率100%，正确动作率100%，继电保护动作正确率100%，实现高压一次设备无非计划停运。电站工程设计获浙江省钱江杯建设工程设计一等奖，上水库钢筋混凝土混合堆石坝设计与施工获得大禹杯二等奖等诸多奖项。电站以96分的高分获得国家能源局“安全生产标准化一级企业”称号，2014年全年发电启动1512次，成功率100%，抽水启动1160次，成功率99.74%，远高于同行对标水平，被评为2014年全国电力行业设备管理先进单位。

2014年，宜兴电站精心组织重大节日保电工作，圆满完成南京青奥会、防洪防汛、迎峰度夏等重要时段保电任务。特别是在南京青奥会期间，认真研究落实“再部署、再检查、再落实”的保电工作要求，提前策划、细化措施，周密安排机组消缺，组织黑启动应急演练、重点设备特巡等针对性工作，全力确保电站机组“随调随起”。在此期间，公司领导坚持24小时带班，员工全天候轮岗值班，累计投入保电人员300多人次，为青奥会期间电力可靠供应做出了突出贡献。

（华东宜兴抽水蓄能有限公司
夏斌强 胡 坤 李 斌）

中国电建集团贵阳勘测设计研究院有限公司2014年度科技成果获奖情况

中国电建集团贵阳勘测设计研究院有限公司2014年度科技成果获奖情况见表1。

表1 中国电建集团贵阳勘测设计研究院有限公司2014年度科技成果获奖情况表

序号	项目名称	获奖情况
1	乌江思林大型垂直升船机关键技术研究	中国航海学会科学技术奖一等奖
2	超高粉煤灰掺量的水工混凝土关键技术研究	水力发电科学技术奖三等奖
3	超高粉煤灰掺量的水工混凝土关键技术研究	贵州省科技进步奖三等奖
4	贵州省盘县老黑山、黄白箐风电场数字地形测绘	贵州省优秀测绘工程奖一等奖
5	枕头坝一级水电站枢纽建筑物变形监测控制网测量	贵州省优秀测绘工程奖二等奖
6	遵义县洪关太阳坪风电场1∶2000 UAV低空数字摄影测量	贵州省优秀测绘工程奖三等奖
7	喀斯特化坝基岩体工程地质分类与地基处理研究	第五届中国岩石力学与工程学会科学技术奖三等奖
8	复杂喀斯特地区建库渗漏勘察技术与评价方法应用研究	第五届中国岩石力学与工程学会科学技术奖三等奖
9	贵州乌江清水河格里桥水电站工程勘察	贵州省优秀工程勘察设计奖一等奖
10	贵州乌江清水河格里桥水电站工程设计	贵州省优秀工程勘察设计奖一等奖
11	贵州洪渡河石垭子水电站工程勘察	贵州省优秀工程勘察设计奖二等奖
12	安全监测网络化数据处理及坝体变形动态三维仿真系统	贵州省优秀工程勘察设计奖二等奖
13	遵义县洪关太阳坪风电场1∶2000UAV低空数字摄影测量	贵州省优秀工程勘察设计奖三等奖
14	贵州省盘县老黑山、黄白箐风电场数字地形测绘	贵州省优秀工程勘察设计奖三等奖
15	大渡河枕头坝一级水电站工程可行性研究报告	贵州省优秀工程咨询成果奖一等奖
16	四川雅砻江锦屏一级、二级水电站蓄水阶段环境保护验收调查报告书	贵州省优秀工程咨询成果奖一等奖
17	贵州省贵阳市、遵义市、兴义市新能源示范城市发展规划	贵州省优秀工程咨询成果奖一等奖
18	贵州省兴义市马岭水利枢纽工程项目建议书	贵州省优秀工程咨询成果奖一等奖
19	贞丰县七星水库灌溉工程可行性研究报告	贵州省优秀工程咨询成果奖一等奖
20	西藏扎曲果多水电站可行性研究报告	贵州省优秀工程咨询成果奖二等奖
21	四川有绰斯甲河干流（曾克寺－麦斯卡）水电开发环境影响回顾性评价研究报告	贵州省优秀工程咨询成果奖二等奖
22	华能昭觉依达风电场工程可行性研究报告	贵州省优秀工程咨询成果奖二等奖
23	四川省广安市前锋区龙滩水库工程可行性研究报告	贵州省优秀工程咨询成果奖二等奖
24	贵阳市轨道交通2号线一期工程水土保持方案报告书	贵州省优秀工程咨询成果奖二等奖
25	贵州省分散式接入风电开发方案	贵州省优秀工程咨询成果奖二等奖

续表

序号	项目名称	获奖情况
26	沿河县甘溪水库工程可行性研究报告	贵州省优秀工程咨询成果奖二等奖
27	洪渡河高生水电站可行性研究报告	贵州省优秀工程咨询成果奖三等奖
28	贵州盘县老黑山风电场可行性研究报告	贵州省优秀工程咨询成果奖三等奖
29	遵义同心(金刀)220kV变110kV线路送出工程可行性研究报告	贵州省优秀工程咨询成果奖三等奖
30	雷山县鸡鸠水库工程可行性研究报告	贵州省优秀工程咨询成果奖三等奖
31	广西富川蚊帐岭风电场可行性研究报告	贵州省优秀工程咨询成果奖三等奖
32	石阡县木瓜溪水库工程可行性研究报告	贵州省优秀工程咨询成果奖三等奖
33	金沙县油沙河水库工程可行性研究报告	贵州省优秀工程咨询成果奖三等奖

（中国电建集团贵阳勘测设计研究院有限公司　王　芳）

南京水利科学研究院 2014 年科技成果获奖情况

南京水利科学研究院 2014 年度科技成果获奖情况见表 1。

表 1　南京水利科学研究院 2014 年度科技成果获奖情况表

序号	项目名称	获奖情况
1	粉沙质海岸泥沙运动规律研究及工程应用	国家科技进步奖二等奖
2	水库大坝安全保障关键技术研究与应用	大禹水利科学技术奖特等奖
3	气候变化对中国水安全的影响及对策研究	大禹水利科学技术奖一等奖
4	长江口江心大型避咸蓄淡水库建设关键技术研究与应用	大禹水利科学技术奖一等奖
5	长江下游潮流变动段典型浅滩治理关键技术研究	中国水运建设行业协会科学技术奖一等奖
6	长江航道整治软体排设计与施工成套技术研发及应用	中国水运建设行业协会科学技术奖一等奖
7	珠江三角洲高等级航道网建设关键技术研究	中国水运建设行业协会科学技术奖一等奖
8	水利水电工程生态环境调控关键技术及应用	水力发电科学技术奖一等奖
9	高土石坝试验技术研究与工程应用	水力发电科学技术奖一等奖
10	新型转子式流速仪关键技术研究	大禹水利科学技术奖二等奖
11	淮河流域多闸坝水质水量联合调度关键技术研究	大禹水利科学技术奖二等奖
12	海河流域下垫面变化洪水响应与调控关键技术研究及应用	大禹水利科学技术奖二等奖
13	山区冲积性河流（广西绣江）梯级开发中航道问题关键技术研究	中国水运建设行业协会科学技术奖二等奖
14	公路桥涵水文计算及桥孔设计方法研究	中国公路学会科学技术奖二等奖
15	海港工程预应力钢筋混凝土结构脱盐阻氯延寿关键技术研究	中国港口协会科学技术奖二等奖
16	宁波港北仑港域海床稳定性及回淤研究	中国港口协会科学技术奖二等奖
17	大型实体模型水沙测控技术与应用	教育部技术发明奖二等奖
18	大隆水利工程自动化管理技术研究与应用	海南省科技进步奖二等奖
19	施桥三线船闸工程混凝土质量通病治理新技术研究	中国水运建设行业协会科学技术奖三等奖
20	三峡等梯级水库运行条件下长江干线航道最低通航水位标准关键技术	湖北省科技进步奖三等奖

（南京水利科学研究院　毛凤莲）

黄河水利科学研究院2014年科技成果获奖情况

黄河水利科学研究院2014年科技成果获奖情况见表1。

表1 黄河水利科学研究院2014年科技成果获奖情况表

序号	项目名称	获奖情况
1	非水反应高聚物注浆防渗加固成套技术及装备	国家技术发明奖二等奖
2	水库大坝安全保障关键技术研究与应用	大禹水利科学技术奖特等奖
3	黄河粗泥沙集中来源区界定及水沙变化研究	大禹水利科学技术奖一等奖
4	小浪底水库运用方式对高滩深槽塑造及支流库容利用研究	大禹水利科学技术奖二等奖
5	坡面流水动力学特性试验研究	第六届中国水土保持学会科学技术三等奖
6	黄河冲积性河段主槽演变机理及治理措施	黄河水利委员会科技进步奖一等奖
7	黄土高原植被固土减蚀作用力学机理	黄河水利委员会科技进步奖一等奖
8	黄河万家寨水库防凌运用方式研究	黄河水利委员会科技进步奖一等奖
9	黄河水沙调控体系建设规划关键技术研究	黄河水利委员会科技进步奖一等奖
10	分布式全过程管理的职称评审系统研发与应用	黄河水利委员会科技进步奖二等奖

（黄河水利科学研究院）

湖南省水利水电勘测设计研究总院2014年度科技成果获奖情况

湖南省水利水电勘测设计研究总院2014年度科技成果获奖情况见表1。

表1 湖南省水利水电勘测设计研究总院2014年度科技成果获奖情况表

序号	项目名称	获奖情况
1	极端洪旱事件对洞庭湖水安全影响机制研究	湖南省科技进步三等奖
2	莽山水库工程可行性研究报告	湖南省优秀工程咨询成果奖一等奖
3	湖南省金塘冲水库项目建议书	湖南省优秀工程咨询成果奖二等奖
4	《湖南省三峡后续工作长海淀区中下游城镇供水及农业灌溉影响处理（2011－2014年）工程环境影响报告书》	湖南省优秀工程咨询成果奖一等奖
5	湖南省湘江二级航道二期工程水土保持方案报告	湖南省优秀工程咨询成果奖三等奖
6	铜湾水电站工程设计	湖南省优秀勘察设计奖一等奖
7	铜湾水电站工程勘察	湖南省优秀勘察设计奖一等奖

（湖南省水利水电勘测设计研究总院）

中国葛洲坝集团有限公司2014年科技成果获奖情况

中国葛洲坝集团有限公司2014年科技成果获得省部级和行业科技奖情况见表1。

表1 中国葛洲坝集团有限公司2014年科技成果获得省部级和行业科技奖情况表

序号	项目名称	获奖情况
1	大型地下水电站混凝土高效施工技术与装备	水力发电科学技术奖一等奖
2	高水头、大容量水轮发电机组安装技术研究	水力发电科学技术奖二等奖
3	大体积混凝土智能温控系统研制与应用	水力发电科学技术奖三等奖
4	国产多冷却方式水轮发电机组安装调试技术	中国电力科学技术奖二等奖

续表

序号	项目名称	获奖情况
5	大型混凝土洞室施工关键技术	中国电力科学技术奖三等奖
6	大体积混凝土结构裂缝性能量化测试与控制新技术	教育部技术发明奖一等奖
7	现场混装技术在不同爆破作业中的研究与应用	中国工程爆破协会科学技术奖一等奖
8	爆破技术在抢险救灾中的应用研究与实践	中国工程爆破协会科学技术奖一等奖
9	岩滩水电站扩建工程进水口围堰爆破技术	中国工程爆破协会科学技术奖一等奖
10	露天爆破统计分析系统研发与应用	中国工程爆破协会科学技术奖三等奖
11	散装乳化炸药在含硫矿山爆破开采中研究与应用	中国工程爆破协会科学技术奖三等奖
12	固体废弃物制备高性能道路建筑材料关键技术	湖北省科技进步奖一等奖
13	特大型齿轮齿条爬升式升船机塔柱高精度施工及设备安装技术	湖北省科技进步奖二等奖
14	大型结构新老混凝土界面粘结的材料，施工方法及装备	中国施工企业管理协会科学技术奖一等奖
15	超大U型现浇预应力渡槽施工技术研究	中国施工企业管理协会科学技术奖一等奖
16	锦屏一级水电站工程混凝土骨料大型管状带式输送机系统的开发与应用	中国施工企业管理协会科学技术奖一等奖
17	瀑布沟高土石坝建坝关键技术研究与应用	中国施工企业管理协会科学技术奖一等奖

续表

序号	项目名称	获奖情况
18	大跨度高位现浇混凝土深梁梁系贝雷架支撑施工技术	中国施工企业管理协会科学技术奖一等奖
19	300m级混凝土双曲拱坝施工关键技术研究与应用	中国施工企业管理协会科学技术奖一等奖
20	大型地下洞室混凝土施工关键技术	中国施工企业管理协会科学技术奖一等奖
21	真空电加热水预热混凝土生产技术	中国施工企业管理协会科学技术奖一等奖
22	锦屏大奔流沟料场高陡顺层软硬相间岩体超宽超高边坡强卸荷稳定分析研究与应用	中国施工企业管理协会科学技术奖一等奖
23	大型地下电站混凝土施工新装备研制与工程示范	中国施工企业管理协会科学技术奖一等奖
24	深溪沟水电站165MW轴流转桨式水轮发电机组安装调试关键技术研究	中国施工企业管理协会科学技术奖二等奖
25	藏木水电站缆索起重机无功功率的应用研究	中国施工企业管理协会科学技术奖二等奖
26	大体积碾压混凝土快速升仓施工技术研究	中国施工企业管理协会科学技术奖二等奖
27	地面式超高，超大钢制调压竖井安装施工技术	中国施工企业管理协会科学技术奖二等奖
28	三峡升船机多功能高空作业施工设施的研制及应用	中国施工企业管理协会科学技术奖二等奖

续表

序号	项目名称	获奖情况
29	大岗山特大4×4，8自落式预冷型混凝土拌和系统施工技术研究	中国施工企业管理协会科学技术奖二等奖
30	大型可逆式机组安装调试关键技术研究	中国施工企业管理协会科学技术奖二等奖
31	三峡升船机超大薄型高精度混凝土平衡重块制造技术研究与应用	中国施工企业管理协会科学技术奖二等奖
32	大体积混凝土冷却通水智能控制系统研究	中国施工企业管理协会科学技术奖二等奖
33	青藏直流输电施工关键技术	中国施工企业管理协会科学技术奖二等奖
34	超深凹槽曲面铜止水加工技术	中国施工企业管理协会科学技术奖二等奖
35	矿渣微粉在水工混凝土中的研究与应用	中国施工企业管理协会科学技术奖二等奖
36	锦屏一级水电站工程混凝土骨料大型管状带式输送机系统的开发与应用	电力建设科学技术奖一等奖
37	大型地下洞室混凝土施工关键技术的研发	电力建设科学技术奖一等奖
38	混凝土组合骨料生产技术研究与应用	电力建设科学技术奖二等奖
39	BMC400型反井钻机在巴基斯坦N-J陡倾角弱地质条件下超深竖井施工中的研究与应用	电力建设科学技术奖二等奖
40	大型抽水蓄能机组安装调试技术研究与应用	电力建设科学技术奖二等奖
41	风电场静压冲水PHC管桩基础施工工艺研究	电力建设科学技术奖三等奖

续表

序号	项目名称	获奖情况
42	纵横向行走起重装置的研制及在泄洪坝大型构件吊装中的应用	电力建设科学技术奖三等奖
43	三峡升船机船厢室段高精度混凝土施工技术研究及应用	电力建设科学技术奖三等奖
44	向家坝水电站工程大型沉井群施工技术研究与应用	电力建设科学技术奖三等奖
45	藏木水电站高寒及大温差混凝土施工技术研究与应用	电力建设科学技术奖三等奖
46	膨胀岩渠道滑坡机理分析及处理技术的研究	电力建设科学技术奖三等奖
47	大型输水渡槽造槽机安装施工技术研究与应用	电力建设科学技术奖三等奖
48	大型轴流转桨式水轮机组优质高效安装调试技术的研究与应用	电力建设科学技术奖三等奖

（中国葛洲坝集团有限公司）

中国电建集团北京勘测设计研究院有限公司2014年科技成果获奖情况

2014年，中国电建集团北京勘测设计研究院有限公司科技成果情况见表1。

表1 中国电建集团北京勘测设计研究院有限公司2014年科技成果获奖情况表

序号	项　目	获奖情况
1	抽水蓄能电站施工控制网关键技术研究与应用	水力发电科学技术奖二等奖
2	水电开发的生态补偿机制研究	水力发电科学技术奖三等奖
3	水电工程征地移民独立评估指标体系研究	水力发电科学技术奖三等奖
4	我国抽水蓄能电站发展规划研究	水力发电科学技术奖三等奖

（中国电建集团北京勘测设计研究院有限公司）

专 利 项 目 简 介

中国电建集团贵阳勘测设计研究院有限公司 2014 年获得的专利授权情况

中国电建集团贵阳勘测设计研究院有限公司 2014 年获得的专利授权情况见表 1。

表 1 中国电建集团贵阳勘测设计研究院有限公司 2014 年获得专利授权情况表

序号	专利名称	专利类别	专利号	授权公告日
1	一种具有集鱼排水功能的鱼池	实用新型	ZL201320412868.3	2014 年 1 月 29 日
2	一种平板闸门可移动式简支梁锁锭装置	实用新型	ZL201320418219.4	2014 年 1 月 29 日
3	一种大规模养殖池	实用新型	ZL201320418248.0	2014 年 1 月 29 日
4	一种可回收的平拉索桥锚碇板结构	实用新型	ZL201320422641.7	2014 年 1 月 29 日
5	一种平拉索桥稳定索的连接结构	实用新型	ZL201320422631.3	2014 年 1 月 29 日
6	一种平拉索桥的锚碇结构	实用新型	ZL201320422438.X	2014 年 1 月 29 日
7	一种鱼池进排水管组合结构	实用新型	ZL201320422642.1	2014 年 1 月 29 日
8	一种平拉索桥的锚碇板结构	实用新型	ZL201320422437.5	2014 年 1 月 29 日
9	一种平拉索桥的索鞍结构	实用新型	ZL201320422645.5	2014 年 1 月 29 日
10	一种混凝土底板横向错台分缝结构	实用新型	ZL201320476026.4	2014 年 1 月 29 日
11	一种用于电站的可拆卸式堵头	实用新型	ZL201320474336.2	2014 年 1 月 29 日
12	一种采用高强度岩石制砂的方法	发明专利	ZL201110095064.0	2014 年 4 月 16 日
13	一种大跨度拦污栅的框架结构	实用新型	ZL201320330085.0	2014 年 2 月 26 日
14	一种简易挡水闸门结构	实用新型	ZL201320483400.3	2014 年 5 月 14 日
15	一种伸缩缝止水检查槽	实用新型	ZL201320699357.4	2014 年 5 月 14 日
16	一种混凝土预埋钢管外壁防护结构	实用新型	ZL201320660072.X	2014 年 5 月 14 日
17	一种设置于导流洞洞室闸门井井筒内的密封结构	实用新型	ZL201320699003.X	2014 年 5 月 14 日
18	一种固定闸门门槽轨道结构	实用新型	ZL201320718587.0	2014 年 5 月 14 日
19	适用于狭窄河谷高拱坝堰体的泄洪消能工结构	实用新型	ZL201320580699.4	2014 年 5 月 14 日
20	一种竹式空心钢筋混凝土悬臂式挡土墙	实用新型	ZL201320763996.2	2014 年 6 月 11 日
21	一种简易的洞体封堵结构	实用新型	ZL201320738805.7	2014 年 6 月 11 日
22	一种用于排水泄洪的空心圆管涵结构	实用新型	ZL201320774509.2	2014 年 6 月 11 日
23	一种新型排水盲管	实用新型	ZL201320797965.9	2014 年 6 月 11 日

续表

序号	专利名称	专利类别	专利号	授权公告日
24	一种用于基坑支护的竹排结构	实用新型	ZL201320765953.8	2014年6月11日
25	一种用于排水泄洪的空心明沟结构	实用新型	ZL201320763886.6	2014年6月11日
26	一种用于排水泄洪的空心拱涵	实用新型	ZL201320763936.0	2014年6月11日
27	一种竹式空心钢筋混凝土水池	实用新型	ZL201320763986.9	2014年6月11日
28	堆石体碾压密度测定方法及装置	发明专利	ZL201210204694.1	2014年6月18日
29	一种用于处理隧洞塌方的旁通洞结构	实用新型	ZL201420092781.7	2014年7月16日
30	一种用于自卸汽车卸料的启闭式防尘挡棚	实用新型	ZL201420106806.4	2014年7月16日
31	一种可降低碾压混凝土骨料分离的自卸汽车车门	实用新型	ZL201420080258.2	2014年7月16日
32	一种用于导流洞混凝土堵头顶拱回填灌浆的止浆结构	实用新型	ZL201320604011.1	2014年7月16日
33	一种小断面低水头隧洞结构	实用新型	ZL201320797414.2	2014年7月16日
34	一种调压井井筒排水结构	实用新型	ZL201320699324.X	2014年7月16日
35	一种可单向提高灌注桩抗水平推力的V型翼墙结构	实用新型	ZL201320699053.8	2014年7月16日
36	用于高填方区半挖半填的整体框架式板柱挡土墙	实用新型	ZL201320821869.3	2014年7月16日
37	用于填方区全填方的整体框架式板柱挡土墙	实用新型	ZL201320822109.4	2014年7月16日
38	一种用于混凝土围堰与永久建筑物结合处的防渗结构	实用新型	ZL201320605349.9	2014年7月16日
39	高级氧化水处理装置	实用新型	ZL201320609536.4	2014年7月16日
40	一种用于混凝土坝横缝处的施工模板	实用新型	ZL201320603836.1	2014年7月16日
41	一种低水头导流洞封堵下闸挡水结构	实用新型	ZL201420092694.1	2014年7月23日
42	一种水工建筑物横缝止水布置结构	实用新型	ZL201320660186.4	2014年7月30日
43	一种长引水式电站调压室结构	实用新型	ZL201320839195.X	2014年7月30日
44	一种用于河床覆盖层上的海漫防冲结构	实用新型	ZL201320660056.0	2014年7月30日
45	一种高面板堆石坝面板与混凝土框架复合结构	实用新型	ZL201320838860.3	2014年7月30日
46	便携式WI-FI通信式双馈风电机组轴系摆度测试装置	实用新型	ZL201320858648.3	2014年7月30日
47	一种碾压坝斜层碾压坡脚处理装置	实用新型	ZL201320889143.3	2014年7月30日
48	一种防水的液压油管沟槽结构	实用新型	ZL201320874292.2	2014年7月30日
49	一种集排水与通风于一体的地下厂房缝隙结构	实用新型	ZL201320850343.8	2014年7月30日
50	一种用于混凝土预制梁缝隙的处理结构	实用新型	ZL201320850345.7	2014年7月30日
51	一种用于混凝土围堰沉降缝中的可更换止水结构	实用新型	ZL201320859504.X	2014年7月30日
52	一种用于长引水隧洞闸门的充水平压结构	实用新型	ZL201320859502.0	2014年7月30日
53	一种泄洪消能防冲设施结构	实用新型	ZL201320848566.0	2014年7月30日
54	一种水库分层取水装置	实用新型	ZL201320848387.7	2014年7月30日
55	一种有利于碾压混凝土快速施工的坝体排水结构	实用新型	ZL201320848303.X	2014年7月30日

续表

序号	专利名称	专利类别	专利号	授权公告日
56	一种拦污栅的清污耙斗轨道	实用新型	ZL201320848367.X	2014年7月30日
57	一种用于碾压混凝土的坝体排水系统	实用新型	ZL201320848505.4	2014年7月30日
58	一种混凝土齿槽消力池	实用新型	ZL201420013581.8	2014年7月30日
59	一种高面板堆石坝多段面板结构	实用新型	ZL201320837742.0	2014年7月30日
60	一种混凝土重力坝横缝止水结构	实用新型	ZL201320605688.7	2014年7月30日
61	便携式无线通信式双馈风电机组齿轮箱振动测试装置	实用新型	ZL201320647321.1	2014年7月30日
62	一种防水流冲淘河堤兼公路边坡挡墙一体化结构	实用新型	ZL201420092864.6	2014年8月6日
63	一种钢桥梁的支承方法及一种梁式钢桥	发明专利	ZL201210190359.0	2014年8月6日
64	一种用于混凝土坝施工的温控模板	实用新型	ZL201420166131.2	2014年8月13日
65	一种用于临时闸门下闸挡水的装置	实用新型	ZL201420166178.9	2014年8月13日
66	一种山区公路过水涵洞的临时加固装置	实用新型	ZL201420217869.7	2014年9月10日
67	一种实现垂线监测自动化与人工测读相结合的观测墩	实用新型	ZL201420218401.X	2014年9月10日
68	一种碾压混凝土坝钢筋混凝土预制廊道结构	实用新型	ZL201420233450.0	2014年9月10日
69	一种土工膜伸缩节布置结构	实用新型	ZL201420233512.8	2014年9月10日
70	一种用于拱坝坝基处理的传力洞结构	实用新型	ZL201420233433.7	2014年9月10日
71	一种沿河或冲沟的临建场地	实用新型	ZL201420265371.8	2014年9月17日
72	一种板梁与墙体的连接结构	实用新型	ZL201420245067.7	2014年9月17日
73	一种多台单缸垂直式液压机的泵站布置结构	实用新型	ZL201420255143.2	2014年9月17日
74	一种闸门锁定梁的存放库	实用新型	ZL201420255260.9	2014年9月17日
75	一种混凝土叠梁结构	实用新型	ZL201420255103.8	2014年9月17日
76	一种水下巷道渗漏处理的结构	实用新型	ZL201420255077.9	2014年9月17日
77	一种弧形闸门液压机的泵站布置结构	实用新型	ZL201420255329.8	2014年9月17日
78	一种饮用水的除氟装置	实用新型	ZL201420233580.4	2014年9月24日
79	一种边坡排水及防护结构	实用新型	ZL201420147475.9	2014年9月3日
80	一种超宽泄槽的掺气坎结构	实用新型	ZL201420158002.9	2014年9月3日
81	一种水电站尾水管结构	实用新型	ZL201420148060.3	2014年9月3日
82	一种水电站室内主变事故渗油池结构	实用新型	ZL201420148403.6	2014年9月3日
83	一种水电站厂房发电机层板梁与墙体的连接结构	实用新型	ZL201420111350.0	2014年9月3日
84	一种提高洞室稳定性的结构	实用新型	ZL201420127892.7	2014年9月3日
85	一种用于排水泄洪的空心箱型暗涵结构	实用新型	ZL201320765972.0	2014年9月3日
86	一种污水进水拦污自动清洗装置	实用新型	ZL201420190992.4	2014年9月3日
87	一种利用泥岩筑坝料的面板堆石坝结构	实用新型	ZL201420137258.1	2014年9月3日

续表

序号	专利名称	专利类别	专利号	授权公告日
88	一种用于较陡地形的截水沟结构	实用新型	ZL201420152501.7	2014年9月3日
89	一种水电站渣场顶部石笼护沟结构	实用新型	ZL201420184552.8	2014年9月3日
90	一种用于水池建筑物周边的排水沟结构	实用新型	ZL201420147497.5	2014年9月3日
91	一种有利于抗震的预制梁连接结构	实用新型	ZL201420148050.X	2014年9月3日
92	一种防止电站露天调压室水面凝冻的设备	实用新型	ZL201420148079.8	2014年9月3日
93	一种钢筋止水处理结构	实用新型	ZL201420111260.1	2014年9月3日
94	一种防止混凝土管道冻融破坏装置	实用新型	ZL201420108413.7	2014年9月3日
95	一种水电站尾水平台梁结构	实用新型	ZL201420187537.9	2014年9月3日
96	一种氮氧化物采集装置	实用新型	ZL201420197265.0	2014年9月3日
97	一种复合好氧膜生物反应器污水处理装置	实用新型	ZL201420197233.0	2014年9月3日
98	一种好氧MBR平板膜安装固定装置	实用新型	ZL201420109751.2	2014年9月3日
99	一种喷流式UASB反应器装置	实用新型	ZL201420109771.X	2014年9月3日
100	一种用于主变压器下面的滤油装置	实用新型	ZL201420111196.7	2014年9月3日
101	一种泄放小流量水流的结构	实用新型	ZL201420117364.3	2014年9月3日
102	一种处置养殖场废水的生物接触氧化设备	实用新型	ZL201420111116.8	2014年9月10日
103	一种用于公路中穿越滑坡体的明洞结构	实用新型	ZL201420111481.9	2014年9月10日
104	一种UASB的新型三相分离器装置	实用新型	ZL201420108561.9	2014年9月10日
105	一种养殖池排水装置	实用新型	ZL201420111334.1	2014年9月10日
106	一种好氧厌氧一体式流化床生物膜反应器装置	实用新型	ZL201420108376.X	2014年9月10日
107	一种心墙堆石坝坝内廊道结构缝止水结构	实用新型	ZL201420177011.2	2014年9月10日
108	一种格宾笼复合路基结构	实用新型	ZL201420161083.8	2014年9月10日
109	一种粗粒土直剪试验可视化剪切装样盒	实用新型	ZL201420111466.4	2014年9月10日
110	一种改进的活性污泥法曝气池装置	实用新型	ZL201420108536.0	2014年9月10日
111	一种用于排水泄洪的竹式明沟结构	实用新型	ZL201320774531.7	2014年9月10日
112	一种用于深层陡倾断层裂隙处理结构	实用新型	ZL201420186290.9	2014年10月15日
113	一种导流洞混凝土堵头新型结构	实用新型	ZL201420284807.8	2014年10月15日
114	一种可提高抗冲耐磨性能的混凝土复合结构	实用新型	ZL201420284711.1	2014年10月15日
115	一种边坡加固治理结构	实用新型	ZL201420233545.2	2014年10月15日
116	一种消力池的新型结构	实用新型	ZL201420284806.3	2014年10月15日
117	一种新型的海漫结构	实用新型	ZL201420284769.6	2014年10月15日
118	一种具有消能功能的涵洞	实用新型	ZL201420255159.3	2014年10月15日
119	一种PE管穿越堆场HDPE防渗膜的结构	实用新型	ZL201420274235.5	2014年10月15日

续表

序号	专利名称	专利类别	专利号	授权公告日
120	一种混凝土表面保温结构	实用新型	ZL201420283261.4	2014年10月15日
121	一种坝体横缝止水的保护结构	实用新型	ZL201420283260.X	2014年10月15日
122	洞室钢衬混凝土脱空厚度的检测方法	发明专利	ZL201210204680.X	2014年10月22日
123	一种导流洞出口的消能结构	实用新型	ZL201420284661.7	2014年10月22日
124	一种减少高落差碾压混凝土骨料分离的装置	实用新型	ZL201420124352.3	2014年10月29日
125	一种取水装置	实用新型	ZL201420092863.1	2014年10月29日
126	一种混凝土堵头施工期的排水结构	实用新型	ZL01420284684.8	2014年10月29日
127	一种水电工程施工临时跨河桥结构	实用新型	ZL201420253766.6	2014年10月29日
128	一种混凝土垂直墙壁水池铺膜防渗结构	实用新型	ZL201420348932.0	2014年11月5日
129	一种处理污水中氮磷的人工湿地	实用新型	ZL201420349060.X	2014年11月5日
130	用于严寒冬季混凝土坝的保温被的安装装置	实用新型	ZL201420352165.0	2014年11月5日
131	一种喷淋式高速曝气膜生物反应器装置	实用新型	ZL201420199259.9	2014年10月22日
132	一种沥青混凝土心墙防渗结构	实用新型	ZL201420147438.8	2014年10月22日
133	一种平拉索桥钢索与拉杆的连接装置	实用新型	ZL201420223421.6	2014年10月22日
134	一种平拉索桥稳定梁结构	实用新型	ZL201420264866.9	2014年10月22日
135	一种平拉索桥稳定梁连接结构	实用新型	ZL201420264854.6	2014年10月22日
136	一种平拉索桥钢丝绳自锚式桥台结构	实用新型	ZL201420233855.4	2014年10月22日
137	一种平拉索桥桥面索与稳定梁的连接结构	实用新型	ZL201420233876.6	2014年10月22日
138	一种可循环使用的除氟装置	实用新型	ZL201420199549.3	2014年10月22日
139	一种用于平拉索桥拉杆的支承托梁结构	实用新型	ZL201420223476.7	2014年10月22日
140	一种变压器钢轨轮定位器	实用新型	ZL201420256247.5	2014年10月22日
141	一种埋藏式压力钢管回填灌浆结构	实用新型	ZL201420256302.0	2014年10月22日
142	一种压力钢管伸缩节结构	实用新型	ZL201420256150.4	2014年10月22日
143	一种重力式挡土墙加固结构	实用新型	ZL201420111223.0	2014年10月22日
144	一种水工隧洞结构	实用新型	ZL201420272381.4	2014年10月22日
145	一种利用VPN技术实现固定IP的水情远程终端	实用新型	ZL201320838887.2	2014年10月22日
146	一种埋藏式压力钢管接触灌浆结构	实用新型	ZL201420255917.1	2014年10月22日
147	一种平拉索桥桥面索与稳定梁的连接结构	实用新型	ZL201420223374.5	2014年10月22日
148	一种节约预应力锚索张拉段灌浆量的装置	实用新型	ZL201420273374.6	2014年11月5日
149	一种平拉索桥重力式锚碇结构	发明专利	ZL201310506846.8	2014年11月5日
150	免围堰的心墙堆石坝结构	实用新型	ZL201320133502.2	2014年1月8日
151	一种隧道衬砌混凝土脱空的检测装置	实用新型	ZL201320259823.7	2014年1月8日

续表

序号	专利名称	专利类别	专利号	授权公告日
152	一种用于潜孔弧门的转角防射流水封装置	实用新型	ZL201320570412. X	2014 年 2 月 26 日
153	一种可以控制水位的鱼池	实用新型	ZL201320581149. 4	2014 年 2 月 26 日
154	一种高压滑道闸门	实用新型	ZL201320561674. X	2014 年 2 月 26 日
155	一种导流洞闸门启吊装置	实用新型	ZL201320520121. X	2014 年 2 月 26 日
156	一种公路高边坡截水沟结构	实用新型	ZL201320519683. 2	2014 年 2 月 26 日
157	一种基桩叠片式高应变检测重锤	实用新型	ZL201320483387. 1	2014 年 2 月 6 日
158	一种农村人行桥栏杆结构	实用新型	ZL201320520131. 3	2014 年 2 月 26 日
159	一种用于导流洞下闸的钢筋混凝土闸门结构	实用新型	ZL201320544939. 5	2014 年 3 月 26 日
160	一种用于溶蚀及塌方洞段的支护结构	实用新型	ZL201320605394. 4	2014 年 3 月 26 日
161	整合化的 UASB－SBR 反应器装置	实用新型	ZL201320597980. 9	2014 年 3 月 26 日
162	改进的 UASB 污水处理装置	实用新型	ZL201320597699. 5	2014 年 3 月 26 日
163	一种岩溶地区地基处理结构	实用新型	ZL201320580864. 6	2014 年 4 月 16 日
164	一种优化的隧洞结构	实用新型	ZL201320580907. 0	2014 年 4 月 16 日
165	一种用于平面闸门的节间充水平压装置	实用新型	ZL201320581025. 6	2014 年 4 月 16 日
166	一种墙体外露钢筋防冲刷保护结构	实用新型	ZL201320544641. 4	2014 年 4 月 16 日
167	一种防渗墙与土工膜的连接结构	实用新型	ZL201320659564. 7	2014 年 4 月 16 日
168	一种水电站尾水渠布置结构	实用新型	ZL201320659597. 1	2014 年 4 月 16 日
169	一种路基抬高复建的防护结构	实用新型	ZL201320519502. 6	2014 年 4 月 16 日
170	一种沥青混凝土心墙堆石坝结构	实用新型	ZL201320633093. 2	2014 年 4 月 16 日
171	一种大坝下游供水结构	实用新型	ZL201320544345. 4	2014 年 4 月 16 日
172	一种用于碳纤维锚索钢套筒锚固段压固的辊轮式挤压装置	发明专利	ZL201110149218. X	2014 年 11 月 26 日
173	一种控制生态流量的装置及方法	发明专利	ZL201210094414. 6	2014 年 11 月 26 日
174	混凝土坝坝后交通设置方法及结构	发明专利	ZL201210340128. 3	2014 年 11 月 26 日
175	一种大型双向挡水工作闸门	发明专利	ZL201310675216. 3	2014 年 11 月 26 日
176	一种便于遮阳挡雨的表面变形观测墩	实用新型	ZL201420218318. 2	2014 年 11 月 26 日
177	一种堆石坝混凝土面板弧形缝结构	实用新型	ZL201420381200. 1	2014 年 11 月 26 日
178	一种适用于水利水电工程的鱼类放流装置	实用新型	ZL201420408067. 4	2014 年 11 月 26 日
179	一种适用于水利水电工程野生动物保护的动物暂养站	实用新型	ZL201420408243. 4	2014 年 11 月 26 日
180	用于严寒冬季混凝土坝的保温被	实用新型	ZL201420351982. 4	2014 年 11 月 26 日
181	一种工业废弃物填埋场岩质边坡铺膜防渗结构	实用新型	ZL201420421226. 4	2014 年 12 月 10 日
182	一种混凝土堵头回填灌浆的结构	实用新型	ZL201420421162. 8	2014 年 12 月 10 日
183	一种用于滑坡体上的多用途抗滑桩结构体系	实用新型	ZL201420233410. 6	2014 年 12 月 10 日

续表

序号	专利名称	专利类别	专利号	授权公告日
184	一种闸墩预应力锚固端结构	发明专利	ZL201110193345.X	2014年12月10日
185	一种导流泄水建筑物下闸后提供下游生态流量的结构	实用新型	ZL201420444903.4	2014年12月10日
186	一种热挤压式碳纤维锚索锚固装置的制作方法	发明专利	ZL201210511166.0	2014年12月10日
187	一种交替流一体化餐饮废水处理装置	实用新型	ZL201420372141.1	2014年12月10日
188	一种拱坝坝肩边坡支护结构	实用新型	ZL201420490102.1	2014年12月10日
189	一种边坡支护结构	实用新型	ZL201420137264.7	2014年12月17日
190	一种处置农村污水的小型一体化式人工湿地装置	实用新型	ZL201420201757.2	2014年12月17日
191	一种砂砾石坝坡面保护装置	实用新型	ZL201420373119.9	2014年12月17日
192	一种承插式管道连接结构	实用新型	ZL201420351016.2	2014年12月17日
193	一种拱坝表孔弧形闸门支座与拱坝坝顶连接梁结合结构	实用新型	ZL201420350344.0	2014年12月17日
194	一种坝体内闸阀室结构	实用新型	ZL201420350896.1	2014年12月17日
195	一种便于快速拆装的溜管结构	实用新型	ZL201420351003.5	2014年12月17日
196	一种缺氧—好氧—体式污水处理装置	实用新型	ZL201420246071.5	2014年12月17日
197	一种提高堆石坝抗震能力的坝体排水结构	实用新型	ZL201420371700.7	2014年12月17日
198	一种混凝土溢流坝与发电厂房重叠的复合结构	实用新型	ZL201420350732.9	2014年12月17日
199	一种便于快速拆装的溜槽结构	实用新型	ZL201420350776.1	2014年12月17日
200	一种便于变形监测的超高心墙堆石坝	实用新型	ZL201420371714.9	2014年12月17日
201	一种用于土石坝的除险加固防渗处理结构	实用新型	ZL201420351091.9	2014年12月17日
202	一种用于水库初期蓄水提供下泄生态流量的结构	实用新型	ZL201420411841.7	2014年12月17日
203	一种大体积混凝土施工缝缝面结构	实用新型	ZL201420350615.2	2014年12月17日
204	一种大体积混凝土施工缝的并缝结构	实用新型	ZL201420350570.9	2014年12月17日
205	一种超高心墙堆石坝	实用新型	ZL201420371697.9	2014年12月17日
206	强振动大型机电设备预埋螺栓的设置方法及结构	发明专利	ZL201110097032.4	2014年12月24日
207	一种带有加热功能的混凝土振捣棒	实用新型	ZL201420489902.1	2014年12月24日
208	一种地下水除铁除锰装置	实用新型	ZL201420494027.6	2014年12月31日
209	一种高效一体化小型水处理设备	实用新型	ZL201420233559.4	2014年12月31日
210	一种降低埋藏式压力钢管外水压力的排水结构	实用新型	ZL201420256391.9	2014年12月17日
211	一种变压器轨道轮限位装置	实用新型	ZL201420256042.7	2014年12月17日
212	一种用于承载高速水流表面抗冲耐磨结构	实用新型	ZL201420350666.5	2014年12月17日
213	一种开槽回填式地下洞室结构	实用新型	ZL201420365384.2	2014年12月17日
214	一种处理雨水的曝气生物滤池	实用新型	ZL201420201760.4	2014年12月31日

（中国电建集团贵阳勘测设计研究院有限公司　王　芳）

中国水利水电第五工程局有限公司 2014 年获得的专利授权情况

中国水利水电第五工程局有限公司 2014 年获得的专利授权情况见表 1。

表 1 中国水利水电第五工程局有限公司 2014 年获得的专利授权情况表

序号	专利名称	专利类别	专利号	授权日
1	便于拆卸的圆形竖井滑动模板	发明	ZL201210247913.4	2014 年 6 月 4 日
2	一种用于地下连续墙施工的多功能复合模管	发明	ZL201210029833.1	2014 年 10 月 8 日
3	一种全自动击实仪	发明	ZL201310090653.9	2014 年 11 月 19 日
4	隧洞衬砌施工用移动式满堂钢管脚手架	实用新型	ZL201420023223.5	2014 年 1 月 15 日
5	用于浆砌石砌筑砂浆拌制的自动称量配料装置	实用新型	ZL201420022547.7	2014 年 1 月 15 日
6	双摄像头同步观测记录装置以及带有该装置的压力试验机	实用新型	ZL201420023328.0	2014 年 1 月 15 日
7	一种铜止水卷材架空旋转装置	实用新型	ZL201420023160.3	2014 年 1 月 15 日
8	一种异料摊铺器	实用新型	ZL201420022273.1	2014 年 1 月 15 日
9	公路路肩板拆装及搬运装置	实用新型	ZL201420023285.6	2014 年 1 月 15 日
10	一种筑坝料加水装置	实用新型	ZL201320727601.3	2013 年 11 月 18 日
11	一种铜止水带校正器	实用新型	ZL201420023310.0	2014 年 1 月 15 日
12	一种铜止水带熔焊装置	实用新型	ZL201420022541.X	2014 年 1 月 15 日
13	一种简易双向快速滑动架	实用新型	ZL201420023280.3	2014 年 1 月 15 日
14	一种弧形闸门侧轨弧形槽整体加工装置	实用新型	ZL201420176174.9	2014 年 4 月 11 日
15	一种趾板混凝土中钻孔的封堵结构	实用新型	ZL201420176098.1	2014 年 4 月 11 日
16	一种地脚螺栓组快速安装模具	实用新型	ZL201420176124.0	2014 年 4 月 11 日
17	一种地质勘探孔孔内成像装置	实用新型	ZL201420176134.4	2014 年 4 月 11 日
18	一种自动计时定量添加酒精装置	实用新型	ZL201420173903.5	2014 年 4 月 11 日
19	一种水平旋转台车	实用新型	ZL201420176162.6	2014 年 4 月 11 日
20	一种砾石土料超径石剔除装置	实用新型	ZL201420312246.8	2014 年 6 月 12 日
21	一种快速掺拌土料的格栅斗	实用新型	ZL201420312615.3	2014 年 6 月 12 日
22	多变陡坡变宽度斜面用扣模混凝土浇筑装置	实用新型	ZL201420313472.8	2014 年 6 月 12 日
23	一种排水沟开挖快速成型铲斗	实用新型	ZL201420313037.5	2014 年 6 月 12 日
24	一种碎石土快速翻土装置	实用新型	ZL201420313010.6	2014 年 6 月 12 日
25	一种手持式施工人员卡式管理系统	实用新型	ZL201420313500.6	2014 年 6 月 12 日
26	一种自测方位的光束引导放线器	实用新型	ZL201420312509.5	2014 年 6 月 12 日
27	一种不稳定边坡报警装置	实用新型	ZL201420407719.2	2014 年 11 月 9 日
28	一种大粒径土料超径石剔除装置	实用新型	ZL201420407181.5	2014 年 11 月 9 日

续表

序号	专利名称	专利类别	专利号	授权日
29	一种快速拆装结构的减压板	实用新型	ZL201420407740.2	2014年11月9日
30	一种滤芯清洁装置	实用新型	ZL201420406455.9	2014年11月9日
31	一种压力钢管运装装置	实用新型	ZL201420407052.6	2014年11月9日
32	压力钢管辅助运输装置及运输机械	实用新型	ZL201420382638.1	2014年12月17日
33	灌浆施工旋转式孔口封闭装置	实用新型	ZL201420382637.7	2014年12月17日
34	渗透系数测定装置	实用新型	ZL201420382689.4	2014年12月17日

（中国水利水电第五工程局有限公司　袁幸朝）

黄河勘测规划设计有限公司2014年获得的专利授权情况

黄河勘测规划设计有限公司2014年度年获得的　　专利授权情况见表1。

表1　　黄河勘测规划设计有限公司2014年度获得的专利授权情况表

序号	名　称	类型	专利号
1	露顶式弧门液压启闭机的布置支撑方法	发明专利	ZL201210165813.7
2	高塔架闸门井垂直交通系统	发明专利	ZL201210183878.4
3	深埋水电站地下厂房全通风温、湿分控系统	发明专利	ZL201210013874.1
4	二期导流建筑与排沙闸相结合的布置方法	发明专利	ZL201210300119.1
5	露顶式弧门液压启闭机的支撑结构	发明专利	ZL201210165818.X
6	柔性生态护坡砌块	发明专利	ZL201210087727.9
7	拱坝溢流表孔的布置结构	发明专利	ZL201210317449.1
8	橡胶止水带与铜止水片的连接方法	发明专利	ZL201210317644.4
9	钢坝闸水下转动轴穿墙密封结构	发明专利	ZL201210309740.4
10	拱坝横缝优化设计方法	发明专利	ZL201210343388.6
11	阻抗与溢流相结合的调压井建造方法	发明专利	ZL201210131692.4
12	快速闸门液压启闭机与密封闸门槽的连接结构	发明专利	ZL201310041586.1
13	已浇筑混凝土止水与新浇筑混凝土止水间的连接结构	实用新型	ZL201320498155.3
14	蝶板式椭球阀	实用新型	ZL201320522408.6
15	明敷钢管移动支承装置	实用新型	ZL201320499435.6
16	适于高大空间防水吊顶排风管路系统的风阀	实用新型	ZL201420026827.5
17	手持式岩体磨平制样机	实用新型	ZL201420036360.2
18	无压隧洞门槽段渐变结构	实用新型	ZL201420075685.1
19	折叠式隧洞施工流量快速测量装置	实用新型	ZL201420064447.0

续表

序号	名　　称	类型	专利号
20	混凝土面板堆石坝深厚覆盖层趾板基础结构	实用新型	ZL201420026829.4
21	用于多泥沙河流平面闸门的刀型充水阀	实用新型	ZL201420133167.0
22	移动式启闭机地面供电电缆翻转装置	实用新型	ZL201420132748.2
23	水利工程用拦沙取水闸门	实用新型	ZL201420133108.3
24	液压推式锁定装置	实用新型	ZL201420132886.0
25	具有自动排气功能的高水位闸门	实用新型	ZL201420132680.8
26	用于水利工程清污抓斗的锁定装置	实用新型	ZL201420132679.5
27	带有防脱垫板的下翻板闸门	实用新型	ZL201420132524.1
28	透水混凝土路堑挡土墙结构	实用新型	ZL201420132522.2
29	水工钢闸门节间连接结构	实用新型	ZL201420132490.6
30	水电站门机回转吊用清污抓斗全跨清污自动对位控制系统	实用新型	ZL201420173964.1
31	无黏性细粒土挡水填筑体护坡结构	实用新型	ZL201420168804.8
32	混凝土拱坝坝身初期供水的底孔结构	实用新型	ZL201420168585.3
33	大口径弹模仪探头	实用新型	ZL201420149445.1
34	一种高效的附加质量法现场测试系统	实用新型	ZL201420147394.9
35	水闸上、下吊点可旋转机械自动抓梁	实用新型	ZL201420139306.0
36	用于下游止水平面定轮闸门的定轮防渗装置	实用新型	ZL201420133166.6
37	高机动水上测量船	实用新型	ZL201420065070.0
38	深覆盖层面板堆石坝坝体分区体型结构	实用新型	ZL201420206725.1
39	水处理防堵塞排泥系统	实用新型	ZL201420196595.8
40	覆盖层上面板坝趾板、连接板、防渗墙的连接结构	实用新型	ZL201420196513.X
41	土坝＋重力坝混合坝型的布置结构	实用新型	ZL201420196359.6
42	复合型调蓄预沉池	实用新型	ZL201420196122.8
43	建在深覆盖层上的混凝土面板堆石坝周边缝止水结构	实用新型	ZL201420186830.3
44	深覆盖层坝基混凝土现浇防渗墙分缝止水结构	实用新型	ZL201420183931.5
45	面板坝混凝土挤压边墙凿断缝结构	实用新型	ZL201420183791.1
46	深覆盖层面板坝趾板止水铜片施工期的保护结构	实用新型	ZL201420183432.6
47	水库导流洞回填改建泄洪洞的结构	实用新型	ZL201420178159.8
48	能耗跟踪式节能变电装置	实用新型	ZL201420233461.9
49	适于大型荒山光伏电站场区用汇流箱	实用新型	ZL201420230690.5
50	可自动排沙的水泵拦污装置	实用新型	ZL201420227925.5
51	水库消落带淤积泥沙收集装置	实用新型	ZL201420227924.0

续表

序号	名　　称	类型	专利号
52	深厚软基高水头多功能坝的布置结构	实用新型	ZL201420223094.4
53	重力坝加河床式厂房的布置结构	实用新型	ZL201420230672.7
54	悬浮过滤系统	实用新型	ZL201420264246.5
55	悬浮滤料滤池及其滤板装置	实用新型	ZL201420264123.1
56	溢流配水堰和使用该配水堰的人工湿地系统	实用新型	ZL201420225514.2
57	一体化叶片式潜水洗井机	实用新型	ZL201420266946.8
58	改建明流泄洪洞中的突跌突扩结构	实用新型	ZL201420251730.4
59	岩体三轴压缩试验系统	实用新型	ZL201420311698.4
60	具备同时沉、排沙功能的双斜复式断面沉沙池	实用新型	ZL201420305413.6
61	适于中压开关柜体的节能环	实用新型	ZL201420304661.9
62	溢流坝＋坝后式地面厂房布置结构	实用新型	ZL201420335326.5
63	施工支洞回填改建检修支洞的结构	实用新型	ZL201420334689.7
64	面板坝下游坝后排水带布置结构	实用新型	ZL201420334688.2
65	一种传感器水中工作性能检测装置	实用新型	ZL201420346129.3
66	一种钻孔压水试验室内模拟设备	实用新型	ZL201420258235.6
67	土工膜锚固件	实用新型	ZL201420398397.X
68	适于天然主、支流河道交汇处的透水耐冲分流坝	实用新型	ZL201420395689.8
69	0.4kV 低压节能型配电柜柜体	实用新型	ZL201420460698.0
70	一种声速测井探头检验、标定装置	实用新型	ZL201420447044.4
71	组合式地震勘探震源发生装置	实用新型	ZL201420446407.2
72	用于混凝土坝基排水孔的毛细透排水管	实用新型	ZL201420395754.7
73	全自动试坑渗水试验仪	实用新型	ZL201420326747.1
74	水电站坝顶单小车双悬臂门式启闭机	实用新型	ZL201420482063.0
75	用于电力母线穿越墙壁的套管装置	实用新型	ZL201420479464.0
76	中小型水电站发电机机压和中性点引出线穿越风罩壁装置	实用新型	ZL201420479462.1
77	用于护盾掘进机的圆弧板结构管片	实用新型	ZL201420461385.7
78	深覆盖层河床坝基高压旋喷桩布置结构	实用新型	ZL201420370901.5
79	深覆盖层坝基防渗墙结构	实用新型	ZL201420370814.X
80	深覆盖层面板坝河床趾板、连接板、面板分缝布置结构	实用新型	ZL201420370659.1

（黄河勘测规划设计有限公司）

黄河水利科学研究院2014年获得的专利授权和软件著作权情况

（一）九项成果获得国家专利

黄河水利科学研究院2014年有九项成果获得专利授权，有关情况见表1。

表1 黄河水利科学研究院2014年获得的国家专利授权情况表

序号	专利名称	专利类别	专利号	授权日期
1	高聚物防渗墙连续性检测方法	发明专利	ZL201210271683.5	2014年4月16日
2	基于图表控件的结构层析成像方法	发明专利	ZL201210354971.7	2014年8月20日
3	水库淤积物低扰动切削式取样刀头	实用新型	ZL201320413564.9	2014年2月5日
4	一种内陆河流水文水政船只实时定位监控系统”	实用新型	ZL201420077508.7	2014年10月8日
5	Docter冲击回波系统能量触法装置	实用新型	ZL201420091754.8	2014年7月9日
6	一种基于淤地坝淤粗排细功能的径流泥沙测量装置	实用新型	ZL201420135162.1	2014年6月20日
7	一种可移动式径流泥沙不同空间分布含沙量监测装置	实用新型	ZL201420280050.5	2014年10月8日
8	一种变宽窄缝式输沙装置	实用新型	ZL201420091735.5	2014年7月9日
9	便携式分体水位测量仪	实用新型	ZL201420173418.8	2014年4月3日

（二）二项成果获得国家计算机软件著作权登记证书

由黄河水利科学研究院完成的“复杂侵蚀环境下流域洪水泥沙作业预报模型及支持系统”“多尺度空间流域侵蚀模型耦合集成系统”等二项成果，获得中华人民共和国国家版权局颁发的计算机软件著作权登记证书。

“复杂侵蚀环境下流域洪水泥沙作业预报模型及支持系统”：开发完成日期，2014年7月5日，登记证书编号：软著登字第0839201号。

“多尺度空间流域侵蚀模型耦合集成系统”：开发完成日期，2014年9月15日，登记证书编号：软著登字第0837788号。

（黄河水利科学研究院）

发明专利“一种用于重金属废水处理的组合式电化学反应器及其处理方法”简介

“一种用于重金属废水处理的组合式电化学反应器及其处理方法”为发明专利，专利号：ZL201310085508.1；授权日：2014年6月11日；专利权人：中国电力建设集团中南勘测设计研究院有限公司、湖南郴州国水水处理有限公司。

该发明属于重金属废水处理领域，具体提供了一种组合式电化学反应器及其处理方法。

用于重金属废水处理的电化学设备都以电絮凝原理为主，所用到的极板材料普遍为铁，这是因为：一方面铁极板在电场作用下溶出产生大量多价金属离子，这些多价金属离子水解形成微絮凝剂对重金属离子具有较好的捕集固化作用，处理效果较好；另一方面，铁极板价格便宜，原材料易取得，加工难度小。

以铁作为极板的电化学设备处理效果有待进一步提高，设备处理出水需要进行一系列后续处理过程才能达到排放要求，这是因为：一方面，铁极板在电场下溶出的多价金属离子仅为亚铁离子，从工程实践来看，亚铁离子的絮凝沉降功能较三价铁离子要差很多（铁离子与亚铁离子的溶度积常数相比要高数个数量级），处理出水必须要经过后续氧化处理过程（曝气氧化）才能满足要求，否则处理出水中将含有一定量的亚铁离子，出水色度较高，处理效果也达不到要求；另一方面，处理出水产生的亚铁微絮凝剂絮体小且松散（密实度不高），虽然对重金属的固化作用较好，但絮凝颗粒很难直接通过沉淀（泥水分离）而彻底去除重金属，仍然需要投加絮凝剂以促进泥水分离或者采用过滤技术保证处理出水效果。因此，普通电化学处理设备的处理出水需要经过相对较长的后续处理流程才能达到排放要求，难以实现对传统化学法处理流程的完全简化，同时也不可避免化学药剂投加。

该发明旨在解决上述设备在实际应用中存在的问题，提供一种结构更优的电化学处理设备。该电化学处理设备将电解絮凝和电解氧化结合，增强絮凝效果，增大絮体尺寸，缩短处理流程。

为了达到上述目的，该发明提供的技术方案为：一种用于重金属废水处理的组合式电化学反应设备，包括内部设有多块电解絮凝极板的电解絮凝反应槽，还包括电解氧化反应槽；所述电解氧化反应槽内安装有电解氧化阴极板和电解氧化阳极板，且相邻的两块电解氧化阴极板之间设有一块电解氧化阳极板，或者相邻的两块电解氧化阳极板之间设有一块电解氧化阴极板；所述电解氧化阴极板和电解氧化阳极板下方设有曝气管；电解絮凝反应槽顶部通过中间过渡槽与电解氧化反应槽底部连通，电解氧化反应槽顶部与出水槽连通。

该发明将电化学处理设备分成两级串联设计形成组合式电化学反应设备，其中第一级设计为电解絮凝反应，主要利用微絮凝剂对重金属离子进行捕获、固定及絮凝；第二级设计为电解氧化还原反应，利用电化学反应中的氧化还原反应对电解絮凝反应出水进行氧化处理，利用强电场的作用增加絮体的密实度，利用搅拌增加絮体的尺寸，提高处理出水的泥水分离性能。电解絮凝产生微絮凝剂，主要为亚铁离子的多羟基复合物；通过电解氧化过程将二价铁氧化为三价铁，该过程对微絮凝剂进行了二次活化，可进一步的增强处理效果。

该发明的装置及方法先进行电解絮凝，使得进入电解氧化反应槽内的废水存在大量亚铁离子，亚铁离子有利于电解氧化反应过程中自由基的生成，使得电解氧化过程得到进一步强化、提升处理效果。电解氧化过程中的电场较强，微絮凝剂絮体的密实度得到优化，同时该阶段下适度曝气搅拌过程使得絮体的尺寸得到一定程度的增大，从而加强出水中絮体沉降性能，使得处理出水可以直接进行泥水分离，而不需要增加曝气氧化与加药絮凝等过程，减少污水处理流程，缩短整个废水处理工艺。由于处理工艺流程的缩短，废水处理构筑物数量减少，降低了投资，同时减少化学药剂使用，降低运行成本。

该发明专利对模拟重金属废水处理结果表明：原水进水中总铜、总锌及总铅浓度在25～30mg/L，处理出水各指标低于铅锌行业排放标准（GB 25466—2010）一个数量级；相比于传统电化学处理工艺，在达到同等处理效果条件下，本发明可降低能耗30%，降低极板消耗40%～50%，基本无需消耗化学药剂。

该发明专利应用于高明循环经济工业园钨冶炼废水处理。该工程设计处理规模为2000m³/d，设计进水总锌30～40mg/L，总铅20～30mg/L，总镍20～30mg/L，总钴15～25mg/L，设计出水达到《铜、镍、钴工业污染物排放标准》（GB 25467—2010）表2直排中的控制限值。处理系统自2013年9月开始连续进出水并记录数据至2014年12月，组合式电化学系统16个月平均进水2715.6m³，平均进水总锌33.4mg/L，总铅27.8mg/L，总镍30.1mg/L，总钴15.7mg/L；经过组合式电化学系统处理出水直接进行沉淀泥水分离后，出水平均总锌0.33mg/L，总铅0.13mg/L，总镍0.21mg/L，总钴0.09mg/L，达到了GB 25467—2010表2直排中的控制限值。该应用充分体现了本发明的装置及方法处理重金属废水的如下特点：①工艺流程简洁，操作难度小；②重金属污染物去除率高，抗冲击能力强；③能耗与极板消耗少，无药剂消耗，运行成本低，市场前景广阔；④出水重金属污染物浓度低，可合理有效回用等。

（中国电建集团中南勘测设计研究院有限公司　熊道文　熊　珊）

中国电建集团北京勘测设计研究院有限公司2014年度获得的专利授权情况

中国电建集团北京勘测设计研究院有限公司2014年获得的专利授权情况见表1。

表1　中国电建集团北京勘测设计研究院有限公司2014年获得的专利授权情况表

序号	专利名称	专利类型	专利号	授权公告日
1	可逆式水泵水轮机转轮直径的计算方法	发明	ZL201210088355.1	2014年2月5日
2	狭窄河谷高陡坝肩混凝土坝的中高速缆机系统的布置型式	实用新型	ZL201320291298.7	2014年2月5日
3	用于渗透仪的循环供水系统及带有循环供水系统的渗透仪	实用新型	ZL201320495066.3	2014年2月5日
4	一种用于冰冻水库钢筋混凝土面板的表层止水结构	实用新型	ZL201320425627.2	2014年3月19日
5	用于严寒环境防渗层的改性沥青混凝土及其施工方法	发明	ZL201210427964.5	2014年4月2日
6	高陡狭窄河谷泄水建筑物的窄缝挑坎结构	实用新型	ZL201320642818.4	2014年4月2日
7	水库沥青混凝土面板喷淋冷却系统	实用新型	ZL201320744414.6	2014年5月7日

续表

序号	专利名称	专利类型	专利号	授权公告日
8	一种水利水电工程中的泄洪洞出口辅助消能结构	实用新型	ZL201320632667.4	2014年6月18日
9	陡边坡沥青混凝土心墙与混凝土基座的连接结构	实用新型	ZL201420049724.0	2014年7月16日
10	泄水建筑物消力池底板的结构缝	实用新型	ZL201420050528.5	2014年7月16日
11	一种电火花震源发射头	实用新型	ZL201420183000.5	2014年8月27日
12	一种抽水蓄能电站水道监测信息采集装置和监测系统	实用新型	ZL201420266783.3	2014年9月17日
13	一种地下厂房出线洞结构	实用新型	ZL201420268377.0	2014年10月1日
14	用于孔中测试设备的自动贴壁装置	实用新型	ZL201420235262.1	2014年10月1日
15	一种智能自流补水系统及方法	发明	ZL201310066547.7	2014年11月26日
16	一种尾水隧洞施工支洞排水结构	实用新型	ZL201420407948.4	2014年12月17日

（中国电建集团北京勘测设计研究院有限公司）

中國水力發電年鑒

9

国际合作与技术交流

国际技术交流

中国大坝协会代表团赴印尼参加国际大坝委员会第82届年会

2014年6月2～6日，国际大坝委员会第82届年会在印度尼西亚巴厘岛召开。水利部副部长刘宁率中国大坝协会代表团参加了此次会议。参加中国大坝协会代表团的有水利部安全监督司副司长张汝石、水利部海河水利委员会户作亮、水利部松辽水利委员会副总工金志功、水利部水利水电规划设计总院副总工关志诚、黄河勘测规划设计有限公司董事长李文学、中国水利水电科学研究院副院长贾金生、中国电力建设集团（股份）有限公司总工程师周建平、雅砻江流域水电开发有限公司副总经理吴世勇等。这次年会主要包括专委会会议、学术研讨会、执行会议、技术展览、会后技术考察等内容。中国代表团成员各有侧重，会前进行了细致的安排和分工，成立了专项任务工作组，严格按照国家有关规定，顺利完成了出访任务。

"全球环境挑战下的水库大坝"国际研讨会于6月4日召开，来自70多个国家的1500多名代表参加了会议。刘宁副部长在大会开幕式上致辞。刘部长在致辞中指出："截至2012年底，全世界140多个国家已经修建了6万多座大坝（指坝高15m以上，或坝高5～15m且库容大于300万m^3的水坝），其中，中国修建了3.8万座大坝，在防洪、发电、供水、灌溉等方面发挥了重要的作用，保障了全球经济社会可持续发展。"他提出，"从全世界看，随着人口增长、经济社会发展和气候影响的不断加剧，在不断完善现有储水基础设施运行管理和维护的同时，同样还需要加速发展新的储水基础设施，对众多发展中国家而言，更是如此。以水资源的可持续利用保障经济社会的可持续发展，是当前世界各国面临的共同挑战和紧迫任务。"刘部长的致辞获得了广泛赞誉，国际社会高度认可中国在坝工建设和水资源开发利用方面取得的重大成就。

刘部长在会期间会见了国际大坝委员会主席阿德姆·诺贝瑞（Adama NOMBRE，布基纳法索）、荣誉主席路易斯·贝尔加（Luis Berga，西班牙）、秘书长米歇尔·迪维沃（Michel De Vivo，法国），印度尼西亚公共工程部副部长艾哈迈德·赫尔曼·达尔达克（Achmad Herman Dardak）、水资源司司长穆罕默德·哈桑（Mohamad Hasan），印度尼西亚大坝委员会主席巴苏基·哈蒂姆约诺（M. Basuki Hadimuljono）等贵宾。

此次会议的议题包括：大坝的社会和环境因素、大坝的发展、尾矿坝的挑战、大坝与水质管理、可持续大坝开发中的流域管理、大坝安全政策和实施方面的挑战、考虑气候变化影响的大坝运行管理。与会专家就上述议题展开了研讨，共安排学术交流报告146个。本次会议，中国共提交论文47篇，有10位专家作会议交流报告，与各国进行了广泛的交流，取得了良好的成效。

2014年6月3日，各专业委员会年度工作会议相继召开。中国专家贾金生作为专委会主席主持召开了胶结颗粒料坝专委会会议，李文学作为专委会副主席代表主席主持了多功能大坝专委会的会议；另有吴世勇、周建平、李晖、张国新、徐泽平、金峰等专家作为委员或者观察员参加了相关专委会的会议，与专委会各国专家在相关领域的技术进展进行了交流。

国际大坝委员会第82届执行会议于2014年6月6日召开，中国大坝协会副理事长兼秘书长、中国水利水电科学研究院副院长贾金生，中国大坝协会副秘书长、中国电力建设集团（股份）有限公司总工程师周建平，中国大坝协会副秘书长徐泽平、对外联络部主任郑璀莹等参加了会议。在执行会议上，挪威专家Leif LIA和韩国专家YUM Kyun-Taek当选为国际大坝委员会副主席。会议确定捷克、奥地利分别为国际大坝委员会2017年年会和2018年大会的承办国，通过了缅甸为国际大坝委员会第97个成员国。

国际大坝委员会亚太地区分会会议于2014年6月3日召开。代表团成员贾金生、周建平、邹立春、徐泽平、杜振坤、王富强、郑璀莹等参加了此次会议。会议期间，通过表决的方式通过了亚太地区分会秘书处章程的修订方案。中国代表重点介绍了中国在过去一年的重点工作及未来的活动，就未来与日本、韩国、越南、伊朗、印度、印尼、澳大利亚、新西兰等国的双边、多边交流合作内容进行了座谈。

年会期间举办了水利水电工程技术展览，来自世界各地的87个参展商参加了技术展览，其中包括中国大坝协会、美国大坝协会、加拿大大坝协会、德国大坝委员会、奥地利大坝委员会、挪威大坝委员会、日本大坝委员会、韩国大坝委员会等国家委员会，和Poyry、Carpi、Geokon、RST、Hydropower & dams杂志社等企业。中国大坝协会展览重点介绍了我国水库大坝建设的总体概况，以及我国的大坝抗震技术、面板堆石坝建设技术、胶凝砂砾石筑坝技术等内容，影响良好。

会议期间，代表团参加了会议组织的技术参观。会后部分代表参加了技术考察。

（中国大坝协会秘书处）

中国代表团参加第八次中日韩大坝委员会学术交流会议

2014年10月21日，中日韩大坝委员会第八次学术交流会在韩国首尔三俊酒店正式开幕。这次会议主题是“老坝的修复加固”。

受中国大坝协会理事长汪恕诚和秘书长贾金生委托，中国大坝协会常务理事兼副秘书长、中国电力建设集团总工程师周建平、中国水利水电科学研究院陈改新共同率团参加了此次会议。来自中国水利水电科学研究院、长江水利委员会长江科学院、长江水利委员会水文局、长江勘测规划设计研究院、黄河水利委员会山东黄河河务局、水利部松辽水利委员会、中国电力建设集团股份有限公司、水电水利规划设计总院、湖北清江水电开发有限责任公司、国电大渡河猴子岩水电建设有限公司等单位的17名代表参加了此次会议。

开幕式上，韩国大坝委员会主席兼本届会议组委会主席CHOI Gye Woon先生、国际大坝委员会副主席YUM Kyung Taek、日本大坝委员会副主席YANAGAWA Joji及中国大坝协会常务理事兼副秘书长周建平先生分别在开幕式上致辞。周建平副秘书长介绍了我国病险水库修补加固的历程及所取得的成就，表示愿与韩、日等国加强相关技术交流。

韩国技术科学院的金东洙教授受邀作了题为“Centrifuge modelling to assess the behaviors of aging dams”的大会特邀报告。来自中国、日本和韩国共16位专家分别就大坝老化的检测、应对措施及修复等方面取得的最新技术和研究成果在会上作了发言。中国代表团共有5名代表在大会上作报告，周建平与商峰分别主持了报告的第一部分和第二部分。陈改新结合李家峡水电站泄洪建筑物修补加固，作了题为“多元胶凝粉体配制的高性能混凝土在大坝泄水道底板修复中的应用”；杨会臣代表水利部松辽水利委员会副总工程师韩俊山作了题为“丰满大坝修复加固过程”的报告，向与会代表介绍了丰满大坝三次修补加固过程，结合最近的安全评价，介绍了后续修复方案与重建方案；商峰结合丹江口水库加高的研究，作了题为“设置界面构造锚筋的新老混凝土黏结性能的数值模拟”的报告；于沭作了题为“粗粒土强度和变形性能尺寸效应的数值试验”的报告，介绍了基于颗粒流方法的数值试验的最新进展；刘小斌介绍了金沙水电站泥沙模型试验研究的有关进展。参会代表与各国进行了广泛的技术交流，取得了良好的成效。

除大会报告外，会议还设置了海报论文张贴区。共有10篇论文参与，其中有许要武、张仰正、张磊、李静等中国工程技术人员的4篇论文。

21日中午，中日韩三国大坝委员会与会领导和缅甸国家大坝委员会副秘书长U Victor先生一起进行了亲切会谈，并签署了修订合作协议。周建平副秘书长代表汪恕诚理事长出席签字仪式并签署了合作协议。三方共同回忆了自2004年以来会议所取得的成果及三国坝工学者之间的友谊，并对未来的发展与合作进行了探讨，希望各方共同努力继续办好东亚国家大坝会议。按照新的协议，从2014年第8届会议以后，中日韩大坝委员会学术交流会将在包含中日韩三国在内的东亚地区召开，每次会议会期改为4天，包含一个主题研讨会和会后技术调研。

在今年6月份召开的国际大坝委员会第82届年会上，经国际大坝委员会批准，缅甸成为国际大坝委员会第97个成员国。这次会议还邀请了缅甸国家大坝委员会副秘书长U Victor参加，各国代表围绕会议议题进行了广泛交流，增强了合作，也加深了中日韩大坝委员会之间的友谊。

中国代表团代表参加了会后安排的工程技术调研，调研的工程包括：昭阳江大坝（soyanggang dam，123m高的心墙堆石坝——韩国最高坝，装机200MW，最大库容29亿m^3）、石华湖潮汐发电站（Sihwa Tidal Power Plant，装机254MW——世界装机容量最大，年发电量552GWh）、韩国四大江治理工程中的gangchonbo工程及京仁阿拉运河（Gyeongin ARA Waterway）。

通过工程调研，并与现场工程技术人员进行交流，代表们不但看到了韩国老化大坝的修复、建造大坝带来的生态环境的改善，而且学到了韩国在水利工程科普宣传、公众参与、环境保护等方面的技术和理念，这些对我国大坝的建设和管理有着非常重要的借鉴意义。

下届会议拟定于2016年10月在日本札幌召开。

（中国大坝协会秘书处）

2014年农村水电国际交流与合作情况

（一）成功申请全球环境基金项目

国际小水电中心与联合国工发组织密切合作，成功申请全球环境基金（GEF）赠款，实施“中国小水电增效扩容改造增值”项目。该项目是全球环境基金第六增资期的首批项目。2014年10月，GEF批准中国小水电增效扩容改造增值项目概念书。按照概念书，GEF赠款1000万美元，实施“中国小水电增效扩容改造增值”项目，按照国际先进标准，修复河流生态，提升生产安全和信息化水平。

（二）《世界小水电发展报告》出新版

继2013年发布全球首部英文版《世界小水电发展报告2013》后，国际小水电中心完成《世界小水电发展报告》中文全文版和联合国俄、法、西班牙等多语言文字综合摘要版翻译校译，与联合国工发组织（UNIDO）商定该报告每3年进行一次更新，并已组织《世界小水电发展报告2016》新一届编委会。《世界小水电发展报告》影响力进一步扩大。

（三）小水电援外培训稳步开展

水利部农村电气化研究所和国际小水电中心等单位先后在土耳其、马其顿、印度尼西亚、尼日利亚、坦桑尼亚、塞拉利昂、赞比亚、几内亚、密克罗尼西亚开展了有关小水电活动，进一步加强小水电技术转移。

2014年，水利部农村电气化研究所（亚太地区小水电研究培训中心）成功举办了5期援外国际培训/研修项目，一共为37个国家培养了78名小水电及农村电气化领域的政府官员和技术人员。第一期是“非洲法语国家农村电气化研修班”，来自13个非洲法语国家共23名官员参加了为期28天的培训；第二期是“亚洲国家农村电气化研修班”，来自8个亚洲国家共15名官员参加为期28天的培训；第三期是“非洲英语国家小水电技术培训班”，来自9个非洲英语国家共17名技术人员参加了为期42天的培训。另两期是首次面向东盟国家举办的国际培训班。一是中国—东盟合作基金“中国—东盟小水电及太阳能系统农村电气化研讨班”项目，来自7个东盟国家共9名可再生能源领域的官员在杭州参加了为期7天的研讨。二是首次承担联合国开发计划署南南合作佩罗基金资助的“东盟国家小水电技术研讨班”；该班在印度尼西亚万隆成功举办，共有8个东盟国家共14名官员参加了为期3天的培训。

（四）积极参加国际会议

水利部农村水电及电气化发展局、水利部农村电气化研究所和国际小水电中心等单位先后参加了在意大利举办的“水电2014国际研讨会”、在维也纳召开的“第二届包容与可持续工业发展论坛”、在马尼拉召开的“第二届国际离网可再生能源会议”、“第三届缅甸全国电气化发展计划研讨会”、在伊斯坦布尔召开的“2014年世界水电能源大会”。

（水利部农村水电及电气化发展局　张玉卓
水利部农村电气化研究所　赵建达）

哈尔滨大电机研究所专家参加国际电工委员会旋转电机技术委员会会议

2014年9月17～18日，国际电工委员会旋转电机技术委员会（IEC/TC2）年度大会在芬兰赫尔辛基召开。来自14个国家的33名代表参加了会议。哈尔滨电机厂有限责任公司（以下简称哈电机公司）副总设计师、哈尔滨大电机研究所副所长孙玉田出席了会议。

会议由TC2主席Bernd Ponik先生主持。IEC中央办公室的代表Charles Jacquemart先生到会并做了报告。他针对IEC的组织机构、国际标准化工作的发展进行了演讲，强调了世贸组织赋予国际标准化工作的原则，即“透明、开放、公正与统一、有效与适当、协调一致”等五项原则，同时标准化工作要关注发展中国家，并对新版本的ISO/IEC导则的一些变化进行了说明。

会议安排了三个新标准提案的发言。孙玉田代表中国做了关于制定水轮发电机基本技术条件国际标准的报告，从水电装机容量的发展、立式水轮发电机、抽水蓄能发电机、灯泡式水轮发电机、将来的工作、关于水轮发电机标准的提案等6个部分进行了详细介绍，得到了与会代表的重视和关注。

TC2主席Bernd Ponik先生对孙玉田的报告的内容非常欣赏。他说通过这个报告了解了水轮发电机的发展情况，并知道水轮发电机的技术条件和常规同步电机相比有很多特殊之处，建议进一步完善提案，强化水轮发电机的专有技术，形成大纲后按IEC的程序提交正式提案。

这次大会参会国家较少，参会的代表几乎全部处在电动机领域。IEC/TC2在大电机领域的工作尚有待加强。我国如果希望在国际标准化方面争取话语权，这里有一定的开拓空间。

会议共有4个标准工作组和11个标准维护组做了工作汇报。TC2与其他各技术委员会和分技术委员会的联络工作，涉及6项IEC标准和3项ISO标准的工作，也分别作了介绍。会议还讨论了IEC/TC2的战略规划，包括IEC数据库的工作计划、TC2网站出版物发布情况，以及战略商务规划（SBP）等。

（哈尔滨大电机研究所　范吉松　刘昱光）

中国电力建设集团承办中荷动态潮汐能技术合作研讨会

2014年11月6日，由中国电建集团华东勘测设计研究院有限公司（以下简称华东院）承办的中荷动态潮汐能技术合作研讨会第六次会议在杭州召开。此次会议是继2014年4月3～4日第五次会议之后，就中国动态潮汐能工程初步经济性分析工作召开的第三次专门会议。水电水利规划设计总院、国家海洋局第二海洋研究所、华东院的中方专家以及荷方动态潮汐能POWER团队的专家参加了会议。

根据国家能源局安排，中荷双方于2012年建立了中荷动态潮汐能联合工作组，中方工作组由水电水利规划设计总院牵头，华东院作为总院的主要技术支撑单位，协助总院与荷兰方开展相关合作。中荷联合工作组分别于2012年9月、11月在北京进行了两次技术研讨会。华东院分别在2013年3月、2013年8月、2014年4月、2014年11月承办了四次会议。

中国动态潮汐能工程初步经济性分析是华东院承担的“中荷动态潮汐能技术研究”课题中的一项重要工作内容，也是中方开展后续动态潮汐能工程应用研究的重要前提和依据。根据前次会议确定工作大纲，华东院开展了典型坝址的方案比选、数模分析、工程物探、机电及结构物设计、施工组织、投资估算、初步财务评价等一系列工作。在此次会议上，华东院汇报了动态潮汐能工程初步经济性分析的阶段性成果，以及初步建立起有关动态潮汐能工程开发及工程建设的整体构想。会议对华东院汇报的工作成果给予了肯定，提出了需要进一步优化完善的工作内容，并明确了今后的工作方向和时间节点，为动态潮汐能技术合作取得更丰硕的成果奠定了基础。

（摘自中国电力建设集团有限公司网）

黄河水利科学研究院2014年国际合作与交流有关情况

（一）与美国伊利诺伊大学等合作项目取得重大进展

2014年5月，黄河水利科学研究院（以下简称黄科院）与清华大学、美国伊利诺伊大学（UIUC）等合作申请的“Morphologic, Socioeconomic and Engineering Sustainability of Massively Anthropic Coastal Deltas: the Compelling Case of the Huanghe”（人类活动影响下的海岸三角洲的地貌、生态与工程的可持续性研究：以黄河为例），获得美国国家自然科学基金（NSF）资助，研究周期为4年。

应黄科院邀请，2014年8月3～5日，美国伊利诺伊大学香槟分校（UIUC）Gary Parker教授、清华大学傅旭东教授一行四人，来院就“水库异重流研究与应用”和“自加速异重流”（Self-accelerating turbidity currents）等进行了学术交流，共享了异重流潜入、输移规律，持续运动条件、模拟技术以及异重流分层理论等成果，并专程考察“模型黄河”基地。5日，双方召开了合作研讨会，重点就在研项目推进、互派访问学者和人才培养、长效的项目申报和技术交流等进行了深入讨论，并形成了合作备忘录。

（二）加纳客人参观考察“模型黄河”试验基地

2014年6月26日，加纳能源石油部电力司司长Ing Stephen Kwakye Doku、法政司司长Gadzekpo-Duker Vivienne Peggy一行10人参观北郊“模型黄河”试验基地。

加纳客人首先听取黄科院水工模型的总体介绍，然后参观“阿克苏河西大桥引水枢纽除险加固工程水工模型”“厄瓜多尔CCS水电站模型”，观看“贵州盘县出水洞水库溢洪道水工模型”放水。客人对每个模型都非常感兴趣，分别就厄瓜多尔沉沙池的排沙方式、盘县出水洞水库溢洪道出口采用窄缝消能工等问题进行了交流讨论。

此次参观考察，加纳能源石油部电力司司长Ing Stephen Kwakye Doku对黄河水利科学研究院模型试验的综合实力表示赞赏，并达成了进一步合作的初步意向。

（三）世界银行考察团来院交流座谈并参观考察“模型黄河”试验基地

2014年7月4日，世界银行考察团一行26人来黄科院交流座谈，并参观了北郊“模型黄河”试验基地。

座谈会上，黄科院全面介绍了黄河调水调沙的背景、理论基础、调控模式和效果，以及黄科院主要负责的调控指标体系、水库异重流塑造和运用方案制作等核心工作；同时重点介绍了黄河数学模拟系统顶层视图与框架体系、六大模型库与关键技术、系统支撑平台和评测平台及未来研发方向和重点，并进行了现场演示。

会上还播放了黄科院专题片、黄河调水调沙视频片段。世行专家对黄科院在调水调沙和数字黄河两方面所做的科研工作表示赞赏，并与黄科院进行了深入交流与探讨。

在“模型黄河”试验基地，世行专家听取了“模型黄河”总体建设及模型试验情况，实地参观了小浪底库区模型试验厅、小浪底至陶城铺河段模型试验厅、水工试验厅、黄土高原模型厅等。实体模型先进技术及其在治黄业务中的重要支撑，给世行专家留下了深刻印象。

（四）亚洲开发银行技术考察团参观“模型黄河”基地

2014 年 10 月 14 日，亚洲开展银行技术考察团大卫德·库马尔先生一行参观黄科院“模型黄河”试验基地。

考察团主要参观了小浪底库区模型和黄河下游河道模型。大卫德·库马尔先生一行对模型试验非常感兴趣，对小浪底库区模型的坝前—三门峡水库下游以及河道模型的小浪底水库下游—高村各个河段全程参观，并详细询问模型建设及发展应用情况。小浪底中心副主任王远见博士陪同考察团参观并全程讲解。

亚洲开发银行技术考察团此行还与黄委相关单位的治黄专家进行了专题研讨交流和座谈，黄科院张俊华教高在技术研讨会上作了黄河调水调沙专题报告。

（黄河水利科学研究院）

膨胀岩土工程技术国际学术研讨会在武汉举行

膨胀岩土工程技术国际学术研讨会于 2014 年 8 月 21～23 日在武汉举行，来自国内外知名专家、学者、工程技术人员等 110 余人参加。该研讨会由长江勘测规划设计研究院主办，南水北调中线干线工程建设管理局、长沙理工大学、中国科学院武汉岩土力学研究所、长江水利委员会长江科学院、水利部长江勘测技术研究所、国家大坝安全工程技术研究中心协办。中国工程院院士、长江勘测规划设计研究院院长钮新强，加拿大渥太华大学 Sai. K. Vanapali 教授等参加了本次国际学术研讨会。

钮新强在致辞中指出，此次大会在中国南水北调中线工程即将全线通水之际召开具有现实意义。一是全面总结和回顾在“十一五”和“十二五”国家科技支撑计划，南水北调中线膨胀岩土工程技术研究方面取得的开创性成果与成功经验；二是依托高端国际学术交流平台，促进国内外膨胀岩土工程技术经验交流，提升治理膨胀岩土的工程技术与方法；三是展望膨胀岩土工程技术未来的研究重点和方向。同时，他重点介绍了中国在南水北调中线工程对膨胀岩土开展研究的 50 余年研究历程与取得的阶段性成果；特别是在“十一五”“十二五”国家科技支撑计划安排下，中线工程沿线开展了现场大型试验研究，在膨胀岩土的工程特性、渠坡破坏机理和模式、稳定分析方法、处理措施及施工技术等方面均取得了重要成果，为中线工程膨胀岩土渠道建设的顺利开展提供了科学指导和有效保障。

长江勘测规划设计研究院副总工程师吴德绪、南水北调中线干线建设管理局总工程师程德虎、长沙理工大学原校长郑健龙、加拿大渥太华大学 Sai. K. Vanapali 教授、长江科学院副总工程师程展林、长江勘测规划设计研究院副总工程师蔡耀军、美国科罗拉多州立大学 KUO CHieh Chao 博士等分别作了“南水北调中线工程膨胀土渠道处理设计”“南水北调中线工程膨胀土问题研究及成果应用综述”“Technology for preventing cut slope failure of expansive soil canal”“EFFECT OF SWELLING ON THE SURFICIAL LAYER STABILITY OF AN EXPANSIVE SOIL SLOPE”“膨胀土强度及边坡稳定性”“南水北调中线工程膨胀土边坡破坏类型及处理技术”“EVALUATION OF FACTORS INFLUENCING EXPANSIVE SOIL EMBANKMENT SLOPE FAILURE”高水平学术报告。

来自高校、科研、勘测设计等单位的 6 位专家学者也作了学术报告。其中，长江勘测规划设计研究院的阳云华、颜天佑分别作了“南水北调中线工程膨胀土地下水研究”“膨胀土挖方渠道抗滑桩加固措施效果分析”的论文报告。研讨会专家对报告逐一进行了点评，与会代表也相互进行了交流研讨。整个研讨会讨论热烈，学术氛围浓厚。

2014 年 8 月 23 日上午，与会代表冒雨实地考察了河南南阳中线工程渠道，对由长江勘测规划设计研究院承担勘测设计的南阳二标、三标段膨胀土特性、处理设计、施工等技术作进一步交流。长江勘测规划设计研究院的专家在现场向代表们介绍了有关情况。

会议于 2014 年 8 月 23 日圆满结束。参会代表纷纷表示，此次大会内容丰富，技术性强、机会难得，开拓了国际视野，对当前膨胀土理论研究和工程技术问题的解决有较强的借鉴和指导作用，收效甚丰。

（长江勘测规划设计研究院）

对外经营与国外工程

中国电力建设集团有限公司3个国际合作项目简介

（一）赞比亚卡里巴水电项目

2014年8月21日，由中国电力建设集团有限公司（以下简称中国电建）承建的赞比亚卡里巴北岸水电站扩机工程，在赞比亚南部小镇锡亚翁加正式交付使用。赞比亚副总统盖伊·斯科特，中国驻赞比亚大使杨优明出席竣工仪式并讲话，赞比亚国家电力公司官员及驻赞中资机构代表等参加仪式。

赞比亚卡里巴北岸水电站扩机工程位于赞比亚和津巴布韦两国交界的赞比西河中游的卡里巴峡谷内，最大坝高128m，水库总库容1840亿m^3，是世界上蓄水量最大的水库之一。该项目是中国电建在海外承建的特级EPC项目，由中国电建所属的中国水利水电第十一工程局有限公司负责实施。该工程是在电站原4台机组的基础上，新增两台18万kW的机组，合同金额2.43亿美元，总工期65个月。该项目正式交付对改善赞比亚紧张的电力供应具有重要意义。也为赞比亚独立50周年暨中赞建交50周年献上一份厚礼。

（二）厄瓜多尔老虎水电站项目

厄瓜多尔老虎水电站位于厄北部瓜亚班巴河流域，距首都基多市约160km，总装机容量8万kW，为河床式电站，主要建筑物包括自由溢流堰、溢洪道、泄洪底孔、右岸河床式厂房。混凝土大坝，最大坝高52m。厄瓜多尔当地时间2014年1月24日，中国电建集团西北勘测设计研究院有限公司与厄瓜多尔老虎水电站项目业主ICHINCHA省电力公司正式签订金额为2.36亿美元的老虎水电站总承包合同。合同范围包括：工程详细设计，土建施工，机电设备采购、供货及安装，电站调试及试运行以及一条230kV、16km长的输变电线路。项目总工期为54个月，首台机组发电工期为48个月。该项目正在建设中。

（三）特立尼达和多巴哥污水处理项目

2014年11月17日，中国电建集团所属水电国际公司与特立尼达和多巴哥给排水管理局签署了马拉巴尔污水处理厂和收集系统一期工程合同，合同总金额为5301万美元。马拉巴尔污水处理厂和收集系统一期工程项目属特多首都大型污水处理项目，对改善民生意义重大。该项目是中国水电在该国中标的首个工程，对于中国水电在美洲市场的开拓延伸具有十分重要的意义。项目位于距离特多首都约30km的马拉巴尔集水区，主要工程内容包括：建设日处理能力4万t的马拉巴尔污水处理厂，收集管网一期三座提升泵站的施工，约6680m的重力下水道、约2900m压力干管、约152个入户端的施工，两座泵站的停运及拆除，以及污水处理厂一年的运行维护。该项目正在建设中。

（中国电力建设集团有限公司）

中国电建集团成都勘测设计研究院有限公司参与的非洲水电项目进展情况

（一）科特迪瓦苏布雷水电站

中国电建集团成都勘测设计研究院有限公司（以下简称成都院）承担了科特迪瓦共和国苏布雷（SOUBRE）水电站的勘测设计和该项目的机电成套设备EPC总承包，合同额约人民币7.86亿元。

苏布雷水电站位于科特迪瓦西南部阿桑德拉河中下游，距经济首都阿比让400km，距行政首都约100km，总装机容量为275MW（3×90MW+1×5MW）。挡水建筑物由主、副土石坝（包括均质土坝、土石混合坝、心墙堆石坝）和泄洪闸组成，引水发电建筑物包括引水渠进水口、压力钢管、电站厂房和尾水渠等。主坝轴线长4500m，最大坝高20m，副坝长度约602m。电站引用流量714m^3/s+50m^3/s。

该水电站业主方为科特迪瓦能源公司，法国科因公司为咨询方，由中国水利水电第五工程局有限公司施工。

2014年1月20～23日，在科特迪瓦首都阿比让召开了苏布雷水电站详细初步设计报告（C版）审查会，审查通过了该报告。

苏布雷水电站成套设备第二批物资于2014年8月11日离开天津港，9月20日到达科特迪瓦阿比让港，历时41天。

2014年10月11～14日、20～21日分别在天津和成都召开了科特迪瓦水电站设计协调会，参建各方围绕初步设计报告、机电设备招标和施工图设计等议题进行评审和协商。会议达成一致意见，形成会议纪要。

（二）尼日利亚 OSUN 州水电项目

成都院与山东电力建设第三工程公司（以下简称山东三建）经协商，共同开展尼日利亚 OSUN 州两个水电项目的查勘工作。

2014 年 6 月 5～12 日，成都院国际部组织水工等专业工程师，与山东三建尼日利亚阿布贾办事处负责人，在 OSUN 州水利部门官员及水利专家的陪同下，对位于 OSUN 州 Erinle 河上游的 okin（新坝）和下流的 ede 坝（旧坝）进行现场查勘。查勘后在项目代理的陪同下，拜访了 OSUN 州州长 Aregbesola 。OSUN 州长表示赞同山东三建和成都院合作承担此工作，同意在 Erinle 河新坝址建 15MW 水电站，旧坝通过可行性论证尽可能增大装机容量，新旧 2 个坝的电站最终装机容量由成都院设计研究确定，并提交项目建议书。从查勘结果综合分析，新坝、旧坝两座水电站工程地质条件较简单，覆盖层不深；施工场地开阔，工程区对外有多条道路，交通便利；枢纽建筑物布置较简单，无征地移民、环保等制约工程建设问题，具有兴建水电站的较好条件。因此，成都院与山东三建于 2014 年 9 月向尼日利亚提交上述两座电站的项目建议书，并争取项目的后续合同。

（三）乌干达伊辛巴水电站

2014 年 2 月 14 日中国水利电力对外公司国际业务五部与中国电建成都院二滩国际公司签订了乌干达伊辛巴水电站施工监管服务合同。

乌干达伊辛巴水电站位于乌干达南部，处于维多利亚湖和奥加湖之间的丘陵区。维多利亚尼罗河的源头下游 50km 处即是辛巴瀑布，而项目就以该瀑布命名。

伊辛巴水电站总装机容量 183MW，安装 4 台单机容量为 45.8MW 的转桨式水轮发电机组。该项目由乌干达能源矿产部投资开发，中国水利电力对外公司承担 EPC 总承包建设，中国电建成都院二滩国际公司为项目建设提供管理（监理）服务和咨询。

（中国电建集团成都勘测设计研究院有限公司
刘吉祥　唐　兰）

中国电建集团成都勘测设计研究院有限公司参与的老挝水电项目进展情况

（一）老挝色拉龙Ⅰ级水电站项目

2013 年 11 月，中国电建集团成都勘测设计研究院有限公司（以下简称成都院）与云南电投对外能源合作开发有限公司商定，合作开发老挝色拉龙Ⅰ级水电站。云南电投对外能源合作开发有限公司为业主单位，成都院承担该项目的可行性研究报告复核和修订。2014 年 7 月 21 日，在老挝万象召开成果汇报会，向老挝能源与矿产部汇报了《色拉龙Ⅰ级水电站可行性研究复核报告》和《色拉龙Ⅰ级水电站可行性研究报告（修订版）》及其研究成果。成都院技术人员回答了老挝政府提出和关心的问题，双方对色拉龙Ⅰ级可行性研究修定版成果进行了充分的交流。会议取得预期效果，为下一步云南电投对外能源合作开发有限公司获得该项目可行性研究批复及与老挝政府签订 PDA（项目开发）协议和 PPA 采购协议奠定了基础。同时，也为成都院继续与云南电投对外能源合作开发有限公司在色拉龙Ⅰ级水电站进一步合计奠定了基础。

老挝色拉龙Ⅰ级水电站位于老挝南部色拉龙河（Xelanong River，为湄公河一级支流色邦亨河的主要支流）上，坝址控制流域面积 2879km^2。该电站设计采用堤坝式开发，拦河坝为混凝土重力坝，最大坝高 64.5m，坝顶长度 469m；坝后式厂房，安装 2 台单机 35MW 的混流式机组。

（二）老挝大捷水电站项目

2014 年 9 月 29 日，由老挝业主占巴水电开发公司董事长 Mr. Bounlouane Inthava 和老挝外贸银行行长 Mr. Vanhkham Voravong 带队的一行 5 人来到成都，与成都院总经理章建跃签订了老挝大捷水电站项目 FEPC 总承包合同。

老挝大捷（Taolchiad）水电站，位于老挝南部巴色市东北约 30km 处，交通方便。电站装机容量 8.0MW，单机容量 4.0MW，年发电量约 3850.3 万 kW·h。该工程枢纽建筑物主要包括溢流坝、引水渠前池、压力管道及发电厂房，合同总造价 1580 万美元。该项目合同签订前期，成都院进行大量可行性研究分析和设计工作；后期经多方联络沟通，协助业主获得了项目投资和保险支持，即由老挝外贸银行为项目提供商业性质担保，中国出口信用保险公司四川分公司为项目提供使用保险，中国农业银行四川分行为项目提供贷款。

（三）老挝南碧水电站

2014 年 9 月 25 日，成都院与老挝电力公司（EDL）所属的发电公司 EDL-GEN（Edlgeneration Plubkccomppang）签署了老挝南碧梯级电站总承包排他性的谅解备忘录。

老挝南碧水电站位于老挝南部色孔省（SEKOX-IG）的 NAM BI 河上，规划共 4 个梯级电站，总装机容量 160MW，由当地 EDL-GEN 与老挝当地一家私人公司组成联营体共同投资。EDL-GEN 控股 80%。EDL-GEN 是 EDL 旗下的一家上市公司，目前拥有装机权益 1875MW，代表老挝政府控股或参股老挝境内多个有重要影响的水电项目如：NamNguml（160MW）、Theun-Hin6eun（420MW）Nam Ngumi2（630MW）、Nam Theun（1080MW）等水电站。

2014 年初，成都院开始通过老挝能矿部和 EDL-GEN 对老挝南碧梯级水电站进行初步评估，老挝能矿部和 EDL-GEN 同意与成都院合作开发该南碧水电梯级项目，并要求成都院对越南一家公司做的南碧梯级水电项目可行性研究进行复核。2014 年 10 月，成都院开展对越南一家公司所做南碧梯级可行性研究报告进行复核。按规定，成都院在所做的复核报告被老挝政府接受后，将作为该项目 EPC 承包人独家参与项目议标，并协助 EDL-GEN 解决项目融资。项目预计合同额 3.2 亿美元。EDL-GEN 保证项目资本金为 20%约 6400 万美元，80%的资金计划通过融资解决，还款期限约 15 年。

（中国电建集团成都勘测设计研究院有限公司
刘吉祥　唐　兰）

厄瓜多尔 CCS 水电站项目设计简况

（一）概况

Coca Codo Sinclair 水电站（简称 CCS 水电站）位于厄瓜多尔共和国北部 NAPO 省和 SUCUMBIOS 省的交界处，距首都基多公路里程约 130km。工程的主要任务是发电，总装机容量 1500MW（8 台 187.5MW 冲击式水轮机组，额定水头 604m），年发电量 88 亿 kW·h。

工程主要建筑物包括首部枢纽（含混凝土面板堆石坝、溢流坝、沉沙池及取水口）、输水隧洞、调蓄水库（含混凝土面板堆石坝、溢洪道、引水口）、压力管道（竖井）和地下厂房等。

CCS 水电站由中国水利水电建设集团公司总承包（EPC），黄河勘测规划设计有限公司（以下简称黄河设计公司）为设计分包商。工程于 2010 年 7 月 28 日正式开工建设，合同工期 66 个月。

（二）项目特点

该工程设计采用欧美标准规范，合同要求按照美国陆军工程师兵团的现行规程规定及设计手册等进行设计。工程存在高地震风险（Ⅸ度区）、首部地质条件复杂、多泥沙、长距离引水、高水头发电等技术难点，其中首部沉沙池的规模（引水流 $220m^3/s$、153m×119m）、输水隧洞的长度（长 24.8km，内径 8.2m）、压力竖井的深度（内径 5.8m，深 542m）、冲击式机组的规模等在世界范围内都名列前茅。

厄瓜多尔 CCS 项目是一个复杂的系统工程，其中，首部沉砂池深厚（约 80m）软基处理，TBM 长隧洞大断面、高进尺掘进（月均 600m），600m 级深大直径竖井施工，以及高水头、大容量冲击式机组设计与安装等均为挑战性技术难题。

（三）工作进展

CCS 水电站的设计分为概念设计、基本设计和详细设计（施工图）三个阶段进行。前两个阶段由意大利电力咨询公司担任业主的咨询，详细设计和施工图由以墨西哥国家电力公司咨询部（CFE）为主体与厄瓜多尔当地公司组成的联营体担任咨询。

设计工作总体来讲是成功和顺利的，主要技术方案全部实现了黄河设计公司的设计意图，关键线路上的施工正在顺利实施。黄河设计公司展现了中国水利水电设计咨询企业应有的技术水平，无论是对工程原方案的优化，还是对合同计划的履约，都得到了参建各方的认可。尽管意大利电力咨询公司在前期设计中做了非常多的研究和方案比选工作，黄河设计公司还是在概念设计阶段和基本设计阶段做出了许多既利于工程安全可靠运行、又方便施工的重大设计优化。如：改变了首部枢纽的整体布置方案，消除了引水管穿过溢洪道并在其内部消能这个不利于工程安全的因素，将输水隧洞由明满流交替的复杂运行工况改变为全明流运行，同时优化了施工布置，解决了隧道掘进机（TBM）顺坡前进、不能自流排水这个可能带来灾难性后果的施工问题。这些成果得到了业主、意大利原设计单位和承包商的高度肯定，概念设计和基本设计及时得到批准，相比其他类似国际水电总承包工程是比较顺利的。

至 2014 年年底，CCS 水电站项目处于关键线路的地下厂房、输水长隧洞、压力隧洞、机电设备的采购标书等关键的设计文件和图纸均得到批准，影响较大的方案性问题已经全部解决，施工进展顺利。

（黄河勘测规划设计有限公司　王玉峰）

哥伦比亚马格达莱纳河综合规划

（一）项目合同签署与实施情况

2008 年 4 月，中国电建集团中南勘测设计研究院有限公司（以下简称中南院）与哥伦比亚马格达莱纳河流域自治公司（以下简称马河公司）初步达成了合作进行马格达莱纳河（以下简称马河）综合开发的意愿。2009 年 2 月，在时任中国国家副主席习近平和哥伦比亚副总统桑托斯的见证下，中哥双方在哥伦比亚首都波哥大签署了马河综合规划项目的合作谅解备忘录。2011年5月，中哥双方在波哥大正式签署《中国政府援哥伦比亚政府马格达莱纳河综合规划项目机构间实施合同》。项目实施周期为2年（不含前期准备期）。

该综合规划范围为马河公司的管辖区，包括马河干流（1613km）、迪克运河（114km）和支流考卡河下游河段（187km）沿岸的128个市镇区域，涉及13个省；规划区域面积6.94万km^2，区内人口607.5万人（2010年），分别占流域的26%和17%，人口密度87.5人/km^2；重点规划专业为航运、水力发电、环境保护，一般规划专业包括土地改良（防洪、排涝、灌溉）、河岸利用、河道整治、渔业资源利用、休闲娱乐。

马河综合规划项目的实施，总体上分为前期准备（商务谈判和技术资料收集）、现场综合查勘、规划工作大纲编制、现场勘察、规划方案研究、综合规划报告编制六个阶段，各阶段工作相互衔接。其中，第一、第二和第四阶段以在哥伦比亚工作为主，国内配合；其余阶段以在国内工作为主，同时在哥伦比亚配备项目技术负责人和必要的专业技术人员协调工作。

2014年4月，中南院完成马河综合规划报告，并移交哥方，中国电建集团承担的援哥伦比亚马格达莱纳河综合规划项目圆满完成。

（二）规划编制情况

1. 马格达莱纳河概况　该河是哥伦比亚第一大河，干流全长1613km，落差3685m，由南向北流经11个省，经巴兰基亚市注入加勒比海；支流展延至8个省和波哥大特区。流域面积26.65万km^2，年平均径流量2347亿m^3，水资源丰富。马河流域是哥伦比亚政治、经济、文化的核心地区，流域人口、国内生产总值分别占全国的77%和85%。

马河流域水资源开发利用率较低，存在航道、港口、防洪、排涝、灌溉等水利基础设施薄弱，水资源综合利用程度低、洪涝灾害频繁、土壤侵蚀较严重、水生态环境较差等突出问题。此外，河流沿岸河谷地区由于缺乏大城市及支柱产业支撑，经济社会发展水平低，贫困人口比例高。

马河流域没有开展过全面系统的规划，仅在航运、环境领域开展过部分专项研究，且已有规划研究已不能满足经济社会发展对河流治理开发与保护的要求，急需按照促进经济社会可持续发展和维持河流健康生命的需要，对合理开发利用水资源、防治洪涝灾害、保护生态环境进行战略性、全局性、前瞻性的综合规划，为科学指导和规范河流治理、开发与保护活动提供依据。

2. 项目特点与难点

（1）马河综合规划不是政府行为，成果不需政府审批，没有政府部门的组织领导和协调。由于规划内容涉及众多专业领域及相关行业部门，需要调查研究自然、技术、经济、社会、政治、生态环境等众多因素，是一项庞大的、复杂的系统工程，工作任务重，难度高。

（2）哥伦比亚尚未建立流域规划体系，已有的规划工作基础差，没有相关的规程规范及编制规划的知识与经验，综合规划缺乏系统的专业规划、支流规划支撑。由于两国国情、体制、理念等方面的差异，也无法照搬中国的规程规范，且中国现行的《江河流域规划编制规范》是1997年发布的，难以适应15年后规划编制的需要。因此规划内容及规划深度较难把握，加上马河公司技术力量不足，技术层面交流存在一定难度，需要中方耐心的讲解和反复的沟通。

（3）资料不全且收集困难，已有地形图精度差，规划所需的信息及数据非常零散。流域治理开发与保护现状等本底数据难以获得，已收集的资料中大部分数据较老，更新困难。由于发展规划资料缺乏，难以确定具体的需求及规划目标。

（4）语言障碍是本项目的主要制约因素之一。它不仅影响口头交流沟通、熟悉资料，而且由于国内没有懂专业技术的西语翻译，技术文件西汉直接互译不准确。

（5）现场勘察工作受安全和雨季因素影响大。申请军警配合需要的协调时间较长，且日程一旦确定便无法更改，工作进度无法把握。野外查勘范围广、人员多、历时长、查勘点分散、行程紧、语言沟通困难，雨季部分区域交通状况差，增加了项目实施的难度。

3. 主要规划成果　规划成果包括《哥伦比亚马格达莱纳河综合规划报告》（以下简称规划报告）及2个附件（水文分析报告、工程勘测报告）。

综合规划根据马河的自然特性、资源与环境要素，统筹考虑和区域、流域、国家经济社会发展的需要与环境保护的要求，针对规划区存在的主要问题，提出了规划思路与规划原则，明确了治理开发与保护的任务，拟定了实现资源、经济、社会、环境协调发展的规划目标，提出了控制断面生态基流、水质目标、防洪等方面的控制性指标；研究选定了总体规划布局方案。

规划原则及理念：遵循环境优先、适度开发，统筹协调、综合治理与利用，因地制宜、突出重点，工程措施与非工程措施并重、加强流域综合管理的原则和“促进人与自然和谐相处”的理念。

《规划报告》概要描述了河流基本情况及其特性，

分析了河流治理开发与保护存在的主要问题和经济社会发展对河流的需求，构建了总体规划体系，作出了以水资源综合利用体系、防洪减灾体系、环境保护体系为主体框架的8项专业规划以及环境影响评价，拟定了流域综合管理框架建议，提出了规划实施意见，并进行了规划实施效果分析。

4. 成果审查与提交

(1) 国内咨询评审。受商务部委托，2013年11月，中国国际工程咨询公司组织专家在北京对《规划报告》进行咨询评审。经过认真充分讨论，并在复核中南院修改和完善后的规划报告后，形成咨询评审意见，基本同意修改后的规划报告。

评审意见认为，《规划报告》参照我国现行有关规程规范，考虑了哥伦比亚当地的实际，内容比较全面、重点比较突出，并进行了必要的现场勘察，提出了勘测报告，基本完成了《援哥伦比亚马格达莱纳河综合规划项目内部总承包合同》约定的《规划报告》编制任务。《规划报告》确定的规划思路、原则、目标任务、总体布局及具体规划项目基本符合马河治理、开发和保护的实际。考虑到哥伦比亚方在提供基础资料方面的支持力度不足，工作内容已充分利用了现有资料，《规划报告》工作深度基本满足规划阶段要求，对指导马河公司开展马河治理开发和保护，以及今后进一步深入开展各专业规划有重要作用。

(2) 成果提交。哥伦比亚当地时间2014年4月29日，项目完工签字仪式在波哥大举行。受中国电建集团公司委托，中南院与哥方马河公司、总统府国际合作署的代表签署了《马格达莱纳河综合规划报告最终移交证书》《中国政府援哥伦比亚政府马格达莱纳河综合规划项目机构间实施合同完工及结算证书》。中国驻哥伦比亚大使馆、经商处、中央电视台驻哥记者站和哥伦比亚外交部、交通部、环保部、能源矿业部、农业部等部委和相关研究机构的代表出席了签字仪式。

在签字仪式上，马河公司对中方在工作中付出的努力表示赞赏，对规划成果给予了高度评价，并表示，马河综合规划报告将是开发马河的指导性文件，也是马河公司最为珍贵的财富，综合规划项目是哥伦比亚与中国政府有史以来最为重要的一次双边合作。

（中国电建集团中南勘测设计研究院有限公司 刘常斌）

几内亚凯乐塔水电站项目有关情况简介

（一）工程概况

凯乐塔（Kaleta）水电站位于几内亚的西部，距离首都科纳克里（Conakry）162km，位于孔库雷（Konkoure）河干流中游，坝址下游不远处是一个落差约40m的瀑布；水库总库容2300万m^3，正常运行水位110m；电站额定水头48.3m，安装3台单机容量为78.2MW的轴流转桨式水轮发电机组，总装机容量为234.6MW，多年平均发电量9.46亿kW·h。

大坝坝顶高程114.00m，最大坝高31m，坝轴线长度1150.01m，共计40个坝段，其中39个坝段为碾压混凝土重力坝，1个坝段为均质土坝；按功能分由挡水坝段、发电引水坝段、泄流底孔坝段、溢流坝段。溢流坝段布置在右岸主河床上，呈弧形布置，溢流堰采用无闸门控制的开敞式自由溢流，总长360m，堰顶高程110m。

电站厂房布置在引水坝段下游约80m的河道上，为坝后式地面厂房，采用“一机一管”布置，坝后背管钢管直径6.3m，每条钢管长度85.95m。

1999年5月，Coyne et Bellier-EdF集团开始对该电站进行可行性研究，2007年COTECO集团完成了凯乐塔水电站详细设计研究（DDS）报告，雇主依此报告及概念图（OMVG）进行凯乐塔项目招标。

（二）经营模式

该项目由中国水利电力对外公司以EPC的形式实施，合同格式采用FIDIC 1999年第一版（交钥匙工程合同条件）。黄河勘测规划设计有限公司承担设计责任，中国水利水电第三工程局有限公司承担施工任务。

项目业主为几内亚共和国能源与环境部，大项目管理监督办为监理单位，并雇佣Tractebel Engineering France（TEF）代为行使咨询监管职责，施工过程中由TEF实质上管控。

根据合同书的约定，工程建设标准采用IEC或等同的中国国家标准。

（三）项目设计

详细设计时对建筑物布置进行了优化调整，即泄流底孔由SONGO河移至引水口左岸的FRAN BANGA河，使泄流底孔具有导流、泄洪及电站引水口排沙的综合功能；施工组织程序由此发生重大变化，由四期导流变为两期导流。经工程师团队认可后，以此为基础进行设计报告的编写并履行审批程序。施工组织则依据经审批的设计报告重新编制，对节点工期进行了调整和简化。设计工作有如下几点值得注意：

1. 重视设计文件的计算书复核、设计功能审核

(1) 总体设计。坝体轴线设计维持了OMVG的“S”型模式，这种布局充分巧妙地利用地形，节省建设投资，并可维系自然生态环境。如图1所示，由右岸向左岸依次说明如下：①第一、二支流布置溢流堰泄洪，可以维系河道瀑布景观；②第三支流布置电站

厂房，便于利用落差；③第四支流布置泄流底孔，用于导流和泄洪。

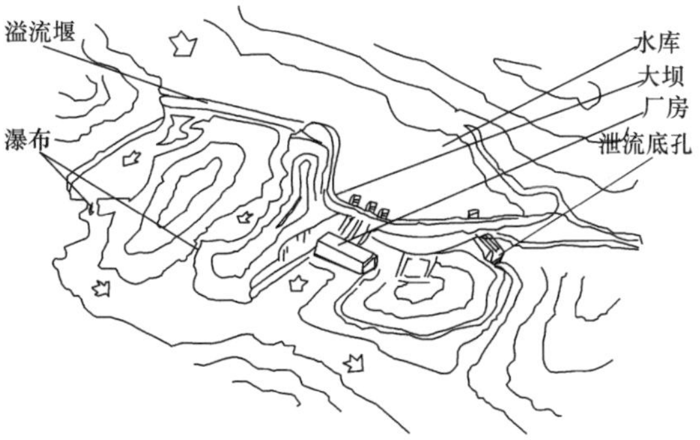

图1 凯乐塔水电站枢纽布置图

(2) 细部图设计。包括结构图、钢筋图、止水布置图等细部设计文件，工程师注重细节的审核，对每一个建筑物重点进行功能复核。如：①坝体典型剖面设计，下游坡面由1∶1修改为1∶0.75，工程师要求提供详细的抗滑稳定计算书，材料的力学参数取值取下限，以验证坝体稳定，并在碾压试验中进行复核；②大坝止水设计，要求在两道止水间增加排水管，用于止水渗水观测和测量，以判断止水施工可靠性；③进水口取水闸室钢筋图，经工程师审核认为不安全，主要原因是设计采用的有限元应力分析软件计算，而工程师采用传统的受力分析计算，二者结果不符，工程师坚持要求按照复核结果增加了钢筋。

2. 强调设计文件的可施工性　工程师审核设计文件时会考虑到施工环境，施工条件能否吻合设计意图，确保建筑物的施工安全。如：①OMVG设计文件大坝顶宽为7.0m，设计修改为5.0m，工程师提出维持OMVG的建议，但施工时接受了5m方案；②工程施工供电采用了利用坝区瀑布地形自建小型电站的方案，一期自上游围堰布置闸室、堰前取水，二期施工时拆除上游一期围堰而导致断水，施工提出自31号溢流坝内埋管取水的方案，得到工程师的认可，并给出封堵建议。

3. 设计理念和思维惯性对细节设计影响大　合同中明确了可以采用等同IEC和ISO国际技术规范的中国标准，但我国企业对国际惯例、操作规范不够娴熟，与其技术标准没有完全接轨，在设计过程中存在理念不同、标准难以统一的偏差。如：①建筑物接地系统设计，基础层采用了铜绞线直接敷设在基岩面的设计型式，而工程师坚持他们惯用的挖槽、埋设铜绞线并回填腐殖土的设计方案，无法形成统一意见而被迫修改；②大坝的廊道设计，OMVG采用了方形预制盖板的形式，周边未设止水，而我们的设计采用的受力条件更好的方圆型预制廊道，周边设置橡胶止水封闭，工程师开始坚持取消止水，允许廊道内渗漏，以便于观察、测量坝体渗漏情况，经过数轮的协调专题会才同意了设置止水的方案。

(四) 工程施工组织

几内亚是联合国公布的最不发达国家之一，工业基础薄弱，绝大多数消费品完全依赖进口。建筑市场水平低下，施工资源匮乏，给工程施工组织提出了极高的要求。

1. 施工总布置规划　KALETA水电站砂石加工及混凝土生产系统、综合加工厂、生活营区设计受到了导流分期的影响。依据OMVG图纸四期导流，混凝土高峰强度为2.2万m^3/月。变为两期导流，高峰浇筑强度达到3.2万m^3/月，施工组织程序发生改变，混凝土进度计划、浇筑强度指标均发生变化，进而影响到人力、设备、材料、资金等资源的调整，大型临建设施在施工过程中不断增容改造，对总体布局造成较大困扰，资源匹配不良。如：①电站砂石系统原设计生产能力为200t/h，车间设备为单机配置，进行改造增容，每个车间并行配置一套同型号设备，生产能力达到400t/h，但造成料仓容量不匹配；②电站拌和系统为1套HZ120-2S1500搅拌站和1套HZ50-1S1000搅拌站，存在两个系统生产能力偏差较大、不均衡的问题，初始系统设计配置1套LSLG50WS螺杆式冷水机组（冷冻出水温度7～12℃），方案审核阶段对不合理的温控指标进行更正，确定混凝土出机口温度为20℃，因此，对HZ120-2S1500搅拌站进行温控混凝土改造，增加了调节料仓、制冷车间等设施，在已经成型的设施进行改造存在一定制约，改造后虽然实现了功能，但系统布置缺乏美观，协调统一性也差。

2. 资源配置及组织能力　施工过程中经常由于图纸提供不及时、设备与材料供应延迟、中方专业人员不能到达、当地员工短期休假，导致工期滞后现象发生。EPC项目的设计、采购、施工责任均由承包商承担，上述事件发生后需要自行消化，通过施工环节的赶工弥补，因此，资源配置需要较大的富裕度。另外，当地建筑市场不具备施工设备保养、维护、维修能力，设备配置数量需要考虑合适的维修设备占比。这些施工组织设计与国内项目存在较大的不同，需要认真对待，以确保工程如期完工。

3. 施工过程管控　实现设计指标是工程师控制的关键点，从基岩面验收、原材料检验、仓面处理及清理、模板及钢筋质量、浇筑工艺控制、实物外观及内在质量等各方面把关。如：①碾压混凝土热升层，国内一般采取直接连续铺筑，而KALETA工程师要求防渗分区热升层摊铺砂浆，也不同意采取水泥灰浆的方案；②钢筋接头要通过工艺试验获取合格参数后方可用于工程；③拉杆头处理，不允许钢筋头外露，工程师推荐塑料漏斗法，经改进后，在拉条与模板之间增加楔形垫块，模板拆除后切割螺杆用预缩砂浆回填。

4. 当地雇员管理 实施“走出去”战略，需要走人力资源“属地化”模式，通过专业培训、量化管理的模式大量雇佣当地劳动力。对部分能力较强的当地雇员进行专门技术和管理能力培训，考试合格后聘为班长、队长，减少中方员工直接管理的难度，规避语言不通、意思传达不畅的弊病，并通过考核来约束、激励员工，发挥全员能动性和主动性。

（五）阶段验收和工程交付

工程验收流程简单实用，采取表单形式以“OK”“NO”的形式描述验收结果，没有国内各阶段不同验收主体、验收内容和程序那样繁琐，也没有专家组的全方位把关。

（中国水利水电第三工程局有限公司 孟宪坤）

柬埔寨达岱河水电站运行维护管理合同 2014 年履行情况

2013 年 1 月 13 日，湖北清江水电开发有限责任公司（以下简称清江公司）与柬埔寨达岱水电有限公司正式签订了《柬埔寨达岱河水电站委托运行维护管理合同》（服务期限为 3 年）。

2014 年是达岱水电站工程建设和机组投产发电的关键性一年。7 月底，电站引水隧洞开始进行充水；8 月 6 日，1 号机组开始进行有水调试。经过紧张调试，1、2、3 号机组分别于 8 月 30 日、9 月 5 日、9 月 11 日完成 72h 试运行。截至 2014 年底，大坝（主、副坝）、溢洪道及闸门设备、放空洞及闸门设备、主厂房等主体工程已全部完成施工。230kV 开关站 GIS 扩建间隔完成土建施工。

清江公司达岱项目部克服外部经营环境复杂、技术和文化差异较大等诸多困难，严格履行达岱水电站委托运行维护管理协议。2014 年 6 月初，项目部接管厂用电系统及 230kV 开关站，6 月 18 日开始轮班值守；9 月中旬，随着 3 台机组和全厂公用设备相继移交，项目部工作重点转入电站运行维护管理阶段。项目部对各项生产工作进行标准化、规范化管理，对日常两票管理、巡检管理、缺陷管理、ON-CALL 值班管理、定期工作管理等制定了相应的管理标准，建立了各种生产管理台账和记录；建立了定期例会制度，检查、安排每周、每月生产任务，保障各项生产工作有序开展；及时消缺，确保设备处于正常工作状态；强化事故分析，排除了多处安全生产隐患。

机组投产发电后，由于当地电网雨季发电容量超过用电负荷，而达岱电站雨季未安排计划上网电量，基本处于停机弃水状态，直到 11 月中旬雨季结束，机组才开始并网发电。项目部克服了当地电网电压、频率不稳定，投产初期设备事故频发等不利因素，全年实现总发电量 12177.8 万 kW·h，总上网电量 11333.2 万 kW·h(不包括 1 号机组 72h 试运行电量 605 万 kW·h)，发电耗水率约 2.37m^3/(kW·h)。2014 全年坝区总降雨量 5630.0mm，水库累计来水量 25.29 亿 m^3，其中水库弃水量 21.8 亿 m^3，发电用水量 2.89 亿 m^3。

（湖北清江水电开发有限责任公司）

援埃塞俄比亚阿巴-萨姆尔水电站项目 EPC 实施模式

（一）项目概况

援埃塞俄比亚阿巴-萨姆尔（Aba Samuel）水电站项目为我国援外项目。原阿巴-萨姆尔水电站由意大利人于 1939 年修建，由拦河大坝、引水明渠、中池、前池、压力混凝土管、上游调压室、压力钢管、地面厂房、尾水隧洞组成，利用毛水头约为 100m，采用一管三机布置形式，厂房内安装 1～3 号三台机组，初始装机 3MW。1953 年因压力混凝土管破损，进行改建，在坝身增加一台 0.6MW 的机组，又新增一条压力钢管以及容量为 3MW 的 4 号机组，总装机容量合计为 6.6MW。电站运行至 20 世纪 70 年代，因年久失修加之暴雨冲毁渠道等原因而停用。

援埃塞俄比亚阿巴-萨姆尔水电站项目立足于充分利用已有的大坝、厂房等设施，改建引水系统、压力钢管，在原厂房内重新安装总容量为 6.6MW 的水轮发电机组，恢复其发电功能。项目总工期 24 个月。

受商务部的委托，中国水电建设集团华东勘测设计研究院有限公司（以下简称华东院）承担该项目的可行性考察、专业考察工作，并以 EPC 总承包该项目。2012 年，初步设计报告分别通过商务部和埃塞俄比亚电力公司组织的审查；2013 年，施工图及施工图概算通过审查；2014 年 3 月和 6 月，分别签订了 EPC 总承包对外、对内实施合同。项目已于 2014 年 11 月 17 日正式开工。

（二）项目范围和工作内容

中方承担下列项目的设计、设备采购、施工、调试及试运行：①大坝坝肩和下游挡墙浆砌石维修、溢流面抹面；②进水口和底孔改建；③引水渠和前池改建；④压力钢管新建；⑤厂房及辅助建筑修缮；⑥利用原有的厂房，安装水轮发电机组及相应的附属设备；⑦引水发电系统金属结构设备制作安装。

埃塞俄比亚方承担下列项目的设计、设备采购、施工、调试及试运行：① Akaki 至坝址和厂房约22km 的道路升级改造；②由电站开关站出线架构后至 Akaki 变电站的送出线路及与 Akaki 变电站设备的连接；③有关移民征地。

含在本项目 EPC 总承包实施范围内的工作有：①完成工程的专业考察、补充勘察、测量，初步设计、施工图设计；②成套供应机电设备、金属结构设备，采购土建工程、安装工程所需的全部材料；③按照设计方案完成工程主体土建工程施工、金属结构设备制作和安装、机电设备安装；④负责工程引水系统充水、机组启动试运行；⑤进行项目范围管理，进度管理，费用管理，设备材料管理，资金管理、质量管理，安全、职业健康和环境管理，人力资源管理，风险管理，沟通与信息管理，合同管理，现场管理，项目收尾等；⑥承担本项目竣工并对外移交之日起的工程质量保修责任。

（三）EPC 实施及项目管理模式

项目相关方关系见图 1。

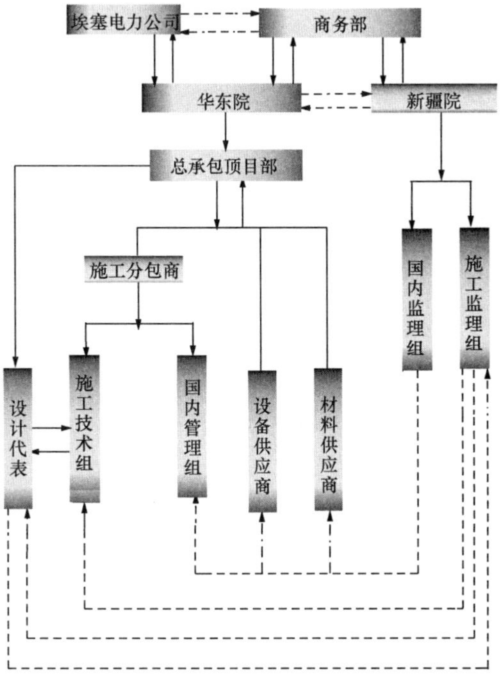

图 1　项目相关方关系框图

注：图中虚箭头线表示工作关系，双箭头实线表示合同关系，单箭头实线表示隶属关系

华东院根据该项目特点，结合已有工程项目总承包经验，拟对援埃塞俄比亚阿巴-萨姆尔水电站项目分三个层次进行管理：

第一层次，总部层面的管理。主要是授权组建华东院援埃塞俄比亚阿巴-萨姆尔水电站工程总承包项目部（简称总承包项目部）和任命总承包项目部领导班子，与项目经理签订总承包项目目标责任书并充分授权，提供项目建设所需要的一切资源，对项目实行宏观控制与监督，提供及时有力的技术和经济支持，保证项目建设顺利进行。

第二层次，总承包项目部层面的管理。总承包项目部实行项目经理负责制，项目经理就项目既对合同甲方——商务部、埃塞俄比亚方业主负责，也对华东院负责。总承包项目部根据华东院的授权，组建总承包项目部二级机构，任命总承包项目部二级机构主要人员，负责进行项目策划并编制项目计划；实施勘测设计管理，采购管理，施工管理和试运行管理；进行工程质量控制管理、工程进度控制管理、合同管理、成本费用管理、工程安全监督管理、文明施工监督管理、环境保护监督管理以及沟通与信息管理。在项目实施过程中，总承包项目部全程接受商务部、埃塞俄比亚方业主及监理单位的监督、管理。

第三层次，分包商、供货商、合作单位的管理。援埃塞俄比亚阿巴-萨姆尔（Aba Samuel）水电站项目的部分土建工程施工、金属结构和机电设备安装选择符合要求的分包商完成，设备和材料的供应选择合适的供货商完成，项目还会涉及多家合作单位（如咨询、试验、运输等）。总承包项目部与所有分包商、供货商和合作单位签订协议，实施管理。上述单位根据分包合同、采购合同或合作协议对范围内工作开展项目实施，对总承包项目部负责。

（四）结束语

该项目是商务部第一个按 EPC 模式运作的援外水电项目，华东院将制定切实可行的管理手段和措施，做到“安全、质量、工期、成本、功能”五统一，树华东院国际工程 EPC 品牌，创商务部援外工程 EPC 示范项目。

（中国电建集团华东勘测设计研究院有限公司
任金明　王凤军　陈　威）

中國水力發電年鉴

10

技术标准

标准化管理

2014 年电力标准化管理工作情况

（一）标准项目计划及发布

2014 年，经有关部门批准，共确定电力标准计划立项 390 项（含电力设计标准）。其中，国家标准项目计划共 70 项，包括国家标准化管理委员会下达的电力国家标准项目 54 项（含新兴产业国家标准计划项目中的电力行业智能电网、光伏、电动汽车等领域标准 31 项），住房和城乡建设部下达的电力工程建设国家标准计划项目 16 项；国家能源局下达的电力行业标准计划项目 320 项。

2014 年，经有关部门批准发布的电力标准共 256 项（含电力设计标准）。包含国家标准 28 项，其中国家标准化管理委员会发布的国家标准 6 项，住房和城乡建设部发布的工程建设国家标准 22 项；国家能源局发布的行业标准（含 29 项能源领域核电厂常规岛标准）为 228 项。

2014 年，中国电力企业联合会根据标准复审管理办法开展标准复审工作，并向国家能源局提交复审报告，提出继续有效的行业标准 113 项，修订的项目 94 项，废止项目 51 项。国家能源局已批复同意废止 51 项行业标准。

（二）标准化重点建设

1. 中国标准创新贡献奖　2014 年 10 月，国家质量监督检验检疫总局和国家标准化管理委员会公布 2014 年度“中国标准创新贡献奖”获奖名单，Q/GDW 354—2009《智能电能表功能规范》等 39 项标准获得 1 个一等奖，GB/T 20234.1—2011《电动汽车传导充电用连接装置　第 1 部分：通用要求》等 4 项标准、DL/T 1121—2009《燃煤电厂锅炉烟气袋式除尘工程技术规范》等 18 项标准各获 1 个二等奖。

中国标准创新贡献奖是经全国评比达标表彰工作协调小组批准，由国家质量监督检验检疫总局和国家标准化管理委员会共同设立的全国性奖项，是标准化领域的最高殊荣。此次获奖的 3 个电力标准项目代表了智能电网、电动汽车充电设施和环境保护等电力行业标准化工作重点领域的最新重要成果，这些标准的实施对电力行业技术进步和产业发展起到了重要推动作用，获得重大社会效益和经济效益。从 2007 年至今，先后有 7 项电力标准项目获得中国标准创新贡献奖。

2. 标准主管部门组织的标准化综合业务　根据《智能电网综合标准化试点工作方案》安排，中国电力企业联合会组织全国电力系统管理及其信息交换等标准委员会、江苏省电力公司等 12 家试点单位开展了智能调度等专业领域标准体系建设，确定了标准综合体初步方案，为开展标准制修订工作奠定了基础。

2014 年 5 月，国家标准化管理委员会、国家发展和改革委员会、国家能源局等 12 个部门联合发布《2014 年战略性新兴产业标准综合体指导目录》。其中，槽式太阳能热发电热力系统标准综合体、智能电网并网标注综合体、光伏发电站运行维护标准综合体、电动汽车充换电设施标准综合体等电力相关内容成功纳入国家指导目录。根据综合标准化工作方案安排，电力行业先后组织有关标准委员会、试点单位专家开展标准综合体建设研究工作，形成的智能变电站标准综合体包括 137 项标准，智能电网调度控制系统标准综合体包括 33 项标准，电动汽车充换电设施标准综合体包括 81 项标准，风电并网管理标准综合体包括 25 项标准。

2014 年 3 月，国家标准化管理委员会在河南南阳组织专家组对 1000kV 晋东南至荆门特高压交流输变电工程进行国家验收。这也是首个国家重大工程标准化示范项目通过验收。

3. 国际标准化　2014 年 2 月，国际电工委员会（IEC）成立了由中国牵头组织的微电网特别工作组（ahG53）。特别工作组组织国内相关单位的专家，与有关国家一起开展了微电网国际标准化工作方案的讨论，多次召开国际会议，最终形成了微电网标准化工作方案。在 11 月召开的 IEC 大会上，微电网系统评估组（IEC/SEG6）获得批准，由中国担任秘书国。

2013 年获得国际电工委员会批准成立的大容量可再生能源并网技术委员会（IEC/TC8/SC8A）于 2014 年 7 月在北京召开第一次全体会议。会议通过了由中国主导编制的技术委员会战略书，确定了技术委员会工作范围以及下一步重点工作。

向国际电工委员会提交了《变压器直流偏磁抑制装置技术规范》《电动汽车充电站—监控系统》《新能源发电站并网符合性评价方法》等 6 项国际标准

提案。

中国电力企业联合会与中国电器工业协会联合向国家标准化管理委员会提出承担国际电工委员会/智慧能源系统委员会（IEC/SyC）国内技术归口单位的请示。

4. 电力标准英文版 2014年，向住房和城乡建设部报批13项标准英文版；向国家标准化管理委员会、住房和城乡建设部分别申报1项和6项电力标准翻译计划。下达2014年17项电力标准英文版翻译计划，其中，国家标准7项，电力行业标准10项。

5. 企业标准化 2014年，先后有青海黄河上游水电开发有限责任公司公伯峡发电分公司、江苏淮阴发电有限责任公司、贵州西电电力股份有限公司黔北发电总厂、贵州电网公司贵阳供电局、广东红海湾发电有限公司、广东电力发展股份有限公司沙角A电厂、江苏国信淮安燃气发电有限公司、上海漕泾热电有限责任公司、大唐新能源黑龙江开发公司、大唐岩滩水力发电有限责任公司、内蒙古大唐国际托克托发电有限责任公司、大唐韩城第二发电有限责任公司、石家庄良村热电有限公司等13家企业通过了标准化良好行为企业现场确认。

《电力企业管理标准编写与典型案例解析》与《电力企业工作标准编写与典型案例解析》编撰出版，两书总结电力企业在标准化工作中的先进作法和经验，为电力行业提供了借鉴，推动了电力企业标准化建设水平整体提升。

组织申报了新一批标准化良好行为试点企业申报工作，并确定了92家电力企业作为"标准化良好行为企业"进行试点。

2014年，中国电力企业联合会共审查、备案企业技术标准334项，组织《电力企业能源管理体系实施指南》等重要电力标准宣贯。

（三）标准化组织机构建设

2014年，电力行业结合技术发展及标准体系建设的需要，向国家标准化管理委员会提出了成立全国火力发电技术标准化技术委员会、全国水力发电技术标准化技术委员会、全国特高压交流输电标准化技术委员会、全国光热标准化技术委员会的申请，向国家能源局提出了成立能源行业电力接地标准化技术委员会、能源行业输变电工程材料标准化技术委员会的申请。

根据国家标准化管理委员会批准，正式成立第一届全国智能电网用户接口标准化技术委员会、第一届全国电力储能标准化技术委员会。

2014年，以下全国/行业标准化技术委员会进行了换届（括号中为新届次）：全国电力监管标准化技术委员会（第二届），全国电气化学标准化技术委员会（第二届），全国高压电气安全标准化技术委员会（第三届），全国静态继电保护装置分标准化技术委员会（第四届），电力行业火电建设标准化技术委员会与所属建筑及管理分技术委员会、热机安装分技术委员会、热控及化水分技术委员会（第二届），电力行业高压试验技术标准化技术委员会（第六届），电力行业电站阀门标准化技术委员会（第五届），电力行业水轮发电机及电气设备标准化技术委员会（第五届），电力行业热工自动化与信息标准化技术委员会（第五届），电力行业气体绝缘金属封闭电器标准化技术委员会（第六届）。

2014年，以下全国/行业标准化技术委员会调整了部分委员：第五届电力行业电测量标准化技术委员会，第二届电力行业供用电标准化技术委员会，第四届电力行业继电保护标准化技术委员会，第二届电力行业电气施工及调试标准化技术委员会，第二届电力行业电能质量及柔性输电标准化技术委员会，第六届电力行业电力电容器标准化技术委员会，第四届电力行业水电施工标准化技术委员会，第四届电力行业环境保护标准化技术委员会，第五届电力行业信息标准化技术委员会。

（中国电力企业联合会 许松林 刘永东）

2014年农村水电技术标准制定与修订情况

2014年，农村水电发布了《小型水电站运行维护技术规范》(GB/T 50964—2014)、《小水电电网安全运行技术规范》(GB/T 50960—2014)、《小型水电站机电设备报废条件》(GB/T 30951—2014)、《水电新农村电气化验收规程》(GB/T 15659—2014)、《小水电电网电能损耗计算导则》(GB/T 30944—2014)等5项国家标准及《小型水轮机进水阀门基本技术条件》(SL 696—2014)、《小型水电站监控保护设备应用导则》(SL 692—2014)等2项行业标准。截至2014年底，农村水电现行有效标准达52项。

2014年，水利部农村水电及电气化发展局主持编写的农村水电技术标准共19项，其中2014年新增2项。根据《水利标准化工作管理办法》要求和2014年水利技术标准制修订计划安排，组织召开了《小型水轮发电机组启动试验规程》等4项标准的工作大纲审查会，对《小型水电站机组运行综合性能质量评定标准》发文征求意见；组织召开了《小型水电站施工安全规范》的送审稿审查会；完成了《小型水轮机进水阀门基本技术条件》等5项标准的报批工作。根据水利技术标准体系表修订工作的总体安排，未列入

2014版体系表的《小水电规划环境影响评价规程》《小型水电站设计防火规范》《小型水电站开发规划选点导则》3项标准作结题处理。在编标准详情见表1。

表1 农村水电在编标准情况表

序号	标准名称	编制	性质	当前状态
1	小型水电站运行维护技术规范	制定	国标	发布
2	小水电电网安全运行技术规范	制定	国标	发布
3	小型水电站机电设备报废条件	制定	国标	发布
4	小水电电网电能损耗计算导则	制定	国标	发布
5	水电新农村电气化验收规程	修订	国标	发布
6	小型水轮机进水阀门基本技术条件	制定	行标	发布
7	小型水电站监控保护设备应用导则	制定	行标	发布
8	整装微型水轮发电机组	制定	国标	报批
9	小型水电站机电设备导则	修订	国标	报批
10	小水电水能设计规范	制定	国标	报批
11	小水电规划环境影响评价规程	制定	行标	结题
12	小型水电站设计防火规范	制定	行标	结题
13	小型水电站开发规划选点导则	修订	行标	结题
14	小型水电站施工安全规范	制定	国标	送审稿审查
15	小型水电站机组运行综合性能质量评定标准	制定	国标	征求意见
16	小型水轮发电机组启动试验规程	制定	行标	大纲审查
17	箱式水电站技术规范	制定	行标	大纲审查
18	水力自控翻板闸门技术规范	制定	行标	大纲审查
19	小型水轮机现场验收试验规程	修订	国标	大纲审查

（水利部农村水电及电气化发展局　孙亚芹）

全国大型发电机标准化技术委员会和全国水轮机标准化技术委员会2014年制定与修订标准情况

2014年，挂靠在哈尔滨大电机研究所的全国大型发电机标准化技术委员会和全国水轮机标准化技术委员会，组织行业单位开展了33项国家标准及行业标准的制定与修订工作。其中15项标准颁发，18项在编的标准情况见表1。

表1 2014年大电机、水轮机在编标准情况表

序号	标准编名称	工作要求	当前状态
1	隐极同步发电机定子绕组端部动态特性和振动测量方法及评定	修订GB/T	审批阶段
2	发电机定子铁芯磁化试验导则	修订GB/T	审批阶段
3	水力发电厂和泵站机组振动的评定	制定GB/T	审批阶段
4	1000MW级混流式水轮机技术导则	制定GB/Z	审批阶段
5	1000MW级混流式水轮机模型验收试验导则	制定GB/Z	审批阶段

续表

序号	标准编名称	工作要求	当前状态
6	1000MW级水轮发电机技术导则	制定GB/Z	审批阶段
7	1000MW级水轮发电机试验、检验导则	制定GB/Z	审批阶段
8	1000MW级水轮发电机组安装质量检测标准导则	制定GB/Z	审批阶段
9	发电机液体内冷空心导线　第1部分：铜空心导线	修订JB/T	审批阶段
10	风扇磨煤机用大中型三相异步电动机　技术条件	修订JB/T	审批阶段
11	轧机用大型直流电机基本技术条件	修订JB/T	审批阶段
12	大型火电设备风机用电动机技术条件	修订JB/T	审批阶段
13	水轮机调速器及油压装置系列型谱	修订JB/T	审批阶段
14	大型空内冷汽轮发电机转子热运转试验导则	制定JB/T	起草阶段
15	空内冷发电机转子不等壁厚矩形银铜导线技术条件	制定JB/T	起草阶段
16	隐极同步发电机技术要求	修订GB/T	起草阶段
17	电机用气体冷却器　第1部分：一般规定	修订JB/T	起草阶段
18	电机用气体冷却器　第2部分：穿片式气体冷却器技术要求	修订JB/T	起草阶段

（哈尔滨大电机研究所　刘诗琪　周　谧）

哈尔滨大电机研究所成为全国海洋能转换设备标准化技术委员会秘书处承担单位

2014年4月25日，国家标准化管理委员会批准了哈尔滨大电机研究所作为全国海洋能转换设备标准化技术委员会（以下简称海洋能标委会）秘书处承担单位，编号为SAC/TC546。第一届委员由来自全国海洋能转换设备行业科研、设计、制造、运行等相关单位和高校的27位专家组成，哈尔滨电机厂有限责任公司董事长兼总经理邱希亮任主任委员，哈尔滨电机厂有限责任公司副总工程师、哈尔滨大电机研究所副所长覃大清任秘书长。

海洋能标委会主要负责海洋能转换设备（包括波浪能、潮流能和其他水流能转换电能，不包括有坝潮汐发电）领域的国家标准制修订工作。对口国际电工委员会/海洋能—波浪能、潮流能和其他水流能转换设备技术委员会（IEC/TC114）。哈尔滨大电机研究所作为IEC/TC114国内技术对口单位，于2014年4月21～25日组织国内专家参加了2014年加拿大温哥华年会。来自中国、加拿大、丹麦、法国、德国、爱尔兰、日本、韩国、挪威、西班牙、瑞典、英国、美国等国家37名代表参加了该年会。参加此次会议的中国代表团有5名代表，覃大清为团长兼首席代表。会上，覃大清作了中国海洋能转换设备工作发展情况报告，引起了各国代表的兴趣。

2014年8月7日，海洋能标委会成立大会在哈尔滨市召开，来自全国海洋能转换行业科研、设计、制造、安装、测试和运行等24个单位29名代表参加了会议。国家标准化管理委员会项方怀处长，国家能源局雷祥，中国电器工业协会郭振岩、尹航等上级单位的代表出席了会议。项方怀宣读了国家标准化管理委员会批文，颁发了委员证书，宣布海洋能标委会成立，并对海洋能标委会下一步工作提出了指导意见。覃大清秘书长主持会议。主任委员邱希亮致开幕词，表示在行业单位的大力支持下，海洋能标委会将后发先至，推动我国海洋能转换设备行业快速发展。覃大清在会上介绍了海洋能标委会章程草案及2014～2015年工作计划。会上达成共识，将加强海洋能标委会组织建设，根据技术的发展，适当增加制造、运行单位委员人数，聘请观察员。借鉴国际标准化工作经验，做好海洋能标委会及秘书处的工作。同时，积极参与国际标准的制定，充分利用在国际标准制定中的话语权，使国际标准充分体现我国的要求和意见，逐步实现国内标准与IEC标准一体化。

（哈尔滨大电机研究所　范吉松　刘昱光）

中国电建集团贵阳勘测设计研究院有限公司2014年标准化等工作情况

标准化工作是管理工作的重要基础，技术标准制定体现设计单位的技术实力和行业地位，是极其重要的无形资产和品牌，有利于业务市场的开拓和行业技术的主导。通过近几年努力，中国电建集团贵阳勘测设计研究院有限公司（以下简称贵阳院）在技术标准管理方面已渐入佳境，主编行业及地方技术标准均呈跨越式增长，主编行业标准总量已达两位数。

2014年，贵阳院进一步加大了标准沟通和申报力度，获主编国家能源领域行业标准6项，参编27项；获主编贵州省地方标准3项，参编3项。主编行业标准中，已发布1项，提交报批稿3项，完成大纲评审2项；主编地方标准中，已发布1项，提交征求意见稿4项。首次制定贵州省国土厅和环保厅2项厅级标准并发布实施。完成3项首次承担的2013年电力勘测设计行业标准设计制（修）订项目。全院提交技术范本111项，通过院批准73项；各分院专业产品模板设计标准化方面取得实质性进展，为提高生产效率打下坚实基础。

中外技术标准对标工作圆满完成，《中小型水力发电工程地质勘察规范》《水电水利工程物探规程》《测量规范》与美国陆军工程兵团（USACE）水电工程标准和美国垦务局（USBR）水电工程标准《美国陆军工程师团手册》对标成果顺利通过验收。

标准制定、修订水平进一步提高，得到标准主管部门充分肯定。主编的规范在审查时被认为：有关技术文件齐全，内容全面，与国内相关标准协调，具有可操作性，语言文字规范、准确，符合工程建设标准编写规定，达到国内先进水平。

2014年，贵阳院与中国水利水电出版社签订了战略合作框架协议，成立了中国电建集团贵阳院科技著作出版基地并挂牌。

2014年，《水土保持设计手册》第一卷、第三卷的参编稿件已提交主编单位；《水利水电工程岩溶勘察与处理》专著于12月提交出版稿，《贵阳院碾压混凝土筑坝技术》专著完成初稿。

（中国电建集团贵阳勘测设计研究院有限公司　周维娟）

技术标准的制修订情况

2014年国家标准化管理委员会下达的电力国家标准制定或修订计划项目

2014年，国家标准化管理委员会下达的电力国家标准制定或修订计划项目54项，见表1。

表1　　2014年国家标准化管理委员会下达的电力国家标准制定或修订计划项目

序号	项目名称	制定/修订	起草单位
1	输电线路分布式故障诊断系统	制定	广东电网公司电力科学研究院、中国电力科学研究院、武汉三相电力科技有限公司
2	抽水蓄能电站名词术语	制定	国网新源控股有限公司
3	海上风电场风机基础技术要求	制定	华能新能源股份有限公司、天津大学
4	基于IEC 61850标准的智能变电站继电保护配置工具技术规范	制定	国网浙江省电力公司调控中心、南方电网调度通信中心、南京南瑞继保电气有限公司等
5	路灯控制管理系统标准　总则	制定	中国电力科学研究院
6	水电站黑启动技术规范	制定	龙滩水力发电厂、陈村水力发电厂、国网新源控股有限公司
7	电网与用户侧智能设备信息交换接口　第1部分：总体描述和要求	制定	中国电力科学研究院、上海电器科学研究院、清华大学、华北电力大学等
8	变电站数据通信网关机技术规范	制定	国网电力科学研究院

续表

序号	项目名称	制定/修订	起草单位
9	电力系统管理及其信息交换 长期互操作性 第2部分：监控系统终端至终端的质量码	制定	国网电力科学研究院
10	变压器油、涡轮机油中T501抗氧化剂含量测定法：气相色谱法	制定	广东电网公司电力科学研究院、西安热工研究院有限公司、中国石油兰州润滑油研发中心
11	运行涡轮机油中不溶有色物质的测定方法 膜片比色法	制定	广东电网公司电力科学研究院、浙江电力科学研究院
12	电网冰区分布图绘制技术导则	制定	国网湖南省电力公司电力科学研究院
13	智能电网居民用户自动需求响应终端系列标准 家用空调	制定	中国电力科学研究院、华北电力大学等
14	1000kV电力系统继电保护技术导则（GB/Z 25841—2010）	修订	国家电网公司、南瑞集团有限公司、南京南瑞继保电气有限公司、中国南方电网电力调度通信中心、北京四方继保自动化有限公司、国电南京自动化设备股份有限公司、华中电力调度控制分中心、华北电力调度控制分中心、华东电力调度控制分中心、中国电力科学研究院
15	1000kV交流输变电工程过电压和绝缘配合（GB/Z 24842—2009）	修订	国家电网公司、中国电力科学研究院、国网北京经济技术研究院
16	路灯控制管理系统 安全防护技术规范	制定	中国电力科学研究院
17	路灯控制管理系统 路灯控制管理终端技术规范	制定	中国电力科学研究院
18	路灯控制管理系统 路灯控制器技术规范	制定	中国电力科学研究院
19	路灯控制管理系统 通信协议	制定	中国电力科学研究院
20	路灯控制管理系统 主站技术规范	制定	中国电力科学研究院
21	铝合金电力电缆 第2部分：额定电压6kV（U_m=7.2kV）到30kV（U_m=36kV）电缆	制定	中国电力科学研究院、安徽欣意电缆有限公司、安徽太平洋电缆集团有限公司、河北德昊电缆有限公司
22	铝合金电力电缆 第3部分：额定电压35kV（U_m=40kV）	制定	中国电力科学研究院、安徽欣意电缆有限公司、安徽太平洋电缆集团有限公司、河北德昊电缆有限公司
23	智能水电厂公共信息模型技术规范	制定	国网电力科学研究院、国网新源控股有限公司
24	220kV～500kV电网继电保护配置技术规范	制定	华中电力调控分中心、国家电力调度控制中心、南方电网电力调度控制中心、华北电力调控分中心、华东电力调控分中心、四川电力调度控制中心、冀北电力调度控制中心、南京南瑞继保电气有限公司、北京四方继保自动化股份有限公司、国电南京自动化股份有限公司、许继电气股份有限公司等
25	电动汽车充换电设施接入电网技术规范	制定	国家电网公司
26	电力调度消息邮件传输规范	制定	国家电网华中电力调控分中心、北京科东电力控制系统有限责任公司、中国电力科学研究院

续表

序号	项目名称	制定/修订	起草单位
27	电力系统动态消息编码规范	制定	国家电网公司、北京科东电力控制系统有限责任公司、中国电力科学研究院、南瑞集团公司
28	电力系统简单服务接口规范	制定	河北省电力调度控制中心、四川省电力调度控制中心、北京科东电力控制系统有限责任公司
29	电力系统通用服务协议	制定	中国电力科学研究院
30	电网设备通用数据模型命名规范	制定	国家电网华中电力调控分中心、北京科东电力控制系统有限责任公司、河北电力调度控制中心、中国电力科学研究院
31	电网调度控制系统　总体架构	制定	国家电网公司、中国南方电网公司
32	电网运行与控制系统信息安全测评规范	制定	中国电力科学研究院
33	分布式电源并网运行控制规范	制定	国家电网公司、中国电力科学研究院
34	分布式能源并网技术要求	制定	中国电力企业联合会
35	光伏发电站逆变器并网技术要求	制定	中国电力科学研究院
36	光伏逆变器并网检测技术规范	制定	许继电气股份有限公司等
37	客户停电时间评价导则	制定	南方电网有限责任公司、南方电网科学研究院
38	输电线路保护装置通用技术条件（GB/T 15145—2008）	修订	国电南京自动化股份有限公司、北京四方继保自动化股份有限公司、南京南瑞继保电气有限公司、国家电力调度控制中心、南方电网电力调度控制中心、许继电气股份有限公司等
39	微电网监控系统技术规范	制定	中国电力科学研究院
40	微电网能量管理系统技术规范	制定	中国电力科学研究院
41	智能变电站继电保护检验测试规范	制定	中国电力科学研究院、国家电力调度控制中心、国家电网华北分部、国家电网华东分部、国家电网华中分部、国家电网东北分部、国家电网西北分部、浙江省电力公司、天津市电力公司、冀北电力公司、南京南瑞继保电气有限公司、北京四方继保自动化股份有限公司、国电南京自动化股份有限公司、许继电气股份有限公司等
42	智能变电站时钟系统及设备技术规范	制定	贵州电网有限责任公司、江苏省电力公司电力科学研究院、贵州电力设计研究院
43	智能电网调度控制系统　术语	制定	国家电网公司、中国电力科学研究院、中国南网电网公司、华中电网有限公司、国网四川省电力公司、国网河北省电力公司
44	智能电网运行与控制数据规范	制定	国家电网公司、中国电力科学研究院、中国南方电网公司、国网华中电网有限公司、国网四川省电力公司、国网河北省电力公司、广东电网公司
45	光伏发电系统防火与电气保护技术要求	制定	江苏复迪电气科技有限公司
46	光伏发电效率技术规范	制定	中国电力科学研究院

续表

序号	项目名称	制定/修订	起草单位
47	光伏发电运行规程	制定	特变电工新疆新能源股份有限公司、龙源（北京）太阳能技术有限公司、协鑫集团控股有限公司、大唐新疆清洁能源有限公司、中铝宁夏能源集团有限公司、宁夏回族自治区标准化院
48	光伏发电站标识系统编码导则	制定	上海电力新能源发展有限公司、黄河上游水电开发有限责任公司、广州健新自动化科技有限公司
49	光伏发电站光伏方阵检修规程	制定	中国电力企业联合会
50	光伏发电站逆变器检修维护规程	制定	特变电工新疆新能源股份有限公司
51	电动汽车充电连接装置检验试验规范	制定	国家电网公司
52	电动汽车非车载传导式充电机与电池管理系统之间的通信协议（GB/T 27930—2011）	修订	广东省电力设计研究院、国网电力科学研究院、中国汽车技术研究中心
53	电网与用户侧智能设备信息交换接口　第2部分：公共信息模型	制定	中国电力科学研究院、上海电器科学研究院、清华大学、华北电力大学等
54	电网与用户侧智能设备信息交换接口　第3部分：信息交换服务规范	制定	中国电力科学研究院、华北电力大学、上海电器科学研究院、清华大学等

（中国电力企业联合会　许松林　刘永东）

2014年住房和城乡建设部下达的电力工程建设国家标准制定或修订计划项目

2014年，住房和城乡建设部下达的电力工程建设国家标准制定或修订计划项目16项，见表1。

表1　2014年住房和城乡建设部下达的电力工程建设国家标准制定或修订计划项目

序号	项目名称	制定/修订	主编单位	参编单位
1	智能变电站工程调试及验收规范	制定	中国电力企业联合会、广东电网公司电力科学研究院	江苏省电力公司电力科学研究院、山东电力研究院、甘肃电力科学研究院、江西电力科学研究院
2	微电网工程设计规范	制定	中国电力企业联合会、国家电网公司	国网北京经济技术研究院、中国电力科学研究院、国网电力科学研究院、浙江省电力公司、青海省电力公司、江苏省电力设计院、上海电力设计院有限公司、天津大学
3	风光储联合发电系统调试及验收规范	制定	中国电力企业联合会、冀北电力有限公司	华北电力科学研究院有限责任公司、国网新源张家口风光储示范电站有限公司
4	火力发电厂海水淡化工程调试及验收规范	制定	中国电力企业联合会、西安热工研究院有限公司	神华国华（北京）电力研究院有限公司、华能国际电力股份有限公司
5	海上风力发电场设计规范	制定	中国能源建设集团广东省电力设计研究院、中国电力建设集团河北省电力勘测设计研究院	上海勘测设计研究院、华北电力设计院、中国大唐集团公司

续表

序号	项目名称	制定/修订	主编单位	参编单位
6	风电储热工程技术规范	制定	中国电力企业联合会、中国电力工程顾问集团东北电力设计院	中国华能集团公司、中国华电集团公司、国电龙源集团公司、新疆电力设计院
7	混凝土坝安全监测技术规范	制定	中国电力企业联合会、国家电力监管委员会大坝安全监察中心	中国电建集团华东勘测设计研究院有限公司、中国电建集团昆明勘测设计研究院有限公司、葛洲坝集团试验检测有限公司、中国大唐集团公司
8	电力装置继电保护和自动装置设计规范（GB/T 50062—2008）	修订	中国电力企业联合会、中国电力工程顾问集团东北电力设计院	南京南瑞继保工程技术有限公司、新疆电力设计院
9	电力装置电测量仪表装置设计规范（GB/T 50063—2008）	修订	中国电力企业联合会、中国电力工程顾问集团西南电力设计院	中南电力设计院、中铁二院工程集团有限公司
10	电气装置安装工程旋转电机施工及验收规范（GB 50170—2006）	修订	中国电力企业联合会、中国电力科学研究院	中国大唐集团公司、天津电力建设公司、北京电力建设公司、广东火电建设总公司、青海火电建设公司
11	电气装置安装工程电缆线路施工及验收规范（GB 50168—2006）	修订	中国电力企业联合会、中国电力科学研究院	国网电力科学研究院、甘肃火电工程公司、江苏电力建设一公司、吉林电力建设总公司、北京电力公司、大连供电公司、西安供电公司、兰州供电公司
12	并联电容器装置设计规范（GB 50227—2008）	修订	中国电力企业联合会、中国电力工程顾问集团西南电力设计院	济南迪生电子电气有限公司、电力工业无功补偿成套装置质检中心、中冶赛迪工程技术股份有限公司、北京华宇工程有限公司
13	架空绝缘配电线路设计规范	制定	中国电力企业联合会、国网北京市电力公司	国网经济技术研究院、北京国电电力设计公司、浙江电力经济技术研究院、广东省电网公司、上海市防雷中心
14	塔式太阳能光热发电站设计规范	制定	中国电力企业联合会、中国能源建设集团有限公司工程研究院	中国电力工程顾问集团公司、中国电力工程顾问集团西北电力设计院、新疆电力设计院、黄河上游水电开发有限责任公司、浙江中控太阳能技术有限公司、中国科学院电工研究所、北京市避雷装置安全检测中心、新疆电力设计院
15	海上风电场工程勘测规范	制定	中国电建集团华东勘测设计研究院有限公司、中国能源建设集团广东省电力设计研究院	国家海洋局第二海洋研究所、山东电力工程咨询院有限公司、中国气象局公共服务中心
16	电力建设电缆工程设计规范（GB 50217—2007）	修订	中国电力企业联合会、中国电力工程顾问集团西南电力设计院	东北电力设计院、中广核工程有限公司、喜利得（中国）有限公司、新疆电力设计院

（中国电力企业联合会　许松林　刘永东）

2014年国家能源局下达的电力行业标准制定或修订计划项目

2014年，国家能源局下达的电力行业标准制定或修订计划项目320项，其中水电、风电及电气等部分（即未含火电、核电）的项目见表1。

表1 2014年国家能源局下达的电力行业标准制定或修订计划项目（水电、风电及电气等部分）

序号	标准项目名称	制定/修订	主要起草单位	代替标准
1	电力应急指挥通信车技术规范	制定	中国电力科学研究院、国网信息通信分公司	
2	差动电阻式仪器测量仪表	制定	国电南京自动化股份有限公司、葛洲坝集团试验检测有限公司	
3	直流接地极用煅烧石油焦炭技术条件	制定	国网电力科学研究院武汉南瑞有限责任公司	
4	电力企业合同能源管理技术导则	制定	国网甘肃省电力公司、中国电力科学研究院、大唐科技产业有限公司	
5	架空输电线路导地线补修导则	修订	中国电力科学研究院、国网黑龙江省电力公司、国网山东省电力公司检修公司、东北电力设计院、四平线路器材厂	DL/T 1069—2007
6	输电线路涉鸟故障分级及分布图绘制	制定	中国电力科学研究院、国网河南省电力公司电力科学研究院、国网江西省电力公司电力科学研究院、国网山西省电力公司、国网辽宁省电力公司	
7	碳纤维复合材料芯铝绞线运行维护技术导则	制定	国网冀北电力有限公司、华北电力科学研究院有限责任公司、国网山西省电力公司、中国电力科学研究院	
8	高压架空输电线路可听噪声测量方法	修订	中国电力科学研究院	DL 501—1992
9	直流电场测量仪校准规范	制定	中国电力科学研究院	
10	直流换流站阀厅电磁兼容导则	制定	南方电网科学研究院有限责任公司	
11	变电站辅助降噪装置及材料技术条件	制定	国网智能电网研究院	
12	高压架空输电线路对短波测向台防护距离要求	制定	中国电力科学研究院	
13	高压架空输电线路对对空情报雷达站防护距离要求	制定	中国电力科学研究院	
14	高压输电线路和变电站噪声的传声器阵列测量方法	制定	国网陕西省电力公司电力科学研究院、西北工业大学	
15	电力信息通信设备选型测试规范	制定	中国电力科学研究院	

续表

序号	标准项目名称	制定/修订	主要起草单位	代替标准
16	嵌入式电力二次系统现场测控设备的信息安全 第1部分：安全技术要求	制定	中国电力科学研究院	
17	电力电缆线路沿线土壤热阻系数测量方法	制定	中国电力科学研究院	
18	高压电缆选用导则	修订	中国电力科学研究院	DL/T 401—2002
19	水平定向钻敷设电力管线技术规定	制定	广东电网公司珠海供电局、国网山西省电力公司	
20	水电水利施工机械安全操作规范 履带式布料机	制定	中国水利水电第八工程局有限公司	
21	水电水利工程导流建筑物封堵施工规范	制定	中国水利水电第八工程局有限公司、桂冠电力股份有限公司	
22	水工混凝土掺用硅粉技术规范	制定	长江水利委员会长江科学院	
23	变态混凝土施工规范	制定	中国水利水电第七工程局有限公司、大唐云南分公司	
24	深层搅拌法技术规范	修订	北京振冲工程股份有限公司、长江工程建设局	DL/T 5425—2009
25	水工混凝土用速凝剂技术规范	制定	长江水利委员会长江科学院	
26	六氟化硫电气设备中绝缘气体湿度测量方法	修订	广东电网公司电力科学研究院、中国电力科学研究院	DL/T 506—2007
27	电力用直流电源监控装置	修订	中国电力科学研究院、深圳奥特迅电力设备有限公司	DL/T 856—2004
28	高压/低压预装式变电站选用导则	修订	中国电力科学研究院	DL/T 537—2002
29	电力电容器噪声测量及评价方法	制定	中国电力科学研究院、南方电网科学研究院有限责任公司	
30	防火电力电容器使用技术条件	制定	中国电力科学研究院、国网江苏省电力公司、中网电气有限公司、南方电网科学研究院有限责任公司	
31	接地装置特性参数测量导则	修订	国网辽宁省电力有限公司电力科学研究院、广东电网公司电力科学研究院、国网湖南电力科学研究院	DL/T 475—2006
32	现场绝缘试验实施导则 第1部分：绝缘电阻、吸收比和极化指数试验	修订	华北电力科学研究院有限责任公司、国网冀北电力有限公司	DL/T 474.1—2006

续表

序号	标准项目名称	制定/修订	主要起草单位	代替标准
33	现场绝缘试验实施导则　第2部分：直流高电压试验	修订	华北电力科学研究院有限责任公司、国网冀北电力有限公司	DL/T 474.2—2006
34	现场绝缘试验实施导则　第3部分：介质损耗因数 tanδ 试验	修订	华北电力科学研究院有限责任公司、国网冀北电力有限公司	DL/T 474.3—2006
35	现场绝缘试验实施导则　第4部分：交流耐压试验	修订	华北电力科学研究院有限责任公司、国网冀北电力有限公司	DL/T 474.4—2006
36	现场绝缘试验实施导则　第5部分：避雷器试验	修订	华北电力科学研究院有限责任公司、国网冀北电力有限公司	DL/T 474.5—2006
37	换流变压器现场绕组更换关键工艺控制导则	制定	中国南方电网超高压输电公司	
38	电力系统设备命名规范	修订	国家电力调度控制中心、中国南方电网有限责任公司、国家电网公司西北分部、国网冀北电力有限公司、国网山东省电力公司、国网四川省电力公司、国网福建省电力有限公司、广东电网公司、国网上海市电力公司等	SD 240—1987
39	发电厂、变电站辅机变频器高、低电压穿越技术规范	制定	中国电力科学研究院、国家电力调度控制中心、中国南方电网有限责任公司、国华电力公司等	
40	电网自动电压控制系统运行技术导则	制定	国网华东电力调控分中心、国家电力调度控制中心	
41	配电网调度控制系统技术规范	制定	国网电力科学研究院、国家电力调度控制中心、江苏省电力公司、浙江省电力公司	
42	小水电站并网接入系统运行技术规范	制定	云南电网公司、贵州电网公司、国网四川省电力公司、国网湖南电力公司、武汉大学	
43	带电作业用工具、装置和设备预防性试验规程	修订	中国电力科学研究院	DL/T 976—2005
44	带电作业用绝缘导线剥皮器	制定	国网北京市电力公司、中国电力科学研究院	
45	带电作业用工具库房	修订	中国电力科学研究院	DL/T 974—2005
46	农村电网 35kV 配电化技术导则	制定	中国电力科学研究院	
47	大型接地网状态评估技术导则	制定	广东电网公司电力科学研究院、国网陕西电力科学研究院、国网江苏电力科学研究院、国网辽宁电力科学研究院	
48	架空输电线路雷电防护导则	制定	国家电网公司、中国电力科学研究院、南瑞集团公司	

续表

序号	标准项目名称	制定/修订	主要起草单位	代替标准
49	变压器低压侧绝缘铜管母使用技术条件	制定	国网安徽省电力公司电力科学研究院、中国电力科学研究院	
50	电力可靠性管理代码规范	制定	中电联可靠性管理中心	
51	电力可靠性管理信息系统数据接口规范　第3部分：发电设备可靠性管理信息系统数据接口要求	制定	中电联可靠性管理中心	
52	电力自动化通信网络和系统　第10部分：一致性测试	修订	中国电力科学研究院	DL/T 860.10—2006
53	电力系统时间同步系统　第1部分：技术规范	修订	国网电力科学研究院、国网江苏省电力公司	DL/T 1100.1—2009
54	电力自动化通信网络和系统　第4部分：系统和项目管理	修订	许继集团有限公司	DL/T 860.4—2004
55	变电站视频及辅助监控系统技术规范	制定	国网电力科学研究院	
56	电力系统时间同步系统　第4部分：测试仪技术规范	制定	国网电力科学研究院等	
57	电力光纤传感器　第1部分：通用规范	制定	中国电力科学研究院	
58	配电通信网安全防护技术规范　第1部分：无线公网	制定	中国电力科学研究院	
59	带电设备红外诊断应用规范	修订	中国电力科学研究院、国家电网公司华东分部	DL/T 664—2008
60	电力试验/检测车　第2部分：互感器校验车	制定	中国电力科学研究院、国网安徽省电力公司、苏州华电电气有限责任公司	
61	高压电气设备放电监测用紫外电晕监测仪技术条件	制定	中国电力科学研究院、国网湖北省电力公司、江苏南大五维科技有限公司	
62	特高频局部放电在线监测装置校准规范	制定	国网浙江省电力公司电力科学研究院、广东电网公司电力科学研究院、中国电力科学研究院	
63	电力变压器分接开关测试仪检定方法	制定	中国电力科学研究院、国网安徽省电力公司	
64	高压开关动作特性测试仪检定规程	制定	中国电力科学研究院、国网浙江省电力公司	
65	高压试验仪器设备选配导则	制定	中国电力科学研究院、国网山东省电力公司	

续表

序号	标准项目名称	制定/修订	主要起草单位	代替标准
66	绝缘油耐压测试仪检定方法	制定	中国电力科学研究院、国网湖南省电力公司	
67	氧化锌避雷器阻性电流测试仪检定方法	制定	中国电力科学研究院、国网浙江省电力公司	
68	比率差动保护技术规范	修订	南京南瑞继保电气有限公司、国电南京自动化股份有限公司、北京四方继保自动化股份有限公司、许继电气股份有限公司等	SD 276—1988
69	反时限电流保护技术规范	修订	南京南瑞继保电气有限公司、北京四方继保自动化股份有限公司、国电南京自动化股份有限公司、许继电气股份有限公司等	DL/T 823—2002
70	功率方向保护技术规范	修订	国电南京自动化股份有限公司、南京南瑞继保电气有限公司、许继电气股份有限公司、北京四方继保自动化股份有限公司等	SD 277—1988
71	过激磁保护技术规范	修订	国电南京自动化股份有限公司、南京南瑞继保电气有限公司、北京四方继保自动化股份有限公司、许继电气股份有限公司等	SD 278—1988
72	距离保护技术规范	修订	南京南瑞继保电气有限公司、国电南京自动化股份有限公司、许继电气股份有限公司、北京四方继保自动化股份有限公司等	DL/T 479—1992
73	继电保护和安全自动装置运行管理规程	修订	东北电力调控分中心、国家电力调度通信中心、南方电网电力调控中心等	DL/T 587—2007
74	继电保护和安全自动装置检验规程	修订	华北电力调控分中心、国家电力调度通信中心、南方电网电力调控中心等	DL/T 995—2006
75	继电保护光纤通道检验规程	制定	国网河南省电力公司电力科学研究院等	
76	超（特）高压直流输电控制保护系统检验规范	制定	国家电力调度控制中心、中国南方电网超高压输电公司、国家电网公司运检部、国网运行分公司、南京南瑞继保电气有限公司	
77	电力金具制造质量　第 5 部分：铝制件	修订	中国电力科学研究院、四平线路器材厂	DL/T 768.5—2002
78	电力金具制造质量　第 3 部分：冲压件	修订	中国电力科学研究院、辽宁锦兴电力金具科技股份有限公司、永固集团股份有限公司	DL/T 768.3—2002
79	电力金具制造质量　第 2 部分：锻制件	修订	中国电力科学研究院、成都电力金具总厂	DL/T 768.2—2002
80	电力金具制造质量　第 1 部分：可锻铸铁件	修订	中国电力科学研究院、中国能源建设集团南京线路器材厂	DL/T 768.1—2002

续表

序号	标准项目名称	制定/修订	主要起草单位	代替标准
81	电力金具制造质量　第 4 部分：球墨铸铁件	修订	中国电力科学研究院、江苏捷凯电力器材有限公司	DL/T 768.4—2002
82	变电设备在线监测装置检验规范　第5部分：变压器铁芯接地电流在线监测装置	制定	中国电力科学研究院	
83	变压器铁芯接地电流在线监测装置技术规范	制定	中国电力科学研究院	
84	电容型设备及金属氧化物避雷器绝缘在线监测装置技术规范	制定	中国电力科学研究院	
85	电能计量设备用超级电容器技术规范	制定	中国电力科学研究院、广州电子五所	
86	低压计量箱技术条件	制定	中国电力科学研究院	
87	变电站互感器端子箱配置技术导则	制定	国网江苏省电力公司	
88	电网间歇性电源与电动汽车充电协同调度技术导则	制定	国网山东省电力公司	
89	超高压气体绝缘金属封闭输电线路工程施工及验收规范	制定	中国葛洲坝集团股份有限公司、葛洲坝集团机电建设有限公司	
90	气体绝缘金属封闭开关设备运行及维护规程	修订	华东电网有限公司、中国电力科学研究院	DL/T 603—2006
91	电力用油颜色测定法	修订	福建省电力有限公司电力科学研究院、西安热工研究院有限公司	DL/T 429.2—1991
92	变压器油腐蚀性硫处理设备技术条件	制定	国网湖南电力公司电力科学研究院	
93	磷酸酯抗燃油氯含量的测定（能量色散 X 射线能谱法）	制定	国网浙江省电力公司电力科学研究院	
94	变压器油储存管理导则	制定	国网福建省电力公司电力科学研究院、国网南平供电公司	
95	磷酸酯抗燃油　闭口杯老化测定法	制定	西安热工研究院有限公司	
96	磷酸酯抗燃油　氧化安定性试验方法	制定	西安热工研究院有限公司	
97	超高压直流输电换流变运行油质量	制定	广东电网公司电力科学研究院、南方电网超高压输电公司检修试验中心、中国石油克拉玛依润滑油研究所	
98	电站弯管	修订	电力工业产品质量标准研究所	DL/T 515—2004

续表

序号	标准项目名称	制定/修订	主要起草单位	代替标准
99	铝及铝合金制电力设备对接接头超声检测方法与质量分级	制定	国网湖南省电力公司电力科学研究院	
100	城市中低压配电网改造技术导则	修订	国网北京市电力公司	DL/T 599—2005
101	电力营销现场移动作业终端技术规范	制定	中国电力科学研究院、南瑞集团公司	
102	电能质量技术监督规程	修订	华北电力科学研究院有限责任公司、国网福建电力科学研究院	DL/T 1053—2007
103	电能质量评估技术导则　电压波动和闪变	制定	国网智能电网研究院	
104	超高压磁控式可控并联电抗器技术规范	制定	国网智能电网研究院、特变电工集团沈变集团有限公司	
105	柔性直流配电系统用户侧电压源换流器技术规范	制定	深圳供电局有限公司、浙江大学、清华大学、荣信电力电子股份有限公司	
106	电力建设工程监理规范	修订	中国电力建设企业协会	DL/T 5434—2009
107	电力行业统计编码规范	制定	中国电力企业联合会、北京中电普华信息技术有限公司、国家电网公司、中国南方电网有限公司、中国华电集团公司、中国大唐集团公司、中国电力投资集团公司	
108	电力行业统计数据接口规范	制定	中国电力企业联合会、北京中电普华信息技术有限公司、国家电网公司、中国南方电网有限公司、中国华电集团公司、中国大唐集团公司、中国电力投资集团公司	
109	分布式光伏发电系统接入低压配电网安全保护装置技术条件	制定	内蒙古电力科学研究院、中国电力科学研究院、南京南瑞继保电气有限公司、国电南瑞科技股份有限公司、许继集团有限公司、国网浙江省电力公司、北京群菱能源科技有限公司	
110	光伏发电工程建设监理规范	制定	中国三峡新能源公司、长江三峡技术经济发展有限公司、北京国电德胜工程项目管理有限公司	
111	电力器材质量监督检验技术规程	制定	国家电力器材产品安全性能质量监督检验中心	
112	干式绝缘管型母线	制定	河南省电力勘测设计院	
113	电力作业用软梯技术要求	制定	国家电力器材产品安全性能质量监督检验中心	

续表

序号	标准项目名称	制定/修订	主要起草单位	代替标准
114	输变电工程接地装置选材导则	制定	国网陕西电力科学研究院、中国电力科学研究院、国网山东电力科学研究院、西北电力设计院、陕西省电力设计院、国网西藏电力科学研究院	
115	水力发电厂设备防结露技术规范	制定	大唐岩滩水力发电有限责任公司、国网新源控股有限公司	
116	智能变电站工程调试质量评定规程	制定	广东电网公司电力科学研究院	
117	输变电设备物联网监测装置通用技术规范	制定	云南电网公司、南瑞集团公司、重庆大学、华南理工大学、湖南大唐先一科技公司	
118	输变电设备物联网监测装置及系统测试通用技术规范	制定	云南电网公司、南瑞集团公司、重庆大学、华南理工大学	
119	基于电力物联网业务的信息安全规范	制定	云南电网公司、中国电力科学研究院、重庆大学、华南理工大学、南瑞集团公司	
120	电力物联网体系架构规范	制定	云南电网公司、南瑞集团公司、湖南大学、长沙湖大电气科技有限公司、国网宁夏电力公司、湖南大唐先一公司	
121	电力建设工程　工程量清单计价规范—输电线路工程	修订	电力工程造价与定额管理总站	DL/T 5205—2011
122	电力建设工程　工程量清单计价规范—变电工程	修订	电力工程造价与定额管理总站	DL/T 5341—2011
123	交流变电站接地安全导则	制定	中国电力科学研究院、四川中光防雷科技股份有限公司、中国电力工程顾问集团中南电力设计院	
124	电力应急单兵通信装备技术要求	制定	中国电力科学研究院	
125	高压直流工程外绝缘海拔校正导则	制定	中国电力科学研究院	
126	高压直流架空送电线路技术导则	修订	中国电力科学研究院	DL/T 436—2005
127	标称电压高于1000V架空线路绝缘子使用导则　第4部分：直流系统用复合绝缘子	制定	中国南方电网有限责任公司超高压输电公司贵阳局、中国电力科学研究院	
128	交、直流架空线路用长棒形瓷绝缘子串元件使用导则	制定	中国电力科学研究院、江苏省电力科学研究院、南方电网有限责任公司、比彼西（无锡）绝缘子有限公司	
129	架空输电线路山火预报系统	制定	国网湖南省电力公司电力科学研究院	
130	电力设备局部放电现场设备测量导则	修订	国网四川省电力公司电力科学研究院	DL/T 417—2006

续表

序号	标准项目名称	制定/修订	主要起草单位	代替标准
131	电力系统序列控制接口技术规范	制定	南瑞集团公司、南方电网调度控制中心、浙江省电力调度控制中心	
132	智能电网调度控制系统技术规范 调度管理	制定	国家电网公司、南瑞集团公司、南方电网公司	
133	电力调度自动化系统运行管理规程	修订	国家电网公司、南方电网公司、华中电网公司、华北电网公司、广东电网公司、四川省电力公司	DL/T 516—2006
134	电力系统消息总线接口规范	制定	河北电力调度控制中心	
135	智能电网调度控制系统软件测试及验收规范	制定	中国电力科学研究院	
136	智能电网调度控制系统硬件设备测试规范	制定	中国电力科学研究院	
137	智能电网调度控制系统实用化标准	制定	国家电网公司、南方电网公司、华中电网公司、华东电网公司、广东电网公司、四川省电力公司	
138	智能电网调度控制系统技术规范 基础平台	制定	国家电网华中电力调控分中心、南方电力调度控制中心、北京科东电力系统公司、四川电力调度控制中心、中国电力科学研究院	
139	电力系统数字调度交换机	修订	国网河北省电力公司	DL/T 795—2001
140	智能电网调度控制系统技术规范 电网运行驾驶舱	制定	南方电网公司、华中电网公司	
141	智能变电站监控数据（信息）与接口技术规范	制定	国家电力调度控制中心、南方电网调度控制中心、国网电力科学研究院、浙江电力公司、天津电力公司、福建电力公司、甘肃电力公司、广东电力公司、贵州电力公司、许继集团有限公司、平高电气股份有限公司、南京南瑞继电保护有限公司、北京四方继保自动化股份有限公司、华东电力设计院	
142	电力系统告警直传技术规范	制定	四川省电力公司、北京科东电力控制系统有限责任公司、南方电网电力调度控制中心	
143	电力系统远程浏览技术规范	制定	四川省电力公司、国电南瑞科技股份有限公司、南方电网电力调度控制中心	
144	智能电网调度控制系统技术规范 实时监控与预警	制定	华北电力调度控制分中心、广东电力调度控制中心、南瑞集团公司、华中电力调度控制分中心	
145	带电作业用绝缘斗臂车使用导则	修订	中国电力科学研究院、国网江苏省电力公司	DL/T 854—2004

续表

序号	标准项目名称	制定/修订	主要起草单位	代替标准
146	220kV～500kV 输电线路带电作业用导线飞车	修订	中国电力科学研究院、国网江苏省电力公司	DL/T 636—2006
147	同塔多回输电线路带电作业技术导则	修订	中国电力科学研究院、国网江苏省电力公司	DL/T 1126—2009
148	电力变压器绕组变形的电抗法监测判断导则	修订	中国电力科学研究院	DL/T 1093—2008
149	电力变压器用绝缘油选用指南	修订	中国电力科学研究院	DL/T 1094—2008
150	变压器油带电度现场测试导则	修订	国网湖北省电力公司电力科学研究院	DL/T 1095—2008
151	变压器油中颗粒度限值	修订	广东电网公司电力科学研究院	DL/T 1096—2008
152	智能变电站监控系统测试规范	制定	国网河南省电力公司电力科学研究院	
153	电力大屏幕显示系统技术规范	修订	国网电力科学研究院	DL/T 411—1991 DL/T 631—1997 DL/T 632—1997
154	电力企业应用集成配电管理的系统接口　第 2 部分：术语	修订	上海交通大学、国网电力科学研究院	DL/Z 1080.2—2007
155	智能变电站监控系统建设规范	制定	国网河南省电力公司电力科学研究院	
156	电力架空光缆接头盒　第 1 部分：光纤复合架空地线接头盒	制定	中国电力科学研究院、江苏中天科技股份有限公司、江东金具设备有限公司、国网信息通信有限公司	
157	电力架空光缆接头盒　第 2 部分：全介质自承式架空光缆接头盒	制定	中国电力科学研究院、江苏中天科技股份有限公司、京东金具设备有限公司、国网信息通信有限公司	
158	电力架空光缆接头盒　第 3 部分：光纤复合架空相线接头盒	制定	中国电力科学研究院、江苏中天科技股份有限公司、江东金具设备有限公司、国网信息通信有限公司	
159	电力系统继电保护整定计算数据交换格式规范	修订	国家电网华中电力调控分中心等	DL/T 1011—2006
160	智能变电站继电保护信息规范	制定	国网浙江电力调度控制中心、国家电力调度控制中心、南京南瑞继保电气有限公司等	
161	智能变电站继电保护在线监视和智能诊断技术导则	制定	国网浙江电力调度控制中心、国家电力调度控制中心、南京南瑞继保电气有限公司等	
162	沙漠地区输电线路杆塔基础工程技术规范	制定	中国电力科学研究院	
163	电力工业焊接操作技能教师资格考核规则	修订	中国能源建设集团天津电力建设公司	DL/T 816—2003
164	隔离开关及接地开关状态检修导则	制定	中国电力科学研究院、国网浙江电力公司	

续表

序号	标准项目名称	制定/修订	主要起草单位	代替标准
165	隔离开关及接地开关状态评价导则	制定	中国电力科学研究院、国网浙江电力公司	
166	配网设备状态检修试验规程	制定	国网浙江电力金华供电公司	
167	变电设备在线监测装置技术规范 第1部分：通则	制定	中国电力科学研究院、国网浙江省电力公司、广东电网公司电力科学研究院等	
168	电能计量装置检验规程	修订	中国电力科学研究院	SD 109—1983
169	电力用油透明度测定法	修订	西安热工研究院有限公司	DL/T 429.1—1991
170	电厂用抗燃油自燃点测定方法	修订	西安热工研究院有限公司	DL/T 706—1999
171	电力用油油泥析出测定方法	修订	国网陕西省电力公司电力科学研究院	DL/T 429.7—1991
172	电力设备监造技术导则	修订	西安热工研究院有限公司	DL/T 586—2008
173	智能变电站施工技术规范	制定	国网河南省电力公司	
174	智能变电站预制光缆技术规范	制定	国网河南省经济技术研究院	
175	输电线路张力架线用防扭钢丝绳	修订	中国电力科学研究院	DL/T 1079—2007
176	光伏发电单元工程质量评定标准 土建	制定	中国水利水电第四工程局有限公司	
177	风光储联合发电站运行导则	制定	国网新源张家口风光储示范电站有限公司	
178	IEC 61850 工程电能计量模型	制定	贵州电网有限责任公司	
179	数字化变电站时间同步系统检测规范	制定	贵州电网有限责任公司	
180	数字化电能计量装置现场检测规范	制定	贵州电网有限责任公司	
181	智能变电站录波及网络分析一体化装置技术规范	制定	贵州电网有限责任公司	
182	智能变电站网络交换机测试规范	制定	贵州电网有限责任公司	
183	风电场润滑油运行检测规程	制定	广东电网公司电力科学研究院、广州机械科学研究院有限公司设备状态检测检测所	
184	风电场调度运行信息交换规范	制定	国家电力调度控制中心、中国电力科学研究院	
185	风电场有功功率调节与控制技术规定	制定	中国电力科学研究院	
186	风电机组高电压穿越测试规程	制定	中国电力科学研究院	
187	架空输电线路工程施工组织大纲设计导则	制定	中南电力设计院、国家电网公司电力建设定额站	

续表

序号	标准项目名称	制定/修订	主要起草单位	代替标准
188	输变电工程结算审核报告编制导则	制定	国家电网公司电力建设定额站、中国南方电网有限责任公司电力建设定额站	
189	架空输电线路采动影响区设计规范	制定	山西省电力勘测设计院、国网山西省电力公司	
190	变电站给水排水设计规范	修订	华北电力设计院工程有限公司	DL/T 5143—2002
191	高压直流换流站接地极设计内容深度规定	制定	中南电力设计院	
192	换流站阀冷系统设计技术规程	制定	中南电力设计院	
193	直流架空输电线路对无线电台影响防护设计规范	制定	西南电力设计院、中国电力科学研究院	
194	架空输电线路荷载规范	制定	华东电力设计院、广东省电力设计研究院、国核电力规划设计研究院、山西省电力勘测设计院	
195	换流站计算机监控系统设计规范	制定	中南电力设计院	
196	35kV～220kV 城市地下变电站设计规范	修订	北京电力经济技术研究院	DL/T 5216—2005
197	电力系统次同步谐振及振荡风险评估技术导则	制定	华北电力设计院工程有限公司、南方电网科学研究院	
198	分布式电源接入及微电网设计规范	制定	电力规划设计总院、西北电力设计院、西南电力设计院、江苏省电力设计院、广东省电力设计研究院	
199	电力系统调度自动化设计规范	修订	中南电力设计院、江苏省电力设计院、广东省电力设计研究院	DL/T 5003—2005
200	配电网规划研究报告内容深度规定	制定	广东省电力设计研究院、国网北京经济技术研究院、北京电力经济技术研究院、广西电力工业勘察设计研究院、天津电力设计院	
201	高压配电装置设计规范	修订	西北电力设计院、电力规划设计总院	DL/T 5352—2006
202	钢-混凝土组合结构设计规范	修订	华北电力设计院工程有限公司、中南电力设计院	DL/T 5085—1999
203	电力工程地基处理规程	修订	华东电力设计院、电力规划设计总院、华北电力设计院工程有限公司、西北电力设计院、山西省电力勘测设计院、新疆电力设计院、河南省电力勘测设计院、广西电力设计院	DL/T 5024—2005

续表

序号	标准项目名称	制定/修订	主要起草单位	代替标准
204	配电网初步设计文件内容深度规定	制定	上海电力设计院有限公司、沈阳电力设计院、天津电力设计院、广州市电力工程设计院	
205	配电网施工图设计文件内容深度规定	制定	上海电力设计院有限公司、沈阳电力设计院、天津电力设计院、广州市电力工程设计院	
206	电力工程电缆勘测技术规程	制定	华东电力设计院、江苏省电力设计院	

（中国电力企业联合会　许松林　刘永东）

2014年由水电水利规划设计总院归口管理的技术标准制修订计划项目

2014年，由水电水利规划设计总院归口管理的　　技术标准制修订计划项目92项，见表1。

表1　　2014年由水电水利规划设计总院归口管理的技术标准制修订计划项目表

序号	标准项目名称	制定/修订	主要起草单位	代替标准
1	地下埋藏式月牙肋岔管设计规范	制定	中国电建集团北京勘测设计研究院有限公司、中国电建集团中南勘测设计研究院有限公司、中国电建集团华东勘测设计研究院有限公司、中国电建集团贵阳勘测设计研究院有限公司、中国电建集团昆明勘测设计研究院有限公司	
2	水电工程弃渣场设计规范	制定	中国电建集团华东勘测设计研究院有限公司、中国电建集团成都勘测设计研究院有限公司、中国电建集团中南勘测设计研究院有限公司	
3	堆石混凝土筑坝技术导则	制定	中国电建集团华东勘测设计研究院有限公司、清华大学	
4	水电工程层析成像技术规程	制定	中国电建集团华东勘测设计研究院有限公司、浙江华东工程安全技术有限公司	
5	水电工程环境保护设施竣工验收调查技术规范	制定	水电水利规划设计总院、中国电建集团华东勘测设计研究院有限公司、中国电建集团北京勘测设计研究院有限公司	
6	水电工程蓄水验收环保调查技术规范	制定	水电水利规划设计总院、中国电建集团北京勘测设计研究院有限公司、中国电建集团中南勘测设计研究院有限公司、中国电建集团昆明勘测设计研究院有限公司	
7	水电工程水土保持验收规程	制定	水电水利规划设计总院、中国电建集团华东勘测设计研究院有限公司、中国电建集团成都勘测设计研究院有限公司	

续表

序号	标准项目名称	制定/修订	主要起草单位	代替标准
8	水电工程环境影响后评价技术规范	制定	水电水利规划设计总院、中国电建集团中南勘测设计研究院有限公司、中国电建集团贵阳勘测设计研究院有限公司、中国电建集团昆明勘测设计研究院有限公司、中国电建集团北京勘测设计研究院有限公司、中国电建集团西北勘测设计研究院有限公司	
9	水电工程水温计算规范	制定	水电水利规划设计总院、中国电建集团中南勘测设计研究院有限公司、中国电建集团华东勘测设计研究院有限公司、中国电建集团昆明勘测设计研究院有限公司、中国电建集团贵阳勘测设计研究院有限公司	
10	水轮机筒形阀选型设计规范	制定	中国电建集团昆明勘测设计研究院有限公司、中国电建集团成都勘测设计研究院有限公司、华能澜沧江水电有限公司、国电大渡河流域水电开发有限公司	
11	喷混植生生态护坡技术规范	制定	三峡大学、中国电建集团昆明勘测设计研究院有限公司、中国水利水电第七工程局有限公司、中国葛洲坝集团股份有限公司	
12	水电工程水土保持设计规范	制定	水电水利规划设计总院、中国电建集团西北勘测设计研究院有限公司、中国电建集团成都勘测设计研究院有限公司、中国电建集团昆明勘测设计研究院有限公司	
13	潮汐发电工程勘察规范	制定	中国电建集团华东勘测设计研究院有限公司、浙江华东建设工程有限公司、浙江华东测绘地理信息有限公司、浙江华东工程安全技术有限公司、南京水利科学研究院、河海大学	
14	水电工程环境保护设计规范	修订	水电水利规划设计总院、中国电建集团成都勘测设计研究院有限公司、中国电建集团华东勘测设计研究院有限公司、中国电建集团贵阳勘测设计研究院有限公司、中国电建集团北京勘测设计研究院有限公司	DL/T 5402—2007
15	可再生能源工程三维激光扫描测量技术规程	制定	中国电建集团成都勘测设计研究院有限公司、中国电建集团华东勘测设计研究院有限公司、中国电建集团西北勘测设计研究院有限公司、中国电建集团北京勘测设计研究院有限公司	
16	水生生物栖息地保护设计规范	制定	水电水利规划设计总院、中国电建集团贵阳勘测设计研究院有限公司、中国水电顾问集华东勘测设计研究院有限公司、中国电建集团昆明勘测设计研究院有限公司	
17	可再生能源工程水库塌岸及滑坡治理技术规程	制定	中国电建集团西北勘测设计研究院有限公司、中国电建集团中南勘测设计研究院有限公司、中国电建集团昆明勘测设计研究院有限公司	
18	可再生能源工程水库影响区界定专题报告编制规程	制定	中国水电顾问成都勘测设计研究院有限公司、中国电建集团西北勘测设计研究院有限公司	

续表

序号	标准项目名称	制定/修订	主要起草单位	代替标准
19	水力发电厂门禁系统设计导则	制定	中国电建集团北京勘测设计研究院有限公司、中国电建集团中南勘测设计研究院有限公司	
20	水力发电工程水库地震监测总体规划设计专题报告编制规程	制定	水电工程技术中心、中国水电工程顾问集团有限公司、中国电建集团成都勘测设计研究院有限公司、中国电建集团昆明勘测设计研究院有限公司	
21	水电水利工程水力机械制图标准	修订	中国电建集团北京勘测设计研究院有限公司、中国电建集团中南勘测设计研究院有限公司	DL/T 5349—2006
22	水电水利工程电气制图标准	修订	水电水利规划设计总院、中国电建集团北京勘测设计研究院有限公司	DL/T 5350—2006
23	水电水利工程钻孔土工试验规程	修订	中国电建集团贵阳勘测设计研究院有限公司、中国电建集团昆明勘测设计研究院有限公司、中国电建集团成都勘测设计研究院有限公司	DL/T 5354—2006
24	水力发电厂机电设计规范	修订	水电水利规划设计总院、中国电建集团北京勘测设计研究院有限公司、中国电建集团中南勘测设计研究院有限公司	DL/T 5186—2004
25	可再生能源工程勘察基本术语标准	制定	水电水利规划设计总院、中国水电工程顾问集团有限公司、中国电建集团成都勘测设计研究院有限公司、中国电建集团北京勘测设计研究院有限公司、中国电建集团华东勘测设计研究院有限公司、中国电建集团西北勘测设计研究院有限公司、中国电建集团中南勘测设计研究院有限公司、中国电建集团昆明勘测设计研究院有限公司、中国电建集团贵阳勘测设计研究院有限公司等	
26	可再生能源工程软土地基加固处理技术规程	制定	中国电建集团华东勘测设计研究院有限公司、中国电建集团中南勘测设计研究院有限公司、中国水利水电第十二工程局有限公司、中国水电建设集团港航建设有限公司、华南理工大学、西南交通大学、天津城建大学、浙江大学	
27	碾压混凝土拱坝设计规范	制定	中国电建集团贵阳勘测设计研究院有限公司、中国电建集团成都勘测设计研究院有限公司、中国电建集团西北勘测设计研究院有限公司、中国水利水电科学研究院、中国电建集团中南勘测设计研究院有限公司、中国电建集团北京勘测设计研究院有限公司、中国电建集团华东勘测设计研究院有限公司、中国电建集团昆明勘测设计研究院有限公司	
28	水电工程施工机械选择设计导则	修订	中国电建集团华东勘测设计研究院有限公司、武汉大学	DL/T 5133—2001
29	水电工程钻孔压水试验规程	修订	水电水利规划设计总院、中国电建集团华东勘测设计研究院有限公司、中国电建集团贵阳勘测设计研究院有限公司	DL/T 5331—2005
30	水电工程岩土工程施工及岩体测试造孔规程	修订	水电水利规划设计总院、中国电建集团西北勘测设计研究院有限公司、中国科学院武汉岩土力学研究所	DL/T 5125—2009

续表

序号	标准项目名称	制定/修订	主要起草单位	代替标准
31	水电工程项目档案专项验收规程	制定	水电水利规划设计总院、中国水电工程顾问集团有限公司	
32	水电水利工程天然建筑材料勘察规程	修订	中国电建集团昆明勘测设计研究院有限公司、中国电建集团中南勘测设计研究院有限公司、中国电建集团西北勘测设计研究院有限公司、中国电建集团成都勘测设计研究院有限公司	DL/T 5388—2007
33	生物质能发电工程勘察规范	制定	中国电建集团华东勘测设计研究院有限公司、中国电建集团西北勘测设计研究院有限公司	
34	生物质能集中供热工程可行性研究报告编制规程	制定	水电水利规划设计总院、中国电建集团西北勘测设计研究院有限公司、吉林省电力勘测设计院	
35	水电工程通信设计内容和深度规定	修订	中国电建集团西北勘测设计研究院有限公司	DL/T 5184—2004
36	水电工程水生生态调查与影响评价技术规范	制定	水电水利规划设计总院、中国电建集团北京勘测设计研究院有限公司、中国电建集团昆明勘测设计研究院有限公司	
37	河流水电梯级开发流域环境监测实施方案编制规程	制定	水电水利规划设计总院、中国电建集团昆明勘测设计研究院有限公司、中国电建集团贵阳勘测设计研究院有限公司	
38	水电工程环境保护总体设计规范	制定	水电水利规划设计总院、中国电建集团昆明勘测设计研究院有限公司、中国电建集团贵阳勘测设计研究院有限公司	
39	水电工程陆生生态调查与影响评价技术规范	制定	水电水利规划设计总院、中国电建集团昆明勘测设计研究院有限公司、中国电建集团贵阳勘测设计研究院有限公司	
40	海上风电场测量规程	制定	中国电建集团华东勘测设计研究院有限公司、浙江华东测绘地理信息有限公司、浙江华东建设工程有限公司	
41	风电机组招标文件范本	制定	吉林省电力勘测设计院	
42	风电场工程竣工图文件编制规程	制定	中国水电工程顾问集团有限公司	
43	风能资源评价技术规定	制定	中国气象局公共气象服务中心（中国气象局风能太阳能资源中心）	
44	水电水利工程地质测绘规程	修订	水电水利规划设计总院 、中国电建集团昆明勘测设计研究院有限公司、中国电建集团贵阳勘测设计研究院有限公司	DL/T 5185—2004

续表

序号	标准项目名称	制定/修订	主要起草单位	代替标准
45	水电水利工程边坡工程地质勘察技术规程	修订	水电水利规划设计总院、中国电建集团中南勘测设计研究院有限公司、三峡大学	DL/T 5337—2006
46	水电工程地球物理测井技术规程	制定	中国电建集团中南勘测设计研究院有限公司、中国电建集团昆明勘测设计研究院有限公司、中国电建集团北京勘测设计研究院有限公司	
47	水电工程注水试验规程	制定	中国电建集团成都勘测设计研究院有限公司	
48	生物质燃料锅炉房设计规范	制定	水电水利规划设计总院、中国电建集团西北勘测设计研究院有限公司、吉林省电力勘测设计院	
49	水电工程勘察资料内业整理技术规程	修订	水电水利规划设计总院、中国电建集团北京勘测设计研究院有限公司	DL/T 5351—2006
50	水电工程物探规范	修订	中国电建集团贵阳勘测设计研究院有限公司等	DL/T 5010—2005
51	水电工程电磁法勘探技术规程	制定	中国电建集团贵阳勘测设计研究院有限公司等	
52	水力发电厂水力机械辅助系统流量监视测量技术规程	制定	中国电建集团北京勘测设计研究院有限公司、北京万瑞达监控技术有限公司、三峡集团公司工程局	
53	水电站油系统设备选用、试验及验收规范	制定	中国电建集团贵阳勘测设计研究院有限公司	
54	水电工程升鱼机设计规范	制定	水电水利规划设计总院、中国电建集团昆明勘测设计研究院有限公司、中国电建集团贵阳勘测设计研究院有限公司、中国电建集团成都勘测设计研究院有限公司	
55	水电工程集运鱼系统过鱼技术规范	制定	水电水利规划设计总院、中国电建集团昆明勘测设计研究院有限公司、中国电建集团贵阳勘测设计研究院有限公司、中国电建集团成都勘测设计研究院有限公司	
56	水电工程水文预报规范	制定	水电水利规划设计总院、中国电建集团中南勘测设计研究院有限公司	
57	水电工程水土保持监测技术规程	制定	中国电建集团华东勘测设计研究院有限公司、中国电建集团成都勘测设计研究院有限公司、中国电建集团昆明勘测设计研究院有限公司	

续表

序号	标准项目名称	制定/修订	主要起草单位	代替标准
58	海上风电场钻探规程	制定	中国电建集团华东勘测设计研究院有限公司、浙江华东建设工程有限公司	
59	海上风电场岩土试验与测试规程	制定	中国电建集团华东勘测设计研究院有限公司、浙江华东建设岩土测试有限公司、浙江华东建设工程有限公司	
60	水电水利工程水库区工程地质勘察技术规程	修订	水电水利规划设计总院 、长江水利委员会长江规划勘测设计研究院、中国电建集团昆明勘测设计研究院有限公司	DL/T 5336—2006
61	水电工程岩溶工程地质勘察技术规程	修订	水电水利规划设计总院、中国电建集团昆明勘测设计研究院有限公司、中国电建集团贵阳勘测设计研究院有限公司	DL/T 5338—2006
62	水电工程钻探规程	修订	中国电建集团成都勘测设计研究院有限公司、中国电建集团贵阳勘测设计研究院有限公司	DL/T 5013—2005
63	水工隧洞设计规范	修订	中国电建集团成都勘测设计研究院有限公司、中国电建集团华东勘测设计研究院有限公司、中国电建集团中南勘测设计研究院有限公司、中国电建集团北京勘测设计研究院有限公司、中国电建集团西北勘测设计研究院有限公司	DL/T 5195—2004
64	太阳能发电工程光资源评估办法	制定	水电水利规划设计总院、中国电建集团西北勘测设计院有限公司、上海电力设计院有限公司	
65	光伏发电站直流发电系统设计标准	制定	水电水利规划设计总院、上海电力设计院有限公司、中国电建集团西北勘测设计院有限公司	
66	生物质锅炉供热燃料产品储运技术规范	制定	农业部规划设计研究院	
67	生物质成型燃料工程运行管理规范	制定	农业部规划设计研究院	
68	生物质锅炉供热燃料术语	制定	农业部规划设计研究院	
69	生物质锅炉供热燃料试验方法通则	制定	农业部规划设计研究院	
70	多声路超声波流量计基本技术条件	制定	中国电建集团西北勘测设计研究院有限公司、南瑞集团公司	
71	水轮机进水球阀选用、试验及验收导则	制定	中国电建集团中南勘测设计研究院有限公司、哈尔滨电机厂有限责任公司、中阀科技（长沙阀门）有限公司	
72	潮汐电站水能规划设计规范	制定	中国电建集团华东勘测设计研究院有限公司	
73	潮汐电站资源调查规范	制定	中国电建集团华东勘测设计研究院有限公司	

续表

序号	标准项目名称	制定/修订	主要起草单位	代替标准
74	水电工程水利计算规范	修订	中国电建集团西北勘测设计研究院有限公司、中国电建集团北京勘测设计研究院有限公司、中国电建集团华东勘测设计研究院有限公司、中国电建集团中南勘测设计研究院有限公司	DL/T 5105—1999
75	风电场工程等级划分及设计安全标准	制定	水电水利规划设计总院、中国电建集团北京勘测设计研究院有限公司	
76	水电枢纽工程等级划分及设计安全标准	修订	水电水利规划设计总院 、中国电建集团成都勘测设计研究院有限公司	DL 5180—2003
77	水电工程预应力锚固设计规范	修订	水电水利规划设计总院、中国电建集团西北勘测设计研究院有限公司、中国电建集团成都勘测设计研究院有限公司、中国电建集团北京勘测设计研究院有限公司、中水东北勘测设计研究院有限公司	DL/T 5176—2003
78	水电工程钻孔抽水试验规程	修订	中国电建集团成都勘测设计研究院有限公司、中国电建集团贵阳勘测设计研究院有限公司	DL/T 5213—2005
79	水电工程环境边坡危岩体工程地质勘察技术规程	制定	中国电建集团成都勘测设计研究院有限公司	
80	水电工程水库库岸防护工程勘察技术规程	制定	中国电建集团成都勘测设计研究院有限公司	
81	水电工程 GNSS 测量技术规程	制定	中国电建集团成都勘测设计研究院有限公司、中国电建集团西北勘测设计研究院有限公司	
82	水电工程水库专项复建勘察技术规定	制定	中国电建集团成都勘测设计研究院有限公司	
83	水电工程钻孔振荡式渗透试验规程	制定	中国电建集团成都勘测设计研究院有限公司、河海大学	
84	光热发电工程规划报告编制规程	制定	水电水利规划设计总院、中国电建集团西北勘测设计研究院有限公司、河北省电力勘测设计研究院	
85	生物质成型燃料工程设计规范	制定	农业部规划设计研究院	
86	水电工程水文地质勘察规程	制定	中国电建集团昆明勘测设计研究院有限公司、中国电建集团华东勘测设计研究院有限公司、中国电建集团贵阳勘测设计研究院有限公司、中国电建集团中南勘测设计研究院有限公司、河海大学	

续表

序号	标准项目名称	制定/修订	主要起草单位	代替标准
87	梯级水库群风险防控设计导则	制定	水电水利规划设计总院、中国水电工程顾问集团有限公司、中国电建集团西北勘测设计研究院有限公司、中国电建集团华东勘测设计研究院有限公司	
88	水电工程沟水处理设计规范	制定	中国电建集团成都勘测设计研究院有限公司、中国电建集团贵阳勘测设计研究院有限公司	
89	山区风电场风机布置及微观选址设计导则	制定	中国电建集团昆明勘测设计研究院有限公司、中国水电顾问集团投资有限公司	
90	QP型卷扬式启闭机系列参数	修订	中国电建集团中南勘测设计研究院有限公司	DL/T 898—2004
91	流域梯级水电站通信设计技术规范	制定	水电水利规划设计总院、中国电建集团成都勘测设计研究院有限公司、中国电建集团北京勘测设计研究院有限公司	
92	光伏发电工程勘察设计收费标准	制定	水电水利规划设计总院、中国电建集团西北勘测设计研究院有限公司	

（水电水利规划设计总院）

水电水利规划设计总院 2014 年标准审查情况

水电水利规划设计总院归口管理水电勘察设计技术标准和风电规划、设计、施工、安装技术标准，2014 年组织有关制定、修订标准的送审稿审查情况如下：

2 月 20 日，水电水利规划设计总院在北京组织召开了《水电站基本建设工程验收规程》送审稿审查会议。会议听取了编制组关于规程编制情况的汇报，对规程逐章逐条进行了审查，并提出审查意见，一致同意该送审稿通过审查。

2 月 21 日，水电水利规划设计总院在北京组织召开了《水电工程安全鉴定技术管理规程》送审稿审查会议。会议听取了编制组关于规程编制情况的汇报，并对规程逐章逐条进行了审查，一致同意该送审稿通过审查。

4 月 26～27 日，水电水利规划设计总院在宜昌组织召开了《水电工程钢闸门制造安装及验收规范》送审稿审查会。会议认为：规范内容符合我国水电工程建设的现状，与国内相关标准相协调，内容全面，具有可操作性，语言文字规范、准确，符合《工程建设标准编写规定》（建标〔2008〕182 号），达到了送审稿的要求。会议要求编制组根据本次审查会议意见和建议，对规范进一步修改完善，于 2014 年 6 月完成报批稿。

4 月 28～29 日，水电水利规划设计总院在宜昌组织召开了《水电工程启闭机制造安装及验收规范》送审稿审查会。会议认为：规范内容符合我国水电工程建设的现状，与国内相关标准相协调，内容全面，具有可操作性，语言文字规范、准确，符合标准编写规定，达到了送审稿的要求。会议要求编制组根据本次审查会议意见和建议，对规范进一步修改完善，于 2014 年 6 月完成报批稿。

4 月 28～29 日，水电水利规划设计总院在北京组织召开了《水力发电厂厂房采暖通风与空气调节设计规程》送审稿审查会。会议认为：内容符合我国水电水利工程建设的现状，与国内相关标准相协调，内容较全面，具有可操作性，语言文字规范、准确，符合标准编写规定，达到国际先进水平，同意通过审查。

7 月 8～9 日，水电水利规划设计总院在北京组织召开了《水电工程建基岩体质量检测技术规程》送审稿审查会。本规程为新编标准，由中国电建集团贵阳勘测设计研究院有限公司主编，2014 年 3 月完成征求意见稿，共收到修改意见 11 条，采纳 10 条。根据反馈意见，于 2014 年 6 月完成了送审稿。会议听取了编制工作的汇报，进行了认真的讨论和审议。经投票表决，一致同意该送审稿通过审查。

7 月 24～25 日，水电水利规划设计总院在北京组织召开了《水电工程水工建筑物抗震设计规范》送审稿审查会。审查会听取了编制组修订工作、反馈意见处理情况的汇报，与会专家对送审稿逐章逐条进行审议，并提出了修改意见。审查认为：该送审稿编制原则合理、依据充分、框架清晰、内容全面、适用性强，具有可操作性，同意通过审查。

10 月 14～15 日，水电水利规划设计总院在北京组织召开了《地下厂房岩壁吊车梁设计规范》送审稿审查会。会议认为：该《规范》与国内相关标准相协调，内容全面，具有可操作性，语言文字规范，符合《工程建设标准编写规定》（建标〔2008〕182 号），满足送审稿的要求。经与会专家投票表决，一致同意该送审稿通过审查。会议要求编制组根据本次审查会议意见和建议，对规范进一步修改完善，形成报批稿，尽早报国家能源局批准发布实施。

10 月 21～22 日，水电水利规划设计总院在成都组织召开了《水电工程地震勘探技术规程》送审稿审查会。会议认为：该规程与国内相关标准相协调，内容全面，具有可操作性，语言文字规范，符合《工程建设标准编写规定》（建标〔2008〕182 号），满足送审稿的要求。经与会专家投票表决，一致同意该送审稿通过审查。会议要求编制组根据本次审查会议意见和建议，进一步修改完善，适时召开定稿会，形成报批稿，尽早报国家能源局批准发布实施。

10 月 23～24 日，水电水利规划设计总院在成都组织召开了《水电工程覆盖层钻孔技术规程》送审稿审查会。会议一致同意将该标准名称调整为《水电工程覆盖层钻探技术规程》，同时认为：该规程与国内相关标准相协调，内容全面，具有可操作性，语言文字规范，符合《工程建设标准编写规定》（建标〔2008〕182 号），满足送审稿的要求。经与会专家投票表决，一致同意该送审稿骑过审查。审查要求编制组根据本次审查会议意见和建议，进一步修改完善，适时召开定稿会，形成报批稿，尽早报国家能源局批准发布实施。

10 月 26～27 日，水电水利规划设计总院在成都组织召开了《水电水利工程环境监理规范》送审稿审查会。会议一致同意将该标准名称调整为《水电工程环境监理规范》，同时认为：该规范与国内相关标准相协调，内容全面，具有可操作性，语言文字规范，符合《工程建设标准编写规定》（建标〔2008〕182 号），满足送审稿的要求。经与会专家投票表决，一致同意该送审稿通过审查。审查要求编制组根据本次审查会议意见和建议，进一步修改完善，适时召开定稿会，形成报批稿，尽早报国家能源局批准发布实施。

12 月 11～12 日，水电水利规划设计总院在北京组织召开了《抽水蓄能电站水能规划设计规范》送审稿审查会。会议认为：该规范与国内相关标准协调，内容全面，具有可操作性，语言文字规范，符合《工程建设标准编写规定》（建标〔2008〕182 号），满足送审稿的要求。经与会专家投票表决，一致同意该送审稿通过审查。审查要求编制组根据本次审查会议意见和建议，进一步修改完善，形成报批稿，尽早报国家能源局批准发布实施。

11 月 28～29 日，水电水利规划设计总院在北京组织召开了《水电工程水文测报和泥沙监测专项投资编制细则》送审稿审查会。该《细则》由水电水利规划设计总院（可再生能源定额站）主编，中国电建集团中南勘测设计研究院有限公司和雅砻江流域水电开发有限公司参与编写。编制工作于 2013 年底正式启动；2014 年 2 月，完成编制大纲，并召开了编制大纲审查会议；2014 年 8 月完成征求意见稿，向行业广泛征求修改意见和建议；根据反馈意见，编制组反复修改，形成了送审稿。会议听取了编制情况的汇报，与会专家对《细则》逐章逐条进行了认真审查。审查认为，该《细则》编制依据充分、框架清晰、内容全面、具有可操作性，满足可行性研究阶段水文测报和泥沙监测专项投资编制要求，与国内相关标准协调；语言文字规范、准确，符合《工程建设标准编写规定》（建标〔2008〕182 号），满足送审稿的要求。经与会专家投票表决，一致同意该送审稿通过审查。

11 月 26～27 日，水电水利规划设计总院在北京组织召开了《水电工程水土保持专项投资编制细则》送审稿审查会。该标准由水电水利规划设计总院（可再生能源定额站）主编，中国电建集团华东勘测设计研究院有限公司和华能澜沧江水电有限公司参与编写。2014 年 5 月，编制组完成了初稿；7 月提交了征求意见稿，之后，广泛征求各方意见；根据反馈意见，编制组反复修改，形成了送审稿。会议听取了编制情况汇报，与会专家对《细则》逐章逐条进行了认真审查。审查认为，该《细则》满足可行性研究阶段水土保持专项投资编制要求，内容全面，具有可操作性，与国内相关标准相协调，语言文字规范、准确，符合《工程建设标准编写规定》（建标〔2008〕182 号），满足送审稿的要求。经与会专家投票表决，一致同意该送审稿通过审查。审查要求编制组进一步修改完善，形成报批稿，尽早报国家能源局批准发布实施。

11 月 29～30 日，水电水利规划设计总院在北京组织召开了《水电工程移民安置环境保护设计规范》送审稿审查会。会议认为：该规范与国内相关标准协调，内容全面，具有可操作性，语言文字规范，符合《工程建设标准编写规定》（建标〔2008〕182号），满足送审稿的要求。经与会专家投票表决，一致同意该送审稿通过审查。审查要求编制组根据本次审查会议意见和建议，进一步修改完善，形成报批稿，尽早报国家能源局批准发布实施。

11月27～28日，水电水利规划设计总院在北京组织召开了《河流水电梯级开发环境影响后评价规范》送审稿审查会。会议一致同意将该标准名称调整为《河流水电开发环境影响后评价规范》，同时认为：该规范与国内相关标准协调，内容全面，具有可操作性，语言文字规范，符合《工程建设标准编写规定》（建标〔2008〕182号），满足送审稿的要求。经与会专家投票表决，一致同意该送审稿通过审查。审查要求编制组根据本次审查会议意见和建议，进一步修改完善，形成报批稿，尽早报国家能源局批准发布实施。

（摘自水电水利规划设计总院网）

国家标准《防洪标准》修订与发布情况

国家标准GB 50201—2014《防洪标准》由水利部水利水电规划设计总院与黄河勘测规划设计有限公司联合任主编，在原国家标准GB 50201—1994《防洪标准》基础上修订而成。2010年3月完成征求意见稿，2011年3月完成送审稿，2014年6月通过水利部组织的审查。2011年12月完成报批稿，2012年6月通过水利部组织的标准审定。

2014年6月23日，住房和城乡建设部以第545号公告，批准发布GB 50201—2014《防洪标准》，自2015年5月1日起实施。其中，第5.0.4、6.1.2、6.2.2、6.3.5、6.5.4、7.2.4、11.3.1、11.3.3、11.8.3条为强制性条文，必须严格执行。原国家标准GB 50201—1994《防洪标准》同时废止。

《防洪标准》的修订总结了GB 50201—1994版实施以来的经验，借鉴了其他一些国家的防洪标准，吸纳了国内部分行业相关技术标准，同时参考了流域防洪规划和区域防洪规划成果。该标准适用于防洪保护区、工矿企业、交通运输设施、电力设施、环境保护设施、通信设施、文物古迹和旅游设施、水利水电工程等防护对象以及防御洪潮水的规划、设计、施工和运行管理工作。

在标准修订过程中，编制组还完成了水利部公益性行业科研专项经费项目《水工程防洪潮标准及关键技术研究》，为标准修订提供了技术支持。

（黄河勘测规划设计有限公司　吴海亮）

国家标准《水土保持工程设计规范》编制与发布情况

国家标准《水土保持工程设计规范》为新编标准，由水利部水利水电规划设计总院与黄河勘测规划设计有限公司联合主编，编制工作由主编单位和11家参编单位组成的编制组承担。2011年12月完成征求意见稿，2012年3月完成送审稿，2012年4月通过水利部组织的审查，2012年5月完成报批稿，2012年6月通过水利部组织的标准审定。

2014年12月2日，住房和城乡建设部以第589号公告，批准《水土保持工程设计规范》为国家标准，编号为GB 51018—2014，自2015年8月1日起实施。其中，第7.1.5、12.2.2（2）条（款）为强制性条文，必须严格执行。

编制过程中，编制组进行了广泛的调查研究，认真总结我国各地区以及相关行业水土保持工程设计的经验，吸收了以往有关研究成果及国内有关弃渣场防护、坡耕地治理等工程设计的先进成果。该规范主要内容包括水土流失综合治理工程总体布置，工程级别划分和设计标准及各类水土保持工程等，适用于水土流失综合治理工程中的梯田、淤地坝、拦沙坝、塘坝、滚水坝、沟道滩岸防护、坡面截排水、引洪漫地、引水拦沙造地、支毛沟治理、小型蓄水工程、农业耕作、防风固沙、林草工程、封育工程，以及生产建设项目中的弃渣拦挡、土地整治、截排水、小型蓄水工程、防风固沙、植被恢复与建设工程设计，对于指导和规范水土保持工程设计具有重要意义。

（黄河勘测规划设计有限公司　张　平）

《水利水电工程照明系统设计规范》编制情况

《水利水电工程照明系统设计规范》为新编水利行业标准，由黄河勘测规划设计有限公司主编。编制组总结了我国水利水电工程照明系统设计及运行管理的经验，对国内外相关标准进行了分析，开展了必要的调研，并广泛征求了有关单位及专家的意见，于2011年10月完成征求意见稿。2012年7月完成送审稿，2012年9月送审稿通过审查。2012年11月完成报批稿，并于2013年3月通过水利部审查。

2014年3月20日，水利部发布2014年第15号公告，批准《水利水电工程照明系统设计规范》（SL 641—2014）。

该标准吸收了近年来我国照明技术较成熟的成果及其在水利水电工程中的应用经验，反映了目前我国水利水电工程照明系统设计发展水平，具有指导和规范水利水电工程照明系统设计的作用，适用于水利水电工程照明系统设计。

《水利水电工程照明系统设计规范》（SL 641—2014）成为黄河勘测规划设计有限公司主编的电气专业第5个水利行业技术标准。

（黄河勘测规划设计有限公司 张 平）

《水利水电工程合理使用年限及耐久性设计规范》(SL 654—2014)编制情况

根据中华人民共和国水利部2014年第9号公告，由水利部水利水电规划设计总院与上海勘测设计研究院主编的《水利水电工程合理使用年限及耐久性设计规范》被批准为水利行业标准，标准编号为SL 654—2014，于2014年1月26日发布，2014年4月26日起实施。

《水利水电工程合理使用年限及耐久性设计规范》（SL 654—2014）属新编标准，于2008年10月开始编制，2009年2月完成工作大纲，2011年3月完成征求意见稿初稿，2011年5月完成征求意见稿并征求意见。根据反馈意见，编制组对征求意见稿进行了全面的修改和补充，2012年4月完成送审稿初稿，2012年8月完成送审稿，并于2012年11月通过审查，2013年1月完成报批稿。

《水利水电工程合理使用年限及耐久性设计规范》（SL 654—2014）在国内外资料收集和现有工程调查、有关混凝土耐久性标准分析、专题研究的基础上编制而成，共4章1个附录及条文说明。编制工作遵循技术标准的编制程序，主要技术内容包括各类水利水电工程及其水工建筑物的合理使用年限、水工建筑物耐久性设计内容、水工建筑物耐久性设计要求和原材料的选择等。

（上海勘测设计研究院有限公司）

《水轮机调节系统并网运行技术导则》简介

《水轮机调节系统并网运行技术导则》是按照《国家能源局关于下达2010年第一批能源领域标准制（修）订计划的通知》（国能科技〔2010〕320号）的安排，受中国电力企业联合会标准化管理中心的委托，由中国水利水电科学研究院负责，陕西电力科学研究院、长江控制设备研究所、湖南省电力公司科学研究院、哈尔滨电机厂有限责任公司参加制定的。

目前国内外均无专门从电网安全、提高电能质量的角度，提出涉网功能与技术要求的水轮机调节系统的技术规程。本标准从国内水电厂自动化行业的实际出发，在总结和分析水轮机调节系统的研究、制造、并网运行现状及兼顾未来的发展趋势编制而成。

本标准包括范围、规范性引用文件、术语和定义、总则、技术要求、试验及附录，规定了并网运行水轮机调节系统的技术性能要求与功能要求、涉网功能的试验方法，突出了电网对水轮机调节系统涉网功能的要求。从调节系统的一次调频、AGC调节性能、孤网运行、频率异常事故处理、故障保护与容错、系统动静态性能指标、建模与涉网试验等方面，对并网运行水轮机调节系统作出了技术要求与规定。其中，技术性能要求与功能要求分为基本要求、控制功能、一次调频、负荷调节、孤网运行、油压装置及自动化元件要求、故障保护与容错；试验要求分为常规试验、一次调频试验、模型参数测试试验、负荷调节试验、一次调频与AGC协调性试验、黑启动试验等。附录有：水轮机调节系统基本技术参数、水轮机调节系统一次调频参数、常见水轮机及其调节系统数学模型、水轮机调节系统对电力系统稳定性影响。在模型参数测试试验、负荷调节试验、一次调频与AGC协调性试验、黑启动试验、常见水轮机及其调节系统数学模型等方面进行了开拓性的工作。

本电力行业标准编号为DL/T 1245—2013，2013年8月1日起实施；与相关的DL/T 563《水轮机电液调节系统及装置技术规程》、DL/T 496《水轮机电液调节系统及装置调整试验导则》、DL/T 792《水轮机控制系统及装置运行与检修规程》构成体系，对水轮机调节技术的发展与进步很有意义。

（中国水利水电科学研究院）

《水电工程三相交流系统短路电流计算导则》修订情况简介

《水电工程三相交流系统短路电流计算导则》于2014年10月15日由国家能源局以第11号公告发布实施，标准编号为NB/T 35043—2014，替代DL/T 5163—2002，于2015年3月1日起实施。

《水电工程三相交流系统短路电流计算导则》的基础是运算曲线和计算程序。近年来，大容量机组大量投产，DL/T 5163—2002 的运算曲线已经不能正确反映实际情况。2009 年，根据《国家能源局关于下达 2009 年第一批能源领域行业标准制（修）订计划的通知》（国能科技〔2009〕163 号）的要求，中国水电顾问集团北京勘测设计研究院（现更名为中国电建集团北京勘测设计研究院有限公司，以下简称北京院）接受修编任务后，即组织了修编小组，进行了分工，启动修订工作。

该导则的修订原则如下：

（1）符合《工程建设标准编写规定》（2008 版）的要求；

（2）贯彻国家法律、法规、方针、政策及强制性条文规定；

（3）应具有先进性、科学性、适用性；

（4）应内容完整、结构合理、层次分明、语言简练；

（5）为保证导则使用的连续性，各章的名称和结构型式原则上不动。

北京院编制组于 2009 年 10 月制定了“DL/T 5163《水电工程三相交流系统短路电流计算导则》修编工作大纲”，并上报水电水利规划设计总院。同时，开始对导则文本的修订。

2010 年 3 月，向东方电气集团东方电机有限公司、哈尔滨电机厂有限责任公司、浙江富春江水电设备股份有限公司、天津阿尔斯通水电设备有限公司、上海福伊特水电设备有限公司等主要水轮发电机制造厂发函搜集电机参数。3 个月内，陆续收到各厂家返回的电机参数。

2010 年 9 月，与外聘专家肖惕教授签订委托协议，请其承担短路电流运算曲线和运算表格及最新短路电流计算软件包的编制，并为其提供了搜集的水轮发电机最新参数。

2010 年 10 月，肖惕教授提供了短路电流运算曲线和运算表格及最新短路电流计算软件包。

2010 年 10 月起，利用新的短路电流运算曲线和新的短路电流计算软件包，开始算例的计算，一个月后完成。

2013 年 6 月完成征求意见稿，上报水电水利规划设计总院。2013 年 9 月，水电水利规划设计总院发函到相关单位征求意见，10 月意见返回。对返回意见进行了梳理，吸收其中合理的意见对导则进行了进一步的补充完善，2013 年底完成送审稿。

2014 年 3 月 24～25 日，水电水利规划设计总院在北京组织召开了《水电工程三相交流系统短路电流计算导则》送审稿审查会。专家组认为编制组提交审查的导则有关技术文件齐全，基本符合我国水电工程建设的现状，与国内相关标准相协调，内容较全面，具有可操作性，语言文字规范、准确，符合《工程建设标准编写规定》（建标〔2008〕182 号），满足送审稿的要求。会议认为该导则达到国内领先水平。

修订后《三相交流系统短路电流计算导则》分为：总则、术语和符号、短路电流计算的基本规定、短路点与短路时间的选定、短路电流计算的暂态解析法、短路电流计算的运算曲线法、附录等共计 6 章 15 节和 4 个附录及条文说明。

（中国电建集团北京勘测设计研究院有限公司）

《水电工程施工导流设计规范》修订情况简介

《水电工程施工导流设计规范》于 2014 年 10 月 15 日由国家能源局以第 11 号公告发布，标准编号为 NB/T 35041—2014，替代 DL/T 5114—2000，于 2015 年 3 月 1 日起实施。

随着我国一批大、中型水电工程相继开工建设，高水头、大库容、复杂地质条件下的工程越来越多；导流工程规模逐渐增大，基础处理难度逐渐增加，结构布置也趋于复杂，导流工程设计和施工中不断采用新技术、新材料、新工艺和新设备；工程建设中越来越重视解决好施工用地、环境保护、水土保持、工程施工安全及节能等方面问题；水电行业的设计和施工技术标准也在不断地补充和修订。为总结我国导流工程设计的成功经验，提高设计水平，保证设计质量，使其适应当前技术发展和国家法律法规、政策及建设体制，启动《水电水利工程施工导流设计导则》（DL/T 5114—2000）（以下简称《导则》）修编工作十分必要。

根据《国家能源局关于下达 2009 年第一批能源领域行业标准制（修）订计划的通知》（国能科技〔2009〕163 号）的安排，中国水电顾问集团北京勘测设计研究院（现更名为中国电建集团北京勘测设计研究院有限公司，以下简称北京院）对该《导则》进行修订。为做好修订工作，北京院成立修编组，确定如下原则：

（1）符合《工程建设标准编写规定》（2008 版）的要求；

（2）贯彻国家法律、法规、方针、政策及强制性条文规定；

（3）应具有先进性、科学性、适用性，保证施工导流设计质量；

（4）积极采用实践证明之有效的新技术、新材料、新工艺、新型结构型式；

(5) 应内容完整、结构合理、层次分明、语言简练；

(6) 为保证导则使用的连续性，各章的名称和结构型式原则上不动。

《导则》修订启动会于2009年10月18日在北京院召开。2010年1月提出修订大纲初稿，经与水电水利规划设计总院沟通，于2010年2月完成修订大纲，并启动了初稿的编制工作。2011年7月初，形成《导则》初稿。

2011年7～12月，修编单位以会议等不同形式组织编写人员对初稿进行修改补充；11月16～18日，修编组在北京召开了初稿讨论会。经过进一步修改完善，形成征求意见稿。

2012年1月，水电水利规划设计总院以水电规科〔2012〕1号《关于〈水电工程施工导流设计导则〉征求意见的函》的形式，书面征求了各相关单位的意见和建议。征求意见单位包括中国水电工程顾问集团公司所属设计院、水利部所属设计院、省级水电设计院、水电建设施工单位等43家单位。截至2012年7月底，共收到17家反馈意见226条。2013年1月8～10日，修编组召开会议，对各单位所提意见逐条进行了认真的整理和研究，并进行了意见处理，其中采纳121条，不采纳105条。根据征求意见情况，对征求意见稿进行了修改和完善，形成了送审稿。

2014年4月10～11日，能源行业水电勘测设计标准化技术委员会在北京主持召开了《水电水利工程施工导流设计导则》(送审稿) 审查会。根据审查意见，对送审稿进行了修改和完善，把章节调整为11章，并将标准名称更改为《水电工程施工导流设计规范》。

修订后的《水电工程施工导流设计规范》分为：总则、术语、导流方式及导流程序、导流建筑物级别、洪水设计标准、导流建筑物、截流、施工导流水力设计基坑排水、下闸蓄水与度汛、施工期通航、附录A施工导流设计基本资料等，共计11章30节和1个附录及条文说明。

(中国电建集团北京勘测设计研究院有限公司)

黄河水利科学研究院下属单位主编的河南省工程建设标准防渗墙质量无损检测技术规程发布实施

2014年7月17日，河南省住房和城乡建设厅以豫建设标〔2014〕39号文，发布河南省工程建设标准《防渗墙质量无损检测技术规程》(DBJ41/T 137—2014)，并自2014年9月1日起正式实施。该标准由黄河水利科学研究院下属的河南黄科工程技术检测有限公司主编，河南省建设工程质量监督总站、郑州大学、黄河水利委员会基本建设工程质量检测中心等单位参编。

防渗墙质量问题复杂多样、检测工作量大、覆盖面广，传统检测方法费时费力、局限性大。该规程共11章和1个附录，包括总则、术语和符号、一般规定、高密度电阻率法、探地雷达法、弹性波垂直反射法、声波测试、弹性波CT、钻孔电视、钻孔全孔壁数字成像、同位素示踪法等，对防渗墙质量无损检测方法的适用范围、人员和设备条件、外业工作和资料解释方法进行了规定和统一，对墙体架空、蜂窝、离析、裂隙、墙体开叉、墙体变薄等主要质量问题，规定了墙体的完整性、连续性和均匀性等主要检测内容。

该规程的编制实施，对于规范防渗墙质量无损检测工作、保障防渗墙工程质量、促进相关新技术转化推广具有重要意义。

(黄河水利科学研究院)

新颁与废止标准

2014年国家标准化管理委员会发布的电力国家标准

2014年，国家标准化管理委员会发布的电力国家标准6项，见表1。

表1 2014年国家标准化管理委员会发布的电力国家标准

序号	标准号	标准名称	替代标准	发布日期	实施日期
1	GB/T 7600—2014	运行中变压器油和汽轮机油水分含量测定法（库仑法）	GB/T 7600—1987	2014年9月3日	2015年4月1日
2	GB/T 31235—2014	±800kV直流输电线路金具技术规范		2014年9月30日	2015年4月1日
3	GB/T 31236—2014	1000kV线路保护装置技术要求		2014年9月30日	2015年4月1日
4	GB/T 31237—2014	1000kV系统继电保护装置及安全自动装置检测技术规范		2014年9月30日	2015年4月1日
5	GB/T 31238—2014	1000kV交流电流互感器技术规范		2014年9月30日	2015年4月1日
6	GB/T 31239—2014	1000kV变电站金具技术规范		2014年9月30日	2015年4月1日

（中国电力企业联合会　许松林　刘永东）

2014年住房和城乡建设部发布的电力工程建设国家标准

2014年，住房和城乡建设部发布的电力工程建设国家标准22项，见表1。

表1 2014年住房和城乡建设部发布的电力工程建设国家标准

序号	标准号	标准名称	替代标准	发布日期	实施日期
1	GB 50872—2014	水电工程设计防火规范		2014年1月9日	2014年8月1日
2	GB 50966—2014	电动汽车充电站设计规范		2014年1月29日	2014年10月1日
3	GB 50973—2014	联合循环机组燃气轮机施工及质量验收规范		2014年1月29日	2014年10月1日
4	GB 50972—2014	循环流化床锅炉施工质量验收规范		2014年1月29日	2014年10月1日
5	GB 50255—2014	电气装置安装工程　电力变流设备施工及验收规范		2014年1月29日	2014年10月1日
6	GB/T 50980—2014	电力调度通信中心工程设计规范		2014年3月31日	2014年12月1日
7	GB/T 50064—2014	交流电气装置的过电压保护和绝缘配合设计规范	GBJ 64—1983	2014年3月31日	2014年12月1日
8	GB 50254—2014	电气装置安装工程　低压电器施工及验收规范		2014年3月31日	2014年12月1日
9	GB/T 50976—2014	继电保护及二次回路安装及验收规范		2014年3月31日	2014年12月1日
10	GB 50173—2014	电气装置安装工程　66kV及以下架空电力线路施工及验收规范	GB 50173—1992	2014年4月15日	2015年1月1日
11	GB 50194—2014	建设工程施工现场供用电安全规范	GB 50194—1993	2014年4月15日	2015年1月1日
12	GB 50993—2014	1000kV输变电工程竣工验收规范		2014年5月29日	2015年3月1日
13	GB/T 51031—2014	火力发电厂岩土工程勘察规范		2014年8月27日	2015年5月1日

续表

序号	标准号	标准名称	替代标准	发布日期	实施日期
14	GB 50233—2014	110kV～750kV 架空输电线路施工及验收规范	GB 50233—2005 GB 50389—2006	2014年10月9日	2015年8月1日
15	GB/T 50102—2014	工业循环水冷却设计规范	GB/T 50102—2003	2014年12月2日	2015年8月1日
16	GB 50257—2014	电气装置安装工程 爆炸和火灾危险环境电气装置施工及验收规范	GB 50257—1996	2014年12月2日	2015年8月1日
17	GB 51049—2014	电气装置安装工程 串联电容器补偿装置施工及验收规范		2014年12月2日	2015年8月1日
18	GB 51048—2014	电化学储能电站设计规范		2014年12月2日	2015年8月1日
19	GB 50256—2014	电气装置安装工程 起重机电气装置施工及验收规范	GB 50256—1996	2014年12月2日	2015年8月1日
20	GB/T 51071—2014	330kV～750kV 智能变电站设计规范		2014年12月2日	2015年8月1日
21	GB/T 51072—2014	110（66）kV～220kV 智能变电站设计规范		2014年12月2日	2015年8月1日
22	GB/T 51061—2014	电网工程标识系统编码规范		2014年12月11日	2015年8月1日

（中国电力企业联合会 许松林 刘永东）

2014年国家能源局发布的电力行业标准

2014年，国家能源局发布的电力行业标准（含 29项能源领域核电厂常规岛标准）228项，见表1。

表1 2014年国家能源局发布的电力行业标准

序号	标准号	标准名称	代替标准号	批准日期	实施日期
1	NB/T 25018—2014	核电厂常规岛与辅助配套设施可靠性数据管理导则		2014年3月18日	2014年8月1日
2	NB/T 25019—2014	核电厂汽轮机仪表和控制技术条件		2014年3月18日	2014年8月1日
3	NB/T 25020—2014	核电厂混凝土蜗壳式循环水泵设计制造规范		2014年3月18日	2014年8月1日
4	NB/T 25021—2014	核电厂凝结水精处理设备技术条件		2014年3月18日	2014年8月1日
5	NB/T 25022—2014	核电厂全厂电气设备机械联锁技术规范		2014年3月18日	2014年8月1日
6	NB/T 25023—2014	核电厂常规岛焊接材料评定与验收规程		2014年3月18日	2014年8月1日
7	NB/T 25024—2014	核电厂常规岛及辅助配套设施承压设备安全性能检验规程		2014年3月18日	2014年8月1日

续表

序号	标准号	标准名称	代替标准号	批准日期	实施日期
8	NB/T 25025—2014	核电厂汽轮发电机漏水、漏氢的检验导则		2014年3月18日	2014年8月1日
9	NB/T 25026—2014	核电厂在线化学仪表调试导则		2014年3月18日	2014年8月1日
10	NB/T 25027—2014	核电厂常规岛非能动机械设备老化状态和寿命评估技术导则		2014年3月18日	2014年8月1日
11	NB/T 25028—2014	核电厂汽轮机转子焊接修复技术导则		2014年3月18日	2014年8月1日
12	NB/T 25029—2014	核电厂汽轮机运行维护导则		2014年3月18日	2014年8月1日
13	NB/T 25030—2014	核电厂汽轮机转子寿命评估导则		2014年3月18日	2014年8月1日
14	NB/T 25031—2014	核电厂汽水分离再热器运行及维护指南		2014年3月18日	2014年8月1日
15	NB/T 25032—2014	核电厂二回路压力容器停用保养导则		2014年3月18日	2014年8月1日
16	NB/T 25033—2014	压水堆核电厂常规岛流体加速腐蚀敏感管线筛选导则		2014年3月18日	2014年8月1日
17	NB/T 25034—2014	核电厂除氧器运行及维护导则		2014年3月18日	2014年8月1日
18	DL/T 507—2014	水轮发电机组启动试验规程	DL/T 507—2002	2014年3月18日	2014年8月1日
19	DL/T 519—2014	发电厂水处理用离子交换树脂验收标准	DL/T 519—2004	2014年3月18日	2014年8月1日
20	DL/T 541—2014	钢熔化焊T形接头和角接接头焊缝射线照相和质量分级	DL/T 541—1994	2014年3月18日	2014年8月1日
21	DL/T 542—2014	钢熔化焊T形接头超声波检测方法和质量评定	DL/T 542—1994	2014年3月18日	2014年8月1日
22	DL/T 606.3—2014	火力发电厂能量平衡导则 第3部分：热平衡	DL/T 606.3—2006	2014年3月18日	2014年8月1日
23	DL/T 695—2014	电站钢制对焊管件	DL/T 695—1999	2014年3月18日	2014年8月1日
24	DL/T 718—2014	火力发电厂三通及弯头超声波检测	DL/T 718—1999	2014年3月18日	2014年8月1日
25	DL/T 733—2014	输变电工程用绞磨	DL/T 733—2000	2014年3月18日	2014年8月1日
26	DL/T 740—2014	电容型验电器	DL/T 740—2000	2014年3月18日	2014年8月1日
27	DL/T 751—2014	水轮发电机运行规程	DL/T 751—2001	2014年3月18日	2014年8月1日
28	DL/T 771—2014	发电厂水处理用离子交换树脂选用导则	DL/T 771—2001	2014年3月18日	2014年8月1日

续表

序号	标准号	标准名称	代替标准号	批准日期	实施日期
29	DL/T 778—2014	带电作业用绝缘袖套	DL/T 778—2001	2014年3月18日	2014年8月1日
30	DL/T 817—2014	立式水轮发电机检修技术规程	DL/T 817—2002	2014年3月18日	2014年8月1日
31	DL/T 827—2014	灯泡贯流式水轮发电机组启动试验规程	DL/T 827—2002	2014年3月18日	2014年8月1日
32	DL/T 868—2014	焊接工艺评定规程	DL/T 868—2004	2014年3月18日	2014年8月1日
33	DL/T 958—2014	名词术语 电力燃料	DL/T 958—2005	2014年3月18日	2014年8月1日
34	DL/T 1071—2014	电力大件运输规范	DL/T 1071—2007	2014年3月18日	2014年8月1日
35	DL/T 1209.2—2014	变电站登高作业及防护器材技术要求 第2部分：拆卸型检修平台		2014年3月18日	2014年8月1日
36	DL/T 1209.3—2014	变电站登高作业及防护器材技术要求 第3部分：升降型检修平台		2014年3月18日	2014年8月1日
37	DL/T 1209.4—2014	变电站登高作业及防护器材技术要求 第4部分：复合材料快装脚手架		2014年3月18日	2014年8月1日
38	DL/T 1316—2014	火力发电厂煤粉锅炉少油点火系统设计与运行导则		2014年3月18日	2014年8月1日
39	DL/T 1317—2014	火力发电厂焊接接头超声衍射时差检测技术规程		2014年3月18日	2014年8月1日
40	DL/T 1318—2014	水电厂金属技术监督规程		2014年3月18日	2014年8月1日
41	DL/T 1319—2014	循环流化床锅炉测点布置导则		2014年3月18日	2014年8月1日
42	DL/T 1320—2014	电力企业能源管理体系 实施指南		2014年3月18日	2014年8月1日
43	DL/T 1321—2014	大坝安全监测数据库表结构及标识符标准		2014年3月18日	2014年8月1日
44	DL/T 1322—2014	循环流化床锅炉冷态与燃烧调整试验技术导则		2014年3月18日	2014年8月1日
45	DL/T 1323—2014	现场宽频率交流耐压试验电压测量导则		2014年3月18日	2014年8月1日
46	DL/T 1324—2014	锅炉奥氏体不锈钢管内壁氧化物堆积磁性检测技术导则		2014年3月18日	2014年8月1日
47	DL/T 1325—2014	汽轮机通流部件冲蚀损伤修复与防护技术导则		2014年3月18日	2014年8月1日
48	DL/T 1326—2014	300MW循环流化床锅炉运行导则		2014年3月18日	2014年8月1日
49	DL/T 1327—2014	高压交流变电站可听噪声测量方法		2014年3月18日	2014年8月1日
50	DL/T 1328—2014	燃煤电厂二氧化碳排放统计指标体系		2014年3月18日	2014年8月1日

续表

序号	标准号	标准名称	代替标准号	批准日期	实施日期
51	DL/T 1329—2014	火力发电厂经济性实时在线监测技术导则		2014年3月18日	2014年8月1日
52	DL/T 1330—2014	电力需求侧管理项目效果评估导则		2014年3月18日	2014年8月1日
53	DL/T 1331—2014	交流变电设备不拆高压引线试验导则		2014年3月18日	2014年8月1日
54	DL/T 1332—2014	电流互感器励磁特性现场低频试验方法测量导则		2014年3月18日	2014年8月1日
55	DL/T 1333—2014	火力发电企业标准体系实施与评价指南		2014年3月18日	2014年8月1日
56	DL/T 1334—2014	压阻式仪器测量仪表		2014年3月18日	2014年8月1日
57	DL/T 1335—2014	压阻式渗压计		2014年3月18日	2014年8月1日
58	DL/T 1336—2014	电力通信站光伏电源系统技术要求		2014年3月18日	2014年8月1日
59	DL/T 1337—2014	火力发电厂水务管理导则		2014年3月18日	2014年8月1日
60	DL/T 1338—2014	发电企业生产实时监管信息系统技术条件		2014年3月18日	2014年8月1日
61	DL/T 1339—2014	火电厂煤炭破碎缩分联合制样设备性能试验规程		2014年3月18日	2014年8月1日
62	DL/T 1340—2014	火力发电厂分散控制系统故障应急处理导则		2014年3月18日	2014年8月1日
63	DL/T 1341—2014	±660kV直流输电线路带电作业技术导则		2014年3月18日	2014年8月1日
64	DL/T 1342—2014	电气接地工程用材料及连接件		2014年3月18日	2014年8月1日
65	DL/T 5100—2014	水工混凝土外加剂技术规程	DL/T 5100—1999	2014年3月18日	2014年8月1日
66	DL/T 5151—2014	水工混凝土砂石骨料试验规程	DL/T 5151—2001	2014年3月18日	2014年8月1日
67	DL/T 5313—2014	水电站大坝运行安全评价导则		2014年3月18日	2014年8月1日
68	DL/T 5314—2014	水电水利工程施工安全生产应急能力评估导则		2014年3月18日	2014年8月1日
69	DL/T 5315—2014	水工混凝土建筑物修补加固技术规程		2014年3月18日	2014年8月1日
70	DL/T 5316—2014	水电水利工程软土地基施工监测技术规范		2014年3月18日	2014年8月1日
71	DL/T 5317—2014	水电水利工程聚脲涂层施工技术规程		2014年3月18日	2014年8月1日

续表

序号	标准号	标准名称	代替标准号	批准日期	实施日期
72	DL/T 5318—2014	架空输电线路扩径导线架线施工工艺导则		2014年3月18日	2014年8月1日
73	DL 5319—2014	架空输电线路大跨越工程施工及验收规范		2014年3月18日	2014年8月1日
74	DL/T 5320—2014	架空输电线路大跨越工程架线施工工艺导则		2014年3月18日	2014年8月1日
75	NB/T 25035—2014	发电厂共箱封闭母线技术要求		2014年6月29日	2014年11月1日
76	NB/T 25036—2014	发电厂离相封闭母线技术要求		2014年6月29日	2014年11月1日
77	NB/T 25037—2014	压水堆核电厂主给水系统调试导则		2014年6月29日	2014年11月1日
78	NB/T 25038—2014	压水堆核电厂循环水系统调试导则		2014年6月29日	2014年11月1日
79	NB/T 25039—2014	核电厂汽轮机防进水导则		2014年6月29日	2014年11月1日
80	NB/T 25040—2014	核电厂非安全级数字化控制系统出厂验收测试（FAT）、现场验收测试（SAT）、现场综合测试（SIT）规范		2014年6月29日	2014年11月1日
81	NB/T 25041—2014	核电厂常规岛火灾自动报警系统功能安全技术要求		2014年6月29日	2014年11月1日
82	NB/T 25042—2014	核电厂常规岛焊接安全管理技术规程		2014年6月29日	2014年11月1日
83	NB/T 25043.1—2014	核电厂常规岛及辅助配套设施建设施工技术规范 第1部分：土建		2014年6月29日	2014年11月1日
84	NB/T 25043.3—2014	核电厂常规岛及辅助配套设施建设施工技术规范 第3部分：循环水系统设备		2014年6月29日	2014年11月1日
85	NB/T 25044.1—2014	核电厂常规岛及辅助配套设施建设施工质量验收规程 第1部分：土建		2014年6月29日	2014年11月1日
86	NB/T 25044.3—2014	核电厂常规岛及辅助配套设施建设施工质量验收规程 第3部分：循环水系统设备		2014年6月29日	2014年11月1日
87	NB/T 33010—2014	分布式电源接入电网运行控制规范		2014年10月15日	2015年3月1日
88	NB/T 33011—2014	分布式电源接入电网测试技术规范		2014年10月15日	2015年3月1日
89	NB/T 33012—2014	分布式电源接入电网监控系统功能规范		2014年10月15日	2015年3月1日
90	NB/T 33013—2014	分布式电源孤岛运行控制规范		2014年10月15日	2015年3月1日

续表

序号	标准号	标准名称	代替标准号	批准日期	实施日期
91	NB/T 33014—2014	电化学储能系统接入配电网运行控制规范		2014年10月15日	2015年3月1日
92	NB/T 33015—2014	电化学储能系统接入配电网技术规定		2014年10月15日	2015年3月1日
93	NB/T 33016—2014	电化学储能系统接入配电网测试规程		2014年10月15日	2015年3月1日
94	NB/T 31051—2014	风电机组低电压穿越能力测试规程		2014年10月15日	2015年3月1日
95	NB/T 31052—2014	风力发电场高处作业安全规程		2014年10月15日	2015年3月1日
96	NB/T 31053—2014	风电机组低电压穿越建模及验证方法		2014年10月15日	2015年3月1日
97	NB/T 31054—2014	风电机组电网适应性测试规程		2014年10月15日	2015年3月1日
98	NB/T 31055—2014	风电场理论可发电量与弃风电量评估导则		2014年10月15日	2015年3月1日
99	NB/T 31056—2014	风力发电机组接地技术规范		2014年10月15日	2015年3月1日
100	NB/T 31057—2014	风力发电场集电系统过电压保护技术规范		2014年10月15日	2015年3月1日
101	DL/T 512—2014	KRC系列环锤式破碎机	DL/T 512—1993	2014年10月15日	2015年3月1日
102	DL/T 550—2014	地区电网调度控制系统技术规范	DL/T 550—1994	2014年10月15日	2015年3月1日
103	DL/T 571—2014	电厂用磷酸酯抗燃油运行与维护导则	DL/T 571—2007	2014年10月15日	2015年3月1日
104	DL/T 606.1—2014	火力发电厂能量平衡导则　第1部分：总则	DL/T 606.1—1996	2014年10月15日	2015年3月1日
105	DL/T 606.2—2014	火力发电厂能量平衡导则　第2部分：燃料平衡	DL/T 606.2—1996	2014年10月15日	2015年3月1日
106	DL/T 648—2014	叶轮给粉机	DL/T 648—1998	2014年10月15日	2015年3月1日
107	DL/T 649—2014	叶轮给煤机	DL/T 649—1998	2014年10月15日	2015年3月1日
108	DL/T 675—2014	电力行业无损检测人员资格考核规则	DL/T 675—1999	2014年10月15日	2015年3月1日
109	DL/T 707—2014	HS系列环锤式破碎机	DL/T 707—1999	2014年10月15日	2015年3月1日
110	DL/T 708—2014	埋刮板给煤机	DL/T 708—1999	2014年10月15日	2015年3月1日
111	DL/T 722—2014	变压器油中溶解气体分析和判断导则	DL/T 722—2000	2014年10月15日	2015年3月1日

续表

序号	标准号	标准名称	代替标准号	批准日期	实施日期
112	DL/T 764—2014	电力金具用杆部带销孔六角头螺栓	DL/T 764.1—2001	2014年10月15日	2015年3月1日
113	DL/T 802.8—2014	电力电缆用导管技术条件 第8部分：埋地用改性聚丙烯塑料单壁波纹电缆导管		2014年10月15日	2015年3月1日
114	DL/T 804—2014	交流电力系统金属氧化物避雷器使用导则	DL/T 804—2002	2014年10月15日	2015年3月1日
115	DL/T 860.71—2014	电力自动化通信网络和系统 第7-1部分：基本通信结构 原理和模型	DL/T 860.71—2006	2014年10月15日	2015年3月1日
116	DL/T 860.74—2014	电力自动化通信网络和系统 第7-4部分：基本通信结构兼容逻辑节点类和数据类	DL/T 860.74—2008	2014年10月15日	2015年3月1日
117	DL/T 860.901—2014	电力自动化通信网络和系统 第901部分：DL/T 860在变电站间通信中的应用		2014年10月15日	2015年3月1日
118	DL/T 890.552—2014	能量管理系统应用程序接口 第552部分：CIMXML模型交换格式		2014年10月15日	2015年3月1日
119	DL/T 959—2014	电站锅炉安全阀技术规程	DL/T 959—2005	2014年10月15日	2015年3月1日
120	DL/T 1033.3—2014	电力行业词汇 第3部分：发电厂、水力发电	DL/T 1033.3—2006	2014年10月15日	2015年3月1日
121	DL/T 1033.5—2014	电力行业词汇 第5部分：核能发电	DL/T 1033.5—2006	2014年10月15日	2015年3月1日
122	DL/T 1033.6—2014	电力行业词汇 第6部分：新能源发电	DL/T 1033.6—2006	2014年10月15日	2015年3月1日
123	DL/T 1033.11—2014	电力行业词汇 第11部分：事故、保护、安全和可靠性	DL/T 1033.11—2006	2014年10月15日	2015年3月1日
124	DL/T 1343—2014	电力金具用闭口销	DL/T 764.2—2001	2014年10月15日	2015年3月1日
125	DL/T 1344—2014	干扰性用户接入电力系统技术规范		2014年10月15日	2015年3月1日
126	DL/T 1345—2014	直升机电力作业安全工作规程		2014年10月15日	2015年3月1日
127	DL/T 1346—2014	直升机激光扫描输电线路作业技术规程		2014年10月15日	2015年3月1日
128	DL/T 1347—2014	交流滤波器保护装置通用技术条件		2014年10月15日	2015年3月1日
129	DL/T 1348—2014	自动准同期装置通用技术条件		2014年10月15日	2015年3月1日
130	DL/T 1349—2014	断路器保护装置通用技术条件		2014年10月15日	2015年3月1日

续表

序号	标准号	标准名称	代替标准号	批准日期	实施日期
131	DL/T 1350—2014	变电站故障解列装置通用技术条件		2014年10月15日	2015年3月1日
132	DL/T 1351—2014	电力系统暂态过电压在线测量及记录系统技术导则		2014年10月15日	2015年3月1日
133	DL/T 1352—2014	电力应急指挥中心技术导则		2014年10月15日	2015年3月1日
134	DL/T 1353—2014	六氟化硫处理系统技术规范		2014年10月15日	2015年3月1日
135	DL/T 1354—2014	电力用油闭口闪点测定　微量常闭法		2014年10月15日	2015年3月1日
136	DL/T 1355—2014	变压器油中糠醛含量的测定　液相色谱法		2014年10月15日	2015年3月1日
137	DL/T 1356—2014	炉水除磷氢电导率在线测定方法		2014年10月15日	2015年3月1日
138	DL/T 1357—2014	发电厂凝结水精处理用绕线式滤元验收导则		2014年10月15日	2015年3月1日
139	DL/T 1358—2014	火力发电厂水汽分析方法　总有机碳的测定		2014年10月15日	2015年3月1日
140	DL/T 1359—2014	六氟化硫电气设备故障气体分析和判断方法		2014年10月15日	2015年3月1日
141	DL/T 1360—2014	大豆植物变压器油质量标准		2014年10月15日	2015年3月1日
142	DL/T 1361—2014	火力发电厂冷却塔竹制淋水填料技术条件		2014年10月15日	2015年3月1日
143	DL/T 1362—2014	输变电工程项目质量管理规程		2014年10月15日	2015年3月1日
144	DL/T 1363—2014	电网建设项目文件归档与档案整理规范		2014年10月15日	2015年3月1日
145	DL/T 1364—2014	光伏发电站防雷技术规程		2014年10月15日	2015年3月1日
146	DL/T 1365—2014	名词术语　电力节能		2014年10月15日	2015年3月1日
147	DL/T 1366—2014	电力设备用六氟化硫气体		2014年10月15日	2015年3月1日
148	DL/T 1367—2014	输电线路检测技术导则		2014年10月15日	2015年3月1日
149	DL/T 1368—2014	电能质量标准源校准规范		2014年10月15日	2015年3月1日
150	DL/T 1369—2014	标准谐波有功电能表		2014年10月15日	2015年3月1日
151	DL/T 1370—2014	石灰石元素的测定　微波消解—等离子体发射光谱法		2014年10月15日	2015年3月1日
152	DL/T 1371—2014	火电厂袋式除尘器运行维护导则		2014年10月15日	2015年3月1日

续表

序号	标准号	标准名称	代替标准号	批准日期	实施日期
153	DL/T 1372—2014	架空输电线路跳线技术条件		2014年10月15日	2015年3月1日
154	DL/T 1373—2014	可逆锤击式破碎机		2014年10月15日	2015年3月1日
155	DL/T 1374—2014	滚轴筛		2014年10月15日	2015年3月1日
156	DL/T 1375—2014	电能质量评估技术导则 三相电压不平衡		2014年10月15日	2015年3月1日
157	DL/T 1376—2014	超高压分级式可控并联电抗器技术规范		2014年10月15日	2015年3月1日
158	DL/T 1377—2014	电力调度员培训仿真技术规范		2014年10月15日	2015年3月1日
159	DL/T 1378—2014	光纤复合架空地线（OPGW）防雷接地技术导则		2014年10月15日	2015年3月1日
160	DL/T 1379—2014	电力调度数据网设备测试规范		2014年10月15日	2015年3月1日
161	DL/T 1380—2014	电网运行模型数据交换规范		2014年10月15日	2015年3月1日
162	DL/T 1381—2014	电力企业信用评价规范		2014年10月15日	2015年3月1日
163	DL/T 1382—2014	电力企业信用评价指标体系分类及代码		2014年10月15日	2015年3月1日
164	DL/T 1383—2014	电力行业供应商信用评价规范		2014年10月15日	2015年3月1日
165	DL/T 1384—2014	电力行业供应商信用评价指标体系分类及代码		2014年10月15日	2015年3月1日
166	DL/T 1385—2014	履带式布料机		2014年10月15日	2015年3月1日
167	DL/T 1386—2014	电力变压器用吸湿器选用导则		2014年10月15日	2015年3月1日
168	DL/T 1387—2014	电力变压器用绕组线选用导则		2014年10月15日	2015年3月1日
169	DL/T 1388—2014	电力变压器用电工钢带选用导则		2014年10月15日	2015年3月1日
170	DL/T 1389—2014	500kV变压器中性点接地电抗器选用导则		2014年10月15日	2015年3月1日
171	DL/T 1390—2014	12kV高压交流自动用户分界开关设备		2014年10月15日	2015年3月1日
172	DL/T 1391—2014	数字式自动电压调节器涉网性能检测导则		2014年10月15日	2015年3月1日
173	DL/T 1392—2014	直流电源系统绝缘监测装置技术条件		2014年10月15日	2015年3月1日
174	DL/T 1393—2014	火力发电厂锅炉汽包水位测量系统技术规程		2014年10月15日	2015年3月1日

续表

序号	标准号	标准名称	代替标准号	批准日期	实施日期
175	DL/T 1394—2014	电子式电流、电压互感器校验仪技术条件		2014年10月15日	2015年3月1日
176	DL/T 1395—2014	水电工程设备铸锻件检验验收规范		2014年10月15日	2015年3月1日
177	DL/T 1396—2014	水电建设项目文件收集与档案整理规范		2014年10月15日	2015年3月1日
178	DL/T 1397.1—2014	电力直流电源系统用测试设备通用技术条件　第1部分：蓄电池电压巡检仪		2014年10月15日	2015年3月1日
179	DL/T 1397.2—2014	电力直流电源系统用测试设备通用技术条件　第2部分：蓄电池容量放电测试仪		2014年10月15日	2015年3月1日
180	DL/T 1397.3—2014	电力直流电源系统用测试设备通用技术条件　第3部分：充电装置特性测试系统		2014年10月15日	2015年3月1日
181	DL/T 1397.4—2014	电力直流电源系统用测试设备通用技术条件　第4部分：直流断路器动作特性测试系统		2014年10月15日	2015年3月1日
182	DL/T 1397.5—2014	电力直流电源系统用测试设备通用技术条件　第5部分：蓄电池内阻测试仪		2014年10月15日	2015年3月1日
183	DL/T 1397.6—2014	电力直流电源系统用测试设备通用技术条件　第6部分：便携式接地巡测仪		2014年10月15日	2015年3月1日
184	DL/T 1397.7—2014	电力直流电源系统用测试设备通用技术条件　第7部分：蓄电池单体活化仪		2014年10月15日	2015年3月1日
185	DL/T 1398.1—2014	智能家居系统　第1部分：总则		2014年10月15日	2015年3月1日
186	DL/T 1398.2—2014	智能家居系统　第2部分：功能规范		2014年10月15日	2015年3月1日
187	DL/T 1398.31—2014	智能家居系统　第3-1部分：家庭能源网关技术规范		2014年10月15日	2015年3月1日
188	DL/T 1398.32—2014	智能家居系统　第3-2部分：智能交互终端技术规范		2014年10月15日	2015年3月1日
189	DL/T 1398.33—2014	智能家居系统　第3-3部分：智能插座技术规范		2014年10月15日	2015年3月1日
190	DL/T 1398.34—2014	智能家居系统　第3-4部分：家电监控模块技术规范		2014年10月15日	2015年3月1日

续表

序号	标准号	标准名称	代替标准号	批准日期	实施日期
191	DL/T 1398.41—2014	智能家居系统 第4-1部分：通信协议——服务中心主站与家庭能源网关通信		2014年10月15日	2015年3月1日
192	DL/T 1398.42—2014	智能家居系统 第4-2部分：通信协议——家庭能源网关下行通信		2014年10月15日	2015年3月1日
193	DL/T 1399.1—2014	电力试验/检测车 第1部分：通用技术条件		2014年10月15日	2015年3月1日
194	DL 5009.1—2014	电力建设安全工作规程 第1部分：火力发电	DL 5009.1—2002	2014年10月15日	2015年3月1日
195	DL/T 5700—2014	城市居住区供配电设施建设规范		2014年10月15日	2015年3月1日
196	DL/T 5701—2014	水电水利工程施工机械安全操作规程 反井钻机		2014年10月15日	2015年3月1日
197	DL/T 5702—2014	水电水利工程沉井施工技术规程		2014年10月15日	2015年3月1日
198	DL/T 5703—2014	水电水利工程预应力锚杆用水泥锚固剂技术规程		2014年10月15日	2015年3月1日
199	DL/T 5704—2014	火力发电厂热力设备及管道保温防腐施工质量验收规程		2014年10月15日	2015年3月1日
200	DL/T 5705—2014	循环流化床锅炉砌筑工艺导则		2014年10月15日	2015年3月1日
201	DL/T 5706—2014	火力发电工程施工组织设计导则		2014年10月15日	2015年3月1日
202	DL/T 5707—2014	电力工程电缆防火封堵施工工艺导则		2014年10月15日	2015年3月1日
203	DL/T 5708—2014	架空输电线路戈壁碎石土地基掏挖基础设计与施工技术导则		2014年10月15日	2015年3月1日
204	DL/T 5709—2014	配电自动化规划设计导则		2014年10月15日	2015年3月1日
205	DL/T 5710—2014	电力建设土建工程施工技术检验规范		2014年10月15日	2015年3月1日
206	DL/T 5711—2014	水电水利工程施工机械安全操作规程 带式输送机		2014年10月15日	2015年3月1日
207	DL/T 5712—2014	水电水利工程接缝灌浆施工技术规范		2014年10月15日	2015年3月1日
208	DL/T 5713—2014	火力发电厂热力设备及管道保温施工工艺导则		2014年10月15日	2015年3月1日

续表

序号	标准号	标准名称	代替标准号	批准日期	实施日期
209	DL/T 5714—2014	火力发电厂热力设备及管道保温防腐施工技术规范		2014年10月15日	2015年3月1日
210	DL/T 5224—2014	高压直流输电大地返回系统设计技术规范	DL/T 5224—2005	2014年6月29日	2014年11月1日
211	DL/T 5366—2014	发电厂汽水管道应力计算技术规程	DL/T 5366—2006	2014年6月29日	2014年11月1日
212	DL/T 5487—2014	IGCC发电工程估算编制及项目划分导则		2014年6月29日	2014年11月1日
213	DL/T 5488—2014	火力发电厂干式储灰场设计规程		2014年6月29日	2014年11月1日
214	DL/T 5489—2014	火力发电厂循环水泵房进水流道设计规范		2014年6月29日	2014年11月1日
215	DL/T 5490—2014	500kV交流海底电缆线路设计技术规程		2014年6月29日	2014年11月1日
216	DL/T 5001—2014	火力发电厂工程测量技术规程	DL/T 5001—2004	2014年10月15日	2015年3月1日
217	DL/T 5044—2014	电力工程直流电源系统设计技术规程	DL/T 5044—2004	2014年10月15日	2015年3月1日
218	DL 5068—2014	发电厂化学设计规范	DL/T 5068—2006	2014年10月15日	2015年3月1日
219	DL/T 5097—2014	火力发电厂贮灰场岩土工程勘测技术规程	DL/T 5097—1999	2014年10月15日	2015年3月1日
220	DL/T 5138—2014	电力工程数字摄影测量规程	DL/T 5138—2001	2014年10月15日	2015年3月1日
221	DL/T 5153—2014	火力发电厂厂用电设计技术规程	DL/T 5153—2002	2014年10月15日	2015年3月1日
222	DL/T 5219—2014	架空输电线路基础设计技术规程	DL/T 5219—2005	2014年10月15日	2015年3月1日
223	DL/T 5390—2014	发电厂和变电站照明设计技术规定	DL/T 5390—2007	2014年10月15日	2015年3月1日
224	DL/T 5491—2014	电力工程交流不间断电源系统设计技术规程		2014年10月15日	2015年3月1日
225	DL/T 5492—2014	电力工程遥感调查技术规程		2014年10月15日	2015年3月1日
226	DL/T 5493—2014	电力工程基桩检测技术规程		2014年10月15日	2015年3月1日
227	DL/T 5494—2014	电力工程场地地震安全性评价规程		2014年10月15日	2015年3月1日

（中国电力企业联合会　许松林　刘永东）

2014年发布的由水电水利规划设计总院归口管理的技术标准

2014年，由水电水利规划设计总院归口管理的水电勘察设计技术标准和风电规划、设计、施工、安装技术标准，共发布26项，见表1。

表1　2014年发布的由水电水利规划设计总院归口管理的技术标准表

序号	标准名称	标准编号	实施日期	代替标准
1	水电站调压室设计规范	NB/T 35021—2014	2014年11月1日	DL/T 5058—1996
2	水电工程节能降耗分析设计导则	NB/T 35022—2014	2014年11月1日	
3	水闸设计规范	NB/T 35023—2014	2014年11月1日	SD 133—1984
4	水工建筑物抗冰冻设计规范	NB/T 35024—2014	2014年11月1日	DL/T 5082—1998
5	水电工程劳动安全与工业卫生验收规程	NB/T 35025—2014	2014年11月1日	
6	混凝土重力坝设计规范	NB/T 35026—2014	2014年11月1日	DL/T 5108—1999
7	水电工程土工膜防渗技术规范	NB/T 35027—2014	2014年11月1日	
8	水电工程勘探验收规程	NB/T 35028—2014	2014年11月1日	
9	水电工程测量规范	NB/T 35029—2014	2014年11月1日	
10	水电工程投资匡算编制规定	NB/T 35030—2014	2014年11月1日	
11	水电工程安全监测系统专项投资编制细则	NB/T 35031—2014	2014年11月1日	
12	水电工程调整概算编制规定	NB/T 35032—2014	2014年11月1日	
13	水电工程环境保护专项投资编制细则	NB/T 35033—2014	2014年11月1日	
14	水电工程投资估算编制规定	NB/T 35034—2014	2014年11月1日	
15	水力发电厂水力机械辅助设备系统设计技术规定	NB/T 35035—2014	2014年11月1日	DL/T 5066—1996
16	水电工程固定卷扬式启闭机通用技术条件	NB/T 35036—2014	2014年11月1日	SD 315—1989
17	水电工程鱼类增殖放流站设计规范	NB/T 35037—2014	2014年11月1日	
18	水电工程建设征地移民安置综合监理规范	NB/T 35038—2014	2014年11月1日	
19	水电工程地质观测规程	NB/T 35039—2014	2015年3月1日	
20	水力发电厂供暖通风与空气调节设计规范	NB/T 35040—2014	2015年3月1日	DL/T 5165—2002
21	水电工程施工导流设计规范	NB/T 35041—2014	2015年3月1日	DL/T 5114—2000
22	水力发电厂通信设计规范	NB/T 35042—2014	2015年3月1日	DL/T 5080—1997
23	三相交流系统短路电流计算导则	NB/T 35043—2014	2015年3月1日	DL/T 5163—2002
24	水力发电厂厂用电设计规程	NB/T 35044—2014	2015年3月1日	DL/T 5164—2002
25	水电工程钢闸门制造安装及验收规范	NB/T 35045—2014	2015年3月1日	DL/T 5018—2004
26	水电工程设计洪水计算规范	NB/T 35046—2014	2015年3月1日	SL 44—93

（水电水利规划设计总院）

2014年发布的水利科技标准

2014年，水利科技标准共发布98项，其中国家标准29项，行业标准69项，见表1。

表1 2014年发布的水利科技标准

序号	标准名称	标准编号	实施日期	代替标准
（一）国家标准				
1	小型水电站运行维护技术规范	GB/T 50964—2014	2014年10月1日	
2	小水电电网安全运行技术规范	GB/T 50960—2014	2014年10月1日	
3	橡胶坝工程技术规范	GB/T 50979—2014	2014年8月1日	
4	大型螺旋塑料管道输水灌溉工程技术规范	GB/T 50989—2014	2015年1月1日	
5	粉煤灰混凝土应用技术规范	GB/T 50146—2014	2015年1月1日	
6	海堤工程设计规范	GB/T 51015—2014	2015年5月1日	
7	工程岩体分级标准	GB/T 50218—2014	2015年5月1日	
8	水利泵站施工及验收规范	GB/T 51033—2014	2015年5月1日	
9	降水量观测仪器　第2部分：翻斗式雨量传感器	GB/T 21978.2—2014	2015年1月19日	
10	降水量观测仪器　第5部分：雨量显示记录仪	GB/T 21978.5—2014	2015年1月19日	
11	水电新农村电气化验收规程	GB/T 15659—2014	2015年1月19日	
12	水资源术语	GB/T 30943—2014	2015年1月19日	
13	泵站技术管理规程	GB/T 30948—2014	2015年1月19日	
14	节水灌溉后评价规范	GB/T 30949—2014	2015年1月19日	
15	小型水电站机电设备报废条件	GB/T 30951—2014	2015年1月19日	
16	小水电电网电能损耗计算导则	GB/T 30944—2014	2015年1月19日	
17	水文仪器可靠性技术要求	GB/T 18185—2014	2015年1月19日	
18	闸位计	GB/T 30950—2014	2015年1月19日	
19	水文自动测报系统通用设备	GB/T 30954—2014	2015年1月19日	
20	水位试验台校验方法	GB/T 30952—2014	2015年1月19日	
21	水文巡测装置	GB/T 30953—2014	2015年1月19日	
22	地下水监测工程技术规范	GB/T 51040—2014	2015年8月1日	
23	小型水力发电站设计规范	GB 50071—2014	2015年8月1日	
24	土工合成材料应用技术规范	GB/T 50290—2014	2015年8月1日	
25	岩土工程基本术语标准	GB/T 50279—2014	2015年8月1日	
26	水文基本术语和符号标准	GB/T 50095—2014	2015年8月1日	
27	水资源规划规范	GB/T 51051—2014	2015年8月1日	
28	水土保持工程设计规范	GB 51018—2014	2015年8月1日	
29	防洪标准	GB 50201—2014	2015年8月1日	

续表

序号	标准名称	标准编号	实施日期	代替标准
（二）行业标准				
1	干旱灾害评估标准	SL 663—2014	2014 年 4 月 8 日	
2	水库渔业资源调查规范	SL 167—2014	2014 年 4 月 13 日	SL 167—1996
3	村镇供水工程设计规范	SL 687—2014	2014 年 4 月 13 日	
4	水文设施工程施工规程	SL 649—2014	2014 年 4 月 17 日	
5	水文设施工程验收规程	SL 650—2014	2014 年 4 月 17 日	
6	水文监测数据通信规约	SL 651—2014	2014 年 4 月 17 日	
7	水文绞车	SL 151—2014	2014 年 4 月 20 日	SL/T 151—1995
8	城市供水水源规划导则	SL 627—2014	2014 年 4 月 20 日	
9	水利水电工程合理使用年限设计规范	SL 654—2014	2014 年 4 月 26 日	
10	爬行式水陆两用清淤机技术规范	SL 646—2014	2014 年 6 月 19 日	
11	南方红壤丘陵区水土流失综合治理技术标准	SL 657—2014	2014 年 6 月 19 日	
12	北方土石山区水土流失综合治理技术标准	SL 665—2014	2014 年 6 月 19 日	
13	核子水分—密度仪现场测试规程	SL 275—2014	2014 年 6 月 19 日	LS 275—2001
14	水利水电工程照明系统设计规范	SL 641—2014	2014 年 6 月 19 日	
15	胶结颗粒料筑坝技术导则	SL 678—2014	2014 年 6 月 28 日	
16	洪水影响评价报告编制导则	SL 520—2014	2014 年 6 月 28 日	
17	水轮发电机组推力轴承、导轴承安装调整工艺导则	SL 668—2014	2014 年 6 月 28 日	SD 288—1998
18	水利基本建设项目竣工财务决算编制规程	SL 19—2014	2014 年 6 月 28 日	SL 19—2008
19	引调水线路工程地质勘察规范	SL 629—2014	2014 年 7 月 15 日	
20	水利水电工程施工交通设计规范	SL 667—2014	2014 年 7 月 21 日	
21	水电站厂房设计规范	SL 266—2014	2014 年 7 月 21 日	SL 266—2001
22	水工钢闸门和启闭机安全检测技术规程	SL 101—2014	2014 年 7 月 22 日	SL 101—1994
23	入河排污量统计技术规程	SL 662—2014	2014 年 7 月 22 日	
24	水利水电工程调压室设计规范	SL 655—2014	2014 年 7 月 22 日	
25	疏浚与吹填工程技术规范(原名称疏浚工程施工技术规范)	SL 17—2014	2014 年 8 月 9 日	SL 17—1990
26	已成防洪工程经济效益分析计算及评价规范	SL 206—2014	2014 年 8 月 9 日	SL 206—1998
27	土壤墒情数据库表结构与标识符标准	SL 437—2014	2014 年 8 月 9 日	
28	水土保持规划编制规范	SL 335—2014	2014 年 8 月 19 日	SL 335—2006
29	山洪灾害防御预案编制导则	SL 666—2014	2014 年 10 月 3 日	
30	防洪规划编制规程	SL 669—2014	2014 年 10 月 3 日	
31	城市水文监测与评价分析技术导则	SL/Z 572—2014	2014 年 10 月 3 日	

续表

序号	标准名称	标准编号	实施日期	代替标准
32	土坝灌浆技术规范	SL 564—2014	2014年10月3日	SD 266—1988
33	水利技术标准编写规定	SL 1—2014	2014年10月3日	SL 1—2002
34	水利建设市场主体信用信息数据库表结构及标识符	SL 691—2014	2014年10月2日	
35	堤防工程施工规范	SL 260—2014	2014年10月16日	SL 260—1998
36	历史大洪水数据库表结构及标识符	SL 591—2014	2014年10月21日	
37	水利水电工程库底清理技术规范	SL 644—2014	2014年10月28日	
38	水质数据库表结构与标识符	SL 325—2014	2014年11月25日	SL 325—2005
39	光电式液塑限测定仪校验方法	SL 113—2014	2014年12月10日	SL 113—1995
40	杠杆式固结仪校验方法	SL 114—2014	2014年12月10日	SL 114—1995
41	变水头（常水头）渗透仪校验方法	SL 115—2014	2014年12月10日	SL 115—1995
42	应变控制式无侧限压缩仪校验方法	SL 117—2014	2014年12月10日	SL 117—1995
43	应变控制式三轴仪校验方法	SL 118—2014	2014年12月10日	SL 118—1995
44	切土环刀校验方法	SL 110—2014	2014年12月10日	SL 110—1995
45	山洪灾害监测预警系统设计导则	SL 675—2014	2014年12月10日	
46	水文缆道设计规范	SL 622—2014	2014年12月10日	
47	水闸技术管理规程	SL 75—2014	2014年12月10日	SL 75—1994
48	水文测量规范	SL 58—2014	2014年12月10日	
49	小型水电站监控保护设备应用导则	SL 692—2014	2015年1月27日	
50	水电站桥式起重机	SL 673—2014	2015年1月27日	
51	水利水电工程移民术语	SL 697—2014	2015年1月27日	
52	小型水轮机进水阀基本技术条件	SL 696—2014	2015年1月27日	
53	水工建筑物水泥灌浆施工技术规范	SL 62—2014	2015年1月27日	SL 62—1994
54	水工建筑物滑动模板施工技术规范	SL 32—2014	2015年1月27日	SL 32—1992
55	水利水电工程混凝土防渗墙施工技术规范	SL 174—2014	2015年1月27日	SL 174—1996
56	混凝土抗渗仪校验方法	SL 133—2014	2015年1月27日	SL 133—1995
57	水工混凝土施工规范	SL 677—2014	2015年1月27日	SDJ 207—1982、JGJ 109—1996和JGJ 108—1996
58	水利工程建设项目施工监理规范	SL 288—2014	2015年1月30日	SL 288—2003
59	水利水电量和单位	SL 2—2014	2015年1月30日	SL 2.1～3—1998
60	黄土高原适生灌木栽培技术规程	SL 287—2014	2015年1月30日	SL 287—2003
61	水泥水化热（直接法）测定仪校验方法	SL 124—2014	2015年2月4日	SL 124—1995

续表

序号	标准名称	标准编号	实施日期	代替标准
62	轻小型喷灌机使用技术规范	SL 698—2014	2015年2月5日	
63	泵站拍门技术导则	SL 656—2014	2015年2月5日	
64	水环境监测实验室等级评定标准	SL 684—2014	2015年2月5日	
65	水闸施工规范	SL 27—2014	2015年2月21日	SL 27—1991
66	水利信息分类	SL 701—2014	2015年2月24日	
67	水库枢纽工程地质勘察规范	SL 652—2014	2015年2月25日	
68	水利水电工程移民安置验收规程	SL 682—2014	2015年3月3日	
69	河湖生态环境需水量计算规范	SL/Z 712—2014	2015年3月5日	

（水利部国际合作与科技司　刘咏峰）

2014年大电机、水轮机新颁标准

2014年，由哈尔滨大电机研究所归口管理的大　电机、水轮机技术标准，新发布15项，见表1。

表1　2014年大电机、水轮机新颁标准情况表

序号	标准编号	标　准　名　称
1	GB/T 20834—2014	发电电动机基本技术条件
2	JB/T 7071—2013	灯泡式水轮发电机基本技术条件
3	JB/T 3334.1— 2013	水轮发电机用制动器　第1部分：水轮发电机用立式制动器
4	JB/T 3334.2— 2013	水轮发电机用制动器　第2部分：水轮发电机用卧式制动器
5	JB/T 8992—2013	交、直流电机用背包式空—水冷却装置
6	JB/T 8446—2013	隐极式同步发电机转子匝间短路测定方法
7	JB/T 8667.2—2013	大型三相同步电动机技术条件　第2部分：TL系列
8	JB/T 10392—2013	透平型发电机定子机座、铁芯动态特性和振动试验方法及评定
9	JB/T 6478—2013	水轮机、泵水轮机和蓄能泵用符号
10	JB/T 6752—2013	中小型水轮机转轮静平衡试验规程
11	JB/T 6228—2014	汽轮发电机绕组内部水系统检验方法及评定
12	JB/T 6229—2014	隐极同步发电机转子气体内冷通风道检验方法及限值
13	JB/T 10180—2014	水轮发电机推力轴承弹性金属塑料瓦　技术条件
14	NB/T 42032.1—2014	核电主泵电机技术条件　第1部分：轴封泵异步电机
15	NB/T 42032.2—2014	核电主泵电机技术条件　第2部分：屏蔽泵异步电机

（哈尔滨大电机研究所　周　谧　刘诗琪）

2014年国家能源局批准废止的电力行业标准

2014年，中国电力企业联合会根据标准复审管理办法开展标准复审工作，并向国家能源局提交复审报告，提出继续有效的行业标准113项，修订的项目94项，废止项目51项。国家能源局批复同意废止这51项行业标准，见表1。

表1 2014年国家能源局批复同意废止的电力行业标准

序号	标准编号	标准名称
1	DL/T 405—1996	进口252（245）—550kV交流高压断路器和隔离开关技术规范
3	DL/T 420—1991	电气绝缘液体的折射率和比色散试验方法
2	DL 427—1991	户内型发电机断路器订货技术条件
4	DL/T 429.3—1991	电力系统油质试验方法——水溶性酸测定法（酸度计法）
5	DL/T 429.4—1991	电力系统油质试验方法——水溶性酸定量测定法
6	DL/T 429.5—1991	电力系统油质试验方法——挥发性水溶性酸测定法
7	DL/T 429.9—1991	电力系统油质试验方法——绝缘油介电强度测定法
8	DL/T 450—1991	绝缘油中含气量的测试方法——二氧化碳洗脱法
9	DL 451—1991	循环式远动规约
10	DL/T 480—1992	静态电流相位比较式纵联保护装置技术条件（继电部分）
11	DL/T 481—1992	静态方向比较式纵联保护装置技术条件
12	DL/T 482—1992	静态零序电流方向保护装置技术条件
13	DL/T 511—1993	电站设备备品配件分类与编码导则
14	DL/T 525—1993	数字型频率继电器及低频自动减负荷装置技术条件
15	DL/T 600—2001	电力行业标准编写基本规定
16	DL/T 605—1996	高压直流换流站绝缘配合导则
17	DL/T 613—1997	进口交流无间隙金属氧化物避雷器技术规范
18	DL/T 621—1997	交流电气装置的接地
19	DL/T 643—1997	PDC型盘式电磁除铁器
20	DL/T 644—1997	IPQ型移动式耙斗清污机
21	DL/T 652—1998	金相复型技术工艺导则
22	DL/T 704—1999	变压器油、汽轮机油中T501抗氧化剂含量测定法（液相色谱法）
23	DL/T 769—2001	电力系统微机继电保护技术导则
24	DL/T 791—2001	户内交流充气式开关柜选用导则
25	DL/T 808—2002	副产硫酸铵
26	DL/T 833—2003	民用核承压设备焊工资格考核规则

续表

序号	标准编号	标准名称
27	DL/T 860.91—2006	变电站通信网络和系统　第9-1部分：特定通信服务映射（SCSM）单向多路点对点串行通信链路上的采样值
28	DL/T 871—2004	电力系统继电保护产品动模试验
29	DL/T 873—2004	微机型发电机变压器组动态记录装置技术条件
30	DL/T 912—2005	超临界火力发电机组水汽质量标准
31	DL/T 926—2005	自抽式飞灰取样方法
32	DL/T 927—2005	弹筒硫的测定方法
33	DL/T 928—2005	微机氧弹热量计使用性能检验规程
34	DL/T 937—2005	热交换器管声脉冲检测技术导则
35	DL/T 942—2005	直吹式制粉系统的煤粉取样方法
36	DL/T 950—2005	电厂标识系统设计导则
37	DL/T 960—2005	燃煤电厂烟气排放连续监测系统技术条件
38	DL/T 968—2005	高压直流输电工程启动及竣工验收规程
39	DL 5000—2000	火力发电厂设计技术规程
40	SD 118—1984	125MW机组锅炉运行规程
41	SD 180—1986	斗轮堆取料机型式和基本参数
42	SD 234—2987	电力计量器
43	SD 235—2987	电力时控开关
44	SD 236—2987	电力定量器检验规程
45	SD 279—1988	静态阻抗继电器技术条件
46	SD 281—1988	静态型发电机转子接地继电器技术条件
47	SD 282—1988	静态型发电机定子接地继电器技术条件
48	SD 283—1988	静态电流继电器技术条件
49	SD 284—1988	静态电压继电器技术条件
50	SD 285—1988	静态时间继电器技术条件
51	SD 318—1989	高压开关柜闭锁装置技术条件

（中国电力企业联合会　许松林　刘永东）

11

水电建设管理

工 程 管 理

水电工程质量监督总站的组建与运行情况

受国家能源局委托，水电水利规划设计总院于2012年9月组建水电工程质量监督总站（以下简称水电质监总站）。水电质监总站从2013年4月开始承担水电工程质量监督业务。两年来，水电质监总站的组织机构和监督制度不断完善，队伍和能力建设成效显著，监督覆盖面和检查频次逐步加大。

（一）质量监督总站组建的依据

工程质量监督制度是我国工程建设质量管理的一项基本制度，国家水利水电主管部门自1986年即开始对水电工程建设领域实行质量监督管理。

为强化水电工程质量监督专业技术管理，深化重点质量问题的监控，国家能源局于2011年5月17日发布《国家能源局关于加强水电建设管理的通知》（国能新能〔2011〕156号），明确委托水电水利规划设计总院组建“水电建设工程质量监督总站”，承担政府对水电建设工程质量监督管理工作。地方各级能源主管部门要建立健全质量监督管理机构，履行相应质量监督职责。“水电建设工程质量监督总站要尽快建立适应市场、权责明确、监督有力的水电建设质量监督体系，发挥质量监督作用。”

2013年3月8日，国家能源局发布《国家能源局关于印发水电工程质量监督管理规定和水电工程安全鉴定管理办法的通知》（国能新能〔2013〕104号），对水电工程质量监督工作提出了具体的要求。

水电质监总站设在水电水利规划设计总院。

（二）水电质监总站的主要职责和工作方式

水电质监总站是国家水电工程质量监督和管理的专职机构，主要开展水电工程项目的质量监督，其机构实行“总站—分站—项目站”三级管理。分站为总站的派出机构，由总站统一规划、管理，按省或区域设置。目前已成立四川和云南两个分站。

水电质监总站的职责包括但不限于：①根据需要，对技术复杂、建设难度大的水电工程，组织国内有关专家开展质量监督检查；②负责受理水电工程质量方面的举报和投诉、组织调查处理，组织开展或参与重大质量事故的调查处理；③负责组织提交质量监督报告，参与水电工程截流、蓄水、机组启动阶段验收和竣工验收；④负责定期向国家能源局报送质量监督综合情况报告，及时报告重大质量事故。

水电工程质量监督范围为水电项目主体工程及其附属工程。水电工程项目和工程质量责任主体（工程建设、勘察、设计、施工、监理单位）必须接受水电工程质量监督机构的监督。质量监督是工程验收的必要条件，未接受质量监督，以及未按要求对质量问题整改到位的工程，不得通过工程验收和投入使用。

水电质监总站的工作原则是“依法监督、科学严谨、公正透明、服务工程”。现场质量监督检查主要分4类：①年度质量监督检查；②阶段性（河道分流、截流、蓄水、机组启动、枢纽竣工）质量监督检查；③专项质量监督检查；④随机抽检质量监督检查。

（三）水电质监总站近年来的重要事件

2013年4月17日，水电质监总站颁布了《水电工程质量监督大纲》（2013年版）。该大纲进一步完善了水电工程质量监督工作的程序、方法和内容，促进了质量监督工作的规范化。

2013年4月20～26日，水电水利规划设计总院副院长兼水电质监总站站长李昇率专家组，对金沙江乌东德、白鹤滩水电站筹建工程进行水电质监站成立以来的第1次质量监督检查工作。水电质监总站站长、常务副站长、副站长全部参加，还聘请了国内相关专业资深专家参加，质量检查取得了预期效果。

2013年8月12日，水电质监总站颁布了《水电工程质量投诉与举报处理暂行办法》。该办法的颁布有助于充分发挥社会监督作用，确保建设工程质量，维护工程建设各当事人的合法权益。

2014年1月17～22日，水电质监总站邀请马洪琪院士等专家组成专家组，对长河坝、黄金坪水电站进行2014年第一次现场质量监督检查。国家能源局可再生能源司熊敏峰处长等大渡河流域调研组一行，参加了本次活动。

2014年3月21日，国家能源局在北京主持召开了水电工程建设质量管理座谈会。参加会议的有省（区）发展改革委和能源局（办）、电网公司、水利电力集团公司、投资公司、流域公司等单位的领导和代表约150人。水电质监总站站长李昇在会上介绍了水电开发的总体情况，质监总站常务副站长彭土标向会议作了水电工程建设质量情况专题汇报。会后，国家能源局发布《国家能源局关于加强水电工程建设质量管理的通知》(国能新能〔2014〕145号)。

2014年12月19日，水电质监总站四川分站揭牌仪式在成都举行。2014年12月22日，水电质监总站云南分站揭牌仪式在昆明举行。2个分站的成立，将增加水电工程质量监督机构对两省及其相邻地区水电工程建设质量监督管理覆盖面，提高质量监管时效性。

（四）新的水电工程质量监督体系的优势和取得的成效

水电质监总站自成立以来，2013年、2014年和2015年4月前分别对33个、40个和23个大中型水电工程开展了质量监督检查，组织现场监督检查130项次，提出各类报告120份、意见和建议约2900余条。新的质量监督体系取得了明显成效。

1. 监督工作更规范主动　水电质监总站凭借对前期工作掌握的信息，要求项目业主申报开展质量监督工作，避免出现以往建设过程质量监督缺失的被动局面。

2. 拓展质量监督的覆盖面　水电质监总站按国家能源局要求，在项目筹建期即对参建各方的质量管理体系、建设行为、实体质量等进行监督，使其尽早结束筹建期。同时，受省级能源主管部门委托和项目业主的申请，水电质监总站也直接受理和承担了部分中小型水电建设项目的质量监督。

3. 加强与省区能源监管部门密切配合　水电质监总站正将建设过程质量监督工作与各省区监管部门的监管工作相结合，并提供工程质量情况专业分析汇总信息。

4. 严格控制建设过程中的重大设计变更行为　水电质监总站严格按国家能源局要求，加强对工程建设中不合理压缩工期、违规进行重大设计变更等行为实行有效监督。

5. 加强关键节点的质量监督　水电质监总站对质量缺陷较多、准备工作不充分、整改要求未落实的项目，不予实施截流、蓄水和机组启动工作。

6. 突出监督重点　水电质监总站重点监督一批技术难度大、质量问题突出的工程，加强对薄弱环节和薄弱部位的质量检查技术分析和质量监管，对高坝整体施工规划、技术要求、现场质量管控中存在的问题予以纠正。

7. 强化对质量监督意见的整改落实　水电质监总站的质量监督工作中，专业技术人员提出的监督意见较符合客观实际和具有权威性，有利于建设各方接受并能及时整改。

8. 开通质量投诉与举报渠道　水电质监总站开通多种质量投诉和举报渠道，发挥公众参与监督作用。

9. 重视做好水电工程质量培训和宣贯工作　水电质监总站从水电工程常见质量问题、案例分析、质量管理新要求及相应措施等方面，对水电工程建设项目的参建各方人员进行9次大范围培训，提高了水电建设从业人员的质量安全和责任意识。

10. 为工程建设提供良好的技术服务　水电质监总站在开展质量监督同时，利用自身专业技术资源优势，对中国华电集团公司、国网新源控股有限公司等，给予咨询性技术服务。

（水电工程质量监督总站　常昊天　薛建峰）

溪洛渡大坝工程施工总进度计划管理

（一）溪洛渡大坝施工进度计划

1. 工程项目和工程量　大坝工程的主要项目有：坝基高程400.00m以下开挖和地质缺陷处理，大坝基础处理，拱坝混凝土浇筑和接缝灌浆，坝内建筑和初装修，水垫塘二道坝明挖、支护和坝0+89m上游混凝土浇筑，坝0+480m至3（4）号导流洞出口上游侧间高程450.00m以下河岸整治开挖、支护和混凝土浇筑，金属结构和机电设备安装，大坝永久安全监测配合、施工期临时监测设备仪器的采购、率定、安装、观测和资料整理，大江截流、上下游围堰、施工期排水、安全度汛和防护，大坝高线混凝土生产系统和制冷系统设计、设备采购、建安、运行维护和管理，混凝土骨料运输方案的设计、建设及运行管理，缆机的安装、运行及拆除，其他临时工程。主要工程量见表1。

表1　溪洛渡大坝主要工程量

项　目	单位	工程量
土石方开挖	万 m^3	390.6
混凝土浇筑	万 m^3	665.713
钢筋	t	40483
金属结构	t	19378
钢衬与钢结构安装	t	4674
固结灌浆	万 m	28.49
帷幕灌浆	万 m	25.77
接缝灌浆	万 m^2	25.93

2. 关键线路　大坝施工的关键线路：工程开工→缆机、混凝土生产系统等安装→大江截流→防渗墙施工→基坑排水→高程380.00m以下坝基开挖→

坝基高程 332.00m 置换混凝土→置换混凝土面固结灌浆→大坝孔口坝段混凝土施工→导流底孔下闸→第1批机组具备发电条件→导流底孔封堵→缆机、混凝土生产系统等辅助设施拆除→工程完工。

3. 主要项目分年度完成工程量　各项目的施工时段：土石方 2007 年 10 月～2013 年 1 月，混凝土 2008 年 1 月～2014 年 2 月，固结灌浆 2008 年 9 月～2013 年 9 月，接缝灌浆 2009 年 6 月～2013 年 10 月，帷幕灌浆 2009 年 9 月～2013 年 10 月。各项目分年度完成工程量计划见表 2。

表 2　主要项目分年度完成工程量计划

项　目	2007 年	2008 年	2009 年	2010 年	2011 年	2012 年	2013 年	2014 年	月高峰强度	发生时间
开挖（万 m^3）	58.28	216.95	78.09	0	0	22.95	8.57	0	31.14	2008 年 5 月
大坝主体混凝土浇筑（万 m^3）	0	3.38	99.83	145.98	169.92	152.12	40.50	0	16.09	2011 年 11 月
其他部位混凝土（万 m^3）	0	12.9	10.1	4.5	0	6.9	15.2	0.9	6.0	2013 年 1 月
固结灌浆（m）	0	27072	70278	57513	23332	20165	8465	0	12572	2008 年 12 月
接缝灌浆（m^2）	0	0	13829	55541	60981	63575	42787	0	12643	2011 年 5 月
帷幕灌浆（m）	0	0	22653	67772	59598	47999	39035	0	5750	2009 年

月高峰强度：开挖 31.14 万 m^3（2008 年 5 月），含高程 400.00m 以下坝基开挖 25.64 万 m^3，水垫塘和二道坝开挖 5.5 万 m^3；混凝土浇筑 16.09 万 m^3（2011 年 11 月），均为大坝混凝土；固结灌浆12572m（2008 年 12 月），在 15 号坝段高程 335.00m、16 号坝段贴角部位和 17、18 号坝段置换混凝土面固结灌浆；接缝灌浆 12643m^2（2011 年 5 月），在 443.00～455.00m 灌区。

（二）进度计划管理方法

1. 工程进度控制重点、难点　大坝混凝土浇筑施工进度与导流程序、坝基固结灌浆、坝体接缝灌浆和金属结构安装都存在制约关系，是工程总进度计划的控制性因素。

（1）工程进度控制的重点：根据施工导流程序，合理安排混凝土施工及坝基固结灌浆、坝体接缝灌浆和金属结构安装的进度，满足工程度汛及第一台机组发电要求。

（2）工程进度控制的难点：大坝孔洞多，金属结构安装量大，导流底孔、泄洪深孔和泄洪表孔的金属结构安装与混凝土浇筑交叉或平行作业多。大坝混凝土施工和坝基固结灌浆、金属结构安装、导流程序间的关系既是施工进度控制重点，也是难点。

2. 进度管理保证措施

（1）科学合理的进度管理流程，借助计算机信息化技术、运用先进的工程管理软件（P3），建立高效、科学的信息管理系统，对工程进展全程实施动态监督、控制。

（2）总进度计划、阶段计划等长时段计划用 P3 进度管理软件编制。周计划等短时段计划用横道图编制。坝体混凝土仓号安排，一方面用跳块图方式人工为主计算机辅助编制，另一方面采用计算机仿真计算方式编制。拟建立大坝混凝土施工信息计算机管理系统，将实时采集的工程进度信息反馈至计算机仿真系统，建立大坝进度控制的辅助决策系统。

（3）以合同规定的进度计划节点控制表编制总体进度计划，在总进度计划框架内，根据施工进度安排和工程特点，分别制订阶段性、年度、季月周的进度计划。阶段性进度计划根据工程特点来划分，如大江截流前进度计划、基坑抽水前进度计划、大坝混凝土开浇前进度计划等。其作用为围绕某个目标开展的总体进度计划分析，包含相关项目的进度计划。如大江截流进度计划，从坝肩开挖、料场规划、备料、特殊材料制作、设备和人员组织等方面制订大江截流进度计划，保证截流目标顺利实现。阶段性进度计划制订时重点把握各项目间的逻辑关系和空间关系，考虑人力、设备等资源的协调。年度、季度、月份和周进度计划是总进度计划或阶段性进度计划分解得到。年度进度计划是作为生产考核、物资采购、设备和人员进场的计划，确定后不随意改变。月份计划比较接近实际进度，它既满足总进度计划的节点要求，又要根据现场情况及时调整。周进度计划是生产单位组织材料、人员和设备的基本进度计划。

溪洛渡大坝工程规模巨大，子项目繁多，为便于管理，对一些相对独立的项目，采取项目进度计划管理。比如高线混凝土生产系统建设安装项目，包括基础和洞室开挖、混凝土浇筑、设备采购、金属结构制作安装、机电设备安装调试等内容，与同期进行的大江截流、围堰填筑和坝肩开挖等没有干扰，可单独制订进度计划。项目进度计划作为相对独立的进度计划，主要考虑关键阶段的控制和项目内工序间的逻辑关系和空间关系等因素。

溪洛渡大坝工程关键线路的上项目包括大江截流、围堰填筑、基坑开挖和坝体混凝土浇筑，坝体浇筑是重点。坝体施工中的主要项目有坝基固结灌浆、混凝土浇筑、坝体接缝灌浆和金属结构机电埋件安装等，各项作业穿插进行。在保证各项作业设计技术指标的前提下，科学合理安排穿插作业时间，以最大限度地提高生产效率，实现各项节点目标。

（中国水利水电第八工程局有限公司
王　沁　于永军）

溪洛渡大坝施工信息化管理系统应用

溪洛渡水电站混凝土双曲拱坝最大坝高285.50m，顶拱中心线弧长698.07m。大坝工程主要包括大坝混凝土浇筑、固结灌浆、帷幕灌浆、接缝灌浆、金属结构制造与安装工程等，工程量大、工序多、干扰大、工艺复杂，施工质量与进度控制要求高。如何科学规划并保证工程的总体进度，如何实现大坝混凝土浇筑全程监控，如何实现拌和楼和缆机等重要设备运行监控与生产组织优化，如何有效保证固结灌浆和帷幕灌浆的质量及协调与混凝土施工间的关系，是大坝施工面临的主要问题。为解决这些问题，2008年6月建立了溪洛渡大坝施工信息管理系统。该系统覆盖大坝混凝土施工、温控、固结与帷幕灌浆施工等环节。

（一）信息管理系统功能简介

溪洛渡大坝施工信息管理系统的业务子系统是在综合数据采集与分析平台的基础上实现的，它包括专项业务子系统及施工过程管理子系统。

1. 专项业务子系统　专项业务子系统是用于处理与工程数字化相关的单一节点或环节的业务系统。各专项业务子系统的主要功能如下：

(1) 施工期安全监测系统：实现对安全监测仪器的属性、埋设信息管理、监测数据采集、监测资料整理、安全监测成果查询与输出。

(2) 工程地质信息系统：实现对坝基及边坡地层、岩性、结构面等地质属性的管理和查询。

(3) 拌和楼监控子系统：实现与拌和楼生产系统接口、拌和楼生产数据的导出，为混凝土的生产强度、配合比分析服务。

(4) 数字测温子系统：实现数字式传感器与采集器接口、混凝土内部温度的实时采集，为混凝土温控过程服务。

(5) 缆机监控运行子系统：利用组态技术，实现与缆机运行过程中各种状态量的采集，进而分析缆机的工作状态及运行轨迹，为混凝土运输过程的监控与分析优化服务。

(6) 灌浆自动化监控子系统：实现对压水、冲洗、灌浆、封孔等过程数据的实时采集与远程监控，为灌浆质量分析和分析评价提高原始依据。

2. 施工过程管理子系统　大坝施工过程管理子系统是整合各个专业子系统，处理施工全过程数据采集与分析的一条龙管理平台。各施工过程管理子系统的主要功能如下：

(1) 大坝混凝土浇筑过程管理系统：实现从浇筑仓面设计与施工计划、混凝土原材料监控，到混凝土生产、运输、仓面准备、浇筑、养护等过程，及验收的管理和全过程监控。

(2) 大坝混凝土温控过程管理子系统：实现从混凝土温控分区、温控标准制定，到浇筑和养护阶段的温控措施、温控状态数据实时采集、成果分析和状态评价、动态反馈。

(3) 固结、帷幕灌浆过程管理子系统：实现灌浆单元设计、孔位布置、钻孔灌浆数据采集和实时监控。结合工程地质信息，实现灌浆进度、质量综合管理和分析，成果输出。

(4) 金属结构制造与安装过程管理系统：实现对大坝金属结构的构件组成和设计参数，金属结构采购、制作和安装的计划、进度和施工过程的全面管理。

3. 数据采集手段和成果发布形式　根据现场具体应用场景要求，数据采集平台实现多种数据采集手段。支持包括桌面业务处理与数据录入、手持式PDA数据采集、工业控制（生产）系统接口、专用监测采集仪等采集手段，支持业务工作流转和跨部门流转。综合分析平台支持通过三维可视化、二维图表及报表等多种形式分析展现成果，支持基于规则的综合信息预报警，支持通过短信、在线消息等方式实现消息推送与发布。

（二）应用效果

大坝施工过程管理信息系统的应用，对加强大坝施工过程管理，保证工程的进度与质量，起到了关键性作用；对加强施工单位内部管理，降低人员投入，提高工作效率与管理效益，也起到了重要作用。主要应用成果体现在：

(1) 从2008年10月18日大坝首仓置换块混凝土浇筑开始，系统对大坝每个浇筑仓、每盘混凝土、每次浇筑过程实时记录，实现全过程监控与记录。全过程的管理有效规范并优化了大坝施工过程，确保了大坝如期完工，工程按期发电。

(2) 通过实施以数字测温为基础的混凝土温控过

程管理，实现了对大坝原材料、出机口、运输、浇筑和养护的全过程温控措施与状态数据采集，实现了大坝温控的综合数字化分析，个性化、精细化温控，避免了温度裂缝产生，降低了重大质量事故发生的风险。

(3) 通过对固结灌浆、帷幕灌浆等隐蔽工程施工的全面数字化监控，实现了细化到每孔、每段的施工进度、质量、物资消耗的一体化实时控制与施工成果的自动生成，有效保证了大坝灌浆工程的质量，规范了水泥等物资的管理，降低了成本，提高了管理效率。

(4) 通过各功能全面应用，形成大量原始记录与工程数字化档案，与实际混凝土大坝同步建成1个虚拟“数字大坝”，为工程的分析与评价提供了宝贵素材，促进了施工工艺水平与管理水平提升，培养了大批具备数字化管理意识、懂业务、懂管理的复合型人才。

(三) 应用经验

溪洛渡“数字大坝”的成功应用，得到各级专家与业内的认同与赞许，经验值得借鉴。

(1) 系统定位准确。项目立项定位为“为工程建设服务”，而不是为业主或其他任一方服务，参建各方都可在平台中直接开展工作，改变了传统工作模式，且不是业务开展与系统应用“两张皮”。保证了数据的准确性、及时性，也不会增加业务人员的工作量。

(2) 制度保证、领导参与。“数字大坝”建设期间，设计并推行了一系列制度、流程与办法，用于规范、优化数字化管理。业主、施工单位主要领导和管理层带头使用，定期对系统功能使用情况组织稽核，实施量化考核与奖罚措施，工作汇报与专题分析直接依托平台数据进行，前期快速树立标杆，建立信心。

(3) 系统操作简便、适用性强。大坝施工环境复杂、作业面多且变化频繁、数据采集不便，系统开发商充分了解现场的应用场景与工作模式，灵活采用工业控制接口、手持式采集、数字传感等多种数据采集方法，人性化操作模式。系统的应用，既减少了人工录入、内业资料整理、统计分析的工作量，业务人员愿意使用，也确保了数据的真实性、全面性与及时性，对工程进度、质量分析与动态反馈优化起到关键性作用。

该技术已逐步在其他大型水利水电工程建设中得到推广应用。

（中国水利水电第八工程局有限公司　吴林艳
武汉英思工程科技股份有限公司　林恩德）

新能源及可再生能源投资建设项目财务评价有关问题

随着国家和政府部门关于可再生能源的政策和管理办法的颁布实施，风力发电、太阳能发电等新能源有了高速增长。风力发电、光伏发电项目的财务效益计算一直是参考水电建设项目的财务评价方法、参数和规范，结合这些运行管理等费用的取费标准进行财务评价，其评价方法和原则与水电项目基本相同，仅参数取值有些差别。国际水电项目中，除税费及成本等取费有差别外，财务评价计算的方法和原则与国内水电项目基本相同。两者的差别是，国内水电、风力发电、光伏发电项目财务评价通常采用最大能力还贷方式，即采用折旧和考虑总成本、税费及应付利润后的未分配利润来还贷，而国际工程多采用等本金或等本息的还贷方式，即工程每年所需偿还的本金或本息额相同。

水电、风力发电、光伏发电受来水量、来风量及辐射量年际间变化的影响，具有一定的不可预测性，可用于还贷的资金因年发电量等的变化有一定的变化，采用最大能力还贷方式更符合水电、风力发电和光伏发电等项目实际还贷过程。等本金、等本息的还贷方式以合同签订为前提条件，在市场经济条件下更具规范性。这3种还贷方式均是建设项目经济评价方法中采用的还贷方式。

不同还贷方式分析时主要针对产出过程，从保证收益率和收入相同两方面，对新能源及可再生能源项目进行分析。风力发电项目工期、运行期相对较短，计算简单，便于分析。因此，以风力发电工程为例进行财务分析，其结论也适用其他新能源及可再生能源项目。

1. 按资本金财务内部收益率测算　某风电场工程装机容量49.5MW，多年平均发电量9420万kW·h，年利用小时1903h，静态投资约4.37亿元，建设工期1年，计算期21年，资本金占总投资20%，生产流动资金30元/kW，利率采用项目当时贷款利率6.40%，短期贷款利率5.81%。发电成本中折旧费、修理费、职工工资及福利费、劳保统筹费、住房基金、材料费、保险费、利息支出、摊销费及其他费用按一般取费标准，增值税税率、城市维护建设税、教育附加费、所得税、法定盈余公积金等按相关规定及参考项目所在地标准。

按资本金财务内部收益率同为8%测算，不同还贷方式项目的上网电价（含税）见表1。

表1 相同内部收益率不同还贷方式的上网电价

还贷方式	上网电价（含税）[元/(kW·h)]	财务内部收益率（%）全部投资 所得税前	所得税后	资本金	贷款偿还期（年）
最大能力	0.6090	8.08	7.00	8.00	15
等本金	0.6080	8.10	7.03	8.00	15
等本息	0.6008	7.85	6.80	8.00	15

由表1可见，财务内部收益率均为8%时，最大能力还贷方式的上网电价最高，等本金方式次之，等本息方式最低。等本金比最大能力的电价低0.2%，等本息比最大能力的电价低1.6%。尽管不同还贷方式的上网电价差别微小，但在2008年12月敦煌市10MW光伏电站特许权招标项目中，推荐上网电价最低的投标人为中标人。

由计算分析可见，最大能力及等本金前期偿还贷款本息大，后期小；等本金每年偿还本金相同，利息由多到少；等本息则每年偿还本息合计相同，偿还本金前期小后期大。收入相同时，前期偿还贷款本息和越大，利润越小，相应税费也小，收益也较小。达到相同收益率，必须提高电价增加收益，故最大能力还贷的电价最高，等本金次之，等本息最低。

不同还贷方式对上网电价有一定的影响，但影响不大。从目前国内及国际项目采用的还贷方式看，国内项目通常采用最大能力还贷方式，其上网电价最高，也印证了国内企业对能源项目的投资较谨慎，国内金融机构对项目的融资政策较宽松一些。国际项目多采用等本息还贷方式，主要是国际金融机构对不同项目贷款期限的限制及资金偿还的要求。

在投资基本相当的情况下，可采用等本息还贷方式测算上网电价；同样，目前国内水电项目无相应的标杆电价，作为企业投资者若需向相关部门争取上网电价政策时，宜采用最大能力还贷方式测算上网电价；国际能源项目中，中方企业在签署PPA（购电协议）中宜采用等本金还贷方式测算上网电价。

2. 按上网电价测算　采用上述风电场项目的相关参数，按相同的上网电价0.61元/（kW·h）（含税）测算，不同还贷方式的财务指标见表2。

由表2可见，按同一电价测算时，不同还贷方式的全部投资财务内部收益率相同，等本息还贷方式的资本金财务内部收益率最高，最大能力最低。等本息还贷方式的资本金财务内部收益率比最大能力还贷方式高了约8.3%，比等本金还贷方式高了约0.9%。

表2 相同上网电价不同还贷方式的财务指标

还贷方式	上网电价（含税）[元/(kW·h)]	财务内部收益率（%）全部投资 所得税前	所得税后	资本金	贷款偿还期（年）
最大能力	0.61	8.10	7.03	8.06	15
等本金	0.61	8.10	7.03	8.13	15
等本息	0.61	8.10	7.03	8.73	15

资本金财务内部收益率，就是资金流入现值总额与资金流出现值总额相等，净现值等于零时的折现率。资金流入包含发电销售收入、补贴收入、回收固定资产余值、回收流动资金，资金流出包含项目资本金、借款本金偿还、借款利息支付、经营成本、增值税、营业税金及附加、所得税等。

由计算可知，不同还贷方式，项目收入相同即现金流入相同，等本息还贷方式现金流出最大，等本金次之，最大能力最小。不同还贷方式偿还贷款本金相同，利息不同，最大能力偿还利息最小，等本金次之，等本息最大，相应最大能力缴纳所得税最大，等本息最小。尽管等本息还贷方式的资本金净现金流量总计最小，但从不同还贷方式各年净现金流量看，等本息还贷方式在还贷期的15年内前期净现金量大，后期净现金量小（出现负值，是该年还贷时以其累积的折旧还贷）；最大能力前期净现金量小，后期净现金量大。说明先收益时，资本金财务内部收益率高于后收益的资本金财务内部收益率。

结果表明，当项目执行国家标杆电价或者有较为明确的上网电价时，企业投资者若想要取得较高的资本金财务收益，可尽量想办法以保证项目前期获得较高的收益，如向银行申请等本息的还贷方式或延长还贷期，向政府部门申请税费方面的优惠政策等。

（中国电建集团西北勘测设计研究院有限公司
王　娟　张　娉　景　浩）

BT项目投资方财务收益和风险分析

BT（Build-Transfer）即建设移交，是指项目业主通过公开招标确定投资方，并与投资方签订合同，由投资方负责项目融资、建设，在规定时限内将竣工后的项目移交业主，业主根据签订的回购协议分期向投资方支付项目投资和确定的回报。BT项目的投资方需认真研究该项目自身的现金流量和收益分析及项目融资、建设和回购阶段所面临的风险，科学合理地决策，获得最大的投资回报，规避或降低投资BT项目的风险。

（一）影响BT项目投资方财务收益的主要因素

1. BT项目回购总价款构成　BT项目回购总价款＝回购基价＋回购期投资收益。

回购基价除包含工程建造成本外，还与回购模式有关。BT项目有两种回购模式。一是建设期只计算向银行借款的融资费用，不计算投资方投资收益。此方式银行借款融资费用分为由项目业主建设期支付和回购期支付两种。由项目业主建设期当期支付时，回购基价＝工程建造成本；回购期支付时，回购基价＝工程建造成本＋建设期融资费用。二是建设期计算投资方投资收益，不考虑资金来源，以建设期各期完成投资为基数乘以建设期投资收益率计算投资方投资收益。此方式回购基价＝工程建造成本＋建设期投资收益，由于投资方要求的投资收益率一般均高于同期银行贷款利率，此模式确定的回购基价较高。

回购期投资收益取决于计算回购期投资收益的基数和投资收益率。回购期投资收益基数一般为工程建造成本扣除建设单位管理费。计算投资方回购期投资收益分两种形式：一种按年投资收益率分期计算，项目业主方分期支付，此形式计算当期投资收益的基数需扣除项目业主方已累计支付的回购款；另一种按总投资收益率一次性计算，项目业主方分期支付，此形式项目业主方还应分期支付在回购期尚未支付的回购款部分（一般不含投资收益及建设单位管理费）在占用期产生的资金利息，按中国人民银行公布的三至五年期基准贷款利率上浮一定比例为计息标准进行计算。

BT项目回购总价款计算主要模式见表1。

表1　BT项目回购总价款计算主要模式汇总

模式	回购基价		回购期投资收益		回购总价款
	建设期是否计入投资方投资收益	建设期业主是否支付融资费用	回购期投资方投资收益计算方式	回购期业主是否支付未回购款部分的资金利息	①工程建造成本；②建设期融资费用；③建设期投资收益；④（工程建造成本－建设单位管理费）×总投资收益率；⑤尚未支付回购款部分资金利息；⑥（工程建造成本－建设单位管理费－已支付回购款）×年投资收益率
1	不计入	支付	按总投资收益率计算	支付	①+④+⑤
2	不计入	不支付	按总投资收益率计算	支付	①+②+④+⑤
3	计入	不支付	按总投资收益率计算	支付	①+③+④+⑤
4	不计入	支付	按年投资收益率计算	不支付	①+②+⑥
5	不计入	不支付	按年投资收益率计算	不支付	①+⑥
6	计入	不支付	按年投资收益率计算	不支付	①+③+⑥

此外，BT项目回购总价款还要加上移交时缴纳的相关税金及附加，但该部分税费一般由业主承担，因此，在考虑投资方财务收益时，回购的总价款不包含移交时的税金。

2. BT项目回购总价款支付方式　总价款支付方式有两种。一是等额本金，投资收益实付，即每期偿还的本金一样，前期支付的投资收益多，后期支付的投资收益少，每期付款额度不一。二是等额本金加收益，即每期付款额一致，但前期支付本金少，投资收益多，后期支付本金多，投资收益少。当投资方投资收益按总投资收益率一次性计算，项目业主方分期支付时，一般多采用等额支付本金和收益，同时分期支付在回购期尚未支付的回购款部分在占用期间产生的资金利息。实际上实行的回购价款的支付方式灵活多样。

3. 影响BT项目投资方财务收益的主要因素　投资方决策是否投资BT项目的主要财务评价指标为投入资本金的财务内部收益率（以下简称内部收益率）。

影响内部收益率的主要因素为现金流入和流出、项目建设期和回购期。现金流入一般为回购期项目业主方支付的回购款及回购期投资收益，当回购期投资方投资收益按总投资收益率一次性计算、项目业主方分期支付时，还包括回购期项目业主尚未支付的回购款部分在占用期间产生的资金利息。现金流出在建设期为投资方投入的资本金，回购期为投资方偿还银行借款本金和利息以及投资方需缴纳的所得税等相关税费。BT项目投资方若也是工程总承包商或由其他总承包商承担工程建设时，工程总承包利润比例或与其他总承包商结算的利润比例也对内部收益率有较大影响。

此外，BT项目投资方融资利率调整理论上也对其内部收益率影响较大，但在签订合同时，对遇银行调整贷款利率时均有相应的针对措施，一般不影响投资方财务收益。

因此，影响内部收益率的主要因素包括：①投资方资本金占总投资比例；②投资收益的计算方式、投资收益率；③工程总承包利润比例或工程结算利润比例；④建设期和回购期长短；⑤项目业主方回购支付方式等。

（二）BT项目投资方财务收益实例分析

一个具备施工总承包资质的国有大型企业（投资方）以BT模式承担某市一项基础建设工程，建设工期2年，建造成本21830万元（第一年12680万元、第二年9150万元），其中含工程建设管理费1091.5万元。工程验收合格后由当地政府在3年内完成回购，每年底付款一次，分3次支付回购总价款。投资方计算的各因素对内部收益率的影响如下：

1. 回购期投资收益计算方式的影响　回购期投资收益按总投资收益率1次计算和按年投资收益率分期计算，若总投资收益率和年投资收益率相同，按总投资收益率计算回购期投资收益较按年投资收益率计算回购期投资收益的内部收益率高。其原因是：当按总投资收益率计算时，尽管回购期投资收益较按年投资收益率计算的回购期投资收益少，但还有业主尚未支付回购款在资金占用期间产生的利息（利率为银行同期利率上浮一定比例），而当按年投资收益率计算时，通常不考虑这一利息。投资方要注意两种计算的投资收益率。

2. 投资方投入资本金比例的影响　投入资本金比例越低，内部收益率就越高，但投入资本金的比例应满足《国务院关于调整固定资产投资项目资本金比例的通知》中的要求。

3. 建设期投资收益率变化的影响　当建设期考虑投资收益时，由于投资收益率高于银行同期贷款利率，因此，内部收益率均高于不考虑建设期投资收益的方案，且随建设期投资收益率在银行同期贷款利率基础上上浮比例的增加，内部收益率呈递增趋势。

4. 回购期投资收益率变化的影响　回购期投资收益率越高，内部收益率就越高。BT项目投资收益率一般较低，投资方在谈判时争取高投资收益率难度较大。

5. 工程总承包或工程结算利润比例变化的影响　工程总承包或工程结算利润比例越高，内部收益率越高，且敏感程度高。

6. 建设期及回购期变化的影响　当建设工期延长或回购期推迟，内部收益率均下降。投资方因自身原因造成逾期完工的，还要支付违约金，将影响投资方财务收益。

此外，按建设期考虑投资收益、回购期投资收益按年投资收益率分期计算考虑，回购支付中采用等额本金、投资收益实付比等额本金和收益支付，内部收益率高1%，影响不大。

（三）BT项目投资方风险及措施分析

BT项目投资风险是指在项目融资、建设、移交等阶段的投资中，投资者预期投资收益发生损失的不确定性，它分外在风险和内在风险。前者包括政治（当地政局稳定性、项目批准、政府信用等）、法律（法律变更、法律不全、税收制度变化）、社会（社会治安、公众对项目的态度）、自然（地质条件、环境保护对项目的新要求）、经济（利率波动、人工材料机械价格变动）和不可抗力等风险。后者包括项目前期（土地获得、审批手续办理、可行性研究）、设计变更（设计变更、设计缺陷、新工艺新技术应用）、投融资（投资能力、融资能力）、工程实施（施工总承包商、分包商或供应商违约，成本超支，工期延误，质量不合格，安全事故）、回购（工程不能移交、项目业主不能支付回购款）等风险。

外在风险中的政治、法律、社会、自然等风险，由于项目业主是政府或是政府授权代表，因此更有能力处理此类风险。项目合同中会对此类风险做相关约定，投资方一般不承担此类风险。由于投资方根据业主方提供的建设条件和组织的相关工程技术研究成果负责融资、建设、移交，内在风险中的项目前期和设计变更风险一般由业主承担。

外在风险中的经济和不可抗力风险及内在风险中的工程实施和回购风险，一般由业主和投资方共同承担，在合同中需对双方在这些风险中的权利和义务做详细约定。

内在风险中的投融资风险由投资方承担。

下面主要分析投融风险、工程实施和回购期风险。

1. 投融资风险

（1）利率风险：指由于金融市场利率在BT项目周期内发生波动，投资方的融资成本增加使其蒙受损失的可能性。根据《国务院关于调整固定资产投资项目资本金比例的通知》要求，投资方投入BT项目中资本金占项目投资总额的比例一般在20%～40%间，还有大量的资金需要向银行贷款，因此利率的波动将直接影响项目投资方融资成本。

如投资方与业主方约定采用固定的利率计算，则在项目建设及回购过程中，当金融市场利率上升时，投资方将付出更高的利息；若利率下降，投资方将获得利息差额的收益。如双方约定采用浮动的利率计算，则可避免由此带来的风险或收益。

（2）投融资能力风险：BT项目需投入的资金数额较大，且没有项目运营环节收回投资，融资压力很大。规避此类风险需投资方客观评估自身资信等级，是否充分具备承接该BT项目的资金实力，落实政府可提供的回购担保，切勿盲目承接与自身资产不符的项目。

2. 工程实施风险

（1）投资方虽通过招标与施工总承包商、分包商或供应商签订合同，明确双方权利和义务，但工程实施中，仍会面临总承包商、分包商或供应商在工期、费用、质量等方面的违约风险。需在合同中详尽明确各方承担的违约责任，确保投资方的投资收益不受影响。

（2）在施工中，由于原材料价格变化、人工成本增加、施工机械费用增加等都会对工程成本产生影响，而总承包利润是项目投资方获得投资收益的主要来源。因此，对成本超支风险的控制是项目投资方进行项目风险管理的关键环节。

（3）工程建设投资大、环节多、技术性强、不确定因素多，这将直接影响投资方财务收益。投资方应当谨慎测算工期，避免做出超越自身施工能力的承诺。在签合同时重视工期条款谈判，合同履行中做好工期有关资料的形成和收集，及时和业主沟通协调处理。

（4）投资方下属的施工单位或通过招标选择的施工单位为降低工程建设成本，获得更多利润，常在建设标准、施工技术等方面出问题，影响工程质量，将直接影响项目建成后能否顺利移交并按时足额收回投资成本和效益。

（5）工程建设过程中诱发安全事故的因素很多，投资方需加强安全管理，采取宣传教育、行政、技术及监督等措施和手段，推动参建各方做好每项安全工作。

3. 回购期风险

（1）即使BT项目满足质量要求按期完成，由于相关政策、法律法规或政府班子调整等变化，政府对BT项目投资方的承诺可能变化，从而增加投资者投资收益的不确定性。

（2）近年来，为满足地方经济社会发展和人们对公共设施的需求，地方政府纷纷开展大规模公共基础设施建设，政府资金缺口大。在投资决策前，投资方应加强对政府信用度调查，客观评估政府回购能力，以规避由此给投资方带来的风险。

（中国电建集团西北勘测设计研究院有限公司 王社亮）

水电项目前期勘察设计阶段风险体系构建与评价方法研究

水电项目勘测设计企业主要承担水电建设项目前期预可行性研究、可行性研究阶段的勘察设计工作和项目实施阶段的招标文件编制、施工图设计等工作。水电勘测设计企业在前期勘察设计阶段承担的主要风险表现为：市场竞争使勘察设计企业低价投标增加了项目的经济风险，工程技术条件的复杂性增加了项目实施的技术风险，区域经济发展落后、治安状况差等增加了项目的社会环境风险。加之，EPC、BT、BOT等模式项目份额不断增大，水电勘测设计企业有必要建立水电项目前期勘察设计阶段的风险指标体系及评价方法。

（一）水电项目前期勘察设计阶段风险体系构建

水电项目前期勘察设计阶段的风险因素分为7大类别、21项，此阶段风险评价指标体系见表1。表中物价上涨因素指非通货膨胀因素引发的当地物价高于正常水平。

表1 水电项目前期勘察设计阶段风险评价指标体系

风险类别	风险因素
自然风险	1. 地质条件；2. 水文气候条件
政治风险	3. 国内政治局势；4. 外来的经济制裁和禁运；5. 政府对项目的干预
经济风险	6. 通货膨胀；7. 物价上涨；8. 汇率风险；9. 融资利率上涨
社会环境风险	10. 经济技术发展水平；11. 社会治安状况；12. 环境影响因素；13. 移民安置难度；14. 宗教信仰对项目的影响
技术风险	15. 设计进度因素；16. 设计质量因素
合同风险	17. 合同条款遗漏、不准确；18. 合同类型选择不恰当
公共关系风险	19. 与上级主管部门的协调；20. 与业主的协调；21. 与项目区相关主管部门的协调

注 表中4项和8项是国际项目时特有的风险因素。

（二）基于熵权法的水电项目勘察设计阶段风险评价方法

1. 确定风险要素的重要性等级　风险因素的综合影响用重要性等级来衡量（含风险发生的概率和损失程度），分9个等级，等级特征值为1～9，以数字形式反映风险因素重要性，见表2。风险因素的综合影响程度越大，风险等级越高，等级特征值也越大。

表2 风险因素相对重要性等级评价表

相对重要性	非常小	很小	小	较小	中	较大	大	很大	非常大
等级	1	2	3	4	5	6	7	8	9

根据风险因素的综合影响程度，利用专家打分法，邀请m个专家对n个风险因素进行评价。这样可得到m个专家对n个风险因素的风险重要性评价。

2. 熵值法确定专家权重 “熵”是表示信息无序程度的量度，熵值越小，系统无序性越小，信息的确定性越大，信息量的效用值越大，熵权也越大；反之，熵值越大，熵权也越小。熵权不仅可用来确定各指标的权重，且可以给专家赋予权重。专家权重是评价专家对评价结果的相对重要性，关系到评价结果的准确性。

3. 风险要素的重要性计算和排序 根据各专家的权重，可计算得到每个风险因素的风险重要性等级。再将所有风险因素的重要性从大到小排序，可得到在该指标体系下，项目所面临的主要风险因素。

（三）应用举例

在国内某少数民族地区修建水电站，项目区地质条件复杂，坝址比选河段两岸存在不同规模的滑坡群、崩塌体，比选坝型为当地材料坝和混凝土重力坝，发电厂房采用地下厂房，流域规划阶段电站装机容量为2000MW，对外交通条件差，物资运输不便，运费较高，社会治安状况较差。前期勘测设计工作由国内某经验丰富的水电设计院承担。

1. 风险因素的排序 按表1，去除4项和8项两个国际项目特有的风险指标，建立本项目的风险评价指标体系（见表3）。

表3 风险因素相对重要性排序

目标层	风险类别	风险因素	相对重要性	排序
水电项目前期勘测设计阶段风险评价指标体系	自然风险	1. 地质条件	5.732	7
		2. 水文气候条件	5.528	9
	政治风险	3. 国内政治局势	1.340	18
		5. 政府对项目的干预	4.424	14
	经济风险	6. 通货膨胀	4.730	12
		7. 物价上涨	5.677	8
		9. 融资利率上涨	4.032	15
	社会环境风险	10. 经济技术发展水平	1.206	19
		11. 社会治安状况	6.486	3
		12. 环境影响因素	6.410	4
		13. 移民安置难度	6.409	5
		14. 宗教信仰对项目的影响	7.504	1
	技术风险	15. 设计进度控制难度	5.204	10
		16. 设计质量控制难度	4.718	13
	合同风险	17. 合同条款遗漏、不准确	3.427	16
		18. 合同类型选择不恰当	6.318	6
	公共关系风险	19. 与上级主管部门的协调	4.822	11
		20. 与业主的协调	7.497	2
		21. 与项目区相关部门的协调	3.426	17

聘请10位工程经验丰富的专家组成专家组，请每位专家对各风险因素的风险重要性等级进行逐一打分，经计算确定专家权重$\lambda=(0.099, 0.088, 0.115, 0.096, 0.098, 0.103, 0.090, 0.110, 0.098, 0.103)$。再用公式计算得出风险因素的相对重要性排序（见表3）。

从风险因素的重要性排序中，选择重要性等级评价在“5”以上的风险因素，即表3中14、20、11、12、13、18、1、2、7、15等10个因素为影响项目的主要风险因素。

2. 计算结果分析

（1）项目地处少数民族聚集区，对水电项目开发的认知程度较浅，影响现场查勘、勘探，且后期移民安置等难度也大。

(2) 业主首次开发此规模水电站，对开发方案干预较多，设计院承担了较多由外界因素影响工期或者物价上涨的风险，与业主的协调工作大大增加。

(3) 项目在偏远地区，治安较差，破坏和偷盗工地设备的情况时有发生。

(4) 项目区涉及多处生态保护区，环境保护压力较大。

(5) 项目区域存在不同规模的滑坡群、崩塌体，水文观测资料较少且不完整，自然风险较大。

(6) 对外交道路时常中断，物资运输要多次转接甚至人背马驮，设备、火工材料等单价远高于正常水平。

(7) 受交通条件、宗教信仰、治安状况的影响，设计进度控制难度加大。

其他风险因素中，政治局势稳定，国家鼓励并推进水电开发；市场经济条件下，企业融资环境较好，通货膨胀和融资利率上涨可能性不大；该企业勘察设计经验丰富，内部质量管理体系健全，技术力量有保证，对上级主管部门及项目区政府部门有较好的公关能力。

3. 风险控制措施　针对以上分析，企业可通过以下措施进行风险预防和控制。

(1) 管理措施：勘察设计人员充分重视当地民众的宗教信仰，进场前要了解熟悉风土民情，避免发生纠纷冲突。加强岗前培训，对火工材料、电气设备等制定专项管理办法，明确责任，落实到人。对突发事件制定应急预案，队伍进场前取得公安部门的支持。

(2) 组织措施：企业选择技术能力、协调能力较强的人员承担项目的合同谈判、进度控制和设计总工程师职责，派专人负责与业主有关的工作事宜的沟通协调。

(3) 合同手段：在合同条款的谈判中针对总价合同、物价因素可能带来的工程量、单价上涨因素的影响，尽量提出规避、转移风险的条款，减少风险发生后可能造成的损失。

(4) 技术手段：前期设计方案论证比较时充分考虑民众的宗教信仰；在设计过程中通过内部评审或者邀请专家咨询等，保证勘察设计工作质量。

(5) 其他措施：在环境影响、移民安置方面，企业在开展工作前尽早与地方政府主管部门做好沟通，取得地方政府的支持与协作。

(中国电建集团西北勘测设计研究院有限公司　朱　聪
渭南技师学院　顾罡宇
中电国际技术股份有限公司　曹力力)

企 业 管 理

雅砻江流域水电开发有限公司 2014 年安全管理工作情况

(一) 安全生产组织机构

雅砻江流域水电开发有限公司（以下简称雅砻江公司）安全生产组织机构健全，总部成立以公司总经理为主任的安委会，设立了安全监察部。公司下属“3 厂 6 局 2 中心”分别为：二滩水力发电厂、官地水力发电厂、锦屏水力发电厂，锦屏建设管理局、官地建设管理局、桐子林建设管理局、两河口建设管理局、上游建设管理局（筹）、杨房沟建设管理局（筹），集控中心和大坝中心。其中，电厂设安全生产技术部，管理局设安全环保部，中心配置专职安全管理员。雅砻江公司现有专职安全管理人员 52 名，注册安全工程师 127 名，占公司总人数约 12%。2014 年，雅砻江公司坚持“安全第一，预防为主，综合治理”的安全生产方针，强化安全管理责任，2014 年未发生死亡事故，圆满完成了年度安全生产目标。

(二) 应急预案演练

为提升应急管理水平，检验应急预案的科学性、合理性和可操作性，锻炼队伍，2014 年 6 月 17 日，雅砻江公司在总部、锦屏建设管理局、锦屏水力发电厂、集控中心组织开展了“雅砻江公司锦屏水电工程地质灾害事件应急综合演练”。

演练模拟在锦屏水电工程西端因强对流天气局部出现暴雨，引发群发性多点地质灾害，山体滑坡和泥石流导致部分道路、通信、厂用电源中断，人员被困、受伤。雅砻江公司启动应急响应，总部及相关二级单位联动，开展发布预警、紧急疏散 3 号营地施工人员，救援大奔流 1 号隧道被困和受伤人员，锦西（锦屏Ⅰ级）电厂电力送出通道受阻、锦东（锦屏Ⅱ级）电厂闸坝电源中断，以及主要道路和通信中断情况下的电力生产事故的应急处置，应急响应结束等多项场景演练。雅砻江公司特邀凉山州电视台进行直播和录播，以更好地呈现演练场景和应急处置过程，使其起到观摩示范作用。同时，演练还检验了应急通信保障及单兵卫星信息系统的适用性。

在总部和参演单位的精心组织、密切配合下，演练取得圆满成功，提高了突发事件预警、员工避险意识和突发事件救援能力，集中展示了雅砻江公司在电力生产集控模式下对“1厂2站”突发事件的应急处置能力。演练结束后，专家对演练提出了改进建议。

（三）安全标准化建设

2014年，雅砻江公司按国家、行业和股东方的要求，依据2012～2014年安全生产标准化达标评价工作实施方案，推进安全生产标准化建设。桐子林建设管理局深入推进安全生产标准化建设及达标评级工作，成立组织机构，明确职责；制定总体方案，明确达标进度；开展咨询服务，助推达标工作；制定专项方案，狠抓现场安全生产标准化整治；工程建设严格按“设施标准、行为规范、施工有序、环境文明”执行。桐子林水电站工程安全生产标准化建设，分别在2014年9月21～28日和12月16～21日，通过了评审单位专家组现场一级达标评审和国家能源局一级达标审查和公示。

二滩电厂在2012年通过电力安全生产标准化一级标准评审的基础上，2014年继续推进电力安全生产标准化建设：①认真贯彻落实上级关于安全生产的决策部署；②完善制度体系、狠抓基础工作、开展安全隐患整治、强化安全监管；③坚持将安全生产标准化与NOSA体系相融合，切实保障了二滩电厂的安全生产；④NOSA体系评价标准采用《综合五星系统常规工业指导手册（CMB253）》，电力安全生产标准化评价标准《四川发电企业安全生产标准化规范及达标评级实施标准》。

（四）职业健康体系建设

2014年11月15～18日，北京华夏认证中心有限公司体系审核专家组，对两河口建设管理局职业健康安全管理体系运行情况进行再认证审核。审核组经审核，未开具不符合项，一致认为管理局职业健康安全管理体系运行管理满足标准要求，持续保持符合与有效，同意向华夏认证中心技术委员会推荐延期保持注册资格。

桐子林建设管理局以职业健康安全管理体系（OHSMS体系）有效运行为安全管理平台，从工程危险源动态管理、组织机构与职责、应急管理等体系要素入手，与各单位进对接，建立联动安全管理体系，重点组织参建各方开展危险源辨识、风险评估与风险控制，强化现场安全风险管理。2014年10月19～21日，管理局职业健康安全管理体系运行顺利通过了华夏认证中心有限公司专家组年度监督审核。

（五）“安康杯”竞赛

10月22～23日，按照2014年“安康杯”竞赛活动主题——“广泛发动提质量，文化引领强基础”，雅砻江公司工会在两河口建设管理局白玛营地组织了“安康杯”若水文化知识竞赛。活动由两河口建设管理局承办，来自公司各单位11支参赛队66名队员和领队参加了比赛。从2008年至2014年，雅砻江公司连续7年获得《全国“安康杯”竞赛优胜单位》荣誉称号，还获得了《四川省“安康杯”竞赛示范单位》称号。

（雅砻江流域水电开发有限公司　任　彬）

黄河上游水电开发有限责任公司2014年经营管理情况

（一）主要指标完成情况

黄河上游水电开发有限责任公司（以下简称黄河水电公司）2014年全年完成发电量400.96亿kW·h，完成计划100.67%。铝产品产量55.8万t，完成计划97.72%。多晶硅产量1700.26t，完成计划113.35%。太阳能电池产量500.46MW，完成计划111.83%；组件产量355.45MW，完成计划106.86%。全年营业收入155.74亿元，完成计划的99.46%。

（二）项目开发建设

2014年取得项目“路条”11个，含电力项目10个，容量318.95万kW，完成中国电力投资集团公司下达计划的302.75%；取得电力项目核准13个，容量248.03万kW，完成计划的68.93%；单晶切片项目取得备案。基建投资103.79亿元，完成计划的144.74%，年投资规模首次突破百亿元水平；投产项目11个，新增装机容量72万kW，完成计划的161.07%。截至2014年底，黄河水电公司总装机容量1264.04万kW，含水电装机容量1077.28万kW；资产总金额736亿元，同比增长9.5%。

黄河水电公司实施3年滚动发展规划修编。努力推动茨哈—羊曲项目前期工作，中铁军功保护分区规划调整报告通过国家林业局评审，并上报国家环境保护部。羊曲、茨哈电站接入系统一次部分完成青海省电网公司内审。班多项目取得国土资源部预审文件，羊曲库区实物指标调查工作已基本收口，茨哈枢纽工程建设区征地补偿工作完成。羊曲电站镶嵌混凝土面板堆石坝可行性研究报告通过水电水利规划设计总院审查。大通河纳子峡电站3台机组全部并网发电。积石峡水电站完成竣工达标投产验收，移民安置取得突破性进展，具备水位抬升至1852m的条件。拉西瓦电站完成档案专项验收，水土保持专项和竣工达标投产具备验收条件。嘉陵江巨亭电站进入机电设备安装阶段，库区铁路防护工程开工建设。通天河玉树、根卓电站预可行性研究报告编制完成。

新能源开发建设取得重大进展。龙羊峡水电光伏互补协调运行研究与运用，攻克了国内大规模水电光伏互补协调控制关键技术，获国家能源局认可，由此，龙羊峡水电光伏互补二期530MW项目列入国家发展改革委首批鼓励社会投资项目。格尔木三期、龙羊峡水电光伏互补二期等7个并网光伏电站和西宁分布式光伏电站年内投产发电，新增容量542.3MW。国家级太阳能发电100MW实验基地完成可行性研究审查，格尔木四期60MW光伏发电项目、榆神农光互补发电项目330kV升压站取得备案。大格勒一期、李家梁二期风电机组全部投产发电，新增容量90MW，新开工风电项目4个。德令哈光热项目完成可行性研究审查，列入“2014～2015中美可再生能源合作项目”。捐赠实施玉树无电地区供电工程，发放35 016套光伏户用系统设备，独立光伏电站招标完成。

西宁火电项目取得国家发展改革委核准，工程进度等控制良好。兰州新区热电项目取得国家能源局“路条”，供热管网工程敷设12.7km。甘肃武威火电完成可行性研究审查，清水火电取得甘肃省发展改革委“路条”，并开展可行性研究审查。实施中国电力投资集团公司与中国中煤能源集团有限公司的合作框架协议，榆林大海则火电项目申报立项；紧盯旬邑火电项目，以购买水权方式垫资建设配套水库。西宁一期200MW单晶切片工程取得中国电力投资集团公司立项和备案批复。贯彻国家“一带一路”和“走出去”战略，积极开拓海外项目，瑞典100MW风电项目取得中国电力投资集团公司立项，研究合作开发哈萨克斯坦等海外清洁能源项目。

（三）安全生产管理

狠抓安全生产责任制，风险预控理念逐渐被员工所认同，先进的风险预控管理手段与传统安全管理方法开始融合。黄河水电公司20家单位通过达标安全生产标准化评级。开展水电站防汛实战演练，安全平稳度过汛期。组织应急预案外部评审，承办了青海省危险化学品应急演练和防止粉尘爆炸应急演练。落实“四不两直”检查方式，在各板块开展专项安全检查18次，跟踪督办整改。实施安全生产强制性例行工作规定，公司各单位共排查各类隐患2621项，整改完成2590项，整改率99%。2014年，黄河水电公司系统未发生责任性人身事故、环境污染事故，未发生信息安全突发事件，实现了安全环保考核目标。

强化水电、新能源电站日电量过程管控，新能源发电量达22.66亿kW·h。加大人工增雨作业力度，增加黄河径流量7.3亿m^3。加强流域梯级电站运行管理，全年节水增发电量22.38亿kW·h，超计划完成集团公司下达的发电任务。通过实施梯级水电站机组超声波测流系统研究应用、光伏电站加装辐照度测量装置、风电场测量风资源等手段，推算电站理论发电量用以指导运维管理。完成机组检修定额编制。全年机组检修80台次，消除机电设备重大缺陷9项。完成苏只电站泄洪闸消力池底板混凝土冲蚀破坏处理工程，以及青铜峡电站7号机组、盐锅峡电站3号机组技术改造。推进水电和新能源电站集控管理，李家峡电站及青海地区7个光伏电站和1个风电场具备远程集控条件。

（四）综合产业

电解铝以节能降耗为重点，全年综合交流电耗每吨13569kW·h，铝液阳极毛耗479kg/t，处于集团铝板块最好水平。碳素制造成本同比降低12.4%。生产99.85%高品质铝4.8万t，同比增加32%。节约采购及运输费8200万元和财务费用2049万元。吨铝完全成本降低606元。开展套期保值业务增加收益466万元。

提升多晶硅和太阳能电池组件对标指标，生产成本同比大幅降低，多晶硅完全成本同比降低19.18%。单晶、多晶电池平均转换效率达19.09%、17.79%，处于国内先进水平。

2014年，鑫业公司成为工业信息化产业部审查通过的第一批符合《铝行业规范条件》企业。太阳能电力公司被工业信息化产业部列入第三批符合《光伏制造行业规范条件》企业，组件产品取得了德国莱茵TUV、欧盟CE、英国MCS、日本JET的认证和美国UL证书。

（五）企业管理

建立横向到边、纵向到底的规章制度框架体系，深化一级制度建设。高度关注相关产业政策和财税政策，加强国内外项目投资和并购风险防范。财务集约化管理课题研究成果获中电联企业管理创新成果奖。启动实施公司标准化工作五年规划，健全公司对标体系，基本标准达标率和先进标准达标率均满足集团公司考核要求。

加强对综合计划和财务预算执行情况的跟踪分析，准确把握各单位生产经营情况和关键指标，协调处理好生产经营活动中的矛盾和问题。实施多渠道融资，2014年首次引入融资租赁业务、信托资金，全年筹资187亿元。其中，低成本资金24亿元、低息贴现21.5亿元，资金成本较正常水平节约7000万元。退税收入较年初预算增加1亿元，争取到税收减免2.01亿元，取得财政基建贴息及扶持基金等0.46亿元。不断优化产权结构，完成“两珠一兴”并价后的吸收合并，及西藏桑日电站资产转让和甘肃新能源资产整体划转工作。

完成招标采购379项，为建设项目按期投产创造条件。建立公司铝业、高新产业67个主要品类273家合格供应商名录。完善法律风险防范机制，通过编制应用工程施工、采购合同审查指引和纠纷典型案例指导，提高审查针对性，公司重大规章制度、经济合同和重要决策的法律审核率100%。完成黄河水电公司全面审计和中国电力投资集团公司经济责任审计配合工作。

推进工资分配制度改革，修订工资总量管理规定。建立与产品产量、质量、外营收入等指标相挂钩的工资核算机制，把员工收入与劳动成果紧密联系起来。根据公司发展需要，预测2014～2020年人力资源需求，推进企业培训体系建设实施方案编制。新组建单位82个招聘岗位共吸引社会报名人员1900多人次。以专业技术技能职位聘任为切入点，完善“双通道”建设。推进人力资源信息化建设，实现人力资源系统主要模块的建设及应用。

（六）科技工作

组建青海省光伏产业科研中心。承担国家科技重大专项《极大规模集成电路制造装备及成套工艺》（02专项）研发任务，以及国家863重大项目课题百兆瓦级并网光伏电站关键技术研究。黄河水电公司年度科技投入1.3亿元，争取到国家及地方科研资助资金3747万元。全年获得省部级技术成果、创新成果奖26项；主持和参与21项技术标准的编制和修订，其中行业级13项；申报专利48项，有24项专利获得正式授权。编制黄河水电公司信息化建设规划，启动信息门户系统建设。ERP项目建设工作稳步推进，年内青海境内水电站ERP系统全部按期上线投运。

（黄河上游水电开发有限责任公司　许为宁）

国网新源控股有限公司2014年经营管理情况

国网新源控股有限公司（以下简称新源公司）主要负责开发建设和经营管理国家电网公司经营区域内的抽水蓄能电站、部分常规水电站。截至2014年12月底，新源公司管理的电站总装机容量3703.92万kW。

（一）人力资源

发布运维一体化单位机构编制指导意见，强化劳动组织管理。加强内部人才市场建设，通过系统内招聘调配180人，招聘毕业生201名，人力资源配置进一步优化。突出分类管理和差异化考核，强化了绩效考核激励约束作用。

成立新源公司内部专业技术委员会，建立专家人才分散与集中相结合的管理模式，完善教育培训管理体系，组织遴选专业领军人才，员工队伍“提质工程”成效显著。

（二）发展规划

配合国家能源局编写出版《全国抽水蓄能电站选点规划成果》，并以此为契机，进一步推进国家电网公司经营区域抽水蓄能选点规划优化布局研究，启动了选点规划成果中剩余推荐站点及部分重要备选站点预可行性研究招标工作，开展及启动预可行性研究项目达42个，实现了国家电网公司经营区域内抽水蓄能推荐站点全覆盖。

取得天池、文登、蟠龙、沂蒙、金寨5个项目核准批复，并完成5个项目公司的组建，核准项目数量和规模创新源公司历史最高纪录。厦门、镇安项目具备上报核准条件，句容、阜康、丰宁二期和平江项目可行性研究全面推进。

（三）经营管理

建立项目储备库管控体系，加强与预算、专项计划管理的横向协调。配合国家电网公司，促进出台抽水蓄能电价新政策和落实意见。研究审定仙游、蒲石河等8家电站电价申报和调整上报方案。

坚持依法从严治企，深化法律风险防范和通用制度落地工作。积极配合做好国家审计署经济责任审计和国家电网公司人力资源管理等专项审计。突出任期经济责任审计和建设项目全过程跟踪审计，全年完成37项审计。扎实推进重组整合，集体企业数量压减20个。

（四）生产运行

认真落实国家电网公司安全生产工作部署，扎实开展安全管理提升活动。落实安全风险分析评价机制，推广实施生产岗位安全资格认证，深入开展春秋季安全大检查、“安全月”等安全专项活动，整改隐患问题172项。稳步实施“运维一体化”，13个单位进入试运行阶段。加强检修标准化作业，落实全过程技术监督要求，完成机组检修193台次。全面加强防汛应急管理，成功应对台风、暴雨等极端天气考验。机组可靠性、启动成功率和服务电网能力持续提升，蓄能机组台均运行时间同比增加23.94%，圆满完成了重要节假日、南京青奥会、APEC峰会等保电任务。

（五）工程建设

深入开展“基建规范年”活动，加强建设项目全过程安全质量管理。严格重大设计方案审查，推广地下厂房通用设计和标准施工工艺，加强工程关键项目的督导和协调，严格档案全过程管理，7个在建项目安全、质量、进度总体良好。

2014年5月8日，黑龙江省第一座抽水蓄能电站——荒沟抽水蓄能电站工程开工建设。电站建成后，不仅可优化黑龙江省的能源结构，进一步提高东北电网、黑龙江电网运行的安全性和稳定性，且对加强黑龙江省生态环境保护、促进新能源产业发展有重要的推动作用。

丰满大坝重建工程平稳推进，2014年10月8日丰满三期电站独立运行改造工程完工，2台机组正式交付系统调度运行；10月15日丰满电厂一、二期发电设备拆除工程开工；10月18日丰满重建工程大坝下游围堰正式合龙，大坝主体进入全面开挖阶段。

安徽响水涧抽水蓄能电站荣获国家优质工程奖。安徽绩溪、河北丰宁抽水蓄能电站项目上、下库及地下厂房主体工程开工。

（六）科技信息

2014年4月1日，经新源公司独立自主整组调试，我国自主研制的首台百兆瓦级抽水蓄能机组静止启动变频器（SFC）在响水涧抽水蓄能电站成功启动，拖动4台机组抽水调相并网一次性成功。这标志着我国百兆瓦级抽水蓄能机组SFC的研制和调试技术，取得了突破性进展，打破外方企业在这一领域的长期垄断。

重大科技项目“大型抽水蓄能电站机组关键技术、成套设备及工程应用”获2014年度中国电力科学技术奖一等奖和国家电网公司科技进步奖特等奖，这是新源公司自2005年成立至今获得的国家电网公司科技进步最高奖项。

“300MW级抽水蓄能机组调速励磁系统研制及工程应用”项目获得中国电力建设科技进步一等奖。全年取得专利授权104项，其中发明专利9项。积极推进技术标准建设，完成12项国家、行业标准和国网企标编制工作，新源公司荣获“全国电力标准化工作先进集体”称号。推进运营监测（控）中心建设，综合监控应急中心建成投运。

（七）精神文明建设

独立组织、深入开展全国总工会的“安康杯”竞赛活动，10个单位荣获全国“安康杯”竞赛优胜单位。新源公司被国家电网公司评为审计、调查研究、“一流三化”管理提升工作先进单位，企业文化歌曲《爱在山水天地间》获优秀电网歌曲金奖。

（国网新源控股有限公司　韩　冰）

中国南方电网调峰调频发电公司 2014年企业管理情况

2014年，中国南方电网有限责任公司调峰调频发电公司（以下简称调峰调频公司）在运电站总装机容量6720MW。其中，抽水蓄能电站：广州抽水蓄能电站2400MW、惠州抽水蓄能电站2400MW。常规水电站：天生桥二级电站1320MW、鲁布革水电站600MW。在建抽水蓄能电站：清远抽水蓄能电站1280MW、深圳抽水蓄能电站1200MW、海南抽水蓄能电站600MW。开展前期工作的抽水蓄能电站：阳江抽水蓄能电站1200MW（远景规划2400MW）、梅州抽水蓄能电站1200MW（远景规划2400MW）。为搞好电站运行和电源建设，调峰调频公司努力做好技术创新与标准化工作。

（一）技术创新

2014年，调峰调频公司共评出26项科技成果奖，其中技改贡献奖二等奖5项，三等奖17项；专利奖二等奖1项，三等奖3项。首次组织开展了职工技术创新奖的评审工作，评出职工技术创新奖二等奖8项，三等奖12项。组织将优秀成果向中国南方电网有限责任公司（以下简称南方电网公司）推荐，荣获南方电网公司科技进步奖三等奖2项，技改贡献奖三等奖3项，职工技术创新奖三等奖1项。申请专利12项。

国家863项目“大容量储能系统设计及其监控管理与保护技术”示范工程，于2014年9月召开并网调试启动会，签署启动令，11月通过南方电网公司科技部组织的自验收，12月14日正式投入试运行。

（二）企业管理标准化

为全面承接南方电网公司一体化管理工作部署，2014年，调峰调频公司进行管理制度、作业标准的编制。全年共印发管理制度82项、典型作业标准96项、本地化作业标准4403项，其中公司安全生产、规划建设、市场营销、人力资源、财务管理、物资管理和信息化7个领域规划内管理制度、典型作业标准已全部编印完成。

完善公司制度管理体系，修订了《管理制度管理办法》，通过规范制度的立项、计划、起草、征求意见、会签、审查、批准、颁发、评价等流程，建立完整的制度闭环管理机制。

推进协同办公系统制度管理模块在调峰调频公司系统内推广应用，建立了网、省两级制度平台，将现行管理制度全部导入数据库以方便查阅，并在系统中固化立项、会签、合法合规性审查、格式规范性审查、批准等制度发布的核心流程。

按南方电网公司《管理制度评价办法》的规定，调峰调频公司还开展了管理制度清理、评价工作，对制度的协同性、可操作性、管理实效性进行多维度评价，并根据评价结果，对制度提出修订意见，作为下一年度规范性文件规划的重要依据。

调峰调频公司管理制度体系目前涵盖安全管理、生产管理、调度管理、规划建设、营销服务、人力资源、财务管理、物资管理、信息管理、监审内控、党群工作、行政办公、基础管理等13个领域。截至2014年底，调峰调频公司有效管理制度126项，典型作业标准110项。

（三）新标准编制

编制完成《抽水蓄能电站检修导则》和《抽水蓄能电站励磁系统运行检修规程》2项国家标准的送审稿，并完成送审稿专家预审。启动《抽水蓄能发变组保护配置导则》《抽水蓄能机组静止变频启动器试验规程》《抽水蓄能机组调速器系统运行规程》和《抽水蓄能机组运行工况流程监控技术导则》等4项国家标准的编制工作。

配合南方电网公司设备部编制南方电网公司《电力检修规程》中的水轮机和发电机部分，编制完成调峰调频公司《发电设备运维策略》《水轮机状态评价导则》和《发电机状态评价导则》征求意见稿。

（中国南方电网有限责任公司调峰调频发电公司
黄　纯　周　全）

华能澜沧江水电股份有限公司 2014年经营管理情况

（一）主要指标

2014年，华能澜沧江水电股份有限公司（以下简称澜沧江公司）以提高发展质量和经济效益为中心，以市场为导向，公司安全、效益、发展、党建4项绩效水平得到全面提升。澜沧江公司运营容量达2066.38万kW，持续保持云南省内装机规模第一，其中水电装机容量1695.63万kW，占云南省统调水电装机容量39.13%；火电装机规模360万kW，占云南统调火电装机容量的29.03%；风电、太阳能装机规模10.75万kW。在建、筹建装机容量超过1300万kW，资产超过1600亿元。澜沧江公司下设32个二级单位，其中包括4家全资子公司、4家控股公司及1家代管公司，共有职工2209人。

（二）安全工作

澜沧江公司持续推进安全生产标准化建设和达标评级、隐患违章量化考核和安全信用评价工作，深入开展“外包工程安全专项整治年”“六打六治”打非治违专项行动及“安全生产月”等活动。落实安全检查、专项督查、电力生产“两票”管理及安全管理重点项目挂牌督办制度。强化外包工程管理、隐患排查治理和安全教育培训，做好防洪度汛和应急管理，安全生产工作长效机制得到进一步巩固。糯扎渡、龙开口、滇东、雨汪等电厂通过国家安全生产标准化一级达标，果多工程通过二级达标。苗尾、乌弄龙、里底、大华桥、觉巴、果多、桑河二级等项目继续保持“零事故”。澜沧江公司获得2014年全国“安全生产月”活动优秀单位，安全生产形势总体平稳。

（三）电力建设与项目前期

澜沧江公司按照“安、快、好、省、廉”的要求科学控制工程节奏，合理安排投资预算，不断提高工程管理水平，实现了投资安排与工程建设进度的协调推进。糯扎渡、龙开口电站机组全部实现投产发电，5个电站实现大江截流，2个风电项目顺利投产，苗尾电站大坝开始填筑，白鹤厂、杨家房、一把伞、轿子顶风电场主体工程相继开工建设。澜沧江公司全年投产装机容量175.95万kW，完成基建投资152.3亿元，各工程安全、质量、进度、造价等工作总体受控，项目建设进展顺利。

乌弄龙、黄登、大华桥水电站获得核准，白鹤厂、杨家房、一把伞、胜境、光梁子等风电获取核准。滇西北至广东特高压直流纳入国家大气污染治理12条重点通道，澜沧江公司上游梯级送电方案取得突破，输电规划滚动修编方案获得批复，上游除古水外6个梯级接入系统设计通过审查。组建成立页岩气公司并先期介入页岩气资源开发领域。澜沧江公司全年核准装机403.95万kW，超额完成目标。

（四）生产经营与企业管理

持续开展安全生产保障体系和生产管理制度体系建设，不断推进生产管理的制度化、标准化、规范化，“运维合一”和“集中检修”两个管理模式进一步完善和深化，运行维护水平显著提高，设备缺陷数量逐年减少，消缺率连续5年逐年提高，年累计消缺率99.2%，达历史最好水平。在流域来水偏枯情况下，充分利用好“两库六级”梯级电站联合调度优势，挖掘发电潜能，力争有效益的电量。在电力市场严重供大于求的局面下，较好完成了电量营销、电价管理和电费结算等工作，实现了盈利水平同比大幅增长，生产经营水平稳步提高。

澜沧江公司印发了一系列内控配套制度，按季度做好测评，内控体系标准化、规范化建设不断加强。推进信息化，重点做好集团统筹的信息化项目建设，提升信息化系统整体使用效率，实施信息化基础设施优化及升级，启动异地灾备中心建设。创一流和管理提升活动持续开展，针对电力市场改革，重新定目标，优化创一流规划方案29项，努力实现管理短板和瓶颈问题重点突破，《景洪、糯扎渡水电工程大件设备国际多式联运管理创新》荣获电力行业企业管理创新成果一等奖。

（五）财务工作

积极争取、协调各大银行投放贷款，推进各直接融资产品发行，降低融资成本，有效保障了资金需求。改制资产评估报告获国务院国资委备案，国有股权管理方案获国务院国资委批准，完成股份公司创立及工商登记工作。进一步完善预算编制、加强预算执行监控、强化绩效考核管理，做好预算动态控制和滚动预测，及时纠偏，确保经济活动和各项绩效指标可控。按要求，2014年上交税金34.2亿元，为云南省经济社会发展做出了积极贡献。

（六）科技创新

围绕国家“十二五”科技支撑计划项目和黄登、古水、如美等在建、筹建水电工程科技攻关项目，成立研究项目组。重点开展工程安全、生态环保、水能高效利用等关键技术研发，形成了科技研发中心、院士工作站、博士后工作站三位一体的科技研发体系，为提高自主创新能力、增强技术储备奠定了基础。全年组织开展科研攻关近20项，科技投入5600万元，获得外部科研经费900万元。糯扎渡“超高心墙堆石坝关键技术及应用”获得国家科技进步二等奖，澜沧江公司获省部级、行业协会及集团公司各类奖项15项，获得专利2项。

（七）文明建设及和谐水电建设

澜沧江公司组织开展流域环保科研、鱼类增殖放流效果监测、流域水温监测、下游湄公河水文影响调查与分析、糯扎渡分层取水运行试验、升鱼机及集运鱼系统过鱼设施等研究，研究砂石加工生产废水处理效果，扎实开展火电环保设施技术改造和运行维护。倮打塘砂石加工生产废水处理效果明显，实现零排放。各项目人工增殖放流8种鱼类16.1万尾，后背鲈鲤人工增殖研究成功。全年完成移民搬迁安置40669人，完成征地移民投资44.09亿元，搬迁安置进度既满足工程进度需要，也基本解决了有关项目遗留问题，用地合法合规，移民总体稳定。澜沧江公司认真履行社会责任，投入2800万元开展新“百千万工程”，派出救援队参与昭通地震抗震救灾，向灾区捐款526万元，其中职工捐款26万元。澜沧江公司本部、糯扎渡电站、景洪电厂、苗尾和功果桥电站通过第四届全国文明单位考核。

（华能澜沧江水电股份有限公司）

国电大渡河流域水电开发有限公司2014年经营管理情况

（一）概况

国电大渡河流域水电开发有限公司（以下简称大渡河公司），在2000年11月成立以来，已在大渡河流域（包括支流）争取了22座电站总装机容量约1800万kW的开发权。目前，所属电源项目约1/3建成投产（大渡河干流龚嘴、铜街子、瀑布沟、深溪沟、革什扎河吉牛、湖北水电项目共602.24万kW），约1/3开工建设（大渡河干流大岗山、猴子岩、枕头坝一级、沙坪二级、湾坝河二台子，总装机容量541.7万kW），约1/3开展前期（大渡河干流双江口、金川、安宁、巴底、丹巴、老鹰岩、枕头坝二级、沙坪一级，革什扎河二瓦槽、大桑、两河口、湾坝河大台子等，总装机容量约650万kW），累计发电1630多亿千瓦时。2014年，大渡河公司安全生产保持稳定，经营绩效稳中向好，全年完成发电量246.78亿kW·h，完成投资115.16亿元，实现营业收入59.71亿元。

2014年，大渡河公司成功引入战略合作者，加快推进大渡河干流水电资源开发。龚嘴、铜街子增容机组电价获得四川省发展改革委批复，湖北省4家水电企业电价调增获批。大岗山、枕头坝水电站送出工程超常规推进，猴子岩水电站送出工程提前获得核准。金川、枕头坝二级水电站等经济技术指标进一步优化，在建和筹建项目全年累计节约投资3.2亿元。瀑布沟水电站调概全面收口，调概总报告完成审查，为申报正式电价创造了条件。枕头坝一级水电站具备蓄水条件，大岗山水电站大坝于2014年10月底提前30天全线浇筑到顶，按期下闸蓄水。启动了建设智慧大渡河系列新举措，率先建成了财务共享中心并正式投运。

（二）安全生产

坚持预防预控，安全生产保持平稳。深入开展安全生产“红线意识”大讨论，发布了《危险源责任清单》，建立安全风险分级管控体系，实现了安全“零事故”。出台大渡河公司水电站经济运行管理规定，持续优化运行方式，大渡河干流21台机组保持“零非停”，综合结构比例高于全网平均水平1.08%。铜街子11F机组增容改造圆满完成，新增容量2.5万kW。吉牛电站成功转商，竣工达标投产顺利通过。成功应对了大渡河流域4次强降雨和大面积塌方、泥石流，积极应对了“11·22”康定地震，经受住了地质灾害考验。

（三）项目开发

前期项目全部列入四川省“十三五”规划。积极推进双江口项目，按照“国电主导、统一规划、统一协调、统一管理”的原则，成功与四川铁投、深圳能源签订了大渡河上游水电开发战略合作框架协议。积极争取地方的理解，优化老鹰岩梯级项开发方式。狠抓前期设计优化，枕头坝二级等一批优化成果取得显著成效。金川、巴底、二瓦槽水电站等前期项目稳步推进，帕隆藏布流域规划环评取得突破，完成了流域规划报告（中间成果）。

（四）生产运行与管理

坚定大岗山、枕头坝一级水电站“2015年7月首台机组投产发电”目标不动摇，召开专题会，提出保发电系列措施，协调解决移民送出、蓄水验收和电厂筹备有关问题。锁定了猴子岩水电站2016年底投产发电、沙坪水电站2017年首台机组投产发电的目标，做到超前谋划、同步推进移民、送出工程。猴子岩大坝提前填筑至1760m高程，主厂房开挖支护全部完成。沙坪二级水电站解决了基坑渗水难题，二期截流目标可控在控。4个在建电站接机发电、生产筹备按照“3+1”目标（“3”即投产时实现安全稳定运行、环保达标排放、投资预期盈利，“1”即所有新项目在3年之内必须成为一流企业）有序推进。

编制了大渡河公司电力生产安全管理、发电运行等7个专业管理标准。应用中小洪水实时调度、汛末提前蓄水等先进技术，全年共多拦蓄洪水9.93亿m^3，增发电量5.39亿kW·h，有效缓解了下游防洪压力。优化开机组合和负荷分配，梯级四站减少旋转备用时间464h，降幅达23%。优化控制水库水位，梯级耗水率同比降低4.1%。设备运维和检修水平持续提升，大渡河公司所属51台机组实现“零”非停，设备缺陷总数下降9%，修后机组均1次性启动成功。铜街子大坝通过第3次换证注册检查，继续保持甲级注册标准。加快库坝监测自动化系统建设，推进三维扫描、测量机器人等技术在库容测量、水下地形测量、大坝变形测量等作业中运用，建成了瀑布沟坝后变形监测自动化系统。

2014年，大渡河公司出台了水电站经济运行管理规定，持续优化运行方式，大渡河干流21台机组保持“零非停”。同时按中国国电集团公司要求，大力开展对标和双提升工作，瀑电总厂和龚电总厂分别荣获中国国电集团公司2014年度五星级、四星级企业。瀑电总厂荣获第四届全国文明单位、全国电力设备管理先进工作单位、四川省电力安全生产先进集体。

（五）梯级调度

2014年，大渡河流域气候异于常年，汛前来水偏枯，汛期来水迅速，大流量持续时间长，电站弃水压力大。大渡河公司制订了科学合理调度方案和积极有效协调沟通，枯期多发电量0.7亿kW·h，全年累计减少弃水24亿m^3。一是加强中长期气候趋势研判。2014年初，大渡河公司集控中心组织专家研讨全年气候趋势，掌握了汛期来水偏丰的不利情况。通过制订汛前消落方案，并滚动调整提高方案的可执行性，汛前顺利消落至死水位，为平水期、汛期来水腾出充足库容。二是严格管控平水期水位。2014年5月，大渡河公司通过加强来水预报、强化联动等提高了梯级电站调峰调频能力，避免单纯通过抬升瀑布沟水库水位提高电站调峰能力的情况，有效管控了瀑布沟平水期水位，5月底水库水位创投运以来最优。三是高度重视科技创效。2014年汛期，大渡河公司严格按照防汛主管部门批准的度汛方案要求和启用条件，实施瀑布沟中小洪水实时预报调度、汛末分期提前蓄水等多项研究成果和先进调度技术，多拦蓄洪水近10亿m^3，增发电量5亿多千瓦时。

（六）技术改造与科技环保

2014年，大渡河公司完成铜街子水电站11F增容改造、11B更换、1CB更换共13项，龚嘴水电站4F机组空冷更换、4F机组现地控制单元更换、6F机组保护装置改造共34项，深溪沟水电站新增拦污栅清淤用分瓣式液压抓斗机、3F机组碳粉回收装置改造共10项，瀑布沟水电站厂房2台2×420t桥机增设安全监控管理系统、1B-2B主变压器室低压侧离相封闭母线增加检修平台共7项。

2014年，大渡河公司共获得知识产权成果25项，其中国家发明专利1项、实用新型专利22项、软件著作权2项。完成《瀑布沟砾石土心墙堆石坝关键技术》，组织完成“数字化大岗山”标杆验收，推动流域基建管理不断向科技化、数字化方向迈进。完成中国国电集团公司“十二五”科技发展规划水电类重点科技项目“大渡河流域梯级水电站群智能调度研究”。联合四川省能源协会完成双江口投资风险评估、南水北调西线一期工程对双江口水电站及大渡河流域水电开发影响研究。承担四川省龙头水库建设流域相关政策研究。参与国家水电资源市场化配置思路研究和四川省“十三五”能源发展规划。完成双江口水电站建设推进关键问题研究。作为四川唯一一家水电企业受邀在长江流域2013年水保监督检查总结座谈会作交流发言；金川作为流域项目在年度水保执法检查中获肯定；圆满完成年底瀑布沟、深溪沟、大岗山、枕头坝4项目增殖放流任务；启动黑马二期、猴子岩鱼类增殖站建设，完成双江口鱼类增殖站设计报告审查。

（七）抗震救灾

2014年11月22日甘孜州康定县发生6.3级地震后，大渡河公司立即启动应急值班机制，组织项目单位全力以赴配合地方政府抢险救灾，紧急从猴子岩水电站组建抢险突击队，于11月27日抢通康定县孔玉乡尼洛村和角坝村通往外界的道路。同时，应四川省要求，开通了新修的省道S211公路大岗山（水电站）段，作为地震抢险应急通道投入使用。在突发自然灾害面前，干部职工临危不乱，勇于担当，有效保障了工程安全、移民稳定和百姓生命财产安全。大渡河公司主动参与抗震救灾的事迹，中央电视台新闻频道进行了现场直播。

（国电大渡河流域水电开发有限公司
马芳平　曾　宪）

湖北清江水电开发有限责任公司 2014 年经营管理情况

（一）概况

湖北清江水电开发有限责任公司（以下简称清江公司）拥有清江流域 3 座梯级电站，总装机 332.2 万 kW。2014 年清江流域梯级电厂完成发电量 61.33 亿 kW·h，上网电量 60.83 亿 kW·h。公司在严控安全发电生产的同时，积极支持库区各项建设，在防洪、航运和旅游方面发挥了很大的社会效益。2014 年 9 月初，通过科学调度降低长江干流洪峰流量近 $500m^3/s$，有效缓解了长江干流的防汛压力，成功实现了清江洪水与长江洪水的错峰调度，为湖北省主动防御长江洪水提供有力支持，受到了湖北省防汛抗旱指挥部的通报表扬。

2014 年 3 月和 8 月，分别通过先发电腾库容降水位，后抬升水位的方法，对高坝洲库区水体进行置换，促进高坝洲库区水体流动以改善库区水质，满足了生态调度的需求；4 月上旬，通过合理调度升降水位，配合长阳古城施工。长阳县旅游经济在国家 5A 级景区隔河岩库区清江画廊的强力带动下继续保持较好的增长态势。

（二）安全管理

2014 年，清江公司安全管理再创佳绩，流域 3 个电厂首次同时实现“零障碍、零非停”的“双零”目标，尤其是隔河岩电厂取得了连续 4 年“零非停”的好成绩。全年未发生与生产有关的一般及以上人身伤亡、设备损坏、交通及火灾事故。

清江公司认真开展反违章专项现场查评和整改，提升隐患排查治理能力，有效防范重大安全事故的发生。以安全监督管理系统数据为依托，积极推行隐患排查治理标准化、数字化建设，确保安全监管无盲区。完成隔河岩、高坝洲两厂并网安全性内部评价工作。厘清生产区域和非生产区域安全管理责任，强化非生产区域安全管理。

2014 年 3 月 27 日和 30 日秭归发生地震后，清江公司第一时间启动应急响应机制，迅速组织开展现场检查并加密监测，流域枢纽工程未现异常。结合两次地震应急处置经验，迅速修编地质及地震灾害专项应急预案，完善应急处置机制。持续推进清江梯级电站溃坝分析工作的协调与督促，6 月长江勘测规划设计研究有限责任公司提交了《清江梯级电站溃坝分析报告》征求意见稿，9 月该报告通过了审查。召开了溃坝洪水专题分析讨论会，修订专项应急预案。

加强特种人员及注册安全工程师再教育等全覆盖培训取证工作，清江公司特种作业员工持证上岗率 100%。组织开展触电等人身伤害急救、消防灭火、防汛抢险等实际操作技能培训，进一步强化员工安全意识，提高员工安全技能。

（三）工程管理

1. 水布垭工程尾工　有序推进工程尾工建设，完成坝区环境整治及坝后水毁挡土墙修复等工程；完成水布垭主体工程最后一个合同《水布垭左岸 L5～L7 护岸损毁段修复工程项目合同》的签订。

2. 水布垭工程水土保持验收　按照水布垭水土保持验收工作要求，清江公司委托咨询单位对水土保持设施完成情况进行技术评估，提出对渣场、料场的治理方案，并计划投入 1290 万元进行整治。为节约投资，经实地详细调查分析，在不改变防护功能前提下，提出针对性的方案，对部分措施进行调整，并与评估单位沟通协商、取得认可。按调整后的方案，目前已完成全部整治工程。2014 年 6 月 18 日～11 月 15 日，评估单位先后多次对整治工程进行验收。整治工程实际投入 456 万元，比评估单位要求投入金额节省 65%。整治完成后，水利部等主管部门一致认为水布垭工程已具备水土保持验收条件。

3. 水布垭工程环境保护验收　按环境保护验收工作要求，清江公司已签订咨询服务合同，并按要求开展水生生物及陆生生物的生态调查工作。

（四）标准体系建设

2014 年，清江公司以改进工作方法、持续优化标准体系、开展内部达标评级为主要抓手，持续改进标准体系，打造高水平标准化管理平台，为电力安全生产提供支撑。

1. 进一步改进工作方法　确立“重心下移、分级管理、简化体系、强化执行”的思路，注重发挥基层单位和职能部室的积极性、创造性。标准化归口管理部门深入基层，现场答疑，主动服务，靠前指导。强化标准信息化管理，试点作业活动信息上网流转。

2. 持续优化标准体系　合理调整法律法规及其他要求清单类别，加强动态管理，每季度上网公布法规、标准的变化情况。基础标准统一前置管理，内容据实简化，标准体系更直观清晰。全面梳理清江公司层面的内部标准，按简化优化原则，结合 AAA 确认、年度内审外审的要求，全年修订标准 120 项。制订《班组建设管理办法（试行）》。

3. 启动内部达标评级　首次开展清江公司内部标准化达标评级工作，促进基层单位标准子体系建设，高坝洲电厂通过标准化一级验收。采取统一集中内部审核、督促机关部室日常检查、年终结合经济责任制考评三管齐下的方式，开展全员、全过程、全覆盖式检查，推动标准在基层落地生根。

（湖北清江水电开发有限责任公司）

构皮滩发电厂 2014 年经营管理情况

构皮滩发电厂总装机容量 5×600MW，设计年发电量 96.82 亿 kW·h，2009 年 12 月全部机组投产发电，是中国华电集团公司目前最大的水力发电企业。2014 年，构皮滩发电厂经营管理情况如下：

（一）主要业绩

（1）成功抗击“7·3”小区暴雨、“7·17”洪水，枢纽主体工程首次经受住了 629.93m 高水位及 20 年一遇洪水考验，机组经受住了高水头、高负荷检验，实现连续安全生产 1979 天。

（2）连续 11 天单日电量超 7000 万 kW·h，单日电量最高达 7219 万 kW·h，年发电量完成 83.31 亿 kW·h，同比增长 31.56%，实现利润 8.77 亿元，创历史新高。“五项费用”同比降低 22.1%，创历史新低。2014 年末水位 624.6m,水库蓄能 9.69 亿 kW·h，达历史新高。

（3）“远程集控、少人维护”取得阶段性进展，成功实现调度权转移至集控中心。全面推进 7S 管理，荣获中国华电集团公司先进企业、五星级发电企业、安全生产先进单位等称号。

（4）通航隧洞混凝土衬砌基本完成，第二级、第三级垂直升船机本体段混凝土浇筑分别完成 30.2% 和 43.8%，下游引航道土石方开挖完成 75%。枢纽工程档案通过国家验收，高质量完成集团公司内部财务竣工决算。

（5）构皮滩发电厂荣获全国“五一”劳动奖状、获评中国华电集团公司文明单位标兵，连续 4 年保持全国“安康杯”竞赛优胜单位、连续 3 年保持全国大型水电厂（站）劳动竞赛先进单位等荣誉称号。

（二）电力生产及管理

（1）通过加密运行人员巡检次数、强化专业班组巡检维护、推行专家组巡检，创新性地开展了“运行＋专业＋专家”巡检模式，及时发现并成功处理了 3 号机组空冷漏水、主变压器冷却水中断、2 号发电机出口 W 相 TA 均压环弹簧有放电火花、2 号机组上挡风板断裂、W24 动力电缆发热、1 号机组顶盖漏水量增大、2 号主变压器冷却器Ⅰ段进线电源 V 相接线温度过高等多起故障和隐患，为 2014 年 7 月中旬乌江流域 20 年一遇的洪水期间，电厂 5 台机组连续 11 天呈“一条线”3000MW 满负荷运行提供了保障。

（2）推行“价值检修”管理理念，将安全价值、质量价值、节约价值、成长价值有机统一，制定《大型发电机精益化维护保养标准》及《构皮滩发电厂 600MW 水轮发电机组检修全过程管控手册》，2014 年汛前，优质高效完成了 1、2、3、5 号机组 C 级检修及 4 号机组 B 级检修，实现各机组一次性启动成功，为机组汛期稳发满发奠定了坚实的基础。

（3）在 2013 年标准化管理推进初现成效的基础上，2014 年，对现有的管理制度和相关生产工作规程图纸进行梳理补漏，整理完善设备运维管理、设备巡视检查、工作票、操作票、设备现场操作等 12 项制度，组织修编《日常维护保养标准》《给油脂标准》《定期轮换切换标准》等厂技术标准，编写了技术管理标准 5000 余条，并于 2014 年 6 月 1 日全部上线运行。

（4）按照“标识机场化、设施标准化、现场整洁化、营地公园化”的定位，推行生产现场样板区评比，开展“检修 7S”等整治活动，以价值检修、设备全过程管理、环境素养和管理效益的有效改善为目标，提高职工的自主管理意识，进一步提升企业形象，增强核心竞争力，现场管理水平得到持续改善。

（5）2014 年，将“创五星”工作重点放在日常生产管理中，进一步梳理人、设备、环境、管理上存在的薄弱环节，查找设备及管理上存在的不足，严格按照创星查评细则抓好生产管理工作，认真组织周、月、季的各部门自查评和厂级复查评的工作，对创星工作检查情况及时通报和评比，确保实现创中国华电集团公司五星企业的目标。

（6）通过水电厂核心业务生产诊断运行、检修、消缺定额管理、日常维护管理以及安全整改管理等管理机制的建设，利用信息技术，实现了全厂设备日常维护工作智能化工单管理，使构皮滩发电厂的核心业务工作从人工计划的事务性管理转变为向信息化、智能化及专业化迈进，实现了班组核心业务管理资源信息的有效利用，专业班组工作从以前被动变为主动，全厂各专业班组执行力水平全面提升，原来需要部门领导安排的工作，现在专业班组根据核心业务系统的安排，主动进行核心业务工作的闭环并反馈。

（7）积极稳步推进“远程集控、少人维护”基础工作，落实生产管理模式改变的准备。通过制定培训体系及管理制度，开展人员培训学习和考试，提高生产管理及技术人员素质；通过设备整治和改造，提高自动化水平；通过制度及应急预案修编，梳理优化管理流程，提高应急处置能力。

（三）安全和标准化管理

（1）2014年，坚持“安全第一，常备不懈，以防为主，全力抢险”的防汛工作方针。汛前完善了度汛方案及应急预案，开展库区和水工建筑物详查、泄洪设施和抽排系统的检修与维护，组织防汛综合应急演习，及小区暴雨、水淹厂房、调度通信中断等应急演练。“7·17”洪水来临时，正确操作闸门60次，合理调峰错峰，并处理了上游库区约300m³养殖网箱，解救了网箱养殖和施工人员17人，安全度过20年一遇的洪峰。

（2）现场标准化作业进一步得到完善。通过建立健全各类作业标准，及时梳理生产过程主要流程和关键点，实现生产管理全过程标准化。编制了《600MW水轮发电机组检修全过程安全质量管控工作手册》和《大型水力发电机精益化维护保养标准》，修编了中国华电集团公司的《水力发电企业生产安全设施配置标准》手册。

（3）充分发挥安全责任制度的把关作用，把握生产流程和安全关键点，严格按照标准化的流程，控制生产任务形成、作业准备、风险评估、隐患排查、工作实施、过程监督、效果评价、整改执行等环节，形成了全方位闭环管理体系。

（4）通过“安全生产、我的责任”大讨论、岗位风险自查、反违章等工作，进一步提升了员工安全知识与安全技能水平。创新建立员工安全诚信档案，探索建立员工安全诚信体系，进行员工安全诚信评价，进一步提升了安全管控水平和安全保障能力。

（5）通过开展设备技术改造和技术革新，不断优化机组运行指标。推广实施构皮滩电厂大型水电厂经济运行优化研究、构皮滩电厂600MW水电机组一次调频特性研究与优化等科技项目成果，全方位开展经济运行指标统计、试验分析和评估工作，制定机组最优运行方式，有效提升了机组精益运行水平。

（构皮滩发电厂）

国电恩施水电开发有限公司 2014年经营管理情况

2014年，国电恩施水电开发有限公司（以下简称国电恩施公司）全面贯彻落实中国国电集团公司“一五五”战略，以效益和质量为中心，以安全、稳定为基础，提升管理水平和盈利能力，在运在建电站未发生人身重伤及以上事故，未发生一般及以上设备事故，未发生非计划停运和一类障碍。截至2014年12月31日，实现连续安全运行1476天，2014年完成发电量18.38亿kW·h，综合厂用电率1.91%，同比下降0.81%。总资产规模达33.38亿元，2014年实现营业收入55461.05万元，实现利润1466.94万元。

1. 安全生产　通过精细化运行，优化水库调度和强化防汛管理。配合电网调整设备检修计划，减少电量损失950万kW·h。加强电量结构管控与考核，减少不合格电量损失，争取电量结构调峰奖励资金533.55万元。建立主要中型水库大坝日常观测机制和引水渠道管理台账，制定渠道管养措施，对防汛重点部位、重点环节进行详细排查，全年实现安全度汛。实现发电机组自主检修，独立开展冬修冬试工作，完成2000kW及以上电站17台机组A级检修和13台机组B级检修，2000kW以下电站实施状态检修，完成40余座电站设备预防性试验，设备健康水平得到有效提升，节约检修成本100余万元。组织全员安全生产制度学习考试，开展安全生产红线意识大讨论，建立79条红线。组织“心肺复苏”培训、两票专项整治、应急预案演练等活动。编制预案导则及演练模板，重点组织17场应急预案演练。修订《安全生产工作奖惩规定》等多项制度，新编《水库优化调度及经济运行管理办法》等10余项制度。健全安全生产责任制，层层签订目标责任书，把目标责任传递到班组和个人，月度进行绩效考核。按“四不两直”要求，对21座电站进行抽查，对发现的5个单位专项活动落实不到位、31处现场违章以及67处安全隐患及时通报并严格考核。春季检查发现隐患615项，整改完成569项，秋季检查发现隐患458项，整改完成300项。组织开展为期3个月的“抓基层、抓基础、抓基本功”全面提升安全生产管理专项活动，规范安全生产管理，安全生产实现了可控、能控、在控。

2. 经营管理　深化“双提升”工作，建立组织机构，拟定实施方案，规划2015～2017年的重点工作，并责任到人。对发电利用小时数、综合厂用电率进行考核，年利用小时数同比增加504h。完成90座电站294块计量表校检，为电量结算、损耗分析打下基础。加强预算管理，对所属单位层层分解可控费用预算，强化“八项费用”刚性管理，明确各级单位成本控制目标。每月通过经济活动分析会分析生产经营活动，发现问题及时纠偏。全年筹集短期贷款3.67亿元，归还短期贷款3.77亿元，筹集3年期中期贷款5000万元，归还长期贷款1.3994亿元，资产负债率较年初下降0.89%，财务费用较年初预算下降273万元。开展小型基建及技改项目审计，审减工程支出

38万元。加强保险公司联系，落实保险赔偿134万元。争取到小火电关停3年转移电量，转移电价上调至0.425元/（kW·h），完成转移电量第1年1.3亿kW·h委托代发，实现收入1300万元（含税）。争取到地方政府小火电关停财政补贴429万元。争取电价调增，湖北省物价局12月下文，自2014年9月起国电恩施公司除装机容量超过5万kW的龙桥、朝阳寺电站及电价已达0.379元/（kW·h）的长顺电站1～3号机组未作调整外，所属其他电站每千瓦时均调增1～1.5分，2014年增加收入524万元（含税）。按多年平均发电量计算，每年可增加收入1430万元（含税），同时取消了水电站超设计能力发电上网电价规定，仅2014年就挽回超设发电结算损失545万元（含税）。签订龙桥和野三河电站2013～2014年减排量出售的意向书，完成广润CDM项目第2期核查核证工作，罗坡坝、云口CCER项目通过专家评审，进入备案公示阶段。

3. 企业发展　首次在普通员工中评选出29名“优秀技术人才”、72名“生产技能能手”和214名“爱企敬业”员工，并予以500元/月和200元/月人才津贴。10名职工被评为长源公司技术专家。开展技能比武，对历年技能比武前2名人员，自动进入“生产技能能手”人才库。开拓检修维护市场，承接了竹溪公司鄂坪电站3台机组（单机容量3.8万kW）的B级检修、C级检修工程和中国大唐集团公司马岩洞水电站3号水轮发电机组A级检修工程，以及恩施供电公司部分变电技改工程施工项目。按中国国电集团公司低效无效资产3年处置规划，完成纳入2014年处置规划的广润项目及7家参股股权的处置方案，委托中介机构对广润及5家参股股权开展了审计评估。积极与电网公司沟通落实外送线路回购，资产净值6800余万元的42条外送线路已报州省网公司，已有2条线路确定回购，其余分年度回购。配合长源公司现场考察利川、巴东、来凤等风电资源点，收集相关资料，落实风电立塔测风前期准备工作。

4. 科技创新　组织广大员工参加质量管理活动，先后完成天电公司秀水沟渡槽防渗处理、雪照河减少大坝漂浮物进入引水渠、巴东小溪河渔泉泵水改造、龙桥1～2号泄洪报警器远程自动、控制问题的解决办法、小型卧式水轮发电机刹车改造、减少水轮发电机主轴推力轴承更换次数等14个QC课题的攻关并召开课题发布会。

5. 工程建设　完成广润公司工程结算清理，完成罗坡坝、野三河工程扫尾工作并进行专项验收，积极推进云口电站竣工验收，2014年11月完成了龙桥电站竣工验收。

（国电恩施水电开发有限公司）

国电竹溪水电开发有限公司 2014年经营管理情况

国电竹溪水电开发有限公司（以下简称国电竹溪公司）下辖红岩二级水电站、大峡水电站、白沙河水电站，代管国电湖北水电开发有限公司鄂坪水电厂。截至2014年底，国电竹溪公司装机容量为202MW，资产总额20.99亿元。2014年，累计完成发电量4.84亿kW·h。其中，管辖的3个电站完成发电量2.04亿kW·h，同比增加1.02亿kW·h，完成年度计划的116%；代管的鄂坪水电厂完成发电量2.8亿kW·h，同比增加1.12亿kW·h，完成年度计划的123%。

1. 安全生产　2014年，大力开展了安全生产专项治理活动，全年安全大检查共查出问题498项，整改率达100%；处理了13项影响文明生产的缺陷，现场生产环境焕然一新。组织学习中国国电集团公司下发的15条安全生产红线和《防止电力生产事故的二十五项重点要求》，并进行考试，开展各类应急演练和“反事故”演练，有效地提高了公司安全管理水平。2014年汛期，汇湾河流域、泉河流域发生了较大洪水，各电站不仅确保了度汛安全还超发了电量，鄂坪、大峡水电站在弃水总量和泄洪时间方面比鄂西北类似水电站低30%以上。公司全年实现了安全生产无事故。

2. 工程建设　2014年，白沙河水电站工程顺利通过了竣工安全鉴定和环保、水保、档案、劳动安全、工业卫生专项验收，总得分928.6分，得分率84.42%，顺利通过达标投产验收，总投资控制在中国国电集团公司下达的51075万元造价指标内。投运以来，累计发电量1.4亿kW·h，创收5000多万元，现场生产环境和管理水平多次受到上级单位表扬。

3. 治亏扭亏　2014年，国电竹溪公司制定了《公司治理经营亏损实施方案》，明确了3年扭亏增盈总体工作目标，细化了治亏工作任务，逐项分解落实责任领导、责任部门、责任人和时间节点，对各项财务指标、生产指标、管理费用指标重新进行预算控制和调整。在全体员工的共同努力下，2014年完成的发电量比年度考核指标增加0.8亿kW·h，实现利润1455万元，比上年（亏损6041万元）增加利润7496万元，比年度考核指标增加利润1455万元，实现了扭亏增盈。

4. “双提升”工作　2014年，国电竹溪公司将“双提升”作为提升盈利能力和提高管理水平的主要抓手，形成了“双提升”管控体系，取得了较好效果。深入开展“对标”管理，全年无非计划停运。鄂坪水电厂机组利用小时比基准值增加52h。国电竹溪公司来水预测准确率比基准值增加8.3个百分点，鄂坪水电厂来水预测准确率比基准值增加6.1个百分点。通过提升经济运行水平，发电耗水率大幅下降，鄂坪水电厂降低0.05m^3/(kW·h)，大峡降低0.37m^3/(kW·h)。通过堵住跑冒滴漏、降低尾水位、实施技改和调整运行方式，全年共增发电量700万kW·h，创造效益250多万元。2014年度，被中国国电集团公司评为三星级发电企业。

5. 市场营销　2014年，各站长每天精心控制峰平谷比例，做到了发电数据随身携带、随时计算、随时调整。运行人员申请了最优负荷曲线，未调峰电量同比大幅减少，增加电费收入50多万元。经营管理人员争取到年度电量计划4.76亿kW·h，为避免产生协议外电量，年底结算前又争取到1100万kW·h调增电量计划。学习和掌握最新政策，取得调峰补偿电费31万元，争取了进项税抵扣20万元，协调减免水资源费50万元，落实电价调整政策增加营业收入100万元。全年共增加效益270多万元。

6. 职工队伍建设　开展优秀人才评选活动，选出优秀人才6名，3人进入长源公司生产技术专家库。组织生产运行人员参加集团公司组织的水轮发电机组值班员高级工技能鉴定、运行值班员持证上岗培训，14人取得相应资格证书，持证上岗率较2013年同比提高12%，持证上岗率达50.2%。开展维护人员技能考试，购买专业书籍供员工学习，组织参加各类培训和后续学历教育，1名员工考取在职硕士研究生。发放优秀人才津贴，加大“双文明先进个人”奖励力度，激发员工比学习、比业绩的热情，促使员工业务素质不断提高。

7. 作风建设　扎实开展教育实践活动，“四风”问题得到有效整治，得到中国国电集团公司和长源公司的充分肯定。强化作风建设和责任意识，党员干部工作作风和担当意识明显加强，创造性地开展工作水平大幅提升。积极开展“三进三解三提升”“双联双帮”等活动，为各电站安装了滤水净化器，增加了体育健身器材，完善了各电站后勤管理设施，使身处大山的员工能够快乐工作、快乐生活。出台了《困难职工帮扶管理办法》，补助困难职工10人，开展员工生日慰问活动，让员工感受到组织的关怀。严格执行中央八项规定和中国国电集团公司24条措施，八项费用同比下降20%，三公经费同比下降25.6%。完善了各电站组织机构，开展了团干培训，组织65名团员青年参加拓展活动。开展义务植树、美化环境、青年联谊、趣味运动会和秋季运动会，展现了国电竹溪公司员工团结、紧张、严肃、活泼的精神风貌。

（国电竹溪水电开发有限公司）

中國水力發電年鑒

12

水电站生产运行

电力生产及管理

中国长江电力股份有限公司 2014年生产管理情况

2014年，中国长江电力股份有限公司（以下简称长江电力）以“做世界水电发展引领者”为愿景，紧紧围绕“创建国际一流电厂、打造一流上市公司”的目标，努力打造核心竞争力、提升精益生产水平，三峡电站、葛洲坝电站发电量均创历史新高，电力安全生产达历史最好水平，超额完成各项生产经营指标，业绩稳定增长。

（一）水库来水及运用

2014年，溪洛渡坝址来水总量1327.17亿m^3，平均流量4210m^3/s，较多年均值（4640m^3/s）偏枯9.3%，较2013年同期偏丰15.5%。最大流量15700m^3/s，出现在8月29日；最小流量900m^3/s，出现在12月5日。

三峡坝址来水总量为4380.13亿m^3，平均流量13900m^3/s，较多年均值（14300m^3/s）偏枯2.87%，较2013年同期偏丰18.8%。最大流量55000m^3/s，出现在9月20日；最小流量3800m^3/s，出现在2月3日。年内入库水量总体呈现供水期偏丰，消落期、蓄水期及主汛期偏枯、秋汛量大峰高的特点。

2014年，溪洛渡平均库水位570.09m，最高水库水位600m，出现在9月28日；最低水库水位540.46m，出现在5月19日。溪洛渡水库自8月21日10时开始抬升水位至580m，起蓄水位574.05m，8月26日22时完成蓄水；9月11日8时开始600m蓄水，起蓄水位586.47m，9月28日18时蓄水到位。

三峡水库期初水位173.33m，期末水位171.45m，平均库水位162.28m，比2013年同期低0.07m。最高库水位175m，出现在10月30日；最低水库水位145.05m，出现在6月16日。全年弃水天数17天，累计弃水量113.29亿m^3。

2014年，长江电力成功实施了压咸潮调度、生态调度和库尾减淤调度，全年累计向下游补水244亿m^3，保障了长江通航、生态和供水安全。

（二）电力生产创造新记录

至2014年12月31日，长江电力运行管理的装机容量达到4549.5万kW。其中，拥有装机容量2523.5万kW，受托管理装机容量2026万kW，外部权益装机容量282万kW。流域梯级电站全年发电1948.73亿kW·h，同比增长51.95%。

2014年，三峡—葛洲坝梯级电站年累计发电1166.14亿kW·h，较2013年增长18.17%。三峡电站年发电量达988.19亿kW·h，创单座水电站年发电量世界纪录；并结合岁修优化调整机组性能，共有25台机组达到三峡集团精品机组标准。葛洲坝电站全年发电178亿kW·h，创投产34年来的历史新高，并完成了6台机组水轮机改造增容。

溪洛渡、向家坝电站提前全面完成接机发电任务，机组全部实现“首稳百日”，梯级电站2014年累计发电782.59亿kW·h。溪洛渡电站在350天内顺利接管18台77万kW巨型机组，单电站连续投产强度创世界纪录，年发电量达494.94亿kW·h。向家坝电站实现全站满负荷连续运行102天，全年发电量287.65亿kW·h。

2014年，长江上游流域水雨情信息共享体系建设取得阶段性成果，溪洛渡、向家坝梯级电站全部实现“调控一体化”管理。初步实现了流域四级电站联合优化调度，中小洪水资源化利用成效显著，梯级枢纽电站节水增发电量91亿kW·h。

公司发电机组平均利用小时达4744.47h，机组平均等效可用系数达到94.84%，各项运行指标均达到世界领先水平。

（三）安全管理达历史最好水平

2014年，长江电力坚持落实安全生产责任制，创建本质安全型企业，实现了全年“零人身伤亡事故、零设备事故”的“双零”目标。三峡电厂、葛洲坝电厂高分通过安全生产达标复评；溪洛渡电厂、向家坝电厂投产后首年即通过安全生产标准化一级标准现场评审。三峡电厂、葛洲坝电厂分别实现连续安全生产3059天、4297天。葛洲坝电厂和溪洛渡电厂机组实现“零非停”，创历史最好水平，居国际同类机组前列。

公司成功应对云南、四川地震等重大地质灾害事件，确保了迎峰度夏等特殊时段流域梯级电站的安全稳定运行，应急处置能力进一步提高。

（四）年度岁修工作有序实施

流域梯级电站年度岁修工作自2013年9月10日开始，至2014年5月底基本结束，历时近9个月。

三峡电站岁修总工期220天，葛洲坝电站岁修总工期232天，溪洛渡电站投产后首轮岁修总工期192天，向家坝电站岁修总工期186天。

三峡电站完成B级检修3台次，专项缺陷处理2台次，C、D级检修25台次；500kV GIS设备检修31项；完成了水工泄洪设施年度检修工作。

葛洲坝电站完成6台机组A级检修（水轮机更新改造增容），改造后的机组运行稳定，机组运行指标达到设计要求。完成C、D级检修17台次，主变压器换型改造3台次；开关站设备检修33项。

溪洛渡电站完成12台机组C级检修、2台新投产机组D级检修及500kV GIS设备检修29项；完成了溪洛渡左岸电站三回出线改接线工作。

向家坝电站完成4台机组C级检修及引水洞局部固结灌浆专项处理、2台机组C级检修及1台主变压器更换工作，以及500kV GIS设备检修14项。

（五）企业管理持续加强

2014年，长江电力获得工信部“中国电力信息化推进示范单位”、“全国电力行业实施卓越绩效模式先进企业”等荣誉。全年开展自主科研项目35项，新获专利85项，软件著作权17项；26项创新成果获得省部级科技和管理成果奖，162项科技成果受中国长江三峡集团公司表彰。全年参与了6部行业标准修编，获评“电力行业标准化工作先进集体”，提升了“三峡标准”的影响力。

（中国长江电力股份有限公司）

黄河上游水电开发有限责任公司所属大中型水电站2014年生产管理情况

（一）班多水电站

2014年，完成发电量15.74亿kW·h，完成年计划的111.51%；厂用电率0.73%，发电耗水率10.23m³/（kW·h），运行负荷率66.8%；实现全年安全生产“七个不发生”，连续安全运行1173天；发生归属性设备二类障碍1次。

全年共开展安全生产例行检查和专项检查7次，查出不符合项95项，整改93项；全年共排查隐患168项，已治理167项，整改率99.4%。

按照电站远程集中控制部署安排，提前准备筹划控制文件及技术文件，抽送相关人员学习培训，保质保量完成电站集控各项测试试验，保证了电站远程集控工作顺利推进。

（二）龙羊峡水电站

2014年，发电量57.43亿kW·h，完成年调整后计划电量的100.17%；厂用电率0.75%，发电耗水率3.29m³/(kW·h)，运行负荷率70.6%。

成立安健环组织机构，制定印发《安全健康环境管理手册》、《进一步推进安健环体系建设与运行工作方案》，开展危害辨识与风险评估、风险数据库修订工作，编制作业指导书67项。2014年底，企业安健环体系正式转入运行。

开展隐患排查治理，全年共排查各类隐患114条，其中一般隐患113条、重大隐患1条，已治理111条，隐患治理率97.4%。

重视检修管理，落实检修项目和三级验收，努力提高设备的安全性和可靠性。全年完成机组A级检修1台次、C级检修3台次、D级检修2台次，330kV线路定检预试4条次。加强对重点区域、重要设备的检查维护，及时消除隐患缺陷及异常参数，严格缺陷管理。全年共发现机电设备缺陷110条，消除108条，主设备消缺率100%，辅助设备消缺率98.11%。开展技术监督工作，继电保护及自动装置投入率100%，正确动作率100%。全年完成修理（含防汛、安措）项目19项，完成率100%；完成技改（含零购）项目29项，完成率89.66%。

严格执行“两票三制”，2014年共办理工作票1144份，执行操作票1220份，“两票”合格率100%。开停机操作633台次，合格率100%。

2014年，完成第三轮大坝定检工作，大坝被评定为正常坝。

（三）拉西瓦水电站

2014年，完成发电量101.48亿kW·h，完成年计划的100.1%；完成综合厂用电率0.38%，较指标值0.49%降低0.11个百分点；发电耗水率1.92m³/(kW·h)，较年计划值降低0.04m³/(kW·h)；运行负荷率51.62%，低于指标值1.38个百分点。完成全年安全生产考核目标，实现全年安全生产运行365天，电站累计安全运行2060天。

全力推进安健环体系建设，取得了1钻评价。发布《2014年安健环体系建设年度工作计划》，开展了安健环体系关键要素培训、危害辨识与风险评估、实施行为干预、风险数据库修订等13项重点工作，增强了作业风险控制力度及涵盖范围。

2014年，共完成机组B修1台次、C修4台次、D修4台次，拉官、拉宁线预试各1次；其他修理和技改等生产工程项目完成率100%，设备缺陷和设备隐患消除率均达到98%以上。

严格执行调度管理纪律，精心进行频率、电压调整，全年累计调频7986.44h，为电网稳定运行做出了贡献。

（四）李家峡水电站

2014年，完成发电量58.69亿kW·h，为年计划的99.47%；综合厂用电率0.43%，低于调整计划0.04个百分点；发电耗水率3.22m³/（kW·h），较计划值低0.07m³/（kW·h）；运行负荷率70.76%，高于计划指标7.76个百分点；办公区用电量745.38万kW·h，低于计划指标154.62万kW·h。全年完成“七个不发生”的安全生产责任目标，安全运行365天；电站连续安全运行5321天。

年内编写、修订15部安全生产管理制度，保证安全生产工作有章可循。稳步推进安健环体系建设工作，经第二方评估，安健环体系获得了1钻。

将解决设备超期服役、消除设备安全隐患作为全年工作重点，编制完成了电站生产工程三年滚动规划，组织实施了发电机组励磁系统换型改造等19项技改工程，为设备的安全运行提供了保障。全年完成机组检修7台次，其中A级检修1台次、C级检修4台次、D级检修2台次；完成了3回330kV送出线路设备的清扫、检查及预试工作；结合机组检修，消除了3号水轮机静止漏环开裂、发电机定子铁芯局部松动等影响设备稳定运行的缺陷。

修订完善相关应急管理制度，年内编制并发布了《李家峡水电站突发恐怖袭击事件专项应急预案》等应急预案。

制定《李家峡水电站远程集控实施方案》，组织学习和培训，对电站监控系统进行维护消缺，及时与集控中心核对远传信息、数据的正确性，配合集控中心进行远方开、停机及增减负荷试验，电站已经具备远方集控条件。

按照黄河水电公司要求进行设备拆分、KKS编码并及时导入ERP环境，结合机组检修工作，及时对最终用户进行培训，11月17日，电站ERP系统正式上线运行。

合理安排发电机组最佳组合运行方式，非汛期平均运行水位在2180m以上。

2014年，电站承担西北电网第一调峰和第二调频厂任务，执行开机650次，停机653次，成功率100%；因机组负荷率低、水库水位低，联系调度停机、调整负荷655次，调度同意停机、调整负荷234次，使机组在满足电网负荷曲线的前提下尽量处于高效区运行。

（五）公伯峡水电站

2014年，完成发电量52.69亿kW·h，完成计划的99.4%；综合厂用电率0.48%，较计划值低0.02个百分点；办公区用电量436.46万kW·h，较计划值低113.54万kW·h；耗水率3.76m³/(kW·h)，低于计划值0.09m³/(kW·h)；运行负荷率77.04%，较计划值高3.04个百分点；等效可用系数完成94.72%，高于计划值2.06个百分点。安全形势稳定，做到了“八不发生”，年内安全生产纪录365天。

安健环体系试运行有序推进，体系内123部管理标准（制度）得以有效执行，并借助信息管理平台，将辨识出的751条作业风险全部录入到ERP系统中；组织开展安健环体系内部评审，自评得分48.63，达到1钻等级要求，已具备第二方评审条件。

扎实组织开展春秋季安全大检查、“六打六治”打非治违、安全生产尽职督查、“安全生产月”等专项活动，并对检查发现的84项问题及时安排整改。

开展设备消缺工作，年内共发现设备缺陷105条，消除105条，消缺率100%，其中成功消除左岸农灌口压力钢管伸缩节密封圈破损等较大缺陷。年内共完成8台次的机组检修任务，其中C级检修5台次、D级检修3台次，检修后的机组均一次启动成功。根据网调要求，为机组加装PMU相量测量装置，优化了一次调频、AGC功能程序，完成了机组主变压器保护版本升级等工作。

持续开展标准化建设工作，1月，正式通过4A级“电力标准化良好行为企业”的现场确认；9月，被授予“电力标准化工作先进集体”荣誉称号；年内，共发布新（修）订各类标准、制度77部，其中技术标准7部、管理标准及制度36部、安健环体系制度34部。

（六）苏只水电站

全年完成发电量9.31亿kW·h，完成年计划的105.92%，同比减少10447.98万kW·h；年累计综合厂用电率0.77%，较计划值0.86%降低0.09%，同比降低0.02%；年累计耗水率21.06m³/(kW·h)，较计划值降低0.44m³/（kW·h），同比降低0.10%；年累计平均机组运行负荷率71.40%，较计划值提高1.40%。实现了工作会确定的发电生产“九不发生”和工程建设不发生负主要责任的安全事故目标，安全生产局面持续稳定。

强化安全生产标准化达标工作，对电站标准化达标查出的40多项问题全部进行整改。梳理企业安全管理制度和流程，修编、修订应急预案18部。

规范大坝安全管理。编制完成并发布了大坝安全管理责任制、大坝安全管理制度等10部管理制度和大坝观测规程、水工维护规程和水工作业安全规程。建立了比较完善的大坝安全监测系统，委托相关单位规范开展苏只水电站、大通河流域五级电站大坝安全监测。完成了苏只水电站大坝首次定检和大坝注册工作，大坝评定为正常坝，注册等级为甲级。

开展安全专项整治和隐患排查治理等活动，全年发现缺陷136项，消除127项，消缺率93.4%。

机组检修项目全面推行项目管理，严格按“质量、安全、进度、投资”控制检修工程，机组检修过程中未发生安全、质量事故。2014年，完成了苏只水电站1号机组C级检修，12月中旬开始进行2号机组C级检修。

（七）积石峡水电站

全年完成发电量32.14亿kW·h，完成年计划的100.44%；综合厂用电率完成0.64%，耗水率6.31m^3/（kW·h），运行负荷率66.5%；全年共发现设备缺陷177项，主设备缺陷消除率100%；完成机组计划检修6台次；未发生各类交通事故及违章。

全年开展安全生产例行检查和专项检查13次，查出不符合项210项，整改202项。

健全应急管理组织体系、制度体系、预案体系，全年组织开展应急演练7次，编制应急预案20部，完善现场处置方案46部，其中14部应急预案通过外部专家评审。

作为ERP系统首批上线运行单位之一，建立了ERP组织机构并落实专人负责机制，收集KKS编码共计47007条，编制用户操作手册5本，组织人员培训147人次，保证了ERP如期上线试运行。

完成三大标准的修订和事权手册的编制，共制定标准1097部、内部标准434部。开展班组建设工作，班容班貌焕然一新，电气班被评为黄河水电公司2014年度优秀班组，保护班荣获“青海省巾帼标兵岗”，企业作为集团公司7家三级单位代表之一参加集团公司班组建设经验交流会并进行了交流发言。抽调专人开展二次图纸修订工作，年内共修订图纸851张。

（八）盐锅峡水电站与八盘峡水电站

全年完成水电发电量32.74亿kW·h，完成调整后年计划的100.8%，其中：盐锅峡水电站（以下简称盐站）23.02亿kW·h，完成年计划的101%；八盘峡水电站（以下简称八站）9.71亿kW·h，完成年计划的100.26%。综合厂用电率：盐站0.8%，较年计划值低0.1%；八站1.19%，较年计划值高0.09%。可靠性指标：盐站等效可用系数98.15%，机组台平均利用小时数4869.29h，非计划停用次数0次，运行负荷率94.62%；八站等效可用系数92.89%，机组台平均利用小时数4416.45h，非计划停用次数0次，运行负荷率79.93%。水库运用：盐站年度累计入库水量239.47亿m^3，同比减少40.04亿m^3；发电水量239.39亿m^3，同比减少39.98亿m^3；年均水头39.04m，同比提高0.25m。八站年度累计入库水量274.16亿m^3，同比减少32.59亿m^3；发电水量266.17亿m^3，同比减少32.49亿m^3；年均水头16.83m，同比提高0.18m。耗水率：盐站年度累计耗水率10.4m^3/(kW·h)，同比下降0.39m^3/(kW·h)；八站年度累计耗水率27.39m^3/(kW·h)，同比下降0.73m^3/(kW·h)。

设备消缺及隐患排查：盐站发现缺陷413项，消除410项，消缺率99.27%；发现隐患13项，治理13项，治理率100%。八站发现缺陷549项，消除546项，消缺率99.5%；发现隐患5项，治理5项，治理率100%。

电费回收率：100%。

开展春、秋季安全大检查活动。春查期间，在盐、八两站共查出问题33项，完成整改30项，3项未整改待技改。秋（冬）季安全大检查，共查出问题24项，完成整改18项。为防局地暴雨，加强两站库区清污，盐站拦污栅清理22台次，共清理污物301.5m^3；八站拦污栅清理23台次，闸门槽抓污6台次，机组蜗壳内清杂物1台次，共清理污物865m^3。

积极开展应急管理工作，修编完成应急预案（初稿）17部、专项处置方案22部；举办了消防安全知识培训及消防实战演练活动，共计35人参加。

全年完成机组C级检修13台次（其中：盐站10台次、八站3台次）；机组B级检修1台次（八站5号机组）；机组A级检修3台跨年度进行（其中：盐站3号、4号机组、八站1号机组）。

开展安全教育培训工作，先后举办了“安全资格取证培训班”、“安健环体系建设培训班”、“应急管理知识培训班”、“新员工安全知识培训班”等8期培训班，340人次参加了培训。

（九）青铜峡水电站

全年完成发电量11.85亿kW·h，完成年计划的102.07%；完成综合厂用电率1.13%，比计划值低0.01%；发电耗水率21.75m^3/（kW·h），比计划值低0.15m^3/（kW·h）；平均运行负荷率75.26%，比计划值增加了5.26%；保护及自动装置动作率、投入率均为100%。完成了安全环保指标。

完善安全生产监督体系，标准化达标工作存在问题整改完成82.6%。组织开展设备隐患排查治理工作，全年主设备消缺率100%，设备缺陷消除率完成98.63%，电站主、辅设备完好率均达到100%。技术监督及对标管理工作实现全覆盖，完成率达到100%。

全年电站完成B、C、D级机组检修9台次；实施生产工程项目21项，完成率100%。完成7号机组技术改造工作，12月24日并网归调。2号机技术改造工作已于12月4日全面展开，后续改造项目正在有序推进。

（黄河上游水电开发有限责任公司　许为宁）

雅砻江流域水电开发有限公司 2014年电力生产情况

（一）新机组投产情况

2014年，雅砻江流域水电开发有限公司（以下简称雅砻江公司）共新投产6台60万kW机组，分别为锦屏一级水电站1、2号机组及锦屏二级水电站5、6、7、8号机组，并按要求开展新机组并网安全性评价工作，及时办理了转入商业运营手续。2014年7月12日，锦屏一级水电站最后一台机组1号机组并网发电；11月26日，锦屏二级水电站最后一台机组8号机组正式并网发电。截至2014年12月31日，雅砻江公司总装机容量达到1410万kW，分别为二滩水电站330万kW，官地水电站240万kW，锦屏一级水电站360万kW，锦屏二级水电站480万kW。新投产机组运行情况总体稳定，并创造了较好的经济效益。

2014年10月，雅砻江公司集控中心在成都成功远控锦屏一级水电站，12月恢复远控二滩水电站（因计算机监控系统改造暂停），从而实现了对雅砻江下游二滩、官地、锦屏二级、锦屏一级水电站等4座已投产电站的远程集中控制。

（二）安全生产情况

2014年，雅砻江公司以NOSA建设为抓手，狠抓新投产电站现场安全文明环境整治和新投产机组缺陷和隐患排查治理工作，加大技术管理力度，安全生产情况总体良好。截至2014年12月31日，除官地水电站发生一起一般设备事故外，雅砻江公司未发生其他一般及以上设备事故，各电力生产单位电力生产长周期安全运行天数分别为：二滩2672天、官地50天、锦屏734天、集控中心1104天。

（三）水库运行情况

2014年，雅砻江流域锦屏一级至二滩段来水属平水系列，其中两大控制性水库，二滩水库为季调节水库，天然来水频率为42.9%，比2013年来水偏多15.2%，全年实际平均入库流量为1600m^3/s，全年最大入库洪峰流量为7620m^3/s，入库总水量为504.7亿m^3；锦屏一级水库为年调节水库，天然来水频率为39.7%，比2013年来水偏多16.9%，全年平均入库流量为1312m^3/s，全年最大入库洪峰流量为6000m^3/s，入库总水量为413.7亿m^3。

2014年，锦屏一级水库于7月10日开始第四阶段蓄水（1840.0m高程），8月24日蓄水至正常高水位（1880.m高程），完成第四阶段蓄水，顺利进入正常运行期；二滩水库年初水位为1198.14m高程，6月上旬水库消落至年度最低水位1158.23m高程（死水位为1155m高程），9月中旬水库水位蓄至正常高水位1200m高程，年末水位为1119.51m高程。

（四）发电情况

2014年，雅砻江公司完成发电量601.2亿kW·h（含调试电量），其中，二滩水电站完成发电量129.33亿kW·h，比2013年减少22.89亿kW·h；官地水电站完成发电量109.46亿kW·h，比2013年增加10.06亿kW·h；处于新机投产阶段的锦屏一级水电站完成发电量162.67亿kW·h，锦屏二级水电站完成发电量199.74亿kW·h。

（五）技术指标

1. 主设备完好率　2014年，二滩、锦屏一级、锦屏二级水电站主设备完好率均为100%，官地水电站主设备完好率为97.22%。

2. 机组等效可用系数　2014年，二滩机组等效可用系数为85.13%，比2013年降低5.00%，主要原因为机组计划检修时间多于2013年同期；官地水电站机组等效可用系数为86.97%；处于新机投产阶段的锦屏一级水电站、锦屏二级水电站机组等效可用系数分别为91.46%、92.40%。

3. 发电设备平均利用小时数　2014年，二滩水电站发电设备平均利用小时数为3919.05h，比2013年减少693.82h，主要原因为发电量同比减少；官地水电站发电设备平均利用小时数为4560.70h，锦屏一级水电站、锦屏二级水电站发电设备平均利用小时数分别为5328.37、6018.49h。

4. 发电耗水率　2014年，二滩水电站发电耗水率为2.43$m^3/(kW\cdot h)$，与2013年持平；官地水电站发电耗水率3.43$m^3/(kW\cdot h)$，处于新机投产阶段的锦屏一级水电站、锦屏二级水电站发电耗水率分别为1.93、1.33$m^3/(kW\cdot h)$。

5. 生产用厂用电　2014年，二滩水电站生产用厂用电量为2600.53万kW·h，生产厂用电率为0.20%，比2013年增加0.02%；官地水电站生产用厂用电量为1099.60万kW·h，生产厂用电率为0.10%；处于新机投产阶段的锦屏一级水电站生产用厂用电量为1564.05万kW·h，生产厂用电率为0.10%；锦屏二级水电站生产用厂用电量为1944.18万kW·h，生产厂用电率为0.10%。

（六）检修情况

1. 机组检修　2014年，雅砻江公司完成二滩、官地、锦屏一级、锦屏二级四座电站共计15台次机组C修，配合电网完成共计8条次线路检修。

2. 技术改造　2014年，雅砻江公司完成二滩水电站计算机监控系统改造及3台机组500kV电缆保护改造，完成水垫塘5台深井泵改为潜水泵改造；完成官地水电站500kV电缆保护装置盖章，3个500kV开关保护装置改造，2组开关间短引线保护装置改造。

（雅砻江流域水电开发有限公司　简振远）

向家坝水力发电厂2014年生产管理情况

向家坝水力发电厂（以下简称向家坝电厂）是中国长江电力股份有限公司下属的电力生产管理单位和生产成本控制中心，2009年4月开始筹建，2012年2月27日正式成立。

2014年，向家坝电站全面投产发电，并具备设计防洪功能。截至2014年12月31日，向家坝电厂连续三年超额完成年度发电任务，连续两年实现水库380m蓄水目标；8台世界单机容量最大的80万kW水电机组全部按照精品标准通过“首稳百日”考验，并以高分一次性通过并网安全性评价。

2014年向家坝电厂主要生产管理情况如下：

（1）1月8日，接管1、6、7号表孔设备，电站泄洪设施全部移交至向家坝电厂运行管理。

（2）1月，《向家坝电厂企业标准体系建设》在第四届全国电力设备管理创新评选活动中，荣获中国设备管理协会颁发的管理类创新二等奖。

（3）2月1日，1号机组实现“首稳百日”目标。

（4）4月6日，2号机组实现“首稳百日”目标。

（5）4月29日，3号机组正式投产发电。

（6）6月30日，首次实现单日发电量超1亿kW·h。

（7）7月7日，4号机组正式投产发电，并移交向家坝电厂运行管理，标志着向家坝电站8台机组全面投产发电。

（8）7月12日，3、4号机组通过发电机组并网安全性评价。至此，向家坝电站8台机组全部通过“并网安评”。

（9）8月7日，3号机组实现“首稳百日”目标。

（10）9月11日，向家坝电站上游水位达到正常蓄水位380m，标志着向家坝电站第二次380m水位蓄水顺利完成。

（11）9月17日，向家坝电厂质量环境职业健康安全管理体系，获得中国方圆标志认证集团推荐通过首次监督审核。

（12）10月15日，向家坝电站最后一台机组4号机顺利实现“首稳百日”目标。至此，历时709天，向家坝电站8台机组全部实现“首稳百日”目标。

（13）11月23日，向家坝电厂自2012年2月27日成立以来，实现连续安全生产1000天，电站累计发电量达469亿kW·h。

（14）12月15日，向家坝电厂2014年度发电量达280亿kW·h，提前16天完成年度发电任务。同日，向家坝电厂被中国电力设备管理协会评为第五届全国电力行业设备管理工作先进单位。

（15）12月24日，向家坝电厂顺利通过安全生产标准化一级达标专家现场评审。

（16）12月31日24时，向家坝电厂2014年度发电量达287亿kW·h。

（向家坝水力发电厂　朱迟锐）

澜沧江流域集中智能控制管理取得阶段性研究成果

华能澜沧江水电股份有限公司集控中心（以下简称集控中心）按照公司“大公司、小电厂、远程集控、统一运营”的生产运行管理模式，承担华能澜沧江水电股份有限公司（以下简称“澜沧江公司”）所属水电厂远程集控运行及发电运行管理、流域水情测报、水库优化调度及管理、检修管理、二次系统（继电保护、计算机监控、通信）专业管理等职能。为增强行业竞争力、保持技术领先优势、实现综合效益最大化，集控中心进行了“流域集中智能控制管理模式”软科学课题的研究。

该课题研究针对流域多梯级水电站发电运行与水库调度管理，对集中控制的功能拓展、集控中心和电厂的管理关系、流域的发电优化管理、水库调度及检修计划管理等进行深入研究，提出集中智能控制管理模式，构建智能集控技术支撑框架体系；结合集控中心现状、流域开发进程、未来科技进步和发展，提出创建世界一流集控中心的总体目标，以及分阶段实施发展规划。

通过研究，取得流域集中管理控制模式和技术支撑系统成果。该成果的主要创新点如下：

（1）提出集中智能控制管理模式定义。该定义是：面向流域梯级水电站群，适应电力改革新形势，以“数据采集自动化、信息预测精确化、生产运行决策最优化、运行控制一体化”为特征，通过先进的智能技术支撑系统将流域现场和远程的电力生产运行人员融为一体，实现电力流、信息流、业务流高度一体化融合，保证流域水电的安全、高效、优质、经济运行的管理模式。

（2）提出建设“发电运行控制、水库调度、二次系统及运行技术专业管理”三个中心，打造“安全、智能、效益、和谐”四个集控和创建“一流的技术运用创新能力、一流的企业管理能力、一流的经营业绩、一流的人才队伍、一流的品牌形象”的世界一流集控中心的概念和目标。

(3) 提出建立以信息数字化、通信平台网络化、信息共享标准化为基本要求，以自动完成信息采集、测量、控制、保护、计量和监测等为基本功能，支撑集控中心遥控、遥测、遥调、遥信梯级电站，支持实时自动控制、智能调节、在线分析决策、协同互动等高级功能，使发电运行管理与控制、经济运行优化分析、事故预警与处理等生产过程高度智能化的技术支撑系统；并提出应用“大数据”关键技术研究一套包含管控一体化平台的、适用于流域集中智能控制管理模式的智能技术支撑系统。

该研究成果已通过专家评审，并荣获华能集团公司“软科学研究优秀成果奖”。它为集控中心建设和管理提供了有力的理论支撑，指明了未来发展的方向。集控中心正应用该成果，优化管理模式，开展技术支撑系统建设的前期准备工作。

实施流域梯级水电站集中控制运行和集中智能管理，可实现真正意义上的多目标管理，进一步节约企业生产运行成本，实现综合效益最大化，更有利的保障流域、梯级电站安全防洪度汛，更好地保障流域航运、生态和灌溉等社会效益最优，增强澜沧江公司行业竞争力。

通过“流域集中智能控制管理模式”软科学课题研究，构建了一套适用于集控中心的流域集中智能控制管理模式及其智能技术支撑系统，提出了建设“三个中心”、打造“四个集控”、创建世界一流集控中心的发展目标和切实可行的分阶段实施方案及发展建议，澜沧江流域集中智能控制管理取得阶段性研究成果。

（华能澜沧江水电股份有限公司集控中心　马月姣）

小湾水电厂开展动态数据分析系统建设

小湾水电厂动态数据分析系统是在运行维护检修管理规范化、标准化的基础上，基于小湾电厂生产过程管理及设备管理工作而开发的具备生产过程动态数据采集、分析、查询、报表统计、监控信号预警及趋势分析等功能的大数据智能化分析平台，通过全面覆盖在线监测系统，实时监测各类设备数据及相关波形频谱。该系统自2011年开发应用以来，趋势分析功能为机组检修定级、缺陷分析提供了数据支持，起到辅助监盘的作用，有效掌握设备健康状况变化趋势，提前发现潜伏性故障，并进行预警，避免发生严重事故。系统目前集成了设备环境监控、主变色谱在线监测、发电机局放在线监测、TN8000状态监测、水情信息、电能量管理、通风系统、监控WEB系统及灾害报警等功能，有效提升了生产监测数据分析的智能化程度和信息挖掘能力，确保700MW级水轮发电机组安全稳定运行。2014年，“小湾电厂设备动态分析平台研发”获得中国华能集团公司2014年度科学技术进步奖三等奖；“小湾电厂动态数据分析系统”获得第四届全国电力行业设备管理创新成果奖二等奖、全国电力企业信息化优秀成果奖二等奖。

（小湾水电厂　吴婷婷）

漫湾水电厂2014年生产运行情况

漫湾水电厂总装机容量167万kW，“一厂三站”式分布，是云南省第一座百万千瓦级大型水电厂。

2014年，漫湾电厂安全生产365天，到年底，实现了连续安全生产3963天；完成年发电量69.07亿kW·h，年上网电量68.70亿kW·h；直接厂用电率0.1675%，技术监督动态检查评价得分率96.53%，安全、效益、党建三项绩效指标完成较好。

2014年，漫湾电厂较突出的三方面工作情况如下：

(1) 机组检修。采用“电厂检修管理为主，外协队伍实施”的方式开展，2014年电厂调整检修管理思路，精心策划、适当管控，实现“运维合一”模式下的机组检修目标。

全年完成7台次机组检修及3条线路、联络变等输变电设备的定检，共完成标准项目1150项、特殊项目及专项处理项目226项、技术监督项目742项。检修过程精心策划，严格执行三级验收制度。消除了多台机组转子中心体及转轮裂纹、1号机组圆筒阀卡阻及导叶接力器上端盖裂纹、6号机组转子中心体下法兰与下端轴上法兰间隙超标、部分空冷器渗水等设备重大缺陷，设备运行参数指标有效提升。修后，开停机成功率提高，各机组运行状态良好，均实现连续安全运行超过180天，评价得分率超过100%。

2014年完成了220kV GIS设备大修，消除了母线导体连接处间隙过大、GIS气室SF_6气体微水反复超标及断路器存在的隐患；完成了5号表孔弧门油缸更换、4号机组高厂变及励磁变更换、部分机组主变冷却器和励磁功率柜更换、PMU装置改造等项目，优化了机组有功、无功功率交流采样与变送器采样自动切换策略，完善监控系统AGC与一次调频负荷调节策略。通过整治，设备的安全性和可靠性不断提升。

(2) 积极推进“无人值班”和“数字化电厂”建设。对照无人值班技术条件，开展了通信系统双网建设、进水口事故门单元制改造、振摆保护装置加装、水灾保护加装、主变压器及发电机在线监测装置加装、三道门防误闭锁改造等项目，不断满足“无人值班”标准要求，积极开展“数字化电厂”建设工作。

(3) 安全生产管理体系建设和安全生产标准化达标评级工作成果得到巩固提升。年初通过集团公司安全生产管理体系现场确认，在体系运行过程中，结合国家及集团公司的最新要求，及时对体系文件进行了两次动态修订，体系文件进一步健全完善。在2013年通过“电力安全生产标准化一级企业”达标后，2014年对照《发电企业安全生产标准化规范及达标评级标准》进行自查自评，自查得分98.6分，对存在的8项问题制定整改措施，明确责任人限期整改，巩固了达标评级成果。

（漫湾水电厂）

景洪水电厂创投产以来最高发电纪录

2014年，景洪水电厂完成发电量73.7亿kW·h，创造了自2008年投产以来最高发电记录。一年来，电厂在安全生产管理体系建设、机组检修、员工岗位组聘、风险内控等方面，扎实工作，取得了良好成效。

1. 安全生产管理体系建设　2014年2月，景洪电厂对安全生产管理体系文件进行了修订和增补，其中《岗位工作管理标准》、《安全生产培训管理标准》、《消防器材及设备管理标准》、《设备异动管理标准》4个文件有较大改动，增加了《零星购置项目管理标准》，体系文件数量达到86个。为迎接6月24～27日集团公司对电厂安全生产管理体系管理标准编制和实施运行情况的现场确认审核，景洪电厂认真做好准备，编制了迎检配合人员一览表、安全生产管理记录核查表以及确认会议工作指南，各小组配合人员提前熟悉标准内容和相关记录资料。在电厂各部门的通力配合下，景洪电厂安全生产管理体系顺利通过了集团公司现场确认审核。根据现场确认审核所提出的整改意见，景洪电厂于8月份组织对体系部分文件进行修编、调整，拆分1个、取消2个，并梳理形成体系标准清单目录（包含标准85个）下发至各部门。这次修编，制定了标准格式模板，明确文件各板块的编制要求，适当延长了文件编制时间，突出提升文件修编质量的目标。

2. 机组检修工作　景洪电厂2013至2014年度机组检修工作于2013年10月22日开始至2014年4月8日结束，历时169天。按照“应修必修、修必修好”检修原则，注重对机组日常运行中存在的问题和缺陷进行统计分析，提前谋划，制定相应的处理措施，按照早计划、早组织、早准备、早落实，严管理的原则，做到修前准备充分、修中管控到位、修后评价客观。相继安全、优质、顺利完成了1～5号机组检修，并开展了1号主变B、C相及2号主变B相绝缘油脱气处理等特殊项目，对5台机组水机回路进行了改造，按时完成500kV景思甲、乙线及220kV景黎线线路主二保护升级工作。

3. 全厂一般员工岗位组聘工作　2013年9月，景洪电厂提出了全厂一般员工岗位组聘的设想，从提出设想到正式实施历时1年。在这1年的准备期内，电厂领导多次召开会议讨论组聘相关工作，认真制定组聘方案，仔细研究人员结构，充分做好突发情况预想。经过全方位的准备，2014年9月2～7日组织了电厂成立后的首次岗位组聘。本次组聘本着双向选择、择优聘用的原则，按照先机关、后生产，先班组负责人、后班组员工的顺序开展。通过资格审查、考试、考核、答辩4个环节，对员工进行综合素质考察，为岗位组聘提供充分依据。组聘工作充分体现电厂岗位“能上能下”的动态管理原则，建立起激励、竞争、效益机制，调动了员工的积极性，优化了电厂内部人力资源配置，提高了工作质量和效率，为电厂“创一流”筑牢坚实的人才基础。

4. 风险内控工作　景洪电厂根据内控手册中的主要业务流程，结合工作实际编制了《电厂内控流程测试底稿》，内容包括电厂治理、综合行政、计划管理、资产管理、物资设备管理、生产管理、项目及合同、人力资源、财务管理、信息管理、科技研发管理、安全环保管理等业务层面，共52个内控风险流程、78个关键控制点。按照部门职责进行分工，由各责任部门按照测评时间、范围和《内部控制测评工作指引》要求，以随机抽样的方式抽取样本，通过询问关键控制点所涉及的岗位人员和检查相关资料台账的形式对所抽取的样本进行测评，如实填写内控流程测试底稿。对存在缺陷的内部控制流程认真分析原因、制定整改计划，在下一季度测评时重点检查缺陷整改情况。根据每季度测评情况及时对电厂内控手册进行修编，不断完善电厂内控手册和业务流程，使电厂风险管理趋于科学化、规范化。

（景洪水电厂　周宇星）

乌江渡发电厂2014年生产管理情况

乌江渡发电厂经2003年扩建和2005年增容改造，总装机容量达到125万kW，设计多年平均发电量40.56亿kW·h，在贵州电网中肩负着调峰调频、黔电送粤潮流调控主力发电厂的重任。

2014年，全年累计完成发电量37.42亿kW·h，同比增加56.97%，提前51天完成公司下达的年发电任务；累计来水141.36亿m^3，同比增加65.45%；发电耗水率3.45m^3/(kW·h)，水能利用提高率5.18%；设备等效可用系数定额完成率103.11%，两票执行合格率均为100%；到年底，连续安全生产3563天；等效净资产收益率128%，利润总额6.49亿元。2014年，企业连续五年被中国华电集团公司命名为"五星级发电企业"，继续保持"文明单位标兵"称号，荣获"2014年基层党建示范点""全国职工教育培训示范点"、全国电力行业"设备管理工作先进单位"等荣誉。

乌江渡发电厂2014年主要生产经营管理情况如下：

（一）安全生产上新台阶

深入贯彻上级关于安全生产工作部署，全面落实安全生产责任制，成功实施了远程集控管控模式，通过了大坝第四次安全定期检查，全年安全目标顺利实现。

（1）健全隐患排查治理长效机制。通过推行生产部门缺陷定额管理、消缺情况跟踪考评和月度隐患治理考评，激励部门、班组主动深入开展隐患自查自纠；扎实开展了季节性安全大检查、装置性违章、特种设备设施等专项检查，并制定详细的整改措施，责任落实到位。

（2）实现安全平稳度汛。汛前超前思考、谋划部署，强化常态化防汛工作机制和突发性应急抢险机制建设，汛中积极沟通协调、落实责任、科学管控，经受住了"7·17"洪水的考验。洪水期间，既保证了厂内安全，又保证了乌江镇、川黔铁路桥的防洪安全。

（3）成功实施远程集控模式。从设备治理、规章制度、应急处置三方面开展"远程集控、少人维护"工作，完成相关工作标准、安全生产管理制度以及应急预案等27个制度的修编审核；设备治理重点实施了ONCALL系统，消防系统，门禁、广播、周界防范系统等改造；于11月18日通过验收检查评估，12月30日正式实施远程集控管理模式。

（4）应急处置能力不断提高。完善应急预案体系，切实做好应急响应准备，认真组织了全厂失电处置、电梯故障、区域联合反恐防暴应急演练等，提升了应急处置能力。

（二）盈利水平创新纪录

坚持价值思维，通过"强预算、控成本、争政策、重节俭"等措施，全年利润创历史新高。一方面争取大型水电企业增值税退税相关政策，2014年共完成退税金额7123万元，为企业全年利润贡献了10.97%；另一方面从工程造价成本、现场作业成本、物资采购成本和管理费用等方面将成本费用倒逼到各业务领域和管理环节，主营业务成本连续同比减少，同时认真贯彻"八项规定"相关精神，严控各项费用使用，五项经费同比下降4.08%。

（三）企业管理有新成效

（1）认真贯彻落实公司集团化管控要求。结合企业定位及自身管理的薄弱环节，以强基础为主线，优化本厂"两个中心"建设方案，在充分调研论证基础上，完善了"乌江流域下游修试中心、监测中心"建设方案。

（2）制定乌江渡发电厂中长期战略发展规划。对近三至五年的工作目标作出详尽的规划，谋划出了"做强做精发电安全生产核心业务，做实做大机组检修、技能培训和大坝监测三项扩展业务，成为华电集团经营创效、管理创新、人才培训和机组检修四项标杆，促就一个水电行业品牌"的"1341"发展战略，为企业发展统一思想、指明方向。

（3）深化管理创新。探索管理新方法，激励职工创新管理，申报的《以流程要素为重点的本质安全型企业建设》和《水电流域检修专业化管理模式构建与实施》课题分别获得省第十五届企业管理现代化创新成果一等奖和二等奖。

（四）7S管理现新提升

7S管理包含整理（Seiri）、整顿（Seiton）、清扫（Seiso）、清洁（seiketsu）、素养（Shitsuke）、安全（Safety）、节约（Save）7项内容。2014年，乌江渡发电厂共组织180余人参加7S管理专题培训和督导师培训；制订了《7S常态化管理办法》、《7S奖惩管理办法》和《7S检查评比实施办法》，10～12月份开展月度7S管理常态化专项评比检查，颁发了"7S优胜流动红旗"并按制度兑现奖励，办公区域整改基本完成。完成了一号厂进厂交通洞电缆桥架改造、厂房回车场企业文化墙改造等部分生产现场7S整治，对现场警示标识、标牌进行了完善；通过对物资仓库清理、整顿，提高了仓储管理效率，节约了成本。制作了《乌江渡发电厂7S管理目视化标准图集》、目视化展板等，为规范办公场所、库房管理、生产现场环境及设备管理提供了模板，也为持续改进、全面提升

7S管理水平提供了有力保障。

（五）队伍建设出新成绩

（1）人才培养多元推进。扎实开展“强在基层，赢在中层”系列主题培训，针对中层干部开展《卓越中层管理技能提升》培训以提高创新能力、转变管理思维；针对班组长、骨干人员开展《卓越班组长训练营》和户外素质拓展训练以提高执行能力、夯实管理基础；针对新招聘学生实行实习期满必须经答辩合格才能转正定岗。

（2）职工职业发展通道不断拓展。2014年共聘用生产专业各类技术专家3名、技能专家5名；同时坚持以赛促训、以训促学，立足岗位成才，职工荣获乌江公司举办的继电保护技能大赛第一名，省2014年职工职业技能大赛（水电运行专业）第一、第二名，省直属企业第四届职工职业技能大赛（水电厂自动化）团体赛二等奖、个人第二名的好成绩。

（六）流域检修和培训鉴定任务圆满完成

（1）优质完成流域全年检修任务。安全优质高效地完成了思林4号机A级检修和2、3、4号机尾水闸门修复，构皮滩4号机A级检修，沙沱2号机C级检修和4号机B级检修等检修任务。经过“7·17”特大洪水和汛期长时间满负荷运行的考验，检修机组未发生非停。

（2）积极推进技能培训鉴定工作。不断完善设备设施，着手扩展水电仿真系统的检修、试验功能，成功将原教育楼改造为技能鉴定及培训楼；建立了专职教师专家库，并派员参加电力行业仿真培训指导教师的培训取证；开展了2期含值班员、检修工、保护工等专业共17人的技能鉴定；配合公司人力资源部完成对黔源公司毛家河水电站26名新生和善泥坡水电站17名运行维护人员的仿真培训；成功协办2014年贵州省水轮发电机运行技能大赛。

（乌江渡发电厂　徐曼曼）

沙沱发电厂2014年生产管理情况

沙沱发电厂为乌江干流贵州境内规划开发的七个梯级电站的最后一级，总装机4×280MW，首台机组于2013年5月投产发电，其余3台机组于2013年投产运行。2014年，沙沱发电厂生产管理情况如下：

1. 完成指标　年发电量43.89亿kW·h、上网电量43.52亿kW·h，超额完成年度发电计划；综合厂用电量3683.55万kW·h，综合厂用电率0.84%；等效可用系数90.73%，开停机成功率100%，无非计划停运；实现连续安全生产599天。2014年，沙沱发电厂创造了4台机组连续42天满负荷运行、累计65天满负荷运行的历史记录。

2. 设备　完成安稳装置升级改造、ON-CALL系统升级、消防系统改造。完成2、4号机C+D修、1号机A修、3号机C修的检修任务及公用系统设备的预试。完成了主变压器在线监测、GIS SF_6在线监测、发电机集电环热成像在线监测系统、远程集控监视与控制、图像型火灾探测系统、透平油库自动灭火系统及联动、全厂失压情况下的一键黑启动功能等项目的调试，提高了电站整体的综合自动化水平。

3. 工程建设　年度投资完成9.9亿元，累计完成投资82.2亿元，占总投资的77.1%。2014年主要土建项目是通航建筑物施工、厂房装修。8月厂房装修完成，年底，通航建筑物本体段部分排架柱浇筑完成并提交桥机轨道安装工作面。

“沙沱水电站复杂施工条件下的控制爆破关键技术”荣获第七届中国工程爆破协会科学技术一等奖，“大型水电站多机组安装调试管控体系的构建与实施”获贵州省十五届企业管理现代化创新成果二等奖和中国华电集团公司管理创新成果三等奖。

4. 管理

（1）标准化工作：2014年梳理和制定了12个部门工作职责，界定了各部门的责任权利；修编和制定了《经济责任制考核细则》等管理制度40个；修编和制定了71个生产技术标准，使得各项生产管理工作更加规范化。

（2）创星工作：制定了《制度管理提升年活动方案》，成立了创星工作领导小组和五个专业组，适时修编和补充了企业管理标准化制度和技术标准，创星工作有条不紊地开展。

（3）7S管理工作：成立了领导小组和推进办公室，召开了动员会，组建了15人的督导师团队，按照“整理、整顿、清扫、清洁、素养、安全、节约”的要求开展了两期7S样板区打造，并对取得实效的样板区进行了表彰和奖励，7S管理工作全面展开。

（4）五型班组建设：定期对五型班组建设进行检查，对发现的问题及时整改，一次班获得乌江公司2014年“四星班组”，机械班获得乌江公司2014年“青年安全生产示范岗”。

（沙沱发电厂）

思林发电厂2014年生产管理情况

思林发电厂位于贵州省思南县乌江干流上，装机容量4×26.25万kW，机组于2009年12月已全部投产。2014，该厂生产管理主要情况如下：

1. 来水　入库水量 243.87 亿 m^3，较上年同期多 83.94 亿 m^3。发生六次大于 1500m^3/s 的区间洪水，其中最大一场洪水发生在 7 月 17 日，最大区间洪峰流量为 7760m^3/s。

2. 完成指标　完成发电量 37.496 亿 kW·h，比上年增加 34.11%，完成年度计划的 105.92%，产值 11.14 亿元；综合厂用电量 3206.827 万 kW·h，综合厂用电率 0.86%，比上年 0.92%低 0.06%，比目标值 0.88%低 0.02%；发电平均耗水率 5.85m^3/(kW·h)；等效可用系数目标值为 90.06%，实际值为 91.88%；自动开、停机成功率 100%，主辅设备完好率 100%，主设备一类率 100%；机组平均利用小时 3571.10h；实现连续安全生产 2043 天。

3. 运行调度　2014 年 3 月 4 日，思林发电厂向思南县人民政府发送《关于商洽调整夜间机组运行方式的函》，思南县人民政府同意在电网负荷低谷、沙沱水库在 360.00m 水位以上运行时，每日夜间 20：00 至次日 08：00 思林发电厂可以停机蓄水，以提高水能利用率。2014 年，思林发电厂耗水率由前五年的平均值 6.01m^3/(kW·h)降低至 5.85m^3/(kW·h)，年度增发电量 0.8995 亿 kW·h，折合经济效益 0.3148 亿元。

4. 设备改造

(1) 完成了计算机监控系统 LCU 通信介质改造。将监控系统到现地控制单元的传输介质由同轴电缆更换成以太网、光纤数据传输，保证了数据传输的可靠性和稳定性。项目的实施为已建成大型水力发电厂计算机监控系统在设备不停电的前提下进行通信介质改造提供了经验。

(2) 根据公司“远程集控、少人维护”水电厂和集控中心主要设备基本技术条件要求，结合自身实际，完成了第三水位计水淹厂房信号接入计算机监控系统公用 LCU、1 号发电机消防系统改造及试验、ON-CALL 系统改造设备安装，并完成门禁及周界防护系统改造、水导外循环电源改造等合同签订工作。

(3) 在机组检修过程中，完成：①4 号机组转子制动器及制动器闸板改造和各部轴承油混水传感器换型改造；②1～4 号机组上下导油槽测温电阻、推力外循环流量计等自动化元件的换型改造；③1、4 号机组技术供水滤水器电动排污阀换型改造；④水情分中心气象站改造；⑤生产及管理信息短信平台项目建设等。

5. 工程建设　完成了思林发电厂下游思南县城库岸治理工程验收及管理移交工作。2013 年 11 月复工的电站通航工程，于 2014 年 7 月 23 日完成检修桥机安装，12 月 31 日完成承船厢吊装。2014 年，思林发电厂完成了主体工程环保专项验收、消防专项验收的准备工作和思林水电站库区移民返包工程整体移交准备工作。

6. 管理　2014 年，思林发电厂获得国家能源局颁发的电力安全生产标准化一级企业奖牌及证书；8 月，组织开展了质量、安全、环境职业健康管理体系内审工作，于 2014 年 11 月 07 日通过北京华电万方管理体系认证中心三标认证复审工作。

（思林发电厂）

洪家渡发电厂 2014 年生产管理情况

洪家渡发电厂总装机容量 3×20 万 kW，年设计发电量 15.59 亿 kW·h；水库总库容 49.47 亿 m^3，是整个乌江干流 11 个梯级电站中唯一具有多年调节能力的龙头水库。2014，该厂生产管理主要情况如下：

1. 来水　入库水量 46.3 亿 m^3，较上年同期增加 20.24 亿 m^3。

2. 完成指标　年发电量完成 13.891 亿 kW·h，比上年增加 24.6%，完成年度计划的 121.85%，产值 3.266 亿元；综合厂用电量 1140.98 万 kW·h，综合厂用电率 0.82%，比上年 0.85%低 0.03%，比目标值 0.97%低 0.15%；发电平均耗水率 2.76m^3/(kW·h)；等效可用系数目标值为 89.35%，实际值为 92.48%；自动开、停机成功率 100%，主设备消缺率 100%，辅助设备消缺率 91.57%，未消除缺陷已制定措施计划；实现全年安全生产无事故，长周期安全生产 3818 天。

3. 技术改造　完成 3 台机组调速器电气部分改造、机组纯机械保护改造、励磁系统改造和发变组保护装置改造；完成厂房消防系统改造，将主变消防水喷雾系统、发电机水喷淋系统投入自动运行；完成工业电视改造，为电厂中控室撤人，实施远程集控提供了保障。

4. 科技发展　作为中国华电集团公司乌江水电第一家“远程集控、少人维护”试点单位，完成了“远程集控、少人维护”关键技术在洪家渡发电厂的研究与应用。该科技创新成果，获 2014 年中国华电集团公司科学技术进步奖三等奖，为乌江流域下游电厂推广应用“远程集控、少人维护”积累了实践经验。

5. 标准化工作　为贯彻落实国家、行业、中国华电集团公司及贵州乌江水电开发有限责任公司（中国华电集团公司贵州公司）有关工作要求，以“全覆盖、高效率、可执行”为目标，结合“远程集控、少人维护”工作的推进，全面深入、规范有序地推进企业标准体系建设。全年完成洪家渡发电厂“技术、管理、工作”三大系列标准的修编、增补、调整，清理了电厂层面管理标准224项；修订管理标准224项，新增与“远程集控、少人维护”相关管理制度25个、应急预案6个，规范了新型管控模式下的工作流程，确保了安全生产。修订（含新增）技术标准179项，修订工作标准101项。标准体系已逐步建立完善，并通过了质量管理体系、环境管理体系、职业健康安全管理体系“三标一体化”认证。

（洪家渡发电厂）

索风营发电厂2014年实现远程集控

索风营发电厂位于贵州省中部黔西县、修文县交界的乌江中游，装机容量3×200MW，保证出力166.9MW，年发电量20.11亿kW·h，2006年6月机组全部投产。其水库总库容2.012亿m³，只有日调节能力。

2014年5月20日00时，经贵州乌江水电开发有限责任公司（乌江公司）水电产业部组织验收同意，索风营发电厂“远程集控、少人维护”管理模式开始进入试运行阶段，由设在贵阳的集控中心负责集控。试运行期间，机组设备安全运行稳定。2014年6月27日，经乌江公司水电产业部组织评审，于当日16时30分，进入正式运行。索风营发电厂成为乌江流域首个日调节水电站实现远程集控的发电厂。

索风营发电厂高度重视“远程集控、少人维护”工作。2014年初，根据中国华电集团公司、乌江公司“远程集控、少人维护”要求，成立以厂长为组长、生产副厂长为副组长、各部门负责人为成员的“远程集控、少人维护”工作领导小组，制定了实施方案。根据乌江公司“远程集控、少人维护”管理办法、主要设备技术条件，以及评价体系和查评细则，结合厂实际情况，从管理制度、人员素质、设备治理等方面存在的问题进行全面清理和整改。管理制度方面，修编完善了安全生产管理制度和应急处置预案，完善安全生产保障体系；设备治理方面，对励磁装置、调速器、ON-CALL系统、消防系统、工业电视、门禁系统、发变组自动消防报警系统等设备进行改造；运行值班方面，将原24小时值班方式改为8小时工作制、24小时责任制；人员培训方面，制定切实可行的培训计划，分步实施培养“运维合一、一专多能”人才，提升运行操作和维护、故障分析和处置等综合能力。通过大力抓好设备治理、人员培训、制度完善等方面的工作，夯实了实施“远程集控、少人维护”管控模式基础条件。

自“远程集控、少人维护”模式运行以来，针对机组开停机频繁、日调节水库防汛压力大等困难，索风营发电厂通过严格执行管理制度，强化应急管控，加强设备检查和设备维护管理，确保了全厂机电设备运行稳定。截至2014年12月31日，已正式运行187天，远程开停机1293次，开停机成功率100%，机组发电量169022万kW·h，未发生因“控制权”切换而造成的不安全事件。

（索风营发电厂）

引子渡发电厂2014年生产管理情况

引子渡发电厂位于乌江上游南源三岔河的下游，装机容量3×120MW，2003年12月全部建成投产，至2014年年底，累计完成发电量86.3亿kW·h，实现了4243天的长周期安全生产记录。

2014年，引子渡发电厂发电量9.54亿kW·h，完成计划电量的136.35%；综合厂用电量440kW·h，综合厂用电率0.46%；发电耗水率4.02m³/(kW·h)。全年共办理一种工作票20张，合格率100%；共办理二种工作票180张，合格率100%；共办理水机票60张，合格率100%；共执行的操作票43张，合格率100%。发现缺陷85项，消除缺陷85项，消缺率100%。共进行了安全活动76次，班组提问讲解及技术问答521次，技术讲课24次。

2014年，引子渡发电厂进行了大量的设备检修、改造及设备预试、保护定检工作。年初在3台机组检修过程中，自主独立完成了1、2号机励磁功率柜改造更换，3台发变组故障录波装置改造更换，1号检修排水泵、2号渗漏排水泵的更换，电能量采集系统的改造，3台机导叶反馈传感器技改（钢丝拉绳式更换成移动滑块式），2号主变第三组冷却器潜油泵电机更换，状态监测系统改造。

2014年，严格按照贵州省电力试验研究院对水电厂技术监督相关要求和中国华电集团公司技术监督实施细则开展技术监督工作。10月华电电力科学研究院专家组就引子渡发电厂技术监督工作进行了现场查评，查评分绝缘、金属、电测、热工、继电保护及安全自动装置、电能质量、节能、化学、励磁、水轮机、水工等11项专业，实际参评项目436项，应得标准分10470分，实际得分9149分，实际得分率87.38%。

引子渡发电厂3台空冷半伞式水轮机发电机组，由于存在设计制造缺陷，自投运以来一直存在下导轴承运行温度偏高的设备隐患。2014年电厂利用2号机A修机会，对下导轴承瓦进行改造。将原中心支撑同心瓦，改为性能更优的偏心支撑非同心瓦。根据推力头外径2499.6mm，通过对下导轴承瓦面油循环系统进行分析计算，下导轴瓦偏心0.6。改造既保证下导轴承结构稳定，又最大限度畅通下导轴承瓦进油边油楔倾斜度，保证机组运行时润滑油进入轴瓦与推力头接触面之间，达到润滑冷却效果。

（引子渡发电厂　徐仁江）

普定发电厂2014年生产运行情况

贵州黔源电力股份有限公司普定发电厂（公司）装机8.4万kW。2014年，水库流域降雨量1215.1mm，比多年同期增加2.87%；年入库水量40.5亿m^3，比多年同期增加6.6%；年发电用水量26.7亿m^3，年溢洪水量13.2亿m^3；全年完成发电量32746.01万kW·h，上网电量32170.63万kW·h；截至2014年12月31日，连续安全生产3729天。

为精确掌握机组振动区范围与其所带负荷、运行水头、导叶开度的对应关系，2014年普定发电公司按合同关系委托贵州电力试验科技咨询公司，开展水轮发电机振动区界定试验工作，分别对三台机组进行了1128、1133、1138、1143m水位的振动区测试。通过试验，确定了机组在不同水头下的振动区、临界运行区和稳定运行区，为机组的优化运行及科学调度提供准确依据。

普定电站进水口拦污栅，原设计台车布置在1150.00m高程平台，未留拦污栅检修时的起吊空间，安装完成后就一直未提出过孔口，且当时未配置清污设备。为保证电站的安全运行及拦污栅的检修和清污，需对进水口拦污栅栅体、启闭机及其布置进行改造。2013年7月，普定发电公司以合同形式，委托中国水电顾问集团贵阳勘测设计研究院承担了进水口拦污栅改造的设计工作。设计主要内容包括改造可行性研究报告、拦污栅栅体改造方案、启吊设备改造方案、相关设备采购及安装招标文件、各类施工详图等。2014年5月29日，改造可行性研究报告通过评审。

（贵州黔源电力股份有限公司普定发电公司）

董箐发电厂2014年生产管理情况

董箐发电厂位于贵州省西南部的北盘江下游，总装机容量4×220MW，多年平均发电量30.26亿kW·h，2010年6月机组全部投产发电。

2014年，董箐发电厂安全生产态势平稳，未发生任何安全事故，机组未发生非计划停运，至12月31日连续安全运行1857天；四台机组连续满负荷运行1170.25h，提前95天完成发电目标任务，年累计发电量33.56亿kW·h，首次超过设计多年平均发电量（超发10.9%），完成年度计划任务的122%，创下投产以来年发电量的历史新高；发电耗水率3.326m^3/（kW·h），机组等效可用系数94.89%（主汛期100%），“两措”计划完成率100%；实现利润2.55亿元，保持了连年盈利的良好态势。

2014年取得实效的重点工作如下：

（1）创建五星级发电企业。通过中国华电集团公司五星级发电企业检查考核验收，荣获集团公司“五星级发电企业”称号，是中国华电集团公司水电及新能源系统9个五星级发电企业之一。

（2）档案管理“创五星”。开展档案管理创星活动，通过了贵州省“五星级”档案专项验收。

（3）信息化建设。对电厂内网主页版面进行改造，增加外接网络通道，实现了网络通道的冗余。推进行政电话建设，实现了公司系统办公电话的互通，达到集团公司A级信息化建设水平。

（4）技术监督工作。通过贵州省电力技术监督中心专家组年终巡检，厂金属专业获得贵州水电系统最高分95.5分。标准化实验室建设成果荣获2014年度贵州省电力行业电测监督评价三等奖。

（5）注重流域生态环境。开展春、秋两季鱼类网捕过坝放流活动，对改善了库区水域生态环境、促进水域生态平衡、保护生物多样性具有十分重要的意义。

（6）推行“7S”管理活动。采取了目视化的看板管理，厂容厂貌焕然一新，员工团队精神饱满。提升电厂管理水平和安全保障能力、降低了生产成本，达到了管理精细化。

（7）技改工作。完成机组励磁碳刷、功率闭环、状态监测系统及轴瓦温度超高跳闸控制流程等设备技改，是贵州省内水电厂首家完成4台机组AVC功能单机及多机测试验的水力发电企业。通过优化调速器参数配置，降低AGC考核费用。

（8）班组建设。2014年班组建设整体得到提升，运行一值获中国华电集团公司“标杆班组”的荣誉称号。

董箐大坝及坝肩稳定性良好，外观检查未发现裂缝、异常变形。大坝安全监测资料规范，分析详尽，监测仪器运行正常。综合评价满足一类评级要求，查评定级为一类。

2014年，董箐发电厂获得主要荣誉有：中国华电集团公司文明单位标兵、中国华电集团公司“基层党建示范点”、贵州省“五好”基层党组织和样板党支部、集团公司“工人先锋号”荣誉称号、贵州省2014年度优秀企业、省级五好基层党组织、南方电网2014年系统运行及调度工作先进集体、南方电网2014年系统运行效能优胜奖、第五届全国电力行业设备管理工作先进单位。

贵州北盘江董箐4×220MW水电站工程，荣获2013～2014年度中国安装工程优质奖（中国安装之星）。

（董箐发电厂　曾　梅）

贵州乌江清水河水电开发有限公司2014年生产管理情况

贵州乌江清水河水电开发有限公司（以下简称清水河公司）拥有大花水电站（装机2×100MW）和格里桥电站（装机2×75MW）两座水电站。2014年，清水河公司坚持“安全第一、预防为主、综合治理”的方针，克服生产人员少、工作任务重、自然灾害多的困难，扎实开展安全生产工作，实现了电力安全生产标准化一级企业目标，成功应对“7·17”超设计标准洪水，顺利通过“远程集控、少人维护”验收，扎实有效推进7S管理，完成年发电量14.01亿kW·h，实现长周期安全生产2597天。主要生产管理情况如下：

（1）实现电力安全生产标准化一级目标。2014年1月4日，清水河公司以93.15分的高分通过了电力安全生产标准化一级企业现场评审；5月8日，国家能源局贵州电监办正式授予公司“发电企业标准化一级企业”。

（2）完成首次自主性A修工作。2014年开展了大花水电站1号机组首次自主性A修，共完成检修项目171项（其中常规项目133项，技改项目3项，特殊项目12项，消缺项目4项，安评项目10项，技术监督项目9项），检修质量均满足规程规范要求。在检修过程中还完成了1号主变高压侧211开关A相传动机构连接螺栓断裂、顶盖减压孔空蚀、转轮裂纹等缺陷处理。

（3）完成尾水渠修复处理工程。此项工程着力处理解决了厂房尾水闸门槽及尾水渠等的破损问题，对拦渣坝、河床、导流明渠等进行了治理和修复。历时117天，3月28日修复工程顺利完成。

（4）扎实开展安全检查和隐患排查治理。2014年，清水河公司共开展各类安全检查10次，共发现问题299项，截至12月31日，完成整改285项，整改完成率95.32%。

（5）确保安全度汛。2014年，大花水电站水库共产生入库流量大于300m^3/s洪水8场，其中产生入库洪水均大于1000m^3/s的洪水2场，峰值分别为1660m^3/s（7月4日13时）和5192m^3/s（7月17日2时，已超过电站百年一遇设计洪水4940m^3/s的5.1%）。洪水预报采用系统预报与人工修正相结合的办法，大花水电站水库最大入库峰值精度为92.3%，各次洪水平均峰值精度为90.0%，合格率100%，达到部颁甲等标准。汛期，大花水、格里桥水库分别发生泄洪22次和19次，执行闸门调度命令分别为57次和51次，闸门调度正确率100%。

（6）成功抗击百年一遇特大洪灾。“7·17”百年一遇洪水，使大花水电站进厂公路出现山体滑坡、树木倒伏、路面塌方，厂房尾水平台被洪水超淹约1.5m高，两台机组被迫停运；格里桥电站下游边坡也多处出现塌方、滑坡等险情，职工的生命、设备安全受到严重威胁。在百年一遇特大洪灾面前，清水河公司全体干部职工迅速投入到防洪抢险第一线：水情值班人员密切关注天气形势、水情变化情况，加强与集控中心联系，认真接收和传达调度命令；水工维护人员面对进厂公路塌方及沟内山洪流向厂房的情况，及时向当地乡人民政府通报，请求挖掘机支援清障；运行维护人员与外援抢险人员对主厂房大门、副厂房小门、雨淋阀室、风机控制室，中控室、计算机室、会议室、蓄电池室、雨淋阀室等有渗水、漏水的地方，加装临时挡水坎、沙袋堵水，安装潜水泵抽水。同时，在1、2号机尾水闸门受到巨大洪水冲击而造门槽内锁定梁倾斜、随时都有脱落危险时，快速组织人员对闸门锁定梁进行加固处理。在各级领导的指挥和地方政府的支持下，经广大干部职工奋力拼搏，避免了洪水漫坝，水淹厂房事故的发生，为公司挽回上亿元的经济损失。此次防洪救灾，清水河公司荣获了乌江公司特殊贡献奖。

（7）突出联合水库经济调度运行。清水河公司根据两站机组最大容量试验结论（格里桥电站单机最大容量由75MW增至82.5MW，大花水电站单机最大容量由100MW增至107.5MW），进一步加强与集控中心联系，使两站机组开机后尽量维持在高负荷或满负荷运行，提高机组效率。为了有效地达到节能降耗目的，公司认真组织分析，找出水头与耗水率的关系，编制了两站汛、枯期水库经济运行方案和降低水耗实施方法及措施。深挖内部潜能，采取大花水电站向格里桥电站水库适时补偿水量、抬高库水位运行的方式，实现了格里桥电站耗水率4.35$m^3/(kW·h)$，同比降低0.14$m^3/(kW·h)$，增发电量3047万kW·h。

(8) 积极推进“远程集控、少人维护”工作。2014年，结合实际修订完善了“远程集控、少人维护”工作方案，从培训、设备、制度及预案三个方面进行了统筹安排。累计培训110课时，完成培训1300余人次；在11月乌江公司组织的综合模拟考试中，清水河公司一次性通过了验收考试。在乌江公司举办的各类技能大赛中，获得了继电保护团体三等奖、自动化团体三等奖、水库调度团体二等奖的成绩。

2014年，清水河公司技改项目共11个，其中重大技改项目2个，一般项目9个。至年底，除由乌江公司统一招标项目外，其他项目均已完成，年度技改完成率达81%。

清水河公司于4月对规程制度、应急预案进行了疏理、讨论，制定了2014年制度、应急预案修订计划，逐步完成62个制度、47个应急预案的修订工作。

(9) 努力打造特色7S管理。清水河公司启动7S工作以来，认真分析了人员少、基础薄的困难，精心组织策划，通过多种形式加强宣传，使7S理念深入人心。2014年9月12～18日，仅仅历时7天，公司首批9个样板区就一次性通过了内部验收。在打造过程中，巧妙将常用工器具以工具墙的形式安放在检修区域附近，办公室看板摒弃了传统整块单一的模式，设计为模块化多样组合的形式。积极与帮扶企业构皮滩发电厂联系，签订了结对帮扶协议，由构皮滩发电厂对公司班组建设进行长期帮扶指导。

(10) 不断提升物资管理和服务水平。清水河公司利用两站特点，积极推进公司联合仓储工作，制定了物资仓库整改及规划方案、物资库存分析及处置方案，物资库存量较上年下降1.2%，库存结构更加合理。同时，公司积极与主要生产厂商签订了战略合作协议，有效地提高了采购效率。公司以《以降低库存为重点的仓储管理变革》为题的论文获得了十五届贵州省二等企业管理现代化创新成果奖。

(11) 开展梯级联合优化调度。大花水与格里桥为梯级电站，实现梯级联合优化调度具有重要意义。为此，组织开展了清水河小流域梯级联合水库优化调度运行模式研究。该课题主要解决：①协调水能资源在时间和空间上再分配；②提高电站安全防洪度汛能力；③提高水能利用效率，实现水库节能优化调度。经2012～2013年2年努力，研究取得成果。主要创新点在于分期控制大花水、格里桥水电站运行水位，通过加强制度建设、流域内水情站网建设、调查流域水文资料，掌握流域来水规律、开展精确的洪水预报工作，分枯汛期、甚至按月全年动态调整水库运行水位，充分发挥水库运行的最佳综合利用效率，使电站发电经济效益最大化。应用该课题研究成果，取得了好的成效，2年累计产生效益3289万元，平均年度效益额1644万元。2014年，该成果获贵州省第十六届省级企业管理现代化创新成果二等奖。

(贵州乌江清水河水电开发有限公司
邓兴兴　杨昌杰)

国电万安水力发电厂2014年生产管理情况

2014年，国电万安水力发电厂（以下简称“万安电厂”）不断加强企业内部管理，全面夯实基础工作，全力提升精细化管理水平，各项生产经营指标优于区域水电企业。全年完成发电量12.67亿kW·h，一般管理费用发生568万元，同比减少110万元；财务费用发生2859万元，同比减少112万元。主要生产管理情况如下：

1. 生产运行　2014年，万安电厂库区流域来水量偏枯，全年来水量为239.23亿m^3，为历年均值的80.7%，比上年减少8.01亿m^3。电厂始终坚持经营好水的理念，巩固了汛限水位动态控制研究成果，开展流域内新投运水利工程的水库特性、运行规律等水文资料普查工作，加强水情测报系统的改造升级，及时掌握上游水库蓄、放水变化和汇流特性，提高了雨情、水情预报精度。水情自动测报系统畅通率99.1%，水情自动测报系统可用度0.99，最大一次洪水预报准确率98.37%，洪水预报平均准确率98.37%；水能利用提高率为13.8%，通过优化调度增发电量1.56亿kW·h。5台机组全年共计运行19747.11h,台平均运行3916.83h；机组平均利用小时数为2377.68h，机组等效可用系数为93.37%，机组等效可用系数同比提高1.15%。全年直接生产厂用电量共1069.33万kW·h，直接生产厂用电率为0.84%，比集团公司下达电厂的年厂用电率1.20%指标低0.36%；综合厂用电2584.36万kW·h，综合厂用电率2.04%，比集团公司下达的年综合厂用电率2.1%低0.06%。

2. 安全生产　2014年，万安电厂深入开展“安全生产红线意识大讨论”、“本质安全型企业大讨论”、“安全生产专项检查”、“安全生产大检查”、“六打六治”打非治违专项行动等活动，扎实开展元旦春节安全大检查、春季安全大检查、防洪度汛检查、打非治违专项检查、秋季安全大检查、NOSA五星安健环体系检查等6项安全大检查工作，大力开展安全生产培训，加强应急培训和应急预案演练，安全生产保持稳定局面，全年未发生安全生产事故，未出现重大人身伤亡和财产损失情况，实现连续安全生产4754天无事故。大坝安全管理通过对各项观测数据的初步分析，各项测值无突变，符合大坝运行变化规律，大坝及各水工建筑物性态总体运行良好。

3. 设备检修　2014年，万安电厂全年完成发变组A级检修1台、C级检修4台。主辅设备完好率100%，开停机成功率100%，自动装置投入率为100%。加强设备巡检维护，及时消除设备缺陷，全年发现243项缺陷，处理243项，消缺率为100%。

4. 设备改造　2014年，万安电厂技术改造项目完成11项，分别为：2号机组下位机改造、出线线路B套关口电能计量装置改造、220V直流系统1～2号浮充机改造、开关站下位机改造、2号机灭磁开关改造、高压厂变11B增容改造、10kVA逆变装置增容改造、1号检修深井泵永磁改造、10kV Ⅳ段开关改造、2号机发电机转子过压保护装置改造、5号发变组保护装置改造。

5. 标准化管理　万安电厂继连续四年被集团公司授予"四星级发电企业"之后，又被集团公司授予2014年度"五星级发电企业"。严格按照ISO 9001质量管理标准要求，积极开展厂内的管理评审和内部审核，通过了中质协的GB/T 19001－2008/ISO 9001：2008质量管理体系贯标认证复查。为实现检修作业过程质量控制的全过程管理，电厂按照一项作业任务编制一份检修工序卡的原则组织编写了机组大修检修工序卡，其中大修工序卡117个、小修工序卡24个，强化机组检修质量三级验收，杜绝检修漏项或降低标准，实现现场作业的全过程控制。加强机组检修过程中质量监督管理，编制了《生产项目安全、质量验收管理标准》(Q/WSD 208052—2014)，规范三级验收管理。认真开展QC小组活动，将QC小组活动纳入月度绩效考核以及班组星级考核中，共注册QC小组26个，结合生产实际问题注册QC课题12个，其中《降低4号主变冷却系统缺陷率》和《罗边站流量关系曲线的率定》两个QC课题双双荣获江西省第35届质量管理小组代表大会二等奖。

6. 技术进步　2014年，万安电厂"调整细化洪水预报方案、提高洪水预报精度增加发电效益"、"1号机转轮体连轴销防脱出改进及操作架滑块装配调整改进"两个合理化建议项目，荣获中国国电集团公司优秀合理化建议奖。

(国电万安水力发电厂　汤　翔　李　洪
郭瑞涛　陈昌庆　汤相彬)

国电新疆吉林台水电开发有限公司2014年生产运行情况

1. 生产运行统计　2014年国电新疆吉林台水电开发有限公司累计完成发电量19.19亿kW·h(不含吉林台二级水电站)，完成年计划的65.18%；直接厂用电率0.35%，较考核指标0.42%低0.07个百分点；综合厂用电率1.17%，较考核指标1.1%高0.07个百分点。

2. 安全生产情况　按照上级公司全面推行"双提升"工作统一部署和要求，制定三年创建规划，健全安全生产联系点制度、警示教育制度、管理人员下班组带班制度、夜间查岗制度等制度，强化制度的执行落实，做到凡事有章可循。截至2014年12月12日，公司实现跨年度安全生产3085天，无"三违"及以上责任事故。结合季节性检查和各项专项检查，抓好设备隐患排查治理，认真排查梳理存在的突出问题和安全隐患，做到"排查不留死角、治理不留后患"，2014年全年共计发现问题264项，已整改246项，整改率为93.2%。

3. 创新创效方面

(1) 自主完成了公司在运3座水电站一次调频与AGC协调整改，为公司节约相关整改费用24万元。创新使用双PID调节模块、50.08Hz闭锁增有功PID模块、49.02Hz闭锁减有功PID模块的方案，经过机组静态模拟实验和动态试验验证，其性能和动作效果完全达到要求，成功解决了AGC和一次调频的协调关系。

(2) 为准确监测引水渠道断面流量，公司购买了先进的走航式多普勒测流仪，但因无配套测流的三体船设备，测流仪测量范围小、数据偏差大，使用条件非常有限。通过网络查阅测流船体图纸资料，根据图片比例和测流仪配重计算绘制三体船结构图；搜集不锈钢管和废旧聚苯板，按照设计图纸进行组装，并且根据设备防水要求增设了防水箱，经过反复的实验修改，公司最终制成了配套的三体船设备，节省费用近8万元。

(国电新疆吉林台水电开发有限公司
王　娟　李县辉)

国电新疆开都河流域水电开发有限公司2014年水电生产管理情况

国电新疆开都河流域水电开发有限公司(以下简称开都河公司)有察汗乌苏水电站、柳树沟水电站投产发电，2014年生产管理情况如下：

1. 生产运行

(1) 开都河公司2014年安全形势平稳，安全目标处于受控状态，年内安全生产365天，跨年度连续安全生产 2568 天；全年累计开展安全活动 76 次、参加人数 3018 人次；现场事故演练 12 次、参加人数 151 人次；开展应急演练 12 次，参加人数 145 人次。

(2) 察汗乌苏水电站、柳树沟水电站通过了国电集团公司组织的安全性评价，柳树沟水电站通过国家能源局新疆电监办电力安全生产标准化二级达标评审。

(3) 2014 年，开都河公司完成发电量 16.36 亿 kW·h，其中察汗乌苏水电站完成 9.91 亿 kW·h，柳树沟水电站完成 6.45 亿 kW·h，电费回收率达到 100%。

(4) 自主完成察汗乌苏水电站机组 A 级检修 2 台次、C 级检修 2 台次和柳树沟水电站 C 级检修 2 台次。

(5) 柳树沟水电站尾水清淤约 5 万 m^3，使尾水位降低 1.12～1.74m，可同比降低水耗 3.0%，年增发电量 1288 万 kW·h，增收约 258 万元。

(6) 2014 年，进一步完善水情测报系统，在开都河中游河段增加三个遥测雨量站，填补了开都河中游河段无气象监测的历史空白，便于更准确进行径流预测，进一步优化水库梯级调度方式。本年综合发电水耗为 3.73m^3/(kW·h)，其中察汗乌苏水电站水耗指标为 2.99m^3/(kW·h)，与历史最优值持平；柳树沟水电站水耗指标为 4.86m^3/(kW·h)，比 2013 年减少 0.15m^3/(kW·h)，同比降低 2.99%。

2. 标准化工作

(1) 编制了第一部《国电新疆开都河流域水电开发有限公司工作标准》，打牢了公司标准体系建设基础。

(2) 编制了《集控运行管理标准》和《柳树沟水电站值守制度》，实现了“无人值班、少人值守”。

(国电新疆开都河流域水电开发有限公司　史　睿)

国电阿克苏河流域水电开发有限公司 2014 年水电生产运行情况

国电阿克苏河流域水电开发有限公司有吐木秀克水电站、小石峡水电站及台兰河一、二级水电站在生产运行，2014 年主要情况如下：

(一) 生产运行统计

2014 年，吐木秀克水电站完成年发电量 28506.50万 kW·h，上网电量 28213.73 万 kW·h，厂用电率 0.28%，综合厂用电率 1.03%；实现安全运行 365 天，至年底连续安全运行 1847 天。

2014 年，小石峡水电站完成年发电量 38710.00 万 kW·h，上网电量 38015.40 万 kW·h，厂用电率 0.43%，综合厂用电率 1.79%；实现安全运行 365 天，至年底连续安全运行 805 天。

2014 年，台兰河一、二级水电站完成年发电量 26298.90 万 kW·h，上网电量 25801.16 万 kW·h；实现安全运行 365 天，至年底连续安全运行 760 天。其中：台兰河一级水电站完成发电量 12839.00 万 kW·h，上网电量 12620.50 万 kW·h，厂用电率 0.57%，综合厂用电率 1.71%；台兰河二级水电站完成发电量 13459.90 万 kW·h，上网电量13180.66 万 kW·h，厂用电率 0.60%，综合厂用电率 2.08%。

(二) 设备改造

台兰河二级水电站前池拦污栅为固定栅，在汛期来水中大量草、树枝等漂浮物，造成拦污栅堵塞，降低过水能力，影响汛期电站连续满负荷发电运行。针对此问题，2014 年组织对台兰河二级水电站前池拦污栅进行改造，设置回转式清污机，效果明显。

(三) 标准化工作

吐木秀克水电站于 2014 年 7 月被国家能源局新疆监管办授予安全生产标准化达标二级企业。台兰河一、二级水电站于 2014 年 11 月完成安全生产标准化二级现场达标验收，顺利通过专家组的验收。

吐木秀克水电站于 2014 年 8 月通过中国国电集团安全现状评价复查工作。小石峡水电站于 2014 年 8 月通过中国国电集团安全现状评价工作。

按基建向生产全面转型的管理要求，2014 年底公司对机构进行了调整设置，明确职能，完善制度，分项管理、统一管控。并制定和完善了各部门的岗位职责，修编了相关工作标准、管理标准，并下发试行。通过制度、标准的执行，根据实际情况和工作任务不断对制度、标准进行完善，确保了安全生产工作的正常开展，有效的推进了生产标准化工作的持续开展。

(四) 其他

小石峡水电站鱼类增殖站一期土建工程基本完工，待设备到场后开展安装工作。

2014 年 6 月，对大坝安全注册管理工作进行了安排部署，并派人到国电新疆开都河流域水电开发有限公司学习大坝注册相关知识；之后，公司各相关部门根据大坝注册需要开展资料收集整理。

(国电阿克苏河流域水电开发有限公司
刘春祥　彭荣兴)

国电四川毛滩水电开发有限公司 2014 年生产管理情况

国电四川毛滩水电开发有限公司为国电四川发电有限公司所属企业，其开发建设的毛滩水电站位于青衣江干流夹江县顺河乡境内，总装机容量10.5万kW（3×3.4万kW+1×0.3万kW）。毛滩水电站1～4号机组分别于2013年12月13日、16日和2014年1月2日、6日通过72小时带负荷试运行并投入商业运营。2014年，国电四川毛滩水电开发有限公司实现由基建向生产运营的顺利过渡，主要生产管理情况如下：

1. 安全生产　认真落实安全生产责任，重点抓"两票三制"的贯彻落实，开展春季安全大检查、秋季安全大检查、"安全红线意识"教育、"工作票三种人"资格审查、重大危险源专项检查、反事故措施专项检查、防洪度汛专项安全检查和应急演练，加强防汛值班、水情预报、巡回检查、水库和机组调度管理，汛期成功应对4次$4000m^3/s$以上洪水（最大流量$9470m^3/s$），全年实现零事故、零非停目标。截至2014年12月25日，毛滩电站实现连续安全生产374天。

2. 经营工作　全年完成发电量45135.8万kW·h，上网电量44281万kW·h，机组平均发电利用小时4298.65h，综合厂用电率1.89%；实现营业收入10650万元，营业总成本13507万元，经营亏损2864.6万元。

3. 基建收尾　2014年，主要进行了库区左右岸防洪堤堤体加固及背坡防护处理、尾水渠堤体缺陷检查及处理、库区两岸排水沟施工、厂房左岸近坝段渗水处理、海漫修复、牛头堰取水工程施工、左岸近坝段堤顶灌浆加固及渗水引排施工，完成临时租地复垦工作。工程各标段单位工程、单元工程验收基本完成，各标段完工结算陆续开展；完成调概报告编写，开展了水土保持设施、环境保护验收工作，通过了水保验收，取得工程建设用地批复。全年完成工程尾工投资9121万元。

（国电四川毛滩水电开发有限公司　王晓明）

国电贵州电力有限公司红枫水力发电厂2014年生产管理情况

国电贵州电力有限公司红枫水力发电厂（以下简称红枫水力发电厂）是国电贵州电力有限公司红枫水力发电厂、国电台江水电开发有限公司、国电黔西水电开发有限公司、荔波荔都水电发展有限责任公司、荔波长源水电发展有限责任公司等5家国电贵州区域水电企业2014年整合后的管理主体，现按照"一厂九站"、"一套人马、多块牌子"模式运营，管辖包括猫跳河梯级红枫（2×12MW）、百花（1×15MW，1×12MW）、修文（2×12MW）、窄巷口（3×18MW）、红林（3×45MW）、红岩（2×18MW）电站及台江县境内巴拉河岩寨电站（2×12.5MW）、黔西县野纪河石板塘电站（2×5MW+2×1.6MW）、荔波县打狗河流域浪详电站（2×15MW）等9个电站，9个水库、9座大坝、22台水轮发电机组，总装机容量368.2MW。

在发电调度上，红枫水力发电厂在1996年成立了猫跳河梯级调度室。截至2014年12月31日，已实现连续安全生产5007天，实现了跨年度第四个百日长周期安全记录，创历史新纪录。2014年各项指标经国电集团公司审核、评选，获得"五星级水力发电企业"荣誉。

2014年，全厂累计完成发电量102821.2561万kW·h，完成年初计划的115.63%；累计上网101302.3548万kW·h；累计消耗综合厂用电量1554.6816万kW·h，累计综合厂用电率为1.51%；累计消耗生产厂用电量131.5462万kW·h，累计生产厂用电率为0.13%；全厂累计平均利用小时数为2792.54h；累计等效可用系数为98.42%。其中：

红枫梯级累计完成发电量78512.6320万kW·h，完成年初计划的118.21%；累计上网77235.6472万kW·h，累计消耗综合厂用电量1276.9848万kW·h，累计综合厂用电率为1.63%；累计消耗生产厂用电量94.6128万kW·h，累计生产厂用电率为0.12%；累计平均利用小时数为2617.09h，累计等效可用系数为95.53%。

浪详电站完成发电量15970.4100万kW·h，完成年初计划的133.09%；按主变高压侧统计，上网15820.3320万kW·h；综合厂用电量164.9280万kW·h，综合厂用电率为1.03%；生产厂用电量19.6260万kW·h，生产厂用电率为0.12%；平均利用小时数为5323.47h，等效可用系数为99.79%。

岩寨电站完成发电量6640.3200万kW·h，完成年初计划的83.00%；上网6584.3360万kW·h；综合厂用电量70.8560万kW·h，综合厂用电率为1.07%；生产厂用电量11.4486万kW·h，生产厂用电率为0.17%；平均利用小时数为2656.13h，等效可用系数为99.88%。

石板塘电站完成发电量1697.8941万kW·h，完成年初计划的67.92%，上网1662.0396万kW·h；综合厂用电量41.9128万kW·h，综合厂用电率为2.47%；生产厂用电量5.8588万kW·h，生产厂用电率为0.35%；平均利用小时数为1286.28h，等效可用系数为97.01%。（石板塘电站因取水补偿年增获售电量606万kWh，按此测算，该电站年发电量至少应为2303.8941万kWh，完成年度计划的92.16%，年上网电量为2268.0396万kWh，年综合厂用电率应为 1.82%，年生产厂用电率应为0.25%。）

2014 年，红枫水力发电厂修试部试验班获评“全国总工会工人先锋号”。

红枫电厂工会获评中国电力传媒集团有限公司“全国发电企业最美工会”。

（国电贵州电力有限公司红枫水力发电厂　骆光连）

国电大渡河新能源投资有限公司所属水电厂 2014 年生产管理情况

（一）老渡口水电站

老渡口水电站位于湖北省境内清江北岸最大支流马水河河口处以上 7.5km，距恩施市区 86km；水库库容 2.02 亿 m^3，具有不完全年调节能力；装机容量 2×4.5 万 kW。

2014 年，完成年发电量 2.5 亿 kW·h、年上网电量 2.46 亿 kW·h，实现主营业收入 7984 万元，其他业务收入 193 万元，利润总额 2527 万元；机组发电耗水率 5.03m^3/（kW·h），站用电率 1%；实现全年安全生产，累计实现安全生产 1952 天；完成了 1 号机组 A 级检修，交通洞、分洪洞加固工程施工进展顺利，大坝注册和单位工程验收取得进展；各项成本指标控制在规定范围内，获上级公司表彰为“先进集体”称号。

（二）陡岭子水电站

陡岭子水电站位于湖北郧西县境内，水库总库容量为 4.84 亿 m^3，属年调节水库，装机 7.05 万 kW，由湖北省电力调度中心直调。

2014 年，公司努力克服流域来水不足的不利因素，完成发电量 1.24 亿 kW·h；全年共开展各类安全专项排查、整治 8 项，制定整改计划及意见 97 条，年内完成整改 83 条，整改率 85.6%；全年发现设备缺陷 48 条，消除设备缺陷 47 条，消缺率 97.9%；共执行工作票 51 份、水机操作票 19 份、倒闸操作票 32 份，两票合格率 100%；完成检修项目 3 项，其中主机检修 1 台次，主变检修 1 台次；完成 1 号机组调速器、励磁系统、技术供水改造和 400V 低压开关柜改造；通过一年时间的探索和总结，“远方集控”运维模式不断成熟可靠；全年未发生轻伤及以上人身伤害事故和一类障碍及以上设备事故，安全度汛，各项安全指标顺利完成。

2014 年，从严管控成本、严把费用关口、强化压降措施，实现了以“八项费用”为代表的各项非生产性费用持续压降。其中“八项费用”较 2013 年度同期下降 20%；可控成本费用较上年同期下降 52%。加强了专业技能提升。2014 年，共送出去学习 12 人次，内部组织技能提升活动 3 次，受训人数 70 余人次。

（三）堵河水电站

堵河水电站位于湖北竹山县境内，装机 5 万 kW。2014 年，超额完成了年度发电任务和利润指标，实现了安全零考核，生产零事故的工作目标，保持了 3404 天长周期安全记录，荣获竹山县 2014 年度全县“十佳纳税人”荣誉称号。

2014 年，上游来水总量为 15.93 亿 m^3，与上年相比增加 78.5%，与多年平均相比增加 22.5%；完成发电量 1.07 亿 kW·h，完成计划的 115%，同比增长了 31.3%；完成上网电量 1.04 亿 kW·h，同比增长了 31.2%；发电耗水率 10.33m^3/（kW·h），较同期增加 0.18m^3/（kW·h），比计划降低 0.27m^3/（kW·h）；综合厂用电率控制在 3.06%，同比减少 0.13%；厂用电率控制在 0.18%，同比减少 0.08%。；设备平均利用小时为 2145h，同比增加 511h；全年非计划停运 0 次/台年；2014 年，完成新增 4 台机组调速器事故配压阀和接地系统改造两个技改项目；开展了对大坝右岸边坡上方一危岩体进行了锚固，对大坝消力池底板的泄洪冲蚀情况抽水检查，对大坝表孔弧门进行了防腐处理等工作。

在来水精准预测（准确率 93%）下，2014 年 9 月 3、4 日，单日发电量分别达 127.9、128.08 万 kW·h，负荷率分别达到 106.58%及 106.73%，连续刷新单日纪录；9 月发电量 2690 万 kW·h 创单月历史新高，超历史纪录 480 万 kW·h。

（四）富水水力发电厂

富水水力发电厂位于湖北阳新县境内，现役两台轴流转桨式水轮发电机组，容量分别为 1.7、2.0 万 kW，在湖北电网中承担调频、调峰任务，具备黑启动、小网孤立运行等功能。截至 2014 年 12 月 31 日，富水电厂资产总额为 1741.82 万元，比上年增加 213.61 万元，增幅为 13.98%；营业收入 3807.28 万元，比上年增加 87.09 万元，增幅为 2.34%；营业成本 3358.54 万元，比上年减少 74.34 万元，下降 2.17%；利润总额为 452.86 万元，比上年增加 172.72 万元，上升 61.65%。

2014 年，认真组织开展好春、秋两个安全大检查活动，共查出需整改项目 55 项，整改完成 54 项，完成率 98%；对“两票”实行了规范化管理和严格考核，杜绝无票工作，全年共检查考核电气一种工作票 7 份、电气二种工作票 24 份、水机工作票 21 份，电气倒闸操作票 31 份，水机操作票 4 份，两票合格率达 100%；未发生《中国国电集团公司生产安全事故调查规程》规定的 B 类一般及以上事故，未发生一类故障，非计划停运次数为零，顺利完成了三个“百日安全无事故”指标，实现连续安全生产无事故记录达7999天。

2014年，入库水量25.45亿m^3，比去年同期多8.17亿m^3，其中7月份因降水集中而弃水1.47亿m^3；完成上网电量12288万kW·h，比上年同期多发201万kW·h；综合厂用电率0.3%，比年计划少0.4个百分点；发电平均耗水率14.03m^3/(kW·h)，比去年同期减少0.91m^3/（kW·h），比年计划的目标值减少0.94m^3/（kW·h）；1、2号机组等效可用系数分别为83.28%、100%，与去年同期相比，分别是减少13.98%、增加2.71%。

2014年，完成了1号机组A级检修和2号机组C级检修各一次，完成了近区变及110kV开关站设备预防性试验工作，主、辅设备完好率达100%，继电保护正确动作率100%。

2014年，严格管控八项费用，同比下降34.56%；积极开展电量营销工作，全年发生不合格电量449.4万kW·h，通过努力不合格电量全部结零，减少电费损失161.8万元；对全厂资产进行了清理，对于一些无效的资产进行了处理；向公司报送了《关于1号发电机组增容部分分摊发电成本费用的请示》，明确了成本分摊的标准，最大限度地保证了主业的效益。

（五）南河水电厂

南河水电厂位于湖北谷城县境内，装机3台共2.25万kW。2014年，全面完成了上级下达的考核目标，并以总分第一的成绩荣获国电大渡河新能源投资有限公司年度考核“A级企业”称号。

2014年，南河电厂完成发电量7221万kW·h、上网电量6991万kW·h，分别比2013年增加92.16%和96.1%；发电厂用电率0.23%，综合厂用电率1.82%。完成利润388.90万元，完成年度计划的311.12%，比2013年（－692.96万元）增加1081.86万元。。

2014年，加强设备管理，优质高效地完成了2号机组调速器更换、3台机旁通阀更新改造、3台机电流互感器更新改造，并完成了2、3号机组B修和1、2号机组C修工作；全年共发现和处理缺陷218项，设备缺陷消缺完好率为100%、复现率0%，两票合格率 100%。全年未发生任何事故，大坝安全顺利度过汛期，至年底，全厂连续安全生产4385天。

在新能源公司系统率先推行“首席技能人才”制度，制定出台《首席技能人才（试行）管理办法》，并成功组织完成了2014年首届首席技能人才的评选工作，选拔、聘任了2个专业的首席技能人才。

2014年组织制定了《南河电厂生产人员培训考核管理办法》，坚持每周一次的教育培训讲课，每月一次考试检查，全年组织技术讲课近50场次，开展各类培训23场次，先后有204人次参与培训。

鼓励人才的双向流动，通过承接四川攀枝花、汉江崔家营水电运营项目的方式，对外输出中级管理人员2人，专业技术人员8人。

2014年，深入开展管理提升活动，全年安排部署重点工作532项，完成530项，完成率99.6%。重点抓住八月下旬以后的连续降雨机会，积极营造度电必争、抢水发电的浓厚氛围，提前59天完成了年度发电任务。加强电价攻关，上网电价得以调增1分/（kW·h），每年可增收60余万元。用足政策，成功减免了库区基金，每年节约成本约50万元。

（国电大渡河新能源老渡口 堵河水电有限公司
国电大渡河陡岭子水电有限公司
国电大渡河新能源富水 南河水力发电厂）

技 术 改 造

构皮滩发电厂600MW机组水轮机转轮修型改造

构皮滩发电厂安装5台单机容量为600MW的混流式水轮发电机组，2009年“一年五投”，12月全部机组投产发电。投运后发现，5台机组在高负荷运行区域均存在异常振动现象，且最大出力达不到设计值。通过对水轮机顶盖、活动导叶支臂的振动，以及风洞、水轮机室、尾水门和蜗壳门处的噪声进行测试，推断机组振动问题主要是由尾水压力脉动造成，因此，决定对水轮机转轮进行修型改造。

（一）修型处理过程简况

修型处理进行了五次，每次都采用TASCFlow软件和CFX软件进行CFD计算分析。主要情况如下：

第一次：2010年讯后，对3号机转轮叶片出水边靠近下环处（长约80mm）的叶片厚度进行了适当减薄处理。2011年2月27日至3月4日，在160m水头左右分别对修型后的3号机组及未修型的5、2号机组进行了对比试验。3号机的蜗壳门、锥管门的噪声功率随负荷增加而增加，在480～500MW时水车室和锥管门响声明显不同（水车室的噪声有大部从电机风洞传来的空气噪声）；与5、2号机组比，3号机水轮机的噪声强度较弱，主频为90Hz。说明3号机组修型有效但还不够完善，应扩大修型范围；固定导叶后有乱流，也应修型。

第二次：2011年汛前，对1号机组进行转轮叶片出水边和固定导叶出水边修型处理，并对泄水锤做加长处理。随后对1号机组水轮机进行振动和噪声测试，测试结果表明，这次修型处理对改善机组的水平振动和部分负荷的稳定性效果明显，但在大负荷运行时，尾水涡带的噪声有加大现象，垂直振动也略有增加，处理未达到目的。

第三次：2012年汛前，对5号机组水轮机进行修型处理，技术为：①对转轮叶片出水边进行修型，范围是从出水边的中部至下环处；②叶片出水边切割40mm，形状由压力面平直吸力面弧面改为吸力面平直压力面弧面，以改变叶片出流角从而改变出口环量，改善大负荷尾水管压力脉动，局部增加叶片开度，少量增加流量和功率，同时改善出水边局部空化性能，缓解噪声，提高大流量大出力机组稳定性；③对固定导叶出口修型按第二次处理方案实施。随后分别对5、1、4号机进行振动和压力脉动试验。修型后的5号机组出力可达到试验水头下的保证值，顶盖振动值虽有明显变大趋势但基本不超标，修型效果明显；但是从噪声测试结果来看，5号机组修型前后，噪声频率没有发生改变，且机组振动噪声变化不大，说明这种频率的振动应该与卡门涡无关。

第四次：2012年汛后，继续对5号机进行如下修型处理：①对叶片出水边中部至上冠处修型；②对活动导叶出口修型。5号机组水轮机转轮叶片全部出水边修型后，极大改善了水轮机压力脉动在高负荷区上升剧烈的趋势；而活动导叶修型对90Hz噪声的消除影响有限，在测试水头下（毛水头175.5m左右）560～590MW仍存在该频率噪声，从顶盖振动和活动导叶振动趋势来看，在该负荷段振动仍有增大趋势，但噪声相比前几次测试有所减小。

第五次：2013年汛前，对1号水轮机转轮叶片出水边靠近上冠位置处进行修型处理（修型厚度为40mm），同时将泄水锥柱状延长段进行了割除，恢复成原泄水锥。利用汛前检修机会，相继对2、3机组进行转轮叶片出水边靠近上冠位置处进行修型，其余部位不做处理。随后，对修型后的1、2、3号机组进行了变负荷试验，全面考察了机组的稳定性能。现场试验表明，构皮滩电站对转轮叶片全部出水边修型措施已彻底解决了水轮机高负荷区稳定运行问题。

（二）修型后数据分析

（1）修型后机组水轮机稳定性得以大幅改善。同在库水位610m的情况下，1号机，修型前顶盖垂直振动在负荷超过500MW后有明显增大趋势，在555MW负荷时达到最大为115μm；修型后虽仍有增大趋势，但已明显放缓，在580MW负荷时顶盖垂直振动为52μm。2号机，修型后的顶盖垂直振动增大趋势明显放缓，在560MW负荷时顶盖垂直振动为58μm。3号机，修型后的顶盖垂直振动增大趋势明显放缓，最大振动值小于60μm。这3台机修型达到消除大负荷下顶盖垂直振动超标现象，满足稳定运行标准。

（2）修型后机组的最大稳定出力超出保证出力。1、2、3号机组分别超出保证出力40、30、27MW。

（3）修型后水车室噪声幅值得到大幅降低。从水车室噪声和顶盖、活动导叶振动主频来看，1号机水车室噪声主要仍为3.4Hz的水轮机转频以及16.8、33.4Hz的叶片过流频率的倍频，顶盖和活动导叶振动主频主要为170、240、360Hz左右的活动导叶过流频率的倍频。试验过程中，负荷从480MW到510MW，活动导叶和顶盖振动出现83Hz频率，但该频率仅在负荷逐渐降低的回程出现，负荷逐渐升高的升程未发现；在此区间振频非单一主频成分，与修型前480～520MW噪声、振动均出现84Hz主频这一现象略有差异。

（4）修型后机组在高负荷区运行稳定性大幅改善。顶盖等测点位置测得压力脉动值在高负荷区已无明显随机组出力增加而上升剧烈的趋势，且各测点压力脉动值在高负荷区均无超标现象。

（构皮滩发电厂　吴双杰　宋金育　高　起）

水布垭电厂调速器系统改造情况

水布垭电厂调速器电气控制部分采用电气调节柜和油压装置控制柜分开布置。调速器电气调节部分由调节器A（自动主用）、调节器B（自动备用跟随）、调节器C（电手动）三微机调节器组成，重要硬件实行冗余配置，关键数据实行三机交叉冗余算法，通过现场总线MB+实现三机状态和数据一致。油压装置控制柜主要任务是控制两台压油泵启停和自动补气阀的运行。机械液压系统为双比例阀通道，调速器为进口FC5000阀组。

该调速器在原理设计上为交叉冗余结构调节器，但现场实际运用并未能完全达到该设计要求。作为国产三微机交叉冗余调速器的早期实验性产品，其在控制程序的设计上考虑不够全面，特别是在设备的故障自诊断和故障处理上存在改进空间。调速器经过近8年的长期运行，机械液压系统部分阀组出现异常。

2014年，水布垭电厂调速器系统主要进行了以下改造：

(1) 油压柜控制程序增加以下综合判断告警：压油罐油压测量信号异常、压油罐液位信号异常、启停泵控制异常。设备的异常状态及时告警为故障处理赢得时间。

(2) 电气调节柜控制程序增加控制目标的故障判断与处理，在负载态下增加了导叶控制偏差故障、控制越限故障。这两类故障系统及时告警并自动进行控制通道切换，有效防止了调速系统因液压跟随故障或控制回路故障导致的导叶控制异常。

(3) 对切换阀换型改造。切换阀作为液压系统控制回路上无冗余配置的关键节点，直接影响整个调速系统的可靠性。水布垭电厂调速器切换阀为两位四通双电磁铁脉冲式滑阀，采用内置定位机构定位自保持。GE公司出厂设计时将主配控制油路通过切换阀的排油腔（T腔）进行中转，当出现压力波动情况下，切换阀极易工作不稳定。而且切换阀采用间断式激励控制，间隔时间为1小时，多数时间下阀芯位置依赖内置定位机构。因此阀芯位置存在位置不确定的变位风险，阀芯异常变位后主配压阀控制油路被切断，从而导致导叶控制异常。为遵从切换阀机械设计和功用，从根本上解决切换阀使用不合理的问题，油路进行以下更改：将两路比例阀输出油路分别接入切换阀A、B腔，经切换阀P腔输出控制主配开机控制腔，T腔接入回油管路。另外选择控制方式更为简单可靠的单线圈控制切换阀，一个工作位需带电自保持，失电后由内置弹簧复位切换至另一工作位。因为不带电控制的工作位不需控制信号，控制简单且安全。调速器长时间在自动通道运行，为确保自动通道主备用的无扰切换，故选择切换阀不带电工作位接入自动通道油路。

水布垭电厂调速器系统改造达到预期效果，项目取得成功。通过设备软件和硬件上的技术改进、升级，提高了设备的可靠性，有效防止机组运行过程中调速器系统故障造成的机组非计划停运和设备损害等重大事故的发生。

（湖北清江水电开发有限责任公司）

水布垭电厂导叶套筒漏水处理

水布垭电厂水轮机有22个活动导叶，设有上、中、下三部导叶轴套；上、中轴套装在套筒里，导叶与套筒的密封结构见图1。该导叶轴套密封属于水压式自压紧密封，其原理是利用水压将“Y”形两边的唇口撑开，一边紧贴在导叶轴上，一边紧贴在套筒上，达到止水的效果，水压越大密封效果越好。

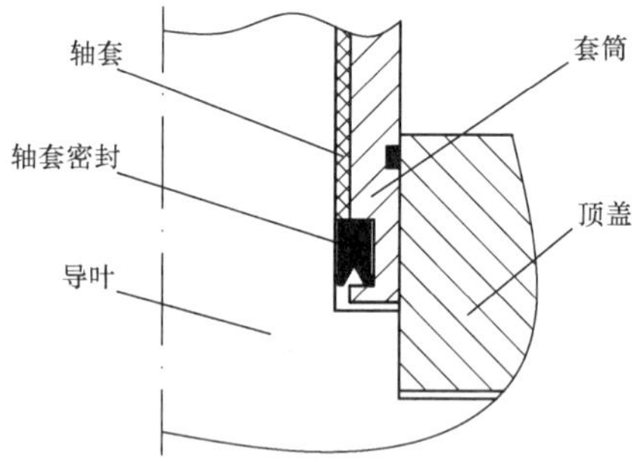

图1 导叶与套筒密封结构示意图

水布垭电厂最先投产的1号机（2007年投产），经过4年的运行后，导叶与套筒的密封陆续出现失效引起大量漏水现象。漏水大部分从套筒的排水孔（ϕ20mm）涌出，水量大的还会从套筒与拐臂接触面涌出，给机组安全运行造成很大隐患。密封失效时间大多数出现在机组检修后，机组进行充水平压时。

对漏水的导叶套筒进行检修发现，轴套的抗磨材料脱落较严重。轴套密封件基本保持原始颜色，也没有发现明显的龟裂或脆化现象，但是密封件内侧有明显的压痕，唇口部分有轻微的磨损。导叶套筒漏水原因分析如下：

(1) 导叶与轴套相对运动时，轴套的抗磨材料脱落，产生片状物，由于重力作用沉积在轴套密封处。轴套密封属于水压式密封，当机组处于检修时，没有水压作用，轴套密封作用力仅靠密封材料的自身弹性力，这时操作导叶极易使沉淀物进入密封唇口引起密封失效。

(2) 导叶轴与套筒存在微量的偏心，在导叶全关时比较明显（套筒检修时也发现导叶轴套半边抗磨材料脱落的较严重些）。这可能会使密封件一边过度挤压，一边压缩不足。由于轴套密封的材质较硬，设计的弹性压紧力较小，压缩不足的一边杂质容易进入，从而引起密封失效。

经研究，采取在原套筒密封圈的“Y”形口处增加“O”形密封圈的方法进行漏水处理。原密封结构和改进后的密封结构对比见图2。在无水压作用时，改进前密封压紧力是通过材料自身的弹性力，改进后密封压紧力是材料自身的弹性力和“O”形密封圈的被压缩变形弹性力的和。改进后密封压紧力更大，可以更有效阻止杂质进入唇边，提高密封的可靠性。

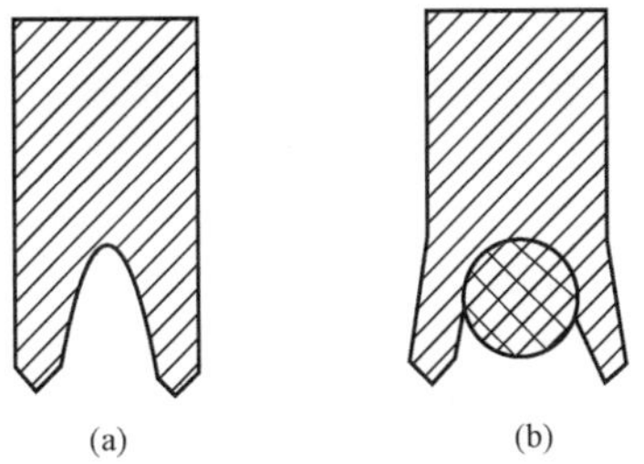

图 2　改进前后的密封结构
(a) 原密封；(b) 改进后

从 2011 年开始出现导叶套筒漏水至今，还没有对导叶轴套密封进行大范围地更换，仅在导叶套筒密封出现较严重漏水时，对其进行处理。处理时更换的密封都在原密封件底部开口处增加了“O”形密封圈。改进后运行良好，还没有出现过新更换的套筒密封再出现漏水现象。

没有进行大范围更换，有以下 3 点原因：

(1) 改进还不够完善。这种形式的改进只增加密封的预紧力，改善密封效果，延长使用寿命，并不一定能绝对阻止轴套抗磨材料脱落产生的片状无进入唇边，仍然存在密封失效引起漏水量大的风险。

(2) 新形式的密封结构使用还不成熟。每一种新密封结构的投入使用，需要经过严密的计算和试验，而目前也没有找到不改变原有套筒结构、能自动排出轴套磨损产生的杂质的解决方法。

(3) 导叶套筒漏水的根本原因是轴套抗磨材料的脱落引起的，目前不改变套筒结构还没有找到合适的轴套，可以不产生杂质，或者产生的杂质不会破坏密封效果。

(湖北清江水电开发有限责任公司)

高坝洲电厂 220kV 开关站改造情况

(一) 概况

高坝洲电厂 3 台机组与主变压器为单元接线，主变高压侧接线采用扩大桥形接线，220kV 出线两回，一回至宜都郭家岗（高郭线），一回至枝城楼子河（高楼线），高郭线、高楼线在站内通过厂Ⅱ母合环运行。

随着宜都 220kV 柑子园变电站的建设，高坝洲电厂 220kV 开关站出线也进行了改造。高楼线改接至高柑一回线，高郭线改接至高柑二回线，相关一次设备、保护设备也进行了更换改造。为了尽量减少对电网和电厂机组出力的影响，220kV 开关站改造采用“不同时停电分布施工”的方法，改造期间，除试验时需短时全站停电外，始终保持 1 台或 2 台机组运行。改造分三个阶段：第一阶段，2014 年 10 月 15 日～11 月 13 日，高楼线（高柑一回线）停电改接；第二阶段，2014 年 11 月 1～13 日，开关站Ⅱ母停电检修；第三阶段，2014 年 11 月 25 日～12 月 2 日，高郭线（高柑二回线）停电改接。

(二) 改造项目

1. 出线改造

(1) 高坝洲—楼子河 220kV 改接至柑子园 220kV Ⅰ回，新建单回线 1.768km，导线 1×JL/G1A-400/35，地线为两根 JLB20A-100。更换原高坝洲—楼子河线路 8 号至改接点（18 号）4.645km 双 GJ-50 地线为 JLB40-70 地线。改接后形成高坝洲—柑子园一回 220kV 线路长 8.108km。

(2) 高坝洲—郭家岗 220kV 改接至柑子园Ⅱ回。新建线路 9.12km，其中单回线 0.435km，双回线 8.685km（双回线另一侧留给郭家岗—楼子河改接 220kV 线路用），清江跨越段为独立耐张段，导线采用 1×JL/G1A-400/50，地线一根采用 24 芯 OPGW，另一根采用 JLB20A-100；其余段导线采用 1×JL/G1A-400/35，地线一根采用 24 芯 OPGW，另一根采用 JLB35-100。高坝洲—柑子园二回 220kV 线路工程全长 9.167km。

2. 电压互感器改造　开关站高郭线、高楼线、Ⅱ母母线 3 组共 9 台电容式电压互感器运行已经十余年，精度检验严重超标，并且电压互感器外壳及密封法兰锈蚀严重。此次对其进行了更换改造，各项检验均合格。

3. 结合滤波器改造　每回线路配置一套光纤电流差动保护（南瑞继保）和一套高频闭锁式距离保护（北京四方）。高频闭锁距离保护（集成远跳保护功能），采用 V 相专用载波通道传输线路保护；采用 W 相专用载波通道传送远跳命令。原 U 相结合滤波器不再使用，将其拆除；V、W 相结合滤波器与通道相关设备不能匹配，将其拆除并更换。

4. 线路保护改造　保护配置与对侧柑子园变电站配对，每回线路配置一套光纤电流差动保护和一套高频闭锁式距离保护。

(1) 高柑一回线线路保护：第一套保护许继 CSL-101A 高频距离保护更换为北京四方 CSC-101B 高频距离保护，许继 SF-600 保护专用收发信机更换为 SF-960 保护专用收发信机，同时增加一套许继 YTF（S）-900 远方跳闸信号传输装置单方向传输远跳信号。第二套保护南京自动化研究所 LFP-902A 高频方向保护更换为南瑞继保 PCS-931G 光纤分相电流差动保护，同时拆除原 11、12 号载波机。

(2) 高柑二回线线路保护：第一套保护北京四方 CSC-101B 高频距离保护配置南瑞继保生产的 PCS-

912 型保护专用收发信机，同时在 CSC-101B 高频距离保护屏增加一套许继 YTF（S）-900 远方跳闸信号传输装置单方向传输远跳信号。第二套保护南瑞继保 RCS-931GMV 光纤分相电流差动保护继续使用。

5. Ⅱ母母线保护双重化改造　原只配置了一套母差保护装置，为深圳南瑞科技有限公司的 BP-2B 母差保护装置，不满足《国家电网公司十八项电网重大反事故措施》继电保护专业重点实施要求。220kV 及以上电压等级 3/2、4/3 接线的每组母线应装设两套母线保护。此次拆除了已退出使用的高楼线安稳装置保护屏，并在其位置增加了一套南瑞继保 RCS-915GA 母线保护装置，实现Ⅱ母母线保护双重化。

6. 高 22 断控装置改造　原配置为北京四方 CSI-121A 断路器控制装置，FCX-22J 分相操作箱，运行已超过 10 年，元器件老化相当严重；且该型号断控装置已经停产，备品备件采购困难。此次改造将其更换为南瑞继保 RCS-921A 断路器控制装置、CZX-22R2 分相操作箱。

（三）改造效果

高坝洲电厂 220kV 开关站改造项目多、时间紧、任务重，在大家的共同努力下此次改造达到了预期效果，取得了圆满成功。

（1）通过此次改造解决了 220kV 开关站设备存在的安全隐患，提高了设备的可靠性，有效防止了机组非计划停运和设备损害等重大事故的发生。

（2）新保护装置的原理更先进，硬件可靠性更高，可有效节约维护成本和备品备件成本，提高保护装置的正确动作率，更好地保障厂网安全稳定运行。

（湖北清江水电开发有限责任公司）

黄河上游水电开发有限责任公司集控中心 2014 年改造情况

黄河上游水电开发有限责任公司为满足生产运行集中控制的需要，2014 年对公司集中控制中心进行了改造。主要情况如下：

1. 值班室改造　2014 年 2 月 20 日开始改造，8 月 18 日竣工验收，11 月 10 日投入使用。改造后的集控值班室设置两排新能源集控值班席，两排水电集控值班席，一排水调值班席，一排值长席位，共计 15 个值班席位，可以满足已投运的水电、新能源电站远程集中控制需求。

2. 水电站调度监控系统升级改造　2014 年 4 月 1 日，召开了升级改造设计联络会，确定集控中心水电监控系统升级为 H9000 计算机监控系统（V5.0），优化监控画面、远程操作流程，完善报警信息系统和历史数据记录。改造由北京中水科水电科技有限公司负责实施，集控中心系统室主导配合，11 月 10 完成，投入运行。

3. 新能源电站集中控制系统　2014 年 3 月 10 日，组织新能源电站集控系统建设单位人员进行现场踏勘；4 月 20 日，定标由北京木联能公司进行新能源电站集控系统建设；12 月底，德令哈、格尔木、共和产业园、共和特许权、河南特许权、龙羊水光互补、乌兰 7 座光伏电站和茶卡、大格勒有 2 座风电场，接入新能源电站集控系统。

4. 水调自动化系统升级改造　从网络组成、数据构架、硬件升级以及应用方面进行升级改造。2014 年 3 月 20 日开始改造，7 月 15 日完工正式投入使用。

5. 集控视频监控系统　2014 年 9 月 10 日，集控视频监控系统完成班多、公伯峡、积石峡、拉西瓦、李家峡、苏只电站工业电视视频系统的接入工作，实现了对电站的远程巡视功能。

6. 其他　2014 年 6 月 25 日，在宁夏银川集控中心承办了中国水力发电工程学会梯级调度控制专委会 2014 年学术交流会。全国各水电流域开发公司、梯级电站集控中心、系统集成厂商代表等近 40 余人参加了会议。会议圆满成功，获参会代表一致好评。

（黄河上游水电开发有限责任公司　张宏峰）

回龙山电站发电机定子改造大幅提升安全可靠性

回龙山电站位于浑江下游，是浑江梯级开发的第二座水电站；1972 年 10 月 18 日第一台机组（1 号机）投产发电，1973 年 7 月 28 日第二台机组（2 号机）投产发电。这两台机组均是 36MW 的轴流式水轮发电机组，系东方电机厂设计制造；其发电机型号为 TS725/106-40，定子线棒采用的是环氧粉云母 B 级绝缘，端部并头套为黑玻璃漆布带绝缘（A 级黑绝缘）。经过 40 多年运行，回龙山电站发电机定子运行安全可靠性已不能满足要求。经辽宁电科院鉴定，存在：①定子介损值与局放量偏高；②定子线棒内存在均匀气隙，存在较为明显的绝缘老化现象；③定子绕组主绝缘已经普遍地呈现程度不同的分层现象以及局部放电烧蚀现象；④铁芯原始安装状况不良，铁芯单位损耗为 2.065W/kg，铁损较大。因此，和禹公司决定对定子进行改造。

2013 年 10 月至 2014 年 1 月，对 1 号机组进行了定子改造现场施工；更换了发电机定子铁芯、定位筋及附件、更换了发电机定子线棒、槽内固定件、测温元件、端箍、铜环引线及附件，更换了发电机转子磁极。本次改造将定子线棒和转子磁极的绝缘等级由B级绝缘更换为F级绝缘，并对通风系统和保留部件强度以及励磁容量进行了校核，对电磁设计方案和结构设计、改造的工艺方案、安装工艺流程等技术细节问题进行了验证。改造后，经过辽宁省电力科学研究院主持的第三方试验，各项指标满足设计要求。铁芯磁化试验最大温升8.7K，最大温差3.1K，发电机铁芯温度没有明显温度异常点；发电机的空载特性、短路特性、短路比、电压波形畸变率、电话谐波因数、温升试验、损耗及效率试验均满足设计要求；发电机允许运行温度由原来的130℃升高到155℃，消除了原定子铁芯老化、定子线圈黑绝缘等安全隐患；发电机效率由95.82%升高到97.69%，额定功率由36MW升高到42MW，提升了机组安全可靠性和发电效率。

2014年，结合机组A级大修，又对2号发电机定子进行了改造。改造后定子接线为2支路Y形，发电机的额定容量达48MVA，额定功率达42MW。

回龙山电站采用新标准、新工艺进行发电机定子改造，大幅提升了机组运行的安全可靠性。

（国电电力和禹水电开发公司）

水情预报与调度

国网湖北公司建成投运省地县一体化全景水电管理系统

2014年5月28日，由国网湖北省电力公司与南京南瑞集团公司共同建设开发的湖北电网地调水调自动化系统建设工程通过竣工验收，标志着湖北电网水库调度及小水电管理跃上一个新台阶。

湖北是水电大省，目前投产在运的大、中、小型水电站共有1471座，总装机容量3626.9万kW，多年平均发电量1280.92亿kW·h。其中：除国调、华中分调、湖北省调调度管辖的23座外，其余1448座全部由地调、地分调调度管理，总装机容量363.49万kW，占湖北电网水电总装机容量的10%，多年平均发电量104.48亿kW·h，占湖北电网水电多年平均发电量的8.15%。小水电运行管理成为影响湖北电网安全稳定运行不可忽视的重要因素。

为贯彻国家可再生能源法和节能减排相关政策，落实国家电网公司下发的《加强小水电调度管理工作指导意见》，国网湖北公司于2012年印发了“关于加强小水电管理、推进地区电网水调自动化系统建设的意见”，明确提出湖北电网中小水电管理“看得见，管得住，调得动”的目标。

2012年3月21日，湖北电网地调水调自动化系统建设工程可行性研究报告通过审查；2012年7月12日，湖北电网地调水调自动化系统建设工程初步设计报告通过审查；2012年12月，湖北电网地调水调自动化系统建设工程完成招投标工作。

湖北电网地调水调自动化系统建设的愿景、内容、技术路线和工程亮点如下：

1. 建设愿景　“构建一个体系、扭转二个局面、强化三个服务、提升四个水平、提供五个支撑”。即：构建大中小水电有机融合的水电管理体系；扭转地区小水电与水库调度专业管理脱节的不利局面，扭转地区小水电“被调度”无序上网的被动局面；服务电网安全稳定运行，服务水电安全经济效益，服务湖北经济社会发展；提升湖北电网水电基础信息水平，提升湖北电网大中小水电有机融合管理水平，提升对未来过程超前控制水平；提升湖北电网水库调度专业人员技能水平；为湖北电网规划改造及长期负荷平衡提供统调、非统调水电出力历史过程及数据支撑，为湖北电网水电集中地区设备停运决策提供水电发电能力预测支撑，为湖北电网日前负荷平衡提供水电安全校核支撑，为湖北电网调峰调频及事故处理提供水电备用支撑，为湖北经信委科学调整水火电发电计划提供来水评价支撑。

2. 建设内容　建设恩施、宜昌、十堰、襄阳地调水调自动化系统分站4套；建设咸宁、黄冈地调水电管理系统分站2套；通过安装小水电信息采集装置，将湖北水电分布集中的恩施、宜昌、十堰、襄阳、咸宁、黄冈地区中小水电站运行信息分别接入恩施、宜昌、十堰、襄阳地调水调自动化系统和咸宁、黄冈地调水电管理系统。在此基础上，将湖北电网恩施、宜昌、十堰、襄阳、咸宁、黄冈地调分站信息接入湖北电网水调自动化系统。

3. 技术路线

一是选择襄阳、咸宁作为地调水调系统建设试点单位。

二是对地调水调主站功能进行规范，制定《湖北电网地调水调自动化系统功能规范》和《湖北电网地调水电管理系统功能规范》；对地调直调分站建设标准进行规范，制定《湖北电网省、地调直调水电厂水情水调自动化系统建设规定》，印发《湖北电网水电厂水情水调自动化系统设计方案》范本，对小水电运行信息上传通道进行规范，统一采用GPRS-VPN专网，确保满足电力二次系统安全防护要求。

三是制定《湖北电网地调水调自动化系统（水电管理系统）运行管理规定》，为地调水调系统运维护提供制度保障。

四是依据试点经验，在恩施、宜昌、十堰、黄冈地区推广，组织对恩施、宜昌、十堰、襄阳47个地调直调分站设计方案进行审查，保证湖北电网不同地区不同施工单位建设标准统一。

4. 工程亮点

一是首创电网全景水电管理。电网全景水电管理就是打破传统省、地调水调系统管辖范畴各自为阵的禁锢，将行政区划内的全部水电集于系统运行监视之中。湖北电网全景水电管理的目标是：省、地调度机构可通过水调系统监视所辖地区全部水电厂运行状况。

二是实现水调专业地县一体化管理。按照“大运行”要求，将地分调小水电信息上移，直接接入所辖地调水调系统。实现三个统一，即：地区水电基础资料统一；地调、地分调水电计划编制统一；地调、地分调水电调度运行管理统一。水库调度专业地县一体化为实现湖北电网大中小水电有机融合管理奠定了基础。

三是逐步构建湖北电网大中小水电有机融合管理体系。湖北电网大中小水电有机融合管理核心是：①刚性执行国调水电计划，充分吸纳三峡分配湖北电量；②协商调整华中分调水电计划，充分吸纳葛洲坝分配湖北电量，保证清江三厂（水布垭、隔河岩、高坝洲）电量适时在湖北全额消纳；③科学安排省调水电计划，依据中长期天气预报，提前做好对未来降水过程的超前控制，力求降水发生初期2～3天省调水电厂少发或不发，为地区中小水电预留上网空间，保证地调、地分调径流式水电、调节库容差的水电优先上网；④优化地区水电计划，把握地区负荷及降水时空特点，遵循来水规律及水库调度原则，最大限度减少地调小水电弃水发生。

四是打破坚冰，实现流域信息共享。主要是：①将国、网、省调管辖水电厂水库水情及机组运行信息按行政区划原则通过省调水调平台下发有关地调，实现不同调度机构间水电管理信息共享，为构建湖北电网省地县一体化全景水电管理系统奠定基础；②将湖北电网同一行政区域内省、地调直调水电厂所在流域水电厂水库水情信息和机组运行信息通过省、地调水调平台转发下游水电厂，实现同一流域水电厂信息共享，保证了直调水电厂信息的横向贯通；③将湖北电网不同行政区域有水利联系的水电厂水库水情信息和机组运行信息通过省调水调平台转发相关地调水调系统并转发相关水电厂，实现湖北电网内跨地区水电管理信息共享。

（国网湖北省电力公司调控中心　肖孟金　高力书）

华中电网水电消纳取得多项突破

2014年，华中电网水电来水丰枯不均，秋汛明显，综合利用任务多、水火电矛盾突出，各级调度部门积极应对，水电消纳取得多项突破。全网水电发电量创历史新高，四川水电外送电力、电量均创历史新高；直调水电厂未发生弃水、水库年末蓄能值创历史新高；直调水电水布垭、隔河岩电厂年平均耗水率历史最小，成功应对汛末发生的水布垭同期七十五年一遇、建库以来最大洪水，同时联合三峡水库实现长江洪水错峰调度，既保证了下游度汛安全，也保证了三峡机组全开满发；五强溪全开满发天数达124天，年发电量、满发天数双创历史新高，并成功应对建库以来第三大洪水。

（一）水电来水不均，秋汛明显

2014年全网水电年累计来水量与多年均值持平，比2013年同期偏多2成。各流域丰枯不均，秋汛明显。与多年同期比，三峡流域来水略少，清江流域偏少1.5成，沅水流域正常偏多1～2成。与2013年同期比，三峡流域来水多2成，清江流域多3成，沅水多1～3成。

秋季来水明显。9月上中旬华西秋雨，湖北清江、汉江流域来水特丰，水布垭、丹江来水比常年偏多8成以上，三峡来水偏多3成。水布垭水电厂9月2日入库流量创建库以来历史最大入库流量值，达到9020m^3/s，为同期75年一遇；三峡9月20日洪峰流量55000m^3/s，为2014年最大洪峰；丹江9月19日洪峰流量13900m^3/s，为2014年最大洪峰；10月下旬全网自西向东出现了一次大范围、强降水过程，重庆大部、湖北大部、湖南西北部有大到暴雨，其中湖北为近60年来同期强度最大、范围最广的暴雨过程，湖南西部、北部达重阳水（秋汛）标准（降水2天50mm，3天80mm）。

（二）多措并举，确保清洁能源充分利用

针对天气预测、水库来水的不确定性，在水电调度工作中，引入了风险调度理念，创建水电运行风险分析机制，汛期最大程度利用洪水发电、汛后努力提高水库蓄满率，使风险可知、可控，取得明显成效。主要采取如下措施：

(1) 建立气象日会商制度。与气象部门合作，开展电网气象信息应用技术手段建设，及时获取预报预警信息，并及时发布；定期与气象部门会商，及时在日生产碰头会汇报，重大气象情况在分部生产早会专题汇报，使气象风险可知。

(2) 建立华中电网汛期水库调度工作汇报制度。各省（市）重点水电厂水情通过水调系统实时上传，若所在流域水情有重大变化，各省（市）调及直调水电厂及时通报华中分中心，使全网水情变化风险可知。

(3) 建立水情预测预报制度。加强水情预测预报工作，坚持各直调水电厂水情周预测、日滚动，梯级水电厂水情信息共享（包括国调水电厂），水电计划长短结合、滚动调整，水库运行水位动态控制，使汛期水库弃水风险、汛末蓄水风险可控。

(4) 建立水电运行风险分析机制。对水电厂发电及水库运用风险日评估、月分析、年总结，针对不同风险，及时调整水库运用方式，确保迎峰度夏、迎峰度冬电力可靠供应，保证用好每一方水，发好每一度电，服务发电企业，服务社会。

(5) 发挥科技引领作用，完成《提升华中电网水电安全运行和高效利用的关键技术研究》。为提升华中电网水电调度管理水平，华中分中心完成了水电调度专项工作，开展水电调度技术研究，实现水电调度技术可视化展示与应用；提升水电外送能力研究，重点对四川水电、三峡近区、湘西南水电外送通道的能力、潮流疏散方案及解决措施进行研究；提升水火电联合优化调度研究，考虑电网约束的情况下，将水火电发电计划协调延伸至日前、实时，实现水电计划实时滚动调整；提升机网协调水平，研究大型水电机组详细建模技术，评估抵御大型水电机群因灾脱网的能力并研究相应控制措施。

（三）优化调度，水电消纳成效显著

建立了水电运行风险分析机制，及时灵活调整水库运用方式，全网重点水电厂节水增发电量 66.80 亿 kW·h，比 2013 年增加 8.48 亿 kW·h，水能利用提高率 8.93%，同比提高 0.75 个百分点。其中，华中分中心直调水电厂累计节水增发电量 37.99 亿 kW·h，比 2013 年增加 2.69 亿 kW·h，水能利用提高率 8.91%，同比提高 0.27 个百分点，直调水电厂未出现调峰弃水。配合国调做好三峡梯级调度工作，加强设备检修管理，合理安排电网运行方式，洪水期间确保三峡机组全开满发，三峡电站全年发电量 988.19 亿 kW·h，创单座水电站年发电量世界最高纪录，成为世界上装机容量、年发电量均居第一的水电站，葛洲坝电厂发电量创历史记录。实施沅水梯级水库联合优化调度，克服在建水电站移民搬迁滞后、度汛条件不满足要求、库区在建工程多等诸多制约因素，首次实施沅水三板溪、白市、托口梯级水库联合优化调度，顺利实现托口水电站初期蓄水目标，圆满完成托口电厂 6 台新机组 1 个月全部投产，保障了沅水流域水库安全度汛，确保了库区移民安全。同时，三板溪、白市、托口电厂发电量均创历史记录；五强溪电厂实现全开满发 124 天，年累计发电量达 65.94 亿 kW·h（年设计电量 53.7 亿 kW·h)，双创历史新高，成效显著，效益巨大，五凌电力公司给华中分部发来感谢信。成功应对了汛末湖北清江水布垭水电站同期 75 年一遇洪峰，合理安排梯级电站发电，协调湖北调停火电 330 万 kW，组织河南、江西消纳湖北富余水电 90 万 kW。同时，三峡水库出现入汛以来最大入库洪峰流量，通过调整清江梯级水库运用方式，联合三峡水库实现长江洪水错峰调度，既保证了下游度汛安全，也保证了三峡机组全开满发。同时清江梯级水库未发生弃水，洪水过后梯级水库基本蓄满，实现了水能资源的充分利用，水布垭、隔河岩电厂年平均耗水率历史最小，湖北清江公司给华中分部发来感谢信。做好四川水电消纳工作，优化水火电开机，积极为四川水电大发腾挪空间，提前完成了洪板线增容改造工作，川渝通道实际输送能力提高至 390 万 kW，汛期川渝断面保持满载运行，四川电网最大外送电力达到 2676 万 kW，相比去年最大外送电力增加 55.7%，外送电量 1116 亿 kW·h，同比增加 62%，均创历史记录。

（国家电网华中电力调控分中心 孙新德）

2014 年雅砻江流域梯级调度运行管理情况

2014 年，雅砻江流域水电开发有限公司集控中心按照公司“立足全局、突出重点、稳中求进、创新发展”的主基调，针对流域集控生产面临的突出问题，围绕“优化调度保电量”的工作目标，在尊重电力生产规律的同时加强创新，积极探索具有雅砻江特点的集控管理模式，努力化解不利因素，使得年度发电量首次突破 600 亿 kW·h 大关，顺利完成年度工作指标。主要调度运行管理情况如下：

(1) 科学调度，化解不利因素，年度发电量再创新高。深入开展联合优化发电调度措施研究，加强水情预测，合理利用锦屏一级、二滩两个巨型水库的调节性能，优化流域电站运行方式；积极与调度机构沟通协调，制定切实可行的流域联合优化调度方案，科学应对四川水电装机迅猛增加、电网外送通道严重不足、电网运行方式约束、电力市场需求走低、工程制约以及新投产设备处于磨合期等不利因素影响，全年累计增发电量约28亿kW·h，减少主汛期电量损失约8.5亿kW·h，年度总发电量突破600亿kW·h，创历史新高。

为尽快消除锦屏一级库区小金河大桥边坡的安全隐患，满足现场对锦屏一级水库水位升降幅度及速率提出的相关要求，加强了来水以及电量消纳预测，并向调度进行专题汇报，力促调整锦官电源组（由锦屏一级、锦屏二级和官地三电站组成）电量计划，精确控制水库消落水位，将库水位消落与小金河大桥工程的相互影响降至最低。与省调积极沟通，于5～6月先后两次将二滩库水位消落至1160m附近，两次消落过程增发电量约0.5亿kW·h。

针对锦屏一级水电站汛期蓄水方案，组织技术力量进行了认真分析和研究，将蓄水过程分为1800～1859m、1859～1880m两个阶段制定不同的蓄水控制策略，使实际发电量比原设计方案增加下游梯级电量约10.7亿kW·h。

（2）主动协调，优化方案，为流域工程节点目标实现创造条件。结合水情预测结果，从考虑电网运行方式，化解工程与发电矛盾等多方面出发，在确保安全前提下对方案进行调优，为锦屏一级水库蓄水、小金河大桥边坡整治以及桐子林水电站三期截流等重要工程节点目标的顺利实现创造了优良条件。

锦屏一级蓄水前，开展了锦屏一级水库运行技术设计要求的专项研究，并协调设计单位，复核和优化了相关技术要求，将库水位最大升降速率适当放宽，对锦屏一级水库提前至8月24日蓄至1880m水位起到关键作用。

针对桐子林水电站三期截流的技术要求，加大与调度部门的协调力度，在确保二滩下泄流量满足截流要求的同时，还使得作为四川电网主力调峰职能的二滩电厂罕见出现了发电计划“一根直线”的固定负荷运行，避免了二滩电厂因调峰产生弃水。

（3）积极配合，优化调度，流域集控工作有序开展。采取一系列措施在技术上让调度放心、在流程上让调度认可、在情感上让调度理解，维护和保持了良好的调控关系，为公司流域优化调度获取了重要的外部支持。多次与调度机构沟通，促成更改锦屏二级电厂安控运行方式，将东锦断面潮流限额放宽至310万kW，为下游梯级电站增加发电量约8亿kW·h。随着锦屏二级、锦屏一级电厂的全面投产以及二滩电厂计算机监控系统的改造完成，已实现对流域电站机组、GIS，以及二滩、官地泄洪闸门的远程控制，调控容量达到1410万kW，调控规模在同行业中处于领先位置。

（4）夯实基础，完善管理，殚精竭虑保安全。积极优化内部职责划分，修订安全生产管理制度，实现安全生产闭环管理和各项规章制度无缝对接。不断加强安全目标激励机制、安全生产责任机制、安全生产监督管理机制、安全风险防范机制的标准化建设，始终坚持安全生产事故“零容忍”的原则，逐级签订安全目标责任书，并与绩效管理挂钩。针对上下游水力联系紧密、监控操作频繁，集控中心狠抓“两票三制”管理，制订完善了多项技术措施，防止误操作，两票合格率、操作正确率均保持100%。随着流域集控规模的扩大，对应急管理提出了更高的要求，集控中心及时分析电网事故、水库突发事件、调度通信中断和流域设备故障等易发风险事件，制订专项应急预案并定期演练。不断加强设备巡视管理，重点开展设备运行状况分析，提前采取针对性措施，预防设备故障的发生。先后开展计算机监控系统通道告警监视功能优化、水调自动化系统数据库连接故障分析及程序优化、UPS系统400V开关定值调整等多项专项整改并取得良好效果。2014年，集控中心连续安全生产突破1100天。

（5）编规建制，适应发展，集控生产体系更加规范。2014年，集控中心对内部生产管理制度进行了全面修编，进一步完善管理细节，规范工作流程。新制度对水情预测预报、防汛、发电计划、设备管理和运行值班等生产工作提出了更高要求。认真总结梳理流域集控工作，对原有《雅砻江流域电站设备检修计划管理规程》等进行修编；同时，根据国家法规和行业标准要求，对各电站泄洪设施进行统一调度命名，并增编了《雅砻江流域电站水工检修计划管理规程》。集控中心还从各个业务对接层次和技术管理层次，积极推进、执行和贯彻《雅砻江流域集控自动化系统运行维护管理规程》、《雅砻江流域电力生产通信系统运行维护管理规程》，特别是深化梳理流域通信自动化系统运维过程中的工作流程，落实“工作联系人”机制，规范了电力生产二次系统运维工作，进一步实现流域化管理。

（6）尊重规律，坚持创新，行业竞争力持续提升。积极有序开展雅砻江下游梯级电站降雨径流联合预报方案编制及程序开发、锦官电源组梯级水库洪水调节集中控制系统的仿真研究、基于来水变化的锦官电源组梯级水电站厂间负荷调整方式研究等多项科学研究，在提升生产效率的同时强化人才培养。组织召开了流域梯级水电站集控运行模式研讨会，邀请国内行业专家分析现有集控运行模式存在的风险，对集控未来发展思路进行交流探讨，提前谋划流域中上游电站接入集控中心方式以及集控运行模式。

（雅砻江流域水电开发有限公司　战永胜）

2014年清江梯级优化调度成效显著

2014年，清江流域梯级在流域全年来水偏枯两成的情况下，通过长、中、短期的优化调度和实时负荷相结合的策略，始终保持梯级电站较高水位生产运行，努力提升梯级电站整体运行的经济性，全年梯级电站综合耗水率3.94m^3/（kW·h），同比下降8.5%。通过精准预测、科学调度，成功应对75年一遇的秋汛，最大限度实现“洪水资源化”，刷新流域四项发电记录。梯级电厂全年完成发电量61.33亿kW·h。

（一）主要成效

2014年清江梯级优化调度成效显著，具体体现在：

（1）成功应对75年一遇的秋汛，刷新流域发电四项记录。2014年9月1～2日，清江流域发生特大洪水，水布垭坝址最大洪峰达到9020m^3/s。湖北清江水电开发有限责任公司快速反应、及时决策、积极对外协调，在网省公司的大力支持下，将清江梯级电厂日计划由1600万kW·h迅速提高至6500万kW·h以上，顺利实现清江洪水与长江洪水的错峰调度，缓解了长江干流的防洪压力，受到了省防指的通报表扬。同时最大限度地将洪水资源转化为发电效益，创造了梯级电站投产以来四项发电量历史最高纪录：梯级电站月发电量149524.99万kW·h、日发电量6659.17万kW·h，水布垭月发电量80155.04万kW·h、日发电量4135.12万kW·h，有效地将洪水资源转化为了发电效益。

（2）年平均运行水位和水头为近几年来最高。其中，水布垭年平均水位384.47m，平均水头185.12m；隔河岩年平均水位194.13m，平均水头114.75m。

（3）梯级电厂平均运行出力最高和小负荷运行率近几年最低。2014年水布垭机组平均运行出力21.77万kW，小出力运行时间率36.5%；隔河岩机组平均运行出力20.04万kW，小出力运行时间率22.2%。

（4）梯级电厂耗水率近几年最低。其中，水布垭耗水率2.21m^3/（kW·h），隔河岩水耗3.75m^3/（kW·h）。

（二）主要措施

（1）充分发挥梯级水库的调节性能和电站间的协同作用。水布垭电厂在承担主要调压、调峰任务的基础上，尽量保持高水位运行；隔河岩则在水布垭承担主要辅助服务和防洪任务的基础上，长期保持高水位运行。在水位消落期，充分发挥集控优势，把握时机，采用梯级水库交替消落等做法，保持梯级水库平均运行水头有所抬升。四季度维持高水头至年末，水布垭、隔河岩年平均运行水位均创水布垭发电以来历年最高。

（2）在日计划编排上尽可能考虑机组开机方式。在不降低系统安全需求的前提下，争取电网最大支持，一方面当系统需要机组小出力调压、备用时，梯级电厂机组申请脱离最小出力值，另一方面通过与电网调度交流，在系统允许条件下调整其调峰、调频策略。当梯级电厂机组旋转备用较多时，向调度申请负荷适当转移、停机，水布垭、隔河岩机组的不合理运行情况明显好转。

（3）长、中、短期的优化调度和实时负荷调整相结合，努力提升了梯级电站整体运行的经济性。高水头运行和运行平均出力的提高使水布垭、隔河岩耗水率同比下降明显。

（4）未雨绸缪，适当降低高坝洲年末库水位，以防来年产生更多的超测价规模电量。年底把高坝洲库水位从79.5m降至78.39m，腾出2981万m^3库容，水耗按11m^3/(kW·h)计算，即多发271万kW·h电量，若高坝洲明年超测价规模电量[超出电量只能按0.283元/(kW·h)电价结算]，则可产生效益近36万元。

（5）提高服务公益意识，开展生态调度。在日常调度中，坚持贯彻生态调度意识，时刻关注高坝洲库水位变化。3月下旬，应长阳县人民政府要求，通过申请加大高坝洲发电腾库容，逐步将高坝洲水位降至77.54m（25日0时），随后申请加大隔河岩发电的方法抬升高坝洲水位，从而对高坝洲库区水体进行了一次充分置换；4月上旬，配合长阳古城施工和生态调度需要，由78.80m左右开始下降，最低降至76.87m（4月4日12时），之后于4月6日15时抬升至78m以上运行；8月中旬末再次对高坝洲库区水体进行了一次置换，高坝洲当月最高库水位79.40m（13日1时），月最低库水位77.53m（20日2时），以改善库区水质、满足生态调度的需求。

（湖北清江水电开发有限责任公司）

大坝安全管理

国家能源局大坝安全监察中心2014年配合开展安全监管工作情况

根据国家能源局要求，国家能源局大坝安全监察中心（以下简称大坝中心）于2014年4月中旬启动了《水电站大坝安全注册办法》和《水电站大坝安全定期检查办法》的修订起草工作；6月完成起草工作，并报安全司，其后又按安全司意见进行了数次修改。参与《水电站大坝运行安全评价导则》编写，对导则进行了进一步修改和完善，通过了专家审查，已报国家能源局审批。

按能源局安全司要求，大坝中心从2014年8月开始每月向安全司报送《国家能源局监管大坝统计表》。报表内容主要是最新的注册、备案大坝统计，未注册大坝督办进展情况，监管大坝重大隐患及处理情况等。

按照国家能源局的部署，大坝中心积极配合开展安全监管工作，努力服务监督管理大局。2014年主要完成工作有：

（1）配合安全司和四川、云南监管办，分别在成都和昆明两地参加对四川境内的22家和云南境内9家未注册水电站大坝业主的督导。

（2）配合安全司提出防汛抗旱安全督查建议，并派员参加三个督查组，对大江大河重要水电站和水电建设工程、防台防汛任务繁重的沿海地区水电站开展督查。

（3）提出水电站大坝安全责任人名单，经派出机构核实后，国家能源局于5月下旬正式公布。

（4）配合四川监管办参加四川水电站大坝安全监管暨培训工作会议，在大会上讲解大坝安全法律法规和注册、定检、信息化、监测管理等监管工作实务。

（5）按安监司要求对水利部的《关于全国大型水库大坝安全调研情况的报告》和《全国大型水库大坝安全调研总报告》提出书面修改意见。

（6）按安监司要求编写了电力安全监管司派出机构人员大坝安全管理培训教材。

（7）参与云南盈江、鲁甸、景谷地震，以及浙江暴雨、湘西暴雨等自然灾害突发事件的应急响应。

（国家能源局大坝安全监察中心　沈海尧）

2014年水电站大坝安全注册进展情况

根据国家能源局要求，国家能源局大坝安全监察中心（以下简称大坝中心）于2014年4月中旬启动了《水电站大坝安全注册办法》的修订起草工作，6月完成中心审查，并报安全司，其后又按安全司意见进行了数次修改。

2014年，共受理128座大坝注册申请，其中初始注册51座，换证注册77座；完成136座大坝现场检查，对132座大坝进行了注册等级评审，给165座大坝发证。受理申请、注册检查、注册评审详细情况见表1。

表1　2014年大坝安全注册情况统计表（截至2014年12月31日）

项目		大坝名称
受理申请（共128座）	初始（51座）	莲麓、高滩、陇或、坡甲、金康、马鹿塘（二期）、水津关、芒里、景洪、仙女堡、瓦屋山、柳洪、后垄溪一级、后垄溪二级、雷打滩、老虎嘴、功果桥、天花板、庙林、撒鱼沱、大盈江二级、杨柳滩、双河、黑河塘、小岩头、蒲石河上库坝、蒲石河下库坝、金沙峡、高桥、柏香林、油房沟、仁宗海、百花滩、高凤山、尼那、铅厂、鲁基厂、别迭里、库什塔依、宝瓶河、石垭子、杂谷脑古城、坪头、天桥、柳树沟、双沟、马堵山、大盈江四级、木里河沙湾、响洪甸下库坝、金家坝

续表

项　目		大　坝　名　称
受理申请（共128座）	换证（77座）	大广坝、安康、茄子山、流溪河、安砂、西门、五强溪、紧水滩、石塘、西酬、南水、哈巴河山口、鲁布革、石板水、西津、大寨、江西江口、吉林台一级、麻石、拉浪、洛东、东风、葛洲坝、徐村、漫湾、狮子滩、上硐、回龙寨、下硐、大洪河、马迹塘、十三陵上池、泰安上库坝、桐柏下库坝、桐柏上库坝、索风营、大化、天生桥二级、岩滩、八盘峡、盐锅峡、直岗拉卡、苏只、映秀湾、渔子溪、耿达、东坪、莲花、镜泊湖、羊湖、芹山、挂治、大言、琅琊山上库坝、太平哨、回龙山、桓仁、潘家口下池大坝、广蓄上库坝、广蓄下库坝、左江、牛路岭、铜街子、水口、棉花滩、百丈漈一级、太平湾、雪山湖、浮石、彭水、小天都、双河口、白沙、百丈漈一级、居龙潭、冲江河、海甸峡
注册检查（共136座）	初始（56座）	赛珠、洪石岩、黄花寨、达开、团坡、糯租、凤凰谷、瓦屋山、芒里、景洪、水津关、金康，仙女堡、陇或、坡甲、高滩、莲麓、雷打滩、杨柳滩、撒鱼沱、双河、黑河塘、老虎嘴、尼那、金沙峡、后垄溪一级、后垄溪二级、大盈江二级、高桥、柏香林、油房沟、柳洪、坪头、蒲石河上库坝、蒲石河下库坝、功果桥、宝瓶河、庙林、天花板、小岩头、百花滩、石埡子、高凤山、铅厂、鲁基厂、马鹿塘、天桥、仁宗海、别迭里、库什塔依、杂谷脑古城、柳树沟、双沟、马堵山、木里河沙湾、响洪甸下库坝
	换证（80座）	耿达、映秀湾、渔子溪、八盘峡、盐锅峡、天生桥二级、百花、红枫、红林、红岩、修文、窄巷口、十三陵上池、狮子滩、上硐、回龙寨、下硐、大洪河、西津、泰安上库坝、平班、岩滩、大化、苏只、江西江口、漫湾、桐柏上库坝、桐柏下库坝、安康、马迹塘、葛洲坝、紧水滩、石塘、麻石、索风营、东风、吉林台一级、哈巴河山口、徐村、鲁布革、西酬、大寨、石板水、流溪河、南水、洛东、拉浪、直岗拉卡、安砂、西门、茄子山、大广坝、太平哨、回龙山、桓仁、芹山、东坪、五强溪、莲花、镜泊湖、大言、左江、挂治、羊湖、水口、广蓄上库坝、广蓄下库坝、琅琊山上库坝、浮石、潘家口下池大坝、牛路岭、铜街子、棉花滩、太平湾、雪山湖、小天都、双河口、珠窝、落坡岭、白沙
注册评审（共132座）	初始（55座）	班多、赛珠、洪石岩、黄花寨、达开、团坡、糯租、凤凰谷、瓦屋山、芒里、景洪、水津关、金康、仙女堡、莲麓、高滩、陇或、坡甲、柳洪、坪头、黑河塘、双河、高桥、柏香林、油房沟、大盈江二级、杨柳滩、撒鱼沱、石埡子、蒲石河上库坝、蒲石河下库坝、宝瓶河、金沙峡、后垄溪一级、后垄溪二级、老虎嘴、雷打滩、尼那、高凤山、马鹿塘二期、功果桥、天花板、庙林、小岩头、百花滩、鲁基厂、铅厂、天桥、仁宗海、别迭里、库什塔依、杂谷脑古城、双沟、马堵山、木里河沙湾
	换证（77座）	耿达、映秀湾、渔子溪、八盘峡、盐锅峡、天生桥二级、百花、红枫、红林、红岩、修文、窄巷口、十三陵上池、狮子滩、上硐、回龙寨、下硐、大洪河、西津、泰安上库坝、平班、岩滩、大化、苏只、桐柏上库坝、桐柏下库坝、马迹塘、葛洲坝、江西江口、东风、索风营、石板水、西酬、大寨、鲁布革、漫湾、徐村、紧水滩、石塘、直岗拉卡、安康、哈巴河山口、吉林台一级、流溪河、南水、洛东、麻石、拉浪、大广坝、西门、安砂、芹山、大言、水口、五强溪、东坪、羊湖、茄子山、挂治、莲花、镜泊湖、桓仁、回龙山、太平哨、左江、广蓄上库坝、广蓄下库坝、琅琊山上库坝、浮石、牛路岭、铜街子、棉花滩、太平湾、雪山湖、小天都、白沙、双河口

截至2014年12月底，已经国家能源局批复同意在大坝中心注册的大坝有377座（不含已注销的成屏、上标、木龙滩大坝），比上年末（316座）增加了61座。注册登记证在有效期内和有效期外的分别有339座和35座（不含丰满、红石岩、平地哨大坝）。29座（除丰满）已过期的大坝中，已获能源局审批同意有18座，已评审待报批的11座，已检查待评审的3座，未检查的3座（彭水、百丈漈、乌江渡大坝）。

全年受理了湖南木龙滩大坝的注销注册申请，于12月上旬复函同意注销。

全年受理了26座大坝备案，至此共有103座大坝在大坝中心备案。103座大坝中，12座已完成注册，11座正在办理注册手续，18座备案证已到期。

国家能源局2013年发文通报的130座未注册大坝，已有44座大坝完成注册（备案），有32座大坝正在开展注册（备案），另有23座大坝正在整改（开展加固、安鉴或定期检查）。

2014年大坝安全注册已列入国家能源局的行政许可目录，对办理过程的合规性、透明性、时效性提出了更高的要求。在大坝安全注册实行行政许可的情况下，大坝中心研究、修订了大坝安全注册工作流程，并开发了专用程序模块，运行单位可网上申请、大坝中心可网上审核，确保大坝注册办理的公开透明，同时也显著提高工作效率。

（国家能源局大坝安全监察中心 陈 铿）

2014年度水电站大坝安全定期检查工作进展情况

根据国家能源局要求，国家能源局大坝安全监察中心（以下简称大坝中心）于2014年4月中旬启动了《水电站大坝安全定期检查办法》的修订起草工作，6月完成中心审查，并报安全司，其后又按安全司意见进行了数次修改。

2014年，共启动（召开首次会）62座大坝的定检工作，其中32座为规划内大坝，30座为规划外大坝；46座大坝完成了专家组工作（召开末次会）；51座大坝完成了审查意见评审及转发；8座坝正在编写审查意见；23座大坝正在编写定检报告。详细情况见表1。

表1　2014年定期检查情况统计表（截至2014年12月31日）

类型	大坝名称
启动定检 （共62座）	1）规划内32座：广蓄下库坝、广蓄上库坝、明台、珠窝、落坡岭、流溪河、古田溪一级、古田溪三级、古田溪四级、紧水滩、石塘、云鹏、彭水、贡川、竹洲、安砂、大朝山、白水峪、八盘峡、盐锅峡、峡阳、范厝、天生桥一级、碧口、大广坝、水牛家、木座、岩滩、琅琊山上库坝、拉浪、麻石、泉水 2）规划外30座：鄂坪、高桥、油房沟、柏香林、湾二、踏卡、沙坪、西酬、槽渔滩、株溪口、硗碛、杨村、柴家峡、乌金峡、南沙、泗南江、大盈江一级、狮泉河、查龙、直孔、新政、街面、阿鸠田、洪坝、湾坝、紫兰坝、双河口、城东、康扬、老渡口
完成专家组工作 （共46座）	1）规划内30座：居龙潭、直岗拉卡、洞坪、贺龙、鱼潭、龚嘴、流溪河、龙首一级、北津、大化、螺丝湾、天生桥二级、自一里、桐柏上库坝、桐柏下库坝、陈村、纪村、二滩、李家峡、泰安、雪山湖、罗湾、白沙、龙羊峡、左江、太平哨、浮石、高坝洲、湖南镇、黄坛口 2）规划外16座：天桥、响洪甸下库坝、双口渡、尼那、石堤、金河、高桥、油房沟、柏香林、三棵树、桐子壕、株溪口、湾二、踏卡、沙坪、丰海
审查意见评审及转发 （共51座）	1）规划内43座：芹山、东坪、松树岭、百丈漈一级、刘家峡、天生桥、桓仁、回龙山、过渡湾、天荒坪上库坝、天荒坪下库坝、大山口、哈巴河山口、沙河上库、藤子沟、牛栏口、崖羊山、新丰江、枫树坝、安康、公伯峡、浮石、百龙滩、小天都、斑竹、沙溪口、挂治、高坝洲、苏只、西津、鱼潭、贺龙、龚嘴、直岗拉卡、居龙潭、二滩、大化、陈村、纪村、那兰、寺坪、海甸峡、流溪河 2）规划外8座：鱼塘、金康、下六甲、金沙峡、天桥、丰海、金河、响洪甸下库坝
报告或审查意见在编 （共31座）	1）审查意见在编8座：龙首一级、高桥、油房沟、柏香林、双口渡、石堤、太平哨、左江 2）定检报告在编23座：龙羊峡、乌江渡、桐子壕，雪山湖、北津、罗湾、泰安上库坝、白沙、三棵树、螺丝湾、天生桥二级、自一里、李家峡、尼那、洞坪、桐柏上库坝、桐柏下库坝、湖南镇、黄坛口，株溪口、湾二、踏卡、沙坪
会议进度滞后 （共5座）	华山沟、昭平、合面狮、东江、小东江

第四轮定检自2011年开始以来，截至2014年底，共启动了185座大坝。其中，审查意见已转发的有86座；已完成专家组工作，定检报告已完成、审查意见在编或待评审的有8座，尚在编写报告的有23座；专家组会议未结束的有68座。近几年加强了定检的计划性，除了个别大坝曾因专题委托原因造成其定检进度滞后外，其余大坝总体上按进度计划开展工作。5座大坝（华山沟、昭平、合面狮、东江、小东江）的进度滞后，滞后时间最多12个月（华山沟）。详细情况见表2。

表 2　第四轮定期检查完成情况统计表（截至 2014 年 12 月 31 日）　单位：座

启动年份	启动定检	已全部完成	审查意见在编	定检报告在编	尚未完成专家组工作
2011 年	36	36	0	0	0
2012 年	35	32	0	3（龙羊峡、桐子壕、乌江渡）	0
2013 年	52	17	5（龙首一级）	16（雪山湖、北津、罗湾、泰安上库坝、白沙、三棵树、螺丝湾、天生桥二级、自一里、李家峡、尼那、洞坪、桐柏上库坝、桐柏下库坝、湖南镇、黄坛口）	14（回龙下库坝、回龙上库坝、龙马、铜头、雨城、大花水、冶勒、合面狮、青铜峡、昭平、华山沟、花木桥、东江、小东江；应加快进度：华山沟、昭平、合面狮、东江、小东江）
2014 年	62	1（流溪河）	3（高桥、油房沟、柏香林）	4（株溪口、湾二、踏卡、沙坪）	54
合计	185	86	8	23	68

（国家能源局大坝安全监察中心　郑子祥）

2014 年水电站大坝安全应急管理工作情况

2014 年，国家能源局大坝安全监察中心（以下简称大坝中心）于 4 月成立监控应急处，在应急管理方面开展了如下工作：

(1) 完成了富春江电站应急预案修改、定稿工作。

(2) 6 月按规定时间编制发布了《大坝安全突发事件应急响应工作制度》。9 月根据中心主任会议精神、鲁甸地震应急响应的实施效果和国家能源局发布的《国家能源局重大突发事件应急响应工作制度》，对制度进行了修订，进入发布流程。

(3) 针对华东华中部分区域强降雨、云南盈江地震、浙江暴雨、湘西暴雨及云南鲁甸 6.6 级、景谷 6.5 级地震等突发事件，积极做好突发事件信息的收集、跟踪和应急处置，及时编制、报送应急简报。年内报送了 20 期应急简报。尤其是“8·03”鲁甸 6.5 级地震，在大坝中心领导的组织下，及时启动应急响应，积极指导、配合现场运行管理单位开展应急处置，参与地方政府应急指挥机构的应急指挥部，提供技术支持，顺利完成了红石岩堰塞湖的应急处置工作，得到了国家能源局和现场抗震指挥部的高度肯定。

(4) 开展云南省已注册的 21 座电站的应急手册编制工作。完成鲁布革、西洱河一级、西洱河二级、西洱河三级、西洱河四级、徐村、以礼河一级、以礼河二级、以礼河三级、以礼河四级、绿水河、大朝山、茄子山、那兰等 14 座大坝的编制任务，其他几座大坝正在编制过程中。

（国家能源局大坝安全监察中心　杜德进）

国家能源局大坝安全监察中心 2014 年开展水电站工程安全鉴定情况

2014 年，国家能源局大坝安全监察中心（以下简称大坝中心）共完成 18 座水电站工程安全鉴定，其中蓄水安全鉴定 4 座，竣工安全鉴定 13 座，专项安全鉴定 1 座。另有 1 座水电站（锁儿头）竣工安全鉴定，已召开专家末次会议，鉴定报告待自检报告完善后印制。

启动了盖下坝、苗家坝、金汉拉扎、直岗拉卡（机电）等 4 座大坝的竣工安全鉴定，预备会已召开，会议纪要已印发，各项工作正在进行。

详细情况见表 1。

表 1　2014 年工程安全鉴定情况统计表
（截至 2014 年 12 月 31 日）

类型	鉴定阶段	大 坝 名 称
已完成项目（共 18 座）	蓄水鉴定（4 座）	银盘（三期）、桃源（二期）、善泥坡、大河家
	竣工鉴定（13 座）	老虎嘴、别迭里、宝瓶河、雪卡、马鹿塘二期（土建和机电）、百花滩、铅厂、鲁基厂、松山河口、柳树沟、马堵山、牛都、巴江口
	专项鉴定（1 座）	大河家

续表

类型	鉴定阶段	大坝名称
正在进行项目（共8座）	蓄水鉴定（0座）	无
	竣工鉴定（8座）	锁儿头已完成专家组现场工作，正在编写安鉴报告； 盖下坝、苗家坝、金汉拉扎、直岗拉卡（机电）等4座，为今年启动的安全鉴定； 三江口、白市、太平江等3座，为往年启动的安全鉴定

（国家能源局大坝安全监察中心　聂广明）

2014年水电站大坝除险加固及缺陷隐患治理工作情况

2014年，国家能源局大坝安全监察中心（以下简称大坝中心）各区域主管和总监结合定检排查大坝缺陷，跟踪定检意见落实情况，督促白云、下六甲、浮石、百花、红岩、拉浪等大坝进行重大缺陷治理。

广西浮石、下六甲两座病坝的除险加固处理工作已完成。大坝中心已完成浮石大坝竣工安全鉴定及安全评价，完成下六甲大坝的竣工安全鉴定。两座大坝现已摘除“病坝”帽子，评定为正常坝。

对于湖南白云水电站大坝的重大安全隐患，在国家能源局督查后，引起了国电集团的高度重视，治理步伐明显加快。业主单位于2014年年初委托长江规划设计研究院进行处理方案研究，并于3月委托大坝中心进行设计方案审查和安全性评审。大坝中心于5月上旬赴电站现场对设计方案进行了审查，提出了设计方案审查意见和安全性评价报告。白云大坝导流洞已打通，水库已放空，计划明年汛期前完成治理工作。

对《猫跳河二级百花水电站放空底孔工作闸门、事故闸门及启闭机改造可行性研究报告》和《猫跳河六级红岩水电站大坝放空底孔淤堵处理研究报告》进行了专题审查，提出了审查意见。

同时对病险坝和重大隐患治理工作进行了经验总结，完成了《水电站大坝病险坝和重大隐患治理总结报告》。该报告内容全面，系统总结了电力行业在水电站大坝病险坝和重大隐患治理方面的经验。

（国家能源局大坝安全监察中心　谢宵易）

大坝安全监测

2014年度水电站大坝安全监控工作情况

2014年，国家能源局大坝安全监察中心（以下简称大坝中心）在大坝安全监控方面开展了如下工作：

（1）对报送信息进行日常监控，及时发现电厂报送信息不及时或缺失的现象，及时反馈电厂。完成了5～6月、7～8月、9～10月监控双月报。

（2）按照《运行单位监测信息报送工作要求》，对新接入电站的《大坝运行安全信息化建设监测系统自查报告》进行审查，到10月底共完成了92份自查报告的审查工作。

（3）监控指标设置工作：本年度共需完成31座大坝的监控指标设置工作。截至10月底，有5座大坝已纳入监控，且报告已归档；有14座大坝已完成初稿并开始监控，报告尚在流程中；有11座大坝由于还没有接入，尚未开展工作，后续视接入情况跟进。另外，还完成了2013年完成报告编制、校核工作的华安、范厝、峡阳、跷基、潘家口5座大坝的监控指标设置报告的审核。正在开展瀑布沟、红花、叶茂、马鹿塘（二期）4座大坝的监控指标设置工作。

（4）与信息中心建立了定期协调工作机制，定期就监控指标设置工作的遗留问题召开沟通例会，并按会议达成的意见开展工作。截至10月底，已将所有电站的遗留问题进行整理。

（5）自10月开始，对接入大坝的信息报送情况进行跟踪评价。11月6日已经提出了10月份信息报送情况评价报告。

（6）对三峡、葛洲坝大坝和华电集团部分大坝的监控信息报送通道和突进问题进行了专题调研和了解。三峡集团的大坝信息报送目前还是因保密问题无法解决。

（国家能源局大坝安全监察中心　杜德进）

2014年水电站大坝安全监测管理工作情况

2014年，国家能源局大坝安全监察中心（以下简称大坝中心）通过对2013年度运行单位年报中与监测相关内容的汇总分析，并结合相关定检大坝的定检报告和监测专题报告、注册大坝的审查意见和评分表以及监测信息远程监控实际情况的统计分析，编制完成了《2013年度全国水电站大坝运行安全监测工作报告》，在年初的大坝安全监察工作会议上进行了发布。对运行单位年报整理过程中发现的问题，梳理并向电厂进行了反馈。

2014年11月17～28日，大坝中心在杭州举办第18期大坝安全监测人员上岗培训班，有118位学员参加培训并通过考试。相比往年，这期培训调整了课程设置，强调了大坝运行特性、监测实务、数据整编分析等方面，更加贴近电厂的实际和大坝安全管理的需求。

应运行单位的要求，大坝中心对天桥和直孔两家单位进行了现场的监测工作指导和培训。

2014年，大坝中心对峡阳、照口、天生桥一级、周宁、芹山、那兰、过渡湾、滩坑、那兰等9座大坝有关监测仪器设备封存、报废和测点调整等事项进行了确认批复。

（国家能源局大坝安全监察中心　王玉洁）

2014年水电站大坝安全信息化工作情况

2014年，国家能源局大坝安全监察中心（以下简称大坝中心）完成了三维GIS大坝安全管理系统展示平台一期（水电站大坝安全全生命周期管理系统一期）系统建设，并开展了基于服务的数据采集与传输、风电场群出力预测系统二期等项目的研究开发工作。子（分）系统建设方面，主要开展了雅砻江流域水电开发有限公司、国网新源控股有限公司、黄河上游水电开发有限责任公司等单位大坝安全信息系统建设工作，并完成大唐国际彭水三维点检系统初始版本的开发。针对新申请注册大坝以及列入往年计划的大坝，积极联系并督促大坝运行主管单位开展信息化建设工作。大坝中心远程系统除日常维护以外，重点开展了注册流程、产品管理以及小湾大坝安全监控、新版本手机软件的开发或者完善工作，并对主系统网站服务器进行了升级。

信息报送方面，除了日常的报送检查和维护工作以外，2014年完成洪口、蓬辣滩、小湾、金造桥、牛头山、温泉、弄另、叶茂、黄花寨、银盘、石垭子、瀑布沟、深溪沟、山秀、马鹿塘二期、库什塔依、大埔、古顶、蒲石河上下库、回龙上下库、白莲河上库、响水涧上下库、西龙池上下库、沙湾、筱溪、铜湾、金鸡滩、金牛坪、下六甲、陇或、坡甲等35座大坝的网络报送；完成地洛、金康、联补、克田、河口、大兴、波罗、腊寨、芒里、腾龙桥二级、金沙峡、百花滩、黑河塘、双河（南坪）、别跌里、仙女堡、蹇家湾、高滩、柳洪、天桥等20座大坝的邮件报送。截至2014年12月底，已经接入大坝共计329座，其中网络报送226座，邮件报送103座。

正在开展信息化建设与信息报送工作的大坝有29座，其中网络报送大坝15座，分别为拉西瓦、班多、积石峡、南沙、马堵山、清水塘、龙滩、云鹏、石门坎、柳树沟、光照、董箐、鱼塘、苏家河口、景洪；邮件报送大坝14座，其中达拉河口、水津关、赛珠、杨柳滩、大盈江二级、木里河沙湾、紫兰坝、青龙等8座大坝已提交信息报送项目报告，石龙、黛溪、坪头、桐子壕、五一桥、阴坪等6座大坝正在编写报告。

对上报信息进一步加强问题整改工作，明确了信息上报管理接口。对已经注册或者列入往年计划没有完成的大坝，统一发函督促，从反馈情况看，起到了较好效果，部分大坝积极启动或者正在咨询信息化建设工作。

（国家能源局大坝安全监察中心　陈振飞）

2014年水电站大坝安全监测技术服务与水工技术监督工作情况

2014年，国家能源局大坝安全监察中心（以下简称大坝中心）共完成了41个大坝安全监测技术服务项目，分别是直岗拉卡大坝安全监测评价分析、天桥大坝安全监测评价分析、洞坪大坝安全监测评价分析、桐柏大坝安全监测分析、新安江大坝安全监测资料整编、天生桥二级大坝安全监测评价分析、花木桥大坝安全监测评价分析、泰安大坝安全监测评价、三江口大坝渗水分析、珊溪大坝安全监测分析、街面大坝安全监测评价、乌江渡大坝安全监测评价分析、流溪河大坝安全监测分析、大化大坝安全监测评价分析、三江口大坝渗水分析、高桥大坝安全监测评价分析、油坊沟大坝安全监测评价分析、柏香林大坝安全监测评价分析、尼娜大坝安全监测评价分析、仙游大坝安全监测分析、响洪甸大坝安全监测整编及水工管理、冶勒大坝安全监测评价、冶勒大坝安全监测分析、冶勒大坝右岸渗流分析、大东江大坝安全监测评价分析、紧水滩大坝安全监测评价、瀑布沟大坝安全监测评价、深溪沟大坝安全监测评价、二滩厂房安全监测评价、二滩大坝安全监测评价、桐柏大坝安全监测评价、左江大坝安全监测评价分析、金河大坝安全监测评价分析、合面狮大坝安全监测评价分析、雪山湖大坝安全监测分析、明台大坝安全监测评价、木座大坝安全监测评价、小东江大坝安全监测评价、水牛家大坝安全监测评价、自一里大坝安全监测评价、阴坪大坝安全监测评价。仍在进行的项目有17个，分别为竹洲大坝安全监测评价分析、古田一级大坝安全监测评价分析、大朝山大坝安全监测评价分析、彭水大坝安全监测分析、天生桥一级大坝安全监测分析、三峡大坝安全监测评价、直孔大坝安全监测评价、云鹏闸墩结构安全性复核、云鹏边坡稳定分析、云鹏大坝安全监测评价和分析、龙开口大坝安全监测评价、安砂大坝安全监测评价分析、广蓄大坝安全监测评价分析、乌金峡大坝安全监测评价分析、柴家峡大坝安全监测评价和分析、双河口大坝安全监测评价、街面大坝安全监测分析。在开展大坝安全监测技术服务工作中，按合同及大坝安全定期检查的要求，按时保质保量提交各项成果，确保了大坝安全定期检查工作的顺利开展，得到了相关各方的好评，用户满意度总体较高。

2014年，大坝中心为15座水电站提供水工技术监督咨询，完成了彭水、银盘、崖羊山、石门坎、龙马、居甫渡、戈兰滩、土卡河、马鹿塘二期、那兰等10座电站的监控月报和藤子沟、牛栏口、鱼剑口、马岩洞、直岗拉卡等5座电站的季报以及上述15座电站的年报及成果汇编，组织了15座电站的现场检查并提交报告。在进行水工技术监督过程中发现的问题均及时反馈给有关单位，如：那兰水电站引水隧洞明管段洞脸边坡渗漏问题、戈兰滩6号坝段坝基灌浆处理、居甫渡垂线孔防渗处理等。

2014年初，邀请大唐国际发电股份有限公司及其下属公司的有关领导和技术人员，在杭州组织召开了2013年度水工技术监督工作总结及经验交流会。派员参加了戈兰滩6号坝段坝基灌浆处理成果审查会、彭水泄洪检查咨询会、银盘泄4号坝段渗水处理咨询会、马鹿塘二期上坝公路边坡加固处理设计审查会。

大坝中心在15座大坝开展水工技术监督工作，具备了一定规模和代表性，也在实际工作中积累了一定的经验。按新制定的《水工技术监督工作标准》开展工作，加强管理和技术培育，使工作规范化、标准化，提升了对核心问题和关键问题的掌控，合理有效地整合专家资源，准确解决了工程存在的难点和疑点。

（国家能源局大坝安全监察中心　周建波）

构皮滩水电站枢纽建筑物安全监测情况

构皮滩水电站位于贵州省余庆县境内乌江干流上，开发的主要任务为发电，兼顾航运、防洪及其他综合利用，枢纽由混凝土双曲拱坝、坝身泄水孔口以及下游水垫塘和二道坝、左岸泄洪洞和通航建筑物、右岸地下引水发电系统等组成。大坝坝高230.5m，水库正常蓄水位630m，总库容64.54亿m^3，调节库容29.02亿m^3；总装机容量5×600MW，设计年发电量96.82亿kW·h。2003年11月工程正式开工，2005年10月大坝混凝土开始浇筑，2009年12月全部机组投产发电。

（一）安全监测系统运行情况

枢纽工程共安装埋设安全监测仪器设计4379（支、套）。2012年5月工程竣工安全鉴定时对监测系统进行全面清理，施工期暂停监测及损坏仪器1296（支、套），运行期永久监测仪器为3083（支、套）。2012年10月至2013年7月，新增监测仪器10支（套），枢纽工程永久监测仪器共计3093（支、套）。由于仪器本身质量问题，70（支、套）传感器失效，截至2014年12月31日，监测设施完好率为97.73%。

（二）2014年重点部位及项目资料分析

1. 拱坝坝体

（1）变形监测：坝体水平位移在正常范围内，基础径向位移0.2～6mm，切向位移－1.3～0.7mm；坝顶径向位移－1.1～26.3mm，切向位移－9.5～6.4mm。坝基最大垂直位移在12号坝段，累积沉降为1.41mm。各高程测点处横缝开度在3.5mm以内，近坝面测缝计受气温影响略有变化，但变化量小于0.5mm；横缝中部测缝计在接缝灌浆后开度多在0.2mm的观测误差范围内；建基面上的测缝计实测最大开度0.2mm，混凝土与基础结合较好，无张开现象。拱座基础水平多点位移计实测各测点位移在－6.8～2mm之间，水库蓄水后无明显变形。

（2）渗漏渗压监测：9、14、19号坝段帷幕前渗压计水头随库水位变化而同步变化，帷幕后的各测点水头变化不明显，表明帷幕灌浆的防渗效果很好。大坝基础廊道及各灌浆排水平洞帷幕后测压孔孔内水位变化较小。灌浆平洞及山体排水洞渗漏量均不大，降雨对其渗漏量有一定影响。

(3) 应力应变监测：大坝2号放空底孔及4、7号中孔钢筋计，实测最大应力值为40.19MPa；大坝中孔弧门支墩U型结构锚索实测锚固损失率在14%以内，锚固值无异常变化；坝体实测坝轴向应力约在－3.5～0.8MPa之间，铅直向应力约在－7.3～1.0MPa之间，测值在拱坝的应力控制标准（最大主压应力8MPa和最大主拉应力1.5MPa）以内。

2. 引水发电系统

(1) 进水口边坡：多点位移计实测孔深范围内的岩体相对变形在4mm以内，局部1～2m孔深范围内的相对变形约在3mm以内，锚杆应力在0.57～47.87MPa之间，渗压计基本处于无压状态。

(2) 引水洞：实测钢筋应力为－0.89MPa，应力变化平稳；幕前渗压计水头随库水位上升而增大，帷幕后测点基本处于无压状态，表明帷幕防渗效果较好。

(3) 主厂房：围岩相对位移在－14.47～21.38mm之间，变形主要发生在施工期，施工结束后无明显变形；系统张拉锚杆应力较为稳定，测值在－8.65～101.57MPa之间；岩锚梁结构张拉锚杆贴片式应变计无异常变化，实测最大应力61MPa。

(4) 尾调室：围岩相对变形在7.4mm以内，变形主要发生在开挖期间，开挖结束及支护后位移测值基本稳定；锚索实测最大损失率12.5%，无异常变化。

(5) 尾水隧洞：围岩相对位移在－25.95～32.82mm，之间，各点测值稳定；混凝土衬砌环形钢筋应力较小，实测应力在21MPa以内。

(6) 尾水南侧边坡：多点位移计、锚杆应力计无明显变化，但测斜孔、表面位移测点在7月中旬洪水期间，受降雨与及泄洪影响，发生局部变形，其中表面位移测点发生15mm（合成位移）变形，测斜孔437～441m高程附近发生5mm左右的变形，其余时段变形未见异常。

(7) 厂房交通洞：0+440断面左拱座6M03相对位移11.33mm，位移主要发生在2004年8月之前，此后位移变化不明显，其余测点变形量在－1.98～0.73mm之间。锚杆应力计实测应力在－29.04～242.34MPa之间，呈缓慢增大趋势，现场巡视检查未见混凝土衬砌出现脱空、起壳、开裂等异常现象。

3. 泄洪系统

(1) 洞身段：围岩相对位移在－0.94～3.49mm之间；钢筋应力无异常变化，实测应力－23.43～57.17MPa；有压段外水压力受库水位上升的影响有明显增大趋势，但未造成岩体劈裂及结构钢筋应力增大等情况发生，无压泄水段基本无外水压力，水头变化均为降雨引起。

(2) 泄洪洞出口边坡：多点位移计无异常变化，实测最大位移4.7mm；渗压计水头在9m以内，无明显上扬趋势。

4. 导流洞

(1) 导流洞出口边坡：测斜孔均未发现明显的局部错动现象，多点位移计的实测相对位移在5.6mm以内。

(2) 导流洞堵头：混凝土温度较为稳定，测值在10～20℃之间；混凝土与基岩结合面开度在－3.3～2.7mm之间。

5. 水垫塘及二道坝

(1) 水垫塘：塘体锚杆应力无异常变化，边墙实测最大应力为29.8MPa，底板实测最大应力为64.03MPa；塘体渗透压力较小，渗压计测值在0.04MPa内。

(2) 二道坝：下游围堰温度较为稳定，测值在8.5～20.8℃之间；测压管水位均在廊道底板以下。

6. 坝肩及水垫塘边坡

(1) 左岸：变形监测，测斜孔局部1～2m孔深范围内相对变形在1.78mm以内；多点位移计测值无明显变化，实测位移在－0.96～3.39mm之间。应力应变监测，锚杆实测应力在40.74MPa以内；锚索测力计锁定后损失率在－2.45%～20.29%之间，未见锚固力增大等异常变化。渗压监测，地下水位变化主要为降雨引起，水头变化较大的测点主要集中在高程500m以下，高程500m以上测点水头变化较小。

(2) 右岸：变形监测，各级马道表面变形测点实测位移不大，累积位移在29.10mm以内；高程700m以上自然坡及E支洞顶部至原施工控制网点GPT01附近的自然坡区域各点变形主要为Y向，实测最大位移为105.96mm，主要发生在2007年10月前，其后趋于收敛，2009年7月GPT01附近区域边坡治理后各测点变形无明显发展趋势；测斜孔深部均未发现明显的局部错动现象；640、580m高程监测平洞静力水准最大沉降为1.5mm；坝肩多点位移计测值变化不大，实测岩体相对位移在－2.53～4.76mm之间；水垫塘宽谷段岩体相对变形62mm，主要发生在贴坡混凝土浇筑前，贴坡混凝土浇筑支护后无异常变形。应力应变监测，锚杆应力在24.85～123.3MPa之间，最大应力发生在4-4监测断面555m高程；锚索测力计锁定后损失率约在－5.04%～20.29%之间，无异常变化。渗压监测，边坡渗压计基本处于无压状态。

（三）主要建筑物工作状态评价

(1) 拱坝：大坝基础坝体及两岸变形正常，坝基、坝体渗流渗压在设计允许范围内，结构受力、结构缝开合度未见明显发展，大坝工作性态良好，处于安全运行状态。

(2) 引水发电系统：尾水南侧边坡受强降雨及"7·17"洪水泄洪影响，存在局部变形。设计院根据边坡变形情况，提出了排水改造，变形区域下部抗滑桩、上部格构梁加固等针对性治理措施，并新增钢筋计、锚索测力计、测斜孔、表面点等设施进行补充观测。主厂房、引水洞、尾水洞、调压室、及排水廊道整体稳定。

(3) 泄洪系统：边坡未见明显变形，泄洪洞围岩变形、结构钢筋应力无明显发展趋势。

(4) 导流洞：出口边坡岩体稳定，堵头混凝土与基岩结合较好、无渗水现象。

(5) 消能建筑物：水垫塘基础廊道、二道坝坝内廊道未见新增裂缝，运行工况良好。

(6) 坝肩及水垫塘边坡：表面变形点、多点位移计、锚索测力计、锚杆应力计和测斜孔测值未见异常。

枢纽建筑物安全监测资料分析表明：尾水南侧边坡受强降雨及"7·17"洪水泄洪影响，存在局部变形外，大坝、厂房、泄洪洞、导流洞、水垫塘及二道坝、坝肩及水垫塘边坡等枢纽建筑物物运行正常。

（构皮滩发电厂）

公伯峡水电站进水口坝段基础水平位移监测值异常原因分析

公伯峡水电站工程位于青海省循化县和化隆县交界处，右岸引水发电系统由引渠、5个混凝土坝式进水口、5条压力钢管组成。2004年8月8日，工程下闸蓄水，库水位基本维持在2003.00m左右；一年多后，发现5号进水口倒垂观测有异常现象。该观测仪器位于5号进水口灌浆廊道（桩号引左0+094、高程1961.00m)，至2012年5月24日量测到向下游的水平位移分量最大变位7.6mm；而其他倒垂测点向下游变位在2.5～3.5mm之间，并呈周期性变化。

2007年6月，设计院对5号进水口和临近的3、4号进水口坝段基础深层抗滑稳定进行复核，采用安全系数法，计算的抗剪安全系数和抗剪断安全系数均满足规范要求，采用承载能力极限状态法的计算结果也满足规范要求。为了更深入分析5号进水口倒垂观测点向下游变位较大的原因，从基础地质条件着手，并借助数值方法进行本次分析。

（一）工程地质概况

发电进水口坝段位于右岸Ⅲ级阶地中下游段，原地面高程2030～2045m，上覆阶地堆积物具二元结构，其中上部砂壤土层厚25～30m，下部砂卵砾石层厚20～30m，覆盖层总厚45～55m。下伏基岩主要为花岗岩，局部夹有少量片麻岩捕虏体；岩体中断裂构造较发育。基岩顶部大多呈古全、强风化，古全风化层铅直厚5～20m，古强风化层厚10～28m，坝基范围内古强风化下限高程在1955～1965m之间。

开挖后揭露出的控制3～5号进水口坝段的断层型结构面主要是f13、f14、f15和f19，且以缓倾角断层f13、f14为主。尽管各断层的宽度不大，断层带以硬性粗碎屑为主，但其中夹有糜棱质和泥质。5号进水口坝段基础断层型结构面分布如图1所示。

3～5号进水口上游齿墙基础高程为1958.00m，基础面高程为1961.00m。地基允许承载力3.0MPa。

（二）数值分析模型

1. 数值分析模型的建立依据　由开挖揭露基础断层型结构面分布分析，f14可从在进水塔下游开挖的斜坡上出露，而f15不可能出露，因此，基础可能从f14发生深层滑动。基础面上没有贯穿上下游的不连续岩体结构面，但在考虑岩体裂隙有一定的连通率后，可以假定f14断层在4号与5号进水塔之间被一个垂直的结构面切开，这样的假定具有一定的偏安全性。根据以上分析，建立5号进水塔整体稳定分析数值单元离散模型。

2. 进水塔基础和结构面物理力学指标　根据塔基开挖揭露的地质条件，岩体类别为Ⅱ2类，综合变形模量取4.0GPa，软化系数取0.75。f14断层的宽度不大，断层带以硬性粗碎屑为主，但其中局部夹有糜棱岩和泥质，坝基开挖后表面岩体卸荷回弹松弛，结构面强度参数较天然状态会有变化。但考虑到施工期基础固结灌浆的补强和电站运行多年来坝体自重的压密等因素，经综合考虑，f14断层结构面抗剪断综合强度参数为：$f=0.40$，$c=0$MPa；$f'=0.50$，$c'=0.025$MPa；坝基面混凝土/岩体 $f=0.65$，$f'=0.70$，$c'=0.3$MPa。

（三）数值分析结果

1. 塔基及塔体变形　数值计算分析工况为完建工况、正常运行工况和检修工况，三种工况下塔基面顺水流方向最大变形分别为1.40mm、8.02mm、8.16mm；竖向最大沉降变形分别为10.66mm、17.27mm、16.13mm。三种工况竖向最大变形均位于下游，正常运行工况和检修工况基面顺水流方向的最大值位于断层f14附近，并且靠左边，这和在塔体重力作用下断层f14接触面滑动趋势是一致的。正常运行工况和检修工况塔基面靠上游（灌浆廊道附近）的顺水流方向最大变形约6.9mm。截至2012年5月24日，5号倒垂测点最大变位7.6mm，与计算值相差0.7mm，基本一致。

三种工况下塔顶面顺水流方向最大变形分别为

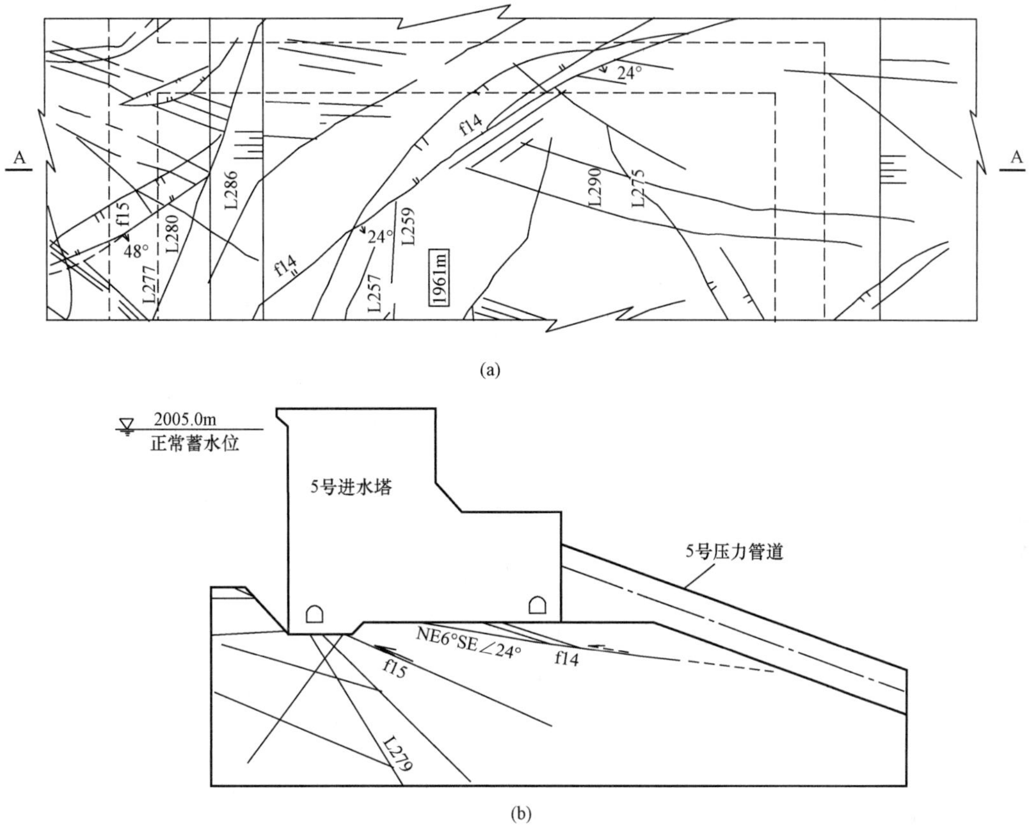

图 1　基础断层型结构面分布

(a) 平面；(b) A-A 剖面

2.54mm、17.9mm、16.89mm；竖向最大沉降变形别为 9.01mm、13.50mm、12.58mm。截至 2012 年 5 月 24 日，5 号正垂测点最大变位 15.7mm，与计算值相差 2.2mm，基本一致。

初步分析认为，5 号测点测得的向下游水平方向变形可能与 f14 的切割体离下游边坡临空面较近和切割体单薄存在一定的关联。切割体的最大厚度约 9.0m

2. 塔基稳定分析

(1) 塔基面抗滑稳定：三种工况下塔基面竖向最大压应力分别为 1.30、1.47、1.54MPa，没有超过地基承载力允许值 3.0MPa，基面上的法向应力即竖向应力均为压力应力。正常运行工况和检修工况基面竖向压应力的最大值位于靠近下游。塔基接触面处于受压状态，几乎没有张开，滑动变形很小，最大只有 3.0mm，绝大部分区域在 1.0mm 以下。由此可知，塔基面抗滑稳定是满足要求的。

(2) 深层即 f14 结构面抗滑稳定：三种工况下 f14 结构面处于受压状态，几乎没有张开，滑动变形很小，最大只有 6.8mm，主要位于进水塔的后缘即坝踵处附近，而上下游的顶底端基本为 0，这主要是荷载作用下的挤压变形。同时，计算不仅收敛，而且速度还是较快的。这说明深层即 f14 结构面抗滑是稳定的。

(四) 结束语

(1) 通过数值分析，塔基和 f14 不连续结构面均处于受压状态，滑移变形很小，基本上是荷载作用下结构体本身变形所引起的，收敛计算也很快，由此说明塔基面和 f14 断层的深层抗滑稳定均满足要求。

(2) 通过数值计算值与监测值变化趋势分析，认为 5 号进水口倒垂观测值出现偏大可能与 f14 的切割体离下游边坡临空面较近，也可能与切割体单薄存在一定的关联。

(西安建筑科技大学　中国电建集团西北勘测设计研究院有限公司　西安理工大学
石广斌　贾　巍　张曼曼　陈念水)

13

环境保护与水库移民

环 境 保 护

华能澜沧江水电股份有限公司 2014 年环保工作简况

（一）报批和验收工作

根据国家环境保护、水土保持法律法规要求，认真做好项目环评水保工作。2014 年，完成澜沧江托巴、橄榄坝电站水保审查和龙开口电站水保变更审查备案；取得澜沧江功果桥电站水土保持设施验收批复，功果桥电站竣工环境保护验收通过技术审查。

（二）监理、监测和监督

2014 年，委托有资质的专业单位继续开展流域环保水保专项监理工作，按计划组织开展澜沧江流域梯级和龙开口电站环境保护与水土保持现场巡视监理工作，发文通报、下发整改通知单等形式充分发挥环保监理的检查、指导作用。通过将流域环保监理纳入环保管理中心，强化和提高环保监理作用。

2014 年，根据澜沧江中下游水温监测规划，组织功果桥、小湾、糯扎渡和景洪电站开展各水库水温监测工作，开展景洪库区鱼类生态调查工作。委托专业单位开展环境监测、水土保持监测、陆生生态监测、水生生态监测、人群健康监测等监测工作，定期提交监测报告，为环保水保工作现状评价和制定改进措施提供了重要依据。

2014 年，长江水利委员会组织对澜沧江流域各梯级电站的水土保持督查，结合监督检查意见整改落实，持续提高管理能力，促进环保水保管理水平提高。

（三）措施落实

根据环评批复要求，编制了环境保护总体设计。认真落实生产生活废污水处理、生产废油分离收集处理、垃圾收集清运及处置管理、渣场挡护、工区绿化美化等环保水保措施。2014 年，糯扎渡、黄登、功果桥和龙开口鱼类增殖站按合同要求完成了光唇裂腹鱼、后背鲈鲤、叉尾鲇、巨䱀、短须裂腹鱼、岩原鲤、细鳞裂腹鱼和鲈鲤等 8 种鱼类 16.1 万尾增殖放流及标记放流工作，功果桥鱼类增殖站 2014 年首次实现后背鲈鲤人工增殖技术，黄登电站实现首次鱼类增殖放流，并对部分放流鱼苗进行标志放流。糯扎渡电站成功组织生态资源放养活动，在功果桥、小湾、漫湾、糯扎渡、景洪电站共放养巨䱀、叉尾鲇、丝尾鳠、鲢鱼和鳙鱼共 215 万尾。为监测评估增殖放流效果，委托科研单位开展放流效果监测评估工作。乌弄龙、里底、黄登、大华桥、苗尾、功果桥、小湾、漫湾和糯扎渡等 9 座电站完成突发环境事件应急预案备案。

（华能澜沧江水电股份有限公司）

澜沧江功果桥水电工程水土保持设计变更报告编制

功果桥水电站是澜沧江中下游河段梯级规划开发的最上游一级，坝址位于云南省云龙县；开发方式为堤坝式，开发任务以发电为主；电站装机容量 900MW，水库正常蓄水位 1307m，总库容 3.16 亿 m^3，调节库容 0.49 亿 m^3，为二等大（2）型工程。该电站工程于 2008 年 11 月下旬大江截流，2011 年 9 月下闸蓄水，2011 年 10 月首台机组投产发电，按计划于 2014 年底完工。功果桥水电站在施工过程中，工程占地、土石方平衡量，水土流失防治责任范围及相应的水土流失防治措施均发生变化。根据《中华人民共和国水土保持法》等法律法规及有关要求，工程需编制《澜沧江功果桥水电站工程水土保持设计变更报告》。

水土保持设计变更报告的主要目的是进一步落实水土保持法以及水利部关于工程水土保持方案报告书批复意见要求，并为业主单位组织、实施水土保持工作提供技术支持和依据，为水土保持工作管理部门进行监督管理提供科学依据，为工程的竣工验收提供依据。

按照水土保持设计变更报告的编制目的，其主要内容应包括以下几个方面：根据工程征占地面积变化情况，复核工程水土流失防治责任范围，较准确地确定建设方应承担的水土流失防治责任范围；复核工程土石方平衡，确定新的弃渣流向；根据工程施工布置实际变化情况，分析并提出水土流失防治对策与措施体系布局，编制合理、可行的水土保持变更设计，并确定防治措施实施进度。根据变更后的措施设计，编制水土保持投资概算，保证水土保持措施实施资金来源。

（一）变更措施设计

变更报告中的措施设计可分为两个方面，一是措施变更设计，一是措施优化设计。

1. 变更设计　与方案报告书设计不同，变更阶段面对的措施设计情况更加复杂。由于本阶段工程已经开工建设，施工过程中受客观或者人为条件制约，弃渣场地设置难以严格地按照原方案报告书的规划设计实施，水土保持措施也大多由主体工程施工单位实施，没有单独的招标、也没有专业的设计方案和图纸，造成了措施布设的不规范。变更报告在措施变更设计时，首先需做好已实施措施的处理方案。对于变更后存在水土保持制约性因素的渣场，要求建设单位进行整改，清除弃渣。对于无限制性因素的渣场，需认真分析评价其已实施措施是否满足水土保持法律法规要求，满足要求的，将其措施及相应的工程量纳入到水土流失防护措施体系中来；不满足要求的，需提出补充完善措施，形成完整的水土保持措施体系，排除水土流失危害和隐患，达到水土流失防治要求和防治目标。

澜沧江功果桥水电站工程原水土保持方案报告书阶段施工规划的媳姑坝弃渣场位于坝址下游沟道内，属于沟道型弃渣场，原方案设计采用浆砌石拦渣坝＋导水堰＋排洪涵的防护措施。施工过程中，媳姑坝弃渣场从媳姑坝沟内下调至媳姑坝沟沟外临江位置，变为临河型渣场，原水土保持方案报告书确定的防护措施无法实施，需根据新变化进行措施变更设计。主体工程设计在媳姑坝渣场上游施工营地修建媳姑坝排水渠，排洪渠已修建完成，其泄洪能力满足渣场设防要求，媳姑坝渣场可利用媳姑坝营地排水渠排水泄洪，弃渣沿排洪渠两侧分片堆放，不再另建渣场排洪设施。堆渣前主体工程已设计并实施了坡脚处的M7.5浆砌石挡渣墙，经分析，挡渣墙可以满足弃渣拦挡要求。但该渣场为坝下游永久渣场，为防止江水冲淘挡墙基础造成挡墙塌跨，变更设计在挡墙墙脚处设置挡墙护脚；为防止河道水流与降水对弃渣表面进行冲刷，对设计洪水位加安全超高渣体坡面，采用M7.5浆砌石护坡措施进行防护，其余边坡采取植物措施进行防护。变更设计结合渣场位置、渣场类型、水土流失形式进行措施设计，经济可行，可满足渣场水土流失防护要求。

2. 优化设计　原方案报告书受设计阶段及设计深度限制，措施方案设计可能不尽完善，或者不是最佳方案，在后期实施过程中，根据现场实际情况可提出措施优化设计。

澜沧江功果桥水电站工程原水土保持方案报告书规划的长庆干沟弃渣场位于坝址下游沟道内，设计采用城门洞形钢筋混凝土排洪涵洞排导长庆干沟洪水。施工过程中，将长庆干沟弃渣场改为倒运场，弃渣将全部回用，该渣场由永久渣场变为临时倒运场，其防护措施仅为施工期服务，可对原方案措施进行优化设计。设计采用混凝土排洪圆管涵和浆砌石盖板涵两部分组合方案取代原排洪涵方案，混凝土圆涵管并排埋设两根，直径1.0m，下端口接盖板涵，板盖涵断面尺寸3.4 m×2.5m。经分析上述排水设施泄洪能力达不到设计标准，需再增加排洪设施。设计采取分层预留排水渠道的方式度汛，汛期来临之前，在渣体左侧预留排水明渠，排水渠道采用钢筋笼铺砌，并根据地形条件和坡降修建消能台阶。长庆干沟倒运场防护措施经优化设计后，既结合渣场实际情况，又满足了渣场排洪要求，且减小了工程投资。

（二）变更概算文件的编制

功果桥水电站工程原水土保持方案已经相关水行政主管部门审批，但由于工程建设施工时间长，期间国家政策变化、市场价格波动、措施设计变更等因素均影响工程水土保持投资，原报告书的投资已不能作为水土保持验收竣工决算的依据，因此变更报告中的水保投资概算具有十分重要的意义。为便于与原水保投资在同基础上进行比较，变更报告投资概算所采用的编制依据、原则、方法、价格水平年、基础单价、取费标准等与原方案报告书保持一致。为与工程实际结合，发生费用考虑水土保持工程实施期间的国家政策变化、取费标准、物价上涨的因素，按照调整概算的办法以价差的形式计入。

功果桥水电站工程变更报告编制处于工程建设期，一些水保项目已经完成或正处于建设中，还有一些尚未开工建设，因此可将概算分为两个时段，第一时段为原水保报告编制时间至变更报告时段，第二时段为变更报告编制时间至项目竣工，变更报告按此两个时段计算投资。第一时段计算措施的实施价差，实施价差按照水土保持工程施工进度计算分年度投资，再根据分年投资和再生能源定额站在工程实施期间颁发的价格指数，按水电工程调概方法计算各年实施价差。本工程第n年的价格指数＝第n年价格指数（定基）/基期价格指数，其中基期价格指数为报告编制年2006年所对应的价格指数，实施价差从2007年计算。利用各年的价格指数，采用水电水利规划设计总院可再生能源定额站颁布的《水电工程调整概算编制规定》的计算方法计算得到加权平均综合价格指数，然后得到实施价差，并由此计算得出措施实施费。第二时段的措施尚未实施，按照变更报告期间的价格水平计算投资，未来施工过程中的物价上涨、国家政策性变动等因素引起的投资增加，计入到基本预备费内。

（三）结束语

功果桥水电站工程水土保持设计变更报告属于原水土保持方案报告书的后期补充文件，至少应达到或超过原报告书的设计深度，变更报告不必完全按照原方案报告书的编制规定的章节进行编写，重点强调了变更内容和与之相关的内容。变更报告中要清晰的阐述变更的缘由以及变更的必要性，进行变更方案论证分析、技术经济比较等。

（中国电建集团西北勘测设计研究院有限公司 李百凤）

向家坝水电站库区移民安置（四川省部分）水土保持工作情况

（一）概况

金沙江向家坝水电站库区移民安置（四川省部分）（以下简称四川库区移民安置工程），共涉及四川省宜宾市、屏山县和雷波县，主要包括城集镇迁建工程、农村移民安置工程和专项设施复建工程3部分。其中：城集镇迁建工程包括宜宾市屏山县城、锦屏镇、书楼镇、新安镇、清平彝族乡、新市镇和凉山州雷波县渡口乡等；农村移民安置工程包括生产安置工程和搬迁安置工程；专项设施复建工程主要包括库区公路复建工程和电力电信复建工程。

根据国家和四川省关于划分水土流失重点防治区的公告，工程区域属于国家级水土流失重点治理区中的金沙江下游治理区和四川省人民政府划分的水土流失重点治理区。

四川库区移民安置工程位于我国划分的水力侵蚀类型区中的西南土石山区，容许土壤流失量为500t/(km^2·a)。项目区地势大部分为丘陵区，处于我国亚热带西部半湿润常绿阔叶林与亚热带东部湿润常绿阔叶林过渡地带，林草植被覆盖率为35.80%。强度或剧烈水土流失少有发生，据遥测资料，项目区年均土壤侵蚀模数约2700t/(km^2·a)，以中度侵蚀为主，侵蚀类型以水力侵蚀为主，表现为面状和沟状侵蚀，局部地段伴有重力侵蚀。

（二）水土保持工作实施情况

2005年6月，中国水电顾问集团中南勘测设计研究院编制完成《金沙江向家坝水电站水土保持方案报告书》，2006年3月22日，水利部以水保函〔2006〕143号文对其进行了批复。批复意见中对水库及移民安置防治区的水土保持做了如下要求：下阶段要落实完善水土保持措施和要求，实施过程中要做好“四旁绿化”，各类建设中产生的废弃土石渣要设置专门场地堆放，并采取水土保持措施进行处理。

四川库区移民安置工程水土保持工作实施情况如下：

1. 城集镇迁建工程　主要由新址建设工程及相配套的供水工程、污水处理工程、生活垃圾填埋工程和码头工程等组成。

（1）新址建设工程：在新址建设中，修建有挡土墙、边坡防护，防洪沟、排水管等工程措施，并结合已有措施布设了植被恢复措施。各弃渣场区沿堆渣体坡脚设浆砌石挡墙，并在挡墙内侧设排水孔、沿渣场底部设排水沟、周边设浆砌石明渠和浆砌石截洪沟，截排水沟出口处设沉沙池。位于库区内的弃渣场顶部均控制在死水位370.00m以下，死水位以下渣场边坡采用干砌石进行防护。

（2）供水工程：水厂周边布设了排水沟，并与厂房内的排水措施相接；水厂清水池顶部、填方边坡及斜坡段均铺设了草皮，输水管线沿线撒播了草籽绿化。

（3）污水处理工程：进场道路路基开挖形成的裸露土质边坡撒播草籽绿化，在部分主体工程未采取措施的挖方边坡种植爬藤类植物；污水收集管线撒播草籽绿化，在污水厂四周围墙内侧及裸露的边坡种植乔灌木、铺设草皮等。

（4）生活垃圾填埋工程：在管理用房等区域四周裸露地表种植小灌木、铺设草皮；在道路挖方边坡铺设草皮，路基两侧根据地形情况种植有行道树。

（5）码头工程：码头工程区占地面积较小，地势平缓，场平工程量小。场平至设计标高后，大多硬化处理，部分空地种植小灌木、铺设草皮。

2. 农村移民安置工程　四川库区农村移民安置工程可分为生产安置和搬迁安置两大类。

（1）生产安置工程：主要采取城镇化安置、复合安置和自主安置等方式，仅有少数移民采取调剂土地安置，无开发新的耕园地，无新增地表扰动，无新增水土流失，故无需新增水土保持措施。

（2）搬迁安置工程：

1）集中安置工程，居民点房建区域主要采用浆砌石挡土墙进行挡护，开挖或回填坡面采用浆砌石网格梁进行护坡，坡顶与坡脚以及房建场地内四周均采用MU7.5砖砌有盖（或无盖）截排水沟进行排水，部分安置点跨溪沟的，埋设过水涵管或涵洞进行排水。道路区域主要采用排水边沟、路堑墙进行排水与挡护，部分路段跨溪沟的，埋设过水涵管或涵洞进行排水。

2）分散安置工程，对居民点房前屋后的裸露空闲地采取植物措施，进行房前屋后的绿化，根据当地实际情况，每户房前屋后种植柑橘3株，毛竹2株。

3. 专项设施复建工程　主要包括公路、电力通信和企事业单位等。

（1）公路复建工程：四川库区需复建S307、大塔至屏山二级公路、屏山县城对外交通2号公路等等级公路12条。路基排水主要采用边沟、截水沟、排水沟、急流槽等，边沟设在挖方路段及高度小于边沟深度的填方路段，采用浆砌石衬砌边沟。为保证开挖面上部山体的排水、防洪及开挖面本身稳定的要求，在开挖面的上部设置了截水沟。在坠石路段设置安全防护网等。公路沿线均种植行道树和采用方格草皮护坡等绿化措施。

（2）电力通信复建工程：对塔基开挖边坡，因地制宜地采用了浆砌块石护坡及放坡处理；对位于下边坡的塔腿采用了浆砌块石回填基坑。对于山区塔位或单个塔腿作成斜坡型，塔基表面做成斜面，恢复自然排水；对于平地塔位做成龟背型，以利自然排水；对于可能出现较大汇水面、积水面极易受到冲刷的高边坡（坡高大于5m）的塔位，采取排水处理方式。

（三）结束语

本工程严格贯彻执行了水土保持“三同时”制度，实施的各项水土保持设施，在保证主体工程安全的同时，有效控制了项目区内新增水土流失的发生。项目区内无重大水土流失问题发生，各项水土保持设施运行良好。

（中国电建集团中南勘测设计研究院有限公司 周 洁）

向家坝水电站四川库区工业固废和废水处理处置专题设计

（一）专题设计背景

向家坝水电站四川库区存在贫泥磷、碳砖、电石炉渣、电石粉末和加油站废油、油泥等工业固废，此类物质涉及危险废物和一般工业固废，其总质量接近10 000t，含有大量的污染物，若不妥善处理，此类物质在向家坝水电站蓄水后会对库区及金沙江水环境造成较为严重的影响。

根据向家坝水电站环境保护要求，电站下闸蓄水前必须对库区淹没区范围内的一般工业固废、有毒有害工业固废进行合理的处理处置，为妥善处理好库区工业固废，特编制了四川库区工业固废和废水处理处置专题设计。

（二）专题设计的内容和实施情况

向家坝水电站四川库区工业固废与废水处理处置专题设计，根据“查清数量、判定性质、无害处理、综合利用、注重监控”的原则，对淹没区存在工业固废和废水的处理处置进行了方案研究，结合库区实际提出了操作性强、技术适用、经济合理的实施方案，并进行了工程方案设计。

在方案选择和制定过程中，提出了判定污染物质性质的方法和监测手段；提出了对贫泥磷进行无害化、资源化利用的方案；提出了对电石废渣进行消解、筑路资源化利用的方案；提出了加油站废物处理处置的方案；提出了其他工业固废处理处置的方案。

根据本专题设计，相关单位对库区工业固废进行了资源化利用和无害化处理，取得了较好的效果，受到业主单位和四川省环境保护行政主管部门的高度认可。根据向家坝水电站蓄水前后金沙江的水环境监测报告（2012年10月～2014年12月），涉及工业固废的黄磷等水质指标均无明显变化，方案的实施有效地保护了向家坝水电站蓄水后金沙江的水环境，具有较大的环境效益、社会效益和经济效益。

本专题设计可操作性强，具有较好的应用价值，达到国内先进水平。该设计可为类似水电站库区、城镇以及工业企业有毒有害和一般工业固废处理处置的清理范围确定、处理处置方案制定、工程设计、施工组织、监测评估等提供借鉴。

（三）专题设计主要创新点

（1）优化了环评报告书提出的泥磷等危险废物的处理处置，实现了危险废物的资源化利用。

（2）提出了电石粉末和废渣危险性简易鉴别方法和消解施工方法，实现了该类固废的资源化利用。

（3）提出了磷化工厂区污染场地监测方案；提出了加油站污染土壤监测方案和污染土壤判定标准。

（4）提出了水电站淹没区内包括危险废物、加油站危废、一般工业固废和废农药等多项工业废物的处理处置解决方案，在水电站库区工业固废处理处置方面具有指导意义。

（四）结束语

随着国家对工业固废处理处置的日益重视，在水电站环保设计中也要高度重视库区工业固废的处理处置问题。对水电站淹没库区工业固废应从可行性研究阶段开始关注，制定切实可行的处理处置方式，在移民安置实施阶段及时实施处理，以保护环境，确保电站顺利蓄水。向家坝库区工业固废处理工作启动较晚（电站蓄水前4个月），起初没有引起地方政府和主体设计单位的足够重视，导致项目设计和施工较为仓促。

（中国电建集团中南勘测设计研究院有限公司 李国卿）

北盘江马马崖一级水电站西泌河鱼类栖息地保护

马马崖一级水电站位于贵州省关岭县与兴仁县交界处的北盘江干流，开发任务是以发电为主，航运次之；水库正常蓄水位585m，相应库容1.37亿m^3；电站装机容量558MW，多年平均发电量15.92亿kW·h。2011年10月，环境保护部以环审〔2011〕

322号文下发了《关于贵州北盘江马马崖一级水电站环境影响报告书的批复》，提出了将库区西泌河作为鱼类栖息地进行保护的要求。

（一）主要保护目标

马马崖一级水电站水生生态保护目标是列入《中国濒危动物红皮书·鱼类》的叶结鱼、乌原鲤和长臀鮠等3种易危鱼类，卷口鱼、长尾鳅等5种珠江水系特有鱼类，以及适应流水生境的当地土著鱼类；其要求是保护鱼类的重要栖息地和维持鱼类生境的联通性。

（二）西泌河栖息地保护条件

西泌河是马马崖一级水电站库区第二大支流，多年平均流量8.91m^3/s，河面宽10～30m，河道激流、流水生境普遍，水流跌宕起伏，底质主要为砾石、沙质、泥沙，其地形地貌、水温、流速、径流特点基本满足当地鱼类的生存和繁殖需要。经调查，西泌河分布有云南光唇鱼、云南盘鮈、巴马拟缨鱼、长尾鳅、光唇裂腹鱼、南方白甲鱼、鲤、鲫等喜流水、产黏性卵鱼类，表明西泌河存在适合这些鱼类繁殖的场所，但鱼类产卵场呈现分散、零星特征，相对集中的适合鱼类产卵的环境主要是西泌河中游河段。此外，西泌河汇入口有1座5m高的挡水坝阻隔了与干流鱼类的交流。

（三）采取的主要保护措施

（1）恢复河口连通性。为实现西泌河鱼类栖息地保护目前，需恢复河口河段连通性，对已建挡水坝采取改造措施。工程综合比较了鱼道、仿自然通道、拆坝3个方案的过鱼效果，各方案均能够满足过鱼目标。但从技术特点及技术可靠性、场地条件及布置、适用条件及效果、过鱼能力、与环境的协调性、运行管理和工程投资等方面综合考虑，拆坝方案明显优于鱼道和仿自然通道方案。工程最终采取了西泌河挡水坝拆除方案，并已将其全部拆除，河口连通性得到恢复。

（2）人工生境改善。考虑到马马崖一级水电站运行期水库水位变动频繁，将直接影响产黏性卵鱼类的繁殖，使黏性卵暴露于水面以外，或者沉入水底。工程采取在水库回水变动区设置人工鱼巢以满足产黏性卵鱼类的繁殖要求。此外，为维持西泌河天然河道的蜿蜒性，控制河道坡降，进行岸坡生态防护，因地制宜种植当地植被，建设植被缓冲带，恢复受干扰区域的植被，有选择性地清淤，适当改造深潭和浅滩，加强河流内栖息地结构。

（3）生物多样性保护。为维持和保护西泌河的生物物种及多样性，优先选择当地适生的植物，营造良好的水生生物栖息环境，增加鱼类饵料数量和密度，为鱼类提供充足饵料生物；在西泌河设置鱼类增殖放流点，放流西泌河优势、特有和重要鱼类，增加西泌河鱼类和多样性；在西泌河岸坡区，利用乔、灌及野生植被植物组成复式植物群落，减弱雨水对河道两岸的冲刷，防治水土流失。

（4）天然河段保留。根据西泌河水资源和开发利用规划情况，除在西泌河干流的西泌河桥上游500m处规划西泌河水库外，无其他重点开发的水利水电项目，西泌河水库坝址至西泌河与北盘江汇合口之间尚存在16.1km天然河段，马马崖一级水电站建设单位已与当地政府签订协议，明确双方不在西泌河上进行水电开发建设。

（四）栖息地保护效果

马马崖一级水电站鱼类栖息地保护——西泌河的保留和生态改造综合措施，在国内的鱼类保护措施中具有创新意义，有利于引导和提高公众的鱼类保护意识。同时，本工程鱼类栖息地保护工作的落实情况及效果，也是工程竣工环保验收的重要内容。截至2014年底，各项措施已基本落实，正进一步开展详细的鱼类和栖息地调查和优化工作，并一丝不苟地贯彻执行，实现预定的鱼类保护目标。

（中国电建集团贵阳勘测设计研究院有限公司
赵再兴）

水电建设项目环境影响评价中的公众参与问题

近年来，环境影响评价（以下简称环评）工作在的不断拓展丰富，公众对环境问题的关注度也在持续升温，公众参与在环评中发挥的作用越来越大。我国相继颁布了《环境影响评价公众参与暂行办法》（以下简称“办法”）、《关于切实加强风险防范严格环境影响评价管理的通知》（环发〔2012〕98号）及《建设项目环境影响评价政府信息公开指南（试行）》（环办〔2013〕103号），赋予了环评公众参与形式与途径，保障了公众对环境保护的权利，加大环评公众参与公开力度。

（一）存在的问题

虽然新的政策不断出台，但公众参与实际过程中仍然存在如下问题：

1. 公告信息宣传有效性　“办法”规定建设单位或其委托的环评机构可以以一种或多种方式发布信息公告，例如通过电视、网站、报纸等媒体及相关基层组织信息公告栏、发放简本印刷品等便于公众了解项目的途径及方式，向公众公开项目的环境影响信息。但目前国内的水电建设项目，所处地区都比较偏远，受影响群众文化程度普遍较低，同时受文化语言等因素影响，群众信息接收渠道较窄，向公众公告项目的环境影响信息未能够及时有效地通过报纸、网络等渠道传达到群众。

2. 参与对象代表性　水电站工程区主要位于偏远少数民族地区，往往在实际工作中仍存在参与对象代表性较差、各类人群参与比例失衡等现象。部分地区有文化的青年大多外出务工，留守人群以老人、孩子为主，群众代表性差。主要表现为：女性参与者比例小、群众文化水平比列悬殊、核心群众比例小、参与人群社会背景差异小等。

3. 调查问卷质量　一些环评机构工作人员设计调查问卷，仅凭借自己的理论或经验，不能很好地结合项目实际情况，使得调查问卷内容存在设置片面、频繁使用专业术语、存在信息遗漏或者所设问题具有诱导性等问题，使公众难以理解。还有些环评单位在不同阶段的使用相同的调查问卷，忽略了项目本身的阶段特性，使得调查问题与项目本身有所偏差。

4. 公众参与形式　建设单位或环评单位多采用成本低、便捷的方式，如填写调查问卷及走访的形式，很少采用召开听证会、论证会等交流形式，使得公众参与形式过于单一、群众参与热情及合作程度不够，甚至导致部分公众不愿意发表个人意见。

5. 群众意愿表达有效性　在项目实施过程中有些建设单位环保措施不落实或者落实不到位，对周围环境造成严重影响，给周围群众工作生活带来诸多不便，使得群众产生抵触情绪。而且部分群众可能因为工程施工活动、建设征占地以及由此引起的移民安置问题不配合调查，致使不能客观地反映群众的真实意愿。

部分建设单位存在“打擦边球”的侥幸心理，为顺利完成信息公开及问卷调查，减少反对的呼声和意见，提高问卷调查支持率，在公示及调查过程中刻意回避有意见的群众，或将有意见的问卷作无效处理，使得群众意见难以表达。

受职业背景、文化程度、宣传力度、文化差异、人际交往能力等不同程度的影响，偏远的少数民族地区群众在一定时间内对项目建设带来的社会问题及环境问题在认识上存容易偏离。另外，公众的环境道德意识较弱会引发“从众”心理，进而导致部分公众真正的意愿无法有效表达。

（二）有效的公众参与途径

环境影响评价公众参与是建设项目各利益相关者相互交流互动的重要渠道和平台。政府相关部门、建设单位、环评机构及公众等相关方要在争取维护好自身利益的情况下相互配合，以提高水电建设项目环境影响评价中公众参与的水平。

1. 政府部门

（1）提高公众的环境意识。公众对环境的认知与关注度与所受文化教育程度正相关。各级教育部门应尽可能地提高群众的受教育程度，普及环境保护知识。各级环保部门需通过多种渠道增强公众的环境道德意识，例如适时组织当地群众观看环境保护影片、举办以“环保”为主题的科普活动、宣传普及环保法律法规。采取公众便于理解、参与的方式，普及环境科学技术知识、倡导正确的环境保护理念。

（2）完善公众参与制度体系。我国公众参与工作缺少互动性，整个参与过程没有形成“参与—反馈—参与”的连续—互动机制。建设单位将公众的意见及建议简单收集与处理统计，对于这些意见、建议是否被采纳及对群众提出的意见及建议的是否进行了反馈等事情都不了了之。整个公众参与过程没有成为一个完整体系，仅仅是开了头就草草收尾。我国的环评制度就公众参与还应建立具体的问责、考核评议制度，加大处罚力度，加大环保部门审查力度，核实公众参与的真实性、有效性。

2. 建设单位

（1）加大有效宣传力度。需针对受影响群众的特点，提供便于群众接受及了解的渠道，并加大有效宣传形式的力度。例如深入各村委开展公示信息宣贯说明会、增加张贴公告的份数、公布当地群众语言版本的公示信息及发放对应版本的简本等，真正有效地让群众了解项目环境影响信息。

（2）深入倾听群众意见。建设单位作为真正的责任主体，要督促施工单位规范施工，认真落实各项环保措施，减少环境污染及生态破坏，避免给群众的工作生活带来严重影响。作为公众参与的主要执行者，建设单位还要积极开展公众参与的宣贯及调查工作，公开征求公众意见，真正深入群众，了解群众的真实想法及意见，不能因为部分群众的片面理解或不满情绪，而采取回避的态度，忽略群众的意见。要特别关注移民安置区群众的意见。

3. 环评单位

（1）提高群众代表性。在对群众个体进行调查时，要根据当地群众特点，在职业背景、受教育水平、年龄、性别等方面力求和谐。公众参与范调查围不可能覆盖全部的利益相关者，但应包括持不同态度者、弱势群体的参与者，要增强群众代表的广泛性。同时，调查时间最好选取春耕秋收等农忙时节，外出打工人员在家才可以有效地参与调查，以提高群众代表有效性。

（2）提高调查问卷质量。调查问卷的设计要在包含内容、题目数量、设计难度及编排方式等方面进行区别对待。对政府部门、相关单位、专家学者等要设计专业性较强具有一定理论深度的问题，对一般群众的调查问卷要提出能公众关心的、与公众有切身利益密切相关的问题，而且要使用通俗易懂的表达方式便于群众理解。同时，调查问题要尽量与项目特征对应起来。如果在少数民族地区开展调查，受语言文化影响严重，应设计有对应的语言版本调查问卷及报告简本，方便公众了解工程概况及环保工作。

（3）丰富调查形式。采用群众容易接受的交流形式，例如分区域集中召开宣贯会、说明会等面对面交流形式，由工作人员介绍工程概况及环境问题，方便群众了解工程的环境影响及环保措施。充分调动公众热情、提高公众参与动机及合作程度，避免因补偿等其他问题产生的抵触情绪，产生拒绝调查或者反对建设的片面性与模糊性认识，使得公众参与不能起到其真正的作用。

4. 公众群体　公众个人应认真参与项目的宣贯说明会，了解项目建设的相关情况，填写调查问卷，可按照有关公告、公示的方式，索取报告书简本，及时向建设单位、环评机构、主管的环境保护行政主管部门，提交书面意见。配合参与调查问卷的个人或团体要真实表达自己的意见，反馈自己的真实想法，保护自己的合法利益。

（中国电建集团西北勘测设计研究院有限公司
高丽娟　王　倩）

沙坪二级水电站砂石料系统噪声影响预测及隔声措施

（一）概况

沙坪二级水电站位于四川省乐山市境内的大渡河中游，坝址距离下游峨边县城沙坪镇约7km。电站为河道型日调节水库，主要任务为发电，装机容量348MW。主体工程施工总布置分为5个区，其中的砂石料系统位于坝址右岸下游约5km的峨边县沙坪镇中坪村、火烧营沟口的左岸坡地上。

2010年4月，国家环境保护部新颁布的《环境影响评价技术导则　声环境》（HJ 2.4—2009）开始实施，工程环境影响报告书根据新导则要求，确定施工噪声影响评价等级为二级。

2011年1月，工程环境影响报告书编制完成，并于2011年6月经国家环境保护部批复。2012年5月，电站正式开工建设。2013年12月，砂石料系统开始建设，同月完成了防尘降噪设计。2014年6月，完成了加工设备隔声设施的安装；8月，乐山市环境监测站对砂石料系统所在的中坪村进行了声环境监测，结果表明满足环境功能区划要求。

（二）施工噪声影响

1. 中坪村周边的噪声源

（1）砂石料系统。包括初碎车间、中碎车间、细碎车间等，均为连续点声源，单个设备的高峰噪声源强约为100～120dB不等，为中坪村周边最大的噪声源。

（2）交通噪声。砂石料和弃渣运输的车辆为载重量10～20t级自卸汽车，车辆运输会产生噪声影响，属于线声源，一般在70～90dB之间。

（3）施工机械设备噪声。砂石料系统毗邻火烧营弃渣场和表土堆存场，有推土机、挖掘机、压路机等施工机械设备，为点声源，噪声源强在80～100dB之间，将与砂石料噪声叠加影响。

2. 环境敏感点及预测点　工程砂石料系统南侧约320m为中坪村，该村属于峨边县城规划区范围，约有150户500人，房屋建于火烧营沟尾南侧和东侧的坡地上，有乡道贯穿村庄。经地方环保局确认，该村的声环境功能属于2类，为昼间≤60dB、夜间≤50dB。

工程环境影响报告书中，对于中坪村设置了3处声环境影响预测点，分别为该村最北侧1户居民、中转料场东侧的最近1户居民、表土堆存场南侧最近1户居民。噪声预测点及主要噪声源强见表1。

表1　工程噪声预测点及主要噪声源强表

预测点	噪声源	产生区域	最近距离（m）	高差（m）	源强（dB）
中坪村1（最靠近砂石料系统）	砂石料系统	砂石料系统	320	0	100～120
	机械噪声	中转料场	25	6	80～90
		表土堆存场	120	−7	80～100
	交通噪声	中转料场道路	300	−10	70～90
中坪村2（中转料场东侧）	机械噪声	中转料场	25	6	80～90
		表土堆存场	25	−7	80～90
	砂石料系统	砂石料系统	400	0	100～120
中坪村3（表土堆存场南侧）	机械噪声	表土堆存场	25	0	80～90
		中转料场	185	16	80～90
	砂石料系统	砂石料系统	570	10	100～120

3. 施工噪声影响评价　中坪村周边噪声以砂石料系统为主，相对固定，而同时施工会产生叠加影响。对施工机械设备噪声采用点声源模式进行预测，计算叠加后的施工噪声影响。3个预测点与砂石料系统、弃渣场、中转料场和场内道路高程相近，不考虑地形隔声。

环境影响报告书噪声预测考虑了施工高峰期的砂石料系统、弃渣场和表土堆存场噪声源的高度，昼夜施工作业强度等。经预测，该村3个预测点有不同程度的影响和超标现象，在施工高峰强度下，有1户居民昼间噪声将超标，夜间超标的有85户，施工噪声对该村庄的影响较大。

（三）施工噪声防治

根据砂石料系统的噪声特点，提出对各加工设备采取设置隔声罩和吸声材料的处理措施。砂石料系统隔声罩采用彩钢板制作，内装隔声材料，隔声量为5～20dB。对于运输车辆，提出了限速、限鸣，减少夜间行车等要求。施工叠加噪声采取噪声防治措施前后对中坪村影响对比见表2。采取防治措施后，中坪村的噪声满足相应声功能要求。

表2　　施工叠加噪声采取噪声防治措施前后对中坪村影响对比表　　dB（A）

预测点	噪声本底值		贡献叠加值		主要噪声防治措施	降噪效果	预计噪声值		是否达标
	昼间	夜间	昼间	夜间			昼间	夜间	
中坪村1（最靠近砂石料系统）	50.7	45.2	64.2	62.6	加工设备加装隔声罩，夜间停止施工	降低5～20dB	56.3	47.4	达标
中坪村2（中转料场东侧）			58.8	57.4	车辆限速、限鸣，减少夜间机械作业和行车	降低夜间噪声	53.2	47.0	达标
中坪村3（表土堆存场南侧）			55.8	54.6			52.0	46.0	达标

（四）措施实施情况

2013年12月，该标段施工单位中国水利水电第八工程局有限公司提交了砂石加工系统防尘降噪设计报告，采用的主要隔声材料有百叶窗式吸声屏、离心玻璃棉、彩钢隔声板、钢结构、C20混凝土、钢筋等；2014年6月，完成了砂石料设备隔声设施的安装。

乐山市环境监测站于2014年8月对沙坪二级水电站施工区的环境进行了监测。其中砂石料附近中坪村的声环境监测结果为昼间53.8dB、夜间46.3dB，昼夜监测结果均满足2类环境功能区（昼间≤60dB、夜间≤50dB）的要求，均未出现超标情况。

目前沙坪水电站尚未进入施工高峰期，建设单位应继续加强施工噪声治理措施，做到施工高峰期的各项施工噪声环保措施落实到位，有效减免工程施工的噪声影响，确保周边村庄的声环境达标。

（中国电建集团华东勘测设计研究院有限公司
郭　坚　詹晓燕　吴王燕　包建国　曹驭杰）

移　民　工　程

基于白鹤滩、乌东德的水电工程“先移民后建设”配套政策研究课题进展情况

随着经济社会的高速发展，国家法制制度的日益健全，移民群体和地方政府诉求逐渐增多，移民问题已经成为水电工程建设的重要约束因素。特别是水电工程移民安置进度和枢纽工程建设进度不匹配，造成移民临时过渡搬迁，既影响了移民区的经济发展和安定团结，又影响水电工程项目正常建设，已成为水电工程建设的难点问题和重点问题。

为推进水电工程建设，妥善安置移民，2007年开始，国家发展改革委、能源局就研究措施，以期解决移民安置进度相对滞后的问题。2008年11月27日，国家发展改革委、国家能源局在北京主持召开专题会议，听取中国长江三峡集团总公司关于白鹤滩等水电项目前期工作进展的汇报，重点商讨新时期水电开发的思路和对策。会议明确以金沙江下游河段白鹤

滩、乌东德水电站为试点，按照“先移民安置、后工程建设”的总体思路，提出移民试点方案，经国家发展改革委协调同意后实施。2010年10月27日，国家发展改革委以《国家发展改革委办公厅关于同意金沙江乌东德和白鹤滩水电站开展前期工作的复函》（发改办能源〔2010〕2621号）同意开展金沙江乌东德和白鹤滩水电站的前期工作，并明确“试行先移民后建设的水电开发新方针”，“将落实和安置好电站移民和搬迁城镇作为电站建设的重要前提条件，研究提出先移民后建设的具体方案和措施，提前搬迁移民，并将此作为项目核准的前提条件”。2012年2月7日，国家发展改革委以《国家发展改革委关于做好水电工程先移民后建设有关工作的通知》（发改能源〔2012〕293号）进一步明确了坚持“先移民后建设”的水电开发方针。

基于国家推行的“先移民后建设”方针，并要求在白鹤滩、乌东德水电站项目上开展试点，以及白鹤滩、乌东德水电站开展前期工作、项目建设等的需要，为了落实“保障移民搬迁始终超前工程建设”，衔接好移民安置与枢纽工程筹建、截流、蓄水等关键环节进度安排，特别是针对白鹤滩、乌东德大型水电工程征地移民规模大、移民前期工作周期长、涉及面广且复杂，要满足“先移民后建设”工作要求，必须要解决工程筹建、建设用地、移民工程建设、移民安置等一系列工作的程序和依据。2012年12月中国长江三峡集团公司于委托国家水能风能研究中心开展“白鹤滩、乌东德水电站‘先移民后建设’移民先行政策研究”。

2013年3月，课题组编制完成了《白鹤滩、乌东德水电站“先移民后建设”配套政策课题研究工作大纲》（以下简称《大纲》）。2013年6月29日，国家水能风能研究中心在北京主持召开了白鹤滩、乌东德水电站“先移民后建设”移民先行政策研究工作大纲讨论会。会议邀请了国土资源部、水利部水库移民开发局、中国国际工程咨询公司、中国土地勘测规划院、中国长江三峡集团公司移民工作局等单位的专家参加。会后，课题组根据会议提出的修改意见对《大纲》进行了修改完善。根据修改完善后的《大纲》，课题组进行了资料收集、整理和分析工作，于2013年11月初编制完成了研究成果的初稿；2013年11月底，课题组就初步研究成果分别与白鹤滩、乌东站水电站的主体设计单位中国水电顾问集团华东勘测设计研究院、长江勘测规划设计研究有限责任公司交换了意见，并听取了白鹤滩、乌东站水电站筹备处的相关建议；2013年12月初，课题组在成都集中对课题研究成果进行了修改完善，并提出了《白鹤滩、乌东德水电站“先移民后建设”移民先行政策研究之一先行用地配套政策研究报告》（初稿）和《白鹤滩、乌东德水电站“先移民后建设”移民先行政策研究之二先行移民配套政策研究报告》（初稿）。2013年12月30日，课题组在成都就提出的两个研究报告向中国长江三峡集团公司进行了汇报，参会各方对研究成果也提出了修改建议；会后，课题组消化了会议精神，并经认真讨论后，按课题需要研究和解决的问题分类提出《白鹤滩、乌东德水电站“先移民后建设”配套政策研究报告——筹建工程建设管理》《白鹤滩、乌东德水电站“先移民后建设”配套政策研究报告——筹建工程先行移民》和《白鹤滩、乌东德水电站“先移民后建设”配套政策研究报告——筹建工程先行用地》三份研究报告。

“基于白鹤滩、乌东德的水电工程‘先移民后建设’配套政策研究课题”通过对我国水电工程建设特点、现行水电工程建设管理程序、现行水电工程建设用地程序以及其他基础设施项目建设管理程度和建设用地程序等进行分析和清理，厘清相关程序和依据，结合乌东德、白鹤滩水电站建设项目用地性质、建设时序和控制节点等，按照水电工程“先移民后建设”新方针的要求，开展乌东德、白鹤滩水电站建设用地程序优化研究、水电工程先行用地政策研究、水电工程移民先行研究等，提出解决乌东德、白鹤滩水电站在项目核准前开展移民安置和枢纽工程筹建的程序和依据，以使乌东德、白鹤滩水电站依法建设、依法移民。本课题研究可供中国长江三峡集团公司落实白鹤滩、乌东德水电站“先移民后建设”方针之需要，为国家有关决策部门出台白鹤滩、乌东德水电站“先移民后建设”相应政策提供了依据。

（水电水利规划设计总院　吴立恒）

《水电工程移民管理体制机制再研究报告》通过验收

为进一步做好水电移民工作，保障移民合法权益和移民工作顺利开展，促进水电建设持续健康有序发展，2012年9月26日，国家发展改革委办公厅以《关于委托开展水电工程移民管理体制机制研究的函》（发改办能源〔2012〕2729号），委托国家水能风能研究中心开展水电工程移民管理体制机制研究工作。

为全力做好水电工程移民管理体制机制研究工作，国家水能风能研究中心联合中国电建集团贵阳勘测设计研究院有限公司成立了课题组，开展课题研究工作。2014年4月，编制完成了工作大纲，确定了研究的内容、方法，拟定研究报告的主要章节；6

月，开展四川省水电工程移民管理体制机制调研工作，就金沙江下游水电移民工作协调机制、水电工程"先移民后建设"工作程序、瀑布沟等水电站移民补偿费用"预支"做法、特殊专题报告报批程序、移民工程建设管理研究等有关移民管理体制机制，与四川省扶贫和移民工作局及中国电建集团成都勘测设计研究院有限公司进行了调研座谈。

课题组以选定的典型水电工程为主要分析对象，收集了四川、云南、贵州等省（区）相关能源、征地、移民、国土、交通、就业、城镇化等方面的政策、法规、文件及典型项目资料和规划设计文件等资料。在研究、分析、论述、总结，并提出相关建议的基础上，于2014年9月编制完成了《水电工程移民管理体制机制再研究报告》（初稿）。

2014年10月15日，中国水电工程顾问集团有限公司在成都组织了《水电工程移民管理体制机制再研究报告》初稿讨论会。课题组根据讨论会意见和建议进一步修改和完善，形成了《水电工程移民管理体制机制再研究报告》。

2014年11月1日，中国水电工程顾问集团有限公司在北京主持召开了《水电工程移民管理体制机制再研究》项目验收会，会议同意该项目通过验收。

该研究的主要创新点：

（1）在管理机制方面研究提出了"实行省级人民政府总负责基础上的政府领导、分级负责、县为基础、项目法人参与的管理体制"相适应的"移民工作应建立目标统一、责任落实、规划主导、设计先行、分类管理、资金管控、信息公开、分工协作、实施有序"的工作机制改进思路。

（2）提出了改进充实国家能源主管部门、省级投资及能源主管部门、技术审查和主体设计单位的具体职责内容建议。

（3）研究了电站前期工作中贯彻"先移民后建设"水电开发新方针，如何加强先行移民项目前期工作管理要求的问题。

该研究在全面梳理了近年来水电工程管理中存在的问题，认真总结了近年来水电工程移民工作管理经验，研究提出完善水电移民工作机制和管理体制的具体建议，并在此基础上，提出《水电工程建设征地移民工作暂行管理办法》（修订建议稿）。研究成果已提交给国家发展改革委，供有关部门在水电工程移民管理体制机制决策的工作中使用，对进一步做好水电工程移民安置管理体制机制具有较好的指导意义。

（中国水电工程顾问集团有限公司　冯琳玲）

水电工程农村移民安置方式研究通过验收

为解决水电工程移民安置中日趋突出的人地矛盾、移民意愿与现行水电工程移民补偿补助有关政策的矛盾等问题，规范和完善水电工程农村移民安置，2008年6月，中国水电工程顾问集团公司以水电顾〔2008〕305号文下达了"水电工程农村移民安置方式研究"科研项目，该项目由中国水电顾问集团昆明勘测设计研究院牵头负责，中国水电工程顾问集团公司参与共同完成。

2009年8月，课题研究组成立，并启动研究工作。随后，课题组对云南省内小湾、糯扎渡、金安桥电站等相关资料进行了收集，并对广西长洲水电站、岩滩水电站等进行了现场调研。2010年7～10月，课题组与河海大学合作，进行了有针对性的调研工作。

2012年3月，课题组编制完成了《水电工程移民管理体制机制再研究报告》（初稿）。2014年8月25日，中国水电工程顾问集团有限公司在昆明主持召开的项目验收会议，该项目通过了验收。

该研究的主要创新点：

（1）对比分析了国内外移民政策，并总结了新中国成立以来水电水利工程移民安置制度的变迁对生产安置方式的影响，在水电工程移民安置规划设计规范的基础上，结合国内大中型水电工程农村移民安置方式的实践，进一步系统总结、全面归纳了移民安置方式的分类，并提出了各种生产安置方式的含义。

（2）通过对农村土地功能和土地征收制度进行分析，结合已建、在建工程农村移民安置案例，对移民生产安置方式的效果进行了分析与研究；提出了不同移民安置方式选择的原则及影响因素，采用SWOT分析方法对不同移民安置方式进行分析，提出了不同移民安置方式的适用条件。

（3）研究了逐年补偿、入股分红等创新农村移民安置方式的思路、基本模式和应注意的问题等主要内容；针对创新移民安置方式与现行政策、规定的衔接问题，提出了创新移民安置方式政策建议。

项目研究成果为各电站选择合适的移民安置方式提供较好的借鉴，为设计单位规划设计工作提供了较好的指导，便于移民和地方政府选择合理的移民安置方式，避免了移民选择安置方式的反复。

（中国水电工程顾问集团有限公司　冯琳玲）

《水电工程社会稳定风险分析评估专题研究报告》通过验收

水电开发在我国社会经济发展和清洁能源事业中具有十分重要的战略地位，但是，水电开发的工程建设、生态环境保护和不可避免地产生移民搬迁和安置问题，直接影响到区域的社会稳定。因此对水电工程的社会影响进行分析评价，开展水电工程社会稳定风险分析评估，对促进项目建设的科学民主决策具有重大意义。

为建立和规范重大固定资产投资项目社会稳定风险评估机制，2012 年 8 月 16 日，国家发展改革委在《关于印发重大固定资产项目社会稳定风险评估暂行办法的通知》（发改投资〔2012〕2492 号）中规定："项目单位在组织开展重大项目前期工作时，应当对社会稳定风险进行调查分析，征询相关群众意见，查找并列出风险点、风险发生的可能性及影响程度，提出防范和化解风险的方案措施，提出采取相关措施后的社会稳定风险等级建议。" 2013 年 2 月 17 日，国家发展改革委办公厅又以发改办投资〔2013〕428 号《关于印发重大固定资产项目社会稳定风险分析篇章和评估报告编制大纲（试行）的通知》，下发了社会稳定风险分析篇章和评估报告编制大纲。

为适应相关要求，结合水电工程的特点，规范水电工程社会影响评价和社会稳定风险分析评估工作，中国水力发电工程学会水库专业委员会主任委员单位中国水电工程顾问集团有限公司批准了《水电工程社会影响评价研究》科技项目，委托国家水能风能研究中心开展课题研究。

2013 年 10 月，国家水能风能研究中心组织昆明分中心、北京分中心成立了课题研究组，并于 10 月底编制了《水电工程社会影响评价研究工作大纲（初稿）》和《水电工程社会稳定风险分析评估工作导则（征求意见稿）》。2013 年 11 月 1 日，国家水能风能研究中心组织昆明分中心、北京分中心，在昆明进行水电工程社会影响评价研究课题集中办公，对如何加快推进水电工程社会影响评价课题研究作了安排，讨论了《水电工程社会影响评价研究工作大纲（初稿）》，提出了修改意见。会后课题组修改完善了相关工作大纲，编制了《水电工程社会影响评价研究工作大纲》，作为课题研究的依据。

课题研究通过典型工程的调研，多次集中办公，编制完成了《水电工程社会稳定风险分析评估研究报告》和《水电工程社会影响评价研究报告》。在此基础上，提出《水电工程社会稳定风险分析评估工作导则（初稿）》，明确水电工程移民安置社会风险分析评估的范围、风险调查、风险识别、风险估计、风险等级以及评估程序、评估内容、评估方法、评估成果和相关各方的职责，通过科学合理的分析、评估水电工程项目实施过程中可能产生的社会稳定风险，识别风险因素，估计风险等级，制定相应的风险预防方案和应对措施。同时，提出《社会稳定分析报告编制提纲》《社会稳定评估报告编制提纲》建议稿，进一步规范和促进移民安置社会稳定风险分析、评估工作。课题研究主要成果是水电工程社会稳定风险分析评估研究报告、水电工程社会影响评价研究报告、水电工程社会稳定风险分析评估工作导则（含社会稳定风险因素识别表）、社会稳定分析报告编制提纲、社会稳定评估报告编制提纲。课题研究报告于 2014 年 11 月通过了中国水电工程顾问集团有限公司组织的验收。

本研究主要通过分析国内外社会风险评价理论与实践，结合水电工程的特点和相关社会风险评价的实践，提出水电工程社会稳定风险分析评估的涵义，确定社会稳定风险分析范围；通过典型工程的风险调查，分前期工作、建设和运营期 3 个阶段从枢纽工程建设、建设征地移民安置和生态环境 3 个方面识别社会稳定风险因素，建立社会稳定风险指标体系，开展社会稳定风险估计与评价研究。同时针对存在的社会稳定风险类型，分析提出应对的风险防控措施；报告中还研究了水电工程社会稳定风险评估的内容和方法，提出社会稳定风险分析评估的工作程序，为《水电工程社会稳定风险分析评估工作导则》编制提供支撑。

（中国水力发电工程学会水库专业委员会　文良友）

2014 年水电移民政策技术管理论坛暨水利水电工程征地移民规划设计技术交流会在武汉召开

2014 年 1 月 17～18 日，中国水力发电工程学会水库专业委员会会同国家水能风能研究中心、水电水利规划设计总院、水利部水利水电规划设计总院、中国水电工程顾问集团有限公司，在武汉成功举办了"2014 年水电移民政策技术管理论坛暨水利水电工程征地移民规划设计技术交流会"。参加论坛的副主任委员和委员单位有水利部移民局，四川、云南、湖北、湖南、贵州、河南、广东等省移民管理机构，西藏自治区能源办公室，中国长江三峡集团公司移民工作局，中国电建集团北京、华东、西北、中南、成都、贵阳、昆明勘测设计研究院有限公司，长江勘测规划设计研究院，黄河勘测规划设计有限公司，中水北方、珠江、东北、淮河勘测设计公司，新疆、四川、浙江、广东、辽宁、陕西、江西、湖北、贵州等省水利水电设计院，陕西省引汉济渭工程协调领导小组办公室，同济大学经济管理学院等单位的领导、专家和代表，共计150余人。本次论坛是一次全国水利水电工程移民行业的业界盛会，参加活动的既有移民管理部门，也有地方政府和移民机构；既有大专院校、科研院所、设计单位，也有项目业主。

本次论坛的目的是为了进一步贯彻落实党的十八大、十八届三中全会精神和中央城镇化工作会议精神，以科学发展观统领水电移民全局，以构建和谐社会为指导方针，总结近年来水电移民安置规划和实施管理工作经验，结合国家新形势下对移民工作社会管理的要求，转变移民安置思路，创新移民安置模式，坚持移民安置与当前我国经济社会发展、社会主义新农村建设和城镇化进程相协调，深入研究水电工程农村移民与城镇化结合的科学途径，探讨新时期水库移民理论创新和技术发展方向。

本次论坛主要分为3个环节，第一环节是论坛开幕式和规划设计工作交流，第二环节是会议论文交流和专家组点评，第三环节是专题讲座。论坛开幕式由水利部水利水电规划设计总院副院长陈伟主持，长江勘测规划设计研究院副院长程为民致欢迎辞；水利部移民局处长王俊海、水电水利规划设计总院副总工张一军、湖北省移民局副局长郑应发，中国水电顾问集团副总工龚和平等分别作了讲话。随后，四川、湖北、湖南、云南、贵州、河南等省代表向大会介绍了本省水利水电工程移民工作的开展情况；水电行业各设计院和水利行业各设计院介绍了本单位水库专业机构设置、人员配备及生产、经营、科研工作情况，并就生产、经营、科研等方面取得的成绩、存在的问题以及相关建议向大会做了汇报和交流。

本次论坛共收集技术论文100余篇，其中上会交流29篇。这些论文以城镇化为中心议题，涉及移民工作各个领域，既有对移民工作综合问题的研究与思考，也有结合工程实例进行的总结和提升；既有探讨前期规划设计的管理问题，也有剖析移民安置实施工作管理要求；既有研究移民政策，也有探讨移民安置技术工作；既有针对实际工作进行分析论证，也有专题理论研究；既有国内水电工程的实施管理性内容，也有国外工程移民工作的研究。论文评审专家组对每篇论文一一进行了点评，有针对性地提出了很多好的意见和建议。水利水电规划设计总院副院长彭程对规划设计工作交流和论文交流进行了总结点评。

论坛特邀中国社会科学院周民良研究员作了《新型城镇化理论分析与政策导向》专题讲座，系统讲解了城镇化的内涵、发展历程和模式，对新型城镇化概念进行了解析，对中外城镇化发展进行了对比分析，详细讲解了当前国家实施城镇化战略的要求和政策导向，并对结合城镇化安置水电工程移民提出了建议。

与会代表纷纷表示，本次会议为水电移民管理人员、技术设计人员、相关的专家学者提供了良好的交流平台，对促进征地移民专业水平不断进步和发展具有重要的意义。

（中国水力发电工程学会水库专业委员会
文良友　吴立恒）

金沙江下游河段（攀枝花—水富）交通专题研究进展情况

金沙江干流以云南迪庆的奔子栏和四川的攀枝花市为界，分上、中、下三段，攀枝花至宜宾/水富为下游河段，长768.4km，天然落差719m，涉及四川、云南两省7个市（州）的33个县（区）。金沙江下游攀枝花—水富河段分四级开发，从下游到上游依次为向家坝水电站、溪洛渡水电站、白鹤滩水电站和乌东德水电站。根据国务院《关于依托长江建设中国经济新支撑带指导意见（征求意见稿）》，未来长江流域经济带发展关键举措就是以沿江重要港口为节点和枢纽，统筹推进水运、铁路、公路、航空、油气管网集疏运体系建设，打造网络化、标准化、智能化的综合立体交通走廊，使长江这一大动脉更有力地辐射和带动广阔腹地发展。围绕加快构建西部综合交通枢纽的总体战略部署，金沙江下游沿江区域“两纵一横”的交通运输格局正在形成。随着金沙江下游水电梯级开展建设稳步推进，中国长江三峡集团公司围绕梯级水电开发，陆续修建了电站对外交通公路、水库淹没区域公路复建，极大地促进了沿江区域的资源开发和经济社会发展，使得区域交通环境发生了重大变化，尤其是东西向的沿江综合交通运输大通道的建设需求日益迫切。

2014年1月27日，中国长江三峡集团公司以《关于委托开展金沙江下游河段（攀枝花—水富）交通研究工作的函》（建管函〔2014〕13号）委托国家水能风能研究中心牵头，开展“金沙江下游河段（攀枝花—水富）交通专题研究工作”。为推进该项研究工作，国家水能风能研究中心组建了由中国水电工程顾问集团公司（以下简称水电顾问集团）、华东勘测设计研究院有限公司（以下简称华东院）、中国科学院地理科学与资源研究所（以下简称中科院地理资源所）、长江勘测规划设计研究有限责任公司（以下简称长江院）派员组成的联合课题组。

2014年1月27日～3月2日，国家水能风能研究中心组织多次会议讨论，形成《工作大纲》初稿。2014年3月2～9日，国家水能风能研究中心组织课题组成员单位进行了现场调研，自宜宾向上至攀枝花及元谋，重点调查了现状公路、铁路以及渡口情况，并了解了地方产业分布以及交通规划信息。同时，收集国家交通规划，地方交通规划和4个电站迁复建规划、公路建设情况。2014年3月10日，课题组完成《工作大纲》的定稿。2014年3月12～21日，课题组人员在成都进行了集中编写工作，形成了《专题报告》的初稿。2014年3月22～4月2日，根据3月19日内部初审会议专家意见进行修改完善，形成中间成果。

2014年4月4日，中国长江三峡集团公司在北京主持召开了金沙江下游河段交通专题研究工作大纲审查会议。国家水能风能研究中心，中国长江三峡集团公司工程建设管理局、移民工作局，华东院，长江院，中科院地理资源所等单位领导和专家参加会议。会议进一步明确了专题研究范围、对象、定位和工作思路，明确了专题报告的编制方向，并对下一步工作做出计划安排。

2014年6月4日，在北京召开金沙江下游河段航运、交通专题研究报告汇报讨论会，根据会议纪要，进行交通专题研究报告的修改完善。

2014年7月16日，在北京召开的金沙江乌东德、白鹤滩水电站核准工作2014年第5次例会，专题研究金沙江下游航运、交通发展问题。根据此会议纪要，对交通专题研究报告进一步修改完善。

金沙江下游河段（攀枝花—水富）交通专题研究，内容包括路网现状调查与评价、社会经济发展预测、交通需求预测、路网布局方案、路网布局评价以及实施安排和保障措施，贯彻落实国家西部大开发、西南开发重要桥头堡、乌蒙山区扶贫攻坚和攀西地区建设等国家战略的要求，综合归纳整理地区交通现状条件和地区综合规划、电站交通规划、移民安置规划等规划的要求，为地区交通规划和建设提供参考。

（水电水利规划设计总院　吴立恒）

龙开口水电站建设征地移民安置规划设计

（一）项目基本情况

龙开口水电站是金沙江中游河段八个梯级电站规划中的第六级，装机容量为1800MW；水库正常蓄水位1298.00m，库面面积15.05km^2，总库容5.58亿m^3。

1. 建设征地影响　涉及大理州的鹤庆县和丽江市古城区、永胜县共2个州（市）3个县（区）计8个乡17个行政村，同时还涉及古城区金江中学、金江小学和金江集贸市场等3处集镇设施。征地区范围内有农村居民438户1615人，各类房屋147 025.84m^2；永久征收各类土地25 535.17亩（其中，耕地4666.92亩，园地1668.81亩，林地5965.05亩），临时使用各类土地4683.45亩（其中，耕地634.68亩，园地1.68亩，林地3567.78亩）。同时还影响部分电力工程、电信工程、乡村道路以及国家级文物保护单位——金龙桥等专业项目。由于工程建设征地失去生产资料而必须采取处理措施的其他影响区涉及线外扩迁人口242户953人，需拆迁各类房屋78 865.59m^2。

2. 移民安置规划　至规划设计水平年，涉及生产安置人口为4173人，搬迁安置人口为2705人。按照国家和云南省相关法律、法规和政策文件的规定，采用“立足长效补偿机制，实行城乡结合安置、农业生产安置、分散安置和货币安置等4种安置并举”的长效补偿安置方案。

对生产安置人口所需生产用地，采用集中安置点配置生产用地、享受长效补偿不增加配置生产用地以及利用搬迁人口剩余耕地资源配置生产用地等3种方式筹措。集中安置点生产用地按照人均耕（园）地0.3～0.5亩的标准配置；利用搬迁人口剩余耕（园）地资源配置生产用地主要为补足征收耕地后人均耕（园）地资源少于0.5亩部分。

涉及的搬迁安置人口，采用集中安置和本村组后靠安置相结合的方式予以安置。鹤庆县江东安置点规划安置移民850人；古城区西哨安置点规划安置移民940人，后靠安置10人；永胜县五点灯安置点和州城安置点，规划安置移民722人和160人，后靠安置23人。

金江小学、金江中学和金江集贸市场等3处集镇设施，均在古城区金江乡本乡范围内重建。专业项目复建包括建设征地区受影响专业项目复建工程、移民搬迁安置配套专项工程和移民安置点配套连接线路工程3部分。

3. 移民安置补偿费用　概算为122 380.86万元，其中，建设征地移民安置补偿费78 625.07万元、独立费用342 36.51万元、预备费9519.28万元。

（二）规划设计过程

中国电建集团华东勘测设计研究院有限公司（以下简称华东院）于2005年4月编制完成了实物指标调查工作大纲，并于2005年7月通过了中国水利水电建设工程咨询公司的咨询。

2005年10～12月，由项目法人、华东院以及各级地方人民政府及其有关部门组成的联合调查工作小组，历时两个多月，全面开展了可行性研究阶段的实物指标调查工作。

2007年6月，《金沙江龙开口水电站可行性研究施工总布置规划专题报告》和《金沙江龙开口水电站可行性研究阶段正常蓄水位选择专题报告》两个专题报告通过了由水电水利规划设计总院会同云南省发展改革委组织的审查。

2007年10月29日，云南省人民政府下达了"关于金沙江龙开口水电站工程占地和水库淹没区禁止新增建设项目和迁入人口的通告"。

2007年11月～2008年4月底，由项目法人、华东院以及各级地方人民政府及其有关部门组成的联合工作组完成了线下实物指标公示复核、土地分解细化、线上搬迁人口确认、线上实物指标调查、调查成果公示复核、移民安置总体规划等相关补充工作。

2008年4月底，华东院编制完成了移民安置规划大纲，并于2008年8月通过了水电水利规划设计总院会同云南省移民开发局组织的审查。2008年11月，云南省人民政府批复同意了移民安置规划大纲。

华东院编制完成了移民安置规划报告，并于2008年12月通过了水电水利规划设计总院会同云南省移民开发局组织的审查。2009年2月，云南省移民开发局审核通过了移民安置规划报告。

2009年1月，《金沙江龙开口水电站可行性研究报告》通过水电水利规划设计总院组织的审查。

（三）移民安置实施阶段综合设计工作

为了做好龙开口水电站建设征地移民安置实施阶段综合设代（综合设计）工作，华东院专门成立了龙开口水电站移民综合设代处，其主要工作内容包括：

(1) 设计技术交底。在云南省移民开发局和项目法人的组织下，根据批准的移民安置规划大纲和移民安置规划等相关设计资料，向建设征地移民安置涉及地方政府、移民机构、实施机构、综合监理以及有关方面进行设计技术交底，解释移民安置规划设计意图、设计原则、设计任务、工作重点和质量要求，解答有关各方提出的有关建设征地移民安置规划设计专业技术问题。

(2) 后续设计技术归口管理。统筹协调移民安置实施阶段城市集镇迁建工程、农村居民点基础设施建设工程、农村移民生产开发项目、移民专业项目等移民工程的施工图后续设计。根据移民条例的有关规定，负责移民安置项目的技术归口管理工作，包括：①负责移民安置重要项目的技术归口；②负责城市集镇迁建工程、农村居民点基础设施建设工程、农村移民生产开发项目、移民专业项目等移民工程后续设计的技术归口管理；③配合地方人民政府对移民安置重要项目的设计文件提出技术要求。

(3) 设计变更处理。水电工程建设征地移民安置设计变更是指在实施阶段对已批准的移民安置规划所进行的修改、完善等活动，包括方案发生变化而投资不突破审批概算、方案发生变化而投资突破审批概算和方案未发生变化而投资突破审批概算，按变化程度可分为重大设计变更和一般设计变更。移民综合设代作为移民安置规划报告的编制单位，需要全程参与设计变更处理，并对设计变更技术把关。

(4) 参与年度移民安置计划编制。按经批准的移民安置规划，结合移民安置实施情况，根据地方人民政府及其移民主管部门的需要，配合其编制下一年度的移民安置计划（包括工作内容、项目计划、进度计划、资金计划等），并提出综合设代意见。

(5) 参与移民安置专项验收。参与重要单项移民安置工程项目竣工验收和县级移民安置专项自验（或初验）。移民安置达到阶段性目标和县级移民安置工作实施完毕后，省级人民政府或者国务院移民管理机构组织有关单位进行移民专项竣工验收，移民综合设代参与配合，并按要求提交移民综合设代相关文件、意见。

(6) 档案和信息管理。负责收集整理工作相关的设计文件资料，按年度、项目分类编目建档保存。收集的移民安置实施工作中的重要资料，为移民工程单项验收和移民安置竣工验收、设计总结和资料归档做好准备。

（四）移民安置规划相关技术问题处理

龙开口水电站建设征地移民安置按照云政办发〔2007〕159号文的相关规定办理。规划设计中，对一些问题作了相关技术处理。如在逐年补偿标准方面，按照"同一水库同一标准"的原则，对全部外迁集中安置的移民，其被征收的全部承包耕地进行统一测算，按照统一标准进行发放。又如在逐年补偿人口分解方面，明确了实施工作程序，并对建设征地处理范围确定、土地实物指标调查、耕（园）地分解到户、土地影响户调查、计算生产安置人口规模、生产安置人口分解到户等环节规定了作业方法和要求。

（五）结束语

龙开口水电站建设征地移民安置工作已于2012年10月31日通过了云南省移民开发局组织开展的工程蓄水建设征地移民安置专项验收。龙开口水电站建设征地移民安置规划，除房屋补偿补助标准及库底清理标准因人工综合单价和建筑材料价格发生突变等原因出现较大变化以外，在实施过程中未发生方案性变更。

（中国电建集团华东勘测设计研究院有限公司
冯启林　韩晓劲）

老挝水电项目建设用地移民安置规划设计及实施工作问题研究

（一）老挝移民安置工作与中国的不同

（1）缺少法律、法规。目前老挝国内针对建设用地移民安置的相关法律法规尚不健全，对于移民安置的规划设计、实施操作等没有作明确的规定，对于移民安置标准、安置目标，移民安置点建设标准、生计恢复标准等都缺乏相关的规范，致使移民安置规划设计工作缺乏相关的依据。在老挝国内已实施的项目，移民安置的标准因项目不同、地区不同而各异。标准制定主要参照项目所在地社会经济发展水平，在充分征求当地居民及政府意愿的基础上分析制定，报老挝当地政府审批执行，存在一定程度上的随意性。

（2）工作程序不同。在我国水电项目移民安置工作实施前，已经完成了具备实施条件的《建设征地移民安置规划设计专题报告》，相关的设计、监理、实施单位等均以此为据开展相关工作。在老挝项目立项审批过程中需完成《移民安置行动计划》《环境社会影响评价报告》等，目前上述报告多由老挝国内咨询公司负责完成。由于工作条件、深度所限，报告中多涉及电站建设对于当地环境和社会产生的影响及减缓措施，对移民安置实施不具备可操作性，因此在老挝实施移民安置工作前，需进一步完成实物指标调查、移民安置方案确认、安置点规划设计等工作。多数项目为典型的“边设计、边报批、边施工”的“三边工程”。

（3）移民安置实施主体不同。我国《大中型水利水电工程建设征地补偿和移民安置实施条例》第一章第五条规定“移民安置工作实行政府领导、分级负责、县为基础、项目法人参与的管理体制”，明确了我国移民安置工作的管理体制。建设用地移民安置不同于一般的工程建设，它是一种政府行为、一种社会行为。县级人民政府是移民工作的责任主体、实施主体和工作主体。老挝国内并无完善的移民安置实施管理体系，各级政府成立移民安置管理委员会主要负责一些相关的协调和审批工作。在移民安置实施过程中，涉及实物指标复核调查、移民安置意愿征求、安置点规划设计实施、移民私有财产补偿支付、移民生计恢复等相关工作目前均由项目业主负责完成。因此，在老挝移民安置工作的实施主体一般为项目业主。

（二）在老挝开展移民安置工作应重点关注的问题

1. 建设用地处理范围的确定　目前，老挝国内建设用地处理范围确定方法不一，有以下几种：①采用中国的回水计算的方式；②采用正常蓄水位的方式；③采用正常蓄水位加安全超高的方式；④采用正常蓄水位水平外延的方式。根据已实施项目分析，在老挝当地采取回水计算方式确定的建设用地处理范围较大，尤其在库尾段，有较大的回水淹没范围，往往搬迁安置规模较大；采用正常蓄水位确定处理范围，对在水面线上附近的居民的生命财产安全存在较大的风险；采用正常蓄水位水平外延的方式（老挝南欧江项目曾采用），由于地形起伏变化差异较大，对地形平坦的地方，也存在较大的安全隐患；采取正常蓄水位加安全超高的方式较为经济合理，但是不同水库位置应考虑不同安全超高值。因此，在项目实施前，业主应与老挝政府充分沟通，明确建设用地范围的界定方式，且若采用回水计算的方式，相关的防洪标准也应协商确定；当采取正常蓄水位加安全超高的方式时，应明确不同水库区域的安全超高值。

2. 实物指标调查　老挝国内经济发展水平较低，电站建设涉及农村移民房屋多为木竹结构的简易房屋，部分较为发达的地区涉及少量的砖混结构的房屋，大多房屋无法以房屋“重置价”对房屋进行补偿和复建。因此，在对房屋调查时应重点调查砖混、砖木结构、木结构房屋，对于简易木竹结构房屋可适当简化统计。老挝水电项目涉及的移民附属建筑物等较少，可根据现场要求进行调查记录。移民的私有财产除房屋外主要为树木，对树木进行调查时需以“棵”为单位分树种、树龄进行全面、详细调查。

老挝实行土地公有制，土地所有权禁止交易。老挝土地法根据老挝宪法的规定将土地国家所有权制度确立为国家唯一的土地所有权制度，即作为土地唯一所有者的国家对于自己所有的土地依法享有的占有、使用、收益和处分的权利。老挝国内林地及荒地等属于国有土地不进行补偿，针对居民“刀耕火种”方式下的私开土地原则上可以不进行补偿，因此土地调查应重点调查居民拥有土地使用权的土地，这类土地通常有老挝政府颁发的土地使用证书。

3. 移民安置方案的确定　移民安置方案是直接制约移民安置实施工作总体进度的关键工作之一，由于老挝国内缺乏成熟的移民安置实施管理体系，加之政府缺乏强制执行力，移民安置方案可能会出现变化或反复，导致后续施工图设计工作无法正常开展。因此，在移民安置方案选择时应当充分征求当地政府及移民的安置意愿，制定切实可行的安置方案，并由老挝县级以上政府对移民安置方案进行确认，确保所定方案不会发生较大变动。

4. 安置标准的确定　项目开发商在启动项目前，通常需同老挝政府签订特许经营权协议（CA 协议）。

该协议当中明确了项目业主及老挝政府等有关各方的职责和义务，对于移民安置标准也提出了相关的要求，如通常对安置点的宅基地面积、房屋面积、房屋功能要求、公共设施要求等提出具体的要求。项目业主在CA协议签订前应当详细考察，明确相关条款能否达到。CA协议签署后，移民安置方案需在满足CA协议的相关条款要求的基础上征求移民和政府的意见综合分析确定。关于移民安置标准建议由项目业主会同设计单位、老挝政府、移民代表等有关各方共同协商确定，由老挝当地政府正式发文确认。

5. 补偿标准的确定　老挝国内社会经济统计资料匮乏，加之缺少关于补偿标准的法律法规，因此建设征地补偿标准难以确定。目前已实施项目，电站建设淹没影响补偿标准因地区不同而各异，通常由所在省颁发补偿标准，会有同一库区不同补偿标准的情况发生。因此，在实施阶段由项目业主根据地区的经济发展水平，同当地政府协商相关的补偿标准，由政府发文确认执行，并协调不同省份政府，按照“同库同策”的原则制定补偿标准。

（中国电建集团昆明勘测设计研究院有限公司
侯志强　梁思振　陈　宁　郑　勇　代成虎）

设计院在水电移民工程中开展总承包业务的优势与现状

在移民工程中引入设计院牵头的EPC工程总承包模式，能够充分发挥设计院自身优势，通过合理地控制设计、采购、施工过程中的各项风险，有效控制工程投资，加快移民工程建设进度，保证工程质量，进而推进移民安置实施进度。

（一）水电移民工程特点及建设管理现状

水电移民工程具有涉及行业多、专业面广、项目点多、政策性强、与移民切身利益关系大的特点。

目前水电移民工程的建设管理模式，主要为地方政府移民部门建设管理和水电站项目业主代建两种模式。水电站项目核准前，由于枢纽工程建设区的三通一平工程等前期工作往往先行实施，其建设征地移民工程项目常常由水电站项目业主负责建设管理。水电站项目核准后，移民工程项目则基本交由地方政府进行建设管理。

受人力资源配置数量、管理能力、技术经验、专业人员等方面的影响，地方政府或电站项目业主往往很难依靠自身力量，组建一支专业齐全、建设管理能力强的移民工程建设管理机构，导致移民工程实施中管理力量难以满足工程建设的要求。部分移民工程管理混乱、工程变更较多、重复建设，投资增加幅度较大，实施进度较慢；质量存在隐忧，已经建成的工程如居民点内部的路面、排水沟盖板及管线等经常被损坏；改、复建工程则不能很好地执行移民专业的“三原原则”，规模、标准变更较为常见。移民工程进度常滞后，个别项目甚至影响电站下闸蓄水、发电。

（二）设计院从事移民工程项目EPC总承包的优势

从国际经验看，具备EPC总承包能力的企业主要依靠3种驱动，即综合管理能力、技术能力、核心产品的研发能力。大型设计单位、大型施工企业以及有实力的咨询公司无疑是开拓和发展EPC总承包模式的有力参与者。相对大型施工企业和工程咨询企业，大型综合设计院开展EPC模式的工程总承包业务具有一定的优势。具体到水电移民工程项目的建设管理，设计院从事移民工程项目总承包具有如下优势：

（1）设计龙头的总体控制优势。设计院作为总承包商可以将自己的设计思想、设计意图和设计理念更好地贯彻于整个工程项目，利于把握项目全局，统筹计划。水电移民工程EPC项目以设计为龙头，从设计源头开始即对工程项目的投资、进度、质量、安全进行全面有效的控制，在移民法规及业主要求的情况下，为自身及业主创造更多的效益。以设计为龙头的总承包商对项目的设计、采购、施工全面负责，简化了合同组织关系，利于地方政府和业主进行管理。同时，通过合理组织各种资源，积极协调设计、采购、施工各方力量，可以有效地缩短工程工期。如云南某水电站下闸蓄水在即，而库区近7km的复建四级公路的设计尚未开始，为了保证电站的如期下闸蓄水，项目业主和设计单位积极协商，决定采用设计单位为主体的EPC工程总承包建设模式，设计院通过精心组织，仅用4个月时间就完成了该项目的设计、施工招标及施工，达到了预期的工程总体控制目标。

（2）设计院质量、进度和成本控制优势。设计院具有综合实力强，涉及行业广且专业设置齐全，各类技术人才丰富，了解国内外最新技术的特点，同时具有设计、监理、咨询及工程总承包等多领域实践经验，熟悉工程项目建设管理程序，其技术优势可以延伸到项目决策阶段和实施阶段的采购、施工、试运行等项目实施全过程，有利于工程建设的质量控制。设计院易于实现设计与施工的顺利衔接，有利于加快工程进度，尤其是处理突发的技术问题、有效控制设计变更、防止任何不合理的设计变更造成工程投资失控；同时，可以更早地介入到工程建设，使设计、采购、施工深度交叉和一体化连贯实施，最大程度地整合各类资源，解决设计、施工相矛盾、相脱节的问题，通过设计优化和建设目标管控，保证工程建设的进度目标。设计院可以通过前期的精心设计、限额设计等措施更加准确地控制项目建设成本，可以通过施工过程的优化设计并安排注册造价师进驻现场，参与整体项目的全过程造价控制；从目前已完成的设计院为主体的移民工程总承包项目看，绝大部分工程项目投资控制控制较好，做到了业主、地方政府和总承包单位的合作共赢。

（3）设计院综合协调和变更控制的优势。移民工程项目涉及水电移民、地方政府、电站业主、施工承包商等多方利益，设计院熟悉移民政策法规及相关规程规范，可以依法依规综合协调各方关系，兼顾各方利益。同时，由于移民工程项目的特殊性，变更时常发生，在设计院为主体的 EPC 工程总承包模式中，其能更好地控制设计、采购和施工过程中的变更，保证变更的及时性、合法性和经济合理性。

（三）设计院移民工程项目总承包业务的发展现状

设计单位进行移民工程总承包模式还处于起步阶段，从目前的运行情况来看，还存在以下几个主要问题。

（1）国内业主对设计为龙头的工程总承包（EPC）模式的认知度和接受程度均较低。由于设计院从事水电移民工程总承包业务刚刚起步，只有具有一定规模与实力的企业才有能力开展这项业务，能够开展工程项目管理与工程总承包的设计企业还是少数，导致业主和社会对以设计院为龙头的工程总承包建设管理模式的认知度和接受程度均较低，设计院开展工程总承包建设管理的市场发育还不健全。虽然一些外资项目和民营项目的业主开始认同工程总承包方式，但不少以政府投资或国有投资为主的项目业主并没有充分认识到工程总承包在工程建设中所能发挥的显著效益。

（2）缺少与工程项目建设管理相适应的管理体制、人力资源配置和管理经验。设计院主要专注于设计业务，在拓展总承包业务时，存在管理体制不适宜、工程建设管理人员配置不足及管理经验欠缺等诸多问题，以其原有的制度在开展工程总承包的时候，会经常性造成运作困难或内耗过大。

（3）总承包业务风险评估和抗风险能力还不强。与其他建设项目总承包业务相比，移民工程项目关系移民切身利益，其政策性强、地域覆盖广、风俗习惯和施工环境差异大。移民工程总承包除具有一般总承包业务的风险以外，往往还潜在着移民政策、移民意愿变化等风险。设计院开展移民工程项目总承包业务的时间不长，工程风险评估和管控的管理经验积累有限，又缺少地域覆盖广泛、长期合作、信誉良好、施工水平高的专业施工分包商，面对施工环境复杂、移民意愿多变的情况时，其风险评估和抗风险能力不强。

（4）部分移民项目完工后验收移交难。在移民工程项目的设计、建设和验收过程中，由于工程项目工期紧，不能很好做到邀请行业主管部门参与方案选择、设计审查，工程建设指导和监督以及参加试验、验收等过程，因此往往在移民工程项目完工后，一旦出现与行业主管部门建设管理程序不一致的情况，常常影响工程的顺利验收移交，部分项目甚至长期不能移交，业主不得不担负大量的后期运营管理费用。

（中国电建集团西北勘测设计研究院有限公司
蒋华安　王波雷　薛　霄　把玉祥）

14

水电工程综合效益

三峡工程发电效益显著 清洁能源惠及九省二市

[编者按：2014年8月7日，《人民日报》头版和八版分别刊发记者朱隽撰写的消息《三峡水电惠及九省二市　每年减少燃煤五千万吨》和长篇通讯《电从三峡来——记三峡工程的发电效益》，记述了三峡工程巨大的发电效益，为国家经济社会发展提供着源源不断的清洁能源支撑。两篇报道全文如下。]

三峡水电惠及九省二市 每年减少燃煤五千万吨

“滚滚长江向东流，流的都是煤和油。”千百年来白白流走的水能，通过三峡工程32台70万kW的水轮发电机组，转变成为国民经济发展的绿色动力。截至2014年上半年，三峡电厂已累计向上海输送电量1046.5亿kW·h，这与上海市一年的全社会用电量相当。

如同一颗强劲的能源“大心脏”，自2003年首台机组投产发电以来，三峡电站将电能源源不断地输送到华中、华东、华南和西南地区，惠及湖北、河南、江苏、广东、重庆等九省二市。到2013年7月24日，三峡电站已累计发电7562亿kW·h。若每千瓦时电对GDP的贡献按照8元来计算，已创造了超过6万亿元的财富。多年平均发电量882亿kW·h，相当于每年减少燃烧原煤5000万t，每年减排二氧化碳1亿t、二氧化硫200多万吨、一氧化碳1万t、氮氧化物37万t，并减少火电所产生的大量工业废水。缓解各地电荒、点亮了万家灯火的同时，也兴旺了百业千城。

电从三峡来 ——记三峡工程的发电效益

稳定供电，助缺电地区缓解“电荒”

2014年7月24日晚，上海的南京路上霓虹闪烁，夜色中的外滩流光溢彩，与浦江对岸的东方明珠交相辉映，申城的夜景亮丽动人。

曾经，这座充满活力的国际大都市也为缺电困扰。新世纪初期，上海经济快速发展，用电需求持续增长。2003年，该市电力缺口超过百万千瓦时，不得不采取拉闸限电的措施。

也就是在这一年，三峡电厂机组开始投产发电，三常（三峡—常州）直流输电工程跨越千山万水将三峡水电送抵上海。“三峡电就像三伏天里的及时雨，缓解了上海电力的燃眉之急。”电力专家如是说。

根据三峡电力消纳方案，三峡工程每年为华东、上海输送720万kW电力，这些电通过宜华、林枫等500kV直流通道送到沪上。截至2014年上半年，三峡电厂已累计向上海输送电量1046.5亿kW·h，这与上海市一年的全社会用电量相当。

2013年，上海面临有气象记录的140年以来最炎热的一个夏天，电网最高负荷连创新高。在国家电网公司的统一调度下，有1100万kW的外来电输入上海，其中三峡来电就有371万kW，保证了用电高峰时段城市运行、企业生产和居民用电的平稳有序。三峡来电作为上海区外来电的主要部分，很大程度上缓解了上海地区的“电荒”，为满足人民生活和经济社会发展的用电需求发挥了巨大作用。

受益的还不仅是上海。2004年夏季用电高峰到来之前，三广（三峡—广东惠州）直流输电工程又及时地把300万kW的三峡电力送往广东。

就这样，通过输电半径覆盖上千千米的三峡输变电工程，源源不断的三峡电，就像奔腾不息的江水，流入华中、华东、华南和西南地区，惠及湖北、河南、江苏、广东、重庆等九省二市。三峡工程为这些地区的经济发展日夜输送着能量，大大缓解了这些地区电力供应紧张局面，为国民经济发展提供了强有力的能源支持。

科学调度，将滔滔洪水转换成绿色能源

2014年7月23日，正值长江主汛期。上午10点，记者在三峡坝顶看到，大坝上下游的江水都在安然静谧地流淌。左岸电站中控室的大屏幕上显示，32台机组均运转正常。

“滚滚长江向东流，流的都是煤和油。”三峡工程通过32台70万kW的水轮发电机组将千百年来白白流走的水能转换成了巨大的电能。2013年，三峡电站发电量为828.3亿kW·h，约占同期全国水电发电量的9.3%，占全国总发电量的1.55%。

三峡工程的首要作用是防洪。但在保障防洪安全的前提下，可以通过深入研究三峡水库的洪水特性和优化水库调度方案，根据中下游防洪和航运的实际需求，借助准确的预报预测技术，科学地拦蓄中小洪水，实现洪水资源有效利用。让洪水不仅驯服听话，而且能为人类创造经济效益。

记者了解到，目前三峡水库已通过采取汛限水位浮动、中小洪水滞洪调度、提前蓄水等优化调度措施，使包括发电在内的综合效益得到提升。据中国长江电力股份有限公司副总经理马振波介绍，三峡电站自2003年第一台机组投产发电以来，截至2013年7

月24日，已累计发电7562亿kW·h。若每千瓦时电对GDP的贡献按照8元来计算，已创造了超过6万亿元的财富。

水电是对水能的充分利用，不消耗任何不可再生的自然资源。水电作为清洁能源，在为国民经济发展提供绿色动力的同时，还有着巨大的节能减排效益。据介绍，三峡的丰水期刚好和上海、广东等地用电高峰期相吻合。如果没有三峡为这些地区提供清洁电力，这些地区还需要建设多个火电厂，不但占地面积更大，还要设有灰场，而且还会大大增加减排压力。

数据显示，三峡电站多年平均发电量882亿kW·h，相当于每年替代燃烧原煤5000万t，相当于每年减排二氧化碳1亿t、二氧化硫200多万吨、一氧化碳1万t、氮氧化物37万t，并减少火电所产生的大量工业废水。

跨区输电，为全国电网互联打下良好基础

2014年7月24日上午，位于湖北荆州境内的江陵换流站里，值班人员有条不紊地工作着。江陵换流站是三广直流工程的北端起始站，输往广东的三峡电就是从这里开始了它的外送旅程。

三峡电厂负责发电，将电力外送则要依托三峡输变电工程。有人做过这样的比喻：如果将三峡电厂比作一颗强劲的能源“大心脏”，始发于三峡周边150km范围内的4个超高压直流输电工程则是承担三峡清洁水能送出的“主动脉”。

2011年，三峡电力外送收官工程团林换流站正式投入运行。三峡输变电工程的建成，形成了覆盖长江经济带华东、华中和广东电网的三峡输电系统。这一系统已成为世界上少有的几个特大型电力系统之一，并为实现全国联网奠定了坚实基础。

国网能源研究院能源战略与规划研究所主任经济师陈立斌说，发展大电网、实现电力系统互联，是当今世界电力发展的总趋势。三峡电站的稳定性和持续性能比一般水电站好，而且由于其地处中部，地理位置适中，是“西电东送”和“南北互供”的骨干电源点。

三峡工程在构筑能源动脉，优化能源资源配置方面发挥了重要作用。“十五”期间，我国提出了“西电东送”输电规划，建设北、中、南三大输电通道。其中，中通道西起四川，横跨三峡，东至上海。随着三峡输变电工程建设，三常、三广等一系列输电工程相继投产，西电东送中通道初具规模。三峡电力、四川水电不断输往华东、广东，我国西部清洁水电在东部能源缺乏地区发挥了重要作用，能源资源在区域电网间得到了优化配置。

跨区域电网互联，促进了联网效益的发挥。随着三峡输变电工程建设，全国联网格局日渐形成，其安全效益和规模效益等也日益显现。陈立斌介绍，华北、西北电网与华中电网南北互联，各电网均可以从其他互联电网获取事故备用和负荷备用容量，提高自身运行的可靠性。随着电力系统规模日益扩大，电网动态调节性能得到了改善，抵御事故冲击的能力也得到了提高。

电从三峡来。远道而来的三峡电点亮了万家灯火，兴旺了百业千城。

（《人民日报》 朱隽）

三峡工程给我们带来了什么

[编者按：2014年8月11日，《经济日报》头版刊发记者张雪撰写的《三峡工程给我们带来了什么》，记述了三峡工程在防洪、发电、航运等方面巨大的综合效益，为我国国民经济社会发展作出的贡献。报道全文如下。]

“更立西江石壁，截断巫山云雨，高峡出平湖。神女应无恙，当惊世界殊。”站在雄伟的三峡大坝上，这首著名的《水调歌头》诗词不由自主地回响在耳畔，三峡工程正是在高山峡谷中建起的平湖，是令世界瞩目的世纪工程。

从1994年12月正式开工建设算起，三峡工程已经走过了近20年的时光。三峡工程在防洪、发电、航运、水资源综合利用等方面的效益早已在运行中得到检验和拓展。

让百姓安然度汛

80岁的丁一德老人在湖北荆州生活了60多年。“万里长江，险在荆江”，老人对亲历的1954年和1998年两次长江大洪水有着刻骨铭心的记忆，“洪水像咆哮而来的猛兽，人们见到腿都会发抖。”

三峡工程建成后，经受了多次洪峰考验。2012年7月，长江上游形成1981年以来的最大洪水。这一次，通过三峡水库拦洪削峰，洪水最终平稳下泄。

作为治理长江的关键性骨干工程，三峡工程拥有221.5亿m^3防洪库容，让荆江河段的防洪标准提高到百年一遇，有效保护了江汉平原和洞庭湖地区1500万人口和2300万亩良田。

洪水来时，调度三峡工程可以化险为夷，而当干旱不期而至，三峡工程同样可以有所作为。2011年汛前，长江中下游部分地区遭遇了大面积干旱，三峡工程实行应急抗旱调度方式，加大下泄流量，抗旱补

水总量达 54.7 亿 m^3，有效缓解了特大旱情的影响。

为经济发展添绿色动力

三峡工程的左岸、右岸及地下共有 3 个电站，是世界上装机规模最大的水电站群。

眼下正值汛期，长江上游来水量增加，7 月 14 日上午，三峡出库流量满足了全部机组同时运行的流量要求，三峡电站 34 台机组今年内首次实现了全部投入运行。据中国长江电力股份有限公司副总经理马振波介绍，从 2003 年首批机组并网发电到目前，三峡电站已累计发电 7562 亿 kW·h。

从 2003 年到 2013 年 10 年间，三峡电站累计发电量相当于替代燃烧标煤 2.2 亿 t，相当于减少二氧化碳排放量 5.8 亿 t，减少二氧化硫排放量 702 万 t，产生了巨大的生态效益。

"黄金水道" 实至名归

在三峡工程建成前，从重庆到宜昌的河道不仅狭窄而且水流汹涌，舟楫难行，夜不能航，还有礁石险滩阻碍航运，"黄金水道"在长江上游显得名不副实。

改变发生在三峡工程蓄水后。上游江面明显变宽，水深大幅增加，极大改善了库区航道条件：消除了坝址至重庆间 139 处滩险、46 处单行控制河段和 25 处重载货轮需牵引段，重庆至宜昌航道维护水深从 2.9m 提高到了 3.5～4.5m，航行船舶吨位从 1000t 级提高到 3000t 级至 5000t 级。并且，由于库区水流流速减缓、流态稳定，船舶的载运能力明显提高，油耗明显下降。

长江航运快速发展，"黄金水道"终于实至名归。通航数据显示，11 年来，三峡船闸累计运行 9.94 万闸次，通过船舶 61.44 万艘次，通过旅客 1051.3 万人次，过闸货运量达 6.91 亿 t。

2014 年上半年，三峡船闸通过量达 5569.5 万 t，创历史同期最高。旺盛的过闸需求对三峡枢纽工程的通过能力提出了新的要求。

（《经济日报》 张雪）

西藏首个大型水电站投产 缓解水能"富矿区"缺电之苦

从拉萨市区出发，过贡嘎机场，沿雅鲁藏布江峡谷一路向东，大约行驶到 320km 处，原本狭窄的江面逐渐变得开阔。紧贴陡峻的沿山小道，继续前行不到 5km，伴着"哄哄"地落水声，一座百余米高的大坝出现于视野之内。这里，就是雅鲁藏布江干流上的第一座大型水电站——华能藏木水电站。

2014 年 11 月 23 日 14 时 5 分，前后历时近 8 年、总投资 96 亿元、共 6 台机组总装机容量 51 万 kW 的藏木水电站首台机组正式投入商业运营。这是西藏电力史上由 10 万 kW 级到 50 万 kW 级的标志性工程，更意味着西藏尤其是藏中地区缺电的现状将得到很大缓解。

水能 "富矿区" 的缺电之苦

一直以来，西藏素有"万山之巅，江河之源"之称，独特的自然地理环境，造就了西藏丰富的水能资源。根据公开数据显示，在西藏境内，流域面积大于 10 000km^2 的河流有 9 条，西藏全区水力资源理论蕴藏量为 2 亿 kW，占全国水力资源理论蕴藏量的 29%，居全国首位。

然而，就是作为全国乃至全世界水能资源"富矿区"的西藏，却饱受缺电之苦。

"2000 年我来西藏的时候，看到好多村民家里都是烧木柴和牛粪，很多人家都用不上电。"在接受新华网采访时，藏木水电站设计总工程师张连明对当年所看到的情景记忆犹新。这样一个有着丰富水能资源的地区并未享受到清洁能源带来的巨大益处，在他看来多少有些遗憾。

以西藏人口最为聚集和经济最为发达的藏中地区（拉萨、日喀则、山南、林芝和那曲）为例，2010 年 11 月至 2011 年 5 月，西藏藏中电网最大电力需求为 46.5 万 kW，最大可调电力为 35.06 万 kW，最大电力缺口达到 11.44 万 kW。电力供需的严峻形势可想而知。而值得一提的是，电力缺口在冬季变得更为突出。由于冬季水位下降，以水电为主的西藏电力供不应求，为了"让电于民"，很长一段时间以来，只能对企业、商户进行停电、限电措施，很多企业进入长达半年的"冬歇期"。

"根据负荷增长来预估一下的话，2015 年，藏中地区的电力需求大约是 160 万 kW 的装机容量。到 2020 年最少要达到 200 万 kW 左右，这样才能跟得上这个地区经济发展的节奏。然而，目前的话，似乎只有 107 万 kW 左右的装机容量。如果是按照 2020 年来算的话，6 年后将是接近 100 万 kW 左右的电力缺口。"谈及藏中地区当前电力供应情况时，张连明这样描述。不过，张连明也表示"尽管目前也有相关的联网工程，不过出于实际情况的考虑，我们还是希望自己的用电靠我们自己来解决。"

缺口怎么补?

实际上，张连明前述"希望自己的用电靠我们自己来解决"所指的主要就是如今依靠藏木水电站来解决藏中地区的电力缺口问题。

如果要更清晰地了解藏木水电站，不妨将时间倒回到2007年。这一年，中国水电达到14 526万kW，这一数字约占全国发电装机容量总容量的20.36%；这一年，西藏电力有限公司组建完成，建立起中央与地方电力企业资本纽带关系；而也同样是在这一年，华能集团开始了藏木水电站项目的前期筹备工作。

在筹划和等待了将近3年之后，2010年7月8日，经国务院审议通过，藏木水电站项目获国家发改委核准。两个多月后，水电站正式开工建设。

藏木水电站位于山南地区加查县境内、海拔3300m以上的雅鲁藏布江中游，是目前世界上海拔最高的大型水电站。

当初之所以考虑将水电站选择在这里，张连明解释是出于这样几个因素考量："第一，这个峡谷里的水头比较好，落差大；第二，库区没有林地和耕地，也不涉及移民；第三，这里距离最近的自然保护区有80多公里；第四，我们在考虑了环保和移民等等问题之后，能够给当地产生的经济效益，是有很多正面东西的。"

在开工4年后，2014年的11月1日，藏木水电站终于下闸蓄水，并在11月23日实现首台机组投产运营。据了解，6台机组51万kW明年将全部投产发电。届时，藏木将成为西藏最大的水电站。

"藏木水电站的投产，将从根本上解决藏中电网的供电难题，特别是在眼下冬季缺电的当口，无疑是雪中送炭。"中国国家电网西藏电力有限公司董事长刘晓明对外表示。

而在华能集团公司总经理曹培玺看来，藏木水电站的意义不止局限于缓解目前的电力缺口："藏木水电站的建成，不仅为藏中电网提供了强大电源支撑，对推进藏电外送、加快西南水电开发也具有重要意义"。

更高的生态保护要求

实际上，除了缓解冬季电力缺口以及推进藏电外送之外，环境效益也是藏木水电站所要面对的。

"在雅鲁藏布江上建水电站，对生态保护的要求比其他省份更高，藏木水电站在生态保护方面可以说是西藏水电站建设的一个示范。"西藏自治区环保厅副厅长柏伦章曾这样表示。

根据华能集团所披露的信息来看，为力保高原生态，藏木水电站在建设过程中，前后投入3.2亿元，用于建设过鱼设施（鱼道）、污水处理厂、垃圾回收站等生态环保设施。

奔腾的雅鲁藏布江中，生活着裂腹鱼亚科、条鳅亚科和鮡科等三类、16种珍贵鱼类。为了尽量减少对鱼类生存繁殖的影响，藏木水电站专门修建了过鱼设施——长达近4km的鱼道。

"藏木水电站是中国为数不多开展鱼道建设的大型水电站，为确保藏木鱼道工程设计方案的科学性，2010年5月，我们赴北美地区，系统考察当地鱼道技术发展现状、工程设计和运行管理经验。"华能西藏发电有限公司副总经理陈启湘介绍，"比如在北美原则上超过40m高的坝就不再考虑设置鱼道，因为鱼类很难通过。但是，专家推荐了包括采用鱼类增殖放流和上下游设置集鱼系统捕捞过坝等措施，或者将这些措施整合到天然鱼道中。"

据了解，藏木水电站的这条鱼道，主要过鱼季节为3月至6月，兼顾过鱼季节为2月、7月至10月，鱼道重点用于解决鱼类上行问题，下行通道主要通过泄洪实现。

不仅如此，藏木水电站还建设了鱼类增殖站。鱼类增殖站每年将培植约10万尾稀少或即将面临绝种的珍惜鱼类，最后集中放流至雅鲁藏布江中。

此外，藏木水电站在建设过程中，为了有效保护施工区域内的水环境，避免施工及生活废水对环境造成影响，藏木水电站配套建设了砂石加工生产废水处理系统以及生活污水处理厂等，专门用来处理施工过程和生活过程产生的废水、污水。

作为藏木水电站的设计总工程师，张连明在接受采访时表示：整个过程一直是在注意对环境的影响。"因为这个地方环境相对比较脆弱，所以一定要保护。做到'在开发中保护，在保护中开发'"。

（新华网 陈相乐）

一座水电站给一方百姓带来的利益

2014年9月11日，地处滇西北的怒江州兰坪县，澜沧江从境内奔流而过，黄登、大华桥等水电站正在建设。据了解，电站建设为当地经济发展注入了强劲动力，给百姓带来了致富希望。

兰坪县位于怒江、澜沧江、金沙江"三江并流"地区，山高谷深、地势险峻，耕地面积少，行路难、上学难、饮水难等问题比较普遍。随着澜沧江流域水电梯级开发推进，黄登水电站、大华桥水电站在兰坪县开工建设。

目前，黄登水电站已获核准、全面进入主体工程建设阶段；大华桥水电站已完成筹建工作、即将进入主体工程建设阶段。为保障澜沧江上游8个梯级水电站建设期大宗物资的运输，同时方便沿江居民出行，沿江一纵公路开始修建。

沿江一纵公路起于新永保桥，在澜沧江沿岸各电站淹没水位以上建设，连接9个水电站，止于西藏自治区芒康县盐井乡，接G214国道，全长约598km。怒江州境内兰坪县表村至碧玉河段全长131.5km，全线共有79座桥梁、9条隧道，已于2013年12月31日全线贯通。

作为滇西北重要的纵向干线公路，沿江一纵公路填补了这一地区干线公路网的空白，能够有效分流国道214线的车流量。如今，汽车行驶在平坦的沿江公路上，从兰坪县到州府六库仅需3小时，到保山也只用4小时。随着公路贯通，沿途的小商店、饭馆、修理铺等也因来往车辆行人的增多而繁荣起来。

修通沿江公路为老百姓打通了发展经脉，“两站一路”所处的地理位置也决定了华能黄登·大华桥水电工程建管局将承担更多的社会责任。“华能不仅修建电站，更要带动兰坪社会经济发展，造福一方百姓。”华能澜沧江水电有限公司黄登·大华桥电站党委书记王进贤这样告诉记者。

为彻底改变少数民族聚居地区孩子上学难的现状、促进怒江州社会经济发展，黄登·大华桥水电工程建管局自2008年电站筹建起就开展结对助学、帮扶共建活动。6年来，建管局组织员工累计捐助爱心助学款31万余元，结对帮扶中小学生840多对，资助贫困大学生近20名。

结合新农村建设，黄登·大华桥水电工程建管局先后投入3000多万元，建成了4座华能爱心食堂，充实了多个乡镇文化活动广场，硬化了多条乡村出行道路，完善了多个集镇的供水工程改造。

除提供物质帮助外，建管局还从精神层面着手，在当地学校开展送文化、送关怀活动，电站团委还组织开展爱心助教活动，青年志愿者团队定期到学校放电影、讲课，增进与学生的交流，帮助他们拓宽视野。

（凤凰资讯）

梨园水电站积极带动地方经济快速发展

［编者按：本文系2014年10月20日香格里拉网记者王维韬所写报道的摘编。］

梨园水电站建设，秉持“建一座电站、带动一方经济、致富一方百姓”的理念，有力促进了地方产业结构调整，带动了地方农特产品、建筑建材、交通运输、餐饮住宿等产业的发展。据统计，电站建设高峰期，已提供香格里拉籍劳务用工岗位约2100个。

在基础设施建设方面，梨园水电站工程积极推进了施工区周边和库区交通基础设施建设步伐，有效解决了当地群众“出行难”问题。一是为打通香格里拉至宁蒗泸沽湖区域旅游公路网，支持迪庆经济社会发展，应迪庆州政府要求，公司投资建设了梨园水电站左岸应急（香格里拉至丽江宁蒗县）公路工程。项目于2011年9月正式开工建设，目前正全力加快建设，计划2015年5月竣工通车。二是为改善香格里拉县库区群众交通条件，完成了一批库区交通基础设施恢复重建工程项目：即完成了香格里拉县三坝乡下直恩乡村道路汽车便道改建工程；完成了香格里拉县三坝乡白马厂乡村道路汽车便道改建工程；完成了香格里拉县东坝村委会上渣日村乡村道路通达公路工程等库区交通基础设施恢复重建工程；完成了香格里拉县三坝乡东坝村委会乡村道路汽车便道改建及油面铺设援建工程。

在农产业扶持方面，为落实国家藏区工作会议精神，抓好移民安置产业先行工作，在香格里拉县高阁平台移民安置点（下渣日）、上下渣日村，规划种植2045亩油橄榄。目前，已完成了一期1045亩的油橄榄种植任务。同时为解决两个村村民（移民）的农业灌溉及日常生活用水问题，实施了香格里拉县东坝村委会上下渣日补水工程。

在财政税收缴纳方面，电站开工至2014年7月，已累计向迪庆州、香格里拉县上缴各类税金1.98亿元，已上缴耕地占用税1.10亿元。

渣日村是香格里拉县最偏远的一个小山村，在电站筹建之前，村民过着人背马驮的生活，人均年收入仅为五六百元。2007年8月梨园水电站开始筹建以来，为村子修建了住房、道路，并为村民发展起种植油橄榄的特色产业。村民在自家门口打工挣钱，有的还搞起了运输和餐饮，年收入已过万元。如今，走进下渣日移民新村，整齐有序的民房，干净宽敞通村道路让人眼前一亮，家家户户都装上了太阳能，接上了自来水，昔日不通水、电、路的偏僻小山村，已成为一个生产发展、生活宽裕、乡风文明、村容整洁、管理民主的社会主义新农村。

15

农村水电及电气化

农村水电建设

2014 年农村水电总体情况

2014 年，我国农村水电全年完成投资 317 亿元。新增装机 255 万 kW，总装机达到 7322 万 kW，年发电量 2200 多亿千瓦时，农村水电各项工作取得明显成效。

（一）农村水电电源建设

1. 装机容量　2014 年，农村水电全年新增电站 313 座，投产发电设备容量 255 万 kW。新增装机主要集中在我国西南和西北地区。

2014 年农村水电新增装机按规模划分，1 万 kW（含）至 5 万 kW（含）占新增装机总量的 56%，0.1 万 kW（含）至 1 万 kW 占总量的 38%，0.1 万 kW 以下占总量的 6%。

截至 2014 年年底，全国共有农村水电站 47 073 座，农村水电装机容量达 7322 万 kW，占全口径水电总装机容量（30 183 万 kW）的 24.3%，占全国电力总装机容量（136 019 万 kW）的 5.38%。农村水电广泛分布在 31 个省（自治区、直辖市）和新疆生产建设兵团，从各省年末发电设备拥有量看，云南省和四川省超过 1000 万 kW，分别达到 1107 万 kW 和 1076 万 kW，位列全国前 2 名，广东省和福建省超过了 700 万 kW。

2. 发电量　2014 年，全国农村水电发电量达 2281 亿 kW·h，占全口径水电发电量的 21.4%，占全国总发电量的 4.11%（比上年下降 0.03 个百分点）。2014 年农村水电发电量较 2013 年增加近 50 亿 kW·h，同比增长 2%。农村水电年平均利用小时数为 3116h，和上年基本持平。

3. 开发率　截至 2014 年，全国农村水电已开发量占我国农村水能资源技术可开发量的 57.2%，较去年增长了 1.6 个百分点。其中，山东、天津、广东、福建、浙江、广西、安徽、湖南、江西等 9 个省（自治区、直辖市）的已开发率突破了 70%。开发率较高的省份主要集中在我国东部、东南沿海、中部地区；而我国东北、西北、西南地区开发程度相对较低，开发潜力较大，其中西藏、黑龙江、内蒙古、新疆、山西、吉林、河北、陕西、青海等 9 个省（自治区）开发率尚不足 40%。

（二）农村水电配套电网建设

1. 设施建设　2014 年，全国农村水电配套电网新增 110kV 及以上变电站 50 座，变电容量 252 万 kVA；新增 35（63）kV 变电站 201 座，变电容量 194 万 kVA；新增配电变压器 36 808 台，容量 538 万 kVA。新投产 10kV 及以上高压线路 2.8 万 km，低压线路 3.8 万 km。

截至 2014 年年底，全国农村水电配套电网已投入运行 110kV 及以上变电站 565 座，变电容量 3017 万 kVA；35（63）kV 变电站 2836 座，变电容量 1921 万 kVA；配电变压器 38 万台，容量 4150 万 kVA；10kV 及以上高压线路 49 万 km，低压线路 112 万 km。

2014 年全国农村水电新增 110kV 及以上变电容量，较 2013 年减少 46.7%，新增 35（63）kV 变电容量增加 51.1%，新增配电变压器容量增加 21.6%。

2. 供用电　2014 年，全国有农村水电的县共 1535 个。有农村水电的县主要集中在我国的西部、西南部、中部和南部地区，四川省最多，有 157 个，云南省 117 个，湖南省 94 个，广西壮族自治区 93 个。有农村水电网的县 427 个，其中县城电网为农村水电网的县 124 个，农村水电网供电乡镇 4912 个。

2014 年，农村水电网全年网内发电量达 535 亿 kW·h。农村水电网全年输出网外电量 254 亿 kW·h，购电量 1049 亿 kW·h，其中购入网外电量 527 亿 kW·h。全年购电的平均电价为 0.339 元/(kW·h)，与 2013 年相比，上升了 0.011 元/(kW·h)。农村水电供电区县城居民平均到户电价 0.472 元/(kW·h)；农村居民平均到户电价 0.477 元/(kW·h)。

（三）完成投资

2014 年，全国农村水电建设完成投资 317 亿元，其中，农村水电站建设完成投资 256 亿元。农村水电站完成投资按区域分布：东部 32.3 亿元，占 12.6%；中部 49.3 亿元，占 19.3%；西部 173.9 亿元，占 68.1%。从各省农村水电建设完成投资看，云南省和四川省超过了 50 亿元，分别为 57.3 亿元和 57.0 亿元，位列全国前 2 名，贵州、广西、甘肃、湖北 4 个省份都超过了 20 亿元。

在本年完成总投资中财政资金达到 78.9 亿元，占 24.8%。从完成投资的财政资金构成看，中央资金55.4亿元（含部分提前下达的2015年增效扩容改造资金），占70.3%；省级资金14.9亿元，占18.9%，市县财政资金8.5亿元，占10.8%。中央投资1元钱，带动其他投资5元。（注：由于统计制度变化，自2014年起“完成投资”统计项只包括装机5万及5万kW以下的水电站及其配套电网的投资资金；2014年度中央投资含部分提前下达的2015年增效扩容改造资金。按相同口径统计，2013年中央投资带动其他投资的比例为1∶7。）

（四）经营

2014年，全国农村水电全年发售电总收入1213亿元，上交税金109亿元。截至2014年底，农村水电固定资产5487亿元，其中农村水电站4830亿元，农村水电配套电网657亿元，比去年增加129亿元，增长2.4%。

截至2014年年底，全国农村水电独立核算单位共28 610个，其中有87%的企业为非国有企业。农村水电从业人数达62万人，其中，技术人员19万人。

（水利部农村水电及电气化发展局　张玉卓）

2014年水电农村电气化建设情况

（一）“十二五”水电新农村电气化建设完成情况

截至2014年12月底，国家发展改革委、水利部下达农村小水电项目2011年至2014年中央预算内投资22亿元，涉及26个省（区、市）和新疆生产建设兵团929个建设项目，新增农村水电装机容量216.6万kW；地方财政实际落实配套资金5.2亿元。据统计，2011至2014年底，全国共完成水电新农村电气化县建设投资129亿元，其中中央投资20.7亿元，占完成投资的16%。

2014年度中央补助电气化项目317个，涉及全国22个省（区、市）和新疆生产建设兵团，新增装机容量119万kW。截至2014年底，有31个项目完工，完成投资13.5亿元，新增装机15万kW。

（二）“十三五”水电新农村电气化规划全面启动

2014年，开展了“十三五”农村水电发展思路研究和规划编制工作。赴湖南等地了解“十三五”具备开发条件的农村水能资源情况，研究探讨了下一步农村水电发展重点，召开了“十三五”农村水电发展思路研讨会，完成了“十三五”农村水电发展思路报告。布置各地开展了“十三五”规划前期调查和摸底工作，对全国“十三五”农村水电项目进行了统计汇总。制定了全国农村水电发展“十三五”规划编制工作方案，组织专家制定并审查了农村水电“十三五”规划编制大纲和“十三五”水电新农村电气化规划编制大纲。举办了规划编制工作培训班，下发了《水利部水电局关于做好农村水电“十三五”规划编制工作的通知》（水电气函〔2014〕7号），全面启动了“十三五”水电新农村电气化规划编制工作。

（三）加强电气化项目的管理

对2011至2014年下达项目计划分解、配套资金落实和建设进展情况进行了统计汇总。了解了项目建设进展情况、存在问题、资金拨付配套以及项目储备情况，对项目督查中发现的问题明确了整改方案，并跟踪督促落实整改。制定并印发了《水利部办公厅关于印发水电新农村电气化和小水电代燃料建设项目绩效评价暂行办法的通知》（办水电〔2014〕233号）、《水利部办公厅关于加强水电新农村电气化和小水电代燃料项目绩效管理和责任追究的通知》（办水电〔2014〕113号），启动了农村水电项目的绩效考评工作，建立健全了激励和约束机制。

对水电新农村电气化项目和小水电代燃料项目信息报送制度进行了调整，进一步修改完善有关报表和报送方式，建立月报制度，定期报送项目投资落实到位和完成情况、项目建设进展情况以及项目运行管理情况等。

（水利部农村水电及电气化发展局　程　骏）

2014年小水电代燃料工程建设情况

2014年，全国小水电代燃料工程建设稳步推进，中央投资持续增加，项目建设和管理进一步规范，国家投资逐步发挥效益。

（一）建设规模不断扩大

2014年，国家下达小水电代燃料建设投资计划15.9亿元，其中中央投资7亿元；新开工建设43个小水电代燃料项目，计划新增代燃料装机18.6万kW，解决14.3万户、54万农民的生活燃料问题，保护森林面积200万亩。2009～2014年小水电代燃料工程建设共涉及23个省（自治区、直辖市）和新疆生产建设兵团的228个县（市、区、旗），312个项目，累计下达项目计划总投资69.6亿元，其中中央投资28亿元，建设代燃料装机88.5万kW，可解决74.9万户、285万农民的生活燃料问题，保护森林面积1050万亩。截至2014年底，有190个项目已建成发电，投产代燃料装机48万kW，解决了35万户133万农村居民的生活燃料问题，保护森林面积500万亩。

（二）项目管理继续加强

1. 加强了制度建设　水利部印发了《水利部办公厅关于加强水电新农村电气化和小水电代燃料项目绩效管理和责任追究的通知》和《水电新农村电气化和小水电代燃料建设项目绩效评价暂行办法》，进一步完善了小水电代燃料项目绩效考核制度。

2. 强化了项目督查　建立项目信息报送制度，进一步强化信息报送的责任意识。加强新建项目的前期工作，加快在建项目的建设进度，督促已建项目及时供电、及时验收。派出5个督查组，分别赴建设任务较重的10个省（区）和新疆生产建设兵团开展项目督查，对督查中发现的问题，一省一单下达了整改通知书，督促各地逐个项目落实了整改措施。

3. 启动了小水电代燃料生态示范县试点建设　水利部办公厅印发了《关于开展小水电代燃料生态示范县试点建设的通知》和示范县试点建设管理办法，启动了8个省11个县（区）的小水电代燃料生态示范县试点建设。先后赴吉林省长白县、甘肃省肃南县和湖北省神农架林区开展示范县建设调研，了解建设进展，指导各试点县优化建设实施方案，有序推进工程建设。湖北神农架林区已从2014年1月份开始实施全区4个乡镇的代燃料供电；四川乡城示范县建设电源点已投产发电，预计2015年底全面实现代燃料供电。

4. 启动了“十三五”规划编制前期工作　先后赴湖北、甘肃、吉林和辽宁等省开展“十三五”规划思路调研，了解“十二五”规划执行情况、存在问题，探讨“十三五”小水电代燃料发展思路。召开了“十三五”农村水电发展思路研讨会，听取了专家的政策建议。在各地开展“十三五”规划前期调查和摸底工作的基础上，研究提出了《“十三五”小水电代燃料发展思路报告》，指导各地做好“十三五”规划数据审核和报送工作。

（水利部农村水电及电气化发展局　赵　虹）

水利部办公厅关于开展小水电代燃料生态示范县试点建设的通知

[水利部办公厅于2014年3月10日以办水电〔2014〕47号文，下发《关于开展小水电代燃料生态示范县试点建设的通知》。该通知全文如下。]

有关省（自治区、直辖市）水利（水务）厅（局），新疆生产建设兵团水利局：

在党中央、国务院的亲切关怀下，小水电代燃料工程在解决山区农民生活燃料，改善农村生产生活条件，巩固退耕还林成果，保护生态环境，促进生态文明建设等方面发挥了重要作用。为提高小水电代燃料的规模效益，下一阶段，小水电代燃料工程将以示范县建设试点为抓手，积极推进集中连片建设。经对各地上报的相关县资源条件等情况进行综合比选，我部决定在一些地区开展小水电代燃料生态示范县建设试点（试点县名单见附件1）。现将有关事项通知如下：

一、各地要高度重视小水电代燃料生态示范县试点建设工作，加强领导、统筹协调，提供政策支持，省级配套资金要向试点县倾斜。

二、《小水电代燃料生态示范县建设实施方案》是示范县试点建设和验收的依据。试点县要按照实施方案确定的目标和任务，严格项目前期工作，加强建设管理，精心组织实施。要突出体制、机制和政策创新，为全面开展示范县建设积累经验。

三、为确保小水电代燃料生态示范县试点建设成效，我部制定了《小水电代燃料生态示范县试点建设管理办法（暂行）》（见附件2），现随文下发，请遵照执行。

附件：

1. 小水电代燃料生态示范县建设试点县名单
2.《小水电代燃料生态示范县试点建设管理办法（暂行）》

附件1

小水电代燃料生态示范县建设试点县名单

吉林省：长白朝鲜族自治县　抚松县

湖北省：神农架林区　五峰县

湖南省：炎陵县

重庆市：巫溪县

四川省：乡城县

云南省：镇康县　红河县

陕西省：陇县

甘肃省：肃南裕固族自治县

附件2

小水电代燃料生态示范县试点建设管理办法（暂行）

第一条　为促进小水电代燃料工程建设，规范小水电代燃料生态示范县试点建设与管理，根据国家有关法律、法规和政策，制定本办法。

第二条　本办法所称小水电代燃料生态示范县，是指全县60%以上的农村居民实现小水电代燃料的县。

第三条 小水电代燃料生态示范县试点建设的主要任务：

（一）探索总结小水电代燃料建设与新农村建设有机结合和促进生态文明建设的经验，为科学规划小水电代燃料工程奠定基础。

（二）完善政府主导、企业运作、农民参与、协会监督的管理体制和运行机制，确保小水电代燃料工程良性运行、长期稳定向农民供电。

（三）探索不同类型区域小水电代燃料生态示范县建设模式，总结推广试点县小水电代燃料生态示范县建设管理的先进技术和成功经验，完善小水电代燃料生态示范县建设管理办法。

第四条 《小水电代燃料生态示范县建设实施方案》是小水电代燃料生态示范县建设和验收的依据，以县为单位，根据本县小水电代燃料工程规划编制。应明确生态示范县建设目标和任务、建设方案和资金筹措等情况，重点突出体制机制和拟采取的政策措施。

第五条 列入小水电代燃料生态示范县建设的小水电代燃料项目，前期工作和建设、运行、验收等仍执行《小水电代燃料项目管理办法》及相关技术标准、规程的规定。

第六条 小水电代燃料生态示范县建设要因地制宜选择代燃料供电方式，鼓励采取借网供电方式，由价格主管部门核定统一的代燃料到户电价。借网供电确实有困难的，可采取电费补贴的方式，根据实际情况核定统一的补助标准。

第七条 省水行政主管部门要为小水电代燃料生态示范县建设提供政策支持，省级小水电代燃料配套资金要向小水电代燃料生态示范县建设试点县倾斜。

第八条 小水电代燃料生态示范县建设试点县要落实以下政策措施：

（一）要按照公益性项目的要求制定专项扶持政策，统筹规划，整合资源，保障小水电代燃料生态示范县建设的顺利实施。

（二）要建立健全国家投资出资人制度，明确小水电代燃料生态示范县建设项目的所有权、经营权和使用权。

（三）要按照“政府主导，企业运作，农民参与，协会监督”的原则，制定管理办法，明确相关责任，加强项目建设和运行管理，落实生态保护措施，保障项目长期稳定发挥效益。

（四）要积极协调供电部门优先安排代燃料电站就近上网、全额收购代燃料电站上网电量，确保代燃料供电。

第九条 小水电代燃料生态示范县由县级人民政府组织自验，省水行政主管部门负责验收，验收报告报水利部。

农村水电管理

2014年水能资源管理工作情况

（一）中小河流水能资源开发规划工作取得积极进展

2014年，水利部农村水电及电气化发展局主要加强了规划技术指导、质量控制、进度督导和跨省中小河流水能资源开发规划的协调，加强了与环保部等部门的沟通。在加强规划技术指导和质量控制方面，制定了《中小河流水能资源开发规划审查要点》，组织技术咨询专家形成了中小河流水能资源规划主要技术问题答复意见；开展了规划修编质量情况调查；组织举办了两期中小河流水能资源开发规划培训班，加大了规划技术指导工作力度。在进度督导方面，结合中小河流水能资源开发规划工作季报，加大了对各省份编制进度、经费落实等主要工作环节的督促检查，开展了福建、河南规划情况调研。在跨省河流协调方面，开展了跨省中小河流分布与协调情况调查摸底，推动建立跨省河流规划联系机制，明确需要跨省协调或资料共享的河流。在沟通协调方面，局领导带队去环保部环评司，提出加强中小河流水能资源开发规划环评技术指导，以及规范规划环评编制单位资质及收费标准等意见建议，得到积极回应。9月向部领导汇报了规划布置两年以来的主要工作进展、存在问题和下步工作计划。胡四一副部长批示“同意工作安排，力促工作进度，保证规划质量”。12月组织召开了全国规划工作座谈会，总结交流经验，座谈讨论并商议解决当前工作中存在的主要困难，沟通协调跨省中小河流水能资源开发规划修编工作，提出下一阶段工作任务和要求。

截至2014年底，全国有25个省份开展了这项工作，16个省份成立了规划领导小组，20个省份编制了工作大纲或实施方案，19 个省份落实了规划编制经费共计 7500 多万元。23 个省份明确拟修编水能资源开发规划的中小河流 3000 多条，其中 1200 多条河流的规划已经修编完成。

（二）基本完成典型培育和绿色小水电评价试点

2014 年水利部农村水电及电气化发展局继续大力推进绿色小水电典型培育与评价试点工作。工作布置开展以来，全国共有 19 个（区、市）推荐了 170 座典型电站并出具了审核意见。经进一步筛选，确定按照《绿色小水电评价标准（试行）》对 17 个省（区、市）的 117 座电站（涉及河流 67 条，装机容量 115 万 kW）开展绿色小水电评价试点。制定了评价试点现场复审工作方案，完成了所有电站评分和报告编制，总结了各地推进绿色小水电建设经验，对电站存在的问题提出了典型培育建议，提出了绿色小水电评价标准修改意见，并对下步绿色小水电建设提出了工作建议。经专家审阅、分组评议和集体讨论等程序，河北省紫荆关三级水电站等 106 座通过了评审。

典型培育和绿色小水电评价试点树立了一批绿色小水电典型电站，总结了电站在减水河段治理、最小下泄流量监管、标准化管理与技术进步、惠及民生、景观协调等方面采取的绿色小水电建设措施。完善了评价标准和管理办法，实际检验了标准体系的针对性和可操作性，证明标准总体设计合理，内容完整，切合实际，但应进一步调整部分指标及其分值，细化某些指标评价要求；管理办法应进一步提高申报和评价工作标准化程度。宣传了可持续发展理念，连续刊发的绿色小水电典型培育和评价试点报道，被多家媒体转载。引导了农村水电行业落实绿色小水电建设要求。陕西省水利厅结合典型培育和评价试点工作，出台了陕西省绿色水电建设指导意见，要求新建电站严格按照绿色水电目标要求建设，积极开展绿色水电建设及评价，力争 2020 年陕西省大部分农村水电站达到绿色水电建设要求。

（水利部农村水电及电气化发展局　何　峰）

2014 年农村水电安全监管工作情况

2014 年，农村水电安全监管水平不断提高，平安水电建设迈上新台阶。农村水电行业全年未发生重特大生产安全事故，农村水电生产安全事故死亡人数较 2013 年下降 54%，整体安全生产形势平稳向好。

（1）安全生产检查和隐患排查全面开展，事故防范成效明显。各级农村水电行业管理部门，按照水利部的部署和要求，结合当地实际，认真部署，进一步健全制度，深入组织开展农村水电安全生产大检查和隐患排查。湖北结合防汛检查召开电视电话会议进行部署，甘肃召开厅党组、厅安委会会议专题研究部署；江西出台《在建农村水电站安全生产监督检查指导意见》，重庆建立农村水电安全巡检工作制度；吉林、浙江、福建、湖南、广东、广西、四川、云南等省水利厅组成多个工作组开展安全大检查。各地结合安全大检查，扎实开展了隐患排查治理和专项整治。共排查治理一般隐患 6000 余项、重大隐患 50 余项；对排查出的安全隐患建立规范台账，落实整改措施和责任，实行“闭环”管理；通过下发整改通知书等措施，督促一般隐患限期整改，对重大隐患实行挂牌督办。各地共落实整改资金 5500 余万元，对排查出的隐患基本整改到位。

（2）安全监管全覆盖深入推进，“双主体”责任体系得到深化巩固。各地在农村水电安全监管全覆盖的基础上，继续逐站落实安全生产“双主体”责任，并将责任分解，督促电站逐级、逐岗、逐人落实安全生产责任。浙江将农村水电站行政责任人、管理责任人、直接责任人在各辖区报纸公示，省级管理电站在《浙江日报》公示；江西突出抓好“双主体”责任政府发文、媒体公示、现场公示、签订责任书等四个环节；重庆将“双主体”责任纳入“禹王杯”水利综合目标考核内容；黑龙江认真核实“双主体”责任人，调整责任人 37 人。2014 年，全国农村水电安全“双主体”责任覆盖率稳定在 99%以上。

（3）安全生产标准化建设稳步推进，安全生产水平不断提高。在各地推荐申报的基础上，水利部在湖南、广东等 26 个省份和新疆生产建设兵团启动了 1000 座安全生产标准化试点电站建设，要求 2015 年底全面完成；审核认定了 54 家一级评审机构，搭建了农村水电安全生产标准化达标评级信息管理系统。各地相应制订了省级实施办法和工作方案，认定了一批二、三级评审机构，浙江、江西两省还根据评审标准编制了标准化创建指导手册。浙江、贵州分别完成了 25 座和 13 座标准化电站的创建工作，吉林、辽宁、福建等省也有部分电站完成了创建；江西在推进全国试点的同时，选定了 8 座电站作为省级标准化示范电站，签订标准化创建合同，并从省农电管理经费中安排资金予以支持。

（4）预案编制等制度逐步完善，应急能力不断增强。各地认真做好度汛预案和应急预案的编制工作，落实抢险队伍和抢险物资，开展应急培训和演练。湖南出台《湖南省水利安全生产事故应急预案》，指导电站编制和完善事故应急预案；陕西组织编写《农村水电站安全生产应急预案编制指南》，召开全省农村水电站防汛、地震等突发事件预案编制专题会议，重点加强防汛、地震等预案的演练；贵州编制《贵州省农村水电安全生产事故应急预案》，指导全省农村水电安全事故应急处置，并建立安全生产月报和重大事故专报制度。

（5）安全教育培训规模持续扩大，安全管理能力明显提升。2014年，水利部组织开展了9期1100人次安全生产标准化宣贯和评审业务培训，将农村水电安全管理、《农村水电站技术管理规程》《农村水电站安全生产标准化达标评级实施办法（暂行）》等作为重点培训内容。各地结合实际制定培训计划，加强了各级安全管理人员和电站负责人的安全生产业务培训，并强化了特种作业人员和新员工等一线从业人员安全培训。河北、湖北、西藏、青海等10多个省份举办了农村水电安全监管和安全生产标准化培训班；山西、辽宁、浙江、福建、河南等省份还开展了标准化试点电站现场推介会，现场说法、以会代训；浙江继续开展农村水电“万名员工大轮训”，全年完成3000余人培训考核。

（水利部农村水电及电气化发展局　吕　燕）

水电新农村电气化和小水电代燃料建设项目绩效评价暂行办法

［水利部办公厅于2014年11月19日以办水电〔2014〕233号文，发布《水电新农村电气化和小水电代燃料建设项目绩效评价暂行办法》。该办法全文如下。］

水电新农村电气化和小水电代燃料建设项目绩效评价暂行办法

第一章　总　　则

第一条　为进一步加强和规范水电新农村电气化和小水电代燃料建设项目建设和资金管理，建立健全激励和约束机制，提高资金使用效益，确保工程建设质量，根据《财政部关于印发〈财政支出绩效评价管理暂行办法〉的通知》（财预〔2011〕285号）、《水电新农村电气化建设项目管理办法》和《小水电代燃料项目管理办法》（发改投资〔2012〕799号）及国家有关规定，制定本办法。

第二条　本办法所称绩效评价，是指对水电新农村电气化和小水电代燃料建设项目工作组织、建设管理、资金管理、工程验收及长效机制落实情况等运用定量、定性指标相结合的评价方法和统一的评分标准，综合评价水电新农村电气化和小水电代燃料建设项目绩效目标的实现程度。

第三条　绩效评价遵循科学、规范、公开、公平、公正的原则。

第四条　绩效评价工作按统一组织、分级实施的方式进行。实行项目单位自评，县、市级审核评价，省级复核汇总，水利部组织抽查并审定的工作程序。水利部根据审定后的绩效评价结果，采取相应奖惩措施。

第二章　绩效评价依据和内容

第五条　绩效评价工作依据：

（一）国家发展改革委、财政部、水利部颁布的相关管理制度，国家有关规程、规范、技术标准。

（二）全国水电新农村电气化规划和全国小水电代燃料工程规划，各省份批复的水电新农村电气化和小水电代燃料项目实施方案。

（三）国家发展改革委、水利部下达的投资计划文件，各省份的投资计划分解下达文件。

（四）经批准的项目初步设计文件、审查意见等。

（五）资金筹措、使用管理等有关资料和文件。

（六）项目设计、施工、监理、采购设备等过程中形成的有效文件等。

（七）项目完工验收鉴定结论和报告。

（八）其他相关资料。

第六条　绩效评价对象。绩效评价以省（区、市）为单位，对象为水电新农村电气化、小水电代燃料项目和地方水行政主管部门的管理服务。

第七条　绩效评价内容：

绩效评价内容包括地方水行政主管部门管理服务绩效评价和项目绩效评价两部分。

（一）地方水行政主管部门管理服务绩效评价主要内容。

1. 组织实施管理：组织协调情况，组织机构设置及运行情况，项目审核把关情况，建设管理、资金管理、工作责任制等制度建立与落实情况，监督检查情况。

2. 资金安排使用：中央补助资金是否及时分解下达，地方配套资金是否落实到位，项目资金安排情况是否及时报送。

3. 惠农强农措施：是否具有电气化和代燃料项目强农惠农措施，强农惠农措施是否得到有效落实等。

4. 国有资产监管：是否具有电气化项目中央补助投资和地方财政补助资金所形成的国有资产监管措施，代燃料项目是否建立健全国家投资出资人制度。

5. 长效机制建设：上网、电价、代燃料长期有效供电等长效机制建设情况。

6. 档案管理及统计：各类档案资料是否齐全完整，是否按要求及时、准确报送相关统计信息。

（二）项目绩效评价主要内容。

1. 项目效果：电站是否按设计要求建设完成，代燃料项目区是否按要求及时供电，代燃料人口、保护森林面积是够达到实施方案要求。

2. 项目建设管理：项目前期工作是否到位，建设管理"三制"是否落实；合同管理、质量管理、安全管理是否规范，统计报表是否及时准确报送。

3. 项目资金管理：项目单位财务管理制度是否健全，自筹资金是否足额及时到位，资金使用是否合规，工程款支付是否及时，财务管理是否规范等。

4. 工程进度和验收情况：工程进度是否符合要求，相关位置是否规范设置了水电新农村电气化和小水电代燃料项目标识，各项验收是否及时、规范，项目档案资料是否齐全。

5. 强农惠农效果：通过电气化建设是否促进当地农村经济和农村公益事业发展；代燃料项目实施后是否达到实施方案确定的预期效果。

第八条 绩效评价指标体系。水利部根据水电新农村电气化和小水电代燃料目标任务，结合项目建设和资金管理要求，建立水电新农村电气化和小水电代燃料项目绩效评价指标体系（具体见附件1、附件2）。

第三章 绩效评价程序

第九条 绩效评价工作按以下程序进行：

（一）项目单位应对绩效目标完成情况进行自评，按项目管理权限及时将水电新农村电气化和小水电代燃料建设项目绩效评价表（见附件1）于每年12月15日前逐级上报到省级水行政主管部门。规划周期最后一年，县级水行政主管部门在审核上述绩效评价表的基础上，编制本行政区域项目的绩效评价报告，并于当年11月底前逐级汇审上报至省级水行政主管部门。

（二）省级水行政主管部门采用现场检查、专家评审等方式，对各地上报的项目绩效表和绩效评价报告进行复核、汇总，同时对管理服务进行自评，填写地方管理服务绩效评价表（见附件2）。规划周期最后一年，省级水行政主管部门编制本省水电新农村电气化和小水电代燃料建设项目绩效评价报告（见附件3），于当年12月30日前报水利部。每年12月30日前省级水行政主管部门将每个项目的附件1、附件2和附表7报送水利部。

（三）水利部根据各地上报材料，组织抽查并审定各省（区、市）最终绩效评价结果。

第四章 绩效评价结果及运用

第十条 绩效评价实行100分制，其中：地方水行政主管部门管理服务绩效评价部分占40分，各省份得分由水利部核定；项目绩效评价部分占60分，单个项目得分原则上由本省级水行政主管部门核定，全部项目得分以项目装机容量值为权重的加权平均值核定。

省级绩效评价总得分为该省份地方管理服务绩效评价和项目绩效评价得分之和。

第十一条 出现下列情况之一的，项目绩效评价不得分：

（一）违反基本建设程序；

（二）项目建设或运行发生重大质量问题或安全事故；

（三）资金管理存在作假骗补或截留挪用等重大问题；

（四）项目绩效评价弄虚作假；

（五）未按时完成建设。

第十二条 水利部根据得分情况对各省份水电新农村电气化和小水电代燃料建设项目绩效评价结果进行认定。总得分85分及以上为优秀，60～84分为合格，60分以下或有下列情况之一的为不合格。

（一）在地方管理服务绩效评价过程中弄虚作假的；

（二）水利部抽查项目绩效评价得分比省级复核得分低20分及以上的。

第十三条 绩效评价结果与中央补助资金安排直接挂钩。

（一）对弄虚作假骗取或截留挪用补助资金的项目，全额扣回该项目中央补助资金，并按规定对有关违纪违规人员进行处理。

（二）绩效评价结果为优秀的省份，在全国范围内通报表扬，在下一年度的中央投资安排或今后的规划中给予倾斜。

（三）绩效评价结果为不合格的省份，在全国范围内通报批评，并减少或暂缓安排下一年度的中央投资。

第五章 附 则

第十四条 本办法由水利部负责解释。

第十五条 本办法自发布之日起施行。

附件：

1. 水电新农村电气化和小水电代燃料建设项目绩效评价表（略）

2. 水电新农村电气化和小水电代燃料建设地方管理服务绩效评价表（略）

3. ________省（区、市）水电新农村电气化和小水电代燃料建设项目绩效评价报告（略）

水利部办公厅关于加强水电新农村电气化和小水电代燃料项目绩效管理和责任追究的通知

［水利部办公厅于 2014 年 6 月 10 日以办水电〔2014〕113 号文下发《关于加强水电新农村电气化和代燃料项目绩效管理和责任追究的通知》。全文如下。］

各有关省、自治区、直辖市水利（水务）厅（局），新疆生产建设兵团水利局：

为进一步加强和规范水电新农村电气化和小水电代燃料项目建设和管理，健全激励和约束机制，提高资金使用效益，确保工程建设质量，根据国家发展改革委、财政部、水利部有关绩效评价、中央水利投资计划执行考核、水电新农村电气化和小水电代燃料项目管理的规定，现就电气化和代燃料项目绩效管理和责任追究有关事项通知如下：

一、开展绩效评价与考核

绩效评价包括对地方水行政主管部门管理绩效评价和项目绩效评价两部分。

（一）地方管理绩效评价主要内容。

1. 组织实施管理：组织协调情况，组织机构设置及运行情况，项目审核把关情况，建设管理、资金管理、工作责任制等制度建立与落实情况，监督检查情况。

2. 资金安排使用：中央财政补助资金是否及时分解下达，省级配套资金是否落实到位，项目资金安排情况是否及时报送。

3. 惠农强农措施：是否出台电气化和小水电代燃料项目强农惠农措施，强农惠农措施是否得到有效落实等。

4. 国有资产监管：是否出台电气化项目中央补助投资和地方财政补助资金所形成的国有资产监管措施，代燃料项目是否建立国家投资出资人制度。

5. 长效机制建设：上网、电价、代燃料长期有效供电协议等长效机制建设情况。

6. 档案管理及统计：各类档案资料是否齐全完整，是否按要求及时、准确报送相关统计信息。

（二）项目绩效评价主要内容。

1. 项目效果：电站是否按设计要求建设完成，代燃料项目区是否按要求供电，保护森林面积是否达到实施方案要求。

2. 项目建设管理：项目前期工作是否到位，建设管理“三制”是否落实；合同管理、质量管理、安全管理是否规范，统计报表是否及时准确报送。

3. 项目资金管理：项目单位财务管理制度是否健全，自筹资金是否足额及时到位，资金使用是否合规，工程款支付是否及时，财务管理是否规范等。

4. 工程进度和验收情况：工程进度是否符合要求，各项验收是否及时、规范，项目档案资料是否齐全。

5. 强农惠农效果：通过电气化建设是否促进当地农村经济和农村公益事业发展，代燃料项目是否有效保护当地森林和植被。

绩效评价由省级水行政主管部门负责，可采用现场检查、专家评审等方式，每年开展对自身管理情况的自评和对地方管理的绩效评价，项目竣工验收后开展对项目的绩效评价，于每年 12 月 30 日前报送评价报告，水利部每年根据情况组织进行抽查。具体绩效评价办法另行制定。

二、加强中央水利投资计划执行情况考核

按照水利部印发的《中央水利投资计划执行考核办法（试行）的通知》（水规计〔2012〕511 号），对水电新农村电气化和小水电代燃料项目计划管理情况进行严格考核和评分。

（一）考核实行定期进度考核与年度综合考核相结合。定期进度考核每年两次，其中 9 月底重点考核投资计划分解下达和中央资金到位情况，12 月底重点考核省级配套资金到位和投资计划完成情况；年度综合考核每年一次，考核时间为次年 3 月底，重点考核投资计划完成和日常管理情况。

（二）依据定期进度考核和年度综合考核结果采取必要的奖惩措施。水利部对被考核单位中央投资计划执行进度考核情况进行通报，对定期考核结果较差的省份，水利部组织对其进行督导或约谈；对年度综合考核结果不合格的省份在全国范围通报批评；对年度综合考核结果为优良的省份在全国范围通报表扬。同时，考核结果还将作为项目前期工作和投资计划安排建议的重要依据。

三、加强责任落实和追究

（一）加强组织领导，按照分级管理的原则，层层分解落实责任。各级水行政主管部门要切实加强水电新农村电气化县和小水电代燃料项目监管，完善规章制度，健全体制机制，按照项目进度拨付资金，确保专款专用；项目法人要切实履行主体责任，确保工程建设进度、质量与安全，严格资金使用和管理。每年 1 月 31 日前省级水行政主管部门要向水利部报送上一年度的工程建设形象进度、配套资金落实和项目投资完成情况，项目每年投资计划分解文件和项目验收报告要报水利部备案。

（二）对违反规定和存在问题的，要责令限期整改，对未整改或整改不到位的，将调减或暂缓下达该地区下年度项目投资计划，造成国有投资损失等问题的要追究相关责任人和单位的责任。

水利部办公厅关于开展农村水电站安全生产标准化试点工作的通知

办水电〔2014〕50号

根据水利部印发的《农村水电站安全生产标准化达标评级实施办法（暂行）》（水电〔2013〕379号，以下简称《实施办法》）精神，决定2014～2015年在全国开展1000座电站安全生产标准化建设试点并达标评级，为农村水电运行管理标准化和安全生产标准化提供示范。现将有关事项通知如下：

一、工作内容

（一）积极推进运行管理标准化建设。各地要加强对水利行业标准《农村水电站技术管理规程》（SL 529—2011）的宣贯培训，指导已建农村水电站实现运行管理标准化，新建和改造电站要同步推进运行管理标准化建设，中央投资补助的水电新农村电气化、小水电代燃料、增效扩容改造等项目，有条件的要把运行管理标准化建设要求纳入验收范围，同步提升运行管理水平。

（二）开展安全生产标准化建设试点。在积极推进运行管理标准化建设基础上，按照电站业主自愿原则，请各地参照《实施办法》规定的条件，选取已落实“双主体”责任、运行管理和安全生产工作基础好的电站，开展全国农村水电安全生产标准化试点；并可同时根据当地实际情况，选取一定数量的电站同步开展本地区试点。试点电站应对照《实施办法》规定的各项评审内容，完善制度，落实责任，构建机制，加强管理，确保按期完成安全生产标准化建设。

（三）组织试点电站开展达标评级。在试点电站完成安全生产标准化建设各项工作基础上，请各地按照《实施办法》明确的分级评审原则和要求，组织电站业主和评审机构，做好相应的外部评审、审定和公示公告等工作，完成试点电站达标评级。

二、工作安排

（一）做好基础工作。各地可根据《实施办法》，结合实际出台农村水电站安全生产标准化二级、三级单位评审细则，可适当简化1000kW以下电站评审环节，细化二级、三级评审机构条件。

（二）选好试点电站。各地要按照自愿与推荐相结合的原则，选择好符合条件的电站，并填写“农村水电站安全生产标准化试点电站基本情况表”（见附件），由各省水行政主管部门汇总后，于2014年4月30日前报水利部。我部将根据推荐情况，综合平衡，最终确定全国试点电站名单。

（三）开展达标评级。各地要按照水利部确定的试点电站名单，组织好试点建设，并根据试点电站运行管理标准化和安全生产标准化建设情况，开展达标评级，确保2015年底前全国建成1000座安全生产标准化达标电站。

三、工作要求

（一）加强组织领导。安全生产标准化建设是落实农村水电站安全生产主体责任、强化农村水电站安全生产基础建设的有效载体。各级水行政主管部门要高度重视农村水电站安全生产标准化建设工作，加强组织领导，细化工作方案，认真做好试点示范工作。

（二）突出工作重点。各地要将中央投资补助的水电新农村电气化、小水电代燃料、增效扩容改造电站，作为安全生产标准化达标评级试点的重点，率先开展安全生产标准化建设并达标。

（三）强化工作指导。各地要切实加强对电站试点建设的指导，充分发挥政府部门、电站业主和市场各方的积极作用，推动试点电站搞好标准化建设并达标评级，为全面推进农村水电站安全生产标准化建设奠定良好基础。

附件：农村水电站安全生产标准化建设试点推荐电站基本情况表（略）

四川省人民政府办公厅关于推动我省水电科学开发的指导意见

（川办发〔2014〕99号）

各市（州）、县（市、区）人民政府，省政府各部门、各直属机构，有关单位：

四川是水能资源大省，近年来水电开发取得很大成绩，走在全国前列，有力地推动了全省经济社会发展，但在环境保护、生态补偿、资源开发利益共享等方面还存在一些矛盾和问题。为加强水电开发管理，推进我省水电科学开发，经省政府同意，现提出如下意见。

一、进一步明确水电开发的总体要求

（一）基本思路。按照省委十届三次全会确定的

“坚持水电为主”的能源开发方针和把四川建设成为国家重要的优质清洁能源基地的目标要求，始终把水电开发摆在我省能源建设的优先位置。牢固树立科学开发理念，坚持规划引导、统筹协调、投资多元、有序开发；坚持尊重自然、顺应自然、保护自然，促进水电开发与环境保护协调发展；坚持电源与电网协调发展，适度超前电网建设，有力保障水电消纳；坚持水电开发与促进当地经济社会发展、提高人民群众生活水平相结合，更加重视维护资源所在地和群众利益，实现“开发一方资源，带活一方经济，富裕一方百姓”。

（二）发展目标。按照“流域化、基地化、集群化”的总体思路，加快建设金沙江、雅砻江、大渡河“三江”水电基地，有序推进阿坝东部、阿坝北部、绵阳、甘孜中东部、甘孜南部、凉山、雅安等7个资源集中区域水电集群发展，积极打造嘉陵江、岷江中下游2个电航通道，形成“三江七片两线”的水电基地基本格局。到2015年底，全省水电装机容量达到6700万～7000万kW，2020年达到9000万～9500万kW，建成全国重要的水电基地。

（三）重点任务。继续加快在建大中型水电站建设，实现按期投产；突出抓好龙头调节水库建设，有效解决电力结构性矛盾；科学合理、严格控制小水电开发。根据规划建设时序安排，在做好环境保护和移民工作的前提下，2020年前开工建设一批大中型水电项目和电网重大工程，主要包括：金沙江下游乌东德、白鹤滩，金沙江上游苏洼龙、叶巴滩，雅砻江杨房沟、孟底沟、牙根一级、牙根二级、卡拉，大渡河双江口及金川水电站，乌东德、白鹤滩水电站及雅砻江中游两河口等水电站送出工程。2020年前投产一批大中型水电项目，主要包括：金沙江下游乌东德，雅砻江桐子林、两河口、牙根一级、牙根二级、杨房沟，大渡河双江口、金川、猴子岩、长河坝、黄金坪、大岗山、枕头坝一级、沙坪二级水电站及上述电站送出工程。

二、进一步加强水电科学开发管理

（一）严格水电规划和项目审批。坚持先规划后开发的原则，严格河流水电规划，严格控制生态敏感区域的水电开发。贯彻执行政府核准投资项目管理办法和审批程序，认真落实项目用地、规划选址、环境保护、水土保持、涉水事务、移民安置、地质灾害评估、地震安全性评价、矿产、文物及社会稳定风险评估等相关规定。贯彻执行《四川省人民政府办公厅关于加强2.5万kW以下小水电工程开发建设管理的意见》（川办发〔2012〕3号），科学合理、严格控制小水电开发，除无电地区且电网不能覆盖的，在保护生态环境的前提下，可适度开发小水电外，其他地区原则上不再建设小水电。制订出台配套措施，妥善解决小水电历史遗留问题。

（二）加大环境保护工作力度。统筹考虑经济、社会、生态效益，坚持把生态环境保护放在更加重要的位置，推动水电在保护中开发、在开发中保护。贯彻执行环境保护部、国家能源局《关于深化落实水电开发生态环境保护措施的通知》（环发〔2014〕65号）及相关法规，坚持“生态优先、统筹考虑、适度开发、确保底线”的原则，加强河流多目标综合利用开发的统筹协调。加强水电建设“三同时”环境管理，确保生态环境保护措施落到实处。依法加强水电项目建设期和运行期环境监管，改进监管方式，加快推行下泄生态流量远程联网监控。组建由环境保护厅牵头，四川省发展改革委（省能源局）、水利厅、农业厅、四川省能源监管办参加的联合执法组，在每年枯水季节期间开展水电站生态流量及环境保护检查。

（三）切实做好移民工作。贯彻执行《大中型水利水电工程建设征地补偿和移民安置条例》（国务院令第471号）和《四川省〈大中型水利水电工程建设征地补偿和移民安置条例〉实施办法》（四川省政府令第268号）。发挥移民安置规划指导作用，积极探索创新农村移民“社会保障安置”“逐年货币补偿安置”等安置模式，研究探索符合民族地区水电移民工作特点的政策措施。做好移民后期扶持工作，研究建立水电移民后续发展专项基金，加快实施库区和安置区基础设施建设，逐步解决遗留问题，增强自我发展能力。

（四）扎实开展地质灾害防治。贯彻执行《地质灾害防治条例》（国务院令第394号），加大地质灾害危险性评估工作责任追究力度。全面落实地方政府监管责任，强化项目法人主体责任，督促施工单位履行具体责任，开展地质灾害危险性评估，科学选址施工现场、生活营地等，相关各方共同做好防灾工作。

（五）加强质量监督和安全监管。贯彻执行《建设工程质量管理条例》（国务院令第279号）和《建设工程安全生产管理条例》（国务院令第393号）、《国家能源局关于印发水电工程质量监督管理规定和水电工程安全鉴定管理办法的通知》（国能新能〔2013〕104号），强化各级政府工程质量监督和安全监管职责，督促项目法人、设计、监理及施工单位落实质量和安全管理的各项规定和措施，确保水电工程质量安全。

三、进一步强化水电开发保障措施

（一）完善政策支持体系。贯彻落实党的十八届三中全会和国家能源委员会第一次会议精神，积极争取国家在我省开展水电开发体制机制创新试点，探索税收分配、电量留存、移民安置、资源补偿等方面的政策措施，不断完善水电开发政策体系。

（二）健全工作机制。完善水电开发建设管理协调机制，强化部门协同和上下联动，形成工作合力，共同研究解决水电科学开发中的重大问题。对纳入重点任务的水电项目，相关部门要指导协调项目业主抓紧开展工作，进一步优化行政审批程序，改进服务方式，提高行政效率，为水电项目开工建设创造良好环境。

（三）强化责任落实。各地、各相关部门要高度重视水电科学开发工作，加强组织领导，落实责任分工，科学制订具体落实措施和工作方案。省发展改革委（省能源局）要发挥综合协调作用，及时协调水电开发中的问题和矛盾，提出解决办法和措施。国土资源、环境保护、交通运输、水利、林业、农业、扶贫移民等相关部门要按照职能分工，密切配合，加强与对口国家部委的汇报衔接，扎实做好相关工作，确保取得实效。

四川省人民政府办公厅

2014年12月3日

陕西省绿色水电建设指导意见

［陕西省水利厅于2014年7月16日以陕水电发〔2014〕10号文，印发《陕西省绿色水电建设指导意见》。该意见全文如下。］

陕西省绿色水电建设指导意见

为贯彻落实党的十八大、十八届三中全会精神、中央及我省关于加快水利改革发展的决策部署，减少农村水电建设、运行中对河流生态的影响，维护河流健康生命，加快水生态文明建设，现就推进全省绿色水电建设工作提出如下意见：

一、推进绿色水电建设的重要性和紧迫性

我省在建及已建电站700余处，总装机容量已达160万kW，年发电能力48亿kW·h，已成为我省重要的可再生能源，为节能减排做出了积极贡献。但也存在部分电站不按要求泄放生态流量，造成河道减水脱流等问题，对生态环境造成了一定的影响。农村水电因此也为社会所诟病，成为媒体报道的焦点，人大代表、政协委员两会期间的热点，有关信访、提案、议案达到了10余件。我省岚河水电开发被多家媒体两次集中报道，引起了中央、省政府主要领导的重视，安康市政府因屡被报道而决定不再开发水电。这些问题不但严重影响了行业发展，也影响了水利行业形象。

“绿色水电”是指通过有效的规划、设计、建设和运行管理措施，将水电工程对生态环境的负面影响降至最低程度，使河流生态系统的结构和功能处于良好状态，达到相应技术要求的水电站，称为绿色水电。绿色水电是我省农村水电努力的方向和要达到的目标，是保障国家南水北调中线及我省南水北调工程水源地安全，是实现山青、水绿、景美，是建立水生态文明和美丽陕西的迫切需要。各地要牢固树立生态优先意识，高度认识推进绿色水电建设工作的重要性和紧迫性，摆在突出的位置，纳入重要的议事日程，采取有力的措施，切实抓紧抓好。

二、基本原则和主要目标

坚持人水和谐，生态优先，统筹兼顾，技术、经济、法律手段并重的基本原则，加强管理，科学规划、技术支撑、政策引导、完善法规、强化监管，多措并举，并逐步建立起长效机制。

新建电站严格按照绿色水电的目标及要求来建设，引导已成电站积极开展绿色水电创建及评价工作。到2020年，绿色水电的理念深入人心，绿色水电技术、政策、法制体系基本健全，大部分农村水电站环境优美、管理规范，社会和谐、基本达到绿色水电的要求，实现社会经济效益与生态效益相统一。

三、加强资源管理

（一）划定生态红线。合理确定开发区域、开发程度，确定重点开发、限制开发和禁止开发的区域，划定生态红线。秦岭海拔2600m以上、自然保护区、水生野生动物保护区、森林公园等区域禁止开发。

（二）明确开发原则

1. 优先开发综合利用水利工程附属电站及利用原有水利工程功能改变或挖潜改造的水电站。

2. 优先规划和开发梯级龙头水电站，增强水资源调控能力，提高资源利用效率及流域开发整体效益。

3. 优先规划和开发具有旅游、生态等功能的水电站，实现水电站更多社会功能。

4. 水电开发应优先考虑已经开发的流域，对尚未开发且可开发容量较小的河流应暂缓开发。适当减少规模较小的、引水距离较长的、造成人口集中区减水的径流式水电站。鼓励建设开发条件较好的分布式发电水电站。

5. 减少跨流域调水水电站开发。

（三）发挥规划作用

按照“十八大”精神，根据水生态文明建设的要求，按照新思路、新要求制定突出生态的水电开发规划，对已开发的流域、水电站进行评价，研究对环境影响较大水电站退出的问题。统筹考虑干支流、上下游的水电开发与生态保护问题，做好干流开发和支流开发规划的有机衔接。

没有规划依据的河流一律不开发，对未列入规划或不符合规划的项目，一律不予审批或核准，增强规划的权威性、约束性。

（四）明确资源出让的前置条件。没有规划依据，不得出让资源。在出让中应以契约的形式明确开发商必须下泄生态流量、服从防汛、抗旱统一调度等社会责任和义务，明确违约责任。明确对因已规划远期将实施的防洪、灌溉等公益性项目，其建设、运行对水电站造成的损失将不予补偿，保障生产、生活、生态用水和可持续发展要求。

四、绿色水电技术措施

（五）准确把握最小下泄流量的定义及标准

1. 最小下泄流量是指为满足维持区域河道的基本生态功能、群众生产生活及其他用水需求，需由水电站枢纽下泄的最小临界流量。包括河道生态基流、群众生产生活及其他用水需求。

2. 最小下泄流量标准及确定原则。陕水电发〔2007〕6号规定，生态基流一般不应小于坝址控制断面多年平均流量的10%（当多年平均流量大于$80m^3/s$时按5%取用）。不能一刀切均按10%执行，而使取值简单化，缺乏科学性。应根据地域差别、河流特性、生态功能及水生动植物保护要求，按照《建设项目水资源论证导则》及有关规程、规定，采用水文学法（Tennant、7Q10、10年最枯月平均流量）、水力学法、栖息地评价法等不同方法科学分析论证。对有景观等要求的，可按最小水深控制。总之，无论按何种方法计算，生态基流坚持取大不取小的原则，不能低于断面多年平均流量的10%，并随季节有所调整。既要满足最小生态需水量，也要满足敏感期最小生态需水量。既要满足量的要求，也要逐步满足自然水文过程的要求。

坝址断面最小下泄流量要与环境影响评价报告、水资源论证、河道治理等批复中确定的流量要求相协调，坚持取大不取小。不允许以区间支流作为坝址断面生态流量的一部分，而变相减少坝址应下泄的流量。

（六）科学确定工程任务及开发方式

1. 根据当地经济社会发展预测及规划，工程任务除水力发电外，可能的情况下适当承担供水、防洪等任务。

2. 对移民、淹没处理难度大的电站，调整开发方式，减少移民及淹没。减水引支入干（引干入支）、区间引水等多枢纽引水式开发。严禁下一级进水口紧接上一级尾水的开发方式，保留充足和必要的天然河段，防止“吃干榨尽”式的开发。梯级之间合理进行水位衔接，减少水事纠纷。

3. 动能计算、确定装机规模及电能指标，必须扣除最小下泄流量。经济评价按扣除后的电量进行，不经济则不建，不能为工程上马而牺牲生态流量。适当降低设计保证率，扩大装机规模，合理利用丰水期电能，降低枯水期发电所占比重。装机方案及机组选型应充分考虑枯水期扣除生态流量后的运行问题，调节能力较小的新建坝后（河床式）电站可以大小机结合，保证一台机组能常年运行。高坝可设计坝后生态流量小机组，有条件时可采用微型整装机组。

4. 梯级电站统筹考虑。梯级电站在规划、设计、施工上统一规划，综合利用。上下游电站防洪、导流、水能计算统一考虑，机组流量匹配。送出工程、临时工程、料场、施工道路、施工设备、管理设施统一考虑，实现节约投资，减少对环境的影响。

（七）落实流量下泄的工程措施

1. 生态流量泄（放）水设施的结构型式、尺寸规模应由有关设计单位遵循因地制宜、安全可靠、技术先进合理、经济适用的原则，参照有关规程规范，计算分析后确定。

2. 低坝引水首选在大坝埋设无节制措施的放水管。坝后（河床式）电站可以设有节制措施的放水管，在机组检修、蓄水时下泄流量。设置鱼道的，鱼道可兼做生态放水设施。

3. 工程设施应注意防止泥沙淤积，应设置于淤积高程以上，与进水口设置于同一侧，并尽量靠近冲沙设施。水头较高时，还应考虑泄水对下游岸坡冲刷、雾化等不利影响。

4. 要求放水设施在死水位条件下，下泄流量不小于要求的最小生态流量。

（八）优化技术方案，重视建筑物的景观设计。技术方案决定上，在经济合理情况下，如能用闸坝少用自由溢流坝，降低淤积基准面，尽量减少对河流形态的改变；能用竖井（斜井）少用明管，尽量减少开挖对山体及植被的破坏。隧洞弃渣要考虑作为建筑材料的重新利用，减少对河道影响。在满足适用、安全、经济的基础上，合理优化水工建筑物的布置和造型，并适当加以装饰设计，使其在景观上起到美化环境的作用，实现建一处电站添一处景观。

（九）实行有利于生态保护的运行方式，加强流域梯级水电站协调。当来流量小于最小下泄流量时，全部下泄不发电。对引支入干或引干入支多枢纽引水的水电站，在枯水期（11月至次年3月）次引水枢纽不引水或少引水。库容较大的水库电站初期蓄水应选择合理时机及方案，运行期应实行生态调度模式。针对我省多泥沙河流的实际，根据分界流量、造床流量确定运行方式，控制泥沙淤积，尽量减少水库末端淤积上延及对河势的改变。

加强水电站厂内及梯级水电站优化调度，强化上下游在发电、生态、灌溉、供水等方面的协作，加强流域水能资源统一管理，提高资源利用率。梯级电站统筹考虑下泄生态流量，发挥调蓄能力，各水库可分别承担调节、反调节功能，确保下游任何时段不断流。

（十）加强水质保护。电站生活区不设排污口，安装小型污水处理设施。废油进行收集处理，不得排入河道。水产养殖不能影响水质。做好突发情况引起水质污染的应急预案。

（十一）加强水生野生动物保护。重视水电开发与水生野生动物保护的协调，不审查在国家及我省划定的自然保护区、水生野生动物保护区域内的水电项目，其他项目应充分考虑电站建设对生物的影响。要求建立的鱼类增殖放流站、过鱼道及渔业资源补偿等措施，必须在电站投运前完成和投入使用。对有降河洄游鱼类可能通过水轮机的，要采取拦鱼措施尽量减少通过的几率，并采用对鱼类影响小的水轮机。开机或泄洪，先小流量示警，利于鱼类躲避。渐次关闸，防止鱼类被搁浅。在鱼类繁殖期，尽量根据鱼类生殖规律，采用有利于鱼类繁殖的调度运行方式。

（十二）不断提高运行管理水平。按照《陕西省农村水电站安全标准化技术指南》全面推进运行及安全生产标准化管理，按照《陕西省农村水电站安全标准化评级实施细则》积极开展达标评级。增效扩容改造、水电农村电气化县、小水电代燃料等凡国家投资的项目应率先实现并达标。引导农村水电企业完善现代企业制度，逐步实现集约化管理，不断提高经济效益。

五、严把建设关口

新建水电工程，对水能计算未扣除生态流量，水工部分未设计放水设施，运行方式不科学的设计报告一律不予审查通过。建设阶段未按设计及审批要求建设放水设施的，不严格执行放水设施“三同时”的，移民安置不妥当，环评、水保及移民专项未验收通过的项目，一律不予竣工验收。

六、加强监督检查

（十三）按照管理权限，核定各站下泄流量标准，并挂牌公示。生态流量不只是环境问题，而主要是水资源优化配置问题，是各级水利部门责无旁贷的责任。根据河段生态用水需要，核定各站应下泄的流量标准，明确下泄的工程措施，并进行公示，作为管理的重要依据。安康市要求全市所有电站生态流量下泄进行挂牌公示，明确了各站坝址多年平均流量、应下泄的生态流量及下泄的工程设施，起到了积极的效果。

（十四）加强监管的技术手段。发挥目前新建水电站设备及技术较先进的优势，充分结合和利用当前的水利信息化平台、防汛非工程措施等，可以采取大坝生态流量影像或数据—光纤—厂房—租用公网—各级水行政主管部门的方式，逐步建立全省生态流量在线监测系统，实现生态管理的信息化，将其作为我省“现代水电”建设的重要内容。对今后新建电站，将生态流量监测系统与水情测报系统结合，纳入主体工程设计之中。

（十五）加快立法，加强执法，依法监管。落实《陕西省实施〈中华人民共和国水法〉办法》，各地开展相关立法，明确河流生态需水相关规定、标准、处罚措施，将生态需水保障纳入法制轨道，使有法可依，依法管理。不定期督促检查，对未按标准下泄生态流量的水电站，依法处罚。

七、注重发挥更多社会功能

（十六）有条件的水电站，积极建设为水利风景区。利用水库形成的水面景观，因地制宜，适度建设亲水平台、野外露营地等，使之成为居民休闲的好去处。积极争取建设为水利风景区、湿地公园等，体现河流自然美学价值和文化功能。

（十七）积极在防洪、灌溉、供水等方面发挥重大作用，努力提供公共服务项目。石泉县胡家湾、鹅项颈、筷子铺等水电站在建设中预留灌溉设施，为群众无偿灌溉。宁强二郎坝水电站以 0.08 元/m^3 的水价给宁强县城供水，以 0.35 元/(kW·h)的低价给当地 1700 多名群众优惠供电。具备条件的，鼓励开展科普、工业旅游。加强与大专院校、科研院所联系，产学研结合，承担科研、实验、人才培养等任务。鼓励各站力所能及地提供公共照明、架桥修路、应急供电、改善村容等公共服务。

（十八）引导电站积极反哺社会。发挥行业协会的自律作用，增强民间投资业主的生态意识，改变片面追求利润最大化的现状，监督和引导水电企业履行其社会责任，处理好水电开发与当地经济、与周边群众的关系。捐资助学，扶危济困，反哺社会，反哺群众，化解矛盾，提升行业整体形象。

八、加强政策引导

（十九）积极争取提高农村水电站上网电价，提高效益，减少下泄生态流量的阻力。保证电站能正常经营的前提下，按照十八届三中全会实行资源有偿使用和生态补偿制度的要求，或采取非汛期不发电、少发电等多种方式进行生态补偿。

（二十）研究激励机制，通过价格等杠杆，促进绿色水电建设。按照水利部的安排部署，积极组织开展绿色水电评价工作，使已成电站尽快达到“绿色水电”的标准。对达到绿色水电标准的电站，在电价、国家扶持资金、考核等方面给予大力倾斜。

（二十一）逐步开展河流生态修复工作。积极争取有关资金，开展河流生态修复规划编制工作，通过建设新型丁坝、人工浮岛、池塘、草坪、花圃及景观建筑等一定的工程及调度等非工程措施，进行河流生态修复，使恢复到一种较为自然的状态。结合增效扩容改造等，努力建设花园式电站。

浙江省物价局关于完善小水电上网电价政策有关事项的通知

[浙江省物价局于2014年6月30日以浙价资〔2014〕150号文，下发关于完善小水电上网电价政策有关事项的通知，全文如下。]

为引导小水电产业健康发展，根据《浙江省可再生能源开发利用促进条例》《国家发展改革委关于完善水电上网电价形成机制的通知》(发改价格〔2014〕61号）等规定，经研究，决定完善我省现行小水电上网电价政策。现将有关事项通知如下：

一、按投产时间段分类制定小水电上网电价

全省小水电按投产时间段分三类分别制定上网电价。具体为：

1993年及以前投产的上网电价为0.43元/(kW·h)(含税，下同)；

1994～2005年投产的上网电价为0.46元/(kW·h)；

2006年及以后投产的上网电价为0.48元/(kW·h)。

同一家小水电站中有不同投产时间段发电机组，其综合上网电价按各投产时间段发电机组装机容量和相应上网电价水平加权平均确定。

二、按投产时间段制定全省统一的峰谷电价

根据“鼓励调峰、限制径流”的原则制定小水电峰谷电价。除个别容量较大以及水库蓄水主要服务于生态环境不能自主调节的水电站外，全省小水电站原则上都执行峰谷电价。上网峰谷时段划分：高峰时段为8：00～22：00；低谷时段为22：00～次日8：00。

具体峰谷电价水平如下：

浙江省小水电峰谷电价表

单位：元/(kW·h)(含税)

投产时间段	平均电价	峰电价	谷电价
1993年及以前投产	0.43	0.533	0.213
1994—2005年投产	0.46	0.570	0.228
2006年及以后投产	0.48	0.595	0.238

三、明确报废重建与技术改造小水电站上网电价政策

报废重建的小水电站，按报废重建完成时间对应的上网电价水平执行。

技术改造容量增加的小水电站，其综合上网电价按改造前的装机容量及对应的上网电价和改造完成后增加的容量及改造完成时间对应的上网电价加权平均确定。

小水电站报废重建或技术改造的认定，以有审批权限的发改、水利等部门批复的项目核准或可行性研究报告为准。

四、进一步规范线损考核

小水电上网过程中线损计算严格以产权分界点为依据，产权分界点与计量装置之间的线损计算，按电压等级、单位线损以及产权分界点与计量装置之间的线路长度确定。具体标准为：1～10kV线路每公里0.3%，35kV及以上线路每公里0.1%，线损累计最高不得超过5%，不足1km按1km计算。各市、县(市、区）现行线损计收标准低于本标准的，不得提高。

五、鼓励通过竞争方式确定小水电上网电价

各地要创造条件逐步实行由市场竞争形成电价的机制。具备条件的地区，可探索通过招标等竞争方式确定水电项目业主和上网电价，但通过竞争方式形成的上网电价不得高于上述省定上网电价。

六、小水电上网电价审核确认权限

地市级电力企业收购电量的小水电上网电价，单机容量在1000kW及以上的，由市价格主管部门报省物价局审核确认；其余小水电及县级电力企业收购电量的小水电上网电价，由市价格主管部门按上述规定审核确认，并抄报省物价局。

七、执行时间及有关事项

以上规定自2014年8月1日起执行。《浙江省物价局、浙江省电力局关于小水电上网价有关问题的通知》(浙价工〔1999〕413号)、《浙江省物价局、浙江省计划与经济委员会、浙江省电力工业局关于地方公用电厂上网电价及有关事项的通知》(浙价工〔2000〕201号)、《浙江省物价局、浙江省经济贸易委员会、浙江省电力工业局关于地方公用小水电上网电价执行中若干问题的通知》(浙价工〔2000〕242号)、《浙江省物价局、浙江省经济贸易委员会、浙江省电力工业局关于欠发达地区地方公用小水电上网电价有关事项的通知》(浙价商〔2001〕354号)、《浙江省物价局、浙江省电力工业局关于调整地方公用电厂最高上网电价等有关事项的通知》(浙价商〔2003〕159号)、《关于地方公用小水电上网电价有关事项的通知》(浙价商〔2004〕269号)、《关于调整非省统调地方公用水力发电机组最高上网电价等事项的通知》（浙价商〔2005〕106号）、《关于衢州市地方公用小水电上网电价的批复》(浙价商〔2005〕239号)、《浙江省物价局关于衢州市地方公用水力发电机组试行峰谷电价的批复》（浙价商〔2007〕62号)、《浙江省物价局关于衢州市非省统调公用水力发电机组上网电量实行峰谷电价的批复》(浙价商〔2008〕324号)、《浙江省物价局关于调整非省统调公用水力发电机组最高上网电价等事项的通知》(浙价资〔2011〕385号）同时废止。

广东省水利厅关于农村水电站安全生产标准化达标评级的实施细则（暂行）

粤水农电〔2014〕33号

第一章 总 则

第一条 为进一步落实农村水电站安全生产主体责任，规范农村水电站安全生产标准化建设达标评级工作，根据《国务院安委会关于深入开展企业安全生产标准化建设的指导意见》（安委〔2011〕4号）和《水利部关于印发农村水电站安全生产标准化达标评级实施办法（暂行）的通知》(水电〔2013〕379号)，结合我省农村水电行业实际，制定本细则。

第二条 本细则适用于本省行政区域内已投入运行单站装机容量1000kW（含）以上及50000kW（含）以下水电站的安全生产标准化二、三级达标评级，一级达标评级按照水利部《农村水电站安全生产标准化达标评级实施办法（暂行)》执行。

单站装机容量1000kW以下的水电站暂不参加安全生产标准化评级，但应按照《广东省小水电站定期检验管理暂行办法》开展工作，确保工程安全。

第三条 农村水电站企事业单位是安全生产标准化建设工作的责任主体，应建立安全生产标准化管理责任体系，明确专人负责安全生产标准化工作。

第四条 农村水电站安全生产标准化评审项目包括：安全生产目标、组织机构和职责、安全生产投入、法律法规与安全管理制度、教育培训、生产设备设施、作业安全、隐患排查和治理、重大危险源监控、职业健康、应急救援、事故报告及调查处理、绩效评定和持续改进等13类。

生产设备设施、作业安全、隐患排查和治理、事故报告及调查处理等4类评审项目中设置否决项。

第五条 安全生产标准化等级是体现农村水电站安全生产管理水平的重要标志，是考核、表彰、信用评级以及市场竞争能力评价的重要参考依据。

第二章 评 级 管 理

第六条 农村水电站安全生产标准化二、三级评级依据《广东省农村水电站安全生产标准化评审标准》（以下简称《评审标准》，见附件1）进行评分，评审得分=(实得分/应得分)×100。其中，实得分为评分项目实际得分之和，应得分为对应评分项目的标准分值之和。

第七条 依据评审得分，农村水电站安全生产标准化二、三级分级标准如下：

二级：评审得分大于等于75分；

三级：评审得分小于75分、大于等于65分；

评审得分小于65分或存在否决项的，为不达标。

第八条 广东省水利行业安全生产标准化建设工作领导小组负责全省农村水电站安全生产标准化建设的指导和监督，具体工作由水利厅农村机电局承担。各级水行政主管部门负责辖区内农村水电站安全生产标准化的指导和监督工作。

第九条 广东省水利厅依法确定的社会组织承担全省农村水电站安全生产标准化二、三级的达标评级工作。

第十条 农村水电站安全生产标准化达标评级主要包括单位自评、外部评审、审定评级等环节。

第三章 单 位 自 评

第十一条 申请安全生产标准化达标评级的农村水电站企事业单位应当具备以下基本条件：

（一）企业营业执照或事业单位法人证书合法有效；

（二）坝高15m以上或库容100万m^3以上水库大坝按规定注册登记；

（三）按照《农村水电站技术管理规程》(SL 529—2011）实施技术管理；

（四）评审前一年内未发生人身死亡的生产安全责任事故、较大以上电力设备事故或发生事故后已按“四不放过”原则完成处理，未发生对社会造成重大不良影响的安全生产事件；

（五）近3年内无违反安全生产法律法规行为。

第十二条 农村水电站企事业单位应按照本细则要求，组织开展安全生产标准化建设，自主开展等级评定，并形成自评报告（格式见附件2)。

农村水电站企事业单位在策划、实施安全生产标准化工作和自主开展安全生产标准化等级评定时，可以聘请专业技术咨询机构提供支持。

第十三条 自评报告应包括以下主要内容：

（一）单位概况；
（二）安全生产管理状况；
（三）基本条件的符合情况；
（四）自主评定工作开展情况；
（五）安全生产标准化自评打分表；
（六）发现的主要问题、整改计划和措施、整改完成情况；
（七）自主评定结果。

第四章　外　部　评　审

第十四条　农村水电企事业单位完成自评，整改结果符合要求后，委托符合相应资质等级要求的评审机构进行外部评审。

第十五条　外部评审工作按照以下程序进行：
（一）召开工作会议，明确评审依据、范围、程序、方法和分工等内容；
（二）听取农村水电站企事业单位开展安全生产标准化达标创建和自评工作情况汇报；
（三）对照评审标准，现场查看、查证、质询，形成评审记录，提出整改意见和建议；
（四）召开总结会议，通报评审情况，反馈评审结论。

第十六条　评审机构外部评审工作应在30日内完成（不含被评审单位整改时间），并在评审工作结束后15个工作日内向被评审单位出具评审报告。

评审报告应包括以下主要内容：
（一）单位概况；
（二）安全生产管理及绩效；
（三）评审情况、得分情况、评审打分表（作为附件）；
（四）存在的主要问题及整改建议；
（五）推荐性评审意见；
（六）现场评审人员组成及分工。

第十七条　受委托的评审机构应组成评审组，开展现场评审工作，评审组不少于5人（一般不多于7人），其中评审专家不少于3人。可指定一名评审专家担任评审组长。评审机构、专家与被评审单位存在利害关系的，应当回避。

第十八条　评审所需费用根据评审工作量等实际情况，参照国家相关收费标准，由承担评审的机构与委托单位双方协商，合理确定。

第五章　审　定　评　级

第十九条　完成外部评审工作的农村水电站企事业单位经有管辖权的水行政主管部门提出意见后，向评审组织单位提出审定评级申请。

第二十条　农村水电站企事业单位申请二级、三级安全生产标准化等级审核和审定，应提交下列纸质申请材料一式3份：
（一）申请表；
（二）自评报告；
（三）评审报告。

第二十一条　审核主要内容：
（一）申请单位是否符合申请条件；
（二）申请材料是否完整（营业执照、申请表、自评报告、评审报告等）；
（三）评审机构和现场评审人员是否符合要求；
（四）评审程序和现场评审是否符合规范；
（五）评审报告是否客观、公正、真实、完整；
（六）自评及评审中发现的主要问题的整改落实情况；
（七）是否存在否决条件；
（八）申请级别是否符合规定。

第二十二条　评审组织单位认为必要时，可组织对申请单位、评审机构进行现场核查。现场核查发现自评报告、评审报告等与实际情况、有关要求不符时，按照本办法第七章的规定进行处理。

第二十三条　经评审组织单位审定，达到申请等级的，由评审组织单位在媒体进行公示，公示期为7个工作日。公示无异议的，由评审组织单位公告、颁发证书和牌匾（证书、牌匾式样见附件5、6）；公示有异议的，由评审组织单位核查处理。

未达到申请等级和不达标的按照第三十二条规定处理。

第二十四条　安全生产标准化二、三级评审工作应于农村水电站企事业单位提出申请后3个月内完成。

第二十五条　安全生产标准化二、三级水电站名单应在公告的同时报上级水行政主管部门备案。

第二十六条　农村水电站安全生产标准化二、三级等级证书有效期为3年。有效期满需要延期的，须于期满前3个月，向原审定单位提出延期申请。

农村水电站企事业单位在安全生产标准化等级证书有效期内，完成年度自我评审，保持绩效，持续改进安全生产标准化工作，经评审机构复评，原审定单位审定，符合延期条件的，可延期3年。

第六章　评　审　机　构

第二十七条　评审机构分一、二、三级3个等级，其中一级的评审机构由水利部认定并公布，二、三级评审机构由广东省水利厅依法确定的社会组织进行认定并公布。

一级评审机构可开展一、二、三级标准化评审活动。

二级评审机构可在全省范围内开展二、三级标准化评审活动。

三级评审机构可在全省范围内开展三级标准化评审活动。

第二十八条 承担农村水电站安全生产标准化二、三级的评审机构应为全省范围内的水利水电工程检测部门、科研院校、设计单位、安全评价公司以及其他相关单位，并具备以下条件：

（一）具有独立法人资格，能够客观、公正、独立、规范地开展达标评级工作；

（二）有与其开展工作相适应的固定工作场所、办公设备和管理制度等基础条件；

（三）具有农村水电站安全生产标准化达标评级所需专业技术力量，其中水工、金属结构、机电各专业均不少于 2 名专家。

第二十九条 从事农村水电站安全生产标准化达标评级的评审技术人员应符合水利部《农村水电站安全生产标准化达标评级实施办法（暂行）》规定的条件。

第七章 监督管理

第三十条 各级水行政主管部门要适时组织有关部门和相关专家对本辖区内安全生产标准化的达标单位和安全生产标准化评审机构进行监督、抽查。

第三十一条 承担全省农村水电站安全生产标准化二、三级达标评级工作的社会组织应适时将评审机构、农村水电站企事业单位安全生产标准化建设审定情况向相应的水行政主管部门通报。

第三十二条 经审定不达标的农村水电站，必须针对存在问题及时进行整改，整改合格后重新申请审定。

第三十三条 取得安全生产标准化等级证书的农村水电站，发生以下情况之一的，由发证单位撤销其安全生产标准化等级。

（一）在评审过程中弄虚作假、申报材料严重失实的；

（二）发生较大及以上生产安全责任事故或出现重大安全事故险情的；

（三）迟报、漏报、谎报、瞒报生产安全事故的；

（四）发生违反安全生产法律法规的严重事件。

第三十四条 被撤销安全生产标准化二级的农村水电站，自撤销之日起，须按三级重新申请评审。

被撤销安全生产标准化三级的农村水电站为不达标，按照第三十二条规定处理。

第三十五条 安全生产标准化达标水电站在运行有效期内，遭遇自然灾害或安全事故的，应对重要设备设施进行检测，对发现的安全隐患及时处理，在恢复发电后半年内重新申报评级。

第三十六条 评审机构应对评审结果负责。评审过程中发生下列行为之一的，由承担全省农村水电站安全生产标准化二、三级达标评级工作的社会组织核实后取消其评审资格，不得再从事农村水电站安全生产标准化评审工作。

（一）出具虚假或严重失实的评审报告的；

（二）泄露被评审单位的经济技术或商业秘密的；

（三）发生其他违法、违规行为，情节严重的。

第三十七条 评审专家存在下列行为之一的，经承担全省农村水电站安全生产标准化二、三级达标评级工作的社会组织核实后，由省级水行政主管部门报请水利部通知相关评审机构予以解聘，5 年内不得从事农村水电站安全生产标准化评审工作。

（一）隐瞒与被评审单位利害关系，影响评审公正性的；

（二）泄露被评审单位的经济技术或商业秘密的；

（三）发生其他违法、违规行为，情节严重的。

第八章 其他

第三十八条 农村水电站已在电力部门完成安全生产标准化达标评级并定为三级及以上的，水行政主管部门认可其安全生产标准化达标，但不做定级。

第三十九条 本细则自 2015 年 2 月 1 日起实施，有效期至 2018 年 2 月 1 日。

附件：

1. 广东省农村水电站安全生产标准化评审标准（略）
2. 农村水电站安全生产标准化自评报告（格式）（略）
3. 农村水电站安全生产标准化评审报告（格式）（略）
4. 农村水电站安全生产标准化评级申请表（略）
5. 农村水电站安全生产标准化证书式样（略）
6. 农村水电站安全生产标准化牌匾式样（略）

农村水电改造

2014年农村水电增效扩容改造情况

2014年，农村水电增效扩容改造继续推进，主要工作情况如下：

(1) 2013年启动的天津、河北等20个省（自治区、直辖市）和新疆生产建设兵团增效扩容改造工作进展顺利。福建等12个省（自治区、直辖市）进行项目调整后，共有3478座电站纳入改造范围，改造前装机容量628万kW，前3年年均发电量202万kW·h；改造后装机容量将达到749万kW，年发电量将达到292万kW·h；改造总投资197亿元，其中中央补助资金71亿元。截至2014年底，已有3427座电站完成招标，其中605座电站完成改造；完成投资66亿元，下达中央补助资金64亿元。

(2) 水利部会同财政部对内蒙古、辽宁、山东、贵州、青海、西藏等6个省（自治区）的增效扩容改造实施方案进行了审查批复。纳入6省（自治区）实施方案的项目共202个，改造前装机30.9万kW，年发电量11.2万kW·h；改造后装机容量将达到38.3万kW，年发电量将达到15.6万kW·h；改造总投资10.2亿元，其中中央补助资金4.1亿元。截至2014年底，已有91座电站完成招标，其中2座电站已完成改造，完成投资1亿元，下达中央补助资金3.7亿元。

(3) 召开增效扩容改造工作座谈会。2014年9月12日，水利部农村水电及电气化发展局在北京组织召开农村水电增效扩容改造工作座谈会。已完成全面试点的浙江省、重庆市，正在全面实施的广东、湖南等25个省份和新疆兵团水电处（局、中心）主要负责同志，共40多人参加了会议。会议通报了农村水电增效扩容改造全面实施进展情况，交流了浙江、重庆全面试点的经验，听取了广东、湖南等25个省份和新疆兵团全面实施进展、做法和经验、工作安排等情况的汇报，分析了存在的突出问题，要求各省农村水电主管部门加强工作指导和服务管理，严格执行增效扩容有关规定，加快实施进度，落实配套资金和政策，做好绩效评价准备，同步实施安全生产标准化建设。

(4) 开展农村水电增效扩容改造项目稽察。2014年9月，水利部组织对福建、江西、湖北、湖南、广东、广西、四川等7省（自治区）农村水电增效扩容改造项目实施情况进行了总体核查，并在每个稽察省份选取了2个项目进行了重点稽察。针对稽查中发现的问题，水利部向相关省份下发了整改通知，要求各省份对存在的问题进行整改。

（水利部农村水电及电气化发展局　陈　岩）

水利部办公厅和财政部办公厅关于加强农村水电增效扩容改造工作的通知

[水利部办公厅和财政部办公厅于2014年8月28日以办水电〔2014〕182号文，下发关于加强农村水电增效扩容改造工作的通知。全文如下。]

有关省、自治区、直辖市水利（水务）厅（局）、财政厅（局），新缰生产建设兵团水利局、财务局：

根据水利部和财政部联合批复各地的《农村水电增效扩容改造实施方案》（以下简称《实施方案》），全国共有25个省（自治区、直辖市）和新疆生产建设兵团在2013～2015年实施农村水电增效扩容改造。从实施情况看，总体进展良好，但也存在部分项目进度滞后、地方配套政策落实不力、建设管理不够规范等问题。为加快农村水电增效扩容改造实施进度，加强管理，顺利完成改造任务，现就有关事项通知如下：

一、加强项目管理，确保建设质量和工程进度。各级水利部门要对项目实施情况进行实时跟踪、监督，及时汇报统计有关信息，并给予分类指导。对于前期工作不到位的，要尽快完善，涉及重大初步设计变更的要尽快备案；对实施过程中出现的新情况、新问题，要及时上报有关部门。按要求的时间节点组织项目实施，对于未完成招标的项目要加快招标进度，组织做好项目招标、设备监造、施工安装等相关工作，确保纳入实施方案内的项目如期完工。除因地震、洪灾等特殊的不可抗力影响外，未能在规定时间内完工的项目将不享受中央财政补助政策。各地水利部门要按照《实施方案》和责任书要求做好管理服务工作，指导项目单位切实落实项目法人责任制、招标投标制和建设监理制，做好施工组织、设备安装调试、项目验收等工作。建立和完善安全生产工作体系，同步开展安全生产标准化建设。加大培训和质量检查力度，不断夯实、提高技术和管理水平，为提高项目建设质量提供基础保障。

二、加强资金管理，确保资金及时到位。为确保项目顺利实施，财政部已分别下达第一批、第二批启动省份中央补助资金的90%和40%。各地要按照责任书的承诺尽快落实地方财政补助，将中央和地方补助资金分解下达，根据建设进度分批及时拨付到位，严禁挤占、滞留、挪用财政资金。督促项目单位落实好自筹资金，严格执行各项财务制度，按照规定管好用好补助资金，确保资金安全、有效，并将资金使用及项目进展等情况及时上报备案。

三、做好绩效评价工作，全面反映成果。各地要按照《农村水电增效扩容改造绩效评价暂行办法》相关要求，在项目实施中同步开展绩效评价相关工作，注意保存好相关文件资料、图片和影像，按照绩效评价相关时间节点和程序要求，及时组织做好已完工验收项目自评、绩效评价、审核汇总上报工作，加强对绩效评价的指导检查。

四、切实落实配套政策，促进电站可持续发展。各地要创新体制机制，加强机构能力建设，完善农村水电监管体系，按照《实施方案》和责任书的承诺，落实全额上网、新电新价、税收及用地等配套政策。引导农村水电企业以增效扩容为契机，大幅提高农村水电现代化水平，减员增效，加快建立现代企业制度，并让电站改造与节能减排、民生改善、江河治理、除险保安、生态建设和环境保护有机结合，巩固实施效果，确保改造后长期稳定运行和良性发展。

中國水力發電年鉴

16

机构与学术团体

机　　构

水电建设单位情况一览表

单位名称	地　　址	邮政编码
国家电网公司	北京市西城区西长安街86号	100031
国网新源控股有限公司	北京市西城区白广路二条1号	100761
中国南方电网有限责任公司	广东省广州市珠江新城华穗路6号	510623
南方电网调峰调频发电公司	广东省广州市龙口东路32号	510630
中国华能集团公司	北京市西城区复兴门内大街6号	100031
中国大唐集团公司	北京市西城区广宁伯街1号	100033
中国华电集团公司	北京市西城区宣武门内大街2号	100031
中国国电集团公司	北京市西城区阜成门北大街6-8号	100034
中国电力投资集团公司	北京市西城区金融大街28号院3号楼	100033
中国长江三峡集团公司	北京市海淀区玉渊潭南路1号	100038
中国长江电力股份有限公司	湖北宜昌市西坝建设路1号	443002
国投电力控股股份有限公司	北京市西城区西直门南小街147号	100034
大唐国际发电股份有限公司	北京市西城区广宁伯街9号	100033
汉能控股集团有限公司	北京市朝阳区安立路0-A号	100107
雅砻江流域水电开发有限公司	四川省成都市双林路288号	610051
华能四川水电有限公司	四川省成都市人民南路四段47号华能大厦	610041
国电大渡河流域水电开发有限公司	四川省成都市高新区天韵路7号	610041
华电四川发电有限公司	四川省成都市高新区蜀绣西路100号	610041
国电四川发电有限公司	四川省成都市天晖北路9号	610041
四川华电杂谷脑水电开发有限公司	四川省成都青羊工业园区（东区）同城路8号B16	610009
国电四川发电有限公司南桠河水电分公司	四川省成都市高新区天晖北街9号	610041
中电建水电开发集团有限公司	四川省成都市高新区天府二街139号	610041
四川美姑河水电开发有限公司	四川省成都市温江区人和路368号	611130
国投云南大朝山水电开发公司	云南昆明市官渡区新昆洛路新亚洲城星都国际63栋	650231
华能澜沧江水电股份有限公司	云南省昆明市官渡区世纪城中路1号	650214
云南金沙江中游水电开发有限公司	云南省昆明市红塔东路6号	650228
云南华电怒江水电开发公司	云南省昆明市滇池路1189号A座	650228
中电投云南国际电力投资有限公司	云南省昆明市滇池路1302号	650228
贵州乌江水电开发有限责任公司	贵州省贵阳市新华路9号	550002
贵州黔源电力股份有限公司	贵州省贵阳市南明区都司高架路46号	550028

续表

单位名称	地　址	邮政编码
龙滩水电开发有限公司	广西南宁市民族大道 126 号	530022
广西桂冠电力股份有限公司	广西南宁市民族大道 126 号	530022
五凌电力有限公司	湖南省长沙市天心区五凌路 188 号	410004
湖南澧水流域水利水电开发有限责任公司	湖南省长沙市香樟路 393 号	410014
湖北清江水电开发有限责任公司	湖北省宜昌市东山大道 95 号清江大厦	443000
汉江水利水电集团有限责任公司	湖北省丹江口市环形路 3 号	442700
陕西汉江投资开发有限公司	陕西省西安市高新区沣惠南路 32 号	710065
国投甘肃小三峡发电有限责任公司	甘肃省兰州市七里河区敦煌路 353 号	730050
黄河上游水电开发有限责任公司	青海省西宁市五四西路 43 号	810008
青海省水利水电集团有限责任公司	青海省西宁市西关大街 57 号	810001
国电新疆吉林台水电开发有限公司	新疆伊犁州尼勒克县	835716
国电新疆开都河流域水电开发有限公司	新疆库尔勒市人民东路华誉商务大厦 14 楼	841000
国电阿克苏河流域水电开发有限公司	新疆阿克苏市塔中路 7 号金地美居大厦 4 楼 408 室	843000
福建省尤溪流域水电开发有限公司	福建省尤溪县城关镇解放路 63 号	365100
中国水电顾问集团投资有限公司	北京朝阳区北湖渠路 15 号京环大厦主楼 10 楼	100101
华能西藏发电有限公司	四川省成都市高朋大道科园二路 10 号航利研发中心 1 栋二单元	610093
广东省粤电集团有限公司	广东省广州市天河东路 2 号粤电广场	510630

（本年鉴编辑部）

水电设计单位情况一览表

序号	单位名称	主要领导及总工	职工人数	地　址	邮编	电　话	传　真	网址
1	水电水利规划设计总院	院长：郑声安 总工程师：彭才德	129	北京市西城区六铺炕北小街 2 号	100120	010-51973283	010-62356230	http://www.sdghzy.cn/
2	中国水利水电建设工程咨询公司	总经理：王忠耀 总工程师：杨泽艳	99	北京市西城区六铺炕北小街 2 号	100120	010-51973100	010-62306230	http://www.hydrochina.com.cn/
3	中国电建集团北京勘测设计研究院有限公司	总经理：郝荣国 总工程师：吕明治	1007	北京市定福庄西街一号	100024	010-51972599	010-65766930	http://www.bhidi.com/
4	中国电建集团华东勘测设计研究院有限公司	总经理：张春生 总工程师：吴关叶	3540	浙江省杭州市潮王路 22 号	310014	0571-56738888	0571-56738301	http://www.ecidi.com/

续表

序号	单位名称	主要领导及总工	职工人数	地　址	邮编	电　话	传　真	网址
5	中国电建集团西北勘测设计研究院有限公司	总经理：马海晨 总工程师：姚栓喜	2308	陕西省西安市雁塔区丈八东路18号	710065	029-88290001	029-88290000	http://www.nwh.cn/
6	中国电建集团中南勘测设计研究院有限公司	总经理：冯树荣 总工程师：罗俊军	2348	湖南省长沙市雨花区圭塘香樟东路16号	410014	0731-85072117	0731-85584080	http://www.msdi.cn/
7	中国电建集团成都勘测设计研究院有限公司	总经理：章建跃 总工程师：王仁坤、余　挺	1825	四川省成都市浣花北路1号	610072	028-87399999	028-87329997	http://www.chidi.com.cn/
8	中国电建集团贵阳勘测设计研究院有限公司	总经理：潘继录 总工程师：范福平	1717	贵州省贵阳市观山湖区兴黔路16号	550081	0851-85388101	0851-85388999	http://www.ghidri.com.cn/
9	中国电建集团昆明勘测设计研究院有限公司	总经理：冯峻林 总工程师：张宗亮	1643	云南省昆明市人民东路115号	650051	0871-63062050	0871-63138701	http://www.khidi.com/

（中国水力发电工程学会　殷利利）

水利设计单位情况一览表

序号	单位名称	主要领导及总工	在职职工人数	地　址	邮编	电　话	传　真	网　址
1	水利部水利水电规划设计总院	院长：刘伟平 总工程师：朱党生	186	北京市西城区六铺炕北小街2-1号	100120	010-63206688	010-62070508	www.giwp.org.cn
2	水利部长江水利委员会长江勘测规划设计研究院	院长：钮新强 总工程师：杨启贵	3069	湖北省武汉市解放大道1863号	430010	027-82829200 027-82827793	027-82829202	www.cjwsjy.com.cn

续表

序号	单位名称	主要领导及总工	在职职工人数	地址	邮编	电话	传真	网址
3	黄河勘测规划设计有限公司（原黄委设计院）	董事长：李文学 总工程师：景来红	1918	河南省郑州市金水河路109号	450003	0371-66026449 0371-66023520	0371-66023384	www.yrec.cn
4	中水淮河规划设计研究院	董事长：万　隆 总工程师：何华松	近300	安徽省合肥市滨湖新区云谷路2588号	230601	0551-65707505 0551-65707515	0551-65707500	www.cwhh.com.cn
5	中水珠江规划勘测设计有限公司（原珠委设计院）	总经理：凌耀忠 总工程师：刘元勋	逾1000	广东省广州市天河区天寿路105号天寿大厦1102房	510610	020-87117779	020-87117050	www.prpsdc.com
6	中水东北勘测设计研究有限责任公司（原东北院）	总经理：金正浩 总工程师：苏加林	1422	吉林省长春市朝阳区工农大路888号	130021	0431-85092001 0431-85607262	0431-85092000	www.neidri.com
7	中水北方勘测设计研究有限责任公司（原天津院）	总经理：李孝振 总工程师：杜雷功	1135	天津市河西区洞庭路60号	300222	022-28702818 022-28702222	022-28343991	www.tidi.ac.cn

（中国水利水电勘测设计协会）

水利水电施工单位情况一览表

序号	单位名称	主要领导及总工	地址	邮编	电话	传真	网址
一	中国电力建设股份有限公司	董事长：晏志勇 总工程师：宗敦峰 周建平	北京市海淀区车公庄西路22号	100048	010-58368693	010-58382888	http://www.powerchina.cn
1	中国水利水电第一工程局有限公司	执行董事、总经理：徐银林	吉林省长春市绿园区锦西路933号	130062	0431-87987316	0431-87991536	http://1j.sinohydro.com
2	中国水利水电第二工程局有限公司	执行董事、总经理：常满祥 总工程师：梁宏生	北京市西城区六铺炕南小街1号	100120	010-58689270	010-62018014	http://www.sdej.com
3	中国水利水电第三工程局有限公司	执行董事、总经理：张育林 总工程师：王鹏禹	陕西省西安市二环北路东段609号	710016	029-86178686	029-86267407	http://3j.sinohydro.com

续表

序号	单位名称	主要领导及总工	地　址	邮编	电　话	传　真	网　址
4	中国水利水电第四工程局有限公司	执行董事、总经理：高建民 总工程师：张文山	青海省西宁市八一中路19号	810007	0971-8140656	0971-8149160	http://www.csdsj.com
5	中国水利水电第五工程局有限公司	执行董事、总经理：贺鹏程 总工程师：吴高见	四川省成都市一环路东四段8号	610066	028-84461307	028-84422633	http://5j.sinohydro.com
6	中国水利水电第六工程局有限公司	执行董事、总经理：厉建平 总工程师：杨成文	辽宁省沈阳市浑南新区新隆街2号	110179	024-23786630	024-23786800	http://6j.powerchina.cnm
7	中国水利水电第七工程局有限公司	执行董事、总经理：申茂夏 总工程师：向　建	四川成都市解放路二段329号	610081	028-83370023	028-83383888	http://7j.sinohydro.com
8	中国水利水电第八工程局有限公司	执行董事、总经理：朱素华 总工程师：涂怀健	湖南省长沙市天心区常青路8号	410004	0731-82822169	0731-85563353	http://8j.sinohydro.com
9	中国水利水电第九工程局有限公司	执行董事、总经理：陈学云 总工程师：王　军	贵州省贵阳市金阳新区观山路3号	550081	0851-87980581	0851-87980582	http://zgsdjj.com
10	中国水利水电第十工程局有限公司	执行董事、总经理：杜学泽 总工程师：陈　茂	四川省成都市十二桥路七号	610072	028-87772278	028-87716129	http://10j.sinohydro.com
11	中国水利水电第十一工程局有限公司	执行董事、总经理：孙玉民 总工程师：杨和明	河南省郑州市高新技术开发区莲花街59号	450001	0371-86019001	0371-86019003	http://www.cwb11.com
12	中国水利水电第十二工程局有限公司	执行董事、总经理：孙　阳 总工程师：沈益源	浙江省杭州市环城北路141号	310004	0571-86829018	0571-86829008	http://www.water12.com
13	中国水利水电第十三工程局有限公司	执行董事、总经理：何占颂 总工程师：杨　涛	天津市华苑产业区榕苑路2号	300384	022-58569000	022-58569002	http://tianjin.sinohydro.com
14	中国水利水电第十四工程局有限公司	执行董事、总经理：洪　坤 总工程师：和孙文	云南省昆明市环城东路395号	650041	0871-3335216	0871-3333460	http://14j.sinohydro.com
15	中国水电建设集团十五工程局有限公司	董事长：梁向峰 总工程师：何小雄	陕西省西安市高新科技路16号	710065	029-88758206	029-88758100	http: //15j.sinohydro.com
16	中国水利水电第十六工程局有限公司	执行董事、总经理：林文进 总工程师：吴秀荣	福建省福州市湖东路82号	350003	0591-87821294	0591-87853663	http://16j.sinohydro.com
17	中国水利水电基础局有限公司	执行董事、总经理：刘建发 总工程师：肖恩尚	天津市武清区雍阳西道86号	301700	022-29341551	022-29345523	http://jc.sinohydro.com
二	中国葛洲坝集团有限公司	总经理：聂凯 总工程师：江小兵	湖北省武汉市硚口区解放大道558号	430033	027-59271000	027-59270256	http://www.cggc.cn

（中国电力建设股份有限公司　中国葛洲坝集团有限公司）

学 术 团 体

中国水力发电工程学会 2014年工作情况

2014年，中国水力发电工程学会强化服务意识、提高服务水平，较好地完成了全年工作任务，主要工作情况如下：

（一）实施创新驱动发展战略，持续推进水电科技进步

为了做好水力发电科技成果评价、科技成果奖励以及举荐科技人才等工作，2014年修改完善了水电科学技术成果评价办法和评审专家抽选办法，开展了扩充完善水力发电科技专家库工作。目前专家库已有涵盖水电水利各专业领域的专家1500余名。

认真做好科技人才举荐工作，主要是组织进行“光华工程科技奖”和第六届全国优秀科技工作者的评选推荐工作。经学会推荐，张宗亮荣获光华工程科技奖；所推选的周建平、蔡跃波、艾永平3名候选人，全部当选第六届全国优秀科技工作者。

为水电行业举荐科技人才，持续推进水电科技进步，组织开展了第三届“潘家铮奖”评奖活动，李云、初曰亭、张春生荣获第三届潘家铮奖。受张光斗科教基金会委托，组织评审专家开展了“张光斗优秀青年科技奖”（水电行业）代评工作，共评出3名候选人和1名备选候选人，最终3人当选获奖。

继续做好水力发电科学技术奖评选工作。到2013年，该奖已评四次。2014年评审工作从5月份组织申报，经过奖励工作办公室形式审查，80位专家函审，11月5日进行了有29位专家参加的会议评审；11月27日，经26位奖励委员会委员审议，最终评出2014年度水力发电科学技术奖46个拟授奖项目。其中：特等奖4项，一等奖6项，二等奖12项，三等奖24项。评审结果通过公示，接受社会监督。

积极开展科技成果评价工作，全年共受理承担了14个单位的23项成果的鉴定评价工作，还有30多个项目是由行业内大的企业集团组织、学会参加（主要专家由学会选派）鉴定的。

（二）抓好能力建设，积极承接政府转移职能工作

认真学习领会党中央和中国科协关于推进承接政府转移职能工作的指示精神，不断转变思维方式和拓宽学会工作内容，提高学会工作水平，积极争取和努力做好承接政府转移职能工作。

为了做好2014年学会工作，秘书处1月在深圳召开“全国各省级学会、各专业委员会秘书长及信息员工作会议”，对2013年工作进行总结和对2014年学会重点工作做出了部署安排，来自全国22个省级水电学会和31个专业（工作）委员会的秘书长、信息员和代表近80人参加了会议。会议强调，要合理安排好2014年的重点工作，做到有的放矢，围绕“四为”服务的中心开展工作；加强秘书处组织建设和业务建设，提升服务能力和水平；使用和维护好科协为我们提供的会员管理系统平台，建设好网站，实现会员管理信息化、提交资料网络化；发挥好专家群体优势，努力开展科研课题，真正为政府、行业和企业服务，促进水电科技创新。

坚持办好学会的品牌活动——一年一度的中国水电新春联谊会，为行业搭建沟通交流和相互合作的平台。1月份与中国三峡集团共同成功举办2014年中国水电新春联谊会暨水力发电科学技术奖颁奖典礼，来自全国的水电工作者代表欢聚一堂，共话水电发展成就，共叙团结合作友情，共谋长远发展大计。会上进行了隆重的水力发电科学技术奖颁奖。联谊会开得节俭而隆重、简单而喜庆。

2014年3月28日，学会七届三次理事会在成都召开，近180名理事和代表出席会议。理事会提出了2014年目标和主要工作任务，要求充分发挥行业带头和建言献策作用，强化服务意识、提高服务水平，安排开展和做好各项工作。

努力加强秘书处自身能力建设。定期召开秘书长办公会和秘书处全体人员工作会议，检查落实和完成好年度各项工作任务；对各会员单位的通信联系方式进行更新，保证了学会与会员单位和理事的联络通畅；进一步加强内部管理，完善规章制度，制定了“学会申报社会组织评估工作计划”，从“基础条件、内部治理、工作绩效、社会评价”四个方面全面对照检查，重点是推动学会的组织建设、制度建设和能力建设；开好党员民主生活会，认真做好秘书处党支部工作，深入开展“党建强会”活动，充分发挥党员先锋模范作用，带动群众爱岗敬业，为学会发展和水电事业多做贡献。力争经过努力，早日通过民政部的评

估，为顺利承接政府有关转移职能工作夯实基础。

1月份出版发行了《水力发电实用手册》。《手册》以国内外水力发电有关资料和统计数据为主，对新中国成立以来我国水电的有关资源调查和开发情况、建设成就、科技进步、水电经济、移民和环保、设备制造、科研机构和高等院校等，以大量的资料和统计数据进行汇编，使之努力成为一本对广大水电科技工作者和管理人员均适用的实用性工具书。这是近年来，中国水力发电工程学会连续六年出版并赠送会员的有关水力发电工程的科技著述和书籍。

保证《中国水力发电年鉴》（第十八卷）和《中国水力发电信息（2014年报）》的编撰和按时出版，在新春联谊会和理事会上赠送，以及邮寄各会员单位、理事和有关领导，并且将《年报》挂网供会员下载。

重视做好会刊《水力发电学报》工作，年内完成了《学报》编委会换届工作，充实了编委会中外委员名单，进一步加强管理和加大支持力度。确定从2014年起每年评选学报优秀论文奖，出台了《〈水力发电学报〉优秀论文奖评选表彰办法》。经评选，共有10篇论文获2014年度《水力发电学报》优秀论文奖（一等奖2篇，二等奖3篇，三等奖5篇）。

（三）进一步加强水电宣传，营造水电良好发展环境

按照理事会提出的工作要求，主要做了以下工作：

2014年3月22日，在第22届“世界水日”到来之际，学会与中国大坝协会联合在北京召开了“水与能源”科普论坛。会议邀请了国务院发研究中心研究员王亦楠、国际大坝委员会名誉主席贾金生、中国水利水电出版社社长汤鑫华、国家水电可持续发展研究中心教授隋欣、中国水力发电工程学会副秘书长张博庭等专家，就水电在我国能源发展中的重要作用、水电对生态文明的积极贡献、水电开发的巨大综合价值、如何促进水电可持续发展和做好水电科普舆论宣传等方面进行了精彩的专题报告。20余家行业内外的主流媒体记者到会并进行了宣传报道，还有大量网站进行了转载。

积极组建科普团队。2013年根据科协要求，学会组建了水利水电科学传播团队。考虑到当前我国水电建设任务十分繁重，很多在职的科普传播团队专家都非常忙碌，而一些已退下工作岗位的经验丰富的老科技工作者时间和精力都相对有保障，2014年积极筹建一个以离退休老科技专家为主的水电科普传播团队，以增加水电科普传播的强度和频率。计划2015年初将名单正式上报科协。

充分发挥科普传播专家作用，通过专题访谈、撰写文章、召开科普论坛等方式，及时对社会上抹黑水电的言论和民众误解进行回击和澄清。如，6月份社会上曾出现过“上海是三峡工程的最大受害者”的污蔑和炒作，学会及时组织科普传播团队和郑守仁院士一起，接受了新华社的专访，新华社以《九问三峡——权威专家解答三峡热点问题》组织发稿，国内多家纸媒网媒转载，取得了较好的宣传效果。

2014年9月20日，在一年一度的全国科普日到来之际，学会与中国大坝协会联合举办了“水库大坝与生态环境保护”科普论坛。会议邀请了几位水电科普传播专家到会演讲，并就三峡工程对上海的影响等近期热点问题与现场十余家媒体记者进行高层次、多角度的交流。会议一致认为：只有发展水电，才是真正可持续、利国利民的好举措。会后多家媒体进行了宣传报道。

维护好学会“中国水电网”网站，发挥好宣传主阵地作用。除了每天正常转载行业要闻报道，进一步改进和完善功能设置，致力打造我国水电行业门户网站，发挥网络宣传的重要作用。

（四）加强学术交流，服务水电事业发展和科技创新

2014年4月22日，组织召开了大湄公河次区域水电开发座谈会，就促进该区域各大流域水电有序开发进行探讨。来自外交部、水利部、国资委、国家能源局等政府部门，项目业主、电网经营企业，设计、科研机构，行业学会协会和电力传媒等30余家单位近70位专家和代表参加了会议。与会企业结合各自在大湄公河次区域业务情况深入展开讨论，就如何做好该区域水电科普舆论宣传、探求有关政策支持、促进水电有序发展等建言献策。会后，《电力决策与舆情参考》（内参）出版了一期专刊，送有关领导和部门参阅；《中国电业》10月份再刊发了有关内容专题，进一步扩大宣传影响。

2014年11月18日，在长沙召开了水电工程设计理念创新研讨会。来自五大电力企业、流域公司、设计院、工程局等36家单位共60余名领导和专家出席了会议。会上，钮新强院士、张宗亮设计大师作主旨报告；另有6位专家分别就流域梯级水库群风险防控设计研究、水电工程地质风险与地质灾害防控、抽水蓄能电站设计创新探讨、智能水电厂系统设计和应用、水库工程建设新特点与设计理念创新、创新环保设计理念促进水电可持续发展等作了专题报告。这些报告阐述深入浅出，内容精彩纷呈，表代了水电设计建设各专业的高水平，体现了中国水电人的智慧，展示了水电设计建设的新理念。会议收到了良好效果。

由学会组织行业单位专家编制的《大中型水电工程建设风险管理规范》于2014年6月1日正式实施。

为做好《规范》的应用推广工作，2014年7月和11月分别在四川行政学院和国家行政学院举办了“水电企业安全与应急管理培训研修班”，有来自水电行业有关单位企业的管理和技术人员共120余人参加了培训，收到了良好的培训效果。

一年来，学会各专业委员会贯彻学术活动“高水平、经常化”的要求，分别召开了1次或多次形式多样、内容丰富的学术交流和学术研讨或学术年会。据不完全统计，2014年学会所属30个专业委员会和1个工作委员会共举办各种学术交流活动43次，参加人数4000人次；举办培训班14次，参加培训人员1600人次。各地方水力发电学会发挥自身优势，活动内容、形式十分丰富，除了传统的四川、广东、湖南、湖北、青海等学会活动继续办得有声有色外，云南、贵州、河北、山西、福建等学会活动也是亮点纷呈，生气勃勃。南方片区和北方片区水电学会联络会或学术交流会越办越好，水平不断提高。但也有少数单位全年都没有开展一次活动，应重视这一不均衡的情况，并研究解决。

（五）做好2015世界水电大会筹备工作

2015世界水电大会确定于2015年5月在北京召开，将有来自世界水电工程界人士以及各有关国家政府、业界领袖、金融机构、民间团体和媒体代表等约800多人参会。这次大会得到了国家能源局和中国科协的大力支持，并经外交部呈报国务院领导批示同意。大会由国际水电协会（IHA）主办，中国长江三峡集团公司、中国水力发电工程学会、中国大坝协会和中国水利水电科学研究院等四家单位共同承办。

世界水电大会在中国召开，对于宣传可持续水电发展理念，展现我国水电建设成果，进一步拓展国际水电市场，促进在水电开发问题上形成共识具有重要意义。为确保本次大会成功举办，四家中方承办单位联合成立了筹备领导小组和工作组并发起成立了大会中国组委会。为有序推进2015世界水电大会各项筹备工作，一年以来工作组召开了13次会议，并与IHA进行了多轮协商，就会议的时间、地点（会场）、规模、主题设置、资金保障等形成了比较一致的意见，并于8月份在北京召开了大会宣介会议。已确定了大会时间（2015年5月19～21日）、地点（北京市怀柔区雁栖湖国际会议中心）和规模（800人左右），初步确定了大会议程和技术考察路线等。

按照分工，学会主要承担中方支持单位的大会赞助费筹措工作，向有关单位发出了协办大会和赞助的邀请。在行业内各主要单位和企业的大力支持下，大会赞助费用已得到基本落实。2014年，学会为成功举办一届向世界展示中国形象的水电盛会做了大量工作。

（六）继续运作管理好基金，搭建好创新激励平台

主要包括五个方面：一是要通过科学管理，防范风险、有效运作，确保潘家铮基金，每年理财所得收益能够支撑基金当年度的奖励和管理成本支出；二是召开基金二届三次理事会，向理事会报告上一年基金管理运作情况，研究下一步计划，履行理事变更增补程序；三是做好2014年度水力发电科学技术奖和第三届潘家铮奖的评奖颁奖工作；四是开展好2014年度潘家铮水电奖学金评定工作，与华北水利水电大学共同筹办好第六届奖学金颁奖典礼；五是继续组织开展好潘家铮基金大学生暑期社会实践活动，使基金惠及更多的水电学子，为水电科技发展不断培养新人。

一年来，学会秘书处认真做好所承担的潘家铮基金运作管理工作，基金运行情况良好。

2014年“潘家铮奖学金”的申报、评审工作从9月初开始组织，到10月底结束。共有18家高校和科研院所的60名本科生、研究生荣获“潘家铮奖学金”。12月12日在华北水利水电大学隆重举行了颁奖典礼。

“2014大学生暑期水电社会实践教育活动”于7月22～30日在青海西宁举行，共有来自清华、浙大、武大等全国15所高等学府的22名“潘家铮水电奖学金”获奖学生和其他优秀学生参加。历时10天的活动，同学们分别到黄河流域大坝最高、装机容量最大、发电量最多的拉西瓦水电站，目前世界上最大规模的水光互补光伏电站——龙羊峡水光互补320MW并网光伏电站，水电四局技术学院等电站和水电施工企业进行了现场实践和学习。活动中同学们亲身体验了水电站施工生产现场，聆听了水电专家关于水电施工技术、爆破技术、机电设备、水电站建设管理、建设施工管理、水电站建设安全、梯级流域集控技术、光伏产业及水光互补、生态与鱼类保护等方面的知识讲座。此次社会实践活动效果良好，同学们感谢学会和基金提供这么宝贵的机会。

（七）扎实推进潘家铮采集工程，充实国家科技档案库

老科学家学术成长采集工程是由国务院批复、中国科协牵头组织实施的，重点面向80岁以上两院院士等在中国科技事业发展中做出突出贡献的老科学家。要求系统采集反映老科学家家庭背景、求学历程、师承关系，尤其是对老科学家日后科学成就产生深刻影响的工作环境、学术交往中关键节点和重要事件的口述历史资料、实物资料和图像资料等，集中整理存储，进行数字化加工和宣传展示。学会具体负责潘家铮院士资料采集任务，全部采集资料将无偿移交老科学家馆藏基地，成为国家永久档案。潘家铮是两

院院士，生前参与设计、决策、审查、咨询等的水电工程上百项，要采集资料涉及单位多、项目广、内容丰富。在理事长和秘书长高度重视下，学会成立了采集小组，多次进行现场采集、人物专访、召开座谈会等，采集到的资料十分丰富，按期于2014年11月完成移交，得到了科协的认可，将潘家铮资料设为特藏，所采集资料被评价为优秀。

（八）抓好科研课题和科技合作，增强学会服务能力

随着学会组织编制的《大中型水电工程建设风险管理规范》正式发布实施，做好规范的培训和推广应用，并依托在建水电工程开展风险示范项目就成了学会工作重点之一。2014年，组织开展了嘉陵江亭子口水利枢纽电站运行风险综合评估研究；就乌东德水电站地质灾害防控课题与项目业主和建设单位进行了多次洽商，并联合其他单位一起共同承担了相应的技术咨询研究课题。

2014年，组织开展了澜沧江上游（西藏段）梯级水电开发经济性研究，目的是提出相关措施和建议，为澜沧江上游（西藏段）水力资源的科学、合理、有效开发，为政府有关部门制定能源发展政策提供决策参考，推动相关项目的建设进展。

2014年，组织专家开展了《中国电建股份公司中长期科技发展纲要》（水电建设等专题研究）编写工作，助推企业产、学、研、用一体化协调发展。

此外，2014年完成了金沙江中游梯级水电站流域电价研究，金沙江中游梯级水电站统一调度、统一运行模式研究，瀑布沟及以下梯级水电站群智能调度技术研究，黄河上游流域梯级水电站优化调度研究—梯级水电站群发电量预测及评价系统研究等课题的结题扫尾工作。

（九）加强组织建设和财务管理，保证学会健康发展

按照理事会的要求，认真抓好各专委会和省级学会的组织建设，严格要求按照届次年限规定，做到按期换届。

加强秘书处建设，完善各项规章制度，进一步提高人员整体素质、服务能力和水平，真正为政府、社会、企业和会员、为行业科技进步和水电事业发展服好务、办好事。

加强财务管理，较好地完成了全年会费收缴工作，并且努力做好课题项目创收，保证了学会活动和秘书处工作正常运转。

（中国水力发电工程学会秘书处）

中国水力发电工程学会分支机构情况表

专委会名称	主任委员	秘书长	专业内容	挂靠单位
水能规划及动能经济专业委员会	王　斌	钱钢粮	水能规划及动能经济	水电水利规划设计总院
水库专业委员会	王　斌	李明传	组织移民政策、管理、技术交流活动，开展水库经济政策研究，水库移民的调研、咨询、评估，为国家制定水库移民政策献计献策	水电水利规划设计总院
环境保护专业委员会	彭　程	顾洪宾	环境影响评价、咨询，环境保护设计，水土保持方案设计	水电水利规划设计总院
水文泥沙专业委员会	陈五一	谭　建	水文、泥沙专业的学术交流和技术总结	中国电建集团成都勘测设计研究院有限公司
地质及勘探专业委员会	彭土标	张东升	水电水利工程地质、测绘、物探、钻探、岩土试验专业的学术交流	水电水利规划设计总院
水工及水电站建筑物专业委员会	王柏乐	党林才	水工	水电水利规划设计总院
水工水力学专业委员会	刘之平	章晋雄	水工水力学	中国水利水电科学研究院

续表

专委会名称	主任委员	秘书长	专业内容	挂靠单位
高坝通航工程专业委员会	李　云	宣国祥	通航技术交流、通航科技发展战略及政策咨询、委托项目论证	南京水利科学研究院
碾压混凝土筑坝专业委员会	梅锦煜	郑桂斌	碾压混凝土筑坝技术（坝工、材料、运行、建设管理等）	中国人民武装警察部队水电指挥部
混凝土面板堆石坝专业委员会	周建平	杨泽艳	混凝土面板堆石坝设计、施工、材料、变形观测、运行管理等技术交流、咨询	水电水利规划设计总院
水工金属结构专业委员会	龚建新	林朝晖	水利水电工程闸门及其启闭设备、通航设备的设计、制造、安装及验收	水电水利规划设计总院
水力机械专业委员会	赵　琨	戴康俊	水力机械设计、试验、安装、运行、改造	水电水利规划设计总院
电气专业委员会	李定中	于庆贵	电气一次专业	水电水利规划设计总院
自动化专业委员会	吴维宁	刘观标	水电电气二次技术及相关内容	南京南瑞集团公司（国网电力科学研究院）
继电保护专业委员会	许可达	文伯瑜	发电机、变压器和高压线路的继电保护	国务院三峡工程建设委员会办公室
施工专业委员会	宗敦峰	郑　平	水利水电施工	中国电力建设股份有限公司
工程造价专业委员会	王民浩	郭建欣	工程造价、工程经济技术管理	水电水利规划设计总院
信息化专业委员会	汪小刚	钟　卫	计算机及自动化技术在水电工程规划、设计、施工及电站运行中的应用	中国水利水电科学研究院
水电站运行管理专业委员会	李向荣	裴哲义	水电站运行管理、水库经济运行	国家电力调度通信中心
电网调峰与抽水蓄能专业委员会	林铭山	郝荣国	开展抽水蓄能电站建设必要性、经济合理性及优化布局的研讨，介绍先进技术，组织学术交流，承接站点规划和技术咨询服务	中国电建集团北京勘测设计研究院有限公司
大坝安全专业委员会	张秀丽	许传桂	涉及运行维护、安全监测、安全评价、补强加固、缺陷处理、应急管理等相关业务领域	国家能源局大坝安全监察中心
水电控制设备专业委员会	王德宽	刘同安	水轮机调速、励磁装置，自动化元件，智能仪表	中国水利水电科学研究院
抗震防灾专业委员会	李同春	张燎军	大型水利水电工程、大电网的抗震防灾科学技术、预案及对策研究	河海大学
电力系统自动化专业委员会	毕亚雄	李平诗	水电厂自动化系统，自动调压、调频装置，水电长距离输电稳定装置	中国长江三峡集团公司
梯级调度控制专业委员会	肖　舸	王玉华	流域梯级调度控制、流域水资源运用	中国长江电力股份有限公司
机械疏浚专业委员会	王杨群	王　究	机械疏浚与吹填学术交流，推广先进经验，介绍新的技术、材料、设备、产品	水利部综合事业局

续表

专委会名称	主任委员	秘书长	专业内容	挂靠单位
小水电专业委员会	李如芳	徐锦才	小水电方面学术交流、技术咨询、继续教育	水利部农村电气化研究所
水电监理专业委员会	陈东平	孙玉生	水电监理经验与技术交流，监理技术与理论研究	中国水利水电建设工程咨询北京有限公司
水电建设管理专业委员会	毛亚杰	毛亚杰	水电建设管理经验与技术交流	中国水力发电工程学会
风险管理专业委员会	陈东平	时　斌	风险管理理论研究，水电施工单位实施风险管理规划，组织专业培训，开展行评行检	江泰保险经纪有限公司
国际河流水电开发生态环境研究工作委员会	王　斌	周世春	澜沧江开发的研究、监测、收集信息，建立监测站，对其水情进行分析评价	水电水利规划设计总院

（中国水力发电工程学会秘书处　殷利利）

各省、市、自治区水力发电工程学会组织情况表

名称	会员总数	理事长	秘书长	办事机构地点	邮编	学术专业设置	会刊学报
北京水力发电工程学会	1200	郝荣国	徐力波	北京市定福庄 中国电建北京勘测设计研究院有限公司	100024	无	无
天津市水力发电工程学会	1297	何志华	何琴雯	天津市河西区洞庭路60号 中水北方勘测设计研究有限责任公司	300222	施工及基础处理专委会 水电成套设备专委会 水工专委会 机电专委会 大坝安全监测与管理专委会 动能经济及抽水蓄能专委会 勘测专委会	《水利水电工程设计》
河北省水力发电工程学会	175	李树槐	李　娜	河北省石家庄市富强大街3号	050011	无	无
山西省水力发电工程学会	684	孙万功	陈海清	山西省太原市新建北路45号	030002	水电电气自动化专委会 水工建筑及水力机械专委会 水电站运行管理专委会 农村水电电气化专委会 抽水蓄能电站专委会	《电力学报》（双月刊） 《山西省水力发电工程学会简报》
江苏省水力发电工程学会	897	朱跃龙	陈守伦	江苏省南京市西康路1号 河海大学水电馆306室	210098	水工结构专委会 水工水力学专委会 水电站电气及自动化专委会 仪器仪表专委会 小水电专委会 泵站及流体机械专委会 水资源及环境专委会	无

续表

名称	会员总数	理事长	秘书长	办事机构地点	邮编	学术专业设置	会刊学报
上海市水力发电工程学会	255	陆忠民	毛影秋	上海市逸仙路388号 上海勘测设计研究院有限公司	200434	无	《上海水利水电技术》 《上海市水力发电工程学会会讯》
浙江省水力发电工程学会	1451	杨　炯	吕　峰	浙江省杭州市梅花碑7号	310009	水能规划及动能经济专委会 水工及水电站建筑专委会 水电站运行管理专委会 中小水电开发与管理专委会 施工专委会 机电设备专委会 地质勘测及技术处理专委会 计算机运行及信息专委会 大坝安全监测专委会	《浙江水利水电》(内刊，学会通讯)
安徽省水力发电工程学会	795	杜贵和	陈自年	安徽省合肥市黄山路9号 安徽省电力公司	230022	水工专委会 小水电专委会 水电站运行专委会	无
福建省水力发电工程学会	1290	李立新	陈瑞兴	福建省福州市湖东路231号前田大厦10楼	350013	水能规划及动能经济专委会 工程勘查专委会 水工及水电站建筑物专委会 水力机械及金属结构专委会 水电站电气及自动化专委会 水电建设管理专委会 水电站运行管理专委会 施工机械及施工管理专委会 水库经济专委会 水电厂防汛及水库调度专业委员会 《福建水力发电》编委会 《福建水力发电》编辑部 学术工委会 科普工委会 组织工委会	《福建水力发电》
河南省水力发电工程学会	1004	张金良	景来红	河南省郑州市金水路109号	450003	水能规划及动能经济专委会 水工及水电站建筑物专委会 水电站电气及自动化专委会 施工机械及施工管理专委会 水电站运行管理专委会 水工金属结构专委会 中小型水电专委会 地质专委会 青年工作委员会	无
湖北省水力发电工程学会	5650	常晓林	赵英林	武汉大学工学部第八教学楼	430072	水能规划及动能经济专委会 水工及水电站建筑物专委会 水工水力学专委会 水利水电工程施工专委会 水电站电气及自动化专委会 水电站运行管理专委会 水力机械专委会 中小水电专委会	《水电与新能源》

续表

名称	会员总数	理事长	秘书长	办事机构地点	邮编	学术专业设置	会刊学报
湖南省水力发电工程学会	2429	苏祥林	方　芳	湖南省长沙市雨花区香樟东路16号 中国电建集团中南勘测设计研究院有限公司	410014	水电站运行管理专委会 施工专委会 小水电及农村电气化专委会 水能规划与动能经济专委会 库区经济专委会 水工及水电站建筑专业委员会 勘测专业委员会 水电水利信息技术专业委员会 环境保护专委会 新能源专业委员会	《中南水力发电》
广东省水力发电工程学会	1690	洪荣坤	夏红梅	广东省广州市天河东路2号粤电广场	510630	水能利用专委会 水工及水电站建筑专委会 水电建设管理及施工专委会 水电站运行与自动化专委会 风电及新能源专委会 中国水力发电工程学会贯流式水电站专委会	无
广西水力发电工程学会	3435	李一平	陈于华	广西南宁市民主路6号 广西电网有限责任公司	530023	水能规划及动能经济专委会 地质勘测专委会 水工及水电站建筑物专委会 水力机械专委会 金属结构专委会 水电站电气及自动化专委会 施工机械及施工管理专委会 水电建设管理专委会 水电站运行管理专委会 小水电及农村电气化专委会 水库经济专委会 水电厂防汛及水库调度专委会 计算机应用专委会 工程造价专委会 电气及自动化专委会	《红水河》
四川省水力发电工程学会	3410	陈云华	吴世勇	四川省成都市双林路288号二滩大厦	610051	地质勘探专委会 运行专委会 工程造价专委会 施工专委会 水工专委会 规划专委会 水机专委会	《四川水力发电》
贵州省水力发电工程学会	2072	张志强	邹建国	贵州省贵阳市新华路9号 乌江水电开发有限责任公司	550002	水资源及水能规划专委会 地质与勘探专委会 水工及水电站建筑物专委会 水电站建设及工程经济专委会 金属结构及水力机械专委会 施工管理专委会 水库经济专委会 水电站运行管理专委会 小水电技术专委会 环境与资源专委会	《贵州水力发电》

续表

名称	会员总数	理事长	秘书长	办事机构地点	邮编	学术专业设置	会刊学报
云南省水力发电工程学会	2163	汤寿泉	栗　冰	云南省昆明市拓东路73号 云南电网公司3号楼203室	650011	水工及水电站建筑物专委会 水能规划及动能经济专委会 水电站电气及自动化专委会 水力机械及金属结构专委会 施工机械及施工管理专委会 水电站运行管理专委会 工程经济定额预算专委会 地质及勘测专委会	《云南水力发电》 《云南省水力发电工程学会简报》
陕西省水力发电工程学会	5893	马海晨	李　巍	陕西省西安市丈八东路18号 中国电建集团西北勘测设计研究院有限公司	710065	水工专委会 规划动能经济专委会 工程地质勘测专委会 小水电专委会 机电运行专委会 水电站施工专委会 工程造价专委会 通航专委会 水电站自动化专委会 水库及环保专委会 风电与新能源专委会 青年工作委员会 咨询委员会 科普工作委员会	《西北水力发电》[西北五省（区）联合办刊]
甘肃省水力发电工程学会	1685	赵德武	胡金荣	甘肃省兰州市七里河区敦煌路353号 国投甘肃小三峡发电有限责任公司	730050	水能规划与动能经济专委会 地质与勘探专委会 水力机械专委会 水电站运行管理专委会 小水电专委会 水工与施工专委会 风力发电专委会	无
宁夏水力发电工程学会	474	田军仓	王红雨	宁夏银川市贺兰山西路539号 宁夏大学土木与水利工程学院	750021	水电站运行专委会 水力机械气蚀磨损专委会 电气自动化专委会 水工专委会 水电施工专委会	《西北水力发电》[西北五省（区）联合办刊]
青海省水力发电工程学会	1081	张俊才	曹光明	青海省西宁市五四西路43号-5 黄河上游水电开发公司	810008	水电工程经济定额预算专委会 小水电专委会 水工专委会 水能经济专委会	《青海水力发电》
新疆水力发电工程学会	217	张　剑	赵　华	新疆乌鲁木齐市黑龙江路19号 水利部新疆水利水电勘测设计研究院	830000	水利水电工程大坝专委会 水电站机电及自动化技术专委会 岩石力学与工程专委会 水利水电工程招标投标专委会 水能规划与动能经济专委会 水电工程经济专委会 水工与施工专委会 水库与环保专委会 金属结构水工机械专委会 水库经济专委会	《新疆水利水电》

（中国水力发电工程学会秘书处　殷利利）

2014年中国水力发电工程学会专业委员会学术活动情况

中国水力发电工程学会有关专业委员会（以下简称专委会），2014年学术活动情况如下：

1. 梯级调度控制专委会　2014年6月25～27日，该专委会2014年学术交流会在宁夏银川召开，共有来自中国长江电力股份有限公司、国电大渡河流域水电开发有限公司、黄河上游水电开发有限责任公司、雅砻江流域水电开发有限公司、湖北清江水电开发有限责任公司等全国各大流域机构、科研院所17家单位39名代表参加了会议。

专委会主任委员、中国长江电力股份有限公司副总工程师袁杰作讲话。他对当前的梯级调度控制的发展形势进行了分析，并对专委会进一步开展学术交流、促进行业技术水平提升提出了要求。会议对2014年收集到的90余篇学术论文，选取了14篇论文在会上进行交流，内容包括水文预报、流域梯级水库优化调度、调控系统建设、水电站经济运行指标等。参会代表们纷纷表示，此次交流会充分反映了梯级调度控制事业的新技术、新理念，对实际工作具有很好的指导和借鉴意义。

2. 自动化专委会　2014年7月22～24日，学会自动化专委会2014年年会暨全国水电厂自动化技术学术交流会在山东青岛召开。会议由中国水力发电工程学会自动化专委会及全国水电厂自动化技术信息网联合主办，南京南瑞集团公司（国网电力科学研究院）承办。中国水力发电工程学会副秘书长李新出席会议并讲话。来自全国各发电集团、省公司、流域公司、设计院、水电厂、科研院所、高等院校等73家单位的代表共136人参加了会议。

会上，南瑞集团公司芮钧博士作了《水电厂自动化技术发展现状及趋势》的报告，中国水电顾问集团西北勘测设计研究院冯汉夫主任作了《智能水电厂现状及发展》的专题发言，还有10位来自生产施工一线的专家分享了他们在水电站调速、励磁、计算机监控改造、机组设备状态监测与故障诊断、培训仿真系统以及水电联合优化调度等领域各自的新技术、应用实例和成功经验。本次会议共征集到水电厂自动化专业领域论文165篇，论文观点明确，主题突出，论证有力，密切联系本职工作，是生产管理工作的真切感受和实践经验的理性的反思、经验的总结、方法的提炼和认识的提升，能够紧扣水电厂自动化技术领域的实际问题，特别是抓住当前热点和难点问题寻求解决的方法，具有一定的针对性和实用价值。

3. 贯流式水电站专委会　中国水力发电工程学会贯流式水电站专业委员会第九次年会（委员大会）暨技术交流会于2014年8月19～22日在吉林省长春市召开。中国水力发电工程学会常务副秘书长吴义航到会指导，参加会议的有专委会委员、委员单位有关负责人及专业技术人员共88名代表。

会上，专委会黄顺明主任委员作工作报告，代表们就有关技术问题进行了深入的交流。会议共收集论文47篇，内容涵盖设计、制造、施工、安装、运行和备品备件供应等，编辑出版了《论文集》，并选出11篇具有代表性的论文在会上进行了交流。会后，全体代表前往松原市哈达山水电站进行了技术考察。会议建议专委会今后将与贯流式发电技术一脉相承的潮汐能发电纳入专委会技术交流范畴，并在这一领域有所作为；号召全体委员单位继续共同努力，为中国贯流式水电事业的发展做出更大的贡献。

4. 混凝土面板堆石坝专委会　该专委会于2014年9月25日在江苏省南京市召开高面板堆石坝安全性研究及软岩筑坝技术进展研讨会。来自全国水利水电工程设计、施工、建设、监理、高校、科研等45个单位的约110名专家和学者参加了会议。中国工程院马洪琪院士，国际大坝委员会荣誉主席、中国大坝协会秘书长贾金生出席会议。

会议精选了35篇优秀论文连同中国30m以上混凝土面板堆石坝统计（截至2013年底），编辑出版了《高面板堆石坝安全性研究及软岩筑坝技术进展论文集》。面板坝专委会组织了对从事面板坝技术工作30年、曾任中国水力发电工程学会面板坝专委会委员或顾问、年龄80岁以上的老一辈专家进行表彰和奖励的活动。经面板坝专委会推荐和函评、中国水力发电工程学会认定，决定对蒋国澄、曹克明、傅志安、顾淦臣、赵增凯、凤家骥等6位老一辈专家授予“面板堆石坝筑坝技术推广和应用有突出贡献老专家”称号。

开幕式上，河海大学副校长朱跃龙对来自全国各地的专家、学者表示热烈欢迎；中国电力建设集团公司总工程师、混凝土面板堆石坝专业委员会主任委员周建平介绍了高坝及高面板坝面临的机遇与挑战，说明了本次会议的意义；中国水力发电工程学会副秘书长李新重点阐述了国内水电工程建设中风险管理的重要性，并向获奖老专家颁奖。周建平和贾金生为顾淦臣、凤家骥两位老专家代表颁发奖状和奖牌。

会上，马洪琪院士做了《高面板堆石坝安全性研究技术进展》特邀报告，贾金生做了《胶结颗粒料坝研究进展》特邀报告；中国水利水电建设工程咨询有限公司总工、专委会副主任委员兼秘书长杨泽艳等8位专家、学者做了研究课题介绍和专题报告；中国电建集团昆明勘测设计研究院有限公司副总经理兼总工张宗亮设计大师等6位专家做了红石岩堰塞坝安全评价与永久整治方案、高面板堆石坝安全监测技术、溧阳抽水蓄能电站工程筑坝技术设计、施工及建设管理、勐野江工程软岩筑坝技术等交流报告。报告内容丰富，演讲生动，气氛活跃，启发性很强。会议对会上进行交流青年作者的论文进行了评选和表彰，会后还安排考察了采用软岩筑坝的溧阳抽水蓄能电站工程。

5. 水工及水电站建筑物专委会　2014年9月22日，第八届全国水电站压力管道学术会议在成都召开。本次会议由中国水力发电工程学会水工及水电站建筑物专委会、中国水利学会水工结构专委会、水电站压力管道信息网、武汉大学水资源与水电工程科学国家重点实验室、中国电建集团成都勘测设计研究院有限公司共同组织召开，中国电建集团成都勘测设计研究院有限公司承办。51家单位的近140位代表出席本次学术会议。武汉大学水资源与水电工程科学国家重点实验室伍鹤皋教授主持会议。

中国电建集团成都勘测设计研究院有限公司副总经理、总工程师王仁坤在会议开幕时致辞；水电水利规划设计总院副总工程师、中国水力发电工程学会水工及水电站建筑物专委会秘书长党林才在会上发言；浙江大学钟秉章教授作题为《水电站压力管道工程实践中的几个问题》的专题交流。

6. 水文泥沙专业委员会　2014年10月15～17日，中国水力发电工程学会水文泥沙专业委员会第十届学术研讨会在西安市召开。会议由水文泥沙专委会主办，中国电建集团西北勘测设计研究院有限公司承办，中国电建集团成都勘测设计研究院有限公司协办。来自18个省、市、自治区的水文水资源局、水利水电设计院、流域机构、科研院所、高等院校、水电开发公司等30个单位的代表参加了会议。

中国电建集团西北勘测设计研究院有限公司副总经理白俊光致欢迎辞；本届水文泥沙专委会主任陈五一教授就专委会会议组织准备及日常管理工作做了说明，并对当前形势下的学会工作提出了新的设想。会议邀请了国际水资源协会主席夏军教授、武汉大学张小峰教授分别作了主题发言，重点针对新形势下的水文泥沙设计与研究进行了探讨。另有8位专家和代表发表了最新研究成果，并宣讲论文。针对论文观点各位代表踊跃进行了自由提问，与论文宣讲者互动深入，对学术、技术交流起到了积极的作用。会议共收到论文40余篇，并编辑出版了内部刊物《全国水文泥沙文选》供会议交流讨论。与会代表就新一届专委会的工作方向进行了热烈讨论，并提出了很好的意见和建议。

7. 地质及勘探专业委员会　2014年9月27～30日，中国水力发电工程学会地质及勘探专业委员会第二次工程地质学术研讨会在北京召开。各有关单位的100余名领导专家及代表参加了会议。中国电建集团北京勘测设计研究院有限公司副总经理邢文东致欢迎辞，李文纲勘察大师和郭义华专委分别发表讲话，勉励大家在工程地质工作中要“勇于实践，善于思索；夯实基础，突出问题”。在接下来的一天半论文交流大会上，专委成员轮流主持会议，论文演讲精彩纷呈，专家点评切中要害。

会议论文主题有水库区重大工程地质问题研究，水库移民安置区选址与评价中的工程地质问题研究，高地应力条件下洞室围岩稳定性分析与评价，洞室高地温研究，高边坡稳定性分析与评价，水利水电勘察中测量、物探、钻探和试验的新技术和新方法，境外水利水电勘察理念与实践，工程地质勘察内外业数字一体化，勘察业务的延伸与拓展，工程地质监测方法等，共收录92篇。会议选取《怒江中游水电开发工程地质条件研究》等19篇论文进行了汇报交流。本次学术研讨会为参会各单位和人员搭建了一个相互交流、相互学习的平台，通过对勘察技术的交流和讨论，发现新思路，开创新技术，必将对今后的水电水利工程地质勘察工作起到很好的促进作用。

8. 抗震防灾专委会　2014年10月31日，由中国水力发电工程学会抗震防灾专业委员主办、中国电建集团华东勘测设计研究院有限公司承办的“2014全国大坝抗震安全高级学术研讨会”在杭州市成功举行。中国电建集团华东勘测设计研究院有限公司总工程师吴关叶，中国水力发电工程学会副秘书长张博庭，抗震防灾专委会主任李同春分别致辞。抗震防灾专委会秘书长、河海大学张燎军主持了开幕式。

出席会议的有中国工程院陈厚群院士，中国科学院林皋院士、张楚汉院士，中国长江三峡集团胡斌主任，中国电建集团西北勘测设计研究院有限公司姚栓喜总工程师等来自全国各地高等院校、科研院所以及水利水电勘测、设计、施工和管理单位的近80名专家、学者。3名院士和4名高级专家介绍了国内外大坝抗震领域的最新研究进展和前沿科学技术问题。与会代表就大坝抗震分析理论、设计标准、水库地震、抗震安全评价体系等诸多关键科学技术问题进行了深入讨论，厘清了不少技术疑点。大会取得了圆满成功，对我国大坝抗震研究起到有益的推动作用。

9. 大坝安全专委会　学会大坝安全专委会2014年年会暨大坝安全监测技术现状与展望学术交流会于11月5～7日在湖北宜昌顺利召开。会议由中国水力发电学会大坝安全专委会主办，国家能源局大坝安全监察中心承办，中国葛洲坝集团勘测设计有限公司和湖北清江水电开发有限责任公司协办。来自全国各科研院所、水电工程建设单位、勘测设计单位等共145名代表出席了会议。

大会重点围绕大坝安全监测技术发展的现状以及技术热点和难点，共安排了3个特邀报告、4个主题报告、11个交流报告。会上还对获奖的12篇优秀论文作者进行了表彰。11个交流报告主题鲜明、精彩纷呈，从不同的角度解答了当前大坝安全业内最关心的问题，给与会代表打开了不同专业的前沿视野。会间安排了安全监测仪器设备展览，为大坝安全监测专业技术人员与监测仪器设备厂家提供了一个沟通交流的平台，有利于电站现场需求与市场信息的对接。大会还组织与会代表分别参观了长江三峡大坝和清江水布垭大坝。

10. 水电站运行管理专委会　2014年12月3～5日，2014年全国水电站运行管理技术学术研讨会在扬州召开。本次会议由中国水力发电工程学会水电站运行管理专委会主办，南京南瑞集团公司（国网电力科学研究院）承办，来自全国网省公司、发电集团、流域公司、科研院所等52家单位的85名代表参加。中国水力发电工程学会副秘书长李新、国网电力科学研究院副院长吴维宁出席了会议。

会议共收到论文122篇，收入论文集97篇，内容涵盖了水情测报与预报、水电站运行与管理、水库优化调度、设备故障诊断及状态检修、气象信息管理、智能化水电厂等领域。大会邀请了华中科技大学周建中教授和南瑞集团公司李永红主任分别作了《长江上游水电能源多维广义耦合复杂系统优化调度》和《智能水电厂的发展及新技术应用》的主旨报告。来自中国华电集团公司、雅砻江流域水电开发有限公司、中国长江电力股份有限公司、浙江省电力公司、南京南瑞集团公司、国网新源控股有限公司、湖南省电力公司等7家单位的11位专家代表进行了专题交流发言。会议专门组织开展了自由讨论，就小水电运行管理、水库水量平衡计算等方面的内容进行了深入交流，不论是专家学者、中青年技术骨干还是行业新秀，大家畅所欲言，达到了分享经验、交流成果、促进现代水电站运行管理事业发展的预期目的。

11. 其他专委会　施工、电气、水力机械、金属结构、信息化、抽水蓄能、风险管理、水电监理等专业委员会也分别召开了形式多样、内容丰富的学术交流和学术研讨会。

（中国水力发电工程学会秘书处）

中国大坝协会2014年工作情况

2014，中国大坝协会以转观念、促创新、稳发展为抓手，以抓管理、强素质、增效率为保障，牢记责任使命，创新工作模式，致力于宣传、推广中国大坝建设成就和打造国内外交流平台，扩大在国际坝工界的影响力和国内社会效应的发挥，积极“走出去、引进来”，努力搭建沟通平台，持续强化纽带和支撑作用，进一步提升了服务水平，不断开创社团发展的新局面。

（一）凝心聚力，建言献策，力争做好技术支撑

（1）协助开展全国水库大坝安全调研。中国大坝协会和中国水利水电科学研究院受水利部安监司委托，2012年承担了全国大型水库大坝的安全调研具体的组织实施工作。先后对545座水库大坝进行问卷调查，对20座水库大坝工程和9家设计施工单位开展了现场调研。经过2年多的努力，在问卷调查和现场调研工作基础上，经反复提炼并多次咨询专家意见，已完成《全国水库大坝安全调研总报告》，并通过三部委会签，报送至国务院。

（2）参与《水库大坝安全管理条例》修订。2014年，中国大坝协会秘书处重点围绕水库大坝风险和应急管理、中小型水库大坝工程管理体制机制等主题开展了国内外调研和现场调研，并承担了《条例》修订专家及有关部门座谈会的组织工作。

（3）开展针对性调研和专题研究。中国大坝协会秘书处针对热点问题，组织专家承担或参与了全球水能资源情况调查分析、缅甸伊江上游水电开发咨询、胶凝砂砾石在岷江航电工程中的应用研究、布西水电站大坝安全评估及处理措施研究、水库大坝安全标准比较研究、流域尺度国际水能资源开发情况调查研究等工作，并提交相关报告，受到了委托单位的好评。

（4）建设国内外大坝数据库。在各有关单位的大力支持下，中国大坝协会秘书处继续完善了国内已建、在建30m以上大坝数据库、全国病险水库工程信息库和国外溃坝信息库，为政府部门的调研和决策、行业发展提供数据支撑。

（5）筹备出版《中国大坝建设60年》英文版。中国大坝协会秘书处继续收集整理《中国大坝建设60年》英文稿件，并组织专家进行了稿件的一校、二校及三校工作。稿件已移交出版社校审，预计2015年上半年出版。

（二）拓宽渠道，运用合力，高效推进水库大坝科普宣传

（1）发挥专家优势，积极引领舆论导向。汪恕诚

理事长高度重视舆论宣传工作，多次强调开展行业宣传、占领舆论制高点的重要性；2014 年，荣誉理事长陆佑楣院士、常务理事郑守仁院士等多位领导先后接受媒体专访，从中国的水电开发、水库大坝的生态功能、人水和谐理念等多个公众关心和热议的话题，解疑释惑、正本清源；各有关会员单位领导和专家结合工程进展和发展规划广泛宣传水库大坝的战略重要性。这些工作的开展，增进了公众对水库大坝动态的了解，更好地引领了有利于水利水电事业发展的舆论导向，对水库大坝健康发展起到了推进作用。

(2) 搭建对话平台，主办“水库大坝与环境保护”科普论坛。2014 年，协会秘书处先后于 3 月 22 日（世界水日）、9 月 22 日（全国科普周期间）和 10 月 17 日，与中国水力发电工程学会联合举办了“水与能源”“水库大坝的生态环境效益”“水利水电工程与生态环境保护”三期科普论坛。邀请业内专家，围绕社会普遍关注的工程热点做专题发言，并与媒体代表进行现场交流，对增强社会各界对水利水电行业发展的科学认识起到了推进作用。

(3) 集合会员单位资源，组织编写《科学世界》科普专刊。《科学世界》专刊主要在科技界发行，印刷发行近 5 万份，同时通过制作网络专题发布，读者约 40 万人。2014 年，协会秘书处积极联络相关会员单位，继续组织编写新的专刊。其中，由中国电建集团北京勘测设计研究院有限公司牵头组织编写，得到中国水利水电科学研究院、中国电建集团华东勘测设计研究院有限公司和中国南方电网调峰调频公司大力支持的《科学世界》“抽水蓄能电站”专刊，编写工作已完成，将于 2015 年 2 月正式出版。

(4) 打造新媒体传播，设立“大坝新闻”微信公众号。为充分利用新媒体平台、大力推进科普宣传工作，提升对会员单位和个人会员的服务，中国大坝协会与《中国能源报》于 2014 年 6 月联合设立了“大坝新闻”微信公众号。该公众号致力于广泛及时地传播水库大坝领域的新鲜资讯，提供有价值、有见地的水利水电行业信息，为行业发展营造更加良好的舆论氛围。

(5) 全面拓展渠道，开展多种形式的公众科普活动。2014 年，协会秘书处积极响应“科普进校园”的号召，先后走进黄河水利委员会设计院、华北电力大学、北京二里沟中心小学、北京小学走读部，面对科研工作者、大专院校学生和小学生分别围绕水库大坝建设与管理关键技术、水电开发的四个转变、走进缤纷的水世界、世界水利水电工程及身边的水问题等主题做科普讲座；同时，与北京科学技术出版社合作，联合审定推荐《大坝建成了》（日译中）科普绘本。

(6) 加强媒体合作，着力主题宣传。2014 年，协会秘书处不断加强与报纸、杂志、电视台及网站等大众传媒的合作，积极参与《人民日报》、《中国电力报》、《中国能源报》、《中国水利报》、凤凰网等媒体开展的专访或专题活动，以及香港卫视正在拍摄的“中国大坝”（暂定名）纪录片制作。6 月 14 日，应邀参加由凤凰网评论频道和中国农业大学人文与发展学院联合举办的“三峡工程、水坝建设与环境研讨会”，常务理事郑守仁院士作为主讲嘉宾以“三峡工程总体情况介绍”为题做专题发言，副理事长兼秘书长贾金生教授应邀担任会议主持人和总结评议人，同时就三峡工程的生态环境效应等热点问题与有关质疑方展开科学辨析。7 月和 12 月，贾金生先后接受《中国电力报》“中电专访”、《科技日报》的邀请，围绕国家能源生产革命中水电开发以及三峡工程的综合效应有关话题回答记者提问；专访稿《须正确看待三峡的作用》《三峡工程：科学民主决策的中国典范》广受社会关注，反响良好。10 月，在贵阳组织召开中国大坝协会 2014 学术年会期间，积极邀请和组织新华社、中央电视台《朝闻天下》栏目、《中国日报》、《中国能源报》、《中国水利报》、《中国电力报》、《贵州日报》、《贵阳日报》、《能源新观察》杂志、《西部开发报》、《贵州都市报》、贵州电视台、贵州人民广播电台等多家媒体的记者对会议进行了跟踪报道，原创发稿量近 20 篇，并被广泛转载。

(三) 统一思想，规范管理，推动中国大坝协会成功换届

中国大坝协会第二次全国会员代表大会暨换届大会于 2014 年 6 月 21 日在北京召开。来自水利部、国家能源局、民政部民间组织管理局以及中国大坝协会各会员单位的领导、专家和代表共计 210 人参加了会议。大会由第一届理事会理事长汪恕诚主持，水利部副部长矫勇、中国水力发电工程学会理事长张基尧、中国水利学会理事长敬正书、民政部民间组织管理局副局长王孝谦、国家能源局新能源和可再生能源司副司长史立山到会祝贺并致辞。

大会全面回顾了协会过去五年的工作进程，分析了新时期新任务对协会发展提出的新要求，选举产生了中国大坝协会第二届理事会，共选出理事 181 名。通过选举，第二届理事会理事长由汪恕诚同志担任，副理事长有：水利部副部长矫勇、国务院南水北调办公室副主任张野、中国水力发电工程学会原理事长周大兵、中国水利水电科学研究院院长匡尚富、中国水利水电科学研究院副院长贾金生、水利水电规划设计总院副院长刘志明、长江水利委员会副主任魏山忠、黄河水利委员会副主任苏茂林、南京水利科学研究院院长张建云、中国电力建设集团有限公司董事长

晏志勇、长江勘测规划设计研究院院长钮新强、中国长江三峡集团公司副总经理林初学、中国华能集团公司副总经理寇伟、中国华电集团公司总经理程念高、中国大唐集团公司总工程师曲波、中国国电集团公司总工程师张宗富、国家电网公司总工程师张启平。

（四）搭建平台，推广创新，促进国内大坝建设的技术进步

1. 评选汪闻韶院士青年优秀论文奖　协会秘书处组织评选了第四届汪闻韶院士青年优秀论文奖，并在2014学术年会开幕式上进行颁奖。经网评、专家会评和网络公示，本届共评选出优秀论文3篇。获奖论文的第一作者分别是中国水利水电科学研究院的冯炜、长江水利委员会长江科学院的汤显强和武汉大学的周伟。

2. 组织召开系列学术研讨会议

（1）主办水库大坝新技术推广研讨会。2014年5月22～23日，由中国大坝协会主办的水库大坝新技术推广研讨会在广州召开。会议注册代表180多名，收集论文70多篇；共邀请26位专家做了大会报告，围绕抽水蓄能电站的经验总结、胶结颗粒料筑坝新技术、水工混凝土建筑物的老化与安全评估、水工混凝土建筑物修补与加固、高坝技术进展等议题展开了充分的研讨。会议期间，多家单位参与了新技术展览，展示了胶凝砂砾石筑坝技术、胶凝砂砾石专用拌和设备等水库大坝新技术、新产品。

（2）组织召开中国大坝协会2014学术年会。2014年10月16～17日，中国大坝协会2014学术年会在贵州贵阳隆重召开。来自水利部、国家能源局、贵州省政府以及中国大坝协会各会员单位的领导、专家共520多人参加了会议，受邀来访的美国、法国、塔吉克斯坦及非洲国家的外宾代表近20名。大会围绕水库大坝建设管理、水电开发的新技术、新理念，以及水库大坝与水电可持续发展等热点问题进行研讨。

大会开幕式由中国大坝协会理事长、水利部原部长汪恕诚主持。贵州省副省长刘远坤、水利部总工程师汪洪、国家能源局总工程师杨昆、中国大坝协会副理事长周大兵、中国华电集团公司总经理程念高分别为大会致辞。中国科学院院士王光谦、国家电网公司总工程师张启平、国务院南水北调工程建设委员会办公室建设管理司副司长井书光、大连理工大学孔宪京教授等知名专家应邀出席了会议并做大会特邀报告。开幕式上颁发了第四届汪闻韶院士青年优秀论文奖。

会议开设了高坝建设关键技术，大坝运行管理技术，水工新技术、新材料和新坝型，水电开发与生态文明，喀斯特地区勘察处理技术等五个技术分会和两个专题研讨会，举办了“非洲水库大坝与水电可持续发展”圆桌会议和“水利水电工程与生态环境保护”科普论坛。本次会议共收到中外论文160余篇，共邀请了近90位国内外专家围绕工程经验和最新研究成果做会议发言；另有19家单位参加了会间技术展览。会后100余名代表分四组参观了洪家渡、构皮滩、光照和董菁工程。

（五）积极参与国际学术活动，不断深化多双边技术交流

（1）组织参加国际大坝委员会第82届年会。国际大坝委员会第82届年会于2014年6月2～6日在印度尼西亚巴厘岛召开。此次会议由印度尼西亚大坝委员会承办，内容包括：第82届执行会议、专委会会议、“全球环境挑战下的水库大坝”专题研讨会、国际大坝委员会亚太区域会议、技术展览、工程技术参观等，来自70多个国家的1500多名代表参加了会议。水利部副部长刘宁率团参加了此次会议，并在大会开幕式上致辞。在6月6日召开的国际大坝委员会第82届执行会议上，挪威专家Leif LIA和韩国专家YUM Kyun-Taek当选为国际大坝委员会副主席，通过了缅甸为国际大坝委员会第97个成员国。中国专家贾金生作为专委会主席主持召开了胶结颗粒料坝专委会会议，李文学作为专委会副主席代表主席主持了多功能大坝专委会的会议，并有张国新、郑璀莹、王士军等专家作为委员或者观察员参加了相关专委会的会议，与专委会各国专家在相关领域的技术进展进行了交流。年会期间举办了水利水电工程技术展览，来自世界各地的87个参展商参加了技术展览，中国大坝协会展览重点介绍了我国水库大坝建设的总体概况，以及我国的大坝抗震技术、面板堆石坝建设技术、胶凝砂砾石筑坝技术等内容，影响良好。

（2）组织参加中日韩大坝委员会第8次学术交流会议。中日韩大坝委员会第八次学术交流会于2014年10月20～24日在韩国首尔召开。中国大坝协会副秘书长、中国电力建设集团有限公司总工程师周建平率团参加了会议。会议主题是“老坝的修复加固”。来自中国、日本和韩国共16位专家分别就大坝老化的检测、应对措施及修复等方面取得的最新技术和研究成果在会上作了发言。中国大坝协会代表团有5名代表在大会上作学术报告。会后考察了韩国Soyang-gang大坝、Sihwa Lake潮汐发电站等工程。

（3）参加Hydro Vision2014学术会议。2014年7月22～25日，协会秘书处派代表出席了在美国田纳西州纳什维尔市举行的Hydro Vision2014学术研讨会。本届会议代表来自世界各国家和地区，总计1000余人。会议围绕评估管理、大坝安全、水电发展趋势、操作与管理、政策规范、水资源、风能潮汐能等议题，平行开设了8个分会场、邀请各国与会代

表做了共计200多个学术报告。会议期间，中方代表就大坝安全和水电开发等话题与外方代表进行了交流。

（4）参加水电2014国际研讨会。2014年10月13～15日，“Hydro2014国际会议—基于最新水电开发进展”在意大利召开。来自世界各地的近1500位水电专家代表参加了会议。中国大坝协会秘书处专家参加了会议，并与与会代表就政策、开发与优先权——非洲区域、水电效益最大化、小水电——水文、水力机械和除险加固、大坝安全、水电站加固和更新、水电站生态环境监测技术等会议议题进行了交流。

（5）参与2015世界水电大会筹办。由国际水电协会（IHA）主办的2015世界水电大会将于2015年5月在中国北京举行。2014年，协会秘书处全程参与了2015世界水电大会的选址、政府支持单位申请、会议公司招标、会议服务合同和会议方案起草及修改、会议协办单位邀请、会议发言题目征集以及中方代表参会邀请方案起草等筹备工作，并于8月重点负责承办召开了2015世界水电大会北京宣介会。北京宣介会旨在加强相关各界对大会及其主办单位即国际水电协会的了解，并正式发布2015世界水电大会的活动信息，介绍大会的组织和筹备工作情况；来自中方组委会成员单位、金砖五国与水电大国驻华使馆、IHA全球核心赞助及合作伙伴企业、国际咨询机构、环保组织、金融组织与发展组织、中国水电界相关单位、学术机构、媒体等各界高层代表约100人参加了会议。

（六）加强社团建设，提升服务能力和水平

2014年，根据民政部关于社会组织的评估要求，继续完善各项制度，包括薪酬制度、考核奖惩制度、分支机构管理办法的制订等，以推动协会健康发展，规范化、制度化运行。

一年来，通过举办国内、国际学术研讨会，参加国内外学术活动和相关交流培训，不断学习借鉴其他学术组织先进经验，强化了秘书处全体工作人员的服务意识和职业素养，增强了团队成员的责任心和凝聚力，从而进一步提升对会员单位的服务力度和水平。

2014年，经多方努力，经国家广播电影电视新闻出版总局批准，中国大坝协会成为《水利学报》《中国水能与电气化》学术期刊的新增主办单位，增强了协会的学术平台建设和服务能力，进一步完善了协会的组织构架。

2014年，中国大坝协会秘书处编印了4期《大坝新闻》专刊、《水库大坝参阅资料》《国际里程碑工程奖画册》《Seismic Safety of Dams in China》等资料，更新了协会画册等宣传材料，并进行了广泛发放和交流。

（中国大坝协会秘书处）

中国水利学会2014年工作情况

（一）学会建设情况

（1）服务会员水平不断加强。2014年，学会加强对单位会员的走访和调研，实际了解单位会员的需求，开展更具有针对性的会员服务。通过收集资料，编写“单位会员风采录”，帮助单位会员进行宣传，扩大其知名度。学会还为7万余名个人会员制作了会员证，增强了学会的凝聚力。

（2）举办个人会员管理系统应用培训班。2014年6月，为提高会员管理服务的信息化水平，学会在北京举办个人会员管理系统应用培训班。来自全国24个省市区水利学会的会员管理人员参加培训。通过培训，省级学会会员管理人员对系统有了基本了解，并能使用系统开展基础的会员管理和服务工作，培训取得了良好效果。

（3）召开九届九次常务理事会议和九届七次理事会。2014年，以通讯会议形式召开了九届九次常务理事会，审议有关院士推选工作方案和推选机构。在年会期间还召开了九届七次理事会，向理事会报告工作和决定审议事项。

（二）学术交流情况

（1）成功举办2014学术年会。2014年10月28～30日，中国水利学会2014学术年会在天津召开，主题为“科技创新与水利改革”，学会九届理事，各分支机构、省级学会、单位会员代表，有关高校、科研院所、设计、施工和管理等单位技术骨干，以及加拿大、澳大利亚、英国、韩国、日本等国外友好学会代表共500余人参加。会上，水利部副部长胡四一作了题为“大力推进水生态文明建设”的主旨报告，7位专家和代表作特邀报告。年会设置六个分会场，包括一个国际分会场，分别围绕水资源、农村水利、岩土力学、疏浚与泥处理利用、城市供水安全及水权等内容展开研讨；收到论文共500余篇，其中国际分会场20篇。经专家评审，除国际分会场外，有220篇与主题相符、水平较高的论文入选论文集，其中45篇被评为优秀论文。国际分会场收到20篇论文，通过专家初审，全部推荐给有关国际期刊发表。大会还颁发了2014年度大禹水利科技奖和年会优秀论文奖。

（2）成功举办第十届中美工程技术研讨会“水生态建设组”研讨会。2014年5月25～27日，第十届中美工程技术研讨会“水生态建设组”研讨会在江苏苏州举行，来自中国、美国、加拿大、新加坡等30余名知名专家和学者参加。会议由国家外专局、水利部和加拿大土木工程学会联合举办，中国水利学会承办，中国水利水电科学研究院、江苏水利厅、江苏省人民政府、流域水循环模拟与调控国家重点实验室协办。研讨会主题为“气候变化条件下的水生态文明建设”，旨在对苏州水问题进行解析和研讨，通过中外专家研讨交流，凝聚中外专家的智慧和经验，对苏州市水生态文明建设把脉问诊，同时也为类似条件的地区水生态建设提供借鉴参考，有针对性地提出一些富有创新性和建设性的建议，并形成专家建议书上报国家外专局。

（3）成功举办第一届西藏水资源利用暨水利水电技术学术会议。2014年8月22～23日，第一届西藏水资源利用暨水利水电技术学术会议在西藏林芝举办。主题为“水利科技促进西藏社会经济可持续发展”，以破解西藏地区水利水电建设发展中的技术难题，加强科研合作，加速西藏地区水利科学技术事业的发展。会议由中国水利学会主办，西藏大学农牧学院、河海大学、中国水利水电科学研究院、清华大学、西藏自治区水利学会、长江科学院、南京水利科学研究院、三峡大学等承办。来自国内与水利水电相关的高等院校、科研院所、从事水利水电工程的勘测设计及施工单位共约170人参加了此次会议。

（4）参与举办第四届中国湖泊论坛。2014年10月23～24日，学会作为协办单位参与中国科学技术协会主办的第四届中国湖泊论坛，并推荐论文15篇。

（5）专委会学术交流活跃。2014年，学会所属专委会开展了大量的学术交流活动。如学会泥沙专业委员会在杭州举办了“第九届全国泥沙基本理论研究学术讨论会”；学会农村水利专业委员会在福建漳州市漳浦县举办了第六届海峡论坛·两岸乡村农田水利建设交流会；水利量测技术专业委员会在哈尔滨举办“第十五届全国水利量测技术综合学术研讨会”；减灾专委会在重庆举办了“第四届防汛抗旱信息化论坛”等活动，反映了各专业领域的学科发展方向和水平，体现了学会作为水利科技社团的学术引领作用。

（6）省级学会学术交流活动活跃。各省级学会围绕国家水利中心工作并结合当地社会经济发展对水利的需求，开展了形式多样的学术交流活动。江苏省水利学会在南京举办了“江苏省水利学会2014年会暨第六届江苏水论坛”；山东水利学会在济南举办了“地下水资源可持续利用与污染防治高层论坛”，济南水利学会在济南举办了“全省第八届海洽会外国专家讲座暨2014年济南水利学会年会”；安徽、河南、新疆等省级水利学会都结合地方水利工作重点，举办了形式多样、内容丰富的学术交流活动。

中国水利学会2014年主要学术活动见表1。

表1 中国水利学会2014年主要学术活动一览表

序号	会议名称	主办单位	时间	规模（人）	地点
1	中国水利学会2014学术年会	中国水利学会	10月	500	天津
2	中国（国际）水务高峰论坛——2014中国·禹城水生态文明建设论坛会	中国水利学会 水利部淮河水利委员会	5月	150	山东 禹城
3	2014第九届中国（国际）水博览会及水务高峰论坛	中国水利学会 全联环境服务业商会 国际生态安全	12月	30	北京
4	2014年中国（长沙）国际水利工程、环境治理及疏浚技术装备展览会及水务高峰论坛会	中国水利学会、湖南省水利厅、长沙市人民政府等	9月	400	长沙
5	第一届西藏水资源利用暨水利水电技术学术会议	中国水利学会	8月	170	西藏 林芝
6	第十届中美工程技术研讨会“水生态建设组”研讨会	国家外专局、水利部联合主办，中国水利学会承办	5月	30	江苏 苏州
7	第九届全国泥沙基本理论研究学术讨论会	泥沙专委会	9月	260	杭州
8	第六届海峡论坛两岸乡村农田水利建设交流会	农村水利专委会	6月	200	福建 漳浦

续表

序号	会议名称	主办单位	时间	规模（人）	地点
9	第十二届海峡两岸农田水利技术交流研讨会	农村水利专委会 台湾农田水利学会	9月	40	台湾台北
10	第十五届全国水利量测技术综合学术研讨会	水利量测技术专委会	9月	100	哈尔滨
11	第四届防汛抗旱信息化论坛	减灾专委会	4月	100	重庆
12	城市供水安全面临的挑战与创新研讨会	城市水利专委会	10月	70	天津
13	跨流域调水工程相关技术与水价政策学术研讨会	调水专委会	10月	100	山东青岛
14	全国水利信息化发展“十三五”规划思路研讨会暨2014年水利信息化专业委员会年会	信息化专委会 水利信息中心	11月	50	郑州
15	中国水利学会勘测专业委员会2014年年会暨学术交流会	勘测专业委员会	8月	120	贵州
16	中国水利学会泵及泵站专业委员会2014年学术年会	泵及泵站专委会	11月	80	江苏扬州
17	牧区水利专业委员会第五届年会暨学术研讨会	牧区水利专业委员会	8月	70	新疆阿勒泰
18	地下水资源可持续利用与污染防治高层论坛	山东水利学会 水利部科技推广中心	11月	50	济南
19	全省第八届海洽会外国专家讲座暨2014年济南水利学术年会	济南水利学会	11月	100	济南
20	河南省水利史与水文化研讨会	河南省水利学会	1月	20	河南新乡
21	华东七省（市）水利学会协作组第27次学术研讨会	安徽省水利学会	9月	40	合肥
22	江苏省水生态技术交流会	江苏省水利学会	9月	170	江苏镇江
23	江苏省水利学会2014年年会暨第六届江苏水论坛	江苏省水利学会	1月	300	南京
24	“微灌水处理技术发展”专题学术报告	新疆水利学会	3月	40	新疆
25	地下水资源可持续利用与污染防治高层论坛	山东水利学会	11月	50	济南

（三）科学普及工作情况

2014年，学会申请了2014年国家财政项目《水利科普工作保障能力建设》，项目提出水利科普工作保障能力建设方案和相关建议，对于推动水利科普事业良性发展具有十分重要的意义。

2014年，在已有工作基础上，完成了《小水滴漫游记》系列动画片之城市中的水的动画内容，并完成了相关剧本的编写。完成了动画片配音、版权注册等后期加工工作。该动画片选择了北京等四个试点省（市）进行宣传推广，并进行公众满意度调查。7月，《小水滴漫游记》（DVD）入选国家新闻出版广电总局第二届向全国青少年推荐的50种优秀音像电子出版物目录。

2014年，学会及各分支机构结合世界水日、中国水周、全国科普日等主题活动开展形式多样的科普活动。3月22日，城市专委会在紫竹院公园组织了别开生面的第22届世界水日纪念活动。通过现场大型显示屏，播放了南水北调宣传片和“一个人的雨水情”的专题片，并向市民发放3万张卡通节水小贴士。造型生动、内容丰富的节水小贴士，把节水爱水的理念传播到千家万户。中国水周期间，城市专委会组织了科普巡回报告团，在北京小学、第14中学、第63中学进行了国旗下讲话和南水北调专项报告，并给孩子们演绎演示了水特性的大型科普实践课。

2014年11月21～22日，“关爱母亲河一睡堤唤醒”走入校园全国大型公益活动在贵州省贵阳市启动，由中国水利学会、水利部水情教育中心、贵阳市人民政府联合主办。该活动是由中国水利学会水力学专业委员会城市河流学组于2012年发起的一项公益活动，也是学会的一项重要科普活动。其宗旨是“呵护人居环境，关爱河湖健康”，唤起人们对水生态系统保护与修复的意识。内容包括专家讲座、联合倡议、签名留念等环节。活动中，贵阳市学生代表向全国中小学生发出了“唤醒沉睡堤，关爱母亲河”的倡议，呼吁大家行动起来，保护母亲河，呵护人居环境，关爱呵护健康。专家以讲座方式对学生进行了深入浅出的水情教育，将节水、爱水、惜水的环保意识植根于青少年学生心中。向贵阳市教育局赠送了1200册“地球的孩子生态馆”丛书。公益活动还将走进广州、泰州等105个全国水生态文明建设试点城市。

（四）国际民间科技交流及外事管理情况

学会将“对外友好学会”交流作为开展国际民间科技交流的一个重要抓手，已形成固定交流机制。2014年5月14～18日，应韩国水资源学会邀请，学会派出3人代表团赴韩国参加韩国水资源学会2014年会，2篇论文在会议上进行了交流并被大会论文集收录。会议期间就流域产汇流模型、水文循环过程及定量预报、水生态治理、城市洪涝防治、节水管理技术、水土保持技术等方面与韩国、日本和新西兰专家进行了交流研讨。

9月24～28日，应日本水文水资源学会邀请，学会派出3人代表团赴日本宫崎参加日本水文水资源学会2014年会，3位代表的2篇论文在会上进行了交流并被大会论文集收录。会后还对当地防洪减灾工程与设施进行了调研，在了解国际先进水利科研动态的同时，也介绍了我国实施最严格水资源管理制度等新进展，增加了相互了解，加强了沟通交流。

（五）学术期刊管理情况

学会一直高度重视科技期刊管理，多渠道支持期刊的编辑出版工作和编辑部的能力建设，充分发挥科技期刊在学术交流中的重要作用。目前，由学会主办的科技期刊共计6种，分别是《水利学报》《水科学进展》《岩土工程学报》《泥沙研究》《灌溉排水学报》以及《中国防汛抗旱》。2014年，《水利学报》继续获得中国科协“精品科技期刊工程学术质量提升项目”资助，经费15万元/年；继续保持水利工程21种统计源期刊中排名第一；连续13次荣获“中国百种杰出学术期刊”的称号，并入选“2014中国最具国际影响力学术期刊”。

（六）《中国水利学会通讯》与网站管理

《中国水利学会通讯》是了解水利和科技重要信息的载体，是反映水利学会工作动态的窗口，是水利学会专业委员会和省级学会交流工作的平台，每月一期，2014年发行12期。

学会网站运行良好，内容充实，信息及时准确。

（七）科技奖励与人才举荐工作情况

（1）大禹水利科学技术奖奖励工作。2014年，完成了2014年度大禹水利科学技术奖的评审任务，最终有37项成果获奖。约有370人次获得表彰。

（2）中国科学院、中国工程院院士候选人推选工作。2014年，学会按照中国科学院、中国工程院和中国科协的各项要求，认真细致做好了两院院士的推选工作。经院士推选专家委员会采用无记名投票进行初审，并经材料审核小组对材料真实性进行审核，大连理工大学沈永明教授、中国水科院刘之平教高、长江勘测规划设计院杨启贵教高3位候选人被推选至中国科协参加2015年院士推选。

（3）第六届全国优秀科技工作者推荐工作。中国水利学会推荐的汪恩慧（黄河水利科学研究院）、周怀东（中国水利水电科学研究院）、蔡正银（南京水利科学研究院）荣获第六届“全国优秀科技工作者”称号，其中江恩慧获第六届“十佳全国优秀科技工作者”称号，成为水利行业获此殊荣的首位科技工作者。

（4）第三届张光斗优秀青年科技人才推荐工作。为宣传张光斗献身祖国水利水电事业的伟大精神和弘扬中国水利文化，为鼓励青年科技工作者的科研创新，奖励从事水利水电行业的优秀青年科技人才，根据“张光斗科技教育基金优秀青年科技奖管理办法”，中国水利学会推荐的米占宽、周述达、傅旭东荣获第三届张光斗优秀青年科技奖荣誉。

（5）刘光文水文科技教育基金奖励工作。根据《刘光文水文科技教育基金管理办法》及《刘光文科技奖奖励办法实施细则》的规定，经过刘光文水文科技教育基金管理委员会组织专家评审，评选出“刘光文科学成就奖”获奖者1名，“刘光文工程技术奖”获奖者2名，“刘光文青年科技奖”获奖者3名，“刘光文奖学金”获奖研究生13名和“刘光文奖学金”获奖本科生20名。

（八）水利标准化工作情况

2014年，在水利系统有关单位和专家的支持下，学会完成了《水利技术标准体系表》的修订工作，为行业标准化工作管理和规划计划编制提供了依据；完善了标准编制项目督办机制，提高了标准化工作管理水平；完成了两项中文标准编制和一项标准翻译工作，承担的两项公益性行业科研专项项目进展顺利；完成了有关政府职能转移和标准化体制改革研究；初步探索专家考评体系，标准化专家队伍和基础能力建设进一步加强。

（九）技术职称考试及工程教育专业认证情况

（1）职称考试工作。2014年10月，学会配合水利部人事司、职改办，组织完成了2014年度水利部专业技术人员晋升职称考试工作。考试设有计算机知识和专业理论两个部分，其中专业理论包括水利工程、政工、经济、会计、出版、卫生、新闻、图书档案等8个科目，共计5135人次报考。学会负责考试报名受理、组织试卷命题、试卷印刷、考务组织、阅卷登分、成绩统计以及合格证制作与发放等考务工作。

（2）工程教育专业认证工作。水利工程教育专业认证工作进展迅速。认证专家已有55名，对20所高校的28个专业点进行了认证，占19.2%，在全国工科认证专业中处于较高水平。

（3）技术培训工作。2014年，为加快落实最严格水资源管理制度，切实提高水资源论证从业人员业务能力和工作水平，经水资源司和人事司核批，学会组织开展了建设项目水资源论证培训工作，共举办8期，培训水资源论证从业人员近3000人。

（十）举办大型展会情况

2014年12月1～2日，由中国水利学会、法兰克福展览（上海）有限公司主办，中华全国工商业联合会环境服务业商会、上海市排水协会等单位特别协办的2014年中国水博览会在北京举行。吸引了来自25个国家和地区近400家参展商的参与，展会面积达20 000m^2。此外，2014大禹水利科学技术奖部分获奖成果也在水博会上展出，共计32个项目。“水润神州美丽中国”第二届全国水利风景区摄影大赛获奖作品展示及颁奖活动也在水博会同期举行。展会同期举办了第九届中国（国际）水务高峰论坛。论坛由中国水利学会发起，联合国际生态安全合作组织、全联环境服务业商会、中国疏浚协会共同举办，以“深化改革—推进水生态文明建设”为主题，设1个主题峰会和“水生态文明建设及水利景区发展专题”“饮水安全及水处理技术专题”两个专题论坛。600多名各界代表出席此次论坛。

（中国水利学会秘书处）

中國水力發電年鉴

17

统计资料

2014 年全国水电增长情况表

全国及各省（自治区、直辖市）	年底装机容量（万 kW）			发电量（亿 kW·h）		
	2014 年	2013 年	同比	2014 年	2013 年	同比
全 国	30 486	28 044	8.71	10 601	8921	18.83
北 京	101	101	0.00	7	5	48.23
天 津	1	1	0.00	0.2	0.2	－10.00
河 北	182	181	0.59	13	12	8.57
山 西	244	243	0.25	34	40	－14.94
内蒙古	177	108	63.82	35	36	－3.11
辽 宁	293	273	7.40	42	79	－46.23
吉 林	377	445	－15.30	70	125	－44.15
黑龙江	97	97	0.07	21	29	－27.97
上 海	0	0		0	0	
江 苏	114	114	0.23	12	12	1.90
浙 江	995	986	0.90	203	191	6.38
安 徽	288	282	2.22	41	36	16.12
福 建	1288	1285	0.25	413	399	3.43
江 西	484	457	5.79	133	123	7.44
山 东	107.8	107.8	0.01	5.5	4.6	20.66
河 南	396	395	0.35	96	115	－16.70
湖 北	3627	3616	0.30	1385	1175	17.83
湖 南	1510	1401	7.80	488	430	13.59
广 东	1323	1319	0.24	289	318	－9.35
广 西	1626	1582	2.77	631	462	36.83
海 南	83	83	0.00	25	24	1.60
重 庆	652	642	1.51	241	178	35.21
四 川	6293	5266	19.50	2578	2023	27.42
贵 州	1955	1908	2.42	733	422	73.43
云 南	5361	4409	21.58	2082	1631	27.69
西 藏	87	58	50.11	20	14	39.12
陕 西	253	251	0.75	71	71	－0.20
甘 肃	814	755	7.73	355	356	－0.31
青 海	1143	1118	2.28	403	427	－5.59
宁 夏	43	43	0.00	18	19	－6.46
新 疆	573	517	10.84	159	164	－3.42

（中国电力企业联合会）

2014年农村水电装机容量及发电量基本情况表

行政区划	2014年年末农村水电装机容量（kW）	装机容量占全国比重（%）	2014年年末农村水电年发电量（万kW·h）	发电量占全国比重（%）
全 国	73221047	100	22814929	100
北 京	42920	0.06	2714	0.01
天 津	5800	0.01	1819	0.01
河 北	388728	0.53	46936	0.21
山 西	191296	0.26	30859	0.14
内蒙古	93475	0.13	16885	0.07
辽 宁	435243	0.59	79344	0.35
吉 林	572280	0.78	140707	0.62
黑龙江	294425	0.40	75986	0.33
江 苏	36512	0.05	5318	0.02
浙 江	3924061	5.36	1061271	4.65
安 徽	1076280	1.47	236293	1.04
福 建	7341376	10.03	2426558	10.64
江 西	3103986	4.24	886115	3.88
山 东	83887	0.11	2781	0.01
河 南	490987	0.67	69586	0.31
湖 北	3416222	4.67	877254	3.85
湖 南	5921007	8.09	1854824	8.13
广 东	7272926	9.93	1931347	8.47
广 西	4292311	5.86	1392894	6.11
海 南	403120	0.55	139429	0.61
重 庆	2255419	3.08	688512	3.02
四 川	10760671	14.70	4099217	17.97
贵 州	3152760	4.31	1048995	4.60
云 南	11072770	15.12	3479164	15.25
西 藏	313419	0.43	85386	0.37
陕 西	1308112	1.79	363783	1.59
甘 肃	2376698	3.25	863394	3.78
青 海	954245	1.30	364192	1.60
宁 夏	5440	0.01	1800	0.01
新 疆	1156336	1.58	392739	1.72
新疆生产建设兵团	363435	0.50	103852	0.46
水利部直属	114900	0.16	44976	0.20

（水利部农村水电及电气化发展局 张玉卓）

2014年全国电源建设投资完成情况表

万元

地区	本年计划投资	本年完成投资	其中				
			水电	火电	核电	风电	太阳能发电
全 国	38333765	36861339	9425799	11448956	5327242	9154985	1504358
北 京	2116771	1812803	0	597056	0	15380	18412
天 津	770735	611880	0	191288	0	0	0
河 北	5272523	2536234	52019	451218	0	513300	111968
山 西	5460227	3247207	0	706779	0	719757	108016
内蒙古	7161724	4280470	102532	271975	0	1051711	313880
辽 宁	6819942	6092522	0	113732	294306	99710	11165
吉 林	2520439	958573	142732	108301	0	76109	0
黑龙江	2635997	1325237	41717	171137	0	241650	0
上 海	923501	619489	0	304097	0	52387	0
江 苏	9775649	4171827	117097	580837	566940	271440	191835
浙 江	13556508	10670327	108500	1489692	703099	118677	11116
安 徽	4232657	2609874	50264	655661	0	239549	0
福 建	13220416	10513587	31928	225782	1083809	41938	0
江 西	2595366	1693356	97804	391762	0	121494	4786
山 东	8253771	5360915	0	624710	69158	567355	10250
河 南	2356940	1440465	0	701886	0	149104	32294
湖 北	20087785	18435783	66647	546209	0	107414	160
湖 南	2171669	1778766	19180	195765	0	174709	0
广 东	22603797	15787383	171822	675329	1844709	180504	11788
广 西	7409135	6188004	73855	48006	372633	137181	0
海 南	3192295	2226915	82525	103521	392588	0	0
重 庆	4487759	3579998	72556	613055	0	13834	0
四 川	46608824	29674127	4189258	14000	0	212452	20850
贵 州	3376164	1894996	125113	178622	0	372281	0
云 南	40796755	27550390	3362464	0	0	612717	89479
西 藏	1690547	1313386	337275	0	0	0	6008
陕 西	2298345	1503978	4226	200109	0	189778	22018
甘 肃	6153892	3125302	84809	46558	0	1427457	29048
青 海	1299162	778786	0	62993	0	0	215176
宁 夏	2721124	1596738	0	44148	0	517850	171796
新 疆	6834507	4642378	91477	1134727	0	929248	124312

（中国电力企业联合会）

2014 年水电施工企业完成产值及工程量表

单位名称	企业总产值（亿元）	企业建筑业总产值（亿元）	实物工程量					
			土方（万 m^3）	石方（万 m^3）	混凝土（万 m^3）	金属结构安装（万 t）	水电机组投产	
							（台）	（万 kW）
中国电力建设股份有限公司（水电施工企业部分）	1678.53（营业收入）		33141	18011	4281	49.6	78	1390.38
中国葛洲坝集团有限公司	726.86	551.07	14374	6170	1254	21	20	673.1

（中国电力建设股份有限公司
中国葛洲坝集团有限公司）

2014 年大中型水电厂生产运行情况表

一、抽水蓄能电厂

	电厂名称	总装机容量（万 kW）	机组台数（台）	年发电量（亿 kW·h）	年抽水电量（亿 kW·h）	等效可用系数（%）	各类工况运行总时间（h）	各工况启动次数（次）	启动成功率	
									发电（%）	抽水（%）
1	十三陵蓄能电厂	80.00	4	6.26	8.46	88.49	8336.20	2519	100	99.77
2	潘家口蓄能电厂	27.00	3	1.89	2.71	93.47	5771.43	1535	100	99.43
3	张河湾蓄能电厂	100.00	4	3.48	4.36	93.66	3258.55	1464	100	99.52
4	西龙池蓄能电厂	120.00	4	3.90	5.37	93.54	3607.17	950	100	99.72
5	蒲石河抽水蓄能电厂	120.00	4	15.00	18.42	90.25	11979.9	3429	99.84	99.86
6	白山抽水蓄能电站	30.00	2	0.20	4.91	85.99	3131.63	590	100	99.48
7	宜兴抽水蓄能电厂	100.00	4	9.35	11.52	89.68	8839.62	3729	100	99.72
8	天荒坪抽水蓄能电厂	180.00	6	16.10	20.10	89.86	12690.8	4241	100	99.83
9	桐柏抽水蓄能电厂	120.00	4	10.44	12.56	87.98	7699.14	3034	99.70	98.84
10	仙游抽水蓄能电厂	120.00	4	4.69	5.82	89.36	4048.87	1864	99.63	98.74
11	琅琊山抽水蓄能电厂	60.00	4	5.38	6.63	91.75	7633.12	2207	99.93	99.76
12	响水涧抽水蓄能电厂	100.00	4	7.80	9.55	90.42	7231.27	2904	99.84	99.87
13	响洪甸蓄能电厂	8.00	2	1.41	1.97	92.11	7014.05	1771	99.9	99.23

续表

	电厂名称	总装机容量（万 kW）	机组台数（台）	年发电量（亿 kW·h）	年抽水电量（亿 kW·h）	等效可用系数（%）	各类工况运行总时间（h）	各工况启动次数（次）	启动成功率 发电（%）	启动成功率 抽水（%）
14	泰山抽水蓄能电厂	100.00	4	5.15	6.32	91.86	5022.31	2283	99.73	99.8
15	宝泉蓄能电厂	120.00	4	5.90	7.33	93.99	5328.91	2439	100	99.24
16	回龙抽水蓄能电厂	12.00	2	1.52	2.06	89.18	6232.89	1841	99.91	99.57
17	白莲河蓄能电厂	120.00	4	2.54	3.14	91.9	2129.72	674	99.47	98.92
18	黑麋峰抽水蓄能电厂	120.00	4	3.85	4.73	76.55	3042.61	843	99.79	98.6
19	广州蓄能水电厂	240.00	8	21.82	28.30	89.15	27448	7495	99.68	
20	惠州蓄能水电厂	240.00	8	14.86	18.69	97.27	13919	4661	99.85	

二、常规水电厂

	水电厂名称	发电运行情况				水库运行情况			
		总装机容量（万 kW）	年发电量（亿 kW·h）	平均耗水率 [m³/(kW·h)]	等效可用系数（%）	年入库总水量（亿 m³）	发电用水量（亿 m³）	年末水位（m）	年末库容（亿 m³）
21	北京华电	5.20	0.34	11.22	95.48	2.19	3.78	133.19	8.39
22	太平哨发电厂	16.10	1.90	11.62	94.76	23.58	22.09	189.93	1.44
23	桓仁水电厂	22.25	2.43	9.12	97.79	20.74	22.16	287.01	11.88
24	白山发电厂	170.00							
	白山站	150.0	18.61	3.78	90.02	52.31	70.26	402.75	289.58
	红石站	20.0	3.75	17.32		65.00	65.02	38.24	1.57
25	丰满发电厂	28.9	13.75	8.15	96.67	85.54	112.08	242.91	28.42
26	松江河水力发电公司	51.00			95.48				
	小山	16.00	2.87	4.08		11.83	11.73	682.97	0.98
	双沟	28.00	3.75	3.62		13.45	13.57	584.97	3.53
	石龙	7.00	1.19	12.44		14.86	14.86	478.92	0.31
27	新安江水力发电厂	85.00	18.06	5.16	93.43	122.26	93.25	100.81	138.2
28	富春江水力发电厂	36.00	9.57	28.73	92.94	323.46	274.88	23.22	4.54
29	乌溪江水力发电厂	37.2	7.22	3.47	94.77	26.58	25.07	215.10	10.43
30	沙溪口水力发电厂	30.00	11.22	18.97	89.74	282.02	232.16	86.02	1.23
31	牛头山一级水电站	10.00	3.70	2.05	88.14	7.87	7.54	316.78	0.37
32	古田梯级电站	27.60	12.58	1.39	96.33	17.73	17.47	358.51	0.58
33	闽东水电厂	32.00	10.38	0.65	90.81	6.76	6.69	742.45	1.51

续表

水电厂名称		发电运行情况				水库运行情况			
		总装机容量（万 kW）	年发电量（亿 kW·h）	平均耗水率［m^3/(kW·h)］	等效可用系数（%）	年入库总水量（亿 m^3）	发电用水量（亿 m^3）	年末水位（m）	年末库容（亿 m^3）
34	华安水力发电厂	6.00	5.37	8.32	90.67	54.28	44.66	93.61	0.05
35	安砂水力发电厂	12.50	5.64	6.45	91.89	46.35	36.36	260.01	4.90
36	池潭水力发电厂	10.00	6.19	7.18	91.18	62.87	44.43	270.00	5.25
37	棉花滩水电厂	60.00	13.06	4.49	85.61	56.55	58.60	164.26	12.34
38	白沙水电厂	7.00	1.69	6.66	86.00	12.13	11.28	260.74	1.45
39	高砂水电公司	5.00	1.91	40.43	90.71	89.95	77.08	102.62	0.23
40	照口水电厂	6.00	2.62	47.77	95.19	187.31	125.33	97.60	0.26
41	万安水力发电厂	53.30	12.67	18.40	93.37	239.23	233.14	94.10	9.33
42	上犹江水电厂	7.20	2.10	8.83	93.25	20.66	18.53	190.96	4.49
43	三峡水力发电厂	2250.00	988.19	4.31	94.25	4380.14	4262.87	171.45	357.81
44	葛洲坝水力发电厂	273.50	177.94	21.50	95.91	4445.70	3821.13	65.07	6.83
45	隔河岩电厂	121.20	22.68	3.75	93.46	91.76	84.85	198.38	29.13
46	高坝洲电厂	27.00	7.73	11.48	93.02	92.11	88.73	78.39	3.59
47	水布垭电厂	184.00	30.92	2.21	91.25	76.92	68.25	397.18	41.41
48	老渡口水电站	9.00	2.50	5.02	96.21	13.74	12.55	470.87	1.44
49	堵河水电站	5.00	1.07	10.30	93.90	15.89	11.06	383.28	0.24
50	鄂坪水电站	11.40	2.80	4.15	95.77	12.29	11.63	540.13	2.13
51	白沙河水电站	5.00	1.01	5.35	100	5.46	5.38	435.38	1.69
52	陡岭子水电站	7.05	1.24	6.49	94.37	9.43	8.03	251.69	2.15
53	龙桥电站	6.00	2.23	4.00	87.67	10.36	8.94	584.99	0.24
54	五强溪水电厂	120.00	65.94	8.22	94.37	720.99	542.00	106.77	28.53
55	凌津滩水电厂	27.00	12.52	44.77	93.58	777.45	560.55	50.89	1.45
56	碗米坡水电厂	24.00	7.72	11.12	98.04	93.56	85.85	246.76	2.38
57	近尾洲水电站	6.32	3.12	56.62	94.89	227.11	176.66	66.00	1.54
58	洪江水力发电厂	27.00	11.80	17.96	94.56	243.63	211.90	188.65	1.69
59	三板溪水电厂	100.00	26.42	2.93	94.11	81.16	77.40	474.35	36.98
60	托口水电站	83.00	15.45	9.61	97.16	164.82	148.55	234.87	6.30
61	挂治水电厂	15.00	4.26	18.30	97.43	78.04	77.97	321.09	0.38
62	白市水电站	42.00	11.70	9.39	90.16	111.65	109.87	292.19	4.08
63	马迹塘水电厂	5.55	2.11	77.27	95.68	279.05	163.05	55.70	0.13
64	东坪水电站	7.20	3.07	54.45	93.95	187.58	167.15	96.37	0.14
65	株溪口水力发电厂	7.40	3.15	56.99	95.78	204.32	179.53	87.34	0.32

续表

水电厂名称		发电运行情况				水库运行情况			
		总装机容量（万 kW）	年发电量（亿 kW·h）	平均耗水率［m^3/(kW·h)］	等效可用系数（%）	年入库总水量（亿 m^3）	发电用水量（亿 m^3）	年末水位（m）	年末库容（亿 m^3）
66	巫水白云水电站	5.4	0.53	6.21	90.00	3.58	3.28	440.00	0.00
67	新丰江电厂	35.50	10.76	5.51		50.06	59.29	109.10	84.25
68	枫树坝电厂	17.60	5.21	6.51		30.72	33.93	150.21	8.58
69	南水电厂	8.70	2.53	3.50		8.78			6.12
70	长湖电厂	7.60	2.81	12.72		51.92	35.76	56.59	0.92
71	长潭电厂	6.00	1.04	10.45		14.12	10.91	147.76	1.13
72	青溪电厂	14.40	3.29	20.09		67.65	66.09	70.69	0.5
73	白石窑水电厂	9.20	3.00	37.8	92.00	132.4	121.5	36.5	1.08
74	飞来峡水利枢纽	14.00	5.65	35.52	67.28	325.86	200.75	23.7	4.02
75	濛里水电厂	5.00	1.86	55.12	0.97	114.35	102.6	44.84	0.65
76	广西长洲水电厂	63.00	31.06	38.30	93.18	1841.35	1183.05	19.84	17.34
77	大广坝水电厂	24.00	5.84	6.10	92.99	32.83	35.63	135.00	10.64
78	江口水电厂	30.00	12.92	3.69	95.32	58.73	47.70	297.08	5.14
79	狮子滩电站	5.42	2.36	7.09	96.94	24.28	16.73	345.44	7.73
80	重庆梅溪河水电站	12.90	4.11	1.21	90.89	7.29	4.97	560.55	0.60
81	四川龟都府水电站	6.30	2.68	34.00	43.59	125.96	91.26	533.00	0.18
82	四川晴朗水电站	18.00	6.31	1.15	40.61	9.64	7.25	2656.50	0.00
83	四川可河水电站	7.20	2.46	1.07	52.22	3.94	2.63	1410.50	0.00
84	二滩水电厂	330.00	129.33	2.43	85.13	504.71	313.89	1199.51	57.43
85	官地水电站	240.00	109.46	3.45	86.97	455.94	377.15	1327.42	6.92
86	锦屏二级水电站	480.00	199.75（含试运行电量）	1.33	92.40	385.14	265.39	1643.70	0.12
87	锦屏一级水电站	360.00	162.67（含试运行电量）	1.93	91.46	413.66	314.60	1879.74	77.44
88	溪洛渡水力发电厂	1386.00	494.94	2.08	95.74	1328.43	1028.49	587.92	100.23
89	向家坝水力发电厂	640.00	287.65	3.66	93.37	1353.35	1052.18	379.29	49.09
90	瀑布沟水电站	360.00	133.05	2.33	95.53	395.39	309.77	839.56	40.07
91	深溪沟水电站	66.00	25.15	12.38	95.54	371.08	311.26	658.56	0.33
92	龚嘴水电站	77.00	38.35	8.77	92.76	407.44	336.39	526.99	0.89
93	铜街子水电站	67.50	30.38	11.71	89.61	424.19	355.64	473.48	0.83
94	冶勒水电站	24.00	6.66	0.73	96.91	4.90	4.84	2645.37	2.78
95	姚河坝电站	13.20	5.15	1.56	91.30	10.33	8.03	1672.00	0.01

续表

	水电厂名称	发电运行情况				水库运行情况			
		总装机容量（万 kW）	年发电量（亿 kW・h）	平均耗水率［m^3/(kW・h)］	等效可用系数（%）	年入库总水量（亿 m^3）	发电用水量（亿 m^3）	年末水位（m）	年末库容（亿 m^3）
96	南桠河发电厂	12.00	4.97	1.61	93.74	10.57	8.00		
97	栗子坪水电站	13.20	3.23	1.31	87.32	4.52	4.25		
98	太平驿电站	26.00	15.18	3.53	93.72	110.12	53.61	1078.50	
99	东西关电站	18.00	9.21	18.28	97.26	187.75	168.38	248.04	2.05
100	青居电站	13.60	4.68	34.70	91.59	196.08	162.38	262.13	0.74
101	雨城电站	6.00	2.59	28.00	92.04	97.33	72.44	597.20	0.08
102	铜头电站	8.00	4.17	5.50	92.68	31.54	22.92	757.12	0.10
103	小关子电站	16.00	7.04	2.90	90.80	28.65	20.41	987.35	
104	硗碛电站	24.00	7.81	0.86	97.82	6.92	6.72	2137.65	2.01
105	宝兴电站	19.50	7.64	1.30	96.21	11.04	9.94	1348.56	
106	冷竹关电站	18.00	8.47	1.08	90.47	13.29	9.15	1759.61	
107	小天都电站	24.00	9.58	1.10	89.08	13.29	10.54	2150.13	
108	水牛家电站	7.00	2.33	1.96	98.12	4.70	4.57	2268.20	1.31
109	自一里电站	13.00	6.07	0.90	96.88	5.51	5.51	2031.16	
110	木座电站	10.00	4.61	1.55	98.04	6.98	6.93	1542.96	
111	阴坪电站	10.00	4.55	1.90	98.17	9.01	8.69	1246.82	0.01
112	亭子口水电站	110.00	24.31	5.58	96.37	135.05	133.04	452.55	29.13
113	苗家坝水电站	24.00	5.50	4.50	100.00	26.62	25.00	793.74	2.24
114	宝珠寺水力发电厂	70.00	16.59	4.47	92.24	75.23	74.14	585.93	19.46
115	紫兰坝水电开发公司	10.20	3.25	22.64	87.02	76.15	73.61	486.96	0.27
116	红叶二级水电站	9.00	6.68	3.05	97.10	31.94	20.39	2085.60	0.00
117	薛城水电站	13.80	5.49	2.82	97.29	22.17	15.46	1705.17	0.01
118	狮子坪水电站	19.50	7.24	1.05	92.86	10.40	7.63	2503.57	0.62
119	古城水电站	16.80	3.89	2.81	93.50	16.10	10.91	1550.84	0.00
120	瓦屋山水电站	26.00	7.57	1.52	91.45	11.49	11.53	1071.52	4.40
121	水津关水电站	6.30	2.46	33.31	90.41	119.95	82.10	548.00	0.05
122	洛古水电站	11.00	4.64	1.15	97.62	9.81	5.36	2043.10	0.38
123	联补水电站	13.00	5.17	0.94	97.36	10.07	4.88	1671.94	0.02
124	地洛水电站	10.00	4.30	1.34	97.09	10.71	5.76	1216.53	0.03
125	泸定水电站	92.00	36.03	5.93	91.06	325.37	213.46	1375.16	1.97
126	楼方水电站	5.60	1.71	7.77	92.50	13.46	13.27	702.74	0.07
127	宁郎水电站	11.40	3.95	4.71	91.78	40.17	18.59	1855.51	0.02
128	撒多水电站	21.00	5.54	2.63	58.63	38.88	14.58	1754.78	0.03

续表

	水电厂名称	发电运行情况				水库运行情况			
		总装机容量（万 kW）	年发电量（亿 kW·h）	平均耗水率［m³/（kW·h）］	等效可用系数（%）	年入库总水量（亿 m³）	发电用水量（亿 m³）	年末水位（m）	年末库容（亿 m³）
129	毛尔盖水电站	42.60	16.32	1.76	97.63	35.34	28.69	2108.78	3.27
130	圣达（沙湾）水电站	48.00	18.84	17.51	94.00	455.42	329.89	430.78	0.24
131	大金坪水电站	12.90	5.78	2.21	98.89	16.68	12.79	1208.00	
132	洪一水电站	8.00	2.85	1.35	89.80	5.94	3.73	1530.00	
133	五一桥水电站	13.70	5.12	2.00	85.10	16.10	10.48	2421.77	
134	柳坪水电站	12.00	5.46	5.69	98.51	40.28	31.07	1778.63	0.01
135	色尔古水电站	15.00	6.25	4.71	91.54	36.21	29.48	1871.57	0.04
136	柳洪水电站	18.00	6.85	1.01	89.50	15.20	6.87	1305.00	0.01
137	坪头水电站	18.00	6.46	1.39	91.50	15.90	8.95	913.00	0.01
138	乡城水电站	12.00	0.84	2.30	92.02	3.96	1.94	2930	0.01
139	乌江渡发电厂	128.00	37.42	3.45	92.05	141.36	129.23	756.50	19.79
140	东风发电厂	69.50	27.81	3.27	95.27	97.44	91.07	966.79	8.08
141	洪家渡电站	60.00	13.89	2.76	93.01	44.68	38.33	1108.10	24.17
142	索风营电站	60.00	20.78	5.26	96.43	118.04	109.32	835.66	1.61
143	构皮滩水电站	300.00	83.31	2.21	92.20	218.71	184.40	624.63	50.03
144	思林水电站	105.00	37.50	5.85	91.81	243.87	219.40	432.05	9.21
145	沙沱水电站	112.00	43.89	5.99	90.73	308.17	262.70	364.24	7.49
146	大花水水电站	20.00	7.80	3.00	92.01	30.01	23.41	851.33	0.01
147	格里桥水电站	15.00	6.22	4.35	99.17	33.35	27.05	716.28	0.01
148	光照发电厂	104.00	29.22	2.62	91.30	86.61	76.46	743.34	30.52
149	普定发电公司	8.40	3.27	8.16	93.88	40.53	26.73	1137.10	2.19
150	引子渡水电站	36.00	9.54	3.82	92.88	48.32	36.45	1070.75	2.84
151	贵州鱼塘电站	7.50	3.29	7.87	95.06	35.86	25.92	457.66	0.67
152	董箐发电厂	88.00	33.56	3.24	94.89	121.92	108.62	487.87	8.37
153	天生桥水力发电总厂（二级）	132.00	69.16	2.17	77.62	194.90	150.17	772.15	71.14
154	红枫水力发电总厂	30.00	7.85	6.96	95.53	73.17	54.68	1239.17	5.46
155	石垭子水电站	14.00	5.39	3.81	91.28	21.05	20.52	527.00	2.03
156	双河口水电站	12.00	4.66	5.56	94.99	32.58	25.93	562.66	1.07
157	团坡水电站	8.00	2.98	3.32	99.00	12.98	9.90	804.74	0.01
158	灰洞水电站	5.00	1.70	6.46	100.00	12.18	10.99	647.95	0.01
159	金安桥水力发电厂	240.00	92.20	3.45	86.73	550.96	317.86	1416.43	8.14
160	漫湾水电厂	167.00	69.07	4.64	93.01	382.59	320.5908	989.20	2.70

续表

	水电厂名称	发电运行情况				水库运行情况			
		总装机容量（万 kW）	年发电量（亿 kW·h）	平均耗水率［m^3/（kW·h）］	等效可用系数（%）	年入库总水量（亿 m^3）	发电用水量（亿 m^3）	年末水位（m）	年末库容（亿 m^3）
161	景洪水电厂	175.00	73.80	6.49	93.49	487.04	478.99	599.74	7.99
162	小湾水电厂	420.00	173.17	1.80	96.71	370.68	312.57	1224.77	118.85
163	糯扎渡水电厂	585.00	223.17	2.04	97.41	479.43	454.93	805.48	198.09
164	功果桥水电厂	90.00	37.90	7.21	86.17	341.40	273.36	1304.46	2.84
165	龙开口水电厂	180.00	57.55	5.82	95.81	558.13	334.92	1293.75	4.45
166	瑞丽江一级水电站	60.00	34.43	1.29	92.16	81.67	44.56	721.95	0.08
167	徐村水电厂	8.58	2.53	8.17	92.59	22.64	20.98	1304.32	0.65
168	大盈江水电站	10.8	3.95	8.12	89.01	47.86	32.05	787.65	0.01
169	大寨水力发电厂	6.00	2.64	2.40	97.29	8.70	6.35	1481.30	0.00
170	螺丝湾水电站	6.00	2.28	2.41	97.11	5.97	5.51	2254.60	0.00
171	鲁布革水力发电厂	60.00	25.75	1.32	91.11	58.12	33.94	1128.33	0.68
172	以礼河发电厂	32.15	8.88	0.34	92.76	4.46	3.05	2219.29	3.15
173	阿海水电站	200.00	71.30	3.21	86.50	280.96	228.55	1501.90	7.61
174	梨园水电站（首机）	60.00	0.51	7.67	—	15.68	3.92	1610.28	6.21
175	鲁地拉水电站	216.00	50.46	4.90	39.95	563.95	247.22	1220.87	15.17
176	泗南江水电站	20.10	9.20	1.21	92.43	11.31	8.52	880.92	1.23
177	庙林水电站	6.50	3.46	4.29	100.00	21.68	14.84	813.25	0.09
178	天花板水电站	18.00	5.98	4.49	98.63	43.53	26.85	1066.25	0.58
179	小岩头水电站	13.00	3.72	5.80	78.95	29.19	21.58	1281.29	0.03
180	柴石滩水电站	6.00	1.54	5.77	90.85	9.38	8.87	1638.23	3.19
181	赛珠水电站	10.20	2.76	0.63	91.29	2.23	1.74	1812.12	0.01
182	普渡河六级水电站	9.60	3.19	5.25	95.83	22.89	16.72	1086.60	0.07
183	铅厂水电站	11.40	4.77	3.63	88.41	19.37	17.31	1219.00	0.14
184	甲岩水电站	24.00	3.15	3.16	100.00	18.92	9.95	962.11	0.68
185	青铜峡水电厂	30.90	11.85	21.74	96.24	265.62	265.62	1155.99	0.36
186	班多水电厂	36.00	15.74	10.23	88.91	185.29	161.08	2759.67	0.08
187	龙羊峡水电厂	128.00	57.43	3.29	88.87	201.26	189.01	2586.96	199.40
188	拉西瓦水电厂	350.00	101.48	1.92	90.05	195.04	195.07	2447.17	9.43
189	李家峡水电厂	160.00	58.70	3.22	89.09	189.02	188.95	2180.10	16.51
190	公伯峡水电厂	151.70	52.69	3.76	94.72	198.09	198.12	2004.35	5.37
191	苏只水电厂	22.50	9.31	21.06	97.53	196.49	196.11	1899.49	0.43
192	积石峡水电站	102.00	32.14	6.31	93.12	202.87	202.86	1847.92	1.61

续表

水电厂名称		发电运行情况				水库运行情况			
		总装机容量（万 kW）	年发电量（亿 kW·h）	平均耗水率［m^3/(kW·h)］	等效可用系数（%）	年入库总水量（亿 m^3）	发电用水量（亿 m^3）	年末水位（m）	年末库容（亿 m^3）
193	盐锅峡水电厂	50.72	23.02	10.40	98.15	239.47	239.39	1619.48	0.45
194	八盘峡水电厂	22.00	9.72	28.14	92.89	274.16	257.54	1577.27	0.25
195	纳子峡水电站	8.70	0.40	3.95	99.00	7.54	1.57	3194.92	5.97
196	金沙峡水电站	7.00	2.55	5.31	99.00	15.11	13.56	2165.40	0.003
197	达拉河水电站	5.25	2.54	2.06	93.42	6.74	5.24	2263.76	0.14
198	察汗乌苏水电站	30.90	9.78	3.03	95.92	29.88	29.59	1639.36	0.85
199	沙尔布拉克水电站	5.00	0.99	10.29	—	10.95	10.14	798.00	0.69
200	库什塔依水电站	10.00	3.00	5.73	94.40	17.40	17.36	1299.47	1.23
201	藏木水电厂	25.50	25.00	7.60	100	356.59	10.52	3304.95	0.73

（各发电公司、各水电厂提供资料）

2014 年全国电力统计基本数据一览表

	单位	2014 年	2013 年	比上年增长（%）
一、发电量	亿 kW·h	56045	53721	4.33
水电	亿 kW·h	10601	8921	18.83
其中：抽水蓄能	亿 kW·h	132	107	23.51
火电	亿 kW·h	42274	42216	0.14
其中：燃煤	亿 kW·h	39510	39805	−0.74
燃气	亿 kW·h	1333	1164	14.52
燃油	亿 kW·h	44	52	−15.10
核电	亿 kW·h	1332	1115	19.48
风电	亿 kW·h	1598	1383	15.55
太阳能发电	亿 kW·h	235	84	180.78
其他	亿 kW·h	5	3	92.22
6000kW 及以上火电厂发电量	亿 kW·h	42169	42134	0.08
燃煤	亿 kW·h	39449	39776	−0.82
其中：煤矸石发电	亿 kW·h	1587	1042	52.22
燃气	亿 kW·h	1322	1156	14.36
其中：常规燃气	亿 kW·h	1288	1129	14.07
煤层气发电	亿 kW·h	21	27	−19.86
燃油	亿 kW·h	44	52	−15.08

续表

	单位	2014年	2013年	比上年增长（%）
其他	亿kW·h	1354	1120	20.82
其中：余温、余气、余压发电	亿kW·h	892	737	21.02
垃圾焚烧发电	亿kW·h	245	176	38.98
秸秆、蔗渣、林木质发电	亿kW·h	216	207	4.62
二、全社会用电量	亿kW·h	55637	53423	4.14
A. 全行业用电合计	亿kW·h	48701	46630	4.44
第一产业	亿kW·h	1013	1026	－1.22
第二产业	亿kW·h	41017	39335	4.28
其中：工业	亿kW·h	40296	38660	4.23
其中：轻工业	亿kW·h	6693	6427	4.15
重工业	亿kW·h	33603	32233	4.25
第三产业	亿kW·h	6670	6269	6.39
B. 城乡居民生活用电合计	亿kW·h	6936	6793	2.10
其中：城镇居民	亿kW·h	3933	3860	1.89
乡村居民	亿kW·h	3003	2933	2.39
三、发电装机容量	万kW	137018	125768	8.95
水电	万kW	30486	28044	8.71
其中：抽水蓄能	万kW	2211	2153	2.68
火电	万kW	92363	87009	6.15
其中：燃煤	万kW	83233	79578	4.59
燃气	万kW	5697	4277	33.19
燃油	万kW	512	590	－13.33
核电	万kW	2008	1466	36.97
风电	万kW	9657	7652	26.20
太阳能发电	万kW	2486	1589	56.50
其他	万kW	19	8	128.45
6000kW及以上火电厂装机容量	万kW	91861	86473	6.23
燃煤	万kW	83106	79450	4.60
其中：煤矸石发电	万kW	3349	2062	62.42
燃气	万kW	5666	4252	33.26
其中：常规燃气	万kW	5526	4157	32.93
煤层气发电	万kW	91	95	－4.64
燃油	万kW	270	293	－7.70

续表

	单位	2014年	2013年	比上年增长（%）
其他	万kW	2819	2478	13.74
其中：余温、余气、余发电	万kW	1838	1610	14.15
垃圾焚烧发电	万kW	469	359	30.58
秸秆、蔗渣、林木质发电	万kW	512	509	0.55
四、35kV及以上输电线路回路长度	km	1628472	1554236	4.78
1. 交流	km	1603488	1534248	4.51
其中：1000kV	km	3111	1936	60.70
750kV	km	13881	12666	9.59
500kV	km	152107	146166	4.06
330kV	km	25146	24065	4.49
220kV	km	358377	339075	5.69
110kV	km	566571	545815	3.80
35kV	km	484296	464525	4.26
2. 直流	km	24984	19988	24.99
其中：±800kV	km	10132	6904	46.75
±660kV	km	1336	1400	−4.54
±500kV	km	11875	10653	11.48
±400kV	km	1640	1031	59.00
五、35kV及以上变电设备容量	万kVA	526685	483427	8.95
1. 交流	万kVA	509134	470047	8.32
其中：1000kV	万kVA	5700	3900	46.15
750kV	万kVA	8090	6500	24.47
500kV	万kVA	100011	90112	10.99
330kV	万kVA	10493	8575	22.36
220kV	万kVA	167342	155699	7.48
110kV	万kVA	171588	161661	6.14
35kV	万kVA	45909	43600	5.30
2. 直流	万kVA	17551	13380	31.17
其中：±800kV	万kVA	3180	4654	−31.67
±660kV	万kVA		948	−100.00
±500kV	万kVA	14230	7637	86.32
±400kV	万kVA	141	141	0.00
六、新增发电装机容量	万kW	10443	10222	2.16
水电	万kW	2180	3096	−29.59
其中：抽水蓄能	万kW	60	120	−50.00

续表

	单位	2014年	2013年	比上年增长（%）
火电	万kW	4791	4175	14.74
其中：燃煤	万kW	3498	3447	1.47
其中：煤矸石发电	万kW	30	61	−50.50
燃气	万kW	946	440	115.18
其中：常规燃气	万kW	938	439	113.91
煤层气发电	万kW	8		
燃油	万kW		15	−100.00
其他	万kW	346	273	26.83
其中：余温、余气、余压	万kW	254	182	39.43
垃圾焚烧发电	万kW	21	34	−39.36
秸秆、蔗渣、林木质发电	万kW	71	56	26.32
核电	万kW	547	221	147.84
风电	万kW	2101	1487	41.25
太阳能发电	万kW	825	1243	−33.63
七、火电机组退役和关停容量	万kW	909	803	13.15
八、年底主要发电企业电源项目在建规模	万kW	14500	15950	−9.10
水电	万kW	4328	5129	−15.61
火电	万kW	5524	5953	−7.21
核电	万kW	2863	3387	−15.49
风电	万kW	1676	1457	15.04
九、新增直流输电线路长度及换流容量				
1. 线路长度	km	2876	4846	−40.65
其中：±800kV	km	1653	3623	−54.37
±660kV	km			
±500kV	km	1223	1223	0.00
±400kV	km			
2. 换流容量	万kW	3860	1370	181.75
其中：±800kV	万kW	2900	1050	176.19
±660kV	万kW			
±500kV	万kW	960	320	200.00
±400kV	万kW			
十、新增交流110kV及以上输电线路长度及变电设备容量				
1、线路长度	km	59799	59604	0.33

续表

	单位	2014年	2013年	比上年增长（%）
其中：1000kV	km	1206	1298	－7.09
750kV	km	1314	2218	－40.78
500kV	km	7272	7469	－2.64
330kV	km	1202	1598	－24.77
220kV	km	22098	21498	2.79
110kV（含66kV）	km	26708	25523	4.64
2、变电设备容量	万kVA	30853	28577	7.97
其中：1000kV	万kVA	1800	2100	－14.29
750kV	万kVA	660	1180	－44.07
500kV	万kVA	7555	5580	35.39
330kV	万kVA	741	573	29.32
220kV	万kVA	11602	10398	11.58
110kV（含66kV）	万kVA	8495	8746	－2.87
十一、本年完成电力投资	亿元	7805	7728	1.00
1. 电源投资	亿元	3686	3872	－4.80
水电	亿元	943	1223	－22.92
火电	亿元	1145	1016	12.67
核电	亿元	533	660	－19.31
风电	亿元	915	650	40.93
太阳能发电	亿元	150	323	－53.43
2. 电网投资	亿元	4119	3856	6.82
送变电	亿元	3993	3768	5.98
其中：直流	亿元	168	354	－52.68
交流	亿元	3825	3413	12.07
其他	亿元	126	89	42.52
十二、单机6000kW及以上机组平均单机容量				
水电：单机容量	万kW/台	6.34	5.91	7.36
机组台数	台	3945	3998	－1.33
机组容量	万kW	25020	23617	5.94
火电：单机容量	万kW/台	12.53	11.75	6.59
机组台数	台	7162	7223	－0.84
机组容量	万kW	89723	84891	5.69
十三、6000kW及以上电厂供热量	万GJ	318362	324128	－1.78
十四、6000kW及以上电厂发电标准煤耗	g/(kW·h)	300	302	－2g/（kW·h）
十五、6000kW及以上电厂供电标准煤耗	g/(kW·h)	319	321	－2g/（kW·h）

续表

	单位	2014年	2013年	比上年增长（%）
十六、6000kW及以上电厂厂用电率	%	4.83	5.05	−0.23
水电	%	0.50	0.33	0.17
火电	%	5.84	6.01	−0.18
十七、6000kW及以上电厂发电设备利用小时	h	4318	4521	−204h
水电	h	3669	3359	310h
其中：抽水蓄能	h	609	513	97h
火电	h	4739	5021	−282h
核电	h	7787	7874	−87h
风电	h	1900	2025	−124h
太阳能发电	h	1235	1342	−107h
十八、6000kW及以上电厂燃料消耗				
发电消耗标煤量	万t	117737	122127	−3.59
发电消耗原煤量	万t	175777	185782	−5.39
供热消耗标煤量	万t	12310	12834	−4.08
供热消耗原煤量	万t	18631	19168	−2.80
十九、6000kW及以上火电厂热效率				
电厂热效率	%	43.99	42.38	1.62
电厂供热效率	%	88.24	86.17	2.07
电厂能源转换总效率	%	48.18	45.42	2.76
二十、供、售电量及线损				
供电量	亿kW·h	48676	47075	3.40
售电量	亿kW·h	45442	43768	3.82
线损电量	亿kW·h	3234	3306	−2.19
线路损失率	%	6.64	7.02	−0.38
二十一、发用电设备比				
发电装机容量：用电设备容量		1：3.71	1：3.51	
二十二、电力弹性系数				
电力生产弹性系数		0.58	1.00	−0.42
电力消费弹性系数		0.56	0.98	−0.43

注 1. 风电、太阳能发电装机容量和发电量等指标均为并网口径。

2. 变电设备容量包含换流变容量，2014年国家电网公司调整±800kV和±660kV换流容量至转换对应电压等级。

3. 2014年起国家电网公司供售电统计中剔除了自发自用电量，相应按照新口径调整了2013年供售电量、线损数值。

4. 生物质发电2014年底装机容量1030万kW，2014年发电量474亿kW·h。

（中国电力企业联合会）

2014年全国水电40MW及以上容量机组运行可靠性综合指标

机组分类	机组容量（MW）	统计台数	台年数	平均容量（MW/台）	利用小时UTH	可用小时		不可用小时及次数						降低出力等效停运小时	等效可用系数EAF（%）	等效强迫停运率EFOR（%）
						运行SH	备用RH	计划停运		非计划停运		强迫停运				
								次数	小时	次数	小时	次数	小时			
抽水蓄能机组	全部	85	85	250.24	1537.85	1775.36	6152.38	7.38	806.18	2.05	26.08	1.6	16	0	90.5	0.89
	40～99MW	9	9	63.33	2760.32	3544.25	4601.11	7.33	610.87	1.44	3.78	1.44	3.78	0	92.98	0.11
	100～199MW	6	6	150	1899.34	1794.92	6072.92	8.67	888.39	0.83	3.77	0.83	3.77	0	89.82	0.21
	200～299MW	20	20	240	1503.07	1628.79	6331.88	8.9	795.5	0.9	3.84	0.9	3.84	0	90.88	0.24
	300MW及以上	50	50	300	1480.83	1753.87	6158.66	6.62	812.09	2.76	35.39	2	21.1	0	90.33	1.19
水电轴流机组	全部	140	137.09	106.47	4423.05	5402.79	2776.08	1.65	580.51	0.13	2.1	0.09	1.07	0	93.35	0.02
	40～99MW	67	66.01	59.39	3699.85	4404.28	3712.34	2.08	642.35	0.24	6.55	0.17	3.83	0	92.59	0.09
	100～199MW	64	62.08	130.09	4933.2	5979.52	2191.86	1.16	588.55	0.02	0.07	0.02	0.07	0	93.28	0.00
	200～299MW	7	7	200	4663.64	5439.94	2653.6	2.29	663.32	0.14	3.14	0	0	0	92.39	0.00
水电混流机组	全部	602	597.74	233.7	3727.96	4861.16	3281.56	1.57	610.24	0.09	7.17	0.05	3.57	9.31	92.85	0.07
	40～99MW	246	243.57	60.36	3289.16	4836.84	3447.7	1.47	466.43	0.06	9.8	0.03	3.07	88.54	93.55	0.06
	100～199MW	108	107.42	135.22	2816.44	3844.72	4282.15	1.59	629.74	0.07	3.88	0.04	0.93	0	92.77	0.02
	200～299MW	76	75.84	237.63	3690.3	4666.74	3371.53	1.45	717.91	0.11	3.82	0.03	0.41	0	91.76	0.01
	300MW及以上	172	170.91	541.71	3948.44	5062.83	3080.23	1.74	609.03	0.13	7.92	0.11	4.67	0	92.96	0.09
全部机组		827	819.83	213.86	3520.44	4532.34	3587.35	2.18	631.51	0.3	9.04	0.22	4.87	7.41	92.6	0.11

（中国电力企业联合会）

中國水力發電年鉴

18

大 事 记

2014 年大事记

一 月

1 月 6～8 日 国家电网公司第二届职工代表大会第五次会议暨 2014 年工作会议在北京召开。会议总结 2013 年工作，分析形势，安排 2014 年任务。国家电网公司董事长刘振亚做了题为《强化改革创新，深化“两个转变”，为加快建成“一强三优”现代公司而奋斗》的工作报告。2013 年，公司完成固定资产投资 3605 亿元，同比增长 9%；其中电网投资 3379 亿元，同比增长 10.6%；110（66）kV 及以上交流线路开工 5.9 万 km，投产 4.8 万 km；变电容量开工 3.1 亿 kVA，投产 2.3 亿 kVA；在运在建特高压线路长度超过 1 万 km，变电（换流）容量超过 1 亿 kVA；经营区域累计消纳风电、光伏电量 1290 亿 kW·h，同比增长 37.4%；解决了 16.7 万户、70 万人通电问题。

1 月 10 日 2013 年度国家科学技术奖励大会在北京人民大会堂举行，水电科学技术有 5 个项目获奖。其中“大型结构与土体接触面力学试验系统研究及应用”项目荣获国家技术发明一等奖，“巨型机组水电站建筑结构关键技术”“高混凝土面板堆石坝安全关键技术研究及工程应用”“黄河小浪底工程关键技术与实践”“硬岩高应力灾害孕育过程的机制、预警与动态调控关键技术”4 项目荣获国家科学技术进步二等奖。

1 月 10 日 中国水利水电建设股份有限公司发布公告：经 2013 年第二次临时股东大会审议批准，公司名称变更为“中国电力建设股份有限公司”；2014 年 1 月 2 日，在国家工商行政管理总局完成了本次更名的工商变更登记手续，并领取了新的《企业法人营业执照》；经上海证券交易所核准，公司股票“中国水电”（601669）简称自 2014 年 1 月 16 日起变更为“中国电建”，公司证券代码不变。

1 月 11 日 国家发展改革委以发改价格〔2014〕61 号文下发《关于完善水电上网电价形成机制的通知》。通知明确，2014 年 2 月 1 日以后新投产水电站，跨省跨区域交易价格由供需双方协商确定、省内上网电价实行标杆电价制度，要建立水电价格动态调整机制、鼓励通过竞争方式确定水电价格、逐步统一流域梯级水电站上网电价；对现有水电站上网电价，要进一步规范管理，逐步简化电价分档。

1 月 13 日 全国能源工作会议在北京召开。会议明确 2014 年能源工作要围绕保障能源战略安全、转变能源消费方式、优化能源布局结构、创新能源体制机制等四项基本任务，着力转方式、调结构、促改革、强监管、保供给、惠民生，以改革红利激发市场动力活力，打造中国能源“升级版”，为经济社会发展提供坚实的能源保障。

1 月 13～14 日 中国大唐集团公司 2014 年工作会议在北京召开。会议全面总结了 2013 年工作，深入分析了集团公司面临的内外部形势，部署了 2014 年任务。公司董事长陈进行出席会议并作重要讲话，公司总经理王野平作题为《深入贯彻落实党的十八届三中全会精神，努力开创集团公司做强做优新局面》的工作报告。2013 年，公司各方面工作扎实推进，成果显著，经济效益创历史最好水平，圆满完成了“管理效益提升年”的各项任务目标。

1 月 15 日 葛洲坝电站 6 号机结束全部改造增容工作，正式并网运行。该机组 1983 年 2 月投产发电，此次改造增容工作从 2013 年 9 月 27 日开始，主要针对水轮机部分，通过缩小转轮体轮毂比和叶片修形，达到增加机组出力的目的。改造增容使 6 号机从 12.5 万 kW 增加到了 15 万 kW。

1 月 16～17 日 中国华能集团公司 2014 年工作会议在北京召开。会议总结 2013 年的工作，分析面临的形势，部署 2014 年工作。中国华能集团公司总经理曹培玺作了题为《稳中求进，改革创新，推动创建世界一流企业再上新水平》的工作报告。2013 年，公司全年完成发电量 6493 亿 kW·h，其中国内发电量同比增长 7%；煤炭产量同比增长 4.3%；合并营业收入同比增长 4.8%；供电煤耗同比下降 3.63g/(kW·h)；厂用电率同比下降 0.24 个百分点。截至 2013 年底，公司境内外全资及控股电厂装机容量达到 14329 万 kW，同比增长 6.1%；其中低碳清洁能源装机达到 3504 万 kW，占总装机比重同比提高 3.5 个百分点。

1 月 16～17 日 中国华电集团公司 2014 年工作会议在北京召开。会议全面总结 2013 年各项工作，部署 2014 年任务，谋划公司到 2020 年的改革发展。李庆奎在讲话中指出，2013 年，主要指标创出历史新水平，实现销售收入 2118 亿元，同比增长 14.4%；完成发电量 4728 亿 kW·h，同比增长 8.1%；控股煤矿产能 6495 万 t/年，同比增长 43%；完成供电煤耗 313.2g/(kW·h)，同比下降 3.6g/(kW·h)；二氧化硫、氮氧化物排放总量同比分别下降 13.04%和 10.34%；清洁能源装机比重接近 1/3。

1 月 16～17 日 中国电力投资集团公司 2014 年工作会议在北京召开。会议总结 2013 年工作，回顾 2008 年以来的发展历程，研究部署 2014 年工作。陆启洲在会上作了题为《坚持清洁发展方向，坚定不移沿着电为核心，煤为基础，产业一体化协同发展道路前进，为实现三步走战略目标而努力奋斗》的工作报告。2013年，公司全年实现利润111.56亿元，比2012年翻了一番，创历史新高；新增装机容量1392.63万kW，核准容量1195.96万kW，均创历史最高水平。职工收入增长10.5%，安全生产稳定，节能减排目标全面完成。

1月17日 中国南方电网公司召开2014年工作会议暨二届二次职工代表大会。南方电网公司董事长赵建国作了题为《不折不扣贯彻中央精神，扎扎实实抓好工作落实》的讲话，总经理钟俊作了题为《坚持改革创新，全力抓好落实，不断提升公司核心竞争力》的工作报告。2013年，公司全年完成售电量7416亿kW·h，同比增长5.8%；西电东送电量1310亿kW·h，同比增长5.4%；全网统调最高负荷1.29亿kW，同比增长7.7%；电网频率合格率保持100%，第三方客户满意度81分，同比提高4分；客户平均停电时间8h，同比下降8.8%。

1月17～18日 中国能源建设集团有限公司2014年工作会议在北京召开。会议全面总结了2013年工作，深入分析了面临的内外部形势，部署了2014年工作任务。董事长汪建平在会上作了题为《深化改革，创新发展，为建设具有国际竞争力的工程公司而努力奋斗》的工作报告。2013年，主要经济指标稳步增长，业务结构进一步优化；改革重组积极稳妥推进，体制机制进一步完善；管理提升扎实开展，发展基础进一步夯实；科技和信息化工作积极推进，创新驱动成效进一步显现；教育实践活动深入开展，企业党建和反腐倡廉工作进一步加强。

1月19日 2014年中国水电新春联谊会暨水电科技奖颁奖典礼在北京举行。来自国家有关部委及水电行业的领导、专家和来宾，共300余人欢聚一堂，喜迎新春，共商水电发展大计。

1月22～23日 中国国电集团公司在北京召开二届一次职工代表大会暨2014年工作会议，总结2013年工作，安排2014年和今后一个时期的工作。乔保平在讲话中指出，一年来，各项工作稳中有进，稳中有为，稳中提质，圆满完成了全年的目标任务。

1月22～23日 中国葛洲坝集团股份有限公司二届三次职工代表大会暨2014年工作会在宜昌召开。董事长聂凯在大会上作工作报告。2013年，中国葛洲坝集团股份有限公司新签合同较2012年同比增长17.6%；完成营业收入同比增长11.24%；预计实现利润总额同比增长6.86%，继续保持了良好的发展态势。

1月26日 龙开口水电站3号机组完成72h试运行，正式投入商业运行。至此，装机容量180万kW的龙开口水电站全部投产发电。

1月27日 哈密南—郑州±800kV特高压直流输电工程投入运行。哈郑工程是800kV/800万kW直流输电的标准化示范工程，首次采用$6\times1000mm^2$超大截面导线，首次研究应用耐磨金具、Y形绝缘子串、裹体桩基础等新技术、新工艺，自主研制并成功应用了额定电流5000A的特高压大容量直流设备，设备国产化率达到80%以上。电网建设者克服高温严寒、大温差、大风沙、强辐射等严酷条件，仅用不到20个月建成。

1月27日 水利部、国家发展改革委、工业和信息化部、财政部、国土资源部、环境保护部、住房和城乡建设部、农业部、审计署和统计局等十部门联合印发了《实行最严格水资源管理制度考核工作实施方案》（水资源〔2014〕61号），对考核组织、程序、内容、评分和结果使用做出明确规定。这标志着最严格水资源管理制度考核工作全面启动。

1月29日 财政部、国家发展改革委、水利部、中国人民银行联合以财综〔2014〕8号文下发《水土保持补偿费征收使用管理办法》。该《办法》充分体现了“谁开发谁保护、谁受益谁补偿”的原则，对于保护和合理利用水土资源、有效控制人为水土流失、促进人与自然和谐、维护和改善生态环境具有重要意义。

二 月

2月7日 国家发展改革委以发改办能源〔2014〕286号文函复湖北省发展改革委，同意汉江碾盘山水电站开展前期工作。碾盘山水电站装机容量初步定为20万kW，由汉江水利水电（集团）有限责任公司、湖北汉江现代水利有限责任公司、湖北省水利水电规划勘测设计院、钟祥市城市建设投资公司分别按照51%、34%、10%和5%的比例共同出资组建的汉江碾盘山水电开发有限责任公司负责建设和管理。

2月10日 国家能源局印发《关于确定第一批研究咨询基地的通知》（国能规划〔2014〕63号），水电水利规划设计总院被确定为第一批（16家单位）研究咨询基地之一。研究咨询基地的主要任务是：根据国家能源局的部署，开展能源战略、规划、政策、法规、体制改革等方面的研究，提出研究报告和建议。

2月12日 财政部、国家税务总局以财税〔2014〕10号文下发《关于大型水电企业增值税政策的通知》。通知明确：装机容量超过100万kW的水力发电站（含抽水蓄能电站）销售自产电力产品，自2013年1月1日～2015年12月31日，对其增值税实际税负超过8%的部分实行即征即退政策；自2016

年1月1日～2017年12月31日，对其增值税实际税负超过12%的部分实行即征即退政策。

2月13日 国家能源局以国能新能〔2014〕86号文复函河北省发展改革委、能源局和国家电网公司，同意河北丰宁抽水蓄能电站二期工程开展前期工作。河北丰宁抽水蓄能电站二期工程初定建设6台30万kW的可逆式抽水蓄能机组，总装机容量180万kW，由国家电网公司全资建设。

2月19～20日 中国三峡集团2014年工作会暨一届四次职代会在宜昌三峡坝区召开。会议总结2013年工作，部署2014年主要工作。董事长曹广晶作了题为《凝聚改革共识，合力攻坚克难，努力开创集团公司科学发展新局面》的工作报告。2013年，三峡工程安全高效运行10周年，连续第四年成功实现175m试验性蓄水目标；金沙江向家坝、溪洛渡水电工程创造了年投产15台机组共1164万kW的奇迹，新投产机组全部实现“零非停”；全年新增投产新能源装机140万kW，国际承包业务实现营业收入86.8亿元，同比增长5.2%。

2月24～25日 中国电力建设集团暨股份有限公司在北京召开2014年工作会议，总结2013年工作，分析面临形势，部署2014年工作。董事长范集湘作了题为《深化改革激发活力，创新管理促进转型，全面推进集团公司以质量效益型为目标稳健发展》的工作报告，集团公司总经理、股份公司党委书记晏志勇作会议总结讲话。2013年，集团公司全面超额完成国务院国资委下达的各项经营指标，营业收入、实现利润、新签合同额同比增长11.93%、12.68%、25.8%，资产总额、合同存量同比增长26.1%、24.9%。主要指标实现两位数增长，继续保持平稳较快发展。

三 月

3月6日 溪洛渡大坝全线浇筑到610m设计高程。该混凝土抛物线双曲拱坝，由31个坝段组成，最大坝高285.5m，其高度排名居世界第三，具有坝高、库大、坝身泄洪量大的特点。自2009年3月27日开工浇筑，已历时近5年。

3月16日 溪洛渡右岸电站16号机组顺利完成72h试运行，直接进入正式运行，并于次日下午3点半，顺利移交给电厂运行管理。16号机组是溪洛渡电站投产的第13台机组，2014年投产的首台机组。

3月19日 嘉陵江亭子口水利枢纽3号机组在完成72h试运行后实现“无缝交接”，正式投产发电。该电站装机4台，总装机容量110万kW，3号机组是该电站正式投产的第3台机组，由葛洲坝机电公司承担安装调试。

3月19日 水电水利规划设计总院召开干部大会，宣布了院领导班子成员的职务任免：郑声安兼任水电水利规划设计总院院长（法定代表人），彭程兼任水电水利规划设计总院副院长，聘任李昇、顾洪宾为水电水利规划设计总院副院长；晏志勇不再兼任水电水利规划设计总院院长职务，王民浩不再兼任水电水利规划设计总院副院长（法定代表人）、临时党委书记职务。

3月30日 糯扎渡水电站2号机组顺利通过72h试运行，正式投入商业运行。

3月20日 《中国电力建设报》报道：近日，中国水电顾问集团华东勘测设计研究院有限公司与国家海洋局科学技术司签订了《温州瓯飞万千瓦级潮汐电站建设工程预可行性研究》合同。瓯飞潮汐电站项目在开敞式海域建设，装机容量拟订为45万kW，年发电量9.27亿kW·h，规模世界第一。

3月21日 辽宁清原抽水蓄能电站预可行性研究报告通过了由水电水利规划设计总院和辽宁省发展改革委组织的专家审查。清原抽水蓄能电站位于抚顺市清原满族自治县境内，距沈阳市直线距离约100km，初选装机容量180万kW。

3月24日 中国长江三峡集团公司召开干部大会，中央组织部副部长王京清在会上宣布了党中央、国务院关于中国长江三峡集团公司主要领导调整的决定：卢纯同志任中国长江三峡集团公司董事长、党组书记，王琳同志任中国长江三峡集团公司总经理，免去曹广晶同志的中国长江三峡集团公司董事长、党组书记职务，免去陈飞同志的中国长江三峡集团公司总经理职务；曹广晶、陈飞两位同志中央另有任用。同时，国务院国资委党委决定，王琳同志任中国长江三峡集团公司董事、党组成员，免去陈飞同志的中国长江三峡集团公司董事、党组成员职务。

3月25日 琼中抽水蓄能电站主体工程开工。该电站位于海南省琼中县南渡江南源黎田河上游，直线距离海口市、三亚市、昌江核电站分别为106、110、98km；设计安装3台20万kW可逆式抽水蓄能机组，年发电量10亿kW·h。工程总投资约39.95亿元，由南方电网公司独资建设；施工总工期为45个月，预计2017年底第一台机组投产。

3月27日 金沙江溪洛渡向家坝水电站珍稀特有鱼类放流站在宜宾县烧瓦沱码头向金沙江放归1562尾国家一级保护动物达氏鲟、14900尾国家二级保护动物胭脂鱼、1070尾白甲鱼和10400尾中华倒刺鲃等4种珍稀鱼类。该鱼类放流站自2008年成立以来，已经连续7年进行珍稀鱼类增殖放流活动，累计放流77万余尾珍稀鱼类。

3月30日 湖北秭归发生4.5级地震，震源深度为5km，震中距三峡大坝约23km。地震发生后检查情况表明：三峡电站机组运行正常，船闸船舶通行秩序井然，升船机建设和坝区规划项目施工正常进行；枢纽建筑物各项安全监测数据正常，应力应变、位移和渗流等指标均处于正常状态。

3月30日 溪洛渡左岸电站3号机组在结束72h试运行并完成短暂停机检修后，正式投产发电。该机组是目前国内外采用弹性金属塑料推力瓦的容量最大机组，由哈尔滨电机厂有限责任公司设计制造。监测结果显示，试运行期间，相关设备主要参数正常、机组运行稳定。

3月30日 糯扎渡水电站2号机组顺利通过72h试运行，正式并网发电。该电站安装9台单机容量为65万kW的水轮发电机组，2012年，9、8、7号机组相继投产；2013年，6、5、4、3号机组投产。2号机组是糯扎渡电站投产发电的第八台机组，也是2014年投产发电的第一台机组。

四 月

4月2日 国家能源局以国能新能〔2014〕145号下发《关于加强水电工程建设质量管理的通知》。该通知针对一些水电工程建设中，不同程度地存在不顾客观条件赶进度和压工期、重大设计变更不规范、工程质量管理不严等给工程安全带来隐患、甚至发生质量事故问题，提出进一步提高水电建设质量要求，以确保工程安全，促进水电建设持续健康发展。

4月3日 托口水电站最后一台机组通过验收，至此该电站6台机组全部投入运行。该电站位于沅水干流上游，主厂房安装4台单机容量为20万kW的混流式水轮发电机组，生态放水小电站安装2台单机容量为1.5万kW的混流式水轮发电机组，总装机容量83万kW。大电站首台（2号）机组，于2014年3月3日投产发电；1、3号机组分别于同月12、21日投产发电，最后一台（4号）机组于3月30日完成72h试运行。而小电站的5、6号机组则分别于3月17、20日投产。

4月4日 国家发展改革委副主任解振华率国家生态文明制度建设调研组考察三峡工程。中国长江三峡集团公司总经理助理、枢纽管理局局长张曙光等陪同考察。解振华询问了三峡工程的泥沙问题、蓄水后水库对环境的影响以及最近秭归地震的相关情况，张曙光一一做了详尽的解答。

4月13日 在宜昌市胭脂园长江珍稀鱼类放流点江段，中国长江三峡集团公司和宜昌市人民政府共同主办了2014年长江三峡中华鲟放流活动。联合国教科文组织、世界自然基金会、大自然保护协会、巴塔哥尼亚公司对该活动给予了支持。此次活动是三峡集团中华鲟研究所32年来第56次开展中华鲟放流活动，共放流平均体长70cm的子二代中华鲟2000尾，大规格数量创历年之最。

4月23日 李克强总理主持召开国务院常务会议决定，在铁路、港口等交通基础设施，新一代信息基础设施，重大水电、风电、光伏发电等清洁能源工程，油气管网及储气设施、现代煤化工和石化产业基地等方面，首批推出80个符合规划布局要求、有利转型升级的示范项目，面向社会公开招标，鼓励和吸引社会资本以合资、独资、特许经营等方式参与建设营运。

4月23日 中国电力建设集团有限公司以中电建〔2014〕74号文下发《关于中国水电顾问集团北京勘测设计研究院有限公司等七家公司名称变更的通知》。这七家公司随后按要求到工商行政管理部门做变更登记，把“中国水电顾问集团××勘测设计研究院有限公司”更名为“中国电建集团××勘测设计研究院有限公司”。

4月27日 李克强总理在重庆万州港乘船考察长江黄金水道。他指出，长江黄金水道是贯通东中西部、通航能力最强的航道，要用黄金水道串起长江经济带“珍珠链”。

4月29日 向家坝电站左岸3号机组顺利完成72h试运行，正式投产发电。这是向家坝今年投产的首台机组，也是向家坝电站投产的第7台机组，比计划投产日期提前了8个半月。

五 月

5月1日 嘉陵江亭子口水利枢纽电站最后一台机组（4号机）顺利通过72h试运行，提前4个月正式投产发电，至此，电站设计安装的4台机组全部投产。亭子口水利枢纽工程是国家西部开发重点工程，为嘉陵江干流骨干性控制工程，是国务院确定的长江防洪体系6大工程之一，具有防洪、灌溉及城乡供水、发电、航运等综合效用。电站装机4台，总容量110万kW，年发电量32亿kW·h。

5月4日 吉勒布拉克水电站4台机组都具备发电条件。该电站位于新疆阿勒泰地区哈巴河县，总投资12.97亿元，水库总库容2.32亿m^3，电站装机容量16万kW，年平均发电量4.95亿kW·h。2014年3月10日，首台机组实现并网发电。

5月7日 国家发展改革委、财政部、水利部以发改价格〔2014〕886号文下发《关于水土保持补偿费收费标准（试行）的通知》，规范水土保持补偿费收费标准。

5月8日 荒沟抽水蓄能电站工程在牡丹江开工兴建。该电站位于黑龙江省牡丹江海林市，共安装4台单机容量30万kW的可逆式抽水蓄能机组，设计年发电量18.36亿kW·h，相应抽水电量24.09亿kW·h，以500kV线路接入黑龙江电网。工程总投资58亿元，总工期69个月，首台机组发电计划时间为57个月。

5月10日 环境保护部和国家能源局以环发〔2014〕65号文下发《关于深化落实水电开发生态环境保护措施的通知》。通知要求贯彻落实党的十八大及十八届三中全会提出的坚持节约优先、保护优先、自然恢复为主的方针，建立河流水电开发与环境保护统筹协调机制，深化落实水电开发生态环境保护措施，切实做好水电开发环境保护工作。

5月18日 锦屏二级水电站5号机组顺利通过72小时试运行，正式移交电厂投入商业运行。

5月19日 溪洛渡左岸电站2号机组在结束72h试运行并完成停机检修后，正式投产发电。这是该电站计划投产的18台77万kW机组中倒数第4台投产发电的机组，由哈尔滨电机股份有限公司制造，葛洲坝溪洛渡机电安装项目部安装调试。

5月22日 中国水电工程顾问集团有限公司与缅甸电力部在缅甸仰光正式签署缅甸丹伦江纳沃葩水电站、楠马河满通水电站项目投资协议备忘录(MOA)。丹伦江是缅甸第二大河流，纳沃帕水电站位于丹伦江干流河段；满通水电站位于其左岸支流楠马河段，两电站紧邻中缅边界，开发条件较好。纳沃葩水电站装机容量120万kW，满通水电站装机容量22.5万kW，所发电量将以回送国内为主。

5月25日 国家发展改革委以发改能源〔2014〕1069号文核准澜沧江黄登水电站工程。该电站位于云南省兰坪县境内，是澜沧江上游古水至苗尾河段规划中的第五个梯级，安装4台47.5万kW混流式水轮发电机组，总装机容量190万kW，年均发电量85.7亿kW·h；拦河大坝为碾压混凝土重力坝，最大坝高202m。工程总投资约为173.28亿元，由华能澜沧江水电有限公司建设和管理。

5月26日 溪洛渡右岸17号机组结束72h试运行，正式并网发电。这是该电站计划投产18台77万kW机组中的第16台，也是倒数第3台投产发电的机组。

5月26日 黄河海勃湾水利枢纽工程1号发电机组顺利结束72h试运行，正式并网发电。该工程位于内蒙古自治区乌海市境内，安装4台机组，总装机容量为9万kW。工程总投资约27亿元，于2010年4月开工建设，2013年8月下闸蓄水。

5月26日 如东海上风电场首批机组开始并网发电。该风电场位于江苏如东凌洋外滩潮间带，由中国水电新能源公司与和江苏东电新能源科技工程有限公司共同投资。项目总装机容量10万kW，由10台单机容量0.2万kW、32台单机容量0.25万kW的风电机组组成。

5月27日 国家电网公司在北京召开“开放分布式电源并网工程、电动汽车充换电设施市场”新闻发布会，公布了在相关领域开放市场的重大举措，并向社会正式发布《关于做好分布式电源并网服务工作的意见》（修订版）与《关于做好电动汽车充换电设施用电报装服务工作的意见》。这是公司落实党的十八届三中全会精神，促进公有制为主体、多种所有制经济共同发展的重要举措。

5月27日 云南金沙江中游水电开发公司发表关于鲁地拉水电站相关报道的说明：鲁地拉水电项目临时生态放水孔的异常过流现象，已由专家组提出处理方案和措施，并完成了工程处理，现在可以正常发电。目前正按照有关要求委托国内高校、研究机构和检测机构开展事故分析工作，将按照相关规定进行处理。

5月30日 锦屏一级水电站第五台机组（2号机组）完成72h试运行，投入正式运行。该电站共安装6台机组，总装机容量360万kW。

5月30日 受国家能源局委托，水电水利规划设计总院在北京组织召开了“抽水蓄能标准体系研究”项目验收会。该项目在充分研究抽水蓄能全生命周期各阶段标准的现状和存在问题的基础上，首次建立了抽水蓄能标准体系框架，并建立了抽水蓄能标准体系表。验收专家组一致同意该研究项目通过验收。

六 月

6月1日 阿海水电站5号机组一次性通过72h试运行，正式投产发电。至此，该电站5台单机容量为40万kW的机组全部投产。

6月3日 锦屏二级水电站6号机组完成72h试运行，投入正式运行。该电站共安装8台60万kW水轮发电机组，6号机组是第五台投产投产机组。

6月5日 国家发展改革委以发改价格〔2014〕1216号文下发《关于海上风电上网电价政策的通知》。通知明确，对非招标的海上风电项目，区分潮间带风电和近海风电两种类型确定上网电价。2017年以前（不含2017年）投运的近海风电项目上网电价为每千瓦时0.85元（含税，下同），潮间带风电项目上网电价为每千瓦时0.75元。对于2017年及以后投运的海上风电项目上网电价，国家发展改革委将根据海上风电技术进步和项目建设成本变化，结合特许权招投标情况研究制定。此次上网电价的确定预示着海上风电项目全面启动时代的到来。

6月8日 拉洛水利枢纽及配套灌区工程开工。该工程位于西藏日喀则地区萨迦县和日喀则市境内雅鲁藏布江右岸一级支流夏布曲干流上，主要任务为灌溉，兼顾供水、发电和防洪，并促进改善生态环境。水库总库容 2.96 亿 m^3，坝后电站和灌溉引水隧洞出口电站总装机容量 4.2 万 kW。设计灌溉面积 45.39 万亩，建设内容包括总干渠、分干渠、渠系建筑物等。工程估算总投资 46.98 亿元，总工期 67 个月。

6月8日　新藏水电站正式开工建设。该电站位于四川省凉山州木里县境内，为水洛河（金沙江中游左岸的一级支流）干流“一库十一级”开发规划的第七个梯级；引水式，隧洞长约 19.46km；装机容量 18.6 万 kW，年发电量 7.724/8.184 亿 kW·h（单独/联合）；工程总投资 19.77 亿元，由华电国际电力股份有限公司控股的四川凉山水洛河电力开发有限公司开发，预计 2017 年 10 月完工。

6月10日　中国长江三峡集团公司中华鲟研究所正式宣布长江特有鱼类圆口铜鱼人工驯养繁殖成功。圆口铜鱼是长江上游江段的特有鱼类和曾经的主要经济鱼类，也是长江上游珍稀特有鱼类保护区指标性物种。由于圆口铜鱼人工驯养成活率低、人工养殖环境下性腺难以发育成熟等因素，突破其人工繁殖技术一直是该物种保护的关键性技术难题。

6月10～12日　戛洒江一级水电站可行性研究报告审查会在昆明召开。审查认为，报告在设计深度和内容方面基本满足规程规范的要求，基本同意该报告。该电站是红河（元江）干流梯级综合规划开发方案的“龙头水库”，坝址位于云南省玉溪市新平县水塘镇境内，控制流域面积 1.81 万 km^2，多年平均流量 $131m^3/s$。工程开发任务以发电为主，兼顾城镇供水和农田灌溉。水库正常蓄水位 675m，总库容 17.74 亿 m^3，调节库容 8.22 亿 m^3，具有年调节性能。电站装机容量 27 万 kW，多年平均发电量 10.84 亿 kW·h。

6月11日　2014 年第十届光华工程科技奖在北京揭晓并颁奖。中国工程院院士、91 岁高龄的水利水电工程专家钱正英荣获光华工程科技奖成就奖，成为首位获得该奖项的女院士；中国水电顾问集团昆明勘测设计研究院有限公司副总经理兼总工程师张宗亮荣获本届光华工程科技奖工程奖。光华工程科技奖于 1996 年首次颁发，包括成就奖、工程奖和青年奖三个奖项，每两年颁奖一次。

6月12日　国家发展改革委以发改能源〔2014〕1275 号文核准山东文登抽水蓄能电站工程。该电站位于山东省胶东地区文登市界石镇境内，安装 6 台机组，总装机容量 180 万 kW，额定水头 471m。工程动态总投资 85.67 亿元，由国家电网公司独资建设；总工期 76 个月，预计首台机组 2019 年投产发电，2021 年全部机组并网发电。

6月12日　国家发展改革委以发改能源〔2014〕1276 号文核准河南天池抽水蓄能电站工程。该电站位于河南省南阳市南召县马市坪乡境内，安装 4 台机组，总装机容量 120 万 kW，额定水头为 510m，水库具备完全周调节性能。工程动态总投资 67.5 亿元。

6月12日　国家发展改革委以发改能源〔2014〕1277 号文核准重庆蟠龙抽水蓄能电站工程。该电站位于重庆市綦江区中峰镇境内，装机 4 台，总容量 120 万 kW，额定水头 428m；上、下库按满足日调节能力设计，均采用混凝土面板堆石坝；引水系统为两洞四机、尾水采用一洞一机，尾部式地下厂房。工程总工期 78 个月，静态总投资 56.76 亿元，由国家电网公司独资建设。

6月15日　飞仙关水电站 2 号机组顺利完成 72h 试运行，投产发电。这是继 2014 年 5 月 27 日该电站首台机组投产发电后在短短的 20 天内又一台机组投产发电。该电站位于四川省雅安市芦山县飞仙关镇的青衣江境内，安装 2 台单机容量为 5 万 kW 的水轮发电机组。工程自开工以来，经过了 2013 年“4·20”芦山强烈地震与“7·10”暴雨的考验。

6月16日　长甸水电站改造工程引水系统岩塞进水口成功实施爆破。这是国内迄今为止最大的全排孔岩塞爆破，填补了该项施工领域的空白。长甸水电站位于辽宁省丹东市，改造工程为引水式水电站，进水口采用先进的气垫式岩塞进水口。该岩塞进水口位于水丰水库正常蓄水位下约 60m，直径 10m，岩塞体厚度 12.5m，水下岩塞爆破的施工要求极高。

6月20日　岩滩水电站扩建工程末台机组（5 号机）完成 72h 试运行，并移交业主投产发电。至此，该电站扩建工程 2 台机组全部投产发电。岩滩水电站位于广西大化县境内红水河上，一期工程装机容量 121 万 kW；扩建工程利用现有水库，在大坝右岸修建引水发电系统工程，安装 2 台单机容量为 30 万 kW 的水轮发电机组。

6月21日　小山口二级水电站 3 号机组顺利结束 72h 试运行，正式并网发电。至此，该电站 3 台机组全部投产。小山口二级水电站位于新疆和静县，距已投产发电的小山口一级水电站 7.5km，采用无坝引水方式，即电站引水渠道进口与上游一级电站尾水渠道出口直接相连，通过节制闸和退水闸进行控制。电站安装 3 台混流式机组，总容量 4.95 万 kW，年发电量 2.5 亿 kW·h；1、2 号机组分别于 2013 年 11 月 5 日、2014 年 4 月 17 日完成 72h 试运行正式并网发电。

6月22日　南方电网公司“基于电压源变流器的 200Mvar 静止同步补偿装置关键技术开发及应用”和“海南与南方主网 500kV 交流海底电缆联网关键

技术研究及工程应用”两项科技项目成果通过了中国电机工程学会组织的成果鉴定，被认定达到国际领先水平。前一项目成果成功运用于广东500kV东莞站STATCOM示范工程，在直挂35kV、百兆乏级电压源变流器和应对电网故障的控制技术等方面取得了重大突破。应用后一成果建设的跨越琼州海峡500kV海底电缆工程已无故障稳定运行5年。

6月24日 国务院副总理、国务院长江三峡工程整体竣工验收委员会主任汪洋主持召开验收委员会第一次全体会议，部署安排三峡工程整体竣工验收工作。他强调，要以对国家、对人民、对历史高度负责的精神，依法、严格、科学、规范地组织开展竣工验收，为进一步做好三峡后续工作、深化长江开发治理和长江经济带建设奠定坚实基础。三峡工程建设经过20年的时间已如期完成，并进行了6年试验性蓄水检验，三峡库区地质总体安全稳定，水库水质总体良好，验收的各项准备已经就绪。

6月25日 苗家坝水电站最后一台机组（3号机）通过72h试运行。这标志着该电站三台机组全部成功投产发电，创造了“一月三投”的佳绩。苗家坝水电站位于白龙江中游甘肃省文县境内，距下游的碧口水电厂31.5km，总装机容量24万kW，设计年发电量9.24亿kW·h，首台机组（2号机）于6月17日顺利通过72h试运行。

6月26日 糯扎渡水电站最后一台机组（1号机）完成72h试运行，正式投产发电，标志着该电站全面建成投产。糯扎渡水电站是云南境内最大的电站，同时也是澜沧江流域装机和库容最大的电站，共安装9台单机容量为65万kW的水轮发电机组，首台机组于2012年9月投产。

6月27日 甲岩水电站首台机组（3号机）顺利完成72h试运行，正式投产发电。该电站位于云南禄劝县境内，为普渡河下游河段七个梯级水电规划的最后一级；安装3台单机容量为8万kW的水轮发电机组，年发电量10.99亿kW·h；由中电投云南国际电力投资有限公司投资建设，2010年12月14日开工。

6月27日 由《中国能源报》主办的中国能源发展论坛暨2014中国能源年度人物颁奖仪式在北京举行。中国能源建设集团有限公司董事长、党委书记，国家电力规划研究中心主任汪建平当选“2014中国能源年度人物”。

6月30日 溪洛渡最后一台机组（1号机组）结束72h试运行，进入投产运行状态。此前一天，右岸最后一台机组（18号机组）也顺利投产。至此，溪洛渡水电站最后一批机组全部投产。从2013年7月15日第一台机组投产发电至今350天，溪洛渡已发电234.2亿kW·h。

6月30日 布仑口—公格尔水电站3台机组全部投产发电。该电站位于新疆克尔柯孜自治州阿克陶县境内，是盖孜河中游河段梯级电站中的第一级，为引水式开发，隧洞长18.5km、电站水头666m，安装3台单机容量为6.7万kW的水轮发电机组，多年平均发电量6.39亿kW·h，总投资23亿元，由广西水利电业集团投资开发；2009年4月正式开工建设，2014年6月26日，首台机组正式并网发电；6月30日14时，最后一台机组结束72h试运行。

七 月

7月3日 溪洛渡左岸—浙江金华±800kV特高压直流输电工程正式投运。溪浙工程途经四川、贵州、湖南、江西、浙江5省，直流主设备国产化率达到84%，首次实现了高端换流变压器自主研发和设计制造，并在世界上首次实现单回直流工程800万kW连续运行和840万kW过负荷输电运行，创造了超大容量直流输电的新纪录。

7月4日 浙江舟山200kV五端柔性直流输电科技示范工程正式投运。该工程是世界上电压等级最高、端数最多、单端容量最大的多端柔性直流输电工程，其成功投运，标志着我国在世界柔性直流输电技术领域走在了前列。工程共建设舟定、舟岱、舟衢、舟泗、舟洋5座换流站，总容量100万kW；新建200kV直流输电线路141.5km，其中，海底电缆129km；新建交流线路31.8km，并配套建设一个海洋输电检验检测基地。

7月7日 向家坝水电站最后一台机组（4号机）顺利通过72h试运行，正式并网发电并进行无缝隙移交。至此，向家坝水电站8台机组全部投产，工期提前一年。该电站位于四川省宜宾县和云南省富水县交界的金沙江下游河段上，左、右岸各安装当今世界最大单机容量80万kW混流式水轮发电机组4台，总装机容量640万kW，多年平均发电量达307.47亿kW·h。

7月9～10日 五强溪水电站扩机工程预可行性研究报告审查会在长沙召开。会议认为，报告基本满足本阶段勘测设计内容和工作深度的要求，基本同意该报告。五强溪水电站原装机容量5×24万kW，1996年12月全部机组投产；初拟的扩机工程主要建筑物由右岸岸塔式进水口、引水隧洞、上游调压室及地面厂房等组成，扩机容量为50万kW，多年平均增发电量5.43亿kW·h。

7月12日 锦屏一级水电站最后一台机组结束72h试运行，正式投产运行。至此，该电站6台60万kW机组全部投产。锦屏一级水电站拥有世界最高拱坝，被国内外专家公认为是地质条件最复杂、施工环境最恶劣、技术难度最大、建设管理难度最大的巨型水电工程。

7月21～23日 松塔水电站预可行性研究报告审查会在北京召开。会议认为，报告基本满足本阶段勘测设计内容和工作深度的要求，基本同意该报告。松塔水电站是怒江中下游河段“两库十三级”中第一个梯级，为规划河段的“龙头”水库，位于滇、藏省界上游约7km的西藏自治区察隅县境内；坝址控制流域面积10.35万km，多年平均流量1230m³/s；初选水库正常蓄水位1925m，装机容量360万kW（6×60万kW），多年平均年发电量159.6亿kW·h。

7月21～25日 水电水利规划设计总院会同四川省移民局、云南省移民局分别在成都、昆明主持召开了乌东德水电站四川、云南部分移民安置规划大纲审查核定会议。会议顺利通过《金沙江乌东德水电站移民安置规划大纲（核定稿）》审查，同意对《规划大纲》进行核定。

7月28日 旁多水利枢纽工程最后一台机组（1号机）经72h试运行，正式并网发电。至此，该工程4台机组全部投产。旁多工程是水利部的援藏项目，地处拉萨河中游，距拉萨市直线距离63km，海拔4040m；电站安装4台机组，单机容量4万kW，设计年发电量5.99亿kW·h。4、3、2号机组分别于2013年12月10日，2014年5月11日和7月2日投产发电。

7月28～29日 芝瑞抽水蓄能电站预可行性研究报告审查会在赤峰召开。会议认为，报告基本满足本阶段勘测设计内容和工作深度的要求，基本同意该报告。芝瑞抽水蓄能电站位于内蒙古克什克腾旗芝瑞镇，距赤峰市直线距离为110km，初选装机容量120万kW。

7月29日 国家发展改革委以发改办能源〔2014〕1784号文函复四川省发展改革委、国家开发投资公司，同意雅砻江楞古水电站开展前期工作。楞古水电站装机容量初步定为257.5万kW，由雅砻江流域水电开发有限公司负责建设和管理。

7月31日 国家发展改革委批复西藏尼洋河多布水电站可行性研究报告。多布水电站安装4台3万kW灯泡贯流式水轮发电机组，总装机容量12万kW，年均发电量5.06亿kW·h；主管单位为中国国电集团公司西藏分公司，总投资24.2亿元。

7月31日 国家发展改革委以发改价格〔2014〕1763号文下发《关于完善抽水蓄能电站价格形成机制有关问题的通知》。通知明确了电力市场形成前，抽水蓄能电站实行两部制电价。对电价确定的方式、抽水蓄能电站费用的回收方式、抽水蓄能电站建设和运行的管理以及执行范围和执行时间等都予以明确。

八 月

8月2日 鲁地拉水电站5号机组顺利通过72h试运行，正式并入云南电网运行。这是该电站4号机组于2014年6月1日投产发电后又一台机组顺利投产。

8月3日 南方电网第二条±800kV特高压直流输电工程——糯扎渡直流送电广东工程顺利完成第一阶段无接地极运行系统调试，率先在国内实现无接地极、以站内接地网作为接地端的方式运行，输送功率300万kW。

8月7日 《人民日报》头版和八版分别刊发记者朱隽撰写的消息《三峡水电惠及九省二市 每年减少燃煤五千万吨》和长篇通信《电从三峡来——记三峡工程的发电效益》，记述了三峡工程巨大的发电效益，为国家经济社会发展提供着源源不断的清洁能源支撑。

8月7日 云南电网刷新了3个数据：其一，当日统调系统发电量创下新高，达6.73亿kW·h，比2013年最高日发电量高出0.56亿kW·h；二是当天水电日发电量8次创新高后成功突破了6亿kW·h大关，达到6.03亿kW·h，比2013年日发电量最大值高出0.57亿kW·h；三是西电东送日电量第10次刷新纪录，当日西电东送日送电量突破4亿kW·h，达到4.08亿kW·h，较2013年2.91亿kW·h的历史最高日送电量增长40.2%。

8月8日 橙子沟水电站首台机组（3号机）并网发电。该电站位于甘肃省陇南市境内白龙江干流上，为径流引水式电站，安装有3台混流式机组，电站总装机容量11.5万kW，设计多年平均发电量4.63亿kW·h。

8月9日 俄公堡水电站3号机组顺利完成72h试运行，正式并网发电。至此，该电站3台机组全部投产发电。俄公堡水电站位于四川省木里县境内的木里河上，装机3台，单机容量4.4万kW。

8月21日 国家能源局以国能新能〔2014〕396号文核准安徽金寨抽水蓄能电站工程。该电站位于安徽金寨县张冲乡，安装4台30万kW可逆式抽水蓄能机组，总装机容量120万kW。

8月24日 锦屏一级水电站蓄水至正常蓄水位1880m，通过近两周对枢纽工程、近坝库岸边坡等各部位安全监测数据资料进行全面分析、反馈说明：各项监测数据均在设计要求的范围之内，枢纽工程、库岸边坡保持稳定。

8月26日 国家发展改革委、财政部、水利部以发改价格〔2014〕1959号文下发《关于调整中央直属和跨省水力发电用水水资源费征收标准的通知》，进一步完善和规范水力发电用水水资源费政策。其中规定，现行征收标准低于每千瓦时0.5分钱的，自2015年1月1日起调整为每千瓦时0.5分钱；高于每千瓦时0.5分钱的，维持不变，但最高不超过每千瓦时0.8分钱；跨省界河水电站的自2015年1月1日起统一征收标准，征收标准不一致的，按较高一方标准征收；抽水蓄能发电用水暂免征收水资源费。

8月27日 白莲崖水库工程顺利通过竣工验收。该水库是国务院确定的治淮19项骨干工程之一，位于安徽省霍山县境内，坝址地处东淠河佛子岭水库上游西支漫水河上；水库总库容4.6亿m^3，电站装机容量5万kW。

8月28日 国土资源部以国土资预审字〔2014〕149号文下发《关于金沙江白鹤滩水电站建设用地预审意见的复函》，通过了白鹤滩电站用地预审。这标志着白鹤滩水电站建设用地获得国家行政许可，为白鹤滩电站最终获得核准打下基础。

8月28～29日 易县抽水蓄能电站预可行性研究报告审查会河北易县召开。会议认为，报告基本满足本阶段勘测设计内容和工作深度的要求，基本同意该报告。易县抽水蓄能电站位于河北省保定市易县境内，距北京、石家庄和保定直线距离分别为110、170、65km，初选装机容量120万kW。

8月29日 目前世界最大坝顶门机——溪洛渡水电站800t坝顶双向起重门机顺利通过各项负荷试验，正式投入运行。该门机由中国水利水电夹江水工机械有限公司自主设计制造，总重量约860t，高38m，额定起重载荷800t，用于深孔事故闸门的启闭和吊运。

九 月

9月4日 国家发展改革委以发改能源〔2014〕2060号文核准两河口水电站项目。该电站是雅砻江中游的“龙头”水库电站，安装6台50万kW混流式水轮发电机组，总装机容量300万kW，年发电量110亿kW·h；拦河坝为心墙堆石坝，最大坝高295m。

9月5日 国家能源局以国能新能〔2014〕412号文下发《关于规范风电设备市场秩序有关要求的通知》。通知就业内最为关心的设备质量和市场秩序两大核心问题做出关键性制度安排，分别从风电设备质量、风电机组质保期验收、招标采购市场以及市场信息披露和监管四个方面进行了规范。

9月5日 国家能源局以国能〔2014〕413号文核准山东沂蒙抽水蓄能电站工程。该电站位于山东省临沂市费县境内，安装4台30万kW可逆式抽水蓄能机组，总装机容量120万kW，额定水头375m；上、下库按满足日调节能力设计，上库采用沥青混凝土面板堆石坝，下库采用钢筋混凝土面板堆石坝。工程动态总投资73.70亿元，由国家电网公司独资建设。

9月7日 斜卡水电站正式并入四川电网投入商业运行。该电站位于四川省甘孜州九龙县境内的踏卡河干流，额定水头451m，装机3×4.5万kW，年均发电量5.183亿kW·h；由中国水利水电第七工程局有限公司控股的四川久隆水电开发有限公司投资建设，2009年3月正式开工建设；三台机组分别于2014年9月3～5日完成72h试运行。

9月23～24日 古学水电站预可行性研究报告审查会在长沙召开。会议认为，报告基本满足本阶段勘测设计内容和工作深度的要求，基本同意该报告。古学水电站是澜沧江上游（西藏境内河段）采用“一库七级”梯级开发方案的最末一级电站，位于西藏自治区昌都地区芒康县曲孜卡乡，坝址控制流域面积8.21万km^2，多年平均流量670m^3/s；初选水库正常蓄水位2535m，装机容量170（4×42.5）万kW，多年平均年发电量78.16/85.01亿kW·h（单独运行/梯级联合运行）。

9月24日 中国长江三峡集团公司决定自2014年9月25日起，三峡大坝旅游景点对中国游客（含港、澳、台同胞、海外侨胞）施行门票免费，让更多的中国人了解三峡工程，见证国家改革开放以来的伟大建设成就，感受民族振兴的自豪。

9月25日 塔日勒嘎水电站首台机组正式并网发电。该电站位于新疆克孜勒苏柯尔克孜自治州乌恰县克孜勒苏河中游河段，装机容量4×1.25万kW，为中国电力建设集团有限公司首个产业援疆项目。工程开发任务以发电为主兼顾防洪和灌溉，总投资76 499.63万元。

9月25～28日 乌东德水电站导流洞过流验收委员会专家组到乌东德水电站右岸导流洞施工现场进行验收。专家组通过检查资料、听取汇报、实地勘验等方式，多层面多角度对工程进行了严格的质量检查，认定乌东德水电站导流隧洞工程通过过流验收。

9月26～27日 安化抽水蓄能电站预可行性研究报告审查会在长沙召开。会议认为，报告的内容和工作深度满足预可行性研究报告编制规程的要求，基本同意该报告。安化抽水蓄能电站位于湖南省益阳市安化县仙溪镇境内，距长沙市直线距离为87km，初选装机容量120万kW。

9月28日 国家发展改革委以发改能源〔2014〕2212号文核准澜沧江乌弄龙水电站项目。该电站位于云南省迪庆州维西县巴迪乡境内的澜沧江上游河段，安装4台24.75万kW混流式水轮发电机组，总装机容量99万kW，年均发电量41.16亿kW·h。工程总投资74.89亿元，总工期为65个月，由华能澜沧江水电有限公司负责建设和管理。

9月28日 南方电网第二条±800kV特高压直流输电工程——糯扎渡直流送电广东工程（普侨直流），正式进入普洱侧无接地极双极运行模式，输送功率300万kW。普侨直流采用无接地极双极运行方式，提高了直流线路的输送能力，降低了功率损耗，对保障汛期云南水电送出、减少弃水，缓解广东地区用电高峰的电力缺口，充分发挥南方电网资源优化配置作用具有重要意义。

9月28日 溪洛渡水电站首次抬升水位至正常蓄水位600m高程。这标志着溪洛渡水电站枢纽建筑物、水库和电站转入正常运行状态，电站将全面发挥防洪、发电等社会经济效益。

十 月

10月6日 两河口水电站正式开工建设。该电站位于四川省甘孜藏族自治州雅江县境内，为雅砻江中游的龙头梯级水库电站；水库正常蓄水位2865m，总库容107.67亿m^3，调节库容65.6亿m^3；电站总装机容量300万kW，设计年发电量为110亿kW·h；工程总投资664亿元。2014年9月4日国家发展改革委以发改能源〔2014〕2060号文核准两河口水电站项目。计划2021年底首台机组发电，2023年底工程竣工。

10月8日，大藤峡水利枢纽工程可行性研究报告获得国务院批准。该水利枢纽坝址位于广西桂平市大藤峡峡谷出口处，控制流域面积19.86万km^2，约占西江流域面积的56.4%、西江水资源量的56%；工程开发任务以防洪、航运、发电、补水压咸（水资源配置）为主，结合灌溉、水生态治理等综合利用；正常蓄水位为61m，防洪库容15亿m^3；电站装机容量160万kW，年发电量61.3亿kW·h。工程动态总投资339亿元，主体工程建设期9年。

10月13日 桃源水电站末台机组（9号机）顺利通过72h试运行，正式投产发电。至此，该电站机组全部投产。桃源水电站位于湖南省桃源县，为沅水干流梯级开发中的最末一级，以发电为主，兼顾航运、旅游等综合利用；水库正常蓄水位39.5m，相应库容1.28亿m^3；电站安装9台单机容量为2万kW的灯泡贯流式机组，由中国水电顾问集团桃源开发有限公司出资兴建。2010年11月主体工程开工，首台机组于2013年10月30日并网发电。

10月22～23日 尚志抽水蓄能电站预可行性研究报告审查会在哈尔滨市召开。会议认为，报告的内容和工作深度基本满足预可行性研究报告编制规程的要求，基本同意该报告。尚志抽水蓄能电站位于黑龙江省尚志市境内，距哈尔滨市直线距离为85km，初选装机容量100万kW。

10月23日 南水北调中线干渠充水试验顺利完成。这次从丹江口水库通过陶岔渠首闸向南水北调中线一期工程总干渠充水试验供水，自9月20日开始，历时34天，累计供水量1.2亿m^3。

10月23日 国家发展改革委以发改价格〔2014〕2379号文下发《关于深圳市开展输配电价改革试点的通知》，正式启动我国新一轮输配电价改革试点。通知指出，在深圳市开展输配电价改革试点，将现行电网企业依靠买电、卖电获取购销差价收入的盈利模式，改为对电网企业实行总收入监管。即政府以电网有效资产为基础，核定准许成本和准许收益，固定电网的总收入，并公布独立的输配电价。同时，明确了输配电准许成本核定办法，建立对电网企业的成本约束和激励机制。

10月28～29日 连云港抽水蓄能电站预可行性研究报告审查会在连云港市召开。会议认为，报告的内容和工作深度基本满足预可行性研究报告编制规程的要求，基本同意该报告；同时指出，由于本工程涉及云台山国家级风景名胜区、云台山国家森林公园规划范围，尚需征得相应主管部门的同意。连云港抽水蓄能电站位于江苏省连云港市连云区境内，距南京市直线距离为295km，初选装机容量120万kW。

10月30日 大岗山水电站双曲拱坝混凝土浇筑全线到顶，达到1135m高程。大岗山水电站位于四川省雅安市石棉县境内，为大渡河干流规划的第14个梯级，装机总容量260万kW；大坝为混凝土双曲拱坝，最大坝高约210m，共需浇筑混凝土约320万m^3，2011年9月23日开始浇筑第一仓混凝土。

10月31日 国务院以国发〔2014〕53号文发布《政府核准的投资项目目录（2014年本）》。该《目录》规定：在跨界河流、跨省（自治区、直辖市）河流上建设的单站总装机容量50万kW及以上水电站项目由国务院投资主管部门核准，其中单站总装机容量300万kW及以上或者涉及移民1万人及以上的项目由国务院核准；其余水电站项目由地方政府核准。抽水蓄能电站由省级政府核准。风电站由地方政府在国家依据总量控制制定的建设规划及年度开发指导规模内核准。

10月31日 锦屏二级水电站7号机组完成72h试运行，投入正式运行。该电站共安装8台单机容量为60万kW的水轮发电机组，7号机组为第七台投产机组。

10 月 31 日　三峡水库第 5 次成功蓄水至 175m 正常蓄水位。三峡工程 2014 年 175m 蓄水于 9 月 15 日在承接前期防洪调度的基础上正式开始，起蓄时间较 2013 年有所推迟，对应水位 164.63m。按照“安全、科学、稳妥、渐进”的蓄水原则，严格执行国家防总批复的蓄水实施计划和长江防总的调度令，结合向家坝、溪洛渡等新建水库蓄水安排及流域水雨情势，实时调整蓄水计划，9 月底蓄至 168.58m，10 月 31 日蓄至 175m，累计蓄水量 95.8 亿 m^3。

十一月

11 月 1 日　国家发展改革委以发改能源〔2014〕2482 号文下发《关于促进抽水蓄能电站健康有序发展有关问题的意见》。意见明确，把抽水蓄能电站作为优化能源结构、促进新能源开发利用和保护生态环境的重要手段；着力完善火电为主和大规模电力受入地区电网抽水蓄能电站布局，适度加快新能源开发基地所在电网抽水蓄能电站建设，使抽水蓄能电站建设满足电力发展需要。到 2025 年，全国抽水蓄能电站总装机容量达到约 1 亿 kW，占全国电力总装机的比重达到 4%左右。

11 月 2 日　白鹤滩水电站左岸首条导流洞（1 号洞）实现提闸过流。白鹤滩水电站设计总装机容量目前仅次于三峡，是中国第二大水电站，其左岸共设三条导流隧洞。1 号导流洞工程由中国水利水电第七工程局有限公司承建，于 2012 年 4 月 15 日开工，2014 年 4 月 30 日通过过流阶段性验收。

11 月 3 日　乌弄龙水电站工程成功截流。该电站为澜沧江上游河段规划七个梯级中的第二级，最大坝高 137.5m，正常蓄水位 1906.0m，总库容 2.65 亿 m^3，总装机容量 99 万 kW。工程采用全年围堰一次拦断河床、隧洞过流的导流方式，截流采取“双洞过流，单戗立堵”的截流方式，实际截流流量为 725m^3/s。

11 月 4 日　国家电网公司“两交一直”三项特高压工程正式开工。淮南—南京—上海特高压交流工程，新建、扩建变电容量 1200 万 kVA，新建输电线路 2780km，工程投资 268 亿元；锡盟—山东特高压交流工程，途经内蒙古、河北、天津、山东 4 省（区、市），新建变电容量 1500 万 kVA，新建输电线路 2730km，工程投资 178 亿元；宁东—浙江特高压直流工程，途经宁夏、陕西、山西、河南、安徽、浙江 6 省（自治区），新建 2 座换流站，换流容量 1600 万 kW，线路全长 1720km，工程投资 237 亿元。这三项特高压工程计划于 2016 年竣工投产。

11 月 4 日　溪洛渡电站右岸 14 号机组顺利完成世界首次最大负荷 77 万 kW 动水落筒形阀试验。在高水头、多泥沙电站，筒形阀在停机状态下可以有效减少机组的漏水量和保护导水机构，在事故情况下，活动导叶失去控制时，动水关闭筒形阀可防止机组发生过速甚至飞逸造成的损害。2014 年 10 月底溪洛渡蓄水到 600m 正常蓄水位，具备进行机组型式试验条件。动水落筒形阀是此次型式试验的重要项目之一，分别在机组空载、25%、50%、75%、100%额定负荷下进行。

11 月 6 日　国电大渡河流域水电开发有限公司和四川铁路产业投资集团、深圳能源集团股份有限公司在成都举行大渡河上游水电开发战略合作框架协议签约仪式。这是在大渡河流域开发进程中首次央企和地方国企的友好合作，标志着大渡河上游水电开发进入新的阶段。

11 月 8 日　桐子林水电站三期明渠截流成功合拢，比预定计划提前 7 天。这次截流是国内同类型水电站明渠工程截流中难度最大的一次，龙口最大流速达到 7.45m/s，上下游最大落差达到 10m，这两项指标为目前国内同类型水电站工程截流难度之最。武警水电部队承担了此截流任务。

11 月 9 日　中国国家主席习近平在钓鱼台国宾馆会见前来参加 APEC 峰会的俄罗斯总统普京，并共同见证了一系列双边合作协议的签署。其中，中国电力建设集团有限公司董事长范集湘与俄罗斯水电开放式股份公司董事长叶甫盖尼多德分别代表双方签署了《关于合作建设列宁格勒抽水蓄能电站以及其他一系列水电站项目的框架协议》，俄罗斯水电开放式股份公司是俄罗斯最大的水力发电企业，负责俄罗斯大部分水电站的开发建设和管理运行。

11 月 10 日　呼和浩特抽水蓄能电站首台机组顺利通过了电网对其进行的 15 天考核试运行。在考核期间，平均每天启动次数不少于 2 次。考核结果表明，机组及电站各项指标优异，满足安全稳定运行要求。11 月 12 日，电站机组启动验收委员会第二次会议审议通过 1 号机组于 11 月 10 日正式转入商业运行。呼和浩特抽水蓄能电站装机 4 台，单机容量 30 万 kW，是内蒙古自治区的第一座大型抽水蓄能电站，也是中国长江三峡集团公司的第一个抽水蓄能电站。

11 月 10 日　里底水电站大江截流成功。该电站位于云南省维西县巴迪乡澜沧江干流，属于澜沧江上游七级开发中的第三级电站，总装机容量 42 万 kW，由华能澜沧江水电股份有限公司投资，动态投资为 54.56 亿元。

11 月 11 日　连接梨园水电站和阿海水电站的 500kV 梨阿线路工程顺利投运。该线路是梨园水电站的送出工程，为云南金沙江中游电站送电广西直流输电线路工程（以下简称金中直流工程）的送电端配套工程，线路长度为60.13km，平均海拔超过3500m，为南方电网海拔最高的500kV输变电工程，于2013年12月开工。

11月13日 四川省政府对乌东德水电站移民大纲（四川部分）进行了批复。此前，云南省政府于11月6日对乌东德水电站移民大纲（云南部分）进行了批复。这标志着乌东德水电站移民安置规划工作取得重要阶段性成果，为下一步移民安置规划编制和审核工作创造了条件，同时把项目核准工作向前推进了重要一步。

11月15日 云南金沙江中游电站送电广西直流输电线路工程（简称金中直流工程）完成了接地极工程基础浇筑首基试点，标志着金中直流工程线路正式进入施工阶段。金中直流工程线路走廊多属于高山大岭地形，地形高差大，运输交通不便，施工极为困难。

11月16日 纳子峡水电站3号机组完成72h试运行，标志着电站全部投产发电。该电站装机容量8.7万kW，是青海大通河流域目前装机容量最大的水电站，最大坝高达到121.5m，总库容为7.33亿m^3，年平均发电量为3.1亿kW·h。

11月16日 藏木水电站首台机组通过72h试运行投产发电。该电站位于西藏山南地区加查县，坝顶高程3314m，最大坝高116m，安装6台8.5万kW水轮发电机组，总装机容量51万kW，年发电量25亿kW·h，总投资96亿元，是西藏电力史上由10万～50万kW级的标志性工程。

11月19日 国务院办公厅以国办发〔2014〕31号文发布《能源发展战略行动计划（2014～2020年）》。其中指出，抓紧研究制定长效政策措施，推进绿色能源县、乡、村建设，大力发展农村小水电，加强水电新农村电气化县和小水电代燃料生态保护工程建设，因地制宜发展农村可再生能源，推动非商品能源的清洁高效利用，加强农村节能工作。

11月20日 川藏电力联网工程提前半年建成投运。中共中央政治局常委、全国政协主席俞正声在北京出席仪式并宣布工程投运。该工程东起四川甘孜藏族自治州的乡城县，途经巴塘县，西至西藏昌都，新建2座500kV变电站和2座220kV变电站，新建昌都—巴塘—乡城双回500kV、昌都—玉龙双回和昌都—邦达双回220kV线路，全长1521km。川藏电力联网工程是迄今为止世界上最艰难的输变电工程。它的建成投运，彻底结束了西藏东部和四川甘孜南部电网孤网运行的历史，将极大促进康巴藏区经济社会发展及民生改善。

11月20～21日 洛宁大鱼沟抽水蓄能电站预可行性研究报告审查会在洛阳市召开。会议认为，报告的内容和工作深度基本满足预可行性研究报告编制规程的要求，基本同意该报告，同时提出了修改完善意见。洛宁大鱼沟抽水蓄能电站位于河南省洛阳市洛宁县境内，距洛阳、郑州市直线距离分别为90、217km，初选装机容量140万kW。

11月20～21日 加查水电站可行性研究报告审查会在成都召开。该电站位于西藏自治区山南地区加查县境内，上游为藏木水电站，下游为冷达水电站；水库正常蓄水位3246m，电站装机容量36万kW；主要由混凝土重力坝、河床式厂房、溢流坝及泄洪冲沙底孔等建筑物组成，最大坝高约87m。会议经讨论和审议，形成了审查意见初稿。

11月24～25日 侧格水电站预可行性研究报告审查会在贵阳召开。该电站位于西藏自治区昌都地区昌都县澜沧江上游，坝址控制流域面积5.96万km^2，多年平均流量480m^3/s。初选水库正常蓄水位3194m，初选装机容量12.9万kW（3×4.3万kW），多年平均年发电量6.36亿kW·h。会议认为，报告基本满足本阶段勘测设计内容和工作深度的要求，基本同意该报告，同时提出了修改完善意见。

11月24日 国务院以国发〔2014〕50号文印发《关于取消和调整一批行政审批项目等事项的决定》。在取消和下放58项行政审批项目中，涉及水电的有：国家重点建设水电站项目和国家核准（审批）水电站项目竣工验收下放至省级人民政府能源主管部门；取消跨区域电网输配电价审核；取消中央政府专项资金使用审批之能源领域技术研发资金、行业规划和行业标准经费；取消发电机组进入及退出商业运营审核；取消发电机组并网安全性评价。

11月25～27日 约龙水电站预可行性研究报告审查会在贵阳召开。该电站位于西藏自治区昌都地区昌都县境内澜沧江上游，坝址控制流域面积5.98万km^2，多年平均流量482m^3/s。初选水库正常蓄水位3146m，初选装机容量12.9万kW（3×4.3万kW），多年平均年发电量6.44亿kW·h。会议认为，报告基本满足本阶段勘测设计内容和工作深度的要求，基本同意该报告，同时提出了修改完善意见。

11月29日 锦屏二级水电站最后一台机组正式投产运行。至此，我国“西电东送”标志性工程、拥有世界最高拱坝、世界最大规模水工隧洞群的锦屏水电站14台单机容量为60万kW的水轮发电机组全部投产。

十二月

12月1～3日 国务院三峡枢纽工程质量检查专家组成员赴三峡工地，检查指导三峡工程建设和运行工作。专家组重点了解了升船机试验及调试情况，枢纽大坝、电站、船闸和茅坪溪防护坝等运行情况，2014年度汛及175m试验性蓄水有关情况，以及三峡南线船闸2015年检修准备工作的安排情况，并与有关部门、单位进行座谈，交流情况、交换意见。

12月5日　拉拉山水电站1、2号机组完成72h试运行，正式并网发电，成为川藏联网工程第一个投产的支撑电源点。该电站位于四川省甘孜州巴塘县，为巴楚河（金沙江左岸一级支流）干流“一库五级”梯级开发的首个电站（第三级），安装2台4.8万kW机组，年均发电量4.11亿kW·h，由华能四川水电有限公司投资建设。

12月8日　国家能源局以国能新能〔2014〕530号文印发《全国海上风电开发建设方案（2014～2016）》。该方案列入了总容量1053万kW的44个海上风电项目，标志着我国海上风电开发将进一步提速。这44个海上风电项目分布在天津、河北、辽宁、江苏、浙江、福建、广东、海南等省份，其中江苏省列入开发建设的项目规模最大，达到348.97万kW。

12月11日　安谷水电站首台19万kW机组完成72h试运行，比设计工期提前112天正式并网发电。该电站是大渡河干流梯级开发中的最后一级，位于四川省乐山市沙湾区；采用混合开发方式，建坝壅水高20.0m，河床式厂房，厂后接长约9461m的尾水渠，利用落差15.5m，总装机容量77.2万kW，年均发电量31.44亿kW·h；由中国电力建设集团有限公司投资建设，2012年正式开工建设。

12月12日　举世瞩目的南水北调中线一期工程正式通水。清澈的丹江水从陶岔渠首出发，将沿豫西南一路北上，跨过沙河，穿过黄河，流过京广铁路西侧，经过2000余座建筑物，自流1200多公里后抵达北京。南水北调中线一期工程主要向京津冀豫供水，计划年均调水95亿m^3，可向沿线19个大中城市及100多个县（市）提供生活、工业用水，兼顾农业用水，工程于2003年12月30日开工建设。

12月16日　国务院国资委以国资任字〔2014〕193号文，任命晏志勇为中国电力建设集团有限公司董事长；国务院国资委党委以国资党任字〔2014〕122号文，任命晏志勇为中国电力建设集团有限公司党委副书记。

12月17～18日　大幕山抽水蓄能电站预可行性研究报告审查会武汉召开。该电站位于湖北省咸宁市通山县，距咸宁市、武汉市直线距离分别为35、62km。初选装机容量120万kW。会议认为，报告的内容和工作深度基本满足预可行性研究报告编制规程的要求，基本同意报告的主要成果及结论，同时提出了修改完善意见。

12月18日　普西桥水电站2号机组完成72h试运行，成功并入南方电网，正式投产发电。该电站位于云南省墨江县，是阿墨江流域的又一梯级电站；水库正常蓄水位时库容5.04亿m^3，调节库容3.11亿m^3，具有年调节能力；电站装机2×9.5万kW，年均发电量8.0454亿kW·h，由国电云南忠普水电有限公司建设管理，2011年3月主体工程开工。

12月20日　观音岩水电站首台机组（1号机）经过72h试运行，提前半年正式并网发电。该电站总装机容量为300万kW，单机容量为60万kW，为中国大唐集团公司目前在建的最大水电项目。

12月23～25日　句容抽水蓄能电站可行性研究报告审查会在江苏句容召开。该抽水蓄能电站位于江苏省句容市边城镇境内，距南京市、镇江市分别约65、36km，装机容量135万kW。审查认为，报告达到了可行性研究阶段勘测设计工作内容和深度的要求，基本同意该报告。

12月24日　中国葛洲坝集团有限公司在武汉市硚口区解放大道558号揭牌成立。同时，公司总部也正式乔迁武汉。经中国能源建设股份有限公司批准，中国葛洲坝集团公司正式更名为中国葛洲坝集团有限公司。葛洲坝集团总部搬迁至武汉，是建设跨国公司的一项战略布局。

12月25～26日　全国能源工作会议在北京召开。2014年能源工作大事多、亮点多，取得了新成绩、新进展，预计非化石能源占一次能源消费比重提升至11.1%，超过年初所定的10.7%目标；2015年是实现“十二五”规划目标任务的最后一年，要大力推进“四革命一合作”（即能源生产革命、能源消费革命、能源技术革命和能源体制革命，全方位加强能源国际合作），适应新常态，落实新举措，推动能源转型升级，构建安全、稳定、多元、清洁的现代能源体系。

12月26日　国家发展改革委以发改能源〔2014〕2977号文核准澜沧江大华桥水电站项目。该电站位于云南省兰坪县境内澜沧江上游河段上，是澜沧江干流上游河段规划的八座梯级电站中的第六级，安装4台23万kW混流式水轮发电机组，总装机容量92万kW，年均发电量39.18亿kW·h。

12月26日　浙北—福州1000kV特高压交流输变电工程正式投运。浙北—福州特高压工程于2013年3月获得核准。工程包括四站三线，起于浙江浙北变电站，止于福建福州变电站，变电容量1800万kVA，全线为双回路架设，全长2×603km，近期输电能力达680万kW，远期输电能力可提高到1050万kW以上。

12月26日　内蒙古呼和浩特抽水蓄能电站（以下简称呼蓄电站）2号机组投产发电暨中国长江三峡

集团公司装机容量突破5000万kW现场会在呼蓄电站地下厂房隆重举行。中国长江三峡集团公司董事长、党组书记卢纯郑重宣布：以呼蓄电站2号机组成功投产发电为标志，三峡集团清洁能源发电装机规模累计突破5000万kW，标志着我们在致力于建设全球最大、世界一流的清洁能源集团的道路上又迈出了具有历史意义的重要一步。呼蓄电站2号机组于11月17日首次启动，12月26日投产发电，中国长江三峡集团公司总经理王琳下达启动并网令。

12月28日 梨园水电站首台机组（4号机）完成72h试运行正式投产发电。该电站是金沙江中游规划“一库八级”的第三级电站，位于云南丽江市玉龙县与迪庆州香格里拉县交界处，装机容量4×60万kW。

12月28～29日 毛家河水电站1、3、2号三台机组先后开始72h试运行。该电站位于北盘江上游支流清水河上，装机容量3×6万kW，多年平均年发电量6.51亿kW·h。

12月30日 乡城水电站3号机组顺利通过72h试运行正式并网发电。至此，该电站3台机组全部投产，实现了“一年三投”目标（2、1号机组于分别于10月6日、16日完成72h试运行后投产）。乡城水电站位于四川省甘孜藏族自治州乡城县境内硕曲河（系金沙江一级支流定曲河左岸的最大支流）上，安装3台机组，总装机容量12万kW。

12月30日 雅砻江流域水电开发有限公司年发电量首次突破600亿kW·h，再创公司电力生产历史新纪录。2014年，随着锦屏一级、锦屏二级水电站机组的全部投产，公司总装机容量达到1410万kW，成为四川省最大的发电企业。

12月31日 三峡电站2014年全年发电量达988亿kW·h，创单座水电站年发电量新的世界最高纪录。三峡电站总装机容量2250万kW，位居世界第一，2014年，全年满负荷运行时间累计达706h，累计发电988亿kW·h，刷新了伊泰普水电站保持的世界纪录，成为全世界年发电量最多的水电站。

12月31日 三峡船闸2014年过闸船舶实载货物量创造了年通过量的新纪录，累计达1.09亿t，同比增长1191万t。2014年，三峡船闸运行10 794闸次，通过船舶44 458艘次，旅客52.1万人次。自2003年三峡蓄水通航以来，三峡船闸实载货物年通过量逐年攀升，从2004年的3430万t提高至2014年的1.09亿t。

12月31日 南方电网2014年西电东送电量再创历史新高，首次突破1500亿kW·h大关，全年完成西电东送电量1713亿kW·h，超计划129亿kW·h，同比增长30%。近三年，南方电网西电东送年送电量逐年提高，2012年，达1243亿kW·h，其中水电近700亿kW·h；2013年达1314亿kW·h，其中水电近800亿kW·h；2014年送电量达1713亿kW·h，其中水电近1200亿kW·h。